대혜 종고

正法眼藏 상

석 영곡 옮김

비움과소통

『정법안장』에 씀

석가세존께서 영산에서 설법하시는데 하늘에서 네 가지 꽃비가 내렸다.
세존께서 그 꽃을 들어 대중에게 보이셨다.
가섭존자가 빙그레 웃으셨다.
세존께서 말씀하셨다.
"나에게 정법안장(正法眼藏)이 있는데 마하가섭에게 부촉(付囑)한다."

어떤 스님이 대혜스님께 여쭈었다.
"어떤 것이 정법안장(正法眼藏)입니까?"
스님이 말씀하셨다.
"눈 속의 못을 뽑아라."

백운수단(白雲守端)스님이 말씀하셨다.
"여러분의 분상(分上)에 각각 스스로 정법안장(正法眼藏)이 있어 매일 일어나서는 옳다 하고 그르다 하며 남과 북을 나누고 있다.
갖가지 행위들이 모두 다 정법안장의 빛이다.
이 눈이 열릴 때 건곤대지와 일월성신과 삼라만상이 바로 눈앞에 있다.
털끝만치라도 상(相)을 보지 않으면 이 눈이 열리기 전에라도 모두가 여러분의 눈 속에 있다."

여기 번역한 『정법안장(正法眼藏)』은 달 가리키는 손가락을 꼬챙이로 바꾼 것에 비유할 수 있으며 잠을 깨우는 방법일 뿐이다. 손가락과 꼬챙이는 가리키는 역할만 하는 것이지 그 자체의 개념을 찾아본다는 것은 그저 헛수고만 하는 것일 뿐이다.

그리고 잠을 깨우면 그만이지 잠을 깨우는 방법에 대해서 분석할 필요는 전혀 없는 것이다. 이 『정법안장』도 중국 고대의 한문으로 쓰인 선어구(禪語句)라는 그림을 현대의 한글이라는 그림으로 바꾼 것일 뿐이다. 곧 시그니피앙signifiant의 그래픽만 바꾸었을 뿐이지 시그니피에signifie를 옮긴 것은 아닌 것이다. 그러므로 이 책을 읽는 이들은 661화(話) 모두에서 어떠한 의미나 개념도 찾지 말고 그저 달만 보고 잠을 깨기를 바란다.

≪정법안장 선사 법맥도≫

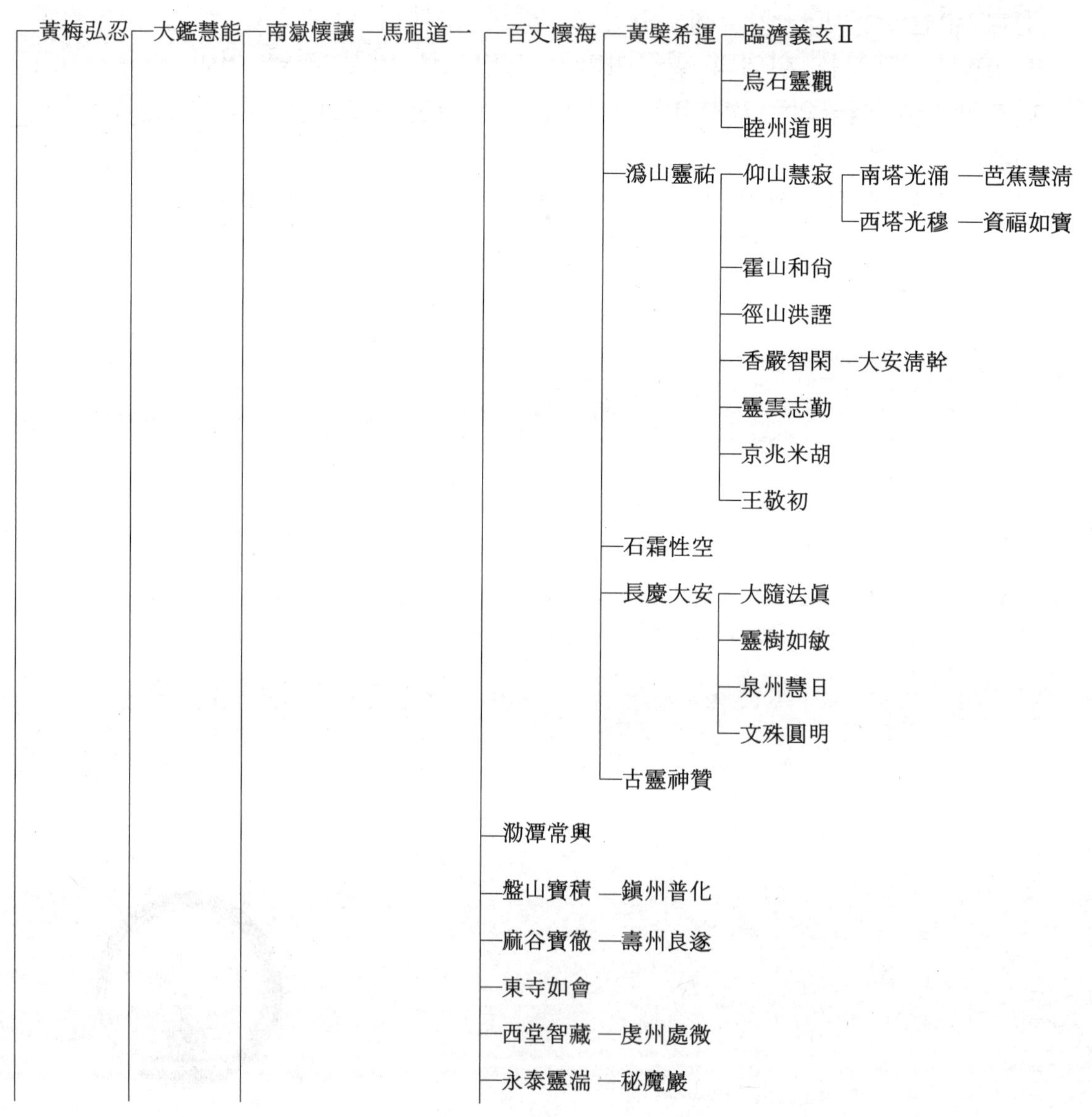

釋迦牟尼佛 — 摩訶迦葉 —阿難尊者—商那和修—優婆掬多—提多迦—彌遮迦—婆須蜜— 佛陀難提 — 伏馱蜜多 —

脇尊者—富那夜奢—馬鳴—迦毘摩羅—龍樹—迦那提婆—羅睺羅多—僧伽難提—伽邪舍多— 鳩摩羅多 － 闍夜多 —

婆修盤頭—摩拏羅—鶴勒那—師子—婆舍斯多—不如蜜多—般若多羅—菩提達磨 ┬ 神光慧可 —鑑智僧璨 —破頭道信 —
　　　　　　　　　　　　　　　　　　　　　　　　　　　　　　　　　　　　└ 波羅提

┬黃梅弘忍 ┬大鑑慧能 ┬南嶽懷讓 —馬祖道一 ┬百丈懷海 ┬黃檗希運 ┬臨濟義玄 II
│　　　　│　　　　│　　　　　　　　│　　　　│　　　　├烏石靈觀
│　　　　│　　　　│　　　　　　　　│　　　　│　　　　└睦州道明
│　　　　│　　　　│　　　　　　　　│　　　　├潙山靈祐 ┬仰山慧寂 ┬南塔光涌 —芭蕉慧清
│　　　　│　　　　│　　　　　　　　│　　　　│　　　　└　　　　└西塔光穆 —資福如寶
│　　　　│　　　　│　　　　　　　　│　　　　│　　　　├霍山和尙
│　　　　│　　　　│　　　　　　　　│　　　　│　　　　├徑山洪諲
│　　　　│　　　　│　　　　　　　　│　　　　│　　　　├香嚴智閑 —大安淸幹
│　　　　│　　　　│　　　　　　　　│　　　　│　　　　├靈雲志勤
│　　　　│　　　　│　　　　　　　　│　　　　│　　　　├京兆米胡
│　　　　│　　　　│　　　　　　　　│　　　　│　　　　└王敬初
│　　　　│　　　　│　　　　　　　　│　　　　├石霜性空
│　　　　│　　　　│　　　　　　　　│　　　　├長慶大安 ┬大隨法眞
│　　　　│　　　　│　　　　　　　　│　　　　│　　　　├靈樹如敏
│　　　　│　　　　│　　　　　　　　│　　　　│　　　　├泉州慧日
│　　　　│　　　　│　　　　　　　　│　　　　│　　　　└文殊圓明
│　　　　│　　　　│　　　　　　　　│　　　　└古靈神贊
│　　　　│　　　　│　　　　　　　　├溈潭常興
│　　　　│　　　　│　　　　　　　　├盤山寶積 —鎭州普化
│　　　　│　　　　│　　　　　　　　├麻谷寶徹 —壽州良遂
│　　　　│　　　　│　　　　　　　　├東寺如會
│　　　　│　　　　│　　　　　　　　├西堂智藏 —虔州處微
└　　　　└　　　　└　　　　　　　　└永泰靈湍 —秘魔巖

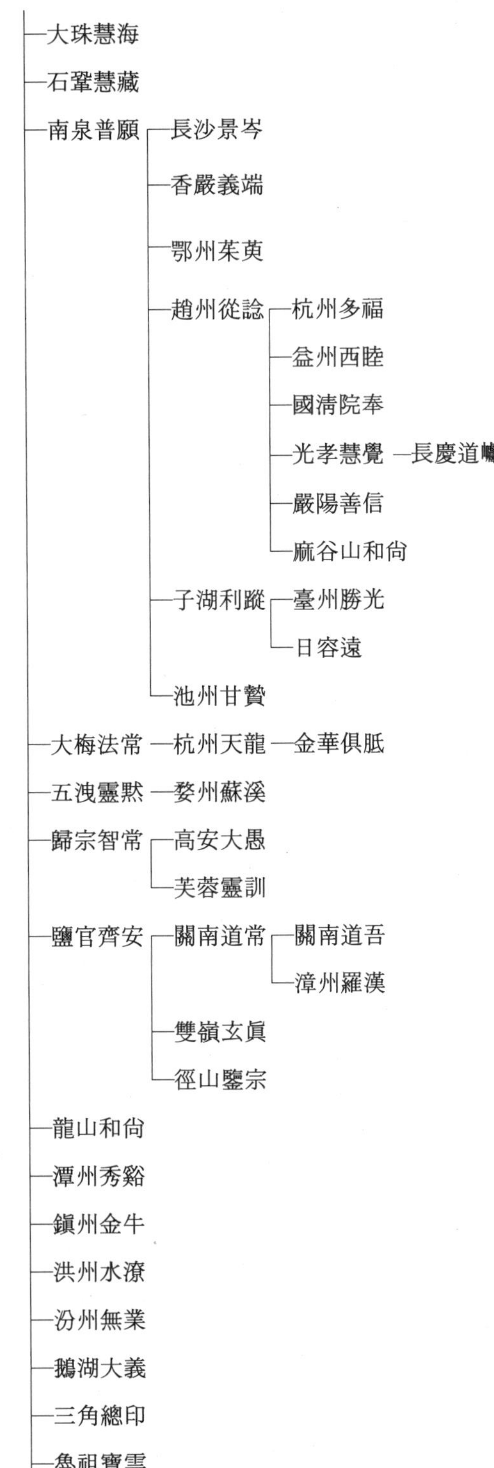

大珠慧海
石鞏慧藏
南泉普願
長沙景岑
香嚴義端
鄂州茉萸
趙州從諗
杭州多福
益州西睦
國淸院奉
光孝慧覺 ―長慶道巘
嚴陽善信
麻谷山和尙
子湖利蹤
臺州勝光
日容遠
池州甘贄
大梅法常 ―杭州天龍 ―金華俱胝
五洩靈黙 ―婺州蘇溪
歸宗智常
高安大愚
芙蓉靈訓
鹽官齊安
關南道常
關南道吾
漳州羅漢
雙嶺玄眞
徑山鑒宗
龍山和尙
潭州秀谿
鎭州金牛
洪州水潦
汾州無業
鵝湖大義
三角總印
魯祖寶雲

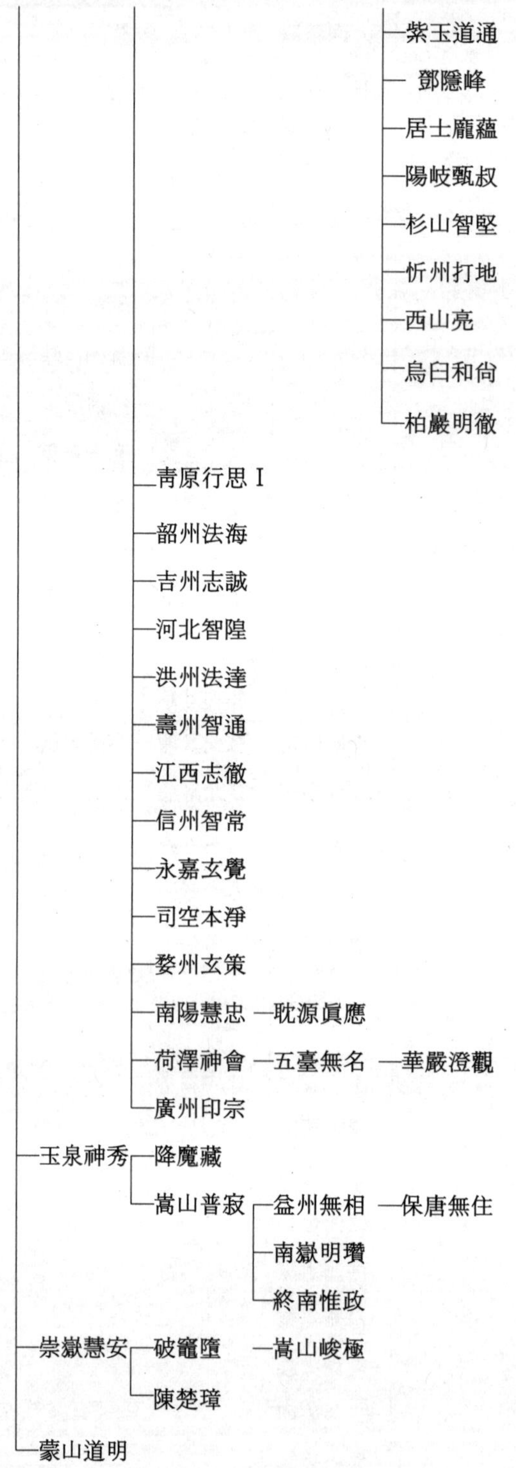

紫玉道通
鄧隱峰
居士龐蘊
陽岐甄叔
杉山智堅
忻州打地
西山亮
烏臼和尙
柏巖明徹
青原行思 Ⅰ
韶州法海
吉州志誠
河北智隍
洪州法達
壽州智通
江西志徹
信州智常
永嘉玄覺
司空本淨
婺州玄策
南陽慧忠 ─耽源眞應
荷澤神會 ─五臺無名 ─華嚴澄觀
廣州印宗
玉泉神秀 ─降魔藏
嵩山普寂 ─盆州無相 ─保唐無住
南嶽明瓚
終南惟政
崇嶽慧安 ─破竈墮 ─嵩山峻極
陳楚璋
蒙山道明

└牛頭法融—圓陽智巖—潤州慧方 —金陵法持 —天保智威┬安國玄挺
                                                          ├鶴林玄素 —徑山道欽 —鳥窠道林 —招賢會通
                                                          └天柱崇慧

I.《청원계》

靑原行思 —石頭希遷┬天皇道悟—龍潭崇信 —德山宣鑑┬嚴頭全奯┬瑞巖師彦
                                                          │   ├玄泉山彦 —黃龍誨機 —嘉州黑水
                                                          │   └羅山道閑┬明招德謙 —報恩契從
                                                          │   └大寧隱微
                                                          ├高亭簡
                                                          ├感潭資國 —白兆志圓┬大龍智洪
                                                          │   └白馬行靄
                                                          └雪峰義存┬鏡淸道怤
                                                                  ├翠巖令參
                                                                  ├龍華靈照
                                                                  ├鼓山神安
                                                                  ├保福從展
                                                                  ├睡龍道溥 —保福淸豁
                                                                  ├長慶慧稜┬開先紹宗
                                                                  │   ├廣嚴咸澤
                                                                  │   ├鷲嶺明遠
                                                                  │   └招慶道匡
                                                                  ├普通普明
                                                                  ├太原孚
                                                                  ├越山師鼐
                                                                  ├長生皎然
                                                                  ├鵞湖智孚
                                                                  └玄沙師備┬羅漢桂琛 —法眼文益 V

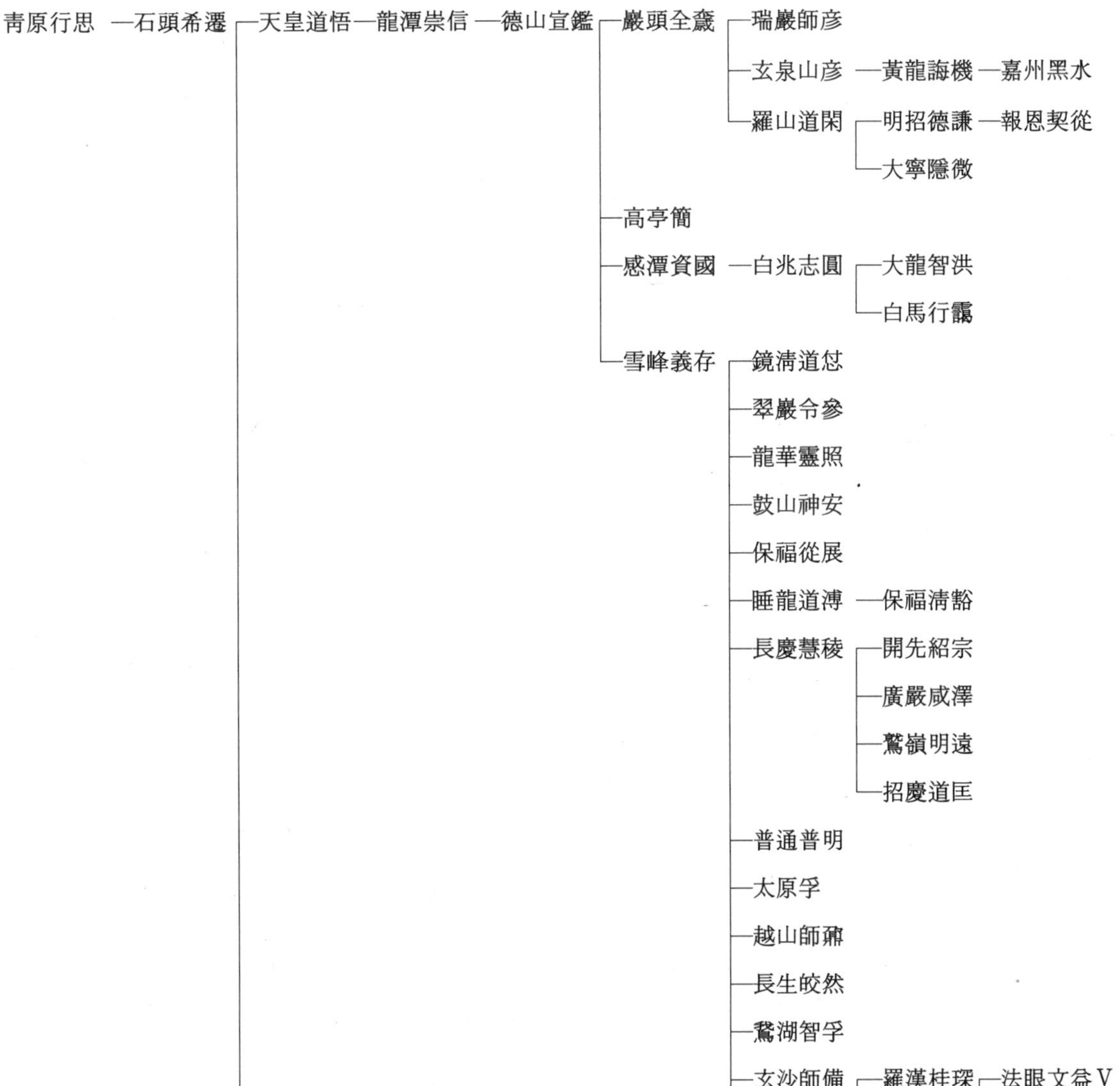

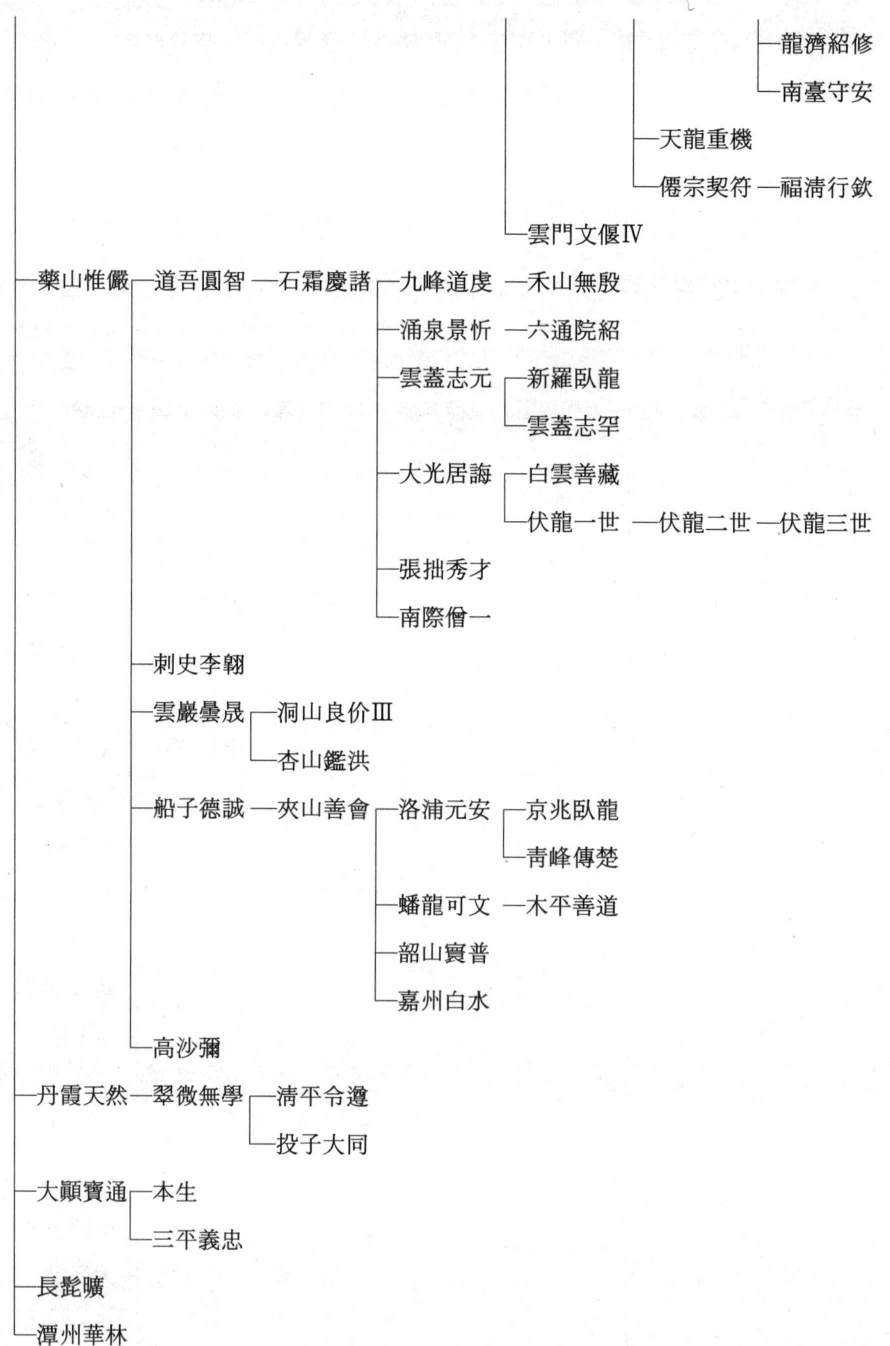
龍濟紹修
南臺守安
天龍重機
僊宗契符 ─福淸行欽
雲門文偃Ⅳ
藥山惟儼
道吾圓智
石霜慶諸
九峰道虔 ─禾山無殷
涌泉景忻 ─六通院紹
雲蓋志元 ─新羅臥龍
雲蓋志罕
大光居誨 ─白雲善藏
伏龍一世 ─伏龍二世 ─伏龍三世
張拙秀才
南際僧一
刺史李翱
雲巖曇晟
洞山良价Ⅲ
杏山鑑洪
船子德誠 ─夾山善會
洛浦元安
京兆臥龍
靑峰傳楚
蟠龍可文 ─木平善道
韶山寰普
嘉州白水
高沙彌
丹霞天然 ─翠微無學
淸平令遵
投子大同
大顚寶通 ─本生
三平義忠
長髭曠
潭州華林

II. 《임제종》

臨濟義玄
蓋上座
灌谿志閑
寶壽延沼
西院思明 — 興陽歸靜
寶壽和尙
胡釘鉸
三聖慧然 — 淄州水陸
定上座
興化存獎
守廓上座
寶應慧顒
潁橋安
風穴延沼
廣慧眞
首山省念
三交智嵩
神鼎洪諲
廣慧元璉 — 侍郎楊億
葉縣歸省
大乘慧果
浮山法遠
首山懷志
谷隱蘊聰
龍華齊岳 — 西余淨端
大乘德遵
金山達觀
李遵勖
汾陽善昭
石霜楚圓
谷泉大道
大寧道寬
金鑾善
道吾悟眞
翠岩可眞 — 眞如慕喆
楊岐方會 VI
黃龍慧南 VII
大愚守芝 — 雲峰文悅

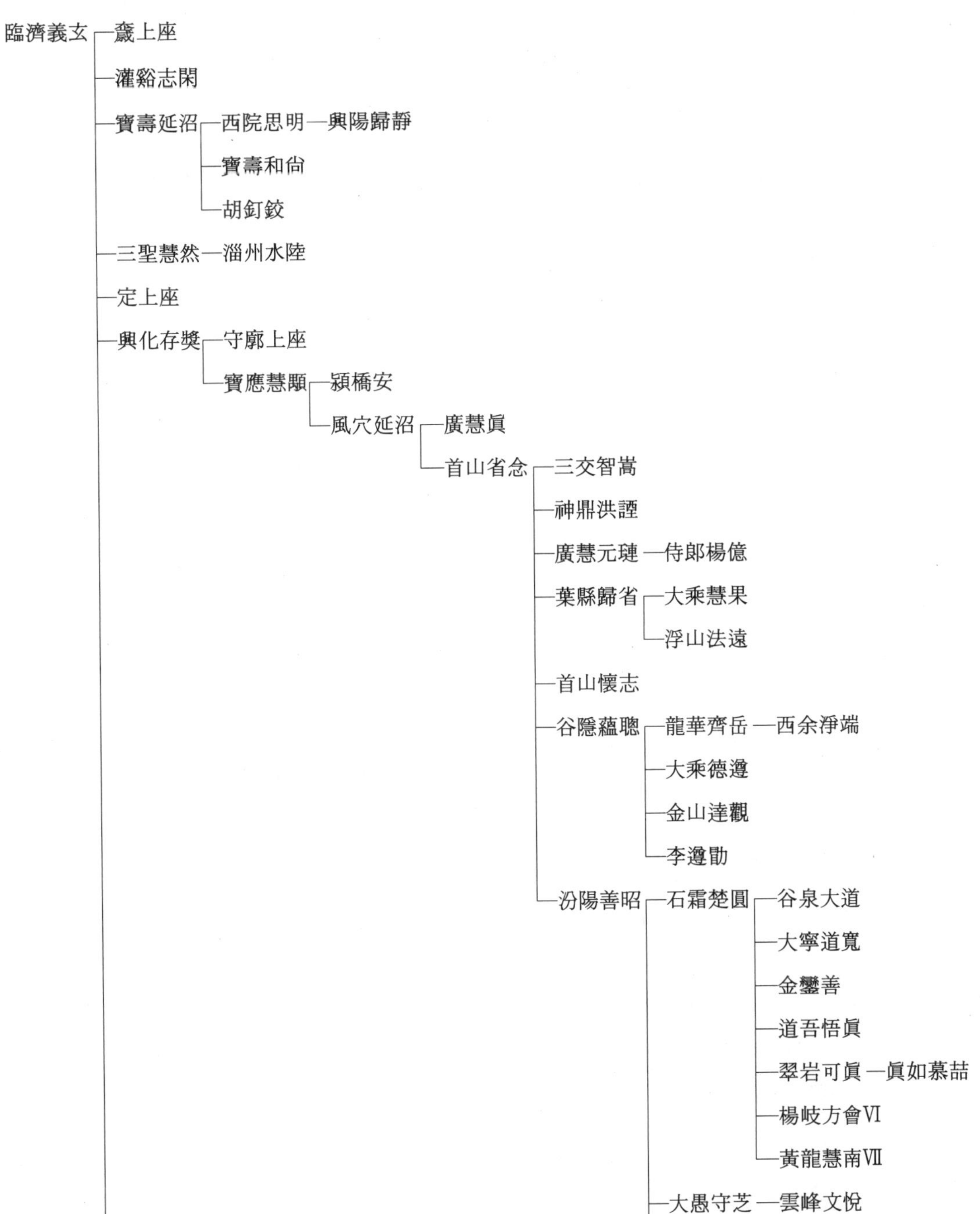

琅邪慧覺 ─ 定慧超信
姜山方
公安子和
法華全擧
天聖皓泰
龍華曉愚
太子道一
芭蕉谷泉
魏府大覺
定州崔禪
涿州紙衣
幽州譚空
桐峰庵主

Ⅲ. 《조동종》

洞山良价 ─ 雲居道膺 ─ 朗州德山
雲居道簡
歸宗懷惲
稽山章
同安道丕 ─ 同安觀志 ─ 梁山緣觀 ─ 大陽警玄 ─ 投子義靑
永光院眞
曹山本寂 ─ 蜀川西禪
鹿門處眞 ─ 鹿門譚
金峰從志
曹山慧霞
龍牙居遁 ─ 報慈藏嶼
華嚴休靜
京兆蜆子
越州乾峰

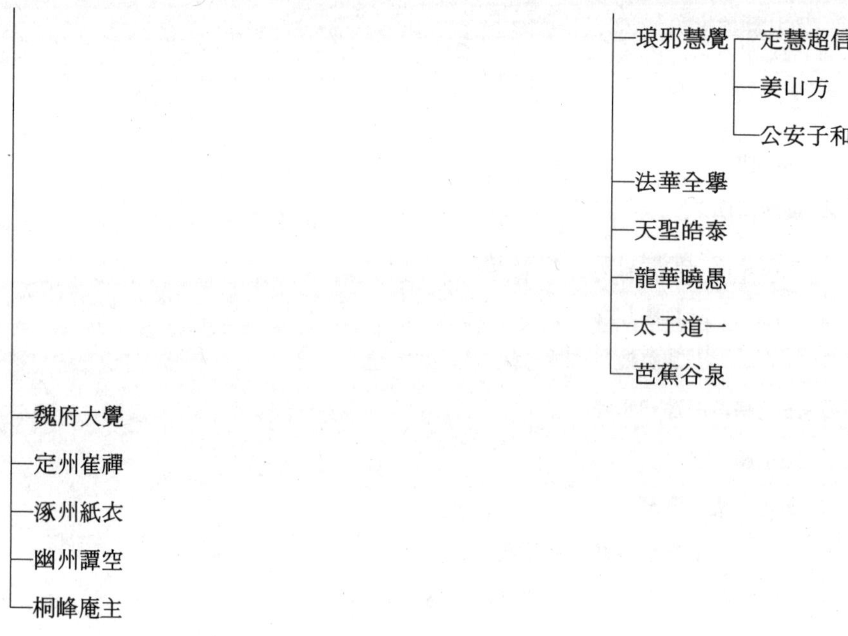

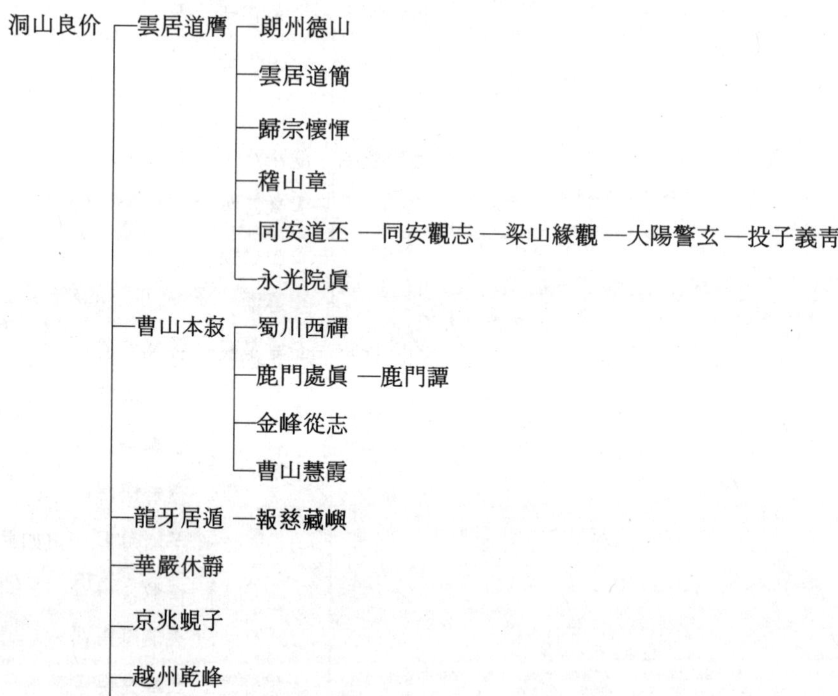

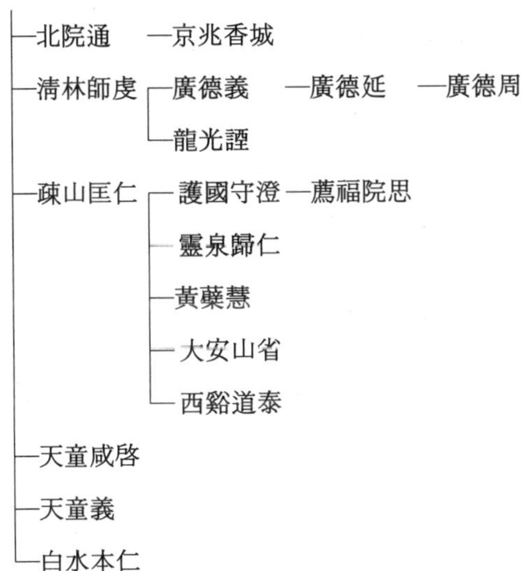

```
─北院通    ─京兆香城
─清林師虔   ─廣德義    ─廣德延    ─廣德周
           └龍光諲
─疎山匡仁   ─護國守澄─薦福院思
           ─靈泉歸仁
           ─黃蘗慧
           ─大安山省
           └西餘道泰
─天童咸啓
─天童義
└白水本仁
```

Ⅳ. 《운문종》

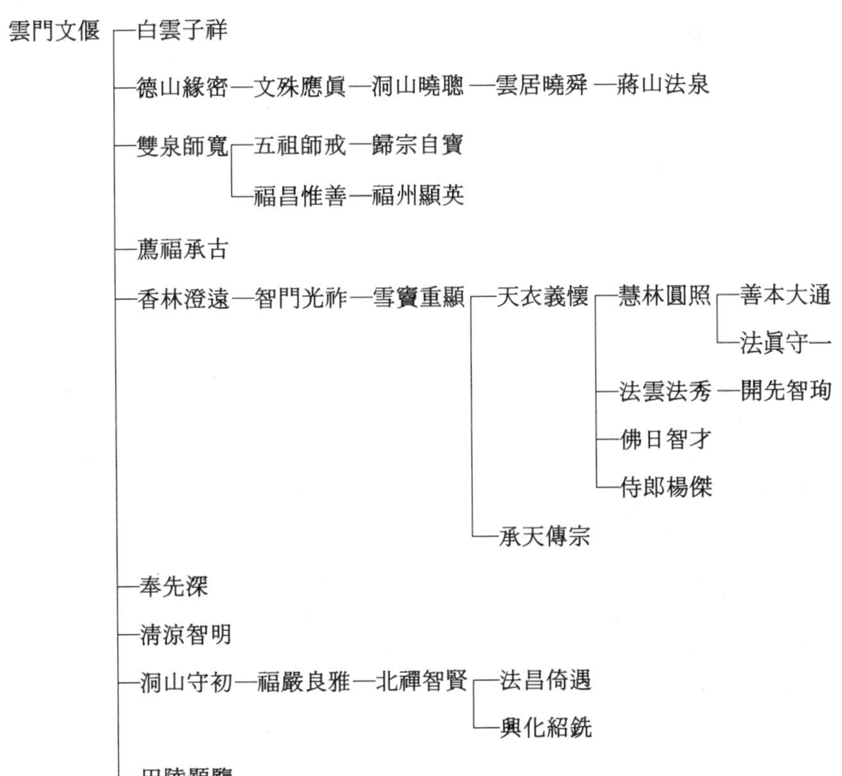

```
雲門文偃─白雲子祥
        ─德山緣密─文殊應眞─洞山曉聰─雲居曉舜─蔣山法泉
        ─雙泉師寬┬五祖師戒─歸宗自寶
                └福昌惟善─福州顯英
        ─薦福承古
        ─香林澄遠─智門光祚─雪竇重顯┬天衣義懷┬慧林圓照┬善本大通
                                                   └法眞守一
                                        ─法雲法秀─開先智珣
                                        ─佛日智才
                                        └侍郎楊傑
                                 └承天傳宗
        ─奉先深
        ─清涼智明
        ─洞山守初─福嚴良雅─北禪智賢┬法昌倚遇
                                   └興化紹銑
        └巴陵顥鑒
```

V. 《법안종》

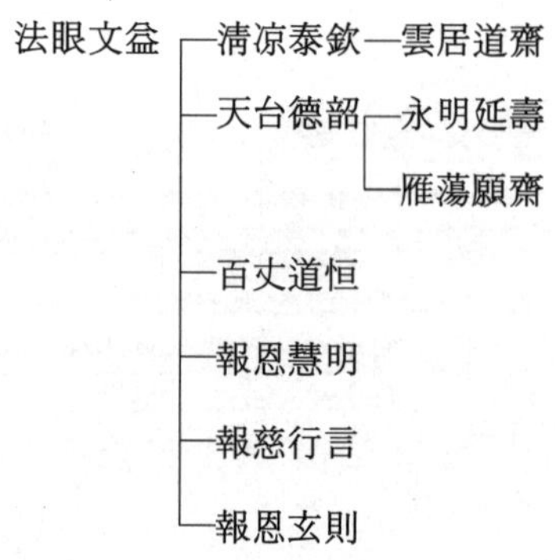

VI. 《양기파》

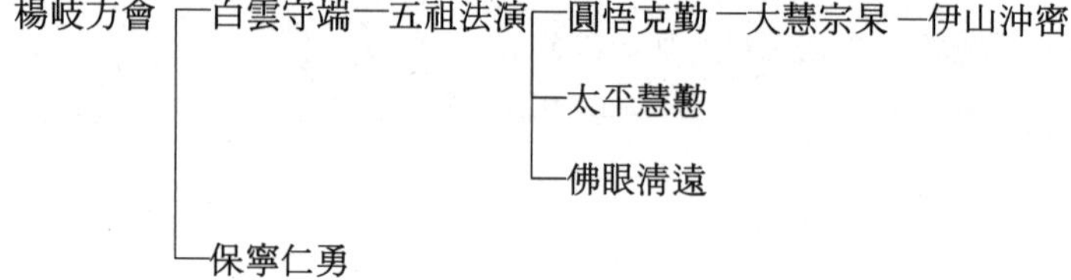

VII. 《황룡파》

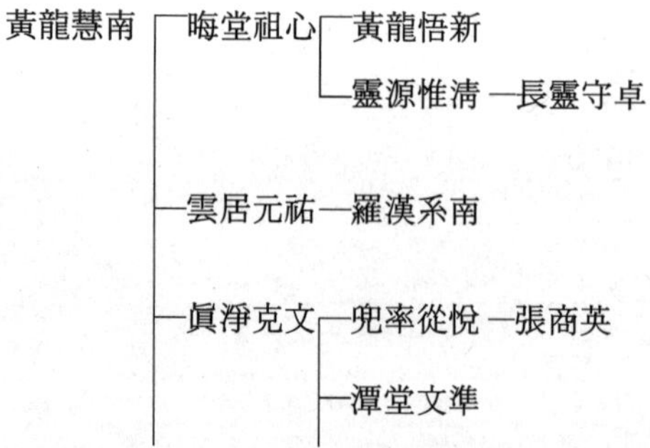

│　　　├報慈進英
│　　　└法雲杲
├泐潭洪英
├大潙懷秀
├黃檗惟勝
├雲蓋守智
└東林常總

Ⅷ. 선사법맥에 들어가진 않으나 정법안장에 나오는 인물들

1, 姜山愛 2, 臥輪 3, 迦葉摩騰 4, 慧遠 5, 僧伽大師(泗州大聖) 6, 障蔽魔王 7, 金剛齊菩薩 8, 長爪梵志(俱絺羅) 9, 義豐禪師 10, 李通玄 11, 天台智顗 12, 遵布衲 13, 誌公禪師 14, 傅大士 15, 竺道生法師 16, 殃崛摩羅 17, 公安遠 18, 司馬頭陁 19, 三峯平和尚 20, 虎頭上座 21, 矩長老

들어가는 말

이 『정법안장』은 송나라 소흥(紹興) 11년 대혜스님이 형주로 유배를 가신 이래로 소흥(紹興) 17년 정묘년(1147년)에 대혜스님이 59세 되던 해 형주에서 납자들과 더불어 고금의 선어구(禪語句)에 대해 문답을 나누셨던 것을 시자인 충밀(沖密)스님과 혜연(慧然)스님 등이 모아서 책을 만들어 대혜스님께 그 제목을 부탁하니 『정법안장(正法眼藏)』이라고 지어 주신 것이다.

『오등회원』에 "의발과 계첩을 잃으시고 형양에 유배생활을 하시면서 선덕들의 기어를 모으고 사이사이에 덧붙이어 세 권의 책을 만들어 그 제목을 정법안장(正法眼藏)이라고 하셨다" 라는 기록이 있다.

(X80n1565_p0403b22~23, 『五燈會元』 卷第十九. "毁衣牒, 屛居衡陽, 乃裒先德機語, 間與拈提, 離爲三帙, 目曰正法眼藏.")

이 『정법안장』은 『오등회원』 제19권에 올려져 있다가 《만속장경》 118권에 수록된 것이라고 한다. 구판속장경(舊版續藏經)〔《卍大日本續藏經》, 京都, 藏經書院板 第2編 第23套 第1冊 pp.1a~78b.〕과 신판속장경(新版續藏經)〔《卍續藏經》, 新豐影印本, 台北, 新文豐板 第118卷 pp.1~155.〕, 만신찬속장경(卍新纂續藏經)〔《卍新纂大日本續藏經》, 東京, 國書刊行會板 第67冊 諸宗著述部十四 1309.〕에 수록되어 있다.

대혜스님께서는 이 책의 제1화인 낭야혜각(琅琊慧覺)스님과 법화전거(法華全擧)스님의 문답에 착어를 하시면서 이 『정법안장』을 만들게 된 인연을 마무리 부분에서 말씀해 놓으셨다.

"내가 죄를 인하여 형양에 있을 때, 문을 닫아 놓고 살림에만 힘쓰는 것 외에 따로 마음을 쓰질 않았는데, 간간이 납자들이 와서 가르침을 청하니 부득이하게 응수하였다.

참선납자 충밀(沖密)과 혜연(慧然)이 손이 가는대로 소용되는 것만을 뽑아서 기록하기를 세월이 오래도록 하여 하나의 큰 두루마리를 만들었다. 그리고는 나에게 가지고 와서 부처님과 조사님들의 정법안장이 없어지지 않도록 뒷사람들에게 명시하고자 한다면서 그 제목을 지어주기를 청하는 것이었다.
 내가 그러한 조건을 맞추어서 『정법안장』이라고 지어주었다. 그리고 즉시에 낭야선사를 책의 제일 앞에 배치하였다.
 여기엔 짐짓 존숙의 앞뒤 순서와 종파의 서로 다른 차이를 나누질 않았으니, 다만 향상(向上)의 자기 자신을 철저히 증득하기만 한다면 사람들의 달라붙고 매인 것을 풀어헤쳐버리고 바른 눈을 갖추게 할 만하다고 할 것이다."

그리고 장자소(張子韶)에게 쓴 편지에서 말씀하셨다.
 "『정법안장』을 편집한 까닭은 문파의 종류를 나눈 것이 아니며, 운문·임제·조동·위앙·법안종을 묻지 않고, 다만 바른 앎과 바른 봄을 가지고 있으면서 사람들을 깨달아 들어가게 했던 이들을 다 수록하기 위한 것이었습니다."

이처럼 이 『정법안장』은 대혜스님께서 미리 기획하여 완성한 책이 아니고 제자인 이산충밀(伊山冲密)과 설봉혜연(雪峰慧然) 두 스님이 쓴 것이다. 대혜스님이 형양에 유배 되신 기간에 납자들이 청익한 것에 대해 답하신 것을 초록을 정리하여 마지막에 대혜스님 스스로 심사하여 결정하신 것이며 총 661화(話) 가운데 136화(話)에 평점착어(評點著語)를 하셨다. 이『정법안장』은 책 전체가 석가세존과 그 제자들 몇몇 그리고 대승보살 등을 포함하여 덕이 높은 선사 321명을 661화(話)에다 수록한 것이다. 그리고 선종(禪宗)의 각 파류(派流)를 가리지 않고 고르게 실었으며 시간 순서에 따르지 않고 임의대로 하면서 각 선화(禪話)마다 표제도 전혀 달아두지 않았다. 그리고 약 100여명의 선사(禪師)들은 2회 이상 실려 있는데 한꺼번에 모아서 싣지 않고 661화(話) 전반에 걸쳐 임의대로 실었다. 특히 진정극문(眞淨克文)선사나 조주종심(趙州從諗)선사 등은 각기 18회씩 실려 있어 가장 많은 횟수를 나타내고 있다. 또한 비교적 분량이 많은 임제의현(臨濟義玄)선사의 시중법문을 8회나 싣고 있다든지 덕산선감(德山宣鑑)선사의 시중법문이 2,749자나 되는 장문(長文)임에도 불구하고 실어 둔 것은 그 중요성을 강조한 것이라 볼 수 있겠다. 조금 특이한 것은 오조법연(五祖法演)선사의 제자 가운데 삼불(三佛)로 알려진 불감혜근(佛鑑慧懃)선사나 불안청원(佛眼淸遠)선사의 선화(禪話)는 싣고 있으면서도 대혜스님의 스승인 원오극근(圓悟克勤)선사의 것은 아예 싣지 않은 것이다.

　이 『정법안장』은 명나라 만력 병진년(1616년)에 현경사에 주석하시던 원증스님의 「중각정법안장서(重刻正法眼藏序)」와 같은 해 죽뢰거사 이일화의 「제각대혜선사정법안장(題刻大慧禪師正法眼藏)」, 대혜스님의 편지인 「답장자소시랑서(答張子詔侍郞書)」등을 머리에 실었다.
　그런데 특이하게도 3권으로 구성하면서도 각 권을 상하(上下)로 나누어 편집하였다. 그리고 후대 명나라 때에 3명이 각권을 따로 교열(校閱)하고 교각(校刻)하였다.
　제1권 상·하는 거사 서홍택(徐弘澤)이 교열(校閱)하였고, 제2권 상·하는 황엽암(黃葉庵)의 지현(智舷)스님이 교열(校閱)하였으며, 3권 상·하는 보선암(普善庵)의 혜열(慧悅)스님이 교각(校刻)한 것으로 나온다.

　제1권 상(上)에는 낭야혜각(琅邪慧覺)스님 등 122화(話)를, 제1권 하(下)에는 회당조심(晦堂祖心)스님 등 103화(話), 제2권 상(上)에는 달마대사(達磨大師)등 90화(話)를, 제2권 하(下)에는 영천귀인(靈泉歸仁)스님 등 121화(話)를, 제3권 상(上)에는 육조혜능(六祖慧能)스님 등 138화(話)를, 제3권 하(下)에는 풍혈연소(風穴延沼)스님 등 87화(話)를 수록하여 총 661화(話)로 구성되어 있다.
　『정법안장』에 수록된 각 단락들은 대부분이 모두 선화(禪話)로 이루어져 있다. 여기에는 선사들의 상당시중(上堂示衆) 법문이 305화(話), 선사(禪師)들간의 감변(勘辨)이 124화(話), 스승과 제자들 사이의 접인대담(接引對談)이 123화(話), 선사(禪師)들의 오도인연(悟道因緣)이 69화(話), 게송(偈頌)이 16화(話), 그리고 선사들의 일화와 인가 내용 등 24화(話)가 실려 있다.

　『정법안장』에서는 각 화(話)의 출처를 명시하고 있지는 않으나 다만 서술한 각 화(話)들은 기본적으로 대부분이 앞에 지어졌던 『조당집』(952)·『경덕전등록』(1004)·『천성광등록』(1036)·『사가어록』(1066)·『건중정국속등록』(1101)·『고존숙어요』(1138~1144) 등과 뒤에 지어진 『연등회요』(1183)·『가태보등록』(1204)·『선문염송집』(1226)·『오등회원』(1252)·『고존숙어록』(1267)·『속전등록』(1401)·『지월록』(1602)·『오가어록』(1651) 등에 실려 있음이 보이므로 각 화(話)의 내용을 비교하여 판별해 낼 수 있다. 그러므로 이 번역서에서는 각 화(話)의 어록 출처를 각주에 대부분 실어두었다.

그리고 이 『정법안장』의 661화(話)는 『전등록』의 232개 화(話), 『선문염송집』의 282개 고칙(古則), 『연등회요』의 371개 화(話), 그리고 『오등회원』의 352개 화(話)가 같은 내용으로 실려 있다.

하지만 다른 어록에는 전해지지 않고 이 『정법안장』에만 실려 있는 선화(禪話)들도 몇몇 보인다. (제42화 낭야혜각, 제79화 동산수초, 제336화 대우수지, 제346화 가나제바, 제374화 늑담문준, 제400화 운봉문열, 제461화 명초덕겸, 제488화 양기방회, 제527화 황룡오신편 등 참조.)

『정법안장』의 3권 하(下)의 마지막 화(話)인 제661화(話)에서는 대혜스님 자신의 시중법어를 실으셨는데 전문이 5,520자(字)로 이루어져 이 『정법안장』에 수록된 선화(禪話) 가운데서 가장 길다. 이 법어는 대혜스님의 다른 어록에서는 전혀 찾아 볼 수 없는 귀중한 자료라고 하겠다.

정법안장 상 차례

일러두기

1, 이 책 원문의 저본(底本)은 《卍續藏經》(台灣新豐影印本)이다.

2, 각 선화(禪話)에 대한 대혜스님의 염(拈)이나 염송(拈頌), 법문 등이 다른 어록에 있으면 찾아서 번역해 주(注)를 달았다.

3, 등장하는 인물들 가운데 선사법맥이 알려진 이들은 위로 3대까지 기록하여 전법계통(傳法繼統)을 이해하기 쉽도록 하였다.

4, 어구(語句)의 출처가 인터넷에 실려 있으면 찾아보기 편리하도록 대부분 그대로 실었으며, 인터넷의 중화전자불전협회(中華電子佛典協會)[http://www.cbeta.org/copyright. htm]의 《CBETACBETA 電子佛典漢文大藏經》이나 인터넷 천불동 (http://bbuddhasite.net)을 주로 이용하였다. K는 《고려대장경》을, T는 《대정신수대장경》을, X는 《신찬속장경》을 나타내는 것이다.

5, 선사들의 법문 속에서 일자어(一字語) 가운데 번역하면 도리어 이해가 어려울 듯한 것은 한문 그대로 싣고 괄호 안에다 중국어 발음으로 표기하였다. 《보기》: 제112화(話) 운거도응(雲居道膺) 편에 나오는 '時' 는 잠시 쉬면서 숨을 내쉬는 소리이므로 '時(Shí)'라고 하였다.

6, 원문의 출처는 편의상 경명(經名)과 책의 제목 등을 먼저 쓰고 뒤에 구체적 페이지를 표시하였다. 《보기》: 『景德傳燈錄』 卷第二十, T51n2076_p0368a25~28. 원문 외에는 찾아보기 쉽도록 구체적 페이지를 먼저 쓰고 뒤에 책의 제목을 표기하였다.
 《보기》: T47n1993_p0638a01,『黃龍慧南禪師語錄續補』.

7, 산스크리트어의 표기는 ⑤로, 팔리어는 ⑫로 표시하고 기록하였다. 《보기》: 바일제[波逸提 ⑤Pāyattika. ⑫Pācittiya.]

重刻「正法眼藏」序

‘正法眼藏’者, 難言也. 請以喩明. 譬如淨眼洞見森羅. 取之無窮, 用之無盡. 故名曰藏. 夫藏者, 含藏最廣. 邪正相襍, 涇渭難辯. 甚至邪能奪正, 正反爲邪. 故似泉眼不通泥沙立壅, 法眼不正邪見層出. 剔抉泥沙而泉眼通, 剪除邪見而法眼正. 自非至人其何擇焉. 昔竺乾有九十六種背正趨邪, 二十八人摧邪持正. 逮家東土白馬西來, 正敎始興於濁世, 名相尋陷於邪宗. 由是達磨大師, 掃除繁蕘, 直示本心. 嗣後五宗分派, 各別門風. 會其樞要, 卓乎純正. 詎意人根寖劣? 法久弊生, 或承虛接響, 以盲枷瞎棒, 妄號通宗. 或守拙抱愚, 以一味不言, 目爲本分. 或彷彿依稀, 自稱了悟. 或搖脣鼓舌, 以當平生. 如是有百二十家癡禪, 自賺賺人, 淪溺狂邪. 故我大慧老人, 承悲願力, 運無畏心, 決擇五家, 提挈最正者, 凡百餘人, 裒以成帙, 目曰正法眼藏. 是書也, 如懸白澤裘, 精妖喪魄, 秉金剛劍, 魔外潛踪. 四七古錐宗眼, 二三老漢家珍, 不涉程途, 一覽具足, 知爲後學指南無加此矣. 時有繡水 普善庵沙門 慧悅, 居士 春門徐弘澤, 自慶奇遇, 嗟彼未聞. 冀報佛恩募資重刻, 屬余爲序, 以貽同志. 而參學者, 卽使遊法界無邊之門, 融古今剎那之念, 猶是功勳邊事. 若能了悟則自心何知, 自眼何見? 非見非知, 是眞得正法眼藏者矣.

萬曆 丙辰, 端陽日. 嗣曹洞正宗, 第二十七代, 古越, 顯聖寺住持, 沙門 圓澄 撰.

『정법안장』1)을 거듭 새기면서 쓰는 서문

'정법안장'이란 말로는 어렵다. 구태여 묻는다면 비유로써 밝혀볼 수 있다. 비유하자면 맑은 눈으로 삼라만상을 사무쳐 볼 수 있음과 같다고 할 수 있겠다.

그리고 취하려고 해봐도 그 끝이 없고 쓰려고 하여보아도 다함이 없다. 그러므로 창고(藏)라고 말로써 형용한다. 창고란 가장 넓음을 머금어 저장하는 것이다. 여기는 삿됨과 바름이 서로 섞이고 경수(涇水)와 위수(渭水)를 구별할 수 없다.2)

하지만 삿됨이 바름을 뺏음이 깊어지면 바름이 도리어 삿됨이 되어버린다.

그러므로 샘의 구멍이 막히면 진흙과 모래가 가득 채워져 버리고 법의 눈이 바르지 못하면 삿된 견해가 더욱 솟아나는 것과 같다. 진흙과 모래를 긁어내어 버리면 샘구멍이 뚫리고 삿된 견해를 잘라내면 법의 눈이 바르게 되는 것이다. 하지만 만일3) 지극한 사람이 아니라면 이를 어떻게 구별해 낼 수 있겠는가?

옛 인도4)에서는 바른 견해를 등지고 삿된 견해를 따르는 무리가 96종5)이

---

1) 正法眼藏(정법안장) : 『대범천왕문불결의경』 상권에 나오는 석가모니부처님의 말씀이다. "세존께서 말씀하셨다. '나의 정법안장 열반묘심을 즉각 그대에게 부촉하니 그대는 잘 호지하여 서로서로 이어 끊어짐이 없게 하라.'"(X01n0026_p0418c20~21, 『大梵天王問佛決疑經』 卷上, 「初會法付囑品」 第一. "世尊言: '有我正法眼藏涅槃妙心, 即付囑于汝, 汝能護持, 相續不斷.'")

2) 涇渭(경위) : 경수(涇水)와 위수(渭水)를 합친 말이다. 경수(涇水)는 감숙성(甘肅省) 화평현(化平縣)과 고원현(固原縣) 두 군데에서 발원하여 합류한 후, 섬서성(陝西省)에 이르러 위수(渭水)로 흘러들어가는 강이다. 위수(渭水)는 감숙성(甘肅省) 위원현(渭源縣)에서 발원하여, 섬서성(陝西省)을 거쳐 황해로 들어가는 강이다. 경위(涇渭)는 경수(涇水)는 흐리고 위수(渭水)는 맑음을 말한다. 사물의 맑고 더러움을 구별한다는 뜻.

3) 自非(자비) : 만일 ~~이 아니라면.

4) 竺乾(축건) : 천축(天竺), 또는 축국(竺國)이라고도 한다. 인도의 옛 이름이다.

5) 九十六種(구십륙종) : 96종의 외도를 말한다. 석가모니 부처님 당시네 세력이 강한 6명의 스승들이 있었는데, 뿌란나 카사파(ⓢPurana-kassapa)·마칼리코살라(ⓢMakkhali-Gosāla)·산자야 벨라타풋타(ⓢSañjaya-Belatthaputta)·아지타 케사캄발리(ⓢAjita-Kesakambali)·파쿠다 카차야나(ⓢPakudha-Kaccāyana)·니간타 나타풋타(ⓢNigantha-Nataputta) 등이다. 이 6명의 외도들이 각각 15명의 뛰어난 제자들로 문파를 이루고 있었으므로 6×15=90명이 된다. 여기에 위의 여섯 명을 합하면 96명이 되므로 96종 외도라고 한다.

있었고, 삿된 견해를 꺾어버리고 바른 견해를 유지한 이가 28명6)이 있었다.

예전에 부처님의 가르침7)이 서쪽에서 동쪽으로 전해진 이래 탁세에 바른 가르침이 막 일어나려 하고 있었으나, 이름과 모양만 찾아 삿된 종파에 빠져있었다. 그렇기에 달마대사가 번거롭고 시들어버린 불교를 쓸어버리고 본래의 마음을 곧바로 보이시게 된 것이다. 그 뒤를 5종의 분파8)가 뒤를 잇고, 문파의 풍랑이 각기 따로 일어나게 되었다. 그 요긴하고 종요로운 것9)을 모아보면 순수하고 올바름이 탁월하였다. 그런데 어찌 사람의 근기가 점차 하열해져갈 것이라고는 생각이나 하였겠는가?

법이 오래되어 피폐해지니 어떤 이는 허공에 메아리치듯 눈먼 도리깨로 함부로 하는 할방(瞎棒)으로 망령되이 종지(宗旨)를 통하여 계승하였다고 한다. 혹은 수졸(守拙)10)하고 포우(抱愚)11)하여 불법(佛法)12)은 한마디도 못하고 눈으로 본 것으로만 본분13)을 삼아버린다. 혹은 흐릿하게나마 체험한 것14)을 가지고 스스로 깨달았다고도 한다. 혹은 남의 좋고 나쁨을 지껄여

---

6) 二十八人(이십팔인) : 부법장전(付法藏傳)의 이십팔조(二十八祖)를 말한다. 1) 마하가섭(摩訶迦葉)⑤Mahā kāśyapa. 2) 아난(阿難)⑤Ānanda. 3) 상나화수(商那和修)⑤Śāṇakavāsa. 4) 우바국다(優婆毱多)⑤Upagupta. 5) 제다가(提多迦)⑤Dhṛtaka. 6) 미차가(彌遮迦)⑤Miccaka. 7) 바수밀(婆須蜜)⑤Vasumitra. 8) 불타난제(佛陀難提)⑤Buddhanandi. 9) 복태밀다(伏馱密多)⑤Buddhamitra. 10) 협존자(脇尊者)⑤Pārśva. 11) 부나야사(富那夜奢)⑤Puṇyayaśas. 12) 마명대사(馬鳴大師)⑤Aśvaghoṣa. 13) 가비마라(迦毘摩羅)⑤Kapimala. 14) 용수보살(龍樹菩薩)⑤Nāgārjuna. 15) 가나제바(迦那提婆)⑤Kāṇadeva. 16) 라후라다(羅睺羅多)⑤Rāhulata. 17) 승가난제(僧伽難提)⑤Sanghānandi. 18) 가야사다(伽耶舍多)⑤Sanghayaśas. 19) 구마라다(鳩摩羅多)⑤Kumārata. 20) 사야다(闍夜多)⑤Śayata. 21) 바수반두(婆藪槃頭)⑤Vasubandhu. 22) 마나라(摩拏羅)⑤Manorhita. 23) 학륵나(鶴勒那)⑤Haklenayaśas. 24) 사자존자(師子尊者)⑤Simhabodhi. 25) 바사사다(婆舍斯多)⑤Vasiasita. 26) 불여밀다(不如密多)⑤Punyamitra. 27) 반야다라(般若多羅)⑤Prajñātāra. 28) 보리달마(菩提達磨)⑤Bodhidharma.

7) 白馬(백마) : 불교를 말함. 싯다르타 태자가 칸타카 백마를 타고 출가를 하였으므로 이렇게 비유함.

8) 五宗分派(오종분파) : 육조 혜능스님에게서 갈라진 남종선의 각 다섯 분파. 청원 행사스님 아래로 조동종·운문종·법안종이 생기고 남악 회양스님의 밑으로 임제종과 위앙종이 나왔다.

9) 樞要(추요) : 추(樞)는 문을 여닫게 하는 장치로서 문지도리를 말한다. 핵심이 되는 곳. 요충지. 관건(關鍵). 강령(綱領). 조정의 중요한 기구나 관직.

10) 守拙(수졸) : 처세에 옹졸한 줄 알면서도 그 옹졸함을 고치지 않고 지금 처해 있는 분복(分福)에 만족하는 것.

11) 抱愚(포우) : 지금 몸 그대로를 전부로 아는 어리석음.

12) 一味(일미) : 절대계에서는 모든 것은 차별 없는 하나라는 것. 불법(佛法). 일미선(一味禪). 또는 줄곧. 덮어놓고.

13) 本分(본분) : 진여실상(眞如實相). 불이중도(不二中道). 금시(今時)의 상대적인 말.

비평하는 것15)으로 평생을 보내기도 한다. 이와 같은 120종류의 어리석은 선객들이 있어서 스스로를 속이고 남을 속이며 미쳐버리고 사특함에 빠져버렸다. 이에 우리 대혜 노스님께서 대비(大悲)의 원력으로 무외심(無畏心)16)을 드러내고는 오가(五家)17)를 결택(決擇)18)하여 최고의 바른 법을 이은 백여 명19)을 제시하여 책을 만들고 그 제목을 『정법안장(正法眼藏)』이라고 하신 것이다.

이 책은 마치 백택(白澤)20)의 신령스러운 가죽을 매달아 놓은 것과 같아서 정령과 요괴도 혼비백산 할 것이고, 금강보검을 잡은 것과도 같아 마라(魔羅)21)와 외도(外道)의 무리도 발자취를 감춰버릴 것이다. 스물여덟 조사들22)의 원숙하면서도23) 으뜸의 안목과 여섯 조사들24)의 가문의 보물을 노

---

14) 彷彿依稀(방불의희) : 방불(彷彿)은 비슷한 것, 흐릿하여 분별하기 어려움, 그럴듯함, 희미함. 의희(依稀)는 희미한 것, 흐릿한 것, 비슷한 것, 어렴풋한 것.

15) 搖脣鼓舌(요순고설) : 입술을 움직거리고 혀를 참. 곧 함부로 남의 좋고 나쁜 점을 지껄여서 비평하는 것.

16) 無畏心(무외심) : 불보살의 덕(德) 가운데 하나. 두려움 없이 완벽한 자신감으로써 용감하게 법을 설하는 마음.

17) 五家(오가) : 앞의 주8) 참조.

18) 決擇(결택) : 결판을 내다. 결단(決斷), 간택(簡擇)의 뜻으로 지혜로써 모든 의심을 결단하는 것.

19) 百餘人(백여인) : 321여명이다.

20) 白澤(백택) : 전설적으로 내려오는 신성스러운 짐승의 이름.

21) 魔(마) : 마라(魔羅)(māra)의 약어. 수행을 방해하는 마군. 외부의 마(魔)는 사람의 생명을 빼앗아 가고 좋은 일을 방해하는 악귀이다. 석가모니부처님이 불도를 이루실 때 마왕 파순(Ⓢ Pāpiyas)이 네 명의 천녀를 보내어 성도를 방해한 일은 유명하다. 마왕은 욕계의 제6천인 타화자재천에 머물면서 옳은 가르침을 파괴시키는 신(神)이라고 한다. 내부의 마(魔)는 번뇌를 말한다. 『대지도론(大智度論)』 5권에서는 제법실상(諸法實相)을 제외하고는 모든 것을 마(魔)라고 했고, 오음마(五陰魔)·번뇌마(煩惱魔)·사마(死魔)·천마(天魔) 등의 사마(四魔)를 세웠다. 그 외에도 분단마(分段魔)·변역마(變易魔) 등 많은 분류가 있다. 생사해탈하거나 열반이 아닌 것은 모두 다 마(魔)이다. (T25n1509_p0099b11~13, 『大智度論』 初品中 「摩訶薩埵釋論」 第九(卷第五). "魔有四種, 一者煩惱魔, 二者陰魔, 三者死魔, 四者他化自在天子魔.")

22) 四七古錐(사칠고추) : 28명의 뛰어난 선장(禪匠)들. 앞의 주6) 참조.

23) 古錐(고추) : 노고추(老古錐)라고도 한다. 오래 사용하여 끝이 뭉툭해진 송곳. 원숙한 경지에 이른 선장(禪匠)을 말한다. 노고(老古)는 원래 진(晉)나라 때의 농부를 말한다. 진나라 문공(文公)이 사냥하다 사슴이 도망간 곳을 묻자, 발가락을 까닥여서 방향을 가리켜 주었는데 이는 임금의 가벼운 출행을 풍자하여 간(諫)한 것이다. 문공이 그 뜻을 알아채고서 객례로 대우하였다고 한다. 그래서 노고(老古)는 지혜가 뛰어나고 원숙한 어른에 대한 존칭으로 쓰였다. 선가(禪家)에서는 원숙하고 노련하게 기봉을 휘두르는 선장(禪匠)을 노고추(老古錐)라고 한다.

24) 二三老漢(이삼노한) : 중국에서의 여섯 조사를 말한다. 보리달마(菩提達磨)·신광혜가(神光慧可)·감지승찬(鑑智僧璨)·파두도신(破頭道信)·황매홍인(黃梅弘忍)·대감혜능(大鑒慧能)의 여섯이다.

정을 거치지 않아도 한번 보면 다 갖추어져 있으니, 후학들의 나침반인 여기에 더 이상 보탤 것이 없음을 알게 될 것이다.

근래에 수수(繡水)25)의 보선암(普善庵) 사문(沙門)인 혜열(慧悅)스님과 춘문(春門) 서홍택(徐弘澤) 거사(居士)가 직접 기이한 만남을 기뻐하고 예전에는 들어보지 못했던 법문이라고 감탄하였다. 그리고 부처님 은혜에 보답하고자 재물을 모아 거듭 판각하려고 나에게 서문을 써줄 것을 부탁하였다. 그런데 뜻을 함께하는 참선하는 스님들에게 주었지만, 법계의 가없는 문에서 노닐고 고금의 찰나의 생각을 융회하고자 하는데 있어서 이것은 오히려 공훈(功勳)의 지엽적인 일26)일 것이다. 하지만 만약 능히 요달하여 깨달으면 스스로의 마음이 무엇을 알겠으며 스스로의 눈이 무엇을 볼 수 있겠는가? 보지도 못하고 아는 것도 없는 것, 이것이 바로 참으로 '정법안장(正法眼藏)'을 얻은 사람이 될 것이다.

병진년 단옷날에 조동종을 이은 제 27대 고월(古越)27) 현성사(顯聖寺) 주지(住持) 사문인 원징(圓澄)28)이 쓰다.

---

25) 繡水(수수) : 지금의 절강성(浙江省) 가흥(嘉興)지방.

26) 邊事(변사) : 변경지대의 일, 곧 중요하지 않은 일.

27) 古越(고월) : 지금의 절강성(浙江省) 소흥시(紹興市)에 있던 곳.

28) 湛然圓澄(담연원징) : 동산양개(洞山良价)-운거도응(雲居道膺)-동안도비(同安道丕)-동안관지(同安觀志)-양산연관(梁山緣觀)-태양경현(大陽警玄)-투자의청(投子義靑)-부용도해(芙蓉道楷)-녹문자각(鹿門自覺)-청주일변(靑州一辨)-대명보(大明寶)-왕산체(王山體)-설암만(雪巖滿)-만송행수(萬松行秀)-설정복유(雪庭福裕)-숭산문태(崧山文泰)-환원복우(還源福遇)-순졸문재(淳拙文才)-송정자엄(松庭子嚴)-응연료개(凝然了改)-구공계빈(俱空契斌)-무방가종(無方可從)-월주문재(月舟文載)-소산종서(小山宗書)-환휴상윤(幻休常潤)-자주방념(慈舟方念)-담연원징(湛然圓澄). 1561~1626. 명나라 때 스님으로 산수도인(山水道人)이라고도 한다. 동산 양개스님의 27세 법사이다. 회계(會稽)[절강성(浙江省) 소흥(紹興)] 출신으로 속명은 하씨(夏氏)이다. 30세에 묘봉(妙峰)스님에게 머리를 깎고 운서연지(雲棲蓮池)스님에게서 구족계를 받고서 대각방념(大覺方念)스님의 법을 이었다. 소흥(紹興)의 현성사(顯聖寺)에서 종풍을 크게 떨쳤다. 『담연원징선사어록(湛然圓澄禪師語錄)』 8권과 『종문혹문(宗門或問)』 『개고록(慨古錄)』 『법화의어(法華意語)』 『열반소(涅槃疏)』 『금강삼매주(金剛三昧註)』 등 십여 편의 저서가 있다.

題刻大慧禪師正法眼藏

　大慧杲公, 以迅鷹俊鶻之資. 初被湛堂脫轄, 繼受圓悟礪爪. 然後搏摩雲空, 蹴蹋海浪, 毛羣羽族, 靡不遭其裂腦碎肝者. 快哉! 無師自然之智. 真超然而獨雄者也. 若夫議論風旨形於楮墨, 博大詳盡. 橫所欲吐, 必使了然. 印人之心, 而回環轉折之妙. 又若藻士, 杼軸而出者, 抑何宗說之兼暢歟? 良由少侍圓悟, 令處擇木堂, 日與士大夫周旋, 稔其華辨, 不無資發之助. 杲所善士大夫, 無如無盡無垢兩居士. 無盡始以功名自喜, 事業未盡可人. 摧拉之後, 霜降水涸洗露本根. 當世味蜇口之餘, 領醍醐沃心之益. 想見空闊明妙. 令得復秉權軸, 更展作畏, 未必無可觀也. 子韶, 金顴玉骨, 瑽瑽名節, 自樹剛大之氣, 浩然伸於華夷. 迨其晚也, 必以覺場為息心之地, 與杲老契稱莫逆. 杲因以有衡陽之譴, 後會怡然, 曾不齒及此兩人者. 相與於無相與, 其所以然之故, 寧易測哉? 嘗試論之. 名納之與士大夫處, 雖無心襲其文采, 有如縞裏旃檀芳馥暗透. 代之偉人世智辨聰, 種種靡缺. 至於發真歸元, 末後一著子, 必須無面目漢, 痛下老拳. 杲之所著語錄, 書問, 『宗門武庫』與是編. 大都貫串宗乘出入孔老. 益礱斵其門徒者十七, 而為士大夫發拳者十三. 吾輩有意踵兩居士躅者, 尤宜盡心焉, 不獨緇流當奉為家珍而已.

　萬曆 丙辰孟夏 浴佛日 竹嬾居士 李日華 識.

대혜선사의 『정법안장』을 새기면서

대혜 종고선사께서는 신속하고 걸출한 매의 자질을 갖추셨다. 처음에 담당 문준선사29) 회상에서 토시에서 벗어남30)을 얻게 되셨고 원오 극근선사31) 에게서 발톱을 단련 받아32) 법을 계승하셨다. 그런 후에 구름과 허공을 널리 만지고 바다와 파도를 차고 밟으셨으니, 기는 짐승과 나는 새들이 그 뇌가 쪼개지고 간이 부서져 버렸다. 통쾌하구나! 무사지(無師智)와 자연지(自然智)여.33) 참으로 출중하시고 홀로 뛰어난 영웅이로다.

만일에 종이와 먹으로써 스님의 선풍(禪風)과 선지(禪旨)의 형상을 의론코자 한다면, 너르고 크게 하면서도 세세한 데까지 자세히 해야만 할 것이다. 어쨌든지 드러내어 보이고자 한다면 반드시 분명하고 명백하게 해야만 한

---

29) 湛堂文準(담당문준) : 석상초원(石霜楚圓)-황룡혜남(黃龍慧南)-운암극문(雲庵克文)-담당문준(湛堂文準). 1061~1115. 늑담문준(泐潭文準), 보봉문준(寶峯文準)이라고도 한다. 흥원부(興元府)[섬서성(陝西省) 한중(漢中)]출신으로 속성은 양씨(梁氏)이다. 8살에 출가하였는데 진정 극문스님을 찾아뵙고 선관(禪觀)에 전념하던 차에 하루는 어떤 납자가 제갈량의 『출사표(出師表)』를 읽는 것을 듣다가 홀연히 개오하였다. 운암사에서 법을 선양하다가 강서성 늑담(泐潭)의 보봉사(寶峯寺)로 옮겨 학인들을 제접하였다. 『담당준화상어요(潭堂準和尙語要)』1권이 있다. 제자로 삼각지요(三角智堯), 전우전유(典牛典游)[운암천유(雲巖天游)] 등이 있다.

30) 脫鞲(탈비) : 탈비지응(脫鞲之鷹)을 말한다. 비(鞲)는 가죽으로 만들어 매를 앉혀서 길을 들이는 토시이다. 길들여서 구속하는 곳을 떠난 송골매를 탈비지응(脫鞲之鷹)이라 한다. 여기서는 참학자(叅學者)가 스승의 그늘을 완전히 벗어나서 일체의 대상경계에 걸리지 않고 대자유를 얻게 됨을 말한다.

31) 圜悟克勤(원오극근) : 양기방회(楊岐方會)-백운수단(白雲守端)-오조법연(五祖法演)-원오극근(圜悟克勤). 1063~1135. 자(字)는 무착(無着)이고 팽주(彭州)[사천성(四川省)] 숭녕(崇寧) 출신이며 속성은 낙씨(駱氏)이다. 북송의 휘종에게서 자색가사와 불과(佛果)라는 시호를 받고, 남송의 고종에게서 원오(圜悟)라고 시호를 받았다. 소흥(紹興) 5년에 입적하였다. 시호는 진각선사(眞覺禪師)이다. 『벽암록(碧巖錄)』100권, 『원오불과선사어록(圜悟佛果禪師語錄)』20권, 『원오선사심요(圜悟禪師心要)』2권이 있다.

32) 礪爪(여조) : 마아려조(磨牙礪爪)의 준말. 맹수의 새끼가 이빨과 발톱을 갈고 닦다. 선사들이 기봉을 연마함을 말한다.

33) 無師自然之智(무사자연지지) : 무사지(無師智)와 자연지(自然智)를 합한 말. 무사지(無師智)와 자연지(自然智)는 무공용지(無功用智)와 같은 지(智)로서 일체의 공용(功用)을 더하지 않고 스스로 그러하게 아는 부처님의 일체종지(一切種智)를 말한다. 80『화엄경』52권에 나온다. "보살마하살은 이와 같은 공덕을 성취하는데, 공력을 조금 들이고도 무사자연지를 얻는다." ("T10n0279_p0278a05~06, 『大方廣佛華嚴經』卷第五十二, 「如來出現品」第三十七之三. "菩薩摩訶薩, 成就如是功德, 少作功力, 得無師自然智.")

다. 사람의 마음을 새겨 넣어서 바꿨다가 다시 돌리고 기지를 발휘하는 미묘함이 있어야하는 것이다. 또 글 잘 짓는 선비가 문장을 아름답게 지어내는 것만으로써 또한 어찌 종통(宗通)34)과 설통(說通)35)을 아울러 펼쳐낼 수가 있겠는가?

참으로 원오선사를 시봉하는 데는 적게 힘쓰시고 택목당(擇木堂)36)에 거처하면서 매일 사대부들을 응접하여 상대하셨는데,37) 그 화려한 변재가 무르익어 타고난 재질을 드러내게 하는 도움이 없질 않았다.

대혜스님과 절친하게 잘 지낸 사대부들 가운데 무진(無盡)38), 무구(無垢)39) 두 거사만한 이들이 없었다. 무진거사는 공명으로 스스로를 기쁘게 하는 데서 시작했는데 일하는 것은 본받을 만한 사람이 되질 못했었다. 하지만 꺾여진 후에 내린 서리와 얼어붙은 물을 제거해 버리니 본래 뿌리가 드러났다. 응당 세상의 맛은 입을 찔리고 나서야 제호로 마음을 기름지게 하는 이익을 알아차리게 되는 것이다. 생각하여 보니 텅 비어 드넓으며 밝고 미묘한 사람인 줄 알 수 있다. 그래서 중책40)을 다시 받아 놀라운 능력을 펼치

---

34) 宗(종) : 핵심이 되고 주(主)가 되는 것. 종지(宗旨), 종요(宗要). 선가(禪家)에서는 종통(宗通)이라함. 종통(宗通)은 스스로의 깨우침[自悟]이 철저함, 능히 종지(宗旨)를 깨달음을 이른다.

35) 說(설) : 설통(說通). 설법이 자재함.

36) 擇木堂(택목당) : 절을 방문한 조정의 사대부들이 머물며 쉬는 곳.

37) 周旋(주선) : 내왕하며 교제함.

38) 無盡居士(무진거사) : 1042~1122. 장상영(張商英)을 말한다. 신진(新津) 출생. 자는 천각(天覺), 호는 무진거사(無盡居士), 시호는 문충(文忠)이다. 또한 임제종 황룡파. 도솔종열선사(兜率從悅禪師)[석상초원(石霜楚圓)-황룡혜남(黃龍慧南)-운암극문(雲庵克文)-도솔종열(兜率從悅)]의 법을 이었다. 신종(神宗)이 발탁한 왕안석(王安石)이 신법(新法)을 실시하여 개혁정책을 추진할 때 무진거사도 이 개혁에 동참하였으나 보수파들의 반대에 부딪쳐 왕안석의 개혁정책이 실패로 돌아가니 이로부터 한동안 물러나 있다가 1110년 그의 나이 68세 때에 상서성(尙書省) 우복야(右僕射)로 승상(丞相)이 되었으며, 1122년 81세로 세상을 떠남.

39) 無垢居士(무구거사) : 1093~1160. 장구성(張九成)을 말한다. 대혜종고(大慧宗杲) 선사의 재가 제자이다. 자(字)는 자소(子韶)이고 호(號)는 횡보(橫浦)이며 자호(自號)는 무구거사(無垢居士)이다. 전당(錢塘) 사람이다. 어렸을 적부터 학문을 매우 좋아했다. 보인초명선사(寶印楚明禪師)에게서 '백수자(柏樹子)' 화두를 받아서 공부하던 중 선권청(善權淸)스님 회하에 있을 때 화장실에서 볼일을 보며 '백수자(柏樹子)' 화두에 참(叅)이다가 개구리 소리를 듣고 문득 계합하였다. 후에 대혜스님을 만나 지도를 받아 활연대오(豁然大悟)하였다. 예부시랑을 지냈으며 금나라와의 전쟁 문제로 승상 진회(秦檜)와 부딪쳐 남안(南安)에서 귀양살이를 하였다. 이때 대혜스님도 동시에 승적을 박탈당하고 형주로 유배를 갔다. 14년 후 진회가 죽자 다시 회복하여 온주자사(溫州刺史)를 지내었고 죽은 뒤 시호를 문충(文忠)이라 하였다. 소흥(紹興) 29(1160)에 세수 68세로 입적하였다. 『맹자설(孟子說)』『무구록(無垢錄)』『횡보심전(橫浦心傳)』등 50여권의 저작이 있다. 『속전등록』 32권에 그의 이야기가 나온다. (T51n2077_p0693a03~c20, 『續傳燈錄』 卷第三十二. 참조.)

40) 權軸(권축) : 권력. 권력의 중추. 육경(六卿)과 삼상(三相)의 직책이나 재상의 직책을 말한다.

게 되었으니 구태여 보지 않아도 잘 알 수 있는 것이다.

자소(子韶)는 금로옥골(金顱玉骨)을 지녔고 명예와 절개가 굳건하여41) 근본적으로 강대한 기운을 지니고 있었으며, 넓은 마음과 큰 뜻이 중국 전역에 떨쳐졌다. 말년에 이르러서는 오로지 깨달음의 도량으로써 마음을 쉬는 터전으로 삼았으며 대혜노사와는 뜻이 잘 계합하여 막역하다고 알려졌다. 대혜스님께서 형양으로 유배를 가시게 되어 헤어졌다가 뒤에 기쁘게 만났으니 일찍부터 이 두 사람은 서로 아래위가 없이 막역한 사이였다.42) 서로 함께하고 서로 함께 못했던 것은 그러한 까닭이 있었기 때문이니 어찌 쉽게 헤아릴 수 있겠는가?

하지만 시험 삼아 의론해보겠다. 저명한 스님들과 사대부가 함께 있는 곳에서 비록 그 문장을 무심히 받아들였으나, 마치 전단향을 싼 비단에 아름다운 향기가 은근히 스며드는 것과 같이 훌륭하였으니, 뛰어난 사람의 세지변총(世智辨聰)43)으로도 그를 대신하기에는 여러 가지로 모자란다. 참됨을 드러내고 근원에 돌아가는 필경의 한 수44)에 이르고자 한다면 반드시 면목 없는 놈이 늙은 주먹을 있는 힘을 다해서 휘둘러야만 하는 것이다.

대혜스님께서 저술한 어록과 편지와 『종문무고(宗門武庫)』등은 함께 엮었다. 대체로 종승(宗乘)45)을 꿰뚫고 유교와 도교도 넣고 빼고 하면서 엮었다. 대개 갈고 닦은 문도가 17인이고 사대부로서 주먹을 드러낸 자가 13인이다. 뜻이 있어 두 거사의 발자취를 뒤따르는 우리는 더욱 마땅히 마음을 다해야 할 것이니, 유독 스님들만 집안의 보배로 받들어지게 되는 것은 아닐 것이다.

---

41) 瓊瓊 : '단단하다.'라는 의미로 추정됨. 이 '瓊'자는 어느 문헌에서도 찾아보기가 어려운 글자이다.
42) 不齒(불치) : 나이에 의하여 상하를 나누거나 좌차를 정하지 않음.
43) 世智辨聰(세지변총) : 세상의 지혜와 달변과 총명. 불교에서는 팔난(八難)의 하나. 세속에서의 지혜는 뛰어나면서도 참다운 이치에서의 지혜에는 미치지 못한다.
44) 末後一著子(말후일착자) : 최후의 한 수. 말후일구(末後一句)와 같은 말이다. 활연대오한 경지에서 내 보이는 한 수 또는 한마디.
45) 宗乘(종승) : 선종(禪宗)을 말한다.

만력 병진년 첫여름 4월 8일에 죽란거사 이 일화46) 쓰다.

---

46) 李日華(이일화) : 1565~1635. 명나라 때 절강성(浙江省) 가흥(嘉興) 사람. 자는 군실(君實)이고
　　호는 죽란(竹嬾), 또는 구의(九疑)다. 만력 20년에 진사가 되었고 숭정(崇禎) 원년에 정4품 태복
　　소경(太僕少卿)에 올랐다. 서화(書畵)에 능하여 세간에서 박물군자(博物君子)라고 일컬었다고 한
　　다. 『관제비고(官制備考)』『성씨보찬(姓氏譜纂)』『서화상상록(書畵想象錄)』『자도헌잡록(紫桃軒
　　雜錄)』『육연재필기(六硏齋筆記)』 등의 저술이 있다.

答張子韶侍郎書

“左右, 以自所得瞥脫處為極則, 纔見涉理路, 入泥入水為人底, 便欲埽除, 使滅蹤跡. 見宗杲所集, 正法眼藏, 便云: ‘臨濟下有數箇菴主好機鋒, 何不收入? 如忠國師, 說義理禪, 教壞人家男女, 決定可刪.’ 左右, 見道如此諦當, 而不喜忠國師說老婆禪, 坐在淨淨潔潔處, 只愛擊石火閃電光一著子. 此外不容, 一星兒別道理, 真可惜耳. 故宗杲盡力主張. 若法性不寬, 波瀾不闊, 佛法知見不亡, 生死命根不斷, 則不敢如此四楞著地, 入泥入水為人. 葢眾生根器不同, 故從上諸祖各立門戶施設, 備眾生機, 隨機攝化. 故長沙岑大蟲有言: ‘我若一向舉揚宗教, 法堂前須草深一丈.’ 俙人看院始得. 既落在這行戶裏, 被人喚作宗師, 須備眾生機說法. 如擊石火閃電光一著子, 是這般根器, 方承當得. 根器不是處, 用之則揠苗矣. 宗杲, 豈不曉瞥脫一椎, 便七穿八穴, 是性燥? 所以集正法眼藏, 不分門類, 不問雲門·臨濟·曹洞·溈仰·法眼宗, 但有正知正見, 可以令人悟入者皆收之. 見忠國師·大珠, 二老宿禪備眾體, 故收以救此一類根器者. 左右書來云: ‘決定可刪’, 觀公之意, 正法眼藏, 盡去除諸家門戶, 只收似公見解者方是. 若爾, 則公自集一書, 化大根器者, 有何不可? 不必須教妙喜隨公意去之. 若謂忠國師說拖泥帶水老婆禪便絕後, 則如巖頭·睦州·烏臼·汾陽無業·鎮州普化·定上座·雲峯悅·法昌遇諸大老, 合兒孫滿地, 今亦寂然無主化者. 諸公豈是拖泥帶水說老婆禪乎? 然妙喜主張國師, 無垢破除, 初不相妨也.”

장자소 시랑47)에게 답하는 글48)

"그대는 스스로 알아낸 별탈처(瞥脫處)49)로써 지극한 이치를 삼고, 이(理)의 길을 걸으며 입니입수(入泥入水)50)하여 사람 위하는 것을 겨우 보았을 뿐이면서, 곧장 쓸어 없애고 자취를 소멸시켜 버리려고 합니다. 이 종고(宗杲)가 편집한 『정법안장(正法眼藏)』을 보고는 바로 이렇게 말하는군요.
'임제스님 계통으로 기봉(機鋒)51)이 꽤나 훌륭하신 암주(菴主) 몇 분은 어찌하여 수록하여 넣지 않으셨습니까? 그리고 남양 혜충국사52)와 같으신 분은 의리선(義理禪)53)을 설하여 사람들을 잘못 가르치셨으니, 반드시 삭제해야 합니다.'

그대는 도를 드러내는 데 있어 이와 같이 잘 맞추어 살피면서 충국사의

---

47) 張子韶(장자소) : 주39) 참조.
48) 이 편지는 대혜스님이 61세(남송 소흥19년. 서기1149년) 때에 쓴 답서이다.
49) 瞥脫處(별탈처) : 몰록 벗어난 자리. 깨달음의 자리.
50) 入泥入水(입니입수) : 진흙 속에 들어가고 물에 들어간다는 뜻으로 화니합수(和泥合水), 타니대수(拖泥帶水), 타니섭수(拖泥涉水), 화광동진(和光同塵)과 같은 의미이다. 부처님이 지혜의 빛을 숨기고 세간에 들어가 자비심으로써 중생과 동화하고 구제하는 것을 말한다. 선종에서는 제자들을 가르칠 때 언어 등의 방편을 사용하는 것을 말한다.
51) 機鋒(기봉) : 선사들이 근기들을 제접할 때 사용하는 날카로운 방편적 수단.
52) 南陽慧忠(남양혜충) : 쌍봉도신(雙峰道信)-황매홍인(黃梅弘忍)-조계혜능(曹溪慧能)-남양혜충(南陽慧忠). ?~775. 절강성(浙江省) 소흥부(紹興府) 제기현(諸暨縣) 출생. 속성은 염씨(冉氏). 어려서부터 육조 혜능스님을 따라다니며 배우다가 그의 법을 이었다. 육조스님 입적 후 여러 곳을 다니다가 남양(南陽) 백애산(白崖山) 당자곡(黨子谷)으로 들어가서 40여년을 아예 산문 출입을 하지 않았다고 한다. 상원(上元) 2년(761)에 숙종이 그의 명성을 듣고 조칙을 내려 스승으로 모셨다. 현종(玄宗)과 숙종(肅宗) 그리고 대종(代宗)에 걸쳐 두루 존경을 받았다. 균주(均州) 무당산(武當山)에 태일연창사(太一延昌寺)를 창건하였고, 당자곡(黨子谷)에 향엄장수사(香嚴長壽寺)를 창건하였다. 혜충스님은 청원 행사, 남악 회양, 하택 신회, 영가 현각스님 등과 함께 혜능스님의 5대제자로서 하택 신회스님과 함께 북방의 선풍을 이끌며 마조(馬祖)스님의 남방선풍과 대립하였다. 그의 선풍은 신심일여(身心一如), 즉심즉불(卽心卽佛)을 선지(禪旨)로 하여 제자들을 제접하였으며 또 무정설법(無情說法)을 처음으로 주창(主唱)하기도 하였다. 또한 삼장(三藏)을 연구하고 교학(敎學)을 중시하면서 혜능스님의 설법에 의거하여 늘 법문하였다. 대력(大曆) 10년에 입적하였다. 시호는 대증국사(大證國師)이다. 법을 이은 제자로는 당숙종황제(唐肅宗皇帝)와 당대종황제(唐代宗皇帝) 등 2황제와 탐원진응(耽源眞應), 개봉손지고(開封孫知古), 등주향엄유계(鄧州香嚴惟戒)가 있다.
53) 義理禪(의리선) : 갈등선(葛藤禪)·구두선(口頭禪)·문자선(文字禪) 등과 같은 말로서, 언어문자로 뜻을 궁구하는 선(禪)을 말한다.

노파선(老婆禪)54) 말하는 것을 좋아하지 아니하고, 맑고 깨끗한 곳에만 앉아 다만 부싯돌불빛이나 번갯불과55) 같이 한 순간의 한 방56)만을 좋아합니다. 이 외에 다른 도리는 아주 조금도57) 용납하질 않으니 참으로 애석할 따름입니다.

그래서 이 종고가 간절히 말씀드립니다. 만약 법의 성품이 괄대하지 않고 기세가 광활하지 않으며, 불법이라는 지견(知見)을 없애지 못하고, 나고 죽는 생명의 뿌리도 끊어버리지 못하셨다면, 감히 이와 같이 확고부동하면서도58) 입니입수(入泥入水)하여 사람을 위하시지는 못하셨을 것입니다.

대체로 중생의 근기가 같지 않기에 예로부터 모든 조사님들은 각기 문호(門戶)를 건립하여 뭇삶들의 기(機)59)를 포괄하고, 그 기(機)에 따라 거두어 교화하셨습니다. 그러므로 장사 잠대충스님60)이 말씀하셨습니다.

'내가 만약 한결같이 선종(禪宗) 가문(家門)의 가르침만 내걸어 드날린다면 반드시 법당 앞의 풀이 한 길이나 깊을 것이다.'61)

그렇다면 사람들을 고용하여 집을 보게 해야만 될 것입니다. 바로 기꺼이 이렇게 선문(禪門) 안의 일을 실행하여 사람들에게 종사(宗師)라고 불리게 되었다면, 반드시 뭇삶들의 기(機)를 포괄하여 설법을 해야만 하는 것입니다. 부싯돌불빛과 번갯불빛의 한 방은 그만한 근기에 딱 맞아야만 비로소

---

54) 老婆禪(노파선) : 절박하고 간절한 마음으로 모든 것을 내던져 지도하는 선(禪)을 말한다. 또는 지나치게 친절하면서도 자세하게 지도하는 선(禪)을 말한다.

55) 擊石火閃電光(격석화섬전광) : 돌과 돌을 부딪쳐 내는 불빛과 번쩍하는 번갯불 빛. 가장 짧은 순간을 말한다.

56) 一著子(일착자) : 한 번 손을 씀. 한 번 접촉함. 한 번 닿음. 한 가지의 일. 일이 진행되는 한 단계. 바둑이나 장기의 한 수.

57) 一星兒(일성아) : 아주 조금.

58) 四楞著地(사릉착지) : ①몸의 네 모서리를 땅에다 붙이다. 몸의 네 모서리는 두 손과 두 발을 말한다. 오체투지(五體投地)하듯이 온 몸을 내던지는 것을 말한다. ②사릉답지(四楞蹋地), 사각착지(四脚著地)라고도 한다. 의자의 네 다리가 땅에 붙어 있다. 마음이 안정되어 조금도 동요가 없다. 본분에 도달하여 확고부동한 상태를 나타낸다.

59) 機(기) : 세밀한 장치가 되어 있는 기구를 말한다. 기계틀, 베틀, 기틀. 어떤 일의 실마리나 조짐의 뜻으로 쓰인다. 선가에서는 '깨달음의 실마리' '깨달음의 밑천'이란 의미로 쓰고 있다.

60) 長沙景岑(장사경잠) : 남악회양(南嶽懷讓)-마조도일(馬祖道一)-남전보원(南泉普願)-장사경잠(長沙景岑). ?~868. 어려서부터 출가하였다. 처음에 장사(지금의 호남성)의 녹원사(鹿苑寺)에 오랫동안 머물렀다. 전광석화와 같이 재빠른 기봉을 휘둘러 앙산 혜적스님이 그를 잠대충(岑大蟲)이라 불렀다고 한다. 시호는 초현대사(招賢大師)이다.

61) 『전등록』 10권과 『대장일람집』 10권에 나온다. (T51n2076_p0274a11~12, 『景德傳燈錄』卷第十. "上堂曰: '我若一向擧揚宗敎, 法堂裏須草深一丈.'" K45-0616, 『大藏一覽集』卷第十. "上堂云: '我若一向擧揚宗敎, 法堂草深一丈.'")

깨닫게 할 수 있는 것입니다. 근기에 제대로 맞추지 못하고서 이를 사용한다면 싹을 뽑아 올려놓고 빨리 자라기를 바라는 것처럼[62] 헛수고만 하게 될 것입니다.

이 종고(宗杲)가 어찌 별안간 한 방망이로 문득 일곱 번 뚫고 여덟 번 구멍 내는 것이 이 성미 급한 일인 줄을 알지 못하겠습니까? 그렇기에 이 『정법안장』을 편집한 까닭은 문파의 부류를 나눈 것이 아니며, 운문·임제·조동·위앙·법안종을 묻지 않고, 그저 바른 지견(知見)이 있어 사람들을 깨달아 들어가게 했던 이들을 다 수록하기 위한 것이었습니다. 혜충국사[63]와 대주[64] 두 큰스님의 선(禪)이 여러 가지 본바탕을 잘 갖추고 있음을 알기에 한 무리의 사람들을 구제하려고 수록한 것입니다.

그대의 편지에서 '반드시 삭제해야 한다'고 썼습니다. 공(公)의 뜻을 살펴보니, 『정법안장』에 여러 선가(禪家)의 문파를 다 제외하고 오로지 공(公)의 견해와 비슷한 이들만 수록해야 비로소 옳을 것입니다. 만약 그렇다면 공(公)이 스스로 책 한 권을 편집하여 대근기(大根器)의 사람을 교화하는 것은 어찌 가능하지 않겠습니까? 이 묘희를 구태여 공(公)의 뜻에 따라가게 하려고 할 필요가 없습니다. 만약 혜충국사가 타니대수(拖泥帶水[65])하는 노파선

---

62) 揠苗(알묘) : 알묘조장(揠苗助長)의 줄임말로 『맹자(孟子)』「공손추(公孫丑)」에 나오는 말이다. 곡식을 빨리 자라게 하려고 그 줄기를 뽑아 올리는 것. 억지로 일을 빨리 이루려하다가 도리어 그르쳐 이익이 없음을 비유함. "송나라 사람이 있었는데 그 싹이 자라지 못할까 근심하다가 낱낱이 뽑아 올려놓고는 지쳐서 집으로 돌아가서는 사람들에게 말하기를, '오늘은 피곤하다. 내가 싹을 뽑아 올려서 잘 자라게 하였다.' 이 말을 들은 아들이 달려가 보니 싹이 다 말라 죽어 있었다."(『孟子』「公孫丑」上. "宋人有閔其苗之不長, 而揠之者, 芒芒然歸, 謂其人曰 : '今日病矣. 予助苗長矣.' 其子趨而往視之, 苗則槁矣.")

63) 南陽慧忠(남양혜충) : 쌍봉도신(雙峰道信)-황매홍인(黃梅弘忍)-조계혜능(曹溪慧能)-남양혜충(南陽慧忠). ?~775. 주52) 참조.

64) 大珠慧海(대주혜해) : 조계혜능(曹溪慧能)-남악회양(南嶽懷讓)-마조도일(馬祖道一)-대주혜해(大珠慧海). 건주(建州) 출생. 속성은 주씨(朱氏). 대주화상(大珠和尙), 또는 대주혜해(大珠慧海)라고 불렸다. 월주(越州) 소흥(紹興) 대운사(大雲寺) 도지(道智)스님에게서 머리를 깎았다. 처음에는 경교(經教)를 배워 깨달은 바가 있었으나 후에 여러 지방을 다니다가 마조도일 선사를 만났다. 마조 선사가 "그대 집의 보배창고를 돌이켜 살피지 않고 집을 버리고서 부질없이 돌아다니기만 하니 어찌하려느냐?"고 한 말에 활연대오하고 6년 동안 마조를 모시었다. 월주(越州)에 기거하면서 『돈오입도요문론(頓悟入道要門論)』 1권을 지었는데, 마조스님이 읽어보고는, "월주(越州)에 큰 구슬이 하나 있어 매우 둥글고 밝아 그 광명이 자유자재로 비춘다."라고 말한 데서 대주화상(大珠和尙)이라는 별칭이 만들어졌다.

65) 拖泥帶水(타니대수) : 진흙을 묻히고 물에 젖음. 주50) 참조.

(老婆禪)을 말한 것으로 인하여 곧 후손이 끊어졌다고 말한다면, 암두(巖頭)66)·목주(睦州)67)·오구(烏臼)68)·분양무업(汾陽無業)69)·진주보화(鎭州普化)70)·정상좌(定上座)71)·운봉열(雲峯悅)72)·법창우(法昌遇)73) 등의 모든

66) 巖頭全豁(암두전활) : 천황도오(天皇道悟)-용담숭신(龍潭崇信)-덕산선감(德山宣鑑)-암두전활(巖頭全豁). 828~887. 천주(泉州)의 남안(南安)현 출생. 속성은 가씨(柯氏). 영천사(靈泉寺)의 의공(義公)스님에게 출가하였으며, 장안(長安)의 보수사(寶壽寺)에서 구족계를 받았다. 처음에 교종에 속해 있었으나 뒤에 설봉 의존스님과 흠산 문수스님등과 교류하였으며, 앙산 혜적스님에게서 지도를 받고 덕산 선감스님의 법을 이었다. 회창시대 때 시호깅변에서 뱃사공 행세를 하면서 난을 피하였다. 동정호 근처의 와룡산에서 종풍을 드날리다가 광계(光啓) 3년에 도적에게 칼을 맞고 입적함. 세수 60. 시호는 청엄대사(淸儼大師). 암두스님은 법을 이은 후손이 4대까지 내려간다. 제자로 나산도한(羅山道閑), 영암혜종(靈巖慧宗), 향계종범(香谿從範), 성수원엄(聖壽院嚴), 서암사언(瑞巖師彦), 현천산언(玄泉山彦) 등 여섯 명이 있다.
67) 睦州道明(목주도명) : 마조도일(馬祖道一)-백장회해(百丈懷海)-황벽희운(黃檗希運)-목주도명(睦州道明). 780~877. 주67) 참조. 목주도종(睦州道蹤)이라고도 함. 속성은 진씨(陳氏). 강남(江南) 출생. 목주(절강성) 용흥사(龍興寺)에 주석할 때 대중 일천 명이 운집하여 종풍을 떨쳐 진존숙(陳尊宿)이라 불리었고, 짚신을 팔아 그 어머니를 잘 모셨다고 하여 진포혜(陳蒲鞋)라고 불렸다. 법을 이은 이가 목주자사(睦州刺史) 진조(陳操)와 엄릉균대화상(嚴陵鈞臺和尙)의 2명이 있다. 세수 98세, 법랍 76세로 입적.
68) 烏臼(오구) : 조계혜능(曹溪慧能)-남악회양(南嶽懷讓)-마조도일(馬祖道一)-오구(烏臼). 법을 이은 제자가 없다. '오구참당(烏臼叅堂)' '오구표병(烏臼杓柄)' 공안으로 유명하다. 『경덕전등록(景德傳燈錄)』 8권·『어선역대선사어록(御選歷代禪師語錄)』 후집상(後集上)·『선문염송집(禪門拈頌集)』 8권·『대광명장(大光明藏)』 중권(中卷)·『연등회요(聯燈會要)』 5권·『오등회원(五燈會元)』 3권·『오등엄통(五燈嚴統)』 3권·『오등전서(五燈全書)』 6권·『선종송고련주통집(禪宗頌古聯珠通集)』 13권·『종문염고휘집(宗門拈古彙集)』 12권·『종감법림(宗鑑法林)』 14권·『선림유취(禪林類聚)』 6권·『불과격절록(佛果擊節錄)』 하권(下卷)·『지월록(指月錄)』 9권·『교외별전(敎外別傳)』 5권·『선종정맥(禪宗正脉)』 2권·『선등세보(禪燈世譜)』 2권·『선원몽구요림(禪苑蒙求瑤林)』 중권(中卷) 등에 기록이 보인다.
69) 汾陽無業(분양무업) : 조계혜능(曹溪慧能)-남악회양(南嶽懷讓)-마조도일(馬祖道一)-분주무업(汾州無業). 762~823. 상주(商州)[지금의 섬서성(陝西省) 상락(商洛) 일대] 상락(上洛) 출신. 속성은 두씨(杜氏). 그 어머니 이씨가 회임하기 전에 꿈을 꾸었는데, 공중에서 음성이 들려와서 그녀에게 물었다. "얹혀살아도 되겠습니까?" 그녀가 "예" 하고 대답하고 잠을 깨고 나서 얼마 후에 임신하였다. 무업선사가 태어나는 날 저녁에 신령한 빛이 방안에 가득하여 모든 사람들이 놀라서 이 아이는 보통아이가 아닐 것이라고 말하였다. 무업선사가 어릴 때는 보통 아이들과는 많이 달랐다고 한다. 걸어 다닐 때는 앞만 똑바로 주시하면서 다녔고, 앉을 때면 늘 결가부좌를 틀고 앉았다고 한다. 9살 되던 해에 개원사(開元寺)로 가서 지본선사(志本禪師)에게서 『금강경』『법화경』『유마경』『사익경』『화엄경』 등의 대승경전을 학습하였다. 12살에 삭발하고 20살에 양주(襄州) 유율사(幽律師)에게서 구족계를 받았다. 『대반열반경』을 대중에게 널리 강의하다가 후일에 마조 도일선사 문하에 들어가서 참례하고 마조스님의 지도로 대오하였다. 이후 청량(淸凉)의 금각사(金閣寺)로 가서 대장경을 열람한 뒤 분주(汾州)[산서성 분양]로 내려가서 개원사(開元寺)에서 20여년을 주석하였다. 당 헌종(憲宗)이 누차 불렀으나 병을 핑계로 모두 거절하였다. 장경(長慶) 3년 12월에 세수 62세로 입적하였다. 법을 이은 제자로 진주상정(鎭州常貞)과 봉선의(奉先義) 선사(禪師)가 있다. 시호는 대달국사(大達國師)이다.
70) 鎭州普化(진주보화) : 남악회양(南嶽懷讓)-마조도일(馬祖道一)-반산보적(盤山寶積)-진주보화(鎭州普化). 생몰연대미상. 스님의 언행이 아주 미친 사람 같고 일상사가 괴팍하였다고 한다. 법을 이은 제자가 없다. '보화생채(普化生菜)' '보화여명(普化驢鳴)' '보화요령(普化搖鈴)' '보화직철

위대한 큰스님들은 당연히 후손이 땅에 가득해야 할 텐데 지금 또한 적막하여 교화를 주재하는74) 이가 없습니다. 이 분들이 어찌 타니대수(拖泥帶水)하는 노파선(老婆禪)을 말씀하셨다고 하겠습니까? 그러나 이 묘희는 혜충국사를 주장하고, 그대 무구거사님은 (혜충국사를) 빼버리더라도 처음부터 서로 방해되는 것은 아닐 것입니다."

(普化直裰)' '보화진령(普化振鈴)' '보화척상(普化踢床)' '보화시범(普化是凡)' '보화적도(普化趯倒)' 등의 공안이 있다. 유명한 「보화영탁게(普化鈴鐸偈)」가 남아 있다.

71) 定上座(정상좌) : 백장회해(百丈懷海)-황벽희운(黃檗希運)-임제의현(臨濟義玄)-정상좌(定上座). 정상좌(定上座)는 임제스님의 제자이지만 그의 행적은 거의 알려져 있지 않다. 다만 성격이 매우 거칠고 완력도 대단했던 사람으로 알려져 있다. 암두(巖頭)·설봉(雪峰)·흠산(欽山)의 세 분 스님이 아직 젊은 납자였을 때의 일이다. 언젠가 남방에서 정상좌(定上座)스님과 만났다. 암두스님이 물었다. "스님은 어디서 오는 길입니까?" 정상좌스님이 대답했다. "임제(臨濟)로부터 옵니다." "우리가 지금 임제큰스님을 만나 뵈러 가는 중인데, 큰스님께선 잘 계십니까?" "아뇨. 벌써 입적하셨습니다." "아이고. 우리가 인연이 없어 생전에 뵙지 못해 안타깝습니다. 스님께서 생전에 하신 말씀을 한마디라도 들려주실 수 있겠습니까?" 그러자 정상좌스님이 말했다. "시뻘건 고깃살덩어리 위에 한 지위 없는(無位) 참사람(眞人)이 있어 항상 그대들 얼굴 문(面門)으로 드나든다. 아직도 증명하지 못한 놈은 봐라! 봐라!" 이렇게 대중 설법의 한 구절을 임제스님 못지않게 박력 있게 말했다. 암두스님과 설봉스님은 잠시 깜짝 놀랐지만 아직 신참내기였던 흠산스님은 "어째서 지위 없음이 아닌(非無位) 참사람(眞人)이라 하지 않았을까요?" 하고 그만 뱉어내고야 말았다. 정상좌스님이 이 말을 듣자마자 느닷없이 흠산스님의 가슴을 움켜잡고 "지위 없는 참사람과 지위 없음이 아닌 참사람이 어떻게 다르냐? 자, 말해라! 말해!" 하면서 목을 꽉 죄었다. 흠산스님은 그만 눈을 허옇게 까뒤집고 당장 숨이 넘어갈 듯했다. 암두스님과 설봉스님이 앞으로 나아가 절을 연거푸 하면서 "이 스님이 아직 신참자(新參者)로서 동서도 분간 못하니 결례한 것 부디 우리를 보아 용서해 주십시오" 하고 손발이 닳도록 빌었다. 정상좌스님이 말했다. "이 두 선배스님이 없었다면 이 오줌싸개 같은 애숭이를 아주 요절을 냈을 텐데……." 그리고는 겨우 잡았던 손을 놓아 주었다고 한다. 법을 이은 제자가 없다.

72) 雲峰文悅(운봉문열) : 수산성념(首山省念)-분양선소(汾陽善昭)-대우수지(大愚守芝)-운봉문열(雲峰文悅). 998~1062. 남창(南昌)[지금의 강서성] 출생. 속성은 서씨(徐氏). 7살에 용흥사(龍興寺)로 출가. 균주(筠州)의 대우 수지스님 회상에 찾아가서 법을 이었다. 대우스님이 입적하신 후 동안원의 황룡스님회하에서 수좌로 머물렀다. 취암사(翠巖寺)에서 납자들을 제접하다가 남악(南嶽) 운봉사(雲峰寺)에 머물렀다. 가우(嘉祐) 7년 세수 66세 법랍 59세로 입적. 『운봉문열선사어록(雲峰文悅禪師語錄)』2권이 남아 있다. 제자로 수녕재효(壽寧齋曉)가 있다.

73) 法昌倚遇(법창의우) : 동산수초(洞山守初)-복엄량아(福嚴良雅)-북선지현(北禪智賢)-법창의우(法昌倚遇). 1005~1081. 호남성 장주 출생. 속성은 임씨(任氏). 출가 후 부산법원(浮山法遠)스님과 파초곡천(芭蕉谷泉)스님에게 지도를 받고 북선지현(北禪智賢)스님의 법을 이었다. 세수 77살에 입적.『법창의우선사어록(法昌倚遇禪師語錄)』이 있다. 법을 이은 제자가 없다.

74) 主化(주화) :『운오사개간본(雲奧寺開刊本)』에서는 '主(주)'가 '王(왕)'으로 되어 있고 일본《卍속장경》에서는 '主(주)'로 되어있다.

正法眼藏 卷第一之上
정법안장 제1권의 상

徑山 大慧禪師 宗杲 集并著語
경산 대혜선사 종고 모으시고 아울러 착어하심

繡水 春門居士 徐弘澤 校閱
수수의 춘문거사 서홍택 교열함

1. 낭야혜각琅邪慧覺

琅邪和尙, 問擧和尙: "近離甚處?" 擧曰: "兩浙." "船來陸來?" 曰: "船來." "船在甚麼處?" 曰: "步下." "不涉程途一句, 作麼生道?" 擧以坐具摵一摵, 曰: "杜撰長老, 如麻似粟." 便拂袖而出. 琅邪問侍者: "此是甚麼人?" 曰: "擧上座." 琅邪遂親下旦過堂, 問: "莫是擧上座麼? 莫怪適來相觸忤?" 擧便喝. 復問: "長老何時到汾陽?" 曰: "某時到." 擧曰: "我在浙江早聞你名, 元來見解只如此, 何得名播寰宇?" 琅邪遂作禮, 曰: "慧覺罪過."[75]

낭야 혜각스님[76]이 법화 전거스님[77]께 물으셨다.

---

75) 『聯燈會要』卷第十三, X79n1557_p0113a06~13. 『禪門拈頌集』卷第二十九, K46-0486, 1378 則. 『五燈會元』卷第十二, X80n1565_p0242b01~09. 『古尊宿語錄』卷第二十六, 「舒州法華山擧和尙語要」, X68n1315_p0172c05~13. 참조.

76) 琅邪慧覺(낭야혜각) : 풍혈연소(風穴延沼)-수산성념(首山省念)-분양선소(汾陽善昭)-낭야혜각(琅邪慧覺). '邪'는 '琊'로도 쓴다. 자(字)는 광조(廣照)이다. 서낙(西洛)[산서성(山西省) 수양서(壽陽

“어디를 떠나왔습니까?”
전거스님이 말씀하셨다.
“양절(兩浙)78)입니다.”
“배를 타고 왔습니까, 육지로 왔습니까?”
말씀하셨다.
“배로 왔습니다.”
“배는 어디에 있습니까?”
말씀하셨다.
“나루터79)에 있습니다.”
“노정을 거닐지 않는 한마디를 어떻게 말하겠습니까?”
전거스님이 좌구를 탁탁 털고 말씀하셨다.
“엉터리 장로들이 삼과 같고 좁쌀과 같구나.”
그리고는 곧바로 소매를 떨치면서 나가버리셨다.
낭야스님이 시자에게 물으셨다.
“이분은 누구냐?”
“전거상좌입니다.”
낭야스님이 재빨리 단과당(旦過堂)80)을 직접 찾아가서 물으셨다.
“거상좌가 아니십니까? 방금 비위를 거슬렀는데81) 언짢진 않으셨습니까?”
전거스님이 별안간 “억!” 하셨다.
(전거스님이) 다시 물으셨다.

西)] 출신. 부친상을 치르고 예양(澧陽)의 약산(藥山)에 있는 옛 절을 지나다가 예전부터 살았던
  것 같은 친근감을 느꼈는데 이로 인해 출가하였다. 분양 선소스님의 법을 잇고 저주(滁州) 낭야
  산(琅琊山)에 주석하였다. 설두 중현스님과 함께 도를 널리 펴 2대 감로문[二甘露門]이라 불렸
  다. 공안자화(公安子和), 강산방(姜山方), 정혜초신(定慧超信) 등 18인의 수법제자가 있다.
77) 法華全擧(법화전거) : 풍혈연소(風穴延沼)-수산성념(首山省念)-분양선소(汾陽善昭)-법화전거(法
  華全擧). ?~1056. 공안원(公安遠)스님과 복창유선(福昌惟善)스님, 설두중현(雪竇重顯) 스님 등을
  참알하였으나 계합하지 못하고 분양 선소스님을 찾아 비로소 확철대오하였다. 처음엔 용서(龍
  舒)(안휘성) 법화사(法華寺)에 주석하였으나 뒤에 백운(白雲) 해회사(海會寺)로 옮겼다. 기변(機
  辯)이 신속 민첩하여 제방에서 벌벌 떨었다한다. 『서주법화산거화상어요(舒州法華山擧和尚語
  要)』 1권이 있다.
78) 兩浙(양절) : 절동(浙東)[전당강(錢塘江) 이남]과 절서(浙西)[전당강(錢塘江) 이북]. 지금의 절강
  성(浙江省)이다.
79) 步(보) : 나루터 보. 선보(船步)를 말한다. 곧 배를 대어 놓는 부두 또는 나루터다.
80) 旦過堂(단과당) : 절에서 행각승이 쉴 수 있도록 제공해주는 방.
81) 觸忤(촉오) : =촉노(觸怒). 웃어른의 마음을 거슬러 성을 벌컥 내게 함. 비위를 거슬러서 노하게
  함. 분노를 촉발시킴.

"장로께서는 언제 분양선소스님[82]께 가셨습니까?"
말씀하셨다.
"언젠가[83] 갔었죠."
전거스님이 말씀하셨다.
"내가 절강에 있을 적에 일찍부터 스님의 명성을 듣고 있었습니다. 그런데 원래 견해가 그야말로 이와 같을 뿐인데 어찌 이름을 천하[84]에 떨칠 수 있었을까요?"
낭야스님이 절을 하고 말씀하셨다.
"혜각의 허물입니다."

妙喜曰: "賓則始終賓, 主則始終主. 二大士驀劄相逢, 主賓互換, 直下發明臨濟心髓. 苟非徹證向上巴鼻, 具出常情正眼, 未免作得失論量. 或者道: '舉公前來, 一一據實祗對, 琅邪末後, 不合作佛法道理, 是杜撰處.' 或者道: '琅邪被舉公道箇杜撰, 心中疑惑, 即時倒戈卸甲, 遂挽留舉公, 咨決此事, 謂之坐參.' 一犬吠虛, 千猱唯實. 蓋由主法者智眼不明, 濫觴宗教, 疑誤後人. 殊不知二大士, 激揚若日月麗天. 龍象蹴踏, 決非跛驢盲者之事. 井蛙醯雞, 又焉知宇宙之寬曠邪?

묘희스님[85]이 말씀하셨다.

---

82) 汾州善昭(분주선소) : 보응혜옹(寶應慧顒)-풍혈연소(風穴延沼)-수산성념(首山省念)-분양선소(汾陽善昭). 947~1024. 태원(太原) 출신. 속성은 유씨(兪氏). 14세에 부모가 돌아가시자 출가하여 구족계를 받았다. 그 후 제방을 다니면서 71명의 선지식들을 참방하였다. 그러다가 수산 성념스님을 만나 대오하고 법을 이었다. 성념스님이 입적하자 서하(西河)의 도속(道俗)들의 청으로 분주(汾州) 태자원(太子院)에 주석하면서 삼구(三句), 사구(四句), 삼결(三訣), 십팔창(十八唱) 등의 기용으로 학인들을 접화하면서 크게 명성을 떨쳤다. 분주에서 30년을 머무르다 인종(仁宗) 천성(天聖) 2년에 세수 78세로 입적하였다. 시호는 무덕선사(無德禪師)이다. 『분양무덕선사어록(汾陽無德禪師語錄)』『분양선소선사어록(汾陽善昭禪師語錄)』『분양소선사어요(汾陽昭禪師語要)』가 남아있다. 석상초원(石霜楚圓), 파초곡천(芭蕉谷泉), 대우수지(大愚守芝), 천성호태(天聖皓泰), 낭야혜각(瑯琊慧覺), 태자도일(太子道一), 법화전거(法華全舉), 용화효우(龍華曉愚) 등의 13인의 걸출한 부법제자(付法弟子가 있다.
83) 『고존숙어록』26권, 47권과 『연등회요』13권에서는 '某'가 '恁麼' 또는 '恁'으로 나온다. '恁麼' 또는 '恁'의 경우는 '바로 지금 이때'로 해석한다. (X68n1315_p0172c11, 『古尊宿語錄』卷第二十六. "恁麼時到". X68n1315_p0331a14, 『古尊宿語錄』卷之四十七. "恁時". X79n1557_p0113a12, 『聯燈會要』卷第十三. "恁時到".) 『오등회원』과 『지월록』『오등엄통』『오등전서』『속전등록』 등에서는 '某'로 되어있다. (X80n1565_p0242b07, 『五燈會元』卷第十二. X83n1578_p0662b10~11, 『指月錄』卷之二十四. X81n1568_p0046b07, 『五燈嚴統』卷第十二. X81n1571_p0622a09, 『五燈全書』卷第二十三. T51n2077_p0486a07~08, 『續傳燈錄』卷第三. "某時到".)
84) 寰宇(환우) : 세계. 천하.

"객은 처음부터 끝까지 객이요, 주인은 처음부터 끝까지 주인입니다.
두 분 대사가 곧장 서로 만나 주인과 객을 서로 바꿔가며 곧바로 임제스님
의 핵심 골수를 드러내어 밝히셨습니다. 진실로 향상의 자신[86]을 철저하게
증득하고 상정(常情)을 벗어난 바른 안목을 갖추지 않았다면, 얻고 잃음을
따지는 짓거리를 면치 못했을 것입니다.

어떤 이는 말하였습니다.
'전거스님은 앞에서부터 낱낱이 사실을 들어 공경히 대답하였으나,
낭야스님은 결국은 불법도리를 드러냄에[87] 서로 맞지 않았으니 엉터리다.'

또 어떤 이는 말하였습니다.
'낭야스님은 전거스님에게 엉터리 장로 취급함을 당하고서 마음속에 의혹
이 일어나 즉시에 창을 거꾸로 잡고 갑옷을 벗어버리고는[88] 나아가 전거스
님을 붙들어 만류하면서 이 일을 물어 결정하였으니, 이것은 저녁 좌참(坐
參)[89]이라고 하겠다.'

개 한 마리가 헛것에 대고 짖으니,
천 마리 원숭이가 실제라고 으르렁대는구나.[90]

이는 법을 다루는 자[91]가 지혜의 눈이 명철하지 못함으로 인하여 궁극적

---

85) 妙喜(묘희) : 대혜스님이 스스로를 부르는 이름. 이 묘희(妙喜)라는 호는 무진거사 장상영이 지
어 드렸다고 한다. 대혜스님이 스승이었던 담당 문준스님의 탑명을 무진거사에게 부탁하자 대혜
스님의 자(字)를 담회(曇晦)라고 짓고 호를 묘희(妙喜)라고 지어드렸다고 한다.
86) 巴鼻(파비) : 자기 자신이나 근거, 본래면목 등을 말한다.
87) 作(작) : 나타내다, 드러내다, 떨치다. 일으키다, 세우다, 부활시키다.
88) 倒戈卸甲(도과어갑) : 『삼국지연의』에 나오는 말이다. "다만 서천의 병사들 가운데서 창을 거
꾸로 잡고 갑옷을 벗어버리는 자는 죽임을 허락지 않고, (『三國志演義』. '但川兵倒戈卸甲者 , 並
不許殺害')" 곧 '항복한다'는 뜻이다.
89) 坐叅(좌참) : =좌당(坐堂). 선원에서 저녁에 주지스님을 참례하고 법문을 듣는 만참(晚叅) 바로
직전에 대중이 모여 앉아 있는 것을 좌(坐)라 하고 북이 울리면 주지스님께 예를 올리는 것을
참(叅)이라 한다. 이 풍습은 분양 선소스님 때 폐지하였다고 한다.
90) 풍혈연소(風穴延沼)스님의 법문에 나온다. "여쭈었다. '서쪽에서 조사께서 전해 온 것을 스님께
서 확실하게 말씀해주시겠습니까?' 스님이 말씀하셨다. '개 한 마리가 헛것에 대고 짖으니 천
마리의 원숭이가 실제라고 으르렁대는구나.'"(X80n1565_p0231b08~09, 『五燈會元』卷第十一.
"問: '西祖傳來, 請師端的?' 師曰: '一犬吠虛, 千猱唯實.'")
91) 主法者(주법자) : 법을 다루는 자. 법령을 관장하는 자. 군주의 법을 관장하는 자.

가르침에서 벗어나버리니92) 어찌 후인들을 미혹하여 그르치게 해버리는 것
이 아니겠습니까? 특히나 두 분 큰스님이 해와 달이 하늘에서 광채를 발하
듯 격양(激揚)93)하심을 알지 못합니다. 용과 코끼리가 차고 밟는 일은 결코
절름발이 당나귀와 눈먼 자의 일이 아닙니다. 우물 안 개구리와 초파리가
또한 어찌 우주의 광대함을 알겠습니까?

予嘗室中擧此話, 問學者: '你還肯琅邪此語否?' 曰: '不肯.' '何故不肯?' 曰:
'不合作佛法道理.' 予復擧雲門問洞山: 「近離甚處?」曰: 「査渡.」「夏在甚處?」
曰: 「湖南報慈.」「幾時離彼?」曰: 「八月二十五.」門云: 「放你三頓棒.」你還肯雲門
此語否?' 曰: '肯.' '肯者云何?' 曰: '雲門無佛法道理.' 予曰: '師家問處一般, 學
者答處無異, 你爲甚肯一不肯一?' 學者佇思. 予連棒打出. 復召其僧: '且來. 且
來.' 其僧回首, 予曰: '你若作棒會, 帶累我, 也是箇瞎漢.' 其僧便禮拜, 曰: '今
日方知, 琅邪與擧公非常情可測.' 予曰: '你看遮瞎漢亂統.' 又打喝出.

내가 일찍이 방안에서 이 일화를 인용하여 찾아 온 학자에게 물었습니다.
'자네는 낭야의 이 말씀을 긍정하지 않느냐?'
말했습니다.
'긍정치 않습니다.'
'어째서 긍정치 않느냐?'
말했습니다.
'불법도리를 드러내는데 있어 서로 맞지 않습니다.'

내가 다시 운문스님94)이 동산스님95)에게 물으신 것을 인용하였습니다.

---

92) 濫觴(남상) : 술잔을 겨우 띄울 수 있을 정도의 발원지의 적은 물. 보통 사물의 기원이나 발단
을 말하나, 여기서는 '기준이나 틀에서 벗어나는 것'을 말한다.
93) 激揚(격양) : 격탁양청(激濁揚淸)의 준말. 흐림을 쳐내고 맑음을 일게 하다. 또는 부딪쳐 드날리
다. 격려하고 선양하다. 소리가 크고 높다. 사물이 맹렬하게 일어나다. 고무시키다.
94) 雲門文偃(운문문언) : 용담숭신(龍潭崇信)-덕산선감(德山宣鑑)-설봉의존(雪峰義存)-운문문언(雲
門文偃). 864~949. 운문종의 개조(開祖). 속가의 성은 장씨(張氏). 절강성(浙江省) 가흥(嘉興) 출
생. 어려서 공왕사(空王寺) 지징(志澄)스님 밑에 있다가 17살에 머리를 깎고 20세에 비구계를
받았다. 목주도종(睦州道蹤)스님에게서 지도를 받다가 설봉의존(雪峰義存)스님에게서 크게 개오
(開悟)하였다. 동광(同光) 원년(923년)에 운문산에 선찰을 세웠는데 대중이 천여 명이 모여들었
다. 건화(乾化) 7년에 입적. 수견(守堅)이 엮은 『운문광진선사광록(雲門匡眞禪師廣錄)』 3권이 있
다. 덕산연밀(德山緣密), 파릉호감(巴陵顥鑒), 쌍천사관(雙泉師寬), 향림징원(香林澄遠), 봉선심

'운문스님이 동산스님에게 물으셨다. 「근자에 어디를 떠나 왔지?」
「사도(査渡)에서 떠났습니다.」
「여름엔 어디에 있었는데?」
「호남의 보자사에 있었습니다.」
「거기를 떠난 때가 언제냐?」
「8월 25일입니다.」
운문스님이 말씀했다.
「너를 3방 때려야겠다.96)」97)

자네는 운문스님의 이 말씀을 긍정하겠느냐?'
'긍정합니다.'
'무엇을 긍정한다는 거냐?'
'운문스님은 불법도리(佛法道理)가 없습니다.'
내가 말했습니다.
'스승이 물은 곳이 한결같으니 학자도 답한 곳이 다름이 없어야 하는 것이
다. 자네는 왜 하나는 긍정하고 하나는 긍정치 않느냐?'
 학자가 생각을 망설이자 내가 연속으로 두들겨 패니 나가 버렸습니다.
'이리 오라. 이리 오라.'하고 그 스님을 다시 부르니, 고개를 돌리기에 내가
말했습니다.
 '자네가 만일 얻어맞는 뜻을 알았다고 해도 나를 끌어들였으니98) 역시 자

(奉先深), 쌍천인욱(雙泉仁郁), 천복승고(薦福承古), 동산수초(洞山守初), 청량지명(淸凉智明), 백
　운자상(白雲子祥) 등 89명의 수법제자들이 있다.

95) 洞山守初(동산수초) : 덕산선감(德山宣鑑)-설봉의존(雪峰義存)-운문문언(雲門文偃)-동산수초(洞
　山守初). 910~990. 속성은 부씨(傅氏). 봉상(鳳翔) 양원(良原)[지금의 섬서성 숭신현(崇信縣)] 출
　생. 16살에 출가. 당시는 선종이 크게 부흥하지 않을 때라 율종의 절로 출가하였다. 섬서성의
　함양(咸陽)과 장안(長安), 호북성의 양양(襄陽), 호남성의 장사(長沙) 등을 전전하다가 광동성 유
　원현(乳源縣) 북쪽의 운문산에 이르렀다. 여기서 운문스님의 지도하에 활연대오하였다. 그후 운
　문산을 떠나 양양의 동산사(洞山寺)로 갔다. 이후로 40여년을 이곳에 주석하였다. 40여년을 한
　절에 머물고 있었지만 그 도는 천하에 두루 전해져서 북송 조정에서는 종혜선사(宗慧禪師)라고
　시호를 드리고 자색 가사를 드렸다.

96) 頓(돈) : 치다, 때리다, 두드리다의 뜻.

97) 이 인용문은 동산스님의 오도인연(悟道因緣)이다. 『전등록』 23권에 뒷 구절이 있다. "스님이
　이튿날 곧장 다시 올라가서 여쭈었다. '어제 스님께 세 방 얻어맞았는데 도대체 저의 허물이 무
　엇입니까?' 운문스님이 말씀하셨다. '밥통아! 강서와 호남을 갔다고?' 스님이 말씀 끝에 크게 깨
　달으셨다."(T51n2076_p0389b16~19, 『景德傳燈錄』 卷第二十三. "師至明日卻上問訊 曰:'昨日
　蒙和尙放三頓棒, 不知過在什麽處?'門曰:'飯袋子! 江西湖南便與麽(去)?'師於言下大悟.")

네는 눈이 먼 것이다.'
 그 스님이 곧 절을 하고 말했습니다.
 '오늘에야 낭야스님과 전거스님을 생각으로는 측량할 수 없음을 비로소 알
았습니다.'
 내가 말했습니다.
 '이 눈먼 놈이 근본을 아주 어지럽히는 것 좀 봐라!'
 또 때리고 꾸짖어 내 쫓았습니다.

 予因罪居衡陽, 杜門循省外, 無所用心, 間有衲子請益, 不得已與之酬酢. 禪者沖
密慧然隨手抄錄, 日月浸久, 成一巨軸. 沖密等持來乞名其題, 欲昭示後來, 使佛祖
正法眼藏不滅. 予因目之曰『正法眼藏』. 卽以琅邪為篇首, 故無尊宿前後次序, 宗
派殊異之分, 但取徹證向上巴鼻, 堪與人解黏去縛, 具正眼而已."

 내가 죄를 인하여 형양에 있을 때, 문을 닫아 놓고 살핌에만 힘쓰는 것
외에 따로 마음을 쓰질 않았는데 간간이 납자들이 와서 가르침을 청하니
부득이하게 응수하였습니다.
 참선납자 충밀(沖密)과 혜연(慧然)이 손이 가는대로 소용되는 것만을 뽑아
서 세월이 오래도록 기록하여 하나의 큰 두루마리를 만들었습니다.
 그리고는 나에게 가지고 와서 부처님과 조사님들의 정법안장이 없어지지
않도록 뒷사람들에게 명시하고자 한다면서 그 제목을 지어주기를 청하는
것이었습니다.
 내가 그러한 조건을 맞추어서 『정법안장』이라고 지어주었습니다. 그리고
즉시에 「낭야선사」편을 책의 제일 앞에 배치하였습니다. 짐짓 존숙의 앞뒤
순서와 종파의 서로 다른 차이를 나누질 않았으니, 다만 향상(向上)99)의 자
기 자신을 철저히 증득하기만 한다면 사람들의 달라붙고 매인 것을 풀어헤
쳐버리고 바른 눈을 갖추게 할 만하다고 할 것입니다."

---

98) 帶累(대루) : 연루되게 하다. 말려들게 하다.
99) 向上(향상) : 미(迷)에서 오(悟)의 경계로 들어가는 향상문(向上門)을 말한다.

2. 암두전활巖頭全豁

巖頭和尚, 示眾, 云: "夫大統綱宗中事須識句. 若不識句, 難作箇話會. 甚麼是句? 百不思時, 喚作正句. 亦云居頂, 亦云得住, 亦云歷歷, 亦云惺惺, 亦云的的, 亦云佛未生時, 亦云得地, 亦云與麼時. 將與麼時等破一切是非, 纔與麼便不與麼, 便轉轆轆地. 若也看不過, 纔被人刺著, 眼眨瞪地, 恰似殺不死底羊相似. 不見古人道: '沈昏不好, 須轉得始得.' 觸著便轉, 纔與麼便不與麼, 是句亦剗非句亦剗, 自然轉轆轆, 自然目前, 露倮倮地, 飽䭀䭀地.

암두 전활스님100)이 대중에게 열어 보이셨다.

"큰 전체를 다스리는 근본의 일(大統綱宗)은 반드시 구(句)를 알아야만 합니다. 만일 구(句)를 알지 못한다면 이 말을 알기가 어렵습니다.

어떤 것이 이 구(句)입니까?

여러 가지 생각을 하지 않을 때를 바른 구(正句)라고 합니다. 또한 정수리에 삶(居頂)이라고 하고, 또한 머묾을 깨달았다(得住)라고 하고, 또한 역력(歷歷)이라고 하고, 또한 성성(惺惺)이라고 하고, 또한 적적(的的)이라고 하고, 또한 부처님이 나오기 이전(佛未生時)이라고 하고, 또한 경지를 알았다(得地) 하고, 또한 이러함(與麼時)이라고도 합니다.

이러한 '이러함' 등의 경지로 나아가면 일체의 옳고 그름을 부숴버리게 되며, 만일 '이러함'이 곧 '이러함'이 아니면 문득 자유자재로운 경지(轉轆轆地)101)가 됩니다.

만일 그 구(句)를 투철히 보지 못하면 곧바로 남에게 찔림을 당하여 두 눈이 번쩍 떠져서(眼眨瞪地)102) 죽여도 죽지 않는 양과 흡사하게 됩니다.

옛사람이 말하는 것을 듣지 못했습니까?

'혼침은 좋지 않다. 반드시 뒤집어야만 비로소 되는 것이다.'103)

---

100) 巖頭全豁(암두전활) : 천황도오(天皇道悟)-용담숭신(龍潭崇信)-덕산선감(德山宣鑑)-암두전활(巖頭全豁). 828~887. 주66) 참조.

101) 轉轆轆地(전록록지) : 덜컹덜컹 수레바퀴가 굴러가는 소리. 아무 걸림 없이 잘 돌아가는 모습의 표현. 대자유인의 경지.

102) 眼眨瞪地(안기징지) : 눈이 크게 떠져서 감기지 않고 있는 모양.

103) 출처를 알 수 없다.

닿자마자 곧 뒤집어버리면 문득 '이러함'이 곧 '이러함'이 아니요, 옳은 구(句)도 또한 없애 버리고 그른 구句도 또한 없애버리어 저절로 자유자재롭게 되며 저절로 눈앞에 적나라하게 드러나게(露倮倮地)104) 되고 더 이상 구할 것이 없게(飽齁齁地)105) 되는 것입니다.

不解却不解敽. 不見道, '却物為上, 逐物為下.' 瞥起微情, 早落地上, 若是敽猪狗眼赫赤. 若有人問: '如何是禪?' 向伊道: '合取屎孔著.' 却有些子氣息, 便知深淺, 硬斜斜地, 汝識取遮箇狸奴面孔. 與麼時不要故探伊, 不要稱量伊.

물리쳐서 풀려고 하지도 말고 물고서 풀려고도 하지 마십시오.
'대상을 물리침을 위로 삼고 대상을 좇는 것을 아래로 삼는다'106)는 말을 들어보았을 것입니다.
문득 미세한 정념이라도 일어나 지상에 바로 떨어진다면 이것은 눈알이 벌건 개돼지에 물리는 것과 같습니다.
만일 어떤 사람이 '어떤 것이 선(禪)이냐'고 묻는다면 '똥구멍이나 잘 오무려라' 라고 그를 향해 말하여 주십시오.
도리어 조금이라도 숨이 있다면 문득 깊고 얕음을 알게 되어 확실하게(硬斜斜地)107) 그대는 본래면목인 고양이 얼굴을 알게 될 것입니다.
'이러함'에는 짐짓 그를 헤아려서는 안 되며 그를 칭량해서도 안 됩니다.

於中有一般漢, 撞著物, 不解轉, 剌著屙漉漉地. 遮般底, 椎殺萬箇, 亦無罪過. 若是本色底, 撥著便上, 敽人火急. 却似剌蝟子相似, 未觸著時, 自弄毛羽, 可憐生, 纔有人撥著, 便嗔斗詬地, 有甚麼近處? 若也未得與麼蕩蕩地, 喚作依句修行, 有則便須等破, 與麼時一物不存. 信知. 從來學得一切言句, 隘在胷中, 有甚麼用處? 不見道? '辟觀辟句.' 外不放入, 內不放出, 截斷兩頭, 自然光烯烯地, 不與一物作對, 便是無諍三昧.

---

104) 露倮倮地(노라라지) : 완전히 벌거벗은 모양. 본래면목이 그대로 드러난 경지.
105) 飽齁齁地(포후후지) : 배불러서 씩씩하는 모양. 완벽하게 만족하는 모양.
106) 출처를 알 수 없다.
107) 硬斜斜地(경두두지) : 斜(알릴 두)는 㪣(딱따기 방)과 같은 뜻. 두두(斜斜)는 의성어로서 목탁이나 딱따기 또는 막대기 등을 탁탁 두드리는 소리를 말함. 선원에서 목탁을 두드려서 대중에게 알리는데서 두두(斜斜)라고 씀. 여기서 경두두지(硬斜斜地)는 '매우 단단하다'라는 뜻이니, 확실하게 알게 된다는 의미이다.

그 속에 평범한 한 놈이 있는데 사물에 부딪치려고 함에 방향을 돌릴 줄도 모르고 찔러보아도 똥이 질펀한 데(屙漉漉地)108)에 달라붙어 있기만 합니다. 이와 같은 놈은 송곳으로 만 명을 죽여 봤자 또한 아무런 죄와 허물이 없을 것입니다.

만일 진정한 구도자라면 맞부딪칠109) 때 곧장 사람에게 달려들어 화급히 물어뜯습니다. 역시 고슴도치에 찔리는 것과 비슷하여 접촉하지 않을 때는 스스로 털을 다루는 귀여운 생명체이지만 사람과 맞닥뜨리면 곧 성을 내어 돌연히 꾸짖으니110) 어찌 가까이 근접이나 하겠습니까?

만일 이렇게 거침없음을(蕩蕩地) 얻지 못했다면 구句에 의지하여 수행하려는 것이 있어도 곧장 반드시 한꺼번에 타파해 버려야 하니, 이때가 되면 한 물건도 존재하지 않게 됩니다.

확실히 알아야만 합니다. 이전에 배워 얻은 일체 언어구절들이 마음을 꽉 막고 있는데 어디에 쓰일 곳이라도 있겠습니까?

들어 보았을 것입니다. '관(觀)도 물리치고 구(句)도 물리친다.'111)

밖에서도 들어오지 못하게 하고 안에서도 나가지 못하게 하여 양쪽을 절단해야만 저절로 밝고 밝게 빛나게(光烯烯地)112) 되며, 한 물건과 더불어 짝을 짓지 않아야만 바로 무쟁삼매(無諍三昧)113)입니다.

兄弟. 若欲得易會, 但向根本明取. 欲出不出, 便須轉, 一口䤵斷後, 不用尋伊去住底, 遠近但放却, 自然露倮倮地. 不用思搭著昏昏地. 纏有所重, 便成窠臼. 古人喚作貼體衣病, 最難治.

형제 여러분. 만일 쉽게 알고자 한다면 다만 근본(根本)을 향해 밝혀야 할

---

108) 屙漉漉地(아록록지) : 녹록(漉漉)은 물방울 똑똑 떨어지는 소리, 또는 축축한 모양, 액체가 줄줄 흐르는 모양, 투명하고 윤택한 모양 등의 뜻이다. 아(屙)는 똥을 누다는 뜻. 따라서 아록록지(屙漉漉地)는 똥오줌을 누는 소리 또는 모양. 진리를 알지도 못하면서 아무렇게나 내뱉는 상투적인 말을 함.
109) 撥著(발착) : 맞닥뜨리다. 맞부딪치다. =당착(撞著).
110) 嗔斗詬地(진두후지) : 성을 내어 벼락같이 꾸짖는 모양. 곧 전체적으로 분노하는 모양.
111) 출처를 알 수 없다.
112) 光烯烯地(광희희지) : 희(烯)는 불빛을 말함. 희희(烯烯)는 불빛이 밝게 빛나는 모양. 광희희지(光烯烯地)는 광명이 찬란하게 비치는 모양으로 대오(大悟)함을 말한다.
113) 無諍三昧(무쟁삼매) : 쟁(諍)은 번뇌를 말함. 일체의 번뇌가 없는 선정(禪定).

것입니다. 그러므로 벗어나거나 벗어나지 않으려함에 곧바로 반드시 뒤집어서 한 입에 물어뜯어 끊어버려야 합니다.

그런 연후에 그 가고 머묾을 찾을 것 없이[114] 멀고 가까움을 오로지 놓아버린다면 저절로 완전히 드러날 것입니다(露倮倮地).

정신이 아뜩아뜩한 곳(著昏昏地)에 사념의 탑을 쌓을 필요가 없습니다. 만일 거듭하게 되면 곧 상투적으로[115] 되고 맙니다.

옛사람이 말한 '몸에 옷을 딱 맞추려는 병'[116]이 가장 치유가 어렵습니다.

是我向前行脚時, 參著一兩處尊宿, 只教日夜管帶坐得. 骨臀生胝, 口裏水漉漉地. 初向然燈佛, 肚裏黑漆漆地, 道我坐禪守取. 與麼時, 猶有欲在. 不見道? '無依無欲, 便是能仁'. 古人道: '置毒藥安乳中, 乃至醍醐亦能殺人.' 遮箇不是汝習學得底. 遮箇不是汝去住底, 不是汝色裏底. 莫錯認門頭戶口. 賺汝臘月三十日, 赤關關地無益. 當莫造作揑怪. 但知著衣喫飯, 屙屎送尿. 隨分遣時, 莫亂統. 詐稱道者, 有一片衣, 不敢將出曬. 恐人見怕失道者名. 圖人讚歎, 作恁麼不中心行.

내가 전에 행각할 때 한 두 곳의 존숙을 뵈었는데 단지 밤낮으로 좌선에만 매달리게 하셨습니다.[117] 앉아있기만 하다 보니 엉덩이에 못이 박이고 입속에는 침이 줄줄 흘렀습니다(水漉漉地).

처음에는 연등부처님을 향하고 있게 하였는데[118] 마음속이 캄캄한데도(黑漆漆地) 나에게 좌선을 지키라고만 하였습니다. 이러한 때 아직도 여전히 욕구가 남아 있었습니다.

들어보았을 것입니다.

'의지할 것도 욕구도 없는 이것이 능인(能仁)[119]이다.'[120]

---

114) 不用(불용) : 꼭 ~할 것 없다. 꼭 ~할 것은 아니다. 꼭 ~할 필요는 없다. 따르지 않다. 쓰지 않다.

115) 窠臼(과구) : 암톨쩌귀. 기존의 격식. 고리타분하게 반복되는 형식. 상투적인 것.

116) 출처를 알 수 없다.

117) 管帶(관대) : 관(管)은 뜻을 잊지 않는 것. 대(帶)는 몸에 지니어 여의지 않는 것. 곧, 부처님과의 인연을 몸과 마음에 항상 지니고 잃어버리지 않는 것. 꾸준히 지님. 잘못된 공부이다. 이에 상대되는 말로 망회(忘懷)가 있다.

118) 初向然燈佛(초향연등불) : 선혜보살이 연등부처님으로부터 수기를 받고 석가모니불이 되었듯이 미래에 성불을 바라면서 수행한다는 뜻이다.

119) 能仁(능인) : '완벽한 자비'의 뜻. 석가모니부처님의 별칭. 적묵(寂黙)이라고도 한다.

120) 출처를 알 수 없다.

옛사람121)이 말하였습니다.

'독약을 우유 속에 넣어두면, 제호(醍醐)122)도 또한 능히 사람을 죽인다.'123)

이것은 여러분이 익히고 배워서 얻을 수 있는 그런 것이 아닙니다. 이것은 여러분의 가고 머무름에 있지 않으며 여러분의 몸 속에도 있지 않습니다.

문의 입구를 잘못 알지 마십시오. 여러분이 납월 30일에 이르러 드러내어 싸우는 데서는(赤閧閧地)124) 이익 될 것이 없습니다.

절대로 조작하고 날괴(捏怪)하지 마십시오. 그저 옷 입고 밥 먹고 똥오줌 누러가는 것만 아십시오. 형편에 알맞게 시간을 보낼 것이지 어지러움을 통제하려 하지 마십시오.

도인이라고 사칭하는 자는 한 조각의 옷을 입고서도 감히 볕을 쐬지 못합니다. 아마도 사람들이 보고서 도를 잃은 자라고 부를까 두려워서일 것입니다. 남들이 찬탄해줌을 바라는 이러한 것은 마음속에서 행할 것이 못됩니다.

---

121) 古人(고인) : 석가모니부처님이다.

122) 醍醐(제호) : 우유를 정제하는 과정에서 마지막 과정을 거친 가장 정밀한 것. 주로 불성(佛性)을 비유한다. 우유를 정제하는 5가지 과정은 유(乳)・락(酪)・생소(生酥)・숙소(熟酥)・제호(醍醐)이다.

123) 『대반열반경』「사자후보살품」에 나오는 법문이다. "사자후보살이 말씀드렸다. '모든 중생들의 몸은 한 종류가 아니어서, 혹은 천신의 몸이며, 사람의 몸이며, 축생・아귀・지옥의 몸입니다. 이렇게 여러 몸으로 차별하여 하나가 아닌데 어째서 불성이 하나라고 말씀하십니까?' 부처님께서 말씀하셨다. '선남자. 어떤 사람이 우유에 독약을 넣으면, 나아가 제호에 이르기까지 모두 독이 있게 된다. 그러나 우유는 타락이라고 부르지 않고, 타락은 우유라고 부르지 않으며, 나아가 제호까지도 그와 같다. 이름은 비록 변하였으나 독약의 성질은 없어지지 않고 다섯 가지 맛 속에 두루 있으며, 모두 이와 같아서 설사 제호를 먹더라도 사람을 죽게 하지만, 실제론 제호에 독약을 넣은 것이 아니다. 중생의 불성도 이와 같아서 비록 다섯 갈래로 다니면서 다른 몸을 받더라도 불성은 항상 동일하여 변함이 없는 것이다.'"(T12n0374_p0539b15~23, 『大般涅槃經』卷第二十九, 「師子吼菩薩品」 第十一之三. "師子吼言: '一切衆生身不一種, 或有天身或有人身畜生餓鬼地獄之身. 如是多身差別非一, 云何而言佛性爲一?' 佛言: '善男子. 譬如有人置毒乳中, 乃至醍醐皆悉有毒. 乳不名酪, 酪不名乳, 乃至醍醐亦復如是. 名字雖變毒性不失, 遍五味中皆悉如是, 若服醍醐亦能殺人, 實不置毒於醍醐中. 衆生佛性亦復如是, 雖處五道受別異身, 而是佛性常一無變.'")

124) 赤閧閧地(적홍홍지) : 홍홍(閧閧)은 시끄럽게 떠드는 소리, 또는 시끄럽게 싸우는 소리. 적홍홍(赤閧閧)은 드러내놓고 시끄럽고 난잡하게 싸우는 소리. 여기서는 죽음이 임박해서야 다급하게 공부하려 함을 말한다.

兄弟. 亦不要信佗繩床上老榾橛屙漉漉地. 將爲好誑諕人, 別造地獄著汝在. 信知古風大好. 不見道? '有卽是無, 無卽是有.' 與麼送出來時, 便知深淺. 遮箇是古格. 於中有一般漢, 信彩吐出來, 有甚麼碑記?

형제 여러분. 또한 똥 질펀한 곳(屙漉漉地)을 두드리고 있는 평상위의 늙고 교활한 자를 믿지 마십시오. 장차 사람을 속이기를 좋아하여 따로 지옥을 만들어 그대들이 딱 붙어 있게 해버릴 것입니다.
옛 선풍(禪風)이야말로 매우 훌륭함을 알아야 합니다.
들어보셨을 것입니다.
'있음은 곧 없음이요, 없음은 곧 있음이다.'125)
바로 이렇게 보내고 끌어올 때 문득 깊고 얕음을 알게 될 것입니다.
이것이 바로 옛 선가(禪家)의 풍격(風格)입니다.
그 속에서 평범한 한 놈이 있어 광휘를 내뿜어 나고 딞을 잘 알 것이지, 비석에 새겨 넣을 만한 글이 뭐 있겠습니까?

但知喚作禪道, 但知喚作一句子, 軟嫩嫩地, 眞是無孔鐵鎚, 聚得一萬箇, 有甚麼用處? 若是有筋骨底, 不用多. 諸處行脚, 也須帶眼始得. 莫被人謾. 不見道? '依法生解, 猶落魔界.' 夫唱敎須一一從自己胸襟間吐得出來, 與人爲榜樣. 今時還有與麼漢麼? 第一切須識取左右句. 遮箇是出頭處. 識取去底, 識取住底, 遮箇是兩頭句, 亦是左右句, 亦喚作是非句. 纏生便礙, 自然無事.

그저 선도(禪道)를 알고 그저 일구(一句)를 알면 아주 부드러운 경지(軟嫩嫩地)126)인데, 참으로 구멍 없는 쇠망치 일만 개를 모아 얻는다 한들 어디 쓸 곳이 있겠습니까? 만일 이 근골만 있다면 많을 필요가 없습니다.
여러 곳의 행각은 반드시 안목을 가져야만 비로소 되는 것입니다.
남에게 속지 마십시오. 들어 보지 못했습니까?
'법에 의지해 앎을 내면 오히려 마계(魔界)에 떨어진다.'127)

---

125) 삼조 승찬대사의 『신심명』에 나오는 글이다. (T48n2010_p0377a06~07, 『信心銘』. "有卽是無, 無卽是有")
126) 軟嫩嫩地(연눈눈지) : 눈눈(嫩嫩)은 아주 곱고 부드러운 모양을 나타내는 의태어. 확철대오한 경지.
127) 배휴거사의 「전심게」에 나오는 말이다. (T51n2076_p0273a15~16, 『景德傳燈錄』 卷第九, 「裴

무릇 불법(佛法)의 선양(宣揚)은 반드시 낱낱이 자기의 마음속을 따라 토해 내어야만 사람들의 귀감이 될 것입니다.

지금 이러한 이가 있습니까?

제일 절박한 것은 반드시 좌우구(左右句)를 알아야만 하는 것입니다. 이것이 바로 벗어나는 곳입니다.
가는 놈을 알고 머무는 놈을 아는 이것이 양두구(兩頭句)이며, 또한 좌우구(左右句)며, 또한 비구(非句)라고 합니다.
생기자마자 곧바로 물어뜯어버리면 저절로 일없이 될 것입니다.

兄弟. 見與麼說還會麼? 莫終日閙閙地亦無了期. 欲得易會? 但知於聲色前, 不被萬境惑亂, 自然露倮倮地, 自然無事. 送向聲色前蕩蕩地, 恰似一團火焰相似, 觸著便燒, 更有甚麼事? 不見道? '非是塵不侵, 自是我無心.' 時熱, 珍重."128)

형제 여러분. 이와 같은 말을 듣고 알겠습니까? 종일토록 시끄럽게 싸우면서(閙閙地) 또한 깨달을 기약이 없게 하지 마십시오.
쉽게 알고 싶습니까? 다만 소리와 모양의 이전을 알고서 수많은 경계에 미혹되고 어지럽지 않기만 하면 저절로 완벽하게 드러나게(露倮倮地) 되며 저절로 일없이 될 것입니다.
소리와 모양 이전을 향하여 보내어져 아무런 걸림없이(蕩蕩地) 되면 흡사 한 뭉치의 불덩이와 같아져서 닿자마자 곧 타버리게 될 것이니 다시 무슨 일이 있겠습니까?
들어서 알고 있을 것입니다. '이것은 육진경계가 침범치 못하는 것이 아니라, 스스로 내가 무심이기 때문이다.'129)

休相國傳心偈」, "隨法生解, 卽落魔界")
128) 『聯燈會要』卷第二十一, X79n1557_p0182c01~0183b01. 『指月錄』卷之十七, X83n1578_p0
   587c09~0588b14. 참조.
129) 방거사의 게송이다. "오랫동안 선근을 깊이 심었기에/ 대상과 함께하나 대상이 침범치 못하는
   데/대상이 물들이지 못함이 아니라/ 스스로 내가 무심이기 때문이라네." (X69n1336_p0140a1
   2~13, 『龐居士詩』卷中, "久種善根深, 同塵塵不侵, 非關塵不染, 自是我無心") 그런데 『宗鏡錄』
   에서는 좀 다르다. 암두스님(828~887)의 시대가 『宗鏡錄』을 편찬한 시기보다 훨씬 이전이기에
   이 구절이 방거사의 원래 시구(詩句)에 가깝지 않을까한다. 이 "오랫동안 선근을 깊이 심었기

덥군요. 잘들 살펴 가십시오."

3. 진정극문眞淨克文

真淨和尚, 示眾, 云: "佛法兩字, 直是難得. 人有底不信自己佛事, 唯憑少許古人影響相似般若, 所知境界, 定相法門, 動即背覺合塵, 黏將去, 脫不得. 或學者來, 如印印泥, 遞相印授, 不唯自誤, 亦乃誤佗. 洞山門下無佛法與人. 只有一口劍, 凡是來者, 一一斬斷, 使伊性命不存. 見聞俱泯, 却向父母未生前與伊相見. 見伊擬近前, 便與斬斷. 然則剛刀雖利, 不斬無罪之人. 莫有無罪底麼? 也好與三十拄杖." 130)

진정 극문스님131)이 대중에게 열어 보이셨다.

"불(佛)과 법(法), 이 두 글자는 바로 알기 어려운 것입니다. 사람들이 자기 부처님의 일을 믿지 못하고서 오직 옛사람의 그림자인 비슷한 반야(相似般

에/ 대상을 만나도 대상의 침범을 받지 않는데/ 대상이 침범치 않은 것이 아니라/ 스스로 내가 무심이기 때문이라네."(T48n2016_p0531a14~16, 『宗鏡錄』卷第二十一. "'久種善根深, 逢塵塵不侵, 不是塵不侵, 自是我無心.")

130) 『續刊古尊宿語要』第二集, X68n1318_p0393a06~13. 『聯燈會要』卷第十四, X79n1557_p0125a09~16. 『嘉泰普燈錄』卷第四, X79n1559_p0314a23~b06. 『五燈會元』卷第十七, X80n1565_p0355a22~b06. 『古尊宿語錄』卷之四十二, X68n1315_p0279c13~20.참조.

131) 眞淨克文(진정극문) : 분양선소(汾陽善昭)-석상초원(石霜楚圓)-황룡혜남(黃龍慧南)-진정극문(眞淨克文). 1025-1102. 보봉극문(寶峰克文). 운암극문(雲庵克文). 늑담극문(泐潭克文)이라고도 한다. 섬부(陝府)[하남성] 문향(閿鄕)출생. 속성은 정씨(鄭氏). 호는 운암(雲庵)·진정(眞淨)·늑담(泐潭)·보봉(寶峰) 등이 있다. 어려서부터 계모슬하에 지내다가 아버지가 유학(遊學)하라고 하자 복주(復州)[호북성(湖北省)]의 북탑(北塔)에 있던 광공(廣公)의 설법을 듣고 스승으로 모시면서 극문(克文)이란 법명을 받게 되었다. 25세에 구족계를 받았고, 처음에 경론(經論)을 공부하다가 치평(治平) 2년(1065) 대산(大山)에서 안거하던 중 어떤 스님이 운문문언(雲門文偃)스님의 법문(法門) 말씀을 외우는 것을 듣고 크게 깨달아 황룡혜남(黃龍慧南)스님을 찾아뵙고 인가를 받았다. 희녕(熙寧) 7년(1074) 금릉(金陵)[남경(南京)]에 이르러 서왕(舒王)의 귀의를 받고 보령사(報寧寺)에서 개산(開山)하였다. 뒤에 장상영(張商英)의 청을 받고 늑담(泐潭)[강서성(江西省) 고안(高安)]에 머물다가 운암(雲庵)에 물러나 한거(閑居)하던 중 숭녕(崇寧) 원년 10월에 세수 78세로 입적하였다. 회당조심(晦堂祖心)스님, 동림상총(東林常總)스님과 함께 황룡파의 발전에 크게 기여하였다. 제자로 도솔종열(兜率從悅), 수녕선자(壽寧善資), 동산지건(洞山至乾), 담당문준(潭堂文準), 각범혜홍(覺範慧洪) 등이 있다. 『운암진정선사어록(雲庵眞淨禪師語錄)』6권이 있고, 각범혜홍(覺範慧洪)이 찬술한 『운암진정화상행장(雲庵眞淨和尚行狀)』이 있다. 이 『정법안장』에서는 18화(話)나 실려 있어 조주스님과 함께 가장 많다.

若)132)와 알게 된 경계(所知境界)와 틀에 박힌 법문(定相法門)에 조금 기대어, 움직이면 즉각 깨달음을 등지고 객진번뇌에 합치해버리고 끈적하게 붙어버려서 떼어 낼 수가 없습니다.

혹 참학(參學)하는 자가 와서 마치 도장으로 진흙을 찍듯이 서로 번갈아가면서 찍어준다면 반드시 스스로만 잘못될 뿐만 아니라 또한 남도 그릇되게 해버립니다.

이 동산(洞山)의 문하에는 남에게 주는 불법이란 없습니다.

다만 한 개의 칼이 있을 뿐이니, 무릇 다가오는 것마다 낱낱이 다 잘라버리어 그의 성명(性命)을 보존치 못하게 합니다.

보고 들음을 함께 없애버린다면 곧바로 부모로부터 태어나기 이전을 향하여 그와 더불어 서로 만나게 됩니다.

그가 앞에 다가오려 함을 보자마자 문득 모두 잘라 끊어버려야 합니다. 그러하기에 강한 칼은 비록 예리하나 죄 없는 사람은 벨 수 없는 것입니다.

죄가 없는 자가 없습니까?
주장자로 서른 대를 보기 좋게 갈겨 주겠습니다."

4. 불안청원佛眼淸遠

佛眼和尙, 示衆, 云: "千說萬說, 不若親面一見. 縱不說亦自分明. 王子寶刀喩, 衆盲摸象喩, 禪學中隔江招手事, 望州亭相見事, 迥絶無人處, 深山巖崖處事, 此皆親面而見之, 不在說也.133)

불안 청원스님134)이 대중에게 열어 보이셨다.

---

132) 相似般若(상사반야) : 반야지혜와 엇비슷한 것 같은 것.
133) 『五燈會元』 卷第十九, X80n1565_p0399a21~24. 참조.
134) 佛眼淸遠(불안청원) : 양기방회(楊岐方會)-백운수단(白雲守端)-오조법연(五祖法演)-불안청원(佛眼淸遠). 1067~1120. 용문청원(龍門淸遠)이라고도 함. 촉(蜀)[지금의 사천성] 임앙현(臨卬縣) 출생. 속성은 이씨(李氏). 14살에 구족계를 받았고 율(律)과 『법화경(法華經)』을 공부한 뒤 참선에 매진하였다. 태평사의 오조 법연스님에게서 대오하여 법을 이었다. 서주(舒州)[지금의 안휘성]의 천녕(天寧) 만수사(萬壽寺)에서 개당하고, 용문사(龍門寺), 포산사(褒山寺) 등에서 후학들을 제접하였다. 불감혜근, 원오극근스님 등과 함께 동산(東山)의 3불(佛)이라 불렸다. 선화(宣和) 2년 세

"천 가지 만 가지의 말이 직접 대면하여 한 번 봄만 못합니다. 설령 말하지 않더라도 또한 스스로 분명합니다. '왕자의 보배 칼의 비유'135)와, '여러

수 54세 법랍 40세로 입적함. 선오(善悟)가 편집한『불안선사어록(佛眼禪師語錄)』8권이 있다.
135) 王子寶刀喩(왕자보도유) : 『대반열반경』 8권의 「여래성품」에 나오는 부처님의 법문이다. "부처님께서 말씀하셨다. '비유하면 어떤 두 사람이 서로 친구가 되었다. 한 사람은 왕자였으며 또 한사람은 가난한 사람이었다. 이 두 사람이 서로 오고 가며 친하게 지냈다. 한 번은 가난한 친구가 왕자에게 좋은 칼이 있는 것을 보게 되었는데 깔끔하고 멋지게 생겨서 마음속에 탐욕심이 일어났다. 훗날 왕자는 다른 나라로 도망을 가게 되었는데 그 칼을 지니고 갔다. 가난한 친구가 남의 집에서 누워 자면서「칼! 칼!」하고 잠꼬대를 하였다. 마침 곁에 있던 사람이 듣고서는 그 사람을 궁궐로 데리고 갔다. 왕이 물어 보았다.「네가 말한 그 칼은 어디 있느냐?」그러자 그 사람이 앞에 있었던 일을 전부 얘기하고는 말하였다.「대왕께서 지금 저의 몸을 갈가리 찢으시고 손발을 잡아 늘여 칼을 얻으려 하시더라도 그 칼은 얻을 수 없을 것입니다. 제가 왕자와 일찍이 친했기 때문에 함께 다니면서 비록 눈으로 칼을 보긴 하였지만 감히 손으로 만져 볼 수도 없었는데 하물며 가지고 있을 리가 있겠습니까?」왕이 또 물어 보았다.「네가 칼을 보았을 때 모양이 무엇과 같았느냐?」대답하였다.「대왕이시여, 제가 본 것은 숫염소의 뿔과 같았습니다.」왕이 듣고는 기분이 좋아져서 웃으면서 말하였다.「너는 이제 마음대로 가고 무서워 마라. 나의 창고에는 이런 칼이 없다. 하물며 네가 왕자에게서 보기나 했겠느냐?」그러고 난 뒤에 왕은 곧 여러 신하들에게 물었다.「그대들은 일찍이 이런 칼을 보았느냐?」하지만 말을 마치고는 죽어버렸다. 그래서 남아 있는 왕자를 찾아 세워 왕위를 잇게 하였다. 그 새로운 왕이 다시 신하들에게 물어 보았다.「그대들은 일찍이 대궐의 창고에서 이 칼을 본적이 있느냐?」모든 신하들이 대답하였다.「저희들이 일찍이 본 적이 있습니다.」왕이 다시 물었다.「그 모양이 무엇과 같더냐?」대답하였다.「대왕이시여. 숫염소의 뿔과 같았습니다.」왕이 말하였다.「나의 궁궐 창고의 어디에 이런 칼과 꼭 같은 칼이 있느냐?」이렇게 차례차례로 왕위를 이어가며 네 명의 임금이 모두 검색하였으나 그런 칼을 찾아 낼 수가 없었다. 바로 얼마 후에 도망갔던 앞의 왕자가 다른 나라에서 본국에 돌아와서 왕이 되었다. 그리곤 그도 역시 신하들에게 물어보았다.「그대들은 칼을 보았느냐?」신하들이 대답하였다.「대왕이시여. 저희들이 모두 보았습니다.」왕이 다시 물었다. 「그 모양이 무엇과 같더냐?」대답하였다.「대왕이시여. 색깔이 깨끗하기가 마치 우담발라꽃 같았습니다.」다시 어떤 이는 이렇게 대답하였다.「생긴 것이 염소의 뿔과 같았습니다.」또 어떤 이는 말했다.「그 색깔이 벌건 것이 마치 불덩어리 같았습니다.」또 어떤 이는 대답하였다.「마치 검은 뱀과 같았습니다.」그때 왕이 크게 웃었다.「그대들은 모두 다 내 칼의 진실한 모양을 본 것이 아니로구나.」선남자. 보살마하살도 역시 이와 같아, 세상에 출현하여 나의 참 모양을 설명한다. 그리고 말을 마치고서 떠나간 것이 마치 왕자가 깔끔하고 멋진 칼을 가지고 다른 나라로 도망을 간 것과 같다. 범부의 어리석은 이들이「일체는 내가 있다! 내가 있다!」고 말하는 것은 마치 가난한 사람이 남의 집에 누워 자다가「칼! 칼!」하고 잠꼬대를 한 것과 마찬가지다. 성문과 연각이 여러 뭇삶들에게 묻기를「내가 어떤 모양이냐?〉하니 어떤 이는 답하기를,「나를 보았는데 나의 모양이 엄지손가락 같았다」하고, 혹은「쌀과 같다」고 말하며, 혹은「피의 씨앗과 같았다」고 하며, 어떤 이는「나의 모양이 마음속에 있는데 태양처럼 밝게 빛났다」고 말한다. 이와 같이 뭇삶들이 나의 모양을 알지 못하는 것이 마치 신하들이 칼의 모양을 알지 못하는 것과 같은 것이다. 보살이 이렇게 나의 법을 말하는 것을 범부들이 알지 못하고 온갖 분별을 하여 나라는 모양을 허망하게 지어내는 것이 마치 칼의 모양을 물으니 염소의 뿔 같다고 대답하는 것과 마찬가지다. 이렇게 범부들이 차례차례로 상속(相續)하여 삿된 소견을 일으킨다. 이와 같은 모든 삿된 소견을 끊어 버리려고 여래가 시현(示現)하여「내가 없다」고 말하였다. 이것은 마치 왕자가 모든 신하들에게 말하기를「나의 창고에는 이런 칼이 없었다」고 말한 것과 같다." (『大般涅槃經』卷第八,「如來性品」第四之五, T12n0374_p0412b17~p0413a01. "佛言: 譬如二人共爲親友, 一是王子, 一是貧賤. 如是二人互相往返. 是時貧人見是王子, 有一好刀, 淨妙第一心中貪着. 王子後時, 捉持是刀, 逃至他國. 於是貧人後於他家, 寄臥止宿. 卽

맹인이 코끼리 더듬어 만짐의 비유'136)와, 참선 가문의 법 가운데 '격강(隔江)에서 손을 흔드는 일'137)과, '망주(望州)의 정자에서 서로 만난 일'138)과,

於眠中調語:「刀刀」. 傍人聞之, 收至王所. 時王問言:「汝言刀者何處得耶?」是人具以上事, 答王:「王今設使屠割臣身, 分張手足, 欲得刀者, 實不可得. 臣與王子, 素爲親厚, 先與一處雖曾眼見, 乃至不敢以手樣觸, 況當故取?」王復問言:「卿見刀時, 相貌何類?」答言:「大王. 臣所見者, 如殺羊角.」王聞是已, 欣然而笑. 語言:「汝今隨意所至, 莫生憂怖. 我庫藏中都無是刀. 況汝乃於王子邊見?」時王卽問諸群臣言:「汝等曾見如是刀不?」言已崩背. 尋立餘子, 紹繼王位. 復問輔臣:「卿等曾於官藏之中, 見是刀不?」諸臣答言:「臣等曾見.」覆復問言:「其狀何似?」答言:「大王. 如殺羊角.」王言:「我官藏中何處當有如是相刀?」次第四王, 皆悉撿技求索不得. 卻後數時, 先逃王子, 從他國還來至本土. 復得爲王既登王位. 復問諸臣:「汝見刀不?」答言:「大王. 臣等皆見.」覆復問言:「其狀何似?」答言:「大王. 其色淸淨, 如優鉢羅花.」復有答言:「形如羊角.」復有說言:「其色紅赤猶如火聚.」復有答言:「猶如黑蛇.」時王大笑:「卿等皆悉不見我刀眞實之相.」善男子. 菩薩摩訶薩, 亦復如是, 出現於世, 說我眞相, 說已捨去. 喻如王子, 持淨妙刀, 逃至他國. 凡夫愚人, 說言一切有我有我, 如彼貧人止宿他舍調語:「刀刀.」聲聞緣覺, 問諸衆生, 我有何相, 答言「我見我相, 大如母指.」或言「如米」, 或「如稗子」. 有言「我相住在心中熾然如日.」如是衆生, 不知我相, 喻如諸臣, 不知刀相. 菩薩如是說於我法, 凡夫不知種種分別妄作我相. 如問刀相, 答似羊角. 是諸凡夫, 次第相續而起邪見. 爲斷如是諸邪見故, 如來示現說於無我. 喻如王子語諸臣言:「我庫藏中無如是刀.」'」)

136) 衆盲摸象喩(중맹모상유) :『대반열반경』「사자후보살품」에 나오는 법문이다. "훌륭한 여러분. 비유하면 어떤 임금이 신하에게 분부하기를, '그대는 코끼리 한 마리를 가져다가 맹인들에게 보여주어라'라고 하였다. 신하는 임금의 명령을 받고 여러 맹인들을 모아놓고 코끼리를 보여주었다. 맹인들이 제각기 손으로 코끼리를 만져 보았다. 신하가 돌아가서 임금에게 보고하였다. '제가 코끼리를 보여 주었습니다.' 그러자 임금이 여러 맹인들을 불러서 각 개인에게 물었다. '그대들은 코끼리를 보았느냐?' 맹인들은 제각기 보았다고 대답하였다. 임금이 물었다. '코끼리가 무엇과 같으냐?' 그랬더니 상아를 만져본 사람은 코끼리 모양이 무(蘆菔根)와 같다고 말하였다. 귀를 만져본 사람은 코끼리가 키(箕)와 같다고 말하였다. 머리를 만진 사람은 코끼리가 돌과 같다고 말하였다. 코를 만진 사람은 코끼리가 절굿공이(杵)와 같다고 말하였다. 다리를 만진 사람은 코끼리가 나무통(木臼)과 같다고 말하였다. 등을 만진 사람은 코끼리가 평상과 같다고 말하였다. 배를 만진 사람은 코끼리가 단지(甕)와 같다고 말하였다. 꼬리를 만진 사람은 코끼리가 밧줄(繩)과 같다고 말하였다. 훌륭한 여러분. 저 맹인들이 비록 코끼리의 몸 전체를 다 말하지는 못하였으나 또한 말하지 않은 것도 아니다. 만일 그 여러 모양이 모두 코끼리가 아니지만 그것을 떠나서도 다시 따로 코끼리가 없다. 훌륭한 여러분. 임금은 여래·정변지를 비유한 것이고, 신하는 방등의『대열반경』에 비유함이며, 코끼리는 불성에 비유함이며, 맹인들은 모든 무명 중생에게 비유하였다."(T12n0374_p0556a08~21,『大般涅槃經』卷第三十二,「師子吼菩薩品」第十一之六.)

137) 隔江招手(격강초수) : 격강횡추(隔江橫趨)라고도 한다. 고정간(高亭簡)스님의 일화에서 나온 말. "양주의 고정간스님이 강을 사이에 두고 덕산스님을 보았다. 멀리서 합장하고 소리쳤다. '안녕하세요?' 덕산스님이 손에 들고 있던 부채를 거듭 흔들었다. 그러자 고정간스님이 곧바로 대오하였다. 그리고 강을 따라 성큼성큼 걸으면서 다시는 돌아보지 않았다. 뒤에 양주에서 개당하고 덕산스님의 법을 이었다."(T51n2076_p0328b27~c01,『景德傳燈錄』卷第十六. "襄州高亭簡禪師, 初隔江見德山, 遙合掌呼云:'不審?'德山以手中扇子再招之. 師忽開悟. 乃橫趨而去, 更不迴顧. 後於襄州開法, 嗣德山.")

138) 望州亭相見(망주정상견) : 설봉스님의 법문이다. "망주정에서 여러분을 만났고, 오석령에서 여러분을 만났으며, 승당(僧堂) 앞에서도 여러분과 만났습니다."(『正法眼藏』卷第三之上, 564話. X66n1296_p0165b09,『宗門拈古彙集』卷第二十八. X69n1333_p0083c06~07,『雪峰眞覺大師語錄』卷之下. "師示衆, 云:'望州亭與儞相見了也. 烏石嶺與儞相見了也. 僧堂前與汝相見了也.'"

'아주 끊어져 사람 없는 곳'139)과, '깊은 산 바위 절벽의 일'140)이 모든 것이 직접 대면하여 보는 것이지 말에 있는 것이 아닙니다.

---

139) 迴絕無人處(형절무인처) : 『벽암록』 45칙에 나오는 말이다. (T48n2003_p0182a9~10, 『佛果圜悟禪師碧巖錄』 卷第五, 45則. "又僧問古德：'深山懸崖迴絕無人處，還有佛法也無？' 古德云：'有.'")

140) 深山巖崖處事(심산암애처사) : 현사사비(玄沙師備)스님의 법문 등에서 나온다. "스님께서 하루는 말씀하셨다. '깊은 산 바위 절벽에 천년만년 동안 사람의 발자취가 이르지 않는 곳에 불법이 있기는 하냐?'" (X79n1557_p0205b04~05, 『聯燈會要』 卷第二十三. "師一日云：'深山巖崖, 千年萬年, 人跡不到處, 還有佛法也無？'")

5. 운문문언雲門文偃

雲門和尚, 拈起拂子, 云: "遮裏得箇入處, 去揑怪也. 日本國
裏說禪, 三十三天, 有箇人出來, 喚云: '吽! 吽!' 特舍兒, 擔枷
過狀."
　　妙喜曰: "遮老漢, 克由曱耐, 冒姓佃官田, 更不納苗稅."141)

운문 문언스님142)이 불자를 잡아 드셨다.

말씀하셨다.
"'여기'에 들어가는 곳을 알려면 날괴(揑怪)143)하지 않아야만 합니다. 일본
에서 선(禪)을 설하면 삼십삼천에서 어떤 사람이 나오면서 '吽(Hōng)! 吽
(Hōng)!'하고144) 외치니, 외양간지기145)가 스스로 칼을 쓰고 허물을 고백
하는구나!'"146)

묘희스님이 말씀하셨다.
"이 노인네가 잘 참지 못하고서는 남의 성을 가칭해서 국유지를 경작하더
니 게다가 곡물세도 내지 않는구나."

---

141) 『續刊古尊宿語要』第二集, X68n1318_p0370a23~b01. 『聯燈會要』卷第二十四, X79n1557_p
　　0208a01~03. 『禪門拈頌集』卷第二十四, 46-0394~0395, 1029則. 『古尊宿語錄』卷第十六, 「雲
　　門匡真禪師廣錄」中, X68n1315_p0102a14~16. 참조.
142) 雲門文偃(운문문언) : 용담숭신(龍潭崇信)-덕산선감(德山宣鑑)-설봉의존(雪峰義存)-운문문언(雲
　　門文偃). 864~949. 주94) 참조.
143) 揑怪(날괴) : 낮도깨비를 지어서 만들어내다. 괴이한 이야기를 만들어내다. 괴이한 행동을 하
　　다. 괴이한 형상을 빚어 만들다. 헛것을 조작해 내다.
144) 吽吽(우우) : 소의 울음소리. 음메 음메. 소가 성을 내어 콧김을 불어내는 소리. 또는 진언을
　　말한다. 진언일 때는 '훔훔'으로 읽는다. 『선문염송설화』 24권에서는 "훔훔은 항마진언이다. 낮
　　도깨비를 쫓는다."라고 나온다. (《한국불교전서》 5책, 『禪門拈頌說話』卷第二十四. "降魔眞言也
　　是遣怪也.")
145) 特舍兒(특사아) : 『운문광록』 중(中)에서는 '特厙兒(특고아)'로 나온다. (X68n1315_p0102a16,
　　『古尊宿語錄』卷第十六, 「雲門匡真禪師廣錄中」. "特厙兒") 特(특)은 소, 특히 수컷소를 말한다.
　　외양간을 관리하는 사람. 위 『선문염송설화』에서는 "견해가 고독함"이라고 설명하고 있다. (위의
　　책. "特舍兒者, 見解孤獨也.")
146) 擔枷過狀(담가과상) : 담가진상(擔枷陳狀)과 같은 말. 스스로 칼을 메고 자기의 죄상을 고백하
　　다.

6. 귀종지상歸宗智常

拭眼歸宗和尚, 示眾, 云: "從上古德不是無知解, 佗高尚之士不同常流, 今時不能自成自立, 虛度時光. 諸子. 莫錯用心. 無人替汝. 亦無汝用心處, 莫就佗覓. 從前只是依佗解. 發言皆滯. 光不透脫, 只為目前有物."
僧問: "如何是玄旨?" 曰: "無人能會." 僧云: "向者如何?" 曰: "有向卽乖." 僧云: "不向者如何?" 曰: "誰求玄旨?" 又曰: "去! 無汝用心處." 僧云: "豈無方便門, 令學人得入?" 曰: "觀音妙智力, 能救世間苦." 僧云: "如何是觀音妙智力?" 師敲鼎葢三下, 曰: "子還聞否?" 僧云: "聞." 曰: "我何不聞?" 僧無語, 宗以棒趂下.147)

식안 귀종스님148)이 대중에게 열어 보이셨다.

"이전의 고덕들이 알고 이해함이 없는 것이 아니었고, 저 고상한 선비들이 보통사람들과 같지는 않았지만 지금 사람들은 스스로 이루거나 스스로 서지 못하고 세월만 헛되이 보내고 있습니다.

여러분. 마음 씀을 그릇되게 하지 마십시오. 누구도 여러분을 대신해 줄 수 없습니다. 또한 여러분의 마음 쓸 곳이 없으니 바깥을 향해서 찾지 마십시오. 이전에는 다만 바깥에 의지한 정해(情解)였을 뿐입니다.

말을 뱉으면 모두 걸립니다. 빛이 사무쳐 벗어나지 못하는 것은 바로 눈앞에 경계가 있기 때문입니다."

어떤 스님이 여쭈었다.
"어떤 것이 이 현묘한 뜻입니까?"
"알 수 있는 사람이 없다."
그 스님이 말했다.
"향(向)149)하는 것은 어떻습니까?"

---

147) 『景德傳燈錄』 卷第七. T51n2076_p0255c24~0256a06. 참조.
148) 拭眼歸宗(식안귀종) : 조계혜능(曹溪慧能)-남악회양(南嶽懷讓)-마조도일(馬祖道一)-귀주지상(歸州智常). 귀종지상(歸宗智常), 지진지상(至眞智常)선사라고도 한다. 강릉(江陵)[호북성] 출신. 속성은 진씨(陳氏). 출가 후 마조 도일선사를 모시고 있다가 크게 깨달았다. 눈동자가 두 개여서 약으로 늘 씻었으므로 식안(拭眼)[눈을 씻음] 귀종선사라고도 불렸다. 부용영훈(芙蓉靈訓), 고안대우(高安大愚) 등 5명의 제자를 두었다.
149) 向(향) : 깨달음을 향해 현묘한 뜻(玄旨)을 구함.

"향(向)하면 곧 어그러진다."
그 스님이 말했다.
"향(向)하지 않으면 어떻습니까?"
"현묘한 뜻을 구하는 이는 누구냐?"
또 말씀하시었다.
"꺼져! 네가 마음 쓸 곳이 없다."
그 스님이 말했다.
"학인으로 하여금 깨닫게 할150) 방편문이 어찌 없습니까?"
"관세음보살의 미묘한 지혜의 힘이 능히 세간의 괴로움을 건진다."151)
그 스님이 말했다.
"어떤 것이 관세음보살의 미묘한 지혜의 힘입니까?"
스님께서 솥뚜껑을 세 번 두드리고는 말씀하셨다.
"네가 듣느냐?"
그 스님이 말했다.
"듣습니다."
"나는 어찌하여 듣지 않느냐?"
그 스님이 말이 없으니, 스님께서 몽둥이로 쫓아내버렸다.

7. 나산도한羅山道閑

羅山和尚, 初入院時上堂. 纔攬衣欲坐即云: "珍重!" 便下座. 良久. 却回云: "未識底近前來." 時有僧纔出禮拜. 山云: "也大苦." 僧禮拜起云: "某甲咨和尚." 山便喝出. 僧問: "如何是奇特一句?" 山云: "道甚麼?" 良久. 云: "若是上士, 脚纔跨門, 便委得. 若也覰面相呈, 猶是鈍漢. 口喃喃地不消一钁. 會麼? 不是禪, 不是道, 不是佛, 不是法. 是甚麼? 靈鋒寶劍常露現前, 亦能殺人亦能活人. 若能操持一任操持. 若也出場定當, 須是箇漢始得.

---

150) 得入(득입) : 심지(心地)를 개명(開明)하여 불지(佛地)에 듦. =증오(證悟).
151) 『법화경』「관세음보살보문품」의 구절이다. (T09n0262_p0058a13, 『妙法蓮華經』「觀世音菩薩普門品」第二十五, "觀音妙智力, 能救世間苦.")

나산 도한스님152)께서 처음에 절에 들어오셔서153) 상당법문을 하시려고 법상에 오르셨다. 막 가사를 잡고 앉으려 하시다가 즉시에 이르셨다.
"잘들 계시오!"
곧바로 내려오셨다.

한참을 묵묵히 계셨다.

고개를 돌려 말씀하셨다.
"모르는 이는 바로 나와 보십시오."
그때 한 스님이 곧바로 나와서 절을 하였다.
나산스님이 말씀하셨다.
"엄청 골칫덩어리로군."
그 스님이 절을 하고 일어나서 말했다.
"제가 스님께 여쭙겠습니다."
스님께선 곧바로 "억!" 하시고 나가셨다.

어떤 스님이 여쭈었다.
"어떤 것이 특별한 한 구절입니까?"
스님이 말씀하셨다.
"뭐라고?"

한참을 묵묵히 계셨다.

말씀하셨다.
"만일 이 상근기라면 다리가 가까스로 문지방에 걸쳐지자마자 곧바로 확실히 알아버립니다. 당장에 선법(禪法)의 근본을 가리켜야만 한다면154) 오히

---

152) 羅山道閑(나산도한) : 용담숭신(龍潭崇信)-덕산선감(德山宣鑑)-암두전활(巖頭全豁)-나산도한(羅山道閑). 생몰연대미상. 복주(福州)[지금의 복건성]의 장계(長谿) 출신. 속성은 진씨(陳氏). 귀산(龜山)으로 출가한 이후 구족계를 받고서, 두루 행각하다가 석상 경저스님에게서 지도를 받고 암두 전활스님에게서 대오하였다. 이후에 청량산에 머물다가 스님에게 감화 받은 민족(閩族) 왕(王)의 청(請)으로 복주의 나산(羅山)에 머물렀으며 법보선사(法寶禪師)라 불림.
153) 初入院(초입원) : 사원의 주지(住持)로 부임한 것을 말한다.
154) 覿面相呈(적면상정) : 선기(禪機)에 대면하여 일체의 언어지해(言語知解)를 초월하여 본분을

려 이는 둔한 놈입니다. 입으로 나불대봤자 한 자루의 괭이도 쓸 줄 모릅니
다.155)

알겠습니까?

선(禪)도 아니요, 도(道)도 아니요, 부처님도 아니요, 법(法)도 아닙니다.

무엇입니까?

신령한 창과 보배 칼이 항상 바로 그 자리에 나타나 있으면서 능히 사람
을 죽이기도 하고 또한 능히 살리기도 합니다.
만일 잡아 지닐 수가156) 있으면 마음대로 잡아 지니십시오. 만일 경계157)
에서 나와 분명히 밝히려고158) 하거든 반드시 꼭 이러한 사람이라야만 되
는 것입니다.

機機相副, 法法無根, 互爲賓主. 雖然如此, 切忌承當. 何故? 你若野干鳴, 我卽
師子吼, 我若野干鳴, 你亦師子吼. 你若師子吼, 我亦師子吼. 臨時布取意句有主
宰. 所以道意中句, 句中意, 意中不停句, 句中不停意. 意句不同倫, 合作麼生會?
意能剗句, 句能剗意. 意句交馳, 是爲可畏. 意句不明, 事理不通, 只是箇無孔鐵
鎚.

근기와 근기는 서로서로 상응하고159) 법과 법은 뿌리가 없으며 서로서로
번갈아 객과 주인이 됩니다. 비록 이와 같으나 절대로 수긍하진 마십시오.
무슨 까닭이겠습니까?

만남. 선기(禪機)를 보이는 이는 선법(禪法)의 근본을 곧장 가리키고 선기(禪機)에 응하는 이는
본래면목을 몰록 드러냄.
155) 不消(불소) : 불수(不須), 불용(不用)과 같은 뜻으로 '쓰지 못하다'라는 의미.
156) 操持(조지) : 잡다, 손에 쥐다. 장악하다. 다루다. 관리하다. 경영하다. 처리하다. 기획하다, 계
획하다, 준비하다. 절개를 지키다.
157) 場(장) : 경계. 영역.
158) 定當(정당) : 식별하다, 분명히 밝히다. 분명히 알다[=승당(承當)]. 방해를 놓다. 인정하다, 수
긍하다. 타당하다. 적당하다. 순조롭다. 방해를 놓다. 반드시, 꼭.
159) 機機相副(기기상부) : 기기상응(機機相應)과 같은 뜻. 투합하다. 두 사람의 마음이 어떠한 일
에나 의견이 합치하는 것.

여러분이 만일 늑대의 소릴 낸다면 나는 즉각 사자의 포효를 하며 내가
만일 늑대의 소리를 내면 여러분은 역시 사자의 포효를 합니다. 여러분이
만일 사자의 포효를 하면 나도 또한 사자의 포효를 할 것입니다.

 의(意)와 구(句)에서 주재(主宰)가 있는 것을 상황에 맞추어 널리 취합니다.
그런 까닭에 의(意) 속의 구(句)와, 구(句) 속의 의(意)와, 의(意) 속에서 구
(句)를 머무르지 않게 함과, 구(句) 속에서 의(意)를 머무르지 않게 함을 말
하는 것입니다.

 의(意)와 구(句)가 함께 짝지을 수가 없는 것인데 마땅히 어떻게 알 수가
있겠습니까?

 의(意)는 능히 구(句)를 베어버리고 구(句)는 능히 의(意)를 베어버립니다.
의(意)와 구(句)가 서로 끊임없이 왕래하여 헷갈리는 것160), 이것이 꺼려집
니다.

 의(意)와 구(句)가 분명하지 못하면 사(事)와 이(理)가 통하지 못하니, 다만
이 한낱 구멍 없는 쇠망치일 뿐입니다.

 古人喚作流俗阿師, 似遮般底, 如稻麻竹葦, 有甚麼用處? 此箇門中須是箇漢, 眼
卓朔地, 點著便轉轆轆地, 豈是你淸濁可羨, 凡聖能詮? 有恁麼漢, 上士相逢如擊
石火, 如爆龜紋, 迅速如風, 捷辯如電, 快著精彩. 一人半人, 事褫言句, 動逾萬
億, 低頭學禪, 卒不可得. 所以道恁麼則易, 不恁麼則難. 亦云恁麼則難, 不恁麼
則易. 諸人作麼生? 大須細意.

 옛 사람들이 세속적161)으로 우리 스승님이라고 부르는 이러한 자들은 도
마죽위(稻麻竹葦)162)같이 많지마는 어디 쓸 데나 있겠습니까?

 이 문중에 있는 자라면 눈을 크게 열어163) 간파해버리면164) 곧장 크게
자유로울 것인데(轉轆轆地), 어찌 여러분은 맑고 더러움으로 범凡이니 성
(聖)이니 하는 능전(能詮)165)을 여기에다 보탭니까?

---

160) 交馳(교치) : 서로 분주하게 끊임없이 왕래함. 서로 뒤섞이어 헷갈림.
161) 流俗(유속) : 사회에서 유행하는 풍속이나 관습. 세간의 평범한 사람. 평범하고 속됨.
162) 稻麻竹葦(도마죽위) : 벼·삼·대·갈대 등으로 매우 많음을 비유.
163) 卓朔地(탁삭지) : 아주 빼어난 모양. 우뚝 선 모양. 활짝 열린 모양.
164) 點著(점착) : 불을 붙이다. 간파해 버리다.
165) 能詮(능전) : 어구(語句), 문장(文章), 교법(敎法) 등을 나타내는 역할을 하는 것. ↔ 소전(所
    詮).

이러한 자라도 상근기를 만나면 부싯돌 불빛과 같이 되고, 귀갑무늬 터지는 것과 같이 되며, 빠르기는 바람 같이 되고, 재빠른 말솜씨는 번개 같이 되어, 아주 신속하게 뛰어나게 됩니다.166)

몇몇 사람167)이 언구(言句)를 끌어당기기를 일삼으면 엄청나게 동요하게 되고, 생각에 잠겨 머리를 숙이고 선(禪)을 배우면 마침내 얻을 수 없게 됩니다.
그렇기 때문에 이와 같으면 쉽고 이와 같지 않으면 어렵다고 말했으며, 또한 이와 같으면 어렵고 이와 같지 않으면 쉽다고 말하였습니다.

대중 여러분. 어떻게 하겠습니까?
반드시 세밀하게 찾으십시오.

兄弟. 夫行脚也須帶眼, 莫被遮般底罩却. 教你直須冥然去. 須得綿綿去. 苦哉! 被遮般底無辜枷著, 有甚麼出期? 遮箇如水上葫蘆子, 有人按得麼? 常露現前, 滔滔地自由自在, 未曾有一法解蓋得伊, 未曾有一法解等得伊. 撥著便露, 觸著便轉轆轆地. 蓋聲蓋色, 展即周流無滯. 常露目前, 豈是兀兀底? 出則無無不是, 入則箇箇歸源. 聲前迥迥地, 豈墮有無? 所以道聲前一句非聖不傳, 未曾親近如隔大千. 聲前一思大家具知. 遮箇作麼生會? 尋常道聲前有路從汝洞明. 句後不來猶虧一半, 纖毫不透如隔鐵圍. 奇特相逢將何詰對?

형제 여러분. 행각(行脚)168)할 때에는 반드시 안목을 가져야 하지 이러한 것에 사로잡히지 말아야합니다. 사로잡히면 여러분으로 하여금 곧바로 어리

---

166) 快著精彩(쾌착정채) : 급착정채(急著精彩와 같은 말. 쾌(快)는 재빠르다, 신속하다는 뜻. 정채(精彩)는 발랄한 기상. 광휘, 빛, 윤기. 뛰어나다, 근사하다, 훌륭하다 등의 뜻.

167) 一人半人(일인반인) : 일개반개(一箇半箇)라고도 한다. 얻기 어려운 인재. 또는 몇 사람을 말함. "양양(襄陽)이 전진왕 부견(苻堅)의 침공으로 함락되었을 때 유명한 승려인 석도안스님과 역사학자인 습착치가 모두 양양(襄陽)에 있었다. 부견이 오래전부터 그들의 이름을 듣고 있던 차라 그들을 만나고는 매우 기뻐하였다. 그리고 말하기를, '내가 양양에서 한 사람 반을 얻었으니 한 사람은 석도안(釋道安)이요, 반은 다리를 저는 습착치(習鑿齒)다'라고 하였다. (『晉書』, 「習鑿齒傳記」. "襄陽爲前秦苻堅攻陷時, 名僧釋道安, 與歷史學家習鑿齒, 都在襄陽. 苻堅久聞其名, 得之極爲歡喜. 曰: '一人指釋道安有半指有脚跛之疾的習鑿齒.'") 여기서 한사람반사람(一人半人)이란 말이 생겨났다고 한다.

168) 行脚(행각) : 법을 구하기 위해 스승을 찾아다님.

석음에 빠져들게 해버립니다.
　행각은 반드시 끊어지지 않게 꾸준히 해야만 합니다.

　괴롭구나!
　이놈은 죄 없이 칼을 쓰고 있으니 어찌 벗어날 기약이 있겠습니까?
　'이것'은 물위에 뜬 호로병 같은데 누가 누르겠습니까?
　항상 바로 그 자리에 드러나 있어 거침없이 자유자재하니, 일찍이 번뇌에서 풀렸다 하여 한 법도 얻은 것이 없으며, 일찍이 해탈하여 부처님의 경지에 들어갔다 하여도 한 법도 얻은 것이 없습니다.
　맞부딪치면 곧 드러나고, 닿으면 곧 완전히 자유로운 경지(轉轆轆地)입니다.
　소리에 덮여있고 빛에 덮여 있다가도 열어젖히면 곧 두루 돌아다녀 막힘이 없습니다.
　항상 눈앞에 드러나 있는데 어찌하여 비쓱비쓱합니까?169)
나오면 곧 모두가 이렇지 않음이 없음이 없고, 들어가면 곧 낱낱이 존재의 근원으로 돌아갑니다. 소리 앞은 홀로 아득하고 아득한데(迥迥地)
어찌 있다 없다 함에 떨어집니까? 소리 앞의 일구(一句)를 성인이 아니면 전하지 못하는 것을 삼천대천세계를 사이에 둔 것같이 일찍이 친근치 않았기 때문에 그렇게 말한 것입니다.

　소리 앞의 한 생각을 대중170)이 모두 알아야 합니다.
　이러한 것을 어떻게 알아내겠습니까?
　소리 앞에 길이 있어 여러분을 따라 밝게 뚫려 있다고 평소에 말해주었습니다. 구(句) 뒤에는 안 되는데,171) 여전히 절반이 모자랍니다.

　철위산을 사이에 둔 것 같아 털끝만큼도 꿰뚫지 못하니, 뜻밖에 특별히 서로 만난들 무엇으로 묻겠습니까?

---

169) 兀兀(올올) : 비쓱비쓱하는 모양. 뒤뚱뒤뚱하여 위태로운 모양. 쉬지 않고 힘쓰는 모양. 움직이지 않는 모양.
170) 大家(대가) : 대중을 높여서 부르는 말.
171) 不來(불래) : 안 됨. 불가능하다. 래(來)는 불(不)과 함께 쓰여 불가능을 나타내는 어조사다.

大凡唱教, 須會目前生死, 意句殺活, 方可褒揚. 殺人刀活人劒, 上古之機鋒, 亦是今時之樞要. 摧魔破執, 不得不無. 直露真詮, 須知己有, 的能破的, 大用無虧, 圓通現前, 魔難措手. 若也未得如此, 一切四威儀中合作麼生明顯? 還見伊面孔麼? 遮裏尋常道, 面門一思, 常時無間. 諸人還得恁麼也無? 若實未明, 且須自立. 露倮倮地, 不與萬法為隣, 一切法葢伊不得.

所以古人道: '目前無法, 意在目前, 不是目前法, 非耳目之所到.'

第一須得本智現前. 本地風光常露倮倮地, 自由自在出入無滯. 方可違時, 乃至龍神擎花無路, 外道潛覰不見, 有蹤不是, 泯形實去.

대개 교(敎)를 설하더라도 반드시 목전(目前)의 생사와, 의구(意句)를 살리고 죽임을 알아야만 비로소 찬탄하여 장려할172) 수 있습니다.

사람을 살리는 칼과 사람을 죽이는 검, 이것은 옛날의 기봉(機鋒)173)이요, 또한 바로 지금의 추요(樞要)174)입니다.

마(魔)를 꺾고 집착을 부수는 것으로는 마땅히 이만한 것이 따로 없습니다. 그렇기에 참된 전언(詮言)을 곧바로 드러내어, 반드시 이미 있는 것을 알아서 확실히 마(魔)를 부숴버려야 합니다.175)

아주 큰 작용176)을 이지러짐이 없게 하고도 원통(圓通)177)을 바로 이 자리에 나타나게 하면 마(魔)가 손을 쓰기가 어렵습니다.

만일 이와 같음을 아직도 깨닫지 못했다면 일체 움직이고 머물고 앉고 서는 가운데서 결국 무엇으로 명백히 드러나게 하겠습니까?

여러분의 면공(面孔)178)을 드러내고 있습니까?

---

172) 褒揚(포양) : 찬탄하다. 칭찬하여 장려하다.
173) 機鋒(기봉) : 선사(禪師)가 수행승을 인도할 경우에 보이는 수단 방법. 매우 민첩하고 격렬하기에 이렇게 표현한다.
174) 樞要(추요) : 가장 긴요한 곳. 선법(禪法)의 요지(要旨).
175) 的能破的(적능파적) : 앞의 적(的)은 '확실히' '적확하게'의 뜻이고, 뒤의 적(的)은 동사인 파(破)를 강조하는 어조사다.
176) 大用(대용) : 참된 성품의 덕용(德用). 선법(禪法)의 실행(實行).
177) 圓通(원통) : 널리 두루 완벽하게 방해 없이 통함. 법성(法性)이 모든 곳에 그 작용을 완벽하게 미침. 모든 존재에게 그 덕의 작용이 완벽하게 미침을 말한다.
178) 面孔(면공) : 콧구멍. 면목. 얼굴. 자기의 본래 모습.

‘여기’에서 내가 평소에 말하였습니다. 본래면목에다[179] 생각을 한결같이 하여 항상 끊어짐이 없게 하여야 합니다.

대중은 ‘이러함’에 딱 맞추고[180] 있습니까?

만일 아직도 진실로 밝히지 못했다면 곧바로 모름지기 스스로 드러내야만 합니다.

완벽하게 드러난 곳(露倮倮地)은 만법과 더불어 이웃하지 않으며 일체법이 숨기지 못합니다.

그러므로 옛 선사가 말씀하셨습니다.

‘목전(目前)에는 법이 없고, 의(意)가 목전(目前)에 있으니, 목전(目前)의 법이 아니며 귀와 눈으로 이를 것이 아니다.’[181]

가장 중요한 것은 근본지혜를 바로 지금 드러냄입니다.

본래 자기자신의 모습(本地風光)은 항상 완벽하게 드러나 있으며(露倮倮地) 자유자재하여 나고 듦에 아무런 막힘이 없습니다.

어긋나려 하여도 용왕이 꽃을 들어서 아무런 길도 없게 해버리니, 외도가 몰래 엿보려 해도 볼 수가 없으며 또한 자취도 없고 형체도 없습니다.

兄弟. 透頂透底始得. 莫只遮邊那邊逴得些子言句. 到處插語, 指東畫西, 擧古擧今, 遮般底椎殺一萬箇有甚麼罪過? 明朝後日, 鋼鎯人家男女, 打汝鬼骨臀有日在. 知麼? 宗門深奧, 酌度胥襟. 麤餐易飽細嚼難饑. 根本莟殊良由自錯, 虛勞一報. 空腹高心, 過是阿誰? 食人言語, 揀擇是非, 只占己長, 終無是處. 無事. 珍重

---

179) 面門(면문) : ①얼굴의 각 기관, 즉 눈·귀·코·입. 『화엄경탐현기』에 설명이 있다. “면문(面門)이라는 것에 대해 여러 선덕들께서 세 가지 해석을 하셨다. 한 분은 말씀하시길, ‘입이다’라고 하셨고, 어떤 분은 말씀하시기를, ‘얼굴의 단정한 모습으로 따로 입은 아니다’라고 하셨고, 광통사는 말씀하시기를, ‘코밑과 입 위의 중간이다’라고 하셨다.…… 해석해 보겠다. 범어(梵語)에 의해보면 얼굴과 입을 합하여 문(門)이라고 하며 모두 목카(目佉), ⓈmukhA)라고 한다. 이런 까닭에 목카를 면문(面門)이라고 번역하는 것이다.” (T35n1733_p0151b21~25, 『華嚴經探玄記』卷第三, 「盧舍那佛品」 第二. “面門者, 諸德有三釋. 一云: ‘是口’, 一云: ‘是面之正容非別口也.’ 光統師云: ‘鼻下口上中間是也.’…… 今釋. 依梵語稱面及口幷門, 悉名目佉. 是故翻此目佉爲面門也.”) 눈썹과 눈썹사이를 말하기도 하며, 제3의 눈이라고도 한다. ②본래면목.
180) 得(득) : 딱 맞춤. 적중함. 알다. 이해하다.
181) 협산선회(夾山善會)스님의 사구(四句)법문이다. (X80n1565_p0121b24~25, 『五燈會元』 卷第五. “目前無法, 意在目前, 不是目前法, 非耳目之所到”)

."182)

형제 여러분. 정수리를 뚫고 밑바닥을 뚫어야만 됩니다. 단지 조금의 언구(言句)로써 이쪽저쪽 뛰어넘으려 하지183) 마십시오. 도처에 말을 끼워 넣어 동(東)을 가리키며 서(西)를 긋고184) 옛날을 들먹이고 지금을 들먹이는 이러한 놈들은 일만 명을 찔러 죽여 버린다 한들 무슨 죄가 되겠습니까? 내일 아침 해가 뜨면 집안의 남녀로 대신 채워놓고185) 여러분 귀신같은 놈들의 볼기를 칠 날이 있을 것입니다.

알겠습니까?

선종의 깊고 그윽함을
마음속에서 짐작하고 헤아리고 있구나.

거친 음식은 쉽게 배가 부르고, 잘게 씹으면 굶주리기 어렵습니다.

잠깐 스스로 착각함을 말미암아 근본과 멀어졌는데도186)
한 번 알려보려 헛되이 힘쓰는구나.

텅 빈 배에 마음만 높으니 이렇게 지내는 건 누구입니까?
사람마다 언어를 쓰면서187) 옳고 그름을 가리며 자기의 장점만을 부르짖으니 결국은 옳을 것이 없습니다.
아무 것도 할 필요가 없습니다. 잘들 살피시오."

---

182) 『聯燈會要』卷第二十三, X79n1557_p0200c15~0201b14. 『指月錄』卷之十九, X83n1578_p0605b14~0606a13. 참조.
183) 逴(탁) : 알다. 밝다. 뛰어나다. 뛰어넘다. 멀다. 비추다.
184) 指東畫西(지동획서) : 깨달음을 얻지 못한 선인(禪人)들이 융통성 없이 지식정해(知識情解)의 엉터리 말로 지어 내는 여러 가지의 응기(應機) 방법.
185) 錮鏴(고로) : 땜질하다. '고(錮)'는 속박하다, 잡아매다, 막다는 뜻. '로(鏴)'는 황금의 길.
186) 荖殊(차수) : 차수(差殊)와 같은 뜻. 차이가 나다. 착오를 일으키다. 荖(배, 차, 로)는 차(差)와 같은 뜻으로 많이 쓰인다. "부처님의 출현은 본래 일대사인연을 위한 것이다. 다만 근기가 차이 남을 말미암아 보고 들음에 차이가 있을 뿐이다."(X54n0870_p0141b19, 『注肇論疏』卷第一. "若原佛出現, 本為一事因緣, 但由根器荖殊, 見聞有異.")
187) 食(식) : =용(用). 쓰다, 사용하다, 수용하다.

8. 낭야혜각琅邪慧覺

琅邪覺和尚, 上堂, 有僧出來畫一圓相. 琅邪拈拄杖, 僧擬議, 琅邪便打,　云:
"道!" 僧云: "不道." "為甚麼不道?" 僧云: "三世諸佛不出於此." 琅邪又打, 尋
時趂出, 乃云: "敎中道, 以手指比丘, 犯波逸提罪. 山僧今日, 入地獄如箭射."188)

낭야 혜각스님189)이 법상에 오르셨는데, 어떤 스님이 나와서 둥근 원을
그렸다.

낭야스님이 주장자를 잡으시니, 그 스님이 헤아리려고 하자마자, 낭야스님
이 곧바로 때리고는 말씀하셨다.

"말해!"

그 스님이 말했다.

"말 못해요."

"왜 말 못해?"

"삼세의 모든 부처님이 여기에서 나오지 않습니다."

낭야스님이 또 때리고는 순식간에190) 쫓아내셨다.

그리고 말씀하셨다.

"교(敎) 가운데서 말하는 것은 손으로 비구의 바일제죄191)를 가리키는 것
입니다. 이 산승이 오늘 쏜살같이 지옥으로 들어가는구나."

---

188) 『聯燈會要』 卷第十二, X79n1557_p0112a23~b02. 『古尊宿語錄』 卷之四十六, 「滁州瑯琊山覺
　　和尚語錄」, X68n1315_p0311a09~12.　참조.

189) 琅邪慧覺(낭야혜각) : 풍혈연소(風穴延沼)-수산성념(首山省念)-분양선소(汾陽善昭)-낭야혜각(琅
　　邪慧覺). 주76) 참조.

190) 尋時(심시) : 순식간에, 금새, 잠깐 사이에.

191) 波逸提罪(바일제죄) : 파야티카(ⓢPāyattika). 여섯 취계(聚戒) 가운데 하나다. 타(墮)라 번역한
　　다. 비교적 가벼운 계율로서 이를 범한 이는 범계(犯戒)에 관련된 재물을 내놓거나, 혹 다른 이
　　에게 참회함으로써 죄가 없어진다. 그러나 만일 규정에 따라 참회하지 않으면 지옥에 떨어질 죄
　　업을 구성하는 것이므로 타(墮)라 한다. 이에 니살기바일제[尼薩耆波逸提 ⓢNaiḥsargika-prāya
　　ś-cittika. ⓟNissaggiyā-pācittiyā]와 바일제[波逸提 ⓢPāyattika. ⓟPācittiya.]의 두 가지가
　　있다. 앞에 것은 사타(捨墮)라 번역. 뒤에 것은 단제(單提) 또는 단타(單墮)라 번역. 사타(捨墮)는
　　30조항의 계목(戒目)이 있으므로 30사타(捨墮)라고도 한다. 이것을 범하면 가사와 발우 등과 가
　　지고 있는 재물을 모두 버리고 내어 놓아야만 하므로 사(捨)라하였고 삼악도(三惡道)에 떨어지기
　　때문에 타(墮)라 하였다. 단타(單墮)에는 90조항의 계목이 있으므로 90단타라 한다. 이를 범하면
　　버릴 재물이 없는 경우이기에 단지 참회하는 것으로 출죄(出罪)가 된다. (자세한 것은 『가산불교
　　대사림』 권8, p34. 참조.)

9. 설봉의존雪峰義存

雪峯山畔有一僧, 卓菴多年. 不剃頭, 自作一柄木杓, 去溪邊舀水喫. 時有僧問: "如何是祖師西來意?" 菴主云: "溪深杓柄長." 僧歸擧似雪峯, 峯云: "也甚奇怪, 雖然如是, 須是老僧勘過始得." 峯一日同侍者將剃刀去訪佗, 纔相見, 便問: "道得即不剃汝頭." 菴主便將水洗頭, 峯便與剃却.[192]

설봉산 자락에 어떤 한 스님이 암자를 짓고 오래 살고 있었다. 삭발도 하지 않고 머리를 기르고 살고 있었는데, 손수 나무 국자를 한 개 만들어서 시냇가로 가서 물을 떠 마시곤 하였다.

언젠가 어떤 스님이 와서 물었다.

"어떤 것이 조사께서 서쪽에서 온 뜻입니까?"

암자의 스님이 말했다.

"계곡이 깊으니 국자의 자루가 길다."

그 스님이 돌아가서 설봉스님[193]께 이 일을 말씀드렸다.

설봉스님이 말씀하셨다.

---

192) 『禪門拈頌集』 卷第二十, K46-0325, 801則. 『五燈會元』 卷第七, X80n1565_p0146c03~08. 참조.

193) 雪峰義存(설봉의존) : 천황도오(天皇道悟)-용담숭신(龍潭崇信)-덕산선감(德山宣鑑)-설봉의존(雪峰義存). 822~908. 천주(泉州)[복건성] 남안현(南安縣) 출생. 속성은 증씨(曾氏). 12세에 아버지를 따라 포전(蒲田) 옥윤사(玉潤寺)에 가서 경현(慶玄)스님에게서 머리를 깎고, 17세에 구족계를 받음. 깨달음의 인연은 이렇다. "설봉스님이 '이 일'을 간절히 찾아 투자스님을 세 번 뵙고, 동산스님을 아홉 번 찾아뵈었으나 서로 계합하는 인연을 만나지 못하였다. 뒤에 덕산스님이 왕의 덕화로 선원을 지었다는 얘기를 듣고 찾아가서 여쭈었다. '위로부터 내려온 선종의 가풍을 스님께서는 어떻게 사람들에게 보이십니까?' 덕산스님이 말했다. '나의 종문에는 말이 없다. 또한 사람에게 하나의 법도 줄 것이 없다.' 뒤에 또 여쭈었다. '위로부터 내려오는 종승(宗乘)의 일을 저에게 나누어 주실 수 있겠습니까?' 그러자 덕산스님이 주장자로 때리면서 말했다. '뭘 말하는 거냐?' 설봉스님이 두들겨 맞고 나자 막혔던 것이 풀려버렸다." 함통(咸通) 11년 행실(行實)의 청(請)에 의해 복부(福府) 서쪽 상골산(象骨山)에 암자를 짓고 오래 머물렀다. 이곳의 산을 설봉산(雪峰山)이라 하였으므로 스님의 호도 설봉(雪峰)이라 한 것이다. 87세로 입적. 시호는 진각대사(眞覺大師)이다. 『설봉진각대사어록(雪峰眞覺大師語錄)』 2권이 있다. 법을 이은 56명의 기라성 같은 제자들을 배출하였다. 이 『정법안장』에서는 운문문언(雲門文偃), 현사사비(玄沙師備), 고산신안(鼓山神晏), 장경혜릉(長慶慧稜), 보통보명(普通普明), 취암령참(翠巖令叅), 아호지부(鵝湖智孚), 경청도부(鏡淸道怤), 태원부(太原孚), 보복종전(保福從展), 용화영조(龍華靈照), 수룡도부(睡龍道溥), 월산사내(越山師鼐), 낙경남원(洛京南院), 장생교연(長生皎然) 등 15명이 실려 있다.

"거 참 기괴하구나. 이와 같지만 반드시 이 노승이 잘못을 따져보아야 제대로 되겠다."

하루는 설봉스님께서 머리 깎는 칼을 가지고 시자와 함께 그 암자의 스님을 방문하셨다. 서로 보자마자 곧바로 물으셨다.
"말하면 자네의 머리카락을 자르지 않겠다."
그 암자의 스님이 즉시에 물을 떠다가 머리를 씻었다.
그러자 설봉스님께서 곧장 머리를 깎아버렸다.

10. 운거도간雲居道簡

雲居簡和尙, 僧問: "路逢猛虎時如何?" 曰: "千人萬人不逢, 偏汝便逢." 問: "孤峯獨宿時如何?" 曰: "閉著七間僧堂不宿, 阿誰敎汝孤峯獨宿?"194)

운거 도간스님195)께 어떤 스님이 여쭈었다.
"길 가다가 사나운 호랑이를 만났을 때는 어떠합니까?"
말씀하셨다.
"천 사람 만 사람이 만나지 못하고 반 쪼가리 네가 바로 만난다."

여쭈었다.
"외로운 봉우리에 홀로 머무를 땐 어떻습니까?"
말씀하셨다.
"일곱 칸 승당을 닫아버려196) 머물지를 못하게 하고, 너로 하여금 외로운

---

194)『景德傳燈錄』卷第二十, T51n2076_p0363a16~19.『聯燈會要』卷第二十五, X79n1557_p021
  9c24~0220a02.『禪門拈頌集』卷第二十六, K46-0431, 1171則.『五燈會元』卷第十三, X80n15
  65_p0278a18~20.『禪林僧寶傳』卷第九, X79n1560_p0511c24~0512a02. 참조.

195) 雲居道簡(운거도간) : 운암담성(雲巖曇晟)-동산양개(洞山良价)-운거도응(雲居道膺)-운거도간(雲
  居道簡). 남강군(南康軍)[강서성(江西省) 성자현(星子縣)]에 주석하던 조동종계의 스님이다. 호는
  소화(昭化)이고, 범양(范陽)[하북성(河北省) 탁주(涿州)] 출신이다. 타고 날 때부터 성품이 순수하
  였으며 말수가 적었다. 어려서 출가하여 머리를 깎았다. 구족계를 받은 뒤 총림을 두루 유력하
  다가 운거 도응스님을 참알하고 진인(眞印)을 비밀히 전수받았다. '각고사중(刻苦事衆)'의 일화와
  '고봉독숙화(孤峰獨宿話)'로 잘 알려져 있다.

196) 閉著(폐착) :『전등록』등 다른 어록에서는 모두 다 閉(폐)가 閑(한)으로 나온다. 둘 다 뜻이

봉우리에 머물게 하는 이는 누구냐?"

11. 회당조심晦堂祖心

晦堂和尚, 示衆, 云: "'知幻卽離, 不作方便. 離幻卽覺, 亦無
漸次.' 釋迦老子千門萬戶一時擊開. 靈利漢纔聞擧著, 撩起便行.
更若踟躕, 君往西秦, 我之東魯.197)

회당 조심스님198)이 대중에게 열어 보이셨다.

"'환(幻)을 알면 즉각 벗어나서
방편을 지을 필요가 없다.
환을 여의면 즉각 깨달음이니
또한 점차가 없다.'199)

석가 노인네가 모든 문을 일순간 한꺼번에 두드려 열어버렸습니다. 영리한
자는 한마디 듣자마자 뿌리치고200) 곧장 가버립니다. 다시 만일 머뭇거린

'닫다, 막다'는 뜻이므로 閉(폐)를 써서 閑(한)이 '한가하다(閒)'는 의미가 아님을 보여주고 있다.
197) 『續刊古尊宿語要』 第一集, X68n1318_p0360b10~12. 『聯燈會要』 卷第十四, X79n1557_p01
23b05~07. 『黃龍晦堂心和尙語錄』, X69n1343_p0213c09~11. 참조.
198) 晦堂祖心(회당조심) : 분양선소(汾陽善昭)-석상초원(石霜楚圓)-황룡혜남(黃龍慧南)-회당조심(晦
堂祖心). 1025~1100. 북송 임제종 황룡파의 스님이다. 광동(廣東) 시흥(始興) 사람. 속성은 오씨
(鄔氏). 19세에 용산사(龍山寺) 혜전(惠全)스님에게 출가하였다. 다음 해 수계를 하고 계율 지키
기에 힘쓰다가 운봉 문열스님을 만나 3년간을 모셨다. 그러고 나서 황벽산의 혜남선사를 찾아가
서 4년을 모셨다. 그러나 깨달음의 기연(機緣)이 돈발(頓發)하지 못하여 드디어 혜남스님을 하직
하고 다시 문열선사에게로 갔다. 그러나 이미 문열선사는 입적한 뒤였다. 그러자 석상 초원스님
회상으로 갔다. 거기서 『전등록』의 다복선사(多福禪師) 어록을 읽다가 활연대오하였다. 그 후 혜
남스님을 따라 황룡산으로 갔다. 혜남스님이 입적한 뒤, 법을 잇고 12년을 주석하였다. 원부(元
符) 3년 세수76세로 입적하였다. 시호는 보각선사(寶覺禪師)이다. 제자로 황룡사심오신(黃龍死心
悟新) 등 47명이 있다. 『보각조심선사어록(寶覺祖心禪師語錄)』 1권、『명추회요(冥樞會要)』 3권
이 있다.
199) 『원각경』에 나오는 구절로 부처님이 보현보살에게 한 법문이다. (T17n0842_p0914a20~21,
『大方廣圓覺修多羅了義經』. "知幻卽離, 不作方便. 離幻卽覺, 亦無漸次.")
200) 撩起便行(요기변행) : 기봉(機鋒)을 접하자마자 재빠르게 그 자리서 알아버림. 요기(撩起)는 본
래는 '걷어 올리다' 또는 '말아 올리다'는 뜻.

다면201) 여러분은 서쪽 진나라로 가고 나는 동쪽 노나라로 갈 것입니다."

12. 조주종심趙州從諗

僧問趙州: "學人乍入叢林, 乞師指示." 州云: "喫粥了也未?" 云: "喫粥了也." 州云: "洗鉢盂去." 其僧因此大悟.
雲門云: "且道. 有指示, 無指示? 若言有, 趙州向伊道箇甚麽? 若言無, 遮僧為甚悟去?"
雲峯悅和尚云: "雲門不識好惡. 恁麽說話, 大似為蛇畫足. 雲峯則不然. 遮僧恁麽悟去, 入地獄如箭射."
妙喜曰: "雲門老漢大似阿修羅王扝動三有大城諸煩惱海." 隨後喝, 云: "寐語作甚麽?" 云: "雲峯雖善背手抽金鏃, 翻身控角弓, 爭奈蹉過雲門何?"202)

어떤 스님이 조주 종심스님203)께 여쭈었다.
"학인이 총림에 방금 들어왔으니 스님께서 지시하여 주십시오."
조주스님께서 말씀하셨다.
"죽은 먹었느냐?"
"죽을 먹었습니다."
"발우를 씻어라."
그 스님이 이를 인하여 크게 깨달았다.

운문 문언스님204)이 말씀하셨다.

---

201) 跚蹰(지주) : 머뭇거리는 모양.
202) 『聯燈會要』 卷第六, X79n1557_p0059c11~23. 『禪門拈頌集』 卷第十二, K46-0190, 429則. 참조.
203) 趙州從諗(조주종심) : 남악회양(南嶽懷讓)-마조도일(馬祖道一)-남전보원(南泉普願)-조주종심(趙州從諗). 778~897. 산동성(山東省) 조주(曺州) 학향(郝鄕) 출신. 속성은 학씨(郝氏). 호통원(扈通院)[또는 용흥사(龍興寺)]에서 머리를 깎았다. 대중의 청으로 조주 관음원에 40여년을 주석하면서 선풍을 크게 드날렸다. 건녕 4년(897년)에 세수 120세로 입적하였다. 시호는 진제대사(眞諦大師)이고 『조주록(趙州錄)』 3권이 남아 있다. 항주다복(杭州多福), 익주서목(益州西睦), 마곡산화상(麻谷山和尚), 엄양선신(嚴陽善信), 광효혜각(光孝慧覺), 국청원봉(國淸院奉) 등 13인의 제자가 있다.
204) 雲門文偃(운문문언) : 용담숭신(龍潭崇信)-덕산선감(德山宣鑑)-설봉의존(雪峰義存)-운문문언(雲

"바로 지금 말해 보라. 지시가 있었느냐, 없었느냐? 만일 있다고 말한다면 조주스님이 그를 향해 뭐라고 한 것이냐? 만일 없다고 말한다면 저 스님이 무엇 때문에 깨달은 것이냐?"

운봉 문열스님[205]이 말씀하셨다.
"운문은 좋고 싫음을 알지 못하였다. 이러한 설화(說話)[206]는 마치 뱀에다 다리를 그려 넣은 것과 같다.[207] 이 운봉은 그렇게 하지 않겠다. 저 스님이 이렇게 깨달아서 쏜살같이 지옥으로 들어가 버렸다."

묘희스님이 말씀하셨다.
"운문 늙은이가 마치 아수라왕이 삼계의 큰 성과 모든 번뇌의 바다를 골라 뒤흔들어 버린 것과 다를 바 없구나."
"억!" 하고 할(喝)을 하셨다.
"무슨 잠꼬대[208]인가?"

다시 말씀하셨다.
"운봉이 비록 손을 뒤로 하여[209] 화살촉을 빼어내서 몸을 뒤집어 뿔활[210]을 잘 당겼지만 운문을 빗나가 버렸으니[211] 어찌할꼬?"[212]

門文偃). 864~949. 주94) 참조.
205) 雲峰文悅(운봉문열) : 수산성념(首山省念)-분양선소(汾陽善昭)-대우수지(大愚守芝)-운봉문열(雲峰文悅). 998~1062. 주72) 참조.
206) 說話(설화) : 선사(禪師)의 설법.
207) 『고존숙어록』 41권에는 "내시에게 수염을 심어 준 것과 같다"의 구절이 더 있다. (X68n1315_p0266c01, 『古尊宿語錄』 卷之四十一, 「雲峰悅禪師初住翠巖語錄」. "恁麼說話, 大似 爲虵畫足, 與黃門栽鬚.")
208) 寐語(매어) : 잠꼬대, 헛소리.
209) 背手(배수) : 뒷짐을 지다.
210) 角弓(각궁) : 짐승의 뿔로 장식한 강궁(强弓).
211) 蹉過(차과) : 착오, 허물, 잘못, 과오. 실패. 기회를 놓치다. 스치고 지나가다. 빗나가다, 어긋나다.
212) 『대혜어록』 3권과 6권에는 이 화(話)에 대한 대혜스님의 상당법어가 있다. "스님께서 말씀하셨다. '명명백백합니까? 운문스님이 〈바로 지금 말해 보라. 지시가 있었느냐, 없었느냐? 만일 있다고 말한다면 조주스님이 그를 향해 뭐라고 한 것이냐? 만일 없다고 말한다면 저 스님이 무엇 때문에 깨달은 것이냐?〉라고 하셨습니다.' 스님께서 다시 말씀하셨다. '조주스님과 그 스님이 운문스님을 만나지 못했더라면 한 평생을 갑갑하게 지낼 뻔하였습니다. 요사이 제방에는 한 부류의 눈먼 놈들이때때로 세발우화(洗鉢盂話)를 알았다고들 하고 있습니다.'" (T47n1998Ap0821c 24~0822a01, 『大慧普覺禪師住徑山能仁禪院語錄』 卷第三. "師云: '還端的也無? 雲門云: 「且道.

13. 황룡혜남黃龍慧南

黃龍南和尙, 示眾, 擧: "大珠和尙云: '身口意淸淨, 是名佛出世, 身口不淸淨, 是名佛滅度.' 也好箇消息! 古人一期方便, 與你諸人開箇入路. 既得箇入路, 又須得箇出路. 登山須到頂, 入海須到底. 登山不到頂, 不知宇宙之寬廣, 入海不到底, 不知滄溟之淺深. 既知寬廣, 又知淺深. 一踢踢翻四大海, 一摑摑倒須彌山. 撒手到家人不識, 雀噪鵶鳴栢樹間."213)

황룡 혜남스님214)이 대중에게 열어 보이셨다.

"대주 혜해스님215)이 말씀하셨습니다. '몸과 입과 뜻이 청정한 것을 부처님이 세상에 나오셨다 하는 것이며, 몸과 입과 뜻이 청정하지 못하면 부처님이 열반에 드셨다 하는 것이다.'216)

有指示無指示? 若道有, 向渠道甚麽? 若道無, 這僧爲甚悟去?」師復云: '趙州與這僧, 若不得雲門, 一生受屈. 而今諸方有一種瞎漢, 往往盡作洗缽盂話會了.'") "스님께서 말씀하셨다. '제방에서 덧붙인 말들이 퍽 많고, 자세히 설명한 것도 적지 않았으나 한 사람이라도 말끔하게 말해 버린 이는 없었습니다. 그래서 이 묘희가 오늘 여러분을 위하여 분명히 말해 주겠습니다. 죽을 먹었으면 발우를 씻으라 하셨는데, 바로 여기 말해 보십시오. 일찍이 가르침이 있었습니까? 검정콩은 예로부터 장 담는데 알맞고/ 비구니는 틀림없이 여승(女僧)이로다.'" (T47n1998Ap0834b10~16, 『大慧普覺禪師再住徑山能仁禪院語錄』 卷第六. "師云: '諸方拈掇甚多, 下注脚亦不少, 未曾有一人分明說破. 妙喜今日爲諸人分明說破. 喫粥了便洗缽盂, 且道. 還曾指示無? 黑豆從來好合醬, 比丘尼定是師姑.")

213) 『聯燈會要』 卷第十三, X79n1557_p0118b19~c01. 『五燈會元』 卷第十七, X80n1565_p0352b24~c05. 『黃龍慧南禪師語錄續補』, T47n1993_p0637b13~20. 참조.

214) 黃龍慧南(황룡혜남) : 수산성념(首山省念)-분양선소(汾陽善昭)-석상초원(石霜楚圓)-황룡혜남(黃龍慧南). 1002~1069. 임제종 황룡파의 개조(開祖)이다. 적취노남(積翠老南)이라고도 한다. 강서성 옥산현 출생. 속성은 장씨(章氏). 11세에 정수원 지란(智鑾)스님에게 출가하였다. 19세에 구족계를 받고 나서 여러 곳을 행각하다가 운문종의 늑담 회징스님에게서 운문선을 참구하고 설법하면서 명성이 제방에 자자하였다. 그러다가 운봉 문열스님이 대사를 해결하려면 석상 초원스님을 찾아야 한다고 충고함을 듣고 석상 초원스님 회상으로 갔다. 거기서 '대산파자화(臺山婆子話)'에서 조주스님이 감파한 것이 무엇인가하는 질문을 받고 대오한 후 여러 곳을 행각하다가 동안원에서 개당하였다. 귀종사에 돌아와서 절에 불이 나는 바람에 감옥에 갇혔다가 황벽으로 은거하였다. 그 이후 융흥부 황룡산의 숭은원(崇恩院)에 머물면서 종풍을 크게 드날렸다. 이로부터 공안이 활발하게 사용되었으며 그의 종풍이 호남·호북·강서를 중심으로 널리 퍼졌다고 한다. 희녕 2년 세수68세로 입적하였다. 시호는 보각선사(普覺禪師)이다. 『황룡혜남선사어록(黃龍慧南禪師語錄)』 1권이 있다. 늑담홍영(泐潭洪英), 운암극문(雲庵克文), 운개수지(雲蓋守智), 회당조심(晦堂祖心), 동림상총(東林常總), 황벽유승(黃檗惟勝), 대위회수(大潙懷秀), 운거원우(雲居元祐) 등 56인의 부법제자(付法弟子)가 있다.

215) 大珠慧海(대주혜해) : 조계혜능(曹溪慧能)-남악회양(南嶽懷讓)-마조도일(馬祖道一)-대주혜해(大珠慧海). 주64) 참조.

참으로 좋은 소식이구나!

옛 선사가 한 때의 방편으로 여러분들에게 들어갈 길을 열어주는 것입니다. 이미 들어갈 길을 알아내었으면 또한 반드시 나올 길도 알아내야만 합니다. 산을 오르게 되면 반드시 정상에 이르며, 바다 밑으로 들어가게 되면 반드시 밑바닥에 이르는 것입니다. 산을 오르다 정상에 이르지 못하면 우주의 광대함을 알지 못하게 되며, 바다 밑을 내려가서 바닥에 이르지 못하면 대해(人海)의 깊고 얕음을 알지 못하는 것입니다. 이미 광대함을 알았다면 또한 깊고 얕음을 알았을 것입니다.

한 번 밟아 사대해를 뒤집어엎고
한 번 쳐서 수미산을 넘어뜨린다.
손을 놓고 집에 왔지만 아무도 알지 못하네.
측백나무 사이로 참새와 까마귀 울어 젖히네."

---

216) 『전등록』 28권에 나오는 법문이다. (T51n2076_p0441a13~14, 『景德傳燈錄』 卷第二十八. "身口意清淨, 名爲佛出世, 三業不清淨, 名爲佛滅度.")

14. 보복종전保福從展

僧問保福: "雪峰平生有何言句, 得似羚羊挂角時?" 福曰: "不可. 我作雪峰弟子
不得."217)

어떤 스님이 보복 종전스님218)께 여쭈었다.
"설봉스님219)께서는 평소에 무슨 말씀을 하셨기에 어째서 영양괘각(羚羊挂
角)220)과 같은 상황이 되었습니까?"221)
보복스님께서 말씀하셨다.
"말할 수 없다.222) 나는 설봉스님의 제자가 아니니깐."223)

---

217) 『聯燈會要』 卷第二十四, X79n1557_p0212a14~15. 『禪門拈頌集』 卷第二十二, K46-0372,
  976則.참조.
218) 保福從展(보복종전) : 용담숭신(龍潭崇信)-덕산선감(德山宣鑑)-설봉의존(雪峰義存)-보복종전(保
  福從展). ?~928. 복주 출신. 속성은 진씨(陳氏)다. 15세에 설봉 의존스님 문하로 출가하여 18세
  에 대주(大州)의 대중사(大中寺)에서 구족계를 받았다. 계를 받은 후 장경 혜릉스님과 아호 지부
  스님 등에게 참학하다가 돌아와서 설봉 의존스님을 시봉하였다. 어느 날 설봉스님이 보복스님을
  불렀다. 그가 오자 설봉스님이 물었다. "알겠느냐?" 보복스님이 가까이 가려하니, 설봉스님이
  주장자로 밀어내버렸다. 보복스님이 그 자리서 깨닫고 절을 하고 물러갔다.
219) 雪峰義存(설봉의존) : 천황도오(天皇道悟)-용담숭신(龍潭崇信)-덕산선감(德山宣鑑)-설봉의존(雪
  峰義存). 822~908. 주193) 참조.
220) 羚羊挂角(영양괘각) : 대오(大悟)한 사람에게는 미집(迷執)의 종적이 끊어져 없음을 비유한 것.
  마치 영양이 잠을 잘 때에 뿔은 나뭇가지에 걸어놓고 다리는 땅에서 떨어지게 하여 완전히 자
  신의 종적을 감춘다는 데서 나온 것으로서 완전히 흔적도 없고 아무 걸림 없음을 나타냄. 설봉
  의존스님이 학인들을 제접할 때 자주 쓰던 기봉. "내가 서쪽에 길이 있다 하면 서쪽으로 우르르
  몰려가고 내가 동쪽에 길이 동쪽으로 우르르 몰려가는데, 만일에 내가 영양이 도망칠 때 그 뿔
  을 나무에 걸고 다리를 들고 자는 것처럼 그 흔적을 찾을 수 없게 된다면 너희들은 어디서 찾
  을 것이냐?"(T51n2076_p0328b06~08,『景德傳燈錄』 卷第十六. "師謂衆曰: '我若東道西道, 汝
  則尋言逐句, 我若羚羊掛角, 汝向什麽處捫摸?")
221) 得似(득사) : '득사(得似)'는 송대에 섬서성(陝西省)의 관중(關中)에서 방언으로 쓰인 말이다.
  어찌, 어째서. 어찌 ~하겠느냐? ~와 같은.
222) 不可(불가) : 말할 수 없음.
223) 『선문염송』 22권과 『연등회요』 24권에서는 "내가 설봉스님의 제자가 아니라고 할 수가 없지
  (我不可作雪峰弟子不得)."라고 나온다.

15. 진정극문眞淨克文

真淨和尙, 示衆, 擧: "三聖問雪峰: '透網金鱗以何爲食?' 峰云: '待汝出得網來, 卽向汝道.' 三聖云: '一千五百人善知識, 話頭也不識.' 俊哉! 俊哉! 快活! 快活! 恰似一隻鷂子, 莫驚著! 報寧卽不然. '透網金鱗以何爲食? 待你出得網來, 卽向你道.' 待佗道, '一千五百人善知識話頭也不識', 但拽拄杖打出三門外." 復云: "也好快活! 恰似一隻虎, 莫動著! 諸禪德. 且道. 報寧快活何似三聖快活? 莫有快活底漢麼? 出來定當看?" 良久. 喝一喝. 云: "把手搜不住."224)

진정 극문스님225)이 대중에게 열어 보이셨다.

"삼성스님226)이 설봉스님께 물으셨습니다.

'그물을 꿰뚫고 나온 황금물고기227)는 무엇을 먹습니까?'

설봉스님이 말씀하셨습니다.

'스님이 그물에서 빠져나오길 기다렸다가 곧바로 스님께 말해드리겠습니다.'

삼성스님이 말씀하셨습니다.

'천 오백명을 지도하는 대선지식이 말귀도 모르시는구나.'228)

---

224) 『聯燈會要』 卷第十四, X79n1557_p0125a17~b01. 『嘉泰普燈錄』 卷第二十六, X79n1559_p0450c24~0451a06. 『禪門拈頌集』 卷第十九, K46-0320~0321, 790則. 『古尊宿語錄』 卷之四十三, 「寶峰雲庵真淨禪師住金陵報寧語錄」 二, X68n1315_p0284a15~23. 참조.

225) 眞淨克文(진정극문) : 분양선소(汾陽善昭)-석상초원(石霜楚圓)-황룡혜남(黃龍慧南)-진정극문(眞淨克文). 1025-1102. 주131) 참조.

226) 三聖慧然(삼성혜연) : 백장회해(百丈懷海)-황벽희운(黃檗希運)-임제의현(臨濟義玄)-삼성혜연(三聖慧然). 생몰연대 미상. 진주(鎭州)[하북성]의 삼성원(三聖院)에 주석했다. 앙산 혜적스님, 덕산 선감스님, 설봉 의존스님과 교류하였다. 임제 의현스님의 뛰어난 제자였으며, 임제스님의 법어를 모아서 『진주임제혜조선사어록(鎭州臨濟慧照禪師語錄)』을 편찬하였다. 치주수륙(淄州水陸), 진주 대비(鎭州大悲) 등의 수법제자가 있다.

227) 透網金鱗(투망금린) : 그물을 뚫은 황금 물고기. 곧, 깨달음을 얻은 자를 말한다.

228) 이 화(話)에 대혜스님의 염송과 상당법문이 있다. "전체적인 죽음 속에서 전체적으로 살고/ 전체적인 삶 속에서 전체적으로 죽었다./ 하나는 아랑당이요./ 하나는 복건자다."(T47n1998A p0852c27~29, 『大慧普覺禪師語錄』 卷第十. "全死中全活, 全活中全死. 一箇訝郎當, 一箇福建子.") "두 존숙께서 한 사람은 산처럼 거칠고, 한 사람은 쌀가루처럼 섬세하구나. 비록 거칠고 섬세함이 같진 않지만 달아보면 무게가 똑같다. 이 경산이 오늘 진실로 여러분에게 알려 주겠다. 절대로 거북 껍질을 뚫거나 기와를 두드려서 점을 치지 마라."(T47n1998Ap0823c06~08,

좋다! 좋다!229) 기쁘구나! 기쁘구나!230)
흡사 한 마리의 매가 전혀 놀라지 않음과 같구나!
하지만 이 보령은 그렇게 하지 않겠습니다.
'그물을 뚫고 나온 황금물고기는 무엇을 먹는가? 그대가 그물에서 빠져나
오길 기다렸다가 곧바로 그대에게 말해주겠다.'라고 말하기를 기다렸다가,
'천 오백명을 지도하는 대선지식이 말귀도 모르는구나'라고 말하고, 곧바로
주장자를 휙 내질러 두들겨 삼문(三門)231) 밖으로 쫓아버릴 것입니다."

다시 이르셨다.
"매우 기쁘구나!
흡사 한 마리의 호랑이가 꼼짝도 않는 것 같구나!
선덕 여러분. 바로 지금 말해 보십시오.
이 보령의 기쁨과 삼성의 기쁨이 어째서 같습니까?
기쁜 자가 없습니까?
나와서 분명히 밝혀보십시오.232)"

한참 묵묵히 계셨다.

"억!"
말씀하셨다. "손을 잡고 구해주려 하여도 안 되네.233)"

『大慧普覺禪師住徑山能仁禪院語錄』卷第三. "二尊宿, 一人麤似丘山, 一人細如米末. 雖然麤細不
同, 稱來輕重恰好. 徑山今日, 眞實告報汝等諸人, 切忌鑽龜打瓦.")
229) 俊哉(준재) : 좋구나. 훌륭하구나. 뛰어나구나. 아름답구나.
230) 快活(쾌활) : 유쾌하구나. 즐겁구나. 기쁘구나. 시원하구나. 예리하구나. 신속하구나. 솔직하구
　　나. 마음에 드는구나. 소탈하구나. 자유롭구나.
231) 三門(삼문) : 절 입구의 삼해탈문(三解脫門)을 말한다. 삼공문(三空門), 또는 삼삼매문(三三昧
　　門)이라고도 한다. 공해탈문(空解脫門), 무상해탈문(無相解脫門), 무원해탈문(無願解脫門)의 셋인
　　데 보통 절의 산문(山門)을 말함.
232) 定當(정당) : 분명히 밝히다. 분별하여 알다.
233) 不住(부주) : ~을 하지 못하다.

16. 방온거사龐蘊居士

龐居士曰: "但願空諸所有, 愼勿實諸所無."234)

방거사께서235) 말씀하셨다.

"다만 모든 존재하는 것을 비우려고 할 것이지, 없는 것을 실제로 여기지 마라."

---

234) 『景德傳燈錄』卷第八, T51n2076_p0263c15. 『聯燈會要』卷第六, X79n1557_p0056b19. 참조.

235) 龐蘊居士(방온거사) : 조계혜능(曹溪慧能)-남악회양(南嶽懷讓)-마조도일(馬祖道一)-방온거사(龐蘊居士). ?~808. 자(字)는 도현(道玄). 호남성 형양(衡陽) 출신. 석두 희천스님을 찾아뵙고 참학하여 깨달음을 이루었다. 이때의 게송이 있다. "일상사가 별다를 것이 없나니,/ 오직 내 스스로 어울릴 뿐./ 그 어떤 것도 취하거나 버릴 것 없고,/ 곳곳마다 어디서건 어긋나지 않는다네./ 시비선악을 어느 누가 외쳐대는가?/ 산구릉에는 티끌마저 끊어졌다네./ 신통력과 묘용이 무엇인가?/ 물 긷고 땔나무하는 이것이라네. (日用事無別, 唯吾自偶諧. 頭頭非取捨, 處處勿張乖. 朱紫誰爲號? 丘山絶點埃. 神通幷妙用. 運水與搬柴.)" 그 뒤에 마조도일 스님의 문하에서 조사선을 크게 깨닫고 게송을 읊었다. "시방에서 함께 모여들어,/ 낱낱이 무위를 배우네./ 이것이 선불장이라./ 마음을 비우면 합격하여 돌아간다네. (十方同聚會, 箇箇學無爲. 此是選佛場, 心空及第歸.)". 그가 죽으려 할 때에 딸인 영조(靈照)에게 오시(午時)가 되거든 말하라고 하자, 영조가 '바로 지금이 오시(午時)인데 마침 일식(日食)을 합니다' 하니, 거사가 문밖에 나가보는 사이에 그 사이에 영조가 평상에 올라앉은 채로 먼저 죽어버렸다. 이를 보고 거사가 웃으며, '내 딸이 솜씨가 빠르구나!' 하고 7일 후에 입적하였다. 임종 할 때에 양주목사인 우적(于迪)이 와서 문안하고 법요(法要)를 물으니, "다만 있음 비우려고 할지언정,/ 없음을 실체로 삼으려 말라./ 잘들 있어라. 세간에 머묾이/ 그림자와 메아리 같도다(但願空諸所有, 切勿實諸所無. 好住世間, 猶如影響)."하고 말을 마치고 우적의 무릎을 베고 입적하였다.

17. 오구화상烏臼和尚

烏臼和尚, 見玄紹二上座來,　便問: "二禪伯近離甚麼處?"
僧云: "江西."
臼便打.　僧云: "久嚮和尚有此機要."　臼云: "你既不會, 第二箇近前來."
僧擬議, 臼又打,　云: "同坑無異土. 參堂去!"236)

오구스님237)이 현(玄)과 소(紹) 2명의 상좌가 오는 것을 보고는 문득 물으셨다.

"두 선백(禪伯)238)은 최근에 어디를 떠나 왔느냐?"

한 스님이 말했다.

"강서입니다."

오구스님이 곧바로 때리시자, 그 스님이 말했다.

"존경하는 스님에게 이렇게도 훌륭한 기요(機要)가 있군요."

오구스님이 말씀하셨다.

"너는 아직 알지 못했다. 두 번째 선백이 말해봐라."

그 스님(紹)이 헤아리려 하자, 오구스님이 마찬가지로 때리시고는 말씀하셨다.

"같은 구덩이에 다른 흙이 없구나. 큰방에 가서 참(參).239)" 240)

---

236) 『景德傳燈錄』 卷第八, T51n2076_p0259c17~21. 『聯燈會要』 卷第五, X79n1557_p0053b06~
　　~09. 『禪門拈頌集』 卷第八, K46-0132, 298則. 『五燈會元』 卷第三, X80n1565_p0084c18~21.
　　참조.
237) 烏臼(오구) : 조계혜능(曹溪慧能)-남악회양(南嶽懷讓)-마조도일(馬祖道一)-오구(烏臼). 주68)
　　참조.
238) 禪伯(선백) : 선승(禪僧)들이 상대방을 존중하여 부르는 호칭.
239) 參堂(참당) : 큰방(僧堂)에 들어가서 수좌스님을 참견(參見)하고 대중과 함께 좌선(坐禪)하는
　　것을 말한다.
240) 이 화(話)에 대혜스님의 염송이 있다. "맹렬한 불꽃엔 모기의 머묾을 허용치 않고/ 큰 바다에
　　어찌 죽은 시체가 머무를 수 있으랴?/ 머리 셋, 팔 여섯을 가졌더라도/ 소문 듣곤 모두가 항복
　　해 버리누나." (T47n1998Ap0853b11~13, 『大慧普覺禪師語錄』 卷第十. "猛焰不容蚊蚋泊, 大海
　　那能宿死屍? 任是三頭幷六臂, 望風無不豎降旗.")

18. 조주종심趙州從諗

趙州和尙, 一日在東司上見文遠過, 遂喚云: "文遠!" 遠應喏. 州云: "東司上不可與你說佛法."241)

조주 종심스님242)이 하루는 측간243)에 계시면서 문원스님이 지나가는 것을 보시고 곧바로 "문원!"하고 부르셨다.
문원스님이 답하였다.
"네."
조주스님이 말씀하셨다.
"측간에서는 자네와 불법을 말할 수 없네."244)

19. 자명초원慈明楚圓

慈明和尙, 示衆, 云: "'無明實性卽佛性, 幻化空身卽法身.' 諸仁者. 若也信得去, 不妨省力. 可謂善財入彌勒樓閣, 無邊法門悉皆周遍, 得大無礙, 悟法無生, 是謂無生法忍. 無邊刹境, 自佗不隔於毫端, 十世古今始終不離於當念. 且問諸人. 阿那箇是當念? 只如諸人無明之性, 卽是汝本覺妙明之性. 蓋爲不了生死根源, 執妄爲實, 隨妄所轉, 致墮輪回, 受種種苦? 若能回光返照, 自悟本來眞性不生不滅. 故曰, '無明實性卽佛性, 幻化空身卽法身'.

자명 초원스님245)이 대중에게 열어 보이셨다.

---

241) 『聯燈會要』 卷第六, X79n1557_p0059a13~14. 『禪門拈頌集』 卷第十二, K46-0198, 447則. 『五燈會元』 卷第四, X80n1565_p0093c10~12. 『古尊宿語錄』 卷第十四, X68n1315_p0089b02~ ~03. 참조.
242) 趙州從諗(조주종심) : 남악회양(南嶽懷讓)-마조도일(馬祖道一)-남전보원(南泉普願)-조주종심(趙州從諗). 778~897. 주203) 참조.
243) 東司(동사) : 선림(禪林)에서 동쪽에 거주하는 스님들이 사용하는 측간. 후에는 측간을 모두 통칭하여 동사(東司)라고 하였다.
244) 이 화(話)에 대한 대혜스님의 염송이 있다. "조주 스님 비밀한 말씀을 했고/ 문원 역시 덮어서 감추질 않았네./ 대장경의 가르침 연설해 내니/ 그 공덕은 진실로 한량없구나." (T47n1998 Ap0851c15~16, 『大慧普覺禪師語錄』 卷第十. "趙州有密語, 文遠不覆藏. 演出大藏敎, 功德實難量.")

"'무명의 실제 자리가 곧 부처님의 자리요,
환상이면서 변화하며 텅 빈 몸뚱어리가 곧 법신이다.'246)

여러분.247) 만일 알아버리면 힘을 더는 데 방해되지 않을 것입니다. 선재동자가 미륵의 누각에 들어가니 가없는 법문이 모두 다 전체가 되어버려, 대자유를 얻고서 법의 생겨남이 없음을 깨닫게 됨과248) 같으니, 이것을 무생법인(無生法忍)이라고 합니다. 가없는 국토의 경계에서 주객이 털끝만큼의 사이도 없으며, 십세(十世)249)의 옛날부터 지금까지와 처음부터 끝까지가 '바로 지금 마음(當念)'을 벗어나지 않았습니다.
　바로 지금 여러분에게 묻겠습니다.

---

245) 慈明楚圓(자명초원) : 풍혈연소(風穴延沼)-수산성념(首山省念)-분양선소(汾陽善昭)-자명초원(慈明楚圓). 987~1040. 석상초원(石霜楚圓)이라고도 함. 석상(石霜)은 산 이름. 자명(慈明)은 호. 속성은 이씨(李氏). 전주(全州) 청상(淸湘)[광서성 계림(桂林)] 출신. 22세에 상산(湘山) 은정사(隱靜寺)로 출가하였다. 동서를 행각하다가 분양 선소스님 회하에 있었는데 늘 입실을 허락받지 못하다가 하루는 분양스님 앞에 나아가서 따졌다. "제가 큰스님의 법석에 참예한지 2년이나 되었어도 아직 한 번도 가르침을 받지 못하였고 게다가 망상만 많아지니 이러다가 세월만 보내고 이 일을 밝히지 못한다면 어찌 출가한 보람이 있겠습니까? 큰스님께서는 살펴 주십시오." 분양스님이 말했다. "이 나쁜 놈이 나를 비방하다니!" 크게 화를 내고서 지팡이를 들고 내쫓으려는데 자명스님이 사죄하려하자 분양스님이 손으로 자명스님의 입을 꽉 틀어막아 버리는 바람에 크게 깨닫고는, "임제의 도가 별 것이 없네"라고 하였다. 그리고는 12년을 시봉하다가 병주(幷州) 당명지숭(唐明智嵩)스님을 참방하고 다시 당대의 명사인 양대년(楊大年), 이준욱(李遵勗) 등과 논도(論道)하면서 지내다 고향으로 돌아가 어머니를 보살폈다. 균주(筠州)를 찾아가서 동산효총(洞山曉聰)스님을 만나고 3년을 거기서 지냈다. 그리고 의춘태수(宜春太守) 황종차(黃宗旦)의 청으로 원주(袁州)[강서성]의 남원(南源) 광리사(廣利寺)에 3년을 머물렀다. 그후 어머니 보살피는 일을 그만두고 신정홍인(神鼎洪諲)스님을 참알하고 담주(潭州)의 도오산(道吾山)과 석상산(石霜山)의 숭승선원(崇勝禪院), 담주(潭州) 흥화선원(興化禪院) 등에 주석하면서 선법을 널리 폈다. 인종 때 보원(寶元) 2년에 흥화사(興化寺)에서 세수 54세로 입적하였다. 『자명선사어록(慈明禪師語錄)』 1권이 있다. 황룡파의 개조인 황룡혜남(黃龍慧南)과 양기파의 개조인 양기방회(楊岐方會), 그리고 취암가진(翠岩可眞), 도오오진(道吾悟眞), 대녕도관(大寧道寬), 곡천대도(谷泉大道), 금란선(金鑾善)스님 등 기라성 같은 제자들을 많이 배출하였다.
246) 영가현각(永嘉玄覺)스님의 『증도가(證道歌)』에 나오는 법문. (T51n2076_p0460a16, 『景德傳燈錄』卷第三十,「永嘉眞覺大師證道歌」. "無明實性卽佛性. 幻化空身卽法身")
247) 仁者(인자) : 상대방을 부처님으로 높여 부르는 말이다. "범음으로 '이이(爾爾)'를 인자라고 부른다." (T39n1796_p0622c23, 『大毘盧遮那成佛經疏』卷第四. "梵音爾爾, 名爲仁者.") 맹자는 '인(仁)'을 사람이라고 하였다. "어짊은 사람이다." (『맹자(孟子)』「진심장(盡心章)」. "仁也者人也.")
248) 『대방광불화엄경(大方廣佛華嚴經)』「입법계품(入法界品)」에 나오는 법문. (『大方廣佛華嚴經』卷第七十九,「入法界品」第三十九之二十. 참조.)
249) 十世(십세) : 과거 현재 미래에 각각 또 과거 현재 미래가 있고 이 전체를 통괄하는 하나의 시간을 합하여 10가지 시간이 된다. 곧 모든 시간을 말함.

어떤 것이 '바로 지금 마음(當念)'입니까?

여러분의 무명의 자리가 곧 이 그대들의 본래부터 깨달아 있으며(本覺)[250] 미묘하게 밝음[251]의 자리입니다. 어찌 삶과 죽음의 근원을 알아내지 못하고 망(妄)을 집착하여 실제로 삼고, 망(妄)을 따라 뒤집어져 윤회에 떨어져서 온갖 괴로움을 받는 것입니까? 만일 회광반조(回光返照)[252]하면 진성(真性)이 생겨남도 없고 멸함도 없음을 스스로 깨닫게 될 것입니다. 그러므로 '무명의 실제 자리가 곧 부처님의 자리이며, 환상이면서 변화하며 텅 빈 몸뚱어리가 곧 법신'이라고 한 것입니다.

只如四大五蘊不淨之身, 都無實義, 如夢如幻如影如響. 從無量劫來, 流浪生死, 貪愛所使, 無暫休息. 出此入彼, 積骨如毗富羅山, 飲乳如四大海水. 何故? 為無智慧, 不能了知五蘊本空, 都無所實, 逐妄受生, 貪欲所拘, 不得自在故. 所以世尊云: '諸苦所因, 貪欲為本. 若滅貪欲, 無所依止.' 汝等若能了知幻身虛假, 本來空寂, 諸見不生, 無我人眾生壽者, 諸法皆如. 故曰, '幻化空身即法身. 法身覺了無一物.' 唯聽法說法虛玄. 大道無著真宗. 故曰, '本源自性天真佛.'

사대오온(四大五蘊)으로 이루어진 깨끗하지 못한 몸뚱이 같은 것은,[253] 도무지 진실된 도리가 없어서 마치 꿈같고, 환상같고, 그림자 같고, 메아리 같습니다. 그리고 한량없는 세월을 삶과 죽음을 따라 흘러 다니면서 탐욕과 애욕의 부림을 받아 잠시도 쉬지를 못하였습니다. 이쪽을 나와서는 저쪽으

---

250) 本覺(본각) : 우리의 본래 성품이 청정한 깨달음의 체성(體性)인 것을 말한다. 이에 비해 무시 이래의 미(迷)를 수행을 통해 제거하여 서서히 그 근원을 깨닫게 되는 것을 시각(始覺)이라고 한다.

251) 妙明(묘명) : 근본적으로 미묘하고 밝은 깨끗한 마음(本妙明淨心)으로 본각(本覺)과 같은 뜻이다. 『대불정여래밀인수증료의제보살만행수릉엄경(大佛頂如來密因修證了義諸菩薩萬行首楞嚴經)』에 나오는 말이다. "아난. 네가 비록 본각묘명을 먼저 깨달았으나 성품은 인연도 아니요, 스스로 그러한 성품도 아니니라." (T19n0945_p0113c19~20, 『大佛頂如來密因修證了義諸菩薩萬行首楞嚴經』卷第二. "阿難. 汝雖先悟本覺妙明, 性非因緣, 非自然性.")

252) 回光返照(회광반조) : 단박에 번쩍 들여다 봄. 석양 무렵에 태양이 잠깐 번쩍 빛나다 이내 함몰하는 것처럼 정신을 바짝 차리고 자기의 본래면목을 한 순간 들여다 봄.

253) 只如(지여) : ~와 같은 것은. 예컨대. 그런데. ~에 대하여는. = 지우(至于). 약부(若夫). 지여(秖如).

로 들어가면서 쌓인 뼈가 비부라산254)만큼이나 쌓였으며, 태어날 때마다 마신 엄마 젖이 사대해의 물만큼이나 됩니다. 무슨 까닭이겠습니까?
　지혜가 없기 때문에 오온이 본래 공이라 도무지 실체가 없다는 것을 확연히 알지를 못하고 망(妄)을 좇아 삶을 거듭 받아왔으며 탐욕에 구속되어 자재를 얻지 못했기 때문입니다.

　그러므로 세존께서 말씀하셨습니다.

　'모든 고통의 원인은
　탐욕이 근본이 된다.
　만일 탐욕을 없애버린다면
　의지할 바가 없게 된다.'255)

　여러분들이 만일 환상의 몸이 부질없이 빌린 것이라, 본래 공적한 것인 줄 잘 알아 버리면 아(我)·인(人)·중생(衆生)·수자(壽者) 등의 모든 견해가 생겨나지 않고 모든 법이 모두 다 여여(如如)하게 될 것입니다. 그러므로 '환상이며 변화하면서 텅 빈 몸뚱어리가 곧 법신이요, 법신을 완전히 깨달아버리면 한 물건도 없다'256)고 한 것입니다.
　오로지 법을 듣고 법을 설함이 텅 비고 현묘하니, 아무리 큰 도라 하더라도 참된 궁극에는 붙질 못합니다. 그러므로 '본래 근원 자성의 천진 부처님 (本源自性天眞佛)'257)이라고 하였습니다.

　又曰: '五陰浮雲空去來, 三毒水泡虛出沒.' 若如是者, 是爲度一切苦厄, 乃至無量無邊煩惱知解悉皆淸淨, 是爲淸淨法身. 若到遮箇田地, 便能出此入彼, 捨身受

---

254) 毗富羅山(비부라산) : 비부라산은 ⓢvipula의 음역. 산 이름. 광박협산(廣博脇山)이라고 번역. 고대 인도의 마갈타국(摩伽陀國) 왕사성(王舍城)에 있던 5대 산의 하나로 석가모니부처님이 설법했던 장소 중 하나이다. 비보라산(毗補羅山), 비포라산(毘布羅山), 미포라산(尾布羅山), 광보산(廣普山), 방산(方山), 대산(大山) 등의 같은 이름이 있다.
255) 『묘법연화경』 「비유품」에 나오는 법문이다. (T09n0262_p0015a27~28, 『妙法蓮華經』 卷第二, 「譬喩品」 第三. "諸苦所因, 貪欲爲本. 若滅貪欲, 無所依止.")
256) 『증도가(證道歌)』에 나오는 말씀이다. (T51n2076_p0460a16~17, 『景德傳燈錄』 卷第三十, 「永嘉眞覺大師證道歌」. "幻化空身即法身, 法身覺了無一物")
257) 『증도가(證道歌)』에 나오는 말씀. (위의 어록, 「永嘉眞覺大師證道歌」. "本源自性天眞佛")

身, 地獄天堂此界佗方, 縱橫自在. 任意浮沉, 應物舒光, 隨機逗敎, 喚作千百億
化身. 與麼說話, 可謂無夢說夢, 和泥合水, 撒屎撒尿, 不識好惡. 乃呵呵大笑,
云: '若向衲僧門下, 十萬八千未夢見佗汗臭氣在. 雖然如是事, 不得一向, 但以假
名字, 引導於衆生.' 喝一喝."258)

또 말씀하셨습니다.

'오음(五陰은 뜬 구름인냥 그냥 오가며
삼독은 물거품처럼 헛되이 출몰하누나.'259)

만일 이와 같다면 일체의 고액을 건너갈 것이며 한량없고 가이없는 번뇌
와 지해(知解)260)가 모두 다 청정에 이르게 되니 이것이 청정법신입니다.
만일 '이러한' 경지에 이르게 되면 곧 여기에서 나왔다가 저기에 들어가며,
몸을 버리고 몸을 받으며 지옥과 천당, 이 세계와 다른 세계에 종횡무진 자
재로울 것입니다. 그리고 마음대로 떠올랐다 가라앉았다 하고 대상경계에
맞춰서 빛을 비춰주며 기틀에 따라서 가르침을 펴니 천백억화신이라 부를
만합니다.

'이와 같은' 법문엔 꿈도, 꿈이란 말도 없다고 이를 수 있으니, 진흙에 섞
이고 물에 합하거나261)똥오줌을 뿌려도 좋은지 싫은지 모릅니다. 그러니
'하하!' 하고 크게 웃고 말합니다.

'만일 이 납승의 문하라면 십만 팔천 명이라도 아직도 저 땀 냄새 남아
있는 것262)을 꿈에서라도 보진 않으리라.263)

---

258) 『聯燈會要』 卷第十二, X79n1557_p0109b11. 『古尊宿語錄』 卷第十一, 「慈明禪師語錄」,
   X68n1315_p0066a01~b01. 참조.
259) 『증도가(證道歌)』에 나오는 법문. (위의 어록, 「永嘉眞覺大師證道歌」. "五陰浮雲空去來. 三毒
   水泡虛出沒")
260) 知解(지해) : 지식정해(知識情解), 지식견해(知識見解) 또는 지식이해(知識理解)의 줄임말. 지
   식분별로써 분석하여 알아냄을 말한다.
261) 和泥合水(화니합수) : 진흙 속에 들어가고 물에 들어간다는 뜻으로 타니대수(拖泥帶水), 타니
   섭수(拖泥涉水), 입니입수(入泥入水), 화광동진(和光同塵)과 같은 의미이다. 부처님이 지혜의 빛
   을 숨기고 세간에 들어가 자비심으로써 중생과 동화하고 구제하는 것을 말한다. 선종에서는 제
   자들을 가르칠 때 언어 등의 방편을 사용하는 것을 말한다.

비록 이와 같으나 오로지 덮어놓고 언어문자만을 빌려서 뭇삶들을 인도
하지는 않으리라.'264)
  억!"

20. 보령인용保寧仁勇

保寧勇和尚, 示衆, 擧: "'夜夜抱佛眠, 朝朝還共起. 起坐鎭相隨, 語默同居止.
分毫不相離, 如身影相似. 欲識佛去處? 只遮語聲是.' 大衆. 傅大士此之一頌, 古
今不墜一切人知向此, 瞥地者亦多, 錯會者不少.

보령 인용스님265)이 대중에게 열어 보이셨다.

"'밤마다 부처님을 껴안고 자고
아침마다 늘 함께 일어난다네.
앉으나 서나 항상 서로 따르고
말을 하든 않든 함께 살고 있으니
조금도 서로 떨어진 적이 없어서
마치 몸과 그림자 비슷하다네.
부처님의 행방을 알고 싶은가?
바로 이 말소리 이것이라네.'266)

---

262) 侘汗臭氣(타한취기) : 땀 냄새 나는 것. 자명스님의 말을 말한다.
263) 훌륭한 선승이라면 자명스님의 이러한 법문에 매이지는 않을 것이라는 뜻.
264) 『법화경』의 말씀이다. (T09n0262_p0008a19, 『妙法蓮華經』「方便品」第二. "但以假名字, 引
   導於衆生")
265) 保寧仁勇(보령인용) : 분양선소(汾陽善昭)-석상초원(石霜楚圓)-양기방회(楊岐方會)-보령인용(保
   寧仁勇). 속성은 축씨(竺氏), 절강성(浙江省) 사명(四明) 출신. 처음에 천태학(天台學)을 배우다가
   설두 중현스님을 참알(叅謁)하여 선(禪)을 지도 받았다. 양기방회(楊岐方會)스님이 운개산(雲蓋
   山)에서 법을 널리 편다는 말을 듣고 찾아가서 바로 선지(禪旨)를 밝히고 법을 이었다. 방회(方
   會)스님이 입적한 후에 백운수단(白雲守端)스님과 함께 사방을 다니다가 금릉(金陵)의 보령사(保
   寧寺)에 주석하면서 선풍(禪風)을 크게 진작하였다. 『보령선사어록(保寧禪師語錄)』 1권이 있다.
   월장지연(月掌知淵) 등 8명의 제자가 있다.
266) 『선혜대사어록(善慧大士語錄)』에 나오는 부대사의 법문이다. (X69n1335_p0130b18~20, 『善
   慧大士附錄』 卷第四, 「傅大士傳」, "偈曰: 夜夜抱佛眠, 朝朝還共起, 起坐鎭相隨, 語默同居止, 纖
   毫不相離, 如身影相似, 欲識佛去處, 祇這語聲是.")

대중 여러분. 부대사267)의 이 한 게송은 옛날부터 지금까지 모든 사람들
이 이를 향하여 알려고 함이 끊이질 않았으며, 곧바로 알아 깨달은 이도 또
한 많았지만 잘못 안 이도 적지 않습니다.

玄沙和尚云: '大小傅大士只認得箇昭昭靈靈.' 洞山聰和尚云: '你且道. 衲僧家日
裏還曾睡也無?' 此二尊宿兩轉語, 誰言世上無仙客? 須信壺中別有天. 保寧亦有一
頌: 要眠時即眠, 要起時即起. 水洗面皮光, 啜茶濕却觜. 大海紅塵生, 平地波濤
起. 呵呵阿呵呵! 囉哩哩囉哩!"
　僧問: "如何是保寧境?" 云: "主山頭倒卓." "如何是境中人?" 云: "鼻孔無半邊."
"如何是保寧家風?" 云: "硬餬餅, 爛餺飥.""忽遇客來將何祇待?" 云: "麤飡易飽,
細嚼難饑."268)

현사 사비스님269)이 이르셨습니다.
'별 것도 아닌270) 부대사가 다만 소소영령(昭昭靈靈)271)을 알았을 뿐이다.'

267) 傅大士(부대사) : 497~569. 양(梁)·진(陳)나라 때의 저명한 거사. 무주(婺州)[절강성(浙江省)]
　　의오현(義烏縣)[동양(東陽)] 출신. 속성은 부씨(傅氏), 이름은 흡(翕), 자(字)는 현풍(玄風), 호는
　　선혜(善慧). 　쌍림대사(雙林大士)·동양대사(東陽大士)·어행대사(魚行大士)·선혜대사(善慧大士)
　　·오상거사(烏傷居士)라고도 한다. 16세에 혼인하여 두 아들을 두었으나, 24세에 서역(西域) 출
　　신의 숭두타(嵩頭陀)스님에게 감화되어 동양(東陽) 송산(松山)에 은거하여 수행하였다. 534년에
　　입궐하여 무제(武帝)에게 설법하고, 칙명으로 종산(鍾山) 정림사(定林寺)에 머무르니 학인들이 구
　　름같이 모여듦. 540년에 송산에 쌍림사(雙林寺)를 창건하고 머물면서 수차례에 걸쳐 대법회(大
　　法會)를 개설하고, 대장경을 넣어 두는 윤장대(輪藏臺)를 처음으로 제작하였다. 태건 1년에 세수
　　73세로 입적. '부대사강경(傅大士講經)' '부대사법지(傅大士法地)' 등의 공안이 있다. 『심왕명(心
　　王銘)』 『환원시(還源詩)』 등과 『선혜대사어록(善慧大士語錄)』 4권이 《卍新纂續藏經》 第六十九
　　冊, No. 1335에 실려 있다.
268) 『續刊古尊宿語要』 第三集, 「保寧勇禪師語錄」, X68n1318_p0407b06~13, p0408b03~06. 『聯
　　燈會要』 卷第十五, X79n1557_p0130b16~24, p0131a17~18. 『禪門拈頌集』 卷第三十, K46-
　　0498, 1431則. 『保寧禪院勇和尚語錄』, X69n1350_p0283b06~14, b22~c01, 참조.
269) 玄沙師備(현사사비) : 용담숭신(龍潭崇信)-덕산선감(德山宣鑑)-설봉의존(雪峰義存)-현사사비(玄
　　沙師備). 835~908. 복주(福州)[복건성] 민현(閩縣) 출생. 속성은 사씨(謝氏). 어려서 고기잡이를
　　즐겼다. 복주 부용산(芙蓉山)의 영훈(靈訓)스님에게 출가하고 개원사(開元寺)의 도현율사(道玄律
　　師)에게 구족계를 받았다. 후에 설봉의존(雪峰義存)스님에게 입문하여 그의 법을 이었다. 이후
　　매계(梅谿) 보응원(普應院)에 주석하다가 복주의 현사산(玄沙山)으로 옮겨 30년을 지냈다. 양(梁)
　　개평(開平) 2년 세수 74세로 입적하였다. 후에 명종에게서 종일대사(宗一大師)라는 시호를 받았
　　다. 『복주현사종일대사광록(福州玄沙宗一大師廣錄)』 3권이 있다. 나한계침(羅漢桂琛), 천룡중기
　　(天龍重機), 선종계부(僊宗契符) 등 14인의 법사(法嗣)가 있다.
270) 大小(대소) : 상대방을 얕잡아 일컫는 말로서 나이가 좀 든, '이른바 ~라는 사람이' '별 것도
　　아닌 사람이' '별 볼일 없는 사람이' 등의 뜻이다. 대소대(大小大)라고도 쓰임.

동산 효총스님272)이 이르셨습니다.

'너희들은 바로 지금 말해보아라. 납승들이 벌건 대낮에 이미 잠들지 않았느냐?'

이 두 존숙의 두 전어(轉語)273)에서 누가 세상에 선객(仙客)이 없음을 말한 것입니까? 모름지기 병(壺) 속에 별도로 하늘이 있음을 알아야 합니다. 이 보령에게 또한 게송 하나가 있습니다.

잠자고 싶을 때면 곧 잠을 자고
일어나고 싶을 땐 곧 일어난다네.
물로 얼굴 씻으니 피부 빛나고
차 마시니 입안이 다시 젖누나.
큰 바다에 붉은 먼지 일어나고
평지에서 파도가 일어난다네.
하하아하하!
라리리라리!"

어떤 스님이 여쭈었다.
"어떤 것이 보령의 경계입니까?"
말씀하셨다.
"가장 높은 산마루가 거꾸로 솟았다."

---

271) 昭昭靈靈(소소영령) : 깊은 의식의 자기 본 모습이 밝고 밝으며 불가사의 한 깨달음의 모습임을 일컫는 말.

272) 洞山曉聰(동산효총) : 운문문언(雲門文偃)-원명연밀(圓明緣密)-문수응진(文殊應眞)-동산효총(洞山曉聰). ?~1030. 운문종스님이다. 소주(韶州) 곡강현(曲江縣) 출신. 속성은 두씨(杜氏). 어려서 출가하여 곡강의 남화사(南華寺), 유원(乳源)의 운문사(雲門寺), 운거산(雲居山) 진여선사(眞如禪寺) 등을 행각하다가 강서성(江西省) 동산선림(洞山禪林) 주지로 부임하였다. 석상 초원선사가 그의 밑에서 3년간 지도를 받았다. 인종이 스님의 어록을 편찬토록 하여 황실 서고에 입장(入藏)시켰다. 스님의 법을 이은 제자로 운거효순(雲居曉舜), 대휘회유(大潙懷宥), 명교계숭(明敎契嵩), 태수허식(太守許式)[홍주 태수로 재가 제자이다.] 등이 있다. 깨달음의 인연은 이러하다. "처음 문수스님을 참알하자 문수스님이 대중에게 말씀하셨다. '쭉 뻗은 낚시로는 검은 용을 낚아 올리고, 굽은 낚시로는 청개구리와 지렁이를 낚아 올린다. 지금 여기에 용이 있느냐?' 한참 동안 묵묵히 계셨다. 다시 말씀하셨다. '괜히 헛수고만 했군.' 스님은 이 말씀에 깨달은 바가 있었다."

273) 轉語(전어) : 깨달음의 계기가 될 수 있는 말씀. 심기(心機)를 뒤집어버릴 수 있는 말씀. 중요한 말씀. 상황에 잘 맞추어 선요(禪要)를 깨닫게 하는 언어.

"어떤 것이 경계 가운데 사람입니까?"
말씀하셨다.
"콧구멍이 반쪽이 없구나."
"보령의 가풍은 무엇입니까?"
말씀하셨다.
"딱딱해진 호병(餬餅)274)과 쉬어빠진 수제비275)다."
"홀연히 객을 만나면 무엇으로 응대하십니까?276)"
말씀하셨다.
"거친 식사는 쉽게 배부르고 오래 씹으면 굶주리기 어렵다."

21. 조주종심趙州從諗

嚴陽尊者, 問趙州: "一物不將來時如何?" 州云: "放下著." 嚴云: "既是一物不將來, 又放下箇甚麼?" 州云: "放不下便擔取去." 黃龍南和尚, 頌云: "一物不將來, 兩肩擔不起. 言下忽知非, 心中無限喜. 毒惡既忘懷, 蛇虎為知己. 光陰幾百年, 清風猶未已."277)

엄양존자278)가 조주스님279)께 물으셨다.
"한 물건도 가지지 않았을 땐 어떻습니까?"
조주스님이 말씀하셨다.
"내려놓게."

---

274) 餬餅(호병) : 피자처럼 밀가루를 개어 둥글고 납작하게 만들어서 기름에 지지거나 불에 구워 그 위에 갖은 야채를 곁들여 만든 음식.
275) 餺飥(박탁) : 밀가루로 만든 수제비. 탕병(湯餅).
276) 祗待(지대) : =지대(祗對). 회답하다. 응답하다. 응대하다.
277) 『禪門拈頌集』 卷第十二, K46-0195, 435則. 참조.
278) 嚴陽善信(엄양선신) : 마조도일(馬祖道一)-남전보원(南泉普願)-조주종심(趙州從諗)-엄양선신(嚴陽善信). ?~904. 무녕현(無寧縣) 신흥(新興)의 엄양산(嚴陽山)에 신흥원(新興院)이라는 절을 짓고 주석하였으며 세상 사람들이 그의 덕이 높음을 흠모하여 엄양존자(嚴陽尊者)라고 높여 불렀다고 한다. 그의 곁에는 두 마리의 호랑이와 한 마리의 뱀이 늘 좌우에서 시봉하였다고 한다. 조주스님을 찾아뵙고 대오(大悟)할 때 유명한 '방하착(放下着)' 화두가 탄생하였다.
279) 趙州從諗(조주종심) : 남악회양(南嶽懷讓)-마조도일(馬祖道一)-남전보원(南泉普願)-조주종심(趙州從諗). 778~897. 주203) 참조.

엄양존자가 말씀하셨다.
"이미 한 물건도 가지지 않았는데 또 무엇을 내려놓으라는 것입니까?"
조주스님이 말씀하셨다.
"내려놓지 않으려면 바로 걸머메게나."

황룡 혜남스님이 노래하셨다.

"한 물건도 가지지 않았더라도
양어깨에 메고서 못 일어나네.
말끝에 문득 그름 알아버리니
마음속이 무한한 기쁨이로다.

맘속에서 지독한 독 사라졌으니
뱀과 범이280) 자기를 알아주었네.
그 세월이 이미 몇 백 년이던가.
맑고 맑은 바람이 아직도 이네."

22. 법화전거法華全擧

法華擧和尚, 示眾, 云: "釋迦不出世, 達磨不西來. 佛法遍天下, 談玄口不開."
281)

妙喜曰: "作賊人心虛."

법화 전거스님282)이 대중에게 열어 보이셨다.

"석가모니 이 세상에 나온 적 없고,

---

280) 엄양 존자의 곁에는 늘 호랑이와 뱀이 모시고 있었다고 한다.
281) 『聯燈會要』 卷第十三, X79n1557_p0112c10. 『嘉泰普燈錄』 卷第二, X79n1559_p0295c01~0
　　2. 『五燈會元』 卷第十二, X80n1565_p0242b18~19. 참조.
282) 法華全擧(법화전거) : 풍혈연소(風穴延沼)-수산성념(首山省念)-분양선소(汾陽善昭)-법화전거(法
　　華全擧). ?~1056. 주77) 참조.

달마는 서쪽에서 오질 않았네.
불법이 온 천하에 두루 찼는데,
현료(玄了)함 말하려면 입 열지 마라.”

묘희스님이 말씀하셨다.
“나쁜 짓을 하면 남이 알까 두려워서 마음이 불안하다.283)”

23. 정혜초신定慧超信

定慧信和尚, 問僧: “忠國師無情說法, 南方尊宿如何商量?” 僧云: “諸方皆云: ‘六根互用.’” 信云: “敎中道‘無眼耳鼻舌身意’, 將甚麼互用?” 僧擬議, 信劈脊便打.284)

정혜 초신스님285)이 어떤 스님에게 물으셨다.
“혜충국사의 무정설법을286) 남방의 존숙들은 어떻게 상량하는가?”

---

283) 作賊人心虛(작적인심허) : 작적(作賊)은 도둑질을 하다, 도둑이 되다, 노략질을 하다, 반란을 일으키다의 뜻. ‘도둑질을 하고나면 마음이 불안하다’는 뜻.

284) 『聯燈會要』 卷第十四, X79n1557_p0123a09~11. 참조.

285) 定慧超信(정혜초신) : 수산성념(首山省念)-분양선소(汾陽善昭)-낭야혜각(瑯邪慧覺)-정혜초신(定慧超信). 자(字)는 해인(海印). 계부(桂府)[광서성(廣西省) 계림(桂林)] 출신. 소주(蘇州) 정혜사(定慧寺)에 주석하였다.

286) 忠國師無情說法(충국사무정설법) : 『전등록』 28권에 나온다. “여쭈었다. ‘무정도 심성이 있어서 설법을 할 줄 알겠습니까?’ 스님이 말씀하셨다. ‘그들이 왕성하게 늘 설법하되 잠깐이라도 쉬지 않는다.’ 말씀드렸다. ‘저는 무엇 때문에 듣질 못합니까?’ 스님이 말씀하셨다. ‘네가 스스로 듣지 않는 거지.’ 말씀드렸다. ‘누가 듣는데요?’ 스님이 말씀하셨다. ‘모든 부처님들이 들으시지.’ 말씀드렸다. ‘뭇삶은 당연히 분수가 없겠군요.’ 스님이 말씀하셨다. ‘나는 뭇삶을 위해서 말하지, 성인을 위해 말하진 않는다.’ 말씀드렸다. ‘저는 귀가 먹고 눈이 멀어서 무정의 설법을 듣지 못하지만 스님은 당연히 들으시겠습니다.’ 스님이 말씀하셨다. ‘나도 못 들어.’ 말씀드렸다. ‘스님이 바로 듣지 못하신다면 무정이 설법하는 줄은 어떻게 아십니까?’ 스님이 말씀하셨다. ‘만일 내가 듣는다면 곧 부처님들과 같을 것이니 네가 바로 나의 설법을 듣지 못할 거야.’ 말씀드렸다. ‘뭇삶들이 필경엔 듣게 될까요?’ 스님이 말씀하셨다. ‘뭇삶이 만일 듣는다면 뭇삶이 아니지.’ 말씀드렸다. ‘무정이 설법한다는 것은 전거가 어디 있습니까?’ 스님이 말씀하셨다. ‘보지도 못하였느냐? 『화엄경』에 이르기를, 「국토가 설법하고, 뭇삶이 설법하고, 삼세의 일체가 다 설법한다」고 하였는데, 뭇삶이 유정이겠느냐?’” (T51n2076_p0438a18~27, 『景德傳燈錄』 卷第二十八, 「諸方廣語一十二人見錄」. “問: ‘無情旣有心性還解說法否?’ 師曰: ‘他熾然常說無有間歇.’ 曰: ‘某甲爲什麼不聞?’ 師曰: ‘汝自不聞.’ 曰: ‘誰人得聞?’ 師曰: ‘諸佛得聞.’ 曰: ‘衆生應無分邪?’ 師曰: ‘我爲衆生說不爲聖人說.’ 曰: ‘甲聾瞽不聞無情說法師應合聞.’ 師曰: ‘我亦不聞.’ 曰:

그 스님이 말했다.

"제방에서는 모두 다 육근이 서로 넘나들며 쓴다고 말합니다."

초신스님이 말씀하셨다.

"경에서 말하기를 '눈·귀·코·혀·몸·뜻이 없다'287)고 했는데 무엇으로써 서로 넘나들며 쓴다는 것인가?"

그 스님이 머뭇거리자, 초신스님께서 등짝을 곧장 후려치셨다.288)

24. 축도생竺道生

生法師, 云: "敲空作響, 擊木無聲."

雲門以拄杖空中敲, 云: "阿耶耶!" 又敲板頭, 云: "作聲麽?"

僧云: "作聲." 雲門云: "遮俗漢." 又敲板頭, 云: "喚甚麽作聲?"289)

생법사290)가 말씀하셨다.

"허공을 두드리니 메아리가 울려나오고 나무를 쳐보지만 소리가 없구나."

'師旣不聞, 爭知無情解說?' 師曰: '我若得聞卽齊諸佛, 汝卽不聞我所說法.' 曰: '衆生畢竟得聞否?' 師曰: '衆生若聞卽非衆生.' 曰: '無情說法有何典據?' 師曰: '不見華嚴云:「刹說衆生說三世一切說.」衆生是有情乎?'")

287) 無眼耳鼻舌身意(무안이비설신의): 『반야경』에 주로 나오는 법문이다. (T08n0223_p0223a17~18, 『摩訶般若波羅蜜經』 卷第一, 「摩訶般若波羅蜜經習應品」 第三. "無眼耳鼻舌身意". T08n0253_p0849b25, 『般若波羅蜜多心經』, 罽賓國三藏般若共利言等譯. "無眼耳鼻舌身意")

288) 劈脊(벽척): 등짝을 후려 때림.

289) 『禪門拈頌集』 卷第三十, K46-0496, 1424則. 『古尊宿語錄』 卷第十六, 「雲門匡眞禪師廣錄」中, X68n1315_p0103c18~21. 『禪林僧寶傳』 卷第二, X79n1560_p0495c12~15. 참조.

290) 축도생법사(竺道生法師)를 말한다. 355~434. 거록(鉅鹿)[하북성(河北省) 평향(平鄉)] 출신. 속성은 위씨(魏氏). 축법태(竺法太)스님을 의지해 출가하여 성을 축(竺)으로 함. 15세부터 강석에 올랐으며 청원사에 있으면서 교법을 선양하고, 융안(隆安)[397~401] 때에 여산(廬山)에 들어가 혜원(慧遠)스님에게서 수학하였다. 그 뒤 구마라집스님을 따라 수학하였으며 승조(僧肇)·도융(道融)·승예(僧叡) 등과 함께 '관중사걸(關中四杰)'로 불렸다. 또한 '생공(生公)' '열반성인(涅槃聖人)' 등으로 불렸으며 최초로 '돈오성불론(頓悟成佛論)'을 제창한 인물이다. 원가(元嘉) 11년 여산(廬山)에서 입적하였다. 저서로는 『이제론(二諦論)』 『불성당유론(佛性當有論)』 『불무정토론(佛無淨土論)』 『법신무색론(法身無色論)』 『응유연론(應有緣論)』 『니원경의소(泥洹經義疏)』 『소품반야경의소(小品般若經義疏)』 등이 있다.

운문스님이 주장자로 허공 속을 두드리셨다.

말씀하셨다.
"아야야!"

또 판대기의 가장자리를 두드리셨다.

말씀하셨다.
"소리가 나는가?"
한 스님이 말했다.
"소리가 납니다."
운문스님이 말씀하셨다.
"이 속한아!"

또 판대기 가장자리를 두드리셨다.

말씀하셨다.
"무슨 소리가 난다는 것이냐?"

25. 현사사비玄沙師備

玄沙和尙, 問僧: "甚處來?" 僧云: "瑞巖來." 沙云: "瑞巖有甚麼言句?" 云: "和尙尋常喚: '主人翁!', 自應云: '諾! 惺惺著. 佗後莫受人謾." 沙云: "一等弄精魂, 猶較些子."291)

현사 사비스님292)이 어떤 스님에게 물으셨다.

"어디서 오느냐?"

그 스님이 말했다.

"서암스님293)회상에서 왔습니다."

현사스님이 말씀하셨다.

"서암스님은 어떤 언구(言句)가 있나?"

말하였다.

"스님은 평소에 '주인옹!'하고 부르시고 스스로 응답하시길, '응! 성성해라. 후에 사람에게 속임을 받지 마라.'라고 하십니다."

현사스님이 말씀하셨다.

"한결같이 정혼(精魂)294)을 희롱하고 있지만, 그나마 조금 겨룰만하구나.295)"

---

291)『五燈會元』卷第七, X80n1565_p0147c22~0148a01.『福州玄沙宗一大師廣錄』下, X73n1445_p0020a17~19. 참조.

292) 玄沙師備(현사사비) : 용담숭신(龍潭崇信)-덕산선감(德山宣鑑)-설봉의존(雪峰義存)-현사사비(玄沙師備). 835~908. 주269) 참조.

293) 瑞巖師彦(서암사언) : 용담숭신(龍潭崇信)-덕산선감(德山宣鑑)-암두전활(巖頭全豁)-서암사언(瑞巖師彦). 복주(福州)[복건성(福建省) 민월(閩越)] 출신. 속성은 허씨(許氏). 암두 전활스님의 법을 잇고 절강성(浙江省) 태주(台州) 서암원(瑞巖院)에 머물렀다. 오도인연은 이러하다. "암두스님께 여쭈었다. '본래의 항상한 이치가 무엇입니까?' 암두스님이 말씀하셨다. '움직인다.' 스님이 말씀하셨다. '움직일 땐 어떻습니까?' 암두스님이 말씀하셨다. '본래의 항상한 이치가 아니다.' 스님이 생각에 빠졌다. 암두스님이 말씀하셨다. '긍정한다면 육근육진을 벗어나지 못할 것이고 긍정치 않는다면 영원히 생사에 빠질 것이다.' 스님이 이 말씀아래 몰록 깨달으셨다." (X79n1557_p0202b07~20,『聯燈會要』卷第二十二. "問巖頭: '如何是本常理?' 頭云: '動也.' 師云: '動時如何?' 頭云: '不是本常理.' 師沉思, 頭云: '肯則未脫根塵, 不肯則永沉生死.' 師於言下頓悟.")

294) 精魂(정혼) : 정식(精識), 신식(神識), 심식(心識).

295) 猶較些子(유교사자) : 그나마 괜찮음. 조금 미흡하긴 하지만 우선은 괜찮다.『오등회원』7권에서는 '猶較些子'가 '也甚奇怪'로 나온다.

26. 황룡오신黃龍悟新

黃龍新和尚, 示衆, 云: "淸珠下於濁水, 濁水不得不淸. 念佛投於亂心, 亂心不得不佛. 佛旣不亂, 濁水自淸. 濁水旣淸, 功歸何所?" 良久. 云: "幾度黑風翻大海, 未曾聞道釣舟傾."296)

황룡 오신스님297)이 대중에게 열어 보이셨다.

"맑은 구슬을 흐린 물에 넣으니
흐린 물이 맑아지지 않을 수 없네.
염불로 어지러운 맘에 던지니
어지러운 맘이 부처님 아닐 수 없네.

부처님이 이미 어지럽지 않고
흐린 물이 스스로 맑은데,
흐린 물이 이미 맑다면
공(功)은 어느 곳으로 돌아갑니까?"

한참 묵묵히 계셨다.

말씀하셨다.
"검은 바람이 몇 번이나 큰 바다를 뒤집었어도,
낚싯배가 기울었다고 말하는 것을 아직 듣지 못하였구나."

---

296) 『續刊古尊宿語要』 第一集, X68n1318_p0358c12~14. 『聯燈會要』 卷第十五, X79n1557_p0132a19~21. 『五燈會元』 卷第十七, X80n1565_p0360c14~17. 참조.

297) 黃龍悟新(황룡오신) : 석상초원(石霜楚圓)-황룡혜남(黃龍慧南)-회당조심(晦堂祖心)-황룡사심오신(黃龍死心悟新). 1044~1115. 소주(韶州) 곡강(曲江) 출신. 속성은 황씨(黃氏). 불타원(佛陀院) 덕수(德修)스님에게 출가. 회당 조심스님에게 참문하고 법을 이음. 원우(元祐) 7년 운암(雲岩)에 머물다가 소성(紹聖) 4년에 취암(翠岩)으로 옮기고 다시 정화(政和) 초에 황룡(黃龍)에 주석하였다. 정화(政和) 5년 12월 15일 세수 72세로 입적하였다. 스스로를 '사심수(死心叟)'라고 칭하고 자신의 거처를 '사심실(死心室)'이라 붙였다. 『사심오신선사어록(死心悟新禪師語錄)』 1권이 있다. 양주제밀(楊州齊謐) 등 8명의 전법제자가 있다.

27. 천복승고薦福承古

薦福古和尚, 示衆, 擧: "百丈恒和尚有時上堂, 衆纔集, 云: '喫茶!' 便下座. 有時上堂, 衆纔集, 云: '珍重!' 便下座. 有時上堂, 衆纔集, 云: '歇!' 便下座. 往往多用此時節因緣, 衆人罔測津涯. 後來又自作一頌, 頌此三轉因緣, 云: '百丈有三訣, 喫茶珍重歇. 直下便承當, 敢保君未徹. 大衆. 只如恒和尚作此一頌, 且道. 見處如何? 還知得失否? 要會麼? 據佗三度上堂時節, 恰似箇好人. 後來作此一頌, 恰如面上雕兩行字. 若是通人達士, 擧起便知, 後學初機難爲揀辨. 老僧與汝從頭注出. '百丈有三訣', 賊身已露. '喫茶珍重歇', 贓物出來. '直下便承當, 敢保君未徹', 大似抱贓判事. 然雖如此, 諸仁者. 若具擇法眼, 方能證明.如或邪正不分, 可謂顢頇佛性. 更須博問賢良, 可惜虛生浪死."298)

천복 승고스님299)이 대중에게 열어 보이셨다.

"백장 도항스님300)이 언젠가 법좌에 올랐습니다. 대중이 막 모이자 말했습니다. '차 드시오.' 하고 곧장 내려갔습니다. 또 언젠가 법좌에 오르니 대중이 모이자 말했습니다. '잘 계시오.' 하고 곧장 내려갔습니다. 또 어떤 때 법좌에 오르니 대중이 모이자 말했습니다. '쉬시오.' 하고 곧장 내려갔습니다. 이러한 시절인연을 자주 사용하여 대중이 멍하니 생각이 끊어지게 해버립니다.301)

---

298) 『聯燈會要』 卷第二十六, X79n1557_p0229a23~b10. 『禪門拈頌集』 卷第二十九, K46-0483, 1365則. 『薦福承古禪師語錄』, X73n1447_p0046c22~0047a10. 참조.

299) 薦福承古(천복승고) : 덕산선감(德山宣鑑)-설봉의존(雪峰義存)-운문문언(雲門文偃)-천복승고(薦福承古). ?~1045. 서주(西州)[강소성 남경] 출신. 일찍부터 서생(書生)이 되어 그 박학함의 소문이 자자하였다. 예부(禮部)에 취직하였으나 뜻에 맞지 않아 담주(潭州) 요산(了山)의 경현(敬玄) 스님에게서 머리를 깎았다. 그 후 운문문언(雲門文偃)스님을 만나 뵙고 법을 이었다. 후에 여산 구봉(歐峰)으로 갔다가 굉각탑원(宏覺塔院)에 주석하였는데 청규를 엄연히 하였으므로 사람들이 '고탑주(古塔主)'라고 불렀다. 1037년에 범중엄(范仲淹)[989~1052]이 파양(鄱陽)의 군수로 있으면서 스님의 덕을 흠모하여 천복(薦福)에 머물 것을 청하니 이후로 종풍을 크게 열어 떨쳤다.

300) 百丈道恆(백장도항) : 현사사비(玄沙師備)-나한계침(羅漢桂琛)-법안문익(法眼文益)-백장도항(百丈道恆). ?~991. 백장도상(百丈道常)이라고도 함. 홍주(洪州)[강서성] 백장산(百丈山)에서 조명(照明)스님에게서 머리를 깎고 법안문익(法眼文益)스님에게 참학하여 법을 이었다. 백장산(百丈山) 대지원(大智院)에 주석하면서 학인들을 접화(接化)하여 법안종풍을 크게 떨쳤다. 순화(淳化) 2년 입적하다.

301) 罔測津涯(망측진애) : 망측(罔測)은 헤아리지 못함. 생각이 사라짐. 진애(津涯)는 포구, 물가, 끝, 한계. 따라서 망측진애(罔測津涯)는 생각이 모두 사라짐을 말한다.

뒤에 또 손수 게송 하나를 지었으니, 이 세 가지 전어(轉語)302)의 인연을
노래 한 것입니다.

　'백장에게 세 가지 요결이 있으니
〈차 드시오. 잘 계시오. 쉬시오〉라네.
　즉시 대번에 알아버렸다 해도
　그대가 꿰뚫지 못했다고 보증하리라.303)'

대중 여러분.
저 도항 스님이 지은 이 한 게송에 대해서 바로 지금 말해 보십시오.
현처(見處)304)가 어떠합니까? 득실을 알겠습니까?

알고 싶습니까?

저 세 번에 걸쳐 법좌에 오른 때를 살펴보면 흡사 훌륭한 사람과 같긴 합
니다. 하지만 이어서 뒤에 이 한 게송을 지은 것은 마치 얼굴에 두 줄의
글자를 새긴 것과 같습니다. 만일 이 사리에 통달한 사람이라면 일으켜 제
시하자마자 곧 알아버리겠지만, 후학과 초심자라면 가려 분별키 어려울 것
입니다.

이 노승이 여러분에게 처음부터 주해(注解)를 내어 보겠습니다.
'백장에게 세 가지 요결이 있으니'는 도둑이 모습을 나타냈습니다.
'차마셔라. 잘 살펴라. 쉬어라네'는 훔친 물건을 끄집어냈습니다.
'즉시 대번에 알아버렸다 해도, 그대가 꿰뚫지 못했다고 보증하리라'는 꼭
훔친 것을 안고 사건을 판결하려하는 것과 같습니다.

비록 그렇기는 하지만, 여러분.

---

302) 轉語(전어) : 깨달음의 계기가 될 수 있는 말씀. 심기(心機)를 뒤집어버릴 수 있는 말씀. 중요
　　한 말씀. 상황에 잘 맞추어 선요(禪要)를 깨닫게 하는 언어.
303) 敢保(감보) : 과감하게 책임을 짐. 감히 보증함. 장담하다. 긍정하는 것. 반드시. 꼭.
304) 見處(현처) : 심지(心地)의 안목(眼目). 드러내는 자리. 봄자리. 앎자리. 현지(見地). 경지(境地).
　　깨달음의 정도.

법을 가릴 줄 아는 눈을 갖추어야만 비로소 증명할 수 있을 것입니다. 하지만 혹 삿됨과 바름을 분간하지 못한다면 불성이 가려진 자305)가 될 것입니다. 다시 반드시 현량들에게 널리 물어야 할 것이니, 헛되이 살다가 부질없이 죽으면 애석하지 않겠습니까?"

28. 귀종자보歸宗自寶

歸宗寶和尚, 讚初祖達磨(并序). "師真徒邈, 三界無著. 擬欲安排, 知君大錯. 虛勞指點, 何處捫摸? 要識師真, 乾坤廓落. 師相兮世所希. 師眉兮陣雲垂. 師眼兮電光輝. 師鼻兮篝須彌. 師口門無齒兮過在誰? 擬涉流沙兮何不自知非? 彼此丈夫兮傳法與阿誰? 更住少林兮懍懍却西歸. 遇衲僧兮好與一頓椎. 雖然如是兮不會莫針錐."

琅邪覺和尚覩此讚, 乃述頌云: "師眼兮深. 師鼻兮大. 師耳兮穿. 師舌兮快. 師身兮墨. 師心兮戴. 手攜隻履返流沙. 熊耳石塔今猶在. 只將此頌驗盡天下衲僧."306)

귀종 자보스님307)이 초조 달마대사를 찬탄함.[병서(并序)]

"대사의 참된 모습308)은 다만 아득하기만 하여
삼계엔 나타남이 없다.
배치하고자309) 한다면

---

305) 顢頇(만한) : 사리에 밝지 아니한 사람. 멍청하다. 어리숙하다.
306)『指月錄』卷之二十三, X83n1578_p0654b10~20.『宗鑑法林』卷六, X66n1297_p0312b19~20. 참조.
307) 歸宗自寶(귀종자보) : 운문문언(雲門文偃)-쌍천사관(雙泉師寬)-오조사계(五祖師戒)-귀종자보(歸宗自寶). 여주(廬州)[안휘성(安徽省) 합비(合肥)] 출신. 보수선사(寶壽禪師), 동산자보(洞山自寶)라고도 한다. 협석사(硤石寺에 출가하여 오조 사계스님의 법을 이었다. 일찍이 사계스님의 회하에서 창고를 관리하는 소임을 보고 있었다. 그때 사계스님이 병이 들어 약을 달이기 위하여 시자를 창고로 보내 생강을 얻어오게 했다. 그런데 자보스님이 시자를 꾸짖고는 생강을 내주지 않았다. 시자가 사실을 말씀드리니 사계스님은 바로 돈을 주며 사오도록 했다. 자보스님은 그제야 생강을 내어 주었다. 그 후 균주(筠州) 동산사(洞山寺)에 주지자리가 비게 되었는데 그곳 군수는 사계스님에게 편지를 보내어 주지를 천거해 달라고 부탁했다. 사계스님은 '나에게 생강을 파는 자라면 주지를 할 만하다'고 하면서 마침내 자보스님을 동산사의 주지로 추천했다. 그 이후 여산 귀종사로 옮겨 주석하다가 다시 운거산에서 법을 펼쳤다.
308) 眞(진) : 진영(眞影)의 줄임말. 얼굴을 그린 그림. 여기서는 진정한 면목을 말한다.

그대가 크게 어긋난 줄을 알라.

손가락으로 가리키려 헛되이 노력하면서
어느 곳을 더듬어 찾고 있는가?
대사의 참된 모습을 알고자 하면
천지우주에 마음이 넓어야 한다.310)

대사의 모습이여. 세상에 드물구나.
대사의 눈썹이여. 짙은 뭉게구름이 드리워진 것 같구나.
대사의 눈이여. 번갯불이 빛나는 듯하구나.
대사의 코여. 수미산이 솟은 것 같구나.

대사의 입에 치아가 없음이여. 허물이 누구에게 있는가?
사막을 건너려고 함이여. 어찌 스스로 그름을 알지 못하는가?
피차가 대장부인데 누구에게 법을 전하려 함인가?
다시 소림에 머묾이여. 도리어 서쪽으로 돌아감을 부끄러워하였네.
납승을 만남이여. 한 방망이 잘 주었도다.
비록 이러하나 송곳에 찔림311)을 면치 못하였다네."

낭야 혜각스님312)이 이 찬탄하는 글을 보고서 게송을 지으셨다.

"대사의 눈이여. 깊구나.
대사의 코여. 크구나.
대사의 귀여. 뚫렸구나.
대사의 혀여. 신속하구나.
대사의 몸이여. 검구나.

---

309) 安排(안배) : 배치하다. 배분하다. 진열하다. 마련하다. 준비하다. 처리하다. 꾸리다. 일부러 적
　　당히 배분하다.
310) 廓落(확락) : 마음이 넓은 모양. 관대한 모양. 광활한 모양.
311) 針錐(침추) : 의론(議論)을 남발함. 사량복탁(思量卜度)함. 시비를 분변(分辨)함.
312) 琅邪慧覺(낭야혜각) : 풍혈연소(風穴延沼)-수산성념(首山省念)-분양선소(汾陽善昭)-낭야혜각(琅
　　邪慧覺). 주76) 참조.

대사의 마음이여. 머리에 이고 있구나.

외짝 신발 손에 들고 사막으로 돌아갔으나,
웅이산313)에 석탑이 지금도 여전히 있다.
곧바로 이 게송을 가지면 천하의 납승들이 모두 증험하리라."

妙喜曰: "戴此一字不得動著. 動著則禍生."

묘희스님께서 말씀하셨다.
"'戴(Dài)'314) 이 한 글자는 움직이지 말아야 하니,
움직이면 곧 화(禍)가 생겨나리라."

29. 진정극문眞淨克文

真淨和尚, 示眾, 擧: "三聖云: '我逢人即出, 出則不為人.' 興化云: '我逢人即不出, 出則便為人.' 看遮兩箇老古錐. 竊得臨濟些子活計, 各自分疆列界, 氣衝宇宙. 使明眼衲僧只得好笑. 諸禪師. 且道. 笑作甚麼? 還知落處麼? 若知, 一任七顛八倒. 若不知, 且向三聖興化葛藤裏齩嚼."315)

진정 극문스님316)이 대중에게 열어 보이셨다.
"삼성스님317)이 말씀하셨습니다.

---

313) 熊耳(웅이) : 하남성 의양현에 있는 산이름. 산의 두 봉우리가 서로 마주 보고 있는 것이 마치 곰의 귀와 같다고 해서 웅이산(熊耳山)이라 함. 산의 주봉은 2094미터의 전보산(全寶山)이다. 달마대사의 묘탑(墓塔)을 이 산에 건립하였다고 함.

314) 戴(대) : 중국에서는 '따이'라고 읽는다. 『지월록』 23권에서는 '戴'가 ○ 안에 들어가 있다. (X83n1578_p0654b20, 『指月錄』 卷之二十三. 〔《卍續藏經》, 『指月錄』 卷二十三, p259,下3〕. "妙喜曰: ⊛此一字不得動著, 動著則禍生.")

315) 『嘉泰普燈錄』 卷第二十六, X79n1559_p0450c18~23. 『禪門拈頌集』 卷第十八, K46-0303, 751則. 『古尊宿語錄』 卷之四十二, 「寶峰雲庵真淨禪師住筠州聖壽語錄」 一, X68n1315_p0278c14~19. 참조.

316) 眞淨克文(진정극문) : 분양선소(汾陽善昭)-석상초원(石霜楚圓)-황룡혜남(黃龍慧南)-진정극문(眞淨克文). 1025-1102. 주131) 참조.

317) 三聖慧然(삼성혜연) : 백장회해(百丈懷海)-황벽희운(黃檗希運)-임제의현(臨濟義玄)-삼성혜연(三聖慧然). 주226) 참조.

'나는 사람을 만나면 곧 나가버린다. 나가면 사람을 위하지 아니한다.'
흥화스님318)이 말씀하셨습니다.
'나는 사람을 만나면 곧 나가지 않는다. 나가면 곧 사람을 위한 것이다.'

이 노련한 두 선사의 능숙한 솜씨319)를 살펴보십시오. 임제스님의 조그마한 살림살이320)를 훔쳐서는 각자 경계를 나누고 벌리니, 기개가 우주에 회오리치게 하였으나 만일 눈 밝은 납자라면 그야말로 웃어젖힐 것입니다.321)
선사(禪師) 여러분. 지금 여기 말해보십시오.

왜 웃을까요?
낙처(落處)322)를 알겠습니까?
만일 알았다면 일곱 번 거꾸러지고 여덟 번 엎어짐에323) 일임하겠습니다.
만일 알지 못했다면 일단은 삼성스님과 흥화스님의 말씀 속에서
잘 음미하여 깨닫게324) 하겠습니다."325)

---

318) 興化存獎(흥화존장) : 백장회해(百丈懷海)-황벽희운(黃檗希運)-임제의현(臨濟義玄)-흥화존장(興化存獎). 830~925. 위주(魏州)[하북성(河北省)] 소현(蓟縣) 출신. 속성은 공씨(孔氏)로 공자의 후예이다. 출가 후 반산에서 22세로 구족계를 수지하였다. 교학을 연구하다가 임제스님의 소문을 듣고 참례하여 크게 깨달았다. 대명부(大明府) 흥화원(興化院)에서 학인들을 접인하며 조사의 도를 크게 선양하였다. 동광(同光) 3년 96세로 입적하다.
319) 老古錐(노고추) : 노고(老古)는 원래 진(晉)나라 때의 농부를 말하는데 진나라 문공(文公)이 사냥하다 사슴이 도망간 곳을 묻자, 발가락을 까닥여서 방향을 가리켜 주었는데 이는 임금의 가벼운 출행을 풍자하여 간(諫)한 것이다. 문공이 그 뜻을 알아채고서 객례로 대우하였다고 한다. 그래서 노고(老古)는 지혜가 뛰어나고 원숙한 어른에 대한 존칭으로 쓰였다. 선가(禪家)에서는 원숙하고 노련하게 기봉을 휘두르는 선장(禪匠)을 노고추(老古錐)라고 한다.
320) 活計(활계) : 삶의 계책. 선법(禪法) 또는 선사들이 쓰는 여러 가지 기용(機用)의 방법.
321) 여기에 대혜스님의 병불법어(秉拂法語)가 있다. "스님께서 말씀하셨다. '진정노인네는 마치 속이다가 망해 버린 듯합니다. 이 고상좌는 그렇지 않습니다. 삼요(三要)와 삼현(三玄)의 길을 활짝 열고, 수미산의 제일봉을 꺾어 버리겠습니다. 바로 여기 말해 보십시오. 삼성의 분상입니까, 흥화의 분상입니까? 안목을 갖춘 이는 판별해 보십시오.'"(T47n1998Ap0848c03~06, 『大慧普覺禪師雲居首座寮秉拂語錄』 卷第九. "師云：'眞淨老人, 大似欺誣亡沒. 杲上座即不然. 豁開三要三玄路, 坐斷須彌第一峰. 且道. 在三聖分上耶, 在興化分上耶? 具眼者辯取.'")
322) 落處(낙처) : 최종적으로 귀결되는 곳.
323) 七顚八倒(칠전팔도) : 일곱 번 거꾸러지고 여덟 번 넘어짐. 마구 뒤얽힘. 아무렇게나. 수없는 실패와 심한 고생. 자유자재.
324) 嚼嚼(교작) : 잘 깨물고 씹다. 잘 음미하다. 뜻을 잘 음미하여 깨달음.
325) 이 화(話)에 대한 대혜스님의 상당법문이 있다. "어떤 스님이 여쭈었다. '삼성스님께서 「나는 사람을 만나면 곧 나가버린다. 나가면 곧 사람을 위하지 아니한다.」라고 하신 뜻이 무엇입니까?' 스님이 말씀하셨다. '사람을 죽이는 데는 칼을 쓰지 않는다.' 다시 여쭈었다. '흥화스님께서 「나는 사람을 만나면 곧 나가지 않는다. 나가면 곧 사람을 위하는 것이다.」라고 하신 뜻이 무엇

30. 조주종심趙州從諗

趙州和尚, 到雲居, 居云: "老老大大, 何不覓箇住處去?" 州云: "作麼生是某住處?" 居云: "山前有箇古寺基." 州云: "和尚自住取." 次到茱萸, 萸亦云: "老老大大, 何不覓箇住處去?" 州云: "甚麼處是某住處?" 萸云: "老老大大, 住處也不知." 州云: "三十年弄馬騎, 今日被驢子撲."[326]

조주 종심스님[327]이 운거 도응스님[328]을 찾으셨다.

입니까?' 스님이 말씀하셨다. '사람을 살리는 데 굳이 칼이 필요하겠나?' 다시 여쭈었다. '마침 나올 때와 나오기 전이 맞닥뜨리면 어떻습니까?' 스님이 말씀하셨다. '내시가 쇠사슬의 양쪽 끝을 흔드는구나.' 다시 말씀드렸다. '오로지 유통시켜야만 하겠습니다.' 스님이 말씀하셨다. '이 경산이 오늘 이익이 없구나.'" (T47n1998Ap0813a14~19,『大慧普覺禪師住徑山能仁禪院語錄』卷第一. "問: '三聖道:「我逢人卽出, 出則不爲人.」意旨如何?' 師云: '殺人不用刀.' 進云: '興化道:「我逢人卽不出. 出則便爲人.」又作麼生?' 師云: '活人何必劍?' 進云: '正當出與未出時如何?' 師云: '無鬚鎖子兩頭搖.' 進云: '專爲流通去也.' 師云: '徑山今日失利.'") "주장자를 들고 말씀하셨다. '삼성스님이 말씀하셨습니다.「나는 사람을 만나면 곧 나가버린다. 나가면 곧 사람을 위하지 아니한다.」그리고 탁상을 한 번 내려치셨다. 말씀하셨다. '도적의 몸이 이미 드러났으니 놓아 줄 수 없습니다. 흥화스님이 듣고 말씀하셨습니다.「나는 사람을 만나면 곧 나가지 않는다. 나가면 곧 사람을 위하는 것이다.」또 탁상을 한 번 내려치셨다. 말씀하셨다. '이미 드러난 도적의 몸을 놓아 줄 수 없습니다. 종사가 시비를 결단하는 것은 사람들의 안목을 열어 주려는 것이기에 한결같이 맹가할방(盲枷瞎棒)해서는 안됩니다. 바로 여기 말해보십시오. 이 두 노인네가 무슨 허물이 있습니까?' 그리고는 주장자를 던지셨다. 말씀하셨다. '용과 뱀은 가려내기가 쉽지만 납자는 속이기가 어렵지.'" (T47n1998Ap0815a28~b05,『大慧普覺禪師住徑山能仁禪院語錄』卷第一. "乃拈拄杖, 擧: '三聖云:「我逢人卽出, 出則不爲人.」卓一下. 云: '賊身已露, 放過不可. 興化聞云:「我逢人卽不出, 出則便爲人.」又卓一下. 云: '已露賊身, 不可放過. 大凡宗師決斷是非, 要得開人眼目, 不可一向盲枷瞎棒. 且道. 這兩箇老漢有甚麼過?' 擲下. 云: '龍蛇易辯, 衲子難謾.'") "하루는 준박선인에게 물어 보았다. 「삼성스님과 흥화스님이 나가느냐, 나가지 않느냐? 사람들을 위하느냐, 사람들을 위하지 않느냐?」하는 이야기에 대하여 자네가 말해보아라. 이 두 노인네들이 몸이 빠져나올 곳이 있느냐?' 준박이 내 무릎을 한 주먹 때렸다. 내가 말하였다. '자네의 이 한 주먹은 삼성스님을 위해서 기운을 내었느냐, 흥화스님을 위해서 기운을 낸 것이냐? 빨리 말해! 빨리 말해!' 준박이 머뭇거리자 내가 등짝을 한 방 갈겨주었다. 그리고는 말해주었다. '절대로 이 한 대를 잊지 말아라'" (T47n1998Ap0914a15~20,『大慧普覺禪師法語』卷第二十四. "一日問璞: '三聖興化, 出不出, 爲人不爲人話, 爾道. 這兩箇老漢, 還有出身處也無?' 璞於予膝上打一拳. 予曰: '只爾這一拳爲三聖出氣, 爲興化出氣? 速道! 速道!' 璞擬議, 予劈脊與一棒. 仍謂之曰: '爾第一不得忘了這一棒.'")

326)『景德傳燈錄』卷第十, T51n2076_p0278c02~07.『聯燈會要』卷第六, X79n1557_p0057a18~23.『禪門拈頌集』卷第十一, K46-0189, 428則.『古尊宿語錄』卷第十四, X68n1315_p0088b01~05. 참조.

327) 趙州從諗(조주종심) : 남악회양(南嶽懷讓)-마조도일(馬祖道一)-남전보원(南泉普願)-조주종심(趙州從諗). 778~897. 주203) 참조.

328) 雲居道膺(운거도응) : 약산유엄(藥山惟儼)-운암담성(雲巖曇晟)-동산양개(洞山良价)-운거도응(雲居道膺). 835~902. 유주(幽州)[하북성] 계문(薊門) 옥전(玉田) 출신. 속성은 왕씨(王氏). 어렸을

운거스님이 말씀하셨다.
"연로하신 분께서 어찌 머물 곳을 찾지 않으십니까?"
조주스님이 말씀하셨다.
"어디가 내가 머물 곳입니까?"
운거스님이 말씀하셨다.
"산 앞쪽에 옛 절터가 있습니다."
조주스님이 말씀하셨다.
"스님이나 머무시오."

다음엔 수유스님329)을 찾았다.
수유스님이 말씀하셨다.
"연로하신 분께서 어찌 머물 곳을 찾지 않으십니까?"
조주스님이 말씀하셨다.
"어디가 내가 머물 곳입니까?"
수유스님이 말씀하셨다.
"연로하신 분께서 머물 곳도 모르시는군요."
조주스님이 말씀하셨다.
"삼십 년을 말을 타고 놀다가 오늘에야 당나귀 새끼한테 걸어 차였구나."

적에 범양(範陽)[하북성]의 연수사(延壽寺)로 출가하였다. 25세에 비로소 구족계를 받았으나 은사스님이 계율만을 공부하게 하여 마음에 맞질 않았다. 그리하여, "대장부가 어찌 계율에나 빠져있겠는가!" 하고는 제방을 참예하였다. 종남산(終南山) 취미무학(翠微無學)스님 회상에 있다가 후에 균주(筠州)의 동산양개(洞山良价)스님에게 가서 참학하다가 대오하고 법을 이었다. 후에 강서(江西) 의풍(宜豊)에 있는 삼봉산(三峰山)에 머물다가 다시 강서성(江西省) 건창(建昌) 서남쪽에 있는 운거산(雲居山)으로 가서 진여사(眞如寺)[비백사(飛白寺), 또는 용창사(龍昌寺)라고도 부름]를 창건하고 30여년을 주지로 있으면서 조동종풍을 크게 떨쳤다. 천복(天復) 원년(901)에 세수 68세로 입적하였다. 시호는 홍각선사(弘覺禪師)이다. 동안도비(同安道丕), 혜산장(嵇山章), 영광진(永光眞), 귀종회운(歸宗懷惲), 운거도간(雲居道簡), 고려이엄(高麗利嚴), 낭주덕산(朗州德山), 남악남대(南嶽南臺) 등 28명의 수법제자가 있다.
329) 鄂州茱萸(악주수유) : 남악회양(南嶽懷讓)-마조도일(馬祖道一)-남전보원(南泉普願)-수유산화상(茱萸山和尙). 수주(隨州)의 호국사(護國寺)에 주석하다가 악주(鄂州)의 수유산(茱萸山)으로 옮겼다는 것 외에 알려진 행적이 없다.

31. 동산양개洞山良价

洞山, 云: "須知有佛向上事." 僧問: "如何是佛向上事?" 山云: "非佛."

雲門云: "名不得, 狀不得, 所以言非."330)

동산 양개스님331)이 말씀하셨다.

"부처님의 향상사(向上事)가 있음을 반드시 알아야 한다."

어떤 스님이 여쭈었다.

"어떤 것이 부처님의 향상사입니까?"

동산스님이 말씀하셨다.

"부처님이 아니다."

운문스님께서 말씀하셨다.

"이름할 수도 없고 형용할 수도 없으므로 '아니다'라고 한 것이다."332)

---

330) 『聯燈會要』 卷第二十, X79n1557_p0177a10~12. 『禪門拈頌集』 卷第十七, K46-0284, 688則. 『古尊宿語錄』 卷第十六, 「雲門匡真禪師廣錄」 中, X68n1315_p0104a01~03. 참조.

331) 洞山良价(동산양개) : 석두희천(石頭希遷)-약산유엄(藥山惟儼)-운암담성(雲巖曇晟)-동산양개(洞山良价). 807~869. 절강성 회계(會稽) 사람. 속성은 유씨(兪氏). 조동종의 개조이다. 어렸을 적 스승이 『반야심경』을 외우는 소리를 들을 때 '눈·귀·코·혀·몸·뜻이 없다'는 구절에 이르러 손으로 자신의 얼굴을 만지면서 여쭈기를 '저에게 눈·귀·코·혀·몸·뜻이 있는데 어째서 경전에서는 없다고 하였습니까?'라고 하였다. 스승이 그의 자질이 훌륭함을 알고 오설산(五泄山)의 영묵(靈默)선사에게 출가시켰다. 21세에 숭산(嵩山)에서 구족계를 받고서 남전 보원스님을 찾아 현묘한 뜻을 참알(參謁)하고 또 위산 영우스님을 참방하여 '무정설법' 공안을 참심(參尋)하였으나 계오(契悟)하지를 못하였다. 그래서 위산스님의 지시로 운암 담성스님에게 나아가서 무정설법의 뜻을 물었으나 약간의 깨달음만 있었다. 이에 다시 노조보운(魯祖寶雲)스님과 남원도명(南源道明)스님 등에게 법을 묻다가 시냇가를 거닐다 물에 비친 그림자를 보고 활연히 대오하였다. 이후 신풍산(新豊山)에서 학인들을 제접하였으며 만년에 강서성의 동산(洞山) 보리원(菩提院)에 머물다 함통10년 세수63세로 입적하였다. 『현중명(玄中銘)』 『풍중음(豊中吟)』 『보경삼매가(寶鏡三昧歌)』 『동산어록(洞山語錄)』 등이 있다. 운거도응(雲居道膺), 조산본적(曹山本寂), 용아거둔(龍牙居遁), 경조현자(京兆蜆子), 월주건봉(越州乾峰), 천동함계(天童咸啓), 북원통(北院通), 백수본인(白水本仁), 소산광인(疏山光仁), 흠산문수(欽山文邃), 천동산의(天童山義), 화엄휴정(華嚴休靜), 청림사건(靑林師虔) 등 27명의 부법제자(付法弟子)가 있다.

332) 여기에 대혜스님의 시중법문이 있다. "두 존숙께서 부처님의 향상사(向上事)를 그렇게 말씀하셨지만 모두 질질 끄는구나. 여기는 그렇게 하지 않고, '어떤 것이 부처님의 향상사입니까?'하고 한다면 주장자를 끌어당겨 등짝을 냅다 후려갈겨서 그가 부처님의 향상사라는 진흙구덩이에 빠져 있지 않게 하겠다." (T47n1998Ap0840a16~18, 『大慧普覺禪師住江西雲門菴語錄』 卷第七. "二尊宿恁麼提持佛向上事, 且緩緩. 這裏卽不然. '如何是佛向上事?' 拽拄杖劈脊便打, 免敎伊在佛向上朶根.")

32. 자명초원慈明楚圓

僧問慈明和尚: "如何是佛?" 云: "水出高源." 又問: "行脚不逢人時如何?"
云: "釣絲絞水."333)

어떤 스님이 자명 초원스님334)께 여쭈었다.
"어떤 것이 부처님입니까?"
말씀하셨다.
"물이 높은 근원에서 흘러나온다."
그 스님이 또 여쭈었다.
"행각할 때 사람을 만나지 못할 땐 어떠합니까?"
말씀하셨다.
"낚싯줄로 물을 묶는다."

33. 보령인용保寧仁勇

保寧勇和尚, 示眾, 云: "有手脚, 無背面. 明眼人看不見. 天左旋地右轉."
拍膝. 云: "西風一陣來, 落葉兩三片."
僧問: "如何是佛法大意?" 云: "鑊湯無冷處."335)

보령 인용스님336)이 대중에게 열어 보이셨다.
"몸337)은 있지만 등짝이 없으니 눈 밝은 사람도 보지 못합니다. 하늘은

---

333) 『續刊古尊宿語要』第一集, X68n1318_p0351b02~03. 『石霜楚圓禪師語錄』, X69n1338_p018
8a07. 참조.
334) 慈明楚圓(자명초원) : 풍혈연소(風穴延沼)-수산성념(首山省念)-분양선소(汾陽善昭)-자명초원(慈
明楚圓). 987~1040. 주245) 참조.
335) 『續刊古尊宿語要』第三集, 「保寧勇禪師語錄」, X68n1318_p0408b22, c16~17. 『嘉泰普燈錄』
卷第四, X79n1559_p0316b08~09, c21~22. 『禪門拈頌集』卷第二十三, K46-0378, 990則. 『五
燈會元』卷第十九, X80n1565_p0389a04~05, p0390c14~15. 『保寧禪院勇和尚語錄』, X69n135-
0_p0284c09~10, p0285b02~03. 참조.
336) 保寧仁勇(보령인용) : 분양선소(汾陽善昭)-석상초원(石霜楚圓)-양기방회(楊岐方會)-보령인용(保
寧仁勇). 주265) 참조.
337) 手脚(수각) : 손발. 몸. 동작, 거동, 행동. 힘, 기력. 수단, 방법. 솜씨. 목적한 바를 이루기 위

왼쪽으로 돌고 땅은 오른 쪽으로 구릅니다."

무릎을 치셨다.

말씀하셨다.
"한 떨기 서풍이 불어오니 낙엽이 두 세 조각으로 떨어지는구나."

어떤 스님이 인용스님께 여쭈었다.
"어떤 것이 불법의 대의입니까?"
말씀하셨다.
"확탕지옥엔 시원한 곳이 없지."

34. 대위진여大潙眞如

大潙真如和尚, 擧:"雪峯嘗謂玄沙, 曰:'有箇南際長老, 問無有答不得者.'
際一日到雪峰, 峰令訪玄沙, 沙問, 曰:'古人道:「此事唯我能知」, 長老作麼生?'
際曰:'須知有不求知者.' 沙曰:'山頭老漢, 喫許多辛苦, 作麼?' 玄沙恁麼道, 大
潙恁麼擧, 不得動著. 何故? 如擊塗毒鼓, 遠近聞皆喪."338)

대위 진여스님339)이 인용하여 말씀하셨다.
"일찍이 설봉 의존스님340)이 현사 사비스님에게 말씀하셨습니다.

해 남모르게 취하는 행동.

338)『禪門拈頌集』卷第二十三, K46-0378, 990則.『指月錄』卷之十九, X83n1578_p0606c04~08.
『敎外別傳』卷七, X84n1580_p0234b12~15. 참조.

339) 大潙眞如(대위진여) : 분양선소(汾陽善昭)-석상초원(石霜楚圓)-취암가진(翠巖可眞)-지해진여(智
海眞如). ?~1095. 대위모철(大潙慕哲). 위산모철(潙山慕哲), 진여모철(眞如慕哲), 지해진여(智海
眞如)로도 불림. 무주(撫州) 임천(臨川) 출신이다. 속성은 문씨(聞氏)이다. 단각율사(丹覺律師)에
게 출가하여 구족계를 받고 취암가진(翠巖可眞)스님에게 참학하여 깨달음을 이루고 시봉하였다.
이때 세인들로부터 '철시자(喆侍者)'라는 칭호를 받았다. 담주(潭州)의 악록사(岳麓寺)와 취암산
(翠巖山)에서 주석하였다. 철종(哲宗)으로부터 '진여선사(眞如禪師)'라는 칙호를 받고 대상국사
(大相國寺) 지해선원(智海禪院)에 머물렀다. 소성(紹聖) 2년(1095) 10월 8일 입적함. 황정견(黃
庭堅)이 서(序)를 쓴『대위산어록(大潙山語錄)』이 있다.

340) 雪峰義存(설봉의존) : 천황도오(天皇道悟)-용담숭신(龍潭崇信)-덕산선감(德山宣鑑)-설봉의존(雪
峰義存). 822~908. 주193) 참조.

'남제341)라는 장로가 있는데 물어보니 대답하지 못하는 것이 없더군.'
남제스님이 하루는 설봉스님에게 가셨습니다. 설봉스님이 현사스님을 방문
케 하시니, 현사스님이 물으셨습니다.

'옛사람이 「이 일을 오직 나만이 능히 안다」342)고 하였는데, 스님께서는
어떻습니까?'

남제스님이 말씀하셨습니다.

'앎을 구하지 않는 자도 있음을 꼭 알아야 한다네.'

현사스님이 말씀하셨습니다.

'산마루 늙은이가 엄청 고생을 치렀는데, 왜요?'

현사스님은 이와 같이 말한 것을 이 대위는 이와 같이 말하겠습니다.
'미동도 하지 마시오.'

무슨 까닭이겠습니까? 도독고(塗毒鼓)를 치면 멀든 가깝든 듣는 놈은 다
목숨을 잃습니다."343)

---

341) 南際僧一(남제승일) : 약산유엄(藥山惟儼)-도오원지(道吾圓智)-석상경저(石霜慶諸)-남제승일(南
際僧一). 오대후량(五代後梁)의 스님으로 하중부(河中府)[산서성] 남제산(南際山)에 주석했던 스
님이다. 후에 복주의 민왕(閩王)이 찾아뵙고 이산(怡山)의 장경선원(長慶禪苑)에 머물러 주기를
요청하여 입적할 때까지 머물렀다. 시호는 본정대사(本淨大師)이다.

342) 此事唯我能知(차사유아능지) : 『불심경』과 『법화경』에 나오는 법문이다. "오직 부처님과 부처
님만이 이 일을 안다 …… 오직 나만이 능히 알고 모든 부처님도 역시 깨닫지 못한다." (T19n0
920_p0010a06~07, b28, 『佛心經品亦通大隨求陀羅尼』, 「佛心中心印品」 中卷下. "唯佛與佛能
知此事 …… 唯我能知諸佛亦不覺") "나와 시방의 부처님들이 능히 이 일을 안다." (T09n0262_
p0005c24, 『妙法蓮華經』 卷第一. "我及十方佛 乃能知是事") 이 일(此事)은 일대사인연을 말한
다. "오직 모든 부처님만이 능히 그를 안다. 왜냐하면 모든 부처님 세존께서는 오직 일대사인연
으로 세상에 나오시기 때문이다." (T09n0262_p0007a21~22, 『妙法蓮華經』 卷第一. "唯有諸佛
乃能知之. 所以者何? 諸佛世尊, 唯以一大事因緣故出現於世.")

343) 『열반경』 「보살품」에 나오는 말씀이다. "다시 또한 훌륭한 여러분. 마치 어떤 사람이 여러 가
지 독약을 큰 북에 발라서 여러 사람 속에서 두드려서 소리를 내면, 비록 무심하게 들으려 하더
라도 듣고 나서는 모두 죽게 되지만" (T12n0375_p0661a20~22, 『大般涅槃經』 「菩薩品」 第十
六. "復次善男子. 譬如有人, 以雜毒藥, 用塗大鼓, 於衆人中, 擊令發聲, 雖無心欲聞, 聞之皆死")

35. 위산영우潙山靈祐

潙山, 問仰山: "甚麼來?" 仰山云: "田中來." 潙云: "田中有多少人?" 仰挿鍬叉手而立. 潙云: "今日南山大有人刈茅." 仰拽鍬而去. 雪竇云: "諸方咸謂挿鍬話奇特, 大似隨邪逐惡. 據雪竇見處, 仰山被潙山一問, 直得草繩自縛, 去死十分."344)

위산 영우스님345)이 앙산 혜적스님346)에게 물으셨다.
"무얼 하고 온 거냐?"
앙산스님이 말씀하셨다.
"밭일 하고 왔습니다."
위산스님이 말씀하셨다.
"밭일 하는데 사람이 얼마나 있지?"
앙산스님이 가래를 꽂고는 차수하고 서시었다.
위산스님이 말씀하셨다.

---

344) 『聯燈會要』 卷第八, X79n1557_p0074b05~10. 『禪門拈頌集』 卷第十, K46-0156~0157, 369 則. 『袁州仰山慧寂禪師語錄』, T47n1990_p0582c02~05,07~08. 『明覺禪師語錄』 卷第三, T47n1 996_p0690b23~c02. 참조.

345) 潙山靈祐(위산영우) : 남악회양(南嶽懷讓)-마조도일(馬祖道一)-백장회해(百丈懷海)-위산영우(潙山靈祐). 771~853. 복주(福州) 장계(長溪) 출신. 속성은 조씨(趙氏). 15세에 출가하여 건선사(建善寺) 대매법상(大梅法常)스님에게서 삭발하였다. 항주(杭州) 용흥사(龍興寺)에서 대소승의 경과 계율을 익힌 후, 홍주(洪州) 백장 회해스님의 회상에 가서 참례하니 곧바로 입실을 허락 받았다. 어느 날 백장스님을 시봉하고 서 있을 때, 스님이 물었다. "누구냐?" "영우(靈祐)인데요." "화로 속에 불이 있는지 뒤져 보아라." 스님은 이리저리 헤쳐보고는 말하였다. "불이 없는데요." 백장스님은 곧장 일어나 화로를 깊이 뒤져서 조그마한 불씨를 찾아서 보여주며 말했다. "이건 뭐냐?" 이 말에 곧장 대오하였다. 이후 담주(潭州)의 대위산(大潙山)에 주석하면서 종풍을 크게 드날리며 위앙종의 종조가 되었다. 대중(大中) 7년에 83세로 입적하였다. 시호는 대원선사(大圓禪師)이다. 『위산경책(潙山警策)』 1권과 『담주위산영우선사어록(潭州潙山靈祐禪師語錄)』 1권이 있다. 앙산혜적(仰山慧寂), 향엄지한(香嚴智閑), 경산홍인(徑山洪諲), 영운지근(靈雲志勤), 경조미호(京兆米胡), 왕경초상시(王敬初常侍) 등 43명의 기라성 같은 부법(付法) 제자들이 있다.

346) 仰山慧寂(앙산혜적) : 마조도일(馬祖道一)-백장회해(百丈懷海)-위산영우(潙山靈祐)-앙산혜적(仰山慧寂). 807~883. 위산 영우스님과 함께 위앙종(潙仰宗)의 개종조(開宗祖)이다. 소주(韶州)[광동성(廣東省)] 회화현(懷化縣) 출신. 속성은 섭씨(葉氏)이다. 17세에 손가락을 두 개 잘라버리고 광주(廣州) 남화사의 통선사(通禪師)에게서 머리를 깎았다. 제방을 행각하면서 암두 전활스님과 석실스님, 탐원 진응스님 등에게서 참학하다가 위산 영우스님을 15년 동안 모시면서 확철대오하고 법을 이었다. 강서성의 앙산(仰山)에 주석하면서 선풍을 크게 떨쳤다. 중화(中和) 3년 77세로 입적. 시호는 지통대사(智通大師)이다. 『앙산혜적선사어록(仰山慧寂禪師語錄)』 1권이 있다. 서탑 광목(西塔光穆), 남탑광용(南塔光涌) 등 10명의 법사(法嗣)가 있다.

"오늘 남쪽 산에는 풀 베는 사람이 많군."
앙산스님이 가래를 질질 끌고 가버리셨다.

설두 중현스님347)이 말씀하셨다.
"제방의 모든 이들이 가래 꽂은 일화를 특별히 우뚝하다고 말하지만348) 삿됨을 따르고 악을 좇는 것과 꼭 같다. 이 설두의 현처(見處)로 말해 보자면 앙산스님이 위산스님의 질문을 받고는 곧장 풀 끈으로 스스로를 묶어 거의 죽을 지경이 되어버렸다고 하겠다."349)

---

347) 雪竇重顯(설두중현) : 운문문언(雲門文偃)-향림징원(香林澄遠)-지문광조(智門光祚)-설두중현(雪竇重顯). 980~1052. 운문종 스님. 수주(遂州)[사천성] 출신. 속성은 이씨(李氏)이고, 자(字)는 은지(隱之)이다. 어렸을 적에 보안원(普安院)의 인선(仁銑)스님에게 출가하여 머리를 깎고 23세에 구족계를 받았다. 교학을 공부하다가 지문 광조스님을 만나 대각(大覺)을 이루었다. 지문스님을 참례하여 여쭈었다. "한 생각도 일으키지 않고 어떻게 지나갈 수 있습니까?" 지문스님이 부르고는 가까이 오라고 하였다. 스님이 가까이 다가가자마자 지문스님이 불자로 다짜고짜 입을 때렸다. 스님이 입을 열어 말하려하자 지문스님이 또 때렸다. 이에 스님이 활연히 깨달음이 열렸다. 그 후 동정호(洞庭湖) 근처의 취미봉(翠微峰)과 명주(明州)의 설두산(雪竇山) 자성사(資聖寺)에 주석하면서 선풍을 크게 진작하였다. 『경덕전등록(景德傳燈錄)』의 고칙(古則) 100여개를 가려내어 송고를 붙였는데 바로 『설두송고(雪竇頌古)』이다. 후일 원오 극근선사가 여기에 평창(評唱)과 착어(着語)를 덧붙여서 유명한 『벽암집(碧巖集)』이 만들어졌다. 황우(皇祐) 4년에 73세로 입적하였다. 시호는 명각대사(明覺大師)이다. 『송고집(頌古集)』 『염고집(拈古集)』 『조영집(祖英集)』 『설두후록(雪竇後錄)』 『폭천집(瀑泉集)』 『설두개당(雪竇開堂)』 『동정어록(洞庭語錄)』 등이 있다. 천의의회(天衣義懷), 승천전종(承天傳宗) 등 32명의 전법제자가 있다.
348) 諸方咸謂插鍬話(제방함위삽초화) : 『선문염송집』 10권에는 설두스님이 인용하는 글이 앞에 나와 있다. "현사스님이 말씀하셨다. '내가 당시에 봤더라면 가래를 걷어차서 넘어뜨렸을 것이다.' 그러자 경청스님이 말씀하셨다. '배를 어쩌지 못하자 두레를 두드려 깨버렸구나.' 어떤 스님이 명초스님께 여쭈었다. '옛사람의 뜻은 가래를 꽂은 데 있습니까? 차수를 한 데에 있습니까?' 명초스님이 '아무개야!'하고 부르시니, 그 스님이 대답하자, 말씀하셨다. '꿈에라도 앙산스님을 본 적이 있느냐?'"(K46-0157, 『禪門拈頌集』 卷第十, 369則. "玄沙云 : '我當時若見, 擧踏倒鍬子.' 鏡淸云 : '不奈船何, 打破尿斗.' 僧問明招 : '古人意在插鍬處, 義手處?' 招喚 : '某專甲.' 僧應喏, 招云 : '還曾夢見仰山麽?'")
349) 이 화(話)에 대한 대혜스님의 상당법문이 있다. "어떤 스님이 여쭈었다. '위산스님과 앙산스님이 만났을 당시에 가래를 꽂고 차수를 하고 섰던 뜻이 무엇입니까?' 스님이 말씀하셨다. '두 눈이 두 눈과 마주쳤지.' 또 말씀드렸다. '줄 없는 거문고를 타면 지음(知音)이 드물지만, 부자(父子)가 퉁기니 격조가 높았을 것입니다.' 스님이 말씀하셨다. '네가 바로 말해보아라. 가래를 꽂은 곳에 있느냐, 차수하고 선 데에 있느냐?' 또 말씀드렸다. '낚싯대 끝의 줄이야 스님 맘대로 놀리시더니, 맑은 물결 건드리지 않으려는 뜻은 여전히 특별하시군요.' 스님이 말씀하셨다. '도리어 이렇게 되어버렸군.'"(T47n1998Ap0813c18~22, 『大慧普覺禪師住徑山能仁禪院語錄』 卷第一. "僧問 : '潙仰當時, 相見處插鍬叉手意如何?' 師云 : '兩眼對兩眼.' 進云 : '沒絃琴上知音少, 父子彈來格調高.' 師云 : '爾且道. 在插鍬處, 在叉手處?' 進云 : '竿頭絲線從師弄, 不犯淸波意自殊.' 師云 : '又卻恁麼去也.'")

妙喜曰: "仁者見之謂之仁, 智者見之謂之智, 百姓日用而不知. 故君子之道鮮矣."

묘희스님이 말씀하셨다.

"어진 자는 그것이 드러나면 어짊에 이르렀다 하고
지혜로운 자는 그것이 드러나면 지혜에 이르렀다 하나
백성은 매일 쓰면서도 알지 못하네.
그러므로 군자의 도가 드문 것이라네.350)"

36. 황룡혜남黃龍慧南

黃龍南和尚, 示衆, 擧: "僧問乾峰: '十方薄伽梵, 一路涅槃門. 未審路頭在甚麼處?' 峰以拄杖畫. 云: '在遮裏,' 僧請益雲門, 門拈起扇子, 云: '扇子踍跳上三十三天, 築著帝釋鼻孔, 東海鯉魚打一棒, 雨似盆傾. 會麼?' 會麼? 乾峰一期指路, 曲為初機, 雲門乃通其變, 故使後人不倦. 汝等諸人, 須窮二老之意, 莫逐二老之言. 得意則返正道以歸家, 尋言則蕩邪途而轉遠."351)

황룡 혜남스님352)이 대중에게 열어 보이셨다.
"어떤 스님이 월주 건봉스님353)께 여쭈었습니다.
'시방의 박가범354)께 열반에 이르는 하나의 길이 있다는데355) 길머리가

---

350) 『주역』에 나오는 구절이다. "하나의 음(陰)과 하나의 양(陽)을 도(道)라고 하는데, 그것을 잇는
것을 선(善)이라 하고, 그것을 이루는 것을 성(性)이라고 한다. 어진 자는 그것이(道) 드러나면
어짊에 이르렀다하고 지혜로운 자는 그것이(道) 드러나면 지혜에 이르렀다하나 백성은 (道를) 매
일 쓰면서도 알지 못하네. 그러므로 군자의 도가 드문 것이다."(『周易』「繫辭上傳」右第四章.
"一陰一陽之謂道. 繼之者善也, 成之者性也. 仁者見之謂之仁, 知者見之謂之知, 百姓日用而不知.
故君子之道鮮矣")

351) 『聯燈會要』 卷第二十三, X79n1557_p0197a19~b02. 『禪門拈頌集』 卷第二十二, K46-
0358~0359, 918則.『黃龍慧南禪師語錄』, T47n1993_p0634b28~c07. 참조.

352) 黃龍慧南(황룡혜남) : 수산성념(首山省念)-분양선소(汾陽善昭)-석상초원(石霜楚圓)-황룡혜남(黃
龍慧南). 1002~1069. 주214) 참조.

353) 越州乾峰(월주건봉) : 약산유엄(藥山惟儼)-운암담성(雲巖曇晟)-동산양개(洞山良价)-월주건봉(越
州乾峰). 생몰연대가 알려져 있지 않음. 오대(五代)의 오월(吳越)의 스님. 월주(越州)[절강성(浙江
省) 소흥(紹興)] 출신이다.

도대체 어디에 있습니까?'
 건봉스님이 주장자로 금을 그으셨습니다.
 말씀하셨습니다.
 '여기에 있지.'

 어떤 스님이 운문 문언스님356)께 청익(請益)357)하였습니다.
 운문스님이 부채를 잡아 세우셨습니다.
 말씀하셨습니다.
 '부채가 삼십삼천으로 뛰어 올라 제석천의 콧구멍을 쥐어박고, 동해의 잉
어를 한 방 패버리니, 물동이를 기울인 듯 비가 쏟아지는구나. 알겠느냐
?'358)

 알겠습니까?
 건봉스님이 한 때 길을 가리킨 것은 신참자들을 위하여 곡진히 한 것이고,
운문스님이 그 변격으로 말한 것은359) 짐짓 후인들이 게으르지 않게 하려
함입니다.

---

354) 薄伽梵(박가범) : 범어 bhagavat(브하가왙), 팔리어 bhagavā(브하가와)의 음역이다. 여래십호
    (如來十號) 가운데 하나. 지극히 존귀한 분이란 뜻 외에도 여러 가지 뜻이 있다. bhaga(薄伽)는
    덕(德), 분별(分別), 명성(名聲), 파(破)란 뜻이고, vat(梵)은 유(有), 교(巧), 능(能)이란 뜻이다. 번
    역하면 세존(世尊), 존귀(尊貴) 등의 뜻이다.
355) 十方薄伽梵, 一路涅槃門(시방박가범, 일로열반문) : 『수릉엄경』 5권에 나오는 법문이다. "스스
    로의 마음에서 마음을 취하며 환(幻)이 아닌 것이 환의 법을 이루는 것인데 취하지 않으면 환
    아님도 없다. 환 아님도 오히려 생겨남이 없는데 환의 법을 어떻게 세우겠는가? 이것을 '미묘한
    연꽃'이라하며 '금강왕 보배 깨달음'이라고 하며 '환과 같은 삼마제'라고 한다. 손가락 튕기는 순
    간에 무학(無學)을 초월하면 이러한 아비달마야말로 시방의 박가범이 거니셨던 한 길 열반문인
    것이다." (T19n0945_p0124c24~29, 『大佛頂如來密因修證了義諸菩薩萬行首楞嚴經』 卷第五.
    "自心取自心, 非幻成幻法, 不取無非幻. 非幻尚不生, 幻法云何立? 是名妙蓮華, 金剛王寶覺, 如
    幻三摩提. 彈指超無學, 此阿毘達磨. 十方薄伽梵, 一路涅槃門")
356) 雲門文偃(운문문언) : 용담숭신(龍潭崇信)-덕산선감(德山宣鑑)-설봉의존(雪峰義存)-운문문언(雲
    門文偃). 864~949. 주94) 참조.
357) 請益(청익) : 학인이 선사의 가르침을 받고 모르는 것에 대하여 재차 질문하는 것이다.
358) 『운문광진선사광록』 중(中)에 나오는 법문이다. (X68n1315_p0100b04~06. 『古尊宿語錄』 卷
    第十六. 「雲門匡真禪師廣錄」 中. "師拈起扇子云: '扇子勃跳上三十三天, 築著帝釋鼻孔, 東海鯉
    魚打一棒, 雨似盆傾相似. 會麼?")
359) 通其變(통기변) : 통(通)은 '말하다'는 뜻. 변(變)은 변격(變格)[통상적인 격식이나 틀에 박힌
    관습적인 것을 바꾸다] 또는 변통(變通)[일정한 규칙에 얽매이지 않고 주어진 형편에 따라 일을
    잘 처리함]이다.

　여러분들은 반드시 이 두 선사의 뜻을 궁구해야 할 것이요, 두 스님의 말을 좇아서는 안 됩니다. 뜻을 알면 바른 길로 돌아서 집으로 돌아가게 될 것이요, 말을 찾아다니면 삿된 길로 옮겨서 더욱 멀어지게 될 것입니다.”360)

37. 고안대우高安大愚

　大愚, 一日辭歸宗. 宗問: “甚處去?” 愚云: “諸方學五味禪去.” 宗云: “諸方有五味禪, 我遮裏只有一味禪.” 愚便問: “如何是和尙一味禪?” 宗驀口便打. 愚忽然大悟, 云: “嗄! 我會也!” 宗云: “道! 道!” 愚擬開口, 宗又打, 趁出.361)

　고안 대우스님362)이 하루는 귀종 지상스님363)께 작별인사를 하셨다.
　귀종스님이 물으셨다.
　“어디로 가느냐?”
　대우스님이 말씀하셨다.
　“여러 선원에 가서 오미선(五味禪)364)을 배울까 합니다.”

---

360) 이 화(話)에 대한 대혜스님의 염송이 있다. “운문 부채 한 자루 찢어버리고/ 건봉의 주장자를 하나 꺾는다./ 이삼천 곳은 음악 울리는 누각,/ 사오백 곳은 화류계 마을이라네.” (T47n1998A p0854a13~15, 『大慧普覺禪師語錄』 卷第十. “撞破雲門一柄扇, 拗折乾峰一條棒. 二三千處管絃樓, 四五百條華柳巷.”)

361) 『聯燈會要』 卷第四, X79n1557_p0043a20. 『禪門拈頌集』 卷第八, K46-0119~0120, 256則. 『古尊宿語錄』 卷第三, X68n1315_p0019a21~24. 참조.

362) 高安大愚(고안대우) : 남악회양(南嶽懷讓)-마조도일(馬祖道一)-귀주지상(歸州智常)-고안대우(高安大愚). 생몰연대가 알려져 있지 않다. 서주(瑞州) 고안(高安)[강서성]의 대우산(大愚山)에 주석했던 스님으로 임제 의현스님을 개오(開悟)케 한 선지식으로 잘 알려져 있다. 수법제자로는 말산요연(末山了然) 비구니스님이 있다.

363) 歸宗智常(귀종지상) : 조계혜능(曹溪慧能)-남악회양(南嶽懷讓)-마조도일(馬祖道一)-귀주지상(歸州智常). 주148) 참조.

364) 五味禪(오미선) : 일미선(一味禪)의 상대어로 다섯 가지 맛이 서로 섞인 선(禪). 보통 규봉 종밀스님이 분류한 외도선(外道禪)·범부선(凡夫禪)·소승선(小乘禪)·대승선(大乘禪)·최상승선(最上乘禪) 등을 말한다. 하지만 사선(邪禪)이나 잡선(雜禪) 등의 뜻으로도 사용되기도 한다. “또 진성(眞性)은 더럽지도 않고 깨끗하지도 않아서 범성(凡聖)의 차이가 없지만, 선(禪)에는 깊기도 하고 얕기도 한 등급의 차이가 있다. 특별한 계교를 가지고서 위는 좋아하고 아래는 싫어하면서 닦는 것은 외도선(外道禪)이다. 인과를 올바로 믿고 있더라도 역시 좋아하고 싫어하면서 닦는 것은 범부선(凡夫禪)이다. 아공(我空)의 진(眞)에 치우친 이치만을 깨닫고서 닦는 것은 소승선(小乘禪)이다. 아공(我空)과 법공(法空)으로 드러난 참된 이치를 깨닫고서 닦는 것은 대승선(大乘禪)

귀종스님이 말씀하셨다.

"여러 선원에 오미선(五味禪)이 있다면 나의 여기엔 오로지 일미선(一味禪)365)이 있지."

대우스님이 곧장 물으셨다.

"스님의 일미선(一味禪)은 무엇입니까?"

귀종스님이 느닷없이 입을 때리셨다.

대우스님이 홀연히 크게 깨닫고 말씀하셨다.

"嗄(Xià)366)! 알았습니다!"

"말해라! 말해!"

대우스님이 입을 열려고 하시자, 귀종스님이 또 때려서 쫓아내셨다.

38. 관계지한灌溪志閑

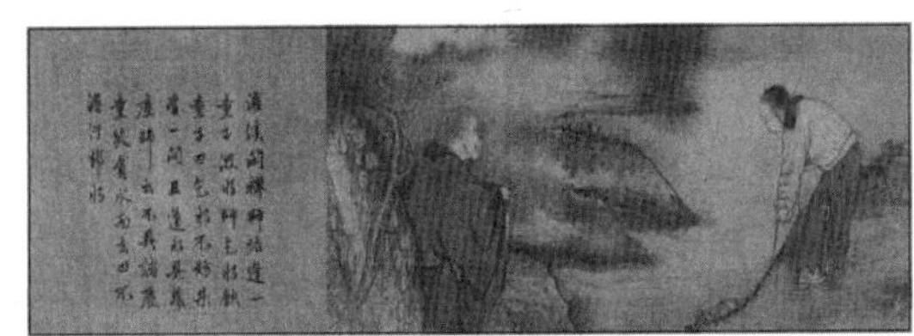

灌溪, 初參臨濟, 纔入門, 濟驀胸擒住.
灌溪便云: "領! 領!" 濟便托開.367)

관계 지한스님368)이 처음에 임제 의현스님을 찾아뵈러 가셨다. 막 문에

이다. 만일 자신의 마음이 본래 청정하여 본래부터 번뇌가 없고, 무릇 지혜의 성품이 본래 구족되어 있음을 돈오(頓悟)하여, 이 마음이 필경에 부처님과 차이가 없음에 의지해 닦는 것은 최상승선(最上乘禪)이다. 이것은 또한 여래청정선(如來淸淨禪)이라고도 하고, 일행삼매(一行三昧)라고도 하고, 진여삼매(眞如三昧)라고도 한다." (T51n2076_p0306b02~10, 『景德傳燈錄』 卷第十三, "又眞性卽不垢不淨, 凡聖無差, 禪則有淺有深階級殊等. 謂帶異計欣上厭下而修者, 是外道禪. 正信因果, 亦以欣厭而修者, 是凡夫禪. 悟我空偏眞之理而修者, 是小乘禪. 悟我法二空, 所顯眞理而修者, 是大乘禪. 若頓悟自心本來淸淨, 元無煩惱, 無漏智性, 本自具足, 此心卽佛畢竟無異, 依此而修者, 是最上乘禪. 亦名如來淸淨禪, 亦名一行三昧, 亦名眞如三昧.")

365) 一味禪(일미선) : 조사선(祖師禪), 최상승선(最上乘禪) 등을 가리키는 말이다.

366) 嗄(하) : 사, 샤, 애, 아, 하로 읽는다. 목이 쉬다. 무엇. 윗사람에게 대답하는 소리. 의문이나 깨달음을 나타냄. 강조나 긍정 또는 이해를 나타냄. 의문이나 반문을 나타냄(중국방언). 채소·달걀·고기 등의 반찬. 길을 떠나는 사람에게 주는 예물.

367) 『聯燈會要』 卷第十, X79n1557_p0095c05~06. 『五燈會元』 卷第十一, X80n1565_p0225a16. 『禪宗頌古聯珠通集』 卷第二十六, X65n1295_p0639b04. 『宗門拈古彙集』 卷第二十七, X66n1296_p0155c07~08. 『宗鑑法林』 卷二十六, X66n1297_p0442c13~14. 참조.

368) 灌溪志閑(관계지한) : 백장회해(百丈懷海)-황벽희운(黃檗希運)-임제의현(臨濟義玄)-관계지한(灌溪志閑). ?~895. 오대(五代) 후당(後唐)의 스님이다. 위부(魏府)[하북성] 관도(館陶) 출신. 속성은

들어서자마자, 임제스님이 느닷없이 가슴을 틀어쥐셨다.
관계스님이 곧바로 말씀하셨다.
"알았습니다. 알았습니다."
임제스님이 바로 놓아주셨다.

39. 진정극문眞淨克文

真淨和尙, 示眾, 云: "佛法不順人情. 諸方長老大開口, 盡道: '我會禪, 會道.'
且道. 伊會也未? 無端向屎坑裏坐, 謾神誑鬼. 似遮般底, 打殺千萬箇與狗子喫,
有甚麼過? 又有一般禪和子, 大開著眼, 被伊狐魅, 殊不自知, 驀頭著屎澆亦不厭
惡. 大眾. 彼此丈夫爭受恁麼? 自己合作麼生?"369)

진정 극문스님370)이 대중에게 열어 보이셨다.
"불법은 인정에 따르지 않습니다. 여러 선원의 장로들이 입을 크게 열어
'나는 선을 알고 도를 알았다' 하고 일률적으로 말해버립니다. 자, 바로 지
금 말해보십시오. 저들이 알았습니까?
실없이 옛 똥구덩이 속에 앉아서 귀신들을 속이고 있구나.
이와 같은 놈들은 천만 명을 죽여서 개새끼한테 먹히게 한들 무슨 죄가
되겠습니까?
또 한 무리371)의 보통 참선납자들372)이 있는데 눈을 크게 뜨고도 여우요
괴에 홀린 줄도 모르며, 느닷없이 머리에 똥물이 쏟아져도 또한 싫어하지도
않습니다.
대중여러분. 저들과 이들이 모두가 대장부인데 어떻게 이렇게 받고만 있습

사씨(史氏). 어릴 때 백암(柏巖)스님에게 머리를 깎고 20세에 구족계를 받았다. 임제의현(臨濟義
玄)스님의 법을 이음. 고안(高安)의 말산(末山)에서 비구니 요연(了然)스님의 회하에서 3년을 원
두(園頭)로 살다가 만년에 장사(長沙)[호남성]의 관계(灌溪)에 주석하면서 선법을 널리 폈다. 건
녕(乾寧) 2년에 입적하였다.
369) 『聯燈會要』 卷第十四, X79n1557_p0124c12~17. 『古尊宿語錄』 卷之四十二, 「寶峰雲庵真淨
禪師住筠州聖壽語錄」 一, X68n1315_p0276b16~21. 참조.
370) 眞淨克文(진정극문) : 분양선소(汾陽善昭)-석상초원(石霜楚圓)-황룡혜남(黃龍慧南)-진정극문(眞
淨克文). 1025-1102. 주131) 참조.
371) 一般(일반) : 한 무리. 한 패거리. 모두, 전체, 보통, 한바탕, 한가지.
372) 禪和子(선화자) : 선사(禪師)들이 참선하는 학인들을 부르는 말.

니까? 여러분들은 자기 자신의 본래면목과 어떻게 만나보겠습니까?373)"

40. 목주도명睦州道明

僧問睦州和尙: "如何是展演之言?" 州云: "量才補職." 又問: "如何是不展演之言?" 州云: "伏惟尙饗."374)

어떤 스님이 목주 도명스님375)께 여쭈었다.
"어떤 것이 사람들에게 불법(佛法)을 펴는 한마디입니까?"
목주스님이 말씀하셨다.
"재능을 평가하여 벼슬을 준다."
또 여쭈었다.
"어떤 것이 불법을 펴지 않는 한마디입니까?"
목주스님이 말씀하셨다.
"복유상향(伏惟尙饗)376)."377)

---

373) 自己合作麼生(자기합자마생) : 스스로를 결국(合)은 어떻게 하려고 하는가?
374) 『景德傳燈錄』 卷第十二, T51n2076_p0292a12~14. 『禪門拈頌集』 卷第十六, K46-0266, 642
    則. 『五燈會元』 卷第四, X80n1565_p0102a15~16. 『古尊宿語錄』 卷第六, X68n1315_p0035b1
    0~11. 참조.
375) 睦州道明(목주도명) : 마조도일(馬祖道一)-백장회해(百丈懷海)-황벽희운(黃檗希運)-목주도명(睦
    州道明). 780~877. 주67) 참조.
376) 伏惟尙饗(복유상향) : '삼가 엎드려 생각건대 ~~이 제물을 흠향하시옵소서'의 뜻. 제문의 처음
    글과 끝 글. 죽었다는 말이다.
377) 이 화(話)를 인용한 대혜스님의 상당법문이 있다. "목주 고불께서 찾아오는 근기에 잘 맞춥니
    다. 하지만 겨우 십분의 팔만을 이루었을 뿐입니다. 혹 누군가가 이 경산에게 '어떤 것이 사람
    들에게 불법(佛法)을 펴는 한마디입니까?' 하면, 곧 그에게 '열을 물으면 답이 백이니, 어려울
    게 뭐냐?'라고 하겠습니다. 또 '어떤 것이 불법을 펴지 않는 한마디입니까?' 한다면, '억!'하고
    한 번 할을 하고, '우선 똥구덩이나 부글거려 넘치게 하지 마라.' 라고 하겠습니다." (T47n1998
    Ap0820c11~14, 『大慧普覺禪師住徑山能仁禪院語錄』 卷第三. "睦州古佛, 善應來機. 雖然如是,
    只得八成. 或有人問徑山: '如何是展演之言?' 卽向他道. '問十答百有甚麼難?' '如何是不展演之
    言?' 喝一喝. 云: '且莫屎窖沸.'")

41. 설봉의존(雪峰義存)

雪峰和尚, 到投子, 投子指菴前一片石謂峰, 云: "三世諸佛總在裏許." 峰云: "須知有不在裏許者." 投子云: "不快漆桶." 投子與峯遊龍眠, 路有兩條, 峯問: "那箇是龍眠路?" 投子以杖指之. 峯云: "東去西去?" 投子云: "不快漆桶." 峯問: "一椎便就時如何?" 投子云: "不是性燥漢?" 云: "不假一椎時如何?" 投子云: "不快漆桶." 又問: "此間還有人參也無?" 投子將钁頭抛向面前. 峯云: "恁麼則當處掘去也." 投子云: "不快漆桶."378)

설봉 의존스님379)이 투자 대동스님380)의 처소를 찾아가셨다. 투자스님이 암자 앞의 한 조각의 돌덩이를 가리키며 설봉스님에게 말씀하셨다.
"삼세의 모든 부처님이 모두 이 돌 속에381) 있지요."
설봉스님이 말씀하셨다.
"속에 있지 않은 이도 있다는 것을 분명히 알아야 하지요."
투자스님이 말씀하셨다.
"꽉 막혔군382)."

투자스님과 설봉스님이 용면(龍眠)383)에 놀러가셨다. 길을 가다가 두 갈래 길이 나오자 설봉스님이 물으셨다.
"어떤 길이 용면으로 가는 길일까요?"

---

378) 『景德傳燈錄』 卷第十五, T51n2076_p0319b05~14. 『聯燈會要』 卷第二十一, X79n1557_p0181a03~08. 『五燈會元』 卷第五, X80n1565_p0122b22~c05. 『古尊宿語錄』 卷之三十六, X68n1315_p0234b03~11. 참조.
379) 雪峰義存(설봉의존) : 천황도오(天皇道悟)-용담숭신(龍潭崇信)-덕산선감(德山宣鑑)-설봉의존(雪峰義存). 822~908. 주193) 참조.
380) 投子大同(투자대동) : 석두희천(石頭希遷)-단하천연(丹霞天然)-취미무학(翠微無學)-투자대동(投子大同). 819~914. 서주(舒州) 회령(懷寧) 출신. 속성은 유씨(劉氏). 어렸을 적 낙양의 보당만(保唐滿)선사를 찾아가 머리를 깎았다. 처음엔 수식관(數息觀)을 익히고 『화엄경』을 수학하다가 조금 얻은 바가 있었으나 취미 무학스님을 찾아뵙고 대오하였다. 이후 서주의 투자산에 30여년을 주석하였다. 건화(乾化) 4년에 세수 96세로 입적하였다. 시호는 자제대사(慈濟大師)이다.
381) 裏許(리허) : ~안에. ~속에. ~가운데. 허(許)는 어떤 장소를 나타내는 어조사.
382) 不快漆桶(불쾌칠통) : 안목이 전혀 없어 어리석고 둔함을 질책하는 말.
383) 龍眠(용면) : 안휘성(安徽省) 동성현(桐城縣) 북서쪽에 있는 산 이름. 서성(舒城)·육안(六安)과 인접해 있다. 서주(舒州)를 이르는 말로도 씀.

투자스님이 지팡이로 가리켰다.
설봉스님이 말씀하셨다.
“요기로 갈까요, 조기로 갈까요?”
투자스님이 말씀하셨다.
“꽉 막혔군.”

설봉스님이 물으셨다.
“한 방망이 때려서 곧바로 깨달음의 기회로 이용하는 것은 어떠합니까?”
투자스님이 말씀하셨다.
“성질 급한 자가 아니요?”
설봉스님이 물으셨다.
“한 방망이를 사용치 않을 땐 어떻습니까?”
투자스님이 말씀하셨다.
“꽉 막혔군.”

또 물으셨다.
“여기선 어떤 사람이 참(參)?384)”
투자스님이 괭이를 들어 설봉스님의 면전에다 던지셨다.
설봉스님이 말씀하셨다.
“그렇다면 이 자리를 파버려야겠군요.”

---

384) 參(참) : 참(參)은 몇 가지 의미가 있다. ㉠~에 참여하다. 참회(參會), 참당(參堂). ㉡~을 만나 뵙다. 내참(來參), 자참(咨參), 참례(參禮), 참알(參謁), 참예(參詣), 참견(參見), 참신(參訊), 참구(參扣). ㉢곰곰이 생각하다. 참현(參玄), 참학(參學), 참취(參取), 참심(參尋), 참구(參究). ㉣깨닫다, 이해하다. 자참(自參), 참투(參透). ㉤들쭉날쭉하다. 참치(參差). ㉥나란히 하다. 참렬(參列). ㉦명사(名詞)로서의 참(參). 조참(朝參), 좌참(坐參), 대참(大參), 소참(小參). ㉧상태로서의 참(參). 이 상태로서의 참(參)은 좌선수행(坐禪修行)이나 참선변도(參禪辨道)의 의미로 사용할 때에는 무 엇을 하는 것이 아니라 무언가를 하는 것 자체를 그만 두는 것이며, 그냥 그 자체로 있는 것이 다. 참(參)은 어떤 대상이 있어 그것에 대하여 참(參)하는 것이 아니라 그냥 존재하는 것이다. ‘어떤 것을 하는 것’이 아니기 때문에 그냥 ‘상태로 있음’이다. 그러므로 ‘참(參)하다’가 아니라 그냥 ‘참(參)’이라고 해야 한다. 참(參)에 해당하는 우리말이 없기 때문에 ‘참(參)’ 그대로 두는 수밖에 없다. ‘참선(參禪)’은 ‘참선하다’로 말하지만 여기서 ‘참(參)’은 ‘선(禪)’과 함께 자체로 동 사이다. ‘선(禪)’이 어떤 대상을 가져서 그것에 집중하는 것이 아니라 일체의 언어분별과 일체의 지견을 벗어나 아무런 필요도 없고 아무런 목적도 없이 그저 존재함이듯이 참(參)도 또한 그러 하다. 그러므로 ‘참선(參禪)하다’도 아니요 ‘참(參)하고 선(禪)하다’도 아니고 그냥 ‘참선(參禪)’이 다.

투자스님이 말씀하셨다.
"꽉 막혔군."

42. 낭야혜각琅邪慧覺

　琅邪覺和尙, 示眾, 云: "主賓互換, 坐斷乾坤. 料揀雙施. 誰人擧目? 釋迦聖主示滅雙林, 達磨大師眞歸熊耳. 琅邪門下還有具眼衲子, 眞正道流麼? 若無, 應病與藥, 診候臨時."385)僧問: "德山棒, 臨濟喝, 去此二途, 請師別道." 琅邪云: "千鈞之弩, 不爲鼴鼠而發機." 僧便喝, 琅邪云: "作家!" 僧擬議, 琅邪便打.386)

　낭야 혜각스님387)이 대중에게 열어 보이셨다.

　"주인과 객을 서로서로 바꾸어
　하늘과 땅 완전히 끊어버리며388)
　사료간(四料揀)389)을 쌍으로 운용하여서,
　누가 능히 눈을 치켜뜨리오?390)

　석가모니부처님은 사라쌍수에서 입멸을 보이시고 달마대사는 웅이산에서 입적하셨습니다.391)
　이 낭야의 문하에 제대로 안목을 갖춘 납자와 참되고 바른 도를 배우는

---

385) 『聯燈會要』卷第十二, X79n1557_p0112a13~15. 『古尊宿語錄』卷之四十六, X68n1315_p031
　　0c23~0311a01. 참조.

386) "僧問~~琅邪便打": 이 구절은 여타 선어록에서 찾아 볼 수가 없다.

387) 琅邪慧覺(낭야혜각) : 풍혈연소(風穴延沼)-수산성념(首山省念)-분양선소(汾陽善昭)-낭야혜각(琅
　　邪慧覺). 주76) 참조.

388) 坐斷乾坤(좌단건곤) : 좌(坐)는 꺾다(挫)의 뜻. 건곤(乾坤)은 음과 양 곧 상대적 개념의 세계,
　　또는 계책·술수·속임수, 또는 언어의 세계. 따라서 좌단건곤(坐斷乾坤)은 선가(禪家)에서 본분
　　(本分)을 시설함에 있어 언어의 길을 끊어버리어, 마음을 이리저리 돌아다니면서 쓰지 못하게
　　하며, 가지가지의 지해지견(知解知見)을 끊어버림을 말한다.

389) 料揀(요간) : 임제의현(臨濟義玄)의 납자 접인방법(接引方法). 탈인불탈경(奪人不奪境)·탈경불
　　탈인(奪境不奪人)·인경구탈(人境俱奪)·인경구불탈(人境俱不奪)의 네 가지.

390) 目(목) : 양미순목(揚眉瞬目)[눈을 치켜뜨고 눈을 깜박임]의 준말

391) 眞歸熊耳(진귀웅이) : 달마대사가 열반에 들자 웅이산(熊耳山)의 오판(吳板)에서 장사를 지내
　　고 정림사(定林寺)에 탑을 세웠다고 함.

이들이 있습니까?

 만일 없다면 여러분의 질병에 따라 약을 처방하여주고 때와 근기에 맞추어 진찰하여 주겠습니다.”

 어떤 스님이 물었다.

“덕산스님의 방과 임제스님의 할, 이 두 가지 방법 말고 스님께선 별도의 지시를 해주십시오.”

 낭야스님이 말씀하셨다.

“천균392)의 힘을 가진 쇠뇌를 결코 작은 생쥐를 잡는데 쏠 수는 없는 것이다.393)”

 그 스님이 문득, “억!”하고 할을 하였다.

 낭야스님이 말씀하셨다.

“뛰어난 선장(禪匠)394)이로구나!”

 그 스님이 헤아리려 하자, 낭야스님이 곧바로 두들겨 패셨다.

43. 대녕도관大寧道寬

 大寧寬和尙, 示衆, 云:“佛法無事, 人自迷源. 祖佛出來, 大家整頓. 故有敎流沙界, 道播四方. 盡皆捨短從長, 窮究本性. 本性若達, 一切皆通, 信手拈來, 千般受用. 且道. 恁麼說話還合得祖宗門下事麼?” 良久. 云:“啼得血流無用處, 不如緘口過殘春.”395)

 대녕 도관스님396)이 대중에게 열어 보이셨다.

---

392) 千鈞(천균) : 1균(鈞)은 30근이라고 함. 천균(千鈞)이니 3만(萬)근의 무게를 가진 엄청난 크기의 쇠뇌이다.

393) 『삼국지』에 나오는 구절이다. “신이 들으니, 천균의 쇠뇌로는 생쥐를 잡으려 쏠 수가 없고 만석의 종을 풀줄기로 때려서 소리를 낼 수는 없다고 하였습니다.”(《三國志》『魏志』「杜襲傳」. “臣聞千鈞之弩不爲鼷鼠發機, 萬石之鐘不以莛撞起音”)

394) 作家(작가) : 탁월한 기봉(機鋒)을 가진 선(禪)의 전문가.

395) 『聯燈會要』 卷第十四, X79n1557_p0120b15~19. 참조.

396) 大寧道寬(대녕도관) : 수산성념(首山省念)-분양선소(汾陽善昭)-석상초원(石霜楚圓)-대녕도관(大寧道寬). 송대의 임제종스님이다. 석상 초원스님의 법을 잇고 홍주(洪州) 대녕원(大寧院)에 주석하다가 나중에 동안(同安)으로 옮겼다.

"불법은 일이 없습니다. 사람들이 스스로 자기의 근본을 미혹하였을 뿐입니다. 그렇기에 조사님들과 부처님들이 출현하고 위대한 종장(宗匠)들이 가지런히 하신397) 것입니다.

그러므로 가르침이 온 세계로 흘러 전해지고 도(道)가 사방으로 전파되었습니다. 이는 단점은 제거하고 장점은 더욱 발양케 하여 본성을 다 궁구하게 하신 것입니다.

만일 본성을 체달(體達)한다면 일체 모두 다 통철(通徹)하게 되어 손이 가는대로 가져오게 되며398) 한량없이 받아 쓸 수 있게 됩니다.

바로 지금 말해보십시오.

나의 이러한 법문이 과연 선종(禪宗) 문하의 종지(宗旨)에 부합합니까?"

한참 묵묵히 계셨다.

말씀하셨다.
"(소쩍새) 울어울어 부리에 가득 피가 흘러도
쓸 데가 없으니 차라리 입을 닫고 늦은 봄을 지냄만 못하구나."399)

---

397) 整頓(정돈) : 깨끗이 처리함. 가지런히 함. 수습함. 정리(整理). 미혹한 사람들을 깨우쳐 줌.
398) 信手拈來(신수념래) : 손 가는대로 잡아오다. 자유자재한 깨달음의 경지.
399) 啼得血流無用處 不如緘口過殘春(체득혈류무용처 불여함구과잔춘) : 당대 시인 두순학(杜荀鶴)[846~907]의 싯구이다. "터엉 빈 남녘 하늘 꽉 찬 둥근 달,/ 두견이 울어울어 알리려 하나,/ 아무리 울어 봐도 쓸 곳 없으니,/ 입 다물고 남은 봄 보냄만 못해. (《聞子規》 楚天空闊月成輪, 蜀魄聲聲似告人. 啼得血流無用處, 不如緘口過殘春.)"

44. 귀종지상歸宗智常

江州刺史李渤, 問歸宗: "敎中所言'須彌納芥子', 渤卽不疑, '芥子納須彌', 莫是妄談否?" 宗曰: "人傳使君讀萬卷書籍, 還是否?" 李曰: "然." 宗曰: "摩頂至踵如椰子大, 萬卷書向何處著?" 李俛首而已. 李異日又問云: "大藏敎明得箇甚麼邊事?" 宗擧拳示之, 云: "還會麼?" 李云: "不會." 宗云: "遮箇措大. 空讀萬卷書, 拳頭也不識."400)

강주 자사 이발401)이 귀종 지상스님402)께 여쭈었다.

"경전의 가르침 가운데 '수미산이 겨자를 받아들인다'고 함은 제가 의심치 않습니다만, '겨자가 수미산을 받아들인다'는 것은 허망한 이야기가 아닙니까?"403)

귀종스님이 말씀하셨다.

"사람들에게 듣기로는 사군(使君)404)께선 일만 권의 책을 읽었다던데 맞습니까?"

---

400) 『聯燈會要』 卷第四, X79n1557_p0043b07. 『禪門拈頌集』 卷第八, K46-0121, 261, 262則. 『大藏一覽集』 卷第十, K45-0613~14. 참조. 뒤 두 어록에서는 뒷 구절이 있다. "말하였다. '제가 실로 알지 못하겠습니다.' 스님이 말씀하셨다. '사람을 만나거든 도중에 받아쓰시고, 사람을 만나지 못하거든 세제(世諦)를 유포하십시오.'" (云: '某甲實不會.' 師云: '遇人卽途中受用, 不遇人卽世諦流布.')

401) 李渤(이발) : 773~831. 당대 귀종지상(歸宗智常)스님의 법사(法嗣)다. 자는 담지(澹之)다. 정원(貞元) 연간에 여산(廬山) 오로봉(五老峰) 아래에 중국 최고의 서원인 백록동서원(白鹿洞書院)을 열었고, 나중에 소실산(少室山)으로 옮겼다. 원화(元和) 초에 한유(韓愈)의 권유를 받아 관직에 나가 간의대부(諫議大夫)가 되었고, 여러 직책을 거쳤다. 보력(寶曆) 연간(825~827년)에 강주(江州) 자사(刺史)로 부임하였다. 나중에 다시 백록동서원으로 돌아와 지내면서 백록선생으로 불렸다. 지상스님이 서현사(棲賢寺) 주지로 있을 때 자주 가서 법(法)에 대해 물었다. 그의 주청으로 서당지장(西堂智藏)스님에게 대각선사(大覺禪師)란 시호가 내려졌다. 태화(太和) 5년에 세수(世壽) 59세로 죽었다.

402) 歸宗智常(귀종지상) : 조계혜능(曹溪慧能)-남악회양(南嶽懷讓)-마조도일(馬祖道一)-귀주지상(歸州智常). 주148) 참조.

403) 여기서 『유마힐소설경』에서는 "수미산왕이 겨자 속으로 들어간다(須彌入芥子中)"고 나온다. 수미산왕이 겨자를 받아들인다(須彌納芥子)와 겨자가 수미산왕을 받아들인다(芥子納須彌)는 표현은 『유마경소』에 나온다. 아마도 이발이 『유마경소』를 인용한 것이 아닌가한다. (T14n0475_p0546b28, 『維摩詰所說經』 「不思議品」 第六. "須彌入芥子中". T85n2771_p0375c03~06, 『維摩經疏』. "芥子納須彌. 旣是不□□□□芥子亦是不思議. 以不答言須彌納芥子, 非□□□□□□言芥子納須彌.")

404) 使君(사군) : 태수(太守)나 목사(牧使), 자사(刺史) 등의 지방장관에 대한 존칭.

이발이 말했다.
"그렇습니다."
귀종스님이 말씀하셨다.
"그대의 머리끝에서 발끝까지가[405] 야자나무만큼 크다고 치고, 일만 권의 책을 어느 곳에다 두었습니까?"
이발이 고개를 숙이고만 있었다.

이발이 다른 날에 또 찾아뵙고 여쭈었다.
"《대장경》이 결국 무슨 경계를[406] 밝히고 있습니까?"
귀종스님이 주먹을 들어 보이면서 말씀하셨다.
"알겠습니까?"
이발이 말하였다.
"모르겠습니다."
귀종스님이 말씀하셨다.
"이런 서생(書生)아[407]! 책을 일만 권이나 읽었다면서 주먹조차도 모르다니!"

45. 청평영준清平令遵

僧問清平和尙: "如何是大乘?" 曰: "井索." "如何是小乘?" 曰: "錢索."
"如何是有漏?" 曰: "笊籬." "如何是無漏?" "木杓." [408]

---

405) 摩頂至踵(마정지종) : 머리에서 발끝까지. 마정방종(摩頂放踵) 또는 마정지족(摩頂至足), 마종멸정(摩踵滅頂)이라고도 함. 본래 '노고를 사양하지 않고 몸을 버려 세상을 구함[사신구세(捨身救世) 불사노고(不辭勞苦)]'의 뜻. 『맹자(孟子)』에 나온다. "묵자의 겸애는 고생을 사양하지 않고 남을 위하여 자신을 희생하는 것으로 세상을 이롭게 함이다."(『孟子』「盡心」上, "墨子兼愛, 摩頂放踵利天下爲之.") 여기서는 몸의 크기를 말함.

406) 邊事(변사) : 변경의 일.

407) 措大(조대) : 문인을 경멸하여 이르는 말. =초대(醋大). 가난하여 실의에 빠진 서생을 이르는 말. 무시하는 뜻이 담겨 있다. "초대라는 것은 어떤 이가 어깨와 팔을 들어 올리고 혹은 눈살을 찌푸리고 눈을 찡그리는 것으로 자태를 삼는 것이 마치 사람이 식초를 먹는 모습과 같기에 초대라고 한 것이다."(唐, 蘇鶚, 『蘇氏演』上. "醋大者, 或有擡肩拱臂, 攢眉蹙目, 以爲姿態, 如人食酸醋之貌, 故謂之醋大.")

408) 『景德傳燈錄』卷第十五, T51n2076_p0318c22~26. 『禪門拈頌集』卷第十八, K46-0300, 746則. 참조.

雲圓通和尙曰: "大乘小乘, 井索錢索. 有漏無漏, 笐籬木杓."

어떤 스님이 청평스님409)께 여쭈었다.
"어떤 것이 대승입니까?"
말씀하셨다.
"두레박줄이다."
"어떤 것이 소승입니까?"
말씀하셨다.
"돈꾸러미 꿰는 줄이다."
"어떤 것이 번뇌입니까?"
말씀하셨다.
"조리다."
"어떤 것이 번뇌 없는 것입니까?"
"나무 국자다."

법운 원통스님410)이 말씀하셨다.

"대승과 소승,

---

409) 淸平令遵(청평영준) : 석두희천(石頭希遷)-단하천연(丹霞天然)-취미무학(翠微無學)-청평영준(淸
平令遵). 845~919. 어렸을 적에 보리사에서 출가하였고, 개원사에서 구족계를 받은 후, 율학을
익혔다. 이후 취미 무학스님 회하에서 크게 깨닫고 대통선원을 짓고 선풍을 크게 드날렸다. 특
히 대나무밭에서 깨우친 일화로 유명하다. 영준스님이 취미스님에게 여쭈었다. "어떤 것이 조사
가 서쪽에서 온 분명한 뜻입니까?" 취미스님이 말했다. "사람이 아무도 없을 때 그대에게 말하
여주겠다." 영준스님이 가만히 있다가 말했다. "사람이 없습니다. 스님께서 말씀해 주십시오."
취미스님이 법상에서 내려와서는 영준스님을 이끌어 대나무숲속으로 가니 영준스님이 또 여쭈었
다. "사람이 아무도 없으니 말씀해 주십시오." 취미스님이 대나무를 가리키면서 말했다. "이 대
나무는 이렇게 길고 저 대나무는 저렇게 짧다." 영준스님이 그 말끝에 대오(大悟)하였다.
410) 法雲圓通(법운원통) : 지문광조(智門光祚)-설두중현(雪竇重顯)-천의의회(天衣義懷)-법운법수(法
雲法秀). 1027~1090. 법운법수(法雲法秀), 법수원통(法秀圓通)이라고도 함. 속성은 신씨(辛氏)이
고 진주(秦州) 농성(隴城)[감숙성 진안현(秦安縣)] 출신이다. 법운스님은 원래 노화상(魯和尙)의
친한 도반이었다가 너무 늙어서 몸을 바꾸어 어머니에게 잉태하였다. 노화상이 이를 알고 가서
자초지종을 알려주고 절로 데려와서 성(姓)을 노씨(魯氏)로 바꾸어준다. 17세에 머리를 깎고. 20
세에 이미 『화엄경』을 강의하였을 뿐만 아니라 유식학과 『원각경』에도 해박하였다. 세존이 가섭
존자에게 전한 교외별전을 믿지 않는다하고 남방으로 가서 겨루어보려다 천의 의회스님을 만나
크게 깨닫고 법을 이었다. 스승을 떠나 사면산(四面山)에서 선법을 펼치다가 후에 여산(廬山) 서
현사(棲賢寺)와 동경(東京) 법운사(法雲寺)에서 크게 종풍을 떨쳤다. 말년에는 진주(眞州) 장로산
(長蘆山) 숭복선원(崇福禪院)에서 보냈다. 원우(元祐) 5년 64세로 입적하였다.

두레박줄과 돈 꿰는 줄,
번뇌와 번뇌 없음,
조리와 나무국자다.”

46. 법창의우法昌倚遇

法昌遇和尚, 垂語, 云: “我要一箇不會禪底做國師.”411)
妙喜曰: “且道. 是醍醐句? 是毒藥句?

법창 의우스님412)이 수어(垂語)413)에서 말씀하셨다.
“나는 선(禪)을 알지 못하는 사람이 국사가 되는 것을 기다린다.”

묘희스님이 말씀하셨다.
“바로 말해라. 이것이 제호414)의 구절인가, 이것이 독약의 구절인가?”

47. 진정극문眞淨克文

真淨和尚, 示眾, 云: “天地與我同根, 萬物與我一體, 脚頭脚尾, 橫三豎四. 北
俱盧州火發, 燒著帝釋眉毛, 東海龍王忍痛不禁, 轟一箇霹靂. 直得傾湫倒嶽, 雲暗
長空. 十字街頭, 廖鬍子醉中驚覺起來, 拊掌呵呵大笑, 云: ‘筠雲城中, 近來少
賊.’” 乃拈拄杖. 云: “賊! 賊!”415)

---

411)『禪林類聚』卷第十七, X67n1299_p0101a20~b04.『指月錄』卷之十五, X83n1578_p0567a07
　　~12. 참조.
412) 法昌倚遇(법창의우) : 동산수초(洞山守初)-복엄량아(福嚴良雅)-북선지현(北禪智賢)-법창의우(法
　　昌倚遇). 1005~1081. 주73) 참조.
413) 垂語(수어) : 시중(示眾)과 같은 것으로 선사가 학인들에게 법문하는 것을 말한다.
414) 醍醐(제호) : 우유를 정제하는 다섯 가지 과정 가운데서 마지막 다섯 번째에 나온 것으로 가
　　장 맛있는 것이다. 불성(佛性)을 비유한다.
415)『聯燈會要』卷第十四, X79n1557_p0124c07~11.『嘉泰普燈錄』卷第四, X79n1559_p0314a1
　　1~16.『五燈會元』卷第十七, X80n1565_p0355a11~16.『古尊宿語錄』卷之四十二, X68n1315_
　　p0274b02~06. 참조.

진정 극문스님416)께서 대중에게 열어 보이셨다.

"천지와 나는 같은 뿌리이며 만물과 나는 한 몸이니, 발바닥의 처음과 끝이 가로로 3이요 세로로는 4입니다. 북구로주에417) 불이 나서 제석천왕의418) 눈썹을 태워버리니, 동해 용왕이 고통을 참지 못하고 한바탕 요란하게 벼락을 때립니다. 곧바로 연못이 기울어져 엎어지며 큰 산이 넘어져 버리고 수만리 펼쳐진 장공에 층층구름은 어두워집니다. 시끄러운 저잣거리에419) 요호자420)가 술에 취해 있다가 깨어나서는 박수를 치면서 '하하하!' 하고 크게 웃으며 말합니다.

'균운성421) 안에 요즈음 보잘 것 없는 도적이 왔다.'"

그리고는 주장자를 잡으셨다.

말씀하셨다.
"도적놈아! 도적놈아!"

---

416) 眞淨克文(진정극문) : 분양선소(汾陽善昭)-석상초원(石霜楚圓)-황룡혜남(黃龍慧南)-진정극문(眞淨克文). 1025-1102. 주131) 참조.
417) 北俱盧州(북구로주) : 북울단월(北鬱單越)이라고도 함. 수미산 4주(州)의 하나이다. 수미산의 북방 제7 금산(金山)과 대철위산(大鐵圍山) 사이에 큰 바다가 있고, 바다 가운데 있는 인취(人趣) 등이 사는 곳이다. 모양은 네모형태이고, 지반은 다른 3주보다 높으며, 사람의 키는 32주(肘-1주는 1척(尺)5촌(寸)〈약45cm〉), 목숨은 1천년이다. 중간에 죽지 않으며, 쾌락이 끝이 없어 4주(州) 중에서 생명체·처소·재물·물품 등이 제일 수승하다고 한다.
418) 帝釋天王(제석천왕) : 석제환인(釋提桓因)이라고도 함. 제(帝)는 인다라(因陀羅)의 번역. 석(釋)은 석가(釋迦)의 음략(音略). 수미산 정상에 있는 도리천(忉利天)의 천주(天主)이다. 이 왕은 선견성(善見城)에 있으면서 4천왕과 32천을 통솔하면서 불법(佛法)과 불법에 귀의하는 사람을 보호하며 아수라의 군대를 징벌한다고 한다.
419) 十字街頭(십자가두) : 번화한 거리. 곧 진속세간(塵俗世間)을 말한다.
420) 廖鬍子(요호자) : 요나라의 구레나룻 수염을 가진 사람. 곧 임의로 지어낸 사람을 가리킴.
421) 筠雲城(균운성) : 균양성(筠陽城)이라고도 함. 진정 극문스님이 주석하던 균주(筠州)[현재 강서성(江西省) 고안시(高安市)]를 말한다.

48. 현사사비玄沙師備

玄沙, 因誤服藥, 偏身紅爛. 僧問: "如何是堅固法身?" 沙云: "膿滴滴地!"

懷和尚頌云: "滴滴通身是爛膿, 釣魚船上顯家風. 時人只看絲綸上, 不見蘆花對蓼紅."422)

端和尚云: "曾有人問法華: '如何是淸淨法身?' 只答他道: '屎臭熏天.' 又云: '蓮花葉上化生兒.' 且道. 與古人是同是別? 法華亦有頌云: '屎臭熏天亦偶然, 法華爭敢爲君宣? 鼻中若有通天竅, 一任橫行不著穿.'"423)

현사 사비스님424)이 약을 잘못 복용해서 온 몸의 피부가 발갛게 붓고 짓물렀다.

어떤 스님이 여쭈었다.

"어떤 것이 견고한 법신입니까?"

현사스님이 말씀하셨다.

"피고름이 뚝뚝뚝!"

천의 의회스님425)이 이 일에 대해 노래하셨다.

"온 몸에 썩은 고름 줄줄 흐르니 낚싯배 위 가풍을 드러내누나.

뉘든 그저 낚싯줄을 보고만 있지 흰 갈꽃과 붉은 여뀐 알지 못하네."

---

422) 『禪門拈頌集』 卷第二十三, K46-0378, 991則. 참조.

423) 『續刊古尊宿語要』 第三集, X68n1318_p0402b09~15, 『白雲端和尚語錄』 卷一, X69n1352_p0310c06~12. 참조.

424) 玄沙師備(현사사비) : 용담숭신(龍潭崇信)-덕산선감(德山宣鑑)-설봉의존(雪峰義存)-현사사비(玄沙師備). 835~908. 주269) 참조.

425) 天衣義懷(천의의회) : 운문문언(雲門文偃)-향림징원(香林澄遠)-지문광조(智門光祚)-설두중현(雪竇重顯)-천의의회(天衣義懷). 운문종스님이다. 993~1064. 진종선사(振宗禪師), 진종의회(振宗義懷), 진종대사(振宗大師)라고도 한다. 속성은 진씨(陳氏). 온주(溫州) 영가(永嘉) 악청(樂淸) 출신. 그의 집안은 대대로 고기잡이를 해왔기 때문에 어려서부터 부친을 따라 다니면서 낚시를 하였지만 잡은 물고기를 모두 놓아 주었다고 함. 출가하여 법화지언(法華志言)스님의 회상에서 배우다가 금란선(金鑾善)스님과 섭현귀성(葉縣歸省)스님 문하에서 배웠다. 뒤에 설두중현(雪竇重顯)스님 문하에 들어가서 그 법을 이었다. 후에 진종대사(振宗大師)라는 시호를 받았다. 혜림종본(慧林宗本), 불일지재(佛日智才), 법운법수(法雲法秀), 시랑양걸(侍郎楊傑) 등 54여 명의 제자들이 있다.

백운 수단스님426)이 말씀하셨다.
"일찍이 어떤 사람이 법화스님427)께 물었다.
'어떤 것이 청정법신입니까?'
법화스님이 그저 답하여 말씀하셨다.
'똥구린내가 하늘을 뒤덮는구나.'
그리고 또 말씀하셨다.
'연꽃잎에 예쁜 아기428)가 태어났다.'
바로 말해보아라. 옛사람과 더불어 같은가, 다른가?

법화스님이 노래를 하셨다.

'똥구린내 하늘 덮음 또 우연인데,
법화가 어찌 감히 말할까보냐?
콧속에 하늘 닿는 구멍 있다면
뚫지 않고 마음대로 맡기겠노라.'"

---

426) 白雲守端(백운수단) : 임제의현(臨濟義玄)-흥화존장(興化存獎)-보응혜옹(寶應慧顒)-풍혈연소(風
穴延沼)-수산성념(首山省念)-분양선소(汾陽善昭)-석상초원(石霜楚圓)-양기방회(楊岐方會)-백운수
단(白雲守端). 1025~1072. 호남(湖南) 형양(衡陽)사람이다. 속성은 주씨(周氏)[혹은 갈씨(葛氏)라
고도 함]. 20세에 다릉인욱(茶陵仁郁)스님에게 출가하고 제방을 참학하다가 양기방회(楊岐方會)
스님에게 입문하여 법을 이었다. 강서성의 승천선원(承天禪院), 원통숭승선원(圓通崇勝禪院), 안
휘성의 법화산증도선원(法華山證道禪院), 용문산건명선원(龍門山乾明禪院), 흥화선원(興化禪院),
백운산해회선원(白雲山海會禪院) 등에서 개당하여 불법을 크게 드날렸다. 송(宋) 신종(神宗) 희
녕(熙寧) 5년에 세수 48세로 천화(遷化)하였다. 오조법연(五祖法演)스님이 『백운수단선사어록(白
雲守端禪師語錄)』『백운단화상광록(白雲端和尙廣錄)』을 편찬하였고 『백운단화상어요(白雲端和尙
語要)』가 남아 있다. 보복수(保福殊), 향산혜상(香山慧常), 숭승서공(崇勝瑞珙), 천주처응(天柱處
凝), 낭야영기(瑯邪永起), 운개지본(雲蓋智本), 곽상정거사(郭祥正居士) 등의 법을 이은 제자들이
있다.
427) 法華全擧(법화전거) : 풍혈연소(風穴延沼)-수산성념(首山省念)-분양선소(汾陽善昭)-법화전거(法
華全擧). ?~1056. 주77) 참조.
428) 化生兒(화생아) : 예쁜 아기.

49. 소산광인疎山匡仁

　　疎山, 示眾, 云: "老僧咸通年已前會得法身邊事, 咸通年已後會得法身向上事." 雲門問: "承聞和尚咸通年已前會得法身邊事, 咸通年已後會得法身向上事, 是否?" 山云: "是." 門云: "如何是法身邊事?" 山云: "枯樁." 門云: "如何是法身向上事?" 山云: "非枯樁." 門云: "還許學人說道理也無?" 山云: "許你說." 門云: "枯樁豈不是明法身邊事? 非枯樁豈不是明法身向上事?" 山云: "是." 門云: "法身還該一切否?" 山云: "作麼生不該?" 門指淨瓶, 云: "法身還該遮箇麼?" 山云: "闍梨莫向淨瓶邊會." 門便禮拜.429)

　　妙喜曰: "雲門禮拜, 不是好心."

소산 광인스님430)이 대중에게 열어 보이셨다.
"이 노승이 함통년431) 이전에 법신 경계의 일432)을 알았고, 함통년 이후에 법신의 향상의 일433)을 알았습니다."

운문스님이 물으셨다.
"스님께서 함통년 이전에 법신 경계의 일을 알았고, 함통년 이후에 법신 향상의 일을 알았다고 들었는데 맞습니까?"
　소산스님이 말씀하셨다.

---

429) 『續刊古尊宿語要』第二集, X68n1318_p0371b06~15. 『聯燈會要』卷第二十二, X79n1557_p0 194b19~c03. 『五燈會元』卷第十三, X80n1565_p0269a11~18. 참조.

430) 疎山匡仁(소산광인) : 약산유엄(藥山惟儼)-운암담성(雲巖曇晟)-동산양개(洞山良价)-소산광인(疎山匡仁). 조동종스님으로 길주(吉州) 신감(新淦)사람이다. 어렸을 적 본주원증선사(本州元證禪師)에게 출가하였다. 경론을 수학하다가 향엄 지한스님 등을 참알하고 후에 동산 양개선사의 회상으로 가서 대오(大悟)하고 법을 잇는다. 무주(撫州)[강서성 임천(臨川)]의 소산(疎山)에서 소산사(疎山寺)를 건립하고 동산스님의 종풍을 크게 떨치니 무주소산광인선사(撫州疎山匡仁禪師)로 불렸다. 광인선사는 생김새는 키가 작고 못생겨서 '왜사숙(矮師叔)' 혹은 '왜사리(矮闍黎)'라고 불렸지만 언변은 탁월하였다고 한다. 학인을 제접할 땐 항상 입을 열 기회를 전혀 주지 않았기 때문에 '소산교촉(疎山嚙鏃)'이라 불리었다. 황벽혜(黃檗慧), 영천귀인(靈泉歸仁), 대안산성(大安山省), 서계도태(西谿道泰), 호국수징(護國守澄) 등 22여명의 법을 이은 제자가 있다.

431) 咸通年(함통년) : 당나라 의종(懿宗)의 연호. 공원(公元) 860년[무진년(庚辰年)]~874년[갑오년(甲午年)]의 15년간을 말함.

432) 法身邊事(법신변사) : 법신불의 바깥 경계의 사법(事法). 곧 향하문(向下門)이다.

433) 法身向上事(법신향상사) : 법신불의 내면의 사법(事法). 곧 향상문(向上門)이다.

“그렇습니다.”
운문스님이 말씀하셨다.
“어떤 것이 법신 경계의 일입니까?”
소산스님이 말씀하셨다.
“말라 죽은 참죽나무입니다.”
운문스님이 말씀하셨다.
“이떤 것이 법신의 향상의 일입니까?”
소산스님이 말씀하셨다.
“말라 죽은 참죽나무가 아닙니다.”
운문스님이 말씀하셨다.
“제가 불법의 도리를 말하게끔 허락하시겠습니까?”
소산스님이 말씀하셨다.
“말씀해 보시지요.”
운문스님이 말씀하셨다.
“말라 죽은 참죽나무는 이 어찌 법신 경계의 일을 밝힌 것이 아니겠으며, 말라 죽은 참죽나무가 아님은 이 어찌 법신의 향상의 일을 밝힌 것이 아니겠습니까?”
소산스님이 말씀하셨다.
“그렇습니다.”
운문스님이 말씀하셨다.
“법신은 일체를 모두 포괄하지434) 않습니까?”
소산스님이 말씀하셨다.
“어떤 것이 포괄되지 않는 것입니까?”
운문스님이 정병을 가리키며 말씀하셨다.
“법신이 이것을 포괄합니까?”
소산스님이 말씀하셨다.
“큰스님께서는 정병(淨甁)435)의 경계로써 알려고 하지 마십시오.”
운문스님이 곧장 절을 하였다.

---

434) 該(해) : 포용하다, 포괄하다, 포섭하다. 갖추다, 구비하다. 소유하다.
435) 淨甁(정병) : 출가 사문의 필수품으로 뒷간에서 볼일을 본 후 항문을 씻을 때 쓰는 병이다.

묘희스님께서 말씀하셨다.
"운문스님이 절을 하였지만 완결시키질[436] 못했다."

50. 오조법연五祖法演

五祖演和尚, 示眾, 云: "祖師道: '吾本來茲土, 傳法救迷情. 一
花開五葉, 結果自然成.' 達磨大師信脚來, 信口道.　後代兒孫多
成計較,　要會開花結果處麼?　鄭州梨,　青州棗,　萬物無過出處.
好!"
　　又僧問: "如何是佛?" 云: "肥從口入." 問: "祖意, 教意,　是同
是別?" 云: "人貧智短, 馬瘦毛長."[437]

오조 법연스님[438]이 대중에게 열어 보이셨다.
"달마조사가 말씀하셨습니다.

'내가 본래 이 땅에 법을 전함은
미혹한 이 구하기 위함이라네.
한 꽃에서 다섯 꽃잎 피어 나와서
열매 맺어 자연히 종문 이루리.'[439]

---

436) 好心(호심) : 호의(好意), 선의(善意). 충성스런 마음. 마음을 비움. 동정심, 핵심을 완성하다
　　등의 뜻.
437)『續刊古尊宿語要』第三集, X68n1318_p0411b04,24.『聯燈會要』卷第十六, X79n1557_p013
　　6b01~04, 0137b16~17.『古尊宿語錄』卷第二十,「舒州白雲山海會演和尚初住四面山語錄」, X68
　　n1315_p0130a15, b06~10, p132a14~15. 참조.
438) 五祖法演(오조법연) : 자명초원(慈明楚圓)-양기방회(楊岐方會)-백운수단(白雲守端)-오조법연(五
　　祖法演). ?~1104. 면주(綿州) 파서(巴西)[사천성 면양(綿陽)] 출신. 속성은 등씨(鄧氏). 35세에 출
　　가하고 구족계를 받은 후, 성도(成都)에 가서 유식학(唯識學)을 배웠다. 그러다가 남방으로 다니
　　면서 원조 종본스님, 부산 법원스님 등을 참알하고 지도를 받다가 백운 수단스님을 만나 비로소
　　확연철오(廓然徹悟)하고 인가를 받았다. 이후 안휘성 사면산(四面山) 쌍천선원(雙泉禪院)에 주석
　　하다가 다시 백운산(白雲山)으로 옮기고 이어서 태평(太平)에 주석하였다. 그 후 해회(海會)에
　　머물다가 다시 기주(蘄州) 오조산(五祖山) 동선사(東禪寺)로 옮겨 크게 선풍을 드날렸다. 휘종(徽
　　宗) 숭녕(崇寧) 3년 6월 25일에 80여세로 입적하였다.『오조법연선사어록(五祖法演禪師語錄)』4
　　권이 있다. 제자로는 삼불(三佛)로 불리는 불안청원(佛眼淸遠), 태평혜근(太平慧懃), 원오극근(圜
　　悟克勤) 등 19여 명의 제자가 있다.
439)『달마대사혈맥론(達磨大師血脉論)』과『오등회원』권1에 나오는 구절이다. (X63n1218_p0005

달마대사가 발길 닿는 대로 다니시고 입에서 나오는 대로 말씀하셨습니다.440) 후손들이 흔히 계교를 일삼는데, 꽃이 피고 열매가 맺는 곳을 알고 싶습니까?

정주의 배요, 청주의 대추입니다.
만물은 모두가 그 나온 곳이 있는 것입니다.441) 好(Hǎo)!442)”

어떤 스님이 여쭈었다. “어떤 것이 부처님입니까?”
말씀하셨다. “살이 쪄서 비대한 것은 모두가 입으로 들어간 것이다.”
또 여쭈었다. “조사님의 뜻과 경전의 뜻이 같습니까, 다릅니까?”
말씀하셨다. “사람이 가난하게 되면 지혜가 짧아지고 말이 여위면 털이 길어진다.”

51. 자명초원慈明楚圓

慈明和尚. 《牧童謌》
牧牛童, 實快活. 跣足披蓑雙角撮. 橫眠牛上向天歌. 人問如何牛未渴, 回面觀. 平田濶, 四方放去休攔遏, 八面無拘任意遊, 要收只在索頭撥. 小牛兒, 順摩捋, 角力未充難提掇, 且從放在小平坡, 慮上高峯四蹄脫. 日已高, 休喫草. 捏定鼻頭無少老. 一時牽向圈中眠, 和泥看伊東西倒. 笑呵呵. 好不好? 又將橫笛順風吹, 震動五湖山海島. 倒騎牛, 脫布襖, 知音休向途中討. 若問牧童何處居, 鞭指東西無一寶. 443)

06~07, 『達磨大師血脉論』. “吾本來此土, 傳法救迷情. 一華開五葉, 結果自然成.” X80n1565_p0043a23~24, 『五燈會元』 卷第一. “聽吾偈曰: 吾本來茲土, 傳法救迷情. 一花開五葉, 結果自然成.”)

440) 信(신) : 마음 내키는 대로 하다. 뜻대로 하다. 信脚(신각): 발 가는대로 가는 것. 信口(신구): 입에서 나오는 대로 말함. 아무 생각 없이 함부로 말을 함.

441) 無過(무과) : 더 나은 것이 없음. 더 이상 ~한 것이 없음. 더 지나친 것이 없음. 과실이 없음. 더 심한 것이 없음. 다만 ~에 불과함 등의 뜻이 있다.

442) 好(호) : 쯧. 아이고.

443) 『天聖廣燈錄』 卷第十八, X78n1553_p0509b22~c10. 『古尊宿語錄』 卷第十一, 「慈明禪師語錄」, X68n1315_p0066c17~0067a02. 『石霜楚圓禪師語錄』, X69n1338_p0196b18~c02. 참조.

자명 초원스님444)의 《목동가》

소 치는 아이여. 매우 쾌활하구나.
맨발에다 도롱이, 가닥 머리로
소 등 누워 하늘 향해 노래 부르네.
소가 목마르지 않냐 누가 물으면
고개 돌려 힐끗 보네.
넓은 벌판에 사방으로 놓아버려 걸림이 없고
팔면으로 마음껏 노닐게 하나,
붙잡을 땐 고삐로 잘 다룬다네.
송아지는 연약하고445) 뿔 힘이 약해
우선 작은 둑에다 놓아두는 건
산꼭대기 올라가면
네 개 발굽이 떨어져 나갈까봐 염려해서지.
해는 높이 떴고 풀은 실컷 먹였다.
어리든지 늙었든지 코를 붙들어
확 끌어다 우리에 잠을 재우고
진흙을 바른 채로 그들을 보니
달아나다 이리 저리 거꾸러지네.
하하하 우습구나. 어쩌하느냐?
바람 따라 또 젓대를 불어 젖히니
오호(五湖)446)의 산과 바다 동요시키네.
거꾸로 소를 타고 겉옷 벗으니
지음(知音)은 길에서 찾음 그만 둔다네.
목동에게 어디 사나 물어본다면

---

444) 慈明楚圓(자명초원) : 풍혈연소(風穴延沼)-수산성념(首山省念)-분양선소(汾陽善昭)-자명초원(慈
明楚圓). 987~1040. 주245) 참조.
445) 摩捋(마랄) : 손길 닿는 대로 쓰다듬다. 어루만지다.
446) 五湖(오호) : 일반적으로 태호(太湖), 홍택호(洪澤湖), 소호(巢湖), 파양호(鄱陽湖), 동정호(洞庭
湖) 등의 다섯 호수를 말한다. 혹은 태호(太湖)를 오호(五湖)라고 부르기도 하고, 호남성(湖南省)
의 동정호(洞庭湖)를 이르기도 한다. 이외에도 여러 지역에 오호(五湖)라는 호수가 있다. 은둔하
여 지내는 곳을 오호(五湖)라고 말하기도 한다.

채찍으로 아무데나447) 가리키누나.

52. 귀종지상歸宗智常

歸宗和尙, 剗草次, 有講僧來參. 忽有一蛇過, 宗以鋤斷之. 僧云: "久響歸宗, 元來是箇麤行沙門?" 宗按鋤顧視僧, 曰: "你麤我麤?" 448)後來雪峰問德山: "古人斬蛇意旨如何?" 德山便打, 雪峯便走, 德山召云: "布衲!" 雪峰回首, 德山云: "佗後悟去, 方知老漢徹底老婆心."449)

귀종 지상스님450)이 풀을 깎고 있는데, 경전을 강의하는 학승이 와서 참례하였다. 문득 뱀 한 마리가 지나가니 귀종스님이 호미로 끊어버리셨다.

그 스님이 말하였다.

"오래전부터 뵙고 싶었던451) 귀종스님께서 원래 이러한 거친 짓을 하는 사문이셨습니까?"

귀종스님이 호미를 손으로 쓰다듬으시면서, 그 스님을 뒤돌아보며 말씀하셨다.

"자네가 거친 것이냐, 내가 거친 것이냐?"452)

뒤에 설봉 의존스님453)이 덕산 선감스님454)께 여쭈었다.

---

447) 一寶(일보) : 정해진 한 곳.

448) 〔'귀종스님께서 호미를 쓰다듬으시면서 그 스님을 돌아보시면서 말씀하셨다. '자네가 거친 것이냐, 내가 거친 것이냐?' (宗按鋤顧視僧, 曰: '你麤我麤?')〕의 부분이 『경덕전등록』 권7에서는 이렇게 나온다. "좌주는 차실로 돌아가서 차 드시게."(T51n2076_p0256a23~26; 『景德傳燈錄』 卷第七. "師云: '坐主歸茶堂內, 喫茶去.'")

449) 『聯燈會要』 卷第二十, X79n1557_p0174b20~21. 『禪門拈頌集』 卷第八, K46-0119, 255則. 참조.

450) 歸宗智常(귀종지상) : 조계혜능(曹溪慧能)-남악회양(南嶽懷讓)-마조도일(馬祖道一)-귀주지상(歸州智常). 주148) 참조.

451) 久響(구향) : 오래전부터 명성이 자자하다.

452) 『연등회요』 권4에 뒷 구절이 있다. "좌주가 여쭈었다. '어떤 것이 거친 것입니까?' 스님이 호미를 들어 세우셨다. 여쭈었다. '어떤 것이 세밀한 것입니까?' 스님이 뱀을 자르는 자세를 지으셨다. 말씀드렸다. '이것은 따라한 것 아닙니까?' 스님이 말씀하셨다. '따라한 것은 그만두고 자네는 내가 뱀 자르는 것을 어디서 본 것이냐?' 좌주가 대답을 못했다."(X79n1557_p0043a03~05, 『聯燈會要』 卷第四. "主問: '如何是麤?' 師竪起鋤頭. 云: '如何是細?' 師作斷蚖勢. 云: '與麼則依而行之.' 師云: '依而行之且置, 儞甚麼處, 見我斬蚖?' 主無對.")

"옛 스님이 뱀을 죽여 버린 뜻이 무엇입니까?"

덕산스님이 곧바로 때리자마자 설봉스님이 얼른 달아나시니, 덕산스님이 부르셨다.

"스님!"455)

설봉스님이 고개를 돌리시니, 덕산스님이 말씀하셨다.

"네가 이후에 깨닫게 되면 내가 철저하게 친절하고 자비로웠음을 알게 될 것이다."456)

53. 낭야혜각琅邪慧覺

琅邪覺和尙, 示眾, 云: "有句無句, 如藤倚樹, 樹倒藤枯, 恰好喫棒. 你且道. 過在甚麼處?" 良久. 云: "不是僧繇手, 徒說會丹靑."457)

낭야 혜각스님458)이 대중에게 열어 보이셨다.

"유구(有句)와 무구(無句)가

453) 雪峰義存(설봉의존) : 천황도오(天皇道悟)-용담숭신(龍潭崇信)-덕산선감(德山宣鑑)-설봉의존(雪峰義存). 822~908. 주193) 참조.

454) 德山宣鑑(덕산선감) : 석두희천(石頭希遷)-천황도오(天皇道悟)-용담숭신(龍潭崇信)-덕산선감(德山宣鑑). 782~865. 검남(劍南)[사천성] 출신. 속성은 주씨(周氏). 어려서 출가하여 20세에 구족계를 받았다. 경(經)에 해박하였으나 용담 숭신스님을 만나서 개오하였다. 당무종의 폐불법난(廢佛法難)을 만나 독부산(獨浮山)의 석실로 피난하였다가 후에 무릉태수 설정망(薛廷望)의 부탁으로 무릉의 덕산(德山)에 머물러 종풍을 크게 떨쳤다. 함통 6년에 86세로 입적하였다. 시호는 현성대사(見性大師)이다. 『전등록』 16권에는 암두전활(巖頭全豁), 설봉의존(雪峰義存), 고정간(高亭簡), 감담자국(感潭資國) 등의 걸출한 제자들 9명이 보인다.

455) 布納(포납) : 베로 만든 승복. 곧 출가사문(出家沙門)을 말함.

456) 『연등회요』 권4에 설두스님의 덧붙이는 말씀이 있다. "설두스님께서 말씀하셨다. '귀종스님은 단지 초기엔 신중했지만 끝까지 신중하지 못하였고, 덕산스님은 자못 법령을 들어 보였지만 뱀을 죽인 뜻을 밝히진 못하였다.' 그리고 말씀하셨다. '대중은 보아라. 이 설두가 오늘 열 다섯 조각으로 베어 죽일 것이다.' 주장자를 세우셨다. 대중을 해산시키셨다."(X79n1557_p0043a08~10, 『聯燈會要』 卷第四. "雪竇云: '歸宗只會愼初, 不能護末, 德山頗能據令, 未明斬虵.' 乃云: '大眾看, 雪竇今日斬三五條.' 拈拄杖, 打散大眾.")

457) 『聯燈會要』 卷第十二, X79n1557_p0111c06~07. 『禪門拈頌集』 卷第九, K46-0153, 357則. 『古尊宿語錄』 卷之四十六, X68n1315_p0312a16~18. 참조.

458) 琅邪慧覺(낭야혜각) : 풍혈연소(風穴延沼)-수산성념(首山省念)-분양선소(汾陽善昭)-낭야혜각(琅邪慧覺). 주76) 참조.

마치 등넝쿨이 나무를 의지함과 같구나.
나무가 넘어지면 등넝쿨도 말라버려서[459]
한 방 얻어맞기 딱 좋다네.

여러분은 바로 말해보십시오. 허물이 어디에 있습니까?"

한참을 묵묵히 계셨다.

말씀하셨다.
"승요(僧繇)[460]의 솜씨가 아니면 단청을 그렸다는 것이 헛된 말이지."[461]

---

459) 위산 영우스님과 소산 광인스님의 문답에서 나온 법문이다. "스님께서 복주 위산스님이 시중에서 '유구(有句)와 무구(無句)가 마치 등넝쿨이 나무에 의지한 것과 같다'고 하심을 듣고 홀로 산길을 걸어 찾아 가셨다. 때마침 위산스님이 벽에다 진흙을 바르고 계셨는데 곧장 여쭈었다. '들으니 스님께서 유구(有句)와 무구(無句)가 마치 등넝쿨이 나무에 의지한 것과 같다고 하셨다던데 맞습니까?' 위산스님이 말씀하셨다. '그랬소.' 스님이 말씀하셨다. '홀연히 나무가 넘어져 등넝쿨이 말라버리면 구(句)는 어디로 돌아갑니까?' 위산스님이 진흙그릇을 내려놓으시고 '하하!'하고 크게 웃으시고는 방장실로 돌아가셨다." (X80n1565_p0268b24~c03, 『五燈會元』 卷第十三. "師聞福州大潙安和尚示眾曰:'有句無句, 如藤倚樹' 師特入嶺到彼, 值潙泥壁, 便問:'承聞和尚道, 有句無句, 如藤倚樹, 是否?' 潙曰:'是.' 師曰:'忽遇樹倒藤枯, 句歸何處?' 潙放下泥槃, 呵呵大笑, 歸方丈.")

460) 僧繇(승요) : 생몰연대는 알려져 있지 않다. 소주(蘇州) 출신. 성은 장씨(張氏). 중국 남조(南朝) 양나라의 궁정화가. 무릉왕국시랑(武陵王國侍郎)과 오흥태수(吳興太守) 등의 관직에 있었다. 불교와 도교의 인물화를 잘 그렸다고 한다. 장가양(張家樣)이라는 독창적인 양식을 만들어내고, 서역에서 서양화식의 음영법을 받아들여 요철화(凹凸畵)를 그렸다. 금릉 안락사의 벽화를 그릴 때 화룡점정(畵龍點睛)고사를 만들어 낸 주인공이기도 한 그는 양나라 무제의 사탑불사(寺塔佛事)에 장식화를 도맡아 그렸다고 한다. 남아 있는 그의 작품 중 『오성이십팔수신형도(五星二十八宿神形圖)』는 유명하다.

461) 이 화(話)에 대한 대혜스님의 상당법문이 있다. "'유구(有句)와 무구(無句)는 등넝쿨이 나무에 의지한 것 같다 하니, 푸른 눈의 오랑캐도 낙처(落處)를 모를 것입니다. 바로 말해 보십시오. 어디에 떨어졌습니까?' 문득 주장자를 잡으셨다. 대중을 부르셨다. 말씀하셨다. '잘 보십시오! 바로 여깁니다! 어서 보십시오!' 주장자를 던지셨다." (T47n1998Ap0813c22~25, 『大慧普覺禪師住徑山能仁禪院語錄』 卷第一. "'有句無句, 如藤倚樹. 碧眼胡兒, 不知落處. 且道. 落在甚麼處?' 驀拈拄杖. 召大眾. 云:'看看! 直下來也! 急着眼覷!' 擲下拄杖.")

54. 황룡혜남黃龍慧南

黃龍南和尚, 示眾, 云: "江南之地, 春寒秋熱. 近日以來, 滴水滴凍." 僧問: "滴水滴凍時如何?" 曰: "未是衲僧分上事." 僧云: "如何是衲僧分上事?" 曰: "滴水滴凍."462)

황룡 혜남스님463)이 대중에게 열어 보이셨다.

"강남땅은
봄이 춥고 가을은 덥네.
최근 날씨
물방울 떨어지자 얼어버리네."

어떤 스님이 여쭈었다.
"물방울이 떨어지자마자 얼어버릴 땐 어떻습니까?"
말씀하셨다.
"이것은 납승 분상(分上)의 일464)이 아니다."
그 스님이 말하였다.
"어떤 것이 납승 분상(分上)의 일입니까?"
말씀하셨다.
"물방울이 떨어지자마자 얼어버린다."

---

462) 『聯燈會要』 卷第十二, X79n1557_p0118a09~11. 『五燈會元』 卷第十七, X80n1565_p0352a1
2~14. 『黃龍慧南禪師語錄』, T47n1993_p0637a19~22. 참조.
463) 黃龍慧南(황룡혜남) : 수산성념(首山省念)-분양선소(汾陽善昭)-석상초원(石霜楚圓)-황룡혜남(黃
龍慧南). 1002~1069. 주214) 참조.
464) 衲僧分上事(납승분상사) : 납승 본분의 일. 선승(禪僧)이 응당 지어야 하는 가장 중요한 직분
의 일로서, 마음을 밝혀 성품을 드러내고 몰록 깨우치는 일을 말함.

55. 남전보원南泉普願

南泉, 魯祖, 杉山, 歸宗四人離馬祖處, 各謀住菴. 於中路相別
次, 南泉插下拄杖, 云: "道得也被遮箇礙, 道不得也被遮箇礙."
宗拽拄杖打泉一下, 云: "也只是遮箇, 王老師說甚麼礙與不礙?"
魯云: "只此一句語, 大播天下."465)

남전 보원스님466), 노조 보운스님467), 삼산 지견스님468), 귀종 지상스
님469) 등 네 분의 스님이 마조 도일스님470)을 떠나 각자 거주할 절을 찾

---

465) 『聯燈會要』 卷第四, X79n1557_p0038c20~24. 『古尊宿語錄』 卷第十二, 「池州南泉普願禪師
語要」, X68n1315_p0069a16~19. 참조.

466) 南泉普願(남전보원) : 조계혜능(曹溪慧能)-남악회양(南嶽懷讓)-마조도일(馬祖道一)-남전보원(南
泉普願). 748-834. 정주(鄭州)[하남성 개봉(開封)] 신정현(新鄭縣) 출신. 성은 왕씨(王氏). 지덕(至德) 2년
(757) 밀현 대괴산(大槐山) 대혜(大慧)스님에게 출가하고, 30세 되던 해 대력(大曆) 12년(777) 숭악(嵩岳)
회선사(會善寺)로 가서 고율사(暠律師)에게서 구족계를 받았다. 처음에 법성종, 법상종, 삼론종 등 계통의
불학을 공부하다가 어느 날 문득 현묘한 기틀은 경론(經論)의 밖에 있다고 생각하고, 마조스님의 회상에
참예하여 법을 이었다. 정원(貞元) 11년(795)에 지양(池陽)[안휘성]의 남전산(南泉山)에 선원을 짓고 스스로
'왕노사(王老師)'라 칭하며 30년간 산을 내려가지 않고 논밭을 일구면서 농사를 짓고 머무르니 학인들이
항상 구름같이 모여 성황을 이루었다. 태화 8년 입적하였다. 『마조도일선사광록(馬祖道一禪師廣錄)』 1
권이 있다. 수법제자로 장사경잠(長沙景岑), 조주종심(趙州從諗), 악주수유산화상(鄂州茱萸山和
尙), 자호이종(子湖利蹤), 지주행자감지(池州行者甘贄), 향엄의단(香嚴義端) 등의 기라성 같은 제
자들이 17명이 있다.

467) 魯祖寶雲(노조보운) : 조계혜능(曹溪慧能)-남악회양(南嶽懷讓)-마조도일(馬祖道一)-노조보운(魯
祖寶雲). 마조 도일스님의 법을 이어받고 지주(池州) 노조산(魯祖山)에 주석하였던 선사이다.
『조당집』 14권과 『경덕전등록』 7권을 보면 스님의 기격(機挌)이 현준(玄峻)하여 학인들이 참례
하러 오면 늘 면벽하고 앉았다고 한다.

468) 杉山智堅(삼산지견) : 조계혜능(曹溪慧能)-남악회양(南嶽懷讓)-마조도일(馬祖道一)-삼산지견(杉
山智堅). 마조 도일스님의 수법제자이며 지주(池州) 삼산(杉山)에 주석하였다.

469) 歸宗智常(귀종지상) : 조계혜능(曹溪慧能)-남악회양(南嶽懷讓)-마조도일(馬祖道一)-귀주지상(歸
州智常). 주148) 참조.

470) 馬祖道一(마조도일) : 황매홍인(黃梅弘忍)-조계혜능(曹溪慧能)-남악회양(南嶽懷讓)-마조도일(馬
祖道一). 709~788. 한주(漢州)[사천성] 성도부 십방(什方) 출신. 속성은 마씨(馬氏). 12세에 자주
(資州)의 당료화상(當了和尙)에게 출가하였고 투주(渝州)의 원율사(圓律師)에게서 구족계를 받았
다. 이후 남악 회양스님을 만나 서래밀지(西來密旨)를 오도(悟道)하고 임천(臨川) 서리산(西里山)
에 선원을 건립하여 종풍을 크게 선양하였다. 후에 대중을 이끌고 복건성 건양(建陽)의 불적령
(佛迹嶺)에서 개법(開法)하고 건주(虔州)의 남당(南唐) 공공산(龔公山)에서 주석하다가 강서로 이
동하여 홍주(洪州) 남창부(南昌府) 개원사(開元寺)에서 선법을 널리 펴니 법을 이은 제자만 해도
139명이나 되어 호남의 석두 희천스님과 더불어 선계(禪係)의 쌍벽으로 불렸다. 정원(貞元) 4년
건창의 석문산(石門山) 보봉사(寶峰寺)에서 결가부좌하고 세수 80세로 입적하였다. 자는 강서(江
西), 시호는 대적선사(大寂禪師)이다. 『마조록(馬祖錄)』이 남아 있다. '대적양미순목(大寂揚眉瞬
目)' '마조만법위려(馬祖萬法爲侶)' '마조불안(馬祖不安)' '마조염장(馬祖鹽醬)' '마조완월(馬祖翫
月)' '마조육이부동(馬祖六耳不同)' '마조흑백(馬祖黑白)' 등의 유명한 공안을 남겼다. 이 『정법안

았다. 길을 가다가 서로 헤어질 때쯤에 남전스님이 주장자를 땅에다 꽂아두
셨다.

말씀하셨다.

"말해도 이와 같은 장애를 당할 것이요, 말하지 않아도 이와 같은 장애를
당할 것이다."

귀종스님이 주장자를 빼어내서 남전스님을 한 번 때리셨다.

말씀하셨다.

"그야말로[471] 이것입니다. 왕노사[472]께서는 무슨 장애와 장애 아님을 말
씀하신 건가요?"

노조스님이 말씀하셨다.

"다만 이 일구(一句)의 말이 천하에 크게 퍼질 것이다."[473]

56. 동산효총洞山曉聰

洞山聰和尚, 嘗自負柴上山, 路逢一僧, 問: "山上有柴, 何故將上去?" 聰便放柴
於地, 云: "會麼?" 僧云: "不會." 聰云: "我要燒."[474]

동산 효총스님[475]이 일찍이 손수 땔나무를 지고 산을 오르고 계실 때,

장』에는 백장회해(百丈懷海), 분주무업(汾州無業), 남전보원(南泉普願), 오구화상(烏臼和尚), 흔주
타지(忻州打地), 담주수계(潭州秀谿), 양기견숙(陽岐甄叔), 거사방온(居士龐蘊), 늑담상흥(泐潭常
興), 반산보적(盤山寶積), 마곡보철(麻谷寶徹), 동사여회(東寺如會), 서당지장(西堂智藏), 영태영
단(永泰靈湍), 대주혜해(大珠慧海), 삼산지견(杉山智堅), 석공혜장(石鞏慧藏), 대매법상(大梅法常),
오설영묵(五洩靈黙), 귀종지상(歸宗智常), 염관제안(鹽官齊安), 오대은봉(五臺隱峰), 자옥도통(紫
玉道通), 노조보운(魯祖寶雲), 삼각총인(三角總印), 아호대의(鵝湖大義), 용산화상(龍山和尚), 진
주금우(鎮州金牛), 홍주수료(洪州水潦), 서산량(西山亮) 등 30명의 제자들이 실려 있다.

471) 也只是(야지시) : 역시, 그야말로. 다만.

472) 王老師(왕노사) : 남전 보원스님은 마조 도일스님의 법을 이은 뒤에 정원(貞元) 11년 지양(池
陽)의 남전산(南泉山)에 머무르면서 선원을 짓고 소를 기르면서 스스로를 '왕노사'라 칭하였다.

473) 『연등회요』 권4에서는 귀종스님의 말씀이 더 있다. "귀종스님이 말씀하셨다. '전해지지 않는
곳도 있습니까?' 노조스님이 말씀하셨다. '있지요.' 귀종스님이 말씀하셨다. '전해지지 않는 곳이
어딘데요?' 노조스님이 뺨을 때리려는 폼을 잡으셨다." (X79n1557_p0038c23~24, 『聯燈會要』
卷第四. "宗云: '還有不播底麼?' 祖云: '有.' 宗云: '作麼生是不播底?' 祖作掌勢.")

474) 『指月錄』 卷之二十三, X83n1578_p0654a14~16. 『御選歷代禪師語錄』 後集下, X68n1319_p0
700a13~14. 참조.

475) 洞山曉聰(동산효총) : 운문문언(雲門文偃)-원명연밀(圓明緣密)-문수응진(文殊應眞)-동산효총(洞

오솔길에서 한 스님을 만나니 그가 여쭈었다.
"산 위에 이미 땔나무가 있는데, 무슨 까닭으로 지고서 산 위로 올라가십니까?"
효총스님이 곧바로 땔나무를 땅에다 내려놓고는 말씀하셨다.
"알겠느냐?"
그 스님이 말했다.
"모르겠습니다."
혜총스님이 말씀하셨다.
"군불 때려고."

57. 엄양선신嚴陽善信

僧問嚴陽尊者: "如何是佛?" 曰: "土塊." "如何是法?" 曰: "地動也." "如何是僧?" 曰: "喫粥喫飯." "如何是新興水?" 曰: "前面江裏." 476)

엄양 선신스님477)께 어떤 스님이 여쭈었다.
"어떤 것이 부처님입니까?"
말씀하셨다.
"흙덩어리."
"어떤 것이 법입니까?"
말씀하셨다.
"땅이 움직이네."
"어떤 것이 승가(僧伽)입니까?"
"죽 먹고, 밥 먹고."
"어떤 것이 신흥(新興)478)의 물입니까?"

山曉聰). ?~1030. 주272) 참조.
476) 『景德傳燈錄』卷第十一, T51n2076_p0287a25~28. 『五燈會元』卷第四, X80n1565_p0105b
　　09~12. 참조.
477) 嚴陽善信(엄양선신) : 마조도일(馬祖道一)-남전보원(南泉普願)-조주종심(趙州從諗)-엄양선신(嚴
　　陽善信). ?~904. 주278) 참조.
478) 新興(신흥) : 엄양 선신선사가 법을 펴던 도량이 위치해 있던 지역 이름. 지금의 강서성(江西
　　省) 남창(南昌)에 위치하였다.

"앞에 있는 강물."

58. 백장도항百丈道恒

百丈恒和尙, 侍立法眼次, 因請益: "外道問佛: '不問有言, 不問無言.'" 敍語未終, 法眼曰: "住! 住! 汝擬向世尊良久處會去?" 恒於此大悟.[479]

백장 도항스님[480]이 법안 문익스님[481]을 시봉하고 계실 때, 가르침을 청하셨다.

"외도가 부처님께 여쭈었습니다. '말 있음도 묻지 않고 말 없음도 묻지 않습니다…….'"[482]

인용하는 구절이 끝나기도 전에 법안스님이 말씀하셨다.

"그만! 그만! 너는 세존의 침묵한 곳을 향하여 헤아려 알려고 하냐?"

도항 스님이 이에 크게 깨달으셨다.

---

479) 『禪門拈頌集』 卷第二十八, K46-0468, 1300則. 『聯燈會要』 卷第二十七, X79n1557_p0239b1
   1~13. 참조.

480) 百丈道恆(백장도항) : 현사사비(玄沙師備)-나한계침(羅漢桂琛)-법안문익(法眼文益)-백장도항(百
   丈道恆). ?~991. 주300) 참조.

481) 法眼文益(법안문익) : 설봉의존(雪峰義存)-현사사비(玄沙師備)-나한계침(羅漢桂琛)-법안문익(法
   眼文益). 885-958. 법안종(法眼宗)의 개조(開祖)이다. 여항(餘杭) 출신. 속성은 노씨(魯氏). 7세
   에 지통원(智通院) 전위(全偉)스님에게 머리를 깎고 구족계를 받았다. 이후 장경혜릉(長慶慧稜)
   선사에게 참알하고 다시 지장원(地藏院) 나한계침(羅漢桂琛)선사에게 참학하여 법을 이었다. 처
   음 임천주(臨川州) 숭수원(崇壽院)에 주석하다가 남당주(南唐主) 서경(徐璟)의 청으로 금릉(金陵)
   보은선원(報恩禪院)에서 개법하였다. 이후 정혜선사(淨慧禪師)의 호를 받고 후에 청량사(淸凉寺)
   로 옮겨 선풍을 크게 선양하였다. 후주(後周) 현덕(顯德) 5년 세수 74세로 입적하였다. 『종문십
   규론(宗門十規論)』 1권, 『문익선사어록(文益禪師語錄)』 1권이 남아있다. 법을 이은 제자로 청량
   태흠(淸凉泰欽), 천태덕소(天台德韶), 백장도항(百丈道恆), 보은혜명(報恩慧明), 보자행언(報慈行
   言), 보은현칙(報恩玄則) 등 61명이 있다.

482) 『조당집』 1권, 『전등록』 27권, 『오등회원』 1권 등에 나온다. (K45-0236, 「祖堂集」 卷第一,
   第十張. "外道問佛: '不問有言, 不問無言.' 世尊據坐, 外道歎云: '世尊. 大慈大悲, 開我迷雲, 令
   我得入.' 外道去後, 阿難問云: '外道有何所證而言得八?' 佛言: '如世良馬, 見鞭影而行.'")

59. 양기방회楊岐方會

楊岐和尚, 爲慈明忌日設齋, 眾集至真前, 以兩手握拳安頭上. 以坐具畫一畫, 打一圓相, 便燒香, 退身三步作女人拜. 首座云: "休捏怪." 曰: "首座! 作麼生?" 座云: "和尚休捏怪." 曰: "兔子喫牛嬭." 第二座近前打一圓相, 便燒香, 亦退身三步, 作女人拜. 楊岐近前作聽勢. 第二座擬議, 楊岐打一掌, 曰: "遮漆桶, 也亂做."483)

妙喜曰: "楊岐老漢大似溺却一船麻, 却來戽斗裏掃."

양기 방회스님484)이 자명 초원스님485)의 기일(忌日)에 재(齋)를 베푸셨다. 대중이 자명스님의 진영 앞에 운집하자, 두 손으로 주먹을 쥐고는 머리 위에 얹으셨다. 그리고는 좌구(坐具)로 둥근 원의 형상을 그린 다음에 향을 사르셨다. 그리고 뒤로 세 걸음 물러나서 여인의 몸짓으로 절을 하셨다.

---

483) 『聯燈會要』 卷第十三, X79n1557_p0119b04. 『五燈會元』 卷第十九, X80n1565_p0388b12~17. 참조.

484) 楊岐方會(양기방회) : 수산성념(首山省念)-분양선소(汾陽善昭)-석상초원(石霜楚圓)-양기방회(楊岐方會). 996~1049. 북송(北宋) 때 임제종(臨濟宗) 양기파(楊岐派)의 개조(開祖)이다. 원주(袁州) [강서성] 의춘(宜春) 사람. 속성은 냉씨(冷氏). 20세에 균주(筠州) 구봉산(九峰山)으로 가서 머리를 깎았다. 자명 초원스님의 회하로 들어가서 감원(監院)의 소임을 맡아보다 크게 깨달았다. 이후 구봉산으로 돌아가서 개법하니 양기파의 시작을 알리게 되었다. 뒤에 원주(袁州)의 양기산(楊岐山)에서 보통선원(普通禪院)의 주지를 하면서 선풍을 크게 떨쳤다. 인종(仁宗) 6년에 담주(潭州) 운개산(雲蓋山) 해회사(海會寺)에서 세수 54세로 입적하였다. 『양기방회화상어록(楊岐方會和尚語錄)』 1권, 『양기방회화상후록(楊岐方會和尚後錄)』 1권이 남아 있다. 깨달음의 인연은 이러하다. "방회스님이 오랫동안 자명스님을 모셨으나 깨달음을 얻지 못하자 매번 자명스님을 찾아가서 법을 청하였다. 그러나 자명스님은 다만 이렇게 말할 뿐이었다. '네가 창고의 일이 많을 텐데 우선 그것부터 처리하면 그때 말해주마.' 또 한 번은 마음에 짚이는 데가 있어 법을 청하니 자명스님이 말씀하셨다. '절이나 잘 살펴라. 미래에 너의 후손들이 천하에 가득할 것인데 하필 많은 문제를 놔두고 이런 질문을 바쁘게 하는 거냐?' 방회스님이 6회에 걸쳐 법을 청하였으나 스승에게 가차 없이 거절당하자 마음속에 의정(疑情)이 더욱 다가오고 더욱 심해져만 갔다. 그러다가 비가 내리는 어느 날 자명스님이 외출하려하니 방회스님은 마음을 굳게 먹고 한 걸음에 달려가 자명스님의 옷자락을 붙들고 말했다. '이 늙은이야. 오늘도 나에게 말해주지 않으면 두들겨 패 버릴 거야!' 자명스님이 답하였다. '절을 돌보는 일은 그만 쉬어라.' 이 말씀을 마치기도 전에 방회스님이 크게 깨달았다. 그리고는 진흙탕도 마다않고 큰 절을 올렸다." 백운수단(白雲守端), 보령인용(保寧仁勇) 등 9명의 제자가 있다.

485) 慈明楚圓(자명초원) : 풍혈연소(風穴延沼)-수산성념(首山省念)-분양선소(汾陽善昭)-자명초원(慈明楚圓). 987~1040. 주245) 참조.

이 모습을 지켜 본 수좌가 말했다.
"애먼 짓거리 하지 마십시오."
말씀하셨다.
"수좌! 뭐라고?"
수좌가 말했다.
"큰스님. 애먼 짓거리 하지 마시라고요."
양기스님이 말씀하셨다.
"토끼가 소젖을 먹는구나."

그때 제2좌가 앞으로 나와서는, 둥근 원의 형상을 그리고, 곧 향을 사르고 또한 뒤로 세 걸음 물러나서 여인처럼 절을 하였다. 그러자 양기스님이 바짝 다가가서 소리를 들으려는 자세를 취하셨다. 제2좌가 헤아리려 하자, 양기스님이 뺨을 한 대 갈기고는 말씀하셨다.
"야, 이 꽉 막힌 놈아. 어수선하게 만들고 있어!"

묘희스님이 말씀하셨다.
"양기 노인네가 오줌을 질펀하게 싸서[486] 배 한 척을 마비시켜버린 것과 꼭 같구나. 결국은 호두(戽斗)[487]로 그 속을 철저히 퍼내어야 할 것이다."

60. 임제의현臨濟義玄

臨濟, 辭黃檗, 檗問: "甚麼處去?" 濟云: "不是河南, 便是河北." 檗便打, 濟約住棒, 遂與一掌. 檗呵呵大笑, 喚侍者: "將先師禪板, 拂子來." 濟召侍者: "將火來." 檗云: "汝但將去, 已後坐却天下人 舌頭去在."[488]

---

486) 溺(닉) : 오줌 누다는 뜻. =뇨(尿)
487) 戽斗(호두) : 배 밑바닥에 고인 물을 퍼내는 바가지. 타래박, 두레.
488)『景德傳燈錄』卷第十二, T51n2076_p0300a14~20.『聯燈會要』卷第九, X79n1557_p0081c
　　19~22.『禪門拈頌集』卷第十五, K46-0254, 611則.『五燈會元』卷第十一, X80n1565_p0221b
　　19~22.『古尊宿語錄』卷第五, X68n1315_p0033b06~10. 참조.

임제 의현스님489)이 황벽 희운스님490)을 작별하려 하니, 황벽스님이 물으셨다.

"어디로 가느냐?"

임제스님이 말씀드렸다.

"하남이든가 하북입니다."

황벽스님이 곧 한 방망이 때리셨다.

임제스님이 방망이를 붙들고 한 주먹 날리셨다.

황벽스님이 하하하 크게 웃으면서 시자를 불러 선대 스승의491) 선판(禪板)492)과 불자(拂子)493)를 가져 오라고 하셨다.

그러자 임제스님도 시자를 불러 불도 가져오라고 하셨다.

이에 황벽스님이 말씀하셨다.

"너는 오로지 가져가거라. 이후에 온 천하 사람들의 혀끝을 꺾어버릴 것이다."

---

489) 臨濟義玄(임제의현) : 마조도일(馬祖道一)-백장회해(百丈懷海)-황벽희운(黃檗希運)-임제의현(臨濟義玄). ?~867. 조주(曹州)[하남성] 남화(南華) 출신. 속성은 형씨(邢氏). 임제종의 개조이다. 황벽 희운스님에게서 법을 이어받고 진주(鎭州)[하북성] 근처에 머물다가 태위(太尉) 묵군화(黙君和)가 자신의 집을 내주어 임제원(臨濟院)이라 이름 짓고 모시었다. 그 후 하남부(河南府)로 옮겼다가 대명부(大名府)[하북성]의 흥화사(興化寺)에 머물렀다. 함통(咸通) 8년 입적하였다. 시호는 혜조선사(慧照禪師)이며 탑호는 징령(澄靈)이다. 제자 삼성 혜연스님이 편찬한『진주임제혜조선사어록(鎭州臨濟慧照禪師語錄)』1권이 있다. 관계지한(灌谿志閑), 유주담공(幽州譚空), 보수연소(寶壽延沼), 삼성혜연(三聖慧然), 위부대각(魏府大覺), 흥화존장(興化存獎), 정주선최(定州善崔), 동봉암주(桐峰菴主), 탁주지의(涿州紙衣), 정상좌(定上座), 활상좌(豁上座) 등 22인의 제자가 있다.

490) 黃檗希運(황벽희운) : 남악회양(南嶽懷讓)-마조도일(馬祖道一)-백장회해(百丈懷海)-황벽희운(黃檗希運). ?~856. 민현(閩縣) 출신. 스님의 용모가 보통사람과 달리 특이하였는데 특히 이마 한 가운데가 구슬형상으로 튀어 나와 있었으며, 키가 커서 7척 정도나 되었고 깔끔한 성격이었다고 한다. 일찍이 불교뿐만 아니라 외전에도 정통하였다. 어려서 홍주(洪州) 황벽산(黃檗山)으로 출가하여 강서성 백장산의 회해스님에게서 확연대오(廓然大悟)하고 법을 이었다. 배휴상국(797~870)이 선사의 덕을 흠모하여 안휘(安徽)의 완릉(宛陵)에서 선원을 건립하고 스님을 주지로 모시고 이름을 개원사(開元寺)라고 하였다. 그 뒤 출가할 때의 황벽산을 그리며 황벽산(黃檗山) 광당사(廣唐寺)를 개창하였다. 그 후 66세에 용흥사(龍興寺)로 갔다가 72세에 다시 개원사로 가서 주석하였다. 당(唐) 선종(宣宗)이 '추행선사(麤行禪師)'라고 호를 내렸는데 후에 배휴가 주청하여 '단제선사(斷際禪師)'로 바꾸게 했다. 대중 10년에 입적함.『전심법요(傳心法要)』1권,『완릉록(宛陵錄)』1권 등이 있다. 임제의현(臨濟義玄), 목주진존숙(睦州陳尊宿), 오석영관(烏石靈觀), 상국배휴(相國裵)休 등 12명의 수법제자를 두었다.

491) 先師(선사) : 백장 회해스님을 말한다.

492) 禪板(선판) : 좌선할 때 몸을 기대거나 손을 얹어 놓는 용도로 쓰는 나무 판때기.

493) 拂子(불자) : 먼지떨이처럼 생겼으며 수행자가 번뇌티끌을 털어내는 상징적의미의 법구(法具)이다.

61. 향엄지한香嚴智閑

香嚴, 初開堂, 潙山令人送拄杖幷書到, 香嚴接了, 云: "蒼天! 蒼天!." 僧便問: "和尙爲甚如此?" 曰: "只爲冬行春令."494)

향엄 지한스님495)이 막 개당(開堂)496) 하실 때, 위산 영우 스님497)이 사람을 시켜 주장자와 아울러 편지를 보내셨다. 향엄스님이 주장자를 받아 쥐고 편지를 읽고서 말씀하셨다.

"창천(蒼天)! 창천(蒼天)!498)"

주장자와 편지를 가져온 스님이 곧 여쭈었다.

"큰스님께서 왜 이러십니까?"

향엄스님이 말씀하셨다.

"그저 봄에 할 일을 겨울에 해버려서."

---

494) 『聯燈會要』 卷第八, X79n1557_p0077a06~07. 참조.

495) 香嚴智閑(향엄지한) : 마조도일(馬祖道一)-백장회해(百丈懷海)-위산영우(潙山靈祐)-향엄지한(香嚴智閑). ?~898. 청주(靑州)[산동성 입도] 출신. 처음에 백장 회해스님을 따라 출가하였다가 후에 위산 영우스님을 참알하니 위산스님이 그 법기를 단번에 알아보고 그 지광(智光)을 격발시키기 위해 하루는 물었다. "내가 너의 평생 동안 배워 익힌 경전과 책들에 대해서는 묻지 않겠다마는 네가 어머니의 자궁에서 이것저것 아무것도 분간치 못할 때의 한마디를 한 번 말해봐라." 스님이 멍하니 아무 대답도 못하다가 생각에 잠긴 끝에 여러 가지 말씀을 드렸지만 위산스님이 인정하지 않았다. 그러자 말씀드렸다. "스님이 설명 좀 해주십시오." 위산스님이 말했다. "내가 말해 봤자 내 견해일 뿐이니 너의 안목에 무슨 도움이 되겠냐?" 스님이 승당으로 돌아가 제방의 어록과 말씀들을 뒤적여 보았지만 대답을 찾지 못하자, 탄식하며 하는 말이, '그림 떡으로는 배를 채울 수 없지'하고 모든 책을 불살라 버리고 말했다. "금생에 불법을 배우지 못할 바엔 차라리 멀리 다니면서 죽이나 먹어서 배 채우는 중이 되어 심신의 고통이나 면하는 게 낫겠다." 그리고는 위산스님을 하직하고 슬피 울며 다니다가 남양에 있는 혜충국사의 옛 유적지를 구경하며 휴식을 취하였다. 그러던 중 숲 속에서 풀을 베다가 던진 기왓장이 대나무에 맞는 소리에 위산스님의 비밀한 현지를 확연히 깨달았다. 이후 등주의 향엄산에서 법을 선양하니 기라성같은 납자들이 천여 명이나 모여들었다고 한다. 남긴 게송 20여 수가 『경덕전등록』에 남아 있다. 광화(光化) 원년에 입적. 시호는 습등대사(襲燈大師). 수법제자로 대안청간(大安淸幹) 등 12인이 있다.

496) 開堂(개당) : 선원의 신임주지가 처음 상당하여 설법을 시작하는 것을 말한다.

497) 潙山靈祐(위산영우) : 남악회양(南嶽懷讓)-마조도일(馬祖道一)-백장회해(百丈懷海)-위산영우(潙山靈祐). 771~853. 주345) 참조.

498) 蒼天(창천) : 맑고 푸른 하늘이란 뜻과 봄(春)의 뜻이 있다. 창천창천(蒼天蒼天)은 '슬프다. 슬프다' 또는 '아이고, 아이고.'의 통곡하는 소리로 주로 쓰였지만 '봄이 왔구나, 봄이 왔어.'란 뜻도 있다. 여기서는 심부름하는 스님이 향엄스님이 통곡하는 줄로 안 것이다.

62. 황룡혜남黃龍慧南

黃龍南和尚, 示眾, 云: "靑蘿夤緣, 直上寒松之頂, 白雲淡泞, 出沒太虛之中. 萬法本閑, 唯人自鬧. 鬧箇甚麼? 咄!" 下座.499)

황룡 혜남스님500)이 대중에게 열어 보이셨다.

"푸른 송라(松蘿)501)가 차가운 소나무 꼭대기까지 칭칭 감고 곧바로 올라가니, 흰구름이 담연하게502) 태허 가운데 출몰하는구나. 만법이 본래 한가한데 오직 사람들만 스스로 시끄럽다네.503)
시끄러움, 이것이 무엇입니까?
咄(Duō)!"

법좌에서 내려오셨다.

---

499) 『黃龍慧南禪師語錄續補』, T47n1993_p0637c28~29. 참조.
500) 黃龍慧南(황룡혜남) : 수산성념(首山省念)-분양선소(汾陽善昭)-석상초원(石霜楚圓)-황룡혜남(黃龍慧南). 1002~1069. 주214) 참조.
501) 靑蘿(청라) : 소나무겨우살이. 송라(松蘿) 또는 여라(女蘿)라고도 함. 소나무에 실타래처럼 줄줄 늘어져 생존하는 기생식물.
502) 淡泞(담저) : 물이 맑고 깊은 모양. 무심한 모양. 담담한 모양, 담연한 모양.
503) 남양 혜충국사의 법문이다. (X80n1565_p0061a10~11, 『五燈會元』卷第二. "上堂: '靑蘿夤緣, 直上寒松之頂. 白雲淡泞, 出沒太虛之中. 萬法本閑而人自鬧.'")

63. 천의의회天衣義懷

天衣懷和尚, 示眾, 云: "靑蘿翥緣, 直上寒松之頂, 白雲淡泞, 出沒太虛之中. 何似南山起雲北山下雨? 若也會得, 甜爪[504]徹蔕甜, 若也不會, 苦瓠連根苦."[505]

천의 의회스님[506]이 대중에게 열어 보이셨다.

"푸른 송라가 차가운 소나무 꼭대기까지 칭칭 감고 곧바로 올라가니, 흰구름이 담연하게 태허 가운데 출몰하는구나. 어찌하여 남산에 구름이 일어나면 북산에 비가 내리는 것입니까?

만일 안다면 달콤한 참외가 철저하게 꼭지까지 달 것이며, 만일 모른다면 쓴 박이 뿌리까지 쓸 것입니다."

64. 자명초원慈明楚圓

慈明和尚, 示眾, 以拄杖擊繩牀一下, 云: "大眾. 還會麼? 不見道: '一擊忘所知, 更不假修持. 諸方達道者, 咸言上上機.' 香嚴恁麼悟去, 分明悟得如來禪, 祖師禪未夢見在. 且道. 祖師禪有甚長處? 若向言中取, 則誤賺後人. 直饒棒下承當, 辜負先聖. 萬法本閑, 唯人自鬧. 所以山僧居福嚴, 只見福嚴境界, 宴起早眠. 有時, 雲生碧嶂, 月落寒潭. 音聲鳥飛, 鳴般若臺前. 娑羅花香, 散祝融峰畔. 把瘦筇坐盤陀石, 與五湖衲子時話玄微, 灰頭土面. 住興化, 只見興化家風, 迎來送去, 門連城市, 車馬騈闐, 漁唱瀟湘, 猿啼岳麓, 絲竹謳謠, 時時入耳. 復與四海高人日談禪道, 歲月都忘. 且道, 居深山, 住城郭, 還有優劣也無? 試道看?" 良久. 云: "是處是慈氏, 無門無善財."[507]

---

504) 爪(조)는 瓜(과)의 오기(誤記)인 듯하다. (X79n1557_p0248a16~17, 『聯燈會要』 卷第二十八. "甜瓜徹蔕甜")

505) 『聯燈會要』 卷第二十八, X79n1557_p0248a15~17. 『五燈會元』 卷第十六, X80n1565_p0328 c22~24. 참조.

506) 天衣義懷(천의의회) : 운문문언(雲門文偃)-향림징원(香林澄遠)-지문광조(智門光祚)-설두중현(雪竇重顯)-천의의회(天衣義懷). 주425) 참조.

507) 『續刊古尊宿語要』 第一集, X68n1318_p0353a19~b07. 『五燈會元』 卷第十二, X80n1565_p0

자명 초원스님508)이 대중에게 열어 보이셨다.

주장자로 승상(繩牀)509)을 한 번 치셨다.

말씀하셨다.
"대중 여러분. 알겠습니까?
들어보았을 것입니다.

'한 번 부딪침에 아는 것이 사라져
다시는 닦고 지니지 않게 되었네.
여러 곳의 도를 통달한 이들
모두가 상상근기(上上根機)라고 말하네.'510)

향엄 지한스님511)이 이렇게 깨달았다고 하는 것은 분명히 여래선(如來禪)
을 깨달은 것이지, 조사선(祖師禪)은 꿈에도 알지 못하였습니다.
바로 여기 말해보십시오. 조사선은 무슨 장점이 있습니까?
만일 말 속에서 구하려 하면 곧 미래의 사람들을 그릇되게 할 것이며
속이고야 말 것입니다. 설사 한 방 얻어맞고 즉시에 깨달았다 할지라도
앞의 성인들을 저버린 것이 될 것입니다.
만법은 본래 한가한데 오직 사람만이 스스로 시끄럽습니다.

그렇기에 내가 복엄사(福嚴寺)512)에 있을 때는 아침에 늦게 일어나고 저녁

240a08~19.『續傳燈錄』卷第三, T51n2077_p0483c11~25. 참조.
508) 慈明楚圓(자명초원) : 풍혈연소(風穴延沼)-수산성념(首山省念)-분양선소(汾陽善昭)-자명초원(慈
明楚圓). 987~1040. 주245) 참조.
509) 繩牀(승상) : 선상(禪牀)이라고도 함. 선사(禪師)가 설법할 때 앉는 의자. 평소에는 비구승들이
앉고 눕는데 사용하는 줄로 엮은 평상을 말한다.
510) 향엄스님이 기왓장이 대나무에 부딪치는 소리에 활연대오(豁然大悟)하고 읊은 게송이다. (T51
n2076_p0284a14~18,『景德傳燈錄』卷第十一. "一擊忘所知, 更不假修治. 動容揚古路, 不墮悄
然機. 處處無蹤跡, 聲色外威儀. 諸方達道者, 咸言上上機.")
511) 香嚴智閑(향엄지한) : 마조도일(馬祖道一)-백장회해(百丈懷海)-위산영우(潙山靈祐)-향엄지한(香
嚴智閑). ?~898. 주495) 참조.
512) 福嚴(복엄) : 복암사(福巖寺)를 말한다. 호남성(湖南省) 형양시(衡陽市) 형산(衡山)에 있는 절.

에 일찌감치 자는 복암의 경계만을 살펴보았습니다.

이따금 구름이 푸른 산봉우리 곁에서 피어나고 밝은 달은 멀리 차디찬 못 속으로 떨어집니다.

나는 새는 아름다운 목소리로 반야대(般若臺) 앞을 돌면서 지저귀며, 사라쌍수(娑羅雙樹)의 꽃향기가 축융봉(祝融峰)513) 주변으로 흩뿌려집니다.

가녀린 대지팡이 잡고 너럭바위에 앉아서 천하514)의 납자들과 더불어 아무 때나 아무렇게나 하고서515) 현묘함을 얘기합니다.

내가 흥화스님516)의 회상에 머물 때 흥화스님의 가풍을 살펴보았는데, 그저 올 땐 맞이하고 갈 땐 보낼 뿐이었습니다.

절의 일주문 앞에는 큰 마을이 죽 들어서고 수레와 말이 가득 늘어섰습니다.

소상강(瀟湘江)517)엔 울려 퍼지는 고기잡이들의 노랫가락, 악록산(岳麓山)518)자락엔 잔나비들의 구슬픈 울음소리, 가녀린 댓이파리들이 스치며 흘려내는 음률이 간간이 귓가를 스칩니다.

게다가 천하의 고수들과 더불어 매일 매일 선(禪)을 말하고 도(道)를 겨루다보니 세월 가는 줄 몰랐습니다.

바로 여기 말해보십시오.
깊은 산속에 침잠함과 번잡한 도회지에 어울림에 있어

남조(南朝) 진광(陳光) 대원년(大元年)[567년]에 창건되었다. 처음엔 천태혜사법사(天台慧思法師)가 반야사라는 이름으로 창건하였다가 송나라 때 복암법사가 중창하면서 복암사라고 개명하였다. 남악 회양스님이 여기에 머물렀다.

513) 祝融峰(축융봉) : 남악 형산(衡山)의 72 봉우리 가운데서 가장 높은 봉우리. 축융(祝融)은 불의 신을 말한다.

514) 五湖(오호) : 오호사해(五湖四海). 중국 전역. 곧 모든 곳.

515) 灰頭土面(회두토면) : 머리는 먼지를 덮어쓰고 얼굴은 흙칠을 한 모양. 곧 용모가 아주 더러운 모양. 보살이 중생을 제도하기 위하여 임기응변으로 각종 세속인의 모습으로 변화하여 나타나는 것을 비유하는 말.

516) 興化存奬(흥화존장) : 백장회해(百丈懷海)-황벽희운(黃檗希運)-임제의현(臨濟義玄)-흥화존장(興化存奬). 830~925. 주318) 참조.

517) 瀟湘江(소상강) : 중국 호남성(湖南省)의 영릉현(零陵縣) 북부에서 소수(瀟水)와 상강(湘江)이 합류하여 동정호(洞庭湖)로 흘러가는 강의 이름.

518) 岳麓山(악록산) : 중국 호남성(湖南省) 장사시(長沙市) 서쪽 악록구(岳麓區)의 상강변(湘江邊)에 있는 산의 이름. 제일 높은 봉우리 운록봉(雲麓峰)의 해발은 242.3m이다. 남악(南岳) 형산(衡山)의 최북단이며 남악 72봉의 꼬리에 해당된다고 함.

우열이 있습니까? 없습니까?
말해보십시오!"

한참 묵묵히 계셨다.

말씀하셨다.
"여기가 바로 미륵보살의 처소요,
달리 들어갈 누각문과 선재동자가 없다네."

65. 천복승고薦福承古

薦福古和尙, 示眾, 云: "三世諸佛仰望不及, 天下祖師結舌有分. 知有者善自保任. 未知有者, 不休何待?"
又示眾, 云: "劍去久矣徒勞刻舟, 珍重!"[519]

천복 승고스님[520]이 대중에게 열어 보이셨다.
"삼세의 모든 부처님이 우러러 바라보려 해도 미치질 못합니다. 천하의 조사님들도 혀로는 어쩌지 못합니다.[521] 아는 이는 스스로 잘 보림(保任)하십시오.[522] 알지 못하는 이들은 쉬지 않고 무얼 기다리는 것입니까?"

또 대중에게 열어 보이셨다.
"칼이 물속으로 들어가서 없어진 지가 이미 오랜데,
배에다 새긴 걸[523] 가지고 헛되이 찾으려 노력하는구나.

---

519) 『聯燈會要』 卷第二十六, X79n1557_p0229a19~22. 참조.
520) 薦福承古(천복승고) : 덕산선감(德山宣鑑)-설봉의존(雪峰義存)-운문문언(雲門文偃)-천복승고(薦福承古). ?~1045. 주299) 참조.
521) 結舌有分(결설유분) : 결설(結舌)은 말문이 막히다는 뜻. 유분(有分)은 작용 또는 작용이 있다. 정분(情分) 또는 정분(情分)이 있다. 근(根)·경(境)·식(識)에 매여 있다는 뜻. 결설유분(結舌有分)이라함은 근(根)·경(境)·식(識)에 매여 있는 분별의 언어작용으로는 미치지 못한다는 뜻.
522) 保任(보임) : 지키고 책임지다. 보증하다. 또는 현성(見性)이면서 보호임지(保護任持)하는 것을 말한다.
523) 刻舟(각주) : 각주구검(刻舟求劍)의 준말. 『여씨춘추』에 나오는 고사이다. 아무런 소득도 없는 짓을 하는 어리석음을 비유한다. 전국시대(戰國時代) 초(楚)나라의 한 젊은이가 양자강(揚子江)

잘들 가시오!"

66. 보령인용保寧仁勇

保寧勇和尚, 云: "一是一, 二是二, 三是三, 四是四. 數目甚分明, 上下依資次. 依資次, 有何事?" 以拄杖畫一畫. 云: "大眾. 一時亂却六十甲子了也."524)

보령 인용스님525)이 말씀하셨다.
"1은 1이고, 2는 2고, 3은 3이고, 4는 4입니다. 낱낱의 숫자가 아주 분명하고, 위아래가 차례에 의지합니다. 차례에 의지함은 무슨 일입니까?"

주장자로 한 획을 죽 그으셨다.

말씀하셨다.
"대중 여러분. 일시에 육십갑자를 어지럽혀 버렸군요."

을 건너다 실수로 들고 있던 칼을 강물에 떨어뜨리고 말았다. 젊은이는 단검을 빼 들고 칼을 떨어뜨린 그 뱃전에다 표시를 한 후 말했다. "이곳이 내 칼이 떨어진 곳이다." 배가 나루터에 닿자마자 칼을 찾기 위하여 표시를 한 뱃전 밑의 강물 속으로 뛰어들었으나 배가 지나와버렸으니 그 칼이 그 밑에 있을 리가 없었다. (『呂氏春秋』「察今」. "楚人, 有涉江者, 其劍自舟中墜於水. 遽刻其舟, 曰: '是吾劍之所從墜.' 舟止, 從其所刻者, 入水求之, 舟己行矣, 而劍不行, 求劍若此, 不亦惑乎.")

524) 『續刊古尊宿語要』第三集, 「保寧勇禪師語錄」, X68n1318_p0408a12~14. 참조.
525) 保寧仁勇(보령인용) : 분양선소(汾陽善昭)-석상초원(石霜楚圓)-양기방회(楊岐方會)-보령인용(保寧仁勇). 주265) 참조.

67. 현사사비玄沙師備

玄沙和尙, 云: "深山懸崖, 千年萬年, 人跡不到處, 還有佛法也無? 若道有, 喚甚麼作佛法? 若道無, 佛法却有不到處."526)

현사 사비스님527)이 말씀하셨다.

"깊고 깊은 산 속의 낭떠러지가 있어 천 년 만 년 동안 사람의 종적이 끊어진 곳에 불법이 있겠습니까?

만일 있다고 말한다면 무엇으로 불법이라 하는 것입니까? 만일 없다고 말한다면 불법이 이르지 못하는 곳이 있다고 하게 되는 것이 됩니다."

又示衆, 云: "諸方老宿盡道接物利生, 忽遇三種病人來, 作麼生接? 患盲者, 拈椎豎拂佗又不見, 患聾者, 語言三昧佗又不聞, 患瘂者, 敎伊說又說不得. 且作麼生接? 若接此人不得, 佛法無靈驗."

또 대중에게 열어 보이셨다.

"여러 선원의 큰스님들이 '삶들을 접하고 인도하여 이롭게 한다'528)고 모두 말하고 있는데, 홀연히 세 가지 병에 걸린 사람을 만나게 된다면 과연 어떻게 응접할까요?

눈 먼 사람을 만나서 몽둥이를 잡고 불자를 세우고 한다면 그가 보지를 못할 것입니다. 또 귀 먹은 사람을 만나서 삼매를 말한다면 그가 듣지를 못할 것입니다. 또한 말을 못하는 사람을 만나서 그에게 말을 시킨다면 그가 말을 하지 못할 것입니다.

자, 이러한데 도대체 어떻게 접인한단 말입니까? 만일 이 사람들을 접인하지 못한다면 불법이 아무런 영험이 없는 것이 되고 맙니다."529)

---

526) 『聯燈會要』 卷第二十三, X79n1557_p0205b04~06. 참조.

527) 玄沙師備(현사사비) : 용담숭신(龍潭崇信)-덕산선감(德山宣鑑)-설봉의존(雪峰義存)-현사사비(玄沙師備). 835~908. 주269) 참조.

528) 接物利生(접물이생) : 미혹(迷惑)되어 번뇌에 허덕이는 자들을 접하여 가르쳐 인도하고 이롭게 하는 것을 말한다.

529) 『대혜어록』 10권에 염송이 있다. "현사의 세 종류 병든 사람 화두가/ 운문의 '여섯은 거두지 못함'을 투철하였네./ 시비가 귀에 들어옴을 기다리지 말아야/ 종전의 지음(知音)이 도리어 원

有僧請益雲門, 門云: "汝禮拜著." 僧禮拜起, 門以拄杖便挃, 僧退後, 門云: "你不是患盲." 復喚僧: "近前." 僧近前, 門云: "你不是患聾." 乃豎起拄杖, 云: "還會麼?" 僧云: "不會." 門云: "你不是患瘂." 其僧於此有省.530)

어떤 스님이 있어 운문 문언스님531)께 가르침을 청하니, 운문스님이 말씀하셨다.

"절부터 해라."

그 스님이 절을 하고 일어나자마자 운문스님이 주장자로 냅다 찌르려고 하시니, 그 스님이 뒷걸음질을 쳤다.

운문스님이 말씀하셨다.

"너는 눈이 안 멀었구나."

그리고는 그 스님을 가까이 오라고 부르셨다.

그 스님이 가까이 다가오자 말씀하셨다.

"귀도 안 먹었군."

그리고는 주장자를 세워 놓으셨다.

말씀하셨다.

"알겠느냐?"

그 스님이 말했다.

"모르겠습니다."

운문스님이 말씀하셨다.

"말을 못하는 것도 아니군."

그 스님이 이에 깨달았다.532)

수가 되리." (T47n1998Ap0854b04~05, 『大慧普覺禪師語錄』 卷第十. "玄沙三種病人話, 透出雲門六不收. 莫待是非來入耳, 從前知己返爲讎.")

530) 『聯燈會要』 卷第二十三, X79n1557_p0204c17~205a01. 『五燈會元』 卷第七, X80n1565_p0151c02~15. 참조.

531) 雲門文偃(운문문언) : 용담숭신(龍潭崇信)-덕산선감(德山宣鑑)-설봉의존(雪峰義存)-운문문언(雲門文偃). 864~949. 주94) 참조.

532) 『대혜어록』 3권에 이 화(話)에 대한 법문이 실려 있다. "그 스님이 비록 깨닫긴 했으나 단지 운문선(雲門禪)을 깨달았을 뿐입니다. 현사선(玄沙禪)은 다시 짚신을 사야 될 것입니다." (T47n1998Ap0824b07~08. 『大慧普覺禪師住徑山能仁禪院語錄』 卷第三. "雖然悟去, 只悟得雲門禪, 若是玄沙禪, 更買草鞋始得.")

汾陽昭和尙, 頌云: “權生聾瞽瘂癖痲, 要顯吾宗驗作家, 金剛截鐵如泥碎, 透金
纏動失玄沙.”533)

분양 선소스님534)이 노래하셨다.

“방편으로 눈멀고 귀먹고 말 못하는535) 이들 만들어내어
선종의 고수들이 어떻게 증험할지 보려 하였네.
금강역사는 진흙덩이 같이 무쇠 자르고
투금(透金)536)이 움직이니 현사를 잃어 버렸네.”

佛眼和尙, 頌云: “玄沙三種病人, 有理不在高聲, 引得香嚴老子, 却來樹上懸身
.”537)

불안 청원스님538)이 노래하셨다.

“현사스님 제시한 병든 세 사람.
일리는 있으되 큰 소리엔 없네.
늙은 향엄539) 노인네를 끌어들여서
결국은 나무 위에 몸이 걸렸네.540)”

---

533) 『汾陽無德禪師語錄』「汾陽無德禪師頌古代別」卷中, T47n1992_p0611c08~13. 참조.
534) 汾州善昭(분주선소) : 보응혜옹(寶應慧顒)-풍혈연소(風穴延沼)-수산성념(首山省念)-분양선소(汾
    陽善昭). 947~1024. 주82) 참조.
535) 癖(군) : 마비될 군. 손과 발이 마비되다. 瘋(군)과 같은 글자이다.
536) 透金(투금) : 투망금린(透網金鱗)의 준말. 어떠한 그물도 다 뚫고 나와 버린 황금물고기. 곧
    확철대오한 대자유인을 말한다.
537) 『聯燈會要』 卷第二十三, X79n1557_p0205a07~08. 『禪門拈頌集』 卷第二十三, K46-0375,
    985則. 참조.
538) 佛眼淸遠(불안청원) : 양기방회(楊岐方會)-백운수단(白雲守端)-오조법연(五祖法演)-불안청원(佛
    眼淸遠). 1067~1120. 주134) 참조.
539) 香嚴智閑(향엄지한) : 마조도일(馬祖道一)-백장회해(百丈懷海)-위산영우(潙山靈祐)-향엄지한(香
    嚴智閑). ?~898. 주495) 참조.
540) 樹上懸身(수상현신) : 선문공안(禪門公案)의 하나로 ‘향엄상수화(香嚴上樹話)’라고한다. 향엄지
    한(香嚴智閑)선사가 제자들에게 물었다. “어떤 사람이 천 자나 되는 높은 나무에 올라갔는데, 손
    은 가지를 잡지 못하고 입으로만 나뭇가지를 문 채, 두 발은 허공에 대롱대롱 떠있다. 그런데
    나무 아래서 한 사람이 그에게, ‘달마조사가 서쪽에서 온 뜻이 무엇이냐?’하고 묻는다. 만약 대
    답하려 입을 벌리면 당장 나무에서 떨어져 죽을 것이고, 만약 대답치 않는다면 묻는 이의 간절

68. 대녕도관大寧道寬

大寧寬和尚, 示衆, 云: "少林妙訣, 古佛家風, 應用隨機. 卷舒自在, 如拳作掌開合有時, 似水成漚起滅無定. 動靜俱顯, 語默全彰. 萬用自然不勞心力. 到遮裏喚作順水放船是人去得. 且道. 逆風擧棹誰是知音?"
良久. 云: "弄潮須是弄潮人."541)

대녕 도관스님542)이 대중에게 열어 보이셨다.
"소림문하(少林門下)543)의 미묘한 선지(禪旨)와 조사(祖師)님들544)의 선종가풍(禪宗家風)은 삶들의 근기에 따라 그에 응하여 운용합니다. 오므렸다 폄을 자유자재로 함이 마치 주먹을 폈다 손바닥을 오므렸다 할 때와 같고 물위에 거품이 일 때 생겼다 꺼졌다 함에 일정함이 없는 것과 같습니다. 움직이고 고요함이 함께 드러나고 '말 있음'과 '말 없음'이 온전히 드러납니다. 갖가지의 작용들이 스스로 그러하여 수고롭게 마음을 쓰려고 노력하지 않아도 됩니다. 이러한 곳에 이르러서야 물을 따라 배를 운용하는 사람이라 할 것입니다.

곧바로 말해보십시오.
바람을 거슬러 노를 드는 데 있어 누가 능히 지음(知音)545)이 되겠습니까?"

한참 묵묵히 계셨다.

한 뜻을 저버리는 것이다. 자, 이럴 때 어떻게 하겠느냐?"(T51n2076_p0284b21~24, 『景德傳燈錄』卷第十一. "如人在千尺懸崖, 口銜樹枝, 脚無所蹋, 手無所攀. 忽有人問:'如何是西來意?' 若開口答卽喪身失命, 若不答又違他所問. 當恁麼時作麼生?")

541)『聯燈會要』卷第十四, X79n1557_p0120b20~24.『五燈會元』卷第十二, X80n1565_p0248b23~c03.『續傳燈錄』卷第七, T51n2077_p0508b11~16. 참조.『속전등록』과『오등회원』에서는 "喝一喝曰:'珍重.'"이 더 있다.

542) 大寧道寬(대녕도관) : 수산성념(首山省念)-분양선소(汾陽善昭)-석상초원(石霜楚圓)-대녕도관(大寧道寬). 주396) 참조.

543) 少林(소림) : 달마대사를 말한다.

544) 古佛(고불) : 선가(禪家)에서 대종장(大宗匠)의 존칭이다. 또는 과거7불(過去七佛)을 뜻하기도 함.

545) 知音(지음) : 마음이 서로 통하는 친한 벗이나 동지를 말한다.『열자(列子)』의「탕문(湯問)」편에 나오는 고사에서 유래하였다.

말씀하셨다.
"파도타기[546]를 하는 것은 틀림없이 파도타기 선수들이다."

69. 대수법진大隋法眞

僧問大隋和尚: "如何是大隋一面事?" 曰: "東西南北."
妙喜曰: "且道. 答遮僧話, 不答遮僧話?"[547]

어떤 스님이 대수 법진스님[548]께 여쭈었다.
"어떤 것이 대수의 완벽한 얼굴[549]의 일입니까?"
대수스님이 말씀하셨다.
"동·서·남·북."

묘희스님이 말씀하셨다.
"바로 지금 말해봐라. 이 스님의 질문에 답한 것이냐, 답하지 아니한 것이냐?"

---

546) 弄潮(농조) : 파도 속에서 수영하면서 하는 놀이. 농조인(弄潮人)은 파도타기를 하는 사람으로 파도를 타다가 목숨을 쉽게 잃는 사람들이다. 곧 겁 없이 선사(禪師)에게 대드는 납자들을 말한다.
547) 『聯燈會要』 卷第十, X79n1557_p0090c18. 『禪門拈頌集』 卷第二十, K46-0339, 851則. 참조.
548) 大隋法眞(대수법진) : 마조도일(馬祖道一)-백장회해(百丈懷海)-복주대안(福州大安)-대수법진(大隋法眞). 834~919. 대수(大隋)는 대수(大隨)로도 쓴다. 사천성(四川省) 재주(梓州) 염정현(鹽亭縣) 출신. 속성은 왕씨(王氏). 혜의사(慧義寺)로 출가하였다. 남방으로 다니면서 약산유엄(藥山惟儼)·도오원지(道吾圓智)·운암담성(雲岩曇晟)·동산양개(洞山良价)·위산영우(潙山靈祐)스님 등 60여명의 대선지식들을 참문하였다. 위산스님 회상에서 각고면려(刻苦勉勵)하여 오도하고 후에 장경대안(長慶大安) 스님의 법을 이었다. 이후 촉(蜀)으로 돌아가 사천성(泗川省) 익주(益州)의 대수사(大隋寺)에 주석하며 선풍을 크게 떨치다가 나무 구멍을 파고 목선암(木禪庵)을 짓고는 10여 년 동안 제자를 제접하며 선풍을 크게 드날렸다. 왕노사라고도 불렸으며 신조대사(神照大師)라 불렸다. 건덕(乾德) 원년에 세수 86세로 입적하였다. 『대수개산신조선사어록(大隋開山神照禪師語錄)』 1권이 『고존숙어록』 35권에 실려 있다.
549) 一面(일면) : 본래면목을 말함.

70. 남양혜충南陽慧忠

忠國師, 問紫璘供奉:"甚處來?"云:"城南來."國師云:"城南草
作何色?"云:"作黃色."國師乃問童子:"城南草作何色?"童子云:
"作黃色."國師云:"只遮童子亦可簾前賜紫, 對御談玄."550)

남양 혜충국사551)가 공봉승(供奉僧)552)인 자린(紫璘)553)에게
물으셨다.

"어디서 오느냐?"

말씀드렸다.

"성의 남쪽에서 왔습니다."

국사가 말씀하셨다.

"성의 남쪽에 있는 풀은 어떤 색깔이더냐?"

말씀드렸다.

"노르톡톡한 색깔이었습니다."

국사가 이내 어린 아이에게 물으셨다.

"성의 남쪽에 있는 풀이 어떤 색깔이더냐?"

어린 아이가 말했다.

"노르톡톡한 색깔입니다."

국사가 말씀하셨다.

"이 어린애도 역시 주렴 앞에서 하사하는554) 자주색 가사를 받고, 황제와

---

550) 『聯燈會要』卷第三, X79n1557_p0035b17~19. 참조. 『조당집』에서는 후반부가 좀 다르다.
"10월 중순에 여러 좌주들이 와서 스님에게 예배를 드리니, 스님이 물었다. '성 밖의 풀은 어떤
색깔이더냐?' 대답하였다. '노르톡톡한 색깔입니다.' 스님이 이에 어린 동자를 불러서 물었다.
'성 밖의 풀이 어떤 색깔이더냐?' 대답하였다. '노르톡톡한 색깔입니다.' 스님이 말했다. '좌주들
이 경을 이해할 줄 안다.'"(K45-0252, 『祖堂集』卷第三 第十張 者. "時十月中旬, 有諸座主來,
禮拜和尙, 師問:'城外草作何色?'對曰:'作黃色.'師遂喚少童子, 問:'城外草作何色?'對曰:'作
黃色.'師曰:'座主解經解.'")

551) 南陽慧忠(남양혜충) : 쌍봉도신(雙峰道信)-황매홍인(黃梅弘忍)-조계혜능(曹溪慧能)-남양혜충(南
陽慧忠). ?~775. 주52) 참조.

552) 供奉(공봉) : 승직(僧職)으로 황제의 고문을 담당하는 스님이다. 황제로부터 자주색 가사를 하
사 받는다고 한다.

553) 紫璘(자린) : 당나라 숙종 때 내전봉공승(內殿奉供僧)인 범자린(范子璘)을 말함.

554) 簾前賜紫(염전사자) : 국사가 살던 그 당시는 무측천(武則天)이 수렴청정을 하면서 집권하던
시절이라 주렴 앞에서 가사를 하사한다고 표현하였다.

더불어 현묘함을 얘기할 만하다."

71. 늑담홍영泐潭洪英

泐潭英和尚, 開堂日, 僧禮拜起, 便垂下袈裟角, 云: "脫衣卸甲時如何?" 曰: "喜得狼烟息, 弓梢壁上懸." 僧却攬上袈裟, 云: "重整戈甲時如何?" 曰: "不到烏江畔, 知君未肯休." 僧便喝, 英曰: "驚殺我." 僧拍一拍, 英曰: "也是死中得活."555) 僧禮拜, 英曰: "將謂是收燕破趙之才, 元來只是販私鹽賊."556) 僧問: "如何是佛?" 曰: "眉分八字, 眼似流星." 僧云: "如何是祖師西來意?" 曰: "一棒一條痕." 僧云: "大眾證明, 學人禮謝." 英呵呵大笑. 僧拜起, 以左手畫一圓相, 英以拂子穿向右邊. 僧以右手畫一圓相, 英以拂子穿向左邊. 僧以兩手畫圓相托呈, 英以拂子畫一畫, 云: "三十年來, 未曾逢為仰子孫, 今日却遇著箇蹋土墼漢, 還更有問話者麼?" 良久無人, 遂云: "問也無窮, 答也無盡, 問答去來於道轉遠. 何故? 況為此事, 直饒棒頭薦得, 不是丈夫, 喝下承當, 未為達士, 那堪更向言中取則? 句裏馳求, 語路尖新, 機鋒捷疾, 如斯見解, 盡是埋沒宗旨, 玷污先賢, 於吾祖道何曾夢見? 只如我佛如來臨般涅槃, 乃云: ‘吾有正法眼藏, 涅槃妙心, 付囑摩訶大迦葉.’ 迦葉遂付阿難, 泊商那和修, 毱多大士, 諸祖相繼, 至於達磨西來, 直指人心, 見性成佛, 不立文字. 語言豈不是先聖方便之道? 自是當人不信, 却自迷頭認影, 奔逐狂途, 致使伶俜流浪生死. 禪德. 若能一念回光返照, 向自己脚跟下褫剝究竟將來, 可謂洞門豁開, 樓閣重重, 十方普現, 海會齊彰, 便乃凡聖賢愚, 山河大地, 以海印三昧一印印定, 更無纖毫透漏. 山僧如是舉唱, 若是眾中有本色衲僧, 聞之實謂掩耳而歸, 笑破他口. 大眾. 且道. 本色衲僧門下一句作麼生道?" 良久. 云: "天際雪埋千尺石, 洞門氷折幾株松."557)

늑담 홍영스님558)이 개당(開堂) 하실 때, 어떤 스님이 절을 하고 일어나서

---

555) 『建中靖國續燈錄』 卷第十二, X78n1556_p0716a02~06. 참조. 여기서는 "僧禮拜, 英曰: ‘將謂是收燕破趙之才, 元來只是販私鹽賊’"이 빠져 있다.
556) 『聯燈會要』 卷第十四, X79n1557_p0126c11~15. 참조.
557) 『續傳燈錄』 卷第十五, T51n2077_p0567c26~568a29. 참조.
558) 泐潭洪英(늑담홍영) : 분양선소(汾陽善昭)-석상초원(石霜楚圓)-황룡혜남(黃龍慧南)-늑담홍영(泐

문득 가사의 한쪽 끝자락을 늘어뜨리고 말했다.
"갑옷의 겉옷과 투구와 갑옷을 벗어 버릴 땐 어떻습니까?"
말씀하셨다.
"다행히 봉홧불559)이 꺼지고 활과 화살560)이 성루의 벽 위에 걸려있구나."
그 스님이 듣고 나서 가사 끝자락을 걷어 올리고는 늑담스님께 여쭈었다.
"무기와 갑옷을 다시 정돈할561) 땐 어떻습니까?"
늑담스님이 말씀하셨다.
"오강562)의 기슭에 이르러서도 자네는 쉴 줄을 모르는구나."
그 스님이 곧바로, "억!" 하였다.
그러자 늑담스님이 말씀하셨다.
"헉! 놀래라!"
그 스님이 박수를 한 번 치니, 늑담스님이 말씀하셨다.
"역시 죽은 데서 다시 살려낸 것이군."
그 스님이 절을 하자, 늑담스님이 말씀하셨다.
"연나라563)를 쳐서 빼앗고 조나라564)를 깨부술 수 있는 큰 재목이라 여겼

潭洪英). 1009~1068. 보봉홍영(寶峰洪英)이라고도 함. 소무(邵武)[복건성] 출신. 속성은 진씨(陳氏). 어렸을 적 부모가 글공부를 해서 선비가 되기를 원하였으나 스님은 출가를 간절히 서원하였다. 출가하여 황룡 혜남스님을 만나서 밤이 다하고 아침이 되도록 말씀드렸으나 입실을 허락받지 못하였다. 어느 날 경함(經函)을 실수로 떨어뜨렸는데 그 소리에 활연히 대오하였다. 그 길로 방장실로 달려가 혜남스님에게 말씀드리니, "그대가 우리 가문의 바른 눈을 갖춘 영웅이 되었구나. 잘 보호하여 지녀라." 하고 인가를 하였다. 여산 원통사에서 세수 59세로 입적하였다.
559) 狼煙(낭연) : 봉화(烽火). 이리의 똥을 장작에 섞어 태우면 연기가 곧게 올라간다고 해서 이리 연기(狼煙)라고 함. 여기서는 전쟁을 말한다.
560) 弓梢(궁초) : 활과 댓가지. 곧 활과 화살을 말함. = 궁시(弓矢). 궁전(弓箭).
561) 整戈甲(정과갑) : 창과 갑옷을 정돈하다. 곧 전쟁 준비를 한다는 뜻. = 정갑선병(整甲繕兵). 정군경무(整軍經武).
562) 烏江(오강) : 안휘성(安徽省) 화현(和縣)의 북동쪽에 있는 강의 이름이다. 이 강 언덕에 오강정(烏江亭)이 있는데 항우가 한신에게 쫓기다 자살한 곳이다.
563) 燕(연) : BC1046~BC222. 주 무왕 희발(姬發)이 은나라를 멸망시키면서 그의 동생인 소강공(召康公) 석(奭)을 연(燕)의 제후에 봉하면서 연나라가 시작된다. 춘추시대의 연나라는 기록이 별로 남아 있지 않다. 전국시대에는 『사기(史記)』「소진열전(蘇秦列傳)」에 의하면 기원전 334년경에 '동쪽으로 조선과 요동반도, 북쪽으로 임호와 누번, 서쪽으로 운중과 구원, 남쪽으로 호저와 역수(易水)가 있다.'고 하여 그 영토가 동쪽으로 조선에 이르고, 남쪽으로 역수(易水)까지 이천여 리에 달했다고 한다. 기원전 315년 쾌왕(噲王)이 재상인 자지(子之)를 총애하여 왕위를 물려주자, 태자평(太子平)과 장군 시피(市被)가 거병하여 연나라에 내전을 일으켰다. 이때 태자 평과 시피가 전사하는데, 이 틈을 타고 제나라가 태자의 원군을 빌미로 군사를 일으켜 침공하였다. 기원전 313년에는 연왕을 자칭한 자지가 살해되고 연왕 쾌가 자살하게 된다. 기원전 312년에

더니, 원래는 단지 소금이나 파는 도적놈이었군."

한 스님이 여쭈었다.
"어떤 것이 부처님입니까?"
늑담스님이 말씀하셨다.
"두 눈썹 털은 팔자(八字)처럼 나누어지고 두 눈은 별똥별 같구나."
그 스님이 또 여쭈었다.
"어떤 것이 조사께서 서쪽에서 오신 뜻입니까?"
"한 방망이 때리니 한 줄기 상흔이 남는다."
그 스님이 말했다.
"대중이 증명하여 주고 제가 감사의 절을 올립니다."
이에 늑담스님이 "하하하!" 하고 크게 웃으시니, 그 스님이 절을 하고 일어나서 허공에다 왼손으로 둥근 원을 그리자, 늑담스님이 불자로 오른 쪽을 향하여 찔렀다.
그 스님이 다시 오른손으로 허공에다 둥근 원을 그리자, 늑담스님이 불자로 왼쪽을 향하여 찔렀다.
이번에는 그 스님이 두 손으로 둥근 원의 모습을 허공에다 그려서 늑담스님에게 받들어 바치는 시늉을 하자, 늑담스님이 불자를 가지고 한 획을 죽 긋고는 말씀하셨다.
"30년 동안 일찍이 위산스님과 앙산스님의 법을 잇는 후손들을 만나지 못

한나라로 피신해 있던 쾌왕의 서자인 공자 직이 제나라의 속국이 되는 조건으로 연왕에 올랐는데 그가 연 소왕(昭王)이다. 그는 장수 진개(秦開)를 보내서 고조선(古朝鮮)을 침략하여 랴오닝성 만번한(滿潘汗) 지역까지 영토를 넓혔다. 기원전 285년에는 장수 악의(樂毅)를 총사령관으로 삼고 제나라를 공격해 수도와 대부분 지역을 함락시켰다. 기원전 226년, 연왕(燕王) 희(喜)의 아들 태자(太子) 단(丹)은 위나라 장수 형가(荊軻)와 진개(秦開)의 손자 진무양(秦舞陽)을 진(秦)나라에 보내어 진시황제(秦始皇帝) 암살을 시도하였으나 실패하였다. 연왕 희는 요서와 요동으로 도망치지만 진나라 군대에 포위되고야만다. 연왕 희는 아들 태자 단을 죽여서 그 목을 진시황제에게 바쳐 선처를 구하지만 진시황제는 연왕 희와 잔존 세력을 공격하여 연나라를 멸망시켜 버렸다. (출처: 인터넷 위키백과사전)
564) 趙(조) : 조(趙)나라(BC403~BC228)는 진(晉)나라에서 분리되어 나온 나라로서 전국시대의 전국칠웅 중 하나이다. 위나라·한나라와 더불어 삼진(三晉)이라고 일컬어진다. 북쪽엔 연나라와 붙어있고 남쪽에는 황하가 흐르고 있다. 도읍인 한단(邯鄲)은 상공업의 대중심지였다. 호복(胡腹)[통소매와 바지]을 채용하였고 중국에 처음 기마 전술을 도입한 나라이기도 하다. 갑병 수십만과, 전차 천승, 말 만 필을 낼 수 있었으나 기원전 228년 진나라의 침공을 받아 멸망한다. 이 때 왕족인 대왕은 멀리 대(代)나라로 가서 대나라의 왕위에 올랐으나 역시 진나라의 침공으로 멸망했다. (출처: 인터넷 위키백과사전)

했는데 오늘에야 비로소 흙벽돌을 밟는 놈565)을 만났구나. 다시 물어볼 이가 있습니까?"

한참을 있어도 묻는 사람이 없자, 이윽고 말씀하셨다.
"질문이 무궁무진하고, 답하는 것도 한이 없습니다. 질문과 답을 주고받는 것은 도(道)로부터 더욱 멀어질 뿐입니다. 무슨 까닭이겠습니까? 이 일은 몽둥이로 때려서 깨달음을 열게 하여도 도무지 뛰어난 대장부가 되지 못하고, 맹렬한 할(喝)을 통하여 도를 깨닫게 하여도 도무지 진정으로 깨달은 사람이 되질 못합니다. 다시 어찌 하물며 언어 가운데서 도를 구하는 것이겠습니까?
이와 같이 보면 구(句) 속에서 열심히 추구하며, 말의 길이 예리하면서도 청신(淸新)하고 기봉(機鋒)이 민첩하며 빠르다 할지라도 이와 같은 견해는 모두가 선종의 종지(宗旨)를 매몰시키는 것이며 앞선 종장들을 더럽히는 것이니, 우리 조사님의 도를 어찌 일찍이 꿈에서라도 볼 수가 있겠습니까?
그야말로 저 석가모니여래께서 열반에 임하시어, '나의 정법안장과 열반묘심을 마하대가섭에게 부촉하노라.' 하고 말씀하심과 같습니다. 가섭존자566)가 이어서 아난존자567)에게 부촉하고, 이어서 상나화수존자568)에게 또 우바국다대사569)가 이어받고 하여 조사님들이 계속 이어지다가 달마대사에

---

565) 踏土墼漢(답토격한) : 토격(土墼)은 불에 굽지 않은 흙벽돌이나 석회를 구울 때 가마에 엉겨 붙은 흙찌꺼기를 말한다. 또는 본지(本地)의 뜻이다. 흙벽돌을 밟는 자란 곧 본래 심지(心地)에 도달한 사람을 일컫는다.

566) 迦葉(가섭) : ⓢMahakasyapa(마하카샤파). 마하가섭(摩訶迦葉). 대음광(大飮光)으로 번역한다. 석가모니 10대 제자 가운데 두타제일(頭陀第一)의 스님이다. 왕사성의 바라문이었던 니그루다칼파의 아들로 태어났다. 비야리성의 바라문 딸에게 장가를 갔으나 세속의 무상을 깨닫고 부부가 함께 석가모니부처님의 제자가 되었다. 항상 엄격한 두타행을 실천하였으며 부처님의 상수제자가 되었다. 석가모니부처님의 무상정법(無上正法)을 부촉(付囑)받음으로써 선가(禪家)의 부법장(付法藏) 제1조(祖)가 되었다.

567) 阿難(아난) : ⓢĀnanda(아난다). 석가모니부처님의 10대 제자 가운데 다문제일(多聞第一)로 유명한 스님이다. 환희(歡喜) 또는 경희(慶喜)라고 번역한다. 석가모니부처님의 사촌동생이며 제바달다의 친동생이 된다. 석가모니부처님의 전법(傳法) 20년 되던 해에 시자(侍者)로 발탁되어 열반 때까지 모신다. 부처님 열반 후에 대가섭을 중심으로 한 1차 결집사업에 가장 중요한 역할을 하였다.

568) 商那和修(상나화수) : 석가모니불(釋迦牟尼佛)-마하가섭(摩訶迦葉)-아난다(阿難陀)-상나화수(商那和修). ⓢŚāṇakavāsa. 인도 부법장(付法藏)의 제3조이다. 중인도 왕사성에서 태어났는데 태중에 6년이나 들어 있다가 태어났다고 함. 후에 아난에게 출가하여 그 법을 이어받아 아라한과를 증득하였다. 아난이 입멸한 뒤에 포교에 진력하다가 우바국다에게 법을 부촉하고 열반에 들었다.

이르러 직지인심(直指人心)·현성성불(見性成佛)·불립문자(不立文字)를 중국으로 가져오셨습니다.

언어문자는 선대 성인들이 방편으로 쓴 도가 어찌 아니겠습니까? 다만 사람들이 방편임을 믿지 않고 도리어 스스로의 성품을 미혹하여, 그림자를 자신으로 오인하고 미쳐서 달려가다가570) 결국은 생사의 번뇌 속에 홀로 외로이 유랑하게 되었습니다.

선덕 여러분.

만일 능히 한 순간 단박에 번쩍 들여다보아(回光返照) 자기 자신의 본래면목을 향하여 끝까지 벗겨 가면,571)거듭 마주보고 있는 문들572)이 활짝 열려 누각이 다함없이 거듭거듭하고 시방세계에 널리 두루두루 현현하며 해회(海會)573)에 가지런히 드러나서 문득 범부·성인과 현사(賢士)·우민(愚

---

569) 毱多(국다) : 마하가섭(摩訶迦葉)-아난다(阿難陀)-상나화수(商那和修)-우바국다(優婆毱多). ⑧ Upagupta. 부법장(付法藏)의 제4조이다. 우바국다는 아쇼카왕의 스승이다. 마돌라국에서 태어나 17세에 상나화수존자에게 법을 부촉받았다. 아쇼카왕을 위하여 우타산으로부터 화씨성에 이르러 설법하였다. 아쇼카왕에게 권유하여 석가모니부처님의 유적에다 8만 4천 개의 탑을 세우게 하였다한다.

570) 迷頭認影奔逐狂途(미두인영분축광도) : 『수릉엄경』 권4에 나오는 이야기이다. "'실라벌성에 사는 연야달다(⑧Yajñadatta)가 갑자기 이른 새벽에 거울로 자기 얼굴을 비추어 보다가 거울 속에 있는 머리는 눈썹과 눈을 볼 수 있지만 자기 머리에는 얼굴도 눈도 보이지 않는다고 성을 내면서 이것이 괴물이라고 생각하고는, 이유 없이 미쳐 달아났으니 너는 어떠하냐? 이 사람이 어떤 원인으로 이유 없이 미쳐 달아났겠느냐?' 부루나존자가 말씀드렸다. '그 사람은 마음이 미친 것일 뿐이지, 다른 까닭이 없습니다.' …… '저 실라벌성의 연야달다가 어찌 미친 인연이 따로 있었겠느냐? 스스로 두려워서 달아난 것뿐이니, 홀연히 미친 마음을 쉬어버리면 그 머리에 눈과 얼굴이 밖에서 얻어진 것이 아니다. 그리고 설사 미친 증세가 없어지지 않았다 하더라도 또한 어찌 잃어버린 것이겠느냐? 부루나. 미혹의 성품이 이와 같은데 원인이 어찌 따로 있겠느냐? 네가 다만 세간(世間)·업과(業果)·중생(衆生) 이 세 가지의 상속함을 따르고 분별하지 않는다면 살(殺)·도(盜)·음(淫)의 세 가지 보조 조건(三緣)이 끊어지기 때문에 세 가지 직접 원인(三因)도 생기지 아니하여 곧 너의 마음속에서 연야달다와 같은 미친 성품이 저절로 사라지게 될 것이다.'"(T19n0945_p0121b9~25, 『大佛頂如來密因修證了義諸菩薩萬行首楞嚴經』卷第四. "室羅城中演若達多, 忽於晨朝以鏡照面, 愛鏡中頭眉目可見, 瞋責己頭不見面目, 以爲魑魅無狀狂走, 於意云何? 此人何因無故狂走? 富樓那言:'是人心狂更無他故.' …… '彼城中演若達多, 豈有因緣? 自怖頭走, 忽然狂歇, 頭非外得, 縱未歇狂亦何遺失? 富樓那. 妄性如是, 因何爲在? 汝但不隨分別世間·業果·衆生, 三種相續, 三緣斷故三因不生, 則汝心中演若達多, 狂性自歇.")

571) 褪剝究竟將來(치박구경장래) : 구경(究竟)의 도를 찾아 이르다는 뜻. 치박(褪剝)은 벗기다는 뜻. 곧 완전히 드러내어 정라라적쇄쇄(淨裸裸赤灑灑)하게 된다는 의미. 장래(將來)는 어조사이다.

572) 洞門(동문) : 문과 문이 서로 마주보고 있는 것. 또는 동굴의 입구.

573) 海會(해회) : 성스러운 대중이 모인 자리를 말한다. 『화엄현소(華嚴玄疏)』에 "보현보살 등의 대중의 덕은 그 깊이가 부처님과 같고, 그 수효가 많음이 마치 찰진(刹塵)과 같기 때문에 바다

民) 그리고 산하대지가 해인삼매574)의 하나의 인(印)575)으로써 확실하게 인현(印現)하게 되면 다시 털끝만큼도 번뇌가 없을 것입니다.

내가 이와 같이 잘 설명하였으니, 만일 대중 가운데 본분납자라면 듣고 나서는 실로 귀를 막고 냅다 돌아가면서 크게 웃으며 나의 입을 부숴버릴 것입니다.
대중 여러분. 곧장 말해보십시오.
본분납자들의 일구(一句)를 어떻게 말할 것입니까?"

한참 묵묵히 계셨다.

라고 일컫는다."라고 함.

574) 海印三昧(해인삼매) : ⑤sāgaramudrā-samādhi. 바다에 일체의 사물이 인상(印象)되듯이 맑고 고요한 아누다라삼먁삼보리에 일체의 마음이 인현(印現)하는 것. 청량징관(淸凉澄觀)스님의 설명이 있다. "해인삼매에서 해인은 비유이니, 비유로부터 이름이 나온 것이다. 「현수품소(賢首品疏)」에서 잘 설명하고 있다. 지금 대략 그 내용을 보여주자면 향수해가 맑고 담연하여 움직임이 없는 향수해가 있는데 사천하 속의 모든 물질 몸의 형상들이 모두 다 그 속에서 무늬가 찍히는 것이 마치 도장으로 사물을 찍는 것과 같다. 또한 한없이 맑고 넓은 바다와 같이 구름 없는 맑은 하늘에 수많은 별과 달이 밝게 모두 드러나지만 오고 감이 없고, 있는 것도 아니고 없는 것도 아니며, 하나도 아니요 다른 것도 아님과 같다. 여래의 지혜바다에도 식심(識心)의 파도가 생겨나지 않아, 맑고 맑으며 지극히 밝고 지극히 고요한데 무심에서 몰록 일체중생의 마음과 근(根)의 욕구를 현현(顯現)한다. 마음과 근(根)의 욕구는 아울러 지혜 속에 있음이 마치 바다가 형상을 함용(含容)함과 같다. 그러므로 『화엄경』에서 이르셨다. '마치 바다에 널리 중생 몸이 나타나는 것으로써 큰 바다라고 하듯이 보리에서 모든 마음의 움직임을 인상(印象)한다.' 이러한 까닭으로 정각이 한량없다고 한 것이다. 오직 지혜가 사물과 마음을 나타낼 뿐만 아니라 또한 이 지혜에 의지하여 몰록 삼라만상을 나타내고 모든 무리들에게 응하는 것이다. 「현수품」에서 말씀하셨다. '혹은 어린아이의 형상으로 나타나고 천룡들과 아수라 내지 마후라가 등에도 형상을 나타낸다. 그 좋아하는 모습대로 중생의 형상을 보게 한다. 모두가 각각 행업이 같지 않고 음성도 한량없이 달리 나지만 이러한 모든 일체를 모두 다 능히 나타내는데 해인삼매의 위신력으로 인한 것이다." (T36n1736_p0004b14~29, 『大方廣佛華嚴經隨疏演義鈔』「卷第一」. "海印三昧, 海印是喩, 從喩受名. 賢首品疏, 當廣說之. 今略示其相. 謂香海澄渟湛然不動, 四天下中, 色身形象, 皆於其中而有印文, 如印印物, 亦猶澄波萬頃晴天無雲, 列宿星月炳然齊現, 無來無去, 非有非無, 不一不異, 如來智海識浪不生, 澄渟淸淨至明至靜, 無心頓現一切衆生心念根欲. 心念根欲並在智中, 如海含象. 故下經云, 如海普現衆生身, 以此說名爲大海, 菩提普印諸心行, 是故正覺名無量. 非唯智現物心, 亦依此智, 頓現萬象普應諸類. 賢首品云, 或現童男童女形 天龍及以阿修羅, 乃至摩睺羅伽等, 隨其所樂悉令見衆生形相, 各不同行業, 音聲亦無量, 如是一切皆能現, 海印三昧威神力.")

575) 印(인) : 불교에서 세 가지로 쓰고 있다. 하나는 '⑤mudrā'로서 인상(印象)하고 인증(印證)하는 것이다. 두 번째는 '⑤udāna'로서 확실하게 결정되어 결코 변치 않는 것을 말한다. 일법인(一法印)·삼법인(三法印)·사법인(四法印) 등이 있다. 세 번째는 선종(禪宗)에서 언어문자를 초월하여 깨달음을 심인(心印)이라고 한다. 이 깨달음을 스승에게서 제자로 전승해 주는 것을 '인가(印可)한다', 또는 '인신(印信)해준다'라고 한다.

말씀하셨다.

"하늘 끝의 많은 눈이 천 길의 큰 돌을 묻어버리니,
깊숙한 곳 입구의 얼음이 몇 그루의 소나무를 꺾어버렸던가."

72. 화산무은禾山無殷

禾山, 示衆, 云: "習學謂之聞, 絕學謂之隣. 過此二者, 是謂眞過." 僧問: "如何
是眞過?" 曰: "解打鼓." "如何是眞諦?" 曰: "解打鼓." "即心即佛即不問, 如何
是非心非佛?" 曰: "解打鼓." "向上人來如何接?" 曰: "解打鼓."576)

화산 무은스님577)이 대중에게 열어 보이셨다.
"배움을 익힘을578) '들음(聞)'이라고 하며 배움을 끊음을579) '가까와짐(隣)'580)
이라고 합니다. 이 둘을 초월한 것을 '참된 초월'581)이라고 합니다."

어떤 스님이 여쭈었다.
"어떤 것이 참된 초월입니까?"
말씀하셨다.
"해타고(解打鼓).582)"

---

576) 『聯燈會要』 卷第二十五, X79n1557_p0217a16~21. 『禪門拈頌集』 卷第二十六, K46-0432,
  1181則. 『五燈會元』 卷第六, X80n1565_p0133c03~07. 참조.
577) 禾山無殷(화산무은) : 도오원지(道吾圓智)-석상경저(石霜慶諸)-구봉도건(九峰道虔)-화산무은(禾
  山無殷). 884~960. 복주(福州) 출신. 속성은 오씨(吳氏). 7살 때 설봉 의존스님에게 출가하여 11
  년간 시봉하고 설봉스님이 입적하자 구봉도건(九峰道虔)스님의 법을 이었다. 길주(吉州)[강서성
  길안] 화산(禾山)의 대지원(大智院)과 양주(揚州) 상광원(祥光院), 강서(江西) 취암원(翠巖院) 등
  에서 선풍을 크게 떨쳤다. 징원선사(澄源禪師)로 호를 하사받고 시호는 법성선사(法性禪師)로 받
  았다.
578) 習學(습학): 닦을 것이 있는 경지. 유학위(有學位).
579) 絕學(절학) : 더 이상 배울 것이 없는 경지. 무학위(無學位).
580) 隣(린) : 본지풍광(本地風光)에 근접함.
581) 過(과) : 죽음. 뛰어넘다. 도달하다. 건너다 등의 뜻이 있다. 본지(本地)를 확철히 깨달음을 말
  한다.
582) 解打鼓(해타고) : 화산스님이 학인을 접인할 때 상시(常時)로 쓰던 말. 학인들의 사로(思路)를

"어떤 것이 참된 진리입니까?"
말씀하셨다.
"해타고(解打鼓)."
"'즉심즉불(卽心卽佛)은 곧 여쭙지 않겠거니와, 어떤 것이 비심비불(非心非佛)입니까?"
말씀하셨다.
"해타고(解打鼓)."
"향상인(向上人)이 오면 어떻게 접인합니까?"
말씀하셨다.
"해타고(解打鼓)."

끊기 위해 씀. 해(解)는 북소리. 해타고(解打鼓)는 '북을 치면 울려나오는 소리'를 말한다.

73. 방온거사龐蘊居士

龐居士, 問馬大師: "不與萬法為侶是甚麼人?"
曰: "待汝一口吸盡西江水, 即向汝道." 583)
僧問: "如何是佛?" 曰: "即心是佛." 584)

방온거사585)가 마조 도일스님586)께 여쭈었다.
"만법과 벗이 되지 않는 사람은 누구입니까?"
말씀하셨다.
"자네가 한 입에 서강의 물을 다 마시기를 기다려 자네에게 말해 주겠다."

한 스님이 여쭈었다.
"어떤 것이 부처님입니까?"
말씀하셨다.
"즉심(即心)이 부처님이다."

74. 대위진여大潙眞如

大潙眞如和尙, 示眾, 云: "阿喇喇! 是甚麼? 翻思破竈墮, 杖子纔擊著, 方知辜
負我." 以拄杖擊香卓一下. 云: "墮! 墮!" 587)
僧問: "趙州庭栢意旨如何?" 曰: "夜來風色緊, 孤客已先寒." 僧云: "先師無此

---

583) 『祖堂集』 卷第十五　十六丈, K45-0331. 『景德傳燈錄』 卷第八, T51n2076_p0263b15~16.
　　『江西馬祖道一禪師語錄』, X69n1321_p0004c13~14. 『聯燈會要』 卷第六, X79n1557_p0055b20
　　~21. 『禪門拈頌集』 卷第五, K46-0074, 161則. 『五燈會元』 卷第三, X80n1565_p0087c04~05.
　　참조.
584) 『天聖廣燈錄』 卷第八, X78n1553_p0449b02~07. 『古尊宿語錄』 卷第一, X68n1315_p0004a1
　　0~14. 참조.
585) 龐蘊居士(방온거사) : 조계혜능(曹溪慧能)-남악회양(南嶽懷讓)-마조도일(馬祖道一)-방온거사(龐
　　蘊居士). ?~808. 주235) 참조.
586) 馬祖道一(마조도일) : 황매홍인(黃梅弘忍)-조계혜능(曹溪慧能)-남악회양(南嶽懷讓)-마조도일(馬
　　祖道一). 709~788. 주470) 참조.
587) 『聯燈會要』 卷第十五, X79n1557_p0131b02~03. 『嘉泰普燈錄』 卷第四, X79n1559_p0317b1
　　0~12. 『續傳燈錄』 卷第十三, T51n2077_p0549a14~16. 참조.

語, 又作麼生?" 曰: "行人始知苦." 僧云: "十載走紅塵, 今朝獨露身." 曰: "雪上加霜."588)

대위 진여스님589)이 대중에게 열어 보이셨다.
"와르르!590)

뭡니까?

파조타591)를 회상해보십시오. 주장자를 친다면 비로소 나를 저버린 줄 알게 될 것입니다."

주장자로 향로를 놓은 탁자를 한 번 치셨다.

말씀하셨다.
"떨어져라! 떨어져라!"

어떤 스님이 여쭈었다.
"조주스님께서 '정전백수자'라고 하신 뜻이 무엇입니까?"
말씀하셨다.
"밤에 바람이 급하게 불면 외로운 나그네가 벌써 먼저 추위를 탄다."
그 스님이 여쭈었다.
"앞선 조사님들께서는 이러한 말씀이 없었는데 또 무슨 말씀이십니까?"
말씀하셨다.

---

588) 『聯燈會要』 卷第十五, X79n1557_p0131c04~06. 『五燈會元』 卷第十二, X80n1565_p0255b0
　　2~05. 『續傳燈錄』 卷第十三, T51n2077_p0548c27~0549a01. 참조.
589) 大潙眞如(대위진여) : 분양선소(汾陽善昭)-석상초원(石霜楚圓)-취암가진(翠巖可眞)-지해진여(智
　　海眞如). ?~1095. 주339) 참조.
590) 阿喇喇(아라라) : 감탄할 때나 크게 놀랐을 때 터져 나오는 외침. 아아아! 라라(喇喇)는 바람
　　부는 소리, 또는 물건이 부딪치거나 넘어질 때 나는 소리의 의성어. 또는 혼자 중얼거리는 소
　　리. 여기서는 무너지는 소리를 형용하였다. 뒤에 파조타스님의 일화를 가져오면서 법문하는 내
　　용이 나온다. 부뚜막이 무너지는 순간 자성을 깨닫게 됨을 소리로 형상화 한 것이다.
591) 破竈墮(파조타) : 파두도신(破頭道信)-황매홍인(黃梅弘忍)-숭악혜안(崇嶽慧安)-파조타(破竈墮).
　　당나라 숭악(嵩嶽)의 파조타스님. 북종에 속하는 스님이다. 자세한 것은 『정법안장』 二上권, 第
　　291話. 참조.

"행인이 비로소 괴로움을 알기 시작했군."
그 스님이 말했다.
"10년을 홍진[592] 속을 달려왔는데 오늘 아침에야 홀로 몸이 드러났습니다."
말씀하셨다.
"눈 위에 서리가 내렸군."

75. 천의의회天衣義懷

天衣懷和尚, 示眾, 云: "玄黃不眞, 黑白何咎? 六祖大師道: '葉落歸根, 來時無口.' 若會此箇說話, 直入維摩丈室, 住金色光中, 見十方世界四聖六凡, 如觀掌中菴摩勒果. 又見一類眾生, 寢生死長夜, 惛惛睡眠, 不覺不知, 作金雞報曉一聲, 令伊省寤. 豈不快哉? 若能如是, 方可'將此深心奉塵刹, 是卽名爲報佛恩'. 雖然如是, 古人道: '笑我者多, 哂我者少.'"[593]

천의 의회스님[594]이 대중에게 열어 보이셨다.
"하늘은 가물가물하고 땅은 노르무레하다는 것은 참이 아니요, 칠흑 같은 밤과 밝은 대낮이 어찌 허물이랴?
육조 혜능스님이 말씀하셨습니다.
'잎이 떨어져 뿌리로 돌아간다. 올 때는 입이 없다.[595]'

만일 이 설화(說話)를 알아버린다면 곧장 유마의 방으로 들어가서 금색 광

---

592) 紅塵(홍진) : 세속 번뇌.
593) 『聯燈會要』 卷第二十八, X79n1557_p0247c20~0248a02. 『禪門拈頌集』 卷第四, K46-0057, 115則. 참조.
594) 天衣義懷(천의의회) : 운문문언(雲門文偃)-향림징원(香林澄遠)-지문광조(智門光祚)-설두중현(雪竇重顯)-천의의회(天衣義懷). 주425) 참조.
595) 葉落歸根 來時無口(엽락귀근 내시무구) : 육조 혜능스님이 남긴 말이다. "대중이 말씀드렸다. '스승님께서 여기를 떠나시면 언제 돌아오실 겁니까?' 대사가 말씀하셨다. '이파리가 떨어지면 뿌리로 돌아간다. 올 때는 입이 없다.'" (T48n2008_p0361b17~18, 『六祖大師法寶壇經』 「付囑流通第十」. "眾曰: '師從此去, 早晚可回?' 師曰: '葉落歸根, 來時無口'.")

명 속에서 시방세계의 사성육범(四聖六凡)596)을 보기를 마치 자신의 손바닥에서 암마륵과597)를 보는 것처럼 할 것입니다.

또 한 무리의 뭇삶들이 생사의 길고 긴 밤에 잠겨, 깊이깊이 잠들어 깨닫지도 못하고 알지도 못하는 것을 보고는 황금닭이 새벽을 알리는 한 소리를 내질러 그들로 하여금 깨어나게 할 것입니다.

신나지 않습니까! 만일 능히 이와 같다면 비로소 '깊은 마음으로 무수한 세계를 받들면, 곧 부처님 은혜를 갚음'598)이라 할 것입니다.
비록 이와 같긴 하나 옛 조사님이 말씀하셨습니다.
'나에게 미소 짓는(笑) 자는 많으나, 나에게 비웃어 주는(哂) 자는 적구나.599)'"

---

596) 四聖六凡(사성육범) : 사성(四聖)은 성문(聲聞)·연각(緣覺)·보살(菩薩)·불(佛)의 넷이고 육범(六凡)은 지옥(地獄)·아귀(餓鬼)·축생(畜生)·인(人)·아수라(阿修羅)·천(天)의 여섯이다. 이 둘을 합쳐서 십계(十界)라고 함.

597) 菴摩勒果(암마륵과) : 암마라과(菴摩羅果)라고도 함. 인도의 과일. 열매가 타원형으로 생겼으며 살이 두꺼우며 그 액즙이 아주 맛이 좋다고 한다. 지금의 망고와 같다.

598) 『수릉엄경』 3권에서 아난존자가 깨닫고서 읊은 게송이다. "미묘하고 담연한 다라니면서 항상 그 자리에 계시고 존엄하신/ 수릉엄왕이시여. 세상에서 희유하십니다./ 억겁동안 뒤바뀐 사념을 녹여주시어/ 아승지겁 지내지 않고도 법신을 얻었습니다./ 이제야 과위를 얻고 부처님 되었으니/ 한량없는 중생을 제도하렵니다./ 이러한 깊은 마음으로 한량없는 세계를 받들면/ 이것을 부처님은혜를 갚는다고 할 것입니다./ 세존께서 저를 위해 증명해 주시기를 엎드려 청하옵니다./ 맹세코 오탁악세 먼저 들어가/ 한 삶이라도 성불치 못한 이가 있다면/ 마침내 저는 열반에 들지 않겠습니다./ 위대하신 영웅이시며, 위대하신 힘이시며, 위대하신 자비시여./ 바라옵건대 미세한 미혹을 자세히 살펴주시어/ 제가 무상정각에 곧바로 오르게 하시고/ 시방세계에서 도량에 앉게 하소서./ 공(空)의 성품은 녹여 없앨 수 있다 해도/ 금강 같은 이 마음은 미동도 않을 것입니다." (T19n0945_p0119b11~20, 『大佛頂萬行首楞嚴經』 卷第三. "妙湛總持不動尊 首楞嚴王世希有 銷我億劫顚倒想 不歷僧祇獲法身 願今得果成寶王 還度如是恒沙衆 將此深心奉塵刹 是則名爲報佛恩 伏請世尊爲證明 五濁惡世誓先入 如一衆生未成佛 終不於此取泥洹 大雄大力大慈悲 希更審除微細惑 令我早登無上覺 於十方界坐道場 舜若多性可銷亡 爍迦囉心無動轉.")

599) 笑我者多 哂我者少(소아자다 신아자소) : 운문 문언스님의 법문을 말한다. "목구멍이 막히면 어느 곳으로 숨을 쉴 것인가? 나에게 웃어주는 자는 많으나 나에게 비웃어주는 자는 드물구나." (X68n1315_p0100a14, 『古尊宿語錄』 卷第十五, 「雲門匡真禪師廣錄」 上. "塞却咽喉, 何處出氣? 笑我者多, 哂我者少.")

76. 법화전거法華全擧

法華擧和尙, 示衆, 云: "夫參學須具擇法眼, 不得顢頇. 若得正眼精明, 一切無滯. 不見古人道, '一句語中須具三玄, 一玄中須具三要.' 古人恁麽道, 意在於何? 鵝王擇乳, 素非鴨類."600)

僧問: "萬里無片雲即不問, 一條霜刃事如何?" 曰: "誰敢動著?" 僧禮拜, 擧曰: "小慈妨大慈." 便打. 問: "智識不到處時如何?" 曰: "三門不曾開." 僧云: "誰是知音者?" 曰: "口似鼻孔."601)

법화 전거스님602)이 대중에게 열어 보이셨다.

"나의 문하에 참여하여 배우려면 반드시 법을 가릴 줄 아는 지혜의 눈을 갖추어야만 하지, 멍텅구리처럼 사리를 잘 분간하지 못하면603) 되질 않습니다. 만일 바른 눈을 얻어 밝아지면 일체에 걸림이 없게 됩니다.

옛 선사604)가 말씀하지 않았던가요.

'일구(一句)의 말 가운데 반드시 삼현(三玄)605)을 갖추어야만 하고, 하나의 현(玄) 가운데 반드시 삼요(三要)606)를 갖추어야만 된다.'607)

옛 선사가 이렇게 말씀하신 뜻이 무엇입니까?

거위 왕이 우유를 가리는 솜씨는608) 본디 오리들과는 다릅니다."

---

600) 『古尊宿語錄』 卷第二十六, X68n1315_p0168c17~20. 참조.

601) 『古尊宿語錄』 卷第二十六, X68n1315_p0170c21~24. 참조.

602) 法華全擧(법화전거) : 풍혈연소(風穴延沼)-수산성념(首山省念)-분양선소(汾陽善昭)-법화전거(法華全擧). ?~1056. 주77) 참조.

603) 顢頇(만한) : 사리에 통하지 않은 사람. 구분을 잘 못하는 멍텅구리 또는 바보. 불분명한 모양.

604) 古人(고인) : 임제의현(臨濟義玄)스님을 말함.

605) 三玄(삼현) : 임제 의현스님이 학인을 상대하여 만든 예기(銳機)의 하나로 세 가지의 현(玄). 임제스님이 "일구(一句)의 말에는 반드시 삼현문을 갖추어야만 하고, 한 현의 문에는 반드시 삼요를 갖추어야만 한다."고 하였다. ("一句語須具三玄門, 一玄門須具三要.") 그러나 이 삼현의 구체적 내용은 적시하지 않았고, 후대에 체중현(體中玄)·구중현(句中玄)·현중현(玄中玄)의 셋으로 많이 회자되었다.

606) 三要(삼요) : 임제 의현스님이 학인을 상대하여 만든 세 가지의 요(要). 임제스님은 구체적인 내용을 제시하지 않았고 후대에 분양선소(汾陽善昭)스님이 제일요(第一要)·제이요(第二要)·제삼요(第三要)라고 하여 구체적 설명을 하였다. 또는 조요(照要)·용요(用要)·동시요(同時要)라고도 한다.

607) 임제스님의 법문으로 『전등록』 12권에 나온다. (T51n2076_p0291a14~15, 『景德傳燈錄』 卷第十二. "師又曰: '夫一句語須具三玄門, 一玄門須具三要.'")

608) 鵝王擇乳素非鴨類(아왕택유소비압류) : 거위왕은 우유를 물에 타 놓으면 우유만 골라 먹고 물

어떤 스님이 여쭈었다.

"만 리 창공에 구름조각이 없음은 여쭙지 않겠습니다만, 한 줄기의 서릿발 같은 칼의 일은 어떠합니까?"

전거스님609)이 말씀하셨다.

"누가 감히 집적거리는 거냐?"

그 스님이 절을 하니 전거스님이 말씀하셨다.

"작은 자비는 큰 자비에 헤살을 놓지."

그리고 곧장 때렸다.

어떤 스님이 여쭈었다.

"지혜의 심식이 이르지 못하는 곳에 있을 땐 어떠합니까?"

전거스님이 말씀하셨다.

"산문(山門)610)이 여태껏 열리질 않았다."

그 스님이 말했다.

"누가 이 마음이 통하는 벗입니까?"

전거스님이 말씀하셨다.

"입이 콧구멍과 비슷하군."

은 안 먹는다고 함. 『정법념처경』 64권에 나온다. "비유하면 물과 우유가 한 그릇에 담겨 있는 경우에 거위왕은 다만 우유만을 마시고 그 물은 여전히 남겨 놓는 것과 같다."(『正法念處經』 卷第六十四, 「身念處品」 第七初, T17n0721_p0379c08~09. "譬如水乳同置一器, 鵝王飮之, 但 飮乳汁, 其水猶存.") 『섭대승론석』 3권에 해설이 나온다. "논에서 말하였다. '비유하면 마치 물 에서 거위가 우유를 마시는 것과 같다.' 해석한다. '비유로써 질문을 풀었다. 물에 비록 우유가 섞여 있으나 거위가 마실 때엔 오직 우유만 마시고 물은 마시지 않는다. 그러므로 우유가 바닥 났어도 물은 그대로 있는 것이다. 본식(本識)과 본식(本識)이 아님도 이와 같아서 비록 다시 화 합하지만 하나가 없어져도 하나는 남는 것이다.'"(T31n1595_p0175a14~17, 『攝大乘論釋』 卷 第三. "論曰:'譬如於水鵝所飮乳.' 釋曰:'卽以譬釋難. 水乳雖和合鵝飮之時, 唯飮乳不飮水. 故乳 雖盡而水不竭. 本識與非本識亦爾, 雖復和合而一滅一在.'")

609) 法華全擧(법화전거) : 풍혈연소(風穴延沼)-수산성념(首山省念)-분양선소(汾陽善昭)-법화전거(法 華全擧). ?~1056. 주77) 참조.

610) 三門(삼문) : 절의 산문(山門)을 말한다. 세 개의 문짝이 있는 누문(樓門)을 말함. 문자체는 하 나이지만 공(空)·무상(無相)·무원(無願)의 삼해탈(三解脫)을 표현하는 문이라고 해서 삼문(三 門)이라고 함.

77. 용제소수龍濟紹修

龍濟和尙, 示眾, 云: "具足凡夫法, 凡夫不知. 具足聖人法, 聖人不會. 聖人若會, 即是凡夫. 凡夫若知, 即是聖人. 此語具一理二義. 若人辨得, 不妨於佛法中有箇入處. 若辨不得, 莫道不疑."
　妙喜曰: "點石化為金玉易, 勸人除却是非難."[611]

용제 소수스님[612]이 대중에게 열어 보이셨다.

"범부는 법을 갖추고 있으면서 알지 못하고,
성인도 법을 갖추고 있으면서 알지 못하네.
성인이 만일 알면 즉시 범부요,
범부가 만일 알면 즉시 성인이라네.

이 말은 하나의 이치지만 뜻은 둘이 갖추어져 있습니다. 만일 누군가 가려 낼 줄 안다면, 불법(佛法) 속에 들어갈 곳이 있다 하여도 무방하겠지만 만일 가려 내지 못한다면 의심하지 않는다고 말하지 마십시오."

묘희스님이 말씀하셨다.
"돌을 쪼아 금과 옥을 만들기는 쉬워도
사람에게 시비를 말라고 권하기는 어렵다."

---

611) 『景德傳燈錄』卷第二十四, T51n2076_p0400c23~27. 『聯燈會要』卷第二十六, X79n1557_p0
　　233a09~12. 『禪門拈頌集』卷第二十八, K46-0469, 1306則. 『五燈會元』卷第八, X80n1565_p
　　0181a16~19. 참조.
612) 龍濟紹修(용제소수) : 설봉의존(雪峰義存)-현사사비(玄沙師備)-나한계침(羅漢桂琛)-용제소수(龍
　　濟紹修). 수산주(修山主)라고도 함. 생몰연대미상. 오대(五代) 후진(後晉)의 스님으로 민족(閩族)
　　출신이다. 무주(撫州)[강서성] 용제산(龍濟山)에 주석하였다. 게송 60여 수가 전해지고 있다. 오
　　도인연은 이렇다. "소수스님이　세 번째로 설령(雪嶺)에 들어가서 지장 계침스님을 참배하고 여
　　쭈었다. '제가 스님을 참배하기 위해 정주(汀洲)에서부터 이렇게 왔습니다. 모진 고초를 다 겪고
　　온갖 산마루를 다 지나왔는데 다시 어느 곳을 향해서 나아가야 하겠습니까?' 계침스님이 대답하
　　셨다. '온갖 산마루를 다 지나왔다니 나쁘지는 않구나.' 소수스님은 여전히 그 뜻을 깨닫지 못하
　　고 밤이 되도록 계침스님의 침상 앞에서 시봉을 하다가 말씀드렸다. '제가 백겁 천생 동안 스님
　　과 어긋났었는데 이제 와서 또 스님을 뵈었으나 편치 않습니다.' 계침스님이 일어나 주장자를
　　들고 얼굴 앞에 곧추 세우고 말씀하셨다. '이것만은 어긋나지 않는다.' 그러자 소수스님이 확연
　　히 깨달으셨다."

龍濟, 又云: "是柱不見柱, 非柱不見柱, 是非已去了, 是非裏薦取."
妙喜, "咄!"云: "又是從頭起."613)

용제 소수스님이 또 말씀하셨다.

"옳은 기둥이라 해도 기둥을 보지 못함이요,
그른 기둥이라 해도 기둥을 보지 못함이니,
옳고 그름을 이미 그쳤으니,
옳고 그름 속에서 알아내어라.614)"

대혜스님이, "咄(Duō)!" 하시고 말씀하셨다.
"또한 이것도 처음부터 일으켰다."

78. 영원유청靈源惟清

靈源和尙, 示衆, 云: "三世諸佛不知有, 恩無重報. 狸奴白牯却知有, 功有浪施. 明大用曉全機, 蹤跡處不思議, 歸去好無人知. 衝開碧落松千尺, 截斷紅塵水一溪."615)

영원 유청스님616)이 대중에게 열어 보이셨다.

---

613) 『禪門拈頌集』 卷第二十八, K46-0469, 1313則. 참조.
614) 薦取(천취) : 체회(體會). 증오(證悟). 천득(薦得). 도달하다. 알아차리다. 깨닫다.
615) 『續刊古尊宿語要』 第一集 天, X68n1318_p0364c07~09. 『聯燈會要』 卷第十五, X79n1557_p
     0132c11~13. 『嘉泰普燈錄』 卷第六, X79n1559_p0325c11~14. 『禪門拈頌集』 卷第七, K46-011
     3. 235則. 『五燈會元』 卷第十七, X80n1565_p0361a22~b01. 『續傳燈錄』 卷第二十二, T51n20
     77_p0614a15~18. 참조.
616) 靈源惟淸(영원유청) : 석상초원(石霜楚圓)-황룡혜남(黃龍慧南)-회당조심(晦堂祖心)-영원유청(靈
     源惟淸). ?~1117. 남주(南州) 무녕(武寧) 출신. 속성은 진씨(陳氏). 자는 각천(覺天)이고 호는 영
     원수(靈源叟)이다. 어려서 출가하여 계율에 침착하다가 회당 조심선사를 만났다. 선사는 회당스
     님 회하에서 밤낮으로 참구하느라 자고 먹는 것도 잊을 지경이었다. 언젠가 회당스님이 손님과
     이야기 할 때 옆에서 시중을 들었다. 손님이 가버린 지 한참 되었는데도 여전히 그 자리에 서
     있으니 회당스님이 말씀하셨다. '유청스님은 죽었나?' 이에 마음이 확 열렸다. 그 뒤 서주(舒州)
     의 태평선원(太平禪院)에 머무르다가 황룡산으로 들어가 숭은사(崇恩寺)에 주석하였는데 병이 깊

"삼세의 모든 부처님이 '지유(知有)'[617]가 아니라 하니 은혜를 거듭 갚을 것이 없습니다.
 고양이와 흰 암소가 도리어 '지유(知有)'라 하니,[618] 공(功)이 제멋대로 펼쳐져 있습니다.[619]

대용(大用)이 분명하고, 완벽하게 기틀을 드러내며,
종적이 있는 곳마다[620] 불가사의하니,
돌아간 줄 아는 사람이 전혀 없구나.

푸른 하늘 쪼개어 버리니 천 길의 소나무요,
홍진(紅塵)을 끊어버리니 한 줄기 시냇물이라네."

79. 동산수초洞山守初

洞山初和尚, 示衆, 云: "楚山北面, 漢水南江, 擊法鼓而會禪徒, 舉宗風而明祖意. 若以'揚眉瞬目''豎拳豎指''謦欬咳嗽'是厨中拭鉢帛. '道甚麼?''會也無?'也是衲僧破草鞋. '遮瞎漢''遮漆桶'是弄精魂鬼. '總恁麼''總不恁麼'是東司頭厠籌子. 以此稱提從上來事, 盡是邪魔所作, 謗大乘, 滅胡種, 與你天地懸殊. 且道. 衲僧據甚麼道理? 出來對衆道看. 折脚鐺子, 各出一隻手, 貴得宗乘不斷, 亦

어 소묵당(昭黙堂)에서 15년을 보냈다. 황노직(黃魯直), 정이천(程伊川) 등과 친분이 두터웠다고 한다. 정화(政和) 7년에 입적하였으며 시호는 불수선사(佛壽禪師)이다. 장령수탁(長靈守卓) 등 11명의 수법제자들이 있다.

617) 知有(지유) : 지도(知道), 지효(知曉)와 같다. 향상일로(向上一路)를 말한다. 부지유(不知有)는 향하문(向下門)이다.

618) 三世諸佛不知有 狸奴白牯却知有(삼세제불부지유 이노백고각지유) : 남전 보원스님의 법문에 나오는 말이다. (K46-0113. 235則, 『禪門拈頌集』 卷第七. "南泉示衆云: '三世諸佛不知有, 狸奴白牯却知有.'")

619) 功有浪施(공유랑시) : 『정법안장』 외 다른 모든 어록에는 '功不浪施(공불랑시)'라고 나온다.

620) 蹤跡處(종적처) : 『연등회요』에만 '絶(절)'자가 빠져있고 다른 어록에는 모두 다 들어 있다. (X79n1557_p0132c12, 『聯燈會要』 卷第十五. "蹤跡處". X68n1318_p0364c08, 『續刊古尊宿語要』 第一集. X79n1559_p0325c13, 『嘉泰普燈錄』 卷第六. X80n1565_p0361a23, 『五燈會元』 卷第十七. T51n2077_p0614a16~17, 『續傳燈錄』 卷第二十二. X81n1568_p0176a22, 『五燈嚴統』 卷第十七. X82n1571_p0043c20, 『五燈全書』 卷第三十八. "絶蹤跡處".)

表叢林有人. 有麼? 若無, 洞山不惜眉毛打葛藤去也. 葛藤之事, 只在目前, 萬象森羅, 乾坤大地, 百千諸佛, 日月星辰, 地獄三塗, 起心動念, 每日經歷, 皆是諸德自己. 何不向遮裏體當尋覓看? 驀然覷得, 倜儻分明, 不虛行脚也, 自得箇安樂田地. 洞山此語, 且作死馬醫. 若據明眼衲僧, 將草鞋驀口掌, 還恁得佗也無? 恁即不恁, 你道憑箇甚麼捉得將來? 脚跟下推尋. 毫末參差, 椎折你腰, 莫鸝心. 好."621)

동산 수초스님622)이 대중에게 열어 보이셨다.

"초산(楚山)623)의 북쪽 지방과 한수(漢水)624)의 남쪽 강 지역에서는 법고를 치면서 납자들을 모으고 종풍을 드날려 조사님의 뜻을 밝히고들 있습니다.

〈'눈썹을 드날리고 눈을 깜박임' '주먹을 세우고 손가락을 세움' '헛기침과 기침소리'〉

이러한 것은 모두가 부엌에서 발우보(鉢盂褓)를 씻는 것입니다.

〈'뭐라고?' '알겠나?'〉

이것은 그야말로 납승의 낡고 해어진 짚신입니다.

〈'이 눈먼 놈들아!' '이 꽉 막힌 놈들아!'〉

이것은 허깨비625)를 희롱하는 것입니다.

〈'모두가 이것이다.' '모두가 이것이 아니다.'〉

이러한 것은 뒷간626)에서 똥구멍 닦는 나뭇조각일627) 뿐입니다.

---

621) 『聯燈會要』 卷第二十六, X79n1557_p0226a08~22. 『古尊宿語錄』 卷之三十八, X68n1315_p0246a10~24. 참조.

622) 洞山守初(동산수초) : 덕산선감(德山宣鑑)-설봉의존(雪峰義存)-운문문언(雲門文偃)-동산수초(洞山守初). 910~990. 주95) 참조.

623) 楚山(초산) : 형산(荊山)을 말한다. 호북성(湖北省) 서부지역에 있으며 남동쪽에 한수(漢水)가 있다.

624) 漢水(한수) : 섬서성(陝西省) 영강현(寧强縣)에서 발원하여 호북성(湖北省)을 지나 무한시(武漢市)에서 장강(長江)으로 흘러드는 강이다.

625) 精魂鬼(정혼귀) : 정령(精靈)과 혼백(魂魄)과 귀신(鬼神)을 말한다. 곧 실재하지 않는 허깨비, 환(幻)이다.

626) 東司(동사) : 동정(東淨)이라고도 한다. 선종(禪宗)사찰의 동쪽에 있는 화장실. 또는 화장실이 있는 방향과는 아무 관계없이 모든 화장실을 다 동사(東司)라고도 불렀다. 제예명왕(除穢明王)이 동쪽에 있으면서 사람과 불법을 수호한다는 전설에 따라 화장실을 흔히 동쪽에 지었다고 함. 사찰에서 서정(西淨)도 화장실이다.

만일 이러한 방법을 종래로 써왔다면,(628) 이는 모두가 다 삿된 마(魔)의 조작일 것이요, 대승을 비방하는 것이며, 부처님과 조사님들로(629) 내려오는 종자를 없애는 것이 되어 버려서, 여러분의 본래면목과는 천지(天地)만큼이나 현격하게 차이가 나 버렸을 것입니다.

바로 여기 말해보십시오.
납승들이 무슨 도리를 제시해야 하겠습니까?
나와서 대중에게 말해보십시오.
솥의 발을 부러뜨리고 한 쪽 팔을 쭉 내밀어보십시오. 선종의 가풍이 끊어지지 않게 할 것입니다.(630) 또한 총림에 사람이 있다는 것을 드러낼 수 있을 것입니다.
있습니까?
만일 없다면 이 동산이 눈썹이 떨어질까 저어하지 않고(631)쓸데없는 말을 좀 해 보겠습니다.

내가 말하고자 하는 것은 그야말로 오로지 여러분의 눈앞에 다 있습니다. 삼라만상과 하늘과 땅, 수많은 모든 부처님들과, 해와 달·별들과, 지옥·아귀·축생의 삼악도에서 마음을 일으키고 생각을 움직이며 매일 지내는 일상의 모든 일들이 모두 다 여러분의 본래 자기자신의 모습입니다. 그런데 어찌하여 이 속을 향하여 당체(當體)를 찾아 구하지 않는단 말입니까? 홀연히 자기의 본심을 엿보아 기개가 활달하고 명명력력(明明歷歷)하게 된다면, 여러분의 행각이 헛되지 않을 것이며, 스스로 안락의 경지를 얻게 될 것입니다.

---

627) 厠籌(측주) : 대변을 본 뒤 뒤를 닦는 데에 쓰는 대나무나 나무로 만든 얇은 조각.
628) 稱提(칭제) : 칭(稱)은 '들어 올리다.' 제(提)는 '끌어 올리다. 들어 올리다'는 뜻. 곧 도와주는 것.
629) 胡種(호종) : 원래 오랑캐, 즉 만주족을 말한 것이지만 선종(禪宗)에서는 석가모니불로부터 전법계승해온 조사들을 가리킨다.
630) 貴(귀) : ~하려고 하다. ~하고자 하다.
631) 不惜眉毛(불석미모) : 눈썹을 아끼지 않다. 즉, 눈썹이 떨어질까 두려워 않는다는 뜻. 중국의 속담엔 거짓말을 하면 눈썹이 떨어진다고 한다. 동산스님이 쓸데없는 말을 좀 하겠다는 의미로 썼다.

 이 동산이 이렇게 말한 것은 다만 죽은 말을 살리는 의사632)의 역할일 뿐입니다. 만일 눈 밝은 납승에게 제시한다면 짚신발로 곧바로 나의 입을 틀어 막아버릴633) 것입니다.
 그를 의심합니까?634)
의심하는 것이 곧 의심하지 않는 것입니다. 여러분은 무엇에 의거하여 잡겠다고 말하는 것입니까? 바로 그 자리서 찾으십시오. 털끝만치라도 차이가 난다면 여러분의 허리를 꺾어버리고야 말겠습니다. 마음을 거칠게 하지 마십시오. 好(Hǎo)!635)”

 僧問: “赤水求珠, 猶是人間之寶, 和雲唱出, 固非格外之談. 未審今日將何示人?” 曰: “夜聞祭鬼鼓, 朝聽上灘歌.” 問: “言超象表靑霄外, 出語幽玄事若何?” 曰: “岸上行人聲有韻, 船中漁父和不齊.” 云: “幽玄事若何?” 曰: “鉤長線短.” 問: “聞師引出潭中意, 直透靑霄事若何?” 曰: “甲巳之年丙作首.” 曰: “今日事若何?” 曰: “大好雪.” 問: “如何是佛?” 曰: “麻三斤.” 問: “如何是古佛心?” 曰: “巢知風, 穴知雨.”636)問: “牛頭未見四祖時如何?” 曰: “榔栗木拄杖.” 云: “見後如何?” 曰: “寶八布衫.” 問: “佛法兩字卽不問, 如何是從上來事?” 曰: “眼裏瞳人吹木笛.”637)

 어떤 스님이 여쭈었다.
 “적수(赤水)에서 보배 구슬을 구했다 하더라도638) 오히려 이것은 인간세상

---

632) 死馬醫(사마의) : 죽은 말을 산 말로 만드는 의사. 되지도 않을 일을 쓸데없이 하는 것. 또는 중하근기(中下根器)의 학인들을 대하여 최대로 방편교법(方便敎法)을 써서 노력하여 깨달음으로 이끄는 것을 말함.
633) 塦(축) : 막히다. 땅을 다지다. 곧 입을 막아버린다는 뜻.
634) 恠(괴) : 의심하다. 비웃다.
635) 好(호) : 쯧. 아이고.
636) 『聯燈會要』 卷第二十六, X79n1557_p0227a04~10. 참조. 이 뒤의 두 선화(禪話)는 『연등회요』에 실려 있지 않음.
637) 『古尊宿語錄』 卷之三十八, X68n1315_p0246b04~18. 참조.
638) 赤水求珠(적수구주) : 『장자』의 적수현주(赤水玄珠) 우화에서 나온 말이다. “황제가 적수의 북쪽에 놀러 다니다가 곤륜산에 올라 남쪽을 관망하고 돌아왔는데 현주를 잃어버리고 왔다. 그래서 지(知)로 하여금 찾아오게 하였으나 그냥 돌아왔다. 다시 이(離)로 하여금 찾아오게 하여도 또한 찾질 못하였다. 또 끽후(喫詬)에게 찾아오게 하였으나 역시 찾지 못하고 돌아왔다. 이에 상망(象罔)을 보냈더니 찾아왔다. 그러자 황제가 말하였다. ‘참으로 의외로구나! 상망이 찾아오다

의 보배일 뿐입니다.639) 꽃구름을 동반하여640) 큰소리로 말한다 하여도 진실로 격외641)의 말이 아닐 것입니다. 도대체 오늘 무엇으로 사람에게 보이시겠습니까?"

말씀하셨다.

"한밤중엔 제삿밥 먹으러 온 귀신이 북치는 소리를 듣고, 아침에는 여울가의 노랫소리를 듣는다."

여쭈었다.

"형상을 초월하여 푸른 하늘 바깥을 말하고, 그윽하고 현묘한 일을 말을 하면 어떻습니까?"

말씀하셨다.

"언덕 위의 사람들이 운율을 붙여 노래를 하면, 고깃배 어부들이 운에 맞춰 노래하지만 잘 맞추질 못한다."

여쭈었다.

"그윽하고 현묘한 일은 어떠합니까?"

말씀하셨다.

"낚싯바늘은 길고 낚싯줄은 짧다."

여쭈었다.

"듣자니 스님께선 깊은 못에서 미묘한 뜻을 끌어 내신다던데, 곧바로 푸른 하늘의 일을 투탈(透脫)하는 일이 무엇입니까?"

말씀하셨다.

"갑사(甲巳)의 해642)에는 병(丙)이 맨 앞에 나온다."

니!'"(『莊子』, 外篇, 「天地」第十二. "黃帝游乎赤水之北, 登乎昆侖之丘而南望還歸, 遺其玄珠 使知索之而不得, 使離朱索之而不得, 使喫詬索之而不得也. 乃使象罔, 象罔得之. 黃帝曰:'異哉, 象罔乃可以得之乎?'"). 지(知)는 지식을, 이(離)는 잘 관찰함을, 끽후(喫詬)는 뛰어난 언변을, 상망(象罔)은 유(有)도 아니요 무(無)도 아닌 경지를 상징한다.

639) 상망(象罔)에 의해 구슬을 구한 것도, 즉 유(有)도 아니요 무(無)도 아닌 경지마저도 격외의 도리는 아니라는 말이다.

640) 和雲(화운) : 꽃구름과 함께. 곧 화려한 말솜씨와 문장력을 구사함을 말함.

641) 格外(격외) : 격(格)은 네모난 틀, 또는 격자로서 국한하는 것, 법식, 제도, 규격 등을 말한다. 어떤 정해진 틀을 벗어나는 것이니, 여기서는 분별로 헤아릴 수 없는 것을 말한다.

642) 갑사(甲巳)의 해 : 60갑자에 없는 것이다.

여쭈었다.
"오늘 어떠하십니까?"
답하셨다.
"눈이 내리니 참으로 좋구나!"

여쭈었다.
"어떤 것이 부처님입니까?"
말씀하셨다.
"삼 서 근."

여쭈었다.
"어떤 것이 옛 조사님들643)의 마음입니까?"
말씀하셨다.
"둥지에 깃들인 새는 언제 바람이 불어올 지 미리 알고,
구멍 속의 개미는 언제 비가 올 지 미리 안다."

여쭈었다.
"우두 법융스님644)이 사조 도신스님645)을 뵙기 이전은 어떻습니까?"

---

643) 古佛(고불) : 주544) 참조.
644) 牛頭法融(우두법융) : 신광혜가(神光慧可)-감지승찬(鑑智僧璨)-쌍봉도신(雙峰道信)-우두법융(牛
頭法融). 594~658. 우두혜융(牛頭慧融)이라고도 함. 윤주(潤州) 연릉(延陵)[강소성 진강] 출신.
속성은 위씨(韋氏). 우두종(牛頭宗)의 초조이다. 일찍이 여러 경사(經史)에 통달하였으나 『반야
경』을 읽다가 불법에 대한 마음이 열렸다. 19세에 모산(茅山) 풍락사의 경법사(炅法師)에게 출가
하였다. 그 문하에서 『삼론(三論)』 『화엄경(華嚴經)』 『대품경(大品經)』 『대집경(大集經)』 『유마경
(維摩經)』 『법화경(法華經)』 등의 여러 경전을 배웠다. 후에 우두산 유서사(幽棲寺)로 가서 북쪽
바위 밑에 따로 선방을 짓고 살고 있을 때 사방에서 납자들이 모여와 제자들이 100여명이나 되
었다. 어느 날은 사조 도신스님이 찾아 가서 삼조 승찬스님의 돈교 법문을 부촉하였다. 현경(顯
慶) 2년 64세로 입적하였다. 저서에 『절관론(絕觀論)』 『신심명(信心銘)』 『정명경사기(淨名經私
記)』 『화엄경사기(華嚴經私記)』 『법화경명상(法華經名相)』 등이 있다. 원양지암(圓陽智巖) 등 12
명의 제자가 『전등록』 4권에 나온다.
645) 四祖道信(사조도신) : 보리달마(菩提達磨)-신광혜가(神光慧可)-감지승찬(鑑智僧璨)-쌍봉도신(雙
峰道信). 파두도신(破頭道信)이라고도 함. 제창군(齊昌郡) 기주(蘄州) 포흥현(苞興縣)[호북성(湖北
省) 무혈시(武穴市) 매천진(梅川鎮)]에서 태어났다. 속명은 사마신(司馬信)이다. 7세에 제북사(濟
北寺)로 출가하였다. 14세에 삼조 승찬스님을 참례하고 여쭈었다. "원컨대 스님께서는 자비를
드리우시어 해탈법문을 말씀해 주십시오." 삼조스님이 말했다. "누가 너를 묶었느냐?" 도신스님

말씀하셨다.
"질률목(榔栗木)646)으로 만든 주장자다."
여쭈었다.
"뵙고 나선 어떻습니까?"
말씀하셨다.
"구멍이 여덟 개나 숭숭 뚫린 베적삼이다."647)

여쭈었다.
"불법(佛法) 이 두 글자는 묻지 않겠습니다. 어떤 것이 선대로부터 죽 내려
온 일입니까?"
말씀하셨다.
"눈동자 속의 사람이 나무피리를 분다."

80. 대수법진大隨法眞

大隋和尙, 示衆, 云: "夫上代諸德, 莫非求實, 不自謾昧, 豈比飛蛾投火, 自傷自
壞? 他明白了, 彼生死輪回拘障不得, 所以識不能識, 智不能知. 不聞道, '釋迦掩
室, 淨名杜口, 須菩提無說而說, 釋梵絕聽而聽'. 此事大難! 大難!"
　僧問: "路逢古佛時如何?" 曰: "你或逢驢駝象馬, 喚作甚麽?" 問: "萬法從心起,
未審心從何起?" 曰: "石牛沿江走, 水底火燒天." 問: "如何是大人相?" 曰: "肚上
不貼牓."648)

이 말씀드렸다. "아무도 묶지 않았습니다." 삼조스님이 말했다. "그런데 어찌 다시 해탈을 구하
느냐?" 이 말에 그 자리서 크게 깨달았다. 이후 파두산(破頭山)[후에 쌍봉산(雙峯山)으로 바꿈]
자락에 사조사(四祖寺)를 짓고 농토를 개간하여 농사를 짓고 불법을 전파하여 크게 선종의 문을
열었는데 한 때 사조사의 수행 대중이 5백 명에 이르렀다고 한다. 영휘(永徽) 2년(651년)에 입
적하였다. 시호는 대의선사(大醫禪師)이다.
646) 榔栗木(질률목) : 나무 이름으로, 지팡이나 선장(禪杖)을 만드는데 주로 쓰인다.
647) 『오등회원』에서는 '八(팔)'이 '入(입)'으로 되어 있으나 여타 어록에서는 거의 다 '八(팔)'로 되
　　어 있다. (X80n1565_p0310b02,『五燈會元』卷第十五. "寶入布衫." X68n1315_p0246b16,『古
　　尊宿語錄』卷之三十八. "寶八布衫.")
648) 『聯燈會要』卷第十, X79n1557_p0090b05~b09.『古尊宿語錄』卷第三十五, X68n1315_p022
　　9a18~b10. c16. 참조.

대수 법진스님649)이 대중에게 열어 보이셨다.

"예부터 선종의 고덕들은 실상(實相)을 구하지 아니함이 없었고 스스로를 속이지 않았습니다. 어찌 나방이 날다가 불에 달려들어 스스로를 상하게 하고 무너뜨리는 것에 비하겠습니까? 그들이 실상을 궁구함이 명명백백하였기에 저 생사윤회가 그들을 구속하여 막지를 못하였습니다. 그러므로 이러한 경계는 식심으로써는 알 수가 없고 지혜로써도 알 수가 없습니다.

'석가모니부처님이 방문을 걸어 잠그고,650) 유마거사가 입을 닫아버린 일651)과, 수보리스님이 말함 없이 말하고, 석범이 들음 없이 들었다'652)는

---

649) 大隋法眞(대수법진) : 마조도일(馬祖道一)-백장회해(百丈懷海)-복주대안(福州大安)-대수법진(大隋法眞). 834~919. 주548) 참조.

650) 釋迦掩室(석가엄실) : 『조론』에 나오는 구절이다. "석가모니부처님이 마갈타에서 방문을 나서지 않으셨으며, 유마거사가 비야리성에서 입을 닫았던 까닭이며, 수보리존자가 설함 없이 도를 드러내었으며, 석범이 들음 없이 꽃비를 내렸다."(T45n1858_p0157c13~15, 『肇論』「涅槃無名論」第四. "所以釋迦掩室於摩竭, 淨名杜口於毘耶, 須菩提唱無說以顯道, 釋梵約(絶)聽而雨華.") 또 『대지도론』에서 이르기를, "또 석가모니부처님이 성불이시고 나서 57일을 설법하지 않으셨다." (T25n1509_p0311a28~29, 『大智度論』「釋初品中見一切佛世界義」 第五十一之餘(卷三十四). "又如釋迦文佛, 成佛已五十七日不說法.")고 한 데서 마갈엄실(摩竭掩室)이라는 선어(禪語)가 나왔다.

651) 淨名杜口(정명두구) : 『유마힐소설경』9권에 나온다. "'어떤 것이 보살이 불이법문에 들어가는 것입니까?' 유마힐은 묵연히 말씀이 없으셨다. 문수사리보살님이 찬탄하여 말씀하셨다. '기쁩니다. 기쁩니다. 문자와 언어가 없음이 참으로 불이법문에 들어가는 것입니다.'"(T14n0475_p0551c21~24, 『維摩詰所說經』「入不二法門品」第九. "'何等是菩薩入不二法門?' 時維摩詰黙然無言. 文殊師利歎曰: '善哉! 善哉! 乃至無有文字語言, 是眞入不二法門.'")

652) 須菩提無說而說, 釋梵絶聽而聽(수보리무설이설, 석범절청이청) : 『마하반야경』에서 수보리존자가 제천(諸天)들에게 설하면서 자신은 설함 없이 설하였고 제천(諸天)들은 들음 없이 들었다는 내용의 설법을 한다. "수보리존자가 여러 천자들에게 말씀하셨다. '그대들은 법에 있어 내가 말한 바가 없음과 내가 한 글자도 말하지 않았고 또한 들은 자도 없음을 모르는구나. 어째서일까? 모든 글들은 반야바라밀이 아니고, 반야바라밀 속에는 듣는 자가 없으며 모든 부처님의 아누다라삼먁삼보리는 글도 없고 말함도 없다.'"(T08n0223_p0275b20~24, 『摩訶般若波羅蜜經』「問住品」 第二十七. "須菩提語諸天子: '汝等法應不知我無所論說, 乃至我不說一字亦無聽者. 何以故? 諸字非般若波羅蜜, 般若波羅蜜中無聽者, 諸佛阿耨多羅三藐三菩提無字無說.'") "이 가운데는 말하는 이도 없고 듣는 이도 없고 아는 이도 없으니 모든 천자들은 …… 말함도 없고 들음도 없는 까닭이다."(T08n0223_p0276a4~11, 『摩訶般若波羅蜜經』「問住品」 第二十七. "是中無說者無聽者無知者, 以是故諸天子 …… 以無說無聽故.") 『조론신소』 권하(卷下)에 설명이 있다. "'석범등'은 『대품반야』의 「천주품」에서 수보리존자가 환화의 비유로 반야의 설함도 없고 들음도 없는 이치를 널리 설하였으며 「산화품」에서 '석제환인과 삼천대천세계의 사천왕 등이 변화하여 하늘에서 부처님과 대중에게 꽃을 뿌렸다'함은 그 뜻이 수보리존자는 말함으로써 공(空)을 듣게 하였기에 말하였으나 말함이 없음으로써 실상을 드러내었고, 모든 하늘들은 공(空)을 알았기에 들음 없이 들음으로써 법을 깊이 알아 꽃을 뿌린 것이다."(T45n1860_p0230b17~22, 『肇論新疏』 卷下. "釋梵等者, 大品般若自天主品以來, 須菩提依幻化喻, 廣說甚深般若無說無聽之理. 至散花品釋提桓因及三千大千世界中四天王等, 化作天花散佛及大眾上等. 意云, 須菩提以說聽空, 故說而無說, 以顯實相. 諸天解空聽而無聽, 為供深法故散花也.")

얘기는 다들 알고 있을 것입니다.

　이러한 경계의 일에 도달하기는
　너무나 어렵구나! 너무나 어렵구나!"

어떤 스님이 여쭈었다.
"길을 가다가 옛 조사님을 만나면 어떻습니까?"
말씀하셨다.
"네가 혹시 당나귀·낙타·코끼리·말 등을 만난다면 어떻게 하겠느냐?"

여쭈었다.
"만법이 마음을 따라 일어난다면, 도대체 마음은 무엇을 좇아 일어나는 것입니까?"
말씀하셨다.
"돌소가 강을 따라 달려 내려가고 물 밑에선 불이 하늘을 태운다."

여쭈었다.
"어떤 것이 부처님의 모습입니까?"
말씀하셨다.
"배 위에다 방문(榜文)653)을 붙이지 않는다."

---

653) 牓(방) : 방문(榜文). 게시물, 문서. 방. 패.

81. 자명초원慈明楚圓

慈明和尚, 問僧: "近離甚麼處?" 云: "雲過千山碧." 曰: "著忙作甚麼?" 云: "鴈去水聲凄." 明便喝, 僧亦喝, 明便打, 僧亦打. 明云: "你看遮瞎漢, 本分打出三門外, 念你是新到, 且坐喫茶." 又問化主: "入廛化導即不問你, 入門一句作麼生道?" 僧便喝, 明云: "亂喝作甚麼?" 僧又喝, 明便打. 又問僧: "近離甚麼處?" 云: "楊岐." 曰: "今夏在甚麼處?" 云: "筠州興教." 曰: "興教和尚還有鼻孔麼?" 云: "有." 明便打.[654]

자명 초원스님[655]이 어떤 스님에게 물으셨다.

"최근에 어디를 떠나오는 길이냐?"

말했다.

"흰 구름 지나는 곳에 천산(千山)이 푸릅니다."

물으셨다.

"바쁘게 왔다 갔다 하며 뭐하냐?"

말했다.

"기러기 날아가니 물소리가 써늘합니다."

자명스님이 곧바로 "억!"하시니, 그 스님 역시 곧바로 "억!"하였다.

그러자 자명스님이 곧 때리시니, 그 스님 역시 때렸다.

자명스님이 말씀하셨다.

"네 놈을 보아하니 눈먼 놈이로구나. 본분本分을 산문 밖에다 던져 버렸군. 산문에 들어온 지 얼마 되지 않은 것 같은데, 자, 앉아서 차 마시게."

또 화주하는 스님에게 물으셨다.

"시내에 들어가서 화주하는 일은 자네에게 묻지 않겠지만, 깨달음에 들어오는 일구(一句)를 어떻게 말하겠는가?"

그 스님이 곧바로 "억!"하였다.

---

654) 『古尊宿語錄』 卷第十一, 「慈明禪師語錄」, X68n1315_p0066b21~24. 『石霜楚圓禪師語錄』, X69n1338_p0193c16~21. 『石霜楚圓禪師語錄』, X69n1338_p0194a13~15. 참조.

655) 慈明楚圓(자명초원) : 풍혈연소(風穴延沼)-수산성념(首山省念)-분양선소(汾陽善昭)-자명초원(慈明楚圓). 987~1040. 주245) 참조.

자명스님이 말씀하셨다.
"시끄럽게 무슨 할(喝)이냐?"
그 스님이 또 "억!"하니, 자명스님이 곧바로 두들겨 패셨다.

또 어떤 스님에게 물으셨다.
"최근에 어디에 있다 왔느냐?"
답하였다.
"양기 방회스님656) 회상에 있다 오는 길입니다."
물으셨다.
"올해 여름철엔 어디서 지내었느냐?"
답했다.
"균주 흥교스님657) 회상에 있었습니다."
물으셨다.
"균주스님에겐 콧구멍이 있던가?"
말했다.
"있습니다."
자명스님이 곧장 때리셨다.

82. 낭야혜각琅邪慧覺

琅邪覺和尚, 示眾, 云: "翦除狂寇, 掃蕩攙搶, 猶是功勳邊事. 君臣道合, 海晏河清. 猶是法身邊事. 作麼生是衲僧本分事?" 良久. 云: "透網金鱗猶滯水, 回途石馬出紗籠."658) 又頌麻三斤話: "洞山麻三斤, 真鍮不博金. 將錢買五彩, 壁上畫天神."659) 頌祖師投針話: "龍猛盂中水, 提婆毳上針, 人人爭得失, 箇箇話疎親,

---

656) 楊岐方會(양기방회) : 수산성념(首山省念)-분양선소(汾陽善昭)-석상초원(石霜楚圓)-양기방회(楊岐方會). 996~1049. 주484) 참조.
657) 筠州興教(균주흥교) : 수산성념(首山省念)-분양선소(汾陽善昭)-낭야혜각(瑯邪慧覺)-흥교원탄(興教院坦). 영가(永嘉)[절강성] 출신. 속성은 우씨(牛氏). 은(銀)을 가공하는 일을 하였는데 어느 날 은병을 만들면서 담금질하고 갈다가 깨달음이 있었다. 그 후 곧장 낭야 혜각스님을 찾아 법을 잇고 천의 의회스님 회상에서 제1좌로 지냈다.
658)『五燈會元』卷第十二, X80n1565_p0241a17~20. 참조.
659)『禪門拈頌集』卷二十七, K46-0446, 1230則. 참조.

不覰雲中鴈, 焉知沙塞深, 農人移片磧, 磧下獲黃金."660)

낭야 혜각스님661)이 대중에게 열어 보이셨다.
"광포(狂暴)한 도둑을 잘라 없애버리고, 원흉662)을 쓸어 없애버립니다. 오히려 이것은 공훈(功勳)663)의 바깥 경계의 일입니다. 임금과 신하가 서로 딱 맞으며,664) 바다는 고요하고 강물은 맑습니다.665) 오히려 이것은 법신의 변사(邊事)666)입니다. 어떤 것이 납승의 본분(本分)의 일입니까?"

한참 묵묵히 계셨다.

말씀하셨다.

"그물을 뚫고 나온 황금물고기가 오히려 물에 막히고,
길을 돌아선 돌말이 청사초롱을 벗어나네."

---

660) 『禪門拈頌集』 卷第三, K46-0041, 90則. 참조.
661) 琅邪慧覺(낭야혜각) : 풍혈연소(風穴延沼)-수산성념(首山省念)-분양선소(汾陽善昭)-낭야혜각(琅邪慧覺). 주76) 참조.
662) 攙搶(참창) : 혜성의 이름이다. 천참(天攙). 천창(天搶). 참성(攙星). 병화(兵禍)를 주관하는 요사스런 별로 여겼으므로 원흉이나 수괴를 참창(攙搶)이라 하였다.
663) 功勳(공훈) : 도(道)를 닦아 증득하는 방법을 말함. 곧 공훈오위(功勳五位)를 일컫는데 동산양개(洞山良介)선사가 세운 다섯 가지의 교설이다. 1, 향(向). 자식이 부모를 향하는 것과 같이 본래부터 갖추고 있는 주인공이 있음을 믿고 돌아오는 것. 2, 봉(奉). 자식이 부모의 가르침을 받들어 좇는 것과 같이 본래부터 갖추고 있는 주인공의 명령에 받들어 좇는 것. 3, 공(功). 받들어 좇는 공(功)에 의하여 부자(父子)간에 서로 간격이 없는 것과 같이 주인공을 서로 만나보아 망견을 벗어 버리는 것. 4, 공공(共功). 부자(父子) 간에 상호 그 자리를 지킨다고는 하지만 전혀 마음속에 품고 있는 생각에서 벗어날 수 없는 것과 같이 본연의 자성을 본 후 바른 자리를 지키지 않고 일을 당한 바로 그 자리에 출생하며, 곳에 따라 환멸(還滅)하여 자유로이 활동을 하나 오히려 공(功)에 대한 자랑을 버리지 못하는 것. 5, 공공(功功). 군신(君臣)과 부자(父子)의 도리를 합하여 한 생각으로 그 사이에 의량(擬量)이 없는 것과 같이 공(功)의 지극한 곳을 투탈(透脫)하여 공불공(功不功)을 보지 못하고 스스로 무공용(無功用)의 경지에 도달하는 것. (출처:『불교학대사전』. p96. 홍법원, 1998.)
664) 君臣道合(군신도합) : 동산 양개선사가 학인을 접인하는 데 있어 제시한 오위군신(五位君臣)을 말한다. 군(君)은 정위(正位)요 신(臣)은 편위(偏位)다. 군신도합(君臣道合)은 오위군신 가운데 제5위로서 정(正)도 아니요 편(偏)도 아닌 가장 현묘함이다. 오위군신(五位君臣)은 군위(君位)·신위(臣位)·군시위(君視位)·신향군(臣向君)·군신합(君臣合)의 오위(五位)다.
665) 海晏河清(해안하청) : 큰 바다는 아주 고요히 안정되어 있고 황하강(黃河江)의 물은 맑디맑다. 천하가 태평하고 무사(無事)한 상태를 형용한다. 선종(禪宗)에서 흔히 쓰는 용어로서 마음속이 완전히 안정되어 번뇌가 조금도 남아 있지 않은 상태를 가리킨다.
666) 邊事(변사) : 변경의 일. 향하문(向下門)이다.

또 '마삼근' 화두에다 노래를 하셨다.

"동산의 '삼서근'이여.
천연 황동석(黃銅石)이라도 금으로 바꿀 순 없네.667)
돈으로 오색물감을 사서,
벽 위에다 천신(天神)을 그리는구나."

가나제바조사님668)의 '바늘을 던짐'669) 화두에다 노래를 하셨다.

"용수보살670)은 발우 속의 물이요,
가나제바는 가사671) 위의 바늘이라네.
사람마다 득실을 따지고,
낱낱이 친소(親疎)를 말하지만,
운중(雲中)672)의 변경673)을 보지 못하고서,

---

667) 眞鍮不博金(진유불박금) : 금빛 나는 자연동(自然銅)일지라도 금으로 바꾸진 못함.

668) 迦那提婆(가나제바) : ⑤Kāṇṇadeva. 마명(馬鳴)-가비마라(迦毘摩羅)-용수(龍樹)-가나제바(迦那提婆). ?~161. 선종(禪宗) 제15조사이다. 남천축국 출신이며 속성은 비사라(毘舍羅)다. 남인도의 바라문 출신이다. 성천(聖天)으로 한역한다. 처음에는 복업(福業)을 구하는데 힘쓰고 논쟁을 좋아하였다. 뒤에 용수보살을 만나러 가자 용수보살이 그가 인연이 있음을 알아채고는 시자를 시켜서 발우에 물을 가득히 담아 법좌 앞에 놓게 하였다. 제바존자가 이것을 보자마자 즉각 바늘 하나를 던져 넣고서 나가버리니, 뜻에 계합하였다. 용수보살(龍樹菩薩)의 제자로서 삼론종(三論宗) 또는 제바종(提婆宗)의 종조로 추앙 받았다. "본래 전법할 이에게/ 해탈의 이치를 설하나 / 법에는 실제로 증득할 것이 없고/ 끝도 없으며 시작도 없네. (本對傳法人, 爲說解脫理, 於法實無證, 無終亦無始.)"라고 전법게를 읊어 라후라다(羅睺羅多)존자에게 법을 부촉하고 전한(前漢) 문제(文帝) 19년(161) 분신삼매(奮迅三昧)에 들어 몸에 여덟 가지 광명을 놓아 열반에 들었다. 『백론(百論)』 2권·『광백론(廣百論)』 1권·『백자론(百字論)』 1권·『대장부론(大丈夫論)』 2권·『외도소승열반경(外道小乘涅槃經)』 1권 등이 있다.

669) 祖師投針(조사투침) : 『전등록』 2권에 나온다. "후에 용수보살을 알현하러 가서 문 앞에 다다랐는데, 용수보살이 지혜인임을 바로 알아보고 먼저 시자를 보내서 발우에 물을 가득 채워 가나제바존자 앞에 두게 하였다. 존자가 그것을 보자마자 곧 바늘 한 개를 던져 넣고 지나가니 흔연히 서로 계합하였다."(T51n2076_p0211b03~06, 『景德傳燈錄』 卷第二. "後謁龍樹大士將及門, 龍樹知是智人, 先遣侍者, 以滿缽水置於坐前. 尊者睹之卽以一鍼投之而進, 欣然契會.")

670) 龍猛(용맹) : 용수보살을 말한다. 산스크리트어인 Nāgārjuna를 구역(舊譯)에서는 '용수(龍樹)'라고 번역하였고, 신역(新譯)에서는 '용맹(龍猛)'이라고 번역하였다.

671) 毳(취) : 솜털로 만든 승복. 스님들이 입는 가사승복에는 분소의(糞掃衣)·납의(衲衣)·취의(毳衣)·삼의(三衣)의 넷이 있다.

672) 雲中(운중) : 진대(秦代에 둔 현(縣)의 이름으로 내몽고자치구의 탁극탁현(托克托縣) 북동쪽에 위치해 있었다. 여기에 넓이 2만 6천 제곱킬로미터의 광대한 모우스사막(毛烏素沙漠)이 위치해

사새(沙塞)674)의 깊숙함을 어찌 알리오?
농사꾼이 우뚝 선 주춧돌을 치우니,
주춧돌 아래서 황금을 얻었다네.”

83. 진정극문眞淨克文

真淨和尚, 示眾, 舉: “雪峯云: ‘南山有條鼈鼻蛇, 汝等諸人出入好看.’ 雪峯無大人相, 然則蛇無頭不行. 長慶恰如箇新婦兒, 怕阿家相似, 便道: ‘堂中今日大有人喪身失命.’ 雲門拽拄杖, 攛向雪峯面前, 作怕勢, 為蛇畫足. 玄沙云: ‘用南山作甚麼?’675) 道我見處親切, 不免只在窠窟裏, 更無一人有些子天然氣槩. 報寧門下, 莫有天然氣槩底麼? 不敢望你別懸慧日, 獨振玄風, 且向古人鶻臭布衫上知些子氣息, 也難得.”676)

있다.
673) 雁(안) : 안새(雁塞)를 말한다. 중국 북쪽의 몽골 변경지역을 말한다.
674) 沙塞(사새) : 사막으로 이루어진 국경의 요새다.
675) 『오등회원속략』 ‘천동비은통용선사(天童費隱通容禪師)’의 법문 참조. “설봉스님이 시중에서 말씀하셨다. ‘남산에 자라의 코를 가진 뱀이 한 마리 있다. 여러분은 들고 날 때 조심해라. 뱀은 머리가 없으면 못 간다.’ 장경스님이 말씀하셨다. ‘뱀이 아가리를 벌리니 오늘 선당에 수많은 사람들이 몸을 상하고 목숨을 잃었다.’ 운문스님이 주장자를 면전을 향해 던지고 두려워하는 시늉을 하고 뱀 또아리 폼을 취하셨다. 한 스님이 현사스님께 말씀드리니, 현사스님이 말씀하셨다. ‘반드시 나의 장경사형이라야만 뱀의 가려운 곳을 긁어 줄 수 있다. 그렇긴 하지만 나는 그렇게 해 줄 수가 없다.’ 그 스님이 말했다. ‘스님께선 어찌 하실 겁니까?’ 현사스님이 말씀하셨다. ‘남산을 써서 어떻게 뱀을 굴에서 끄집어내겠느냐?’ 그리고 말씀하셨다. ‘만일 설봉 회상에 있는 자가 한 무리의 뱀을 숨겨두었다 하여도 오늘 이 산승의 주장자 끝에 매달리고야 말 것이다. 그를 살리고자 하면 그렇게 될 것이고 죽이고자 하여도 그리 될 것이고 살리지 않으려 해도 그렇게 될 것이고 죽이지 않으려 해도 그렇게 될 것이다. 이른바 잡으려하면 사방에 길이 없고 놓아버리면 풀숲을 굴러다닐 것이다. 바로 지금 형제들 가운데 옛사람들과 함께 숨을 쉬는 자가 있느냐? 있다면 나와서 뱀에다 발을 그려 넣어라. 없다면 이 산승이 놓아 둔 뱀들이 여러분들을 물어 죽일 것이다.’”(X80n1566_p0533c05~15,『五燈會元續略』卷第四下. “舉雪峰示眾曰: ‘南山有一條鼈鼻蛇. 汝等諸人切須好看. 蛇無頭不行.’ 長慶曰: ‘今日堂中大有人喪身失命, 張開蛇口.’ 雲門以拄杖攛向面前作怕勢, 露出蛇班. 僧舉似玄沙, 沙曰: ‘須是我稜兄始得與蛇揩癢. 雖然如是, 我却不與麼.’ 僧曰: ‘和尚作麼生?’ 沙曰: ‘用南山作麼跳出蛇窠?’ 乃曰: ‘當咄雪峰會裏者一羣蛇. 今日被山僧挑向拄杖頭上. 要教他生也得, 要教他死也得, 要教他不生亦得, 要教他不死亦得. 所謂把住則四方無路, 放行則草叢裏輥. 現前兄弟還有與古人出氣者麼? 有則出來為蛇畫足, 無則山僧放者一羣蛇咬殺汝諸人去也.’”)
676) 『聯燈會要』卷第十四. X79n1557_p0125b02.『禪門拈頌集』卷第十九, K46-0320, 789則.『古尊宿語錄』卷之四十三, X68n1315_p0284b12~19. 참조.

진정 극문스님677)이 대중에게 열어 보이셨다.
"설봉스님678)이 말씀하셨습니다.
'남산 위에 자라의 코를 가진 뱀679)이 한 마리 있다. 그대들은 들어오고 나갈 때 잘 살펴보라.'

설봉스님은 대인상(大人相)680)이 없습니다. 그렇다면 뱀이 머리가 없으면 가지 못하게 됩니다.

장경스님681)은 새색시 며느리와 같아서 시어머니를 두려워하는 것과 같습니다.
문득 말씀하셨습니다.
'오늘 선당(禪堂)에서 수많은 사람들이 목숨을 잃어버렸다.'682)

---

677) 眞淨克文(진정극문) : 분양선소(汾陽善昭)-석상초원(石霜楚圓)-황룡혜남(黃龍慧南)-진정극문(眞淨克文). 1025-1102. 주131) 참조.
678) 雪峰義存(설봉의존) : 천황도오(天皇道悟)-용담숭신(龍潭崇信)-덕산선감(德山宣鑑)-설봉의존(雪峰義存). 822~908. 주193) 참조.
679) 鼈鼻蛇(별비사) : 자라의 코를 가진 뱀. 살모사와 같은 맹독을 품은 독사. 이 뱀에게 물리면 곧바로 죽음. 선가(禪家)의 대종장도 학인이 오면 신속히 제접하여 사량분별을 끊어버리기 때문에 별비사에 비유하였다.
680) 大人相(대인상) : 부처님이나 보살, 전륜성왕 등이 가지고 있는 특별한 모습. 32상이라고도 한다.
681) 長慶慧稜(장경혜릉) : 용담숭신(龍潭崇信)-덕산선감(德山宣鑑)-설봉의존(雪峰義存)-장경혜릉(長慶慧稜). 854~932. 항주(杭州) 염관(鹽官) 출신. 속성은 손씨(孫氏). 13세에 소주(蘇州) 통현사(通玄寺)로 출가하여 구족계를 받았다. 이후 제방을 참례하다가 설봉 의존스님 회하로 가서 대오(大悟)하고 30여년을 모시고 지냈다. 그러다가 천우(天祐) 3년(906)에 청주자사 왕정빈(王廷彬)의 요청으로 초경사(招慶寺)에 주석하면서 대중을 제접하였다. 그 후 민수(閩帥)[민족(閩族)의 왕]의 청을 받아들여 장락부(長樂府) 서원(西院) 장경사(長慶寺)에 머물렀다. 스님에게는 항상 1500여명의 제자들이 따랐다고 한다. 장흥(長興) 3년(932) 79세로 입적하였다. 시호는 초각대사(超覺大師)이다. 초경도광(招慶道匡), 취령명원(鷲嶺明遠), 개선소종(開先紹宗), 광엄함택(廣嚴咸澤) 등 28명의 전법제자들이 있다.
682) 설봉스님 어록에 나오는 구절로 설봉스님과 장경스님의 선화(禪話)이다. "스님이 시중에서 말씀하셨다. '남산에 자라의 코를 가진 독한 뱀이 한 마리 있으니, 그대들은 절박하게 잘 살펴보아라.' 장경 혜릉스님이 나와서 말씀하셨다. '오늘 승당에 수많은 사람들이 몸을 잃고 목숨을 잃었습니다.' 어떤 스님이 이 일을 현사 사비스님에게 말씀드리니 스님이 말씀하셨다. '이것은 혜릉사형이라야만 반드시 될 수 있는 것이다. 비록 이와 같으나 나는 그렇게 하진 않겠다.' 그 스님이 여쭈었다. '스님께선 어떻게 하십니까?' 현사스님이 말씀하셨다. '남산을 써서 무엇 하겠느냐?' 운문 문언스님이 주장자를 설봉스님의 면전을 향하여 던지고는 겁내는 시늉을 하고는 입을 벌리고 혀를 내미셨다." (X69n1333_p0082c24,『雪峰真覺禪師語錄』卷之上. "師示眾, 云:'南山有一條鼈鼻蛇, 汝等諸人切須好看.' 長慶出云:'今日堂中大有人喪身失命.' 僧舉似玄沙, 沙云:

운문스님683)이 주장자를 끌고 와서 설봉스님의 면전에다 던지시고684)
겁을 내는 시늉을 하셨습니다.
이는 뱀에다 발을 그려 넣은 것입니다.

현사스님이 말씀하셨습니다.
'남산을 써서 무엇을 하려느냐?'

나의 현처(見處)를 말한 것이 친절하지만685) 그야말로 둥지 굴686) 속에서
벗어나지 못하였습니다.
다시 한사람도 조금의 천진 자연의 기개가 없구나.
이 보령(報寧) 문하에 천진 자연의 기개를 가진 자가 전혀 없습니까?
여러분이 별도로 밝은 태양을 매달고687) 현풍(玄風)을 홀로 떨치기를688)
감히 바라는 것은 아닙니다. 하지만 옛사람의 액취 냄새나는689) 베적삼690)
에서 조금의 기미라도 알고자 한다면 쉽지는 않을 것입니다."

'須是稜兄始得, 然雖如此, 我即不與麼.'僧云:'和尚作麼生?'沙云:'用南山作麼?'雲門以拄杖攛
    向師面前, 作怕勢, 張口吐舌.")
683) 雲門文偃(운문문언) : 용담숭신(龍潭崇信)-덕산선감(德山宣鑑)-설봉의존(雪峰義存)-운문문언(雲
    門文偃). 864~949. 주94) 참조.
684) 攛(찬) : 던지다. 부추기다. 종용하다. 교사하다. 강권하다.
685) 親切(친절) : 선법(禪法)에 딱 부합하다. 가깝다. 분명하다.
686) 窠窟(과굴) : 새나 짐승들의 보금자리. 사람을 속박하는 사물. 기존의 경험이나 격식 등을 비
    유. 혹은 사업을 비유.
687) 別懸慧日(별현혜일) : 별도로 종지(宗旨)를 세우고, 지혜의 태양을 높이 드날림.
688) 獨振玄風(독진현풍) : 독자적으로 종풍(宗風)을 드날림.
689) 鶻臭(골취) : 겨드랑이 냄새. 액취. 암내. 언어.
690) 액취 나는 베적삼 : 홍진(紅塵)에 물든 속견(俗見).

84. 남원혜옹南院慧顒

僧問南院: "祖意教意是同是別?" 曰: "黃尚書, 李僕射." 僧云: "不會."
曰: "牛頭南, 馬頭北."691)
妙喜曰: "前頭答得著, 後頭答不著."

어떤 스님이 남원 혜옹스님692)께 여쭈었다.
"선종(禪宗) 조사(祖師)님들의 종지(宗旨)와 교문(教門)의 종지가 같습니까, 다릅니까?"
남원스님이 말씀하셨다.
"황상서(黃尚書)693)와 이복야(李僕射)694)다."
그 스님이 말하였다.
"모르겠습니다."
남원스님이 말씀하셨다.
"소대가리는 남쪽에 있고, 말대가리는 북쪽에 있군."

---

691) 『天聖廣燈錄』卷第十四, X78n1553_p0486c13~15. 『五燈會元』卷第十一, X80n1565_p0227 c24~0228a02. 『古尊宿語錄』卷第七, 「汝州南院禪師語要」, X68n1315_p0043b01~02. 참조.

692) 南院慧顒(남원혜옹) : 황벽희운(黃檗希運)-임제의현(臨濟義玄)-흥화존장(興化存奬)-보응혜옹(寶應慧顒). 860~930. 흥화 존장스님의 법제자로 하북(河北) 사람이며, 속명은 보응(寶應)이다. 하남성(河南省) 여주(汝州) 보응원(寶應院)에 머물면서 종풍을 떨쳤다. 풍혈연소(風穴延沼), 영교안(穎橋安) 등의 걸출한 제자가 있다.

693) 尚書(상서) : 중국에서 천자(天子)를 도와 정무를 처리하던 벼슬. 전국시대 진나라에서 처음 소부(少府)의 1속관(屬官)으로 두어 문서를 관장하였고, 한나라 무제 때는 황제의 측근에서 정사를 처리하며 문서와 주장(奏章)을 관장하여 점차 중요한 지위가 되었다. 성제(成帝) 때 5인의 상서를 두어 정무를 나누어 처리하였고, 후한(後漢) 때 황제를 도와 정무를 처리하는 정식 관원이 되었다. 수대(隋代)에 비로소 6부로 나뉘었고, 당대에 이(吏)·호(戶)·예(禮)·병(兵)·형(刑)·공(工)의 6부로 확정되었다. 수·당시대로부터 삼성(三省)이 가장 중요한 중앙 기관이 되었으며, 그 하나인 상서성은 직권이 더욱 중요하였다. 송대 이후에는 행정이 완전히 상서성으로 귀속되었다가, 원대에는 중서성의 이름을 두고 상서성의 각 관(官)을 그 속에 예속시켰다. 명초까지 이 제도를 그대로 썼으나, 그 뒤 중서성을 폐하고 6부 상서가 정무를 분장(分掌)하게 하였다. (『漢韓大辭典』 4권, p628. 단국대학교 동양학연구소, 2013.)

694) 僕射(복야) : 벼슬 이름. 진(秦)나라 때 활 쏘는 벼슬로 두어 한(漢)나라 이후도 그대로 따랐다. 한나라 건시(建始) 4년(B.C 29년) 상서(尚書) 5인 중의 한 사람을 복야로 삼았고, 권한이 무거워지자 건안(建安) 4년(199년)에 좌·우복야를 두어 당송을 거쳐 송나라 이후에 폐지하였다. (위의 책. P1359.)

대혜스님이 말씀하셨다.

“앞의 일구(一句)는 답이요, 뒤의 일구(一句)는 답이 아니다.”

85. 대우수지大愚守芝

大愚芝和尙, 示衆, 云: “大愚相接大雄孫, 五湖雲水競頭奔. 競頭奔, 有何門? 箭擊寧知枯木存? 枯木存, 一年還曾兩度春. 兩度春, 帳裏真珠撒與人. 撒與人, 思量也是慕西秦.”695)

又擧: “僧問汾州和尙: ‘如何是接初機句?’ 州曰: ‘汝是行脚僧.’ ‘如何是辨衲僧句?’ 州曰: ‘西方日出卯.’ ‘如何是正令行底句?’ 州曰: ‘千里持來呈舊面.’ ‘如何是定乾坤底句?’ 州曰: ‘北俱盧州長秔米, 食者無貪亦無嗔.’ 自云: ‘將此四句語, 以驗天下衲僧.’696) 大衆. 子細思量. 將此四句語, 被天下衲僧一時勘破.”

妙喜曰: “諸人要識大愚麼? 三年無改於父之道, 可謂孝矣.”697)

대우 수지스님698)이 대중에게 열어 보이셨다.

“이 대우(大愚)가 부처님의 자손들을 접인하니, 오호(五湖)699)의 운수납자

---

695) 『聯燈會要』 卷第十二. X79n1557_p0111b06~08. 참조.

696) 將此四句語以驗天下衲僧(장차사구어이험천하납승) : 이 부분은 『인천안목』 2권에는 자명 초원스님의 말씀으로 나오고 『연등회요』 11권에서는 분양 선소스님의 말씀으로 나오며, 『고존숙어록』 25권과 『천성광등록』 17권에서는 대우 수지스님의 말씀으로 나온다. (T48n2006_p0307a02~03, 『人天眼目』 卷之二. “圓云: ‘天高海濶.’ 乃云: ‘將此四句語, 驗天下衲僧’. 大愚云: ‘仔細思量, 將此四句, 驗天下衲僧, 却被天下衲僧勘破’” X79n1557_p0104c21~24, 『聯燈會要』 卷第十一. “師復云: ‘將此四句語, 驗天下衲僧.’ 大愚芝云: ‘子細思量, 將此四句語, 被天下衲僧勘破.” X68n1315_p0164a20~21, 『古尊宿語錄』 卷之二十五. “師云: ‘將此四句語以驗天下衲僧. 子細思量將此四句語, 被天下衲僧一時勘破.’” X78n1553_p0504b14~16, 『天聖廣燈錄』 卷第十七. “師乃云: ‘將此四句語以驗天下衲僧. 子細思量將此四句語, 被天下衲僧一時勘破. 珍重.’”) 이 『정법안장』에서는 自云(자운)이라고 하였으므로 분양 선소스님의 말씀이다.

697) 『聯燈會要』 卷第十一, X79n1557_p0104c18~24. 『禪門拈頌集』 卷第二十九, K46-0477, 1339則. 『古尊宿語錄』 卷之二十五, X68n1315_p0164a14~21. 참조.

698) 大愚守芝(대우수지) : 풍혈연소(風穴延沼)-수산성념(首山省念)-분양선소(汾陽善昭)-대우수지(大愚守芝). 태원(太原) 출신. 속성은 왕씨(王氏). 어렸을 적에 노주(潞州)[산서성] 승천사(承天寺)로 출가하여 『법화경』 시험에 응시하여 합격하였다. 『금강경』을 강의하며 천하에 명성을 떨치다가 분양 선소스님을 만나 활연대오하였다. 가우(嘉祐)[1056~1063]초에 입적하였다. 『고존숙어록』 25권에 「균주대우지화상어록(筠州大愚芝和尙語錄)」이 있다. 운봉문열(雲峰文悅) 등 8명의 수법제자가 있다.

699) 五湖(오호) : 태호(太湖)의 다른 이름. 또는 태호 부근의 사호(四湖)를 합하여 이르는 이름. 또

들이 다투어 달아납니다. 다투어 달아나는데 어떠한 문이 있습니까? 활을
쏘아서 말라 죽은 나무가 생존해 있는지 어찌 알겠습니까? 말라 죽은 나무
가 생존해 있으면 일 년에 두 번의 봄이 돌아옵니다. 두 번의 봄에 휘장
안의 보배를 사람들에게 나누어 줍니다. 사람들에게 나누어 주면 마음속에
서진(西秦)700)을 그리워할 것입니다.”

또 인용하셨다.701)
“어떤 스님이 분양 선소스님702)께 여쭈었습니다.
‘어떤 것이 신참(新參)의 납자를 접인하는 일구(一句)입니까?’
분양스님이 말씀하셨습니다.
‘너는 행각(行脚)하는 스님이로구나.’
‘어떤 것이 납승의 근성을 가리는 일구(一句)입니까?’
분양스님이 말씀하셨습니다.
‘서쪽에서 태양이 묘시(卯時)703)에 뜬다.’
‘어떤 것이 정령(正令)704)을 행(行)하는 일구(一句)입니까?’
분양스님이 말씀하셨습니다.
‘천리 바깥에서 가져와서 옛 얼굴에 바친다.’
‘어떤 것이 세상에 머무를 때의 일구(一句)입니까?’

는 강남의 큰 호수 다섯의 통칭. 지금은 오호(五湖)를 호남성(湖南省)의 동정호(洞庭湖)、강서성
(江西省)의 파양호(鄱陽湖)、강소성(江蘇省)의 태호(太湖)、홍택호(洪澤湖)、안휘성(安徽省)의 소
호(巢湖) 등의 다섯 호수를 말한다. 여기서는 전국 각지, 온 세상을 말한다.

700) 西秦(서진) : 춘추전국시대에 진(秦)나라가 열국(列國)의 서쪽에 위치한 데에서 일컬어진 이름.
또는 385년에 선비족의 걸복국인(乞伏國仁)이 감숙성의 남서쪽에 도읍하여 세운 나라. 5호 16
국의 하나로, 414년 남량(南涼)을 멸망시키고 세력을 늘려갔으나, 431년에 대하(大夏)의 혁련정
(赫連定)에게 멸망함. 또는 금곡(琴曲)의 이름.

701) 『인천안목(人天眼目)』 2권에 나오는 구절이다. (T48n2006_p0306c09, 『人天眼目』 卷之二.
“汾陽四句. 僧問:‘如何是接初機句?’汾云:‘汝是行脚僧.’‘如何是辨衲僧句?’汾云:‘西方日出
卯.’‘如何是正令行句?’汾云:‘千里特來呈舊面.’‘如何是定乾坤句?’汾云:‘北俱盧洲長粳米.’乃
云:‘將此四句語, 驗天下衲僧’〈大愚云:‘仔細思量, 將此四句, 驗天下衲僧, 卻被天下衲僧勘破.’
大慧云:‘諸人要識大愚麽? 三年無改於父之道. 可謂孝矣.〉”)

702) 汾州(분주) : 분양선소(汾陽善昭)스님을 말한다. 보응혜옹(寶應慧顒)-풍혈연소(風穴延沼)-수산
성념(首山省念)-분양선소(汾陽善昭). 947~1024. 주82) 참조.

703) 卯時(묘시) : 05시~07시.

704) 正令(정령) : ① 정령(政令)과 같다. 조정에서 공포한 법령. ② 정상적인 절기. ③ 설령, 가령.
비록. ④ 여기서는 불법(佛法)을 가리키는데, 선종의 불립문자(不立文字)·교외별전(敎外別傳)의
법을 말한다.

분양스님이 말씀하셨습니다.

'북구로주에서 메벼를 심었더니 먹는 이들이 탐욕도 없고 성냄도 없다.'

스스로 말씀하셨습니다.

'이 네 구(句)의 말을 가져서 천하의 납승들이 증험하게 하리라.'

대중 여러분. 자세히 생각하십시오.

이 네 구(句)의 말을 가진다면 오히려 천하의 납승들에게 단 번에 감파705) 당하고야 말 것입니다."

묘희스님이 말씀하셨다.

"여러분은 대우(大愚)를 알고자 하느냐? 3년을 아버지의 도를 고치지 않는 다면 효(孝)라고 이를 수 있을 것이다.706)"

86. 대녕도관大寧道寬

大寧寬和尚, 示眾, 拈拄杖. 云: "高而不危, 滿而不溢. 在凡凡不捨, 居聖聖難 逃. 十方都一照, 大地絕纖毫. 且道. 是甚麼?" 喝一喝.707)

대녕 도관스님708)이 대중에게 열어 보이셨다.

주장자를 잡으셨다.

말씀하셨다.

---

705) 勘破(감파) : 그 속내를 명명백백하게 알아버림. =간파(看破).

706) 三年無改於父之道可謂孝矣(삼년무개어부지도가위효의) : 『논어』「학이」편에 나오는 공자의 말 이다. "아버지가 살아 계실 적에는 그 마음을 살펴보고 아버지가 돌아가셨을 적에는 그 행실을 살펴보아야 하는데 3년 동안 아버지의 도를 고치지 않는다면 효라고 할 수 있다." (『論語』「學 而」一. "子曰:'父在觀其志, 父沒觀其行, 三年無改於父之道, 可謂孝矣.'") 도(道)는 아버지의 뜻 (志)과 행실(行)을 말한다.

707) 『聯燈會要』 卷第十四, X79n1557_p0120c01~02. 참조.

708) 大寧道寬(대녕도관) : 수산성념(首山省念)-분양선소(汾陽善昭)-석상초원(石霜楚圓)-대녕도관(大 寧道寬). 주396) 참조.

"높은 데 있으나 위험하지 않고 가득 찼으나 넘치지 않습니다.709) 범부의 지위에 있으나 범부를 버리지 않으며 성인의 지위에 있으되 성인을 떠나지 않습니다. 시방의 세간이 모두 하나에서 비춰지고 대지는 텅 비어 털끝만큼도 없습니다.

바로 말해보십시오. 무엇입니까?

억!"

87. 늑담문준泐潭文準

泐潭準和尚, 示眾, 拈拄杖. 云: "衲僧家竿木隨身逢場作戲, 倒把橫拈, 自有意思. 所以, 昔日藥山和尚問雲巖云: '聞汝解弄師子, 是否?' 巖云: '是.' 山曰: '弄得幾出?' 巖云: '弄得六出.' 山曰: '老僧亦解弄.' 巖云: '和尚弄得幾出?' 山云: '老僧只弄得一出.' 巖云: '一即六, 六即一.' 山便休. 大眾. 藥山, 雲巖鈍置殺人, 兩子父弄一箇師子也弄不出. 若是準上座, 只消獨自弄拽得來. 拈頭作尾, 拈尾作頭, 轉兩箇金睛, 攫幾鉤鐵爪, 吼一聲, 直令百里內猛獸潛蹤, 滿空裏飛禽亂墜. 準上座未弄師子, 請大眾高著眼, 先看做一箇定場." 擲下拄杖. 云: "箇中消息子, 能有幾人知?"710)

늑담 문준스님711)이 대중에게 열어 보이셨다.

주장자를 잡으셨다.

말씀하셨다.

"납승 가문에 장대를 가지고 다니다가 기회가 생기면 어울리어 함께 놀고

---

709) 조주스님의 법문이다. (X68n1315_p0078c21~22, 『古尊宿語錄』 卷第十三, 「趙州真際禪師語錄并行狀」 卷上. "師云: '高而不危, 滿而不溢'")

710) 『嘉泰普燈錄』 卷第二十六, X79n1559_p0452c03~09. 『禪門拈頌集』 卷第十三, K46-0219~02 20, 521則. 『五燈會元』 卷第十七, X80n1565_p0366c22~367a08. 참조.

711) 泐潭文準(늑담문준) : 석상초원(石霜楚圓)-황룡혜남(黃龍慧南)-운암극문(雲庵克文)-담당문준(湛堂文準). 1061~1115. 주29) 참조.

즐기는데,712) 거꾸로 잡기도 하고 옆으로도 잡는 것은 자연히 그 숨은 뜻이 있는 것입니다. 그러므로 옛날에 약산 유엄스님713)이 운암 담성스님714)에게 물으셨습니다.

'들으니 자네가 사자를 놀릴 줄 안다던데 맞나?'

운암스님이 말씀하셨습니다.

'그렇습니다.'

약산스님이 말씀하셨습니다.

'몇 가지로 놀리지?'

운암스님이 말씀하셨습니다.

---

712) 竿木隨身逢場作戲(간목수신봉장작희) : 간목(竿木)은 고대에 곡예사들이 올라가 곡예를 부릴 때 쓰던 긴 장대를 말함. 봉장(逢場)은 어떤 상황을 만남, 또는 어떤 장소에 이름을 말한다. 봉장작희(逢場作戲)는 봉장유희(逢場遊戲)·봉장작락(逢場作樂)과 같은 뜻으로, 기회가 생기면 사람들과 어울리어 함께 놀고 즐김을 말하는데 등은봉(鄧隱峰)스님이 마조스님을 하직 할 때 한 말이다. "등은봉스님이 마조 도일스님을 하직하려 하니 마조스님이 물으셨다. '어디로 가느냐?' 등은봉스님이 말씀드렸다. '석두스님 계신 곳으로 갈까합니다.' 마조스님이 말씀하셨다. '석두의 길은 미끄러운데.' 등은봉스님이 말씀드렸다. '장대를 갖고 있다가 만나기만하면 잘 놀고 즐기겠습니다.'"(X80n1565_p0070c08~09, 『五燈會元』 卷第三, "鄧隱峰辭師, 師曰: '甚麼處去?' 曰: '石頭去.' 師曰: '石頭路滑.' 曰: '竿木隨身, 逢場作戲.'")

713) 藥山惟儼(약산유엄) : 조계혜능(曹溪慧能)-청원행사(青原行思)-석두희천(石頭希遷)-약산유엄(藥山惟儼). 751~834. 산서(山西) 강주(絳州) 출신. 속성은 한씨(韓氏). 17세에 광동(廣東) 조양(潮陽)의 서산혜조선사(西山慧照禪師)에게 출가(出家)하였다. 대력(大曆) 8년 29세에 형악희조율사(衡嶽希操律師)에게 구족계를 받았다. 뒤에 석두희천(石頭希遷)선사를 참알(參謁)하여 현지(玄旨)를 비밀히 받고 그 법을 이었다. 석두스님을 13년간 시봉하다가 예주(澧州)[호남성(湖南省)] 약산(藥山)의 마조도일(馬祖道一)선사를 참알하고 말끝에 계오(契悟)하여 3년을 시봉하였다가 다시 석두스님을 모셨다. 태화(太和) 8년 (834) 세수 70세로 입적하였다. 임종할 때 큰소리로 외쳤다. '법당이 뒤집어진다! 법당이 뒤집어진다!' 대중이 모여서 법당의 기둥을 받치니 손을 들어 말했다. '그대들이 나의 뜻을 모르는구나.' 이윽고 원적에 들어갔다. 시호는 홍도대사(弘道大師)이다. 도오원지(道吾圓智), 운암담성(雲巖曇晟), 선자덕성(船子德誠), 고사미(高沙彌), 자사이고(刺史李翱) 등 10여 인의 수법제자가 있다.

714) 雲巖曇晟(운암담성) : 청원행사(青原行思)-석두희천(石頭希遷)-약산유엄(藥山惟儼)-운암담성(雲巖曇晟). 782~841. 종릉(鍾陵) 건창(建昌)[강서(江西) 영수(永修)]출신. 속성은 왕씨(王氏). 어렸을 적에 석문(石門)스님에게 출가하였다. 처음에 백장 회해선사 회상에 있었으나 20년이 지나도록 현지(玄旨)를 깨닫지 못하였다. 회해스님이 입적한 후, 예주(澧州)의 약산유엄(藥山惟儼)선사를 참알(參謁)하고 그 법을 이었다. 뒤에 담주(潭州)[(호남(湖南) 장사(長沙)의 운암산(雲巖山)에서 종풍을 크게 드날렸다. 무종(武宗) 회창원년(會昌元年)에 세수 60세로 입적하였다. 시호(諡號)는 무주대사(無住大師)이다. 《깨달음의 인연》"담성스님이 백장스님을 20년이나 모시고도 계합하지 못하고서 약산선사를 뵙자 약산선사가 말씀하셨다. '백장스님이 무슨 법을 말하시더냐?' 담성스님이 말씀했다. '하루는 법좌에 올라서 대중이 조용히 서 있는데 주장자로 한꺼번에 쫓아 내 버렸습니다. 다시 대중을 부르시니, 대중이 머리를 일제히 돌리자 말씀하셨습니다. 「뭐냐?」' 약산선사가 말씀했다. '오늘 자네로 인해 회해사형을 만나보게 되었구나.' 담성스님이 이 말씀 끝에 곧바로 깨닫고 절을 올렸다." 법사(法嗣)로 동산양개(洞山良价), 행산감홍(杏山鑒洪), 신산승밀(神山僧密), 유계화상(幽谿和尙) 등이 있다:

‘여섯 가지로 놀립니다.’
약산스님이 말씀하셨습니다.
‘나도 사자를 놀릴 줄 알지.’
운암스님이 말씀하셨습니다.
‘스님께선 몇 가지로 놀리십니까?’
약산스님이 말씀하셨습니다.
‘내가 그저 한 가지로 놀리지.’
운암스님이 말씀하셨습니다.
‘하나가 곧 여섯이고 여섯이 곧 하나입니다.’
약산스님이 문득 그만 두셨습니다.

대중 여러분.
약산스님과 운암스님이 사람을 엄청 가지고 놀았습니다.715) 아비와 아들
둘이서 한 마리의 사자를 놀렸으나 놀리는 것이 어려웠습니다.716)
만일 나라면 반드시 혼자서 스스로 끌고 와서 데리고 놀 것입니다.717)
머리를 잡아서 꼬리를 만들고, 꼬리를 잡아서 머리를 만듭니다.
번쩍이는 두 눈동자718)를 바꿔서 몇 갈고리의 탄탄한 발톱을 만들까요?
사자후를 한 번 내뱉으면 곧바로 일백 리 안의 맹수들이 종적을 감춰버리
며, 온 하늘 가득히 날아다니는 새들도 어지러이 추락하고야 맙니다.
나는 아직 사자를 놀릴 줄 모릅니다.
청컨대 대중은 눈을 크게 떠서 나의 한바탕 공연을719) 미리 살펴보십시
오.”

주장자를 던지셨다.

---

715) 鈍置殺人(둔치쇄인) : 사람을 엄청 무시하다. 멍하게 하다. 바보를 만들다. 괴롭히다, 학대하
   다, 놀리다. 속이다. 조롱하다, 바보 취급하다. 殺(쇄)는 ‘매우’ ‘엄청’의 뜻. 응수하기 어려운 말
   을 들었을 때 쓴다.
716) 不出(불출) : 곤란하다. 해서는 안 된다. 어렵다. 아는 것을 밖으로 표현하지 않음. 밖에 나다
   니지 아니함.
717) 只消(지소) : =지요(只要). 만일 ~라면……~하기만 하면 된다.
718) 金睛(금정) : 반짝이는 눈동자. 곧 눈빛이 날카로움. 안목이 예리함.
719) 定場(정장) : 무대에 올라가 공연을 함.

말씀하셨다.
"이 소식을 몇 사람이나 알꼬?"

88. 불감혜근佛鑑慧懃

佛鑑和尚, 示衆, 云: "至道無難, 唯嫌揀擇. 桃花紅, 李花白, 誰道融融只一色? 鷰子語, 黃鸝鳴, 誰道關關只一聲? 不透祖師關棙子, 空認山河作眼睛."720)

불감 혜근스님721)이 대중에게 열어 보이셨다.

"지극한 도는 어렵지 않습니다. 오직 가려서 선택함을 싫어할 뿐입니다.722)

복숭아꽃은 발갛게 흐드러지고 배꽃은 새하얗게 화사합니다. 한 색깔만이 아름답고 예쁘다고723) 누가 말하는 것입니까?

제비는 재잘재잘 노래하고 꾀꼬리는 꾀꼴꾀꼴 울어댑니다. 새들의 지저귐724)이 한 소리 뿐이라고 누가 말하는 것입니까?

조사님의 관려자(關棙子)725)를 투탈(透脫)하지 못한다면, 산하대지가 눈동자에서 만들어졌다고 헛되이 알게 될 뿐입니다."

---

720) 『嘉泰普燈錄』卷第十一, X79n1559_p0358b06~08.『五燈會元』卷第十九, X80n1565_p0398 a16~18.『續傳燈錄』卷第二十五, T51n2077_p0636a05~08. 참조.

721) 佛鑑慧懃(불감혜근) : 양기방회(楊岐方會)-백운수단(白雲守端)-오조법연(五祖法演)-불감태평혜근(佛鑑太平慧懃). 1059~1117. 주721) 참조. 태평혜근(太平慧懃)이라고도 함. 서주(舒州)[안휘성] 출신. 속성은 강씨(江氏). 승려시험을 통하여 득도하였다. 법화경의 '오직 이 하나의 일(唯此一事實)'이라는 구절을 읽다가 깨우침이 있었다. 그러고 나서 오조 법연스님을 참알하여 수년간을 모셨으나 인가를 해주지 않는데 화가 나서 불과 극근선사를 찾았다가 다시 오조산으로 돌아와 일대사를 마쳤다. 서주태수 손정신(孫鼎臣)의 청으로 태평산 흥국선원(興國禪院)의 주지를 맡으면서 천하에 그 도법을 크게 떨쳤다. 휘종이 정화(政和) 초년에 자색가사를 하사하고 불감선사(佛鑑禪師)라는 호를 주었다. 정화(政和) 7년에 59세로 입적하였다. 불과 극근선사, 불안 청원선사와 함께 오조 법연선사 아래 삼불(三佛)로 일컬어진다. 용아지재(龍牙智才) 등 11인의 부법제자(付法弟子)가 있다.

722) 삼조 승찬스님의 『신심명』의 맨 앞에 나오는 구절이다. (T51n2076_p0457a18~19,『景德傳燈錄』卷第三十, 「三祖僧璨大師信心銘」. "至道無難, 唯嫌揀擇.")

723) 融融(융융) : 화사하고 아름다움. 화기애애한 모양. 화락함.

724) 關關(관관) : 새가 지저귀는 소리. 꾸룩꾸룩. 새의 암수가 서로 화답하는 소리. 『시경』의 맨 앞에 나오는 말이다. "물수리는 끼룩끼룩 시냇가서 재잘대고"(『詩經』「周南」. "關關雎鳩, 在河之洲")

725) 關捩子(관려자) : 회전 장치. 문빗장. 마음. 조사들의 기봉(機鋒).

89. 불일지재佛日智才

佛日才和尙, 頌栢樹子話: "趙州庭栢, 說向禪客, 黑漆屛風, 松羅亮隔."726)

불일 지재스님727)이 '정전백수자' 화두에 노래를 하셨다.

"조주스님의 '정전백수자'여.
선객에게 나누어 준 화두인데,
검은 칠에 꽉 막힌 병풍이요,
송라 덩굴 우거진 격자창이라네."

---

726) 『嘉泰普燈錄』 卷第三, X79n1559_p0308a10~11. 『禪門拈頌集』 卷第十一, K46-0184, 421則. 『五燈會元』 卷第十六, X80n1565_p0336a05~07. 『續傳燈錄』 卷第八, T51n2077_p0513c13~14. 참조.
727) 佛日智才(불일지재) : 지문광조(智門光祚)-설두중현(雪竇重顯)-천의의회(天衣義懷)-불일지재(佛日智才). 운문종스님으로 대주(臺州)[절강성 임해] 출신이다. 속성은 김씨(金氏). 항주(杭州)의 불일사(佛日寺)에 주석하였다.

90. 원조종본圓照宗本

僧問圓照和尙: "如何是露地白牛?" 曰: "放出無尋處."[728]

어떤 스님이 원조 종본스님[729]께 여쭈었다.
"어떤 것이 노지백우(露地白牛)[730] 입니까?"
원조스님이 말씀하셨다.
"찾을 수 없는 곳에 놓아둔다."

91. 법운대통法雲大通

僧問大通和尙: "如何是無縫塔?" 曰: "烟霞生背面, 星月遶簷楹."
"如何是塔中人?" 曰: "竟日不干淸世事, 長年占斷白雲鄕."[731]

---

728) 『聯燈會要』卷第二十八, X79n1557_p0251c09~10. 참조.

729) 圓照宗本(원조종본) : 지문광조(智門光祚)-설두중현(雪竇重顯)-천의의회(天衣義懷)-원조종본(圓照宗本). 1020~1099. 혜림종본(慧林宗本)이라고도 함. 운문종 스님이다. 상주(常州) 무석(無錫)[강소성 무석] 출신. 속성은 관씨(管氏). 자(字)는 무철(無喆). 19세에 소주(蘇州) 승천(承天) 영안사(永安寺)의 도승(道昇)선사에게 출가. 10년이 지나 29세에 구족계를 받았다. 3년을 더 부지런히 정진하였으나 별 소득이 없자 도승선사를 하직하고 지주(池州) 경덕사(景德寺)의 천의의회스님을 참알하였다. 여기서 크게 개오한 스님은 의회스님의 추천으로 소주의 서광사(瑞光寺)로 가서 개당하니 법석이 매일 성황을 이루고 대중이 500여명이나 모였다. 그 후 정자사(淨慈寺)로 옮겼으나 도속들의 청으로 만수사(萬壽寺)와 용화사(龍華寺) 두 절에서 크게 개법하니, 대중이 1000여 명이었다고 한다. 원풍(元豊) 5년(1082)에는 신종(神宗)의 조칙으로 혜림선찰(慧林禪刹)의 제1조로 개법하였고, 철종(哲宗)이 원조선사(圓照禪師)라고 호를 내렸다. 만년에는 평강(平江) 영광사(靈光寺)에 주석하면서 문을 닫아걸고 수선(修禪)하며 정업(淨業)에 전념하였다. 원부(元符) 2년에 80세로 입적하였다. 『귀원직지집(歸元直指集)』2권과, 고려 승통이던 대각국사 의천과의 대화가 실려 있는 『혜림종본선사별록(慧林宗本禪師別錄)』1권이 전해지고 있다. 법운선본대통(法雲善本大通) 등 전법제자가 56인이 있다.

730) 露地白牛(노지백우) : 완전히 드러난 자리의 흰 소. '노지(露地'는 삼계의 번뇌와 고통을 완전히 떠나 안온한 곳을 비유한 말이다. 『법화경』「비유품」에 나온다. "이때 장자가 아들들을 보니 안은하게 벗어나서 네거리 가운데 드러난 곳에 앉아 있어 다시는 장애가 없음을 보고는 그 마음이 크게 환희용약하였다."(T09n0262_p0012c13~15, 『妙法蓮華經』卷第二, 「譬喩品」第三. "是時長者, 見諸子等安隱得出, 皆於四衢道中露地而坐, 無復障礙, 其心泰然歡喜踊躍.") '백우(白牛)'는 청정자성심(淸淨自性心)을 비유한 말이다. "크고 하얀 소가 있었는데 살이 찌고 힘도 세고 몸도 아름다우며 보배수레 끌고 있네." (T09n0262_p0014c14~15, 『妙法蓮華經』卷第二, 「譬喩品」第三. "有大白牛, 肥壯多力, 形體姝好, 以駕寶車.") 따라서 노지백우(露地白牛)는 완전히 해탈한 부처님을 가리킨다.

731) 『建中靖國續燈錄』卷第十五, X78n1556_p0733a08~10. 『嘉泰普燈錄』卷第五, X79n1559_p

어떤 스님이 법운 대통스님732)께 여쭈었다.

"어떤 것이 '무봉탑(無縫塔)'733)입니까?"

대통스님이 답하셨다.

"구름과 노을은 탑의 뒷면734)에서 생겨나고, 별과 달은 처마 밑기둥735)을 에워싼다."

"어떤 것이 탑 속의 사람입니까?"

대통스님이 말씀하셨다.

"하루 종일 세상을 깨끗이 하는데 간여하지 않고, 일 년 내내 흰 구름 떠가는 고향에 붙어 있다.736)"

92. 자호이종子胡利蹤

子胡和尙, 示衆, 云: "諸法蕩蕩, 何絆何拘? 汝等於中自生難易. 心源一統, 綿亘十方, 上上根人, 自然明白. 不見南泉道: '如斯癡鈍, 世且還稀, 歷歷分明, 有無

0318b19~22. 『五燈會元』 卷第十六, X80n1565_p0340c12~14. 참조. 이 세 어록에서는 모두 '如何是無縫塔(여하시무봉탑)'이 '寶塔元無縫(보탑원무봉), 如何指示人(여하지시인)'으로 되어 있다.

732) 法雲大通(법운대통) : 설두중현(雪寶重顯)-천의의회(天衣義懷)-혜림종본(慧林宗本)-법운대통(法雲大通). 1025~1109. 선본대통(善本大通)선사로도 불린다. 운문종 스님이다. 영주(潁州)[하남성] 출신. 속성은 훈씨(薰氏). 어려서 현성(顯聖) 지장원(地藏院)으로 출가하였다. 가우(嘉祐) 8년 (1062년) 원조 종본스님을 참알하고 5년을 정진한 끝에 확연대오하여 법을 이었다. 세상에서 종본스님과 선본스님을 '대소본(大小本)'이라고 불렀다. 무주(婺州)의 쌍림사(雙林寺)와 전당(錢塘)의 정자사(淨慈寺) 등에 주석하다가 철종(哲宗)이 도읍의 법운사(法雲寺)에 주석하도록 하고 대통선사(大通禪師)라고 호를 내렸다. 정자자명(淨慈楚明) 등 23명의 수법제자가 있다.

733) 無縫塔(무봉탑) : 남양 혜충국사가 입적하기 전에 대종황제에게 한 말이다. "스님께서 인연이 다 끝나고 열반할 때가 다가오자 대종황제에게 하직을 하니, 대종황제가 말했다. '스님께서 열반하신 후 제가 어떻게 기억해야 합니까?' 스님이 말씀하셨다. '단월에게 한 개의 기운데 없는 탑을 조성하라고 하십시오.' 황제가 말했다. '오로지 탑의 모양을 말씀해 주시길 청합니다.' 스님께서 한참을 침묵하고는 말씀하셨다. '아시겠습니까?' 황제가 말했다. '모르겠습니다.' 스님이 말씀하셨다. '제가 떠난 후 시자인 응진스님이 이 일을 잘 알 것이니 그에게 물으십시오.'"(X80n1565_p0061b24~c04, 『五燈會元』 卷第一. "師以化緣將畢, 涅槃時至, 乃辭代宗. 代宗曰: '師滅度後, 弟子將何所記?' 師曰: '告檀越造取一所無縫塔.' 帝曰: '就師請取塔樣.' 師良久. 曰: '會麼?' 帝曰: '不會.' 師曰: '貧道去後, 有侍者應眞卻知此事. 乞詔問之'")

734) 背面(배면) : 물건의 뒤쪽 면. 몸의 등 쪽. 뒷면.

735) 簷楹(첨영) : 처마 밑, 대청 앞의 기둥. 여기서는 탑신부.

736) 占斷(점단) : 모조리 점유하다.

不是?' 只少箇丈夫之志, 致見如斯疲勞. 汝欲得易會麼? 自古及今, 未曾有一箇凡夫, 聖人出現汝前, 亦無有一箇善語, 惡語到汝分上. 為甚麼故? 為善善無形, 為惡惡無相. 既已無我, 把甚麼為善惡? 立那箇是凡聖? 汝信否? 還保任否? 有甚麼回避處? 恰似日中逃影相似, 還逃得麼? 今之既爾, 古之亦然. 今古齊時, 汝還諱得麼? 佛法玄妙, 了得者自相策發, 無為小緣妨於大事. 汝不見道, '寧可終身立法, 誰能一旦亡緣?' 仁者. 要得會禪麼? 各歸衣鉢下看."737)

자호 이종스님738)이 대중에게 열어 보이셨다.

"모든 법은 탕탕한데 어찌 매여 있을 것이며 어찌 잡혀 있을 것입니까? 여러분들이 이 속에서 스스로 어렵고 쉬움을 만들어 내고 있습니다. 마음이 근원이 되어 (모든 법이) 하나로 통섭(統攝)되면 연이어 시방에 널리 미칩니다. 상상근기(上上根機)라면 스스로 그러하게 완벽하게 명명백백할 것입니다.

남전스님의 말씀을 기억해보십시오.

'만일 어리석고 둔한 자라도 세상에서 거의 드물게 (모든 법을) 역력하고 분명하게 드러낸다면 어찌 이것 아님이 없겠느냐?'

단지 대장부의 뜻이 희박하다면 지치고 고단해짐을 받게 될 것입니다. 여러분은 쉽게 알고 싶습니까? 예부터 지금에 이르기까지 일찍이 그 어떤 범부와 성인이 여러분 앞에 나타난 적이 없었으며, 또한 여러분의 본분에도 조금만치라도 착한 말(善語)과 나쁜 말(惡語)이 없었습니다.   무슨 까닭이겠습니까?

착함을 착함이라 하는 것이 형체가 없고 나쁨을 나쁨이라 하는 것이 모양

---

737)『聯燈會要』卷第五, X79n1557_p0060c15~0060a03.『古尊宿語錄』卷第十二, X68n1315_p0074a04~15. 참조.

738) 子湖利蹤(자호이종) : 남악회양(南嶽懷讓)-마조도일(馬祖道一)-남전보원(南泉普願)-자호이종(子湖利蹤). 800~880. 선주(澶州)[하남성(河南省) 청풍현(淸豊縣)] 출신. 속성은 주씨(周氏). 유주(幽州) 개원사(開元寺)에서 삭발하고, 20세에 구족계를 받음. 남전 보원스님 회하에 있다가 구주(衢州)[절강성(浙江省) 구현(衢縣)]의 마제산(馬蹄山)에 가서 띠집을 짓고 살았다. 개성(開成) 2년(837년)에 마을 사람인 옹천귀(翁遷貴)가 산 밑의 자호(子湖)를 보시하여서 절을 짓게 되니 정업원(定業院)[자호암(子湖巖)]을 개창하게 되었다. 함통(咸通) 2년(861년)에는 안국선원(安國禪院)으로 칙명을 받았다. 광명(廣明) 원년에 81세로 입적함. 시호는 신력선사(神力禪師)이다. 『고존숙어록』 12권에 『자호산신력선사어록(子湖山神力禪師語錄)』 1권이 있다. 부법제자로 대주승광(臺州勝光), 일용원(日容遠), 장주부석(漳州浮石), 자동긍통(紫桐恆通) 등이 있다.

이 없기 때문입니다. 이미 '나'라는 것이 없는데 무엇을 잡고서 착함과 나쁨을 삼는단 말입니까? 무엇을 세워서 범인이니 성인이니 한단 말입니까?

　여러분은 (이러한 도리를) 믿습니까?

　여러분은 (자신의 성품을) 보호하여 마음대로 지니고(任持) 있습니까?

　(여러분은 이러한 탕탕한 한마음에서) 도피할 곳이라도 있습니까?

　밝은 태양 아래서 자기의 그림자로부터 도망가려는 것과 흡사합니다, 그려.

　과연 도망갈 수 있겠습니까?

　지금도 그렇지만 옛날에도 또한 그러하였습니다. 지금과 옛날이 한결같아 바로 지금인데, 여러분은 (도대체 어디로) 숨으려고 한단 말입니까? 불법(佛法)의 현묘함을 깨달은 자는 스스로 격려하여 작은 인연 때문에 큰 대사를 그르치게 하지 않습니다.

　여러분은 들어보았을 것입니다. '차라리 몸이 다하도록 법을 세울지언정 누가 능히 하루아침에 불법인연을 잃어버리고자 하겠느냐?'

　여러분.

　선(禪)을 (단박에) 알고자 하십니까? 각자 발우 아래를 돌아보십시오.739)"

---

739) 歸衣鉢下看(귀의발하간) : 그릇을 내려놓은 곳에 귀의하여 살펴보다. 곧 바로 지금 그 자리를 살펴보라는 뜻. 『고존숙어록』에서는 간(看)이 착(著)으로 되어 있음. 이때는 착(著)은 어조사이므로 "그릇을 내려놓은 곳에 귀의하라."는 뜻이 됨. (X68n1315_p0074a15, 『古尊宿語錄』卷第十二, 「衢州子湖山第一代神力禪師語錄」. "各歸衣鉢下著") 또 『연등회요』에서는 간취(看取)라고 되어 있음. 취(取)는 어조사이므로 간(看)과 같다. (X79n1557_p0061a02~03, 『聯燈會要』卷第五. "各歸衣鉢下看取.")

93. 설두중현雪竇重顯

雪竇顯和尙, 示衆, 云:"形興未質, 名起未名. 形名旣兆, 遊氣亂淸."
拈起拄杖. 云:"大衆. 拄杖子是形名雙擧, 還有過也無? 有卽水裡月, 無卽形名兆. 若也究得, 實謂恩大難酬."740)

설두 중현스님741)이 대중에게 열어 보이셨다.

"형상(形象)은 바탕742)이 갖추어지기 전에 생겼고,
이름은 이름이 생겨나기 전에 생겼다네.743)
형상과 이름이 전부 갖추어지니744)
기(氣)가 떠다니어 맑음이 어지러워졌네."

주장자를 잡아 일으키셨다.

말씀하셨다.
"대중 여러분. 주장자는 형상과 이름을 둘 다 드러냈습니다. 과실이 없습니까? 있다면 물속의 달이요 없다면 형상과 이름이 갖추어진 것입니다. 만일 궁구해서 알아낸다면 참으로 은혜를 갚기가 크게 어렵다 하겠습니다."

---

740) 『聯燈會要』 卷第二十七, X79n1557_p0241a01~03. 『續刊古尊宿語要』 第二集, X68n1318_p0374a16~18. 참조.
741) 雪竇重顯(설두중현) : 운문문언(雲門文偃)-향림징원(香林澄遠)-지문광조(智門光祚)-설두중현(雪竇重顯). 980~1052. 주347) 참조.
742) 質(질) : 형체가 만들어짐으로써 비로소 일정한 것으로 되는 재료적인 것을 말한다. 사물의 재질, 바탕, 성질, 본질.
743) 법안 문익스님의 법문이다. "여쭈었다. '경전에 말씀하시기를 「머무름 없는 근본에서 일체의 법을 세운다」고 하셨는데 어떤 것이 머무름 없는 근본입니까?' 스님이 말씀하셨다. '형상은 바탕이 갖추어지기 전에 일어났고, 이름은 이름이 생기기 전에 생겼다.'"(T47n1991_p0589b06~07, 『金陵淸涼院文益禪師語錄』. "問:'承教有言:「從無住本立一切法.」如何是無住本?'師云:'形興未質, 名起未名.'")
744) 旣兆(기조) : 기(旣)는 전부, 모두. 조(兆)는 시작하다. 개시하다. '비로소 갖추어지다.'

94. 고산신안鼓山神晏

鼓山, 示眾, 云: "諸和尚盡道向諸方參學, 未委參甚麼? 學甚麼? 還有參得者無? 有即出來對眾驗看. 諸和尚. 為復參禪, 參道, 參佛, 參法, 參毗盧師法身主, 參佛向上事涅槃後句? 若實參此句, 得為大妄. 喚作望上心不息, 與諸和尚了無交涉."745)

時有僧問: "如何是佛法大意?" 曰: "吐却著." 問: "凡有言句盡是觸犯宗風, 未審如何是宗門中事?" 曰: "合取口!"746)

고산 신안스님747)이 대중에게 열어 보이셨다.

"여러 훌륭한 스님들이 '여러 곳을 다니면서 참(參)748)으로 배웠다'고 모두 말합니다. 도대체 참(參)이 무엇인지 알기나 합니까?749) 무엇을 배웠다는 것입니까? 참(參)으로 깨달은 이가 있습니까? 있다면 나와서 대중을 상대로

---

745) 『聯燈會要』 卷第二十四, X79n1557_p0213c02~06. 참조.

746) 『古尊宿語錄』 卷之三十七, X68n1315_p0238b21~c03. 참조.

747) 鼓山神晏(고산신안) : 용담숭신(龍潭崇信)-덕산선감(德山宣鑑)-설봉의존(雪峰義存)-고산신안(鼓山神晏). 대량(大梁)[하남성] 출신. 속성은 이씨(李氏). 어렸을 적 위주(衛州) 백록산(白鹿山) 도규(道規)선사를 따라 출가하였다. 숭악산에서 구족계를 받은 후 천하의 총림을 다니면서 참학하였다. 여러 선사들에게 깨달음을 얻는 기연이 조금씩 있었으나 흡족하지 못하던 차에 설봉 의존스님을 만나서 심인(心印)을 이었다. 설봉스님이 원적한 후 고산 용천선원에서 30여 년간 종풍을 크게 천양하였다. 이에 사람들로부터 '흥성국사(興聖國師)'라고 불렸다. 깨달음의 인연은 이러하다. "어느 날, 설봉스님이 신안스님이 깨달을 기연이 무르익었음을 알고 찾아가서 대뜸 신안스님의 팔을 비틀어 꺾고 물으셨다. '네가 알았다고 하는 것이 어디에 있느냐? 빨리 말해! 빨리 말해!' 찰나 신안스님이 활연히 개오하였으니 밝음이 활짝 열리고 허공이 부서져 버리며 몸과 마음을 잊어버리고 시간과 공간도 사라졌다. 그리고 말씀드렸다. '말 못해요! 말 못해요!' 설봉스님이 또 물으셨다. '왜 말 못해?' 신안스님이 말씀드렸다. '아버지가 뒷어머니를 찾아요. 말 못해요. 말 못해요.' 그러자 설봉스님이 고개를 끄덕이고는 신안스님의 등을 토닥거리면서 말씀하셨다. '매우 훌륭하구나. 세간에 또 한 명의 자유자재한 납자가 늘었다.'" 법사(法嗣)가 11인이 있다.

748) 叅(참) : '참(叅)'은 머리 위에 밝은 별이 세 개 있는 모양으로 만들어진 지사(指事) 글자이다. 'ㅿ(사)'는 반짝이는 별을 나타내며 '彡(진)'은 빽빽하다는 뜻이다. '아주 치밀하고 세밀하게 참여하다'는 뜻으로 만들어진 글자이다. 선가(禪家)에서는 '존재계(存在界)'에 철저하게 참여함'이란 의미로 사용된다. 철저하게 참여하므로 일체의 유위(有爲)가 배제된다. 일체의 유위가 배제되므로 '참(叅)하다'라는 표현은 맞지 않다. '참(叅)' 또는 '참(叅)이다'라고 하여야한다. [주384) 참조.] 여기 고산스님은 '계승하다' 또는 '참여하다'란 뜻으로 참(叅)을 사용하신 듯하다. 이 『정법안장(正法眼藏)』의 2권 하(下), 409칙(則)에서는 '소(紹)'라고 사용하여 비슷한 법문이 나온다. (X67n1309_p0605c05~07. 『正法眼藏』 卷第二. "諸和尚. 且道, 紹甚麼? 為復紹佛紹法, 紹禪紹道, 紹佛向上事涅槃後句. 若紹此句, 得為大妄. 喚作望上心不息, 與諸兄弟了無交涉, 於諸人分上作麼生紹.")

749) 未委(미위) : 도대체 알기나 하는가? 부지(不知)와 같은 뜻이다.

증험하여 보십시오.

화상 여러분.
다시 선(禪)에 참(參)이고 도(道)에 참(參)이며, 부처님에 참(參)이고 법(法)에 참(參)이며, 비로자나법신불에 참(參)이고 부처님 향상사(向上事)의 열반 뒷 구(句)750)에 참(參)입니까?
만일 진실로 이러한 구(句)를 참(參)이라고 하면 엄청난 망(妄)이 될 것입니다. 위를 향하는 마음을 쉬지 않고 지어대면 화상 여러분들은 마침내 서로 교섭751)할 수가 없게 될 것입니다."

이때에 어떤 스님이 여쭈었다.
"어떤 것이 불법의 대의(大意) 입니까?"
고산스님이 말씀하셨다.
"토해 버려라."
그 스님이 여쭈었다.
"말과 구句라는 것이 모두가 다 종풍(宗風)을 범해버리는 것인데 도대체 어떤 것이 종문(宗門) 속의 일입니까?"
고산스님이 말씀하셨다.
"입 다물어!"

---

750) 涅槃後句(열반후구) : 열반 뒤의 일구(一句). 곧 말후구(末後句) 또는 최후구(最後句)와 같다. 더 이상 언어로써는 어떻게 할 수 없는 최후의 한 구절.
751) 交涉(교섭) : '서로 어울리다' '서로 이르다' '서로 관계하다' 등의 뜻이 있다. 여기서는 대오(大悟)하는 것을 말한다.

95. 오조법연五祖法演

五祖演和尚, 四面示眾, 舉古者道: "'若有一人發真歸源, 十方虛空悉皆消殞.' 雙泉則不然, '若有一人發真歸源, 十方虛空築著磕著.'"

又示眾, 舉古人云: "'我若向你道即禿却我舌, 若不向你道即瘂却我口. 且道. 還有為人處也無?' 四面有時擬為你吞却, 只被當門齒礙. 擬為你吐却, 又為咽喉小. 且道. 還有為人處也無? 四面自來柳下惠."752)

오조 법연스님753)이 사면산(四面山)754)에서 대중에게 열어 보이실 때, 옛 사람755)의 말씀을 인용하여 말씀하셨다.

"'만일 한 사람이라도 참 성품을 드러내어 근원에 돌아간다면, 시방의 허공이 모두 다 소멸하여 사라지게 될 것이다.'756) 이 쌍천은 그렇지 않습니다. '만일 한 사람이라도 참 성품을 드러내어 근원에 돌아간다면, 시방허공이 쿵쿵탁탁(築著磕著)757)하리라.'"

또 대중에게 열어 보이실 때, 옛 선사의 말씀을 인용하여 말씀하셨다.

"'내가 만일 그대를 향하여 말한다면 나의 혀가 빠져버릴 것이고, 만일 그대를 향하여 말하지 않는다면, 나의 입이 막혀버릴 것이다.'758)

---

752) 『聯燈會要』 卷第十六, X79n1557_p0136b05~08. 『五燈會元』 卷第十九, X80n1565_p0392b11~15. 『古尊宿語錄』 卷第二十, X68n1315_p0130b11~c06. 참조.

753) 五祖法演(오조법연) : 자명초원(慈明楚圓)-양기방회(楊岐方會)-백운수단(白雲守端)-오조법연(五祖法演). ?~1104. 주438) 참조.

754) 四面山(사면산) : 충칭시 남쪽으로 140km, 장진시 남쪽으로 90km 떨어진 곳에 있으며 구이저우성과 인접해 있는 산이다. 사람은 있으나 주변에 보이는 것이라고는 사면에 산뿐이어서 '사면산'이라는 이름을 얻게 되었다고 한다.

755) 古人(고인) : 석가모니부처님을 말한다.

756) 『수릉엄경』 9권에 나오는 석가모니부처님의 법문이다. "여러분 가운데 한 사람이라도 참을 드러내어 근원으로 돌아간다면, 시방의 허공이 모두 다 소멸할 것인데, 어찌 허공에 있는 국토들이 찢어져버리지 않겠느냐?"(T19n0945_p0147b10~11, 『大佛頂如來密因修證了義諸菩薩萬行首楞嚴經』 卷第九. "汝等一人發眞歸元, 此十方空皆悉銷殞, 云何空中所有國土而不振裂?")

757) 築著磕著(축착개착) : 의성어이다. 달구로 땅을 다지는 쿵쿵하는 소리(築著)와 돌이 서로 부딪치는 탁탁하는 소리(磕著)이다. 마구 부딪치는 소리로서, 대자유자재한 경지를 비유적으로 표현한 것이다. 중도실상(中道實相)에 계합하여 생사와 열반, 세간과 출세간, 망(妄)과 진(眞) 등에 자유자재한 것을 말한다.

바로 여기, 말해보십시오. 사람을 위한 곳이 있습니까?

이 사면(四面)은 여러분이 삼킬 때를 기다리고 있지만, 그야말로 입속의 이빨이 막고 있습니다. 여러분이 토해 내기를 기다리고 있건만, 또한 목구멍이 좁아져 버렸습니다.
바로 여기 말해보십시오. 사람을 위한 곳이 있습니까?

사면산에 유하혜(柳下惠)759)가 저절로 찾아오는구나."

96. 황룡오신黃龍悟新

黃龍新和尚, 讚祖師, 云: "六祖當年不丈夫, 倩人書壁自塗糊, 明明有偈言無物, 却受佗家一鉢盂."760)
妙喜曰: "且道. 鉢盂是物不是物? 若道是物, 死心老亦非丈夫漢. 若道非物, 爭奈鉢盂何?"

황룡 오신스님761)이 육조스님을 찬탄하여 노래하셨다.

---

758) 오석 영관스님[(마조도일(馬祖道一)−백장회해(百丈懷海)−황벽희운(黃檗希運)−오석영관(烏石靈觀)]의 말씀이다. "조산 본적스님이 행각하실 때 여쭈었다. '어떤 것이 비로자나법신의 주인입니까?' 스님이 말씀하셨다. '내가 만일 자네에게 말해 준다면 별도로 존재하게 되는 것이다.' 조산스님이 동산스님께 이 일을 말씀드리자, 동산스님이 말씀하셨다. '좋은 화두이지만 흠이 좀 있구나. 어째서 말을 못하는 지 묻지 않았는가?' 조산스님이 돌아와서 오석스님께 전하니, 말씀하셨다. '만일 내가 말하지 못한다고 말한다면 곧 나의 입이 막혀 버릴 것이요, 만일 내가 말한다고 말한다면 곧 나의 혀가 말을 잘 못하게 되어버릴 것이다.' 조산스님이 돌아가서 동산스님께 말씀드리니 동산스님이 깊이 긍정하셨다." (X81n1571_p0480a07~11, 『五燈全書』 卷第八, 福州烏石山靈觀禪師. "曹山行脚時, 問: '如何是毗盧師法身主?' 師曰: '我若向你道, 即別有也.' 曹山擧似洞山, 洞曰: '好箇話頭, 祇欠進語, 何不問為甚麼不道?' 曹却來進前語, 師曰: '若言我不道, 即瘂却我口, 若言我道, 即謇却我舌.' 曹山歸報, 洞山洞深肯之.")
759) 柳下惠(유하혜) : 춘추시대 노(魯)나라의 대부였던 전획(展獲)을 말함. 자(字)는 계(季)와 금(禽), 시호는 혜(惠)이다. 사사(士師)가 되어서 유하(柳下)를 식읍으로 받았으므로 유하혜라 불렸다. 자기가 살던 곳에서 세 번이나 쫓겨났지만 바른 도리로써 섬기면 어디에 가든지 당연히 쫓겨나는 법이라면서 자신의 나라를 떠나지 않고 살았다. 지조의 실행(操行)이 바른 남자의 비유로 쓰임.
760) 『續刊古尊宿語要』 第一集, X68n1318_p0360a23~b01. 『嘉泰普燈錄』 卷第二十九, X79n1559_p0475a13~14. 참조.
761) 黃龍悟新(황룡오신) : 석상초원(石霜楚圓)-황룡혜남(黃龍慧南)-회당조심(晦堂祖心)-황룡사심오

"육조스님 옛날 장부 아니었건만,
사람 시켜 벽에다 글 붙이게 하니,
본래무물(本來無物) 게송762)이 훤히 드러나,
오조스님 바리때를 받아버렸네.

대혜스님이 말씀하셨다.
"바로 지금 말해보아라. 발우는 물건이냐, 물건 아니냐? 만일 물건이라 말한다면 사심(死心) 늙은이가 대장부가 아닐 것이요, 만일 물건이 아니라고 말한다면 받은 발우는 어찌하겠느냐?"

97. 운개수지雲蓋守智

雲蓋智和尚, 示眾, 云: "緊峭離水靴, 蹋破湖湘月, 手把鐵蒺藜, 打破龍虎穴, 翻身倒上樹, 始見無生滅. 却笑老瞿曇, 彈指超彌勒."763)

운개 수지스님764)이 대중에게 열어 보이셨다.

"장화끈을 단단히 조여매고서
호상(湖湘)765)의 달을 밟아 부숴버리고,
손으로는 철질려(鐵蒺藜)766)를 잡아 쥐고서,

신(黃龍死心悟新). 1044~1115. 주297) 참조.
762) 육조 혜능스님의 "菩提本無樹 明鏡亦非臺 本來無一物 何處惹塵埃"의 게송을 말한다.
763) 『聯燈會要』 卷第十四, X79n1557_p0125c19~21. 『五燈會元』 卷第十七, X80n1565_p0357a0
2~04. 『續傳燈錄』 卷第十五, T51n2077_p0569b28~c01. 참조.
764) 雲蓋守智(운개수지) : 분양선소(汾陽善昭)-석상초원(石霜楚圓)-황룡혜남(黃龍慧南)-운개수지(雲
蓋守智). 1025~1115. 검주(劍州) 용진(龍津)[복건성 남평(南平)] 출신. 속성은 진씨(陳氏). 어려서
검포(劍浦) 임중원(林重院)으로 출가하여 사미승으로 있다가 23세에 건주(建州) 개원사(開元寺)
에서 구족계를 받았다. 이후 제방을 유력하다가 예장(豫章)의 대녕 도관스님과 법창 의우스님을
참례하였으나 계합하지 못하고 다시 취암 가진스님을 알현했지만 역시 깨닫지 못하였다. 그러다
가 황룡 혜남스님을 참알하고서야 의심이 다해 법을 이었다. 도오(道吾)에서 개법(開法)하고 운
개(雲蓋)로 옮겨 문을 닫아걸고 30년을 있다가 정화(政和) 4년에 나왔다. 정화(政和) 을미(乙未)
3월 7일 세수 91세로 입적하였다.
765) 湖湘(호상) : 호남성의 동정호(洞庭湖)와 상강(湘江)을 말함.

용과 범의 굴을 쳐서 부숴버리고,
거꾸로 나무 위를 기어오르면,
비로소 생멸 없음 보게 된다네.
되레 늙은 석가 비웃어 버리고,
한 순간에 미륵을 뛰어넘누나.”

98. 운거도제雲居道齊

　雲居齊和尚, 因法燈和尚, 問: “適來有人問: ‘如何是祖師西來
意?’ 老僧向伊道: ‘不東不西.’ 藏主作麼生?” 齊云: “不東不西.”
燈云: “恁麼會又爭得?” 齊當時懵然莫知其旨, 至晚再伸請益,
燈云: “佗家自有兒孫在.” 齊於言下頓然契悟. 有頌曰: “接物利
生絶妙, 外生終是不肖. 佗家自有兒孫, 將來用得恰好.”767)

운거 도제스님768)에게 법을 이어준 법등화상769)이 물으셨다.

---

766) 鐵蒺藜(철질려) : 마름쇠. 적을 막기 위하여 땅위에 흩어 두는 마름 모양의 무쇠 덩어리. 전국
　　시대부터 썼다고 하는데 뾰족한 끝이 네 개 달려있다.

767) 『景德傳燈錄』 卷第二十六, T51n2076_p0428c04~10. 『聯燈會要』 卷第二十八, X79n1557_p0
　　244b09~14. 『禪門拈頌集』 卷第二十九, K46-0489, 1393則. 『五燈會元』 卷第十, X80n1565_p
　　0215c17~22. 참조.

768) 雲居道齊(운거도제) : 나한계침(羅漢桂琛)-법안문익(法眼文益)-청량태흠(淸涼泰欽)-운거도제(雲
　　居道齊). 929~997. 법안종의 스님. 속성은 김씨(金氏). 강서(江西) 홍주(洪州)[남창(南昌)]출신.
　　처음에 백장산(百丈山)의 명조선사(明照禪師)에게 출가(出家)하였다. 뒤에 강소(江蘇) 금릉(金陵)
　　청량태흠선사(淸涼泰欽禪師)의 회하에서 오도(悟道)하였다. 그 법을 이은 후에 일찍이 강서(江
　　西) 고안(高安)의 대우산(大愚山)과 유곡산(幽谷山)의 쌍림선원(雙林禪院)에 주석하였다. 그리고
　　운거산(雲居山)에서 20여년을 주석하며 제자들을 이끌었다. 태종(太宗) 지도(至道) 3년에 69세로
　　입적하였다.

769) 法燈和尚(법등화상) : 현사사비(玄沙師備)-나한계침(羅漢桂琛)-법안문익(法眼文益)-법등화상(法
　　燈和尚). ?~974. 청량태흠(淸涼泰欽)스님을 말함. 시호(諡號)가 법등(法燈)이다. 법안종스님으로
　　위부(魏府)[하북성 대명(大名)의 남쪽] 출신이다. 변재가 뛰어났다고 한다. 법안 문익스님을 참례
　　하여 깨달았지만 아무도 아는 이가 없었다. 하루는 법안스님이 대중에게 물었다. “호랑이 목에
　　달려 있는 금방울을 누가 풀겠느냐?” 아무도 대답을 못하고 있었는데 때마침 외출했다가 들어
　　온 태흠스님이 곧바로 말했다. “‘묶은 자가 풀어야 한다’라고 어째서 말하지들 않습니까?” 이에
　　사람들이 다시 보게 되었다. 홍주(洪州)의 쌍림원(雙林院)에 머물다가 상람(上藍)의 호국사(護國
　　寺)로 옮겼는데 얼마 있지 않아 남당(南唐)의 이경(李璟) (916~961)의 청으로 청량산으로 옮겨
　　주석하였다. 태조(太祖) 개보(開寶) 7년에 입적하였다.

"이제 방금 어떤 사람이 묻더군. '어떤 것이 조사께서 서쪽에서 오신 뜻입니까?' 내가 그에게, '동쪽도 아니고 서쪽도 아니다.'라고 말해주었네. 장주(藏主)770)는 어떻게 답하겠느냐?"

운거스님이 말씀하셨다.

"동쪽도 아니고 서쪽도 아닙니다."

법등스님이 말씀하셨다.

"이렇게 알아서는 또 어찌 하겠느냐?"

운거스님이 그때에 마음이 멍하여 그 뜻을 알 수가 없었는데, 저녁에 다시 찾아뵙고 가르침을 청하였다.

법등스님이 말씀하셨다.

"남의 집에 따로 자손들이 있군."

법등스님의 말씀이 끝나자마자 운제스님이 몰록 깨달으셨다. 그리고는 노래를 하셨다.

"제접하고 이롭게 함771) 절묘하구나.
밖에 난 이 결국은 어리석었네.
남의 집에 따로 자손들이 있다니,
데리고 와 써보면 딱 좋겠구나."

99. 청량징관清涼澄觀

『清涼國師答皇太子問心要』: "至道本乎其心, 心法本乎無住. 無住心體, 靈知不昧, 性相寂然. 包含德用, 該攝內外. 能深能廣, 非有非空. 不生不滅, 無終無始. 求之而不得, 棄之而不離.

『황태자가 심요를 물음에 대한 청량국사772)의 답 글』773)

---

770) 藏主(장주) : 절에서 불경과 도서를 관리하는 승직이다. 운거스님이 이때 장주의 소임을 맡고 있었던 듯하다.

771) 接物利生(접물리생) : 미혹에 허덕이는 이들을 제접하여 교화하고 이롭게 함. 여기서는 운제스님 자신을 잘 이끌어 주었다는 의미.

772) 淸涼澄觀(청량징관) : 조계혜능(曹溪慧能)-하택신회(荷澤神會)-오대무명(五臺無名)-화엄징관(華

"지극한 도는 그 마음을 근본으로 합니다. 마음의 법은 머무름 없음(無住)이 근본이 됩니다. 머무름 없는 마음의 주체(主體)는 신령한 앎이면서 흐려지지 않으며, 마음의 본질과 현상은 적연(寂然)합니다. 덕용(德用)774)을 포함하며, 안팎을 모두 거두어들입니다. 능히 깊고 능히 넓으며, 유(有)도 아니요 공(空)도 아닙니다. 생겨남도 없고 멸함도 없으며, 끝남도 없고 시작함도 없습니다. 구하려 하여도 얻을 수 없고, 버리려고 하여도 떼어 낼 수 없습니다.

迷現量則惑苦紛然,　悟眞性則空明廓徹.　雖卽心卽佛,　唯證者方知.然有證有知,則慧日沈沒於有地.　若無照無悟,　則昏雲掩蔽於空門.

현량(現量)775)을 미(迷)하면 혹(惑)과 고(苦)가776) 어지럽게 뒤섞여지고, 참

嚴澄觀). 738~839. 당나라 때의 스님으로 화엄종 제4조이다. 화엄보살 또는 화엄소주라고도 불리었다. 월주(越州) 회계(會稽)[절강성 소흥(紹興)] 출신. 속성은 하후씨(夏侯氏). 자는 대휴(大休). 시호는 청량(淸凉)이다. 9세에 체진대사(體眞大師)에게 출가한 뒤 '이관(理觀)'을 수행하였다. 화엄학을 전해준 스승 법선스님으로부터 '법계는 모두 너에게 있다.'라고 인가를 받았다. 화엄학 뿐만 아니라, 계율을 익히고, 열 가지의 서원을 세우는 등 수행에 매진하였다. 화엄·법화·천태학·우두선·남종선·북종선·삼론교학 등의 내전을 두루 익혔으며, 경(經)·전(傳)·자(子)·사(史)를 비롯 중국의 구류이학(九類異學)과 인도의 4베다와 5명(明) 등의 외전을 두루 섭렵해 마쳤다. 그의 박학함은 대흥선사에서 진행된 역경장에 참가하여 6년간 77부의 경전을 번역하는데 크게 기여하는 성과를 이루었다. 스님의 저서가 총 42종 600여권인데 『화엄경주소(華嚴經註疏)』 20권, 『화엄경수소연의초(華嚴經隨疏演義抄)』 90권, 『화엄현담(華嚴玄談)』 9권 등 현재 21종 400여권이 남아 있다. 개성 4년(839년) 102세로 입적하였다.
773) 『淸凉答順宗心要法門』(『청량답순종심요법문』) : 당나라 순종이 당시의 국사(國師)인 청량(淸凉)스님과 일심(一心)에 관하여 문답한 내용을 실은 책이다. 규봉종밀(圭峰宗密)스님이 주(注)를 달았다.
774) 德用(덕용) : 덕상업용(德相業用)을 줄인 말이다. 마음에는 삼대(三大)인 체(體)·상(相)·용(用)이 있는데 이중 덕상과 업용을 합쳐서 덕용이라 한다. (T36n1736_p0021b28, 『大方廣佛華嚴經隨疏演義鈔』 卷第三. "言德用者, 卽德相業用也.") 덕상은 마음이 갖추고 있는 중중무진의 성덕(性德)을 가리키고, 업용은 뭇삶의 마음이 삶으로 하여금 세간과 출세간의 인(因)을 닦게 하여 과(果)를 얻게 하는 작용을 말한다. 그러므로 업용은 뭇삶에게 해당되는 것이다. 덕상과 업용에는 각각 십현(十玄)이 있다고 청량스님은 『화엄경수소연의초』 10권에서 밝히고 있다. (T36n1736_p0075c26, 『大方廣佛華嚴經隨疏演義鈔』 卷第十. "分德相業用, 各有十玄.") 덕상과 업용에 대한 자세한 것은 『大方廣佛華嚴經隨疏演義鈔』 卷第十을 참조.
775) 現量(현량) : 심식삼량(心識三量)의 하나이다. 현실을 양지(量知)하는 것인데, 비판하고 분별함을 떠나서 외계의 사상(事象)을 있는 그대로 지각하는 것이다. 마치 갓난아이가 사물을 볼 때에 이름이나 모양 빛깔 등을 전혀 구별 없이 그냥 바라보는 것과 같다.
776) 惑苦(혹고) : 혹업고(惑業苦)의 준말. 미(迷)의 인과를 나타내는 말로서, 혹(惑)은 탐·진·치 등의 번뇌, 업(業)은 혹을 근거로 하는 선악의 행위를 짓는 것이다. 고(苦)는 이 업에 의하여 받

성품을 깨달으면 텅 비고 밝아져 확철(廓徹)하게 됩니다. 비록 즉심즉불(即心即佛)이라고 하더라도 오직 증득한 자만이 비로소 알 수 있습니다. 그러나 증득함이 있고 앎이 있다고 한다면 지혜의 밝은 해가 유(有)의 땅으로 침몰하게 되어버리고 맙니다. 만일 비춤도 없고 깨달음도 없다고 한다면 어두운 구름이 공(空)의 문을 막아서 가려버리고 말 것입니다.

若一念不生, 則前後際斷, 照體獨立, 物我皆如. 直造心源, 無智無得. 不取不捨, 無對無修. 然迷悟更依眞妄相待. 若求眞去妄, 猶棄影勞形. 若體妄即眞似處陰影滅.

만일 한 생각이 일어나지 않으면 '앞생각함'과 '뒷생각함'의 틈새가 끊어져 비춤의 본체가 홀로 우뚝 서서 객관과 주관이 여여(如如)하게 됩니다.
곧바로 마음의 핵심 근원에 이르면 지혜로움도 없게 되고 깨달음도 없게 됩니다.
취함도 아니고 버림도 아니며, 상대함도 없고 닦음도 없습니다. 그러나 미(迷)함과 깨달음은 진(眞)과 망(妄)이 서로를 초대함에 다시 의지합니다. 만일 진(眞)을 구하고 망妄을 버리려 한다면 그림자를 떼어내 버리고 형체를 부려먹으려는 것과 같습니다. 만일 망(妄)을 체득(體得)하여 진(眞)에 즉(即)777) 한다면 흡사 그림자가 그늘에 들어가면 사라지는 것과 같습니다.

若無心忘照則萬慮都捐. 若任運寂知, 則衆行爰起. 放曠任其去住, 靜鑒覺其源流, 語默不失玄微, 動靜未離法界. 言止則雙亡知寂. 論觀則雙照寂知.

만일 무심(無心)이 되고 비춤도 잊히면 수많은 사념들이 모두 사라져버리게 됩니다. 만일 '고요함'과 '앎'에 마음가는대로 자유자재하게 되면 모든 행(行)이 따라 일어나게 됩니다. 그리고 아무런 구애됨이 없이 활달해서 그

게 되는 과보인 삼계에 유전(流轉)하는 것을 말한다. 유정(有情)이 윤회하는 순서를 제시한 것으로 삼도(三道)라고도 한다.
777) 即(즉) : 녹아 들어가서 하나가 됨. 예를 들면, 설탕(妄)을 물(眞)에 넣으면 설탕의 형체가 보이지 않는 것과 같다. 하지만 설탕이 전혀 없는 것은 아니다. 물을 졸이면 다시 설탕이 나타난다. 이와 상대되는 것으로 입(入)이 있다. 입(入)은 흙을 물에 넣는 것과 같다. 흙은 물에 들어가서 흙탕물이라는 것이 되어버리지만 흙의 형체를 볼 수 있다.

가고 머무름을 마음대로 합니다.

고요히 비추어 살피면 그 근원의 흐름을 깨닫게 되어, 말하고 침묵함에서도 심원하고 미묘함을 잃지 않으며, 움직임과 고요함에서도 법계를 벗어나지 않습니다.

그침(止)을 말하자면, '앎(知)'과 '고요함(寂)'을 쌍(雙)으로 없애버립니다. 살펴봄(觀)을 서술하자면, '고요함(寂)'과 '앎(知)'을 쌍(雙)으로 비춥니다.

語證則不可示人, 說理則非證不了. 是以悟寂無寂, 眞知無知. 以知寂不二之一心, 契空有雙融之中道. 無住無著莫攝莫收, 是非兩亡能所雙絕. 斯絕亦寂則般若現前.

증득함을 말하려 해도 사람에게 보일 수가 없고 이치를 설명하려해도 증득함이 아니면 요달하게 할 수가 없습니다. 그러므로 '고요함'을 깨달으면 '고요함'이 없으며 '앎'이 확실하면 '앎'이 없게 되는 것입니다. '앎'과 '고요함'이 둘 아닌 한마음으로써 공(空)과 유(有)를 쌍(雙)으로 융회(融會)하는 중도에 계합하게 합니다.

머물러 붙어있음도 없고, 받아들여 거두지도 않으며, 옳고 그름을 둘 다 없애고, 주관과 객관을 쌍(雙)으로 끊어버립니다. 이렇게 끊어버림 또한 고요하게 되면, 곧 반야가 앞에 나타나게 되는 것입니다.

般若非心外新生, 智性乃本來具足. 然本寂不能自現, 實由般若之功. 般若之與智性翻覆相成. 本智之與始修實無兩體. 雙亡證入則妙覺圓明. 始末該融則因果交徹. 心心作佛, 無一心而非佛心. 處處成道, 無一塵而非佛國. 故眞妄物我, 擧一全收. 心佛眾生, 渾然齊致.

반야는 마음 바깥에서 새로 생겨나는 것이 아니며, 지혜의 성품은 본래부터 갖추어져 있습니다. 그러나 본래 고요함(本寂)은 스스로 드러날 수가 없어 반야의 공능을 말미암아서 실행됩니다. 반야와 지혜의 성품은 변화무쌍하게 되풀이해서 서로서로 이루어집니다.

'근본 지혜(本智)'와 '비로소 닦음(始修)'778)은 실로 그 체성(體性)이 둘이 아닙니다. 이 둘을 쌍(雙)으로 없애버리고 증득하여 들어가면 묘각(妙覺)779)

---

778) 始修(시수) : 근본 지혜를 바탕으로 공을 들여 닦는 것.

이 완벽하게 밝아집니다.

　시작과 끝을 모두 융섭(融攝)해버리면 원인과 결과가 서로 철저하게 꿰뚫어져버립니다. 마음과 마음이 부처님을 드러내는데, 마음 하나하나가 모두 부처님의 마음입니다. 곳곳마다 어디나 다 부처님의 도(道)가 이루어져 있고, 티끌 하나하나가 모두 부처님의 국토 아님이 없습니다.

　그러므로 진(眞)과 망(妄), 객관과 주관이 하나를 잡으면 전부가 거두어지는 것입니다. 마음과 부처님과 뭇삶이 아무런 차별 없이 똑같은 이치입니다.

　是知迷則人隨於法, 法法萬差而人不同. 悟則法隨於人, 人人一智而融萬境. 言窮慮絶何果何因? 體本寂寥孰同孰異? 唯忘懷虛朗, 消息沖融. 其猶透水月華, 虛而可見. 無心鑑像, 照而常空矣."780)

　미(迷)하면 사람이 법을 따르게 되어 법과 법마다 엄청난 차별이 벌어져 사람마다 같지 않게 되며, 깨달으면 법이 사람을 따르게 되어 사람과 사람마다 하나의 지혜가 되어 모든 경계를 녹여버림을 알 수 있습니다.
말이 다해지고 사념이 끊어져버리면 무슨 원인과 결과가 있겠습니까? 체성(體性)이 본래 텅 비어 아무것도 없으면 어떤 것이 같고 어떤 것이 다르겠습니까?

　오직 사념을 없애고 텅 비어 밝아진 소식(消息)781)이 가득차서 넘치게 되면 물에 뛰어 들어간 달빛이 허상(虛象)이나 볼 수는 있는 것과 같고 무심히 물상을 비추면 비추면서도 항상 텅 빈 것과 같습니다."

---

779) 妙覺(묘각) : 부처님의 불가사의하고 미묘한 구경(究竟)의 무상정각(無上正覺)의 자리. 또는 보살수행의 마지막 지위.
780) 『景德傳燈錄』 卷第三十, T51n2076_p0459b22~c22. 『聯燈會要』 卷第三十, X79n1557_p0267c02~268a02. 참조.
781) 消息(소식) : 진리, 오묘함. 휴식하다. 변화하다. 징조, 실마리.

100. 남양혜충南陽慧忠

忠國師, 問紫璘供奉: "佛是甚麼義?" 云: "是覺義" 曰: "佛曾迷否?" 云: "不曾迷." 曰: "用覺作麼?" 供奉無對.　782) 妙喜代曰: "若不入水, 爭見長人?"

남양 혜충국사783)께서 자린 공봉스님784)에게 물으셨다.
"부처님이란 무슨 뜻이냐?"
자린스님이 말씀드렸다.
"깨달음이란 뜻입니다."
혜충국사가 말씀하셨다.
"부처님이 일찍이 미(迷)한 적이 있었던가?"
자린스님이 말씀드렸다.
"일찍이 미(迷)한 적이 없습니다."
혜충국사가 말씀하셨다.
"그렇다면 왜785) 깨달음이라고 하느냐?"
자린스님이 아무런 대답이 없었다.

대혜스님이 대신하여 말씀하셨다.
"만일 물에 들어가지 않는다면, 어찌 학(鶴)786)을 볼 수 있으리오?"

782) 『景德傳燈錄』卷第五, T51n2076_p0244c25~27. 『聯燈會要』卷第三, X79n1557_p0035b12~
　　13.　참조.
783) 南陽慧忠(남양혜충) : 쌍봉도신(雙峰道信)-황매홍인(黃梅弘忍)-조계혜능(曹溪慧能)-남양혜충(南
　　陽慧忠). ?~775. 주52) 참조.
784) 供奉(공봉) : 벼슬이름. 황제의 고문을 담당하는 승직.
785) 用(용) : 어찌, 왜. 의문사.
786) 長人(장인) : ①키가 큰 사람. 우두머리. ②학(鶴). 당나라 두보(杜甫)와 송나라 소식(蘇軾)이
　　학을 장인(長人)이라 표현했음. "오르락내리락 다 마음이 있네. 돌무더기 학처럼 떨어져 내리
　　네."(宋, 杜甫.「通泉縣署壁後薛少保畵鶴詩」"低昻各有意, 磊落如長人.") "못난 돌, 찬 소나무
　　가까이하긴 너무 어려워. 짧은 곡조로 학의 귀를 울려나 볼까."(唐, 蘇軾.「題李伯時畵趙景仁
　　琴鶴圖詩2」"醜石寒松未易親, 聊將短曲調長人.")

101. 대수법진大隨法眞

大隋和尙, 因燒山次, 見一蛇, 以杖挑向火中. "咄!" 云: "遮箇形骸猶自不放捨, 你向遮裏死, 如暗得燈." 遂有僧問: "正當恁麽時, 還有罪也無?" 曰: "石虎叫時 山谷響, 木人吼處鐵牛驚."787)

又問僧: "向甚麽處去?" 僧云: "西山住菴去." 曰: "我向東山喚汝, 汝便來得麽?" 云: "不然." 曰: "汝住菴未得." 788) 問: "如何是和尙家風?" 曰: "赤土畫簸箕." 云: "未審此理如何?" 曰: "簸箕有唇, 米跳不出."789)

대수 법진스님790)이 불이 난 산을 지나가던 차에, 뱀을 한 마리 보시고는 지팡이에 걸어서 불 속에 던져버렸다.

"咄(Duō)!"

말씀하셨다.

"이 놈의 몸뚱어리를 스스로 놓아 버리지 못하니, 네 녀석이 차라리 여기서 죽는 것이 깜깜한 데서 등불을 만난 것과 같을 것이다."

곧바로 어떤 스님이 여쭈었다.

"바로 이러한 때에 죄가 없습니까?"

말씀하셨다.

"돌호랑이가 부르짖을 때 산골짜기에 메아리치고,
나무사람이 포효하는 곳 무쇠소 녀석 깜짝 놀란다."

또 한 스님에게 물으셨다.

"어디로 가느냐?"

그 스님이 말했다.

---

787) 『聯燈會要』 卷第九, X79n1557_p0090b24~c03. 『古尊宿語錄』 卷之三十四, X68n1315_p022
  9c12~15. 참조.
788) 『大光明藏』 中卷, X79n1563_p0703c01~03. 『五燈嚴統』 卷第四, X80n1568_p0656c16~18.
  『御選歷代禪師語錄』 前集中, X68n1319_p0620a24~b01. 참조.
789) 『聯燈會要』 卷第九, X79n1557_p0090c15~17. 『古尊宿語錄』 卷之三十五, X68n1315_p0229
  c03~05. 『五燈嚴統』 卷第四, X80n1568_p0657a07~08. 참조.
790) 大隨法眞(대수법진) : 마조도일(馬祖道一)-백장회해(百丈懷海)-복주대안(福州大安)-대수법진(大
  隨法眞). 834~919. 주548) 참조.

"서쪽 산의 암자로 가서 머물까 합니다."
말씀하셨다.
"내가 동쪽 산으로 가서 너를 부를 것이다. 너는 곧바로 올 수 있겠느냐?"
그 스님이 말했다.
"그러지 않을 것입니다."
말씀하셨다.
"너는 암자에 머물 자격이 없다."

어떤 한 스님이 여쭈었다.
"어떤 것이 스님의 가풍입니까?"
말씀하셨다.
"붉은 흙으로 까부는 키를 그리지."
그 스님이 말했다.
"도대체 이 이치가 무엇입니까?"
말씀하셨다.
"까부는 키에 입술791)이 있으면 쌀이 튀어 나가지 못해."

102. 황룡혜남黃龍慧南

黃龍南和尚, 住同安, 示衆, 云: "今日四月八, 我佛降生之日, 天下精藍皆悉浴佛. 記得遵布衲在藥山會裏充殿主, 浴佛之次, 藥山問: '汝只浴得遮箇, 還浴得那箇麼?' 遵云: '把將那箇來!' 藥山便休. 大衆. 古人隨時一言半句, 亦無巧妙. 今人用盡心力安排, 終不到他境界. 衆中商量, 或云: '遮箇是銅像, 那箇是法身. 銅像有形, 可以洗滌, 法身無相, 如何洗得? 藥山只知其一, 不知其二, 被遵公倒靠, 直得口似匾擔, 不勝憛憛.' 又云: '古德垂問, 只要驗人. 問汝那箇, 便道'把將那箇來', 正是隨聲逐色, 皷他言句, 上佗圈繢. 藥山見伊不會, 所以便休.' 又道: '藥山恁麼來, 早是無事起事, 好肉上剜瘡. 遵公不見來病, 却向灸瘡瘢上更著艾爝.' 有云: '古人得了, 逢場作戲, 無可不可, 何高何低? 彼此知有, 自是後人強

---

791) 唇(순) : 키의 앞 쪽 가장자리에 약간 볼록하게 테두리를 두른 것.

生分別.' 如前所解, 蓋不遇人. 一失其源, 迷而不復, 所以只憑識心思量計較, 以當宗乘. 殊不知有作思惟從有心起, 用此思惟辨於佛境, 如取螢火燒須彌山, 縱經塵劫, 終不能著. 是故行脚高人切須自看, 從上來事合作麼生? 畢竟將何敵佗生死? 勿以少許浮麁識見自作障礙, 佛法不是遮箇道理. 同安今日不避口業, 與汝諸人說破, 此二尊宿, 一出一入, 未見輸贏. 三十年後, 不得錯擧."792)

황룡 혜남스님793)이 동안원(同安院)794)에 머무시면서 대중에게 열어 보이셨다.

"오늘 사월 초파일은 우리 부처님께서 탄생하신 날입니다. 천하의 수많은 절795)에서 모두 다 부처님을 관욕해드립니다.

상기해보니 청평 영준스님796)이 약산 유엄스님797)의 회상에서 전주(殿主)798)의 소임을 맡고 있을 때에 부처님을 목욕시켜드리고 있었는데, 약산스님이 다가와서 물으셨습니다.

'스님이 이것을 목욕시키는가, 저것을 목욕시키는가?'

영준스님이 말씀하셨습니다.

'저것을 가져와 주십시오!'

약산스님이 곧바로 그만 두셨습니다.

대중여러분.

옛 어른들은 언제든지 한마디라도 할 때면 솜씨나 재치를 부려 말씀하신 적이 없었습니다. 그런데 요즘 사람들은 마음과 힘을 다 써서 이리저리 짜맞추어도799) 마침내 저 경계에 이르지 못합니다.

---

792) 『黃龍慧南禪師語錄』, T47n1993_p0630b15~c10. 참조.
793) 黃龍慧南(황룡혜남) : 수산성념(首山省念)-분양선소(汾陽善昭)-석상초원(石霜楚圓)-황룡혜남(黃龍慧南). 1002~1069. 주214) 참조.
794) 同安(동안) : 지금의 안휘성(安徽省) 동성현(桐城縣)이다. 원래는 동안현(同安縣)이었으나 난을 일으킨 안록산(安祿山)을 찬동(贊同)한다는 의미로 오해받을 수 있어, 당(唐) 지덕(至德) 2년(757년)에 동성현(桐城縣)으로 개칭(改稱)하였다.
795) 精藍(정람) : 정(精)은 정사(精舍)이고 람(藍)은 아란야(阿蘭若)이다.
796) 淸平令遵(청평영준) : 석두희천(石頭希遷)-단하천연(丹霞天然)-취미무학(翠微無學)-청평영준(淸平令遵). 845~919. 주409) 참조.
797) 藥山惟儼(약산유엄) : 조계혜능(曹溪慧能)-청원행사(靑原行思)-석두희천(石頭希遷)-약산유엄(藥山惟儼). 751~834. 주713) 참조.
798) 殿主(전주) : 선원(禪院)에서 불전(佛殿)의 관리와 향(香), 등(燈)의 집기를 관장하는 소임. 지전(持殿)이라고도 함.

　대중 가운데서 생각으로 따져들다가 혹 어떤 자는 이렇게 말하기도 할 것입니다.

　'이것이라 한 것은 구리로 만든 이 형상이고, 저것이라 한 것은 법신불(法身佛)을 말한 것이다. 그러면 구리로 만든 형상은 형체가 있으니 씻을 수 있다고 하더라도, 법신은 형상이 없는데 어떻게 씻을 것인가? 약산스님은 그 하나를 알고 계신 것이지 둘은 모르셨다. 영준스님이 거꾸로 다가섬을 당하고는 약산스님은 곧바로 입이 멜대와800) 같아져서 부끄러움을 이기지 못하셨다.'

　또 말할 것입니다.

　'옛 스님이 질문을 베푼 것은 바로 사람들을 시험하려는 것이었다. 그에게 저것을 물었는데, 문득 「저것을 가지고 와 보라」고 말한다면, 바로 이것은 소리를 따르고 모양을 좇는 것이며, 그의 말과 구句나 씹으면서, 그의 올가미에 걸려버린801) 것이 된다. 약산스님이 그가 알지 못함을 알고 문득 그만 둔 까닭이다.'

　또 말할 것입니다.

　'약산스님이 이렇게 한 것은 본래802) 이는 일없음에서 일을 일으킨 것이며, 건강한 피부를 긁어내서 종기를 만든 셈이다.803) 영준스님이 병이 생긴 것도 모르고 도리어 부스럼 위에다 다시 쑥에 불을 붙여 뜸을 뜨는구나.'

　누군가는 이렇게 말할 것입니다.

　'옛 선사들이 깨달음을 얻고 나서는 봉장작희(逢場作戲)804)하니 맞느니 맞

---

799) 安排(안배) : 마음과 힘을 써서 이리저리 짜서 맞추는 것. 지혜를 짜내고 공력을 들임.
800) 匾擔(편담) : 나무로 조그맣게 만들어 한 쪽 어깨에 걸쳐서 땔나무 등을 옮기는 멜대를 말한다. 여기서는 말문이 막힌 것을 표현하였다.
801) 上(상) : 잠그다. 채우다. 걸리다.
802) 早是(조시) : 본래, 처음, 이미, 벌써, 다행히, 운 좋게.
803) 肉上剜瘡(육상완창) : 일부러 살을 긁어서 부스럼을 만들다. 완육작창(剜肉作瘡)과 같은 말. 도를 탐구하다 도리어 미혹됨을 비유하는 말.
804) 逢場作戲(봉장작희) : 봉장작희(逢場作戲)는 봉장유희(逢場遊戲)·봉장작락(逢場作樂)과 같은 뜻으로, 기회가 생기면 사람들과 어울리어 함께 놀고 즐김을 말한다. 뭇삶들과 함께 어울림.

지 않느니 할 것이 없었는데 무엇이 높고 무엇이 낮단 말인가? 피차가 있음을 알고서는 이로부터 뒷사람들이 억지로 분별을 내게 된 것이다.'

　이렇게들 앞에서 이해한 것처럼 되어버리면 대개 사람을 만나지 못하여 한 번 그 근원을 잃어버려 미(迷)해서 돌아가지 못하게 되어버린 것입니다. 그러므로 단지 식심(識心)에만 의지하여 사량하고 계교함으로써 선종(禪宗)에 부합하려고 해보았으나 일부러 지어내고 사유하는 것이 고의적인 마음을 따라 일어나는 것임을 여전히 몰랐던 것입니다.

　이러한 사유로써 부처님의 경계를 찾아서 알아보려 하는데, 마치 반딧불로 수미산을 태워버리려는 것과 같아서 한량없는 세월이 흐른다 하여도 도무지 이뤄질 수가 없는 것입니다.

　그렇기 때문에 행각하는 훌륭한 납자들은 반드시 절박하게 자신을 살펴보아야만 합니다.
　그동안 말해 온 일은 어떻게 해야 합당하겠습니까?
　결국은 무엇으로써 저 생사(生死)를 대적하겠습니까?
　조금이라도 부질없이 떠다니며 거친 식견(識見)으로써 스스로를 막히게 하지 마십시오. 불법(佛法)은 이러한 도리가 아닙니다. 이 동안(同安)이 오늘 구업을 피하지 않고 여러분에게 말해줍니다. 이 두 선사께서는 한 분은 나오고 한 분은 들어갔지만, 승부805)를 보이진 않으셨습니다.
　삼십년 후에 잘못 들먹거리지 마십시오."

---

805) 輸贏(수영) : 패배와 승리. 승부.

103. 양기방회楊岐方會

楊岐和尚, 示眾, 云: "有句無句, 如藤倚樹, 文殊, 維摩, 撒手
歸去. 楊岐恁麼道, 也是看錮鑪, 更有後語, 不得錯舉."806)
妙喜曰: "利動君子."

양기 방회스님807)이 대중에게 열어 보이셨다.

"'구(句)있음'과 '구(句)없음'이 마치 등넝쿨이 나무에 기대는 것과 같다 하
시니, 문수보살과 유마거사가 손을 떨치고 돌아가 버릴 것입니다. 이 양기
가 이렇게 말한 것은 또한 땜질하여808) 살펴보게 함이라 다시 뒤에 구(句)
가 있으니 잘못 들먹이지 마십시오."

대혜스님이 말씀하셨다.
"이로움이 군자를 움직이는구나."809)

104. 고산신안鼓山神晏

晏國師, 初參雪峰, 纔入門, 峯扭住云: "是甚麼?" 晏釋然契悟, 舉手搖曳. 峯
云: "子作道理邪?" 晏云: "何道理之有?" 峯乃撫而印之.810)

고산 신안국사811)가 설봉 의존스님812)을 처음 참방(參訪)하셨을 때, 문으

---

806) 『嘉泰普燈錄』 卷第三, X79n1559_p0303b17~19. 『禪門拈頌集』 卷第九, K46-0153, 357則.
　　 『楊岐方會和尚語錄』, T47n1994Ap0641c17~19. 참조.
807) 楊岐方會(양기방회) : 수산성념(首山省念)-분양선소(汾陽善昭)-석상초원(石霜楚圓)-양기방회(楊
　　 岐方會). 996~1049. 주484) 참조.
808) 錮鑪(고로) : 땜질하다. 보수하다. 고로(錮路)와 같다.
809) 利動君子(이동군자) : 『열녀전(列女傳)』 「식군부인(息君夫人)」 편에 "의로움은 군자를 움직이
　　 고 이로움은 소인을 움직인다.(夫義動君子, 利動小人.)"라고 나온다. 대혜스님이 거꾸로 말했다.
810) 『景德傳燈錄』 卷第十八, T51n2076_p0351a12~16. 『五燈會元』 卷第七, X80n1565_p0155b
　　 15. 『雪峰真覺大師語錄』 卷之下, X69n1333_p0080c08~10. 참조.
811) 鼓山神晏(고산신안) : 용담숭신(龍潭崇信)-덕산선감(德山宣鑑)-설봉의존(雪峰義存)-고산신안(鼓
　　 山神晏). 주747) 참조.
812) 雪峰義存(설봉의존) : 천황도오(天皇道悟)-용담숭신(龍潭崇信)-덕산선감(德山宣鑑)-설봉의존(雪
　　 峰義存). 822~908. 주193) 참조.

로 들어서자마자 설봉스님이 팔을 비틀어 옴짝달싹 못하게 내리 누르면서813) 말씀하셨다.

"뭐냐?"

신안국사가 의심이 확 풀리면서814) 깨닫고는 손을 들어 흔드셨다.

설봉스님이 말씀하셨다.

"임자가 도리를 드러내느냐?"815)

신안국사가 말씀하셨다.

"무슨 도리가 있겠습니까?"

설봉스님이 손을 문질러주면서 인가하셨다.

105. 진정극문眞淨克文

真淨和尚, 示眾, 拈拄杖. 云: "涅槃心易曉, 差別智難明. 古人道: '你有拄杖子, 我與你拄杖子, 你無拄杖子, 我奪却你拄杖子.' 歸宗則不然, 你有拄杖子, 我奪却你拄杖子, 你無拄杖子, 我與你拄杖子. 大眾. 芭蕉恁麼, 歸宗不恁麼. 且道. 恁麼是? 不恁麼是?" 擲下拄杖. 云: "是甚麼?" 良久. 云: "是即龍女頓成佛, 非即善星生陷墜.816)"817)

진정 극문스님818)이 대중에게 열어 보이셨다.

주장자를 손에 잡으셨다.

---

813) 扭住(유주) : 팔을 비틀어 꼼짝 못하게 내리 누르는 것.

814) 釋然(석연) : 마음에 미심쩍었던 것이 확 풀리는 모양.

815) 作(작) : 나타내다. 드러내다.

816) 是即龍女頓成佛 非即善星生陷墜(시즉용녀돈성불 비즉선성생함추) : 영가 현각스님의 『증도가』에서 가져온 말씀이다. (T51n2076_p0461a10~11, 『景德傳燈錄』 卷第三十, 「永嘉眞覺大師證道歌」. "是即龍女頓成佛, 非即善星生陷墜")

817) 『禪門拈頌集』 卷第二十六, K46-0435, 1192則. 『古尊宿語錄』 卷之四十三, X68n1315_p0287a04~09. 참조.

818) 眞淨克文(진정극문) : 분양선소(汾陽善昭)-석상초원(石霜楚圓)-황룡혜남(黃龍慧南)-진정극문(眞淨克文). 1025-1102. 주131) 참조.

말씀하셨다.

"열반묘심(涅槃妙心)은 깨우쳐 알기가 쉬우나 차별지(差別智)819)는 밝히기 어렵습니다. 옛 선사820)께서 말씀하셨습니다.

'너에게 주장자가 있다면 내가 너에게 주장자를 줄 것이고, 너에게 주장자가 없다면 내가 너에게서 주장자를 빼앗을 것이다.'

이 귀종은 그렇게 하지 않겠습니다. 여러분에게 주장자가 있다면 내가 여러분에게서 주장자를 빼앗을 것이고, 여러분에게 주장자가 없다면 내가 여러분에게 주장자를 주겠습니다.821)

대중 여러분.

파초스님은 이러하고 이 귀종은 이러하지 않습니다.

바로 여기 말해보십시오.

이러함이 옳습니까? 이러하지 않음이 옳습니까?"

주장자를 던지셨다.

말씀하셨다.

"무엇입니까?"

한참 묵묵히 계셨다.

말씀하셨다.

"옳으면 곧 용녀가 몰록 성불인 것822)이요,

---

819) 差別智(차별지) : 후득지(後得智)·여량지(如量智)·자연업지(自然業智)·속제지(俗諦智) 등과 같은 지혜로서, 현상계의 여러 가지 개별적 차별상의 이치를 환히 꿰뚫어 아는 부처님과 보살의 지혜를 말한다. 이에 상대되는 지혜로 근본지(根本智) 또는 무분별지(無分別智)가 있다.

820) 파초혜청선사(芭蕉慧淸禪師)를 말한다. [위산영우(潙山靈祐)-앙산혜적(仰山慧寂)-남탑광용(南塔光涌)-파초혜청(芭蕉慧淸)].

821) 『연등회요』 11권에 나오는 법문이다. (X79n1557_p0098b06~07, 『聯燈會要』 卷第十一. "示衆云:'儞有拄杖子, 我與儞拄杖子, 儞無拄杖子, 我奪却儞拄杖子.'")

822) 龍女頓成佛(용녀돈성불) : 『법화경』「제바달다품」에 나오는 이야기이다. "즉각 남방의 무구세계로 가서 보배 연꽃에 앉아 등정각을 이루고 32상과 80종호를 갖추어 시방의 일체 뭇삶들을 위하여 미묘한 법을 널리 설하였다. 그때 사바세계의 보살·성문·천룡팔부(天龍八部)·인간인

그르다면 선성 비구가 산채로 지옥에 떨어진 것823)이라네."

106. 도오오진道吾悟眞

道吾眞和尙, 示眾, 擧洞山, 云: "'五臺山上雲蒸飯, 佛殿堦前狗尿天, 幡竿頭上煎䭔子, 三箇狮猻夜簸錢.' 老僧卽不然. 三面狸奴脚蹋月, 兩頭白牯手擎煙. 戴冠碧兔立庭栢, 脫殼烏龜飛上天. 老僧葛藤, 盡被汝諸人覷破了也. 洞山老人甚是奇特, 雖然如是, 只行得三步四步, 且不過七跳八跳. 且道. 誵訛在甚麼處? 老僧今日不惜眉毛, 一時布施." 良久. 云: "叮嚀損君德, 無言眞有功. 任從滄海變, 終不爲君通."824)

도오 오진스님825)이 대중에게 열어 보이실 때, 동산 수초스님826)의 법문을 인용하여 말씀하셨다.

듯 인간 아닌 이들은 그 용녀가 성불 이후 그때 모인 하늘과 인간 대중에게 설법하는 것을 멀리서 보고는 마음이 완전히 환희에 가득 차 모두들 멀리서 공경히 예배하였다." (T09n0262_p0035c17~22, 『妙法蓮華經』「提婆達多品」第十二. "卽往南方無垢世界, 坐寶蓮華成等正覺, 三十二相八十種好, 普爲十方一切眾生演說妙法. 爾時娑婆世界菩薩聲聞天龍八部人與非人, 皆遙見彼龍女成佛, 普爲時會人天說法, 心大歡喜, 悉遙敬禮.")

823) 善星生陷墜(선성생함추) : 『열반경』「가섭보살품」에 나오는 일화이다. "그때 여래께서 가섭스님과 함께 선성비구의 처소에 가셨다. 선성비구가 멀리서 여래께서 오시는 것을 보고는 곧 악하고 삿된 마음을 내었다. 나쁜 마음을 낸 까닭에 몸이 그대로 아비지옥으로 떨어졌다."(T12n0374_p0561c20~21, 『大般涅槃經』卷第三十三,「迦葉菩薩品」第十二之一. "爾時如來卽與迦葉往善星所. 善星比丘遙見如來, 見已卽生惡邪之心. 以惡心故, 生身陷入墮阿鼻獄.")

824) 『楊岐方會和尙語錄』「潭州道吾眞禪師語要」, T47n1994Ap0643b07~15. 『聯燈會要』卷第十四, X79n1557_p0121a16~23. 『禪門拈頌集』卷第十七, K46-0287~0288, 698則. 『五燈會元』卷第十二, X80n1565_p0248c12~19. 『古尊宿語錄』卷第十九, X68n1315_p0126b08~15. 『續傳燈錄』卷第七, T51n2077_p0508b26~c05. 『楊岐方會和尙語錄』「潭州道吾眞禪師語要」, T47n1994Ap0643b07~15. 참조.

825) 道吾悟眞(도오오진) : 수산성념(首山省念)-분양선소(汾陽善昭)-석상초원(石霜楚圓)-도오오진(道吾悟眞). 담주(潭州) 도오산(道吾山) 흥화사(興化寺)에 주석하였다. 『담주도오진선사어록(潭州道吾眞禪師語錄)』1권이 있다.

826) 이 동산(洞山)스님을 『선종송고련주통집(禪宗頌古聯珠通集)』 24권과 『선문염송집(禪門拈頌集)』 17권에서는 동산 양개스님의 법문이라고 하였으나 『고존숙어록(古尊宿語錄)』38권「양주동산제2대초선사어록(襄州洞山第二代初禪師語錄)」에 나오는 〈인사송(因事頌)〉이다. 또한 『불과원오선사벽암록(佛果圓悟禪師碧巖錄)』 10권, 『종감법림(宗鑑法林)』 51권, 『종문염고휘집(宗門拈古彙集)』38권 등에서도 동산 수초스님의 법문이라고 나와 있다.

"'오대산 위 구름이 밥을 지으며,
법당 섬돌 앞 개가 하늘에 오줌을 눈다.
깃대 끝에 퇴병(䭔餅)827)을 지지어 내고,
세 마리 원숭이들 야밤에 돈놀이 하네828).'

이 늙은이는 그렇게 하지 않겠습니다.

얼굴 셋인 고양이가 달을 밟으며,
머리 둘인 흰 암소가 손으로 연기를 잡네.
갓 쓴 푸른 토끼 측백 우거진 뜨락에 섰고,
껍질 벗은 거북이 하늘 날아오르네.

이 늙은이가 이 말로써 여러 대중에게 몽땅 자세히 간파 당해 버렸습니다.
동산 노스님은 매우 기특합니다. 하지만 다만 서너 걸음 걸었을 뿐이며 또
한 일고여덟 번 뛴 것에 불과합니다.
바로 여기 말해보십시오.
알기 어려운 곳이 어디에 있습니까?
이 늙은이가 오늘 거짓말하는 허물을 무릅쓰고 한꺼번에 전부 다 말해주
었습니다."

한참 묵묵히 계셨다.

말씀하셨다.
"정성 들인 말이 그대들의 덕을 덜어 버렸으니,
말 없음이 참으로 공덕이 있는 것이네.
넓은 바다의 변화를 따라 맡길지라도,
끝끝내 그대들에게 말하지 않아도 되었으리라."

---

827) 䭔餅(퇴병) : 밀가루를 개어서 그냥 굽거나 기름에 지진 떡의 일종.
828) 簸錢(파전) : 돈을 던져 승부를 겨루는 놀이.

107. 늑담홍영泐潭洪英

泐潭英和尙, 示衆, 云: "石門巉嶮鐵關牢, 擧目重重萬仞高. 無角鐵牛衝得破, 毗盧海內鼓波濤. 大衆. 且道. 不涉波濤一句作麼生道?" 良久. 云: "一句不遑無著問, 迄今猶作野盤僧."829)

늑담 홍영스님830)이 대중에게 열어 보이셨다.

"험준한 돌문은 쇠 빗장으로 단단히 잠가져 있고
눈을 들어 보니 거듭거듭 높이가 만 길이로구나.
뿔 없는 무쇠소가 냅다 들이받아 부숴버리니,
비로자나불831) 바다832)에 파도가 용솟음치네.

대중 여러분. 바로 지금 말해보십시오.
이 파도를 건너지 않고 일구(一句)를 어떻게 말해보겠습니까?"

한참 묵묵히 계셨다.

말씀하셨다.
"일구(一句)에 너무 바빠서 물어볼 겨를이 없구나.833)

---

829) 『建中靖國續燈錄』卷第十二, X78n1556_p0716a15~18. 『續刊古尊宿語要』第一集, X68n1318_p0361a24. 『聯燈會要』卷第十四, X79n1557_p0126b19~22. 『五燈會元』卷第十七, X80n1565_p0359a01~05. 참조.

830) 泐潭洪英(늑담홍영) : 분양선소(汾陽善昭)-석상초원(石霜楚圓)-황룡혜남(黃龍慧南)-늑담홍영(泐潭洪英). 1009~1068. 주558) 참조.

831) 毗盧(비로) : 비로자나불(毘盧遮那佛)을 말한다. ⓈVairocana. 광명변조(光明遍照), 변조(遍照), 변일체처(遍一切處)로 번역한다. 부처님의 참몸(眞身)을 나타내는 칭호이다. 부처님의 광명이 법계에 두루두루 비추어 완벽하게 밝음을 의미한다.

832) 海(해) : 화장세계해(華藏世界海)를 말한다. 『화엄경』에 나오는 석가모니불의 참 몸인 비로자나불이 보살행을 닦을 때에 수많은 부처님을 친근하고 큰 서원을 닦아서 깨끗하게 장엄한 정토이다. '화장장엄세계해(華藏莊嚴世界海)', 또는 '연화장세계해(蓮華藏世界海)'라고도 한다. 가장 아래에 풍륜(風輪)이 있고 풍륜 위에 보광마니장엄향수해(普光摩尼莊嚴香水海)가 있으며, 이 향수해 가운데 대연화(大蓮華)가 있고, 이 대연화 안에 무수한 세계를 갖추었다. 『대방광불화엄경』 제8권 「화장세계품」 참조.

833) 不遑(불황) : 겨를이 없다. 여유가 없다.

지금까지 떠돌이 중들834)이었군.”

108. 보령인용保寧仁勇

保寧勇和尙, 示衆, 云: “古人底今人用, 今人底古人爲. 古今無背面, 今古幾人知? 唎嗚咿! 一九與二九, 相逢不出手.”835)
　又云: “無種靈苗火裏栽, 鐵花還向樹頭開. 驀然結箇團圞果, 指似時人處得來.836)

보령 인용스님837)이 대중에게 열어 보이셨다.

“옛사람의 것을 지금 사람이 쓰고 있고,
지금 사람의 것을 옛사람이 사용하였네.
예와 지금이 앞뒤가 없는데,838)
지금과 예를 몇 사람이나 알까?

唎嗚咿(YēWūYī예우이)!839)

일구(一九)와 이구(二九)가 서로 만났으나 손을 내밀지를 못하였구나.”

또 말씀하셨다.

“씨앗 없는 신령한 싹 불 속에 심어놓으니,

---

834) 野盤僧(야반승) : 운수납자. 행각승. 떠도는 스님.
835) 『嘉泰普燈錄』 卷第四, X79n1559_p0316c16~18. 『五燈會元』 卷第十九, X80n1565_p0390c12~14.참조.
836) 『續刊古尊宿語要』 第三集, X68n1318_p0408a24~b02, b06~07. 『保寧禪院勇和尙語錄』, X69n1350_p0283c17~20. 참조.
837) 保寧仁勇(보령인용) : 분양선소(汾陽善昭)-석상초원(石霜楚圓)-양기방회(楊岐方會)-보령인용(保寧仁勇). 주265) 참조.
838) 無背面(무배면) : 뒤쪽이 없다. 앞과 뒤가 없다. 곧 옛날과 지금의 시간이 구분되지 않는다는 뜻.
839) 唎嗚咿(야오이) : 의성어로 탄식하는 소리다.

무쇠 꽃이 나무 끝에 활짝 피어났다네.
문득 둥근 과일이 주렁주렁 매달렸으니,
사람들에게 어디서 왔는지 가리켜 주네.”

109. 회당조심晦堂祖心

　　晦堂和尚, 示衆, 云:“有句無句, 如藤倚樹. 且任諸人點頭, 及
乎樹倒藤枯, 上無衝天之計, 下無入地之謀. 靈利漢, 遮裏著得一
隻眼, 便見七縱八橫.”乃擧拂子. 云:“太陽溢目, 萬里不挂片雲.
若是覆盆之下, 又爭怔得老僧.”840)

회당 조심스님841)이 대중에게 열어 보이셨다.

“‘유구(有句)와 무구(無句)가 마치 등넝쿨이 나무에 기대는 것과 같다’고 하
였습니다. 그러나 대중이 고개를 끄덕임에 내맡기겠지만, ‘나무가 넘어져버
리고 등넝쿨이 말라 죽음’에 미쳐서는, 위로는 하늘을 뚫어버릴 계책이 없
고, 아래로는 땅에 들어갈 지략이 없습니다. 영리한 사람이라면 여기서 일
척안(一隻眼)을 가질842) 것이며, 문득 칠종팔횡(七縱八橫)843)함을 보게 될
것입니다.”

그리고는 불자를 드셨다.

말씀하셨다.

“태양 빛이 눈에 가득하니
만 리 창공에 조각구름조차 걸려있지 않구나.

---

840) 『聯燈會要』卷第十四, X79n1557_p0123b08~11. 『嘉泰普燈錄』卷第四, X79n1559_p0311c
　　20~24. 『禪門拈頌集』卷第九, K46-0153, 357則. 『五燈會元』卷第十七, X80n1565_p0353b15
　　~18. 참조.
841) 晦堂祖心(회당조심) : 분양선소(汾陽善昭)-석상초원(石霜楚圓)-황룡혜남(黃龍慧南)-회당조심(晦
　　堂祖心). 1025~1100. 주198) 참조.
842) 著得(착득) : 가지다. 갖추다. 붙들다.
843) 七縱八橫(칠종팔횡) : 이리저리 자유자재로움.

만일 엎어진 단지 아래라면
또 어찌 이 노승을 괴이하게 여기랴?"

110. 황룡오신黃龍悟新

黃龍新和尙, 示眾, 云: "達磨心宗, 傳至今日, 涓滴不漏, 絲髮不移. 旣絲髮不移, 作麼生傳? 寶印當風妙, 重重錦縫開.844)

황룡 오신스님845)이 대중에게 열어 보이셨다.
"달마대사의 핵심적인 근본 취지가 오늘까지 전해져 왔는데 물방울만치도 새지 않았고, 털끝만치도 옮겨지질 않았습니다. 이미 털끝만치도 옮겨지지 않았다면 무엇이 전해졌겠습니까?

보배 도장이 바람을 맞아 미묘해졌고,
비단으로 이어 꿰맨 데가 거듭거듭 째지는구나."

---

844) 『黃龍死心新禪師語錄』, X69n1344_p0228a20~21. 참조.
845) 黃龍悟新(황룡오신) : 석상초원(石霜楚圓)-황룡혜남(黃龍慧南)-회당조심(晦堂祖心)-황룡사심오신(黃龍死心悟新). 1044~1115. 주297) 참조.

111. 앙산혜적仰山慧寂

爲山, 問仰山: "旣稱善知識, 爭辨得諸方來者, 知有不知有, 有師承無師承, 是義學是玄學? 子試說看." 仰山曰: "慧寂有驗處, 但見諸方僧來, 便豎起拂子, 問伊: '諸方還說遮箇不說?' 又云: '遮箇且置, 諸方老宿作麼生?'" 爲山歎曰: "此是從上宗門中牙爪." 仰山問僧: "近離甚處?" 云: "向南." 仰山拈起拄杖. 云: "彼中還說遮箇麼?" 云: "不說." 仰云: "不說遮箇, 還說那箇麼?" 云: "不說." 仰召: "大德! 參堂去." 僧便去, 仰復召: "大德!" 僧應: "喏!" 仰云: "近前來." 僧近前, 仰便打. 雲門云: "仰山若無後語, 爭識得人?"846)

위산 영우스님847)이 앙산 혜적스님848)에게 물으셨다.

"이미 선지식이라는 소릴 듣는다면, 제방에서 찾아오는 참학자들이 지유(知有)849)인지, 지유(知有)가 아닌지, 스승에게서 전승했는지 스승에게서 전승함이 없는지, 의학(義學)850)인지 현학(玄學)851)인지를 어떻게 감별하겠느냐? 임자가 시험 삼아 말해봐."

앙산스님이 말씀하셨다.

"이 혜적이 증험해보는 방법이 있습니다. 제방에서 스님들이 오면 곧 불자를 세우고 그들에게 묻습니다. '제방에서 '이것'을 말하느냐, 말하지 않느냐?' 또 말합니다. 〈이것〉은 그만두고 제방에서 선사들은 어떻게 하느냐?'"

위산스님이 탄식하면서 말씀하셨다.

"이 스님은 선종(禪宗) 가문의 용맹한 앞잡이852)로군."

앙산 스님이 어떤 스님에게 물으셨다.

---

846) 『袁州仰山慧寂禪師語錄』, T47n1990_p0584a06~11, p0586c06~11. 참조.
847) 爲山靈祐(위산영우) : 남악회양(南嶽懷讓)-마조도일(馬祖道一)-백장회해(百丈懷海)-위산영우(爲山靈祐). 771~853. 주345) 참조.
848) 仰山慧寂(앙산혜적) : 마조도일(馬祖道一)-백장회해(百丈懷海)-위산영우(爲山靈祐)-앙산혜적(仰山慧寂). 807~883. 주346) 참조.
849) 知有(지유) : 有(유)는 불성(佛性) 또는 본래면목을 말함. 지유(知有)는 향상문(向上門)이다.
850) 義學(의학) : 의리(義理)를 분석하고 따져보는 학문. 형이하학.
851) 玄學(현학) : 이론을 초월한 학문. 형이상학.
852) 牙爪(아조) : 심부름꾼, 하수인, 앞잡이, 수하, 부하. 용맹한 신하. 좌우에서 보좌하는 사람. 용사나 무장. 동물의 날카로운 이빨과 발톱

"근래에 어디에서 오느냐?"
그 스님이 말했다.
"남쪽입니다."
앙산스님이 주장자를 잡으셨다.
말씀하셨다.
"거기에서는 이것을 무엇이라 하지?"
그 스님이 말했다.
"말하지 않겠습니다."
앙산스님이 말씀하셨다.
"이것은 말하지 않는다면 저것을 말한다는 것이냐?"
그 스님이 말했다.
"말하지 않겠습니다."
앙산스님이 말씀하셨다.
"대덕! 참당(參堂)해라."853)
그 스님이 막 떠나려고 하니 앙산스님이 다시 부르셨다.
"대덕!"
그 스님이 대답했다.
"네?"
앙산스님이 말씀하셨다.
"가까이 와라."
그 스님이 가까이 오니 앙산스님이 두들겨 패셨다.

운문스님이 말씀하셨다.
"앙산스님이 뒤의 말이 없었다면 어떻게 학인을 알아보았을까?"

---

853) 參堂(참당) : 승당(僧堂)으로 들어가서 수좌(首座)를 만나고 대중과 함께 좌선하다. 선원의 주
　　지스님이 학인의 방부를 허락하는 것.

112. 운거도응雲居道膺

　　雲居膺和尙, 示衆, 云:“老僧二十年前住三峯菴時, 有魏府興化長老來,

問:‘權借一問, 以爲影草. 時! 如何?’老僧當時機思遲鈍道不得, 爲伊置得箇問頭奇特, 不敢辜佗. 伊云:‘想和尙答遮話不得, 不如禮拜了退.’而今思量, 當時不消道箇「何必」? 後因化主到魏府, 興化乃借問:‘山中和尙住三峯菴時, 老僧曾問伊話, 祗對不得. 而今道得也未?’化主遂擧前話. 興化云:‘雲居二十年只道得箇「何必」, 興化即不然, 爭如道箇「不必」?’”三聖云:“雲居二十年道得底, 猶較佗興化半月程.”

　　妙喜曰:“何必不必, 綿綿密密. 覿面當機, 有人續得末後句, 許你親見二尊宿.”854)

　　운거 도응스님855)이 대중에게 열어 보이셨다.

　　“이 노승이 20년 전에 삼봉암에 머무를 때에, 위부에 계신 흥화 존장스님856)이 찾아와서 물으셨습니다.

　　‘잠시 질문 하나를 여쭈어857) 영초(影草)858)로 삼으려 하는데, 時(Shí)!859) 어떻습니까?’

---

854) 『聯燈會要』 卷第二十二. X79n1557_p0192b19~c03. 『禪門拈頌集』 卷第二十一, K46-0342, 863則. 참조.

855) 雲居道膺(운거도응) : 약산유엄(藥山惟儼)-운암담성(雲巖曇晟)-동산양개(洞山良价)-운거도응(雲居道膺). 835~902. 주328) 참조.

856) 興化存奬(흥화존장) : 백장회해(百丈懷海)-황벽희운(黃檗希運)-임제의현(臨濟義玄)-흥화존장(興化存奬). 830~925. 주318) 참조.

857) 權借(권차) : 權(권)은 우선, 잠시의 뜻. 借(차)는 경의를 표하는 말로 쓰이는데 청하다, 간청하다의 뜻. 借問(차문)은 ‘감히 여쭤보겠습니다’는 뜻.

858) 影草(영초) : 어부가 물고기를 잡기 위해 물에 띄워 두는 풀. 탐간(探竿)과 함께 모두 어민들이 물고기를 모아 그물로 포획하는 방법 또는 도둑이 사용하는 도구이다. 탐간은 어부가 장대 끝에다 뻐꾸기 깃털을 여러 개 엮어서 물에 넣어 고기를 모아 그물로 잡는 것, 또는 도둑이 창문이나 벽 틈에 끼워 넣어서 그 집안의 동태를 살피는 대나무 장대를 말하고, 영초는 풀을 베어서 물속에 넣고 그 그림자 밑에 물고기가 모여들기를 기다렸다가 그물로 포획하여 잡는 것, 또는 도둑이 짚으로 만든 도롱이를 쓰고서 집에 들어가 물건을 훔치는 도구를 말한다. 선종(禪宗)에서 선사들이 학인들의 성품을 계발하기 위해 상황에 따라 시설하는 가르침, 또는 선사들이 서로를 간파하는 수단을 말한다. 임제스님이 처음 썼다. (X68n1315_p0031b03, 『古尊宿語錄』 卷第五, 「臨濟禪師語錄」. “有時一喝, 如探竿影草”)

859) 時(Shí) : 숨을 내쉬는 소리. =呵(흐으~). ‘잠시 쉼’을 나타내는 어조사.

이 노승이 그 당시에 머리860)가 느리고 둔해서 말을 못하였는데, 그분이 던진 질문이 매우 기이하고 특별하여 감당할 수가 없었습니다.

그분이 말씀하셨습니다.

'생각해보니 스님이 이 질문에 답을 못하니, 차라리 절을 하고 물러나는 것만 못합니다.'

지금 생각해보니, 그 당시에 이 못난 놈이 〈하필(何必)〉861)이라고 말을 했어야 했습니다.

그 뒤에 여기의 화주스님이 위부에 들렀습니다.

흥화스님이 곧 물으셨습니다.

'그쪽 산중의 어른스님이 삼봉암에 계실 적에 이 노승이 일찍이 그분에게 물었던 말이 있는데 대답을 못하셨지. 지금도 말을 못하고 있는가?'

화주스님이 앞에 내가 말했던 것[〈하필(何必)〉이라고 말해야 했다는 것] 을 얘기해 드리니, 흥화스님이 말씀하셨습니다.

'운거스님이 20년 동안에 고작 말했다는 것이 〈하필(何必)〉이란 말이냐? 나는 그렇게 하지 않겠다. 어찌 〈불필(不必)〉862)이라고 말하는 것만 같겠느냐?'"

삼성 혜연스님863)이 말씀하셨다.

"운거스님이 20년 만에 말한 것이 흥화스님의 반 달 정도나 될까."

묘희스님이 말씀하셨다.

"〈하필(何必)〉과 〈불필(不必)〉이 아주 빈틈이 없고 세밀하다. 얼굴을 대하여 기틀에 맞추었으니, 말후구(末後句)864)를 이어가는 사람이 있다면, 두 분 선사(禪師)를 친견했다고 인정해주겠다."

---

860) 機思(기사) : 생각. 기민한 생각. 교묘한 구상. 또는 뇌(腦).
861) 何必(하필) : 구태여 말할 필요가 있는가. 반드시 말할 것은 아니다.
862) 不必(불필) : 반드시 그렇다고 할 수 없음. 굳이 그렇게까지 할 수 없다.
863) 三聖慧然(삼성혜연) : 백장회해(百丈懷海)-황벽희운(黃檗希運)-임제의현(臨濟義玄)-삼성혜연(三聖慧然). 주226) 참조.
864) 末後句(말후구) : 구경각(究竟覺) 경계의 일구(一句).

113. 운봉문열雲峰文悅

雲峯悅和尚, 翠巖示衆, 云: "道遠乎哉? 觸事而真. 聖遠乎哉? 體之即神.
所以娑婆世界以音聲為佛事, 香積世界以香飯為佛事. 翠巖遮裏, 只於出入息內供
養承事過現未來塵沙諸佛, 無一空過者. 過現未來塵沙諸佛是翠巖侍者, 無一不到.
如一不到, 三十拄杖. 諸上座. 還會麼? 將此深心奉塵剎, 是則名為報佛恩."[865]

운봉 문열스님[866]이 취암사에[867] 계실 때, 대중에게 열어 보이셨다.
"도가 멀리 있습니까? 겪는 일이 모두 다 참입니다. 성스러움이 멀리 있습
니까? 몸에 느껴지는 것이 모두 다 신묘함입니다.[868] 그러므로 사바세계에
서는 음성으로써 부처님의 일을 삼고, 향적세계(香積世界)[869]에서는 향기로
운 밥으로 부처님의 일을 삼습니다.

이 취암은 이 속에 있으면서 그저 숨 내쉬고 들이 쉬는 데서 과거·현재
·미래의 모든 부처님들께 공양하고 받들어 섬기는데 한 분도 소홀히 하지
않습니다.

과거·현재·미래의 모든 부처님이 이 취암의 시자들인데 한 분도 나에게
오지 않는 분이 없습니다. 만일 오지 않는 분이 한 분이라도 있다면 내가
주장자로 삼십 방을 때려줄 것입니다.

상좌 여러분. 알겠습니까?

이와 같은 깊은 마음으로 무수한 국토에 봉헌하니,

---

865) 『聯燈會要』 卷第十四, X79n1557_p0122a07~12. 『古尊宿語錄』 卷之四十, X68n1315_p026
　　 3a15~20. 참조.
866) 雲峰文悅(운봉문열) : 수산성념(首山省念)-분양선소(汾陽善昭)-대우수지(大愚守芝)-운봉문열(雲
　　 峰文悅). 998~1062. 주72) 참조.
867) 운봉스님이 대우 수지스님을 8년간 모시다가 대우스님이 돌아가시니 홍주 동안원에 계시던
　　 황룡 혜남스님 회상에 머물다가 취암사에서 개법(開法)하였다.
868) 승조(僧肇)의 『조론(肇論)』에 나오는 말이다. ("T45n1858_p0153a05, 『肇論 』 「不眞空論」 第
　　 二. "然則道遠乎哉. 觸事而眞, 聖遠乎哉. 體之即神.")
869) 香積世界(향적세계) : 『유마힐소설경(維摩詰所說經)』의 「향적불품(香積佛品)」에 나오는 향적불
　　 (香積佛)의 중향세계(衆香世界).

이것을 부처님의 은혜에 보답한다고 하리라.870)"

114. 남양혜충南陽慧忠

僧問忠國師: "古德云: ‘青青翠竹, 盡是法身, 鬱鬱黃花, 無非般若.’ 有人不許, 云是邪說. 亦有信者, 云不思議. 不知若為." 國師曰: "此蓋普賢文殊境界, 非諸凡小而能信受, 皆與大乘了義經意合. 故『華嚴經』云: ‘佛身充滿於法界. 普現一切羣生前. 隨緣赴感靡不周, 而常處此菩提座.’ 翠竹既不出於法界, 豈非法身乎? 又『般若經』云: ‘色無邊故, 般若亦無邊.’ 黃花既不越於色, 豈非般若乎? 深遠之言, 不省者難為措意." 於是禪客作禮而去.871) 又, 華嚴座主問大珠和尚曰: "禪師何故不許, ‘青青翠竹, 盡是法身. 鬱鬱黃花, 無非般若.’?" 珠曰: "法身無像, 應翠竹以成形. 般若無知, 對黃花而顯相. 非彼黃花翠竹而有般若法身? 故『經』云: ‘佛真法身, 猶若虛空. 應物現形, 如水中月.’ 黃花若是般若, 般若即同無情, 翠竹若是法身, 翠竹還能應用. 座主會麼?" 云: "不了此意." 珠曰: "若見性人, 道是亦得, 道不是亦得, 隨用而說, 不滯是非. 若不見性人, 說翠竹, 著翠竹. 說黃花, 著黃花. 說法身, 滯法身. 說般若, 不識般若. 所以皆成諍論." 座主禮謝而去.872)

妙喜曰: "眾中商量道: ‘二尊宿恁麼切磋, 一人得其體, 一人得其用. 得其用者, 事上建立. 得其體者, 理上掃除. 所謂實際理地, 不受一塵. 佛事門中, 不捨一法. 我為法王, 於法自在, 或抑或揚, 無得無失.’

恁麼見解, 喚作矮子看戲. 妙喜見處, 也要諸人共知. 不見道. ‘破驢脊上足蒼蠅’?"

어떤 스님이 남양 혜충국사873)께 여쭈었다.
"옛 선사께서 말씀하셨습니다.
‘무성하게 우거진 푸른 대나무는 모두가 법신이요, 빽빽하게 핀 노란 국화

---

870) 『수릉엄경』 3권에 나오는 법문. 주598) 참조.
871) 『御選歷代禪師語錄』 前集上, X68n1319_p0611a12~19. 참조.
872) 『景德傳燈錄』 卷第二十八, T51n2076_p0441b20~c02.『指月錄』 卷之六, X83n1578_p0464c 11~18. 참조.
873) 南陽慧忠(남양혜충) : 쌍봉도신(雙峰道信)-황매홍인(黃梅弘忍)-조계혜능(曹溪慧能)-남양혜충(南陽慧忠). ?~775. 주52) 참조.

는 반야 아닌 것이 없다.'874)

 (이 말씀에) 어떤 사람은 인정하지 않고서 삿된 말이라고 하고, 또한 이러한 말씀에 동의하는 사람은 불가사의하다고 하는데, 어찌 된 것인지875) 모르겠습니다."

혜충국사께서 말씀하셨다.

"이것은 보현보살과 문수보살의 경계를 능가하는876) 것으로, 여러 범부와 소인들이 알고 받아들일 만한 것이 아니다. 이것은 모두가 대승의 요의경(了義經)877)과 궁극적으로 뜻이 부합한다. 그러므로 『화엄경』에서 말씀하셨다.

'부처님의 몸은 법계에 가득 차서
일체 뭇삶들 앞에 모두 나툰다.
인연 따라 맞추어 나아감에 두루하지 않음이 없으나
항상 이 보리좌에 계신다.'878)

푸른 대나무는 모두가 법계를 벗어나지 않았는데, 어찌 법신이 아니겠느냐?

또 『반야경』에서 말씀하셨다.
'색(色)이 가없기 때문에 반야 또한 가이 없다.'879)

---

874) 마명조사의 법문이라고 한다. "법이라고 하는 것은 뭇삶의 마음을 말한다. 마음이 나기 때문에 일체 법이 난다. 마음이 남이 없으면, 법도 따라 남이 없고 이름도 없다. 미혹한 사람은 법신이 형상이 없고 사물에 응하여 형상을 나툼을 알지 못한다. 그러므로 무성하게 우거진 푸른 대나무는 모두가 법신이요, 빽빽하게 노란 국화는 반야 아닌 것이 없다. 국화가 만일 반야라면 반야는 무정과 같고, 대나무가 법신이라면 법신은 곧 초목과 같으리라. 만일 누가 죽순을 먹는다면 응당 몽창 법신을 먹는 것이 된다."(X80n1568_p0633a08~13, 『五燈嚴統』, '大珠慧海禪師'. "馬鳴祖師云: '所言法者, 謂眾生心. 若心生故, 一切法生. 若心無生, 法無從生, 亦無名字. 迷人不知, 法身無象, 應物現形. 遂喚青青翠竹總是法身, 鬱鬱黃華無非般若. 黃華若是般若, 般若即同無情, 翠竹若是法身, 法身即同草木. 如人喫笋, 應總喫法身也.'")

875) 若爲(약위) : 어떠한 것인지. 어찌할까. 어떻게. 어찌 ~할 수 있으랴? 만약 ~한다면.

876) 蓋(개) : 능가하다. 뛰어 넘다는 뜻.

877) 了義經(요의경) : 불법(佛法)의 도리(道理)가 현료(顯了)하게 다 서술되어 있는 가르침의 경(經)을 말한다. 대승에서의 요의경과 소승에서의 요의경이 있다.

878) 『80화엄경』「여래현상품」에 나오는 게송이다. (T10n0279_p0030a06~7, 『大方廣佛華嚴經』「如來現相品」第二. "佛身充滿於法界, 普現一切眾生前. 隨緣赴感靡不周, 而恒處此菩提座.")

879) 『대반야경』「산화품」에 나오는 말이다. "교시가, 색이 가이 없기 때문에 모든 보살마하살의

노란 국화가 전부 색(色)을 벗어나지 않았는데 어찌 반야가 아니겠느냐? 깊고 원대한 말을 살피지 않은 자는 뜻을 알기가880) 어렵다.”

이에 선객들이 혜충국사께 예를 올렸다.

또 화엄경을 강의하는 좌주(座主)스님이 대주 혜해스님께 여쭈었다.

“선사께서는 무슨 까닭으로, ‘무성하게 우거진 푸른 대나무는 모두가 법신이요, 빽빽하게 핀 노란 국화는 반야 아닌 것이 없다.’는 것을 인정하지 않으십니까?”

대주스님이 말씀하셨다.

“법신은 형상이 없으므로 푸른 대나무에 응하여 형체를 이룬 것이고, 반야는 앎이 없으므로 노란 국화를 대하여 모양을 드러낸 것입니다. 저 노란 국화와 푸른 대나무가 아니었다면 반야와 법신이 있겠습니까?

그러므로 경전에 말씀하셨습니다.

‘부처님의 참법신은 마치 허공과 같아서 사물에 응하여 형상을 나투는 것이 마치 물 속의 달과 같다.’881)

노란 국화가 만일 반야라면 반야는 곧 무정(無情)과 같을 것이며, 푸른 대나무가 만일 법신이라면 푸른 대나무는 사물에 응하여 형상을 나툴 것입니다. 좌주여. 아시겠습니까?”

좌주가 말씀드렸다.

“이 뜻을 모르겠습니다.”

대주스님이 말씀하셨다.

“만일 성품을 드러낸 사람이라면 이렇다고 말하여도 또한 될 것이요, 이렇지 않다고 말하여도 또한 될 것입니다. 그리고 기틀의 작용에 따라서 말할 것이며, 옳고 그름에 막히지 않을 것입니다. 만일 성품을 드러내지 못한 사람이라면 푸른 대나무라고 말하면 푸른 대나무에 집착할 것이며 노란 국화라고 말하면 노란 국화에 집착할 것이고, 법신을 말하면 법신에 걸리고 반

반야바라밀이 가이 없다.” (“T08n0223_p0279a21~22, 『摩訶般若波羅蜜經』, 「摩訶般若波羅蜜經
    散花品」第二十九. “憍尸迦, 色無邊故諸菩薩摩訶薩般若波羅蜜無邊.”)
880) 措意(조의) : 마음에 두다. 확실히 앎.
881) 『금광명경』 2권 「사천왕품」의 법문이다. (T16n0663_p0344b03~04, 『金光明經』 卷第二, 「四
    天王品」 第六. “佛眞法身 猶如虛空 應物現形 如水中月”)

야를 말하면 반야를 모르게 될 것입니다. 그렇기에 모두가 다투는 희론을 이루고 마는 것입니다."
좌주가 감사의 예를 올리고 갔다.

묘희스님이 말씀하셨다.
"대중 가운데 따져서 묻는 사람들이 있다.
'두 선사께서 이와 같이 노력하여 얻은 것이 있다. 한 사람은 그 본체를 얻었고 한 사람은 그 본체의 작용을 얻었다. 그 작용을 얻은 사람은 사(事) 위에다 건립한 것이고, 그 본체를 얻은 사람은 이(理) 위에서 쓸어 없앤 것이다. 이른바 실제 이(理)의 경지에서는 한 티끌도 받아들이지 않고, 부처님 사(事)의 가문에서는 한 법도 내어버리지 않는다. 내가 법왕이 된다면 법에 자재롭게 되고, 혹은 누르고 혹은 드날려 얻음도 없고 잃음도 없으리라.'
이러한 견해는 몸집이 작은 사람이 연극을 구경하는 꼴이다.882) 이 묘희가 살펴보니 (두 선사에 관해) 그래도 모든 사람이 함께 알기를 바란다.883)
'죽은 당나귀 등 위에 파리가 득실거린다'884)는 것을 들어보았느냐?885)"

---

882) 矮子看戱(왜자간희) : 난쟁이가 연극을 구경하는 것. 곧, 난쟁이가 여러 사람들 틈에 끼여 연극을 제대로 구경 못하고, 남의 말만 듣고 아는 체함. 직접 체험 없이 남의 생각과 의견에 끌려 다니는 것.

883) 也要(야요) : ~도 역시 ~하고자하다. 역시 ~하기를 바란다. 그래도 ~해야 되겠다.

884) 흥화존장(興化存奬)스님의 법문이다. "삼성스님께 어떤 스님이 여쭈었다. '어떤 것이 조사께서 서쪽에서 오신 뜻입니까?' 스님이 말씀하셨다. '썩은 고기에 파리가 날라든다.' 흥화스님이 말씀하셨다. '죽은 당나귀 등 위에 파리 떼가 득실득실.'"(X65n1295_p0638c13~14,『禪宗頌古聯珠通集』. "三聖因僧問: '如何是祖師西來意?' 師曰: '臭肉來蠅.' 興化云: '破驢脊上足蒼蠅.'")

885)『대혜보각선사보설』15권에서는 이『정법안장』에 실은 내용을 그대로 싣고서 덧붙인 말이 있다. "스님이 말씀하셨다. '혜충국사께서 무성하게 우거진 푸른 대나무는 모두가 법신이라고 펴내신 것은 곧바로 궁극적으로 펴내신 것이고, 대주스님께서 무성하게 우거진 푸른 대나무는 모두가 법신이 아니라고 깨버리심은 곧바로 궁극적으로 깨버리신 것이다. 이 노인네가 하나의 펴냄과 하나의 깨버림을 한 곳에다 수록해놓고서 다시는 조금도 건드리지 않고 털끝만치라도 움직이지 않음은 참학자 여러분들이 안목을 갖추어 혜충국사의 금강권을 투탈하고 대주스님의 율극봉을 삼켜버리게끔 하고자 한 것이다. 안목을 갖춘 이는 잘 가려 드러내겠지만, 안목을 갖추지 못한 이는 비웃지 않을 리가 없다.'"(T47n1998Ap0875a23~28,『大慧普覺禪師普說』卷第十五. "師云: 國師主張青青翠竹盡是法身, 直主張到底, 大珠破青青翠竹不是法身, 直破到底. 老漢將一箇主張底, 將一箇破底, 收作一處更無拈提, 不敢動著他一絲毫, 要爾學者具眼, 透國師底金剛圈, 又吞大珠底栗棘蓬. 具眼者辨得出, 不具眼者未必不笑.)

115. 대녕도관大寧道寬

大寧寬和尙, 示眾, 拈拄杖. 云: "前佛性命, 後佛紀綱, 總在遮裡, 如今用去也. 爲雲爲雨爲瑞爲祥, 利人利天出生入死, 佗方世界出沒卷舒. 若也通身是口, 說不能盡, 通身是眼, 照不能窮. 一念相應, 剎那萬劫."886)

대녕 도관스님887)이 대중에게 열어 보이셨다.

주장자를 잡으셨다.

말씀하셨다.

"앞 부처님의 근본 성품(性命)과 뒤 부처님의 큰마음(紀綱)888)이 모두 다 '여기'에 있어서 지금도 쓰고 있습니다. 구름과 비가 되어 상서롭기도 하고, 사람과 하늘을 이롭게도 하여 삶과 죽음을 들락거리는데, 다른 세계에 출몰하면서 늘어났다가 줄어들었다가 합니다. 만일 몸이 통째로 입이라도 다 말할 수 없고, 몸이 통째로 눈이라도 다 들여다 볼 수가 없습니다. 한 생각에 이것과 서로 딱 맞으면 찰나가 곧 영원입니다."

---

886) 『聯燈會要』 卷第十四, X79n1557_p0120c03~06. 『嘉泰普燈錄』 卷第三, X79n1559_p0304a1 1~15. 참조.
887) 大寧道寬(대녕도관) : 수산성념(首山省念)-분양선소(汾陽善昭)-석상초원(石霜楚圓)-대녕도관(大寧道寬). 주396) 참조.
888) 紀綱(기강) : =대체(大體). 근본이 되는 큰 줄거리. 마음.

116. 동산수초洞山守初

洞山初和尚, 示眾, 云: "明機自昧, 息慮迷源. 萬法同塵, 語默難顯. 不是情中法, 莫生種種心. 離此章句, 別有商量, 且道. 離却作麼生商量? 還有委悉者麼? 明明地揀破, 明明地顯示, 明明地舉唱, 明明地謌詠. 更無囊藏被蓋, 純說乾剝剝地禪. 若是靈利衲僧, 纔聞舉著, 便合眼卓朔地知箇落處. 豈不是自家具眼? 其奈罕遇其人? 蓋緣洞山遮裏, 言無味, 食無味, 法無味, 無味之句, 塞斷人口. 兄弟. 到遮裏難為湊泊. 若向遮裏覰得分明, 天下尊宿到與不到, 徹與不徹, 總被你驗破. 何故? 蓋智有邪正, 道有真偽, 多只恁麼心機意識, 認得門前屋後底, 學得路布葛藤, 一堆一擔, 蘊在胸襟, 道我會禪會道, 還夢見禪道也未? 喚作打底不遇作家, 到老只成骨董, 待到明朝後日, 驀剞地蹋著正脈, 省前所行履處, 方始羞見本命元辰."

僧問: "智不落千差, 請師通不犯." 曰: "蒸餅搵餲." 問: "心未生時, 法在甚麼處?" 曰: "池中荷葉動, 決定有魚行." 問: "諸上善人皆說不二法門, 居士默然, 意旨如何?" 曰: "無目不畫眉." 問: "幻與非幻, 未是學人極則處, 如何是入理之談?" 曰: "八十翁翁牙不動."889)

동산 수초스님890)이 대중에게 열어 보이셨다.

"근기가 밝은 이는 스스로를 어둡게 하여,
사려(思慮)를 쉬기도 하고 근원을 미迷하기도 합니다.
만법과 더불어 뭇삶과 함께하지만,
말하고 침묵함으로는 드러내기 어렵습니다.

이것은 생각으로 해보는 사법(事法)이 아니니, 가지가지 마음을 내지 마십시오. 이와 같은 말을 떠나서 별도로 따지고 든다면, 바로 지금 말해보십시오.

---

889) 『古尊宿語錄』 卷之三十八, 「襄州洞山第二代初禪師語錄」, X68n1315_p0246c11~24, b21~23, c03~05, c08~09. 참조.

890) 洞山守初(동산수초) : 덕산선감(德山宣鑑)-설봉의존(雪峰義存)-운문문언(雲門文偃)-동산수초(洞山守初). 910~990. 주95) 참조.

이것을 떠나서 어떻게 따질 것입니까?

자세히 아는 이가 있습니까?

명백하게 간파하고, 명백하게 나타내 보이고, 명백하게 들추어 말하고, 명백하게 노래해보십시오.

다시는 주머니 속에 감추고 옷으로 덮지 말고, 말라 단단해진(乾剝剝地)891) 선(禪)을 모두892) 말하십시오. 만일 영리한 납승이라면 말하는 것을 듣자마자 곧 눈을 감고도 아주 탁월하게893) 낙처(落處)894)를 알아버릴 것입니다.

이 어찌 자기 주인공의 바른 눈을 갖춘 것이 아니랴!

이런 사람을 만난다는 것이 얼마나 드문 일이던가!

아마도 이 동산의 '여기'를 따라 보면, 말도 맛이 없고 먹어도 맛이 없고 법도 맛이 없어서 맛없는 일구(一句)가 사람들의 입을 완전히 막아버리게 될 것입니다.

형제 여러분.

'여기'에 이르러서 계합하기는895) 매우 어렵습니다. 만일 '여기'를 자세히 살펴 분명하게 알게 된다면 천하의 선사들이 도달했는지 도달하지 못하였는지, 명철한 지 명철하지 못한 지, 모두가 여러분에게서 증험을 받게 될 것입니다.

무슨 까닭이겠습니까?

대개 지혜에는 삿됨과 바름이 있고, 도(道)에는 참됨과 거짓됨이 있는데, 흔히 그저 어떻게 심기(心機) · 의(意) · 식(識)896)으로 문 앞과 집 뒤편이

---

891) 乾剝剝地(건박박지) : 말라서 딱딱해진 상태. 바짝 말라서 완전히 드러난 상태.
892) 純(순) : 모두, 다, 전부.
893) 卓朔地(탁삭지) : 아주 빼어난 상태. 아주 탁월한 모양.
894) 落處(낙처) : 필경에 귀결되는 자리.
895) 湊泊(주박) : 딱 맞다. 붙다. 형성되다. 한 곳에 모이다.
896) 心機意識(심기의식) : 유식학(唯識學)에서는 종자(種子)를 적집(積集)하는 제팔(第八) 아뢰야식(阿賴耶識)을 심(心), 아견(我見) · 아치(我癡) · 아애(我愛) · 아만(我慢)을 가지고 사량(思量)하는 제칠(第七) 말나식(末那識)을 의(意), 대상을 사량분별(思量分別)하여 인식(認識)하는 제육식(第六

나897) 알아서, 노포갈등(路布葛藤)898)을 익혀 한 무더기 쌓아놓거나 한 짐 지고서, 마음속에다 저장해 두고는, '내가 선(禪)을 알고 도(道)를 알았다'라고 말하면, 꿈속에서나 선(禪)과 도(道)를 본 것이라 하지 않겠습니까?

이러한 이들은 훌륭한 선장(禪將)을 만나보지도 못하고 늙어가면서는 낡아빠진 지식899)이나 만들어내고만 있습니다. 그렇게 내일이나 뒷날을 기다리기만 하다가, 돌연히 선종(禪宗)의 정맥(正脈)을 밟아버리기라고 한다면, 앞에 지어왔던 일을 돌이켜보고는, 비로소 자기의 본명원진(本命元辰)900)을 드러내게 된 것을 부끄러이 여깁니다."

어떤 스님이 여쭈었다.
"지혜가 천차만별의 차별상에 떨어지지 않는다면, 청컨대 스님께서 이 차별상을 범하지 않게 해주십시오."
말씀하셨다.
"떡을 찌고 엿을 붙여라."

여쭈었다.
"마음이 아직 생겨나지 않았을 때에 법은 어디에 있습니까?"
말씀하셨다.
"연못 속 연이파리가 움직여서 물고기의 움직임을 결정한다."

여쭈었다.
"모든 보살들은 불이법문을 말했지만, 유마거사는 침묵하였는데 그 뜻이

識)을 식(識)이라 한다. 심기(心機)는 마음의 기능으로 아뢰야식을 말한다.
897) 門前屋後(문전옥후) : 문 앞과 집 뒤편. 집안인 본래면목의 주변을 말한다.
898) 路布葛藤(노포갈등) : 노포갈등(露布葛藤), 또는 갈등로포(葛藤露布)로도 쓰였다. 선기(禪機)를 드러내는 언구동작(言句動作)을 말한다.
899) 骨董(골동) : 진부한 지식. 시대에 뒤떨어진 알음알이. 융통성이 전혀 없으며 뒤떨어지고 고루한 견해.
900) 本命元辰(본명원진) : '辰'은 '진'으로 읽는다. 본명(本命)은 태어난 해의 간지(干支)를 말한다. 여기서는 근원적 성품이란 뜻. 원진(元辰)은 태어난 해의 지지(地支)를 말한다. 또, 북극성, 또는 해와 달, 별의 통칭이기도 하며, 새해 첫날, 길일(吉日), 길한 별, 별자리 등을 말한다. 여기서는 모든 별이 북극성을 중심으로 돌듯이 근원적 별 곧, 존재의 핵심을 말함. 따라서 본명원진은 태어난 해와 간지가 똑 같은 별자리를 말하지만 여기 선가(禪家)에서는 본래면목을 말한다.

무엇입니까?"
　말씀하셨다.
"눈이 없으면 눈썹을 그릴 수 없다."

　여쭈었다.
"환(幻)과 환(幻) 아님은 이 학인의 궁극적 도리가 아닙니다. 어떤 것이 이
도리에 들어가는 말입니까?"
　말씀하셨다.
"팔십 늙은이의 어금니가 꿈쩍도 않는구나."

117. 낭야혜각琅邪慧覺

琅邪覺和尚, 云: "有句無句, 如藤倚樹. 樹倒藤枯, 好一堆爛柴."
妙喜曰: "琅邪大似認賊爲子, 雖然如是, 恩大難酬."901)

낭야 혜각스님902)이 말씀하셨다.

"유구(有句)와 무구(無句)가
마치 등넝쿨이 나무를 휘감는 것과 같다.
나무가 넘어지고 등넝쿨이 말라죽으면
훌륭한 한 무더기 땔나무가 된다."

묘희스님이 말씀하셨다.
"낭야스님이 꼭 도적을 자식처럼 여기는 것과 같구나. 하지만 은혜를 갚기
는 대단히 어려울 것이다."

---

901) 『禪門拈頌集』卷第九, K46-0153, 357則. 참조.
902) 琅邪慧覺(낭야혜각) : 풍혈연소(風穴延沼)-수산성념(首山省念)-분양선소(汾陽善昭)-낭야혜각(琅
　　邪慧覺). 주76) 참조.

118. 자명초원慈明楚圓

慈明和尚, 示眾, 云: "道吾打鼓, 四大部洲同參. 拄杖橫也, 挑括乾坤大地. 鉢盂轉也, 覆却恒沙世界. 且問. 汝等諸人, 向甚麼處安身立命? 若也知安身立命處, 北俱盧洲喫粥喫飯. 若也不知, 長連牀上喫粥喫飯."903)

자명 초원스님904)이 대중에게 열어 보이셨다.

"도오 오진스님905)이 북을 두드리면 사대부주906)에서 일제히 함께 참여합니다. 주장자를 옆으로 하면 건곤과 대지가 높이 매달려 묶이고, 발우를 굴리면 항하사의 모든 세계가 뒤집어집니다.

자, 묻겠습니다.

대중 여러분은 어느 곳에서 안신입명(安身立命)907)을 하겠습니까? 만일 안신입명하는 곳을 안다면 북구로주에서 죽을 먹고 밥을 먹게 될 것입니다. 만일 알지 못한다면 넓고 큰 침상908) 위에서 죽을 먹고 밥을 먹어야 할 것입니다."

---

903) 『續刊古尊宿語要』第一集, X68n1318_p0352b17~20. 『石霜楚圓禪師語錄』, X69n1338_p0188c11~14. 참조.

904) 慈明楚圓(자명초원) : 풍혈연소(風穴延沼)-수산성념(首山省念)-분양선소(汾陽善昭)-자명초원(慈明楚圓). 987~1040. 주245) 참조.

905) 道吾悟眞(도오오진) : 수산성념(首山省念)-분양선소(汾陽善昭)-석상초원(石霜楚圓)-도오오진(道吾悟眞). 주825) 참조.

906) 四大部洲(사대부주) : 수미산의 사방 바다 가운데 있는 네 개의 대륙을 말한다. 남섬부주(南贍部洲)[남염부제(南閻浮提)], 동승신주(東勝身洲)[동불바제(東弗婆堤)], 서우화주(西牛貨洲)[서구야니(西瞿耶尼)], 북구로주(北俱盧洲)[북울단월(北鬱單越)] 등의 넷이다.

907) 安身立命(안신입명) : 안심입명(安心立命)과 같은 말. 마음의 동요 없이 천명(天命)을 온전히 함을 말한다.

908) 長連牀(장련상) : 선승(禪僧)들이 사용하는 크고 넓은 침상을 말한다.

119. 오조법연五祖法演

五祖演和尚, 四面示眾, 云: "滿口道得底, 却不知有. 知有底, 又道不得. 且道. 過在甚麼處? 將成九仞之山, 莫惜一簣之土."
又擧: "僧問洞山: '如何是善知識眼?' 山云: '紙撚無油.' 洞山老漢不是無, 只是太儉. 忽有人問四面: '如何是善知識眼?' 只向伊道: '瞎!' 何故且要相稱? 紙撚無油也大奇, 不堪拈掇有誰知? 回身却憶來時路, 月下騰騰信脚歸."909)

오조 법연스님910)이 사면산(四面山)에 계실 때 대중에게 열어 보이셨다.
"입에 가득 말한다 하여도 '지유(知有)'911)가 아니고, '지유(知有)'라면 또한 말하지 못합니다.
바로 지금 말해보십시오.
허물이 어디에 있습니까?
아홉 길의 산을 쌓으려면 한 덩어리의 흙을 아끼지 말아야 합니다."

또 인용하여 말씀하셨다.
"어떤 스님이 동산 수초스님912)께 여쭈었습니다.
'어떤 것이 선지식의 눈입니까?'
동산스님이 말씀하셨습니다.
'종이를 비벼 꼬아도 기름이 나오지 않는다.'
이 동산 노인네가 기름이 없는 것이 아닙니다. 단지 너무 검소할 뿐입니다. 문득 어떤 사람이 이 사면(四面)에게 '어떤 것이 선지식의 눈입니까?'라고 물으면, 곧 바로 그에게 말해주겠습니다.
'눈이 멀었구나!'

---

909)『禪門拈頌集』卷二十七, K46-0448, 1232則.『古尊宿語錄』卷第二十,「舒州白雲山海會演和尚初住四面山語錄」, X68n1315_p0131b16~20.『法演禪師語錄』卷上, T47n1995_p0651a07~12. 참조.
910) 五祖法演(오조법연) : 자명초원(慈明楚圓)-양기방회(楊岐方會)-백운수단(白雲守端)-오조법연(五祖法演). ?~1104. 주438) 참조.
911) 知有(지유) : 향상문(向上門)이다.
912) 洞山守初(동산수초) : 덕산선감(德山宣鑑)-설봉의존(雪峰義存)-운문문언(雲門文偃)-동산수초(洞山守初). 910~990. 주95) 참조.

무슨 까닭으로 서로 같게 말해야913) 하겠습니까?

'종이를 비벼 꼬아도 기름이 나오지 않는다' 함은 너무나 기특하여
차마 말을 꺼내지914) 못한다는 것을 아는 이 그 누가 있으랴?
몸을 돌려서 올 때의 걸어온 길을 기억하면서,
달빛 아래 느릿느릿915) 발 가는대로 돌아간다네."

120. 진정극문眞淨克文

　　　真淨和尙, 示衆, 云: "是日已過, 命亦隨滅. 如少水魚, 斯有何樂? 唯二乘禪定, 寂滅為樂, 是為真樂. 學般若菩薩, 法喜禪悅為樂, 是為真樂. 三世諸佛, 慈悲喜捨, 四無量心為樂, 是為真樂. 石霜普會云: '休去. 歇去. 冷湫湫地去.' 是謂二乘寂滅之樂. 雲門云: '一切智通無障礙.' 拈起扇子. 云: '釋迦老子來也!' 是謂法喜禪悅之樂. 德山棒, 臨濟喝, 是三世諸佛慈悲喜捨之樂. 除此三種樂外, 不為樂也. 且道. 歸宗一衆, 在三種內, 三種外?" 良久. 云: "今日莊主設饡飯, 俵嚫錢, 參退僧堂內, 普請喫茶去." 喝一喝.916)

진정 극문스님917)이 대중에게 열어 보이셨다.

"오늘이 이미 지나가니
수명도 또한 따라서 줄어드는구나.
마치 졸아 들고 있는 물속의 물고기와 같으니
어찌 즐거움이 있으랴.

---

913) 相稱(상칭) : 서로 부합하다. 서로 걸맞다. 같이 말하다.
914) 拈掇(점철) : 말을 꺼냄. 언급함.
915) 騰騰(등등) : 느릿느릿한 모양.
916) 『聯燈會要』 卷第十四, X79n1557_p0125b12~21. 『古尊宿語錄』 卷之四十三, 「寶峰雲庵真淨禪師住金陵報寧語錄」 二, X68n1315_p0288b09~18. 참조.
917) 眞淨克文(진정극문) : 분양선소(汾陽善昭)-석상초원(石霜楚圓)-황룡혜남(黃龍慧南)-진정극문(眞淨克文). 1025-1102. 주131) 참조.

선정을 닦은 이승(二乘)이 적멸로 즐거움을 삼으니 이것이 진정한 즐거움입니다. 반야를 익힌 보살이 법희(法喜)와 선열(禪悅)로 즐거움을 삼으니 이것이 진정한 즐거움입니다. 삼세 모든 부처님이 자(慈)·비(悲)·희(喜)·사(捨)의 네 가지 한량없는 마음으로 즐거움을 삼으니 이것이 진정한 즐거움입니다.

석상 보회스님918)이 말씀하셨습니다.
'쉬어라. 멈추어라. 시원하게 적막하여라.'919)
이것을 이승(二乘) 적멸의 즐거움이라 합니다.

운문스님이 말씀하셨습니다.
'일체지(一切智)920)에 두루 통하여 막힘이 없다.'
부채를 잡아드셨습니다.
말씀하셨습니다.
'석가 노인네가 오셨구나!'921)

---

918) 石霜慶諸(석상경저) : 석두희천(石頭希遷)-약산유엄(藥山惟儼)-도오원지(道吾圓智)-석상경저(石霜慶諸). 807~888. 여릉(廬陵) 신감(新淦)[강서성] 출생. 속성은 진씨(陳氏). 13살에 홍정(洪井)의 서산(西山) 소란(紹鑾)선사에게서 머리를 깎았다. 스물 세 살에 숭악(崇嶽)에서 구족계를 받았으며, 낙하(落下)에 가서 율장을 배웠다. 후에 위산 영우스님의 회상에서 미두(米頭) 소임을 맡고 지내다가 도오 원지스님의 회상에서 깨달음을 얻었다. 유양(瀏陽)의 석상산(石霜山)에서 20여년을 주석하니 대중이 500여 명이 모였다고 한다. 희종(僖宗)이 자색가사를 하사하였으나 사양하고 받지 않았다. 광계(光啓) 4년에 병으로 입멸하였다. 수명은 82세, 법랍은 59세였다. 시호는 보회대사(普會大師)이고, 탑호는 견상(見相)이다. 용천경흔(湧泉景欣), 대광거회(大光居誨), 남제승일(南際僧一), 운개지원(雲蓋志元), 구봉도건(九峰道虔), 담주운개(潭州雲蓋) 등 41명의 법사(法嗣)가 있다.

919) 休去歇去冷湫湫地去(휴거헐거냉추추지거) : 구봉도건(九峰道虔)스님이 시중법문에서 밝힌 석상칠거(石霜七去) 가운데 세 가지다. 석상칠거는 1, 휴거(休去)[일체 동작행위를 정지함]. 2, 헐거(歇去)[일체 망념을 끊어 없앰]. 3, 냉추추지거(冷湫湫地去)[일체 미혹과 깨달음, 그리고 범부와 성인의 생각 등을 식멸(熄滅)하여 청량한 경지에 도달함]. 4, 일념만년거(一念萬年去)[한 순간을 보호하고 지니어 여여부동함]. 5, 한회고목거(寒灰枯木去)[정식(情識)을 찬 재와 마른 나무처럼 존재하지 않게 함]. 6, 고묘향로거(古廟香爐去)[옛 사당의 향로와 같이 하여, 집착을 제거함]. 7, 일조백련거(一條白練去)[순수하고 깨끗하여 물듦이 없는 하얀 명주처럼 불법을 몰록 깨달아 편정(偏正)과 빈주(賓主)를 대하여 모두 능히 잘 분변(分辨)하여 맑힘]. (X79n1557_p0188c08~11, 『聯燈會要』卷第二十二. "師云:'須會先師意始得.' 座云:'先師有甚麼意?' 師云:'先師道. 休去, 歇去, 一念萬年去, 寒灰枯木去, 古廟香爐去, 冷湫湫地去, 如一條白練去. 作麼生?'")

920) 一切智(일체지) : 살바야(薩婆若)라고 음역함. 모든 존재에 대하여 전체적으로 아는 지혜를 말한다.

921) 『운문록』에는 이 법문이 실려 있지 않다.

이것을 법희(法喜)와 선열(禪悅)의 즐거움이라 합니다.

덕산스님의 방(棒)과 임제스님의 할(喝), 이것이 삼세 모든 부처님의 자·
비·희·사의 즐거움입니다. 이 세 가지 즐거움 외에 즐거움이란 없습니다.
바로 여기, 말해보십시오.
이 귀종문하의 대중이 이 세 가지 즐거움의 안에 있습니까, 밖에 있습니
까?"

한참 묵묵히 계셨다.

말씀하셨다.

"오늘 장주(莊主)922)가 국말이923)를 베풀고
재물과 시줏돈924)을 나누어 주었으니
함께 승당으로 물러가서 참(參),
대중울력925)을 하고 차를 마시시오. 억!"

121. 수산성념首山省念

首山念和尚, 示衆, 云: "諸上座. 不得盲喝亂喝, 遮裏尋常向你
道. 賓則始終賓, 主則始終主. 賓無二賓, 主無二主. 若有二賓二
主, 即是兩箇瞎漢. 所以我若立時, 你須坐. 我若坐時, 你須立.
坐則共你坐, 立則共你立. 雖然如是, 到遮裏急著眼始得. 若也眼
孔定動, 即千里萬里. 何故如此? 如隔窗看馬騎相似, 擬議即沒交
涉. 諸上座. 既然於此留心, 直須子細, 不要掠虛, 好. 佗日異時賺著你在. 諸人
若也有事近前. 無事. 珍重."
僧問: "菩薩未成佛時如何?" 曰: "眾生." 僧云: "成佛後如何?" 曰: "眾生. 眾

---

922) 莊主(장주) : 선원에서 농감(農監)과 같은 소임을 말한다.
923) 饌飯(찬반) : 국에 만 밥. 국말이를 말한다.
924) 嚫錢(츤전) : 스님에게 시주하는 재물과 돈.
925) 普請(보청) : 선원에서 행하는 대중울력.

生.” 問: “覺花未發時, 如何辨眞實?” 曰: “冬不寒臘後看.” 僧云: “莫便是也無?”
曰: “錯.” 問: “魚鼓未鳴時如何?” 曰: “望天不見天.” 僧云: “鳴後如何?” 曰: “覩
地不見地.” 問: “和尙是大善知識為甚麼却首山?” 曰: “不坐孤峰頂, 常伴白雲閑.”
問: “四衆圍繞師說何法?” 曰: “打草要驚蛇.” 僧云: “未審怎生下手?” 曰: “適來
泊合喪身失命.” 問: “不落三寸請師速道.” 曰: “老僧到遮裏却道不得, 闍梨道看.”
僧云: “猶落三寸請師別道.” 曰: “首山今日失利.”926)

수산 성념스님927)이 대중에게 열어 보이셨다.

“상좌 여러분.

눈이 먼 할928)을 하지 말고, 어지러운 할929)을 하지 마십시오. 이것은 평
상시에 여러분을 향해서 말해 준 것입니다. 손님은 곧 처음부터 끝까지 손
님이요, 주인은 처음부터 끝까지 주인입니다. 손님은 두 손님이 없고 주인
은 두 주인이 없습니다.

만일 두 손님과 두 주인이 있다면 곧 이는 두 명의 눈먼 자들이 될 것입
니다.

그러므로 만일 내가 서 있을 때면 여러분은 반드시 앉아 있고, 내가 만일

---

926) 『古尊宿語錄』 卷第八, 「汝州首山念和尚語錄」, X68n1315_p0045c14~21, p0046a02~08. 참
조.

927) 首山省念(수산성념) : 흥화존장(興化存獎)-보응혜옹(寶應慧顒)-풍혈연소(風穴延沼)-수산성념(首
山省念). 926~993. 내주(萊州)[산동(山東)] 출신. 속성(俗姓)은 적씨(狄氏). 어려서 남선사(南禪寺)
로 가서 머리를 깎고 득도하였다. 구족계를 받자마자 곧장 천하의 총림을 유력하면서 참문하였
다. 선사는 항상 두타행을 실천하면서 아울러 『법화경』을 늘 외웠으므로 사람들이 ‘염법화(念法
華)’라고 불렀다. 뒤에 풍혈연소선사(風穴延沼禪師)를 만나서 그 마음을 전수 받고 명성을 사방
에 떨쳤다. 그 후에 여주(汝州)[하남성(河南省) 임여(臨汝)] 수산(首山)에서 개법하였다. 또 여주
(汝州) 섭현(葉縣) 보안산(寶安山) 광교원(廣教院)과 보응원(寶應院) 등에서 주지를 하였는데 대
중이 항상 넘쳐났다고 한다. 순화(淳化) 3년 상당하여 게송을 읊었다. “금년 67세/ 늙고 병들어
또 하루를 보내는구나./ 올해엔 내년의 일을 기억하고/ 내년엔 오늘 아침의 떠오르는 태양을 기
억하리라(今年六十七, 老病隨緣且遣日. 今年記取來年事, 來年記著今朝日).” 다음 해에 법상에
올라 대중에게 이별의 게송을 읊었다. “하이얀 은세계의 금빛 나는 몸,/ 정과 정아님 모두 한결
같은 참./ 밝고 어둠 다할 때 다 못비추고/ 둥근 해 오후에 다 드러내누나(白銀世界金色身, 情
與非情共一眞. 明暗盡時俱不照, 日輪午後見全身).” 말을 마치고 세수 68세로 앉아서 입적하였
다. 『여주수산념화상어록(汝州首山念和尚語錄)』 1권이 남겨져 있다. 분양선소(汾陽善昭), 삼교지
숭(三交智嵩), 곡은온총(谷隱蘊聰), 신정홍인(神鼎洪諲), 섭현귀성(葉縣歸省), 광혜원련(廣慧元璉)
등 27명의 기라성 같은 걸출한 제자들이 있다.

928) 盲喝(맹할) : 눈 먼 할. 임제스님의 할을 그냥 따라서 할을 하는 것.

929) 亂喝(난할) : 어지러운 할. 할을 어떻게 하는 지도 모르고, 또 어떤 조건에서 할을 해야 하는
지도 모르면서 할을 하는 것.

앉아 있을 때면 여러분은 반드시 서 있습니다. 앉을 때는 곧 여러분과 함께 앉고, 서 있을 때는 곧 여러분과 함께 서 있습니다.

하지만 '여기'에 이르러서는 우선 절박하게 주의하여 살펴야만930) 비로소 되는 것입니다.

만일 눈동자를 깜박거린다면931) 곧바로 천리만리나 차이가 나게 되어버립니다.

이와 같이 되는 것은 무슨 까닭이겠습니까?

마치 닫힌 창문 안에서 달리는 말을 보는 것과 같아서, 생각으로 헤아리려 하면 곧장 서로 교섭932)할 수가 없습니다.

상좌 여러분.

이왕 그렇게 된 바에는 여기에 마음을 두어 오로지 자세히 살필 것이지, 절대로 허망한 것을 도적질해서는933) 안 됩니다.

好(Hǎo)!934)

그렇지 않으면 다른 날 언젠가 여러분은 속임을 당하고야 말 것입니다.

대중 가운데 누가 일 있으면 나서보시오.

아무도 일 없다면, 잘들 가시오."

어떤 스님이 여쭈었다.

"보살이 성불을 못하였을 땐 어떠합니까?"

말씀하셨다.

"뭇삶이로군."

그 스님이 말했다.

"성불 이후는 어떠합니까?"

말씀하셨다.

"뭇삶이네. 뭇삶이야."

---

930) 著眼(착안) : 주의하여 살펴 봄. 관점을 돌려서 살펴 봄. 눈을 크게 뜨고 살펴 봄. 눈을 들어 자세히 살펴 봄.

931) 定動(정동) : 멈추었다가 움직임. 곧 눈을 깜박거림. 주의 깊게 살피지 못하고 미혹(迷惑)함을 나타낸다.

932) 交涉(교섭) : 주751) 참조. 여기서는 자기 본래면목을 만남을 뜻한다.

933) 掠虛(약허) : 허망한 일을 하거나 허망한 말을 함. 또는 허망한 것에 마음을 빼앗김.

934) 好(호) : 쯧.

여쭈었다.
"깨달음의 꽃이 아직 피지 않았을 땐 어떻게 참된 실재를 판별합니까?"

말씀하셨다.
"겨울이 되어도 춥지 않다고 해서, 납월 이후를 살펴보려고 하는구나."
그 스님이 말했다.
"옳지 않습니까?"
말씀하셨다.
"錯(Cuò)!"

여쭈었다.
"목어를 두드려도 소리가 나지 않을 때는 어떠합니까?"
말씀하셨다.
"하늘을 바라보면서도 하늘을 못 보는구나."
그 스님이 말했다.
"소리가 난 이후엔 어떠합니까?"
말씀하셨다.
"땅을 들여다보면서도 땅을 못 보는구나."

여쭈었다.
"큰스님께서는 대선지식이신데, 왜 또 수산(首山)이라고 하는 것입니까?"
말씀하셨다.
"홀로 우뚝한 산봉우리에 앉아 있지 않고, 늘 흰 구름을 벗 삼아 한가롭게 지내니까."

여쭈었다.
"사부대중에게 둘러싸여서 스님께서는 무슨 법을 말씀하셨습니까?"
말씀하셨다.
"풀을 때리는 것은 응당 뱀을 놀라게 하려는 것이지."
그 스님이 말했다.

"도대체 어떻게 손을 쓰신 것입니까?"
말씀하셨다.
"방금 하마터면 몸을 상하고 목숨을 잃을 뻔하였다."

여쭈었다.
"세 치 혀935)에 떨어지지 말고 스님께서 얼른 말씀해보십시오."
말씀하셨다.
"늙은 이 중이 여기서 말을 못하겠으니, 아사리(阿闍梨)936)인 그대가 말해 보시오."
그 스님이 말했다.
"세 치 혀에 떨어지셨습니다. 스님께서 따로 한 말씀 해 보시지요."
말씀하셨다.
"이 수산이 오늘 이익이 없구나."

122. 섭현귀성葉縣歸省

葉縣省和尚, 示眾, 云: "達磨西來, 為傳東土. 直指人心, 見性成佛. 獨標萬像, 物外宣揚. 悟之者纖毫不隔, 迷之者背覺合塵. 中下之機, 也須子細, 莫虛過時光. 各各有之, 況以西來的意, 教外別傳? 道契一言, 縱橫自在. 打破髑髏, 揭却腦蓋, 豈不是慶快?"
僧問: "不落諸緣, 請師道." 曰: "落." 問: "如何是無縫塔?" 曰: "頭不梳面不洗." 問: "如何是出家人?" 曰: "緊裹頭." 僧云: "恁麼則在家出家?" 曰: "麁麻鞋."937)

섭현 귀성스님938)이 대중에게 열어 보이셨다.

---

935) 三寸(삼촌) : 세 치 혀. 혀의 길이가 세 치이므로 삼촌(三寸)이라 한다. 말, 언어를 뜻함.
936) 闍梨(사리) : ⓢācārya. 아사리(阿闍梨)의 준말이다. 제자들의 행실을 교정하여 주며 그의 스승이 되어 지도해 주는 스님을 말한다.
937) 『古尊宿語錄』 卷第二十二, 「汝州葉縣廣教省禪師語錄」, X68n1315_p0151a11~13, p0150c20 ~23. 참조.
938) 葉縣歸省(섭현귀성) : 보응혜옹(寶應慧顒)-풍혈연소(風穴延沼)-수산성념(首山省念)-섭현귀성(葉縣歸省). 기주(冀州)[하북성] 출신. 속성은 가씨(賈氏). 역주(易州)의 보수원(保壽院)으로 출가하고

"달마대사가 서쪽에서 오셔서 동토에 전한 것은, '곧장 사람의 마음을 가리킴'과 '본성을 드러내어 부처님을 이룸'입니다. 이것은 홀로 삼라만상을 드러낸 것이요, 사물의 바깥에 널리 드날린 것입니다.

이것을 깨달은 자는 털끝만치도 틈이 없을 것이요, 이것을 미(迷)한 자는 깨달음을 등지고 객진번뇌에 합치하게 될 것입니다. 중·하근기의 사람들은 반드시 자세히 잘 살펴야지 헛되이 세월을 보내서는 안 됩니다.

각각 모두에게 '그것'이 있는데, 하물며 달마대사가 서쪽에서 오실 때의 뜻인 '경전 외에 별도로 전함'이겠습니까?
한마디에 계합하기만 하면 종횡무진하고 자유자재일 것입니다.
해골을 부숴버리고 두개골을 열어젖히면, 이 어찌 경사스럽고 즐거움이 아니겠습니까?"

어떤 스님이 여쭈었다.
"어떠한 조건에도 떨어지지 말고 스님께서 말씀해보십시오."
말씀하셨다.
"떨어졌구나."

여쭈었다.
"어떤 것이 기운 데 없는 탑입니까?"
말씀하셨다.
"머리도 빗지 않았고 낯도 씻지 않았다."

여쭈었다.
"어떤 것이 출가한 사람입니까?"

구족계를 받았다. 여주(汝州) 섭현(葉縣) 광교원(廣敎院)에 주석하며 학인들을 교화하였다. 《깨달음의 인연》 "수산 성념스님이 문하로 들어 온 귀성스님에게 죽비를 세우고 물으셨다. '이것을 죽비라고 부르면 저촉되며 죽비라고 부르지 않으면 위배된다. 자, 말해라. 궁극에 뭐라고 불러야 하겠나?' 이 말씀에 활연히 크게 깨닫고 곧바로 죽비를 빼앗아 분질러 버리고는 계단 아래로 던져버렸다. 그리고는 도리어 여쭈었다. '어디에 있습니까?' '눈이 멀었군!' 이 말이 떨어지자 곧바로 대오하였다." 『섭현광교성어록(葉縣廣敎省語錄)』 1권이 있다. 대승혜과(大乘慧果), 부산법원(浮山法遠) 등 4명의 수법제자가 있다.

말씀하셨다.
"머리를 바짝 싸매고 있지."
그 스님이 여쭈었다.
"'이것'이 재가입니까, 출가입니까?"
말씀하셨다.
"미투리를 신고 멀리 길을 떠난다.939)"

123. 취암가진翠巖可眞

翠巖真和尚, 示眾, 云: "眾生為**解**礙, 菩薩未離覺." 拈拄杖. 云: "拄杖子是礙, 那箇是覺? 若也會去, **解**礙為礙, 而不自在, 若也不會, 歸源性無二, 方便有多門."940)

취암 가진스님941)이 대중에게 열어 보이셨다.
"뭇삶은 장애를 풀려하고, 보살은 깨달음을 떠나지 않습니다."

주장자를 잡으셨다.

말씀하셨다.
"주장자. 이것이 장애입니다.
어떤 것이 깨달음입니까?
만일 알았다면 장애를 푸는 것이 장애가 되어 자재롭지 못하고, 만일 알지 못하였다면 근원으로 돌아가는데 성품이 둘이 없으나 (깨닫게 하는) 방편에

---

939) 麁麻鞋(추마혜) : 麁(추)는 麤(추)의 약자로 '아주 멀리가다', '길을 떠나다', '멀리 뛰다'의 뜻. 마혜(麻鞋)는 삼이나 노끈으로 만든 미투리.

940) 『續刊古尊宿語要』第一集, X68n1318_p0355c02~04. 『聯燈會要』卷第十四, X79n1557_p0 120a13~15. 참조.

941) 翠巖可眞(취암가진) : 수산성념(首山省念)-분양선소(汾陽善昭)-석상초원(石霜楚圓)-취암가진(翠 巖可眞). ?~1064. 복주(福州) 장계(長谿) 출신. '진점흉(眞點胸)'이라고도 한다. 일찍이 강서의 취 암산(翠巖山)에 주석하였고 후에 호남의 도오산(道吾山)에 머무르며 학인을 제접하였는데, 특히 변재(辯才)가 뛰어났다고 한다. 치평(治平) 원년(元年)에 입적. 『취암진선사어요(翠巖真禪師語 要)』 1권이 있다.

는 수많은 문이 있습니다.942)"

---

942) 歸源性無二 方便有多門(귀원성무이 방편유다문) : 『수릉엄경』 6권에 나오는 법문이다. (T19
　　n0945_p0130a24, 『大佛頂如來密因修證了義諸菩薩萬行首楞嚴經』 卷第六. "歸元性無二, 方便
　　有多門")

正法眼藏 卷第一之下
정법안장 제1권의 하

徑山 大慧禪師 宗杲 集幷著語
경산 대혜선사 종고 모으시고 아울러 착어하심

繡水 春門居士 徐弘澤 校閱
수수 춘문거사 서홍택 교열함

124. 회당조심晦堂祖心

晦堂和尚, 示眾, 云: "敲空作響, 誰是知音? 擊木無聲, 徒勞側耳. 不是目前法, 莫生種種心. 起滅不相知, 箇中無背面. 象王行處, 狐免絕蹤, 水月現前, 風雲自異. 到遮裏, 乾坤收不得, 宇宙不知名. 千聖立下風, 誰敢出頭道? 諸仁者, 應是從前活計所作施為. 會與不會, 一時掃却.   不如策杖歸山去, 長嘯一聲煙霧深."943)

회당 조심스님944)이 대중에게 열어 보이셨다.
"허공을 두드리면 메아리가 울려나온다니, 누가 이 소리를 압니까?

---

943) 『聯燈會要』 卷第十四, X79n1557_p0123c10~15. 『禪門拈頌集』 卷第三十, K46-0496, 1424
則. 『黃龍晦堂心和尚語錄』, X69n1343_p0216a22~b03. 참조.
944) 晦堂祖心(회당조심) : 분양선소(汾陽善昭)-석상초원(石霜楚圓)-황룡혜남(黃龍慧南)-회당조심(晦
堂祖心). 1025~1100. 주198) 참조.

나무로 쳐보아도 소리가 없다고 하니,945) 헛되이 귀를 기울였을946) 뿐입니다.

이는 바로 지금 눈앞의 법이 아니니 가지가지 마음을 내지 마십시오. 일어나고 멸함을 서로 알지 못하니 이 속엔 등짝이 없습니다.

코끼리 왕이 가는 곳에 여우와 토끼가 종적을 감췄고, 물속의 달이 드러나니 바람과 구름이 스스로 뛰어납니다.

'여기'에 이르면 하늘과 땅도 거둘 것이 없고, 우주도 그 이름을 알지 못합니다.

천 명의 성인조차 한결같이 방귀를 뀌며 서 있는데,947) 누가 감히 나와서 말하겠습니까?

여러분.

응당 이것은 종전에 기봉을 운용하여948) 지어 냈던 활계(活計)949)일 뿐입니다. 그렇기에 알고 알지 못함을 한꺼번에 없애버리시오.

지팡이를 짚고 산으로 돌아감만 못하니,
긴 휘파람 한소리에 안개가 짙어지는구나."

125. 늑담홍영泐潭洪英

寶峰英和尚, 示眾, 云: "先聖道: '江月照, 松風吹. 永夜淸宵何所爲? 佛性戒珠心地印, 霧露雲霞體上衣.' 諸禪德. 先聖雖然如此道, 可謂傷鹽傷醋. 若是山僧卽不然. '江月照, 松風吹. 永夜淸宵何所爲? 牧童嶺上一聲笛, 驚起羣鵶遶樹飛.'"950)

---

945) 敲空作響 擊木無聲(고공작향 격목무성) : 도생법사(道生法師)의 법문이다. (K46 - 0496, 『禪門拈頌集』 卷第三十. "生法師云: '敲空作解, 擊木無聲.'")
946) 側耳(측이) : 귀를 기울여 자세히 들음.
947) 下風(하풍) : 불리한 처지. 바람 부는 곳. 방귀를 뀌다.
948) 施爲(시위) : 선사들이 기봉(機鋒)을 운용(運用)함. 선법(禪法)을 실행함.
949) 活計(활계) : 선법(禪法). 또는 가지가지의 기봉(機鋒)을 운용하는 책략을 말함.
950) 『續刊古尊宿語要』 第一集, X68n1318_p0361b11~15. 『聯燈會要』 卷第十四, X79n1557_p01

보봉 홍영스님951)이 대중에게 열어 보이셨다.
"앞의 성인952)이 말씀하셨습니다.

'강에 달 비치고 소나무에 바람이 인다.
기나길고 맑은 밤953)에 무엇을 할까?
불성의 계율954)로 마음자리를 새기고,
안개·이슬·구름·노을을 몸에 걸치네.'955)

선덕 여러분.
앞의 성인이 비록 이와 같이 말했다 하더라도 소금에 물리고956) 식초에
물린다고 할 것입니다. 이 산승은 그렇게 하지 않겠습니다.

'강에 달 비치고 소나무에 바람이 인다.
기나길고 맑은 밤에 무엇을 할까?
고갯마루 목동이 젓대를 부니,
놀란 까마귀 떼 나무를 휘돌아 나네.'"

126. 오조법연五祖法演

五祖演和尚, 示衆, 云: "佛祖生冤家, 悟道染泥土. 無爲無事人, 聲色如聾瞽.
且道. 如何卽是? 恁麼也不得, 不恁麼也不得, 恁麼不恁麼總不得. 忽有箇出來道:
'恁麼也得, 不恁麼也得, 恁麼不恁麼總得'. 只向伊道: '我也知你向鬼窟裏作活

26b23~c03. 『禪門拈頌集』卷第四, K46-0060, 123則. 참조.
951) 洺潭洪英(늑담홍영) : 분양선소(汾陽善昭)-석상초원(石霜楚圓)-황룡혜남(黃龍慧南)-늑담홍영(洺
    潭洪英). 1009~1068. 주558) 참조.
952) 先聖(선성) : 영가현각대사(永嘉玄覺大師)를 말한다.
953) 淸宵(청소) : =청야(淸夜). 맑고 고요한 밤.
954) 戒珠(계주) : 계율은 깨끗하고 맑은 것으로서 몸과 마음을 장엄하는 까닭으로 구슬에 비유하
    였다.
955) 영가 현각스님의 『증도가』에 나오는 게송이다. (T48n2014_p0396a21~22, 『永嘉證道歌』"江
    月照松風吹, 永夜淸宵何所爲? 佛性戒珠心地印, 霧露雲霞體上衣.")
956) 傷(상) : 식상하다. 물리다. 진력나다. 질리다.

計.'"957)

오조 법연스님958)이 대중에게 열어 보이셨다.

"불조(佛祖)께서 원수에게서 태어나서는,
도를 깨닫고 진흙에 물들어버렸네.
함이 없고 일이 없는 사람은
소리와 빛에 귀먹고 눈 멀어버렸다네.

바로 여기 말해보십시오.
이럴 땐 어떻게 하겠습니까?
이러해도 안 되고, 이러하지 않아도 안 되고, 이러하고 이러하지 않아도
전혀 안 됩니다.959) 문득 누가 나와서, '이러해도 되고 이러하지 않아도 되
고 이러하고 이러하지 않아도 몽땅 된다'라고 말한다고 합시다. 그러면 바
로 그를 향해 말해주겠습니다. '그대가 귀신 굴속을 향해 활계(活計)를 짓는
줄 나야말로 분명히 안다.'"

---

957) 『聯燈會要』卷第十六, X79n1557_p0136c04. 『古尊宿語錄』卷第二十一, 「舒州白雲山海會演
　　和尚語錄」, X68n1315_p0137c18~22. 참조.
958) 五祖法演(오조법연) : 자명초원(慈明楚圓)-양기방회(楊岐方會)-백운수단(白雲守端)-오조법연(五
　　祖法演). ?~1104. 주438) 참조.
959) 석두 희천스님의 법문이다. "예주 약산 유엄스님이 석두스님에게 물으셨다. '삼승 십이분교는
　　제가 약간 알고 있습니다만, 일찍이 들어보니 남쪽에서는 사람의 마음을 곧장 가리켜서 성품을
　　드러내어 부처님을 이루게 하는 법이 있다는데, 진실로 아직 밝히지 못하였습니다. 스님께서 자
　　비로 가리켜보여주시길 간절히 바랍니다.' 석두스님이 말씀하셨다. '이렇게 해도 안 되고, 이렇
　　게 하지 않아도 안 되고, 이렇게 하고 이렇게 하지 않아도 전혀 안 된다. 너는 어떻게 하겠느
　　냐?'" (K46-0140, 『禪門拈頌集』卷第九, 324則. "澧州藥山惟儼禪師問石頭: '三乘十二分敎, 某
　　甲粗知, 嘗聞南方直指人心見性成佛, 實未明了, 伏望和尙慈悲指示.' 頭云: '恁麽也不得, 不恁麽
　　也不得, 恁麽不恁麽摠不得. 汝作麽生?'")

127. 늑담문준泐潭文準

寶峰準和尚, 示眾, 云: "大道縱橫, 觸事現成. 雲開日出, 水綠山青." 驀拈拄杖卓一下. 云: "雲門大師來也, 說道: '觀音菩薩將錢買餬餅.' 放下. '却是饅頭.' 大眾. 雲門只見錐頭利, 不見鑿頭方. 寶峰即不然." 乃擲下拄杖. 云: "勿於中路事空王, 策杖還須達本鄉. 昨日有人從淮南來, 不得福建路信, 却道: '嘉州大像吞却陝府鐵牛.' 喝!" 云: "是甚說話? 笑倒雲居土地."960)

보봉 문준스님961)이 대중에게 열어 보이셨다.

"대도(大道)는 종횡무진 자유롭게도
사(事)마다 나타나서 이루어 내네.
구름 걷히니 태양이 솟아 나오고,
물은 푸르고 산도 또한 푸르네."

갑자기 주장자로 한 번 '탁!' 치셨다.

말씀하셨다.
"운문대사가 와서 말씀하셨습니다.
'관음보살님이 돈을 가져와서 호병(餬餅)을 산다.'
손을 내려놓으셨습니다.
말씀하셨습니다.
'원래 그저 만두였군.'962)

---

960) 『續刊古尊宿語要』 第一集, X68n1318_p0365c15~21. 『聯燈會要』 卷第十五, X79n1557_p0133c15~21. 『禪門拈頌集』 卷第二十三, K46-0385, 1014則. 참조.

961) 湛堂文準(담당문준) : 석상초원(石霜楚圓)-황룡혜남(黃龍慧南)-운암극문(雲庵克文)-담당문준(湛堂文準). 1061~1115. 주29) 참조.

962) 『운문광진선사광록(雲門匡眞禪師廣錄)』 권중(卷中)에 나오는 법문이다. "옛 법문을 인용하여 말씀하셨다. 「소리를 듣고서 도를 깨닫고, 빛을 보고서 마음을 밝힌다.」 어떤 것이 소리를 듣고 도를 깨달으며 빛을 보고 마음을 밝히는 것인가? 관세음보살님이 돈을 가지고 호병(餬餅)을 사는구나.' 손을 내리고 말씀하셨다. '원래 그저 만두였다.'"(T47n1988_p0554a13~15, 『雲門匡眞禪師廣錄』 卷中. "擧古云: '聞聲悟道見色明心.' 師云: '作麼生是聞聲悟道見色明心?' 乃云: '觀世音菩薩將錢來買餬餅.' 放下手云: '元來秖是饅頭.'") '放下却是'는 '放下手云元來秖是'를 줄여서

대중여러분.

운문스님은 단지 송곳 끝의 뾰족하게 예리함만 보고 끝의 끝이 넓게 네모진 것은 보지 못하였습니다. 이 보봉은 곧 그렇게 하지 않겠습니다."

주장자를 던져버리셨다.

말씀하셨다. "길을 가는 도중에 부처님을 섬기지 말고, 지팡이 짚고 본 고향에 돌아가려고만 하십시오. 어제 어떤 사람이 회남로(淮南路)963)에서 왔는데 복건로(福建路)964) 쪽의 소식은 알려 주질 않고 도리어 말했습니다. '가주(嘉州)965)의 큰 코끼리가 섬부(陝府)966)의 무쇠소를 삼켜버렸습니다.' 억!"

말씀하셨다. "무슨 설화(說話)967)입니까? 운거(雲居)968)의 토지신이 죽도록 웃는구나."

128. 운개수지雲蓋守智

雲蓋智和尚, 示眾, 云: "'不離當處常湛然, 覓即知君不可見.' 雖然先聖恁麼道, 且作箇模子搭却. 若也出不得, 只抱得古人底, 若也出得, 方有少分相應. 雲蓋即不然. 騎駿馬, 邐須彌, 過山尋蟭跡, 能有幾人知?"969)

인용한 것이다.

963) 淮南(회남) : 회수(淮水)의 남쪽과 장강(長江)의 북쪽 지역을 이르는 말로 지금의 안휘성의 중부지역. 송나라 때에 둔 노(路)[지금의 성(省)]를 말하는데 관할 지역이 남쪽으로는 양자강, 동쪽으로는 호북성과 호남성의 일부 지역, 북쪽으로는 회수 너머 지역으로 지금의 강소성, 안휘성 일부와 하남성 일대 지역이었다.

964) 福建路(복건로) : 송나라 때에 둔 '노(路)'의 이름. 옛 민월(閩越) 지역에 있었다. 노(路)는 송나라와 원나라 때의 행정구역 이름이다. 송나라의 노(路)는 명나라와 청나라 때의 성(省)과 같으며 원나라의 노(路)는 명나라와 청나라 때의 부(府)와 같다.

965) 嘉州(가주) : 북주(北周)에서 두었던 주(州)이름. 사천성(四川省) 미산현(眉山縣)에 있다.

966) 陝府(섬부) : 지금의 하남성(河南省)의 섬현(陝縣)에 있던 곳.

967) 說話(설화) : 선사(禪師)의 법문.

968) 雲居(운거) : 복건성(福建省) 연강현(連江縣)의 북쪽에 있는 산.

969) 『聯燈會要』 卷第十四. X79n1557_p0125c22~0126a01. 참조.

운개 수지스님970)이 대중에게 열어 보이셨다.

"'바로 그 자리 떠나지 않고 항상 담연해,
 찾으면 곧 그대가 볼 수 없음 알리라.'971)

비록 앞의 성인972)이 이렇게 말씀하셨지만, 이것은 본을 뜨는 틀일뿐입니다. 만일 이 틀에서 벗어나지 못한다면 옛사람을 떠받들기만 하는 것이 될 것이고, 만일 벗어난다면 비로소 조금 상응한다고 할 수 있습니다. 이 운개는 그렇게 하지 않겠습니다.

준마를 타고
수미산을 휘돌며
산을 지나가면서 개미의 자취를 찾고 있는데
능히 몇 사람이나 알꼬?"

129. 반산보적盤山寶積

盤山和尚, 云: "譬如擲劍揮空, 莫論及之不及. 斯乃空輪無跡劍刃無虧. 若能如是, 心心無知."
妙喜曰: "咄! 咄! 咄! 我王庫內無如是刀."973)

반산 보적스님974)이 말씀하셨다.

---

970) 雲蓋守智(운개수지) : 분양선소(汾陽善昭)-석상초원(石霜楚圓)-황룡혜남(黃龍慧南)-운개수지(雲蓋守智). 1025~1115. 주764) 참조.
971) 『증도가(證道歌)』에 나오는 법문이다. (T48n2014_p0396b12~13. 『永嘉證道歌』. "不離當處常湛然, 覓卽知君不可見.")
972) 先聖(선성) : 영가현각(永嘉玄覺)스님을 말한다.
973) 『祖堂集』卷第十五　二丈, K45-0326. 『景德傳燈錄』卷第七, T51n2076_p0253b17~20. 『聯燈會要』卷第四, X79n1557_p0045a16~19. 『禪門拈頌集』卷第七, K46-0118, 251則. 참조.
974) 盤山寶積(반산보적) : 조계혜능(曹溪慧能)-남악회양(南嶽懷讓)-마조도일(馬祖道一)-반산보적(盤山寶積). 당나라 때 임제종 스님이다. 스님의 생몰연대와 출신지역은 알려진 것이 없다. 다만 반산보적선사(盤山寶積禪師)로 불렸고 시호(諡號)가 응적대사(凝寂大師)라는 것만 알려져 있다. 스

"마치 칼을 잡아 허공에다 휘두름과 같으니,
닿는지 닿지 않는지를 따지지 마라.
허공은 자취가 없고 칼날은 무디어짐이 없다.
만일 이와 같다면 마음마다 앎이 없으리."975)

묘희스님이 말씀하셨다.
"咄(Duō)! 咄(Duō)! 咄(Duō)!976)
나의 왕실 창고에는 이러한 칼이 없다."977)

130. 동산효총洞山曉聰

洞山聰和尙, 開堂日, 僧問: "大眾雲臻, 師登寶座, 向上宗乘請師擧唱." 曰: "下坡不走, 快便難逢." 云: "師唱誰家曲, 宗風嗣阿誰?" 曰: "竹杖挑擎千界月, 鉢囊盛貯五天雲." 問: "德山入門便棒, 猶是起模畫樣, 臨濟入門便喝, 未免捏目生花. 離此二途, 未審洞山如何為人?" 曰: "天晴久無雨, 近日有雲騰." 云: "佗後若有人問洞山意旨, 教學人如何擧似?" 曰: "園蔬枯槁甚, 擔水潑菠薐." 問: "無根樹子向甚麼處栽?" 曰: "千年常住一朝僧." 問: "既是泗州大聖, 為甚麼却在揚州出

님은 마조도일선사(馬祖道一禪師) 문하에서 개오(開悟)한 이후에 하북(河北) 유주(幽州)의 반산(盤山)으로 가서 선법(禪法)을 선양하였다. 《깨달음의 인연》 "어느 날, 반산스님이 재래시장을 지나가시는데, 어떤 사람이 돼지고기를 사려고 정육점 상인에게 소리쳤다. '노인장. 나에게 상등품 고기로 한 근 가져 오슈!' 상인이 듣고 나서 칼로 점판을 탁 치더니 팔짱을 끼고는 땅이 울리듯 큰 소리로 외쳤다. '당신이 말해보쇼! 어떤 고기가 상등품인지?' 반산스님이 곁에서 이 말을 듣고 그 자리서 홀연히 각성되는 바가 있으셨다. 그 후 어떤 날에 절의 일주문 밖을 나서자마자 한 무리의 사람들이 관을 메고 가는 장례행렬을 만나게 되셨다. 맨 앞에서 상엿소리 하는 사람이 요령을 흔들며 구성진 가락을 길게 뽑아냈다. '붉은 해 서쪽으로 가라앉았는데, 영혼은 어디로 갔을까나?' 그러자 관의 뒤를 따르던 망자의 아들이 비통하게 통곡을 했다. '아이고~! 아이고~!' 반산스님이 듣고서 곧바로 활연대오(豁然大悟)하셨다."

975) 『조당집』 15권과 『경덕전등록』 7권에서는 "마음 전체가 곧 부처님이요 부처님 전체가 곧 사람이다. 사람과 부처님이 아무런 차이가 없음을 도(道)라고 한다.(全心卽佛, 全佛卽人, 人佛無異, 始爲道矣.)"의 구절이 더 있다.

976) 咄咄咄(돌돌돌) : 아아아(탄식하는 소리), 쯧쯧쯧(혀를 차는 소리), 흥흥흥(아니꼬와 비웃는 소리), 쳇쳇쳇(못마땅해서 탄식하는 소리).

977) 『대반열반경』 8권, 「여래성품」에 나오는 '왕자의 보배 칼의 비유'다. 『정법안장』 1권 上, 주 135) 참조.

現?” 曰: “君子愛財, 取之有道.” 問: “古鏡未磨時如何?” 曰: “此去漢陽不遠.” 云: “磨後如何?” 曰: “黃鶴樓前鸚鵡洲.”

又因發供養主, 示衆, 云: “住持之道, 勞佗十方高人. 且實際理地, 不受一塵, 佛事門中, 不捨一法. 蓋為清衆之故, 所以忘勞. 然盡大地作一箇餬餅, 天下人盡得喫, 唯有深沙神不得喫, 怒發將蒺藜杖打一棒, 瓦解冰消.”978)

동산 효총스님979)이 선원을 열고 법문하시는 날에 어떤 스님이 여쭈었다.

“대중이 모두 모였으니 스님께서 법좌에 오르셔서 향상(向上)의 선종종지(禪宗宗旨)를 드러내어 말씀해 주십시오.”

말씀하셨다.

“비탈을 내려가면서 달리지 마라. 재빠른 술책980)으로는 만나기가 어렵다.”

여쭈었다.

“스님께서 읊으시면 누가 가락을 붙이며, 선종의 가풍을 누가 이어갑니까?”

말씀하셨다.

“대나무 지팡이에 일천 세계의 달을 매달고, 바랑 속에다 다섯 층의 하늘 구름을 담는다.981)”

여쭈었다.

“덕산스님은 문 안으로 들어가자마자 곧바로 때리셨으나 오히려 본을 떠서 그린 모양일 뿐이고, 임제스님은 문안으로 들어가자마자 곧 할을 하셨지만 눈을 비벼서 만들어 낸 헛꽃일 뿐입니다. 이 두 가지 방법을 떠나서 동산스님께서는 도대체 어떻게 사람을 위하십니까?”

말씀하셨다.

“비가 오지 않아 청명한 하늘이 오랜데, 요 며칠 구름이 떠다니는구나.”

978) 『聯燈會要』 卷第二十七. X79n1557_p0240b11~c04. 참조. 맨 앞의 글인 〈洞山聰和尚開堂日, 僧問: “大衆雲臻, 師登寶座, 向上宗乘請師舉唱.” 曰: “下坡不走, 快便難逢.”〉 이 법문은 『천성광등록』에만 나온다. 『天聖廣燈錄』 卷第二十三, X78n1553_p0536a23~24. 참조.
979) 洞山曉聰(동산효총) : 운문문언(雲門文偃)-원명연밀(圓明緣密)-문수응진(文殊應眞)-동산효총(洞山曉聰). ?~1030. 주272) 참조.
980) 快便(쾌변) : 쾌활(快活)한 기회(機會). 재빠른 술책. 순식간에 꿰뚫어 버리는 순간.
981) 盛貯(성저) : 담아서 보관하다.

여쭈었다.

"이후에 만일 어떤 이가 동산스님의 뜻을 여쭙는다면 제가 어떻게 말해야 하는지 가르쳐 주십시오."

말씀하셨다.

"채마밭의 채소가 거의 말라 죽어가고 있으니, 물을 길어다 시금치에 뿌려주어라."

여쭈었다.

"뿌리 없는 나무를 어느 곳에다 심을까요?"

말씀하셨다.

"천년 묵은 고찰982)에 하루아침의 스님이로구나."983)

여쭈었다.

"이미 사주(泗州) 대성(大聖)984)이신데 무엇 때문에 양주(揚州)985)에 나타났습니까?"

말씀하셨다.

"군자는 재물을 사랑하지만 도(道)로써 그것을 취한다.986)"987)

---

982) 常住(상주) : 보통 상주물(常住物)의 줄임말이나 여기서는 사원, 즉 절을 말한다.

983) 千年常住一朝僧(천년상주일조승) : 『백장청규증의기』 6권에 이 법문에 관한 얘기가 나온다. "『척고유문』에서 말했다. '굉선사께서는 수봉 상스님의 법을 잇고 계하산(啟霞山)에 주석하고 있었는데 한 귀인의 안장식을 보게 되시었다. 관이 도착하자 굉선사께서 파놓은 구덩이에 들어가서 누워버리셨다. 그래서 하관을 못하고 있으니 군수인 구대제가 사람을 보내어 이해를 시키려 하였다. 「천년의 상주물도 하루아침 스님의 것이라 했는데 장로께서는 어찌하여 다투십니까?」 굉선사가 말씀하셨다. 「하루아침 스님이라도 천년 상주물을 쓸 수는 없소.」 그리고는 마침내 그 일을 그만 두셨다.'" (X63n1244_p0448c04~08,『百丈叢林淸規證義記』卷第六. "撫古 云：'宏禪師, 秀峯祥公之嗣, 住啟霞山, 有貴人卜葬所親. 比柩至, 宏堅臥其穴, 不克襄事. 郡守仇待制, 遣人諭之曰：「千年常住一朝僧, 長老何苦爭耶?」 宏曰：「不可以一朝僧, 壞千年常住.」 竟寢其事.'")

984) 泗州大聖(사주대성) : 사주(泗州)는 본래 북주(北周) 때 둔 주(州)로서 지금의 강소성(江蘇省) 숙천현(宿遷縣)의 남동쪽 지역에 있었다. 여기서는 사주화상(泗州和尙)을 말하는데 당나라 중종 때 중앙아시아로부터 당나라로 간 승가대사(僧伽大師)를 일컫는 말이다. 승가대사가 사주의 임회현(臨淮縣)에다 절을 세우고 거처한 데서 나온 호칭이다. 스님은 살아 있는 부처님이나 관세음보살로 추앙받았다고 한다.

985) 揚州(양주) : 옛 9주의 하나로 강소성·안휘성·강서성·절강성·복건성 등의 여러 성(省)에 걸쳐 있었다.

986) 君子愛財 取之有道(군자애재 취지유도) : 중국 고대의 아동계몽서(兒童啟蒙書)인 『증광현문(增

여쭈었다.
"옛 거울을 갈지 않을 땐 어떠합니까?"
말씀하셨다.
"여기서 한양(漢陽)988)이 멀지 않지."

여쭈었다.
"갈고 나선 어떻습니까?"
말씀하셨다.
"황학루989) 앞의 앵무주990)다."

또 공양주991)로 출발하면서 대중에게 열어 보이셨다.
"주지(住持)의 도(道)는 저 각지의 탁월하고 뛰어난 사람들을 수고롭게 하는 것입니다. 또 실제 이치의 자리에서는 한 티끌도 받아들이지 않으나, 불사문(佛事門)992)에서는 한 법도 버리지 않습니다. 이것은 모두가 청정 대중

___

廣賢文)』에 나오는 글이다.
987) 이 글의 앞 쪽에 몇 구절이 더 있다. "효총선사가 여러 곳을 유력하시다가 운거사에 머무실 때 등두(燈頭)의 소임을 맡으셨다. 그때 스님을 만났는데 '사주대성이 최근에 양주에 나타나셨다'고 말하자 어떤 스님이 이 얘기를 가지고 질문을 하였다. '이미 사주대성이신데 무엇 때문에 양주에 출현하신 겁니까?' 선사가 말씀하셨다. '군자가 재물을 좋아하지만 모으는 데에도 도(道)로써 하느니라.'" (X68n1319_p0700a09~11, 『御選歷代禪師語錄』 後集下. "師遊方時, 在雲居作燈頭, 見僧說 '泗州大聖近日在揚州出現' 有設問曰: '旣是泗州大聖, 為甚麼却向揚州出現?' 師曰: '君子愛財, 取之以道.'")
988) 漢陽(한양) : 한수(漢水) 남쪽에 있던 군사요충지인 무한삼진(武漢三鎭)[무창(武昌), 한구(漢口), 한양(漢陽)]의 하나.
989) 黃鶴樓(황학루) : 중국 하북성의 성도(省都)인 무한(武漢)은 양자강과 그 지류인 한수(漢水)가 만나는 곳에 위치해 있다. 여기에 삼대(三大) 명루(名樓) 가운데 하나인 황학루가 있다. 이 황학루는 원래 3층 누각이었던 것을 근래에 5층으로 중건하였다고 한다. 아주 옛날 한 여인이 경치 좋은 이 자리에다 주점을 열었다. 어느 날 한 노인이 나타나서 돈도 지불하지 않고 여러 달 동안 술을 마셨다. 그러나 그 여인은 아무런 말없이 늘 잘 대접했다고 한다. 그러던 어느 날 그 노인은 귤껍질을 가지고 벽에다 노란 학을 멋지게 그려놓더니 말없이 떠나 버렸다. 그런데 그 이후로 술판이 벌어지면 벽에 그려진 학이 한바탕 춤을 멋지게 추어서 손님들이 인산인해를 이루었다고 한다. 어느덧 10년이 지난 후 그 노인이 피리를 불며 나타나서 노란 황학을 타고서 하늘로 날아가 버렸다고 한다. 그 노인은 **자안(子安)**이라는 신선이라고 전해지는데 여인은 그 신선을 기려서 주점이 있던 그 자리에 정자를 짓고 이름을 황학정(黃鶴亭)이라고 하였다 한다.
990) 鸚鵡洲(앵무주) : 호북성(湖北省) 무창(武昌) 서남쪽의 강 가운데 있는 모래섬이다.
991) 供養主(공양주) : 공양물을 모연하는 화주승(化主僧)을 말한다.
992) 佛事門(불사문) : 선가(禪家)에서 쓰는 말로서 도(道)를 가르치는 방편문(方便門) 또는 장엄문

을 위하기에 수고로움을 잊는 까닭입니다. 그러나 온 대지를 반죽하여 한 개의 호병을 만들어 천하의 사람들을 다 먹게 하지만 오직 심사신(深沙神)993)만 먹지 못하고 화가 나서 마름쇠 지팡이로 두드리니, 부서져 없어져 버립니다.”

131. 명초덕겸明招德謙

明招和尙, 領眾至堯菴, 乃提起條子, 云: “得恁麼鬜毵毵地.” 菴主云: “莫錯認定盤星.” 招云: “恰是!”994)

명초 덕겸스님995)이 대중과 함께 요암(堯菴)에 이르렀는데 명주실 끈을 잡고 말씀하셨다.
“이렇게 수염이 부드럽고 길게 늘어져야996) 하지.”
요암(堯菴)의 암주가 말했다.
“정반성(定盤星)997)으로 잘못 단정하지 마십시오.”
명초스님이 말씀하셨다.
“옳커니!”998)

(莊嚴門)이다. 여러 종교 활동 등을 포함한다.

993) 深沙神(심사신) : 심사신은 호불호법신(護佛護法神)이다. 『불설마니라단경』에 나온다. “만일 관리의 핍박이나 도적이나 화재, 홍수 등의 난에 처할 때 곧 이 『마니라단경』을 독송하면 모든 귀신들이 사람을 다시 해치지 못한다. 이 경 속의 모든 부처님 입에서 나온 것이기 때문이다. 나라에 두 귀신이 있는데 하나는 심사(深沙)요 둘은 부구(浮丘)이다. 이 두 귀신은 모든 사람들의 건강을 챙겨준다. 만일 두통이나 현기증, 한열, 상심 등이 있을 때 바로 이 두 귀신의 이름을 부르면 곧 『마니라단경』에서 설한 것처럼 모든 귀신들이 부숴버린다.”(T21n1393_p0910c10~15, 『佛說摩尼羅亶經』. “若有縣官盜賊水火, 則當讀是摩尼羅亶經, 諸鬼神不得復嬈害人. 今是經諸佛口中所出. 若有國中鬼, 一者名深沙二者名浮丘. 是二鬼健行求人長短. 若有頭痛目眩寒熱傷心, 卽當擧是二鬼名字, 便當說摩尼羅亶經, 是諸鬼神無不破碎者”) 또 삼장법사 현장이 인도에서 경전을 가지고 나올 때 수호해 준 사막의 신(神)으로서 다문천왕의 화신이라고 한다.

994)『指月錄』卷之二十一, X83n1578_p0629b09~10. 『御選歷代禪師語錄』前集下, X68n1319_p0630c23~24. 참조.

995) 明招德謙(명초덕겸) : 덕산선감(德山宣鑑)-암두전활(巖頭全豁)-나산도한(羅山道閑)-명초덕겸(明招德謙). ?~947. 나산도한(羅山道閑)스님의 인가를 받고 명초산(明招山)에 40여 년간 머물면서 현지(玄旨)를 격양(擊揚)하였다. 왼쪽 눈을 실명하여 ‘독안룡(獨眼龍)’이라 불렸다.

996) 鬜毵毵地(호삼삼지) : 수염이 부드럽고 가늘고 길게 드리워진 모양.

997) 定盤星(정반성) : 저울대의 첫 번째 눈금이다. 언어문자를 나타내며 어떤 기준이나 일정한 주장을 나타내기도 한다.

132. 남악회양南嶽懷讓

南嶽讓和尚, 示徒, 曰:"一切萬法, 皆從心生. 若達心地, 所作無礙."

僧問:"如鏡鑄像, 像成後光歸何處?"曰:"如大德未出家時相狀, 向甚麼處去?"僧云:"成後爲甚麼不鑑照?"曰:"雖然不鑑照, 謾他一點也不得."999)

남악 회양스님1000)이 따르는 대중에게 보이셨다.

"일체 만법이
모두 마음을 따라 일어난다네.
만일 마음자리를 체달(體達)한다면
하는 것마다 자유자재하리라."

어떤 스님이 여쭈었다.
"거울을 녹여서 형상을 만들면 형상이 이루어지고 난 후에 거울 빛은1001)

---

998) 恰是(흡시) : 옳지. 맞다. 그렇지.

999) 『祖堂集』卷第三, K45-0257. 『景德傳燈錄』卷第五, T51n2076_p0241a15~19. 참조.

1000) 南嶽懷讓(남악회양) : 쌍봉도신(雙峰道信)-황매홍인(黃梅弘忍)-조계혜능(曹溪慧能)-남악회양(南嶽懷讓). 677~744. 금주(金州) 안강현(安康縣) 출신. 속성은 두씨(杜氏). 15세에 형주(荊州) 옥천사(玉泉寺)에서 홍경(弘景)율사에게 머리를 깎았다. 이후 스승의 밑에서 8년간 정진하며 율장(律藏)을 익혔다. 그러던 어느 날은 혼잣말로, '출가한 이는 무위(無爲)의 법을 터득해야만 하리라.' 하고 깊이 탄식하였다. 스님이 탄식하는 것을 본 탄연(坦然)이란 스님이 숭산(嵩山)의 혜안(慧安)스님을 추천하였다. 스님은 그 길로 혜안스님에게 갔다. 스님을 본 혜안스님은 그 그릇의 크기를 단번에 알아보고 육조 혜능대사에게 보냈다. 스님이 육조대사를 참례하니, 혜능 대사가 물었다. "어디서 왔느냐?" 회양스님이 대답하였다. "숭산에서 왔습니다." 혜능대사가 다시 물었다. "무슨 물건이 이렇게 왔느냐?" 스님은 여기에서 곧장 말문이 막혀 버려 어떻게 답해야 할 지 몰랐다. 이후 8년 동안 혜능스님의 질문을 가지고 오로지 매달렸다. 그러다가 마침내 8년 만에 확연히 깨닫고는 다시 혜능대사를 찾아 외쳤다. "명백해졌습니다!" 대사가 물었다. "무엇이 명백해졌다는 거냐?" "무슨 말씀을 하셔도 답하지 않겠습니다." "그렇다면 닦아 증득함을 보탤 것이냐?" "닦아서 증득함은 없지 않으나 더러운 데 물드는 일은 없습니다." "더러운 데 물들지 아니함은 모든 부처님이 호념하시는 것이다. 너도 이러하고 나도 또한 이러하다." 이렇게 해서 혜능스님의 법을 이었다. 스님은 이후 20여 년 동안 선풍을 선양하다가 천보(天寶) 3년 원적(圓寂)에 들었다. 시호는 대혜선사(大慧禪師)이다. 『남악대혜선사어록(南嶽大慧禪師語錄)』이 전해지고 있다.

1001) 光(광) : 거울의 밝은 면. 거울. 본래면목을 비유한다.

어디로 돌아갑니까?"
말씀하셨다.
"마치 대덕이 출가하기 전의 모습과 같으니, 자네의 형상이 어디에 있느냐?"
그 스님이 말했다.
"형상이 이루어지고 난 후 어째서 거울이 비추질 못하는 것입니까?"
말씀하셨다.
"비록 거울이 비추질 못하지만 조금도 그를 속이지 않는다."

133. 화약진영花藥進英

花藥英和尚, 示眾, 云: "十七, 十八. 道著卽瞎. 十九, 二十. 人信不及, 更欲待枯木生花, 餬餠出汁."1002)

화약 진영스님1003)이 대중에게 열어 보이셨다.

"십칠, 십팔. 말하면 즉각 눈이 멀어 버립니다.
십구, 이십. 사람의 설명1004)으로는 미치지 못합니다.
다시 말라 죽은 나무에서 꽃이 피고,
호병(餬餠)에서 탕즙(湯汁)이 나오길 기다리렵니다."

1002) 이 법문은 불해 해당스님의 어록이나 설유 진박스님의 법문에서 인용한 글로써만 보인다. (X69n1360_p0565a06~07, 『佛海瞎堂禪師廣錄』 卷第一. X82n1571_p0370c09~10, 『五燈全書』 卷第七十四, '韶州曹谿雪樀眞樸禪師'.)

1003) 花藥進英(화약진영) : 석상초원(石霜楚圓)-황룡혜남(黃龍慧南)-보봉극문(寶峰克文)-화약진영(花藥進英). ?~1123. 졸수진영(拙叟進英), 보자진영(報慈進英)이라고도 함. 북송 때의 스님. 자(字)는 졸수(拙叟). 길주(吉州) 태화(太和)[강서성] 출신. 속성은 나씨(羅氏). 어렸을 적부터 영민하여 7~8세 무렵에는 시서(詩書)의 대의(大義)를 통달할 정도였다. 그러다 갑자기 죽을병에 걸렸는데 어머니가 슬피 울면서 말하길 '너를 임신했을 때 허공에서 말하기를 병이 나면 출가시켜야 나을 것이라고 하였단다'라고 하면서 스님을 동자승으로 절에 보냈다. 18세에 승과 시험에 응시하여 득도하고 구족계를 받았다. 그리고 곧바로 제방을 다니면서 참도(叅道)하였다. 그러다가 어머니의 3년 상을 치르고 나서 강회(江淮)를 유력하였는데 당대의 대종사 선지식들을 찾아 참구(叅扣)하다가 늦게 진정극문(眞淨克文)선사를 만났다. 진정선사의 야참법문 때에 의심처가 활짝 열려 황연(恍然)히 대오(大悟)하였다. 자세한 것은 『승보정속전(僧寶正續傳)』 권2 참조.

1004) 信(신) : 설명하다. 이해하다. 말하다.

134. 낙포원안洛浦元安

洛浦, 久爲臨濟侍者. 濟常稱美, 曰: "臨濟門下一隻箭, 誰敢當鋒?" 浦一日辭濟, 濟問: "甚麼處去?" 云: "南方去." 濟以拄杖畫一畫. 云: "過得遮箇便去." 浦乃喝, 濟便打, 浦作禮. 濟明日, 陞堂, 云: "有一條赤梢鯉魚, 搖頭擺尾, 向南方去, 不知向誰家虀瓮裏淹殺."1005)

낙포 원안스님1006)께선 오랫동안 임제스님의 시자노릇을 하셨다. 임제스님은 항상 칭찬하여 말씀하셨다.
"임제문하에 한 개의 화살이 있는데 누가 그 예봉(銳鋒)을 감당할 수 있을까?"
낙포스님이 하루는 임제스님을 하직하려 하시니, 임제스님이 물으셨다.
"어디로 가려고?"
말씀드렸다.
"남쪽으로 갑니다."

임제스님이 주장자로 일획을 죽 그으셨다.

말씀하셨다.
"이것을 지날 수 있으면 곧장 가라."
"억!"하고 낙포스님이 할을 하셨다.
임제스님이 곧장 때리셨다.
그러자 낙포스님이 절을 올리셨다.

1005) 『聯燈會要』卷第二十三, X79n1557_p0198b05~10. 『五燈會元』卷第六, X80n1565_p0127c24~a03. 참조.
1006) 洛浦元安(낙포원안) : 약산유엄(藥山惟儼)-선자덕성(船子德誠)-협산선회(夾山善會)-낙포원안(洛浦元安). 834~898. 악보원안(樂普元安)이라고도 함. 섬서성(陝西省) 봉상현(鳳翔縣) 인유(麟遊) 출신. 속성은 담씨(淡氏). 20세에 기양(岐陽) 회은사(懷恩寺)에서 머리를 깎고 우율사(祐律師)에게 구족계를 받았다. 경과 논을 공부하다가 이후 취미(翠微)선사와 임제(臨濟)선사에게서 참구(參扣)하고 협산선회(夾山善會)선사 문하에서 심요(心要)를 개오(開悟)하였다. 예주(澧州) 낙포(洛浦)[호남성]에 주석하다가 다시 소계(蘇谿)[호남성] 악보산(樂普山)에서 학인들을 접화(接化)하니 사방에서 납자들이 구름같이 모여들었다. 광화(光化) 원년에 세수 65세로 입적하였다. 경조와룡(京兆臥龍), 청봉전초(靑峰傳楚) 등 10명의 수법제자가 있다.

임제스님이 다음날 법좌에 올라 말씀하셨다.
"한 마리의 붉은 꼬리를 가진 잉어1007)가 있어 머리를 흔들고 꼬리를 치면서1008) 남쪽으로 가는데 누가 김칫독1009) 속에 빠져 죽을지 모르겠습니다."

135. 양기방회楊岐方會

楊岐和尚, 示眾, 云: "春風如刀, 春雨如膏, 律令正行, 萬物情動. 你道脚蹋實地, 一句作麼生道? 出來向東涌西沒處道看. 直饒道得, 也是梁山頌子."1010)

양기 방회스님1011)이 대중에게 열어 보이셨다.

"봄바람이 칼처럼 모질긴 하나,
봄비는 때맞추어 잘 내리어서1012),
율령이 올바르게 잘 시행되고,
온갖 만물 의식1013)이 갓 일어나네.

여러분이 실제의 자리를 밟는다고 말하는데, 일구(一句)를 어떻게 말하겠습니까? 나와서 동쪽에서 솟고 서쪽으로 잠기는 자리에서 말해보십시오. 설사 말한다 해도 양산(梁山)스님이 읊은 노래1014)일 뿐입니다."

1007) 赤梢鯉魚(적초리어) : 적초린(赤梢鱗)이라고도 한다. 여러 납자들 가운데서도 아주 뛰어난 선자(禪者)를 칭찬하면서 쓰는 말이다.
1008) 搖頭擺尾(요두파미) : 머리와 꼬리를 흔듦. 선열(禪悅)의 기쁨으로 환희용약(歡喜踊躍)하는 경지를 표현함.
1009) 虀瓮(제옹) : 채소를 잘게 썰어 절여서 옹기 안에 넣은 것. 김칫독.
1010)『五燈會元』卷第十九, X80n1565_p0388c06~09.『古尊宿語錄』卷第十九, X68n1315_p012 4b15~18.『楊岐方會和尚語錄』, T47n1994Ap0641b22~25. 참조.
1011) 楊岐方會(양기방회) : 수산성념(首山省念)-분양선소(汾陽善昭)-석상초원(石霜楚圓)-양기방회(楊岐方會). 996~1049. 주484) 참조.
1012) 膏(고) : 고우(膏雨)[농작물이 잘 자라도록 제 때에 내리는 비]
1013) 情(정) : 생명 또는 의식을 말한다.
1014) 梁山頌子(양산송자) : 송자(頌子)는 게송(偈頌)을 말한다. 양산(梁山)은 양산연관선사(梁山緣觀禪師)[운거도응(雲居道膺)-동안도비(同安道丕)-동안관지(同安觀志)-양산연관(梁山緣觀)]다. "양

136. 법창의우法昌倚遇

　法昌遇和尚, 在雙嶺受請, 與英, 勝二首座相別, 云：“三年聚首, 無事不知. 檢點將來, 不無滲漏.” 以拄杖畫一畫. 云：“遮箇且止, 宗門事作麼生?” 英云：“須彌安鼻孔.” 曰：“恁麼則臨崖看潙眼, 特地一場愁.” 英云：“深沙努眼睛.” 曰：“爭奈聖凡無異路, 方便有多門?” 英云：“鐵蛇鑽不入.” 曰：“遮般漢有甚共語處.” 英云：“自緣根力淺, 莫怨太陽春.” 却畫一畫. 云：“宗門事且止, 遮箇事作麼生?” 法昌便掌. 英云：“遮漳州子莫無去就.” 曰：“你遮般見解, 不打更待何時?” 又打. 英云：“也是老僧招得.”

　법창 의우스님1015)이 요청을 받아 쌍령(雙嶺)에 계실 때, 늑담 홍영스님1016)과 황벽 유승스님1017), 두 수좌와 서로 헤어지게 되자 말씀하셨다.
“삼년을 머리를 맞대고 살면서 알지 못한 일이 없었지만, 결함1018)이 없지는 않았는지 점검을 해보고자 합니다.”
　주장자로 한 획을 죽 그었다.

　산의 한 곡조 노래는/ 격외도리라 맞추어 볼 이가 아무도 없구나./ 십년이나 지음을 찾았건만/ 아무도 못 만나보았네.”또 한 게송 :“시뻘건 불 속에 이 몸을 태워라./ 어찌 탑을 새로 지으랴./ 만일 누가 있어 받들어 긍정코자 한다면/ 잿더미에서 참모습 볼 수 있으리.”(T51n2076_p0406c23~28, 『景德傳燈錄』卷第二十四. “有頌曰：‘梁山一曲歌, 格外人難和. 十載訪知音, 未嘗逢一箇.’ 又頌曰：‘紅焰藏吾身. 何須塔廟新? 有人相肯重, 灰裏貌全眞.’”)

1015)　法昌倚遇(법창의우) : 동산수초(洞山守初)-복엄량아(福嚴良雅)-북선지현(北禪智賢)-법창의우(法昌倚遇). 1005~1081. 주73) 참조.

1016)　泐潭洪英(늑담홍영) : 분양선소(汾陽善昭)-석상초원(石霜楚圓)-황룡혜남(黃龍慧南)-늑담홍영(泐潭洪英). 1009~1068. 주558) 참조.

1017)　黃檗惟勝(황벽유승) : 수산성념(首山省念)-분양선소(汾陽善昭)-석상초원(石霜楚圓)-황룡혜남(黃龍慧南)-황벽유승(黃檗惟勝). 동천(潼川)[사천성 삼대현] 출신. 속성은 나씨(羅氏). 하루는 유승스님이 아무 생각 없이 부채로 창문의 창살을 두드리니 탁탁 소리가 났다. 그러자 홀연히 불경의 글귀 가운데 ‘시방(十方)에서 한꺼번에 북을 치니 십처(十處)[지옥·아귀·축생·천·인·아수라·성문·연각·보살·부처님]에서 일시에 듣는다’는 구절이 생각나면서 그 자리에서 활연히 대오하였다. 유승스님이 이에 깨달은 바를 강사스님에게 말씀드리니 강사스님은 제방의 선지식에게 참문(參問)하라고 권하였다. 그래서 황룡 혜남스님의 회하로 들어가서 참학하였다. 혜남스님이 황벽산에서 황룡산으로 옮긴 이후 서주태수가 혜남스님에게 황벽의 주지를 찾아서 보내달라고 부탁하였다. 하루는 혜남스님이 대중을 모아놓고 말했다. ‘종루 위에서 노래하고 상다리 아래에다 채소를 심는다. 만일 누가 말을 한다면 주지로 보내리라.’ 유승스님이 듣자마자 곧 대중가운데서 달려 나와 말했다. ‘용맹한 호랑이가 이 길을 막고 앉아 있습니다.’ 혜남스님이 듣고 보통이 아님을 알아차리고 황벽산 주인으로 보냈다. 이로부터 제방의 학인들이 구름같이 모여들었다.

1018)　滲漏(삼루) : 물이 새어 나오는 곳. 결함. 착오.

말씀하셨다.

"이것은 잠시 그만두고 종문(宗門)의 일이 어떠합니까?"

홍영스님이 말씀하셨다.

"수미산이 콧구멍 위에 놓여 있습니다."

말씀하셨다.

"이러하다면 벼랑 끝에서 젖은 눈[1019]으로 살펴보는 것이니, 공연히 한바탕 근심을 더하는 것입니다."

홍영스님이 말씀하셨다.

"심사신(深沙神)[1020]의 눈알이 튀어나오려[1021]합니다."

말씀하셨다.

"성인과 범부에게 다른 길이 없는데, 어찌하여 방편에는 많은 문이 있습니까?"

홍영스님이 말씀하셨다.

"무쇠 뱀이 뚫으려 하나 들어가지 못합니다."

말씀하셨다.

"이러한 사람인데 우리가 무슨 말을 함께 나눌 수가 있을까요?"

홍영스님이 말씀하셨다.

"스스로의 뿌리의 힘이 약하기 때문이니 봄날의 태양을 원망치 마시오."

갑자기 한 획을 그으셨다.

말씀하셨다.

"종문의 일은 그만두고 이 일은 어떠합니까?"

법창스님이 곧바로 손바닥으로 치셨다.

홍영스님이 말씀하셨다.

"이 장주(漳州)[1022] 출신이 제멋대로는[1023] 아니군."

1019) 滸眼(호안) : 호(滸)는 물가. 회수(淮水)의 지류. 물가의 평평한 곳. 호안(滸眼)은 '젖은 눈'이니 바른 안목이 아니다. "벼랑 끝에 다다라 호안으로 보는구나. 호(滸)는 곧 그대의 눈이다. 눈 속에는 참마음이 없으니, 참마음은 호안이 아니라네."(X69n1356_p0434c12,『普菴錄』卷之三, 「金剛隨機無盡頌」. "臨崖看滸眼. 滸即是你眼. 眼裏有真心, 真心非滸眼.")『전등록』 20권에서는 호안(虎眼)으로 나온다. (『景德傳燈錄』卷第二十, T51n2076_p0364b24. "臨崖覷虎眼")

1020) 深沙神(심사신) : 주993) 참조.

1021) 努(노) : 불쑥 튀어나오다.

1022) 漳州(장주) : 법창 의우스님은 장주(漳州)가 고향이다. 장주(漳州)는 당나라 수공(垂拱) 연간에 둔 주(州)로서 소재지는 장포현(漳浦縣)[복건성 운소현(雲霄縣)]에 있었는데 건원(乾元) 초에 용계(龍溪)[지금의 장주시(漳州市)]로 옮겼다.

말씀하셨다.
"스님의 이러한 견해에 때리지 않는다면 다시 어느 때를 기다려야 할까
요?"
그리고 또 치셨다.
홍영스님이 말씀하셨다.
"이야말로 역시 이 노승이 불러들인 것이군."

英勝二人到山相訪, 英云: "和尚尋常愛檢點諸方, 今日為甚却來古廟裏作活計?"
曰: "打草只要蛇驚." 英云: "且莫塗糊人. 好." 曰: "你又剌頭入膠盆作甚麼?" 英
云: "古人道: '我見兩箇泥牛鬪入海.' 所以住山, 未審和尚見箇甚麼?" 曰: "你他
時異日有把茅葢頭人來問, 你作麼生祇對?" 英云: "山頭不如嶺尾." 曰: "你且道
當得住山事麼?" 英云: "使鑼不及拖犁." 曰: "還曾夢見古人麼?" 英云: "和尚又
作麼生?" 法昌展兩手. 英云: "鰕跳不出斗."
曰: "莫將三寸燭, 擬並太陽輝." 英云: "爭柰公案見在?" 曰: "亂統禪和如麻似
粟."

후에 홍영스님과 유승스님 두 분이 법창스님을 방문하셨다.
홍영스님이 말씀하셨다.
"스님께선 평소에 제방의 납자들을 점검하길 즐겨하시더니 오늘은 무슨 일
로 옛 사당 안에서 활계(活計)를 짓고 계십니까?"
말씀하셨다.
"풀을 두드리는 것은 뱀을 놀라게 하려 함입니다."
홍영스님이 말씀하셨다.
"지금 사람을 속이지1024) 마십시오. 나 원 참.1025)"
말씀하셨다.
"스님은 또 왜 얼어붙은 물동이 속으로 파고 들어가려 합니까?"
홍영스님이 말씀하셨다.
"옛 사람이 말했습니다. '내가 보니 두 마리의 진흙 소가 다투어 바다 속

1023) 去就(거취) : 행위거동. 예절.
1024) 塗糊(도호) : 속이다. 오염시키다. 놀리다. 모호하다. 소란을 피우다. 괴롭히다. 조롱하다. 마
　　구 바르다. 질하다.
1025) 好(호) : 불만이 섞인 나무라는 말투. 아이 원. 나 원 참. 아이고. 거 참.

으로 들어간다.'1026) 그렇기 때문에 산에 머무는 것입니다. 도대체 스님께서는 무엇을 보신 겁니까?"

말씀하셨다.

"스님께선 다른 날 어느 때에 여러 선원에서 개당한1027) 스님들이 와서 묻는다면 어떻게 답하겠습니까?"

홍영스님이 말씀하셨다.

"산마루는 산자락과는 같지 않습니다."

말씀하셨다.

"스님께서 지금 말씀하신 것은 산에 머물면서 일을 감당할 수 있다는 것입니까?"

홍영스님이 말씀하셨다.

"괭이질은 쟁기질만 못하지요."

말씀하셨다.

"일찍이 꿈에서 옛사람을 만나지 않았습니까?"

홍영스님이 말씀하셨다.

"스님께선 또 뭘 하시려는 겁니까?"

법창스님이 두 손을 쭉 내밀었다.

홍영스님이 말씀하셨다.

"새우가 뛰어올라봤자 국자를 벗어나지 못합니다."

말씀하셨다.

"세 치짜리 촛불로 태양 빛을 비교하려 하지 마십시오."

홍영스님이 말씀하셨다.

"공안이 어떻게 현존하고 있습니까?"

말씀하셨다.

"제멋대로 말하여 법통을 어지럽히는 선승들이 삼과 같고 조와 같구나."

1026) 담주 용산스님[조계혜능(曹溪慧能)-남악회양(南嶽懷讓)-마조도일(馬祖道一)-용산화상(龍山和尙)]의 법문이다. "동산스님이 다시 물으셨다. '스님께서는 어떤 도리를 보셨기에 이 산에 머무십니까?' 스님이 말씀하셨다. '내가 두 마리의 진흙소가 싸우면서 바다로 곧장 들어가는 것을 보았는데 지금껏 소식이 없구나.'"(T51n2076_p0263a27~29,『景德傳燈錄』卷第八. "洞山又問: '和尙見箇什麽道理便住此山?'師云: '我見兩箇泥牛鬪入海直至, 如今無消息.'")

1027) 把茅蓋頭(파모개두) : 선승이 절이나 선원에서 개당하여 선림(禪林)을 여는 것을 말한다. 파모(把茅)는 초암(草庵)이고 개두(蓋頭)는 원래 여자들이 얼굴을 가리는 천이지만 스님들이 머리에 쓰는 두건을 말한다.

又問二人: “我欲來遮裏起法堂, 且道. 作得箇甚麼向當?” 英云: “賊是小人.” 曰: “邵武子動著便作屎臭氣.” 英云: “曾經霜雪苦.” 曰: “明珠自有千金價, 誰肯林邊打雀兒?” 英云: “大似持鉢不得, 詐道不饑.” 法昌却指勝, 曰: “你且道合作得箇甚麼向當?” 勝云: “本來無位次, 不用強安排.” 曰: “你遮驢漢, 安向甚處著?” 勝云: “一任敲甎打瓦.” 曰: “也只是箇杜撰巡官.” 英云: “若是千金寶, 何須打雀兒?” 曰: “東家人死西家助哀.” 英云: “路見不平.”1028)

또 두 수좌에게 물으셨다.

“내가 이 속에다 법당을 세우고자 하는데, 바로 말해보시오. 좌향(坐向)을 어디로 해야 좋을까요?”

홍영스님이 말씀하셨다.

“도적은 소인배지요.”

말씀하셨다.

“소무(邵武)1029)의 사람들은 움직였다 하면 곧 똥구린내를 풍기는군.”

홍영스님이 말씀하셨다.

“일찍이 서리와 눈의 고초를 겪어야 합니다.”

말씀하셨다.

“밝은 구슬은 스스로 천금의 값어치가 있지만, 누가 숲가에서 새를 잡았음을 긍정하겠습니까?”

홍영스님이 말씀하셨다.

“마치 발우를 가지지 못했으면서도 굶지 않았다고 꾸며서 말하는 것과 꼭 같습니다.”

법창스님이 유승스님을 가리키면서 말씀하셨다.

“스님께서는 방향을 어디로 해야 합당할 것인지 한 번 말씀해 보시오.”

유승스님이 말씀하셨다.

“본래 방위의 차별이 없는 것이니 억지로 안배(安排)1030)할 것이 있겠습니

1028) 『聯燈會要』 卷第二十八, X79n1557_p0245c22~0246b01. 『洪州分寧法昌禪院遇禪師語錄』, X73n1448_p0064a08~b11. 참조.

1029) 邵武(소무) : 복건성 소무시(邵武市)에 진(晉)나라 때 둔 현(縣)의 이름.

1030) 安排(안배) : 배치하다. 풍수학에서 좌향(坐向)을 맞게 정하는 것.

까?"

말씀하셨다.

"스님은 당나귀 같은 사람이군. 어디를 향해 마음을 두고 있는 것입니까?"

유승스님이 말씀하셨다.

"벽돌로 치고 기와로 때리는 대로 맡기겠습니다."

말씀하셨다.

"이 스님이야말로1031) 제멋대로 사는 스님1032)이로군."

홍영스님이 말씀하셨다.

"만일 천금의 보배가 있다면 구태여 새를 잡을 필요가 있을까요?"

말씀하셨다.

"동쪽 집에서 초상이 나면 서쪽 집에서 곡소리를 냅니다."

홍영스님이 말씀하셨다.

"길에서 공평치 못한 일을 만났군."1033)

1031) 也只是(야지시) : 역시, 그야말로.

1032) 杜撰巡官(두찬순관) : 두찬(杜撰)은 제멋대로 말하는 것. 엉터리. 순관(巡官)은 순찰하는 관리. 야순(夜巡)하는 스님. 두찬순관(杜撰巡官)은 맘대로 이것저것 갖다 붙여 말하는 엉터리 선승을 말한다.

1033) 路見不平(노견불평) : 길을 가다가 공평치 못한 일을 만나다. 주로 '노견불평소이안검(路見不平所以按劍)'[길을 가다 공평치 못한 일을 만나면 칼을 어루만짐], 또는 '노견불평발검상조(路見不平拔劍相助)'[길을 가다 공평치 못한 일을 만나면 칼을 뽑아 도와 줌]처럼 숙어로 쓰인다. 길을 가는 도중에 괴롭힘을 당하는 사람을 만났는데 일방적으로 당하고 있으면 의협심을 발휘해 용감하게 나서서 도와주는 것을 말한다.

137. 운문문언雲門文偃

　　雲門云: "'法身喫飯. 幻化空身卽法身'. 乾坤大地何處有也? 物物不可得, 以空嗒空. 若約點檢來, 將謂合有與麼說話."1034)
妙喜曰: "龍頭蛇尾得人憎. '法身喫飯' '以空嗒空', 喚作無得麼? 我恁麼道, 且作死馬醫."

　운문 문언스님1035)이 말씀하셨다.

"'법신이 밥을 먹는다'1036)라고 하고, '환화공신(幻化空身)이 곧 법신이라'1037)고 하였는데, 하늘과 땅, 온 대지가 어느 곳에 있겠습니까? 온갖 사물에서 찾을 수 없으니 공(空)으로써 공(空)을 먹는 것이 됩니다. 만일 대략 점검해본다면 이러한 설화(說話)가 그럴듯하게 여겨지긴 하겠습니다."

　묘희스님이 말씀하셨다.

"용의 머리와 뱀의 꼬리는 사람의 미움을 얻는다. '법신이 밥을 먹음'과 '공(空)으로써 공(空)을 먹음'을 한 물건도 찾을 수 없다고 할 수 있겠느냐? 나는 이렇게 말하겠다. 또 죽은 말을 살아 있는 말처럼 치료하는구나.1038)"

1034) 『雲門匡眞禪師廣錄』 卷中, T47n1988_p0558c23~25. 참조.
1035) 雲門文偃(운문문언) : 용담숭신(龍潭崇信)-덕산선감(德山宣鑑)-설봉의존(雪峰義存)-운문문언(雲門文偃). 864~949. 주94) 참조.
1036) 法身喫飯(법신끽반) : 출처를 알 수 없다.
1037) 幻化空身卽法身(환화공신즉법신) : 영가 현각스님의 『증도가』에 나오는 법문이다. (T51n2076_p0460a16~17, 『景德傳燈錄』 卷第三十, 「永嘉眞覺大師證道歌」. "無明實性卽佛性, 幻化空身卽法身. 法身覺了無一物,")
1038) 死馬醫(사마의) : 주632) 참조. 사마당활마의(死馬當活馬醫)의 준말.

138. 황룡오신黃龍悟新

黃龍新和尙, 示衆, 擧: "雪峯道: '三世諸佛, 向火焰裏, 轉大法輪.' 雲門道: '火焰爲三世諸佛說法, 三世諸佛立地聽.' 雪峯, 雲門交互爭輝. 薪盡火滅, 三世諸佛向甚麼處聽? 莫戀白雲深處坐, 切忌寒灰燒殺人."1039)

황룡 오신스님1040)이 대중에게 열어 보이셨다.
"설봉스님1041)이 말씀하셨습니다.
'과거 현재 미래의 모든 부처님이 불꽃 속에서 대법륜을 굴리신다.'1042)
운문스님1043)이 말씀하셨습니다.
'불꽃이 과거 · 현재 · 미래의 모든 부처님을 위하여 설법하니, 과거 · 현재 · 미래의 모든 부처님이 바로 그 자리서 듣는다.'1044)
설봉스님과 운문스님이 서로서로 다투어 빛을 내는구나.
땔나무가 다 타고 불이 사그라지면 과거 현재 미래의 모든 부처님이 어디를 향하여 들을까요?

흰 구름 떠가는 깊은 곳에 앉아 그리워하지 말고
찬 재로 사람을 태워 죽이지 마라."

1039) 『聯燈會要』 卷第二十三. 「福州玄沙師備禪師」, X79n1557_p0202c17~22. 『禪門拈頌集』 卷第二十, K46-0324, 795則. 참조.
1040) 黃龍悟新(황룡오신) : 석상초원(石霜楚圓)-황룡혜남(黃龍慧南)-회당조심(晦堂祖心)-황룡사심오신(黃龍死心悟新). 1044~1115. 주297) 참조.
1041) 雪峰義存(설봉의존) : 천황도오(天皇道悟)-용담숭신(龍潭崇信)-덕산선감(德山宣鑑)-설봉의존(雪峰義存). 822~908. 주193) 참조.
1042) 『설봉어록』 하권에 나온다. X69n1333_p0083a08, 『雪峰眞覺大師語錄』 卷之下. "師有時云: '三世諸佛, 向火焰裏, 轉大法輪.'"
1043) 雲門文偃(운문문언) : 용담숭신(龍潭崇信)-덕산선감(德山宣鑑)-설봉의존(雪峰義存)-운문문언(雲門文偃). 864~949. 주94) 참조.
1044) 『운문광록』 중권에 나온다. X68n1315_p0101c24~0101a01, 『古尊宿語錄』 卷第十六, 「雲門匡眞禪師廣錄」 中. "師云: '火燄爲三世諸佛說法, 三世諸佛立地聽.'"

139. 대위진여大潙眞如

大潙真如和尚, 示衆, 云: “月生一, 大地茫茫誰受屈? 月生二, 東西南北沒巴鼻. 月生三, 善財特地向南參. 所以道放行則怛薩舒光, 把住則泥沙匿耀. 且道. 放行是把住是?” 良久. 云: “圓伊三點水, 萬物自尖新.” 僧問: “如何是城裏佛?” 曰: “萬人叢裏不插標.” “如何是村裏佛?” 曰: “泥猪疥狗.” “如何是山裏佛?” 曰: “絶人往還.” “如何是敎外別傳一句?” 曰: “翻譯不出.”1045)

대위 진여스님1046)이 대중에게 열어 보이셨다.

“달이 하나를 드러내면 대지가 탁 트였는데 누가 굴욕을 당하겠습니까?1047) 달이 둘을 드러내면 동서남북에서 코뚜레를 잡을 수가 없습니다.1048) 달이 셋을 드러내면 선재동자가 돌연히 남쪽으로 가서 참례합니다. 그러므로 방행(放行)1049)하면 달살(怛薩)1050)께서 광명을 놓는다고 말하고, 파주(把住)1051)하면 곧 진흙과 모래 속으로 광명을 숨겨버린다고 말하는 것입니다.

바로 여기 말해보십시오.

방행이 옳습니까, 파주가 옳습니까?”

한참 묵묵히 계셨다.

말씀하셨다.

“원이(圓伊) 세 점1052)이 물과 같으니, 만물이 스스로 싹을 틔우네.”

1045) 『聯燈會要』 卷第十五, X79n1557_p0131a21~b01.~c09. 참조.
1046) 大潙眞如(대위진여) : 분양선소(汾陽善昭)-석상초원(石霜楚圓)-취암가진(翠巖可眞)-지해진여(智海眞如). ?~1095. 주339) 참조.
1047) 受屈(수굴) : 굴종함. 굴욕을 당함. 학대를 받음.
1048) 沒巴鼻(몰파비) : 소의 코뚜레를 붙잡지 못함. 어쩌지 못하는 상태.
1049) 放行(방행) : 방개(放開)라고도 함. 음력 14일부터 16일 까지 도성의 야간통행금지를 해제하던 일. 통행을 허락함. 집행을 허가함. 선종(禪宗)에서는 학인들에게 일체를 허락하여 스스로 참심(叁尋)하게 하는 방법이다. 이와 대치되는 지도방식으로 학인의 기개를 꺾어버려 꼼짝 못하게 하는 방법인 파정(把定)이 있다.
1050) 怛薩(달살) : 달살아갈(怛薩阿竭)의 준말. ⑤tathāgata. 여래(如來)를 말함.
1051) 把住(파주) : 파정(把定)이라고도 함. 선사가 납자를 제접할 때에 마음속에 가지고 있던 모든 것들을 한꺼번에 부정해버리고 아무것도 어쩌지 못하는 막막한 절망 속으로 몰아넣어 깨달음으로 몰아넣는 방식.

어떤 스님이 여쭈었다.
"어떤 것이 성 안의 부처님입니까?"
말씀하셨다.
"사람이 많은 곳에서는 표지(標識)를 꽂아두지 않는다."
"어떤 것이 마을 속의 부처님입니까?"
말씀하셨다.
"진흙투성이 돼지와 비루먹은 개다.1053)"
"어떤 것이 산속의 부처님입니까?"
말씀하셨다.
"사람들과 왕래를 끊었다."
"어떤 것이 교외별전(敎外別傳)의 일구(一句)입니까?"
말씀하셨다.
"번역해 낼 수가 없다."

140. 장사경잠長沙景岑

長沙岑和尙, 與仰山翫月次, 山云: "人人有遮箇, 只是用不得." 岑云: "我倩汝用
始得." 山云: "你作麼生用?" 岑劈胷與一蹋. 山云: "団! 直下似箇大蟲."1054)

장사 경잠스님1055)이 앙산 혜적스님1056)과 달을 감상하고 있을 때에,
앙산스님이 말씀하셨다.
"사람마다 모두가 다 이것이 있지만 다만 이것을 쓰지 못할 뿐입니다."

1052) 圓伊三點(원이삼점) : 이자삼점(伊字三點)과 같다. 실담(悉曇)의 이자(伊字)는 3점으로 이루어
　　　지고, 3점이 세로줄도 아니고 가로줄도 아니며 삼각의 형태를 지닌 것을 말한다. 대자재천의 마
　　　혜수라왕도 얼굴에 눈이 3점으로 되어 있다고 한다.
1053) 泥猪疥狗(이저개구) : 진창에 더럽혀진 돼지와 옴 붙은 더러운 개.
1054)『景德傳燈錄』卷第十, T51n2076_p0275a27~b01. 참조.
1055) 長沙景岑(장사경잠) : 남악회양(南嶽懷讓)-마조도일(馬祖道一)-남전보원(南泉普願)-장사경잠
　　　(長沙景岑). ?~868. 주60) 참조.
1056) 仰山慧寂(앙산혜적) : 마조도일(馬祖道一)-백장회해(百丈懷海)-위산영우(潙山靈祐)-앙산혜적
　　　(仰山慧寂). 807~883. 주346) 참조.

경잠스님이 말씀하셨다.
"내가 스님에게 씀을 부탁하는 것이 옳을 듯 싶습니다."
앙산스님이 말씀하셨다.
"스님은 어떻게 쓰시겠습니까?"
경잠스님이 가슴을 향하여 발로 한 번 차셨다.
앙산스님이 말씀하셨다.
"团(Huò)!1057) 바로 호랑이 같군."

141. 지문광조智門光祚

智門祚和尚, 示眾, 云: "數日好雨. 且道. 雨從甚麼處來? 若道
從天降, 那箇是天? 若道從地出, 喚甚麼作地? 若更不會, 所以古
人道: '天地之前徑, 時人莫強移. 箇中生解會, 眼上更安錐.'"
　又云: "赫日裏我人, 雲霧裏慈悲. 霜雪裏假褐, 雹子裏藏身. 還
藏身得麼? 若藏不得, 却被雹子打破髑髏."

　僧問: "國師三喚侍者, 意旨如何?" 曰: "憐兒不覺醜." 云: "國師辜負侍者, 意旨
如何?" 曰: "美食不中飽人餐." 云: "侍者辜負國師, 意旨如何?" 曰: "粉骨碎身未
足酬."1058)

지문 광조스님1059)이 대중에게 열어 보이셨다.
"며칠 동안을 비가 잘 내렸습니다. 바로 여기, 말해보십시오. 비가 어디로
부터 내립니까? 만일 하늘에서 내린다고 말한다면 어떤 것이 하늘입니까?
만일 땅으로부터 나온 것이라고 말한다면 무엇을 땅이라고 합니까? 만일

1057) 团(화) : 배를 끌어당길 때 내는 소리. 힘을 돋우기 위해서 내는 소리=뚜오(咄)! 어영차! 허!
　　아! 흥! 쯔쯔!. 갑자기. 별안간. 깨달음을 이루는 순간에 지르는 소리[화지일성(团地一聲)].
1058) 『聯燈會要』 卷第二十七, X79n1557_p0237a04~06, b24~c05. 『古尊宿語錄』 卷之三十九,
　　X68n1315_p0255b22~24, c17~22. 참조.
1059) 智門光祚(지문광조) : 설봉의존(雪峰義存)-운문문언(雲門文偃)-향림징원(香林澄遠)-지문광조
　　(智門光祚). 950~1030. 운문종스님으로 절강(浙江) 출신이다. 일찍이 익주(益州) 청성산(靑城山)
　　에 머물던 향림원(香林院)의 징원선사(澄遠禪師)를 참방하고 대오하여 그 심인을 이루었다. 이후
　　에 수주(隨州)의 쌍천(雙泉)에 주석하다가 다시 지문사(智門寺)로 옮겨 종풍을 크게 떨쳤다. 그
　　제자로 설두중현(雪竇重顯) 등 기라성 같은 이들이 30여 인이 있다. 『지문광조선사어록(智門光
　　祚禪師語錄)』 1권이 있다.

다시 알지 못했다면 옛사람의 말을 살펴보겠습니다.

'하늘과 땅의 앞쪽에 길이 있는데
사람들이 억지로 옮기질 못하네.
그 속에서 알아보려 하지만
눈 위에다 다시 송곳을 놓는 것이 된다네.'"

또 말씀하셨다.

"밝은 태양 속에 나와 남이 있고,
구름과 안개 속에 자비가 있네.
서리와 눈 속에서 베옷 빌리고,
우박 속에다 몸을 숨기네.

몸을 숨겼습니까? 만일 몸을 숨기지 못했다면 도리어 우박이 죽은 놈의
해골을 부숴 버릴 것입니다."

어떤 스님이 여쭈었다.
"남양 혜충국사1060)께서 시자를 세 번 부른1061) 까닭이 무엇입니까?"
말씀하셨다.
"추함을 깨닫지 못한 아이를 불쌍히 여긴 것이다."
여쭈었다.
"국사께서 시자를 저버린 뜻이 무엇입니까?"
말씀하셨다.

1060) 南陽慧忠(남양혜충) : 쌍봉도신(雙峰道信)-황매홍인(黃梅弘忍)-조계혜능(曹溪慧能)-남양혜충
(南陽慧忠). ?~775. 주52) 참조.

1061) 國師三喚侍者(국사삼환시자) : 남양 혜충국사가 시자를 세 번 부른 공안. "남양 혜충국사가
스님 곁에서 30년이나 시봉한 시자스님을 깨닫게 해주어야겠다고 생각하고 어느 날 공양을 마
치고 불렀다. '시자야!' 시자가 그 자리서 대답했다. '스님, 왜 그러십니까?' 조금 있다가 또 불
렀다. '시자야!' 시자가 또 대답했다. '스님, 왜 그러십니까?' 조금 있다가 시자 얼굴에 대고 불
렀다. '불조(佛祖)! 불조(佛祖)!' 시자가 망연하여 이해를 못하고서 여쭈었다. '스님. 누구를 부르
셨습니까?' 국사가 부득이하여 분명히 밝혔다. '내가 너를 불렀다!' 시자가 알지 못하고 말했다.
'스님, 제가 시자일 뿐인데 불조라고 부르지 마세요!' 국사가 개탄하여 말했다. '내가 너를 저버
렸다고 여겼더니, 도리어 네가 나를 저버렸구나.'"

“맛있는 음식이라도 배부른 사람에게는 맞춰 먹일 수 없다.”
여쭈었다.
“시자가 국사를 저버린 뜻이 무엇입니까?”
말씀하셨다.
“뼈를 부수고 몸을 으스러뜨려도 갚지 못한다.”

142. 보령인용保寧仁勇

　　保寧勇和尚, 示衆, 云:“釋迦老子四十九年說法, 不曾道著一字.
優波毱多丈室盈籌, 不曾度得一人. 達磨不居少室, 六祖不住曹溪.
誰是後昆, 誰爲先覺? 旣然如是, 彼自無瘡, 勿傷之也.” 拍膝.
顧衆. 云:“且喜! 得天下大平.” 頌‘風幡話’, 云:“蕩蕩一條官驛
路, 晨昏曾不禁人行. 渾家不是不進步, 無奈當門荊棘生.”1062)

　보령 인용스님1063)이 대중에게 열어 보이셨다.
　“석가노자께서 49년 설법하셨으나 일찍이 한 글자도 말씀하신 적이 없습
니다. 우바국다존자1064)의 방장실에 산가지가 가득 찼으나1065) 일찍이 한
사람도 제도한 이가 없습니다. 달마대사가 소실산1066)에 살지 않으셨고 육

1062)『續刊古尊宿語要』第三集,「保寧勇禪師語錄」, X68n1318_p0409b05~08.『聯燈會要』卷第十
　　五, X79n1557_p0130c12~15.『禪門拈頌集』卷第四, K46-0052, 110則.『保寧禪院勇和尚語
　　錄』, X69n1350_p0290b03~04. 참조.
1063) 保寧仁勇(보령인용) : 분양선소(汾陽善昭)-석상초원(石霜楚圓)-양기방회(楊岐方會)-보령인용
　　(保寧仁勇). 주265) 참조.
1064) 優波毱多(우바국다) : 마하가섭(摩訶迦葉)-아난(阿難)-상나화수(商那和修)-우바국다(優婆鞠
　　多). 불법(佛法)을 전해 받은 제4조이며 아쇼카왕의 스승이다. 마돌라국 출신으로 17세에 출가하
　　였다. 상나화수(商那和修)존자에게 참례하여 법을 잇고 아라한과를 얻었다. 아쇼카왕을 위하여
　　우타산으로부터 화씨성에 이르러 설법하고, 아쇼카왕에게 권하여 부처님의 유적에 8만 4천개의
　　탑을 세우게 했다고 한다.
1065) 丈室盈籌(장실영주) : 방장실이 산가지로 가득 차다. “우바국다존자가 교화하여 제도한 이가
　　매우 많았다. 한 사람을 제도할 적마다 산가지에 적어 석실에 놓아두었는데 그 석실의 세로는
　　18주(肘)요 가로는 12주(肘)의 크기인데도 그 내부가 산가지로 꽉 찼다고 한다.” (X80n1565_p
　　0032c17~18,『五燈會元』卷第一. “尊者在世化導, 證果最多. 每度一人, 以一籌置於石室, 其室
　　縱十八肘, 廣十二肘, 充滿其間.”)
1066) 少室(소실) : 숭산(嵩山)의 한 봉우리. 달마대사가 여기에서 9년간 면벽하였다. 위나라 효문
　　(孝文)이 불타선사(佛陀禪師)를 위하여 이 산에다 소림사를 세웠다.

조 혜능스님은 조계산1067)에 머물지 않으셨습니다. 누가 후손이며 누가 선각자입니까?
 그렇다면 그들 스스로에게 상처가 없었으니 상하게 하지 마십시오.”

 무릎을 치셨다.

 대중을 돌아보셨다.

 말씀하셨다.
“아주 훌륭해!1068) 천하가 태평하네.”

‘바람과 깃발’ 화두1069)에다 노래를 하셨다.

“넓고 크게1070) 쭉 뻗은 한 줄기 큰 길1071),
 종일토록 사람들을 막은 적 없네.
 온 가족1072)이 걷지 않으려 함은 아니나,
 문 앞1073)의 가시에는 어쩔 수 없네.”

1067) 曹溪(조계) : 육조 혜능스님이 머물던 곳. 남종선(南宗禪)의 발원지이다. 지금의 광동성(廣東省) 곡강현(曲江縣) 쌍봉산(雙峰山) 아래에 있는 땅이름이다. 육조 혜능스님이 여기에 보림사(寶林寺)를 짓고 종풍(宗風)을 크게 진작하였다. 스님이 입적한 후 별호(別號)로 조계(曹溪)라는 말을 썼다. 조계고불(曹溪古佛)이라고 함.
1068) 且喜(차희) : 무엇보다 다행인 것은. 무엇보다도 기쁜 것은. 그러나. 전혀. 또는 상대방을 놀리는 투로 하는 말. “아주 멋지군.” “매우 훌륭해!”
1069) 風幡話(풍번화) : 육조 혜능스님이 광주 법성사에 머물 때, 두 스님이 바람에 깃발이 흔들리는 것을 보고 쟁론을 벌이는 것을 보았다. 한 스님은 바람이 움직인다고 하고, 또 한 스님은 깃발이 움직인다고 하자, 혜능스님이 “바람이 움직이는 것도 아니고 깃발이 움직이는 것도 아니요 그대들의 마음이 움직이는 것이다.”라고 한 것을 말한다.
1070) 蕩蕩(탕탕) : 넓고 큰 모양.
1071) 官驛路(관역로) : 역마가 다닐 수 있게 관에서 설치한 큰 대로.
1072) 渾家(혼가) : 온 가족. 집안 식구. 아내.
1073) 當門(당문) : ①문을 가로막다. ②문을 향하다. 문을 마주하다. ③전면. 앞.

143. 운봉문열雲峰文悅

雲峯悅和尙, 示衆, 云: "德山入門便棒, 臨濟入門便喝, 看遮兩箇老漢, 一場敗闕. 然則事不孤起, 起必有因. 雲峯不著便, 蓋是爲衆竭力. 你等諸人, 平地喫交, 過在阿誰?" 良久. 云: "當斷不斷, 返遭其亂." 驀拈拄杖, 一時趂下.
　僧問: "不涉廉纖, 請師速道." 曰: "須彌山." 僧擬議, 峯便打. 僧問: "如何是第一要?" 曰: "蛇穿鼠穴." "如何是第二要?" 曰: "獼猴上樹." "如何是第三要?" 曰: "村裏人草鞋." 問: "如何是般若體?" 曰: "箭穿楊葉." "如何是般若用?" 曰: "李廣陷番." 問: "如何是衲衣下事?" 曰: "皮裏骨."1074)

운봉 문열스님1075)이 대중에게 열어 보이셨다.

"덕산스님은 문 안에 들어오자마자 곧바로 때리셨고 임제스님은 문 안에 들어오자마자 곧바로 할(喝)을 하셨지만 이 두 노인네들을 보니 한바탕 실수1076)를 하신 것입니다. 그렇다면 사(事)는 홀로 일어나지 않을 것이니, 일어남에는 반드시 원인이 있는 것입니다. 이 운봉이 운이 안 좋은 것은1077) 모두가 힘이 다해버렸기 때문입니다.1078)

여러분들이 평지에서 걸려 자빠진다면1079) 허물이 누구에게 있겠습니까?"

한참 묵묵히 계셨다.

말씀하셨다.

"끊어버렸든 끊지 않았든 도리어 산란하구나."

별안간 주장자를 들고는 한꺼번에 모두 쫓아내셨다.

1074) 『古尊宿語錄』 卷之四十, 「雲峰悅禪師初住翠巖語錄」, X68n1315_p0262a19, 0263a06~10, b03~06. 참조.
1075)　雲峰文悅(운봉문열) : 수산성념(首山省念)-분양선소(汾陽善昭)-대우수지(大愚守芝)-운봉문열(雲峰文悅). 998~1062. 주72) 참조.
1076) 敗闕(패궐) : 잘못, 실수, 과실, 좌절, 실패, 손해.
1077) 不著便(불착편) : 착(著)은 만나다는 뜻. 편(便)은 편안함. 운이 안 좋다. 잘못되다. 빗나가다. 이미 늦었다. 어긋났다. 틀렸다.
1078) 蓋(개) : 원인이나 이유를 나타내는 접속사.
1079) 喫交(끽교) : 걸려 넘어지다. 자빠지다.

어떤 스님이 여쭈었다.
"말을 질질 늘어놓지1080) 마시고 신속하게 한 말씀 부탁합니다."
말씀하셨다.
"수미산."
그 스님이 헤아리려 하자 운봉스님이 곧장 때리셨다.

어떤 스님이 여쭈었다.
"어떤 것이 첫 번째 요(要)1081)입니까?"
말씀하셨다.
"뱀이 쥐 굴을 뚫는다."
"어떤 것이 두 번째 요(要)입니까?"
말씀하셨다.
"원숭이가 나무에 기어오른다."
"어떤 것이 세 번째 요(要)입니까?"
말씀하셨다.
"마을 사람의 짚신이다."

여쭈었다.
"어떤 것이 반야의 체(體)입니까?"
말씀하셨다.
"화살이 버들잎을 뚫는다."
"어떤 것이 반야의 용(用)입니까?"
말씀하셨다.
"이광(李廣)1082)이 번(番)1083)의 함정에 빠졌다."

1080) 廉纖(염섬) : 가늘고 미세함. 가늘게 끊임없이 내리는 이슬비. 말을 죽 늘어놓음. 수다스러움.
　　오래 지껄임.
1081) 要(요) : 임제 의현스님의 세 가지 요(三要)를 말한다. "스님께서 또 말씀하셨다. '일구어(一
　　句語)에 반드시 세 가지 현문(玄門)이 갖추어져 있고 하나의 현문(玄門)에 반드시 세 가지 요
　　(要)가 갖추어져 있으면서 방편이 있고 작용이 있습니다. 여러분들은 어떻게 알겠습니까?' 법좌
　　에서 내려오셨다." (X68n1315_p0023c21,『古尊宿語錄』卷第四,「鎭州臨濟慧照禪師語錄」. "師
　　又云: '一句語須具三玄門, 一玄門須具三要, 有權有用. 汝等諸人作麼生會?' 下座.")
1082) 李廣(이광) : 한나라 성기(成紀) 출신. 문제(文帝) 때 흉노 정벌에 종군하면서 벼슬을 시작하
　　여 무기상시(武騎常侍)가 되었고, 무제(武帝) 때 북평 태수 등을 역임하였다. 활을 아주 잘 쏘았
　　으며 군사들을 잘 이끌어 용맹을 떨쳤다. 흉노에 잡혔을 때 지혜를 써서 탈출한 후 흉노가 두려

여쭈었다.
"어떤 것이 선승들이 응당 하는(衲衣下) 일입니까?"
말씀하셨다.
"뼈를 피부가 싸고 있지."

144. 동산수초洞山守初

洞山初和尚, 示眾, 云: "語中有語, 名為死句, 語中無語, 名為
活句. 諸禪德. 作麼生是活句? 到遮裏, 實難得人. 若也不動一塵,
不撥一境, 見事便道, 答話長老, 下脚不得. 東西南北, 莫知多少.
要得去離泥水, 活人眼目, 舉唱宗風, 激揚大事. 不道全無, 其奈
還少? 只緣未達其源, 落在第八魔境界中, 識得箇不名不物, 無是
無非, 頭頭物物, 無不具足, 道'我得安樂田地', 更不求餘. 凡有扣擊問難, 即便敲
牀竪拂, 更不惜便施便設, 便行便用. 向惡水坑裏頭出頭沒, 弄箇無尾猢猻, 到臘
月三十日, 鼓也打破, 猢猻又走却了, 手忙脚亂, 一無所成, 悔將何及? 若是箇衲
僧, 乍可凍殺餓殺, 終不著他鶻臭布衫."1084)

동산 수초스님1085)이 대중에게 열어 보이셨다.
"말 속에 말이 있음을 사구(死句)라 하고, 말 속에 말이 없음을 활구(活句)
라고 합니다. 여러 선덕들이여. 어떤 것이 활구(活句)입니까? '여기'에서는
실제로 사람을 얻기가 어렵습니다.

만일 한 티끌도 움직이지 않고 한 경계도 없애버리지 않으면서, 사(事)를
보고 곧장 말하면 답하려는 장로가 발을 내려놓지를 못합니다.1086) 이러한

워하여 비장군(飛將軍)이라 부르며 피했다고 한다. 늘그막에 위청(衛靑)을 따라 흉노와의 전쟁에
참여하여 패전하고 책임을 추궁 당함에 이르러 자결하였다.
1083) 番(번) : 소수민족. 여기서는 흉노족을 말함.
1084) 『聯燈會要』 卷第二十六, X79n1557_p0226c01~11. 참조.
1085) 洞山守初(동산수초) : 덕산선감(德山宣鑑)-설봉의존(雪峰義存)-운문문언(雲門文偃)-동산수초
(洞山守初). 910~990. 주95) 참조.
1086) 下脚不得(하각부득) : 발을 내려놓지 못하다. 한 마디도 하지 못하다.

자들이 동서남북 온 천지에 얼마나 많은지 적은지 알 수가 없습니다.

진흙탕 물1087)을 떠나고자 하거든 사람을 살리는 눈으로1088) 선가(禪家)의 풍격(風格)을 드날리고, 일대사(一大事)1089)를 부딪쳐 드날려야 합니다. 이러한 이들이 전혀 없다고 말하지 마십시오. 어찌 적겠습니까?

다만 그 근원에 도달하지 못하였기 때문에 여덟 번째 마의 경계1090) 속으로 떨어져서는, 이름도 아니요 물(物)도 아니요 옳음도 없고 그름도 없이 온갖 만물이 다 구족되지 않음이 없음을 알게 되고서 '내가 안락한 경지를 얻었다'고 말한다면 다시는 남아 있는 것을 구할 수가 없게 되어 버립니다.

누가 묻기라도 하면 곧 법상을 두드리고 불자를 세워서는 다시 곧장 베풀고 곧장 설치하고 곧장 실행하고 곧장 쓰는 것을 아끼지 않습니다.
그러다가 더러운 물구덩이 속으로 들락날락하면서1091) 꼬리 없는 원숭이를 희롱하다가 납월30일에 이르러서 북소리가 끝나면 원숭이가 또 달아나 버리니, 손과 발을 황망히 휘젓는데 하나라도 이룬 것이 없어 후회가 어디까지 미치겠습니까?

만일 진실한 납승이라면 차라리 얼어 죽거나 굶어 죽을지언정1092) 마침내 저 액취 냄새나는 옷은 입지 말아야 합니다."

1087) 泥水(이수) : 언어(言語)와 사량분별(思量分別)에 막힌 상태.
1088) 活人眼目(활인안목) : 분별망식(分別妄識)을 끊어버리고 신령한 깨달음의 참성품을 다시 살리는 바른 눈.
1089) 大事(대사) : 일대사(一大事). 일대사인연(一大事因緣). 생사(生死)를 철저하게 꿰뚫어 해결하는 일. 실상(實相)의 현묘한 이치를 드러내는 큰 일으로서 부처님의 앎을 드러내는 일대의 사업(事業)이다.
1090) 第八魔境界(제8마경계) : 제8아뢰야식이다.
1091) 頭出頭沒(두출두몰) : 머리를 내어 놓았다가 넣었다가 함. 들락날락함. 곧, 세속을 뒤쫓아 따름.
1092) 乍可(사가) : 차라리 ~할지언정. 오히려 ~할 것이지.

145. 천태지자天台智者

天台智者大師, 在南嶽誦『法華經』, 至「藥王品」, 云: ‘是真精進, 是名真法供養如來.’ 於是悟法華三昧, 獲旋陀羅尼, 見靈山一會儼然未散. 妙喜曰: "而今未獲旋陀羅尼者, 還見靈山一會否? 若見, 以何爲證? 若不見, 是真精進, 是名真法供養如來. 只恁麽念過, 却成剩法矣."1093)

천태 지자대사1094)가 남악(南嶽)에 머물 때 『법화경』을 외우다가 「약왕품」의 "이것이 참된 정진(精進)이요, 이것을 여래께 올리는 참된 법공양이라 한다."1095)라는 구절에 이르러 법화삼매(法華三昧)를 깨닫고 선다라니(旋陀羅尼)1096)를 얻었으며, 영산의 한결같은 회상이 엄연히 흩어지지 않고 있음을 보셨다.

묘희스님이 말씀하셨다.
"지금 선다라니(旋陀羅尼)를 얻지 못한 이라도 영산의 한결 같은 모임을 보느냐? 만일 본다면 무엇으로 증명하겠는가? 만일 보지 못한다면 '이것'이

1093) 『聯燈會要』 卷第二十九, X79n1557_p0256b11~16. 『禪門拈頌集』 卷第三十, K46-0500, 1435則. 『五燈會元』 卷第二, X80n1565_p0067c01~04. 『廬山蓮宗寶鑑念佛正派』 卷第四, T47n1973_p0322c01~08. 참조.

1094) 天台智者(천태지자) : 538~597. 천태지의(天台智顗), 지자대사(智者大師), 천태대사(天台大師) 등으로 불린다. 천태종 개종조사(開宗祖師)다. 속성은 진씨(陳氏). 자(字)는 덕안(德安). 형주(荊州) 화용(華容)[호북성(湖北省) 잠강(潛江)] 출신. 천태종(天台宗) 4조(四祖)이나 실제 창시인(創始人)이다. 18세에 상주(湘州)의 과원사(果願寺)로 출가하였고 23세에 혜사(慧思)스님을 스승으로 삼고 선법(禪法)을 익히다가 법화삼매를 깨닫고 선다라니(旋陀羅尼)를 얻었다. 개황(開皇) 17년(597) 천태산 석성사(石城寺)에서 세수 60세로 입적하였다. 시호는 법공보각영혜존자(法空寶覺靈慧尊者)다. 『법화현의(法華玄義)』 『법화문구(法華文句)』 『마하지관(摩訶止觀)』 『관음현의(觀音玄義)』 『관음의소(觀音義疏)』 『금광명현의(金光明玄義)』 『금광명문구(金光明文句)』 『관무량수경소(觀無量壽經疏)』 등이 있다.

1095) T09n0262_p0053b11~12, 『妙法蓮華經』 「藥王菩薩本事品」 第二十三. "善男子, 是眞精進, 是名眞法供養如來."

1096) 旋陀羅尼(선다라니) : 법화삼다라니(法華三陀羅尼) 가운데 하나이다. "이때 법화경을 수지독송하는 이는 나의 몸을 보고 매우 환희하여 더욱 더 정진하여 나를 보게 되기 때문에 곧 삼매와 다라니를 얻게 될 것이니 '선다라니' '백천만억선다라니' '법음방편다라니'라고 이름하느니라."(T09n0262_p0061b05~08, 『妙法蓮華經』 「普賢菩薩勸發品」 第二十八. "爾時受持讀誦法華經者, 得見我身甚大歡喜, 轉復精進, 以見我故, 卽得三昧及陀羅尼, 名爲旋陀羅尼, 百千萬億旋陀羅尼, 法音方便陀羅尼.")

참된 정진이요, 여래께 올리는 참된 법공양이라 하겠다. 다만 이런 생각조
차도1097) 오히려 가욋 법이 될 것이다."1098)

1097) 過(과) : 어조사. 동작의 완료를 나타낸다.

1098) 이 화(話)에 대한 대혜스님의 보설이 있다. "지금 사람들에게 말해 줘봤자 만약 일찍이 이러
한 경계에 들어가 보지를 못하였다면 아예 믿지를 않을 것입니다. 왜냐하면 지자(智者)스님은
본래 진나라와 수나라 때의 사람이라 석가노인네와는 이천년이나 차이가 있는데 무슨 까닭에
'이것이 참된 정진이요, 이것을 여래께 올리는 참된 법공양이라 한다'라는 법문에서 곧장 법화삼
매에 들어 영산의 한결같은 회상이 아직 흩어지지 않고 그대로 있음을 보았다 하겠습니까? 사
람을 속여 말하는 것이겠습니까? 꾸며서 만들어 낸 말일까요? 이 일은 오직 증득해야만 하는
것이지, 헤아려서는 어려움을 알아야 합니다. 이 묘희의 오늘 설법과 석가노인네의 영산회상에
서의 설법이 다름이 없으며, 지자대사가 남악에서 '이것이 참된 정진이요, 이것을 여래께 올리는
참된 법공양이라 한다'를 증득한 것 역시 다름이 없는 줄 반드시 알아야만 합니다. 진실로 증득
한 이는 결코 속이질 않습니다. 아직 증득하지 못한 이에게는 한결같이 꿈 이야기나 하는 것 같
을 것입니다. 그렇기에 『화엄경』에서 말씀하셨습니다. '과거의 일체 겁을 미래인 지금에 놓아두
고, 미래와 현재의 겁을 과거에다 돌려놓는다.' 그러므로 해인삼매라는 한 개 도장으로써 확실히
도장을 찍어버리면, 다시는 뚫려 새어버림도 없고, 가고 오는 것도 없고, 앞뒤도 없습니다."(T47
n1998Ap0884a22~b05, 『大慧普覺禪師普說』 卷第十七. "'如今說與人, 若是不曾入得這般境界,
剗地不信. 何故? 智者自是陳隋時人, 與釋迦老子, 相去二千年, 如何因「是眞精進, 是名眞法供養
如來」, 便於法華三昧中, 見靈山一會, 儼然未散? 爲復是謾人耶? 是假說耶? 此事唯證, 乃知難可
測. 須知妙喜今日說法, 與釋迦老子在靈山會上說法無異, 與智者大師在南嶽證得「是眞精進, 是名
眞法供養如來」, 亦無異. 眞實證者, 必不相欺. 未證者一似說夢. 所以道.「過去一切劫, 安置未來
今, 未來現在劫, 回置過去世」. 以海印三昧一印印定, 更無透漏, 無去無來, 無前無後.'")

146. 운문문언雲門文偃

世尊, 纔生下, 乃一手指天, 一手指地, 周行七步, 目顧四方,
云: "天上天下唯我獨尊." 雲門云: "我當時若見, 一棒打殺與狗
子喫, 貴圖天下太平." 雲峯悅云: "雲門雖有定亂之謀, 且無出身
之路." 保寧勇頌云: "混沌未分人未曉, 乾坤纔剖事潛彰. 天生伎
倆能奇恠, 末上輪佗弄一場."1099)

세존께서 탄생하셨을 때, 한 손으로는 하늘을 가리키시고 한 손으로는 땅
을 가리키시면서 일곱 걸음을 걸으시고 사방을 둘러보시고 말씀하셨다.
"하늘 위 하늘 아래에 오직 '나'만이 홀로 존귀하다."

운문 문언스님1100)이 말씀하셨다.
"내가 그때 만일 보았다면 한 방망이로 때려 죽여 개에게 먹여 천하태평
을 꾀하였을1101) 것이다."

운봉 문열스님1102)이 말씀하셨다.
"운문스님이 비록 어지러움을 평정하는 계책은 있지만 몸을 벗어나는 길은
없다."

보령 인용스님1103)이 말씀하셨다.

"우주가 혼돈하여 나뉘기 전엔 사람들이 모르더니
하늘과 땅이 갈라지자 사(事)가 차츰 드러났네.

1099) 『聯燈會要』 卷第一, X79n1557_p0013a11~18. 『禪門拈頌集』 卷第一, K46-0002, 2則. 『保
寧禪院勇和尚語錄』, X69n1350_p0289c04~05. 참조.
1100) 雲門文偃(운문문언) : 용담숭신(龍潭崇信)-덕산선감(德山宣鑑)-설봉의존(雪峰義存)-운문문언
(雲門文偃). 864~949. 주94) 참조.
1101) 貴圖(귀도) : 하고자하다. 꾀하다. 희망하다. 도모하다.
1102) 雲峰文悅(운봉문열) : 수산성념(首山省念)-분양선소(汾陽善昭)-대우수지(大愚守芝)-운봉문열
(雲峰文悅). 998~1062. 주72) 참조.
1103) 保寧仁勇(보령인용) : 분양선소(汾陽善昭)-석상초원(石霜楚圓)-양기방회(楊岐方會)-보령인용
(保寧仁勇). 주265) 참조.

태어나는 솜씨가 매우 기특하시나
뒤에 그가1104) 한바탕 잘 놀려주었네.1105)

147. 조주종심趙州從諗

趙州和尚, 示衆, 云: "此事的的, 沒量大人出遮裏不得. 老僧
到潙山, 見僧問: '如何是祖師西來意?' 潙山云: '與我過牀子
來.' 若是宗師, 須以本分事接人始得."
時有僧問: "如何是祖師西來意?" 州云: "庭前栢樹子." 僧云:
"和尚莫將境示人." 曰: "我不將境示人." 云: "如何是祖師西來

1104) 他(타) : 운문스님을 가리킴.
1105) 이 화(話)에 대한 대혜스님의 염송과 시중법문이 있다. "묘희스님이 게송으로 말씀하셨다.
'노인네가 태어나자 엄청 바빴네./ 일곱 걸음 미친 듯이 걸으시고는/ 집도 없이 어리석은 남녀
를 속여/ 눈뜬 채 당당하게 확탕 가시네.'"(T47n1998Ap0850c13~14,『大慧普覺禪師語錄』卷
第十. "妙喜頌云: '老漢纔生便着忙, 周行七步似顚狂, 賺他無院癡男女, 開眼堂堂入鑊湯.") "욕불
회에서 시중법문을 하셨다. '말후일구(末後一句)가 소리 이전에 적나라하게 드러나서 하늘을 덮
고 땅을 덮으며 소리를 덮고 빛을 덮었습니다. 황면노자가 일착자(一着子)를 얻으시고는 곧 말
씀하기를「도솔천을 떠나기도 전에 벌써 왕궁에 내려왔고, 어머니의 자궁에서 나오기 전에 벌써
사람들을 다 제도해버렸다」고 하셨습니다. 그리고 처음 탄생하실 때엔 곧 일체 세계의 그물을
뒤흔드시고 바로 한 손으로는 하늘을 가리키시고, 한 손으로는 땅을 가리키면서 위대한 사자후
로 말씀하셨습니다.「하늘 위나 하늘 아래에서 나만이 홀로 존귀하다.」일대사인연(一大事因緣)
때문에 부처님의 지견을 여시고, 부처님의 지견을 보이시며, 부처님의 지견을 깨닫게 하시고, 부
처님의 지견에 들어가게 하셨습니다만 수천 년 후에 한낱 절름발이 중이 한 방망이로 때려 죽
여 개나 배불리 먹게 하여 천하가 태평하기를 도모할 줄은 전혀 몰랐습니다. 바로 여기 말해 보
십시오. 석가노자는 허물이 어디에 있습니까? 하늘과 땅을 가리키시면서 큰 입을 여신 탓이 아
닐까요? 일반 남녀들을 우롱하는 것이 맞지 않은 탓일까요? 부처님의 지견을 여시고, 부처님의
지견을 보이시고, 부처님의 지견을 깨닫게 하시고, 부처님의 지견에 들어가게 하셨기 때문일까
요? 만약 이렇게 상량한다면 오직 석가노자만을 비방할 뿐만 아니라, 역시 운문대사마저도 저
버리는 것입니다. 여기에 이르러서 만일 운문스님의 낙처를 알면 즉각 자기의 낙처를 알게 될
것입니다. 바로 여기 말해보십시오. 낙처가 어디에 있습니까?' 한참 묵묵히 계셨다. '만고의 푸
른 못에 비친 허공의 달이여. 두세 번 건져내봐야만 비로소 알리라.'" (T47n1998Ap0842c08~
22,『大慧普覺禪師住福州洋嶼菴語錄』卷第八,「泉州小谿雲門菴語錄」. "浴佛示衆: '末後一句子,
聲前露裸裸, 蓋天蓋地, 蓋聲蓋色. 黃面老子得箇一着子, 便道:「未離兜率, 已降王宮, 未出母胎,
度人已畢.」及至初生, 則震動一切世界網, 便一手指天, 一手指地, 作大師子吼道:「天上天下惟我
獨尊.」爲一大事因緣故, 開佛知見, 示佛知見, 悟佛知見, 入佛知見, 殊不知, 數千年後, 被箇跛脚
阿師, 要一棒打殺, 與狗子喫, 貴圖天下太平. 且道. 釋迦老子, 過在甚麼處? 莫是指天指地, 開大
口麼? 莫是不合鼓弄人家男女麼? 莫是開佛知見, 示佛知見, 悟佛知見, 入佛知見麼? 若恁麼商量,
不唯謗他釋迦老子, 亦乃辜負雲門大師. 到這裏, 若知雲門落處, 卽知自己落處. 且道. 落在甚麼
處?' 良久. 云: '萬古碧潭空界月, 再三撈摝始應知.")

意?” 曰: “庭前栢樹子.”　　　後法眼問光孝覺和尚: “近離甚處?” 曰: “趙州.” 云:
“承聞趙州有栢樹子話是否?” 曰: “無.” 云: “往來皆謂, ‘僧問如何是祖師西來意?
州云: 庭前栢樹子.’ 上座何得道無?” 曰: “先師實無此語, 和尚莫謗先師. 好
.”1106)

조주 종심스님1107)이 대중에게 열어 보이셨다.
“이 일은 적적(的的)1108)하여 헤아림을 뛰어넘은 큰 사람1109)이라도
‘여기’를 벗어나지 못합니다.
이 늙은이가 위산스님에게 갔을 때, 어떤 스님이 물었습니다.
‘어떤 것이 조사께서 서쪽에서 오신 뜻입니까?’
위산스님이 말씀하기를, ‘나에게 의자를 갖다 다오1110)’ 함을 보았습니다.
만일 선가(禪家)의 대종장(大宗匠)이라면 반드시 본분(本分)의 큰일1111)로써
학인을 접인해야 할 것입니다.”

언젠가 어떤 스님이 여쭈었다.
“어떤 것이 조사께서 서쪽에서 오신 뜻입니까?”
조주스님이 말씀하셨다.
“뜰 앞의 측백나무.”1112)

1106) 『禪門拈頌集』 卷第十一, K46-0184, 421則. 『金陵清涼院文益禪師語錄』, T47n1991_p0591a
　　　22~28. 참조.
1107) 趙州從諗(조주종심) : 남악회양(南嶽懷讓)-마조도일(馬祖道一)-남전보원(南泉普願)-조주종심
　　　(趙州從諗). 778~897. 주203) 참조.
1108) 的的(적적) : 확실함. 진실함. 적확(的確)함. 명백함. 밝게 빛남. 깊고 짙음. 적(的)은 실(實)
　　　또는 과녁, 밝음을 뜻함.
1109) 沒量大人(몰량대인) : 평범한 식견을 뛰어넘어 일반적으로 그 정도를 헤아릴 수 없는 큰 그
　　　릇의 인물. 확철대오하여 분별사량을 완전히 넘어선 사람을 말함. = 몰량한(沒量漢).
1110) 過(과) : 어조사. 행위 과정의 방향을 나타낸다.
1111) 本分事(본분사) : 선가(禪家)의 종장(宗匠)이 본분의 큰일에 착안(着眼)하여 학인들을 접인(接
　　　引)하는 수단.
1112) 庭前栢樹子(정전백수자) : ‘뜰 앞의 측백나무’다. 백(栢)은 백(柏)으로도 쓴다. 중국 석가장(石
　　　家莊)시에는 아직도 조주스님이 과거 주석하시던 관음원(觀音院)이 백림선사(柏林禪寺)라는 이름
　　　으로 건재하고 있다. 법당 앞뜰에는 오래된 측백나무 고목들이 줄지어 서 있다. 백(栢)은 중국에
　　　서 측백(側柏)나무를 말한다. 우리나라에서는 측백나무와 잣나무를 백(栢)이라 하지만 중국에서
　　　는 백(栢)을 잣나무라고 하지 않는다. 중국에서는 고래로 측백나무를 성스러운 나무로 여겨왔다.
　　　진시황은 백작위(栢爵位)를 주었다고 하며, 한무제는 선장군(先將軍)에 봉하였고, 당무제는 오품
　　　(五品)의 대부(大夫)에 봉하였다고 한다. 이 측백은 한쪽으로 자란다고 하여 측백(側柏)이란 이름
　　　을 얻었다고 하는데 사시사철 푸름과 더해 절조를 상징하며 중국에서는 고대로부터 성스러운 나

그 스님이 말했다.
"큰스님께서는 경계를 가지고서 사람에게 보이지 마십시오."
말씀하셨다.
"나는 경계를 가지고서 사람에게 보이지 않았다."
말했다.
"어떤 것이 조사께서 서쪽에서 오신 뜻입니까?"
말씀하셨다.
"뜰 앞의 측백나무."1113)

뒤에 법안 문익스님1114)이 광효 혜각스님1115)께 여쭈었다.
"최근에 어디에 계셨습니까?"
말씀하셨다.
"조주스님 회상에 있었소."
말씀하셨다.
"조주스님이 '뜰 앞의 측백나무'라고 하신 말씀을 들어 보셨습니까?1116)"
말씀하셨다.
"없었소."
말씀하셨다.
"거길 다녀 온 스님들이 모두 다 〈'어떤 것이 조사께서 서쪽에서 오신 뜻입니까?' 조주스님이 말씀하셨다. '뜰 앞의 측백나무.'〉를 얘기하는데, 스님께서는 어째서 없다고 말씀하십니까?"
　말씀하셨다.

무로 취급받아왔다고 한다. 이 성스러운 기운을 받을 수 있게 절이나 문묘, 향교, 서원 등에 예외 없이 이 측백나무를 심었다고 한다.
1113) 여기에 대혜스님의 염송이 있다. "험하고도 험하며 평탄하고 평탄하더니/ 평탄하고 평탄한 곳이 몹시도 험하구나./ 갑자기 절름발이 나귀가 내달려/ 바람보다 빠른 천마(天馬)를 앞질러 가네." (T47n1998Ap0856a07~08, 『大慧普覺禪師語錄』 卷第十. "崎崎嶇嶇平坦坦, 平坦坦處甚崎嶇. 驀地跛驢能踉蹡, 抹過追風天馬駒.")
1114) 法眼文益(법안문익) : 설봉의존(雪峰義存)-현사사비(玄沙師備)-나한계침(羅漢桂琛)-법안문익(法眼文益). 885-958. 주481) 참조.
1115) 光孝慧覺(광효혜각) : 마조도일(馬祖道一)-남전보원(南泉普願)-조주종심(趙州從諗)-광효혜각(光孝慧覺). 양주(楊州) 성동(城東) 광효원(光孝院)에 주석한 스님이다. 총림에서는 그를 '각철자(覺鐵觜)'라고 불렀다.
1116) 承聞(승문) : 존경하는 분이나 스승에 관한 말을 듣다.

"스승께서는 실제로 이러한 말씀이 없었소. 스님은 나의 스승을 비방하지 마시오. 나 원 참."1117)

148. 오조법연五祖法演

五祖演和尚, 示衆, 擧: "藥山問石頭: '三乘十二分敎, 某甲粗知, 承聞南方直指人心, 見性成佛, 實未明了, 伏望和尚慈悲指示.' 石頭云: '恁麼也不得, 不恁麼也不得, 恁麼不恁麼總不得.' 山僧在衆日, 聞兄弟商量道: '卽心卽佛亦不得, 不卽心卽佛亦不得.' 若恁麼說話, 敢稱禪客, 何故? 殊不知石頭老人, 文武兼備, 韜略雙全. 若是五祖見處, 也要諸人共知, 只見波濤湧, 不見海龍宮."1118)

오조 법연스님1119)이 대중에게 열어 보이셨다.

1117) 이 화(話)에 대한 대혜스님의 시중법문과 보설이 있다. "경산 종고스님이 말씀하셨다. '만일 이 말씀이 있었다고 말한다면 각철자(覺鐵嘴)스님을 스쳐 지나간 것이고, 만일 이 말씀이 없었 다고 한다면 또한 법안스님을 스쳐 지나가버린 것입니다. 만일 둘 다 관계가 없다고 한다면 또 한 조주스님도 스쳐 지나가 버립니다. 설사 몽땅 이렇지 않고 별도로 투탈할 한 길이 있다하더 라도 쏜살같이 지옥으로 들어가 버릴 것입니다. 필경에는 어떠하겠습니까?' 불자를 드셨다. 말 씀하셨다. '옛사람을 봅니까? 억!'" (T47n1998Ap0843b26~c01, 『大慧普覺禪師住福州洋嶼菴語 錄』 卷第八, 「泉州小谿雲門菴語錄」. "徑山杲云: '若道有此語, 蹉過覺鐵嘴, 若道無此語, 又蹉過 法眼. 若兩邊俱不涉, 又蹉過趙州. 直饒總不恁麼, 別有透脫一路, 入地獄如箭射, 畢竟如何?' 擧 起拂子. 云: '還見古人麼?' 喝一喝.'") "뜰 앞의 측백나무를 오늘 다시 한 번 말해보겠습니다. 조주의 관문을 쳐부수고는, 공연히 언어를 찾고 있습니다. 이미 관문을 쳐부수었는데 무엇 때문 에 다시 언어를 찾습니까? 당초에는 띠(茅)가 들쑥날쑥하다고 여겼는데, 불 타고 나니 원래부터 땅이 평탄한 것이 아니었구나." (T47n1998Ap0844a09~12, 위 어록. "庭前柏樹子, 今日重新擧. 打破趙州關, 特地尋言語. 旣是打破關, 爲甚麼卻尋言語? 當初將謂茅長短, 燒了元來地不平.") "오조(五祖) 노스님이 말씀하셨습니다. 「어떤 것이 조사께서 서쪽에서 오신 뜻입니까?」「뜰 앞 의 측백나무니라.」 이렇게 알면 맞지 않다. 「어떤 것이 조사께서 서쪽에서 오신 뜻입니까?」「뜰 앞의 측백나무니라.」 이렇게 알아야만 비로소 맞다.' 여러분들은 알겠습니까? 이러한 설화(說話) 를 여러분이 알아낼 수 없다고 생각하지 마십시오. 이 묘희도 역시 알아내질 못하였습니다. 우 리의 문중에서는 알아낼 수 있는 것도 없고, 알아낼 수 없는 것도 없으니, 모기가 무쇠 소에 기 어오르는 것과 같아서 입을 댈 곳이 없습니다." (T47n1998Ap0881b13~18, 『大慧普覺禪師普 說』 卷第十六. "所以五祖師翁有言: '「如何是祖師西來意?」「庭前柏樹子.」 恁麼會, 便不是了也. 「如何是祖師西來意?」「庭前柏樹子.」 恁麼會方始是. 爾諸人還會麼? 這般說話, 莫道爾諸人理會 不得. 妙喜也自理會不得. 我此門中, 無理會得, 理會不得, 蚊子上鐵牛, 無爾下嘴處.")

1118) 『禪門拈頌集』 卷第九, K46-0141, 324則. 『古尊宿語錄』 卷第二十, 「舒州白雲山海會演和尚 初住四面山語錄」. X68n1315_p0131c03~09. 참조.

1119) 五祖法演(오조법연) : 자명초원(慈明楚圓)-양기방회(楊岐方會)-백운수단(白雲守端)-오조법연

"약산 유엄스님1120)이 석두 희천스님1121)께 여쭈었습니다.

'삼승십이분교1122)를 제가 조금 알고 있습니다만, 남쪽1123)의, 〈곧바로 마음을 가리켜 성품을 드러내고 부처님을 이룸(直指人心見性成佛)〉을 들었는데, 실로 명백하게 요달하지를 못하였습니다. 큰스님께서는 자비를 베푸시어 가르쳐 주십시오.'

석두스님이 말씀하셨습니다.

'이러해도 알지 못하고, 이러하지 않아도 알지 못하고, 이러하고 이러하지 않아도 전혀 알지 못한다.'1124)

이 산승이 재중(在衆)1125)에 어느 날 형제들이 따져서 의논하는 말을 들었습니다.

'즉심즉불(卽心卽佛)도 역시 맞지 않고, 즉심즉불(卽心卽佛) 아님도 역시 맞지 않다.'

(五祖法演). ?~1104. 주438) 참조.

1120) 藥山惟儼(약산유엄) : 조계혜능(曹溪慧能)-청원행사(靑原行思)-석두희천(石頭希遷)-약산유엄(藥山惟儼). 751~834. 주713) 참조.

1121) 石頭希遷(석두희천) : 황매홍인(黃梅弘忍)-조계혜능(曹溪慧能)-청원행사(靑原行思)-석두희천(石頭希遷). 700-790. 단주(端州)[광동성] 고요(高要) 출신. 속성은 진씨(陳氏). 혜능스님에게 득도하고 혜능스님이 입적하자 청원행사(靑原行思)스님에게 참학하여 법을 이음. 천보(天寶)[742~755년] 초년에 형산(衡山) 남사(南寺)에 주석할 때, 절의 동쪽에 높은 바위가 있었는데 그 위에다 암자를 짓고 살면서부터 석두화상(石頭和尙)이라 불리기 시작했다. 강서는 마조대사, 호남은 석두대사를 위주로 하여 사방에서 이 두 분 대사의 문하로 구름같이 모여 들었다. 정원(貞元) 6년 91세로 입적하였다. 시호는 무제대사(無際大師)이며 『참동계(參同契)』 1권, 『초암가(草庵歌)』 1권이 있다. 약산유엄(藥山惟儼), 담주화림(潭州華林), 대전보통(大顚寶通), 단하천연(丹霞天然), 천황도오(天皇道悟), 장자광(長髭曠) 등 21명의 부법제자가 있다.

1122) 三乘十二分教(삼승십이분교) : 부처님의 교법을 통틀어 말하는 것. 삼승(三乘)[Ⓢtri-yāna]은 성문승(聲聞乘)·연각승(緣覺乘)·보살승(菩薩乘)의 셋을 말하는 것이다. 십이분교(Ⓢdvādaśāṅga-buddha-vacana)는 십이부경(十二部經)을 말하는데 경전의 형태를 형식과 내용에 따라서 12가지로 구분한 것을 말한다. 수다라(修多羅)[Ⓢsūtra. 경(經)] ·기야(祇夜)[Ⓢgeya. 중송(重頌)] ·화가라나(和伽羅那)[Ⓢvyākaraṇa. 수기(授記)]·가타(伽陀)[Ⓢgāthā. 고기송(孤起頌)]·우다나(優陀那)[Ⓢudāna. 무문자설(無問自說)]·니다나(尼陀那)[Ⓢnidāna. 인연(因緣)]·아바다나(阿波陀那)[Ⓢavadāna. 비유(譬喩)]·이제왈다가(伊帝曰多伽)[Ⓢitivṛttaka. 본사(本事)]·사다가(闍陀迦)[Ⓢjātaka. 본생(本生)]·비불략(毘佛略)[Ⓢvaipulya. 방등(方等)]·아부다달마(阿浮陀達磨)[Ⓢadbhuta-dharma 미증유(未曾有)]·우바제사(優波提舍)[Ⓢupadeśa. 논의(論議)] 등이다.

1123) 南方(남방) : 혜능선사로부터 내려가면서 전해지는 선법(禪法).

1124) 『선문염송집』 9권에 나온다. (K46-0140, 『禪門拈頌集』 卷第九, 324則. "澧州藥山惟儼禪師問石頭 : '三乘十二分教, 某甲粗知, 嘗聞南方直指人心見性成佛, 實未明了, 伏望和尙慈悲指示.' 頭云 : '恁麼也不得, 不恁麼也不得, 恁麼不恁麼摠不得. 汝作麼生?")

1125) 在衆(재중) : 선원에서 스님들이 대중 속에서 함께 참구(參扣)하고 참습(參習)하는 것.

이러한 설화(說話)로야 어찌 감히 선객이라 할 수 있겠습니까? 왜냐하면 아직도 석두 노스님이 문무(文武)를 함께 갖추시고 육도삼략(六韜三略)1126) 을 모두 구비하신 줄을 모르기 때문입니다. 만일 이 오조(五祖)의 현처(見 處)를 대중이 함께 알고자 하거든, 반드시 파도가 솟구쳐 오르는 것만 볼 것이지 바다 속 용궁은 보지 마십시오."

149. 당명숭唐明嵩

唐明嵩1127)和尚, 示衆, 云: "文殊仗劍, 五臺橫行. 唐明一路, 把斷妖訛. 三世 諸佛, 未出敎乘. 網底游魚, 龍門難渡. 垂鉤四海, 只釣獰龍. 格外玄談, 爲求知 識. 若也擧揚宗旨, 須彌直須粉碎. 若也說佛說祖, 海水便須枯竭. 寶劍揮時, 毫光 萬里. 放汝一路, 通方說話. 把斷咽喉, 諸人甚處出氣?"
僧問: "鈍根樂小法, 不自信作佛, 作佛後如何?" 曰: "水裏捉麒麟." 云: "恁麼則 便登高座也." 曰: "騎牛上三十三天." 問: "古人拈椎豎拂, 意旨如何?" 曰: "騎驢 不著靴."1128)

당명 숭스님1129)이 대중에게 열어 보이셨다.
"문수보살이 칼을 쥐고 오대산을 마음대로 돌아다닙니다. 이 당명(唐明)의 한 길은 요와(妖訛)를 잡아 끊어버립니다.1130)

1126) 韜略(도략) : 『육도(六韜)』와 『삼략(三略)』을 말한다. 중국 무경칠서(武經七書) 가운데 하나이 다. 『육도(六韜)』는 문도(文韜)・무도(武韜)・용도(龍韜)・호도(虎韜)・표도(豹韜)・견도(犬韜) 등 의 여섯 가지 비결로 이루어져 있으며 6권 60편으로 엮어져 있다. 저자는 확실히 알려져 있지 않음. 『삼략(三略)』은 상략(上略)・중략(中略)・하략(下略)의 3편으로 이루어져 있다. 이것도 저 자는 확실치 않다.
1127) 호(蒿)는 숭(嵩)의 오기(誤記)다. (X68n1315_p0061b17, 『古尊宿語錄』 卷第十, 「并州承天嵩 禪師語錄」. "上堂云: '文殊仗劍, 五臺橫行. 唐明一路…'")
1128) 『聯燈會要』 卷第十二, X79n1557_p0108c03~08.20~22, 0109a05. 『古尊宿語錄』 卷第十, 「并州承天嵩禪師語錄」, X68n1315_p0061b17~22, c09~11, c18~19. 참조.
1129) 唐明嵩和尚(당명숭화상)= 三交智嵩(삼교지숭) : 보응혜옹(寶應慧顒)-풍혈연소(風穴延沼)-수산 성념(首山省念)-삼교지숭(三交智嵩). 생몰연대와 행적이 알려져 있지 않음. 승천화상(承天和尚) 을 말한다. 법명은 지숭(智嵩)이며 삼교숭(三交嵩)이라고도 한다. 또한 당명숭(唐明嵩)으로 잘 알 려져 있으며 철불숭(鐵佛嵩)이라고도 한다. (X68n1316_p0343a04, 『福州鼓山寺古尊宿語要全部 目錄』. 참조.)
1130) 把斷妖訛(파단요와) : 아래에 나오는 파단인후(把斷咽喉)와 같은 말. 요와(妖訛)는 요망하고 허황한 말. 학인들이 언어로 분별하는 길을 막아버림. 파단(把斷)은 파정(把定)이나 파주(把住)와

과거·현재·미래의 모든 부처님은 아무도 가르침1131)을 펴지 않았습니다. 그물 밑에서 노는 물고기는 뛰어 올라 봤자 용문(龍門)1132)을 건너지는 못합니다.

온 천하의 바다에다 낚시를 드리워보지만 흉악한 악룡만을 낚아 올릴 뿐이요, 격외(格外)1133)의 현묘한 담론(談論)1134)으로도 조금 지식(智識)이나 구하는 것에 불과할 뿐입니다.

선종(禪宗)의 적적(的的)한 지취(旨趣)를 드러내려1135) 한다면 수미산을 마침내 부숴버려야 할 것입니다. 만일 부처님을 묘사하고1136) 조사님들을 묘사해보려 한다면 바닷물이 곧 말라버려야만 합니다.

보배의 검을 휘두를 때 백호광명(白毫光明)1137)이 만 리나 뻗칩니다. 여러분에게 하나의 길을 열어 놓아1138) 방편으로 말할 곳을 터 주었지만,1139) 목구멍을 막아버린다면 대중은 어디로 숨을 쉬겠습니까?"

어떤 스님이 여쭈었다.

"근기가 둔한 사람은 작은 법을 좋아하면서 스스로 부처님을 드러내어1140) 쓰려고1141) 하지 않는다는데, 부처님을 드러낸 후에는 어떠합니

같은 의미로 방행(放行)의 상대되는 말이다. 경계를 굳게 지킨다는 의미로, 선가(禪家)에서 언구(言句)를 세우지 않고 언어의 길을 끊어버려 일체 마음을 쓸 수 없게 하여 모든 학해지견(學解知見)과 분별망상을 벗어나게 하는 방편수단이다. 언어교설과 지식정해(知識情解) 등을 끊어 버리는 선가의 본분시설(本分施設)이다.

1131) 敎乘(교승) : 가르침을 통해 뭇삶들을 열반으로 싣고 감.=교법(敎法).
1132) 龍門(용문) : 황하(黃河) 중류에 있는 여울목. 산서성(山西省) 하진현(河津縣) 북서쪽과 섬서성(陝西省) 한성시(韓城市) 북동쪽에 있으며, 양쪽 기슭의 깎아지른 듯한 절벽이 궐문처럼 맞서 있는 데서 붙여진 이름이다. 또는 과거 시험 가운데 회시(會試)를 말한다. 이 회시에 급제한 것을 등용문(登龍門)이라 하였다. 여기서는 오문(悟門), 즉 깨달음의 문.
1133) 格外(격외) : 보통의 격식과 관례를 초월함.
1134) 玄談(현담) : 한위(漢魏) 시대이래로 노장사상(老莊思想)과 주역을 토대로 명리(命理)를 판명분석(判明分析)한 담론(談論)을 말한다. 여기서는 불법(佛法)을 말함.
1135) 擧揚(거양) : 대중과 문답하면서 종지를 분명하게 드러내는 것.
1136) 說(설) : 묘사하다. 설명하다. 열람하여보다.
1137) 毫光(호광) : 부처님의 미간에서 뻗쳐 나오는 백호광명(白毫光明). 호(毫)는 부처님의 두 눈 사이에 있는 가늘고 빛나는 하얀 털. 이 털이 오른 쪽으로 말려서 끊임없이 한량없는 빛을 내어 뿜는다고 함.
1138) 放(방) : 방행(放行) 또는 방개(放開)의 줄임말로서 파정(把定)의 상대되는 말이다. 선사들이 학인들을 지도하는 수단으로 기량을 꺾어 제압하여 꼼짝달싹 못하게 하는 파정과는 달리 스스로 참구하도록 일체를 허락하는 방법이다.
1139) 通方(통방) : 통달방편(通達方便)의 준말. 방편으로 터놓음. 크게 통하게 함.
1140) 作(작) : 드러내다. 나타내다.

까?”
　말씀하셨다.
　“물속에서 기린을 잡아라.”
　말했다.
　“이러하다면 곧 높은 자리에 오르겠습니다.”
　말씀하셨다.
　“소를 타고서 삼십삼천을 오르는구나.”

　여쭈었다.
　“옛사람이 몽둥이를 잡고 불자를 세운 뜻이 무엇입니까?”
　말씀하셨다.
　“신발도 신지 않고서 당나귀를 타고 있구나.”

150. 자명초원慈明楚圓

　慈明和尚, 示眾, 云: “一切賢聖, 皆以無爲法而有差別. 前是桉山, 後是主山,
那箇是無爲法?” 良久. 云: “向下文長, 付在來日.”1142)

　자명 초원스님1143)이 대중에게 열어 보이셨다.
　“‘일체의 어지신 성인들께서 모두 다 무위법으로써 차별을 두셨다’1144)고
하니, 앞은 안산(桉山)1145)이요, 뒤는 주산(主山)1146)인데, 어느 것이 무위
법입니까?”

1141) 信(신) : 쓰다. 사용하다.
1142) 『嘉泰普燈錄』 卷第二十六, 「天童應庵華禪師五則」, X79n1559_p0457b24~c04. 『禪門拈頌
　　　集』 卷第二, K46-0029, 56則. 참조.
1143) 慈明楚圓(자명초원) : 풍혈연소(風穴延沼)-수산성념(首山省念)-분양선소(汾陽善昭)-자명초원
　　　(慈明楚圓). 987~1040. 주245) 참조.
1144) 『금강반야바라밀경』에 나오는 구절이다. (T08n0235_p0749b17~18, 『金剛般若波羅蜜經』.
　　　“一切賢聖皆以無爲法而有差別”)
1145) 桉山(안산) : 풍수(風水)에서 쓰는 술어(術語)로서 혈 앞에 가장 가까이 위치해 있는 산을 말
　　　한다. 멀리 있는 산은 조산(朝山)이라함.
1146) 主山(주산) : 풍수에서 혈의 뒤에 높고 크게 솟아 있는 산을 말한다.

한참 묵묵히 계셨다.

말씀하셨다.
"아래는 말이 기니, 내일 덧붙이겠습니다."

151. 마조도일馬祖道一

馬祖, 示衆, 云: "汝等諸人, 各信自心是佛. 此心即佛. 達磨大師, 從南天竺國來至中華, 傳上乘一心之法, 令汝等開悟. 又引『楞伽經』以印衆生心地, 恐汝顚倒不自信此一心之法各各有之. 故『楞伽經』以佛語心爲宗, 無門爲法門, 夫求法者應無所求, 心外無別佛, 佛外無別心. 不取善不捨惡, 淨穢兩邊俱不依怙. 達罪性空, 念念不可得, 無自性故. 故三界唯心, 森羅及萬象, 一法之所印. 凡所見色, 皆是見心, 心不自心, 因色故有. 汝但隨時言說, 即事即理, 都無所礙. 菩提道果, 亦復如是, 於心所生, 即名爲色, 知色空故, 生即不生. 若了此意, 乃可隨時著衣喫飯, 長養聖胎, 任運過時, 更有何事? 汝受吾敎, 聽吾偈曰: 心地隨時說, 菩提亦只寧. 事理俱無礙, 當生即不生."1147)

마조 도일스님1148)이 대중에게 열어 보이셨다.
"대중여러분.
각자 스스로의 마음이 부처님임을 아십시오. 이 마음이 곧 부처님입니다. 달마대사가 남천축국(南天竺國)에서 중국으로 오셔서 최상의 수레(上乘)인 한마음의 법(一心法)을 전하여 여러분으로 하여금 깨달음이 열리게 해주셨습니다.
그리고는 『능가경』1149)을 인용하여1150) 뭇삶들의 마음자리를 인가(印可)해

1147) 『祖堂集』卷第十四, K45-0319. 『景德傳燈錄』卷第六, T51n2076_p0246a04~20. 참조.
1148) 馬祖道一(마조도일) : 황매홍인(黃梅弘忍)-조계혜능(曹溪慧能)-남악회양(南嶽懷讓)-마조도일(馬祖道一). 709~788. 주470) 참조.
1149) 楞伽經(능가경) : 『입능가경』 또는 『대승입능가경』이라고도 한다. 『능가경(楞伽經)』(ⓢLankāvatara-sūtra)은 후기 대승불교의 경전이다. 서기 400년 쯤에 성립되었다. 한역으로는 구나발다라의 송역(宋譯) 4권본인 『능가아발타라보경』과, 보리유지의 위역(魏譯) 10권 18품본인 『입능가경』과, 실차난타의 당역(唐譯) 7권 10품본인 『대승입능가경』의 3종과, 티베트역으로는 법성

주셨으나, 여러분들이 전도(顚倒)1151)되어서 이 한마음의 법(一心法)이 각자
에게 갖추어져 있음을 스스로 믿지 못할까 염려하셨습니다.

　그러므로 『능가경』에서 부처님이 하신 말씀은 마음으로써 궁극(宗)을 삼고,
문 없음(無門)으로써 법의 문(法門)을 삼는다고 할 수 있으니,1152) 법을 구
하는 이라면 반드시 구함이 없어야 하는 것입니다.

　그렇기에 마음 밖에 따로 부처님이 없으며, 부처님 밖에 따로 마음이 없습
니다. 선도 취하지 않고 악도 취하지 않으며, 깨끗함과 더러움 양변을 모두
의지하지 않아야 합니다. 죄의 성품이 공(空)임을 통달하면 순간순간 찾을
수 없으니 스스로의 성품(自性)이 없기 때문입니다. 그러므로 삼계가 오로지

(法成)[쵸스그룹]이 지은 2종류가 현존하는데 그 중에서도 송역 4권본이 가장 원초적인 형태를
전하는 것으로 되어 있다. 그러나 달마대사가 제자인 혜가대사에게 전하였다고 하는 『능가경』과
여기 마조스님이 인용하신 『능가경』은 전해지고 있는 3종의 『능가경』과는 다른 것으로 보인다.

1150) 引(인) : 『조당집』14권에서는 數引(삭인)으로 되어 있다. "자주 인용하여". (K45-0319, 『祖
　　 堂集』卷第十四, 6줄. "數引").

1151) 顚倒(전도) : 앞뒤가 바뀜. 거듭 반복함. 넘어짐. 뒤죽박죽 어수선함. 번뇌.

1152) 以佛語心為宗 無門為法門(이불어심위종 무문위법문) : '以(이)'는 ~써. ~할 수 있다. 뒷 구
　　 절인 '佛語心為宗, 無門為法門'이 『능가경』에 나오는 경문이 아니라 『능가경』의 대지(大旨)를
　　 말씀하셨으므로 以(이)자(字)를 고쳐서는 안 된다고 대혜스님이 설명한다. 학자들이 종종 以(이)
　　 자(字)를 云(운)자(字)로 고쳐서 해석하는 것을 경계한 것이다. 그러나 대혜스님도 접하지 못한
　　 『능가경』이 있었다면 云(운)자(字)가 맞을 수도 있다고 본다. 달마대사가 가져온 『능가경』보다
　　 약 100년전에 이미 담무참이나 구나발타라가 번역한 『능가경』이 있었고 구나발타라의 『능가경』
　　 은 현존한다. 따라서 달마대사는 이 경전과 상이한 『능가경』을 가져왔을 가능성도 있다. (이미
　　 중국에 『능가경』이 있는데 달마대사가 무엇 때문에 또 가져오겠는가?) 달마대사가 가져온 『능가
　　 경』을 누군가 번역하고 선가(禪家)에서 전해져 내려갔다면 云(운)자가 맞을 것이다. 현존하는
　　 《신수장경》의 『경덕전등록』과 《만속장경》의 『천성광등록』, 《고려장경》의 『조당집』 그리고 《건
　　 륭장경》의 『경덕전등록』 등에서는 모두 云(운)으로 되어 있다. (T51n2076_p0246a09, 『景德傳
　　 燈錄』 卷第六. "『楞伽經』 云: '佛語心爲宗.'" X78n1553_p0448c10~11. 『天聖廣燈錄』 卷第八.
　　 "故 『楞伽經』 云: '佛語心為宗.'" K45-0319, 『祖堂集』 卷第十四. "故 『楞伽經』 云: '佛語心爲
　　 宗'. 《乾隆大藏》 139冊, 『景德傳燈錄』 卷第十四, p481, 1줄. "『楞伽經』 云: '佛語心爲宗.'") 구
　　 나발타라의 『능가경』은 4권이 모두 〈一切佛語心品〉으로 구성되어 있어서 '佛語心'이 핵심 내용
　　 임을 가리켜주고 있다. 그리고 「一切佛語心品第一之一」에서는 "일체 모든 부처님께서 말씀하신
　　 핵심은, 능가국 마라야산과 바다에 머무는 모든 대보살을 위하셨습니다. (一切佛語心, 爲楞伽國
　　 摩羅耶山海中住處諸大菩薩.)"라고 하여 '佛語心(불어심)'은 모든 대보살들을 위한 것이라고 설명
　　 하고 있다. 『능가경』 주석서 곳곳에서는 마조스님의 법문을 인용하여 以(이)라고 나온다.
　　 (X17n0325_p0284c18, 『楞伽經纂』 卷第一. "楞伽以佛語心為宗". X17n0326_p0327c17~18,
　　 『觀楞伽阿跋多羅寶經記』 卷第一. "馬大師云: '楞伽以佛語心為宗'.") '佛語心(불어심)'의 해석은
　　 일곱 가지로 할 수 있다. 1, 부처님이 말씀하신 마음. 2, 부처님께서 마음을 말씀하심. 3, 부처
　　 님께서 말씀하시기를, 마음은 4, 부처님께서는 말씀과 마음을, 5, 부처님과 말씀과 마음. 6, 부
　　 처님 말씀은 마음을. 7, 부처님의 말씀과 마음. 8, 부처님 말씀의 핵심. 여기서 네 번째는 말씀
　　 과 마음이 같은 의미로 해석함이고, 다섯 번째는 부처님과 말씀과 마음이 같은 의미로 해석함이
　　 며 여덟 번째는 심(心)을 핵심으로 해석한 것이다.

마음이며, 삼라만상이 한 법에서 새겨진(印) 것입니다.

색(色)을 볼 때, 그것은 모두 마음을 보는 것인데, 마음은 스스로의 마음이 아니라 색(色)을 인해서 존재하기 때문입니다. 여러분이 다만 상황에 맞추어서 말하기만 하면, 사(事)에 즉(卽)하든 이(理)에 즉(卽)하든 아무 걸릴 것이 없을 것입니다.

깨달음으로 증득한 결과(菩提道果)에서도 또한 이와 마찬가지이므로, 마음에서 생겨나온 것을 색(色)이라 하며, 색(色)이 공함을 알기 때문에 생겨나왔지만 곧 생겨나온 것이 아닙니다.

만일 이 뜻을 확실히 알아버리면 옷 입고 밥 먹고 할 때마다 부처님의 씨앗(聖胎)을 길러내고 인연 따라 마음대로 맡겨서 자유자재로 시절을 보내게 될 것이니, 더 이상 무슨 일이 있겠습니까?

여러분이 나의 가르침을 받아들였으면 나의 노래를 들어 보십시오.

마음자리 딱 맞춰 말을 하나니
보리도 역시 또한 이러하다네.1153)
사(事)와 이(理)에 모두 다 걸림 없으니
생겨남이 곧 생겨남 아닌 것이네.

僧問: "如何是修道?" 曰: "道不屬修, 若言修得, 修成還壞, 卽同聲聞. 若言不修, 卽同凡夫." 又問: "作何見解, 卽得達道?" 師曰: "自性本來具足, 但於善惡事中不滯, 喚作修道人. 取善捨惡, 觀空入定, 卽屬造作. 更若向外馳求, 轉疎轉遠. 但盡三界心量, 一念妄心, 卽是三界生死根本. 但無一念, 卽除生死根本, 卽得法王無上珍寶. 無量劫來, 凡夫妄想, 諂1154)曲邪僞, 我慢貢高, 合爲一體. 故『經』云: '但以眾法合爲此身, 起時唯法起, 滅時唯法滅. 此法起時, 不言我起, 滅時不言我滅.' 前念, 後念, 中念, 念念不相待, 念念寂滅, 喚作海印三昧, 攝一切法. 如百千異流同歸大海, 都名海水. 住於一味, 卽攝眾味, 住於大海, 卽混諸流. 如人

1153) 只寧(지녕) : 이와 같이. 이렇게. =지마(只麼). 지마(只摩). 지마(秪麼). 지마(只磨). 지몰(只沒). 지저(只宁). 지임(只恁).

1154) 諂(도)는 諂(첨)의 오자(誤字)로 보인다. (X78n1553_p0449a03, 『天聖廣燈錄』 卷第八. "諂曲邪僞")

在大海中浴, 即用一切水. 所以聲聞悟迷, 凡夫迷悟. 聲聞不知聖心本無地位, 因果, 階級, 心量. 妄想修因證果, 住於空定八萬劫, 二萬劫. 雖即已悟, 悟已却迷. 諸菩薩觀如地獄苦, 沈空滯寂, 不見佛性. 若是上根眾生, 忽爾遇善知識指示, 言下悟去, 更不歷於階級地位, 頓悟本性. 故『經』云: '凡夫有返復心, 而聲聞無也.' 對迷說悟, 本既無迷, 悟亦不立. 一切眾生從無量劫來, 不出法性三昧, 長在法性三昧中著衣喫飯, 言談祇對, 六根運用, 一切施為, 盡是法性. 不解返源, 隨名逐相, 迷情妄起, 造種種業. 若能一念返照, 全體聖心. 汝等諸人, 各達自心, 莫記吾語. 縱饒說得河沙道理, 其心亦不增, 總說不得, 其心亦不減. 說得亦是汝心, 說不得亦是汝心. 乃至分身放光, 現十八變, 不如還我死灰來. 淋過死灰無力, 喻聲聞妄修因證果, 未淋過死灰有力, 喻菩薩道業純熟, 諸惡不染. 若說, 如來權敎三藏, 河沙劫說不盡, 猶如鉤鎖, 亦不斷絕. 若悟聖心總無餘事. 久立. 珍重!"1155)

어떤 스님이 여쭈었다.
"어떤 것이 도를 닦는 것입니까?"
"도는 닦는 데 속하지 않습니다. 만일 닦아서 완성한다고 한다면 닦아서 이루었으니 도로 부서져 곧 성문(聲聞)과 같아질 것이다. 만일 닦지 않는다 하면 곧 범부와 같을 것입니다."

또 여쭈었다.
"어떻게 앎을 드러내야만 도를 이룰 수 있겠습니까?"
스님께서 말씀하셨다.
"자신의 성품(自性)은 본래부터 완벽하게 갖추어져 있기에 그저 선과 악의 일에 걸려 있지만 않으면 도를 닦는 사람이라 할 수 있을 것입니다.

그러나 선을 취하고 악은 버리고서 공(空)을 관(觀)하여 선정에 들어가면 곧 지어냄에 속합니다. 거기에다 만일 밖으로 내달려 구한다면 더욱 성글어지고 더욱 멀어질 것입니다.

그러므로 다만 삼계의 심량(心量)1156)을 모두 다 비워야만 합니다. 한 생각의 망령된 마음이 삼계를 생사윤회(生死輪廻)하는 근본이기에, 다만 한 생

1155) 『天聖廣燈錄』 卷第八, X78n1553_p0448c07~p0449b01. 참조.
1156) 心量(심량) : 마음이 착각을 일으켜서 가지가지 바깥 경계를 헤아리는 것.

각이 없으면 곧 생사의 근본이 사라지며 부처님의 위없는 보배를 얻게 될 것입니다.

한량없는 세월을 지내오면서 범부들은 망령된 생각으로 아첨하는 사악한 거짓, 아만(我慢)으로 잘난 체함이 합하여 한 덩어리가 되어 버렸습니다.
그러므로 『경』1157)에서 말씀하셨습니다.
'여러 법이 모여 이 몸을 이루었기 때문에 일어날 때는 오직 법이 일어날 뿐이며, 없어질 때도 오로지 법만 사라질 뿐이다. 그러므로 이 법이 일어날 때 〈나〉가 일어난다고 하지 않으며, 사라질 때도 〈나〉가 사라진다고 하진 않는다.'1158)

앞생각(前念)·뒷생각(後念)·가운데생각(中念)에서 생각 생각이 서로 의지하지 않아서 생각 생각이 고요함(寂滅)을 해인삼매(海印三昧)1159)라고 부르는데, 그것은 일체법(一切法)을 모두 다 거둬들입니다. 그것은 마치 백 천 가지 여러 갈래 다른 물줄기들이 함께 큰 바다로 돌아가면 모두 바닷물이라 이름하는 것과 같습니다.
한 맛(一味)에 여러 맛을 거둬들이고 큰 바다에 곧 모든 물줄기들이 섞여 들어갑니다. 이것은 마치 사람이 큰 바다에서 목욕을 하면 곧 일체의 모든 물을 다 쓰는 것과 같습니다.

그러므로 성문은 깨달았다가 미(迷)해지고 범부는 미(迷)에서 깨닫게 되는 것입니다. 성문은 성인의 마음에는 본래 수행지위·인과·단계 등의 심량(心量)이 없음을 모릅니다.
그리하여 망(妄)의 생각으로 인(因)을 닦아 과(果)를 증득하고, 팔만겁(八萬劫)·이만겁(二萬劫) 동안을 공삼매(空定)1160)에 머무르니, 비록 이미 깨닫긴

1157) 『유마힐소설경(維摩詰所說經)』을 말함.
1158) 『유마경』에 나오는 법문이다. (T14n0475_p0545a03~06, 『維摩詰所說經』 卷中. 「文殊師利問疾品」 第五. "但以衆法合成此身, 起唯法起滅唯法滅. 又此法者各不相知, 起時不言我起, 滅時不言我滅.")
1159) 海印三昧(해인삼매) : 주574) 참조.
1160) 空定(공정) : 한결같이 마음을 모아 일체 모든 것이 인연으로 생기(生起)하므로 주객(主客)과 실체자성(實體自性)이 없어 공(空)임을 관(觀)하여 성취하는 삼매로서 삼삼매(三三昧)[공삼매(空三昧), 무상삼매(無相三昧), 무원삼매(無願三昧)]의 하나이다. 이 삼매는 유루정(有漏定)이다. 이

했으나 깨닫고 나서는 도리어 다시 미(迷)해집니다.

또한 모든 보살들도 저 지옥 고통을 관(觀)하여 공(空)에 빠지고 적(寂)에 머물러 부처님의 성품을 드러내지 못합니다. 만일 상근기의 삶들이라면 문득 선지식의 가르침을 만나 말이 끝나자마자 깨닫는데, 다시는 단계와 지위를 지내지 않고서 본래 성품을 몰록 깨닫는 것입니다.

그러므로 『경』에서 말씀하셨습니다. '범부에게서는 반복하는 마음이 있지만 성문에게는 없다'1161) 이렇게 미(迷)에 상대하여 깨달음을 말하였지만 본래부터 이미 미(迷)가 없었으므로 깨달음도 성립될 수가 없는 것입니다.

일체 뭇삶들은 한량없는 세월 동안을 법성삼매(法性三昧)1162)를 벗어난 적이 없습니다. 항상 법성삼매 속에 있으면서 옷 입고 밥 먹으며 말하고 응답하는 육근(六根)의 운용과 일체의 행위들이 모두 다 법의 체성입니다.

그러나 근원으로 돌아갈 줄 알지 못하고 이름을 따르고 모양을 좇으므로 미(迷)한 뜻이 허망하게 일어나 가지가지 업을 짓습니다. 만일 한 순간 돌이켜 들여다본다면(返照) 완벽하게 전체 그대로가 성인의 마음입니다.

대중 여러분들은 각자 자기 마음을 요달할 것이지 나의 말을 새겨두지 말아야 합니다. 설사 항하사만큼의 도리를 꺼내어 잘 말한다 하더라도 그 마음은 늘어나는 것이 아니며, 설사 꺼내어 말하지 못한다 해도 그 마음은 또한 줄어드는 것이 아닙니다. 말을 꺼내는 것도 또한 여러분들의 마음이며, 말을 꺼내지 않음도 역시 여러분들의 마음입니다. 또 몸을 나누어서 화현(化現)하고 광명을 뻗치며 열여덟 가지 신통변화1163)를 나타낸다 해도 나에

에 반해 무루정(無漏定)은 열반이다.
1161) 『유마경』「불도품」에 나오는 법문이다. (T14n0475_p0549b22~23, 『維摩詰所說經』「佛道品」第八. "凡夫於佛法有返復, 而聲聞無也.")
1162) 法性三昧(법성삼매) : 법의 성품과 하나가 되는 삼매. 궁극의 경지로 부처님만이 갖춘 삼매이다.
1163) 十八變(십팔변) : 변(變)은 신변(神變)을 말하는데 부처님과 보살 등이 삶들을 교화하고자하여 신통력으로 가지가지의 모습과 동작을 드러내는 것을 말한다. 『유가사지론(瑜伽師地論)』 37권에서는 18가지의 부사의한 신변(神變)을 열거한다. 곧, 진동(震動) ·치연(熾然)·유포(流布)·

게 불이 꺼져 차디찬 재를 갖다 주는 것만 못합니다.

소낙비가 지나간 뒤에 차디찬 재에 불기운이 남아 있지 않은 것은 성문이 허망하게 인(因)을 닦아 과(果)를 증득함에 비유되고, 소낙비가 아직 지나지 않아 차디찬 재에 불기운이 남아 있는 것은 보살이 도(道)의 실행에 정통하여 모든 악에 물들지 않음에 비유할 수 있습니다.

만일 여래의 방편의 가르침인 삼장(三藏)을 말하려고 한다면, 항하사 겁 동안 꺼내어 말하여도 다하지 못하는 것이 마치 쇠사슬이 끊어짐이 없는 것과 같습니다. 만일 부처님의 마음을 깨닫는다면 군더더기 일이 전혀 없게 될 것입니다.

오랫동안 서 있게 하였군요. 잘들 살피시오!"

妙喜曰: "予建炎中首眾甌峯時, 首座寮有洞山聰禪師所集『禪門宗要』『祖堂』二錄. 『宗要』末上以石頭, 馬祖二師語為準式, 故馬祖'示眾篇'其略云: '故『楞伽經』以佛語心為宗無門為法門.' 則知後人錯以以字為云字無疑. 後永明壽禪師, 天衣懷禪師於『宗鏡』,『通明』二集中因之. 後之學者不本來由, 往往皆以以字為云字, 更於經中求'佛語心為宗無門為法門'之語, 良可笑也. 豈不知『楞伽經』乃'佛語心'一品耳? 馬師云: '故『楞伽經』以佛語心為宗, 無門為法門.' 此二句, 皆馬祖指經大旨, 非經語也. 天衣云: '無門之門, 直須得門入始得.' 此乃天衣指馬師'無門之門'之語, 亦非經語也. 然『宗鏡』,『通明』, 二聖師所集, 未必皆錯, 恐後來傳者之誤耳.
諺云: '一字三寫, 烏焉成馬.' 信然. 博達之士, 如閱『楞伽』果無'佛語心為宗, 無門為法門'之語, 則當以聰禪師『宗要』所載為正?"

묘희스님이 말씀하셨다.

"내가 건염(建炎)[1164] 연간에 처음으로 구봉(甌峯)에서 주지를 할 때에 수

시현(示現)·전변(轉變)·왕래(往來)·권(卷)·서(舒)·중상입신(眾像入身)·동류왕취(同類往趣)·현(顯)·은(隱)·소작자재(所作自在)·제타신통(制他神通)·능시변재(能示辯才)·능시억념(能示憶念)·능시안락(能示安樂)·방대광명(放大光明)의 18가지이다. (T30n1579_p0491c06~12, 『瑜伽師地論』卷第三十七,「本地分中菩薩地第十五初持瑜伽處威力品」第五. "謂十八變, 一者振動, 二者熾然, 三者流布, 四者示現, 五者轉變, 六者往來, 七者卷, 八者舒, 九者眾像入身, 十者同類往趣, 十一者顯, 十二者隱, 十三者所作自在, 十四者制他神通, 十五者能施辯才, 十六者能施憶念, 十七者能施安樂, 十八者放大光明.")

1164) 建炎(건염) : 1127년 5월~1130년. 남송 고종황제의 첫 번째 연호. 여진족이 세운 금나라가

좌의 요사(寮舍)에 동산 효총스님1165)이 편집하신 『선문종요(禪門宗要)』1166)
와 『조당집(祖堂集)』1167)이 있었다. 『종요(宗要)』의 끄트머리에는 석두스님과
마조스님 두 선사의 말씀을 표준양식으로 삼은 것이 있었는데 마조스님의
「시중편(示眾篇)」이 간략하게 씌어져 있었다.
 '그러므로 『능가경』에서 부처님의 말씀은 마음으로써 궁극을 삼고 문 없음
으로써 법문을 삼는다'.
 이것으로 후인들이 이자(以字)를 운자(云字)로 잘못 썼다는 데에 의심의 여
지가 없음을 알았다.

 뒤에 영명 연수스님1168)의 『종경록(宗鏡錄)』1169)과 천의 의회스님1170)의

북송의 수도 개봉을 함락시키자 강남으로 피신하여 회하 이남의 땅 임안(항저우)에서 남송을 건
국하고 연호를 건염(建炎)이라하였다.
1165) 洞山曉聰(동산효총) : 운문문언(雲門文偃)-원명연밀(圓明緣密)-문수응진(文殊應眞)-동산효총
(洞山曉聰). ?~1030. 주272) 참조.
1166) 禪門宗要(선문종요) : 『산암잡록(山菴雜錄)』에 설산조담(雪山祖曇)스님이 송(宋) 순우(淳祐)
연간(1241~1252년)에 태주(台州) 서암사(瑞岩寺)에서 지은 것이라고 한다. (『山菴雜錄』卷之上,
X87n1616_p0116_p0116b03~04. "禪門宗要者, 乃雪山曇公之所作也. 雪山於宋淳祐間, 依方山
禪師于台之瑞岩.") 총 10권으로 이루어 졌는데 후대에 천의업해(天衣業海)스님이 간행하였다고
한다. 소실되어 현존하지 않는다.
1167) 祖堂(조당) : 『조당집(祖堂集)』. 중국 오대(五代) 남당(南唐) 보대(保大) 10년(952)에 천주(泉
州) 초경원(招慶院)에서 정(靜)과 균(筠)스님이 펴낸 선어록서(禪語錄書)이다. 이 선어록은 중국
에서는 일찍이 유실되었지만 합천 해인사에서 《대장경(大藏經)》의 보판으로 판각되어 있는 것이
발견되어 다시 알려지게 되었다. 현존하는 선어록 가운데 가장 오래된 것으로 구어체(口語體)로
되어 있어 매우 중요한 자료이다. 이 책은 문답과 게송(偈頌), 시중(示衆) 등을 중점적으로 다루
어 기술하였다.
1168) 永明延壽(영명연수) : 나한계침(羅漢桂琛)-법안문익(法眼文益)-천태덕소(天台德韶)-영명연수
(永明延壽). 904~975. 법안종 3조이며 정토종 6조이다. 본래 강소성 단양사람이었으나 후에 전
당(錢塘)[절강성 항주]으로 이주하였다. 속성은 왕씨(王氏). 자는 중현(仲玄) 또는 충원(沖元) 호
는 포일자(抱一子)다. 16세에 오월왕(吳越王)에게 『재천부(齋天賦)』를 지어 올렸다. 28세에 오월
국의 화정(華亭)[강소성 송강]의 진장(鎭將)이 되어 군수물자를 조달하는 관리로 재직하면서 임
의로 창고의 재물을 팔아서 동물들을 사서 방생하였다. 이 때문에 사형을 받게 되자, 오월왕 원
관(元瓘)이 사람을 보내 얼굴색이 변하면 죽이고 변하지 않으면 석방을 해주라고 하였다. 스님
이 안온한 모습으로 두려워하는 모습이 보이지 않자 왕이 풀어주고 출가를 허용하였다. 그러자
절강성 사명산(四明山)의 용책사(龍冊寺) 취암 영참스님에게 출가하였다. 뒤에 천태산 덕소국사
에게 참례하여 현지를 깨달았다. 건륭(建隆) 2년(961) 오월왕 전숙(錢俶)의 청으로 영명대도량
(永明大道場)으로 옮겨 대중을 접화하니 세상에서 그를 영명대사(永明大師)라고 일컬었다. 스님
은 선정쌍수(禪淨雙修)의 도를 제창하였다. 스님은 인도와 중국의 성현 200인의 저서를 모아
『종경록(宗鏡錄)』 100권을 완성하였다. 개보(開寶) 8년에 세수 72세로 입적하였다. 법호는 지각
선사(智覺禪師)이다. 『종경록(宗鏡錄)』 100권, 『만선동귀집(萬善同歸集)』 6권, 『신서안양부(神栖
安養賦)』 1권, 『유심결(唯心決)』 1권, 『주심부(注心賦)』 4권, 『경세(警世)』, 『관심현추(觀心玄
樞)』 1권, 『정혜상자가(定慧相資歌)』등을 남겼다.

『통명집(通明集)』1171)에서도 이 법문을 인용하였다. 후대의 학자들이 본래의 연유를 알지도 못하면서 자주 이자(以字)를 운자(云字)로 삼고서 다시 경 속에서 '부처님이 말씀하신 마음으로써 궁극을 삼고 문 없음으로써 법문을 삼는다'라는 구절을 찾으니 참으로 우스운 일이다.

『능가경』에서는 '부처님이 말씀하신 마음' 하나 뿐임을 어찌 모르는가? 마조스님이 '그러므로 『능가경』에서 부처님이 말씀하신 마음으로써 궁극을 삼고 문없음으로써 법문을 삼는다'고 하신 이 두 구절은 마조스님이 『능가경』의 요지(大旨)를 가리키신 것이지, 경문의 말씀이 아닌 것이다.

천의 의회스님이 '문 없음의 문은 반드시 문을 깨달아 들어가야만 된다'고 말씀하신 것은 마조스님의 '문 없음의 문'의 말씀이 경에 나오는 말이 아님을 가리켜 주시는 것이다.

그렇지만 『종경록』과 『통명집』에서 두 선사가 인용하실 때 꼭 실수 하신 것이 아니며1172) 아마도 뒤에 전하는 이들이 잘못하지 않았을까 한다.

1169) 『종경록』 권1과 권100에 나온다. "『능가경』에 말씀하시기를, '부처님의 말씀은 마음으로써 궁극(宗)을 삼고 문없음으로써 법의 문을 삼는다'고 하셨다. 무슨 까닭에 부처님의 말씀은 마음으로써 종을 삼는 것인가? '부처님 말씀 마음'이라함은 즉심(卽心이 곧 부처님이라는 것이요, 지금 말하는 이것이 곧 마음의 말(心語)이라는 것이다. 때문에 이르기를, '부처님의 말씀은 마음으로써 종을 삼는다'고 한 것이다. 문 없음으로써 법의 문을 삼는다고 함은, 본성이 공함을 통달하면 다시는 하나의 법도 없어서 성품 스스로가 문이다. 성품에는 상(相)도 없고 또한 문도 없다. 그렇기에 이르기를, '문 없음으로써 법의 문을 삼는다'고 한 것이다." (T48n2016_p0418b15~19, 『宗鏡錄』 卷第一. "『楞伽經』云: '佛語心爲宗, 無門爲法門.' 何故佛語心爲宗? 佛語心者, 卽心卽佛, 今語卽是心語. 故云: '佛語心爲宗.' 無門爲法門者, 達本性空, 更無一法, 性自是門. 性無有相, 亦無有門. 故云: '無門爲法門.'") "그러므로 『능가경』에서 마음으로써 정종(正宗)을 삼았다. 그렇기에 '부처님의 말씀은 마음으로써 종(宗)을 삼고 문없음으로써 문을 삼는다'고 하신 것이다. 마음이라고 말한 것은 '부처님 말씀 마음'을 말한다. 종(宗)이라고 말한 것은 마음의 실처(實處)이다." (T48n2016_p0953a07~09, 『宗鏡錄』 卷第一百. "所以楞伽經, 以心爲正宗. 故云: 佛語心爲宗, 無門爲法門. 所言心者, 謂佛語心. 所言宗者, 謂心實處.")

1170) 天衣義懷(천의의회) : 운문문언(雲門文偃)-향림징원(香林澄遠)-지문광조(智門光祚)-설두중현(雪竇重顯)-천의의회(天衣義懷). 주425) 참조.

1171) 천의 의회스님의 『통명집』은 현존하지 않은 듯하다. 『가태보등록』 2권에 스님이 집필하였다는 글이 나온다. "또 고금의 존숙들의 깨달음 인연을 찾아 모아서 『통명집』이라고 하였는데 세상에서 많이 읽혔다." (X79n1559_p0298b21~22, 『嘉泰普燈錄』 卷第二. "又撫古今尊宿契悟因緣, 號『通明集』, 盛行於世.")

1172) 영명 연수스님이 『종경록』에서 '云'자를 넣지 않았음을 유추할 수 있는 근거로는 또 다른 저술인 『주심부(註心賦)』 권1에 "『능가경』은 부처님이 말씀하신 마음을 종(宗)으로 하며, 무문(無

속담이 있다.
'한 글자를 세 번 베끼면 오(烏)와 언(焉)이 마(馬)가 된다.'
　바로 이 속담이 그러함을 말해주는 것이다. 박문통달(博聞通達)한 선비가 만일 『능가경』을 열람하여 볼 때에, '부처님이 말씀하신 마음으로써 궁극을 삼고 문 없음으로써 법문을 삼는다'는 구절이 없다면 당연히 동산 효총스님 의 『선문종요』에 실린 것으로 준거를 삼지 않겠는가?"

門)을 법문(法門)으로 한다."(X63n1231_p0082a07, 『註心賦』卷第一. "『楞伽經』, 佛語心為宗, 無門為法門.")라고 쓴 것을 보면 알 수 있다.

152. 신정홍인神鼎洪諲

神鼎諲和尚, 示眾, 擧: 僧問首山: '一毫未發時如何?' 曰: '路逢穿耳客.' 云: '發後如何?' 曰: '不用更遲疑.' 曾有僧問神鼎: '一毫未發時如何?' 向伊道: '白雲嶺上.' 云: '發後如何?' 曰: '澗下水流.' 若是前來兩轉語, 有可咬嚼, 東看西看. 若是神鼎遮語, 如喫木札瓦片相似, 實無滋味, 直是自見自悟始得. 會麼? 天高東南, 地傾西北."1173)

신정 홍인스님1174)이 대중에게 열어 보이셨다.
"어떤 스님이 수산 성념스님1175)께 여쭈었습니다.
'털끝만치도 드러나지 않았을 때는 어떠합니까?'
말씀하셨습니다. '길에서 귀 뚫은 손님1176)을 만난다.'
말했습니다. '드러났을 때는 어떠합니까?'
말씀하셨습니다. '다시는 굼뜬 질문을 하지 마라.'

일찍이 어떤 스님이 이 신정(神鼎)에게 물었습니다.
'털끝만치도 드러나지 않았을 때는 어떠합니까?'
그에게 말해주었습니다. '흰 구름이 산봉우리 위로 흘러간다.'
말했습니다. '드러났을 때는 어떠합니까?'
말해주었습니다. '산골짜기 아래로 시냇물이 흐른다.'

이와 같은 앞의 두 전어(轉語)1177)는 여기 저기1178) 잘 음미하여 볼 만합

1173) 『禪門拈頌集』 卷第二十九, K46-0475, 1329則. 『古尊宿語錄』 卷第二十四, 「潭州神鼎山第一代諲禪師語錄」, X68n1315_p0160a10~15. 참조.

1174) 神鼎洪諲(신정홍인) : 보응혜옹(寶應慧顒)-풍혈연소(風穴延沼)-수산성념(首山省念)-신정홍인(神鼎洪諲). 신정 홍인선사는 두 분이 나온다. 한 분은 당나라 때 경산홍인(徑山洪諲)선사로서 오흥(吳興) 출신이며 속성은 오씨(吳氏)이다. 위산 영우스님의 법을 이었다. 또 한 분은 북송시대 스님으로 양수(襄水) 출신이고 속성은 호씨(扈氏)이다. 수산 성념선사의 법을 이었다. 여기서는 후자로, 곧 수산 성념선사의 법을 이은 신정 홍인대사이다.

1175) 首山省念(수산성념) : 흥화존장(興化存獎)-보응혜옹(寶應慧顒)-풍혈연소(風穴延沼)-수산성념(首山省念). 926~993. 주927) 참조.

1176) 穿耳客(천이객) : 인도인을 뜻하나 특히 달마대사를 말함. 오도(悟道)한 납승(衲僧)을 일컬음.

1177) 轉語(전어) : 깨달음의 계기가 될 수 있는 말씀. 심기(心機)를 뒤집어버릴 수 있는 말씀. 중

니다.

이러한 신정(神鼎)의 '이 말'은1179) 나뭇개비나 기와조각을 먹는 것과 같아
실로 아무런 맛이 없어서 스스로 보고 스스로 깨달아야만 됩니다.

알겠습니까?

하늘은 동남향으로 높고, 땅은 서북쪽으로 기울어졌구나."

153. 천의의회天衣義懷

天衣懷和尚, 示眾, 云: "二千年前, 大覺世尊欲將諸聖眾往第六
天上說『大集經』, 勑佗方此土, 人間天上一切獰惡鬼神悉皆集會,
受佛付囑, 擁護正法. 設有不赴者, 四天門王飛熱鐵輪追之令集.
旣集會已, 無有不順佛勑者. 各發弘誓, 擁護正法, 唯有一魔王謂
世尊曰: '瞿曇, 我待一切眾生成佛盡, 眾生界空, 無有眾生名字,
我乃發菩提心.' 臨危不變, 真大丈夫. 諸仁者. 作麼生著得一轉語, 與黃面瞿曇出
氣? 尋常神通妙用, 智慧辯才, 到此總使不著. 盡閻浮大地人無不愛佛, 到遮裏, 何
者是佛? 何者是魔? 還有人辨得麼?" 良久. 云: "欲識魔麼? 開眼見明. 欲識佛
麼? 合眼見暗. 魔之與佛, 以拄杖一時穿却鼻孔."
妙喜曰: "天衣老漢恁麼批判, 直是奇特. 雖然如是, 未免話作兩橛. 若向'何者是
佛?' '何者是魔?'處, 便休去. 不妨使人疑著. 却云: '欲識魔麼? 開眼見明. 欲識佛
麼? 合眼見暗.' 郎當不少. 又云: '魔之與佛, 以拄杖一時穿却鼻孔.' 雪上加霜.
妙喜却為黃面老子代一轉語. 待遮魔王道: '眾生界空無有眾生名字, 我乃發菩提
心.' 只向佗道: '幾乎錯喚你作魔王?' 此語有兩負門. 若人點檢得出, 許你具衲僧
眼."1180)

<hr>

요한 말씀. 상황에 잘 맞추어 선요(禪要)를 깨닫게 하는 언어.
1178) 東看西看(동간서간) : 이리 저리 두리번두리번 주의 깊게 살펴 봄.
1179) 遮語(차어) : ①이 말(這語). ②격외의 말(遮詮). ③입술을 가리고 하는 말.
1180) 『禪門拈頌集』卷第一, K46-0015, 23則. 『聯燈會要』卷第一, X79n1557_p0013c09~20. 참
조.

천의 의회스님1181)이 대중에게 열어 보이셨다.

"이천 년 전에 큰 깨달음이신 세존께서 여러 성중들을 데리시고 제6
천1182) 위로 가셔서 『대집경(大集經)』1183)을 설하려고 하시고는, 다른 세계
나 이 세간에 있는 인간과 천상의 일체 흉악한 귀신들이 다 모이게 하시어
부처님의 부촉을 받고 바른 법을 옹호케 하셨습니다. 설사 나오지 않는 자
가 있다 하더라도 사천왕이 뜨거운 무쇠 바퀴를 날려 쫓아가서 모이게 하
였습니다. 이미 모임에 모이고 나서는 부처님의 가르침을 따르지 않은 자가
없었습니다. 그리고 각기 큰 서원을 세워서 바른 법을 옹호하겠다고 하였지
만 오직 한 마왕만이 세존께 말씀드렸습니다.

'고오타마시여, 제가 일체 뭇삶이 다 성불이기를 기다려 왔으니, 뭇삶의
세계가 공(空)하여 뭇삶이라는 이름조차 없으면, 제가 보리심을 드러내려 합
니다.'1184)

위난(危難)에 직면하여도 변치 않아야만 참대장부입니다.

여러분.

어떻게 일전어(一轉語)1185)를 갖추어서 누런 얼굴의 고오타마(黃面瞿曇)가
나오게 하겠습니까? 일상의 신통묘용과 지혜변재가 여기에 이르러서는 전혀
붙을 수가 없습니다. 염부제의 모든 사람들이 부처님을 사랑하지 않을 수
없으니 '여기'에 이르러 어떤 것이 부처님입니까? 어떤 것이 마(魔)입니까?
누가 가려내보겠습니까?"

한참 묵묵히 계셨다.

1181) 天衣義懷(천의의회) : 운문문언(雲門文偃)-향림징원(香林澄遠)-지문광조(智門光祚)-설두중현
  (雪竇重顯)-천의의회(天衣義懷). 주425) 참조.
1182) 第六天(제육천) : 욕계의 여섯 번째 하늘로 타화자재천(他化自在天)을 말한다.
1183) 大集經(대집경) : 『대집경(大集經)』은 17품 60권으로 구성되어 있다. 대방등(大方等)이라 함
  은 대승경전을 통틀어 말하는 것이며, 대집(大集)은 많이 모았다는 말로서 곧 대승경전의 교리
  를 많이 모았다는 뜻이 된다. 북량(北涼)의 담무참(曇無懺)을 비롯하여 여러 명이 편찬한 것을
  수나라 승취(僧就)가 580년 경에 이 경전을 완성하고자 하여 담무참의 『대집경』에다가 「일장분」
  이하의 30여 권을 더해서 편찬하여 지금의 『대방등대집경』이 되었다.
1184) 『대방등대집경』에는 이 구절이 나오지 않고 『불조강목』 제3권에 나온다. (X85n1594_p0567
  b16~21, 『佛祖綱目』 卷第三. 참조.)
1185) 一轉語(일전어) : 깨달음의 계기가 될 수 있는 한 말씀. 심기(心機)를 뒤집어버릴 수 있는 말
  씀. 중요한 말씀. 상황에 잘 맞추어 선요(禪要)를 깨닫게 하는 언어.

말씀하셨다.

"마(魔)를 알고 싶습니까? 눈을 뜨면 명백하게 보입니다. 부처님을 알고 싶습니까? 눈을 감으면 깜깜합니다. 주장자로 한꺼번에 마(魔)와 부처님의 콧구멍을 뚫어버리겠습니다."

묘희스님이 말씀하셨다.

"천의 노스님이 이렇게 비판하시니 참으로 기특하다. 하지만 두 토막을 내어 말함을 면하지 못하였다.

만일 '어떤 것이 부처님인가?' '어떤 것이 마(魔)인가?'라고 하는 곳에서 문득 쉬었더라면 사람들이 의심하는 정도로 무방하였을1186) 것이다. 하지만 '마(魔)를 알고 싶은가? 눈을 뜨면 명백하게 보인다. 부처님을 알고 싶은가? 눈을 감으면 깜깜하다.'라고 한 것은 말이 너무 많았다.1187) 또, '주장자로 한꺼번에 마(魔)와 부처님의 콧구멍을 뚫어버리겠다'함은 설상가상이다.

이 묘희가 황면노자 대신에 일전어(一轉語)를 말하겠다.

'뭇삶의 세계가 공(空)하여 뭇삶이라는 이름조차 없으면, 제가 보리심을 드러내려 합니다.'라고 한 마왕의 말을 기다려서 곧장 그를 향해 말할 것이다.

'그대를 거의 마왕이라고 잘못 부를 뻔했다.'

하지만 이 말도 두 곳에서 패배하였다.1188) 만일 누가 점검하여 꺼내 보인다면 그가 납승의 눈을 갖추었다고 인정해주겠다."

1186) 不妨(불방) : =무방(無妨). 무방하다. 괜찮다. 상관없다. 뜻밖에. 대단히.

1187) 郎當(낭당) : 말이 간단명료하지 않음. 명쾌하지 않음. 옷이 헐렁헐렁하여 몸에 맞지 않음. 무너져서 못쓰게 됨. 초라함. 낭패스러움. 곤궁해짐. 지쳐서 무기력한 모양. 극도로 피로한 모양. 칠칠치 못함. 못남. 죄인에게 채우는 쇠사슬. 빗을 깨끗이 하는 기구. 금속이 부딪치는 소리, 쨍그랑. 어지럽다. 혼란스럽다.

1188) 負門(부문) : 논쟁에서 패배함. (T25n1509_p0062a08~09, 『大智度初序品中緣起義釋論』第一(卷第一) "佛置我着二處負門中")

154. 천태덕소天台德韶

韶國師, 示眾, 云: "真宗不二, 萬德無言. 正當明時, 如王寶劍. 所以如來於一切處成等正覺, 於刀山劍樹上成等正覺, 於鑊湯鑪炭裏成等正覺, 於棒下成等正覺, 於喝下成等正覺. 所以一動一靜, 一去一來, 一生一滅, 未曾有纖毫異相, 未曾有纖毫別相, 更無毫釐絲髮許作見聞心識解會. 何故? 諸仁者. 誠謂是非路絕妙性天機. 所以云: 汝生我亦生, 汝殺我亦殺. 生殺輪王機, 交馳如電掣."1189)

천태 덕소스님1190)이 대중에게 열어 보이셨다.

"진정으로 궁극적인 자리에서는 둘이 아니며 수많은 덕성(德性)은 언어를 떠나 있습니다. 딱 맞춰 밝음을 만나면 왕의 보배 칼1191)과 같습니다. 그렇기에 여래께서는 일체의 모든 곳에서 등정각(等正覺)1192)을 이루고 계시며

1189) 『聯燈會要』 卷第二十七, X79n1557_p0237c05~11. 참조.

1190) 天台德韶(천태덕소) : 현사사비(玄沙師備)-나한계침(羅漢桂琛)-법안문익(法眼文益)-천태덕소(天台德韶). 891~972. 처주(處州)[절강성 여수] 용천(龍泉) 출신. 속성은 진씨(陳氏). 17세에 용귀사(龍歸寺)로 출가. 18세에 신주(信州) 개원사(開元寺)에서 구족계를 받았다. 스님은 제방을 널리 참학하다가 용아거둔선사(龍牙居遁禪師)에게 참알하였다. 처음 만나자 용아스님에게 물었다. "영웅 가운데 영웅이신 지존을 어째서 가까운 데서 얻지 못합니까?" 용아스님이 말했다. "불이 불을 주는 것과 같다." 물었다. "곧바로 물을 가져오면 어떻습니까?" 말했다. "꺼져! 너는 내말을 알아듣지 못했다." 물었다. "하늘은 아래를 덮지만 땅은 싣지를 않습니다. 이 이치가 어떠합니까?" 말했다. "도인은 반드시 이와 같아야만 한다." 덕소스님이 이와 같이 17차례나 물었으나 용아스님은 시종일관 한결같이 이와 같이 답할 뿐이었다. 덕소스님이 결국 그 뜻을 밝히지 못하고 용아스님에게 가르침을 구하니, 말했다. "도인아. 이후로는 스스로 알아야 할 것이다." 덕소스님이 후에 통현봉에 이르러서 하루는 목욕을 하면서 용아스님의 대답을 생각하다가 홀연히 깨달았다. 이에 곧 위의를 갖추고 멀리 용아스님을 향하여 분향하고 가르침에 감사하면서 절을 올렸다. 그리고 혼자 말했다. "당시에 만일 나에게 자세히 말씀하셨다면 오늘 틀림없이 잘못되었을 것이다." 이후로 스님은 54명의 선지식들을 참배하였으나 법연(法緣)이 맞지를 않아서 철저한 깨달음을 얻지 못하였다. 그러다가 임천에 주석하고 있는 법안 문익선사의 회상에 합류하였다. 하루는 법안스님이 상당설법을 하는데 어떤 스님이 여쭈었다. "어떤 것이 조계의 근원적 한 방울 물입니까?" 법안스님이 답하였다. "이것이 조계의 근원적 한 방울 물이다." 그 스님이 한 번 듣고는 그 뜻을 알지 못하고서 망연히 물러갔다. 그때에 덕소스님이 옆에서 앉아 있다가 법안스님의 회답하는 말을 듣고는 그 자리서 활연대오하여 평생의 응어리가 얼음 녹듯 모두 녹아 버렸다. 그리고 곧바로 법안스님에게 말씀드리니, 말하였다. "너는 향후에 국왕의 스승이 되어 조사의 도를 크게 빛나게 하리라. 나는 따라가지도 못하겠지만." 덕소스님이 철저한 깨달음을 이룬 후 얼마 지나지 않아서 절강으로 돌아가 천태산을 유람하다가 천태 지자대사의 유적을 보게 되었는데 마치 옛적에 살았던 느낌을 받았다. 이로 인하여 지자대사와 '천태'라는 호를 같이 하게 되었는데 사람들이 지자대사(智者大師)의 후신이라고 일컬었다. 송태조(宋太祖) 개보(開寶) 5년 세수 82세로 입적하였다.

1191) 如王寶劍(여왕보검) : 주135) 참조.

검수도산(劍樹刀山)1193) 지옥에서 등정각을 이루고 계시며, 확탕로탄(鑊湯鑪炭)1194) 지옥 속에서 등정각을 이루고 계시며, 방망이에 맞는 자리에서도 등정각을 이루고 계시며, 할(喝)하는 자리에서도 등정각을 이루고 계십니다.

그러므로 움직임과 고요함, 가고 옴, 생겨나고 없어짐에 있어서 일찍이 털끝만큼도 다른 모양1195)이 없었으며, 털끝만큼도 차별상1196)이 없었으며, 털끝 실오라기만큼도 보고 듣는 심식(心識)1197)으로 아는 것을 허락하지 않았습니다. 무슨 까닭이겠습니까?
 여러분.
 참으로 옳고 그름의 길이 끊어진 미묘한 성품의 하늘 기봉(機鋒)1198)이라고 할 것입니다. 그러므로 말합니다.

그대들이 나오니 나도 나오고
그대들이 죽으니 나도 죽는다.

1192) 等正覺(등정각) : 삼먁삼붇다(Ⓢsamyaksaṃbuddha). 부처님의 십호(十號) 가운데 하나이다. 정변지(正遍知), 정변각(正遍覺), 정등각(正等覺)이라고도 번역한다. 무상정등정각(無上正等正覺), 곧 아누타라삼먁삼붇다(Ⓢanuttara-samyak-saṃbuddha)의 준말이다. 궁극적 깨달음을 말한다.

1193) 刀山劍樹(도산검수) : 칼산지옥과 칼나무지옥. 칼산지옥은 칼을 수없이 많이 세워놓아 산을 만들어 놓은 지옥으로 옥졸이 죄인을 이 산에다 던지면 온 몸이 갈기갈기 베어져버린다고 한다. 또 이 칼산 위에 아름다운 미녀가 있어서 죄인을 유혹하면 산위로 오르고 다시 미녀가 산 아래로 가서 유혹하면 죄인은 또 산 아래로 내려가고 하여 오르락내리락 하다보면 어느새 온 몸이 갈기갈기 베어져 흩어진다고 한다. 칼나무지옥 또는 칼숲지옥의 이 나무는 뿌리와 잎, 가지 등이 모두 다 칼로 만들어져 있다고 한다. 그리고 뜨거운 쇠구슬이 과일로 매달려 있는데 부모에게 불효하고 스승과 어른을 공경하지 않고 악담하고, 자비심이 없어서 몽둥이나 칼로 다른 이를 괴롭힌 사람이 떨어진다는 지옥이다.

1194) 鑊湯鑪炭(확탕로탄) : 끓는 가마솥과 불타는 화로. 가마솥에 삶기고 불화로에 태워지는 고통을 받는 지옥. 확탕지옥은 18개의 큰 솥이 있어서 500명의 나찰들이 불을 때면 솥 안에 있는 끓는 쇳물이 튀어 올라 불꽃으로 변하는데 이것이 불바퀴로 뭉쳐져서 다시 솥 안으로 쏟아져 들어간다고 한다. 부처님의 금계를 훼손한 이, 뭇삶을 죽여 고기를 먹은 이, 산과 들판에 불을 질러 많은 생명을 죽인 이 등은 죽고 나면 이 솥에 삶기는 고통을 받고 과보가 다하여 축생으로 태어나면 8000번을 지나서야 겨우 사람의 몸을 받지만 그것도 병이 많고 수명이 짧은 사람이 된다고 한다.

1195) 異相(이상) : 화엄학에서 말하는 모든 존재들이 낱낱이 가지고 있는 여섯 가지의 모양[총상(總相)·별상(別相)·동상(同相)·이상(異相)·성상(成相)·괴상(壞相)] 가운데 하나. 하나하나의 부분들이 자기의 성질을 지켜 피차의 고유한 상태를 잃지 않고 있지만 서로 다른 점이 있는 것.

1196) 別相(별상) : 모든 존재들을 부분적으로 관찰하는 차별적 부문.

1197) 心識(심식) : 6,7,8식(識)을 통틀어 말하는 것이다.

1198) 天機(천기) : 천연의 기감(機感). 천연이 운행하는 기틀. 천연의 뜻. 천연의 기밀.

살리고 죽이는 것 윤왕(輪王)의 기봉(機鋒),
서로 왔다 갔다 함이 번개 같구나.”

155. 도오오진道吾悟眞

道吾眞和尙, 示衆, 云: “師子兒哮吼, 龍馬駒踉跳. 古佛鏡中明, 三山孤月皎.”
乃作舞. 下座.
僧問: “凝然便會時如何?” 曰: “老鼠尾上帶研椎.” “如何是佛?” 曰: “洞庭為蓋.”
“古人道: ‘來時不將絲頭來, 去時不將絲頭去.’ 意旨如何?” 曰: “三生六十劫, 未是
長期.” 僧無語. 曰: “會麼?” 僧云: “不會.”
曰: “洞庭八百里, 未是闊.” 問: “如何是眞如體?” 曰: “夜叉屈膝眼睛黑.” “如何
是眞如用?” 曰: “金剛杵打鐵山摧.”1199)

도오 오진스님1200)이 대중에게 열어 보이셨다.

“어린 사자 새끼가 포효를 하고
어린 준마 팔짝팔짝 뛰어 다닌다.
옛 부처님1201) 거울 속에 밝게 나오고
삼산(三山)1202)에 달이 홀로 비취는구나.”

춤을 추셨다.

법상에서 내려오셨다.

어떤 스님이 여쭈었다.

1199) 『古尊宿語錄』 卷第十九, 「潭州道吾眞禪師語要」, X68n1315_p0126c06~07, p0127a01~05.
참조.
1200) 道吾悟眞(도오오진) : 수산성념(首山省念)-분양선소(汾陽善昭)-석상초원(石霜楚圓)-도오오진
(道吾悟眞). 주825) 참조.
1201) 古佛(고불) : 주544) 참조.
1202) 三山(삼산) : 삼신산(三神山). 곧, 봉래산(蓬萊山)·방장산(方丈山)·영주산(瀛洲山). 또는 유
명한 산을 말한다.

"응연(凝然)1203)함을 문득 알 때 어떻습니까?"
말씀하셨다.
"늙은 쥐의 꼬리에다 벼루와 망치를 매달았구나."
"어떤 것이 부처님입니까?"
말씀하셨다.
"동정호를 덮으려 하는구나."1204)
"옛 선사가 말씀하셨습니다. '올 때 실 끄트머리도 가져오지 않고, 갈 때 실 끄트머리도 가져가지 않는다.' 이 뜻이 무엇입니까?"
말씀하셨다.
"과거생·금생·내생이 60겁이라도 긴 것이 아니다."
그 스님이 말이 없었다.
말씀하셨다.
"알겠느냐?"
그 스님이 말했다.
"모르겠습니다."
말씀하셨다.
"동정호 주변 800리가 넓은 것이 아니다."

여쭈었다.
"어떤 것이 진여의 체성입니까?"
말씀하셨다.
"야차가 무릎을 굽히니 눈동자가 검다."
"어떤 것이 진여의 작용입니까?"
말씀하셨다.
"금강저1205)로 무쇠산(鐵山)1206)을 쳐서 꺾어버린다."

1203) 凝然(응연) : 고요하게 가라앉아 꿈적도 않음. 변함없음. 진중함.
1204) 洞庭爲蓋(동정위개) : 『도오선사어요道吾禪師語要』와 『건중정국속등록』 7권, 『임간록』 하권
　　에서는 모두 "동정호에는 덮개가 없다(洞庭無蓋)."로 나온다. (X68n1315_p0127a01, 『古尊宿語
　　錄』 卷第十九. X78n1556_p0681a21~22, 『建中靖國續燈錄』 卷第七. X87n1624_p0265b17~18
　　, 『石門洪覺範林間錄』 卷下. "'如何是佛?' 答曰: '洞庭無蓋.'")
1205) 金剛杵(금강저) : 고대 인도의 무기로서 보리심을 상징한다.
1206) 鐵山(철산) : ① 죄인을 눌러대는 지옥에 있는 산. ② 9산의 하나로 철위산을 말함. ③ 견고
　　한 장벽을 비유하는 말.

156. 영운지근靈雲志勤

靈雲, 因見桃花悟道, 有頌云: "三十年來尋劍客, 幾回葉落又抽枝1207). 自從一見桃花後, 直至如今更不疑." 擧似潙山, 山云: "從緣入者, 永不退失, 汝善護持." 玄沙云: "諦當, 甚諦當. 敢保老兄未徹在."1208)

妙喜曰: "一家有事百家忙."

영운 지근스님1209)이 복사꽃을 보시고 도를 깨달으시고는 노래를 하셨다.

"삼십 년을 검을 찾아다닌 나그네,
낙엽지고 새싹 돋길 몇 번이던가.
복사꽃을 한 번 본 이래로부터
바로 지금 이르니 의심 없어라."

이 일을 위산스님께 알리니 말씀하셨다.1210)
"인연 따라 깨달아 들어왔으니 다시는 물러남이 없을 것이다. 너는 잘 보

1207) 幾回葉落又抽技(기회엽락우추기) : 技(기)는 枝(지)가 맞을 듯하다. (T51n2076_p0285a25, 『景德傳燈錄』卷第十一. "幾逢落葉幾抽枝." X79n1557_p0091a17, 『聯燈會要』卷第九. "幾回葉落又抽枝") 이 구절은 『조당집』 19권에서는 "몇 차례나 꽃피고 새싹 돋았나(幾逢花發幾抽枝)"라고 나온다. (K45-0353, 7~8줄, 『祖堂集』卷第十九.)

1208) 『祖堂集』卷第十九, K45-0353, 4~8줄. 『景德傳燈錄』卷第十一, T51n2076_p0285a23~29. 『聯燈會要』卷第九, X79n1557_p0091a17~22. 『禪門拈頌集』卷第十五, K46 - 0242, 590則. 참조.

1209) 靈雲志勤(영운지근) : 마조도일(馬祖道一)-백장회해(百丈懷海)-위산영우(潙山靈祐)-영운지근(靈雲志勤). 생몰연대는 알려져 있지 않음. 당오대(唐五代) 스님. 복건성 장계(長溪) 출신. 위산스님의 회하에 있다가 복숭아꽃을 보고 깨달았다. 위산스님이 이 게송을 보고 인가를 해 준 것이다. 이후 복주(福州) 영운산(靈雲山)에 주석하였으므로 영운지근(靈雲志勤)이라 불렀다.

1210) 이 인가하는 말씀을 『조당집』 19권과 『전등록』 11권에서는 위산스님으로 나오는데 『연등회요』 9권에서는 장경 대안스님으로 되어 있다. (K45-0353, 『祖堂集』卷第十九. "潙山云: '從緣悟達, 永無退失, 汝个旣爾, 善自護持.'" T51n2076_p0285a27~28, 『景德傳燈錄』卷第十一. "祐師覽偈, 詰其所悟, 與之符契. 祐曰: '從緣悟達, 永無退失, 善自護持." X79n1557_p0091a18~19, 『聯燈會要』卷第九. "擧似大安, 安云: '從緣入者, 永無退失, 汝善護持.") 『오등회원』 4권, 『석씨계고략』 3권에서는 영운 지근스님이 장경 대안스님의 법사로 나온다.

호하여 지녀라."1211)

현사스님이 이르셨다.
"딱 맞구나.1212) 정말로 딱 맞구나. 노스님이1213) 철저하지 못했음을 내가 장담하리라.1214)"1215)

묘희스님이 말씀하셨다.
"한 집에 일이 있으면 백 집이 아주 바쁘다."

157. 양기방회楊岐方會

楊岐和尚, 示眾, 云: "身心淸淨, 諸境淸淨, 諸境淸淨, 身心淸淨. 還知楊岐老人落處麼? 河裏失錢河裏攂."1216)

양기 방회스님1217)이 대중에게 열어 보이셨다.

"몸과 마음이 청정하니
모든 경계가 청정하고,
모든 경계가 청정하니

1211) 이 화(話)에 대한 대혜스님의 염송이 있다. "모두들 복사꽃 보고 깨달았다지만/ 이 말이 맞는지는 알 지 못하네./ 아득한 우주의 많은 사람들/ 어떤 남아가 바로 대장부일까." (T47n1998Ap0853c14~15,『大慧普覺禪師語錄』卷第十. "總道見桃華悟道, 此語不知還是無. 茫茫宇宙人無數, 那箇男兒是丈夫.")

1212) 諦當(체당) : 정확하다. 타당하다. 적절하다. 딱 맞다. '체(諦)'는 진실하다. 정확하다는 뜻. '당(當)'은 중정(中正)의 뜻.

1213) 老兄(노형) : 같은 사형사제 사이에 높여 부르는 존칭. 현사스님이 운문스님보다 연세도 30세가 더 많고 출가도 18년 먼저 하였으므로 현사스님이 사형이다.

1214) 敢保(감보) : 보장하다. 담보하다. 긍정하다. 책임지다. 장담하다.

1215) 이 현사스님의 말에 대한 대혜스님의 염송이 있다. "귀문관을 타파하니/ 해가 중천에 떠 있구나./ 한 화살이 한가운데 적중하니/ 대지엔 한 치의 땅도 없구나." (T47n1998Ap0853c18~19,『大慧普覺禪師語錄』卷第十. "打破鬼門關, 日輪正當午. 一箭中紅心, 大地無寸土.")

1216)『楊岐方會和尚語錄』,「後住潭州雲蓋山海會寺語錄」, T47n1994_p0641c03~05. 참조.

1217) 楊岐方會(양기방회) : 수산성념(首山省念)-분양선소(汾陽善昭)-석상초원(石霜楚圓)-양기방회(楊岐方會). 996~1049. 주484) 참조.

몸과 마음이 청정하다.

이 양기 늙은이의 낙처(落處)를 알겠습니까?
강에서 돈을 잃고서 물속을 휘젓는구나.”

158. 덕산선감德山宣鑑

　　德山和尚, 示衆, 云: “諸子. 從朝至暮, 有甚麼事? 莫要逞驢唇馬嘴. 問德山老漢麼? 我且不怕你. 未審諸子有何疑慮? 近來末法時代多有鬼神, 羣隊傍家走言‘我是禪師’. 未審學得多少禪道? 說似老漢來. 你諸方老禿奴教汝修行作佛, 傍家走成得幾箇佛也? 你若無可學, 又走作甚麼? 若有學者, 你將取學得底來呈似老漢看. 一句不相當, 須喫痛棒始得. 你被佗諸方老禿奴魔魅著, 便道‘我是修行人’, 打硬作模作樣, 恰似得道底人面孔. 莫取次用心. 萬劫千生輪回三界, 皆爲有心. 何以故? 心生則種種法生. 若能一念不生則永脫生死, 不被生死纏縛. 要行卽行, 要坐卽坐, 更有甚麼事?

덕산 선감스님1218)이 대중에게 열어 보이셨다.
“여러분.1219)

아침부터 저녁까지 무슨 일이 있습니까? 당나귀 입술과 말의 주둥이1220)를 제멋대로 놀리지 마십시오. 이 덕산 노인네한테 물으려 합니까? 나는 결코 그대들을 두려워하지 않는데, 도대체 여러분들은 무슨 의심하고 염려할 것이 있습니까?

요즈음 이 말법(末法)시대에는 귀신들이 많아서 무리를 지어 선원마다1221)

1218)　德山宣鑑(덕산선감) ： 석두희천石頭希遷-천황도오天皇道悟-용담숭신龍潭崇信-덕산선감德山
　　宣鑑. 782~865. 주454) 참조.
1219) 諸子(제자) : 중국 선진(先秦)에서 한(漢)나라 초기까지의 각 학파의 학자나 저술. 여러 임금.
　　여러 아들. 여러 여자. 여러 제자. 여기서는 ‘훌륭하신 여러분’의 뜻으로 씀.
1220) 驢唇馬嘴(여순마취) : 제멋대로 지껄이는 쓸데없는 말. 앞뒤가 맞지 않는 엉성한 말. 엉터리
　　말.
1221) 傍家(방가): 집집마다. 이 집 저 집. 이 선원 저 선원. 이 절 저 절.

들러서는 '내가 선사(禪師)다'라고 떠벌리고 다닙니다. 도대체 얼마나 선도(禪道)를 배워 알았다는 것입니까? 이 늙은이에게 말해보십시오.1222)

그대들은 제방의 대머리 중들이1223) 그대들에게 닦아서 부처님이 되게 해주겠다고 하면, 그런 선원마다 다니면서 도대체 몇 명이나 부처가 되었습니까?

그대들이 만일 배울 것이 없으면 또 무엇 하러 찾아다닙니까? 만일 배운 것이 있다면 그대들이 배워서 알아낸 것을 가지고 이 늙은이에게 드러내어1224) 보십시오. 일구(一句)라도 딱 맞지1225) 않다면 반드시 통렬하게 두들겨 맞아야 할 것입니다.

그대들이 저 제방의 늙어빠진 마귀1226) 중들에게 붙들려 '나는 수행인이다'하고 말하면서 억지로 용모를 꾸미고 차림새를 짓는 것이 흡사 도를 얻은 사람의 얼굴과 같은 표정입니다, 그려.

제멋대로1227) 마음을 쓰지 마십시오. 수많은 세월동안 수많은 생애를 지나면서 수없이 삼계(三界)를 윤회하는 것은 모두가 마음이 있기 때문입니다. 왜냐하면 마음이 생겨나면 가지가지의 법이 생겨나기1228) 때문입니다. 만일 한 생각이 일어나지 않으면 영원히 나고 죽는 바다에서 벗어나 생사를 윤회하는 고통에 얽매이지 않을 것입니다. 걷고 싶으면 걷고, 앉고 싶을 땐 앉을 것이지 다시 무슨 할 일이 있겠습니까?

1222) 說似(설사) : 서로 만나서 상대를 향해 말해주다. 사(似)는 개사(介詞)로서 동사 뒤에 쓰일 때, 그 동사의 동작이 다른 곳에 영향이 미치는 것을 나타내며 '여(與)'나 '향(向)'과 같은 의미로 쓰인다.
1223) 禿奴(독노) : 대머리 노예, 곧 엉터리 스님들을 낮춰 부르는 비속어이다. '대머리 중'.
1224) 呈似(정사) : 드러내어 보여주다. 나타내어 보여주다.
1225) 相當(상당) : 적합하다. 딱 맞다. 서로 맞먹다. 서로 만나다. 마주 대하다.
1226) 魔魅(마매) : 마귀.
1227) 次(차) : 차(次)는 자(恣)와 같은 의미로 '방자하다' '방종하다' '제멋대로 하다'의 뜻.
1228) 心生則種種法生(심생즉종종법생) : 『입능가경』과 『점찰선악업보경』에 나오는 법문으로 육조 혜능스님이 인용하였다. (T16n0671_p0568c12, '菩提留支譯', 『入楞伽經』 卷第九, 「總品」 第十八之一. "心生種種生, 心滅種種滅." T17n0839_p0907b29~0907c01, 『占察善惡業報經』 卷下. "所謂心生故種種法生, 心滅故種種法滅, 而生滅相但有名字實不可得." T48n2008_p0362a05, 『六祖大師法寶壇經』. "故經云: '心生種種法生, 心滅種種法滅.'")

仁者. 我見你諸人到處發心, 向老禿奴會下學佛法, 荷負不惜身命, 皆被釘却諸子眼睛, 斷諸子命根, 三二百箇婬女相似. 道‘我王化建立法幢, 為後人開眼目’, 自救得麼? 仁者. 如此說修行. 你豈不聞道, 老胡經三大阿僧祇劫修行, 即今何在? 八十年後死去, 與你何別?

여러분.

내가 그대 여러분들을 보니 곳곳에서 발심하여 늙어빠진 중들의 문하로 가서 불법을 배우면서 업을 짊어지고 자신의 목숨을 아까워하지 않으니, 여러분들의 눈에는 못이 박혀버리고 여러분들의 생명의 뿌리가 끊겨버리는 것이 마치 5백 명의 음녀들과 비슷합니다.1229) ‘내가 왕의 덕화(德化)1230)로 법의 깃대를 세움은 후인을 위하여 안목을 열기 위함이다’라고 말하는데, 자신을 구하기는 했습니까?

여러분.

이와 같이 수행했다고 말한다면, 그대들이 ‘석가모니부처님1231)이 삼 아승기겁을 지나도록 수행하셨다’함을 들어 보았을 것입니다. 그러나 바로 지금 어디 계십니까? 80년 만에 돌아가심이 그대들과 더불어 무엇이 다릅니까?

諸子. 莫狂. 勸你不如休歇去, 無事去. 你瞥起一念心, 便是魔家眷屬, 破戒俗人. 你見德山出世, 十箇五箇總擬聚頭來難問, 待教結舌無言, 你是傀儡兒. 今何不出來? 破布袋裏盛錐子, 不出頭是好手. 我要問你實底, 莫錯. 仁者. 波波地傍家走, 道‘我解禪解道’, 點胷點肋, 稱楊稱鄭, 到遮裏須盡吐却, 始得無事. 你但外不著聲色, 內無能所知解, 體無凡聖, 更學甚麼? 設學得百千妙義, 只是箇喫瘡疣鬼, 總是精魅. 我遮箇虛空, 道有且不是有, 道無且不是無. 言凡不凡, 言聖不聖, 一切處安著佗不得. 與你萬法為師, 遮箇老漢不敢謗佗. 所以老胡吐出許多方便涕唾, 教你無事去, 莫向外求. 你更不肯, 欲得採集殊勝言句, 蘊在胷襟, 巧說言辭, 以舌頭取辦, 高著布裙, 貴圖人知, 道‘我是禪師’, 要出頭處. 若作如此見解, 打那鬼骨臀入拔舌地獄有日在. 到處貢人, 道‘我是祖師門下客’. 被佗問著本分事, 口似木

1229) 내녀(奈女)와 500명의 제자 이야기다. (T01n0005_p0163b29~c27, 『佛般泥洹經』. T14n0554_p0905c17~0906b14, 『佛說奈女耆婆經』. 참조.)
1230) 王化(왕화) : 왕의 덕화, 왕의 교화. 왕이 다스리는 업적의 영향. 왕이 백성에게 미치는 덕. 사람 이름.
1231) 老胡(노호) : 늙은 외국인, 곧 석가모니부처님을 말한다.

榜, 便却與佗說菩提·涅槃·眞如·解脫, 廣引三藏言教, '是禪是道', 誑佗閭閻, 有甚麽交渉? 謗我先祖.

여러분.

제멋대로 날뛰지 마십시오. 그대들에게 권합니다. 쉬고 쉬는 것과 일없는 것 만한 것이 없습니다. 그대들이 잠시라도 한 생각을 일으키면 곧 마라(魔羅)의 권속이 되며 파계(破戒)한 세속인이 됩니다.

그대들이 세속을 벗어나 덕산을 보러 와서는 열 명씩 다섯 명씩 떼를 지어 머리를 맞대고 질문을 하기에, 가르쳐 주고서 기다려 봤더니 입을 다물고 말이 없으니 그대들은 도적떼의 졸개들1232)일 뿐입니다.

지금은 어째서 묻지 않습니까?

낡은 포대 속의 송곳1233)이 머리를 내밀지 않을 때가 뛰어난 자1234)입니다.

나는 그대들에게 실제를 물으려는 것이니 착각하지 마십시오.

여러분.

분주하게1235) 각 선원을 돌아다니면서 '나는 선(禪)을 알고 도(道)를 알았다'고 말하면서 가슴을 치고 뽐내고1236) 스스로를 자랑합니다.1237) 이러한 것을 모조리 다 토해내 버려야 비로소 일없음이 될 것입니다.

그대들이 다만 바깥으로 소리와 모양에 집착하지 않고, 안으로는 주객의 지해(知解)가 없어 범(凡)과 성(聖)이 없음을 체득하면 다시 배울 것이 무엇이 있겠습니까? 설사 온갖 현묘한 뜻을 배웠다한들 오직 부스럼이나 혹을 떼어먹는 귀신1238)일 뿐이요, 모조리 요괴나 도깨비일 뿐입니다.

1232) 僂儸(누라) : 도적떼의 졸개. 교활하고 약빠른 사람.

1233) 布袋裏盛錐子(포대리성추자) : 포대 속에서 왕성한 송곳. 뛰어난 자가 먼저 벗어난다. 초참자(初叅者)가 근기가 상승하면 먼저 깨닫는다는 뜻.

1234) 好手(호수) : 뛰어난 사람. 정교한 솜씨. 뛰어난 수완.

1235) 波波地(파파지) : 분주한 모양. 급하게 다니는 모양. 촐랑대는 모양.

1236) 點胷點肋(점흉점륵) : 손으로 가슴을 치는 모양. 자랑함. 뽐냄. 자부함.

1237) 稱楊稱鄭(칭양칭정) : 스스로를 칭찬하고 은근히 높임. 정(鄭)은 은근히 정중함.

1238) 喫瘡疣鬼(끽창우귀) : 부스럼을 핥아먹고 혹을 떼어 먹는 귀신. 곧 지해종사(知解宗師)들을

나의 '이것'은 허공과 같으니, 있다고 말하지만 또한 있는 것이 아니요, 없다고 말하지만 또한 없는 것이 아니며, 평범하다고 말하지만 평범한 것이 아니요, 성스럽다고 말하지만 성스러운 것이 아닙니다. 일체 어디에도 안착(安着)하지 않으면 그대들이 만법과 더불어 스승이 될 것이니 이 늙은이도 감히 비방할 수 없을 것입니다. 그래서 늙은 오랑캐가 허다한 방편의 콧물과 침을 토해 내어 그대들로 하여금 일없게 하셨으니, 바깥을 향하여 구하지 마십시오.

그대들이 다시 동의하지 않고, 멋들어진 말귀들이나 모아서 마음속에다 쌓아 두고는 교묘하고 번드르르하게 말을 하고 세치 혀로 말재주를 부린다든지 가사를 폼이 나게 걸쳐서는 사람들이 알아주기를 바라면서 '나는 선사다'하고 자신을 드러낼 곳을 찾아보려고 한다든지 할 수 있을 것입니다.
만일 이와 같은 견해를 짓는다면, 이러한 귀신같은 놈들의 볼기를 쳐서 혀를 뽑는 지옥에 집어 던져버릴 날이 있을 것입니다.

그리고 곳곳마다 사람들을 찾아다니며 '내가 바로 조사의 맥을 이은 사람이다' 하고 말하면서, 본분(本分)의 일에 관한 질문을 받기라도 하면 입을 나무 빗장처럼1239) 닫고 있다가 문득 그들에게 보리·열반·진여·해탈 등을 말하여 널리 삼장(三藏)의 가르침을 인용하면서 '이것이 선(禪)이요 이것이 도(道)다'라고 하면서 저 여염(閭閻)1240)집 사람들을 속이고 있으니 참된 선(禪)과 무슨 교섭(交涉)이 있겠습니까? 우리 시대에 앞선 조사님들을 비방하는 짓입니다.

德山老漢見處即不然, 遮裏佛也無, 法也無. 達磨是老臊胡, 十地菩薩是擔糞漢. 等妙二覺是破戒凡夫, 菩提涅槃是繫驢橛. 十二分教是鬼神簿, 拭瘡膿紙. 四果三賢初心十地是守古塚鬼. 自救得也無? 佛是老胡屎橛.

낮추어서 비유하는 말.
1239) 木梲(목돌) : 나무로 된 대문을 세로로 거는 빗장. 또는 나막신(木突, 木履)이나 장작개비(榾柮)를 말하기도 한다.
1240) 閭閻(여염) : 일반사람들. 보통사람들.

이 덕산 늙은이의 현처(見處)는 그렇지 않으니, '여기'는 부처님도 없고 법도 없습니다. 달마대사는 늙어 빠지고 누린내 풍기는 오랑캐며 십지보살1241)은 똥이나 푸는 자들1242)입니다. 등각보살1243)과 묘각보살1244)은 계를 범한 범부며, 보리와 열반은 나귀를 붙들어 매는 말뚝입니다. 십이분교1245)는 귀신의 장부요, 종기의 고름을 닦아내는 휴지일 뿐입니다. 사과(四果)1246)와 삼현(三賢)1247)과 초심(初心)1248)과 십지(十地)는 옛무덤이나 지키는 귀신들일 뿐입니다. 이들이 스스로를 구할 수나 있겠습니까? 부처님은 늙은 오랑캐의 똥구멍이나 닦는 막대기1249)입니다.

仁者. 莫錯. 身被瘡疣衣, 學甚麼事? 飽喫飯了說眞如涅槃, 皮下還有血麼? 須是箇丈夫始得. 汝莫愛聖. 聖是空名, 向三界十方世間, 若有一塵一法可得, 與你執取生解, 保任貴重者, 盡落天魔外道. 是有學得底, 亦是依草附木精魅野狐.

여러분.
착각하지 마십시오. 몸에 부스럼과 혹을 뒤집어쓰고서 무슨 일을 배우겠다는 것입니까? 배부르게 밥을 먹고 나서 진여(眞如)와 열반(涅槃)을 말하는데 피부아래 뜨거운 피가1250) 과연 있기라도 합니까? 반드시 대장부(大丈夫)라야만 할 것입니다.

1241) 十地菩薩(십지보살) : 보살이 수행의 결과로 이르게 되는 10가지 지위. 환희지(歡喜地)·이구지(離垢地)·발광지(發光地)·염혜지(焰慧地)·난승지(難勝地)·현전지(現前地)·원행지(遠行地)·부동지(不動地)·선혜지(善彗地)·법운지(法雲地) 등이다.
1242) 擔糞漢(담분한) : 똥 퍼내는 사람. 똥지게에 똥을 퍼서 지고 나르는 사람.
1243) 等覺(등각) : Ⓢsaṃbuddha. 등정각(等正覺)이라고도 한다. 내용은 부처님과 동등하나 실제로는 한 발 쳐진 보살. 보살수행의 52위 가운데 제51위이다. 아직 윗자리가 있기 때문에 일생보처(一生補處) 또는 금강심(金剛心)이라고도 한다.
1244) 妙覺(묘각) : 보살수행의 제52위로서 필경의 자리이다.
1245) 十二分敎(십이분교) : 주1122) 참조.
1246) 四果(사과) : 근본불교계의 수행 증과(證果)의 4가지. 수다원(須陀洹)[입류(入流), Ⓢsrotāpanna-phala]·사다함(斯陀含)[일래(一來), Ⓢsakṛdāgāmi]·아나함(阿那含)[불래(不來), Ⓢanāgāmi]·아라한(阿羅漢)[불생(不生), Ⓢaraha])의 넷이다.
1247) 三賢(삼현) : 보살수행의 삼위(三位). 곧 십주(十住)·십행(十行)·십회향(十回向)의 지위를 말한다.
1248) 初心(초심) : 초지입심(初地入心)을 말한다. 성유식론(成唯識論)에서의 통달위(通達位)이며 섭대승론(攝大乘論)에서의 견도위(見道位)로서 십지(十地) 바로 이전의 지위이다.
1249) 胡屎橛(호시궐) : 인도에서 변을 보고 밑의 똥을 닦는 데 쓰던 납작한 나무 막대기. 측주(廁籌), 정주(淨籌), 측간자(廁簡子) 등으로도 불린다.
1250) 皮下有血(피하유혈) : 혈기가 있는 것을 말하니 대장부의 기운이다.

그대들은 성인(聖人)을 사랑하지 마십시오. 성인은 한갓 헛된 이름일 뿐입니다. 삼계1251) · 시방1252) · 세간1253)에서 만일 한 티끌이나 한 법이라도 알만한 것이 있다고 여긴다면 그대들로 하여금 집착하게 하고, 분별심을 내게 하고, 보호하여 유지하게 하고, 귀중히 여기게 하여 모두 다 하늘의 마(魔)와 외도(外道)에 떨어트릴 것입니다. 이것은 '배워서 알 수 있는 것이다'라 한다면 또한 풀에 붙어 있고 나무에 매달려 있는 귀신이나 여우들일 뿐입니다.

諸子. 老漢此間無一法與你諸子作解會, 自己亦不會禪. 老漢亦不是善知識, 百無所解, 只是屙屎放尿, 乞食乞衣, 更有甚麼事? 德山老漢勸你, 不如無事去, 早休歇去, 莫學顚狂. 每人擔箇死屍, 浩浩地去, 到處向老禿奴口裏, 愛佗涕唾喫, 便道: '我是入三昧, 修蘊積行, 長養聖胎, 願成佛果'. 如斯等輩, 德山老漢見, 似毒箭入心, 花針亂眼, 辜負先祖, 帶累我宗. 圖他道: '我是出家兒.' 如此消佗十方施主, 水也消不得. 莫筭道: '敢向佗國王地上行.' 父母不供甘旨, 豈爲無罪? 莫錯用心, 閻羅王徵你草鞋錢有日在, 穿你鼻孔繫著橛上, 償佗宿債, 莫言老漢不道. 是你諸人大似有福, 遇著德山出世, 與你解却繩索, 脫却籠頭, 卸却角駄, 作箇好人去. 三界六道收攝你不得, 更無別法, 是箇烜赫虛空, 無礙自在, 不是你莊嚴得底物. 從佛從祖, 皆傳此法而得出離.

여러분.
이 늙은이는 그대 여러분들에게 알고 이해해야 할만한 한 법도 줄 것이 없으며 나 스스로도 선(禪)을 알지 못합니다.

이 늙은이는 또한 선지식도 아니니, 아무것도 아는 바가 없고 그저 똥 누고 오줌 싸고 밥이나 빌어먹고 옷이나 구걸해 입는 것뿐이니 다시 무슨 일

1251) 三界(삼계) : Ⓢtrayo-dhātavaḥ. 뭇삶이 거주하는 세 가지 세계를 말한다. 곧, 욕계[欲界Ⓢkāma-dhātu]·색계[色界Ⓢrūpa-dhātu]·무색계[無色界Ⓢarūpya-dhātu] 등이다.
1252) 十方(시방) : Ⓢdaśa-diśa. 동(東)·서(西)·남(南)·북(北)·동북(東北)·동남(東南)·서북(西北)·서남(西南)·상(上)·하(下)의 열 가지 방위. 곧 온 우주공간.
1253) 世間(세간) : Ⓢloka, laukika. 깨지고 부서지는 세계를 말한다. '세(世)'는 시간을, '간(間)'은 공간을 나타내는데, 주로 시공(時空)에 얽매인 미계(迷界)를 말한다. 이에 대한 오계(悟界)로 출세간(出世間)이 있다.

이 있겠습니까?

 이 늙은 덕산이 그대들에게 권하는 것은 일 없음과 일찌감치 쉬어버림 만한 것이 없으니 미쳐서 날뛰는 짓을1254) 배우지 말라는 것입니다.

 사람마다 죽은 송장을 하나씩 지고 아주 기세등등하게 다니면서 곳곳마다 늙어빠진 대머리 중들의 입속을 우러르다가 그들의 콧물과 가래를 즐겨 핥아먹으면서 말합니다. '나는 삼매에 들었으며 수행을 많이 쌓았고 성스러운 씨앗을1255) 길렀으니 불과(佛果)를 이루길 바란다.'
 이러한 무리들은 이 덕산 늙은이가 보기엔 흡사 심장에 독화살을 맞은 것과 같으며 수놓는 바늘이 눈을 어지럽히는 것과 같아 앞선 조사(祖師)님들을 저버리고 우리 선종(禪宗)을 연이어 잘못 되게1256) 하는 것입니다.

 그들이 '나는 출가인이다'라고 말하여 시방상주(十方常住)의 시주물을1257) 녹여 보려하지만 물조차도 녹여내지 못합니다. 그러면서 '저 국왕의 땅위로 다닐 만하다'라고 여기지 마십시오. 부모를 맛있는 음식으로1258) 봉양도 못하면서 어찌 죄가 없다고 하겠습니까?
 마음을 잘못 쓰지 마십시오. 염라대왕이 그대들에게 신발값을 묻는 날이 있어 그대들의 콧구멍을 뚫어서 말뚝에다 매어놓고 저 묵은 빚을 받으려 할 때, 이 늙은이가 말해주지 않았다고 말하지 마십시오.

 그대들은 크게 복이 있는 것 같으니, 이 덕산을 만나 세상에서 벗어나게

1254) 顚狂(전광) : 정신에 이상이 생겨 일어나는 미친 증세. 광증(狂症). 광병(狂病). 광질(狂疾). 미친 듯이 날뛰는 모양. 얽매임 없이 제멋대로 행동함을 형용하는 말. 격렬하게 출렁이거나 움직이는 모양.
1255) 聖胎(성태) : 성인이 될 씨앗. 십주(十住)·십행(十行)·십회향(十廻向)의 삼현위(三賢位)를 말한다. 자신이 가지고 있는 종자로써 인(因)을 삼고 선지식으로 연(緣)을 삼아 바른 법을 듣고 닦아 익혀 본래 성품을 길러 초지(初地)에 도달하는 것을 말한다.
1256) 帶累(대루) : 연루되게 하다. 말려들게 하다.
1257) 十方施主(시방시주) : 스님들이 소유하는 재산인 사종상주(四種常住) 가운데 단월이 길에 나아가 왕래하는 사방의 스님들에게 공양하는 죽과 밥인 '시방상주(十方常住)'와 단월이 시방의 여러 스님들을 절로 청하여 보시하는 '시방현전(十方現前)'을 말한다.
1258) 甘旨(감지) : 맛있는 음식, 진귀한 음식. 어버이를 봉양하는 음식, 어버이를 봉양하는 일. 맛이 좋음.

되었구려.

그대들의 밧줄1259)을 풀어주고 굴레1260)에서 벗어나게 하고 등에 실은 짐을1261) 내려서 훌륭한 사람으로 만들어 줄 것입니다.

삼계육도(三界六道)는 그대들을 거두어 줄 수가 없습니다. 다시 따로 법이 없으며 이것은 허공에 훤히 빛나고 드넓어서 걸림 없이 자재로우니 그대들이 장엄을 갖추어서 얻을 수 있는 물건이 아닙니다. 부처님과 조사님들이 모두 다 이 법을 전하여 삼계육도에서 벗어나게 하시었습니다.

一大藏教, 只是整理. 你今時人諸子莫向別處求覓. 乃至達磨小碧眼胡僧到此來, 也只是教你無事去, 教你莫造作. 著衣喫飯, 屙屎送尿, 更無生死可怖, 亦無涅槃可得, 無菩提可證. 只是尋常一箇無事人. 第一莫拱手作禪師, 覓箇出頭處, 巧言語魔魅後生, 欲得人喚作長老, 自己分上都無交涉, 徒知心識浩浩地日夜揑怮不休, 稱楊稱鄭, 我是江西馬大師宗徒. 德山老漢且不是你輩隊人: '我見石頭和尚不識好惡', 老漢所以罵伊.

방대한 경전의 가르침은 다만 가지런히 하고 조리가 있는 것일 뿐입니다. 그대들 지금 여러분들은 다른 곳에서 찾아 구하지 마십시오.

심지어 보잘것없이 푸른 눈을 가진 오랑캐 스님인 달마대사가 이곳(중국)으로 와서 그야말로1262) 그대들에게 오로지 일 없음만을 가르치셨고, 그대들에게 꾸며서 지어내지 않아야 할 것만을 가르치셨습니다.

옷 입고 밥 먹고, 똥 누고 오줌 눌 뿐 다시 두려워할 생사가 없고, 또한 도달할 열반이 없으며, 증득할 보리가 없습니다. 그저 늘 평범한 한 명의 일 없는 사람일 뿐입니다.

1259) 繩索(승삭) : 속박. 근심. 밧줄, 새끼, 줄.
1260) 籠頭(농두) : 굴레. 죄인의 머리에 씌우는 형틀. 머리에 씀.
1261) 角馱(각타) : 각(角)은 뿔이 달린 짐승 곧 모든 짐승. 타(馱)는 말에 짐을 실은 모양. 짐바리.
　　　각타(角馱)는 짐승의 등에 짐을 지움을 말함.
1262) 也只是(야지시) : 역시, 그야말로.

무엇보다도 먼저 팔짱을 끼고 선사 흉내를 내며, 자신을 드러낼 곳을 찾아 말을 교묘하게 하여 후배들을 속여 마귀의 도에 들어가게 하면서 사람들이 큰스님이라고 불러주길 바라며, 자기의 분상(分上)1263)에서 도무지 교섭1264)하지도 못하면서 한갓 심식(心識)이나 알아서 기세등등하게1265) 밤낮으로 괴이한 고사(故事)나 만들어 내는 것을1266) 그치지 않고 스스로를 은근히 높여서 '내가 바로 강서 마조도일 대사의 종도다'라 하고 뽐내기만 일삼아서는 안 됩니다.

이 덕산 늙은이는 더욱이 그대들 여러 사람들이 '내가 보니 석두 큰스님이 좋고 싫음을 알지 못하시더라'함을 옳게 여기지 않습니다. 그래서 이 늙은이가 그것을 꾸짖는 것입니다.

諸子. 你但莫著聲色・名言・句義・境致・機關・道理・善惡・凡聖・取捨・攀緣・染淨・明暗・有無 諸念. 可中與麼得, 方是箇無事人. 佛亦不如你, 祖亦不如你.

여러분.
그대들은 다만 성색(聲色)1267)・명언(名言)1268)・구의(句義)1269)・경치(境致)1270)・기관(機關)1271)・도리(道理)1272)・선악(善惡)1273)・범성(凡聖)1274)

1263) 分上(분상) : 분수. 형편. 자격. 경지. 처지.
1264) 交涉(교섭) : 서로 관계하여 통하게 함. 관계함. 파급됨. 접촉함. 왕래함. 문제를 해결하기 위하여 상대방과 협상함.
1265) 浩浩(호호) : 기세등등한 모양. 마음이 넓게 탁 트인 모양. 드넓은 모양. 바람이 사납고 세차게 부는 모양. 소리가 크고 우렁찬 모양. 매우 시끄럽게 떠드는 모양. 물이 넓게 흐르는 모양.
1266) 捏怪(날괴) : 괴기한 고사를 엮어 만들어 냄. 괴이한 형상을 빚어 만들다. 눈을 비벼서 헛것을 만들어 내고 괴이한 것을 지어 냄.
1267) 聲色(성색) : 나타난 현상. 나타난 모양. 목소리와 얼굴 빛.
1268) 名言(명언) : ①일체법(一切法)의 명자(名字)와 언구(言句). 사유(思惟)를 전달하기 위하여 쓰는 말로써 형용하는 전체. ②이름을 붙여 말하다. 형언(形言)하다. ③유명한 말.
1269) 句義(구의) : ⓢpadārtha. 문구(文句). 문장의 구절. 글귀. 글귀에 따라 말로 표현해 낼 수 있는 것. 범주(範疇). 개념과 개념의 내용으로서 표시되어지는 사물. 일체의 사물을 분류하여 어떠한 것이라고 규정하여 놓고 그에 따르는 구체적인 의미의 내용을 성립시켜 내는 기본적 개념 바탕.
1270) 境致(경치) : 경내(境內)의 풍치(風致). 경계를 얻다.
1271) 機關(기관) : 선사들이 학인들을 깨우치려고 그 근기에 따라 시설하는 기법(機法).
1272) 道理(도리) : 마땅히 해야 할 바른 길. 교의(敎義)를 밝혀 설명함. 법력. 도술. 사물의 이치. 사물이 변천하면서 존재하는데 있어 표준으로 삼는 법칙.
1273) 善惡(선악) : 이(理)에 순응하는 것을 선(善)이라 하고 이(理)를 어기는 것을 악(惡)이라 한다.

·취사(取捨)1275)·반연(攀緣)1276)·염정(染淨)1277)·명암(明暗)1278)·유무(有無)1279) 등의 여러 생각에 집착하지 마십시오.

만일1280) 이렇게 알 수 있다면 비로소 일없는 사람일 것이니, 부처님도 그대들만 못하고 조사님들도 그대들만 못합니다.

仁者. 莫走躂汝脚板闊去. 別無禪道可學. 若有學得者, 卽是二頭三首, 外道見解. 亦無神通變現可得. 汝道神通是聖, 諸天龍神, 五通神仙, 外道, 修羅亦有神通, 應可是佛也. 孤峯獨宿, 一食卯齋, 長坐不臥, 六時禮念, 疑佗生死. 老胡有言: '諸行無常, 是生滅法.' 若言入定凝神靜慮得者, 尼乾子等諸外道師亦入得八萬劫大定, 莫是佛否? 明知邪見精魅.

여러분.
발바닥이 닳도록1281) 멀리 싸돌아다니지 마십시오. 별도로 배울만한 참선의 도(道)가 없습니다. 만일 배워서 완성할 것이 있다고 한다면, 곧 입으로만 나불대기만 하지 요달하지 못한1282) 외도의 견해일 뿐입니다.

또한 완성할 만한 신통변화가 없습니다. 그대가 '신통(神通)이 있으면 곧 성인이라'고 말한다면 여러 하늘의1283) 용신(龍神)1284)과 오통신선(五通神

(『大乘義章』 卷第七, T44n1851_p0503c08. "順理名善, 違理名惡.")

1274) 凡聖(범성) : 대승(大乘)에서는 십계(十界) 가운데서 지옥·아귀·축생·아수라·인간·천상의 육계(六界)를 범(凡)이라 하고 성문(聲聞)·연각(緣覺)·보살(菩薩)·불(佛)의 사계(四界)를 성(聖)이라 한다.
1275) 取捨(취사) : 쓸 것은 취하고 쓰지 못할 것은 버림. 도덕을 펴는 일과 아무 것도 하지 않는 일.
1276) 攀緣(반연) : ⓢālambana. 마음이 대상경계에 의지하여 작용을 일으키는 것으로 모든 번뇌의 근본.
1277) 染淨(염정) : 염(染)은 식(識)이 염오(染汚)된 것으로 번뇌를 말하고 정(淨)은 식(識)이 청정한 것으로 성제(聖諦)에 순응하는 것.
1278) 明暗(명암) : 참과 거짓. 지혜로움과 어리석음.
1279) 有無(유무) : 일체의 존재를 상주하여 항상하다고 하는 유견(有見)과, 일체 존재의 단멸을 고집하는 견해인 무견(無見). 유견(有見)은 상견(常見)과 같고, 무견(無見)은 단견(斷見)과 같다.
1280) 可中(가중) : 가령, 가사, 만일, 만약. 딱 맞게.
1281) 脚板(각판) : 발바닥. =각장(脚掌). 각저판(脚底板).
1282) 二頭三首(이두삼수) : 현묘(玄妙)한 선법(禪法)이 아닌 의리(義理). 한갓 말로만 떠들기만 하고 곧바로 깨닫지 못함.

仙)1285)과 외도와 아수라도 또한 신통이 있으니 마땅히 부처님이라고 할 수 있을 것입니다.

　외로운 봉우리에서 홀로 잠자며1286) 하루에 한 끼만 먹고,1287) 오래 앉기만 하고 눕지 않고(長坐不臥), 하루 종일1288) 예배하고 독경한다고 할지라도 아마 저들은 나고 죽을 것입니다.

　부처님이 말씀하셨습니다.
'모든 행(行)은 항상함이 없으니, 이것은 생겼다가 사라진다.'1289)
　만일 삼매에 들어가고 정신을 집중하여 정려(精慮)1290)에 이르렀다고 말한다면 니건자(尼乾子)1291) 등과 같은 외도의 스승들도 또한 팔만겁의 큰 삼

1283) 諸天(제천) : 욕계(欲界)의 육욕천(六欲天)과 색계(色界)의 십팔천(十八天)과 무색계(無色界)의 사천(四天)을 합하여 모든 하늘을 말한다.
1284) 龍神(용신) : 천룡팔부(天龍八部)를 말한다. 천(天)·용(龍)·야차(夜叉)·건달바(乾闥婆)·아수라(阿修羅)·가루라(迦樓羅)·긴나라(緊那羅)·마후라가(摩睺羅迦) 등의 여덟 천신(天神).
1285) 五通神仙(오통신선) : 오통선인(五通仙人)이라고도 한다. 다섯 가지 신통을 갖춘 신선. 도통(道通)[중도(中道)의 진리를 증득한 후에 대용(大用)을 일으키고, 무심하게 물(物)에 응하여 만유를 교화함이 마치 영상(影像)이나 물에 비친 달이나 공화(空華)와 같이 일정한 자체가 없는 경지를 말한다.]·신통(神通)[고요한 마음으로 만물을 관조(觀照)하여 숙명을 기억하며 가지가지의 분별이 모두 선정의 힘에 따르는 경지]·의통(依通)[술법(術法)을 써서 자유자재하게 일을 지어 내는 경지]·보통(報通)[과보로서 저절로 생긴 신통의 힘]·요통(妖通)[여우가 오래 묵어서 변화무쌍하며 초목에 붙어 있는 요정이 화현(化現)하여 사람과 신(神)에게 실리는 것과 같은 경지] 또는 천안통(天眼通)·천이통(天耳通)·숙명통(宿命通)·타심통(他心通)·신족통(神足通)의 다섯 가지 신통을 말한다.
1286) 孤峯獨宿(고봉독숙) : 홀로 산속이나 동굴에서 살면서 선(禪)을 익히는 것을 말한다.
1287) 一食卯齋(일식묘재) : 승려들이 하루에 오전에 한 끼만 식사를 하는 것을 말한다. '묘(卯)'는 오전5~7시. 소승에서는 정오 이후는 먹지 않으며 대승에서는 육(肉)이 없는 음식으로 먹는 식사를 '재(齋)'라고 한다.
1288) 六時禮念(육시예념) : 하루를 여섯으로 나눈 염불(念佛)과 독경(讀經)의 시간(時間). 주야(晝夜)로 하루 종일 여섯 번에 걸쳐서 아미타불(阿彌陀佛)을 예배(禮拜), 찬탄(讚歎)하는 일.
1289) 『열반경』 하권에 나오는 구절이다. (T01n0007_p0204c23~24, 『大般涅槃經』 卷下. "諸行無常 是生滅法 生滅滅已 寂滅爲樂") '행(行)'은 Ⓢsamskāra(상카라)라고 하며 신(身)·구(口)·의(意)로 지어 내는 것이다. 유위법(有爲法)을 말한다. 오온(五蘊)에서의 행(行)은 지어내는 식(識)이며, 십이인연(十二因緣)에서의 행(行)은 최초의 진동(振動)이다.
1290) 精慮(정려) : 선정(禪定). 삼매와 같은 뜻.
1291) 尼乾子(니건자) : ⓈNirgantha-Nataputta. 니간타 나타풋타. 바르다마나가 본명이다. 깨달은 이후 마하비라로 불렸다. 인도에서의 육사외도(六師外道)의 일파이다. 극단적 고행과 철저한 불살생의 실천을 통해 열반을 추구하는 외도이다. 지금 현재도 인도에서 자이나교로서 그 맥을 유지하고 있다. 나머지 외도는 유물론자인 아지타 케사캄발리(ⓈAjita-Kesakambali), 기계적 불멸론자인 파쿠다 카짜야나(ⓈPakudha-Kaccāyanā), 윤리적 회의론자인 푸라나 카싸파(ⓈPurana-Kassapa), 극단적 운명론자인 마칼리 고살라(ⓈMakkhali-Gosala), 회의론자인 산샤야 벨라

매에 들었으나 부처님은 아니지 않습니까?

그렇다면 삿된 견해를 가진 요괴들이라는 것을 분명히 알아야 할 것입니다.

仁者. 老胡不是聖. 佛是老胡屎橛. 且要仁者辨取好惡, 莫著人我, 免被諸聖橛, 菩提橛, 解脫殊勝, 名言妙義, 沒溺繫縛汝. 何以故? 一念妄心不盡即是生死相續.

여러분.
늙은 오랑캐는1292) 성인이 아닙니다. 부처님은 늙은 오랑캐의 똥구멍을 닦는 막대기일 뿐입니다. 먼저 여러분들이 좋고 싫음을 분명하게 밝혀보고자 하나, 인아견(人我見)1293)에 집착하지만 않으면 모든 성인들의 말뚝과 보리(菩提)의 말뚝과 유위해탈(有爲解脫)1294)과 명언(名言)의 현묘한 이치가 그대들을 빠뜨리고 묶어 얽매는 것을 면할 수 있을 것입니다.
왜냐하면 한 생각 허망한 마음이 다하지 않으면 곧 생사가 끊임없이 서로 이어지기 때문입니다.

仁者. 時不待人, 莫因循過日, 時光可惜. 老漢不圖你田舍奴荷負. 若肯即信取, 若不肯, 每人有箇屎鉢擔取去. 老漢亦不求你. 諸方大有老禿奴取一方處所說禪說道, 你急去學取抄取. 我此間終無一法與你諸人.

여러분.
시절은 사람을 기다려주지 않으니 그럭저럭 헛되이1295) 세월을 보내버리지 말고 시간을 아껴야합니다.
이 늙은이가 그대들 촌놈들1296)에게 짐을 지우려는 것은 아닙니다. 만일

티풋타(ⓢSanjaya-Belatthiputta) 등이 있다.
1292) 老胡(노호) : 달마대사를 말함.
1293) 人我(인아) : 항상하고 유일 절대적으로 존재하면서 모든 것을 주관하는 실체가 존재한다고 하는 견해.
1294) 解脫殊勝(해탈수승) : 해탈한 자가 확실히 요달하여서 인정하는 마음의 작용인 승해(勝解)이다. 이것은 유위해탈(有爲解脫)로서 십지(十地) 이전이며 아직 필경 열반이 아니다. 이에 대해 무위해탈(無爲解脫)은 열반을 말한다.
1295) 因循(인순) : 구차하게, 몹시 가난하고 궁색하게. 예전 습관대로

긍정한다면 즉시에 확실하게 알아 버릴 것이요,1297) 만일 긍정하지 못하겠으면 제각기 똥자루나 메고 가십시오. 이 늙은이 역시 그대들을 구해주지 않을 것입니다.

여러 곳의 수많은 늙어빠진 중들이 한쪽 자리를 차지하고는 선(禪)을 말하고 도(道)를 말하고 있으니 그대들은 급히 달려가서 배우고 따라하십시오. 하지만 나는 이 틈으로 끝내 그대 여러분들에게 줄만한 법이 하나도 없습니다.

仁者. 問取學取以爲知解, 老漢不能入拔舌地獄. 若有一塵一法示諸人, 說言有佛有法有三界可出者, 皆是野狐精魅.

여러분.
묻고 배워서 지해(知解)를 삼으려 하지만 이 늙은이는 혀를 뽑아내는 지옥에는 들어가지 않으렵니다. 만일 한 티끌 한 법이라도 사람들에게 열어 보일 것이 있고, 삼계를 벗어나게 해 주는 부처님이 있으며 법이 있다고 말한다면 모두 다 여우요, 요괴들입니다.

諸仁者. 欲得識麽? 只是箇虛空, 尚無纖塵可得. 處處淸淨, 光明洞達, 表裏瑩徹, 無事無依, 無棲泊處, 有甚麽事? 老漢從生至死只是箇老比丘. 雖在三界生而無垢染, 欲得出離何處去? 設有去處, 亦是籠檻, 魔得其便.

여러분.
알고 싶습니까?
오로지 하나의 허공일 뿐이요, 알아낼만한 티끌조차 조금도 없습니다.

곳곳마다 맑고, 광명이 시원스럽게 뻗으며 겉과 속이 맑고 투명하여, 일 없고 의지할 것이 없고 머무를 곳이 없는데 무슨 일이 있겠습니까?

1296) 田舍奴(전사노) : 촌놈. 시골뜨기. 당·송시대의 복건성의 방언으로서 꾸짖는 말이다. 어리석고 굼뜬 사람을 욕하는 말. =전사아(田舍兒), 전사노(田厓奴), 전사아(田厓兒).
1297) 信(신) : 마음 내키는 대로 하다. 뜻대로 하다. 쓰다. 확실히 알다. 소식.

이 늙은이는 태어나서 죽을 때까지 그저 한 명의 늙은 비구일 뿐입니다. 비록 삼계에 태어났으나 때 끼고 물듦이 없으면 되는 것이지, 벗어나서 어느 곳으로 가려고 하겠습니까?

설사 갈 곳이 있다 하더라도 또한 새장 속일 뿐이라, 도리어 마(魔)가 그 틈새를 알아내고야 말 것입니다.

仁者. 莫用身心. 無可得. 只要一切時中莫用佗聲色. 應是從前行履處一時放却, 頓脫羈鎖, 永離葢纏. 一念不生即前後際斷, 無思無念, 無一法可當情.

여러분.
몸과 마음을 소유하려1298) 하지 마십시오. 얻을 수 있는 것이 없습니다. 다만 항상 저 나타난 소리와 모양을 소유하려고 하지 않으면 됩니다. 반드시 예전부터 해오던 일을 일시에 다 놓아버리면, 즉시 굴레와 족쇄에서 탈출하여 영원히 속박에서 벗어날 수 있을 것입니다.

한 생각도 나지 않으면 즉각 과거와 미래가 끊어지고 사념이 없게 되어 그대들의 마음을 움직일1299) 하나의 법도 없을 것입니다.

仁者. 作麼生擬下口觜? 你多知解, 還曾識渠面孔麼? 出家兒乃至十地滿心菩薩覓佗蹤跡不著. 所以諸天歡喜, 地神捧足, 十方諸佛讚歎, 魔王啼哭. 何以故? 緣此虛空活鱍鱍地, 無根株, 無住處. 若到遮裏, 眼孔定動即沒交涉.

여러분.
무엇 때문에 입을 열어 놀리려고 합니까?
그대들은 지해(知解)가 많으니, 어찌 저 면목을 알기나 하겠습니까?
출가한 이들과 십지보살들도 저 종적을 찾아보려고 하였지만 어쩔 수 없

1298) 用(용) : 소유하다.
1299) 當情(당정) : 망정(妄情)에 딱 맞음. 망정(妄情)에 의하여 실체가 없는데도 여러 가지의 현상이 눈앞에 나타나는 것. 미혹한 마음에서 나타나는 것으로서 진(眞)에서는 존재하지 않는 것.

었습니다.

 그러므로 모든 하늘들이 환희하였고, 땅의 신들도 발을 받들어 예배하였으며, 시방의 모든 부처님들도 찬탄하시고, 마왕이 울며 통곡하였습니다.[1300]

 어째서 그럴까요?
 이 허공은 활발발(活鱍鱍)[1301]하여 뿌리가 없고 머물 데도 없기 때문입니다.

 만일 이 속에 이르러서 눈만 깜빡거리면[1302] 즉시 진성(眞性)과 서로 교섭할 수 없을 것입니다.

 仁者. 莫求佛. 佛是大殺人賊. 賺多少人入婬魔坑. 莫求文殊普賢. 是田舍奴. 可惜許一箇堂堂丈夫兒. 喫佗毒藥了, 便擬作禪師面孔, 見神見鬼, 向後狂亂傍家走, 覓師婆打瓦卜去, 被無知老禿奴便即與卜道, 教你禮祖師鬼, 佛鬼, 菩提涅槃鬼. 是小婬女子不會, 便問: ‘如何是祖師西來意?’ 遮老禿奴便打禪牀作境致, 豎拂子云: ‘好晴, 好雨, 好燈籠!’ 巧述言詞強生節目, 言有玄路鳥道展手. 若取如是說, 如將寶器貯於不淨, 如將人糞作旃檀香.

 여러분.
 부처님을 구하지 마십시오. 부처님은 사람을 죽인 큰 도적입니다. 수많은 사람들을 속여서 음란한 마귀(淫魔)의 구멍에다 집어넣었습니다.
 문수보살과 보현보살을 구하지 마십시오. 이들은 아주 촌놈들입니다.

1300) 이 대목은 임제스님의 어록에도 비슷하게 나온다. “심지어 십지보살들도 이를 구하였으나, 도류 여러분, 종적을 끝내 찾을 수가 없었습니다. 그러므로 모든 천신들이 환희하였고 땅의 신들도 그의 발을 받들어 예배하였으며, 시방의 모든 부처님들도 칭탄하지 않는 분이 없었습니다. 어째서 이럴까요? 지금 법문을 듣고 있는 도인이 작용하는 그 자리는 종적이 없기 때문입니다.” (X68n1315_p0029a07~09,『古尊宿語錄』卷第四,「鎭州臨濟慧照禪師語錄」. “乃至十地滿心菩薩皆求此, 道流, 蹤跡了不可得. 所以諸天歡喜, 地神捧足, 十方諸佛無不稱歎. 緣何如此? 為今聽法道人用處無蹤跡.”)
1301) 活鱍鱍地(활발발지) : 물고기가 물위로 팔딱팔딱 뛰어 오르듯이 생기가 발랄한 모습.
1302) 眼孔定動(안공정동) : 안정정동(眼睛定動)과 같은 말. 눈동자를 깜박거림. 곧 생각으로 헤아림을 말한다.

한 명의 당당한 대장부가 아쉽구나!

저 독약을 마시고서 선사들의 얼굴 모양을 지어 보려고 하다가, 귀신을 보고나서는 미쳐서 선원마다 돌아다니다가 기와를 깨서 점치는 할머니를 찾아다니고 있습니다. 그리고 아는 것도 없는 늙어빠진 대머리 중들을 찾으면 점을 치고서 말하기를 '조사님들의 귀신에게 예를 올리고 부처님귀신에게 예를 올리고 보리열반귀신에게 예를 올리라'고 합니다.

어린 창녀가1303) 이러한 줄도 모르고서 곧 '어떤 것이 조사께서 서쪽에서 오신 뜻입니까?' 하고 물으면 이 늙어빠진 대머리 중이 문득 선상(禪床)을 치면서 경계를 만들고 불자(拂子)를 세우면서 말합니다. '날씨도 좋고 비도 잘 오고 등불도 좋구나!' 그리고 교묘한 말로 억지로 절목(節目)1304)을 만들어 내고, 현로(玄路)와 조도(鳥道)와 전수(展手)로1305) 학인을 지도한다고 말합니다.

만약 이러한 말을 취한다면 마치 보배 그릇을 더러운 곳에 보관하는 것과 같고 냄새나는 똥을 가지고 전단향목이라고 여기는 것과 같이 될 것입니다.

仁者. 彼旣丈夫我亦爾, 怯弱於誰. 竟日就佗諸方老禿奴口觜, 接佗涕唾喫了, 無慚無愧. 苦哉, 苦哉! 狂却子去, 因果分明. 水牯牛牽犁拽杷, 眼睛突出, 氣力不登, 大棒打你脊. 劫佛衣食, 道'我修行了也', 若不明大理, 饒你去佛肚裏過來, 只是箇能行底屎橛. 不曾遇著好人, 便卽認得六根門頭光影, 向口裏說取露布, 是隱言妙句, 光彩尖新, 爭柰你自家無分? 仁者. 是別人涕唾.

여러분.
저들도 대장부요 나도 또한 그러하니 누구에게 겁을 내겠습니까?

1303) 小婬女子(소음여자) : 어린 창녀. 부처를 구하거나 깨달음을 구해 겉모양만 꾸며 폼만 재거나, 언어와 식정(識情)에 매달리는 수행자를 비유함.
1304) 節目(절목) : 조목(條目). 항목. 지엽적인 일. 번거롭고 자질구레한 일. 관건. 옹이. 대나무의 마디.
1305) 玄路鳥道展手(현로조도전수) : 동산 양개스님이 3가지 방법으로 학인을 제접한 것을 말하며, '동산삼로(洞山三路)'라고 한다. '현로(玄路)'는 현묘하고 그윽한 길로 언어문자를 떠나는 것이고, '조도(鳥道)'는 새가 허공을 날아 자취가 없듯이 가고 옴에 공적하여 소식이 끊어진 것이고, '전수(展手)'는 말할 만한 법도 없고 숨기고 있는 것도 없다는 것을 말한다.

하루 종일 제방의 늙어빠진 대머리 중들의 입만 쫓아다니면서 저들에게 다가가 가래나 침을 받아먹으면서도 참회하거나 부끄러워할 줄을 모르니, 안타깝고도 안타깝구나!

미쳐버렸으니1306) 인과가 분명할 것입니다. 수고우(水牯牛)1307)가 쟁기와 고무래를 끌면서 눈알이 튀어나오고 기력이 충분하지 못한데도 큰 몽둥이로 등짝을 후려칩니다.

부처님의 옷과 음식을 겁탈하면서 '나는 수행을 한다'라고 하니, 만일 큰 이치를 깨닫지 못하였다면 설사 그대들이 부처님의 뱃속에 들어가서 깨어나더라도1308) 한낱 이 한 개의 잘 걸어 다니는 똥닭이일 뿐입니다.

일찍이 훌륭한 사람을 만나지 못하고서 곧장 육근(六根) 문(門)의 그림자를 잘못 알고 입으로 노포(露布)1309)를 말하는 것은 숨어있는 말이나1310) 절묘한 글귀라, 광채가 예리하고 새로울 것이나 그대들 주인공과는 어찌 동떨어진 것이 아니겠습니까?

여러분.
이것은 다른 사람의 가래와 침일 뿐입니다.

更有一輩, 三三兩兩聚頭商量: '甚麼處無事, 好經冬過夏? 快說禪道, 有知解, 會義理'.

1306) 狂却子去(광각자거) : 미쳐버렸다. '각자거(却子去)'는 어조사다. 각(却)은 동작의 완성을 나타내는 어조사이고 자(子)는 시제(時制)를 나타내는 어조사며, 거(去)는 행위의 지속을 나타내는 어조사다. 미쳤다는 상태가 완성되었고(却) 지금 미쳐있으며(子) 미친 상태가 지속됨(去)을 은근히 표현한다.
1307) 水牯牛(수고우) : 암물소. 거세된 숫물소. 검은 암소. 남전 보원스님이 최초로 썼다. 한가하고 여유로우면서 일없는 사람 또는 그런 마음, 그런 삶을 말한다. 유유자적(悠悠自適)한 대자유인(大自由人), 대무사인(大無事人)을 표현한다.
1308) 過來(과래) : 되살아나다. 깨어나다.
1309) 露布(노포) : 원래는 공적문서를 가리켰으나 후에 신속히 알리는 격문을 노포라고 하였다. 포고문. 통고문. 출정의 격문. 승리를 알리는 문서. 문서를 공포함. 당나라 때 선사들이 즐겨 쓰던 언구(言句)나 기어(機語)를 말한다.
1310) 隱言(은언) : 수수께끼와 같이 빗대어 하는 말. 생소한 말.

다시 한 무리가 있어 셋씩 둘씩 머리를 맞대고 상량(商量)하기를, '어느 곳이 일 없이 겨울 한철 잘 지내고 여름 한철 보내기에 좋을까? 선(禪)과 도(道)를 마음껏 말하여 알고 이해할 수도 있고 의리(義理)1311)도 알 수 있을 것이다.'라고 합니다.

仁者. 總作如此見解覓便宜, 豈有如此道理? 入地獄有日在. 莫道不向諸子說. 到處菜不擇一莖, 柴不般一束, 一朝福盡, 只是喫草去. 虛消信施, 濫稱參學, 更作禪師模樣, 無益於人. 自己分上十二時中行履處心常附物. 見人只欲妖媚掉尾子指東話西, 眼裏口邊果然不見. 只欲將相似語勘當解處. 老漢與你諸人何別? 郎君子. 莫取一期眼下口快. 喫佗毒藥了, 似貪婬女人不持齋戒. 瞎禿奴羣羊僧顚却佗人入地獄.

여러분.
모두가 이와 같은 견해를 지어 이익을 찾지만 어찌 이와 같은 도리가 있겠습니까? 지옥에 들어갈 날이 있을 것입니다. 여러분들에게 말해주지 않았다고 말하지 마십시오.

가는 곳마다 나물은 한 줄기도 골라 본 적 없고 한 다발의 땔나무도 해본 적 없어 하루아침에 복이 다하면 그저 풀이나 뜯어 먹을 수밖에 없을 것입니다.

헛되이 단월의 시주물을 소비하고 참학(參學)한다고 함부로 말하면서 다시 선사들의 겉모양만을 지으니 남에게도 아무런 이익을 주지 못합니다.
자기 스스로의 경계에서는 하루 종일 다니는 곳마다 마음이 항상 사물에 이끌립니다.

그리고서 사람을 만나면 다만 요염하게 보이려고 꼬리를 흔들고 동쪽을 가리키며 서쪽을 말하는데1312) 눈깔과 입가만 봐도 정말이지 진솔한 자로

1311) 義理(의리) : 선(禪)과 도(道)의 뜻과 이치.
1312) 指東話西(지동화서) : 지동설서(指東說西)와 같은 말. 동쪽을 가리키며 서쪽 이야기를 함. 말

보이지 않습니다. 그러면서 단지 이치에 유사한 말을 가지고 와서 힘껏 이해해 보려고 합니다. 이 늙은이가 그대 여러분들과 무엇이 다릅니까?

훌륭한 자제들인 여러분.1313)
지금 잠시 입을 즐겁게 해 주는 것을 취하지 마십시오. 저 독약을 먹으면 흡사 음란한 여인이 재계를 지니지 않는 것과 같을 것입니다.
저 눈 먼 대머리 중들과 아무런 쓰잘머리 없는 중들은 다른 사람들을 자빠뜨려 지옥에 들어가게 하고야 말 것입니다.

仁者. 莫取次看冊子, 尋句義, 覓勝負. 一遞一口, 何時休歇? 老漢相勸不是惡事. 切須自帶眼目, 辨取淸濁, 是佛語是魔語, 莫受人惑. 所以殊勝名言, 皆是老胡一期方便施設, 切須休歇去, 莫倚一物. 領佗言語作解會, 揀擇親疎浮虛詐僞, 記佗閑言長語, 皆是比量.

여러분.
책을 아무렇게나 보고서는 구절의 뜻을 찾거나 승부를 겨루지 말아야 합니다. 번갈아 가면서 입을 바꾸는 것을(一遞一口)1314) 어느 때에야 쉬겠습니까?

이 늙은이가 권유한 것은 나쁜 일이 아닙니다. 반드시 스스로 안목을 가져 '이는 부처님 말씀이고 이것은 마(魔)의 말이다'라고 맑고 더러움을 가리라는 것이니 남의 미혹을 당하지 말아야만 합니다.

그러므로 수승한 명언(名言)이 모두 다 부처님이 한때 방편으로 베푼 것일 뿐이니 반드시 쉴 것이지 한 물건도 의지하지 마십시오.

저 수승한 언어를 알았다고 이해하고, 실속 없고 거짓으로 꾸민 것으로 친

이나 글이 주제를 벗어나거나 실상이 없음을 이르는 말.
1313) 郎君子(낭군자) : 낭군자제(郎君子弟). 행동이 방탕한 귀족집안의 공자.
1314) 一遞一口(일체일구) : 스승과 제자가 한 번씩 번갈아 가면서 입으로 말하고 입으로 받아먹는 것을 의미한다. 스스로 깨치지 못하고 언어와 말에 집착하여 거기서 지혜를 구하려고 하는 것을 비유한 말.

소를 가리고, 그들의 쓸데없이 늘어놓는 말이나 기억하는 것은 모두가 자기가 직접 증득한 진리가 아닌 추측하고 헤아린 지식일[1315] 뿐입니다.

仁者. 老漢只恐諸子墮坑落漸. 作薄福業, 事褫脣觜得少為足, 向靜處立不肯進前, 自惑諸境, 亂走佗人, 由巡萬法. 葢為不信虛空本來無事, 增減佗不得. 你諸人好似老鵄, 身在虛空, 心在糞堆上, 只覓死物喫.

여러분.
이 늙은이는 그저 여러 제자들이 구덩이에 떨어질까 걱정될 뿐입니다.
복이 거의 없는 일을 하면서 입술을 움직이고 혀를 희롱하여 조금 얻은 것으로 만족하고는 고요한 곳에 안주하여 앞으로 나아가고자 하지 않으며, 스스로 여러 경계에 미혹되어 타인을 정신없이 쫓아가고 온갖 경계를 따라 다닙니다. 이는 대개가 허공처럼 본래 일이 없어 더하거나 줄어들 수가 없다는 것을 믿지 않기 때문입니다.

그대들은 다분히 늙어빠진 까마귀가 몸은 허공에 있으나 마음은 똥무더기 위에 있으면서 단지 송장이나 찾아 먹으려 하는 것과 흡사합니다.

諸子. 莫道德山老漢不曾入叢林商量. 高聲罵取無人情不怕業. 只為諸子不守分, 馳騁四方傍佗門戶, 恰似女姑鬼傳言送語, 依事作解, 心跡不忘, 自猶不立, 常負死屍, 擔枷帶鎖. 五百一千里來到德山面前, 八字立地, 如欠伊禪道相似: '和尚須為我說, 指示我.' 老漢全體作用, 大棒鎧遮田舍奴, 罵賊屎孔面, 不識好惡. 到我遮裏, 恰似遇灃州人賣魚羹, 爛臄一頓. 且圖你放下重擔, 去却枷鎖, 作箇好人去. 還肯麼? 若肯即住, 不肯一任脫去. 珍重!"[1316]

여러분.
이 덕산 늙은이가 일찍이 총림에 들어가 상량(商量)하지 않았다고 말하진 마십시오.

1315) 比量(비량) : 이미 아는 사실을 가지고서 아직 알지 못하는 사실을 비교 추측하는 것. 증득한 돈오頓悟의 일체종지(一切種智)가 아니라 지식 이성으로 헤아린 분별지(分別智)를 말한다.
1316) 『聯燈會要』卷第二十, X79n1557_p0172c02~0174b19. 참조.

 조금의 인정도 없이 큰 소리로 욕설을 내뱉고 업 짓기를 두려워 않았습니다.

 이것은 다만 여러 제자들이 분수를 지키지 못하여 사방으로 치달리고 다른 사람 집을 돌아다니는 것이, 흡사 여자 귀신이 말을 전하고 보내는 것처럼 사(事)에 의지하여 앎을 짓고 마음의 자취를 없애지 못하고 있는 것과 같았으며, 자유롭게1317) 서지 못하고서 늘 죽은 송장을 지고 칼을 쓰고 족쇄에 매여 있는 것 같았기 때문입니다. 오백 리나 천 리를 걸어 와서 이 덕산 면전에 이르러서는 두 발을 팔자로 떡 벌리고 서서 마치 그들의 선도(禪道)가 결점이라도 있는 듯이 말하길, '큰스님께서는 무조건 저를 위하여 말씀해주시고 저에게 가르쳐 보여 주십시오'라고 합니다.

 이 늙은이가 전체적으로 작용하여 갑옷 입은 이 촌뜨기를 크게 두들겨 패고 이 도적놈의 똥냄새 나는 얼굴을 꾸짖어보지만 도무지 좋은지 나쁜지를 알지도 못합니다.

 나의 '여기'에 이르면 흡사 예주 사람(澧州人)이 끓인 어탕을 만나 푹 익은 고깃국으로 한 끼를1318) 잘 때우는 것과 비슷합니다.

 또 그대들의 무거운 짐을 내려놓게 하고 칼과 족쇄를 제거하여 훌륭한 사람을 만들어 보려는 것입니다.

 긍정합니까?
 만일 긍정한다면 머물고, 긍정치 않는다면 떠나가든 말든 맘대로 하십시오. 잘들 가시오!"

1317) 自猶(자유) : 자여(自如)와 같다. 마음대로. 자유롭게.
1318) 一頓(일돈) : 한 끼. 한 번 쉼. 한 차례의 휴식. 한 차례 때림. 갑자기, 단번에.

159. 남양혜충南陽慧忠

國師, 三喚侍者, 侍者三應, 國師云: "將謂吾辜負汝, 誰知汝辜
負吾."
妙喜曰: "國師還見侍者麼, 侍者還見國師麼?"1319)

남양 혜충국사1320)께서 시자를 세 번 부르시고 시자가 세
번 대답하자 국사께서 말씀하셨다.
"내가 너를 저버렸다고 여겼지만, 네가 나를 저버린 줄을 누가 알겠느냐
?"1321)

1319) 『景德傳燈錄』 卷第五, T51n2076_p0244a24~26, 『禪門拈頌集』 卷第四, K46-0062, 130則.
참조.

1320) 南陽慧忠(남양혜충) : 쌍봉도신(雙峰道信)-황매홍인(黃梅弘忍)-조계혜능(曹溪慧能)-남양혜충
(南陽慧忠). ?~775. 주52) 참조.

1321) 이 화(話)에 대한 대혜스님의 염송과 보설이 있다. "벙어리가 꿈꾸곤 뉘에게 말하랴?/ 일어
나서 마주 하니 눈도 멀었네./ 이미 남의 앞에 속마음만 내놓았으니/ 그 스스로 이익을 얻게
하였네." (T47n1998Ap0851a08~09, 『大慧普覺禪師語錄』 卷第十. "啞子得夢與誰說, 起來相對
眼麻彌. 已向人前輸肺腑, 從敎他自覓便宜.") "'국사께서 세 번 시자를 부른 화(話)를 노파선(老
婆禪)으로서 타니대수(拖泥帶水)한 것이라 하겠습니까? 어느 날 시자를 부르시니, 시자가 대답
하였습니다. 이렇게 세 번 부르시고 시자는 세 번 대답하였습니다. 국사께서 시자를 세 번 불렀
는데 어찌 일찍이 저버림이 있었으며 시자가 세 번 대답했는데 어디가 저버린 곳입니까? 국사
께서 말씀하셨습니다. 「내가 너를 저버린다고 여겼는데 네가 나를 저버린 줄을 누가 알겠느냐?」
평지에 해골 무덤이 불룩 솟았구나.' 또 말씀하셨다. '총림에서들 「국사삼환시자화(國師三喚侍者
話)」라고 부른 이래로 일련의 예화가 되었는데, 오직 설두스님만이 옛사람의 골수를 꿰뚫어보시
고 말씀하셨습니다. 「〈국사께서 세 번 시자를 불렀다.〉점이 찍히면 오지 않은 것이다.」명백합
니다. 「〈시자가 세 번 대답하였다.〉왔으면 점을 찍지 않는다.」이건 아닙니다. 「〈내가 너를 저
버린다고 여겼는데, 네가 나를 저버릴 줄 누가 알았으랴?〉이 설두를 속일 순 없지.」누가 말입
니까?' 다시 대중을 부르시고 말씀하셨다. '설두를 속일 순 없다니 멋들어집니다. 하지만 설두스
님도 이 묘희를 속이지 못할 것이며, 이 묘희도 여러분들을 속이지 못할 것이고, 여러분들도 역
시 노주(露柱)를 속일 순 없습니다. 현사스님이 말씀하셨습니다. 「시자가 도리어 알았다.」이에
설두스님이 말씀하셨습니다. 「죄수를 가둬 놓고 지혜를 길렀구나.」둘이서 승부가 나지 않았습
니다. 운문스님이 말씀하셨습니다. 「어디가 국사께서 시자를 저버린 곳일까? 알아낸다 해도 쓸
데없는 짓이다.」설두스님이 말씀하셨습니다. 「원래 알지 못했다.」이는 설봉스님이 말씀하셨
던 것입니다. 운문스님이 또 말씀하셨습니다. 「어디가 시자가 국사를 저버린 곳일까? 뼈를 갈고
몸을 부숴도 은혜를 갚을 순 없다.」설두스님이 말씀하셨습니다. 「쓸데없다. 쓸데없어.」과녁을
만들어 놓고 화살을 불러들이는 것입니다. 법안스님이 말씀하셨습니다. 「우선 갔다가 다음에 와
라.」그러자 설두스님이 말씀하셨습니다. 「나를 속일 순 없지.」오히려 법안스님이 알았습니다.
흥화스님이 말씀하셨습니다. 「눈 먼 한 사람이 여러 눈 먼 이들을 이끄는구나.」이에 설두스님
이 말씀하셨습니다. 「확실히 눈이 멀었군.」자기가 한 말은 자기 입에서 나온 것입니다. 현각
징스님이 한 스님에게 물으셨습니다. 「어디가 시자가 안 곳이냐?」그 스님이 대답하였습니다.
「만일 알지 못하였다면 어찌 그렇게 대답하였겠습니까?」현각스님이 다시 말씀하셨습니다. 「네

가 알지 못하고 있구나.」 또 말씀하셨습니다. 「만일 여기서 알아버리면 곧 현사스님을 알 것이다.」 사람을 엄청 부끄럽게 만드십니다. 취암 지스님이 말씀하셨습니다. 「국사와 시자가 모두 아는데 흠이 있다.」 그나마 조금 괜찮습니다. 투자스님이 말씀하셨습니다. 「사람을 함부로 몰아 대서 어쩌자는 것이냐?」 그러자 설두스님이 말씀하셨습니다. 「진흙탕에 발이 박힌 사람이로군.」 일리가 있으니 다가가 보십시오.' 다시 말씀하셨다. '유독 말 많으신 조주노장스님만이 주(註)를 달아서 사람들을 의심하게 하였습니다. 한 스님이 여쭈었습니다. 「국사께서 세 번 시자를 부르신 뜻이 무엇입니까?」 조주스님이 말씀하셨습니다. 「어둠 속에서 글씨를 쓰니 글자는 이루어지지 않았으나 문장은 이미 드러난다.」 이에 대해 설두스님이 「억!」하고 할을 하셨습니다. 바로 여기 말해 보십시오. 이 한차례의 할이 국사와 시자의 분상(分上)에 있습니까, 조주스님의 분상(分上)에 있습니까? 억!' 다시 말씀하셨다. '만일 목숨과 몸뚱이를 끊어 버리질 않았다면 어떻게 여기를 꿰뚫겠습니까? 설두스님이 말씀하셨습니다. 「만약 누군가가 이 설두에게 묻는다면 이 설두는 곧장 두들겨 패서 제방의 점검을 받아보겠다.」 도둑이 제 발 저리는 격입니다. 설두스님이 다시 노래 하나를 부르셨습니다. 「스승과 제자 만난 뜻이 가볍지 않아.」 이 말에는 패배한 곳이 두 군데 있습니다. 「일 없이 서로 이끌어 풀밭을 다니네.」 보주의 도적들이 도적을 호송합니다. 「네가 저버렸나, 내가 저버렸나 묻지를 마라.」 추워지기를 기다리십시오. 「천하사람 다투도록 내버려 두라.」 바로 지금 쉬려면 곧장 쉬십시오. 깨우칠 때를 기다리면 깨우칠 때가 없을 것입니다.' 다시 말씀하셨다. '여러분들이 현묘한 이해를 구한다면 단지 국사께서 세 번 시자를 부르신 화(話)를 알아내면 됩니다. 하지만 어디가 국사께서 시자를 저버린 곳이며, 어디가 시자가 국사를 저버린 곳인가는 무슨 관계가 있겠습니까? 거위 왕이 젖을 고르는 솜씨는 원래 오리가 아니기 때문이니, 이것은 국사께서 칼을 쓰시는 데서의 일입니다. 그저 이 조금 뿐입니까, 아니면 따로 또 있습니까?'"(T47n1998Ap0873b15~c27,『大慧普覺禪師普說』卷第十五. "'如三喚侍者話, 喚作說老婆禪拖泥帶水得麼? 一日喚侍者, 侍者應諾. 如是三喚, 侍者三應. 師云: 國師三喚侍者, 何曾有辜負? 侍者三應, 甚麼處是辜負處? 國師曰:「將謂吾辜負汝, 誰知汝辜負吾?」師云: 平地起骨堆. 復云: 叢林中喚作「國師三喚侍者話」, 自此便有一絡索. 唯雪竇見透古人骨髓, 云:「國師三喚侍者, 點即不到.」師云: 灼然.「侍者三應, 到即不點.」師云: 卻不恁麼.「將謂吾辜負汝, 誰知汝辜負吾, 謾雪竇不得.」師云: 誰道? 復召大衆, 云: '好箇謾雪竇不得. 雖然如是, 雪竇亦謾妙喜不得, 妙喜亦謾諸人不得, 諸人亦謾露柱不得. 玄沙云:「侍者卻會.」雪竇云:「停囚長智.」師云: 兩彩一賽. 雲門道:「作麼生是國師辜負侍者處? 會得也是無端.」雪竇云:「元來不會.」師云: 雪峰道底. 雲門又云:「作麼生是侍者辜負國師處? 粉骨碎身未報得.」雪竇云:「無端. 無端.」師云: 堁生招箭. 法眼云:「且去別時來.」雪竇云:「謾我不得.」師云: 卻是法眼會. 興化云:「一盲引衆盲.」雪竇云:「端的瞎.」師云: 親言出親口. 弘(玄)覺徵問僧云:「甚處是侍者會處?」僧云:「若不會爭解恁麼應?」覺云:「汝少會在.」又云:「若於此見得去, 便識玄沙.」師云: 慚惶殺人. 翠巖芝云:「國師侍者總欠會在.」師云: 猶較些子. 投子云:「抑逼人作麼?」雪竇云:「堁根漢.」師云: 理長即就.' 復云: '唯有趙州多口阿師. 下得箇註脚, 令人疑着. 僧問:「國師三喚侍者, 意旨如何?」州云:「如人暗中書字, 字雖不成, 文彩已彰.」雪竇便喝. 師云: 且道. 遮一喝在國師侍者分上, 在趙州分上? 隨後喝一喝.' 復云: '若不是命根五色索子斷, 如何透得這裏過? 雪竇云:「若有人問雪竇, 雪竇便打也, 要諸方檢點.」師云: 作賊人心虛. 雪竇復有一頌, 云:「師資會遇意非輕.」師云: 此語有兩負門.「無事相將草裏行.」師云: 普州人送賊.「負汝負吾人莫問.」師云: 放待冷來看.「任從天下競頭爭.」師云: 即今休去便休去. 若覓了時無了時.' 復云: '爾要求玄妙解會, 只管理會國師三喚侍者話, 那裏是國師辜負侍者處, 那裏是侍者辜負國師處, 有甚麼交涉? 鵝王擇乳, 素非鴨類. 這箇便是國師用劍刃上事. 爲復只這些子, 爲復別更有在?'"

"어떤 스님에게 국사께서 세 번 시자를 부른 뜻을 물으시니, 그 스님이 대답했다. '고기가 지나가니 물이 흐려졌습니다.' 그러자 스님이 말씀하셨다. '안절부절 소란스럽게 하지 마라.' 이에 그 스님이 말이 없었다. 스님이 문득 때리셨다."(T47n1998Ap0849c23~25,『大慧普覺禪師雲居首座寮秉拂語錄』卷第九. "問僧: '國師三喚侍者, 意旨如何?' 僧云: '魚行水濁.' 師云: '莫屎沸.' 僧無語, 師便打.")

묘희스님이 말씀하셨다.
"국사가 시자를 드러냈느냐, 시자가 국사를 드러냈느냐?"

160. 설두중현雪竇重顯

雪竇和尙, 示衆, 云: "布袋裏盛錐子, 不出頭是好手. 大衆. 雪竇錐頭出也. 莫有傍不肯底禪客出來?" 良久. 云: "諸人旣乃縮頭, 且聽諸方檢責." 一日問僧: "你浴未?" 僧云: "某此生不浴." 曰: "你不浴圖箇甚麼?" 僧云: "今日被和尙勘破." 曰: "賊不打貧兒家."1322)

설두 중현스님1323)이 대중에게 열어 보이셨다.
"포대 속의 왕성한 송곳이 머리를 드러내지 않을 때가 뛰어난 자입니다. 대중여러분. 이 설두의 송곳 끝이 나왔습니다. 곁에 긍정치 않는 선객이 나오지 않습니까?"

한참 묵묵히 계셨다.

말씀하셨다.
"여러 사람들이 이미 머리를 움츠려버렸으니, 장차 제방에서 점검하여 따져 묻는데 맡겨야겠습니다."

하루는 어떤 스님에게 물으셨다.
"너는 목욕을 마쳤느냐?"
그 스님이 말했다.
"저는 이 생애에는 목욕하지 않습니다."

1322) 『明覺禪師語錄』 卷第一, T47n1996_p0676b17~19. 『明覺禪師瀑泉集』 卷第四, T47n1996_p0694c21~23. 참조.
1323) 雪竇重顯(설두중현) : 운문문언(雲門文偃)-향림징원(香林澄遠)-지문광조(智門光祚)-설두중현(雪竇重顯). 980~1052. 주347) 참조.

말씀하셨다.
"너는 목욕하지 않고 무엇을 하려는 거냐?"
그 스님이 말했다.
"오늘에야 스님께 감파를 당해버렸습니다."
말씀하셨다.
"도적은 가난한 집을 털지 않는다."

161. 임제의현臨濟義玄

臨濟和尚, 示衆, 云: "今時學佛法者, 且要求眞正見解. 若得眞正見解, 生死不染, 去住自由, 不要求殊勝, 殊勝自至. 道流. 只如自古先德皆有出人底路, 如山僧指示人處, 只要你不受人惑, 要用便用, 更莫遲疑. 如今學者不得, 病在甚處? 病在不自信處. 你若自信不及, 即便忙忙地狗一切境, 被佗萬境回換, 不得自由. 你若能歇得念念馳求心, 便與祖佛不別. 你欲得識祖佛麼? 只你面前聽法底是. 學人信不及, 便向外馳求, 設求得者, 皆是文字名相, 終不得佗活祖意. 此時不遇, 萬劫千生輪回三界, 徇好惡境, 掇去驢牛肚裏生.

임제 의현스님1324)이 대중에게 열어 보이셨다.
"지금 불법을 배우는 이들은 먼저 진정현해(眞正見解)1325)를 구해야만 합니다. 만일 진정현해(眞正見解)를 얻었다면 생사에 물들지 않고 가고 머묾에 자유로워서 수승함을 구하지 않아도 수승함은 저절로 이를 것입니다.

도류 여러분.1326)
예부터 선덕들은 모두 사람을 탈출시키는 확실한 방도가1327) 있었지만,

1324) 臨濟義玄(임제의현) : 마조도일(馬祖道一)-백장회해(百丈懷海)-황벽희운(黃檗希運)-임제의현(臨濟義玄). ?~867. 주489) 참조.
1325) 眞正見解(진정현해) : 중도(中道)의 현(見)과 중도(中道)의 해(解). 있는 그대로의 드러냄과 있는 그대로 앎.
1326) 道流(도류) : 선도(禪道)를 닦는 사람들. 선승(禪僧). 납자(衲子). 학인(學人).
1327) 出人底路(출인지로) : 그 자리에서 무생법인을 얻게 하다. 말끝에 철저하게 깨닫게 하다.

이 산승이 사람들에게 가르치는 것은 다만 그대들이 사람들에게 현혹되지 않기만 하면 되는 것이니, 쓰고자 하면 곧 쓸 것이지 다시 머뭇거리지 마십시오.

지금 배우는 이들이 적중하지 못함은 어디에 잘못이 있겠습니까? 잘못은 스스로를 알지 못하는 곳에 있습니다. 그대들이 만일 스스로를 알지 못하게 된다면 곧바로 정신없이 일체의 경계를 따라다니면서 수많은 경계에 휘둘리게 되어 자유롭지 못하게 됩니다.

그대들이 만약 생각 생각에 정신없이 추구하는 마음을 쉬어버린다면 곧 부처님이나 조사님들과 별반 다르지 않을 것입니다. 부처님과 조사님들을 알고 싶습니까? 오로지 바로 지금 법문을 듣는 그대들이 이것입니다.

배우는 사람들이 알지 못하고 바깥으로 정신없이 추구하다가 설사 구하여 알았다 하더라도 모두 문자(文字)와 이름과 모양(名相)1328)일 뿐이라 결국은 저 '활발발(活潑潑)한 조사님의 참뜻'을 깨닫지 못합니다.

이때를1329) 만나지 못한다면 수많은 세월동안 수없이 삼계를 윤회하면서 좋고 싫음의 경계를 따라다니며 나귀나 소의 자궁 속에 태어나게 될 것입니다.

道流. 約山僧見處, 與釋迦不別. 每日多般用處欠少甚麼? 六道神光, 未曾間歇. 若能如是見得, 即是一生無事人. 大德. 三界無安猶如火宅. 此不是你久停住處, 無常殺鬼一剎那間, 不擇貴賤老少. 你要與祖佛不別, 但莫外求. 一念淸淨心光是你屋裏法身佛, 一念無分別心光是你屋裏報身佛, 一念無差別心光是你屋裏化身佛. 此三種身是你即今目前聽法底人, 只爲不向外馳求, 有此功用. 若據經論家, 取三種身爲極則. 約山僧見處不然. 此三種身是名言, 亦是三種依. 古人云:'身依義立, 土據體論.' 法性身, 法性土, 明知是光影.

1328) 名相(명상) : 일체의 모든 사물은 이름과 모양이 있는데 이름은 들어서 아는 것이고 모양은 보아서 아는 것이다. 이 이름과 모양은 허가(虛假)로 시설된 것으로 실상(實相)에 계합(契合)될 수 없는 것이다.
1329) 此時(차시) : 바로 지금. 즉금(卽今). 제불제조(諸佛諸祖)의 마음.

도류 여러분.

이 산승의 현처(見處)에 의거하면1330) 석가모니부처님과 더불어 다르지 않습니다. 날마다 수없이 가지가지로 쓰는데 모자란 것이 무엇입니까?

육도(六道)1331)에 신령스런 광명이 일찍이 끊어진 적이 없습니다. 만일 이와 같이 드러낸다면 곧 일없는 사람의 한결같은 삶이 될 것입니다.

대덕 여러분.

삼계는 안락하지 않으니 마치 불난 집과 같습니다. 여기는 그대들이 오래 머물 곳이 못되니, 무상살귀(無常殺鬼)1332)가 순식간에 귀천노소를 가리지 않고 달려듭니다. 그대들이 부처님과 조사님들과 다르지 않으려거든 밖으로만 구하지 않으면 됩니다.

한 생각 청정한 마음 광명이 그대들 집안의 법신부처님이요, 한 생각 분별 없는 마음 광명이 그대들 집안의 보신부처님이요, 한 생각 차별 없는 마음 광명이 그대들 집안의 화신부처님입니다.

이 세 가지 몸은 바로 지금 눈앞에 법문을 듣는 사람인 그대들이니, 다만 밖으로 정신없이 추구하지만 않는다면 이러한 공용(功用)1333)이 있을 것입니다.

경론가(經論家)1334)들에 따르면 세 가지 몸으로 극칙(極則)1335)을 삼지만 이 산승의 현처(見處)에 의거하면 그렇지 않습니다. 이 세 가지 몸은 이름과 말일 뿐이요 또한 세 가지 의지처일 뿐입니다.

옛 사람이 말씀하셨습니다.

1330) 約(약) : ① 사람이 후퇴하여 이동하게하다. 동작을 정지하다. ② 의하다, 안조(按照)하다. 의거하다. 따르다.
1331) 六道(육도) : 지옥·아귀·축생·아수라·인간·천상의 여섯 갈래 길. 육근(六根)이라고도 하나 문맥상으로 육취(六趣)가 맞는 듯하다.
1332) 無常殺鬼(무상살귀) : 죽음.
1333) 功用(공용) : 부처님의 덕용(德用). 공덕묘용(功德妙用). 공능(功能).
1334) 經論家(경론가) : 실참(實叅)하지 않고 경전과 논서(論書)를 연구하는 사람들.
1335) 極則(극칙) : 생사를 초월하여 궁극적으로 미묘한 이치의 법칙.

'몸은 뜻에 의지하여 세워졌고, 국토는 체성에 의거하여 논한 것이다.'
법성의 몸과[1336] 법성의 국토는[1337] 빛의 그림자임을 분명히 알아야 합니다.

大德. 你且識取, 弄影底人. 是諸佛之本源. 一切處是道流歸舍處. 是你四大色身不解說法聽法. 脾胃肝膽不解說法聽法, 虛空不解說法聽法. 是甚麼解說法聽法? 是你目前歷歷底物一段孤明, 是遮箇解說法聽法. 若如是見得, 便與祖佛不別. 但一切時中, 更莫間斷, 觸目皆是, 只為情生智隔想變體殊, 所以輪回三界受種種苦. 約山僧見處, 無不甚深無不解脫.

대덕 여러분.
그대들은 응당 흔드는[1338] 사람을 알아차려야만 합니다. 이것이 모든 부처님의 근본입니다. 두루 일체의 모든 곳이 곧 도를 닦는 이들의 돌아갈 집입니다.

사대(四大)로 이루어진 이 그대들의 육신은 법을 설하거나 법을 들을 줄 모릅니다. 비(脾)·위(胃)·간(肝)·담(膽)도 법을 설하거나 법을 들을 줄 알지 못하며 허공도 설법을 하거나 법을 들을 줄 모릅니다.
그렇다면 법을 설하고 법을 들을 줄 아는 것이 무엇입니까?
그것은 그대들 눈앞에 역력하게 드러난 놈이며 한 덩어리의 홀로 밝은 이 놈이 바로 법을 설하고 법을 들을 줄 압니다. 만약 이와 같이 드러내어 알게 된다면 곧 부처님이나 조사님과 별반 다르지 않을 것입니다.

다만 언제나 항상 전혀 끊어짐이 없어서 눈으로 보는 것마다 모두 다 '이것'이지만, 정(情)이 생겨나서 지혜가 막히고 생각이 변하여 체성과는 달라졌기 때문에 삼계에 윤회하며 가지가지의 고통을 받게 되는 것입니다.

1336) 法性身(법성신) : 법신(法身)을 말함.
1337) 法性土(법성토) : 여래의 맑고 깨끗한 법성법신(法性法身)이 거주하는 국토(國土)로서 진여법성(眞如法性)으로 그 체(體)를 삼는다. 법성신과 법성토는 불이(不二)다.
1338) 弄影(농영) : 농광영(弄光影)의 줄임말. 흔들다. 동요하다. 물체가 움직여 그림자가 따라 흔들리거나 이동함. 광(光)은 알아차림. 영(影)은 알아차림의 대상. 진실한 이체를 명백히 보지 못함. 인형극에서 사람이 인형을 가지고 놀리는 것.

이 산승의 현처(見處)로는 깊고 깊음이 아닌 것이 없고 해탈 아닌 것이 없습니다.

道流. 心法無形通貫十方. 在目曰見, 在耳曰聞, 在鼻齅香, 在口談論, 在手執捉, 在足運奔. 本是一精明分為六和合. 一心既無, 隨處解脫. 山僧恁麼說意在甚處? 只為一切處馳求心不能歇, 上佗古人閑機境.

道流. 取山僧見處, 坐斷報化佛頭. 十地滿心, 猶如客作兒, 等妙二覺, 擔枷鎖漢, 羅漢辟支, 猶如厠穢, 菩提涅槃如繫驢橛. 何以如此? 只為道流不達三祇劫空, 所以有此障礙. 若是真正道人終不如是. 但能隨緣消舊業, 任運著衣裳, 要行即行要坐即坐, 無一念心希求佛果. 緣何如此? 古人云:'若欲作業求佛, 佛是生死大兆.' 大德. 時光可惜, 只據傍家波波地, 學禪學道, 認名認句, 求佛求祖, 求善知識意度. 莫錯.

道流. 你只有一箇父母, 更求何物? 你自返照看. 古人云:'演若達多失却頭, 求心歇處即無事.'

도류 여러분.

마음1339)은 형상이 없어서 시방세계를 철저히 꿰뚫어 압니다.1340) 눈에 있을 때는 보고, 귀에 있을 때는 들으며, 코에 있을 때는 향기를 맡고, 입에 있을 때는 이야기를 하며, 손에 있을 때는 붙잡고, 발에 있을 때는 걸어 돌아다닙니다.

이는 본래로 하나의 밝음1341)이 나뉘어져 우리 몸의 여섯 가지 부분과 화합하였을 뿐입니다. 마음이 하나라도 이미 없다면1342) 어디나 해탈입니다. 이 산승이 이러하게 말하는 뜻이 어디에 있겠습니까? 그저 일체의 모든 곳

1339) 心法(심법) : 마음. 심왕(心王). 또는 심(心)은 심왕(心王)이요 법(法)은 심소(心所)로 나누기도 함.

1340) 通貫(통관) : 꿰뚫어 앎. 철저히 이해함.

1341) 精明(정명) : 밝음. 환함. 찬란하게 밝음. 밝게 빛남. 맑고 깨끗함. 맑음. 명백함. 분명함. 선명함. 눈이 빛남. 정통함. 정련되고 뜻이 분명함. 매우 총명함. 정밀히 살핌. 정력이 왕성하고 눈과 귀가 밝음. 정묘하고 명백함. 자성청정심 속에 본래 갖추어져 있는 절묘하고 밝고 맑음.

1342) 一心既無(일심기무) : 일심(一心)은 일망심(一妄心)이다. (T51n2076_p0447a04~05,『景德傳燈錄』卷第二十八. "心若不在, 隨處解脫.")

에서 정신없이 구하는 마음을 쉬지 못하고 저 옛사람들의 별 볼일도 없는 기연(機緣)의 경계를[1343) 숭상하는 것 때문입니다.

도류 여러분.
산승의 현처(見處)에 의하면 보신불과 화신불의 기세를 꺾어 버립니다.

십지보살은 마치 줏대 없는 자와[1344) 같을 뿐이며, 등각(等覺)과 묘각(妙覺)은 칼을 쓰고 족쇄를 차고 있는 자와 같고, 아라한과 벽지불은 화장실의 더러운 똥과 같으며, 보리와 열반은 당나귀를 매는 말뚝과 같습니다.

이러함은 어째서일까요? 오직 도류들이 3아승기겁이 공(空)임을 요달하지 못한 까닭에 이러한 장애가 있는 것입니다.

만약 진정(真正)한 도인(道人)이라면 끝내 이와 같지는 않을 것입니다.
다만 연(緣)을 따라 옛 업(業)을 녹이면서, 마음대로 옷을 입고, 가고 싶으면 가고, 앉고 싶으면 앉아서 한 순간도 마음에 불과(佛果)를 구하지 않습니다. 무엇 때문에 이와 같을까요?
옛사람[1345)이 말씀하셨습니다.

1343) 閑機境(한기경) : 쓰지도 못하는 기연작략(機緣作略)을 말한다. 선사들이 쓰는 별 볼일 없는 기봉(機鋒)의 경계.

1344) 客作兒(객작아) : 객작한(客作漢)과 같은 말. 선가(禪家)에서 용렬한 자를 꾸짖는 말로 사용한다. 자신의 마음 속 불성을 보지 못하고 맹목적으로 바깥으로만 쫓아다니는 자를 말한다. 『묘법연화경』에서 나오는 말이다. "그때 가난한 아들이 비록 이러한 만남을 기뻐하였지만 오히려 스스로 무지하고 천한 사람이라고 생각하였다." (T09n0262_p0017a26, 『妙法蓮華經』 「信解品」 第四. "爾時窮子, 雖欣此遇, 猶故自謂客作賤人.")

1345) 양나라 지공(誌公)스님을 말한다. 보지선사(寶誌禪師), 또는 보지선사(保誌禪師), 지공선사(誌公禪師), 지공조사(誌公祖師)라고도 한다. 속성은 주씨(朱氏). 양무제 시대의 스님이다. 달마대사, 부대사와 더불어 양대삼대사(梁代三大士)라 불린다. 7세에 종산(鍾山)[자금산(紫金山)]으로 출가하였다. 도림사(道林寺)에 거주하면서 전심으로 선(禪)을 관(觀)하여 득도(得道)하였다. 불도징(佛圖澄)과 더불어 신이(神異)적인 자취를 많이 남겼다. 양무제의 스승이 되어 무제의 깊은 존경을 받았다. 양무제가 장승요(張僧繇)로 하여금 스님의 초상을 그리게 하였는데 지공스님이 십일면관음상(十一面觀音像)의 모습으로 출현하니 이로 인하여 사람들이 관세음보살의 화신으로 알았다고 한다. 지금 유전(流傳)되고 있는 『양황보참(梁皇寶懺)』과 『자비도량참법(慈悲道場懺法)』은 양무제가 황후 치씨(郗氏)를 위해 지공스님과 고승 열 명에게 청하여 지은 것이다. 그는 부대사(傅大士)와 더불어 선종(禪宗)의 선구적 인물로 평가되고 있다. 『전등록』 29권에 「대승찬십수(大乘讚十首)」와 「십이시송십이수(十二時頌十二首)」와 「십사과송(十四科頌)」이 실려 있다.

'만약 업을 지어서 부처님을 구하고자 한다면 부처님이 오히려 생사의 큰 조짐이 된다.'1346)

대덕 여러분. 시간을 아껴야만 하는데도 그저 이 선원 저 선원 분주하게1347) 싸돌아다니면서 선(禪)을 배우고 도(道)를 배운다고 하며, 명(名)과 구(句)를 잘못 알고 부처님을 찾고 조사님을 찾으며, 선지식을 찾아가서 생각으로만 헤아립니다. 그렇게 잘못 알지 마십시오.

도류 여러분.
그대들에게 오로지 하나의 부모1348)가 있는데 다시 무슨 물건을 구합니까? 그대들 스스로 돌이켜 살펴보십시오.

옛사람1349)이 말씀하셨습니다.
'연야달다(演若達多)가 머리를 잃어버렸다고 생각하다가 다시 구하는 마음이 쉰 그 순간에 아무런 일이 없어졌다.'1350)

1346) 양나라 지공(誌公)스님의 「대승찬십수」에 나오는 구절. (T51n2076_p0449b05, 『景德傳燈錄』 卷第二十九, 「梁寶誌和尙大乘讚十首」. "若欲作業求佛, 業是生死大兆.") 여기서는 佛(불)이 業(업)으로 되어 있다.

1347) 波波地(파파지) : 분주하게, 바삐, 촐싹거리며.

1348) 父母(부모) : 본심(本心), 불성(佛性)을 말한다.

1349) 古人(고인) : 석가모니불.

1350) 『수릉엄경』 권4에 나오는 이야기이다. "'실라벌성에 사는 연야달다가 갑자기 이른 새벽에 거울로 자기 얼굴을 비추어 보다가 거울 속에 있는 머리는 눈썹과 눈을 볼 수 있지만 자기 머리에는 얼굴도 눈도 보이지 않는다고 성을 내면서 이것이 괴물이라고 생각하고는, 이유 없이 미쳐 달아났으니 너는 어떠하냐? 이 사람이 어떤 원인으로 이유 없이 미쳐 달아났겠느냐?' 부루나 존자가 말씀드렸다. '그 사람은 마음이 미친 것일 뿐이지, 다른 까닭이 없습니다.' …중략… '저 실라벌성의 연야달다가 어찌 미친 인연이 따로 있었겠느냐? 스스로 두려워서 달아난 것뿐이니, 홀연히 미친 마음을 쉬어버리면 그 머리의 눈과 얼굴이 밖에서 얻어진 것이 아니다. 그리고 설사 미친 증세가 없어지지 않았다 하더라도 또한 어찌 잃어버린 것이겠느냐? 부루나여. 미혹의 성품이 이와 같은데 원인이 어찌 따로 있겠느냐? 네가 다만 세간(世間)·업과(業果)·뭇삶(衆生) 이 세 가지의 상속함을 따르고 분별하지 않는다면 살(殺)·도(盜)·음(淫)의 세 가지 보조 조건(三緣)이 끊어지기 때문에 세 가지 직접 원인(三因)도 생기지 아니하여 곧 너의 마음속에서 연야달다와 같은 미친 성품이 저절로 사라지게 될 것이다.'" (T19n0945_p0121b9~25, 『大佛頂如來密因修證了義諸菩薩萬行首楞嚴經』 卷第四. "室羅城中演若達多, 忽於晨朝以鏡照面, 愛鏡中頭眉目可見, 瞋責己頭不見面目, 以爲魑魅無狀狂走, 於意云何? 此人何因無故狂走? 富樓那言: '是人心狂更無他故.' …… '彼城中演若達多, 豈有因緣? 自怖頭走, 忽然狂歇, 頭非外得, 縱未歇狂亦何遺失? 富樓那. 妄性如是, 因何爲在? 汝但不隨分別世間·業果·衆生, 三種相續, 三緣斷故三因不生, 則汝心中演若達多, 狂性自歇.")

大德.　且要平常, 莫作模樣.　有一般不識好惡禿兵.　便即見神見鬼, 指東畫西, 好
晴好雨.　如是之流,　盡須抵債,　向閻羅王前吞熱鐵圓有日在.　好人家男女被遮般野
狐精魅所著,　便即捏恠.　瞎屢生索飯錢有日在.

대덕 여러분.

우선 평상무사(平常無事)1351)이려면, 정황을 모방하여 지어내지 마십시오.
좋은지 나쁜지 알지 못하는 대머리 중들 한 무리가 있습니다. 그들은 문득
귀신을 보고는, 동쪽을 가리키고 서쪽을 그으며,1352) 좋은 날씨라느니 비가
잘 온다느니 합니다. 이와 같은 무리들은 모두 다 빚을 지고 염라대왕 앞에
가서 뜨거운 무쇠공을 삼킬 날이 있을 것입니다. 훌륭한 집안1353)의 멀쩡
한 남녀들1354)에게 이러한 여우와 요괴들이 붙어 버려 문득 괴이한 짓거리
를 하고 있습니다. 이 눈멀고 어리석은 자들은1355) 밥값을 지불해야할 날
이 있을 것입니다.

道流.　切要求取真正見解向天下橫行, 免被遮一般精魅惑亂身心.　更莫造作.　只是
平常.　你纔擬心早是錯了也.　且莫求佛.　佛是名句.　你還識馳求底麼? 三世十方佛
祖出來,　也只爲求法.　如今參學道流也,　只爲求法.　得法始了.　未得依前輪回五道.
云何是法? 法者是心法.　心法無形貫通十方,　目前見用.　人信不及,　便乃認名認句,
向文字中求,　其意度,　與佛法天地懸隔.

　道流.　山僧說法, 說甚麼法? 說心地法,　便能入淨入穢,　入凡入聖,　入真入俗.　要
且不是你真俗凡聖,　能與一切真俗凡聖安名,　一切真俗凡聖安著箇名字不得.

　道流.　把得便用更莫安排, 方契玄旨.　山僧說法與天下人別.　只如有箇文殊普賢出
來目前各現一身問法,　纔道: '咨和尚', 我早辨了也.　何以如此? 只爲我見處別,　外

1351) 平常(평상) : 평상생활. 무사무위(無事無爲). 평상무사(平常無事). 임운수연(任運隨緣). 확철대
　　오(廓徹大悟)한 자의 생활태도이다.
1352) 指東畫西(지동획서) : 엉터리 선사들이 지해(知解)의 언사(言辭)로 지어내는 가지가지의 작략
　　(作略)[응기접물(應機接物)의 언행과 기용(機用)].
1353) 好人家(호인가) : 멀쩡한 집안. 평상무사(平常無事)의 뜻. 또는 청정한 자성(自性).
1354) 男女(남녀) : 당나라 때의 속어로서 자녀(子女)를 가리킨다. 여기서는 수행하는 스님들을 말
　　함.
1355) 瞎屢生(할루생) : 루(屢)는 곧 루(屢)[암퇘지]이다. 생(生)은 생(牲)[가축]의 뜻, 또는 어조사로
　　쓰임. 아주 어리석은 자를 말한다.

不取凡聖, 內不住根本. 見徹本法, 更不疑謬."1356)

　도류 여러분.
　절박하게 긴요한 것은 진정현해(眞正見解)를 구해서 천하를 마음대로 다니면서 한 떼의 요괴들에게 몸과 마음을 홀리지 않는 것입니다.1357)

　다시 지어 내지 마십시오. 오로지 평상(平常)입니다. 그대들이 막 마음으로 헤아리려 하면 벌써 그르쳐 버렸습니다.

　의당 부처님을 구하지 마십시오.1358) 부처님이란 명(名)이며 구(句)일 뿐입니다. 그대들은 이리 저리 찾으려 하는 놈을 압니까? 시방 삼세의 부처님과 조사님들이 세상에 오신 것은 오로지 법을 구하기 위함입니다. 지금 여기에 참학(參學)하는 도류(道流)들도 또한 오로지 법을 구하기 위함입니다. 그렇기에 법을 완성해야만 비로소 마칠 수 있는 것입니다. 법을 완성하지 못하면 여전히 지옥·아귀·축생·아수라·하늘의 다섯 갈래 길에서 윤회하게 됩니다.

　법이란 무엇일까요? 법이란 마음입니다. 마음은 형체가 없어서 온 시방법계를 꿰뚫어 알며 눈앞에 바로 지금 작용하고 있습니다. 그런데 사람들이 앎이 미치지를 못하여 곧 명(名)을 잘못 알고 구(句)를 잘못 알아서 문자를 뒤져서 구하기만 하니 그러한 헤아림은 부처님법과는 하늘과 땅 만큼이나 차이가 나버렸습니다.

1356) 『天聖廣燈錄』 卷第十一, X78n1553_p0468a23~0469a12. 『鎭州臨濟慧照禪師語錄』, T47n1985_p0497a29~0498a15. 『聯燈會要』 卷第九, X79n1557_p0083b01~0084a15. 『古尊宿語錄』 卷第四, X68n1315_p0023c23~0024c18. 참조.
1357) 여기에서는 無事是貴人(무사시귀인)의 구절이 빠져 있다. 『오가어록』 「임제록」에는 들어가 있다. "한 떼의 요괴들에게 몸과 마음을 홀리지 않는 것이다. 일 없음이 귀한 사람이 된다. 다만 지어 내지 마라." (T47n1985_p0497c27~28, 『鎭州臨濟慧照禪師語錄』. "免被這一般精魅惑亂. 無事是貴人. 但莫造作.")
1358) "그대들이 막 마음으로 헤아리려 하면 벌써 그르쳐 버렸다. 의당 부처님을 구하지 마라(你纔擬心早是錯了也. 且莫求佛)." 이 부분이 『오가어록』 「임제록」과 약간 차이가 있다. "그대들이 밖을 향하고 선원마다 찾아 헤매면서 방법을 찾아봐야 그르칠 뿐이다. 단지 부처를 구하려 하나" (T47n1985_p0497c28~29, 『鎭州臨濟慧照禪師語錄』. "爾擬向外傍家求過覓脚手錯了也. 祇擬求佛")

도류 여러분.

이 산승이 법을 말함에 있어 무슨 법을 말하겠습니까? 마음자리의 법(心地法)을 말하는 것이니, 깨끗한 곳에도 들어가고 더러운 곳에도 들어가며, 범부에게도 들어가고 성인에게도 들어가며, 진제(眞諦)에도 들어가고 속제(俗諦)에도 들어갑니다. 도리어 그대들이 진(眞)·속(俗)·범(凡)·성(聖)이 아니면서, 모든 진·속·범·성에게 이름을 붙여 준 것이지, 일체의 진·속·범·성이 개별적으로 이름을 붙여 준 것은 아닙니다.

도류 여러분.

잡으면 곧장 쓸 뿐 다시 안배(安排)함이 없으면 비로소 현묘한 뜻에 계합할 것입니다. 이 산승의 설법은 천하의 사람들과는 다릅니다. 예컨대 문수보살님과 보현보살님이 나오실 때 바로 눈앞에서 각각 한 몸을 나타내고는 법을 물으려고 막 '스님께 물어 보겠습니다'라고 하자마자 나는 벌써 알아차립니다.[1359]

이러함은 어째서일까요?

그것은 나의 현처(見處)가 다른 이와 달라서 밖으로는 범부와 성인을 취하지 않고 안으로는 근본 자리에도 머무르지 않습니다. 드러냄(見)이 근본법에 철저히 사무쳐서[1360] 다시는 의심하거나 잘못되지 않기 때문입니다."

1359) 『오가어록』「임제록」에서는 다음 구절이 더 있다. "이 노승이 그저 편안히 앉아 있는데, 어떤 수행자가 찾아와 서로 만날 때도 나는 다 알아차린다."(T47n1985_p0498a12~13, 『鎭州臨濟慧照禪師語錄』. "老僧穩坐, 更有道流來相見時, 我盡辨了也.")
1360) 見徹本法(현철본법) : 『오가어록』「임제록」과 『고존숙어록』에서는 '本法'이 빠져 있다.

162. 바사사다婆舍斯多

二十五祖, 婆舍斯多, 因與外道無我尊論議. 外道曰: 請師默論, 不假言說.” 祖曰: “不假言說, 孰知勝負?” 曰: “但取其義.” 曰: “汝以何爲義?” 曰: “無心爲義.” 曰: “汝旣無心, 安得義乎?” 曰: “我說無心, 當名非義.” 曰: “汝說無心, 當名非義, 我說非心, 當義非名.” 曰: “當義非名, 誰能辨義?” 曰: “汝名非義, 此名何名?” 曰: “爲辨非義, 是名無名.” 曰: “名旣非名, 義亦非義, 辨者是誰? 當辨何物?” 如是往返五十九翻, 外道杜口信伏.1361)

선종(禪宗) 제25조사이신 바사사다조사1362)가 무아존이라 불리는 외도와 더불어 토론하셨다.1363)

외도가 말했다.

“언설을 빌리지 말고 묵묵히 의논할 것을 스님께 청합니다.”1364)

조사가 말씀하셨다.

“언설을 빌리지 않으면 누가 승부를 알겠습니까?”

말하였다.

“다만 그 뜻을 취하면 됩니다.”

말씀하셨다.

“그대는 무엇으로 뜻을 삼습니까?”

말하였다.

“무심으로 뜻을 삼습니다.”

말씀하셨다.

1361) 『景德傳燈錄』 卷第二, T51n2076_p0215a28~b10. 『天聖廣燈錄』 卷第五, X78n1553_p0438 a02~11. 『禪門拈頌集』 卷第三, K46-0043, 96則. 참조.

1362) 婆舍斯多(바사사다) : 마나라(摩拏羅)-학륵나(鶴勒那)-사자(師子)-바사사다(婆舍斯多). ⓢpasa sada. 제25조사이다. 계빈국 사람이며 바라문 출신이다. 여기 나오는 대화는 유명한 ‘바사사다 묵론(婆舍斯多默論)’의 공안이다.

1363) 바사사다존자가 사자비구로부터 인가를 받고 남인도로 가는 길에 동인도의 가승왕을 만나니 왕이 예를 잘 갖추어 공양을 올렸다. 그때 외도인 무아존(無我尊)이 왕의 총애를 받고 있다가 존자에게 마음이 쏠리는 것을 보고 질투를 일으켜 왕 앞에서 존자에게 논쟁을 청한 것이다.

1364) 請師(청사) : 『경덕전등록』 2권에서는 ‘我解(아해)’로 되어 있다. (T51n2076_p0215b02, 『景 德傳燈錄』 卷第二. “我解默論不假言說”) 『연등회요』 2권에서는 ‘我與(아여)’로 나온다. (X79n1 557_p00211b03~04. 『聯燈會要』 卷第二. “我與默論不假言說”)

"그대는 이미 무심인데 어떻게 뜻을 얻습니까?"
말하였다.
"내가 무심이라 말한 것은 이름이지 뜻이 아닙니다."
말씀하셨다.
"그대가 무심이 이름이지 뜻이 아니라고 말했지만, 나는 마음 아닌 것이 뜻이고 이름이 아니라고 말합니다."
말하였다.
"뜻이 이름이 아니면 누가 뜻을 판단합니까?"
말씀하셨다.
"그대가 이름이 뜻이 아니라고 하는 이 이름은 무슨 이름입니까?"
말하였다.
"뜻이 아니라고 판단하는 이 이름은 이름이 없습니다."
말씀하셨다.
"이름이 이미 이름이 아니고 뜻도 또한 뜻이 아니라면 판단하는 자는 누구며 어떤 물건을 판단하는 것입니까?"
이와 같이 59번을 주고받은 끝에 외도가 입을 닫고, 공경히 믿고 따랐다.

妙喜曰: "婆舍斯多何用切怛? 當時若見佗道: '請師 默論不假言說', 便云: '義墮也!' 即今莫有要與妙喜默論者麼? 或有箇衲僧出來道'義墮也!' 我也知你在鬼窟裏作活計."

묘희스님이 말씀하셨다.
"바사사다조사님이 어찌하여 말을 많이 하셨단 말인가? 당시에 만일 저 외도가 '언설을 빌리지 않고 묵묵히 의론할 것을 청한다' 했을 때 곧장 '겼습니다!1365)'라고 했어야 했다.
바로 지금 이 묘희에게 묵묵히 의론하자고 하는 자가 없는가?
혹시 어떤 납승이 나와서 '겼습니다!'라고 한다면 나는 그가 귀신굴 속에서 활계(活計)나 짜는 줄로 알겠다."

1365) 義墮(의타) : 화타(話墮), 대론실언(對論失言), 의론실책(議論失策)과 같은 말이다. 토론을 할 때 자기 쪽에서 할 말을 못하고 실패함을 말한다. 선가(禪家)에서 기용(機用)을 씀에 있어서 선법(禪法)에 합당하지 않게 씀을 말함.

163. 대녕도관大寧道寬

大寧寬和尚, 示眾, 云: "無念為宗, 無住為本. 真空為體, 妙有為用. 所以道盡大地是真空, 徧法界是妙有. 且道. 是甚麼人用得? 四時運轉, 日月長明. 法本不遷, 道無方所. 隨緣自在, 逐物昇沈. 此土佗方, 入凡入聖. 雖然如是, 且道. 入鄉隨俗一句作麼生道?" 良久. 云: "西天梵語, 此土唐言."1366)

대녕 도관스님1367)이 대중에게 열어 보이셨다.

"무념(無念)으로 궁극 삼고
무주(無住)로써 근본 삼네.1368)
진공으로 체(體)를 삼고
묘유로써 용(用)을 삼네.1369)

그러므로 대지가 다하면 진공이요, 온 법계가 묘유라고 말하는 것입니다. 바로 여기, 말해보십시오. 어떤 사람이 쓸 줄 압니까?

사계절에 계속 돌고
일월천지 길이 밝네.
법(法)은 본래 옮김 없고,
도(道)는 정한 처소 없어,
인연 따라 자재하고
사물 쫓아 부침하며,
이곳에서 저곳에서

1366) 『聯燈會要』卷第十四, X79n1557_p0120c07~12. 『五燈會元』卷第十二, X80n1565_p0248 c03~08. 참조.

1367) 大寧道寬(대녕도관) : 수산성념(首山省念)-분양선소(汾陽善昭)-석상초원(石霜楚圓)-대녕도관 (大寧道寬). 주396) 참조.

1368) 無念為宗 無住為本(무념위종 무주위본) : 육조 혜능스님의 말이다. (T48n2007_p0338c03~ 04, 『南宗頓教最上大乘摩訶般若波羅蜜經六祖惠能大師於韶州大梵寺施法壇經』一卷. "頓漸皆立 無念無宗, 無相無體無住無為本.")

1369) 真空為體 妙有為用(진공위체 묘유위용) : 하택 신회스님의 말이다. (T51n2076_p0458c26, 荷澤大師, 『顯宗記』. "無念爲宗, 無作爲本, 眞空爲體, 妙有爲用.")

범부성인 들어가네.

비록 이와 같으나, 바로 말해보십시오. 고향에 들어가고 세속에 따르는 일구(一句)를 어떻게 말하겠습니까?”

한참 묵묵히 계셨다.

말씀하셨다.
“인도에서는 범어로 말하고, 이 땅에서는 당나라 말로 한다네.”

164. 덕산원명德山圓明

圓明和尙, 示衆, 云: “靈山付囑, 相傳十方, 諸佛出現於世, 喚作建置道場, 轉大法輪. 如斯之法, 只在如今. 若於祖宗門下, 天地懸殊. 上上之流, 何不啓問?”
時有僧出. 明云: “去去西天! 路迢迢十萬餘.” 問: “靈山一會, 意旨如何?” 曰: “當初妄想, 直至如今.” 云: “如何是最初一句?” 曰: “三生六十劫.” 云: “大悟底人, 還有過也無?” 曰: “鐵山橫在路.”
復云: “坐斷日頭, 天地黯黑. 忙忙者匝地普天. 與麼之時, 佛祖出頭來, 好與三十棒. 雖然如是, 官不容針, 私通車馬.”1370)

원명 연밀스님1371)이 대중에게 열어 보이셨다.

1370) 『聯燈會要』 卷第二十六, X79n1557_p0227b11~29. 참조.
1371) 德山緣密(덕산연밀) : 덕산선감(德山宣鑑)-설봉의존(雪峰義存)-운문문언(雲門文偃)-덕산원명연밀(德山圓明緣密). 원명연밀(圓明緣密)이라고도 한다. 각종 어록에서는 낭주덕산원명밀선사(朗州德山圓明密禪師), 또는 정주덕산연밀원명선사(鼎州德山緣密圓明禪師)로 소개하고 있다. 스님의 법문 가운데 운문스님의 3가지 말을 게송으로 노래한 「운문삼구어(雲門三句語)」가 유명하다. “덕산에게 삼구(三句)의 말이 있습니다. 일구(一句)는 함개건곤(函蓋乾坤)이요, 일구(一句)는 수파축랑(隨波逐浪)이요 일구(一句)는 절단중류(截斷衆流)입니다.” (『景德傳燈錄』 卷第二十二, T51n2076_p0384c24~25. “德山有三句語. 一句函蓋乾坤, 一句隨波逐浪, 一句截斷衆流.”) 또 연밀스님이 운문스님의 법문 제목을 수정한 ‘추각운문일고(抽却雲門一顧)’가 선림에 널리 알려졌다. 『인천안목』 2권에서 “스님이 매양 스님들을 볼 때마다 돌아보시고는 즉시에 말씀하셨다. ‘鑒(쩬)!’, 혹은, ‘咦(이)!’ 기록하는 이가 ‘顧鑒咦(구쩬이)’라고 하였는데, 뒤에 덕산 원명 연밀선사가 ‘顧(구)’자는 빼버리고 단지 ‘鑒咦(쩬이)’라고 하셨다. 그러므로 총림에서 제목으로 ‘추고(抽顧)’라고 하여 게송을 지을 땐 그렇게 통하였다.” (T48n2006_p0312b14~17, 『人天眼目』 卷之

"영산에서 부촉한 것이 시방으로 서로 전하여지니 모든 부처님이 세상에 출현하시어 도량을 세워두고 대법륜을 굴리신다고 합니다. 이와 같은 법은 오로지 바로 지금에 존재합니다. 하지만 조사의 종풍을 이어받은 제자들에 비하면 하늘과 땅만큼이나 차이가 납니다. 최상의 근기를 갖춘 납자들은 어찌 묻지 않습니까?"

그때 어떤 스님이 나섰다.
원명스님이 말씀하셨다.
"서천으로 가라 가! 길이 멀고멀어 십만 리가 넘는다."

여쭈었다.
"영산회상에서의 뜻이 무엇입니까?"
말씀하셨다.
"당초의 망상이 곧바로 지금까지 이르렀구나."
여쭈었다.
"어떤 것이 최초의 일구(一句)입니까?"
말씀하셨다.
"삼생 육십 겁이다."
말하였다.
"크게 깨달은 분도 허물이 있습니까?"
말씀하셨다.
"무쇠 산을 가로질러 길이 나 있다."

또 말씀하셨다.
"태양을 없애버리니 천지가 어두운데 바쁜 자들이 천지를 돌아다닌다. 이러할 때 부처님과 조사(祖師)님이 나오면 삼십 방을 흠뻑 때려 주겠다.

二. "師每見僧, 以目顧之, 卽曰: ‘鑒!’ 或曰: ‘咦!’ 而錄者, 曰: ‘顧鑑咦.’ 後來德山圓明密禪師, 刪去顧字, 但曰: ‘鑑咦.’ 故叢林目之曰: ‘抽顧.’ 因作偈通之.")라고 나온다. 그에게서 나온 법사(法嗣)가 문수응진(文殊應眞) 등 6명이 있다. 『경덕전등록』 22권、『선문염송집』 27권、『선종송고련주통집』 35권、『종감법림』 50권、『종문염고휘집』 38권、『고존숙어록』 18권、『어선역대선사어록』 전집하(前集下)、『연등회요』 26권、『오등회원』 15권、『오등엄통』 15권、『오등전서』 31권、『지월록』 21권、『선종정맥』 8권、『운문광진선사광록』 하권(下卷), ‘송운문삼구어(頌雲門三句語)’、『종용암록(從容庵錄)』 3권, ‘덕산학필(德山學畢)’ 46칙 등에 그의 법문이 실려 있다.

하지만 공적으로는 바늘만큼도 용납하지 못하나 사적으로는 말과 수레가
다닌다.1372)"

165. 강산방姜山方

姜山方和尚, 示眾, 云: "不是道得道不得. 諸方盡把為奇特. 寒山燒火滿頭灰.
笑罵豐干遮老賊."

僧問: "蓮花未出水時如何?"曰: "穿針嫌眼小."云: "出水後如何?"曰: "盡日展
愁眉."問: "如何是不動尊?"曰: "單著布衫穿市過."云: "學人未曉."曰: "騎驢
蹋破洞庭波."問: "透過三級浪, 專聽一聲雷."曰: "伸手不見掌."云: "還許學人
進向也無?"曰: "蹋地告虛空."云: "雷門之下布鼓難鳴."

曰: "八花毬子上, 不用繡紅旗."云: "三十年後, 此話大行."方便打. 問: "奔流度
刃, 疾焰過鋒. 未審姜山門下還許借借也無?"曰: "天寒日短夜更長."云: "錦帳繡
鴛鴦, 行人難得見."曰: "髑髏裏面氣衝天."云: "和尚!"曰: "雞頭鳳尾."云:
"諸方泥裏洗, 姜山畫將來."曰: "姜山今日為客, 且望闍梨善傳. 然雖如是, 不得
放過."乃拍禪牀一下.1373)

강산 방스님1374)이 대중에게 열어 보이셨다.

1372) 官不容針 私通車馬(관불용침 사통거마) : 임제스님이 법문하면서 위산스님과 앙산스님의 대
화를 인용하는 데서 나오는 구절이다. "위산스님께서 앙산스님께 물으셨다. '부싯돌불빛도 미치
질 못하고 번갯불빛이라도 통하지 못한다고 하였는데 옛날부터 내려오는 성인들은 무엇으로써
사람들을 위하였나?' 앙산스님이 말씀드렸다. '스님의 뜻은 어떠하십니까?' 위산스님이 말씀하셨
다. '만일 언설이 있다면 도무지 진실한 뜻이 없지.' 앙산스님이 말씀하셨다. '그렇지는 않습니
다.' 위산스님이 말씀하셨다. '자네는 어떠한데?' 앙산스님이 말씀하셨다. '공적으로는 바늘만큼
도 용납하지 못하나, 사적으로는 말과 수레가 다닙니다.'"(X80n1565_p0222c14~15, 『五燈會
元』卷第十一. "潙山問仰山: '石火莫及, 電光罔通, 從上諸聖, 以何為人?' 仰云: '和尚意作麼生?'
潙云: '但有言說, 都無實義.' 仰云: '不然.' 潙云: '子又作麼生?' 仰云: '官不容針, 私通車馬.'")
1373) 『嘉泰普燈錄』卷第三, X79n1559_p0306a14~16, a20~b07. 『聯燈會要』卷第十四, X79n155
7_p0122b23~c22. 『五燈會元』 卷第十二, X80n1565_p0250b10~c07. 『續傳燈錄』 卷第七,
T51n2077_p0510b14~16. a20~27, b05~10. 참조.
1374) 姜山方(강산방) : 수산성념(首山省念)-분양선소(汾陽善昭)-낭야혜각(瑯邪慧覺)-강산방(姜山
方). 월주(越州) 소흥부(紹興府에 주로 주석하였다. 자세한 행록은 알 수 없으나 『건중정국속등
록』 7권 · 『어선역대선사어록』 전집하(前集下) · 『속전등록』 7권 · 『연등회요』 14권 · 『가태보등
록』 3권 · 『오등회원』 12권 · 『지월록』 25권 · 『선등세보(禪燈世譜)』 2권 · 『선종정맥(禪宗正脉)』
6권 · 『오등엄통』 12권 · 『오등전서』 24권 · 『종감법림』 31권 · 『열조제강록(列祖提綱錄)』 8권 등

"말하거나 말 않거나 옳지 않다네.
제방에선 모두들 기특함만 틀어쥐고 있구나.
한산1375)이 불을 지펴 머리에 재를 뒤집어쓰고
풍간1376)을 웃으며 꾸짖네. 이 늙은 도적아!"1377)

어떤 스님이 여쭈었다.
"연꽃이 물에서 나오지 않았을 땐 어떠합니까?"
말씀하셨다.
"바늘귀에 실을 꿰려면 구멍 작은 것을 꺼리지."
말하였다.
"물에서 나온 후는 어떻습니까?"
말씀하셨다.
"온종일 찡그렸던 눈썹을 펴지."

에 시중법문(示衆法門)과 문답화(問答話)가 보인다.
1375) 寒山(한산) : 시풍현(始豊縣) 근처 깊은 굴속에 살았다는 당나라 때의 스님. 한산자(寒山子)
혹은 빈자(貧者)라고도 하는데 정확한 법명과 속명을 알 수가 없다. 습득스님과 함께 국청사에
자주 나타나 밥을 얻어서 한산으로 돌아가곤 하였다 한다. 태주 자사였던 여구윤(閭丘胤)이 그
가 사는 굴로 음식과 의복과 약품을 공양하였는데 한산스님이 '도둑놈아! 도둑놈아! 이 도둑놈
아!' 하면서 굴속으로 들어간 뒤 아예 나타나지 않았다고 한다. 『한산시(寒山詩)』 3권이 남아 있
다.
1376) 豊干(풍간) : 당나라 때의 선사로 어떤 인물인지 알려지지 않았다. 천태산 국청사에 살면서
낮에는 방아를 찧고 밤에는 노래를 불렀다고 한다. 누가 질문이라도 하면 "적절하군(隨時)."이라
고만 답하였다고 한다. 한산스님, 습득스님과 함께 '국청사삼은(國淸寺三隱)'이라고 불린다. 『한
산시(寒山詩)』에 그의 시 2수가 전해지고 있다.
1377) 寒山燒火滿頭灰 笑罵豊干遮老賊(한산소화만두회 소매풍간자노적) : 여구윤(閭丘胤)이 쓴 「한
산자시집서(寒山子詩集序)」에는 한산과 습득, 풍간 이 세 인물에 대한 얘기가 실려 있다. 그가
단구(丹丘)에 관리로 부임 받아 가다가 두통에 시달렸다. 그러다 풍간선사와 인연이 되어 두통
이 나았다. 풍간선사가 거기서 한산과 습득에 대한 얘기를 한다. "한산은 문수보살님입니다. 국
청사에 몸을 숨기고 있습니다. 습득은 보현보살님입니다. 둘 다 모습이 거지같고 미친 사람 같
습니다. 홀연히 왔다 갔다 하면서 국청사 후원에서 심부름도 하고 아궁이에다 불을 피우기도 합
니다." 그 후 여구윤이 태주로 부임하여 국청사를 찾아 후원으로 가보니 가마솥 앞에 한산과 습
득이 있었다. 그들은 불을 향하여 크게 웃고 있었는데 여구윤이 절을 하자 크게 꾸짖고 서로 손
을 맞잡은 채 크게 웃으며 큰 소리로 말하였다. "풍간은 수다스러운 놈이로구나. 아미타불도 모
르면서 우리한테 절을 하면 어쩌나?" 그리고는 두 사람은 손을 잡고 절 밖으로 달려 나가버렸
다. 여구윤이 관청으로 돌아가서 옷과 향과 의약품을 사람을 시켜 바위굴로 보냈더니, 한산이
"도적놈아! 도적놈아!" 하고 크게 외치며 바위굴로 들어가 버렸다. 그 뒤로 두 사람의 행적이
사라졌다고 한다. 이 얘기를 바탕으로 한 법문이다.

여쭈었다.

"어떤 것이 결코 움직임 없는 부처님(不動尊)1378)입니까?"

말씀하셨다.

"홑옷을 얇게 입고서 저잣거리를 지나다닌다."

말하였다.

"학인은 모르겠습니다."

말씀하셨다.

"나귀를 타고 동정호의 파도 위를 끝까지 걸어 다니는구나."

여쭈었다.

"삼급랑(三級浪)1379)을 뚫고 지나가니 오로지 벼락 치는 한 소리만 들리는 군요."

말씀하셨다.

"손을 폈지만 손바닥은 보지 못하는구나."

말하였다.

"학인이 나아감을 허락하지 않으십니까?"

말씀하셨다.

"땅을 밟고서 허공에다 외치는 구나."

말하였다.

"뇌문(雷門)1380)에 매달려 있는 북을 울리기 어렵군요."

말씀하셨다.

"여덟 꽃송이에다 수홍기(繡紅旗)를 꽂을 필요 없다."1381)

1378) 不動尊(부동존) : '부처님'을 말하는 것으로 『수릉엄경』 3권에 나온다. "묘하고 고요한 총지로 '부동하신 세존'이시여. 수릉엄왕은 세상에서 가장 희귀함입니다." (T19n0945_p0119b12, 『大佛頂如來密因修證了義諸菩薩萬行首楞嚴經』 卷第三. "妙湛總持不動尊　首楞嚴王世希有") 굉지선사는 '여여하며 항상함'을 부동존이라 하였다. (T48n2001_p0040a9~10, 『宏智禪師廣錄』 卷第四. "如如持久也, 故號不動尊.")

1379) 三級浪(삼급랑) : 중국 우문(禹門)[용문(龍門)이라고도 함]에 있는 우임금이 뚫어 놓았다는 세 층급의 세차게 흐르는 물결. 매년 3월 3일에 복사꽃이 피면 이 삼급랑을 통과하는 물고기는 머리에 뿔이 나고 꼬리로 구름을 끌며 용이 되어 날아오른다고 한다. 용문에 오르지 못한 물고기는 머리만 다치고 돌아간다고 함.

1380) 雷門(뇌문) : 옛 회계성(會稽城)의 성문 이름이다. 성문에 매달아 놓은 큰 북소리가 우레와 같아서 붙여진 이름이라고 한다. 문(門)이 어조사 일 때는 우레. 천둥.

1381) 八花毬子上 不用繡紅旗(팔화구자상 불용수홍기) : 전쟁에서 승리하면 꽃송이에다 붉은 깃발을 꽂음. 깃발을 꽂지 않아도 이미 승리한 줄 모두가 안다는 것.

말하였다.
"30년 후에 이 말씀이 크게 유행할 것입니다."
방스님이 문득 때리셨다.

어떤 스님이 여쭈었다.
"급한 물살이 칼을 건너고, 거센 불길이 칼끝을 지나는데, 도대체 왜 강산스님의 문하에서는 의지함을[1382] 허락지 않습니까?"
말씀하셨다.
"날씨는 춥고 해는 짧으니 밤이 다시 길구나."
말하였다.
"원앙을 수놓은 화려한 비단 휘장을 지나가는 사람이 보기가 어렵습니다."

말씀하셨다.
"해골 속의 생명력이 하늘을 찌르는 구나."
말하였다.
"큰스님!"
말씀하셨다.
"닭의 머리요 봉황새의 꼬리로군."
말하였다.
"제방에서 진흙 속에서 씻고 있으니 강산스님께서는 잘 가리켜[1383] 주십시오."
말씀하셨다.
"이 강산이 오늘 객이 되는구나. 앞으로 큰스님께 잘 전해드리길 바란다. 비록 이와 같으나 봐주진[1384] 말아라."
선상을 한 번 치셨다.

1382) 借借(차차) : 의지하다. 빌리다. 빌려서 마련하다. 낭자하다.
1383) 畫(화) : 그만두다. 멈추다. 가리키다.
1384) 放過(방과) : 놓아주다. 여유가 있다. 봐주다. 눈감아주다.

166. 흥화존장興化存獎

興化和尚, 開堂示眾, 云: "遮一炷香本分為三聖師兄. 三聖為我太孤. 便合承嗣大覺, 大覺為我大賒. 我於三聖處會得賓主句, 若不遇大覺師兄, 洎合誤却我平生. 我在大覺喫棒, 見得臨濟先師在黃蘗處喫棒底道理. 此一炷香, 供養我臨濟先師."
僧問: "多子塔前共談何事?" 曰: "一人傳虛, 萬人傳實."[1385]

흥화 존장스님[1386]이 개당(開堂)하시면서 대중에게 열어 보이셨다. "이 하나의 향은 당연히 삼성사형스님[1387]을 위한 것입니다. 삼성스님은 나에게는 너무 무정하셨습니다. 그래서 문득 대각스님[1388]의 법을 이을 뻔했으나 대각스님께서는 나에게는 너무 더디셨습니다.[1389] 내가 삼성스님의 회하에서 빈주구(賓主句)[1390]를 알고 난 후 만일 대각사형스님을 만나서 계합하지 않았더라면 거의[1391] 나의 평생을 그르칠 뻔했습니다.

내가 대각스님에게서 얻어맞고서야 임제스님이 황벽스님에게 얻어맞은 도리를 알았습니다. 이 하나의 향은 임제스님께 공양 올리는 것입니다."

어떤 스님이 여쭈었다.

1385)『聯燈會要』卷第九, X79n1557_p0095a03~07.『五燈會元』卷第十一, X80n1565_p0223b19~22.『古尊宿語錄』卷第五, X68n1315_p0034a21~b01, b16~17. 참조.『오등회원』11권에서는 간략하게 나온다. ("師後開堂日, 香曰: '此一炷香, 本為三聖師兄. 三聖於我大孤. 本為大覺師兄, 大覺於我太賒. 不如供養臨濟先師.'")

1386) 興化存獎(흥화존장) : 백장회해(百丈懷海)-황벽희운(黃蘗希運)-임제의현(臨濟義玄)-흥화존장(興化存獎). 830~925. 주318) 참조.

1387) 삼성혜연(三聖慧然)스님을 말함. 백장회해(百丈懷海)-황벽희운(黃蘗希運)-임제의현(臨濟義玄)-삼성혜연(三聖慧然). 주226) 참조.

1388) 魏府大覺(위부대각) : 백장회해(百丈懷海)-황벽희운(黃蘗希運)-임제의현(臨濟義玄)-위부대각(魏府大覺). 임제스님의 법사(法嗣)로 알려졌을 뿐 자세한 행록은 알 수 없다.『경덕전등록』12권 ·『어선역대선사어록』후집중(後集中) ·『선문염송집』18권 ·『대광명장』하권 ·『연등회요』10권 ·『오등회원』11권 ·『지월록』17권 ·『천성광등록』12권 ·『선종정맥』6권 ·『조정사원』4권 ·『선종송고련주통집』26권 ·『종문염고휘집』26,27권 등에 문답화(問答話)가 보인다.

1389) 賒(사) : 외상 거래할 사. 외상으로 사다. 멀다, 오래다. 시간이 길다, 더디다. 사정을 보아주다, 관대하다.

1390) 賓主句(빈주구) : 법거량 할 때 주(主)의 위치에 서는지 객(客)의 위치에 서는지를 판별하는 구(句)를 말함. 선사들이 학인들을 제접할 때 사용하는 기봉(機鋒).

1391) 洎合(계합) : 하마터면 ~할 뻔하다. 거의 ~할 뻔하다.

"다자탑(多子塔)1392) 앞에서 함께 이야기 한 것이 무엇입니까?"
말씀하셨다.
"한 사람에게는 허망한 것을 전했고 만 명에게는 진실한 것을 전했다."

1392) 多子塔(다자탑) :『벽지불인연론』하권에 인연설화가 있다. "옛날 벽지불이 있었는데 왕사성
의 큰 장자 집에 태어나서 아들과 딸을 각기 30명씩 낳아서 기르면서 일에 매여 집안일을 버리
지 못하고 있다가 친구와 유람을 가게 된다. 거기서 벌목꾼을 만났는데 큰 나무는 가지와 잎이
무성하여 베어서 끌고 나오지 못하자 작은 나무를 베어 끌고 나오는 것을 보고 느끼는 바가 있
어 노래를 한다. '큰 나무를 벤 것을 보았는데/ 가지와 잎이 너무 무성하여/ 이리저리 걸리어
빽빽한 수풀에서/ 빼어 낼 방법이 없었네./ 세간 또한 이와 같으니/ 아들과 딸이며 모든 가족
들/ 애증에 걸린 마음은/ 생사의 수풀 속에서/ 벗어날 수가 없네./ 작은 가지가 없는 작은 나
무는/ 빽빽한 숲에서 쉽게 빼낼 수 있나니/ 그것을 관찰하고 나는 깨달았네./ 친하고 애착하는
일을 끊으면/ 생사의 빽빽한 숲 속에서/ 스스로 그렇게 해탈한다네.' 그리고는 벽지불의 경지를
얻었다. 친구는 혼자 보내고 설산으로 가서 벽지불들과 교류하며 일생을 보내다 열반하자 그의
자식들이 그를 위해 탑을 세웠으니 후에 사람들이 '다자탑(多子塔)'이라고 불렀다고 한다."
(T32n1650_p0477a14~b25,『辟支佛因緣論』卷下. 참조.)
세존께서 이 다자탑(多子塔) 앞에서 설법을 하실 때 마하 가섭존자가 밖에 나갔다가 늦게 들어
오시자 곧 자리를 나누어 앉으셨다고 한다.

167. 오조법연五祖法演

五祖演和尙, 示衆, 云: "眞如凡聖, 皆是夢言. 佛及衆生, 並為增語. 或有人出來道: '盤山老聻?' 但向伊道: '不因紫陌花開早, 爭得黃鸝下柳條?'
若更問道: '五祖老聻?' 自云: '嗒. 惺惺著.'"1393)

오조 법연스님1394)이 대중에게 열어 보이셨다.

"진여(眞如)니 범부니 성인이니 하는 것은 모두 꿈속의 말입니다. 부처님과 뭇삶도 아울러 쓸데없이 보태는 말입니다.

혹 어떤 이가 나와서, '반산 노장님?1395)'하고 말하려 하자마자, 곧바로 그를 향해 일러주겠습니다.

'자맥(紫陌)1396)에서가 아니라도 꽃은 벌써 피었는데, 어찌 버들아래서 꾀꼬리를 얻으려 하는가?'

만일 다시, '오조 노장님?'하고 물으려 하면, 나 스스로에게 말할 것입니다. '응. 깨어 있어라.'"

1393) 『聯燈會要』 卷第十六, X79n1557_p0136b09~11. 『五燈會元』 卷第十九, X80n1565_p0393a 20~23. 『古尊宿語錄』 卷第二十, X68n1315_p0131c13~16. 참조.

1394) 五祖法演(오조법연) : 자명초원(慈明楚圓)-양기방회(楊岐方會)-백운수단(白雲守端)-오조법연 (五祖法演). ?~1104. 주438) 참조.

1395) 聻(니) : 의문사. 어조사. '니呢'와 같다. 『고존숙어록』에서는 咘(먹기를 좋아할 시)로 되어 있으나 呢(니)의 잘못표기인 것으로 보인다. (X68n1315_p0131c14, 『古尊宿語錄』 卷第二十, 「舒州白雲山海會演和尚初住四面山語錄」. 〈卍續藏經, 『古尊宿語錄』 卷二十, p208, 上 4~5줄.〉 "盤山老咘" "四面老咘")

1396) 紫陌(자맥) : 왕도(王都)의 번화한 길. 번화한 저잣거리. 도성(都城) 교외의 길. 또는 땅이름, 하북성(河北省) 임장현(臨漳縣)의 서쪽에 있었다고 함. =제맥(祭陌).

168. 자호이종子胡利蹤

子湖, 钁地次, 亞钁頭回視勝光, 云: "事卽不無, 擬心卽差." 勝光便問: "如何是事?" 被子湖攔胷蹋倒, 從此省悟.[1397]

자호 이종스님[1398]이 괭이로 땅을 파다가 괭이를 만지면서[1399] 태주 승광스님[1400]을 돌아보며 말씀하셨다.
"사(事)는 곧 없지 않지만 마음엔 곧 차이가 있지."
승광스님이 곧 물으셨다.
"어떤 것이 사(事)입니까?"
자호스님이 멱살을 잡고 패대기를 쳐 버렸다.
이에 승광스님이 대오하셨다.

1397) 『聯燈會要』卷第六, X79n1557_p0061b15~16. 『五燈會元』卷第四, X80n1565_p0096c16~1
8. 『古尊宿語錄』卷第十二, X68n1315_p0075b18~20. 참조. 『전등록』과는 좀 차이가 난다.
"스님이 승광스님과 밭에서 김을 매시다가 갑자기 괭이를 만지면서 승광스님을 돌아보며 말씀하
셨다. '사(事)는 곧 없지 않거니와 마음으로 헤아리면 곧 차이가 나지.' 승광스님이 절을 올리고
질문하려 하자 스님이 패대기를 쳐버리고는 곧장 안으로 들어가셨다." (T51n2076_p0278c23~
25, 『景德傳燈錄』卷第十. "師與勝光和尙鋤園, 師驀按钁迴視勝光云: '事卽不無, 擬心卽差.' 光
乃禮拜擬問, 師與一蹋便歸院.")
1398) 子湖利蹤(자호이종) : 남악회양(南嶽懷讓)-마조도일(馬祖道一)-남전보원(南泉普願)-자호이종
(子湖利蹤). 800~880. 주738) 참조.
1399) 亞(아) : 누르다. 어루만지다. 당기다. =안(按).
1400) 台州勝光(태주승광) : 마조도일(馬祖道一)-남전보원(南泉普願)-자호이종(子湖利蹤)-태주승광
(台州勝光). 생몰연대 미상. 태주(台州)[강서성 임해] 출신. 구주(衢州)의 자호이종(子湖利蹤)선사
의 법맥을 이었다.

169. 법화전거法華全擧

法華擧和尙, 示衆, 云: "若開口, 又成增語, 不開口去, 又成剩語." 乃云: "金輪天子勑, 草店家風別."1401)

법화 전거스님1402)이 대중에게 열어 보이셨다.
"만일 입을 열면 또 군더더기 말이 만들어지는 것이요, 입을 열지 않으면 쓸데없는 말이 만들어진다."

그리고 말씀하셨다.
"금륜천자(金輪天子)1403)가 칙령을 내리니 민가의 소식과는 다르구나."

1401) 『聯燈會要』 卷第十三, X79n1557_p0112c13~14. 『古尊宿語錄』 卷第二十六, X68n1315_p01
  69a03~04. 참조.
1402) 法華全擧(법화전거) : 풍혈연소(風穴延沼)-수산성념(首山省念)-분양선소(汾陽善昭)-법화전거
  (法華全擧). ?~1056. 주77) 참조.
1403) 金輪天子(금륜천자) : ①금륜왕(金輪王)이라고도 한다. 전륜성왕(轉輪聖王)을 말한다. ②태양
  을 말함. ③당나라 측천무후를 말한다. 측천무후는 존호(尊號)를 금륜(金輪)으로 썼다.

170. 현사사비玄沙師備

玄沙和尚, 示眾, 云: “夫古佛眞宗, 常隨物現, 堂堂應用, 處處
流耀, 隱顯坦然, 高低盡照. 是以沙門上士, 道眼唯先, 契本明心,
方爲究竟.

현사 사비스님1404)이 대중에게 열어 보이셨다.
“조사들의 참된 종지(宗旨)는1405) 항상 사물을 따라 나투며, 당당하게1406)
응(應)하고1407) 작용하며, 곳곳마다 광채를 쏟아내고, 들어가거나 나타나거
나 밝게 드러나며,1408) 높거나 낮거나 모두 다 비춥니다. 그러므로 출가인
가운데 최상근기라면 깨달음의 안목을1409) 가장 먼저 갖추어야 할 으뜸으
로 하여,1410) 근본에 계합하고 마음을 밝혀야만 구경(究竟)이라고 하겠습니
다.

森羅萬像, 一體同源, 廓爾無邊, 誰論有滯? 塵劫中事, 都在目前. 時人曠隔年深,
致乖常體, 迷心認物, 以背眞宗, 執有滯空, 不遇良朋道友. 只自於私作解, 縱有商
量, 渾成意度. 及至尋窮理地, 不辨正邪. 況平生自己未曾撈摝?

삼라만상은 한 몸이요 근원이 같아 확연히 끝이 없는데 어찌 막혀 한계
있음을 말하겠습니까? 한량없는 세월의 일은 모두 바로 지금 눈앞에 있습
니다. 지금 사람들이 멀리 떨어진1411) 지 오래되어 본성1412)과 어그러지게

1404) 玄沙師備(현사사비) : 용담숭신(龍潭崇信)-덕산선감(德山宣鑑)-설봉의존(雪峰義存)-현사사비
　　　(玄沙師備). 835~908. 주269) 참조.
1405) 古佛眞宗(고불진종) : 선종(禪宗)을 말한다.
1406) 堂堂(당당) : 용맹스러운 모양. 버젓한 모양. 의용이 훌륭하다. 뛰어난 모양. 큰 모양. 높이
　　　드러난 모양. 어쩔 수 없는 모양. 빛나다. 영예롭다. 아주 멀다. 아득하다. 널빤지 밟는 소리.
1407) 應(응) : 뭇삶들은 감(感)하고 부처님은 이에 응(應)함.
1408) 坦然(탄연) : 밝게 드러남. 마음이 편안하여 거리낌이 없는 모양. 안정된 모양. 평탄하고 광
　　　활한 모양. 태연함.
1409) 道眼(도안) : 깨달음의 눈. 지혜의 눈. 법안(法眼). 불안(佛眼).
1410) 唯先(유선) : 『福州玄沙宗一禪師廣錄』卷下,「方丈錄」에서는 ‘추선(推先)’으로 되어 있고『福
　　　州玄沙宗一禪師語錄』卷之上에서는 ‘유선(惟先)’으로 나온다. 추선(推先)은 ‘으뜸으로 떠받들고
　　　높이다’는 의미이고, 유선(惟先) 혹은 유선(唯先)은 ‘오직 으뜸으로 한다’ ‘오로지 가장 먼저 하
　　　여야 한다’는 의미이다.
1411) 曠隔(광격) : 멀리 떨어져 있음.

되고, 마음을 미(迷)하여 세상 만물을 그릇 알아 필경의 존재를 등져버렸으며, 유(有)를 집착하고 공(空)에 머물러 훌륭한 벗과 도반을 만나지 못하였습니다. 그야말로 스스로 분별심을 지어내어 설사 잘 생각하여 따져보더라도 온통1413) 헤아림을 이루고야 맙니다.

혹은 이치의 바탕을 찾아 궁구하면서도 바름과 삿됨을 가려내지도 못합니다. 하물며 평생 스스로 자기조차도 일찍이 건져내지1414) 못함이겠습니까?

若乃先賢古德, 便自知時, 克己推功, 菴巖石室. 古德云: '情存聖量, 猶落法塵. 己見未忘, 還成滲漏.' 不可道持齋持戒, 長坐不臥, 住意觀空, 凝神入定便當去也, 有甚麼交涉? 西天外道入得八萬劫定, 凝神寂靜, 閉目藏睛, 灰身滅智, 劫數滿後, 不免輪回, 蓋為道眼不明, 生死根源不破.

선현고덕(先賢古德)들은 문득 스스로 때를 알고 바위암자와 석실에서 수행하여 스스로를 극복하고 공덕을 미루었습니다.1415)
고덕(古德)1416)이 말씀하셨습니다.

'만일 뜻을 성인의 법도에1417) 두면
오히려 대상경계 떨어진다네.
스스로의 견해를 못 없앤다면
도리어 번뇌 업식(業識) 새어 나가리.1418)'

재계(齋戒)를 지니고 항상 장좌불와(長坐不臥)하고 생각을 멈추어 공(空)을 관(觀)하고 정신을 모아 삼매에 들면 문득 계합한다고 말하지 마십시오. 어

1412) 常體(상체) : 영원한 체성. 본질. 근본성품(根本性品).
1413) 渾成(혼성) : 제멋대로 이루어지다. 온통 이루어지다. 자연적으로 생성되다.
1414) 撈摝(노록) : 찾다. 구제하다. 건져 올리다. 취하다. 물속에서 물건을 더듬어 찾다. 추구하다.=노로록록(撈撈摝摝).
1415) 推功(추공) : 공덕이나 공적을 남에게 미룸, 사양함.
1416) 누구인지 찾을 수 없다.
1417) 聖量(성량) : ⓢāgama-pramāṇa. 성인의 말씀으로 성언량(聖言量), 성교량(聖敎量), 정교량(正敎量), 지교량(至敎量) 등과 같다. 사량(四量)의 하나다. 성현(聖賢)의 상량(商量). 성현의 도량(度量).
1418) 滲漏(삼루) : 번뇌. 결점. 새다. 번뇌의 업식(業識)이 새다. 언어문자에 떨어지다. 미세번뇌에 빠지다.

찌 교섭(交涉)할 수 있겠습니까?

인도의 외도가 팔만 겁 동안의 삼매에 들어가서 정신을 모아 열반에[1419] 들고, 눈을 감아 눈동자를 감추고,[1420] 몸을 재로 만들고 심지(心智)를 멸하였어도[1421] 수많은 세월이 흐른 후에 윤회를 면하지 못하였으니, 깨달음의 눈이 밝아지지 않으면 생사의 근원을 부숴버리지 못합니다.

夫出家兒即不然. 不可同佗外道也. 莫非眞實明達, 具大知見. 能與諸佛同徹寂照忘知, 虛含萬像. 如今甚麼處不是? 汝甚麼處不分明? 甚麼處不露現? 何不與麼會去? 若無遮箇田地, 時中爭奈諸般滲漏? 何總成虛妄? 阿那箇便是平生得力處?

출가한 이는 그렇게 하지 마십시오. 저 외도와는 같아서는 안 됩니다. 진실로 밝게 통달하면 대지견(大知見)[1422]을 갖추지 않음이 없습니다.[1423] 능히 모든 부처님과 같이 사무쳐 깨닫고 적조(寂照)[1424]하고 지식분별을 없애고 텅 비워 삼라만상을 함용(含容)해야만 합니다.
지금 어디가 '이것' 아님이 있습니까?
그대들은 어디가 환하게 밝지 않습니까?
어디가 뚜렷이 드러나지 않았습니까?
어째서 이와 같이 알지 못합니까?
만일 '이' 경지가 없다면 때때로 딱 맞추어야지[1425] 어찌하여 여러 곳에서

1419) 寂靜(적정) : 적(寂)은 번뇌가 끊어진 상태. 정(靜)은 고환(苦患)이 사라진 상태. 여기서 적정 은 외도열반(外道涅槃)의 고요한 모습.
1420) 閉目藏睛(폐목장정) : 눈을 감고 눈동자를 감춤. 곧 흑산귀굴(黑山鬼窟) 속에서 활계(活計)를 지어냄을 말한다. "요사이 총림에서는 한 종류의 삿된 선이 있어서 눈을 딱 감아버리고 입은 꽉 다물고는 망상을 지어내면서 부사의한 일이라고 한다." (T47n1998Ap0939a06~08, 『大慧普覺禪 師書』卷第二十九. "近年叢林有一種邪禪, 以閉目藏睛, 觜盧都地, 作妄想, 謂之不思議事.")
1421) 灰身滅智(회신멸지) : 육신을 태워서 재로 만들고 심지(心智)를 멸제(滅除)한다는 뜻. 몸과 마 음이 아주 사라짐. 분신멸지(焚身滅智), 회멸(灰滅), 회단(灰斷), 무여회단(無餘灰斷) 이라고도 한 다. 몸과 마음을 공적무위(空寂無爲)의 열반계(涅槃界)로 돌아가게 함을 말하는데 이승(二乘)의 최종 목적인 무여열반(無餘涅槃)을 말한다.
1422) 大知見(대지견) : 부처님의 지혜의 눈.
1423) 莫非(막비) : ~이 아닌 것이 없다. 아닌 게 아니라. 어쩌면 ~가 아니란 말인가? 그래 ~란 말 인가?
1424) 寂照(적조) : 적(寂)은 대적(大寂)으로 체(體)이고, 조(照)는 조달(照達)로 용(用)이다.
1425) 時中(시중) : 참(叅)에 들어가 도를 깨달음. 때때로 생각이 딱 들어맞음. 때에 맞추어 적절하 게 처신하여 지나치거나 모자람이 없어 중용을 지킴. 때때로. 평시에.

새어 나가게 한단 말입니까?
 어째서 온통 허망을 이룹니까?
 어디가 곧 평생에 힘을 얻은 곳입니까?

　如實未有發明, 切須在急時中忘餐失寢, 似救頭然, 如喪身命, 冥心自救, 放捨閑緣, 歇却心識, 方有少許相親. 若不如是, 明朝後日, 盡被識情帶將去, 有甚麼自由分?

　만일 실로 밝은 깨달음을 드러내지 못하였다면 반드시 급하게 먹는 것도 잊고 잠자는 것도 버리고 머리에 붙은 불을 끄듯이 하고, 몸과 목숨을 잃으려 할 때에 마음을 가라앉혀 스스로 구해내려 함과 같이 하고, 쓸데없는 인연을 모두 버리고 심식(心識)을 쉬어버려야만 비로소 조금 가까워졌다고 할 것입니다. 만약 이와 같지 않다면 후일에 식정(識情)에 몽땅 끌려 다니게 될 것이니, 어찌 자유로울 수가 있겠습니까?

　如今却不如佗無情之物, 敷唱分明. 土木石頭說法非常眞實, 只是少人能聽. 若聞此說, 始可商量. 且道. 無情說底法作麼生商量? 試道看. 不可道無言無說也, 無視無聽也. 不可道無問而自說, 稱歎所行道. 不見? 善財童子參五十三人知識, 末後見彌勒, 彈指之頃得入門. 纔入門後, 其門自閉, 於樓閣中觀百千諸佛過去捨身受身. 所參一百二十人知識, 化境於樓閣中, 一時俱現, 爲其證明, 善財疑心頓息.

　지금 사람들은 도리어 저 무정(無情)의 사물이 명백하게 불법(佛法)을 선양함만 못합니다. 흙덩이와 나무와 돌이 설법한다는 대단한 진실은 고작 몇 사람만이 들을 수 있습니다. 만일 이 설법을 듣고 나면 따져 볼 수 있을 것입니다.
 바로 여기 말해보십시오.
 무정이 설하는 법을 어떻게 따져 보겠습니까?

　시험 삼아 말해보십시오.
 하지만 언설이 없다든지 보고 들음이 없다고는 말하지 마십시오. 물음 없이도 스스로 설한다든지 실행하는 도법(道法)을 칭송하고 찬탄한다고도 말하지 마십시오. 보지 못했습니까? 선재동자가 53선지식을 참례할 적에 끝에 가서 미륵보살을 친견하였는데 손가락 튕기는 사이에 문으로 들어갔습니다. 막 문안에 들어서자 그 문이 저절로 닫히고 누각 안에서 백 천의 모든 부처님들이 과거에 몸을 버리고 몸을 받는 것을 보았습니다. 참례한 일백 이십 명의 선지식이 누각 가운데서 경계를 변화하여 일시에 함께 나투어 증명하니, 선재동자가 의심을 몰록 쉬었습니다.

　大凡三條椽下遮箇眞實發明, 即可商量. 便向四生六道中同於諸佛淨土, 更懼何生死? 且阿誰知佗一切諸法都無實體? 至於靈山會上, 迦葉親聞, 猶如話月. 古德云: ‘善惡都莫思量’, 還同指月. 乃至三乘行位, 解脫菩薩, 涅槃聖德聖果, 並如空花兔角. 不見道, ‘却來觀世間, 猶如夢中事’. 有爲心法, 不可相依, 日久年深, 全無利益. 只爲違眞棄本, 厭離凡情, 折心聖道. 作此見知, 不出佗限量, 抛佗五陰不去. 不見道, ‘諸行無常, 是生滅法’. 你只擬向前, 爭能明得? 可中徹去, 方得知之. 若未究得, 當知盡是虛頭. 世間難信之法, 具大根器力, 能明達. 今生若徹去, 萬劫亦然. 古德云: ‘直向今生須了却, 誰能累劫受餘殃.’ 珍重!”1426)

　대개 선상(禪床)1427)에서 이것을 참으로 명백하게 드러낸다면 즉각 상량할 수 있을 것입니다. 곧 사생육도(四生六道)가 모든 부처님의 정토와 같으니 다시 어찌 생사를 두려워하겠습니까? 또 누가 일체의 모든 법이 모두 실체가 없음을 알겠습니까? 영산회상에서 가섭존자가 직접 들은 것이 마치 달을 이야기함(話月)과 같습니다.

　옛 선사1428)께서 말씀하셨습니다.
　‘선과 악을 모두 사량하지마라.’1429)

1426) 『福州玄沙宗一禪師語錄』 卷之上, X73n1446_p0031a18~c09. 『福州玄沙宗一大師廣錄』 下, 「方丈錄」, X73n1445_p0023a14~c06. 참조.
1427) 三條椽下(삼조연하) : 삼조연하칠척단전(三條椽下七尺單前)이라고도 함. 승당(僧堂)의 스님들이 앉는 평상을 말하는데 가로로 석 자이고 세로로 일곱 자로 만들어져 있는데 가로로 걸친 받침대가 3개이므로 삼조(三條)라고 한다. 세로로 여섯 자인 경우는 육척단전(六尺單前)이라고도 함. 선상(禪床), 승상(僧床).
1428) 古德(고덕) : 육조 혜능스님을 말한다.
1429) 『육조단경』에 나오는 구절이다. (T48n2008_p0360a13~14, 『六祖大師法寶壇經』. “汝若欲知心要, 但一切善惡, 都莫思量.”)

이는 달을 가리킴과 같습니다. 삼승(三乘)의 수행한 지위와,1430) 해탈한 보살과, 열반·성덕(聖德)1431)·성과(聖果)1432) 등은 모두가 허공 꽃과 같고 토끼 뿔과 같습니다.

'세간을 관찰해 보면 마치 꿈속의 일과 같다'1433)함을 이미 알고 있을 것입니다. 유위(有爲)의 마음 법은 서로 의지할 수가 없어 세월이 오래 흘러도 전혀 이익이 없습니다. 곧바로 진(眞)을 어기고 근본을 버리며, 범부를 싫어하는 마음을 내고 마음에서 성인의 도(道)를 끊어버립니다.
이렇게 보고 알게 되면 저 한계를 벗어나지 못하며 저 오음(五陰)을 버리지 못합니다.

'모든 것은 항상함이 없으니, 이것은 생겼다가 사라진다'1434)함을 이미 들어서 알고 있을 것입니다. 그대들이 다만 앞으로 헤아리려고만 한다면 어찌 명백하겠습니까? 그 속에 확철히 사무쳐 뚫어야만 비로소 알게 될 것입니다.
만일 구경(究竟)에 도달하지 못하였다면 응당 이 모두가 허구임을 아십시오. 세간에서 믿기 어려운 법은 대근기의 힘을 갖추어야만 명백히 도달할 수 있습니다. 금생에 만일 확철히 사무쳐 뚫어버린다면 만겁에 또한 그러할 것입니다.

고덕이 말씀하셨습니다.
'곧장 금생에 반드시 요달해 마쳐버리면, 누가 누겁(累劫)에 남은 재앙을1435) 받으랴?'1436)

1430) 三乘行位(삼승행위) : 성문의 예류향·예류과·일래향·일래과·불환향·불환과·아라한향·아라한과의 사향사과(四向四果)와 연각, 보살지위의 십신·십주·십행·십회향·십지를 말함. 또는 견도위(見道位)·수도위(修道位)·무학위(無學位)를 말함.
1431) 聖德(성덕) : 지극한 덕. 곧 열반(涅槃) 사덕(四德)인 상(常)·락(樂)·아(我)·정(淨)을 말함.
1432) 聖果(성과) : 팔정도(八正道)와 육바라밀(六波羅蜜)의 성도(聖道)를 닦아 얻은 성자(聖者)의 과(果). 곧 보리(菩提)와 열반(涅槃)을 말함.
1433) 『수릉엄경』 6권에 나오는 문수보살의 게송이다. (T19n0945_p0131a24~25, 『大佛頂如來密因修證了義諸菩薩萬行首楞嚴經』 卷第六. "卻來觀世間, 猶如夢中事")
1434) 『열반경』 하권에 나오는 구절이다. (T01n0007_p0204c23~24, 『大般涅槃經』 卷下. "諸行無常, 是生滅法. 生滅滅已, 寂滅爲樂.")
1435) 餘殃(여앙) : 후세에 남겨진 재앙. 후환(後患).

잘들 계시오!"

171. 낭야혜각琅邪慧覺

琅邪覺和尚, 示眾, 曰: "進前即死, 退後即亡. 不進不退, 落在無事之鄉. 何故
如此? 長安雖樂, 不是久居."1437)
　妙喜曰: "啼得血流無用處, 不如緘口過殘春."

　낭야 혜각스님1438)이 대중에게 열어 보이셨다.
　"앞으로 나아가면 곧 죽을 것이요 뒤로 물러나면 곧 없어질 것입니다.
나아가지도 않고 물러나지도 않으면 '일없음'의 고향에 떨어질 것입니다.
무슨 까닭에 이와 같을까요?

　장안이 비록 즐거우나 오래 살 것이 못되네."

　묘희스님이 말씀하셨다.
　"피눈물 나도록 울어도 쓸 곳 없으니, 차라리 입 닫고서 남은 봄 보냄만
못해."1439)

1436) 황벽 단제선사의 법문이다. (T48n2012Ap0384a19~20, 『黃檗山際禪師傳心法要』. "著力今生
　　　須了却, 誰能累劫受餘殃."
1437) 『禪門拈頌集』 卷第二十九, K46-0487, 1381則. 『五燈會元』 卷第十二, X80n1565_p0241b0
　　　8~09. 참조.
1438) 琅邪慧覺(낭야혜각) : 풍혈연소(風穴延沼)-수산성념(首山省念)-분양선소(汾陽善昭)-낭야혜각
　　　(琅邪慧覺). 주76) 참조.
1439) 啼得血流無用處 不如緘口過殘春(체득혈류무용처 불여함구과잔춘) : 당대 시인 두순학(杜荀
　　　鶴)[846~907]의 싯구이다. "터엉 빈 남녘 하늘 꽉 찬 둥근 달,/ 두견이 울어울어 알리려 하나,/
　　　아무리 울어 봐도 쓸 곳 없으니,/ 입 다물고 남은 봄 보냄만 못해. (《聞子規》楚天空闊月成輪,
　　　蜀魄聲聲似告人. 啼得血流無用處, 不如緘口過殘春.)"

172. 양기방회楊岐方會

揚岐會和尚, 示眾, 拈拄杖. 云: "一即一切, 一切即一." 畫一畫. 云: "山河大地, 天下老和尚百雜碎, 作麼生是諸人鼻孔?" 良久. 云: "劍為不平離寶匣, 藥因救病出金瓶." 喝一喝. 卓一下.1440)

양기 방회스님1441)이 대중에게 열어 보이셨다.

주장자를 잡으셨다.

말씀하셨다.
"하나가 곧 일체요, 일체가 곧 하나라네."1442)

한 획을 죽 그으셨다.

말씀하셨다.
"산하대지와 천하 늙은 스님들이 다 문드러졌는데,1443) 어떤 것이 여러분의 콧구멍일까요?"

한참 묵묵히 계셨다.

말씀하셨다.

1440) 『聯燈會要』卷第十三, X79n1557_p0119b01~03. 『五燈會元』卷第十九, X80n1565_p0388a 16~19. 『古尊宿語錄』卷第十九, X68n1315_p0123c10~13. 참조.

1441) 楊岐方會(양기방회) : 수산성념(首山省念)-분양선소(汾陽善昭)-석상초원(石霜楚圓)-양기방회 (楊岐方會). 996~1049. 주484) 참조.

1442) 『신심명(信心銘)』의 구절이다. (T48n2010_p0377a08, 『信心銘』. "一即一切一切即一")

1443) 百雜碎(백잡쇄) : 사물이 가늘게 부서져 흩어짐. 아무렇게나 마구 부숨. 방거사와 대매 법상 스님의 거량에서 나온 말이다. 대매 법상스님의 명성을 듣고 방거사가 시험해볼 요량으로 특별히 찾아갔다. 만나보자마자 곧장 물었다. "오랫동안 큰 매실의 명성을 들었습니다만, 매실이 익기나 했습니까?" 스님이 말했다. "그대가 어디다 대고 입을 놀리십니까?" 방거사가 말했다. "산산이 으깨졌군요(百雜碎)." 스님이 손을 내밀고 말했다. "매실 씨를 주시오." 방거사가 말이 없었다.

"칼은 평화롭지 못함 때문에 보배 칼집을 나오고 약은 병을 낫게 하려고 황금병을 나옵니다. 억!"

탁자를 한 번 치셨다.

173. 관계지한灌溪志閑

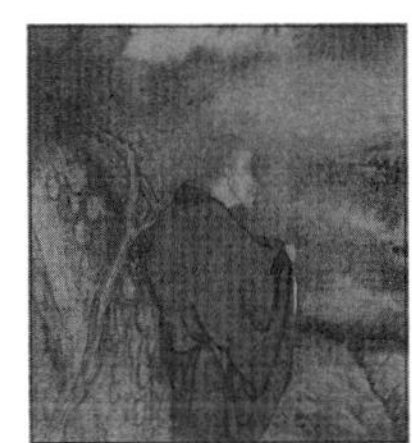

灌溪閑和尚, 示衆, 云: "十方無壁落, 四面亦無門. 露倮倮, 赤洒洒, 沒可把."
僧問: "如何是祖師西來意?" 曰: "鉢盂盛飯, 桶裏盛羹." 云: "學人不會." 曰: "饑即喫, 飽即休." 問: "久響灌溪, 到來只見漚麻池." 曰: "你只見漚麻池, 且不見灌溪." 云: "如何是灌溪?" 曰: "劈箭急."1444)

관계 지한스님1445)이 대중에게 열어 보이셨다.
"시방에 절벽이 없고, 사면(四面)에 또한 문이 없도다. 노라라(露倮倮)하고 적쇄쇄(赤洒洒)하니1446) 아무것도 어쩔 수가 없다네.1447)"

어떤 스님이 물었다.
"어떤 것이 조사께서 서쪽에서 오신 뜻입니까?"
말씀하셨다.
"발우에 밥이 가득하고, 통 속에는 국이 가득하다."
말했다.
"학인은 모르겠습니다."

1444) 『聯燈會要』卷第十, X79n1557_p0095c09~15. 『禪門拈頌集』卷第十九, K46-0310, 764~765則. 『五燈會元』卷第十一, X80n1565_p0225a23~b01, b04~06. 참조.

1445) 灌溪志閑(관계지한) : 백장회해(百丈懷海)-황벽희운(黃檗希運)-임제의현(臨濟義玄)-관계지한(灌溪志閑). ?~895. 주368) 참조.

1446) 露倮倮赤洒洒(노라라적쇄쇄) : 광대무변하게 드러난 확철대오(廓徹大悟)의 경지. 나라(倮倮)는 나라(裸裸)로도 쓰며 쇄쇄(洒洒)는 사사(躘躘)로도 쓴다. 관계지한(灌谿志閑)스님이 처음 쓴 말이다.

1447) 沒可把(몰가파) : 몰파비(沒巴鼻)와 같은 뜻. 수행이 익어 아무것도 어쩌지 못하는 상태.

말씀하셨다.

"배고프면 먹고, 배부르면 그만 두어라."

여쭈었다.

"관계스님의 명성이 자자하기에 와서 보니 단지 구마지(漚麻池)1448)만 보입니다."

말씀하셨다.

"그대는 구마지(漚麻池)만 보지 관계(灌溪)1449)는 보지 못하는구나."

말했다.

"어떤 것이 관계(灌溪)입니까?"

말씀하셨다.

"대나무 가르듯 급하다."

174. 암두전활嚴頭全豁

豁上座, 參德山, 德山纔見便作抽坐具勢. 豁云: "遮箇則且止, 心境一如底來, 向佗道箇甚麼, 即免諸方檢責." 曰: "猶較昔日三步在, 別作箇主人翁來." 豁便喝. 山不對. 豁云: "塞却遮老野狐咽喉." 潙山聞擧, 云: "豁上座雖得便宜, 爭奈掩耳偷鈴?"1450)

활상좌께서1451) 덕산스님을 참례하시니, 덕산스님이 문득 보시자마자 곧바로 좌구(坐具)를 빼낼 자세를 취하셨다.

활상좌가 말씀하셨다.

"'이것'은 그만두고, 마음과 경계가 일여(一如)한 사람이 왔을 때, '이것'이 무엇인지 말씀해 주신다면 곧 제방의 점검1452)을 면제해 드리겠습니다."

1448) 漚麻池(구마지) : 삼을 담그기 위하여 파놓은 웅덩이. 특별한 것 없는 평범한 곳.

1449) 灌溪(관계) : 흐르는 시냇물. 관계 지한 스님 자신을 일컬음.

1450) 『聯燈會要』 卷第十, 79n1557_p0097b22~c02. 『禪門拈頌集』 卷第十九, K46-0312, 778則. 『五燈會元』 卷第十一, X80n1565_p0227a20~24. 참조.

1451) 豁上座(활상좌) : 암두 전활스님이다. 천황도오(天皇道悟)-용담숭신(龍潭崇信)-덕산선감(德山宣鑑)-암두전활(嚴頭全豁). 828~887. 주66) 참조.

1452) 檢責(검책) : 검찰지책(檢察指責)의 준말. 검사하고 살펴서 따져 묻다. 검사하다. 점검하다.

덕산스님이 말씀하셨다.

"옛날에 비하면 그나마 세 걸음 정도 걸은 것 같지만 별도로 주인공을 지었구나."

활상좌가 곧장 "억!" 하셨다.

덕산스님이 대답하지 않으셨다.

활상좌가 말씀하셨다.

"이 늙어빠진 여우의 목구멍이 막혀버렸군."

위산스님이 듣고서 말씀하셨다.

"활상좌가 비록 수지가 맞았다고는 하나[1453] 어찌 귀를 막고 방울을 훔쳤을까?"

175. 영교안穎橋安

穎橋安 鐵胡, 一日在風穴, 團爐內坐, 有鍾司徒來見, 便問: "三界焚燒, 如何出得?" 安將火匙撥火開. 司徒擬議, 安曰: "司徒! 司徒!"[1454]

영교 철호 안스님[1455]이 하루는 풍혈 연소스님[1456]과 함께 둥근 화로에

비평하다.

1453) 便宜(편의) : 수지맞다. 이익. 편리. 유익. 장점. 좋은 점. 시의에 맞는 일. 규정이나 명령에 얽매이지 않고 스스로 상황에 따라 적절하게 판단하여 처리하는 일.

1454) 『聯燈會要』卷第十一, X79n1557_p0103a16~18. 『禪門拈頌集』卷二十七, K46-0456, 1262 則. 『五燈會元』卷第十一, X80n1565_p0232a03~05. 참조.

1455) 穎橋安(영교안) : 임제의현(臨濟義玄)-흥화존장(興化存奬)-보응혜옹(寶應慧顒)-영교안(穎橋安). 호(號)가 철호(鐵胡)이다. 그 외엔 알려진 이력이 없다.

1456) 風穴延沼(풍혈연소) : 임제의현(臨濟義玄)-흥화존장(興化存奬)-보응혜옹(寶應慧顒)-풍혈연소(風穴延沼). 896~973. 절강성 여항(餘杭)[항주(杭州)] 출신. 속성은 유씨(劉氏). 유서(儒書)를 박람(博覽)하다가 개원사(開元寺)의 지공(智恭)율사에게서 삭발하고 구족계를 받았다. 이후 법화현의(法華玄義)를 공부하면서 지관정혜(止觀定慧)를 닦고 익혔다. 25세 되던 때에 월주(越州)[절강성(浙江省)]의 경청도부(鏡清道怤)스님을 참알(參謁)하였으나 계합하지 못하자, 양주(襄州)[호북성(湖北省)]의 화엄휴정(華嚴休靜)스님을 참례하였다가, 여주(汝州)[하남성(河南省) 임여현(臨汝縣)] 남원혜옹(南院慧顒)스님을 찾아갔다. 그 후 남원스님의 회하에서 6년 동안 법을 묻고 참학하여 남원스님의 법을 이었다. 장흥(長興) 2년(931), 여주(汝州)의 풍혈고사(風穴古寺)에서 7년을 머물다가 후진(後晉) 천복(天福) 2년(937), 응주(應州) 목사(牧司) 이사군(李史君)의 청으로 개당설법(開堂說法)하였다. 이후 풍문을 듣고 각지에서 구름같이 모여 들었고, 신도들이 그곳을 중건하여

불을 쬐고 앉아 계셨는데 종사도(鍾司徒)1457)가 와서 문득 여쭈었다.
"삼계가 불타는데 어떻게 하면 나갈 수 있겠습니까?"
안스님이 부젓가락으로 불을 헤집었다.
사도가 헤아리려 하니 안스님이 말씀하셨다.
"사도! 사도!"

176. 삼성혜연三聖慧然

三聖和尚, 參德山. 纔欲展坐具, 山云: "住! 不用展炊單. 遮裏無殘羹餿飯與汝."
曰: "賴遇無, 設有, 向甚麼處著?" 山便打. 聖接住推倒向牀上. 山大笑. 聖哭:
"蒼天!" 便下參堂. 堂中首座號踢天泰, 問: "行脚高士, 須得本道公驗, 作麼生是
本道公驗?" 聖云: "道甚麼?" 座再問, 聖打一坐具, 云: "遮漆桶! 前後觸忤多少賢
良?" 座擬人事, 聖便過第二座人事.1458)

삼성 혜연스님1459)이 덕산스님을 참례하셨다. 막 좌구를 펴려 하니 덕산
스님이 말씀하셨다.
"그만! 취단(炊單)1460)을 펼 필요가 없다. 여기는 너에게 줄만한 국 찌꺼기
나 쉬어빠진 밥도1461) 없다."
삼성스님이 말씀하셨다.

총림을 세웠다. 이로부터 스님의 법이 크게 떨쳐졌다. 건우(乾祐) 2년(949), 여주(汝州) 태사(太
師) 송후(宋侯)가 집을 희사하여 절을 세우고 스님을 청하여 거처하게 하였다. 광순(廣順) 원년
(元年)[951], 태조(太祖)가 광혜사(廣慧寺)의 편액을 하사하였다. 여기서 20여 년간 머물다가 세
수 78세, 법랍 59세로 입적하였다. 『풍혈중후집(風穴眾吼集)』 1권, 『풍혈선사어록(風穴禪師語
錄)』 1권이 전해지고 있다. 수산성념(首山省念), 광혜진(廣慧眞), 봉상장흥(鳳翔長興), 담주영천
(潭州靈泉) 등의 수법제자가 있다.
1457) 鍾司徒(종사도) : 종씨(鍾氏) 성을 가진 상서(尚書)직에 있는 사람. 사도(司徒)는 주(周)나라
때는 육경(六卿)의 하나였고, 한(漢)나라 때는 삼공(三公)의 하나였다. 후대에는 상서(尚書)를 사
도라고 하였다.
1458) 『聯燈會要』 卷第十, X79n1557_p0093c16~22. 『禪門拈頌集』 卷第十八, K46 - 0305, 752
則. 『五燈會元』 卷第十一, X80n1565_p0224c05~11. 참조.
1459) 三聖慧然(삼성혜연) : 백장회해(百丈懷海)-황벽희운(黃檗希運)-임제의현(臨濟義玄)-삼성혜연
(三聖慧然). 주226) 참조.
1460) 炊單(취단) : 좌구(坐具)를 폄하하는 말. 취건(炊巾)이라고도 함. 스님들이 앉고 눕고 예배하
고 공양할 때 까는 사각형의 포단(布單).
1461) 殘羹餿飯(잔갱수반) : 먹다 남은 국과 쉬어 빠진 밥. 곧 틀에 박힌 진부한 이야기를 말한다.

"없다니 다행입니다. 설사 있다한들 어디에다 쓰겠습니까?"
덕산스님이 문득 때리셨다.
삼성스님이 바짝 붙잡고 밀어서 승상 위에다 패대기치셨다.
덕산스님이 크게 웃으셨다.
삼성스님이 곡을 하셨다.
"창천(蒼天)!"1462)
곧장 참당(參堂)1463)하러 내려가셨다.

승당의 수좌인 척천태(踢天泰)가 여쭈었다.
"행각하는 선승(禪僧)1464)이라면 본도공험(本道公驗)1465)을 얻어야 한다는
데 어떤 것이 본도공험(本道公驗)입니까?"
삼성스님이 말씀하셨다.
"뭘 말하냐?"
수좌가 재차 물었다.
삼성스님이 좌구로 때리고는 말씀하셨다.
"이 먹통아! 앞뒤로 얼마나 많은 현량(賢良)1466)들의 성질을 건드렸느
냐?1467)"
수좌가 인사를 하려하니, 삼성스님이 곧 제2좌에게로 가서 인사를 하셨다.

177. 대우수지大愚守芝

大愚芝和尙, 示眾, 舉盤山頌, 云: "'光非照境, 境亦非存. 光境俱忘, 復是何
物?'" 乃豎起拂子. 云: "微塵諸佛光明總在遮裏, 照破你諸人心肝五臟. 衲僧面前

1462) 蒼天(창천) : 감탄사로서 통곡하는 말로 쓰인다. 선기에 계합하지 못하였을 때 탄식하는 말로
　　　중복해서 쓴다. 또 봄이라는 뜻으로도 쓰고 맑고 푸른 하늘을 나타낼 때도 쓰인다.
1463) 參堂(참당) : 승당(僧堂)으로 들어가서 수좌(首座)를 만나고 대중과 함께 좌선하다.
1464) 高士(고사) : 뜻과 품행이 고결한 선비. 수행자. 보살. 선승(禪僧).
1465) 本道公驗(본도공험) : 본색공험(本色公驗)이라고도 함. 본도(本道)는 자기가 살고 있는 관청
　　　을 말한다. 근본의 도(道). 도(道)로 근본을 삼음. 공험(公驗)은 원래는 관청에서 발행하는 증명
　　　서를 말한다. 모든 사람들이 각각 근원적으로 지니고 있는 청정심. 본도공험(本道公驗)은 자성청
　　　정심이다.
1466) 賢良(현량) : 덕행과 재능이 있는 사람. 뛰어난 선사(禪師)를 말함.
1467) 觸忤(촉오) : 비위를 거슬러서 성나게 하다.

不得道著. 切宜믦口." 小參, 示眾, 云: "一擊響玲瓏, 喧轟宇宙通. 知音纔側耳, 項羽過江東. 恁麼會, 恰認得驢鞍橋作阿爺下頷."1468)

대우 수지스님1469)이 대중에게 열어 보이셨다.
"반산스님1470)이 노래하셨습니다.

'빛이 경계 비추는 것이 아니요
경계 또한 존재하는 것이 아니네.
빛과 경계 둘 다 함께 없애버리면
다시 무슨 물건일꼬?'"

불자를 세우셨다.

말씀하셨다.
"한량없이 수많은 부처님의 광명이 모두 다 '여기' 있어서 여러분들의 심장과 간 등의 오장을 비추어서 까발립니다. 납승의 면전에서는 말하지 마십시오. 마땅히 입을 꺼립니다."

소참(小參)1471)에 대중에게 열어 보이셨다.
"한 번 침에 메아리가 영롱해지고, 큰 울림이1472) 우주에 통해버리네. 지음(知音)1473)이 문득 귀를 기울이고 항우가 강동으로 건너가누나.1474)

1468) 『古尊宿語錄』 卷之二十五, X68n1315_p0164c05~10. 참조.
1469) 大愚守芝(대우수지) : 풍혈연소(風穴延沼)-수산성념(首山省念)-분양선소(汾陽善昭)-대우수지(大愚守芝) 주698) 참조.
1470) 盤山寶積(반산보적) : 조계혜능(曹溪慧能)-남악회양(南嶽懷讓)-마조도일(馬祖道一)-반산보적(盤山寶積). 주974) 참조.
1471) 小參(소참) : 주지스님이나 큰스님들이 일정하게 정해진 시간 없이 수시로 대중을 모아 문답하는 것을 말한다. 남송 이후로는 정기적으로 행해졌다.
1472) 喧轟(훤굉) : 요란한 수레소리.
1473) 知音(지음) : 이심전심으로 마음이 서로 통하는 절친한 벗을 비유하는 말이다. 『열자(列子)』 「탕문(湯問)」편에 나오는 고사이다.
1474) 초패왕 항우가 마지막으로 유방의 군대에 쫓겨 그 많던 병사들을 다 잃고 궁지에 몰리는 상황에 처하였다. 남아 있던 신하들이 '강을 건너 강동으로 가면 후일 다시 왕위에 오를 수 있다'며 설득하였으나, 자신의 고향인 강동사람들을 볼 면목이 없다는 이유로 거절하고 스스로 목을 베어 자결하고 만다.

이러하게 알아도 바로 당나귀 안장을 아버지의 아래턱으로 알게 되리라.1475)"

178. 취암가진翠巖可眞

翠巖真和尚, 擧: "黃檗在南泉作首座. 甘贄行者請施財, 檗云: '財法二施等無差別.' 行者昇錢出堂. 須臾復云: '請施財.' 檗云: '財法二施等無差別.' 贄便行錢. 甘贄行者點兒落節, 黃檗施財何曾夢見?"
　妙喜曰: "一等是隨邪逐惡, 遮雲居羅漢較些子."1476)

취암 가진스님1477)이 말씀하셨다.
"황벽스님이 남전스님의 회하에서 수좌로 계셨습니다. 감지행자1478)가 재

1475) 驢鞍橋作阿爺下頷(여안교작아야하함) : 아야하함(阿爺下頷)은 선림용어로 원래는 아버지의 아래턱 뼈를 가리키는 말로서 어리석은 아들이 전쟁터에서 돌아가신 아버지의 유골을 찾았는데 당나귀의 뼈의 일부분을 자기 아버지의 아래턱뼈로 잘못 알고 가져가서 잘 받들어 모셨다는 고사에서 가져온 말이다. 후에 어리석어 진위를 가리지 못하는 사람을 꾸짖을 때 쓴 말이다. 여안교(驢鞍橋)는 당나귀뼈 가운데 말안장과 비슷한 것을 가리킨다. 어리석은 자가 당나귀 말안장을 자기 아버지의 유골로 잘못 아는 것처럼 선림에서는 우매하면 법의 참과 거짓을 구별하지 못하는 것의 비유로 쓴다. 허망한 분별을 가지고 부처님의 성품으로 삼지 말라는 뜻이라고 한다.
1476) 『聯燈會要』 卷第六, X79n1557_p0063c17~21. 『禪門拈頌集』 卷第十三, K46-0214, 506則. 참조.
1477) 翠巖可眞(취암가진) : 수산성념(首山省念)-분양선소(汾陽善昭)-석상초원(石霜楚圓)-취암가진(翠巖可眞). ?~1064. 주941) 참조.
1478) 甘贄行者(감지행자) : 남악회양(南嶽懷讓)-마조도일(馬祖道一)-남전보원(南泉普願)-지주감지(池州甘贄). 당나라 때의 거사. 지주(池州)[안휘성(安徽省) 귀지(貴池)] 출신. 남전 보원스님의 법을 이었다. 행자(行者)는 재가에서 불도를 수행하는 사람을 말한다. "지주의 감지행자가 하루는 남전스님의 처소에 공양을 올렸다. 거기에 황벽스님이 수좌로 계셨는데 감지행자가 재물을 보시할 것을 청하였다. 황벽스님이 말씀하셨다. '재시와 법시는 차별이 없소.' 감지행자가 말했다. '이렇게 말씀하시면 어찌 저의 공양을 녹이시겠습니까?' 그리고 곧장 나가 버렸다. 잠시 후에 다시 들어와서 말했다. '재물을 내어 놓으시지요.' 황벽스님이 말씀하셨다. '재시와 법시는 차별이 없소.' 감지행자가 이에 재물을 드렸다. 또 하루는 절에 들어가 죽 공양을 올리면서 남전스님께 염송해줄 것을 청하였다. 남전스님이 백추(白椎)[재식시나 설법 할 때에 대중에게 고하는 말]하셨다. '청컨대 대중은 고양이와 흰 물소를 위하여 마하반야바라밀을 염송하라.' 감지행자가 소매를 떨치고 나가버렸다. 남전스님이 죽을 다 드신 후에 전좌에게 물으셨다. '감지행자가 어디 있는가?' 전좌가 말했다. '아까 나갔습니다.' 남전스님이 곧 냄비를 때려 부숴버렸다."(X80n1565_p0097c16~22, 『五燈會元』 卷第四. "池州甘贄行者, 一日入南泉設齋, 檗為首座, 行者請施財, 座曰: '財法二施, 等無差別.' 甘曰: '恁麼道, 爭消得某甲嚩?' 便將出去. 須臾復入, 曰: '請施財.' 座曰: '財法二施, 等無差別.' 甘乃行嚩. 又一日, 入寺設粥, 仍請南泉念誦, 泉乃白椎曰: '請大眾為狸奴白牯念摩訶般若波羅蜜.' 甘拂袖便出. 泉粥後問典座, '行者在甚處?' 座曰: '當時便去也.'

물을 보시할 것을 청하니, 황벽스님이 말씀하셨습니다.
 '재보시와 법보시는 평등하여 차별이 없소.'
 행자가 돈을 두 손으로 마주 들고 승당을 나갔습니다. 잠시 후에 다시 돌아와서 말하였습니다.
 '재물을 시주하시지요.'
 황벽스님이 말씀하셨습니다.
 '재보시와 법보시는 평등하여 차별이 없소.'
 감지행자가 곧 돈을 드렸습니다.

 영리한1479) 감지행자가 손해를 보았습니다.1480) 황벽스님이 재물을 보시할 줄 어찌 일찍이 꿈에서라도 알았겠습니까?"

 묘희스님이 말씀하셨다.
 "한결같이 삿됨을 따르고 악을 좇고들 있지만, 이 운거나한1481)은 그나마 조금 괜찮은 편이다."

 泉便打破鍋子.")
1479) 黠兒(힐아) : 영리한 아이. 교활한 아이.
1480) 落節(낙절) : 이익을 잃고 손해를 보다. 말로 겨뤄보다가 지다. 손해.
1481) 雲居羅漢(운거나한) : 취암 가진스님을 말한다.

179. 고산신안鼓山神晏

鼓山和尚, 示眾, 云: "大事未辦, 宗脉不通, 切忌記持言句, 意識裏作活計. 不見道. '意為賊, 識為浪. 盡被漂淪沒溺去, 無自由分.' 諸和尚. 必若大事未通, 不如休去大歇去, 身心純靜去, 好. 時中莫駐著事却易得露. 遮箇是事, 不得已相勸之言. 古人喚作'死馬醫'. 若是箇漢, 向佗與麼道, 如同寐語一般. 且諸人分上作麼生? 十二分教還用得一字麼? 諸方老宿語還用得一句麼? 若十二分教是, 兄弟在阿那教中? 若諸方老宿語當得, 兄弟在阿那句中? 所以道, 十二分教唱不得, 凡聖攝不得, 今古流不得, 言句該不得. 與麼說話, 蓋為刺頭入在教門裏, 且與伊拆開. 若有箇漢, 總未通遮箇消息, 向佗與麼道, 被伊驀口摑屎1482)沸作麼? 不可惜得佗也. 兄弟. 大須甄別, 莫吉凶不辨. 有辨者, 出來對眾驗看? 時寒久立."1483)

고산 신안스님1484)이 대중에게 열어 보이셨다.

"큰일도 판단하지 못하고 종맥(宗脉)1485)에도 통하지 못했으면서 결코 언구(言句)나 기억하여 간직하거나 의식(意識) 속에서 활계(活計)를 짓지 마십시오. 들어 보았을 것입니다.

'의(意)는 도적이요, 식(識)은 파도이다. 모두가 정처 없이 떠밀려 다니고 깊이 빠져 미혹하게 되니 자유자재할 틈이 없다.'

화상 여러분.

큰일을 만일 꿰뚫지 못하였다면 쉬고 크게 쉬어서 몸과 마음을 온전히 고요히 하는 것만 못합니다.

好(Hǎo)!1486)

때때로 중도를 지켜 사(事)에 머묾이 없어야 쉽게 드러날 수 있습니다. 이렇게 말하는 것은 부득이하게 권하는 말이니, 옛사람이 '죽은 말을 살리는

1482) 屎(돈) : 안절부절하다. 돼지. 이 글자는 尿(독-엉덩이. 볼기)의 오기(誤記)인 듯하다.
1483) 『聯燈會要』 卷第二十四, X79n1557_p0213c07~20. 『古尊宿語錄』 卷之三十七, X68n1315_p0238c04~17. 참조.
1484) 鼓山神晏(고산신안) : 용담숭신(龍潭崇信)-덕산선감(德山宣鑑)-설봉의존(雪峰義存)-고산신안(鼓山神晏). 주747) 참조.
1485) 宗脈(종맥) : 선종(禪宗)에서 전승되어 내려가는 계맥(系脈). 조사선(祖師禪)의 종지(宗旨).
1486) 好(호) : 쯧. 아이고.

의사'1487)라고 불렀습니다. 만일 이러한 자라면 그에게 이렇게 말해주어 봤자 잠꼬대나 매일반일 것입니다.

더군다나 여러분의 분상(分上)에서는 어떻습니까? 십이분교1488)를 한 글자라도 쓸 수 있습니까? 제방의 큰스님들의 말씀을 일구(一句)라도 쓸 수 있습니까? 만일 십이분교를 긍정한다면 형제 여러분들은 어떤 가르침에 적중했습니까? 만일 제방의 큰스님들의 말씀을 알았다면 어떤 구(句)에 적중하였습니까?

그러므로 십이분교는 드러내어 말할 수 없고, 범속함과 성스러움은 거두어 가질 수 없고, 과거와 현재는 흐르지 않고, 언어문자는 통달할 수 없다고 말한 것입니다. 이렇게 말해주는 것은 그대들이 경교(經敎)에 빠져1489) 들어가기 때문에 우선 분석하여 열어주는 것입니다.
만일 '이러한' 소식을 전혀 관통하지 못한 자가 있다면 그에게 이렇게 말해 주고 그 자리에서 바로 볼기짝이 뜨겁도록 두들겨 패줘야 하지 않겠습니까? 조금도 이상할 것이 없을 것입니다.

형제 여러분.
명백하게 잘 가려내어야 할 것이니, 길흉을 잘 가려내지 못하면 안 됩니다. 깔끔하게 잘 가려낼 수 있는 사람이 있으면 나와서 대중을 한 번 조사하여 검증해 보겠습니까? 날씨도 추운데 오래 서 있었습니다.”

180. 황룡혜남黃龍慧南

黃龍南和尙, 示衆, 云: “鶴勒那空中變現曼拏羅. 指地爲泉. 德山會下光前絶後, 臨濟門前只得一邊.” 良久. 云: “作麽生是那一邊?”1490)

1487) 死馬醫(사마의) : 주632) 참조.
1488) 十二分敎(십이분교) : 주1122) 참조.
1489) 刺頭(자두) : 정신집중하다.
1490)『黃龍慧南禪師語錄』, T47n1993_p0632b25~27. 참조.

황룡 혜남스님1491)이 대중에게 열어 보이셨다.

"학륵나존자1492)가 허공에다 만다라1493)를 나타내 보이셨습니다. 손가락으로 땅을 가리키시니 샘물이 솟았습니다. 덕산스님 회하에선 앞뒤로 비할 수가 없을 만큼 드높았고,1494) 임제 문하에선 오로지 한 쪽만 이루었습니다."

한참 묵묵히 계셨다.

말씀하셨다.
"이 한쪽이 무엇입니까?"

181. 남원혜옹南院慧顒

僧問南院: "從上諸聖甚麼處去?" 曰: "不上天堂, 即入地獄." 云: "和尚作麼生?" 曰: 還知寶應老落處麼? 僧擬議, 院以拂子驀口打. 復喚僧近前, 曰: "令合是汝行." 又打一拂子.1495)
雪竇云: "令既自行, 且拂子不知來處. 雪竇道箇瞎. 且要雪上加霜."

妙喜曰: "權衡臨濟三要三玄, 須還佗南院始得. 雪竇為甚麼却道拂子不知來處? 妙喜亦道箇瞎. 且圖兩得相見."1496)

1491) 黃龍慧南(황룡혜남) : 수산성념(首山省念)-분양선소(汾陽善昭)-석상초원(石霜楚圓)-황룡혜남(黃龍慧南). 1002~1069. 주214) 참조.
1492) 鶴勒那(학륵나) : 사야다(闍夜多)-바수반두(婆修盤頭)-마나라(摩拏羅)-학륵나(鶴勒那). 인도에서의 선종 제23조사. 학륵나 존자가 어렸을 적에 학 떼가 항상 따라다녔기 때문에 이름을 이렇게 지었다고 한다. 월지국 출신으로 22살에 출가하였다.
1493) 曼拏羅(만나라) : ⓢmaṇḍala. 만다라(曼陀羅). 만다라(曼吒羅). 만다라(漫茶囉). 만다라(蔓陀羅). 만다라(滿茶邏). 만나라(滿拏囉). 만다라(萬陀羅). 만다라(萬茶羅). 만나(滿拏). 만나(曼拏) 등으로 쓴다. 단장(壇場), 윤원구족(輪圓具足) 등으로 번역됨. 둥근 바퀴의 뜻으로 인도에서 비법을 닦을 때, 마군중의 침입을 막기 위해서 둥근 원형으로 그려 놓는 것을 말한다.
1494) 光前絶後(광전절후) : 앞뒤로 비할 수 없이 뛰어나다는 뜻. 뛰어난 선장(禪匠)이 앞에서도 그만한 이가 없었고 뒤로도 없음.
1495) 『御選歷代禪師語錄』後集中, X68n1319_p0681b14~17. 참조.
1496) 『聯燈會要』 卷第十一, X79n1557_p0100a05~14. 『禪門拈頌集』 卷第二十六, K46-0426, 1153則. 참조.

어떤 스님이 남원 혜옹스님1497)께 여쭈었다.
"앞의 모든 성인들이 어디로 가셨습니까?"
말씀하셨다.
"천당으로 오르지 않고 곧장 지옥으로 들어갔다."
말하였다.
"스님께선 어떠십니까?"
말씀하셨다.
"이 늙은 보응1498)의 낙처(落處)를 알겠느냐?"
그 스님이 헤아리려 하니, 남원스님이 불자로 냅다 입을 때리셨다. 그리고는 다시 그 스님을 가까이 오라고 부르시고는 말씀하셨다.
"영(令)1499)을 마땅히 너는 실행했어야 했다."
불자로 또 때리셨다.

설두 스님이 말씀하셨다.
"영(令)을 이미 스스로 실행하였다 해도 또한 불자(拂子)가 온 곳을 알지 못했을 것이다. 이 설두는 그가 눈이 멀었다고 할 것이니, 일단은 눈 위에 서리를 더하려고 한다."

묘희스님이 말씀하셨다.
"임제스님의 삼요(三要)와 삼현(三玄)으로 저울질해보려면1500) 반드시 또 남원스님이라야 되겠다. 설두스님이 무엇 때문에 '불자(拂子)가 온 곳을 알지 못한다'고 말하였을까? 이 묘희도 '눈 멀었다'고 또한 말하겠으니, 우선 둘이 서로 만나게 할 참이다."

1497) 南院慧顒(남원혜옹) : 황벽희운(黃檗希運)-임제의현(臨濟義玄)-흥화존장(興化存奬)-보응혜옹(寶應慧顒). 860~930. 주692) 참조.
1498) 寶應(보응) : 남원 혜옹스님을 말한다. 혜옹스님이 일찍이 보응선원의 주지를 하셨기 때문에 보응선사(寶應禪師)라고 불렀다.
1499) 令(령) : 법령. 부르다. 청하다. 불조(佛祖)의 법령(法令), 또는 선승의 기봉(機鋒), 선기(禪機)를 말한다.
1500) 權衡(권형) : 저울. 저울질하다.

182. 백장회해百丈懷海

百丈, 問趙州: "近離甚處?" 曰: "南泉." 丈云: "南泉有何言
句?" 曰: "未得之人, 直須悄然." 丈便喝, 州作怕勢. 丈云:
"大好悄然." 州乃作舞而出.[1501]

백장 회해스님[1502]이 조주스님에게 물으셨다.
"최근에 어디를 떠나 왔느냐?"
말씀하셨다.
"남전스님으로부터요."
백장스님이 말씀하셨다.
"남전스님이 무슨 말씀을 하시던데?"
말씀하셨다.
"깨닫지 못한 사람에게는 곧장 소리를 내지 못하게 하십니다.[1503]"[1504]
백장스님이 곧장 "억!"하고 할을 하셨다.
조주스님이 겁에 질린 폼을 취하셨다.
백장스님이 말씀하셨다.
"엄청 조용하군."
조주스님이 이에 춤을 덩실덩실 추며 나가셨다.

1501) 『聯燈會要』 卷第六, X79n1557_p0057a10~12. 『禪門拈頌集』卷第六, K46-0092, 186則. 참
조.

1502) 百丈懷海(백장회해) : 조계혜능(曹溪慧能-남악회양(南嶽懷讓-마조도일(馬祖道一-백장회해(百
丈懷海. 749~814. 복주(福州) 장락(長樂)사람. 속성은 왕씨(王氏)이며 20살에 서산혜조(西山慧
照)스님에게 출가하고, 남악법조(南嶽法朝)율사에게서 구족계를 수지하였다. 마조도일(馬祖道一)
스님의 법을 이어받고 백장산(百丈山)의 대지수성선사(大智壽聖禪寺)에 주석하면서 선풍을 크게
떨쳤다. 서문만 전해지고 있는 『백장청규(百丈淸規)』는 선림청규(禪林淸規)의 기본 교과서가 되
었다. 당(唐) 원화(元和) 9년에 세수 66세로 입적하였다. 시호는 대지선사(大智禪師), 각조선사
(覺照禪師), 홍종묘행선사(弘宗妙行禪師) 등이다. 위산영우(潙山靈祐), 황벽희운(黃檗希運), 복주
대안(福州大安), 고령신찬(古靈神贊), 장경대안(長慶大安), 석상성공(石霜性空) 등 걸출한 제자
30여명을 배출하였다.

1503) 悄然(초연) : 적연히 고요한 모양. 쓸쓸한 모양. 낙심하여 근심하는 모양. 이전과 다름없는
모양.

1504) 『선문염송』 186칙에는 여기에 문답이 하나 더 있다. "스님께서 말씀하셨다. '소리를 내지 못
하게 함은 그만두고 망연(一句)한 일구는 어떻게 말씀하시더냐?' 조주스님이 세 걸음 다가가셨
다." (師云: "悄然且致茫(茫)然一句作麽生道?" 州近前三步.)

183. 사공본정司空本淨

司空山淨禪師, 因學者請問, 師以頌答之, 今錄三首. “四大無主復如水, 遇曲逢直無彼此.　淨穢兩處不生心,　甕決何曾有二意?　觸境但似水無心,　在世縱橫有何事?1505)　見聞覺知無障礙,　聲香味觸常三昧. 如鳥空中祇麼飛, 無取無捨無憎愛. 若會應處本無心,　始得名為觀自在.1506)　見道方修道,　不見復何修?　道生如虛空, 虛空何所修?　徧觀修道者, 撥火覓浮漚. 但看弄傀儡, 綫斷一時休.”1507)

사공 본정스님1508)께 학인들이 질문을 청했을 때 게송형식으로 답을 하셨는데 여기 3수를 기록한다.1509)

“사대(四大)는 주인 없어 물과 같으니,
굽이든 곧은 데든 피차가 없네.
깨끗하든 더럽든 마음 안내며
막히든 뚫리든 두 뜻이 있으랴.
닿는 경계 물과 같이 무심이라면
세상에 이리저리 무슨 일이 있으랴?

1505) 이 게송은 태평사의 원선사(遠禪師)와 문답 끝에 읊은 것이다. (T51n2076_p0242c06~29, 『景德傳燈錄』 卷第五, 참조.)

1506) 이 게송은 지명선사(志明禪師)[향산(香山)의 혜명(慧明)]와의 문답 끝에 읊은 것이다. (T51n 2076_p0242c29~0243a10, 위 어록 참조.)

1507) 이 게송은 백마사 혜진선사(惠眞禪師)와의 문답 끝에 읊은 것이다. (T51n2076_p0243a11~26, 위의 경. 참조.)『전등록』 5권과 『조당집』 3권에는 이 외에도 학인들과 문답하고 게송을 읊은 것이 4수가 더 있다. (『景德傳燈錄』 卷第五, T51n2076_p0242c06~0243c13.『祖堂集』 卷第三, K45-0254~0255. 참조.)

1508) 司空本淨(사공본정) : 쌍봉도신(雙峰道信)-황매홍인(黃梅弘忍)-조계혜능(曹溪慧能)-사공본정(司空本淨). 667~761. 강주(絳州)[산서성 신강현(新絳縣)] 출신이다. 속성은 장씨(張氏). 어린 나이에 출가하였으며 육조 혜능스님의 법을 이었다. 이후 사공산[안휘성(安徽省) 악서현(岳西縣)]의 무상사(無相寺)에서 법을 선양하였다. 후에 천보(天寶) 3년(744)에 현종(玄宗)이 장안의 백련사에 머물게 하면서 명승석학(名僧碩學)들과 법의(法義)를 토론케 하였다. 상원(上元) 2년에 세수 95세로 입적하였다. 시호는 대효선사(大曉禪師)이다.

1509) 이 게송들은 당나라 천보(天寶) 3년에 현종(玄宗)이 양광정(楊光庭)을 산으로 보내서 항춘등(恒春藤)을 캐 오게 하였는데 지나는 길에 본정스님을 뵙고 생사의 일을 묻는다. 스님이 ‘부처님은 마음이 곧 부처님이요 도(道)는 무심(無心)이 도(道)’라고 말함에 느끼는 바가 있어 돌아가 황제에게 고하니, 황제가 스님을 모셔오라 하였다. 스님이 장안으로 가니 그 곳의 스님들과 학자들로 하여금 도(道)를 논하라는 조칙을 받는다. 이에 스님이 담론 끝에 읊은 7수의 게송이 『조당집』 3권과『전등록』 5권에 전해지고 있다.

보고 듣고 아는 데 막힘이 없어,
소리 · 냄새 · 맛 · 감촉이 언제나 삼매.
새가 그저 허공에 날아다닐 뿐,
취함 · 버림, 미움 · 사랑 없음과 같네.
응하는 자리마다 본래 무심을
비로소 관자재라 이름하리라.

도를 봄이 비로소 도 닦음이라 보지 않고
또 다시 무엇을 닦나?
도는 허공 같은 데서 생겨나는데1510)
허공의 어느 곳을 닦을 수 있나?
도를 닦는 사람을 두루 보니깐
불을 활활 피워놓고 거품을 찾네.
다만 인형 놀리는 것을 보아라.
줄1511)이 끊어져야만 몰록 쉰다네."

184. 덕산선감德山宣鑑

德山, 問維那: "今日幾人新到?" 曰: "八人." 山云: "喚來一時生按過."1512)

덕산 선감스님1513)이 유나1514)에게 물으셨다.
"오늘 몇 명이나 새로 왔는가?"

1510) 生(생) : 『경덕전등록』과 『조당집』에서는 性(성)으로 나온다. "도의 성품 허공과 같은 것인데"

1511) 綫(선) : 선(線)과 같은 자(字)이다. 실. 끈.

1512) 『五燈會元』卷第七, X80n1565_p0143a01~02.『指月錄』卷之十五, X83n1578_p0568b12~13. 참조.

1513) 德山宣鑑(덕산선감) : 석두희천(石頭希遷)-천황도오(天皇道悟)-용담숭신(龍潭崇信)-덕산선감(德山宣鑑). 782~865. 주454) 참조.

1514) 維那(유나) : ⓢkarmadāna. 갈마다나(羯磨陀那). 유(維)는 강유(綱維)의 뜻이고 나(那)는 갈마다나(羯磨陀那)의 줄임말로 수사(授事)라고 번역한다. 선원 직책의 하나이다. 사원의 기강을 바로 잡고 의식을 집전하며 대중의 잡무를 관장한다. 또 사찰의 여러 가지 소임을 임명한다.

말했다.
"여덟 명입니다."
덕산스님이 말씀하셨다.
"불러다 한꺼번에 시험해봐야겠다.1515)"

185. 진정극문眞淨克文

真淨和尚, 解夏示眾, 云: "有問話者麼?" 乃以拂子擊禪牀. 云: "天地造化, 有陰有陽, 有生有殺. 日月照臨, 有明有暗, 有隱有顯. 江河流注, 有高有下, 有壅有決. 明王治化, 有君有臣, 有禮有樂, 有賞有罰. 佛法住世, 有頓有漸, 有權有實, 有結有解. 結也四月十五, 十方法界, 是聖是凡, 若草若木." 以拂子左邊敲. 云: "從遮裏一時結." 舉拂子. 云: "總在拂子頭上, 還見麼?" 乃喝. 云: "解也七月十五日, 十方法界, 若草若木, 乃聖乃凡." 以拂子右邊敲. 云: "從遮裏一時解." 舉拂子. 云: "總在拂子頭上, 還見麼?" 乃喝. 云: "祇如四月十五日已前, 七月十五日已後, 且道. 是解是結?" 舉拂子. 云: "總在拂子頭上, 還見麼?" 乃喝. 云: "諸高德. 此三喝中有一喝是金剛王寶劍, 有一喝是踞地師子, 有一喝是探竿影草. 若人一一辨得, 始見臨濟大師道出常情, 黃檗被掌, 大愚遭築. 雖相去三二百年, 許汝親為嫡子. 然後大開不二妙門, 權諸祖道, 摧邪顯正. 扶宗立教, 整頓頹綱, 縱大知見, 耀大法眼, 不動本際, 決勝魔軍." 乃喝. 云: "更須知有一喝不作一喝用, 到遮裏, 須是具爍迦羅眼. 向未屙已前薦提得去. 諸高德. 且道. 提得箇甚麼?" 良久. 喝一喝.1516)

진정 극문스님1517)이 하안거 해젯날에 대중에게 열어 보이셨다.
"물어 볼 사람 있습니까?"

1515) 按過(안과) : 참선하는 사람에게 있어 오도(悟道)의 깊고 얕음을 시험함. 『오등회원』 7권에서는 按著(안착)으로 나온다.

1516) 『嘉泰普燈錄』 卷第四, X79n1559_p0314b17~c11. 『古尊宿語錄』 卷之四十二, X68n1315_p0281c02~20. 참조.

1517) 眞淨克文(진정극문) : 분양선소(汾陽善昭)-석상초원(石霜楚圓)-황룡혜남(黃龍慧南)-진정극문(眞淨克文). 1025-1102. 주131) 참조.

그리고 불자(拂子)로 선상을 치셨다.

말씀하셨다.
"천지의 조화에는 음과 양이 있으며 생겨남과 죽음도 있습니다. 해와 달이 비치는 곳에는 밝고 어두움이 있으며 숨음과 드러남도 있습니다. 강과 냇물이 흐르는 곳에 높고 낮음이 있으며 막힘과 뚫림도 있습니다.
현명한 군왕이 다스리는 곳에 임금과 신하가 있으며 예(禮)와 악(樂)이 있고 상과 벌이 있습니다.
부처님의 법이 세상에 머묾에 돈(頓)과 점(漸)이 있고 권(權)과 실(實)이 있으며 맺음과 풂이 있습니다.
하안거 결제인 4월 15일에는 시방 법계의 모든 성인과 범부가 다 풀과 나무와 같습니다."

불자로 왼쪽을 두드리셨다.

말씀하셨다.
"이것을 따라 한꺼번에 모입니다."

불자를 드셨다.

말씀하셨다.
"모두가 불자에 있습니다. 보십니까? 억!"

말씀하셨다.
"7월 15일 해젯날에는 시방 법계의 모든 풀과 나무가 다 성인이며 범부입니다."

불자로 오른 쪽을 두드리셨다.

말씀하셨다.

"이것을 따라 한꺼번에 풀립니다."

불자를 드셨다.

말씀하셨다.
"모두가 불자에 있습니다. 보십니까? 억!"
말씀하셨다.
"바로 지금 말해보십시오. 그런데 4월 15일 이전과 7월 15일 이후는 해
제입니까, 결제입니까?"

불자를 드셨다.

말씀하셨다.
"모두가 불자에 있습니다. 보십니까? 억!"

말씀하셨다.
"고덕 여러분. 이 삼할(三喝) 가운데 어떤 할(喝)은 '금강왕의 보검'1518)이
요, 또 어떤 할(喝)은 '땅에 웅크린 금털사자'1519)요, 또 어떤 할(喝)은 '물
고기 잡는 장대와 풀'1520)입니다. 만일 누가 낱낱이 가려 낼 줄 안다면 임
제 큰스님의 일반적 정리(情理)를 벗어난 도(道)와, 황벽스님에게 얻어맞음
과, 대우스님에게 옆구리를 주먹으로 쥐어박힘1521)을 비로소 보게 될 것입

1518) 金剛王寶劍(금강왕보검) : 칼을 한 번 휘두르면 일체의 정식(情識)과 지해(知解)가 없어진다
　　　고 한다. (T48n2006_p0311b21, 『人天眼目』卷之二. "金剛王寶劍者, 一刀揮盡, 一切情解.") 임
　　　제스님의 사할(四喝) 중의 하나. (T47n1985_p0504a26~29, 『鎭州臨濟慧照禪師語錄』. "師問僧:
　　　'有時一喝如金剛王寶劍, 有時一喝如踞地金毛師子, 有時一喝如探竿影草, 有時一喝不作一喝用.
　　　汝作麼生會?'僧擬議, 師便喝.")
1519) 踞地師子(거지사자) : 거지금모사자(踞地金毛師子)다. 임제스님의 사할(四喝) 중의 하나. 땅에
　　　웅크린 금빛 털을 가진 사자가 말을 뱉어내고 기운을 뿜어내며 위세를 떨치면 모든 짐승들이
　　　공포에 전율하고 모든 악마들의 뇌가 쪼개져 버린다고 한다. (T48n2006_p0311b21~23, 『人天
　　　眼目』卷之二. "踞地師子者, 發言吐氣, 威勢振立, 百獸恐悚, 衆魔腦裂.")
1520) 探竿影草(탐간영초) : 임제스님의 사할(四喝) 중의 하나. 탐간(探竿)은 뻐꾸기의 깃털을 엮어
　　　서 긴 장대 끝에다 달고 물속에다 넣어서 물고기가 모이게 하는 것이다. 영초(影草)는 풀 다발
　　　을 물속에 넣어서 물고기를 모이게 하는 것이다. 이 탐간(探竿)과 영초(影草)로 물고기를 유인한
　　　다음에 그물을 던져서 물고기를 몽땅 잡는다. 임제스님의 사할(四喝) 가운데 하나.
1521) 築(축) : 치다. 때리다. 찌르다.

니다. 그리하여 비록 서로 떨어진 지 2,3백년이나 되었지만 그대가 몸소 적자(嫡子)가 되었음을 허락할 것입니다.

그리고 나서야 불이묘문(不二妙門)1522)을 크게 열게 되고 모든 조사의 도를 가늠하여 삿됨을 꺾고 바름을 드러내게 됩니다. 그리고 선종(禪宗)을 부양(扶養)하고 교법을 세워 무너진 옛 강기(綱紀)1523)를 정돈하며, 대지견(大知見)1524)을 풀어놓고 대법안(大法眼)1525)을 빛내며, 본제(本際)1526)를 움직이지 않고서도 마군과 겨루어 이기게 되는 것입니다. 억!"

말씀하셨다.
"다시 반드시 어떤 할(喝)은 '하나의 할(喝)로서의 작용을 하지 못함'을 아십시오. '여기'에 이르러서는 반드시 삭가라(爍迦羅)의 눈을1527) 갖추어야만 합니다. 똥누기 이전에 곧장 살펴보십시오.1528)

고덕 여러분. 자 여기 말씀해보십시오. 살펴봄이 무엇입니까?"

한참 묵묵히 계셨다.

"억!"

1522) 不二妙門(불이묘문) : 불이법문(不二法門). 상대적이고 차별적인 모든 것을 초월하여 절대 평등적 진리를 나타내는 가르침.
1523) 頹綱(퇴강) : 쇠퇴하여 무너진 강기(綱紀).
1524) 大知見(대지견) : 부처님과 대조사(大祖師)가 가진 지견(知見). 지혜의 법안으로써 일체법의 진상(眞相)을 관조하여 깨달음을 체험함.
1525) 大法眼(대법안) : 부처님과 조사들이 가진 법의 눈. 선법(禪法)을 확연히 깨달은 지혜안광(智慧眼光). 정법안장(正法眼藏).
1526) 本際(본제) : 진리의 근원. 만물의 근본. 본분. 근본구경(根本究竟)의 변제(邊際). =진제(眞際), 실제(實際).
1527) 爍迦羅眼(삭가라안) : 금강의 눈. 견고한 눈. 삭가라(爍迦羅)[Ⓢcakra. Ⓟcakka]는 결코 부서지지 않는 것을 말한다. 비추고 비추어 삿됨과 바름을 정확하게 밝히는 눈.
1528) 提得(제득) : 성찰하다. 살펴 보다. 제시(提撕)하다. 탐구하다. 참구(參究)하다. 잡아 이끌어내다. 잡아 일깨우다. 말하다. 끄집어내다.

186. 늑담문준泐潭文準

泐潭準和尙, 示眾, 云: "今朝臘月十. 夜來天落雪. 羣峯極目高低白, 綠竹青松難辨別. 必是來年蠶麥熟, 張公李公皆欣悅. 皆欣悅, 鼓腹謳歌笑不徹. 把得雲簫撩亂吹, 依稀又如『楊柳枝』. 又不覺手之舞之, 足之蹈之, 左之右之." 喝一喝. 云: "禪客相逢只彈指, 此心能有幾人知?"1529)

늑담 문준스님1530)이 대중에게 열어 보이셨다.
"오늘 아침이 납월 10일입니다. 밤새 하늘에서 눈이 내렸습니다.

멀리 보니1531) 봉우리들 높낮고 하얘,
푸른 대와 소나무 분간을 못해.
내년엔 분명 누에 보리 작황이 좋아
장씨 이씨 모두 매우 기뻐하리라.

모두 다 기쁨에 겨워 배를 두드리며 노래하고 함박웃음을 그치지 못할 것입니다. 서로 손을 맞잡고 덩실덩실 춤을 추며1532) 퉁소를 요란하게 불어젖히니 노랫가락이 『양류지(楊柳枝)』1533)와 비슷할 것입니다. 또한 자신도 모르게 두 손을 흔들며 춤추고 두 발도 굴리고 뛰면서 이리 저리 요동치며 춤을 출 것입니다. 억!"

1529) 『嘉泰普燈錄』 卷第七, X79n1559_p0331b16~22. 『五燈會元』 卷第十七, X80n1565_p0366b 18~23. 참조.
1530) 泐潭文準(늑담문준) : 석상초원(石霜楚圓)-황룡혜남(黃龍慧南)-운암극문(雲庵克文)-담당문준 (湛堂文準). 1061~1115. 주29) 참조.
1531) 極目(극목) : 눈에 가득하다. 시력을 다하여 한껏 멀리 바라보다.
1532) 把得雲(파득운) : 손을 잡고 춤을 춤.
1533) 楊柳枝(양류지) : 양류곡(楊柳曲)이라고도 한다. 악부(樂府)[음악을 관장하는 관청]의 근대곡 사(近代曲辭)의 이름이다. 한대(漢代)의 횡취곡사(橫吹曲辭)[서역에서 건너간 군악]인 절양류(折 楊柳)가 당나라 때에 양류지(楊柳枝)로 이름이 바뀌어서 개원(開元) 연간(713~741)에 교방곡(敎 坊曲)[궁중의 음악]에 포함되었다고 한다. 이에 백거이(白居易)가 옛 곡에다 가사를 지어서 신성 (新聲)[새로 지은 악곡]으로 바꾸었는데, 당시의 시인들이 잇달아 불렀다고 한다. 그 형식은 칠 언절구(七言絶句)로 죽지사(竹枝詞)와 비슷하였다.

말씀하셨다.
"선객들이 서로 만나 곧장 손가락 튕기니 이 마음을 능히 몇 사람이나 알
꼬?"1534)

187. 바라제波羅提

異見王, 問波羅提曰: "何者是佛?" 答曰: "見性是佛." 王曰: 師見性否? 曰:
"我見佛性." 王曰: "性在何處?" 曰: "性在作用." 王曰: "是何作用, 我今不見?"
曰: "今現作用, 王自不見." 王曰: "於我有否?" 曰: "王若作用, 無有不是, 王若不
用, 體亦難見." 王曰: "若當用時, 幾處出現?" 曰: "若出現時, 當有其八." 王曰:
"其八出現, 當為我說." 波羅提曰: "在胎曰身, 處世名人, 在眼曰見, 在耳曰聞.
在鼻辨香, 在舌談論, 在手執捉, 在足運奔. 徧現俱該法界, 收攝在一微塵. 識者知
是佛性, 不識喚作精魂." 王聞心即開悟.1535)
妙喜曰: "即今敢問諸人, 那箇是佛性, 那箇是精魂?"

이견왕1536)이 바라제스님1537)께 여쭈었다.1538)

1534) 禪客相逢只彈指 此心能有幾人知(선객상봉지탄지 차심능유기인지) : 당오대(唐五代) 선월관휴
　　　선사(禪月貫休禪師)의 「서석벽선거옥벽(書石壁禪居屋壁)」이란 시의 뒷 두 구절이다. 성음(性音)
　　　이 편찬한 『잡독해』 5권에 실려 있다. "육칠 층의 붉디붉은 전단향 탑과/ 두 세 송이 하이얀
　　　연꽃 앞에서/ 선객들 서로 만나 손가락 튕기니/ 이 마음 몇 사람이 알 수 있을꼬? (X65n1278
　　　_p0079b02~04, 『雜毒海』 卷五. "書石壁禪居. 赤旆檀塔六七級, 白菡萏花三四枝, 禪客相逢只彈
　　　指, 此心能有幾人知?)")
1535) 『景德傳燈錄』 卷第三, T51n2076_p0218b10~23. 참조.
1536) 異見王(이견왕) : 생몰연대는 알려져 있지 않다. 남인도 향지왕의 아들이며 보리달마의 조카.
　　　처음엔 외도를 신봉했으나 달마대사가 바르게 교화하였다고 한다.
1537) 波羅提(바라제) : 사라사(裟羅寺)로 출가하였다가 오사바삼장(烏娑婆三藏)에게 배웠다. 보리
　　　달마스님이 반야다라존자를 40년간 시봉하다가 존자가 열반에 들자 교화를 폈을 당시에 불태선
　　　(佛太先)과 불대승다(佛大勝多)라고 하는 스승들이 있었다. 이들에 의해 여섯의 종파가 생겨나왔
　　　는데 유상종(有相宗)·무상종(無相宗)·정혜종(定慧宗)·계행종(戒行宗)·무득종(無得宗)·적정종
　　　(寂靜宗)이 그것이다. 이 가운데 무상종을 이끄는 두 명의 스승 가운데 하나가 바라제(波羅提)이
　　　다. 달마스님과 문답하고서 깨달음을 얻고 수기를 받았다.
1538) "달마대사가 인도에 계실 때 여섯 종파의 외도들을 모두 교화하였으나 이견왕이 삼보를 비
　　　방하고 업신여기었다. 이에 종승스님이 왕궁으로 가서 이견왕과 토론하였으나 말이 막혀버렸으
　　　므로 달마대사가 바라제를 보내어 구원해 주도록 한다. 이견왕은 바라제가 구름을 타고오자 깜
　　　짝 놀라 말했다. '하늘을 날아 온 자가 바르냐, 삿되었느냐?' '저는 삿됨도 아니요 바름도 아니
　　　지만 왔다면 바름과 삿됨이 있습니다. 만일에 임금님이 마음이 바르다면 저에게도 삿됨과 바름

“어떤 것이 부처님입니까?”

답하셨다.

“성품을 드러냄이1539) 부처님입니다.”

왕이 말했다.

“스님께선 성품을 드러내셨습니까?”

말씀하셨다.

“나는 부처님의 성품을 드러냅니다.”

왕이 말했다.

“성품은 어디에 있습니까?”

말씀하셨다.

“성품은 작용하는 데 있습니다.”

왕이 말했다.

“이것이 어떻게 작용하기에 나는 지금 드러내지 못하는 것입니까?”

말씀하셨다.

“바로 지금 작용하고 있지만 왕께서 스스로 드러내지 못합니다.”

왕이 말했다.

“나에게도 작용이 있습니까?”

말씀하셨다.

“왕께서 만일 작용한다면 이것 아님이 없지만, 왕께서 만일 작용하지 않는다면 본체 또한 드러내기 어렵습니다.”

왕이 말했다.

“만일 작용할 때엔 몇 군데서 출현합니까?”

말씀하셨다.

이 없을 것입니다.’ 왕이 적이 놀라 교만한 생각이 솟아나 종승스님을 쫓아내 버리자. 바라제가 말했다. ‘임금님께서는 이미 도를 실행하시면서 어째서 사문을 물리치는 것입니까? 제가 비록 아는 것은 없지만 임금께서 물어 주십시오.’ 왕이 화를 내면서 물었다.” 이렇게 하고 위의 문답이 이루어진 것이다.

1539) 見性(현성) : ‘현성’으로 읽는다. 견성으로 읽는 것은 잘못. 성품은 보는 것(觀)이 아니라 드러남(發現)이다. 성품이 대상으로 존재하고 보는 자가 따로 있음이 아니라 거기서 그냥 드러날 뿐이다. 현성성불(見性成佛)에서 성(成)도 ‘이미 갖추어져 있어 드러남’으로 현(見)과 같은 의미다. 성(性)도 드러나고 불(佛)도 드러남이다. 누가 있어 성품을 보고 누가 있어 부처를 이룸이 아니다. 그저 성품이 드러나고 있고 부처가 드러나고 있음이다. 현성성불(見性成佛)은 상태를 나타내므로 형용사이거나 동사일 뿐이다. 그러므로 ‘현성성불한다’라고 함은 맞지 않다. ‘현성성불이다’라고 해야 한다.

"출현할 때에는 곧 여덟 곳에서입니다."
왕이 말했다.
"그 출현하는 여덟 군데를 나에게 말해 주십시오."
바라제가 말씀하셨다.
"어머니의 태속에 있을 때의 작용을 몸이라 하고, 어머니의 태를 나와서 작용하는 것을 사람이라 하고, 눈에서 작용하면 본다고 하고, 귀에서 작용하면 들음이라 합니다. 코에서 작용하면 향기를 가려내고, 혀에서 작용하면 담론하고, 손에서 작용하면 움켜잡고, 발에서 작용하면 걸어 다닙니다.
두루 나눠 법계를 모두 품으며, 거둬들이면 한 티끌 속에 있는데 아는 이는 불성인 줄 알아 버리고 모르는 이는 정혼(精魂)1540)이라 합니다."
왕이 듣고 나서 마음이 열렸다.

묘희스님이 말씀하셨다.
"지금 여러분에게 감히 물어 보겠다. 어떤 것이 불성(佛性)이며, 어떤 것이 정혼(精魂)일까?"

188. 제바달다 提婆達多

調達, 謗佛, 生身陷地獄. 佛令阿難傳旨: "汝在獄中安否?" 達云: "我雖在獄中, 如三禪天樂." 佛又令阿難問: "汝還求出否?" 達云: "我待世尊來便出." 阿難云: "世尊是三界大師, 豈有入地獄分?" 達云: "我豈有出地獄分?" 翠巖眞云: "親言出親口."1541)

제바달다1542)가 부처님을 비방하고는 산 채로 지옥에 떨어졌다. 부처님이

1540) 精魂(정혼) : 사람의 신식(神識), 정식(精識), 정신(精神), 혼신(魂神), 사물의 정기(精氣).
1541) 『聯燈會要』卷第一, X79n1557_p0014c21~0015a02. 『禪門拈頌集』卷第一, K46-0013, 17則. 참조.
1542) 提婆達多(제바달다) : Ⓢ Devadatta. 조달(調達), 달도(達兜)라고도 한다. 번역하여 천열(天熱), 천수(天授)라고 함. 곡반왕(斛飯王)의 아들이며 아난다의 친형이고 석가모니의 사촌동생이다. 출가하였으며 신통력을 배워서 32상을 구족하였고 6만의 법장(法藏)을 외웠으나 자신의 욕망을 위하여 3역죄를 지어 산채로 무간지옥으로 갔다고 한다. 『법화경』에는 미래에 성불로 천왕여래(天王如來)가 된다고 수기하였다.

아난존자에게 뜻을 전하게 하셨다.
"너는 지옥에서 편안하냐?"
제바달다가 말했다.
"내가 비록 지옥에 있으나 제3선천1543)에 있는 것처럼 즐겁다."
부처님께서 또 아난존자를 시켜서 물으셨다.
"너는 나오려고 하느냐?"
제바달다가 말했다.
"나는 세존이 오시기를 기다렸다가 곧 나가겠다."
아난존자가 말씀하셨다.
"세존께서는 삼계의 큰 스승이신데 어찌 지옥에 들어오실 여지가 있겠느냐?"
제바달다가 말했다.
"내가 어찌 지옥을 나갈 여지가 있겠느냐?"1544)

취암 가진스님이 말씀하셨다.
"확실한 말은 자신의 입에서 나온다."

1543) 三禪天(삼선천) : 색계천(色界天) 가운데 제3선천(第三禪天)으로 소정천(少淨天)·무량정천(無量淨天)·변정천(遍淨天)의 3하늘이 있다. 언제나 즐거움만 일으키는 하늘이므로 초선천(初禪天)과 제2선천(第二禪天)과 함께 낙생천(樂生天)이라고도 한다.
1544) 이 화(話)에 대한 대혜스님의 시중법문이 있다. "바로 나올 여지도 없고 들어갈 여지도 없다는데 누구를 석가노인이라 부르며, 누구를 제바달다라 하며, 무엇을 지옥이라 부르겠느냐? 잘 알겠느냐? 손에 병을 들고 농주(農酒)를 사러 가더니 오히려 적삼을 입고 와서 주인이 되었구나." (T47n1998Ap0839c12~15, 『大慧普覺禪師住江西雲門菴語錄』卷第七. "師云:'旣無出分又無入分, 喚甚麽作釋迦老子, 喚甚麽作提婆達多, 喚甚麽作地獄? 還委悉麽? 自攜瓶去沽村酒, 卻着衫來作主人.'")

189. 운문문언雲門文偃

雲門, 問曹山: "如何是沙門行?" 山曰: "喫常住苗稼者. 是." 門云: "便恁麼去是如何?" 曰: "汝還畜得麼?" 門云: "畜得." 山曰: "汝作麼生畜?" 門云: "著衣喫飯有甚麼難?" 山曰: "何不道披毛戴角?" 門便禮拜.1545)

운문 문언스님1546)이 조산 본적스님1547)께 여쭈었다.

"어떤 것이 사문의 행(行)입니까?"

조산스님이 말씀하셨다.

"시방 상주물을1548) 먹는 것이지. 음."

운문스님이 말씀하셨다.

"벌써 이렇게 하고 계시면 어쩝니까?"

말씀하셨다.

"자네는 기르는 거냐?"

운문스님이 말씀하셨다.

"기릅니다만."

1545) 『禪門拈頌集』 卷第二十一, K46-0349, 893則. 『五燈會元』 卷第十三, 65_p0266a10~13. 『續刊古尊宿語要』 第二集, X68n1318_p0377a05~08. 참조. X80n15

1546) 雲門文偃(운문문언) : 용담숭신(龍潭崇信)-덕산선감(德山宣鑑)-설봉의존(雪峰義存)-운문문언(雲門文偃). 864~949. 주94) 참조.

1547) 曹山本寂(조산본적) : 약산유엄(藥山惟儼)-운암담성(雲巖曇晟)-동산양개(洞山良价)-조산본적(曹山本寂). 839~901. 복건성 천주(泉州) 포전현(莆田縣) 출신. 속성은 황씨(黃氏). 탐장(眈章)이라고도 함. 일찍부터 유학의 길에 들어섰으나 19세에 복주(福州)의 영석산(靈石山)으로 가서 출가하여 25세에 구족계를 받았다. 그 후 동산 양개스님을 참례하니 동산스님이 물었다. "이름이 무엇이냐?" "본적입니다." "저런. 쯧." "본적이라 할 수 없습니다." 이에 동산스님이 그릇으로 여겼다. 이후 입실하여 여러 해를 시봉한 후 떠나려 하자, 동산스님이 종지를 은밀히 전하고 물었다. "어디로 가려하느냐?" "변함없는 곳입니다." "변함없는 곳에 어찌 감이 있는가?" "간다고 하여도 변함없습니다." 그리고는 길수(吉水)로 가서 개당하였다. 육조 혜능스님을 평소 흠모하여 자신이 사는 산 이름을 조산(曹山)으로 개명하였다. 난을 피해 의황(宜黃)으로 갔는데 거사 왕야일(王若一)이 하왕관(何王觀)을 희사하면서 주지를 청하였다. 스님은 하왕(何王)을 하옥(何玉)으로 고치고 선풍을 크게 진작하니 사방에서 학인들이 구름처럼 모여들었다. 이로부터 조동종의 명성이 크게 떨쳤다. 『무주조산본적선사어록(撫州曹山本寂禪師語錄)』 2권이 있다. 금봉종지(金峰從志), 녹문처진(鹿門處眞), 조산혜하(曹山慧霞), 촉천서선(蜀川西禪) 등 14인의 수법제자가 있다.

1548) 常住苗稼(상주묘가) : 묘가(苗稼)는 농작물을 뜻한다. 시방상주승물(十方常住僧物)[단월들이 길가에 나가서 오고가는 스님들에게 공양 올리는 음식]이다.

조산스님이 말씀하셨다.

"자네는 어떻게 기르는데?"

운문스님이 말씀하셨다.

"옷 입히고 밥 먹이는 것이 뭐 어려울 것 있겠습니까?"

조산스님이 말씀하셨다.

"어째서 털이 나고 뿔이 달렸다고 하지 않느냐?"

운문스님이 곧장 절을 올렸다.1549)

190. 장사경잠長沙景岑

長沙和尚, 有秀才看『千佛名經』問曰: "百千諸佛, 但聞其名, 未審居何國土, 還化物也無?" 曰: "黃鶴樓崔顥題後, 先輩還曾題未?" 曰: "未曾." 曰: "無事題取一篇."

黃龍新, 頌云: "黃鶴樓前法戰時, 百千諸佛豎降旗. 渠無國土歸何處? 贏得多才一首詩."1550)

어떤 수재(秀才)1551)가 『천불명경』1552)을 보다가 장사 경잠스님1553)께 여쭈었다.

"백 천의 여러 부처님의 이름을 들었지만 도대체 어떤 국토에 사시면서

1549) 이 화(話)에 대한 대혜스님의 상당 법문이 있다. "두 큰스님의 이러한 문답이 나귀의 자궁과 말의 배에서 활계나 짓고 있는 것을 벗어나지 못하였다. 하지만 개가 사서(赦書)를 물고 가니 제후들이 길을 피하는구나."(T47n1998Ap0822c13~14, 『大慧普覺禪師住徑山能仁禪院語錄』卷第三. "師云:'二尊宿恁麽問答, 未免在驢胎馬腹裏作活計. 雖然如是, 狗銜赦書, 諸侯避道.")

1550) 『聯燈會要』卷第六, X79n1557_p0062c15~19. 『禪門拈頌集』卷第十三, K46-0208, 492則. 참조.

1551) 秀才(수재) : 당대와 송대에는 과거에 응시하는 선비를 말한다. 한대(漢代)에는 과거시험을 수재라 하였고 명대와 청대에는 부학(府學)이나 주학(州學), 현학(縣學) 등에 입학한 생원(生員)을 수재라고 하였다. 원대와 명대이래로는 서생(書生)이나 독서인(讀書人)을 수재라 하였다. 선원에서는 참(叅)인 학인을 말한다.

1552) 千佛名經(『천불명경』) : 『과거장엄겁천불명경(過去莊嚴劫千佛名經)』1권과 『현재현겁천불명경(現在賢劫千佛名經)』1권과 『미래성수겁천불명경(未來星宿劫千佛名經)』1권의 삼겁삼천불명경(三劫三千佛名經)을 말한다.

1553) 長沙景岑(장사경잠) : 남악회양(南嶽懷讓)-마조도일(馬祖道一)-남전보원(南泉普願)-장사경잠(長沙景岑). ?~868. 주60) 참조.

만물에 화현하시는 것입니까?”
　말씀하셨다.
　“황학루1554)에서 최호가 1편의 시를 짓고1555) 난 이후로 선배(先輩)1556)
도 시를 지어 보았느냐?”
　말했다.
　“아직까지 못해 보았습니다.”
　말씀하셨다.
　“일없으면 한 수 지어 보게나.”

　황룡 오신스님1557)이 노래로 말씀하셨다.

　　“황학루 뜰 앞에서 법을 다툴 때
　　백 천의 부처님들 항복하셨네.
　　국토 없는 저 분들 어디로 가나?
　　수재(秀才)1558)의 시만 한 수 얻고 말았네.1559)

1554) 黃鶴樓(황학루) : 중국 하북성의 성도(省都)인 무한(武漢)은 양자강과 그 지류인 한수(漢水)가
　　만나는 곳에 위치해 있다. 여기에 삼대(三大) 명루(名樓) 가운데 하나인 황학루가 있다. 이 황학
　　루는 원래 3층 누각이었던 것을 근래에 5층으로 중건하였다고 한다. 아주 옛날 한 여인이 경치
　　좋은 이 자리에다 주점을 열었다. 어느 날 한 노인이 나타나서 돈도 지불하지 않고 여러 달 동
　　안 술을 마셨다. 그러나 그 여인은 아무런 말없이 늘 잘 대접했다고 한다. 그러던 어느 날 그
　　노인은 귤껍질을 가지고 벽에다 노란 학을 멋지게 그려놓더니 말없이 떠나 버렸다. 그런데 그
　　이후로 술판이 벌어지면 벽에 그려진 학이 한바탕 춤을 멋지게 추어서 손님들이 인산인해를 이
　　루었다고 한다. 어느덧 10년이 지난 후 그 노인이 피리를 불며 나타나서 노란 황학을 타고서
　　하늘로 날아가 버렸다고 한다. 그 노인은 자안(子安)이라는 신선이라고 전해지는데 여인은 그
　　신선을 기려서 주점이 있던 그 자리에 정자를 짓고 이름을 황학정(黃鶴亭)이라고 하였다한다.
1555) 최호(崔顥)의 〈황학루에서〉를 말한다. “옛 사람 이미 황학을 타고 떠나버리니,/ 이 자리에
　　휑하니 황학루만 남았구나./ 황학이 한 번 가더니 돌아오질 않고,/ 흰 구름만 오래오래 빈 하늘
　　에 오락가락./ 개인 날 냇물엔 한양수가 역력히 비치고,/ 앵무주 섬엔 방초들만 무성하구나./
　　날은 저물어 가는데 나의 고향은 어디메뇨?/ 강 따라 흐르는 연무에 근심어리네. (昔人已乘黃鶴
　　去, 此地空餘黃鶴樓. 黃鶴一去不復返, 白雲千載空悠悠. 晴川歷歷漢陽樹, 芳草萋萋鸚鵡州. 日暮
　　鄕關何處是? 煙波江下使人愁.)”
1556) 先輩(선배) : 글을 쓰는 문인(文人)에 대한 경칭(敬稱).
1557) 黃龍悟新(황룡오신) : 석상초원(石霜楚圓)-황룡혜남(黃龍慧南)-회당조심(晦堂祖心)-황룡사심
　　오신(黃龍死心悟新). 1044~1115. 주297) 참조.
1558) 多才(다재) : 재능이 많은 사람. 앞의 수재(秀才)를 말한다.
1559) 嬴得(영득) : 이익을 얻다. ~결과가 되다. ~을 초래하다.

191. 오조법연五祖法演

五祖演和尚, 白雲示眾, 擧: "雪峯問德山: '從上諸聖以何法示人?' 山云: '我宗無語句, 亦無一法與人.' 雪峯從此有省. 僧問雪峯: '和尚見德山, 得箇甚麼便休去?' 峯云: '我空手去, 空手歸.' 白雲今日說向透未過者. 有兩箇人, 從東京來, 問伊: '甚麼處來?' 佗却道: '蘇州來.' 便問: '伊蘇州事如何?' 伊道: '一切尋常.' 雖然如是, 謾白雲不過. 何故? 只爲語音各別. 畢竟如何? 蘇州菱, 邵伯藕."1560)

又示眾, 擧: "僧問曹山: '佛未出世時如何?' 曰: '曹山不如.' '出世後如何?' 曰: '不如曹山.' 若以世諦觀之, 曹山合喫二十棒. 若以祖道觀之, 白雲合喫二十棒. 然雖如是, 棒頭有眼, 兩人中一人全肯, 一人全不肯. 若人點檢得出, 許你具半隻眼."1561)

오조 법연스님1562)이 백운산에서 대중에게 열어 보이셨다.
"설봉스님이 덕산스님께 여쭈었습니다.
'여태껏 모든 성인들은 어떤 법을 보이셨습니까?'
덕산스님이 말씀하셨습니다.
'우리 선종에서는 언어구절이 없으며 또한 하나의 법도 줄 것이 없다.'
설봉스님이 이에 깨달으셨습니다.

어떤 스님이 설봉스님께 여쭈었습니다.
'큰스님은 덕산스님을 뵈었을 때 무엇을 알았기에 곧장 쉬셨습니까?'
설봉스님이 말씀하셨습니다.
'내가 빈손으로 갔다가 빈손으로 돌아 왔지.'

1560) 『聯燈會要』 卷第十六, X79n1557_p0136c09~15. 『禪門拈頌集』 卷第十九, K46-0313, 780
　　則. 참조.
1561) 『禪門拈頌集』 卷第二十六, K46-0425, 1148則. 『古尊宿語錄』 卷第二十一, X68n1315_p0
　　141a03~09, c12~16. 참조.
1562) 五祖法演(오조법연) : 자명초원(慈明楚圓)-양기방회(楊岐方會)-백운수단(白雲守端)-오조법연
　　(五祖法演). ?~1104. 주438) 참조.

이 백운이 오늘 투과하지 못하는 이들을 위해서 말해 보겠습니다. 접때 두 사람이 동경1563)에서 왔기에 내가 물어보았습니다.
'어디에서들 왔느냐?'
그들이 바로 말했습니다.
'소주(蘇州)1564)에서 왔습니다.'
곧장 그들에게 물었습니다.
'소주의 형편이 어떠하냐?'
그들이 말했습니다.
'모든 것이 평소와 같습니다.'

하지만 이 백운을 속이고 지나갈 순 없습니다. 왜일까요? 본래 말씨는 각기 다르기 때문입니다. 그러면 필경엔 어떠합니까?

　　소주의 마름열매1565)요,
　　소백(邵伯)1566)의 연뿌리라네."

또 대중에게 열어 보이셨다.
"어떤 스님이 조산 혜하스님1567)께 여쭈었습니다.
'부처님이 세상에 나오시기 이전은 어떻습니까?'
말씀하셨습니다.
'이 조산은 그만 못하다네.'
'세상에 나오신 후는 어떻습니까?'
말씀하셨습니다.

1563) 東京(동경) : 하남성(河南省)의 낙양(洛陽)을 말한다.
1564) 蘇州(소주) : 주(州)의 이름으로 수나라 때 강소성(江蘇省) 소주시(蘇州市)에 두었다.
1565) 菱(릉) : 마름. 주로 늪이나 연못 등에서 흔히 볼 수 있는 부처꽃과에 속하는 한해살이풀로서 진흙 속에다 뿌리를 내리고 줄기는 물 밑으로 길게 뻗으며 잎은 물 위에 뜬다. 잎이 마름모꼴로 생겼으며 잎자루에 공기 주머니가 있어서 뜰 수 있다. 흰색 꽃이 여름에 핀다. 열매는 핵과로 마름(菱角)이라고 하는데, 물속에서 밑을 향해 열리며, 2-4개의 뿔이 있어 마치 마름쇠의 모양을 하고 있다.
1566) 邵伯(소백) : 강소성(江蘇省) 강도현(江都縣)의 북쪽에 있는 호수이름.
1567) 曹山慧霞(조산혜하) : 운암담성(雲巖曇晟)-동산양개(洞山良价)-조산본적(曹山本寂)-조산혜하(曹山慧霞). 조동종 스님으로 요오대사(了悟大師)라고도 한다. 자세한 행적은 알기 어렵다. 법을 이은 제자로는 가주동정(嘉州東汀), 화엄정혜(華嚴正慧) 등이 있다.

'이 조산만 못하지.'

만일 세제(世諦)1568)로 본다면 조산스님이 당연히 스무 방을 맞아야 합니다. 만일 조사의 도(道)로써 볼 땐 이 백운이 당연히 스무 방을 맞아야 할 것입니다. 하지만 몽둥이 끝에 눈이 있어 두 사람 중에 한 명은 완벽하게 긍정하고 한 사람은 전혀 긍정치 않습니다.
만일 누가 점검해 낸다면 반척안(半隻眼) 쯤은 갖추었다고 인정해 주겠습니다."

192. 흥양귀정興陽歸靜

興陽靜和尙, 初參西院, 便問: "擬問不問時如何?" 院便打. 靜良久. 院云: "汝若喚作棒則眉鬚墮落." 靜於言下大悟.1569)

흥양 귀정스님1570)이 먼저 서원 사명스님1571)을 참방하고서 곧장 물으셨다.
"물으려 할 때와 묻지 않을 때는 어떠합니까?"
서원스님이 곧바로 때리셨다.
귀정스님이 한참 잠자코 계셨다.
서원스님이 말씀하셨다.
"네가 얻어맞았다고 말한다면 눈썹이 빠질1572) 것이다."

1568) 世諦(세제) : 제일제(第一諦)의 상대어로서 세간인이 아는 진리를 말한다.
1569) 『景德傳燈錄』 卷第十三, T51n2076_p0303c27~29. 『天聖廣燈錄』 卷第十六, X78n1553_p0493c10~13. 참조.
1570) 興陽歸靜(흥양귀정) : 임제의현(臨濟義玄)-보수연소(寶壽延沼)-서원사명(西院思明)-흥양귀정(興陽歸靜). 생몰연대는 알 수 없다. 서원 사명스님에게서 법을 이어 받고 영주(郢州) 흥양(興陽)에서 개법(開法)하였다.
1571) 西院思明(서원사명) : 황벽희운(黃檗希運)-임제의현(臨濟義玄)-보수연소(寶壽延沼)-서원사명(西院思明). 생몰연대는 알기가 어렵다. 보수 연소스님에게서 법을 이어 받고나서 여주(汝州)[하남성(河南省) 임여(臨汝)] 서원(西院)에서 개법하였다.
1572) 眉鬚墮落(미수타락) : 눈썹이 빠지다. 언어로 작략(作略)해서는 종지(宗旨)에 계합하지 못함. 선가(禪家)에서 꾸짖어 배척하는 것. 옛날부터 중국에서는 거짓말이나 쓸데없는 말을 하면 눈썹이 빠진다는 설이 있다.

귀정스님이 말 떨어지자마자 크게 깨달으셨다.

193. 낭야혜각琅邪慧覺

琅邪覺和尚, 示眾, 舉: "汾陽先師頌云: '三玄三要事難分, 得意忘言道易親. 一句分1573)明該萬象, 重陽九日菊花新.'" 乃喝一喝. 云: "是第幾玄?" 良久. 云: "汝也有沒量罪過, 我也有沒量罪過."1574)
僧問: "如何是佛?" 曰: "銅頭鐵額." 僧云: "不會." 曰: "鳥觜魚腮."1575)

낭야 혜각스님1576)이 대중에게 열어 보이셨다.
"분양선소 선사(先師)께서 노래하셨습니다.

'삼현 삼요 분간키 매우 어려워,
뜻 알고 말 잊어야 도(道)와 친하기 쉽네.
일구(一句) 분명 삼라만상 품고 있으니,
중양절1577)이라야만 국화 피리라.'"1578)

"억!"

말씀하셨다.
"이것은 몇 번째 현(玄)인가?"

1573) 《고려장경》『대장일람집(大藏一覽集)』 10권 (K45-0627)과 『고존숙어록』의 「분양소선사어록」과 『인천안목』 1권에서는 '分(분)'이 '明(명)'으로 되어 있다. ("一句明明該萬象.")
1574) 『禪門拈頌集』 卷第十六, K46-0262, 631則. 『古尊宿語錄』 卷之四十六, 「滁州瑯琊山覺和尚語錄」, X68n1315_p0312b18~21. 참조.
1575) 『續傳燈錄』 卷第三, T51n2077_p0484b18~20. 참조.
1576) 琅邪慧覺(낭야혜각) : 풍혈연소(風穴延沼)-수산성념(首山省念)-분양선소(汾陽善昭)-낭야혜각(琅邪慧覺). 주76) 참조.
1577) 重陽九日(중양9일) : 음력 9월 9일의 명절을 말한다. 9라는 숫자가 극양수(極陽數)인데서 겹치는 이 날을 길일로 잡았다.
1578) 이 게송은 제삼요(第三要)에 대한 분양스님의 염송(拈頌)이다. 『인천안목』 1권에 삼현삼요에 대한 분양스님의 송(頌)이 있다. (T48n2006_p0301c24~p0302b02, 『人天眼目』 卷之一. 참조.)

한참 묵묵히 계셨다.

말씀하셨다.
"그대들이야말로 한량없는 허물이 있고, 나야말로 역시 한량없는 허물이
있다."

한 스님이 여쭈었다.
"어떤 것이 부처님입니까?"
말씀하셨다.
"구리쇠 대가리에 무쇠 이마빡이로구나."
그 스님이 말했다.
"모르겠습니다."
말씀하셨다.
"새 주둥아리와 물고기 아가미로구나."

194. 대룡지홍大龍智洪

僧問大龍和尙: "色身敗壞, 如何是堅固法身?" 曰: "山花開似錦, 澗水湛如藍
."1579)

妙喜曰: "若以此兩句明堅固法身, 生身入地獄."1580)

어떤 스님이 대룡 지홍스님1581)께 여쭈었다.
"색신은 부서져 망가지는데 어떤 것이 견고한 법신입니까?"
말씀하셨다.

1579) 『五燈會元』 卷第八, X80n1565_p0178b22~24. 『五燈嚴統』 卷第八, X80n1568_p0728a09~
   11. 『御選歷代禪師語錄』 前集下, X68n1319_p0632a06~07. 참조.
1580) 『禪門拈頌集』 卷第二十八, K46-0460, 1278則. 참조. 『선문염송』 1287칙에서는 "이 화(話)
   는 나온 곳이 확실치 않기에 '대룡 지홍선사편'에 넣어 둔다."고 써 놓았다. ("此話未詳所出, 且
   屬大龍智洪禪師.")
1581) 大龍智洪(대룡지홍) : 덕산선감(德山宣鑑)-감담자국(感潭資國)-백조지원(白兆志圓)-대룡지홍
   (大龍智洪). 송대의 스님이다. 백조 지원스님에게서 법을 이어 받고 낭주(朗州)[호남성(湖南省)
   상덕(常德)]의 대룡산(大龍山)에 주석하였다. 서호(署號)는 홍제대사(弘濟大師)이다.

"들뫼꽃은 비단같이 흐드러지게 피어 있고, 시냇물은 쪽빛으로 맑디맑구
나."

묘희스님이 말씀하셨다.
"만일 이 두 구(句)로써 견고한 법신을 밝히려고 한다면, 살아 있는 몸 그
대로 지옥에 들어갈 것이다."

195. 취암가진翠巖可眞

翠巖眞和尚, 在歸宗南和尚會中為首座時, 南問: "承聞, 首座常將'女子出定話'
為人是否?" 眞云: "無." 南曰: "奢而不儉, 儉而不奢, 為甚道無?" 眞云: "若是
本分衲僧, 也少佗鹽醬不得." 南却回首喚侍者: "報典座明日只煑白粥."1582)

취암 가진스님1583)이 귀종 혜남스님1584)의 회상에서 수좌로 계실 때,
혜남스님이 물으셨다.
"들으니 수좌께선 항상 '여자출정화(女子出定話)'1585)로 사람을 위한다던데

1582)『建中靖國續燈錄』卷第七, X78n1556_p0680a14~17.『禪門拈頌集』卷第二, K46-0020, 32
　　則. 참조.
1583) 翠巖可眞(취암가진) : 수산성념(首山省念)-분양선소(汾陽善昭)-석상초원(石霜楚圓)-취암가진
　　(翠巖可眞). ?~1064. 주941) 참조.
1584) 歸宗南和尚(귀종남화상) : 여산(廬山) 귀종사(歸宗寺)에 주석하였던 황룡혜남(黃龍慧南)스님을
　　말한다. [수산성념(首山省念)-분양선소(汾陽善昭)-석상초원(石霜楚圓)-황룡혜남(黃龍慧南). 주
　　214) 참조.)
1585) 女子出定話(여자출정화) : "문수보살님이 부처님들께서 모이신 곳에 이르니 부처님들께서 각
　　기 본래의 자리로 돌아가는데 오직 한 여자가 부처님 가까이 앉아서 삼매에 들어 있었다. 이에
　　문수보살님이 부처님께 여쭈었다. '어찌하여, 이 여자는 부처님 가까이 앉아 있는데 저는 그러지
　　못합니까?' 부처님께서 문수보살님에게 말씀하셨다. '그대가 이 여자를 깨워서 삼매에서 일으켜
　　직접 물어보라.' 문수보살님이 여자를 세 번 돌고 손가락을 한 번 튕기고는 이에 범천에 이르기
　　까지 그의 신통력을 다했으나 삼매에서 나오게 하진 못했다. 세존께서 말씀하셨다. '설사 백천
　　명의 문수보살이라도 여자를 선정에서 나오게 하지는 못하지만 아래쪽으로 12억의 항하사 국토
　　를 지나면 망명이라고 하는 보살이 있어 선정에서 나오게 할 수 있으리라.' 순식간에 망명 보살
　　님이 땅에서 솟아올라 세존께 예배드리자, 세존께서 명을 내리시니 망명보살님이 여인 앞으로
　　다가가서 손가락을 한 번 튕기자 여자가 드디어 선정에서 나왔다."(T48n2005_p0298a26~b06,
　　『禪宗無門關』. "文殊至諸佛集處, 値諸佛各還本處, 惟有一女人, 近彼佛坐入於三昧. 文殊乃白佛:
　　'云何女人得近佛坐, 而我不得?' 佛告文殊: '汝但覺此女, 令從三昧起, 汝自問之.' 文殊遶女人三
　　匝, 鳴指一下, 乃托至梵天, 盡其神力, 而不能出. 世尊云: '假使百千文殊亦出此女人定不得, 下方

맞습니까?"
　가진스님이 답하셨다.
　"없습니다."
　혜남스님이 말씀하셨다.
　"사치하면 검소하지 않고, 검소하면 사치하지 않은데 어째서 없다고 하십
니까?"
　가진스님이 말씀하셨다.
　"만일 본분 납승이라면 저 염장(鹽醬)1586)을 축내지는 않을 것입니다."
　혜남스님이 문득 머리를 돌려 시자를 부르셨다.
　"전좌(典座)1587)에게 내일 흰 죽만 끓이라고 해라."

196. 현사사비玄沙師備

玄沙和尚，侍雪峯行次，峯指面前地，云："遮一片田地好造箇無
縫塔." 沙曰："高多少?" 峯乃上下顧視. 沙曰："人天福報即不無，
和尚靈山授記未夢見在." 峯云："汝作麼生?" 沙曰："七尺八尺."
　琅邪覺云："國淸才子貴，家富小兒嬌."1588)

　현사 사비스님1589)이 설봉 의존스님1590)을 시봉하면서 포행 하실 때에，
설봉스님이 앞의 땅을 가리키면서 말씀하셨다.
　"이 한 조각 땅에다 무봉탑을 세우면 아주 멋지겠구나."

　　過一十二億河沙國土，有罔明菩薩，能出此女人定. 須臾罔明大士，從地湧出，禮拜世尊，世尊勅罔
　　明，却至女人前，鳴指一下，女人於是從定而出.") 이 화(話)에 대한 경전의 출처는 T17, n0810,
　　『諸佛要集經』卷下. 참조.
1586) 鹽醬(염장) : 생선이나 콩, 쌀, 보리, 밀 등을 발효시켜 소금을 넣어 만든 장. 젓갈, 된장, 고
　　추장, 간장 등.
1587) 典座(전좌) : 선림에서 대중의 방사와 이부자리, 음식 등을 관장하는 소임.
1588) 『聯燈會要』卷第二十三, X79n1557_p0202c12~16. 『禪門拈頌集』卷第二十, K46-0324,
　　796則. 『古尊宿語錄』卷之四十六, X68n1315_p0321a03~07. 참조.
1589) 玄沙師備(현사사비) : 용담숭신(龍潭崇信)-덕산선감(德山宣鑑)-설봉의존(雪峰義存)-현사사비
　　(玄沙師備). 835~908. 주269) 참조.
1590) 雪峰義存(설봉의존) : 천황도오(天皇道悟)-용담숭신(龍潭崇信)-덕산선감(德山宣鑑)-설봉의존
　　(雪峰義存). 822~908. 주193) 참조.

현사스님이 말씀하셨다.
"높이는 어느 정도로 하실 겁니까?"
설봉스님이 위아래를 쳐다보셨다.
현사스님이 말씀하셨다.
"인간세계와 천상계의 복덕과 과보가 없지는 않겠지만, 스님께서는 영산법회에서의 수기를 꿈에서라도 보지 못하실 겁니다."
설봉스님이 말씀하셨다.
"자네는 어느 정도로 하겠는가?"
현사스님이 말씀하셨다.
"일고여덟 자요."

낭야 혜각스님이 말씀하셨다.
"나라가 태평하면 재주 있는 사람이 귀하고, 집이 부자이면 아이가 제멋대로다."

197. 법안문익法眼文益

　　法眼, 因僧來參次, 以手指簾. 尋有二僧齊去卷, 法眼云: "一得一失."1591)

　　법안 문익스님께1592) 어떤 스님이 와서 참예하려 하자 손으로 주렴을 가리키셨다.
때마침 거기에 있던 두 스님이 함께 주렴을 걷어 올리니 법안스님이 말씀하셨다.
"하나는 얻었고 하나는 잃었다."

1591)『景德傳燈錄』卷第二十四, T51n2076_p0399c03~05.『金陵清涼院文益禪師語錄』, T47n1991_p0589c16~17.『聯燈會要』卷第二十六, X79n1557_p0232b20~21,『禪門拈頌集』卷第二十八, K46-0466, 1294則. 참조.
1592) 法眼文益(법안문익) : 설봉의존(雪峰義存)-현사사비(玄沙師備)-나한계침(羅漢桂琛)-법안문익(法眼文益). 885-958. 주481) 참조.

198. 용제소수龍濟紹修

龍濟, 問僧: "甚處來?" 云: "翠巖來." 曰: "翠巖有何言句示徒?" 云: "常道出門逢彌勒, 入門見釋迦." 曰: "與麼道又爭得?" 僧便問: "和尙又如何?" 曰: "出門逢阿誰, 入門見甚麼?" 僧於言下有省.[1593]

용제 소수스님[1594]이 한 스님에게 물으셨다.
"어디서 오냐?"
말했다.
"취암스님으로부터요."
말씀하셨다.
"취암스님[1595]께선 어떤 법문으로 학인들을 가르치시더냐?"
말씀드렸다.
"문 밖으로 나갈 땐 미륵부처님을 만나고, 문 안으로 들어올 때는 석가모니부처님을 보라고 항상 말씀하십니다."
말씀하셨다.
"이렇게 말씀하셔서는 어떻게 깨우치게 하시겠느냐?"
그 스님이 문득 여쭈었다.
"큰스님께서는 어떻게 하실 건데요?"
말씀하셨다.
"문 밖으로 나갈 땐 누구를 만나고, 문안으로 들어올 때는 무엇을 보느냐?"
그 스님이 말씀이 끝나자마자 깨달았다.

1593) 『聯燈會要』 卷第二十六, X79n1557_p0233a15~17, 『禪門拈頌集』 卷第二十八, K46-0470, 1310則. 참조.
1594) 龍濟紹修(용제소수) : 설봉의존(雪峰義存)-현사사비(玄沙師備)-나한계침(羅漢桂琛)-용제소수(龍濟紹修). 수산주(修山主)라고도 함. 주612) 참조.
1595) 翠巖令叅(취암영참) : 용담숭신(龍潭崇信)-덕산선감(德山宣鑑)-설봉의존(雪峰義存)-취암영참(翠巖令叅). 오대후진(五代後晋)스님. 안길(安吉)[절강성] 출신. 설봉 의존스님의 법을 이어 받고 명주(明州)[절강성 영파시(寧波市)] 취암산(翠巖山)에서 법석(法席)을 크게 열고 교화하였다. 뒤에 항주(杭州) 용책(龍冊)으로 옮겨 살다가 입적하였다. 오월왕(吳越王)이 영명선사(永明禪師)라고 사호(賜號)하였다.

199. 대승덕준大乘德遵

大乘遵和尚, 在慈照會中, 一日問: "古人索火意旨如何?" 照曰: "任佗滅."
云: "滅後如何?" 曰: "初三十一." 云: "恁麼則好時節也." 曰: "汝見甚麼道理?"
云: "今日一場困." 照便打. 遵乃有頌: "索火之機實快哉. 藏鋒妙用少人猜. 要會
我師親的旨, 紅爐火盡不添柴."1596)

대승 덕준스님1597)이 석문 자조스님1598)의 회상에 계실 때, 하루는 자조
스님께 물으셨다.
"옛 스승님이1599) 불씨를 찾은 뜻이 무엇입니까?"
자조스님이 말씀하셨다.
"불이 꺼지도록 내버려두라는 거지."
"꺼진 후는 어떻습니까?"
말씀하셨다.
"초삼십일(初三十一)."
말씀하셨다.

1596) 『建中靖國續燈錄』 卷第四, X78n1556_p0663c11~15. 『嘉泰普燈錄』 卷第二, X79n1559_p0
   297c15~19. 『禪門拈頌集』 卷第九, K46-0152, 355則. 『五燈會元』 卷第十二, X80n1565_p024
   5b17~21. 『續傳燈錄』 卷第四, T51n2077_p0489c29~0490a05. 참조.
1597) 大乘德遵(대승덕준) : 풍혈연소(風穴延沼)-수산성념(首山省念)-곡은온총(谷隱蘊聰)-대승덕준
   (大乘德遵). 곡은 온총스님의 법을 이어 받고 당주(唐州) 대승산(大乘山)에 주석한 스님이다.
1598) 石門慈照(석문자조) : 보응혜옹(寶應慧顒)-풍혈연소(風穴延沼)-수산성념(首山省念)-석문자조
   (石門慈照). 곡은온총(谷隱蘊聰)이라고도 한다. 965~1032. 남해(南海)[광동성] 출신. 속성은 장씨
   (張氏). 출가한 후 백장 도항스님을 찾아 참학하다가 후에 수산 성념스님을 찾아가서 법을 이었
   다. 처음에 백장 도항선사를 참례하였는데, 하안거 결제일이라 백장스님이 상당하여 『중관론』을
   인용하여 말했다. "정각(正覺)의 이름 없는 모양은 조건에 따라 도량에 즉(卽)한다." 스님이 곧
   장 질문을 던졌다. "어떤 것이 정각(正覺)의 이름 없는 모양입니까?" 백장스님이 말했다. "스님
   은 기둥을 드러내는가?" 스님이 말했다. "어떤 것이 조건에 따라 도량에 즉(卽)하는 것입니까?"
   백장스님이 말했다. "오늘이 하안거 결젯날이다." 후에 수산 성념선사를 참례하고 여쭈었다. "학
   인이 직접 보배산에 이르렀다가 빈 손으로 돌아올 땐 어떻습니까?" 수산스님이 말했다. "집집마
   다 문 앞에 횃불이 있지." 스님이 말끝에 대오하였다. 후에 동산수초(洞山守初)스님, 지문사계
   (智門師戒)스님 등을 역참하고 경덕(景德) 3년(1006)에 양주(襄州) 곡은산(谷隱山) 석문사(石門
   寺)에 주석하였다. 다시 천희(天喜) 4년(1020)에 태평(太平) 흥국선사(興國禪寺)로 옮기니 따르는
   대중이 1000여 명에 달하였다. 천성(天聖) 10년에 68세로 입적하였다. 시호는 자조선사(慈照禪
   師)이다. 이준욱(李遵勗)이 지은 비문이 있고 『석문산자조선사봉암집(石門山慈照禪師鳳巖集)』 1
   권이 있다. 제자로 대승덕준(大乘德遵), 용화제악(龍華齊岳), 석문료동(石門了同), 금산담영(金山
   曇穎), 이준욱거사(李遵勗居士) 등 24명이 있다.
1599) 백장 회해스님이 위산 영우스님에게 불씨를 찾으라고 하였다.

"이러하다면 좋은 시절이겠습니다."
말씀하셨다.
"자네가 어떤 도리를 보았느냐?"
말씀하셨다.
"오늘 한바탕 곤궁해졌습니다."
자조스님이 곧장 때리셨다.
덕준스님이 이에 게송을 지으셨다.

"불씨 찾아 보인 기봉 매우 신속해
예봉 숨긴 묘용 시기하는 이도 없다네.
우리 스님 친절한 뜻 알고 싶다면,
화롯불 꺼지려 해도 섶을 얹지는 마라."

200. 광혜원련廣慧元璉

廣慧璉和尚, 示眾, 云: "祖令當行, 人天泯迹. 若通一線道, 且與說葛藤. 何故如此? 擬議之間, 早是喪身失命了也. 山僧不避諸方檢責, 入泥入水, 為汝諸人. 莫有會底麼? 試通箇消息." 良久. 云: "看看總在魔界裏作活計也." 遂拈拄杖. 云: "速道! 速道!" 眾擬議, 乃喝一喝. 僧問: "如何是無位真人?" 曰: "上木下鐵." 云: "恁麼則罪歸有處也." 曰: "判官擲下筆." 僧禮拜. 璉云: "拖出."1600)

광혜 원련스님1601)이 대중에게 열어 보이셨다.
"조사의 법령이 바로 행해지면 인간계와 천상계의 자취가 끊어집니다.
만일 한 줄기의 길을 열어 놓는다면 다시 언어갈등을 말해주겠습니다.
왜 이렇게 하겠습니까?
헤아리는 사이에 벌써 몸과 목숨을 잃어버렸기 때문입니다.

1600) 『聯燈會要』卷第十二, X79n1557_p0106c14~18. 『五燈會元』卷第十一, X80n1565_p0237
a23~b01. 『續傳燈錄』卷第一, T51n2077_p0472c05~07. 참조.
1601) 廣慧元璉(광혜원련) : 보응혜옹(寶應慧顒)-풍혈연소(風穴延沼)-수산성념(首山省念)-광혜원련
(廣慧元璉). 951~1036. 천주(泉州)[복건성] 출신. 속성은 진씨(陳氏). 수산 성념스님의 법을 잇고
여주 광혜원에 주석하였다. 경우(景祐) 병자년에 86세로 입적하였다.

이 산승이 제방에서의 점검을 피하지 않고 진흙탕에 들어가고 물에 들어가 그대 여러분들을 위하려 합니다.
아는 이가 없습니까? 이 소식을 한 번 말해보십시오."

한참 묵묵히 계셨다.

말씀하셨다.
"점점1602) 모두가 마계(魔界)에서 활계를 짓고 있구나."

그리고는 주장자를 잡으셨다.

말씀하셨다.
"빨리 말하시오! 빨리 말하시오!"
대중이 머뭇거리자, 할(喝)을 하셨다.
"억!"

어떤 스님이 여쭈었다.
"어떤 것이 무위진인(無位真人)입니까?"
말씀하셨다.
"위는 나무고 아래는 무쇠로구나."
말했다.
"이러하다면 허물이 돌아갈 곳이 있겠군요."
말씀하셨다.
"판관이 붓을 던지는구나."
그 스님이 예배를 올렸다.
원련스님이 말씀하셨다.
"끌어내라."

1602) 看看(간간) : 점점. 순식간에. 자세히 보는 모양.

201. 나한계침羅漢桂琛

　　羅漢琛和尙, 問保福僧: "彼中佛法如何示人?" 曰: "保福有時示衆, 云: '塞却汝眼, 敎汝覷不見, 塞却汝耳, 敎汝聽不聞, 坐却汝意根, 敎汝分別不得.'"
　　琛云: "吾問汝, 不塞汝眼, 汝見箇甚麼? 不塞汝耳, 汝聞箇甚麼? 不坐汝意根, 汝作麼生分別?" 僧於言下有省.
　妙喜曰: "富嫌千口少, 貧恨一身多."1603)

　나한 계침스님1604)이 보복 종전스님1605)의 문하에 있는 스님에게 물으셨다.

"너의 스님은 불법(佛法)을 어떻게 학인들에게 가르치시느냐?"

말씀드렸다.

"보복스님께선 이따금 대중에게 이렇게 열어 보이십니다.

'그대들의 눈을 가려서 그대들로 하여금 보지 못하게 하며, 그대들의 귀를 막아버려 그대들로 하여금 듣지 못하게 하며, 그대들의 의근(意根)을 끊어버려 그대들로 하여금 분별하지 못하게 하겠다.'"

계침스님이 말씀하셨다.

"내가 너한테 물어보겠다. (내가) 네 눈을 가리지 않았는데 너는 무엇을 보느냐? 너의 귀를 막지 않았는데 너는 무엇을 듣느냐? 너의 의근을 끊지 않았는데 너는 어떻게 분별하느냐?"

　그 스님이 말씀 끝에 곧장 깨달아버렸다.

1603) 『景德傳燈錄』 卷第二十七, T51n2076_p0437a28~b05. 『禪門拈頌集』 卷第二十六, K46-04
　　38, 1208則. 참조.

1604) 羅漢桂琛(나한계침) : 덕산선감(德山宣鑑)-설봉의존(雪峰義存)-현사사비(玄沙師備)-나한계침
　　(羅漢桂琛). 867~928. 주1604) 참조. 절강성(浙江省) 상산(常山) 출신. 속성은 이씨(李氏). 어려
　　서부터 상산의 만세사(萬歲寺) 무상(無相)스님에게 출가하였다. 율학에 전념하다가 지계(持戒)로
　　는 신속한 해탈이 어려움을 깨닫고서 남종선 계열의 선사들을 참신(參訊)하다 설봉 의존스님을
　　만나 법을 물었으나 소득이 없자 다시 복주의 현사 사비스님의 문하로 들어가서 크게 깨닫고
　　법을 이었다. 호남성의 목왕공이 복건성의 석산(石山)에 세운 지장원(地藏院)에 18년간 머물다가
　　다시 장주(漳州)의 나한원(羅漢院)에서 선풍을 드날렸다. 천성(天成) 3년 가을에 향년 62세로 입
　　적하였다. 시호(諡號)는 진응선사(眞應禪師)이다. 제자로 법안종의 종주인 법안문익(法眼文益)과
　　용제소수(龍濟紹修), 남대수안(南臺守安) 등이 있다.

1605) 保福從展(보복종전) : 용담숭신(龍潭崇信)-덕산선감(德山宣鑑)-설봉의존(雪峰義存)-보복종전
　　(保福從展). ?~928. 주218) 참조.

묘희스님이 말씀하셨다.
"부자는 천개의 입도 적다고 원망하고, 가난한 자는 한 몸도 많다고 한탄
한다."

202. 투자대동投子大同

投子和尚, 在桐城縣因趙州問: "莫便是投子菴主麼?" 師云: "茶鹽錢布施我來."
州先歸菴. 晩間見師自攜油回, 州云: "久嚮投子, 到來祇見賣油翁." 師云: "汝祇
識賣油翁, 且不識投子." 州云: "如何是投子?" 師提起油餠云: "油~! 油~!"1606)

투자 대동스님1607)이 동성현(桐城縣)1608)에 계실 때, 조주스님1609)이 물으
셨다.
"투자 암주(菴主) 아니냐?"
투자스님이 말씀하셨다.
"차염전(茶鹽錢)1610) 좀 보시하십시오."
조주스님이 먼저 암자로 들어가셨다.
저녁이 되자 스님이 손수 기름을 가지고 암자로 돌아오는 것을 보시고
조주스님이 말씀하셨다.
"오랫동안 흠모해왔던 투자스님인데, 이제 보니 기름이나 파는 늙은이로
군."

1606) 『景德傳燈錄』 卷第十五, T51n2076_p0319a06~12. 『禪門拈頌集』 卷第十二, K46-0201,
　　　458則. 참조.
1607) 投子大同(투자대동) : 석두희천(石頭希遷)-단하천연(丹霞天然)-취미무학(翠微無學)-투자대동
　　　(投子大同). 819~914. 주380) 참조.
1608) 桐城縣(동성현) : 중국 옛 현의 이름이다. 지금의 안휘성(安徽省) 동성시(桐城市)와 종양현(樅
　　　陽縣)이다. 원래는 동안현(同安縣)이었으나 난을 일으킨 안록산(安祿山)을 연상시킨다고 하여 당
　　　지덕(唐至德) 2년(757年)에 동성현으로 개칭하였다.
1609) 趙州從諗(조주종심) : 남악회양(南嶽懷讓)-마조도일(馬祖道一)-남전보원(南泉普願)-조주종심
　　　(趙州從諗). 778~897. 주203) 참조.
1610) 茶鹽錢(차염전) : 차와 소금을 살 수 있는 돈. 곧, 생계유지에 꼭 필요한 돈. 입에 풀칠할 수
　　　있는 적은 돈. 월운스님은 "주막집 뜰 앞에 놓인 평상에 잠시 쉬고서 내는 값이니, 여기서는 그
　　　런 경지에 눌러 앉아 있지 말고, 그 자릿세를 내라는 뜻이다."라고 주(注)를 달고 있다. (김월운,
　　　『선문염송·염송설화』4, p411, 동국역경원, 2005.)

투자스님이 말씀하셨다.
"스님께선 단지 기름이나 파는 늙은이만 아시고 이 투자는 모르시는군요."

조주스님이 말씀하셨다.
"어떤 것이 투자냐?"
스님이 기름병을 들어 보이면서 말씀하셨다.
"기름이요~! 기름이요~!"1611)

203. 조산본적曹山本寂

曹山, 因紙衣道者來, 山問: "莫便是紙衣道者否?" 衣云: "不敢." 山曰: "如何是紙衣下事?" 衣云: "一裘纔挂體, 萬法悉皆如." 山曰: "如何是紙衣下用?" 衣近前應諾, 便立脫去. 山曰: "汝既解恁麼去, 何不恁麼來?" 紙衣忽然開眼, 問: "一靈真性, 不假胞胎時如何?" 山曰: "未是妙." 衣云: "如何是妙?" 山曰: "不借借." 紙衣珍重却便坐化. 山乃有頌曰: "覺性圓明無相身, 莫將知見妄踈親. 念異便於玄體昧, 心差不與道相隣. 情分萬法沈前境, 識鑑多端喪本真. 如是句中全曉會, 了然無事昔時人."
僧問: "一牛飲水, 五馬不嘶時如何?" 曰: "曹山解忌口."1612)

1611) 『조당집』 6권에서는 내용이 조금 다르게 나온다. "조주스님이 투자산 밑에 이르시니 장사치가 있기에 물으셨다. '투자산이 어디요?' 속인이 대답하였다. '왜 물으십니까?' 조주스님이 말씀하셨다. '큰스님의 소문을 오래 전부터 들었기에 찾아 뵈려하오.' 속인이 말하였다. '가깝기는 가깝습니다만 산에 오를 필요가 없습니다. 내일 아침 일찍 돈을 구걸하러 올 것이니, 기다렸다가 만나보시지요.' 조주스님이 말씀하셨다. '그렇다면 큰스님께서 오실 때에 납승이 여기에 와 있다고 그에게 말하지 마시오.' 속인이 그러겠다고 하였다. 이튿날이 되자 스님이 과연 내려와서 돈을 구걸하시니, 조주스님이 별안간 나서서 붙들고 말씀하셨다. '소문이 자자한 투자가 고작 이것뿐이냐?' 투자스님이 이 말씀을 듣자마자 이내 몸을 숙이고 물러가셨다. 그러고 나서 다시 조리를 쳐들고 말씀하셨다. '이 놈에게 소금 값 좀 주시오.' 조주스님이 곧 안으로 뛰어 들어가시니, 투자스님이 곧장 산으로 돌아가셨다."(K45-0270, 『祖堂集』卷第六. "趙州到投子山下, 有鋪向人, 問: '投子那裏?' 俗人對曰: '問作什摩?' 趙州云: '久嚮和尙, 欲得禮謁.' 俗曰: '近則近, 不用上山. 明日早朝來乞錢, 待他相見.' 趙州云: '若與摩和尙來時, 莫向他說納僧在裏.' 俗人唱若. 師果然是下來乞錢, 趙州便經來把駐云: '久嚮投子早大只違(這)个便是也無?' 師纔聞此語, 便側身退. 師又拈起笊籬, 云: '乞取監錢此子.' 趙州走入裏頭, 師便歸山.")

1612) 『景德傳燈錄』卷第十七, T51n2076_p0336c11~12. 『撫州曹山元證禪師語錄』, T47n1987_p0527c19~29, p0529b12~13. 참조.

조산 본적스님1613)이 탁주 지의스님1614)이 오시자 물으셨다.

"지의 도인이 아니십니까?"

지의스님이 말씀하셨다.

"그렇습니다만."

조산스님이 말씀하셨다.

"어떤 것이 종이 옷 속의 일인가요?"

지의스님이 말씀하셨다.

"옷 하나 겨우 몸에 걸치기만 하여도 만법이 모두 다 여여합니다."

조산스님이 말씀하셨다.

"어떤 것이 종이 옷 속의 덕용(德用)입니까?"

지의스님이 앞으로 다가가서 "예!"하시고는 곧바로 선 채로 입적하셨다.1615)

조산스님이 말씀하셨다.

"그대는 바로 이렇게 갈 줄만 알았지 어째서 이렇게 올 줄은 모르시는가?"

이에 지의스님이 홀연히 눈을 뜨시고 물으셨다.

"영령하게 깨어 있는 참성품(眞性)이1616) 어머니의 자궁을 빌리지 않을 때

1613) 曹山本寂(조산본적) : 약산유엄(藥山惟儼)-운암담성(雲巖曇晟)-동산양개(洞山良价)-조산본적(曹山本寂). 839~901. 주1547) 참조.

1614) 涿州紙衣(탁주지의) : 백장회해(百丈懷海)-황벽희운(黃檗希運)-임제의현(臨濟義玄)-탁주지의(涿州紙衣). 극부도자(克符道者)라고도 한다. 탁주(涿州)[하북성(河北省) 고안(固安)] 출신. 평소에 종이로 만든 옷을 즐겨 입었으므로 지의화상(紙衣和尚)이라 불렀다고 한다. 인(人)과 경(境)의 사중관계(四重關係)[후에 사료간(四料簡)이라 함]를 참구하여 마침내 깨달음에 이르렀다고 한다. "탁주 지의스님이 임제스님에게 여쭈었다. '어떤 것이 사람은 빼앗고 경계는 빼앗지 않는 것입니까?' 임제스님이 말했다. '햇살이 따스하니 포지금(鋪地錦)이 돋아나고, 아기는 실처럼 하얗구나.' 스님이 여쭈었다. '어떤 것이 경계는 빼앗고, 사람은 빼앗지 않는 것입니까?' 임제스님이 말했다. '임금의 칙령이 천하에 두루 시행되고, 수자리의 장수는 봉화연기를 피우지 않는다.' 스님이 여쭈었다. '어떤 것이 사람과 경계를 모두 빼앗지 않는 것입니까?' 임제스님이 말했다. '임금은 보배궁전에 오르고 시골 영감은 노래를 한다.' 스님이 여쭈었다. '어떤 것이 사람과 경계를 함께 빼앗는 것입니까?' 임제스님이 말했다. '병주와 분주는 소식이 끊어지더니 각각 한 쪽씩 차지하였다.' 스님이 말끝나자 곧 깨닫고 삼현(三玄)·삼요(三要)·사구(四句)의 문에 깊이 들어갔다.(『景德傳燈錄』卷第十二, T51n2076_p0295c26~0296a04. "涿州紙衣和尚 (即克符道者) 初問臨濟 : '如何是奪人不奪境 ?' 濟曰 : '煦日發生鋪地錦 , 嬰兒垂髮白如絲.' 師曰 : '如何是奪境不奪人 ?' 濟曰 : '王令已行天下遍 , 將軍塞外絕煙塵.' 師曰 : '如何是人境俱不奪 ?' 濟曰 : '王登寶殿 , 野老謳歌.' 師曰 : '如何是人境俱奪 ?' 濟曰 : '並汾絕信 , 獨處一方.' 師於言下領旨 , 深入三玄三要四句之門.)

1615) 脫去(탈거) : 벗어 버리다. 도망치다. 여기서는 죽다, 입적하다.

는 어쩌할까요?”
조산스님이 말씀하셨다.
“아직 미묘하지는 않군요.”
지의스님이 말씀하셨다.
“어떤 것이 미묘함인가요?”
조산스님이 말씀하셨다.
“빌리지 않고 빌리는 것입니다.”
지의스님이 “잘 계시오.”하고는 앉은 채 천화하셨다.
조산스님이 이에 노래를 하셨다.

“깨달음의 성품은 완벽하게 밝아 모습 없는 몸이니
지견(知見)으로 허망하게 친소(親疎)를 가리지 마라.
생각을 달리하면 그윽한 본체에 어두워지며
마음이 어긋나면 도에 가까이 못할 것이네.

정(情)이 만법에 흩어져 눈앞의 경계에 빠져 버리고
식(識)으로 여러 갈래 비춰 근본 성품 잃어버리네.
이와 같은 구(句)에서 완전히 깨닫는다면
명백히 일없는 옛 사람이라네.”

한 스님이 여쭈었다.
“소 한 마리가 물을 마시는데, 다섯 마리의 말이 울지 않을 때는 어떻습니
까?”
말씀하셨다.
“이 조산은 입 다물 줄 알지.”

1616) 一靈眞性(일령진성) : 한결같이 영령(靈靈)하게 깨어있는 진실한 본래 성품.

204. 조주종심趙州從諗

趙州和尚, 示眾, 云: "兄弟. 若從南方來者, 即與下載, 若從北方來者, 即與裝載. 所以道, 近上人問道即失道, 近下人問道即得道. 兄弟. 正人說邪法, 邪法亦隨正, 邪人說正法, 正法亦隨邪. 諸方難見易識, 我遮裏易見難識.
又示眾, 云: "此事如明珠在掌, 胡來胡現, 漢來漢現. 老僧拈一枝草作丈六金身用, 將丈六金身作一枝草用, 佛即是煩惱, 煩惱即是佛."1617)

조주 종심스님1618)이 대중에게 열어 보이셨다.

"형제 여러분.

남쪽으로부터 온 이는 당장 짐을 내려놓고, 북쪽에서 온 자는 당장 짐을 실으시오. 그러므로 상근기에 가까운 사람이 도를 물으면 도를 잃고, 하근기에 가까운 사람이 도를 물으면 곧 도를 얻는다고 말한 것입니다.

형제 여러분.

바른 사람이 삿된 법을 말하면 삿된 법이 또한 바르게 되고, 삿된 사람이 바른 법을 말하면 바른 법이 또한 삿되게 됩니다. 제방에서는 드러내기 어려우나 알기는 쉽고, 나의 '여기'는 드러내기는 쉬우나 알기는 어렵습니다."

또 대중에게 열어 보이셨다.

"이 일은 마치 손바닥에 있는 밝은 구슬과 같아서 오랑캐가 오면 오랑캐가 나타나고 한족이 오면 한족이 나타납니다. 이 노승이 풀 한 줄기를 잡고 장육금신1619)으로 운용하고 장육금신을 한 줄기 풀로 운용하니, 부처님은 곧 번뇌요, 번뇌는 곧 부처님입니다."

1617) 『景德傳燈錄』 卷第十, T51n2076_p0277a09~12. 『聯燈會要』 卷第六, X79n1557_p0058a10 ~16. 『禪門拈頌集』 卷第十二, K46-0192, 431則. 『古尊宿語錄』 卷第十三, X68n1315_p0078c1 2~15, p0079a12~14. 참조.
1618) 趙州從諗(조주종심) : 남악회양(南嶽懷讓)-마조도일(馬祖道一)-남전보원(南泉普願)-조주종심 (趙州從諗). 778~897. 주203) 참조.
1619) 丈六金身(장육금신) : 1장 6척의 금으로 된 몸. 곧 부처님의 몸을 말한다.

205. 자복여보資福如寶

　　僧問資福: "如何是一塵入正受?" 福作入定勢, 僧云: "如何是諸塵三昧起?" 福曰: "汝問阿誰?" 雲門云: "遮阿師, 話墮也不知." 又云: "前頭早是葛藤, 又道'汝問阿誰?'"1620)

　　어떤 스님이 자복 여보스님1621)께 여쭈었다.
"어떤 것이 정수(正受)1622)에 들어가는 한 티끌입니까?"1623)
자복스님이 입정(入定)하는 자세를 취하셨다.
그 스님이 말했다. "어떤 것이 삼매에서 일어나는 모든 티끌입니까?"
자복스님이 말씀하셨다. "너 누구에게 묻고 있니?"

운문스님이 말씀하셨다.
"이 선사도 말속에 떨어졌으니1624) 자기도 모르는 것이다."
또 말씀하셨다.
"앞에서 한 짓도 벌써 언어문자에 휩싸인 것인데, 또 '너 누구에게 묻고 있니?'하고 말하는구나."

1620)『聯燈會要』卷第十一, X79n1557_p0098a12~15.『禪門拈頌集』卷第二十六, K46-0436, 11 96則.『古尊宿語錄』卷第十六,「雲門匡真禪師廣錄」中, X68n1315_p0103a11~13. 참조.

1621) 資福如寶(자복여보) : 위산영우(潙山靈祐)-앙산혜적(仰山慧寂)-서탑광목(西塔光穆)-자복여보 (資福如寶). 생몰연대는 알려져 있지 않다. 위앙종 스님이다. 원주(袁州) 서탑광목(西塔光穆)스님 에게서 법을 잇고 길주(吉州)[강서성 길안] 자복사(資福寺)에서 법을 선양하였다.

1622) 正受(정수) : ⑤Samaya. 'sam'은 음(音)은 삼(三)으로 뜻은 정(正)으로 번역하고, 'maya'는 음(音)은 매(昧)로 뜻은 수(受)로 번역하였다. 선정(禪定)을 말한다. 정(正)은 마음에서 산란함을 여의는 것이고, 수(受)는 무념(無念)의 경계에서 법(法)을 받아들여 마음에 두는 것이다. 경계대 상을 관(觀)하는 마음과 관(觀)하여지는 대상이 하나가 되어 밝은 거울이 무심하게 삼라만상을 받아들여 그대로 비치는 것과 같이 깨어 있으면서도 고요한 마음의 상태.

1623) 一塵入正受 諸塵三昧起(일진입정수 제진삼매기) : 영가 현각스님의 법문에 나온다. (T51n20 76_p0242a14~15,『景德傳燈錄』卷第五. "一塵入正受, 諸塵三昧起")

1624) 話墮(화타) : 선가의 기용이 선법에 맞지 않다고 폄하하는 것. 실언(失言)하다. 언어분별에 떨어졌다.

206. 남전보원南泉普願

南泉, 問黃蘗: "定慧等學, 明見佛性, 此理如何?" 蘗曰: "十二時中, 不依倚一物始得." 泉云: "莫便是長老見處麼?" 蘗曰: "不敢." 泉云: "漿水錢且置, 草鞋錢教誰還?" 蘗休去.

妙喜曰: "不見道, '路逢劍客須呈劍, 不是詩人不獻詩.'"1625)

남전 보원스님1626)이 황벽 희운스님께 물으셨다.

"'정(定)과 혜(慧)를 균등하게 배워서1627) 불성을 명백하게 드러낸다' 하니, 이 이치가 어떠하냐?"

황벽스님이 말씀하셨다.

"하루 온종일 한 물건에도 의지하지 않아야 됩니다."

남전스님이 말씀하셨다.

"이는 장로의 현처(見處)가 아닌가?"

황벽스님이 말씀하셨다.

"그렇습니다."

1625) 『祖堂集』 卷第十六, K45-0333. 『景德傳燈錄』 卷第八, T51n2076_p0257c26~28. 『禪門拈頌集』 卷第六, K46-0098, 203則. 참조.

1626) 南泉普願(남전보원) : 조계혜능(曹溪慧能)-남악회양(南嶽懷讓)-마조도일(馬祖道一)-남전보원(南泉普願). 748-834. 주466) 참조.

1627) 定慧等學(정혜등학) : 선정과 통찰을 균등하게 익힘. 성문(聲聞)은 선정이 많고 통찰이 적어서 불성을 드러내지 못하고, 보살(菩薩)은 통찰이 많고 선정이 적어서 불성을 드러내지 못하지만, 오직 여래(如來)만이 선정과 통찰을 균등하게 익힘으로써 불성(佛性)을 명백하게 드러낸다고 한다. 『기신론소필삭기』 18권에 나오는 구절이다. "삼매가 많고 통찰이 적으면 불성을 드러내지 못하고, 통찰이 많고 삼매가 적어도 성품을 드러내지 못하니, 삼매와 통찰을 균등하게 익혀야만 불성을 명백하게 드러내게 된다."(T44n1848_p0395a23~24, 『起信論疏筆削記』 卷第十八. "定多慧少, 不見佛性, 慧多定少, 見性不了, 定慧等學, 明見佛性.) 또, 육조 혜능스님이 자세한 설명을 하였다. "선정과 통찰은 한 몸이며 둘이 아니다. 선정은 통찰의 체성이요, 통찰은 선정의 작용이다. 통찰에 즉(卽)할 때에 선정이 통찰에 있음이요, 선정에 즉(卽)할 때에 통찰이 선정에 있다. 만일 이러한 뜻을 알면 즉각 '선정과 통찰을 함께 익힘'일 것이다."(T48n2008_p0352c14~16, 『六祖大師法寶壇經』. "定慧一體, 不是二. 定是慧體, 慧是定用. 卽慧之時定在慧, 卽定之時慧在定. 若識此義, 卽是定慧等學.) 또, 대주 혜해스님의 법문이 있다. "한 스님이 여쭈었다. '어떤 것이 선정과 통찰을 함께 익힘입니까?' 스님이 말씀하셨다. '선정은 체(體)요 통찰은 용(用)이다. 선정으로부터 통찰이 일어나고 통찰로부터 선정으로 돌아가니, 마치 물과 파도가 한 몸이라 앞뒤가 없음과 같은 것을 선정과 통찰을 함께 익힘이라 한다.'"(T51n2076_p0444b03~05, 『景德傳燈錄』 卷第二十八. "僧問: '如何是定慧等學?' 師曰: '定是體慧是用. 從定起慧從慧歸定, 如水與波一體更無前後, 名定慧等學.)

남전스님이 말씀하셨다.

"음료수 값은 그만두고 짚신 값은 누가 갚으라는 것이냐?"

황벽스님이 아무 말도 않으셨다.

묘희스님이 말씀하셨다.

"들어보았을 것이다. '길에서 검객을 만나면 반드시 검을 드러내고, 시인이 아니면 시를 읊지 마라.'1628)"

207. 섭현귀성葉縣歸省

葉縣省和尚, 僧問: "忽逢大闡提人來, 師還相為也無?" 曰: "法久成弊." 云: "慈悲何在?" 曰: "年老成魔." 問: "寶劍未出匣時如何?" 曰: "劈口著." 云: "出匣後如何?" 曰: "拈却牙齒." 問: "如何是, '論頓也, 不留朕迹'?" 曰: "日午打三更, 石人側耳聽." 云: "如何是, '語漸也, 返常合道'?" 曰: "問處分明, 覿面相呈." 問: "如何是超師之作?" 曰: "老僧眉毛長多少." 問: "如何是塵中獨露身?" 曰: "塞北千人帳, 江南萬斛船." 云: "恁麽即非塵也." 曰: "學語之流, 一札萬行." 問: "如何是和尚深深處?" 曰: "猫有縮血之功, 虎有起屍之德." 云: "莫便是也無?" 曰: "碓搗東南, 磨推西北."1629)

섭현 귀성스님1630)께 어떤 스님이 여쭈었다.

"홀연히 대천제(大闡提)1631)인 사람이 오면 스님께서는 그를 도와 줄 순 없습니까?"

말씀하셨다.

1628) 진존숙 목주 도명스님의 말씀이다. (T51n2076_p0291b25, 『景德傳燈錄』 卷第十二. "路逢劍客須呈劍, 不是詩人莫說詩")

1629) 『古尊宿語錄』 卷第二十二, 「汝州葉縣廣教省禪師語錄」. X68n1315_p0153a05~07, a09~13, b01~02, b19~24. 참조.

1630) 葉縣歸省(섭현귀성) : 보응혜옹(寶應慧顒)-풍혈연소(風穴延沼)-수산성념(首山省念)-섭현귀성(葉縣歸省). 주938) 참조.

1631) 大闡提(대천제) : 천제(闡提)는 ⓢicchantika(잇찬티카)의 음역이다. 일천제(一闡提)를 줄인 말이다. 선근이 끊어진 자. 믿음이 구족되지 않은 자. 성불일 성품이 없는 자. 대천제(大闡提)는 전혀 성불일 수 없는 자이다.

"법이 오래되니 폐단이 생겨나는군."
여쭈었다.
"자비심은 어디에 두셨습니까?"
말씀하셨다.
"나이가 들어 늙어지니 마(魔)가 되었지."

여쭈었다.
"보배 칼이 갑 속에서 나오지 않았을 때는 어떠합니까?"
말씀하셨다.
"당장 입구를 열어라."1632)
말했다.
"갑 속에서 나왔을 때는 어떠합니까?"
말씀하셨다.
"날을 뭉개버려라.1633)"

여쭈었다.
"'몰록(頓)1634)을 말하자면 조금도 자취를 남기지 않는다'1635)함이 무엇입니까?"
말씀하셨다.
"정오에 삼경의 경점(更點)을 치면 돌사람이 귀를 기울인다."

여쭈었다.
"'점차(漸)1636)를 말하자면 항상함으로 돌아가 도에 계합하는 것이다'함이 무엇입니까?"
말씀하셨다.
"묻는 자리가 명백하다면 곧장 기봉(機鋒)을 드러낸다.1637)"

1632) 劈口(벽구) : 갑자기 입을 엶. 입을 열다.
1633) 拈却(염각) : 잡아서 버리다. 집어내다.
1634) 頓(돈) : 돈오(頓悟)를 말한다.
1635) 남양 혜충국사의 말씀이다. (T50n2061_p0762c04~05, 『宋高僧傳』 卷第九. "論頓也不留朕跡, 語漸也返常合道.")
1636) 漸(점) : 점오(漸悟)를 말한다.
1637) 覿面相呈(적면상정) : 대면상정(對面相呈)과 같은 말이다. 직접 대면하여 서로 나타냄. 바로

여쭈었다.
"어떤 것이 조사가 지어 내는 것을 뛰어넘는 것입니까?"
말씀하셨다.
"이 노승의 눈썹이 조금 길어졌구나."

여쭈었다.
"어떤 것이 티끌 속에서 홀로 드러난 몸입니까?"
말씀하셨다.
"북쪽 변방에는 천명이 함께 살 수 있는 천막이 있고, 강남에는 만곡(萬
斛)1638)의 양식을 실은 큰 배가 있다."
말하였다.
"이렇게 말씀하시니 세속적이진 않으십니다."
말씀하셨다.
"말을 배우는 자들은 일체의 행법이 한 뼘에 불과하다."

여쭈었다.
"어떤 것이 큰스님의 깊고 깊은 자리입니까?"
말씀하셨다.
"고양이는 피를 핥아 그치게 하는 공능이 있고, 호랑이는 죽은 것을 살려
내는 덕행이 있다."
말하였다.
"바로 이것입니까?"1639)
말씀하셨다.
"동남쪽에선 디딜방아를 찧고 서북쪽에선 맷돌을 돌린다."

그 자리서 기봉을 드러내다. 곧장 선법의 근본을 가리키다. 선기(禪機)에 대면하여 일체의 언어
　　지해(言語知解)를 초월하여 본분을 만남. 선기(禪機)를 보이는 이는 선법(禪法)의 근본을 곧장
　　가리키고 선기(禪機)에 응하는 이는 본래면목을 몰록 드러냄.
1638) 萬斛(만곡) : 일 만 곡(斛). 1곡(斛)은 10말. 많은 양을 나타내는 말.
1639) 莫便是也無(막변시야무) : 바로 이것 말고는 없느냐? 바로 이것이냐?

208. 석문온총石門蘊聰

石門聰和尚, 僧問: "日往月來遷, 不覺年衰老, 還有不老者麼?" 曰: "有."
云: "作麼生是不老者?" 曰: "虯龍筋力高聲叫, 晚後精靈轉更多." 問: "如何是學
人深深處?" 曰: "烏龜水底深藏六." 云: "未審其中事若何?" 曰: "路上行人莫與
知." 問: "承古有言, '只遮如今誰動口', 意旨如何?" 曰: "莫認驢鞍橋作阿爺下
頷."1640)

석문 온총스님1641)께 한 스님이 여쭈었다.
"해가 가고 달이 와서 세월이 흘러가면 자신도 모르게 나이가 들어 늙어
가는데, 늙지 않는 사람도 있습니까?"
말씀하셨다.
"있지."
말하였다.
"이 늙지 않는 사람은 누구입니까?"
말씀하셨다.
"규룡(虯龍)이 왕성한 근력으로 크게 부르짖으나, 늙으면 정령들이 더욱
다시 많아진다."

여쭈었다.
"어떤 것이 이 학인의 깊고 깊은 자리입니까?"
말씀하셨다.
"거북이1642)가 물밑에 깊이 잠겨 있군.1643)"
말하였다.
"도대체 그 속의 일이 어떠한 것입니까?"

1640) 『聯燈會要』 卷第十二, X79n1557_p0106b04~07. 『五燈會元』 卷第十一, X80n1565_p0236b
　　 17~21. 『古尊宿語錄』 卷第九, 「石門山慈照禪師鳳巖集」, X68n1315_p0056c22~0057a01, b09~
　　 10. 참조.
1641)　石門慈照(석문자조) : 보응혜옹(寶應慧顒)-풍혈연소(風穴延沼)-수산성념(首山省念)-석문자조
　　 (石門慈照). 곡은온총(谷隱蘊聰)이라고도 한다. 965~1032. 주1598) 참조.
1642)　烏龜(오귀) : 거북. 금귀(金龜)라고도 함.
1643)　藏六(장륙) : 육장(六藏)이라고도 함. 거북이가 위험이 닥치게 되면 머리와 꼬리와 네 발을
　　 등딱지 속으로 숨긴다는 뜻. 수행자가 자신의 육식(六識)을 감추어 참는 것을 비유.

말씀하셨다.

"길가는 행인이 앎을 허락하지 않는구나."

여쭈었다.

"옛 어른이 말씀하시길, '다만 이러함을 지금 누가 능히 입을 열겠느냐?'[1644]하셨는데, 이 뜻이 무엇입니까?"

말씀하셨다.

"당나귀 말안장[1645]을 아버지의 아래턱으로 잘못 알지 마라."

209. 보은계종 報恩契從

報恩從和尙, 僧問: "師子未出窟時如何?" 曰: "鋒鋩難擊." 云: "出窟後如何?" 曰: "藏身無路." 云: "欲出不出時如何?" 曰: "命似懸絲." 云: "向去事如何?" 曰: "拶."[1646]

보은 계종스님[1647]께 어떤 스님이 여쭈었다.

"사자가 굴에서 아직 나오지 않았을 때는 어떻습니까?"

말씀하셨다.

"예리한 기세[1648]로도 치기 어렵다."

말하였다.

"굴에서 나온 후에는 어떻습니까?"

1644) 지공스님의 「십이시가」 끝에 나오는 말이다. (X66n1298_p0726c04, 『禪門諸祖師偈頌』上之上, 「誌公和尙十二時歌」. "祇這如今誰動口") 청량태흠(淸涼泰欽)선사도 인용하였다. (T51n2076_p0414c23, 『景德傳燈錄』卷第二十五. "只遮如今誰動口")

1645) 驢鞍橋(여안교) : 주1475) 참조.

1646) 『聯燈會要』卷第二十六, X79n1557_p0231b09~11. 『五燈會元』卷第八, X80n1565_p0179c23~0180a02. 『五燈嚴統』卷第八, X80n1568_p0729b10~13. 참조.

1647) 報恩契從(보은계종) : 암두전활(巖頭全豁)-나산도한(羅山道閑)-명초덕겸(明招德謙)-보은계종(報恩契從). 생몰연대는 알려져 있지 않다. 송나라 때의 스님이다. 처음에 황룡회기(黃龍晦機)스님을 참신(叅訊)하였으나 오래도록 계오(契悟)하지 못하다가 명초덕겸(明招德謙)스님을 참례하고 득법(得法)하였다. 처주(處州)[절강성(浙江省) 여수(麗水)] 보은원(報恩院)에 주석하였다.

1648) 鋒鋩(봉망) : 예리한 기세나 기질. 칼의 날과 뾰족한 끝. 사물의 뾰족한 끝이나 튀어나온 부분. 서화(書畵)의 날카로운 기세. 미세하거나 자잘한 사물.

말씀하셨다.
"몸을 숨길 방도가 없다."
말하였다.
"나오고자 하나 나오지 못할 때는 어떻습니까?"
말씀하셨다.
"목숨이 한 가닥 실에 매달려 있지."
말하였다.
"이후의 일은 어떻습니까?"
말씀하셨다.
"拶(Zā)!1649)"

210. 취암가신翠巖可眞

翠巖眞和尚, 示衆, 舉:"僧問巴陵:'如何是道?'答云:'明眼人落井.'又問 寶
應:'如何是道?'答云:'五鳳樓前.'又問首山:'如何是道?'答曰:'脚下深三尺.'
此三轉語, 一句壁立千仞, 一句陸地行船, 一句賓主交參. 衆中莫有揀得者麼? 出
來道看? 如無, 且行羅漢慈. 破結賊故. 行菩薩慈. 安衆生故. 行如來慈. 得如相
故."1650)

취암 가진스님1651)이 대중에게 열어 보이셨다.
"한 스님이 파릉 호감스님1652)께 여쭈었습니다.

1649) 拶(찰) : 들이닥치다. 아주 가깝다. 아주 근접해 있다. 일격을 가하다. 형벌을 가하는 도구로
  죄인을 꼼짝 못하게 고문하는 것. 선사들이 학인들의 언어지해를 끊어버리고 마음을 도저히 쓸
  수 없게 만드는 능란한 술법이다. 학인들이 도저히 어쩔 수 없게 핍박하여 깨달음의 경지로 도
  약하게 하는 방법을 시설하는 것을 찰(拶)이라 함.
1650) 『續刊古尊宿語要』 第一集, X68n1318_p0356c17~22. 『嘉泰普燈錄』 卷第三, X79n1559_p0
  304b19~24. 『禪門拈頌集』 卷二十七, K46-0442, 1222則. 『五燈會元』 卷第十二, X80n1565_p
  0247c21~0248a02. 참조.
1651) 翠巖可眞(취암가진) : 수산성념(首山省念)-분양선소(汾陽善昭)-석상초원(石霜楚圓)-취암가진
  (翠巖可眞). ?~1064. 주941) 참조.
1652) 巴陵顥鑑(파릉호감) : 덕산선감(德山宣鑑)-설봉의존(雪峰義存)-운문문언(雲門文偃)-파릉호감
  (巴陵顥鑑). 생몰연대는 알려져 있지 않다. 신개호감(新開顥鑑)이라고도 한다. 악주(岳州) 파릉
  (巴陵)[호남성(湖南省) 악양(岳陽)] 신개사(新開寺)에 머물렀으므로 파릉호감(巴陵顥鑑)이라 불렸
  다고 하며, 변설에 아주 뛰어나서 '감다구(鑑多口)'라고도 불렸다고 한다. 제자로 영징산성(靈澄

‘어떤 것이 도입니까?’
답하여 말씀하셨습니다.
‘눈 밝은 사람이 우물 속에 빠지는구나.’
또 남원 혜옹스님1653)께 여쭈었습니다.
‘어떤 것이 도입니까?’
답하여 말씀하셨습니다.
‘오봉루(五鳳樓)1654) 앞이로구나.’
또 수산 성념스님1655)께 여쭈었습니다.
‘어떤 것이 도입니까?’
답하여 말씀하셨습니다.
‘발아래 석 자 깊이로구나.’

이 세 전어(轉語)1656)에서, 일구(一句)는 천 길의 가파른 절벽이요, 일구(一句)는 육지로 배가 다님이요, 일구(一句)는 손님과 주인이 서로서로 융합합니다.
대중 가운데 명백하게 가려낼 수 있는 이는 없습니까?
나와 보십시오.
만일 없다면, 우선 나한의 자비를 베풀 것이니, 번뇌1657)를 물리치려는 까닭입니다.
보살의 자비를 베풀 것이니, 중생을 편안하게 하려는 까닭입니다.
여래의 자비를 베풀 것이니, 여래의 32상을 이루게 하려는 까닭입니다.”

散聖), 흥화흥순(興化興順)이 있다.
1653) 寶應(보응) : 남원혜옹(南院慧顒)스님을 말한다. 황벽희운(黃檗希運)-임제의현(臨濟義玄)-흥화존장(興化存奬)-보응혜옹(寶應慧顒). 860~930. 주692) 참조.
1654) 五鳳樓(오봉루) : 당나라 때 낙양에 세워진 누각으로 현종이 큰 잔치를 베풀던 곳이었고, 지금의 안휘성(安徽省) 합비현(合肥縣)에 있는 것으로 당나라 때 장숭(張崇)이 세웠던 누각이다. 현재 중국에는 다섯 개의 오봉루가 있다. 1. 복건성(福建省) 토루(土樓)의 오봉루(五鳳樓). 2. 산서성(山西省) 장치(長治)의 오봉루(五鳳樓). 3. 하북성(河北省) 북대하(北戴河)의 오봉루(五鳳樓). 4. 운남성(雲南省) 여강(麗江)의 오봉루(五鳳樓). 5. 광동성(廣東省) 남해(南海)의 오봉루(五鳳樓).
1655) 首山省念(수산성념) : 흥화존장(興化存奬)-보응혜옹(寶應慧顒)-풍혈연소(風穴延沼)-수산성념(首山省念). 926~993. 주927) 참조.
1656) 轉語(전어) : 깨달음의 계기가 될 수 있는 말씀. 심기(心機)를 뒤집어버릴 수 있는 말씀. 중요한 말씀. 상황에 잘 맞추어 선요(禪要)를 깨닫게 하는 언어.
1657) 結賊(결적) : 결사도적(結使盜賊)의 준말. 유정(有情)들을 미(迷)의 경계에 결박하여 묶는 도적 같은 것을 말한다. 즉 번뇌의 다른 이름이다.

211. 극부지의克符紙衣

克符道者, 問臨濟: "如何是奪人不奪境?" 曰: "煦日發生鋪地錦, 嬰兒垂髮白如絲." 云: "如何是奪境不奪人?" 曰: "王令已行天下徧, 將軍塞外絕煙塵." 云: "如何是人境俱不奪?" 曰: "王登寶殿, 野老謳歌." 云: "如何是人境俱奪?" 曰: "并汾絕信, 獨處一方." 師於言下領旨. 深入三玄, 三要, 四句之門, 頗資玄化.1658)

극부 지의스님1659)이 임제스님께 물으셨다.

"어떤 것이 사람은 빼앗고 경계는 빼앗지 않는 것입니까?"

말씀하셨다.

"따스한 햇살이 내려 쪼이니1660) 포지금(鋪地錦)1661)이 돋아나고, 갓난아이1662)는 명주실처럼 깨끗하구나."

물으셨다.

"어떤 것이 경계는 빼앗고, 사람은 빼앗지 않는 것입니까?"

말씀하셨다.

"임금의 칙령이 이미 천하에 두루 시행되니, 수자리의 장수는 봉화연기를 피우지 않는다."

물으셨다.

"어떤 것이 사람과 경계를 모두 빼앗지 않는 것입니까?"

말씀하셨다.

"임금은 보배궁전에 오르고 시골 영감은 노래를 한다."

물으셨다.

"어떤 것이 사람과 경계를 함께 빼앗는 것입니까?"

말씀하셨다.

1658) 『景德傳燈錄』卷第十二, T51n2076_p0295c26~0296a03. 참조.

1659) 克符紙衣(극부지의) : 백장회해(百丈懷海)-황벽희운(黃檗希運)-임제의현(臨濟義玄)-탁주지의(涿州紙衣). 극부도자(克符道者), 탁주지의(涿州紙衣)라고도 함. 주1614) 참조.

1660) 煦日(후일) : 『전등록 12권』에서는 '春煦(춘후)'라고 나온다. "따스한 봄이 오니 포지금(鋪地錦)이 돋아나고" (T51n2076_p0295c27. "春煦發生鋪地錦.")

1661) 鋪地錦(포지금) : 늦은 봄에 땅바닥에 넓게 그물을 친 듯 빽빽하게 자라는 풀의 이름. 꽃이 오색(五色)으로 핀다. 우리나라에서는 비단풀을 말한다. 여기서는 이 포지금(鋪地錦) 풀을 말하기도 하고 봄에 땅바닥에 무성하면서도 푸르게 자라는 풀을 말하기도 한다.

1662) 嬰兒垂髮(영아수발) : 갓난아이의 늘어뜨린 머리카락. 곧 막 갓 낳은 아이를 말한다. 갓난애.

"병주(幷州)1663)와 분주(汾州)1664)의 소식이 끊어지니 홀로 한 곁에 자리하였다."

스님이 말씀이 끝나자 곧 깨달으셨다.

그리하여 삼현·삼요와 사구(四句)1665)의 법문을 깊이 이해하여 현묘한 종지를 널리 전하는데 크게 도움이 되셨다.

212. 법안문익法眼文益

法眼, 指凳子云: "識得凳子, 周匝有餘." 雲門云: "識得凳子, 天地懸殊." 天衣云: "識得凳子, 梌楠木做."

妙喜曰: "識得凳子, 好剃頭洗脚. 雖然如是, 大有人錯會在."1666)

법안 문익스님1667)이 걸상1668)을 가리키면서 말씀하셨다.
"걸상을 알게 되면 둘레를 돌고도 여유가 있을 것이다."

운문 문언스님1669)이 말씀하셨다.
"걸상을 알게 되면 하늘과 땅만큼이나 차이가 날 것이다."

1663) 幷(병) : 병주(幷州). ① 우임금이 홍수를 다스리고 전국을 아홉으로 나누어 둔 9주 가운데 하나로 지금의 하북성 보정(保定)과 산서성 태원(太原)과 대동시(大同市) 일대지역이었다. ② 주·한·위·진으로부터 수·당·송에 이르기까지 각 왕조에서 둔 주(州)의 이름.

1664) 汾(분) : 분주(汾州). ① 북위(北魏) 때 둔 주(州)로서 산서성 습현(隰縣)에 두었다. ② 서위(西魏) 때 둔 주로서 섬서성 의천현(宜川縣) 북동쪽에 있었다. ③ 북주(北周) 때 둔 주로서 산서성 길현(吉縣)에 있었다. ④ 명나라 때 분주를 승격시켜서 둔 부(府)로서 소재지는 산서성 분양현(汾陽縣)에 있었다.

1665) 四句(사구) : 이 211화(話)의 사료간(四料簡)을 말한다.

1666) 『聯燈會要』 卷第二十六, X79n1557_p0232b04~09. 『禪門拈頌集』 卷第二十八, K46-0466, 1295則. 참조.

1667) 法眼文益(법안문익) : 설봉의존(雪峰義存)-현사사비(玄沙師備)-나한계침(羅漢桂琛)-법안문익(法眼文益). 885-958. 주481) 참조.

1668) 凳子(등자) : 등받이가 없는 의자.

1669) 雲門文偃(운문문언) : 용담숭신(龍潭崇信)-덕산선감(德山宣鑑)-설봉의존(雪峰義存)-운문문언(雲門文偃). 864~949. 주94) 참조.

천의 의회스님1670)이 말씀하셨다.
"걸상을 알아보니 가래나무와 녹나무로 만든 것이로군."

묘희스님이 말씀하셨다.
"걸상을 알았다면 삭발하고 발을 씻어도 좋겠지. 하지만 잘못 안 자들이
무척 많다."

213. 덕산선감德山宣鑑

德山和尚, 一日飯遲, 先托鉢下堂. 雪峯時作飯頭, 纔見便問:
"遮老漢, 鐘未鳴, 鼓未響, 托鉢向甚麼處去?" 山便歸方丈. 雪峯
舉似巖頭, 頭云: "大小德山不會末後句." 山聞舉, 令侍者喚巖頭
來, 問: "汝不肯老僧那?" 巖頭密啟其意. 山來日上堂, 與尋常說
話不同, 頭向堂前撫掌大笑, 云: "且喜! 堂頭老漢會末後句, 佗後
天下人不奈何. 雖然如是, 只得三年." 後三年果遷化.1671)

덕산 선감스님1672)이 하루는 공양이 늦어지자, 발우를 들고 먼저 승당에
서 내려 가셨다.1673)
설봉스님이 당시에 반두소임을 맡고 계셨는데, 덕산스님이 오시는 것을 보
고 곧장 물으셨다.
"이 노인네야! 아직 종도 치지 않았고 북도 울리지 않았는데, 발우를 들고
어디로 가십니까?"
덕산스님이 곧 방장실로 돌아가셨다.
설봉스님이 암두스님께 이를 말씀드리니, 암두스님이 말씀하셨다.

1670) 天衣義懷(천의의회) : 운문문언(雲門文偃)-향림징원(香林澄遠)-지문광조(智門光祚)-설두중현
(雪竇重顯)-천의의회(天衣義懷). 주425) 참조.
1671) 『景德傳燈錄』 卷第十六, T51n2076_p0326a26~b05. 『聯燈會要』 卷第二十一, X79n1557_p0
184b15~22. 『禪門拈頌集』 卷第十七, K46-0275, 668則. 참조.
1672) 德山宣鑑(덕산선감) : 석두희천(石頭希遷)-천황도오(天皇道悟)-용담숭신(龍潭崇信)-덕산선감
(德山宣鑑). 782~865. 주454) 참조.
1673) 先托鉢下堂(선탁발하당) : 『전등록』 16권에서는 "발우를 드시고 법당 위로 올라가셨다."라고
나온다. (T51n2076_p0326a27. "掌鉢至法堂上.")

"이렇게도 대단하신 덕산스님이 말후구(末後句)도 모르다니!"

덕산스님이 이 말을 전해 듣고 시자로 하여금 암두스님을 모셔 오라해서 물으셨다.

"너는 이 늙은이를 긍정하지 않느냐?"

암두스님이 가만히 그 뜻을 말씀드렸다.

덕산스님이 다음 날 법좌에 올라 법문을 하시는데, 평소의 설화(說話)1674)와 같지 않으니, 암두스님이 법당 앞에서 손뼉을 치고 크게 웃으면서 말씀하셨다.

"아주 멋지군! 방장 노인네가 말후구(末後句)를 알았으니, 이후로는 천하의 사람들이 어쩌지 못할 것이다. 그렇지만 고작 3년뿐이다."

3년이 지난 뒤 과연 천화하셨다.

214. 우적상공于頓相公

于頓相公, 問紫玉: "佛法至理乞師一言." 玉曰: "相公! 佛法至理, 須去其情理." 公云: "便請和尙去其情理." 玉曰: "便請問來." 公云: "如何是佛?" 玉召相公, 公應喏, 玉曰: "更莫別求."

藥山後聞此語, 曰: "噫! 可惜于相公生埋向紫玉山下." 相公聞得, 特訪藥山, 乃問: "如何是佛?" 山召云: "相公!" 公應喏, 山曰: "是甚麼?" 公於此有省.

招慶共羅山擧次, 慶曰: "一等是道, 甚是奇特, 雲泥有隔." 羅山云: "大師也不得草草, 當時賴遇于相公, 可中草窠裏若撥著箇焦尾大蟲, 何處有藥山也?" 慶曰: "作麼生?" 羅山曰: "還知于相是鍛了金麼?"1675)

우적상공1676)이 자옥 도통스님1677)께 여쭈었다.

1674) 說話(설화) : 선사(禪師)의 법문.

1675) 『聯燈會要』卷第五, X79n1557_p0051c04~16. 『禪門拈頌集』卷第十四, K46-0227, 551則. 참조.

1676) 于頓(우적) : ?~818. 당나라 때 대신이다. 자(字)는 윤원(允元). 하남(河南)[하남성(河南省) 낙양(洛陽)]사람. 우적이 양양으로 부임하였을 때 형벌을 잔인하게 시행하여 죄를 범하는 자를 많이 죽였다. 그가 어느 날 『관세음보살보문품』을 읽다가 의심이 나서 자옥 도통선사를 찾아가서 여쭈었다. "흑풍이 불면 배가 흔들려 나찰귀국에 떨어진다는 것이 무엇입니까?" 자옥스님이 말했다. "이 우적 촌뜨기야! 그런 건 알아서 무엇 하게?" 이 말을 듣고 우적이 불같이 성을 내

“불법의 지극한 이치를 스님께서 말씀해주십시오.”

자옥스님이 말씀하셨다.

“상공! 불법의 지극한 이치는 반드시 그 정리(情理)1678)를 없애야만 합니다.”

우적상공이 말했다.

“스님께서 그 정리를 없애 주시겠습니까?”1679)

자옥스님이 말씀하셨다.

“편리한대로 물어보십시오.”

우적상공이 말했다.

“어떤 것이 부처님입니까?”

자옥스님이 부르셨다.

“상공!”

우적상공이 대답하였다.

“예!”

자옥스님이 말씀하셨다.

“다시는 따로 구하지 마시오.”

약산스님1680)이 뒤에 이 이야기를 듣고 말씀하셨다.

______

자 자옥스님이 말했다. “이것이 바로 흑풍이 불면 배가 흔들려 나찰귀국에 떨어지는 것입니다.” 이에 우적이 깨달은 바가 있었다.

1677) 紫玉道通(자옥도통) : 조계혜능(曹溪慧能)-남악회양(南嶽懷讓)-마조도일(馬祖道一)-자옥도통(紫玉道通). 여강(廬江) 출신. 속성은 하씨(何氏). 어렸을 적에 아버지가 천주(泉州)의 남안현(南安縣)에 관리로 부임할 때 따라 갔다가 출가하였다. 마조스님이 건양(建陽)의 불적암(佛跡菴)에서 천화(闡化)할 때 처음으로 찾아뵈었다. 이후 마조스님이 남강(南康)의 공공산(龔公山)으로 옮기자 함께 따라갔다. 거기서 마조스님이 입적하기 전에 말했다. “옥석이 산의 수려함을 빛나게 하니 거기서 살면 너의 도업에 이익이 있을 것이다.” 하지만 스님은 이 말뜻을 알지 못하였다. 그 후 가을에 복우산(伏牛山) 자재(自在)스님과 함께 낙양에 유람 갔다가 돌아오는 길에 당주(唐州)의 서쪽에서 산 하나를 보게 되었는데 사면이 깎아지른 듯하고 봉우리가 첩첩이 겹쳐있어 경치가 수려하였다. 그곳에 사는 사람이 자옥산(紫玉山)이라고 이름을 알려 주었다. 이에 스님이 산의 정상에 올라보니 방정한 큰 반석이 있었는데 색깔이 보랏빛이었다. 이에 스님은 “이것이 자옥이로구나.”하고 비로소 마조스님의 말을 알아차렸다. 곧바로 이 산에다 풀을 엮어 암자를 짓고 살았는데 사방에서 납자들이 구름처럼 모여들었다고 한다.

1678) 情理(정리) : 인정과 도리. 『선문염송』 14권에서는 情禮(정례)라고 나온다.

1679) 便請(편청) : 상대방의 뜻대로 하기를 권하는 말. ‘편리한대로 하십시오.’의 뜻.

1680) 약산유엄(藥山惟儼)스님이다. 조계혜능(曹溪慧能)-청원행사(青原行思)-석두희천(石頭希遷)-약산유엄(藥山惟儼). 751~834. 주713) 참조.

"噫(Yī)! 애석하다. 우적상공이 자옥산 아래에 생매장되었구나."
우적상공이 이 말씀을 전해 듣고, 특별히 약산스님을 찾아뵙고 여쭈었다.
"어떤 것이 부처님입니까?"
약산스님이 부르셨다.
"상공!"
우적상공이 대답했다.
"예!"
약산스님이 말씀하셨다.
"뭡니까?"
우적상공이 이에 깨달았다.1681)

초경 도광스님1682)과 나산 도한스님1683)이 이 일화에 대해서 말씀을 나누었는데, 초경스님이 말씀하셨다.
"이 말이 한 가지로 매우 기특하긴 하나 하늘을 떠도는 구름과 땅위에 진흙 정도의 차이는 있습니다."
나산스님이 말씀하셨다.
"스님이야말로 대충 넘어가지1684) 마라. 그때 다행히도 우적상공을 만났기에 망정이지 만일1685) 풀덤불1686)속에서 꼬리에 불붙은 한 마리의 호랑이

1681) 이 화(話)가 『전등록』 6권에서는 약간 다르게 나온다. "우적이 여쭈었다. '어떤 것이 부처님입니까?' 스님이 부르셨다. '우적!' 우적이 대답했다. '예!' 스님이 말씀하셨다. '다시는 따로 구하지 마시오.' 한 스님이 약산스님께 이 일을 말씀드리니, 약산스님이 말씀하셨다. '이 자를 묶어서 죽여 버렸구나.' 그 스님이 말했다. '스님께서는 어찌하시겠습니까?' 약산스님이 그 스님의 이름을 부르셨다. '스님!' 그 스님이 대답했다. '네!' 약산스님이 말씀하셨다. '뭐냐?'"(T51n2076_p0248c21~23, 『景德傳燈錄』 卷第六. "于又問: '如何是佛?' 師喚: '于頔!' 頔應諾. 師云: '更莫別求.' 有僧擧似藥山, 藥山云: '縛殺遮漢也.' 僧云: '和尙如何?' 藥山亦喚云: '某甲!' 僧應諾, 藥山云: '是什麽?'")
1682) 招慶道匡(초경도광) : 덕산선감(德山宣鑑)-설봉의존(雪峰義存)-장경혜릉(長慶慧稜)-초경도광(招慶道匡). 한주(漢州)의 조주(潮州)[광동성 조양(潮陽)] 출신. 성은 이씨(李氏). 장경혜릉(長慶慧稜)스님이 천주(泉州) 초경원(招慶院)에 머무를 때 입실하여 시봉하다가 법을 이었다. 시호는 법인대사(法因大師)이다.
1683) 羅山道閑(나산도한) : 용담숭신(龍潭崇信)-덕산선감(德山宣鑑)-암두전활(巖頭全豁)-나산도한(羅山道閑). 주152) 참조.
1684) 草草(초초) : 거칠고 엉성하다. 급히 서두르는 모양. 건성건성하다. 대충대충하다. 아무렇게나 하다. 적당히 얼버무리다. 소홀히 하다. 적당히 해버리다. 부주의하다. 세심하지 못하다. 대강대강하다. 썩 좋지는 않다. =마마호호(馬馬虎虎).
1685) 可中(가중) : 가령. 가사. 만일.
1686) 草窠(초과) : 풀 더미. 풀 숲. 풀 무더기. =초총(草叢). 언구(言句)가 서로 뒤얽혀 정식(情識)

와 맞닥뜨렸다면[1687] 약산이 있을 곳이 어디였겠나?"

　초경스님이 말씀하셨다.

　"어째서입니까?"

　나산스님이 말씀하셨다.

　"도리어 우적상공이 단련된 금인 줄 알겠느냐?"

215. 설두중현雪竇重顯

　雪竇和尚, 曰: "十方無壁落, 四面亦無門. 古人向甚處見客? 或若道得接手句, 許汝天上天下."[1688]

　설두 중현스님[1689]이 말씀하셨다.

　"시방세계에 장벽이 없고 사방으로 주위엔 문이 없습니다.[1690]

　옛사람이 어느 곳에서 손님을 봅니까? 만일 솜씨를 겨룰 일구(一句)를[1691] 말한다면, 하늘 위 하늘 아래 지존의 자리를 그대에게 내어 주겠습니다."

　으로 망령되게 앎.

1687) 撥著(발착) : 맞닥뜨리다. 맞부딪치다.

1688) 『聯燈會要』 卷第二十七, X79n1557_p0241a17~18. 참조.

1689) 雪竇重顯(설두중현) : 운문문언(雲門文偃)-향림징원(香林澄遠)-지문광조(智門光祚)-설두중현 (雪竇重顯). 980~1052. 주347) 참조.

1690) 관계 지한스님의 말씀이다. (X79n1557_p0095c09, 『聯燈會要』 卷第十. "十方無壁落, 四面 亦無門.")

1691) 接手句(접수구) : 접인 하는 수단으로서의 말솜씨. 두 손을 모아 절을 하면서 하는 인사말.

216. 운문문언雲門文偃

雲門, 到天童, 童云: "汝還定當得麼?" 門云: "和尙道甚麼?"
童云: "不會卽目前包裹." 門云: "會卽目前包裹."1692)
妙喜曰: "十字街頭石敢當."

운문 문언스님1693)이 천동스님1694)을 찾아가셨다.
천동스님이 말씀하셨다.
"알아 맞혀 보시겠습니까?1695)"
운문스님이 말씀하셨다.
"스님께선 무엇을 말씀하십니까?"
천동스님이 말씀하셨다.
"알지 못하면 바로 눈앞의 봇짐입니다."
운문스님이 말씀하셨다.
"알면 눈앞의 봇짐입니다."

묘희스님이 말씀하셨다.
"십자가 갈림길의 석감당(石敢當)1696)이로구나."

1692) 『雲門匡眞禪師廣錄』 卷下, T47n1988_p0574b04~06. 『聯燈會要』 卷第二十四, X79n1557_
   p0208c03~04. 『五燈會元』 卷第十五, X80n1565_p0307a23~b01. 참조.
1693) 雲門文偃(운문문언) : 용담숭신(龍潭崇信)-덕산선감(德山宣鑑)-설봉의존(雪峰義存)-운문문언
   (雲門文偃). 864~949. 주94) 참조.
1694) 천동스님을 일각에선 천동정각(天童正覺)스님이라고 하나 운문 문언스님의 생몰이 865~949
   년이고 천동 정각스님이 1091~1157년인 것을 감안하면 두 분이 만날 수가 없다. 따라서 여기서
   의 천동스님은 운문스님과 동시대의 청원아래 5세 선사인 천동함계(天童咸啓)스님이나 천동의
   (天童義)스님으로 추측된다.
1695) 定當(정당) : 판별하여 알다. 판명하다. 알아맞히다.
1696) 石敢當(석감당) : 세속에서 집 앞이나 골목 어귀에 상서롭지 못한 것을 물리치기 위해 세운
   빗돌이나 무사상(武士像)에 새기는 글자이다. 석(石)은 성(姓)이고 감당(敢當)은 이름이니, '아무
   도 감당할 수 없다'란 뜻으로 새기는 것이다. 또는 용맹스러운 장수.

217. 천의의회天衣義懷

天衣懷和尙, 《色空頌》 二首. 色空空色色空空, 礙却潼關路不通. 劫火洞然毫末盡, 靑山依舊白雲中. 東西南北, 十萬八千. 空生罔措, 火裡生蓮.1697)

천의 의회스님1698)의 《색(色)과 공(空)의 노래》 2수가 있다.

"색이 공, 공이 색이며 색과 공이 공이니
동관(潼關)1699)의 길이 막혀 통하지 못해.
겁화1700)의 큰 불이 털끝마저 태워버리니
푸른 산은 예처럼 흰 구름 속에."

"동쪽·서쪽·남쪽·북쪽
서로 십만 팔천린데
공생(空生)1701)이 어쩔 바 모르니,
불 속에서 연꽃 피네."

1697) 천의스님의 「색공송(色空頌)」 2수이다. 『建中靖國續燈錄』 卷第二十九, X78n1556_p0817a07
~09. 『聯燈會要』 卷第二十八, 79n1557_p0248b13~15. 참조.
1698) 天衣義懷(천의의회) : 운문문언(雲門文偃)-향림징원(香林澄遠)-지문광조(智門光祚)-설두중현
(雪竇重顯)-천의의회(天衣義懷). 주425) 참조.
1699) 潼關(동관) : 섬서성(陝西省) 동관현(潼關縣) 남동쪽에 둔 관문을 말한다. 옛 이름은 도림새
(桃林塞)였다. 이곳은 섬서성(陝西省)과 산서성(山西省), 하남성(河南省) 3성의 요충지에 위치해
있는 중요한 관문이다.
1700) 劫火(겁화) : 겁소(劫燒). 겁진화(劫盡火)라고도 한다. 큰 삼재(三災) 가운데 하나로서 세계가
괴멸하는 괴겁(壞劫) 때에 일어나는 거대한 화재로 7개의 태양이 하늘 위에 나타나 초선천(初禪
天)까지 다 타버린다고 한다.
1701) 空生(공생) : 수보리 존자의 별명. 석가모니부처님의 10대 제자 가운데 해공제일(解空第一)
이다.

218. 보복종전保福從展

保福, 問僧: "殿裏是甚麼佛?" 僧云: "和尚定當看." 曰: "釋迦佛." 云: "和尚莫謾人, 好." 曰: "却是汝謾我." 又問僧: "汝名甚麼?" 云: "咸澤." 曰: "忽遇枯涸者如何?" 云: "誰是枯涸者?" 曰: "我是." 云: "和尚莫謾人, 好." 曰: "却是汝謾我." 又問飯頭: "鑊闊多少?" 曰: "和尚試量看." 師以手作量勢, 曰: "和尚莫謾某甲." 曰: "却是汝謾我." 又見一僧, 乃曰: "汝作甚麼業來, 得恁麼長大?" 曰: "和尚短多少." 師蹲身作短勢, 僧曰: "和尚莫謾人, 好." 曰: "却是汝謾我."1702)

보복 종전스님1703)이 한 스님에게 물으셨다.
"법당 안에 있는 부처님이 무슨 부처님이냐?"
그 스님이 말했다.
"큰스님께서 알아맞혀 보십시오."
말씀하셨다.
"석가모니부처님이지."
말했다.
"큰스님께서는 사람을 속이지 마십시오. 거참.1704)"
말씀하셨다.
"도리어 네가 나를 속였지."

또 한 스님에게 물으셨다.
"네 이름이 뭐냐?"
말하였다.
"함택(咸澤)1705)입니다."
말씀하셨다.

1702) 『景德傳燈錄』 卷第二十一, T51n2076_p0355b16~18, b22~24, p0376a01~05. 『聯燈會要』 卷第二十四, X79n1557_p0211c11~19. 참조.

1703) 保福從展(보복종전) : 용담숭신(龍潭崇信)-덕산선감(德山宣鑑)-설봉의존(雪峰義存)-보복종전 (保福從展). ?~928. 주218) 참조.

1704) 好(호) : 불만 섞인 나무라는 말투. 거 원 참. 나 원 참. 원. 아이고.

1705) 咸澤(함택) : 이름이 함택(咸澤)이지만 뜻으로 풀면 '전부 연못'이라는 뜻이다. 장경 혜릉선사 의 법을 이은 항주(杭州) 영은산(靈隱山) 광엄원(廣嚴院) 함택선사(咸澤禪師)를 말한다. 덕산선감 (德山宣鑑)-설봉의존(雪峰義存)-장경혜릉(長慶慧稜)-광엄함택(廣嚴咸澤).

"홀연히 고학(枯涸)1706)이라는 사람을 만나면 어떻게 하겠느냐?"
말했다.
"고학(枯涸)이 누구입니까?"
말씀하셨다.
"나다."
말하였다.
"큰스님께서는 사람을 속이지 마십시오. 거참."
말씀하셨다.
"도리어 네가 나를 속였지."

또 반두(飯頭)1707)스님에게 물으셨다.
"솥의 폭이 얼마나 되냐?"
말하였다.
"큰스님께서 재어 보십시오."
스님이 손으로 크기를 재는 시늉을 하시니, 그 스님이 말했다.
"큰스님께서는 저를 속이지 마십시오."
말씀하셨다.
"도리어 네가 나를 속였지."

또 한 스님을 보시고는 말씀하셨다.
"너는 무슨 일을 하길래 이렇게 크냐?"
말했다.
"큰스님께서 엄청 작으신 겁니다."
스님이 몸을 웅크려 키를 작게 만드시니, 그 스님이 말했다.
"큰스님께서는 사람을 속이지 마십시오. 거참."
말씀하셨다.
"도리어 네가 나를 속였지."

1706) 枯涸(고학) : 연못의 물이 고갈 되어 바닥이 보인다는 뜻.
1707) 飯頭(반두) : 밥 짓는 소임을 맡은 스님.

219. 조주종심趙州從諗

趙州, 問投子: "大死底人却活時如何?" 投子云: "不許夜行, 投明須到."1708)

조주 종심스님1709)이 투자 대동스님1710)에게 물으셨다.
"크게 죽은 사람이 다시 살아날 때는 어떠냐?"
투자스님이 말씀하셨다.
"밤에 다니지 마시고, 동이 트면 오십시오."1711)

220. 나산도한羅山道閑

羅山, 在禾山. 送同行矩長老出門次, 師把柱杖向前一攛. 矩無對, 師云:
"石牛攔古路, 一馬勿1712)雙駒."

1708) 『祖堂集』 卷第六 第二張, K45-0270. 『景德傳燈錄』 卷第十五, T51n2076_p0319a12~13.
『禪門拈頌集』 卷第十八, K46-0296, 726則. 참조.

1709) 趙州從諗(조주종심) : 남악회양(南嶽懷讓)-마조도일(馬祖道一)-남전보원(南泉普願)-조주종심
(趙州從諗). 778~897. 주203) 참조.

1710) 投子大同(투자대동) : 석두희천(石頭希遷)-단하천연(丹霞天然)-취미무학(翠微無學)-투자대동
(投子大同). 819~914. 주380) 참조.

1711) 이 화(話)는 앞의 201화(話)에 이어지는 조주스님과 투자스님의 설화(說話)다. 『조당집』 6권
에서는 "조주스님이 곧 내려오셔서 곧장 달려가셨다. 투자스님이 사미를 시켜서 뒤쫓아 가서
'그렇게 하신 뜻이 무엇인가'하고 여쭙게 하였다. 사미가 곧바로 가서 조주스님을 불러 세우니,
조주스님이 고개를 돌리자, 사미가 여쭈었다. '화상께서 그렇게 말씀하신 뜻이 무엇입니까?' 조
주스님이 말씀하셨다. '태백을 만났구나.' 사미가 돌아가서 투자스님께 말씀드리니, 투자스님이
크게 웃으셨다."(K45-0270. "趙州便下來, 一直走. 師敎沙彌你去問他: '我意作摩生?' 沙彌便去
喚趙州, 趙堆迴頭, 沙彌便問: '和尙與摩道意作摩生?' 趙州云: '遇著个太伯.' 沙彌歸擧似師, 便大
笑.")라고 덧붙여 나온다. 『전등록』 15권에서는 여기에 "내가 일찍이 후백(侯白)이라고 여겼는
데 너는 게다가 후흑(侯黑)이로구나." (T51n2076_p0319a14. "曰: '我早侯白伊更侯黑.'")라고
덧붙여 나온다. 『선문염송집』 18권에서는 "오랑캐의 수염이 벌건 줄 알았더니 다시 벌건 수염
오랑캐가 있었구나."(K46-0296. "州云: '將謂胡須赤, 更有赤須胡.'")라고 덧붙여 나온다. 이 화
(話)에 대해 『대혜보각선사어록』 10권에 대혜스님의 염송(拈頌)이 있다. "벼와 좁쌀은 예쁘질 못
해/ 복숭아와 배 다투어 심네./ 열심히 밭가는 사람들을/ 반쯤 꽃 파는 이로 만드네." (T47n19
98Ap0851b28~29, 『大慧普覺禪師語錄』 卷第十. "禾黍不陽艶, 競栽桃李春. 翻令力耕者, 半作賣
華人.")

1712) 『오등회원』 7권과 『지월록』 19권, 『종감법림』 45권, 『오등전서』 13권, 『어선어록』 후집중
(後集中) 등에서는 '勿'이 '生'으로 되어 있다. 『연등회요』 23권, 『선종송고련주통집』 31권, 『선
림류취』 12권, 『고존숙어록』 47권, 『대혜어록』 10권 등에서는 모두 '勿'로 되어 있다.

後有僧擧似疎山, 山云: "石牛攔古路, 一馬生三寅."1713)

　나산 도한스님1714)이 화산 무은스님1715)의 회상에 계실 때였다. 함께 계시던 구장로스님1716)을 배웅할 때에, 스님이 주장자를 잡고 앞에다 내던지셨다. 구장로스님이 아무런 대꾸가 없자, 스님이 말씀하셨다.
　"돌 소가 옛길을 가로막았더라도 한 마리의 말을 두 마리의 젊은 말로 할 것이 아니다.1717)"

　뒤에 어떤 스님이 소산 광인스님1718)께 말씀드리니, 말씀하셨다.
　"돌 소가 옛길을 가로막았더라도, 한 마리의 말이 세 마리의 호랑이를 낳는다."1719)

1713) 『聯燈會要』 卷第二十三, X79n1557_p0202a12~14. 『禪門拈頌集』 卷第二十六, K46-0437, 1202則. 『五燈會元』 卷第七, X80n1565_p0148b09~11. 참조.
1714) 羅山道閑(나산도한) : 용담숭신(龍潭崇信)-덕산선감(德山宣鑑)-암두전활(巖頭全奯)-나산도한(羅山道閑). 주152) 참조.
1715) 禾山無殷(화산무은) : 도오원지(道吾圓智)-석상경저(石霜慶諸)-구봉도건(九峰道虔)-화산무은(禾山無殷). 884~960. 주577) 참조.
1716) 矩長老(구장로) : 누구인지 정확히 알 수 없다. 장경대안(長慶大安)스님의 법사(法嗣)인 천주혜일(泉州慧日)스님으로 추측된다. 천주국환숭복원(泉州國歡崇福院)의 혜일(慧日)스님의 이름이 문구(文矩)이다. 나산스님이나 화산스님의 노스님 뻘 된다.
1717) 한 마리의 말을 두 마리의 젊은 말로 할 것이 아니다. 『오등회원』 7권, 『지월록』 19권, 『종감법림』 45권, 『오등전서』 13권, 『어선어록』 후집중(後集中) 등에서는 '勿'이 '生'으로 되어 있다. 『연등회요』 23권, 『선종송고련주통집』 31권, 『선림류취』 12권, 『고존숙어록』 47권, 『대혜어록』 10권 등에서는 모두 '勿'로 되어 있다. '일마물쌍구(一馬勿雙駒)'로 해석하면, "한 마리의 말이 두 마리의 망아지가 아니다." "한 마리의 말로 두 마리의 망아지로 할 것이 아니다." 또는 "한 마리의 말을 두 마리의 망아지로 여기지 말라."(김태완 역. 『대혜보각선사어록』2. p299), "한 말에 두 망아지가 없느니라."(월운 역. 『선문염송·염송설화』 제26권, p296.)로 할 수 있다. '일마생쌍구(一馬生雙駒)'로 해석하면, "한 마리의 말로 망아지 두 마리를 만들어 낸다(낳는다)."라고 할 수 있다. '한 마리의 말(一馬)'과 '씩씩한 젊은 말(駒)'은 선가(禪家)에서 보통 '만물(萬物)'의 의미로 쓰거나 선사들이 학인들을 제접할 때 쓰는 '기봉(機鋒)'을 말한다. 또한 '한 마리의 말(一馬)'은 체(體)요, '씩씩한 젊은 말(駒)'은 용(用)이라고도 한다.
1718) 疏山匡仁(소산광인) : 약산유엄(藥山惟儼)-운암담성(雲巖曇晟)-동산양개(洞山良价)-소산광인(疏山匡仁). 주430) 참조.
1719) 이 화(話)에 대한 대혜스님의 염송이 있다. "문에 나서며 손잡고 헤어짐을 말하니/ 옛 길은 아득하여 배웅할 수가 없네./ 우습다. 강 한복판서 칼 빠트린 이가/ 재빨리 뱃전에다 쓸데없이 표시하누나."(T47n1998Ap0852b02~03, 『大慧普覺禪師語錄』 卷第十. "出門握手話分攜, 古路迢迢去莫追. 卻笑波心遺劍者, 區區空記刻舟時.")

221. 늑담홍영泐潭洪英

泐潭英和尚, 示眾, 云: "釋迦老子當時一手指天, 一手指地, 云: '天上天下, 唯我獨尊.' 釋迦老子可謂傍若無人. 當時若遇箇明眼衲僧, 直教陀上天無路, 入地無門. 然雖如是, 也須是銅沙羅裏油盛始得."

妙喜曰: "可貴可賤."1720)

늑담 홍영스님1721)이 대중에게 열어 보이셨다.

"석가노자께서 당시에 한쪽 손가락으로는 하늘을 가리키시고 한쪽 손가락으로 땅을 가리키시면서 말씀하셨습니다.

'하늘 위 하늘 아래 오직 나 홀로 존귀하다.'

석가노자께서 방약무인1722)이로구나.

그때 만일 눈 밝은 납승을 만났다면 당장에 그에게 하늘 위로 올라갈 길도 없고 땅으로 들어갈 문도 없다는 것을 가르쳐 주었을 것입니다.

그렇지만 마땅히 동라(銅鑼)와 사라(沙鑼)1723) 속이 번지르르해야만 합니다."

묘희스님이 말씀하셨다.

"존귀하기도 하고 천하기도 하구나."1724)

1720) 『續刊古尊宿語要』第一集, X68n1318_p0361c17~20. 『嘉泰普燈錄』卷第四, X79n1559_p0312c21~24. 『禪門拈頌集』卷第一, K46-0003, 2則. 참조.

1721) 泐潭洪英(늑담홍영) : 분양선소(汾陽善昭)-석상초원(石霜楚圓)-황룡혜남(黃龍慧南)-늑담홍영(泐潭洪英). 1009~1068. 주558) 참조.

1722) 傍若無人(방약무인) : 바로 가까이에 마치 사람이 없는 것처럼 말과 행동에 아무런 거리낌이 없이 함부로 함.

1723) 銅沙羅(동사라) : 동라(銅鑼)와 사라(沙鑼). 동라(銅鑼)는 구리로 만든 징을 말한다. 놋쇠로 만들어진 냄비뚜껑처럼 생긴 타악기. =동발(銅鈸). 자바라(啫哗囉)의 일종. 사라(沙鑼)도 군대에서 쓰이는 타악기로 세숫대야처럼 생긴 동발(銅鈸)이다. 절에서 예식(禮式)할 때 법구(法具)로도 사용한다. 여기서는 대근기(大根器)의 납자를 말함.

1724) 可(가)~可(가) : ~하기도 하고 ~하기도 하다.

222. 천복원사薦福院思

薦福思和尙, 僧問: "古殿無佛時如何?" 曰: "梵音何來?" 又問: "不假修證如何得成?" 曰: "修證卽不成."1725)

천복원 사스님1726)께 한 스님이 여쭈었다.
"옛 법당에 부처님이 없을 땐 어떠합니까?"
말씀하셨다.
"범음1727)이 어디서 나오겠느냐?"
또 여쭈었다.
"닦아 증득함을 빌리지 않고 어떻게 이룹니까?"
말씀하셨다.
"닦아 증득하면 곧 이루지 못한다."

223. 법안문익法眼文益

法眼禪師, 「三界唯心頌」: "三界唯心, 萬法唯識. 唯識唯心, 眼聲耳色. 色不到耳, 聲何觸眼? 眼色耳聲, 萬法成辦. 萬法匪緣, 豈觀如幻? 大地山河, 誰堅誰變?"
又, 「華嚴六相頌」: "華嚴六相義, 同中還有異. 異若異於同, 全非諸佛意. 諸佛意總別, 何曾有同異? 男子身中入定時, 女子身中不留意. 不留意, 絶名字, 萬象明明無理事."1728)

법안 문익스님1729)의 「삼계유심송(三界唯心頌)」

1725) 『景德傳燈錄』 卷第二十三, T51n2076_p0396c08~10. 『五燈會元』 卷第十四, X80n1565_p02
 84c02~03. 참조.
1726) 薦福院思(천복원사) : 동산양개(洞山良价)-소산광인(疎山匡仁)-호국수징(護國守澄)-천복원사
 (薦福院思). 영주천복원사선사(穎州薦福院思禪師)이다. 생몰연대는 알려져 있지 않다. 오대(五代)
 후진(後晉)의 조동종스님으로 호국수징선사(護國守澄禪師)에게 법을 잇고 영주(穎州) 천복원에
 주석하다가 당주(唐州) 천목산(天目山)에 머물렀다.
1727) 梵音(범음) : 부처님의 가르침.
1728) 『景德傳燈錄』 卷第二十九, T51n2076_p0454a23~b03. 참조.

"삼계는 오로지 마음이요
만법은 오로지 식(識)이라네.
오로지 식이요 오로지 마음이라면
눈으로 소리 듣고 귀로 빛깔을 봐야하지만
빛은 귀에 닿지 않는데
소리인들 어찌 눈에 닿으랴?
눈으로 빛깔을 보고 귀로 소리를 들어야
만법이 온전히 갖추어지리라.1730)
만법은 조건이 없는데
어찌 환(幻)과 같다고 보랴?
대지와 산하에서
무엇이 단단하고 무엇이 변하느냐?"

「화엄육상송(華嚴六相頌)」1731)

화엄 육상의 뜻은
동상(同相) 가운데 도리어 이상(異相)이 있으니
이상(異相)이 만일 동상(同相)과 다르다면
모든 부처님의 뜻이 전혀 아니라네.
모든 부처님의 뜻인 총상(總相)과 별상(別相)에
어찌 일찍이 같음과 다름이 있었으랴?.

남자 스스로 선정에 들 때
여자도 스스로 마음이 없다네.
마음이 없고 이름도 끊어졌으니

1729) 法眼文益(법안문익) : 설봉의존(雪峰義存)-현사사비(玄沙師備)-나한계침(羅漢桂琛)-법안문익
    (法眼文益). 885-958. 주481) 참조.
1730) 成辦(성판) : 성공하다, 완성하다. 완전히 갖추다, 제대로 갖추다.
1731) 華嚴六相(화엄육상) : 화엄학에서 제법의 상(相)을 파악하기 위해 세운 여섯 가지의 상(相).
    육상원융(六相圓融)이라고한다. 총상(總相)·별상(別相)·동상(同相)·이상(異相)·성상(成相)·괴
    상(壞相)의 여섯이다.

삼라만상 밝고 밝아 이(理)와 사(事)가 없구나.

224. 청원행사靑原行思

靑原, 問神會: "從甚麼處來?" 會云: "曹溪來." 曰: "將得甚麼物來?" 會振身而立, 師曰: "猶帶瓦礫在." 會云: "和尚莫有眞金與人否?" 曰: "設有汝向甚麼處著?"1732)

청원 행사스님1733)이 하택 신회스님1734)께 물으셨다.
"어디서 오십니까?"
신회스님이 말씀하셨다.
"조계 혜능스님에게서 옵니다."
말씀하셨다.
"무슨 물건을 가지고 오셨습니까?"
신회스님이 벌떡 일어나서 꼿꼿이 서시니, 스님이 말씀하셨다.
"기와와 벽돌조각을 가지고 오셨군."
신회스님이 말씀하셨다.
"스님께서는 주실만한 진금이 없으십니까?"
말씀하셨다.
"있다면 어디다 두시려고요?"

1732) 『聯燈會要』 卷第三, X79n1557_p0031a07~09. 『禪門拈頌集』 卷第五, K46-0070~0071, 151則. 참조.

1733) 靑原行思(청원행사) : 쌍봉도신(雙峰道信)-황매홍인(黃梅弘忍)-조계혜능(曹溪慧能)-청원행사(靑原行思). 671~740. 속성은 유씨(劉氏). 길주(吉州) 여릉(廬陵)[강서성(江西省) 길안(吉安)] 출신. 어려서 출가하여 육조 혜능스님의 법을 잇고 남악 회양스님과 함께 선종의 양대 맥을 이어가게 한 대제자(大弟子)이다. 길안(吉安) 청원산(靑原山)의 정거사(淨居寺)에 머물렀다. 개원(開元)28년 입적했다. 희종(僖宗)이 홍제선사(弘濟禪師)라고 시호를 내렸다. 탑명은 귀진(歸眞)이다.

1734) 荷澤神會(하택신회) : 쌍봉도신(雙峰道信)-황매홍인(黃梅弘忍)-조계혜능(曹溪慧能)-하택신회(荷澤神會). 688~758. 하택종(荷澤宗)의 종조. 양양(襄陽)[호북성(湖北省)] 출신. 속성은 고씨(高氏). 어려서부터 오경(五經)·노장(老莊)·제사(諸史) 등을 익히다가 후에 14세에 국창사(國昌寺)의 호원(顥元)스님에게 출가하였다. 여러 경전을 풍송(諷誦)하다가 북종선의 신수(神秀)스님 문하에서 3년을 배웠다. 그 후 남방의 육조혜능(六祖慧能)스님을 참알(叅謁)하고 시봉하다가 크게 깨달았다. 『현종기(顯宗記)』『하택신회어록(荷澤神會語錄)』 등의 저서가 있다. 오대무명(五臺無名) 등 20명의 제자들이 법을 이었다.

225. 나한계남羅漢系南

羅漢南和尚, 示眾, 云: "紅霞穿碧落, 白鷺點滄洲. 不是寒山子,　時臨古渡頭. 騎駿馬, 驟高樓, 萬里銀河輥玉毬. 別明真解脫, 撥火覓浮漚."
　又示眾, 云: "禪不禪, 道不道. 三寸舌頭胡亂掃. 昨夜日輪飄桂花, 今朝月窟出芝草. 阿呵呵! 萬兩黃金無處討, 一句絶思量, 諸法不相到."1735)

나한 계남스님1736)이 대중에게 열어 보이셨다.

"버얼건 저녁노을 푸른 하늘에 수를 놓으니
하이얀 백로가 물가1737)에 날아드누나.
이야말로 한산스님이
옛 나루터 어귀에 이른 때가 아니랴.

준마 타고 높은 누각 내어 달리니,
수만리 은하에서 옥공 구르네.
모두들 참 해탈을 밝혀보고자
불 속에서 물거품을 찾고 있구나."

또 대중에게 열어 보이셨다.

"선(禪)은 선(禪)이 아니요 도(道)는 도(道)가 아니다.
세치 혀를 함부로 놀리는구나.
어젯밤 태양이 계수나무 꽃1738) 흩날리더니

1735) 『建中靖國續燈錄』 卷第二十一, X78n1556_p0774c24~0775a02. 『聯燈會要』 卷第十六, X79n1557_p0135a22~b04. 참조.
1736) 羅漢系南(나한계남) : 석상초원(石霜楚圓)-황룡혜남(黃龍慧南)-운거원우(雲居元祐)-나한계남(羅漢系南). 1050~1094. 황룡파 스님이다. 정주(汀州)[복건성 장정(長汀)] 출신. 속성은 장씨(張氏). 어려서 금천사(金泉寺)로 출가하였다. 도업(道業)에 전념하다가 제방을 참학하였다. 후에 상서(湘西) 도림사(道林寺)에 주석하던 운거원우(雲居元祐)스님을 만나 법을 이었다. 뒤에 여산(廬山)의 나한선원(羅漢禪院)에서 선지를 크게 선양하였으니, 황룡혜남(黃龍慧南)스님을 노남(老南)이라 하고 계남스님을 소남(小南)이라 존칭하였다. 소성(紹聖) 원년에 45세로 입적하였다.
1737) 滄洲(창주) : 물가가 있는 곳. 은자(隱者)가 사는 곳.
1738) 桂花(계화) : 계수나무. 계수나무 꽃. 달.

오늘 아침 달이 지초(芝草)를 키우는구나.

아하하!
만량의 황금을 찾을 곳이 없음에,
사량이 끊어진 한마디에
제법(諸法)이 함께 이르지 못하는구나."

226. 설봉의존雪峰義存

雪峯云: "飯籮邊坐餓死人, 臨河渴死漢." 玄沙云: "飯籮裏坐餓死漢, 水裏沒頭浸渴死漢." 雲門云: "通身是飯, 通身是水."
　妙喜舉了, 喝, 云: "多觜阿師, 可殺, 忍俊不禁! '通身是飯, 通身是水.' 那裏得遮消息來?"1739)

설봉 의존스님1740)이 말씀하셨다.
"밥 바구니 곁에 앉아서 굶어 죽은 사람이 있고, 물가에서 목말라 죽은 놈이 있다."

현사 사비스님1741)이 말씀하셨다.
"밥 바구니 속에 앉아서 굶어 죽은 놈이 있고, 물속에 빠져서 목말라 죽은 놈이 있다."

운문 문언스님1742)이 말씀하셨다.

1739) 『四家語錄』, 「雲門匡真禪師廣錄」 卷中, T47n1988_p0556c29~0557a02. 『禪門拈頌集』 卷第二十, K46-0324, 797則. 『古尊宿語錄』 卷第十六, 「雲門匡真禪師廣錄」 中, X68n1315_p0103a07~09. 참조.
1740) 雪峰義存(설봉의존) : 천황도오(天皇道悟)-용담숭신(龍潭崇信)-덕산선감(德山宣鑑)-설봉의존(雪峰義存). 822~908. 주193) 참조.
1741) 玄沙師備(현사사비) : 용담숭신(龍潭崇信)-덕산선감(德山宣鑑)-설봉의존(雪峰義存)-현사사비(玄沙師備). 835~908. 주269) 참조.
1742) 雲門文偃(운문문언) : 용담숭신(龍潭崇信)-덕산선감(德山宣鑑)-설봉의존(雪峰義存)-운문문언(雲門文偃). 864~949. 주94) 참조.

"몸이 통째로 밥이요, 몸이 통째로 물이다."

묘희스님이 이 말씀들을 듣고 나서 "억!" 하시고는 말씀하셨다.
"중들1743)이 말이 많으니, 너무1744) 웃겨서 참을 수가 없구나!1745)
몸이 통째로 밥이요, 몸이 통째로 물이라니, 어디서 이 소식을 알았을까?"

1743) 阿師(옥사) : 스님. 중.
1744) 可殺(가쇄) : 매우 심하다.
1745) 忍俊不禁(인준불금) : 너무 우스워서 참지 못하다. 어떤 일에 열중하여 자제력을 상실하다.

正法眼藏 卷第二之上
정법안장 제2권의 상

徑山大慧禪師 · 宗杲 · 集幷著語

경산대혜선사 종고 모으시고 아울러 착어하심

後學 黃葉庵 沙門 智舷 校閱

후학 황엽암 사문 지현[1746] 교열함

227. 달마대사達磨大師

達磨大師, 『安心法門』, 云: "迷時人逐法, 解時法逐人. 解則識攝色, 迷則色攝識. 但有心分別計較, 自心現量者悉皆是夢. 若識心寂滅, 無一動念處是名正覺."

달마대사께서 『안심법문』에서 말씀하셨다.

"미(迷)할 때는 사람이 법을 따르고 알면 법이 사람을 따릅니다. 알면 식(識)이 색(色)을 거두어들이고 미(迷)하면 색(色)이 식(識)을 거두어들입니다. 다만 마음에 분별하고 비교하여 헤아림이 있으면 자기 마음에 현량(現量)[1747]하는 것이 다 꿈입니다.

1746) 智舷(지현) : 명나라 때의 스님으로 자는 위여(葦如)이고 호는 추담(秋潭)이다. 황엽두타(黃葉頭陀)라고도 한다. 가흥부(嘉興府) 매계(梅溪)[절강성] 출신으로 속성은 주씨(周氏)이다. 시를 잘하고 초서에 능하였다고 한다. 『황엽암집(黃葉庵集)』이 있다.

1747) 現量(현량) : 그냥 눈으로 보고 그냥 귀로 듣고 그냥 코로 냄새 맡고 그냥 혀로 맛보고 그냥

식심(識心)이 적멸함에 이르러 조금도 생각이 움직일 자리가 없음을
정각(正覺)이라고 합니다."1748)

問: "云何自心現量?" 答: "見一切法有, 有自不有, 自心計作有. 見一切法無, 無
自不無, 自心計作無. 乃至一切法亦如是, 並是自心計作有, 自心計作無.

물음: 어떻게 자기 마음에 현량(現量)합니까?
답: 일체법이 있다고 보지만 있음이 스스로 있음이 아니라 자기 마음이 헤
아려서 있다고 지어낸 것입니다. 일체법이 없다고 보지만 없음이 스스로 없
음이 아니라 자기 마음이 헤아려서 없다고 지어낸 것입니다. 나아가서 일체
법도 또한 이러하여 아울러 자기 마음으로 헤아려 있다고 지어 내고 자기
마음으로 헤아려 없다고 지어 낸 것입니다.

又若人造一切罪, 自見己之法王即得解脫. 若從事上得解者氣力壯, 從事中見法者
即處處不失念, 從文字解者氣力弱. 即事即法者深, 從汝種種運為跳踉顚蹶, 悉不
出法界, 亦不入法界, 若以法界入法界即是癡人. 凡有所施為終不出法界心, 何以
故? 心體是法界故."

또한 누가 일체의 죄를 지었다고 하더라도 스스로 자기가 법왕(法王)임을
알면 즉각 해탈해버립니다.
따라서 사(事)를 초과하여 알아내려고 하면 기력이 왕성해지고, 사(事) 속
에서 법을 알아내려고 하면 곳곳마다 염(念)을 잃지 않게 되나, 문자를 따
라 알아내려고 하면 기력이 약해집니다.
사(事)에 즉(即)하고 법(法)에 즉(即)하는 것은 빈틈이 없으니, 설사 여러분
이 가지가지로 행하여 펄쩍펄쩍 뛰어 오르고 날뛰더라도 몽땅 법계를 벗어
남도 아니고 또한 법계에 들어감도 아니니, 만일 법계로써 법계에 들어가려
고 한다면 곧 어리석은 사람입니다.

몸으로 느끼어 일체의 분별없이 현실을 앎이다. 바깥 경계의 사물과 현상을 있는 그대로 지각하
는 것이다.
1748) 송성수 번역 《한글대장경》『종경록』 97권에서는 이렇게 번역하였다. "만일 마음이 고요히
사라져서 생각이 동요할 곳이 하나도 없음을 알면 그것을 바른 깨달음이라 한다."(『종경록』 제
97권, pp.462상, 12~15줄.)

무릇 모든 움직임들이 결국은 법계의 핵심을 벗어나지 못하는 것이니,
마음의 체성이 법계이기 때문입니다.”

問: “世間人種種學問云何不得道?” 答: “由見己故不得道. 己者我也. 至人逢苦不
憂遇樂不喜, 由不見己故. 所以不知苦樂者, 由亡己故. 得至虛無, 己自尚亡, 更有
何物而不亡也?”

물음: “세간 사람들이 여러 가지로 배우며 탐구하고 있으나, 어째서 도를
이루지 못하는 것입니까?”
답: “자기를 보기 때문에 도를 이루지 못하는 것입니다. 자기란 ‘나’입니
다. 지극한 사람은 괴로움을 만나도 근심하지 않고, 즐거움을 만나도 기뻐
하지 않는 것은 자기를 보지 않기 때문입니다. 괴롭고 즐거움을 알지 못하
는 까닭은 자기가 없기 때문입니다. 텅 비어 없음에 이르러 이미 자기가 없
는데, 다시 어떤 것이 없어지지 않겠습니까?”

問: “諸法既空, 阿誰修道?” 答: “有阿誰須修道. 若無阿誰即不須修道. 阿誰者
亦我也. 若無我者, 逢物不生是非. 是者我自是而物非是也. 非者我自非而物非非
也. 即心無心是爲通達佛道. 即物不起見名爲達道. 逢物直達知其本原, 此人慧眼
開. 智者任物不任己, 即無取捨違順. 愚者任己不任物, 即有取捨違順. 不見一物名
爲見道, 不行一物名爲行道. 即一切處無處, 即作處無作處無作法即見佛. 若見相
時即一切處見鬼. 取相故墮地獄, 觀法故得解脫. 若見憶想分別即受鑊湯鑪炭等事,
現見生死相. 若見法界性即涅槃性, 無憶想分別即是法界性. 心非色故非有, 用而
不廢故非無. 又用而常空故非有, 空而常用故非無.”1749)

1749) 『聯燈會要』 卷第二, X79n1557_p0023a04~b06.『宗鏡錄』 卷第九十七, T48n2016_p0939b2
5~c27.『小室六門』, T48n2009_p0370a29~c04. 참조.『연등회요』 2권에는 이 부분이 더 있다.
“기성 태수 양현지가 성심을 다하여 참구하여 종지를 가르침을 청하니, 스님이 게송으로 말씀하
셨다. ‘악을 보지 아니하고도 꺼리는 생각을 내며,/ 또한 좋은 것을 보지 아니하고도 하고자 힘
쓰네./ 지혜를 버리지 않고서도 바보인 듯하고/ 또한 미혹을 버리지 않고도 깨달음으로 나아가
네./ 대도에 이르니 사량을 뛰어넘고/ 불심에 통하니 해탈이라./ 범부성인과 함께 하지 아니하
고/ (그 둘을)초연함을 조사라 한다네.’”(X79n1557_p0023b06~09, 『聯燈會要』 卷第二. “期城
大守楊衒之, 竭誠叅扣, 乞示宗旨. 師說偈云: ‘亦不覩惡而生嫌, 亦不觀善而勸措. 亦不捨智而近
愚, 亦不抛迷而就悟. 達大道兮過量, 通佛心兮出度. 不與凡聖同躔, 超然名之曰祖.’”)『소실육문』
에는 윗글에다 이 게송이 더 있다. “마음, 마음, 마음이여! 참으로 찾기 어렵도다./ 넓을 때는
법계에 가득하고,/ 좁을 때는 바늘 꽂을 틈도 없구나.”(T48n2009_p0370c05~c10, 『小室六

물음: "모든 법이 이미 공하다면, 누가 도를 닦습니까?"

답: "누구든 있다면 반드시 도를 닦아야 합니다. 만약 누구도 없다면 구태여 도를 닦을 필요가 없을 것입니다. 그 누구란 또한 '나'입니다. 만약 내가 없다면 남을 만나서도 옳고 그름이 생기지 않을 것입니다.

옳다고 하는 것은 내가 스스로 옳다고 하는 것이지 물(物)이 옳은 것이 아닙니다. 그르다고 하는 것도 내가 스스로 그르다고 하는 것이지 물(物)이 그른 것이 아닙니다.

마음에 즉(卽)하여 무심이면 부처님의 도를 훤히 꿰뚫어 앎입니다. 물(物)에 즉(卽)하여 견해를 일으키지 않음을 도를 앎이라 합니다.

물(物)에 맞닥뜨리자 곧장 알아버리면 그 근원을 앎이니 이러한 사람은 혜안(慧眼)이 열린 것입니다.

지혜로운 이는 물(物)에 맡기지 자기에게 맡기지 아니하기에 곧 취하고 버리며 어기고 따라감이 없습니다. 어리석은 이는 자기에게 맡기고 외부에 맡기지 않기에 곧 취하고 버리며 어기고 따라감이 있습니다.

하나의 물(物)도 보지 않음을 도를 봄이라고 하며, 하나의 물(物)도 행함이 없음을 도를 행함이라고 합니다.

곧 일체의 자리에서 자리가 없으며, 곧 지어내는 자리에서 지어내는 자리가 없고 지어내는 법이 없음을 부처님을 봄이라 합니다.1750)

만약 상(相)을 본다면 곧 일체의 자리에서 귀신을 봅니다. 상(相)을 취하기에 지옥에 떨어지고 법을 관(觀)하기에 해탈하는 것입니다.

만약 생각을 굴리고 분별한다면 곧 가마솥의 끓는 쇳물과 이글거리는 용광로에 들어가는 변고를 받게 되고, 즉시에 나고 죽는 모양이 드러나게 됩니다.

門』. "心心心難可尋. 寬時遍法界, 窄也不容針.")

1750) 『연등회요』에도 이 『정법안장』과 같으나, 『종경록』에서는 '즉시법처(卽是法處)'가 들어가 있다. "곧 일체 자리에서 자리가 없음이 곧 법의 자리이니," (T48n2016_p0939c21~22, 『宗鏡錄』 卷第九十七. "卽一切處無處, 卽是法處,") 『소실육문』에서는 '무작처(無作處)'도 빠졌다. "곧 일체 자리에서 자리가 없고, 곧 짓는 자리에서 짓는 법이 없으면," (T48n2009_p0370b27, 『小室六門』. "卽一切處無處, 卽作處無作法,") 이것으로 미루어보아 『소실육문』은 『정법안장』을 인용한 것으로 보이는데 한 구절을 누락시키고 있다.

법계의 성품이 곧 열반의 성품임을 알아 생각을 굴리고 분별함이 없으면 곧 그대로가 법계의 성품입니다.

마음은 색(色)이 아니기에 있음이 아니고, 항상 작용하되 멈추지 않는 까닭에 없는 것도 아닙니다. 또한 작용하되 항상 공(空)이기에 있는 것이 아니고, 공(空)이지만 항상 작용하는 까닭에 없는 것도 아닙니다."

228. 석문온총石門蘊聰

石門聰和尙, 示衆, 云: "問荅須教起倒全, 龍頭蛇尾自欺謾. 如王秉劒由王意, 似鏡當臺要絶觀. 開口早經千萬里, 低頭思慮萬重關. 指人若也無正眼, 何啻前程作野干."
僧問: "如何是古佛心?" 曰: "蹋著秤鎚硬似鐵." 云: "意旨如何?" 曰: "明日向汝道." 問: "靑山綠水即不問, 急切一句作麼生道?" 曰: "手過膝耳垂肩."1751)

석문 온총스님1752)이 대중에게 열어 보이셨다.

"문답에는 실마리1753)를 온전히 하여 가르쳐야만 하니,
용두사미1754)는 스스로를 속이는 것이라네.
마치 왕이 칼을 잡고 맘대로 함과 같고,
거울 앞에선 아름답게 보이고자 함과 같다네.

입을 열면 벌써 천만리를 지나가버림이요

1751) 『聯燈會要』 卷第十二, '襄州石門慈照聰禪師', X79n1557_p0105c24~0106a02. 『古尊宿語錄』 卷第九, 「石門山慈照禪師鳳巖集」, X68n1315_p0053b05~07, X68n1315_p0052c15~18. 『續傳燈錄』 卷第一, T51n2077_p0471c23~26. 참조.
1752) 石門慈照(석문자조) : 보응혜옹(寶應慧顒)-풍혈연소(風穴延沼)-수산성념(首山省念)-석문자조(石門慈照). 곡은온총(谷隱蘊聰)이라고도 한다. 965~1032. 주1598) 참조.
1753) 起倒(기도) : 실마리, 두서, 갈피. 높고 낮음, 무겁고 가벼움, 좋고 나쁨. 세속에 따라 흥하거나 쇠함. 좋았다 나빴다 하는 상황이 반복되는 것.
1754) 龍頭蛇尾(용두사미) : 용의 머리와 뱀의 꼬리. 선기(禪機)의 작략(作略)이 시작은 왕성하게 좋으나 끝에 시들해짐. 시작은 있으나 끝맺음이 없음. 앞에서는 옳은 듯 하다가 뒤에 가서 글러짐.

머리를 숙이고 생각하면 만 겹이나 겹쳐 가로막힌 경계라네.
남을 가르치되 바른 눈이 없으면
어찌 앞길에 여우 짓거리를 지을 뿐이랴?”

한 스님이 여쭈었다.
“어떤 것이 옛 부처님의 마음입니까?”
말씀하셨다.
“저울추를 밟아서 무쇠처럼 단단하게 하는구나.”1755)
“무슨 뜻입니까?”
말씀하셨다.
“내일 너에게 말해 주겠다.”

여쭈었다.
“초록빛 산 청록빛 물은 여쭙지 않겠습니다. 절박한 일구一句를 어떻게 말
씀하시겠습니까?”
말씀하셨다.
“손이 무릎을 지나고 귀가 어깨에 드리웠구나.”

229. 광혜원련廣慧元璉

　　廣慧璉和尚, 示眾, 云: “佛法本來無事. 從上諸聖盡是揑怪, 強生節目壓良為賤,
埋沒兒孫.　更有雲門·趙州·德山·臨濟,　死不惺惺一生受屈.　老僧遮裏即不然.
便是釋迦老子出來也貶向佗方世界,　教伊絕跡去.　何故如此?　免慮喪我兒孫.　老僧
與麼道.　你等諸人作麼生會?　若於遮裏會得去,　豈不慶快?　教你脫却毛衫, 做箇灑
灑地衲僧去.　更若不會, 來年更有新條, 在腦亂春風卒未休.”
　　有僧入室請盖,1756)　云: “和尚適來言: ‘便是釋迦老子出來也,　貶向佗方世界…’”
舉未了,　璉云: “你若恁麼會,　入地獄如箭.”　云: “未審作麼生會?”　璉便打.　僧擬

1755) 蹋著秤鎚硬似鐵(답착칭추경사철)：저울추를 밟아 무쇠처럼 단단하게 함. 선사(禪師)의 기봉
　　이 너무 강력하여 응대하기 어려움을 비유함.
1756) 盖(개)：益(익)의 오자로 보인다. (X79n1557_p0107a02, 『聯燈會要』卷第十二, ‘汝州廣慧元
　　璉禪師’. “時有僧, 請益云:”)

議, 曰: "會麼?" 僧云: "不會." 曰: "山僧今日不避諸方檢責爲你說破. 將此深心奉塵刹, 是即名爲報佛恩1757)."

妙喜擧了, "咄!", 曰: "好人不肯做, 須要尿裏臥."

광혜 원련스님1758)이 대중에게 열어 보이셨다.

"부처님의 법은 본래 일이 없습니다. 예부터 모든 성인들이 모두 조작하여 지어 내어서 억지로 절목(節目)1759)을 만들어, 어진 이들을 눌러 천하게 하여 후손들을 매몰해 버렸습니다.

다시 운문·조주·덕산·임제 등이 있어 죽을 때까지 성성하지 못하게 하여 일생에 굴욕을 받게 하였습니다.

이 늙은이는 '여기'서 그렇게 하지 않겠습니다. 곧 석가 노인네가 나온다면 다른 세계로 보내버려 그의 자취마저 끊어지게 해버리겠습니다.

왜 이렇게 하겠습니까?

나의 후손들을 잃을까 하는 걱정을 내려놓기 위해서입니다.

이 늙은이가 이렇게 말하였습니다.

그대 여러분들은 어떻게 알겠습니까?

만일 '여기'서 알아낸다면 어찌 경쾌하지 않겠습니까?

여러분들로 하여금 털가죽 옷을 벗어버리고 적나라한1760) 납승이 되게 할 것입니다.

다시 만일 알지 못하였다면 내년에 다시 새로운 가지가 돋아나도 머리를 어지럽히는 봄바람에 끝내 쉬지 못할 것입니다."

한 스님이 입실하여 청익(請益)하였다.

1757) 『聯燈會要』 卷第十二, '汝州廣慧元璉禪師', X79n1557_p0106c19~0107a06. 참조.
1758) 廣慧元璉(광혜원련) : 보응혜옹(寶應慧顒)-풍혈연소(風穴延沼)-수산성념(首山省念)-광혜원련(廣慧元璉). 951~1036. 주1601) 참조.
1759) 節目(절목) : 지엽적인 일, 자질구레한 일. 조목, 항목. 관건. 순서, 절차. 옹이, 마디.
1760) 灑灑地(쇄쇄지) : 적나라(赤裸裸)한. 한 물건도 없이 완전히 드러낸. 속진(俗塵)과 지해(知解)를 완전히 덜어 내 철저히 깨끗한.

"스님께서는 조금 전에, '곧 석가 노인네가 나온다면 다른 세계로 보내버려….'"
인용하는 말을 마치기도 전에 원련스님이 말씀하셨다.
"네가 만일 이렇게 안다면 쏜살같이 지옥으로 들어갈 것이다."
"도대체 어떻게 알아야 합니까?"
원련스님이 곧 때리셨다.
그 스님이 머뭇거리자, 말씀하셨다.
"알겠나?"
그 스님이 말했다.
"모르겠습니다."
말씀하셨다.
"이 산승이 오늘 제방의 검책(檢責)을 피하지 않고 너를 위해 말해버리겠다. 이렇게 깊은 마음으로 무수한 세계를 받드는 것이, 부처님 은혜를 갚는 것이라고 할 만 하리라.1761)"

묘희스님이 인용함을 마치시고, "咄(Duō)!" 하시고 말씀하셨다.
"훌륭한 사람 가까이 않고 오줌 속에 누우려하는구나."

1761) 『수릉엄경』 3권에서 아난존자가 깨닫고서 읊은 게송이다. "미묘하게 맑고 총지이시며 흔들림 없으신 세존이시여./ 수릉엄의 왕이시니 세간에 드무십니다./ 억 겁 동안 뒤바뀐 망상 녹여버리고/ 아승기겁을 지나지 않고도 법신을 이루었습니다.// 원컨대 지금 과위 얻어 보왕 이루고/ 돌아와서 항하사 같이 수많은 뭇삶들 제도코자 합니다./ 이러한 깊은 마음으로 무수한 세계를 받드는 것이/ 부처님의 은혜를 갚는 것이라 할 것입니다."(T19n0945_p0119b12~15, 『大佛頂萬行首楞嚴經』 卷第三. "妙湛總持不動尊. 首楞嚴王世希有. 銷我億劫顚倒想, 不歷僧祇獲法身. 願今得果成寶王, 還度如是恒沙衆. 將此深心奉塵刹, 是則名爲報佛恩.")

230. 진정극문眞淨克文

真淨和尙, 示眾, 云: "新豐古洞, 萬疊爭攢, 悟本真蹤, 千林競簇. 古今勝地, 佛事長興. 所以昔日, 悟本大師, 有時提唱, 云: 「唯有佛菩提, 是真歸仗處.」' 復喝一喝, 云: '猶作遮箇去就在!'

진정 극문스님1762)이 대중에게 열어 보이셨다.

"신풍(新豐)의 옛 동산에1763) 수없이 거듭거듭 앞 다퉈 모이고 오본(悟本)1764)의 참된 발자취에 수많은 숲들이 앞 다퉈 모입니다.

예부터 지금까지 수승한 곳1765)에서 부처님의 일이 길이 흥하였습니다.

그렇기에 옛날 오본(悟本)대사께서 언젠가 제창(提唱)1766)하여 말씀하셨습니다.

'「오로지 부처님의 보리야말로 참으로 돌아가 의지할 곳이라네.」'1767)

다시 '억!'하고 할을 한 번 하시고 말씀하셨습니다.

'아직도 이런 짓을 하는구나!'1768)

諸禪德. 只如大師道「猶作遮箇去就在」, 且道. 意作麼生? 還知落處麼? 叢林中多有商量者, 有底道聞佛聞法似生冤家, 況更有歸仗處? 故遭悟本大師檢點. 有底道悟本只要人休歇去. 有底道悟本只見錐頭利不見鑿頭方. 似恁麼匹配, 又何曾夢見佗古人?

1762) 眞淨克文(진정극문) : 분양선소(汾陽善昭)-석상초원(石霜楚圓)-황룡혜남(黃龍慧南)-진정극문(眞淨克文). 1025-1102. 주131) 참조.
1763) 新豐古洞(신풍고동) : 동산양개(洞山良价)스님을 말한다. 동산 양개스님이 53세인 당나라 대중(大中) 말년(846~859)부터 광동성(廣東省) 신풍(新豐)에서 후학들을 지도하였고 후에 균주(筠州)[강서성] 동산(洞山) 보리원(菩提院)에 주석하면서 선풍을 드날렸으므로 신풍노인(新豐老人) 또는 신풍동(新豐洞)이라 한다.
1764) 悟本(오본) : 동산양개(洞山良价)스님의 시호이다.
1765) 勝地(승지) : 미묘한 경계. 상대를 제압할 수 있는 지위와 형세.
1766) 提唱(제창) : 선종(禪宗)에서 종지(宗旨)의 대강(大綱)을 제시하여 설법하는 것.
1767) 『불설무상경』에 나오는 부처님의 말씀이다. "비유하면 때를 지어 잠자는 새들/ 밤이면 모였다 날이 새면 날아가듯이/ 죽어서 친지들과 이별할 때에/ 멀리멀리 여의는 것 이와 같다네.// 오로지 부처님의 보리야말로/ 참으로 돌아가서 의지할 데라./ 경에 의해 간략히 설명했으니/ 지혜로운 자는 잘 생각하여라." (T17n0801_p0746a25~28, 『佛說無常經』. "譬如群宿鳥, 夜聚旦隨飛, 死去別親知, 乖離亦如是. 唯有佛菩提, 是眞歸仗處. 依經我略說, 智者善應思.")
1768) 去就在(거취재) : 어조사다. 장차 하려고 하는 행위 거동이나 생각을 나타낸다.

선덕 여러분.
그런데 '아직도 이런 짓을 하는구나'라고 대사께서 말씀하셨는데, 바로 여기 말해보십시오.
뜻이 무엇입니까?

낙처(落處)를 알겠습니까?

총림에서 따져 보는 이들이 흔히 있습니다.
어떤 이들은 부처님이란 말을 듣고 법을 들으면 원수를 부른 것처럼 말하니 하물며 다시 돌아가 의지할 곳이 있겠습니까?

그러므로 오본대사의 점검을 만나보아야 하는 것입니다.
어떤 이들은 오본대사가 단지 사람이 쉬기만 하면 된다고 하였다고 말합니다. 어떤 이들은 오본대사가 단지 송곳 끝이 예리함만 보았지 끌 끝이 반듯하게 네모진 것은 보지 않았다고 말합니다. 이와 같은 무리들은 또한 어찌 일찍이 꿈에라도 저 옛 사람을 볼 수 있겠습니까?

既不如是, 又且如何? 諸禪德. 此箇大事須子細, 不可麤心. 一等參禪窮敎到底. 宗門中千差萬別隱顯殊途, 唯大智方明. 降玆已往莫測涯際, 而今多是抱不哭孩兒, 打淨潔毬子, 把纜放船, 抱橋柱澡洗. 彼此丈丈, 阿誰無分, 若便明去, 驅耕夫之牛, 奪饑人之食. 入火不燒入水不溺. 於一切處不留, 一切處成就, 靈光獨耀烜赫殊分,可謂蕩蕩乎! 落落乎! 張起濟岸帆, 撥動渡人舟, 於生死海內白浪堆中, 出沒去來逍遙自在." 乃喝, 云: "從佗謗, 任佗非. 雨中兼蒻笠蓑衣, 而今暫別海門月, 攜魚且向市廛歸."1769)

장차1770) 이와 같지 않으려면 또 어찌해야 하겠습니까?

1769) 『續刊古尊宿語要』 第二集　地, 「雲菴真淨文禪師語」, X68n1318_p0392c02~19. 『古尊宿語錄』 卷之四十二, X68n1315_p0275c14~0276a07. 참조.
1770) 既(기) : 장차, 뒤에, 머지않아.

선덕 여러분.
이 '큰 일'은 반드시 치밀하고 빈틈이 없어야 하지 마음이 대충 대충해선 되질 않습니다.
한결같이 참선(參禪)이고[1771] 가르침을 궁구해야만 밑바닥에 이를 수 있습니다.

이 선종 가문이 천차만별이요 숨고 드러남에 길이 다르나 오직 큰 지혜라야만 비로소 밝혀 낼 수 있습니다.

부처님 오신 이래로 그 끝을 헤아릴 수 없을 정도이니 지금 대부분이 울지 않는 아이를 안고 있거나, 정결한 공[1772]을 치기도 하고, 배를 띄워 닻줄을 잡기도 하고, 다리 기둥을 꼭 껴안고 씻으려 하고 있습니다.

저와 내가 장부인데 누구도 분리해 낼 수 없으니, 만일 문득 밝아지기만 하면 농부의 소가 내달려 굶주린 사람의 음식을 빼앗아버리게 됩니다.

불 속에 들어가도 태우지 못하고 물에 들어가도 빠지질 않습니다. 일체 자리에 머물지 않고 일체 자리를 성취하면 신령한 광명이 홀로 밝고 뚜렷이 분명하게 드러나니, 넓고 크구나! 빼어나구나!

강나루에서 돛을 펼쳐 사람을 건네주는 배를 타고서 하얀 물결 넘실대는 생사의 바다에서 출몰하고 가고 옴에 소요자재(逍遙自在)합니다. 억!"

말씀하셨다.

"저 비방하는 대로 따르고, 그르다고 하는 대로 맡겨라.[1773]
빗속에 삿갓과 도롱이를 함께 갖추어,

1771) 參禪(참선) : 참선(參禪)은 무엇을 하는 것이 아니라 어떤 상태에 있음이므로 '참선(參禪)하다'라는 말은 맞지 않다. 그냥 '참선(參禪)'이라고 하든지, '참선(參禪)이다'라고 해야 한다.
1772) 毬子(구자) : 공. 이리저리 뛰는 마음을 말한다.
1773) 영가스님의 『증도가』에 나오는 말씀이다. (T51n2076_p0460b08, 『景德傳燈錄』 卷第三十, 「永嘉眞覺大師證道歌」. "從他謗任他非")

지금 잠시 바닷가의 달을 떠나서
물고기를 들고 곧장 시장으로 돌아간다네.”

231. 호정교胡釘鉸

寶壽和尚, 有胡釘鉸來參. 壽問: “莫是胡釘鉸否?” 胡云: “不敢.” 壽云: “還釘得虛空麼?” 胡云: “請和尚打破將來.” 壽便打. 胡釘鉸不肯. 壽云: “已後有多口阿師為汝點破去在.” 後參趙州, 州云: “莫是胡釘鉸麼?” 胡云: “不敢.” 州云: “還釘得虛空麼?” 胡云: “請和尚打破將來.” 州云: “且釘遮一縫.”
胡遂舉寶壽行棒因緣, 州云: “我與麼道, 與伀寶壽千里萬里.”1774)

1774) 『景德傳燈錄』 卷第十二, T51n2076_p0294c19~23. 『天聖廣燈錄』 卷第十二, X78n1553_p0475a21~b04. 『大藏一覽集』 卷之十, K45-0619. 『禪門拈頌集』 卷第十八, K46-0302, 749則. 『聯燈會要』 卷第十, 「鎭州保壽沼禪師」, X79n1557_p0093b08~15. 『五燈會元』 卷第十一, X80n1565_p0224b09~15. 『古尊宿語錄』 卷第十四, 「趙州眞際禪師語錄」, X68n1315_p0088c01~06. 참조. 『천성광등록』과 『연등회요』 『오등회원』 『고존숙어록』 『선문염송집』 등에서는 조주스님과 만난 일화가 약간씩 차이가 난다. “호정교가 후에 조주스님을 참례하니 조주스님이 말씀하셨다. ‘호정교가 아닌가?’ 호정교가 말했다. ‘그렇습니다만.’ 조주스님이 말씀하셨다. ‘허공에다 못질을 할 수 있느냐?’ 호정교가 말했다. ‘스님께서 부숴주십시오.’ 조주스님이 말씀하셨다. ‘또 한 번 땜질한데다가 못질을 했군.’ 호정교가 말끝에 깨닫고 보수스님에게 맞은 인연을 말씀드리니 조주스님이 말씀하셨다. ‘나는 이렇게 말했지만 보수는 천리만리로 군.’”(X78n1553_p0475a24~0475a24~0475b04, 『天聖廣燈錄』 卷第十二. “鉸後參趙州, 趙州云: ‘莫是胡釘鉸麼?’ 鉸云: ‘不敢.’ 趙州云: ‘還釘得虛空麼?’ 鉸云: ‘請和尚打破將來.’ 趙州云: ‘且釘者一縫.’ 鉸於言下省悟, 遂舉寶壽行棒因緣, 趙州云: ‘我恁麼道, 與寶壽千里萬里.’”) “호정교가 뒤에 조주스님을 찾아뵈니 조주스님이 말씀하셨다. ‘호정교가 아니냐?’ 호정교가 말했다. ‘그렇습니다만.’ 조주스님이 말씀하셨다. ‘허공에다 못을 박을 수 있느냐?’ 호정교가 말했다. ‘큰스님께서 부수어 주십시오.’ 조주스님이 말씀하셨다. ‘또 땜질한데가다 못을 박아버렸군.’ 호정교가 말이 끝나자마자 깨달았다. 그리고 보수스님이 몽둥이질한 인연을 말씀드리면서 물었다. ‘도대체 저의 허물이 어디 있습니까?’ 조주스님이 말씀하셨다. ‘나는 이렇게 주었지만 저 보수스님이 준 것은 천리만리다.’”(X79n1557_p0093b11~15, 『聯燈會要』 卷第十. “胡後見趙州, 州問: ‘莫是胡釘鉸麼?’ 胡云: ‘不敢.’ 州云: ‘還釘得虛空麼?’ 胡云: ‘請和尚打破將來.’ 州云: ‘且釘這一縫.’ 胡於言下, 有省. 遂舉保壽行棒因緣, 問州: ‘未審某甲, 過在甚麼處?’ 州云: ‘我與麼, 與他保壽, 千里萬里.’”) “호정교가 후에 조주스님을 찾아뵙고 이 일을 말씀드리니 조주스님이 말씀하셨다. ‘그대는 무엇 때문에 얻어맞았느냐?’ 호정교가 말했다. ‘허물이 어디에 있는지 모르겠습니다.’ 조주스님이 말씀하셨다. ‘다만 한 번 수리해 준 것도 어쩌질 못하는구나.’ 호정교가 여기서 깨달았다. 조주스님이 말씀하셨다. ‘또 수리한 데에다 못질을 해버렸군.’”(X80n1565_p0224b12~15, 『五燈會元』 卷第十一. “胡後到趙州, 舉前話, 州曰: ‘汝因甚麼被他打?’ 胡曰: ‘不知過在甚麼處.’ 州曰: ‘祇這一縫尚不奈何.’ 胡於此有省. 趙州曰: ‘且釘這一縫.’”) “호정교가 뒤에 조주스님께 말씀드리니 스님이 말씀하셨다. ‘그대는 무엇 때문에 얻어맞은 거냐?’ 말했다. ‘허물이 어디에 있는지 모르겠습니다.’ 스님이 말씀하셨다. ‘한 번 수리해 주었는데도 어쩌지 못하는데 다시 부수게 하였구나.’ 호정교가 문득 깨달았다. 스님이 또 말씀하셨다. ‘또 수리한 데에다 못을 박아버렸군.’”(X68n1315

보수 연소스님[1775]께 호정교[1776]가 참례하였다.

"호정교가 아닌가?"

호정교가 말했다.

"그렇습니다만."

보수스님이 말씀하셨다.

"허공에다 못을 박을 수 있겠느냐?"

호정교가 말했다.

"스님께서 허공을 때려서 흠을 내 보십시오."[1777]

보수스님이 곧 때리셨다.

호정교가 긍정하지 않았다.

보수스님이 말씀하셨다.

"이후에 말 많은 스승이 너를 위해 점파해주리라."

후에 조주스님을 참례하니 조주스님이 말씀하셨다.

"호정교가 아니냐?"

호정교가 말했다.

"왜 아니겠습니까?"

　_p0088c03~06, 『古尊宿語錄』 卷第十四. "胡釘鉸後擧似師, 師云: '你因什麼被他打?' 云: '不知過在什麼處.' 師云: '只者一縫尚不奈何, 更敎他打破.' 釘鉸便會. 師又云: '且釘者一縫.'") "호정교가 조주스님께 가서 앞의 얘기를 말씀드렸다. '저의 허물이 도대체 어디 있습니까?' 조주스님이 말씀하셨다. '이 한 번의 수리도 어쩌지 못하는구나.' 이에 호정교가 깨달았다."(K46-0302, 749則, 『禪門拈頌集』 卷第十八. "鉸後到趙州, 擧前話, 問: '不知某甲過在甚處.' 州云: '只這一縫尙不奈何.' 鉸於此有省.")

1775) 寶壽延沼(보수연소) : 백장회해(百丈懷海)-황벽희운(黃檗希運)-임제의현(臨濟義玄)-보수연소(寶壽延沼). 스님에 대해서 자세히 알려진 바가 없다. 오대후당(五代後唐) 스님. 보수연소(保壽延沼)라고도 한다. 임제의현스님의 법을 이었다. 제자로 서원사명(西院思明), 보수화상(寶壽和尙), 호정교(胡釘鉸) 등이 있다.

1776) 胡釘鉸(호정교) : 황벽희운(黃檗希運)-임제의현(臨濟義玄)-보수연소(寶壽延沼)-호정교(胡釘鉸). 호령능(胡令能)이라고도 한다. 시골에 살던 은자이다. 어렸을 적부터 거울을 갈고 조각하며 못을 사용하여 기구를 수리하는 업을 하고 살았다. 그래서 세상 사람들이 호정교(胡釘鉸)[호(胡)는 오랑캐. 정교(釘鉸)는 강호에 떠돌아다니는 사람으로 거울을 갈고 솥을 때우며 금은세공을 하거나 기구를 손질하는 일을 업으로 삼고 사는 사람을 말함]라고 불렀다. 시를 잘 지었으며 참선하는 것을 좋아하였다고 한다.

1777) 將來(장래) : 동사 밑에 오는 어조사다. ~해 오다. 동사의 뒤에서 동작의 현재화를 나타낸다. 그 외에도 '가까이 다가오려 하다', '가지고 오다, 데려오다', '미래' 등의 뜻이 있다.

조주스님이 말씀하셨다.

"허공에다 못을 박을 수 있겠느냐?"

호정교가 말했다.

"스님께서 허공을 때려서 흠을 내 주십시오."

조주스님이 말씀하셨다.

"한 번 수리한 데에다 또 못질을 해버렸군."

호정교가 보수스님께 얻어맞은 인연을 말씀드렸다.

조주스님이 말씀하셨다.

"나는 이렇게 말해 주었지만 보수스님과는 천리만리나 되는구먼."1778)

232. 치주수륙淄州水陸

僧問水陸和尙: "如何是學人用心處?" 曰: "用心卽錯." 僧云: "不起一念時如何?" 曰: "沒用處漢." 僧云: "此事如何保任?" 曰: "切忌." 問: "狹路相逢時如何曰?" 便與攔胸托一托.1779)

한 스님이 치주 수륙스님1780)께 여쭈었다.

"학인이 마음을 쓸 곳이 어디입니까?"

말씀하셨다.

"마음을 쓰면 그르친다."

그 스님이 말했다.

"한 생각도 일어나지 않을 때는 어떻습니까?"

말씀하셨다.

1778) 이 이야기에 대혜스님의 염송이 있다. "설사 못을 박아 잘 수선하였더라도/ 점검해보니 좋은 솜씨는 아니로구나./ 아깝다! 두 노선사께서/ 속인에게 집안의 허물을 말해버렸네." (T47n1998Ap0852a22~23, 『大慧普覺禪師語錄』 卷第十. "直饒釘得這一縫, 點撿將來非好手. 可憐兩个老禪翁, 卻向俗人說家醜.")

1779) 『景德傳燈錄』 卷第十二, T51n2076_p0299a15~19. 『天聖廣燈錄』 卷第十四, X78n1553_p0487b17~20. 『聯燈會要』 卷第十一, X79n1557_p0099b03~06. 『五燈會元』 卷第十一, X80n1565_p0228c21~25. 참조.

1780) 淄州水陸(치주수륙) : 황벽희운(黃檗希運)-임제의현(臨濟義玄)-삼성혜연(三聖慧然)-치주수륙(淄州水陸). 오대후진(五代後晉)스님. 임제종스님이다. 치주(淄州)[산동성(山東省) 치박(淄博) 치천(淄川)] 출신.

"쓸 데가 없는 놈이로군."
그 스님이 말했다.
"이 일을 어떻게 보임할까요?"
말씀하셨다.
"절대 그러지 마라."1781)
여쭈었다.
"좁은 길에서 서로 만날 땐 어떻게 말합니까?1782)"
곧장 가슴팍을 확 밀쳐버리셨다.

233. 금봉종지金峰從志

金峯和尚, 示眾, 云: "金峯二十年前有老婆心, 二十年後無老婆心."
僧便問: "如何是二十年前有老婆心?" 曰: "問凡答凡, 問聖答聖." 云: "如何是二十年後無老婆心?" 曰: "問凡不答凡, 問聖不答聖."1783)

금종 종지스님1784)이 대중에게 열어 보이셨다.
"이 금봉이 20년 전에는 노파심이 있었지만 20년 후에는 노파심이 없을 것입니다."

한 스님이 곧장 여쭈었다.
"20년 전에는 노파심이 있었다는 것이 무엇입니까?"

1781) 『경덕전등록』 12권에선 여기에 문답이 하나 더 있다. "'최초의 일구(一句)가 무엇입니까?' 선사께서 문득 할을 하셨다."(T51n2076_p0299a17~18, 『景德傳燈錄』 卷第十二. "問: '如何是最初一句?' 師便喝.") 『오등회원』에서는 조금 더 있다. "'최초의 일구가 무엇입니까?' 선사께서 문득 할을 하시니, 그 스님이 절을 하였다. 스님이 불자로 점을 찍고 말씀하셨다. '여기다 내려 놓아라.'"(X80n1565_p0228c23~24, 『五燈會元』 卷第十一. "問: '如何是最初一句?' 師便喝, 僧禮拜, 師以拂子點曰: '且放.'")
1782) 如何曰(여하왈) : 『경덕전등록』 12권에서는 '왈(曰)'이 없다.
1783) 『禪門拈頌集』 卷第二十六, K46-0424, 1141則. 『五燈會元』 卷第十三, X80n1565_p0274b14~18. 『御選歷代禪師語錄』 後集中, X68n1319_p0686b13~16. 참조.
1784) 金峰從志(금봉종지) : 운암담성(雲巖曇晟)-동산양개(洞山良价)-조산본적(曹山本寂)-금봉종지(金峰從志). 오대후량(五代後梁) 때의 조동종스님. 호는 현명(玄明)이다. 조산 본적스님의 법을 잇고 나서 무주(撫州) 금봉(金峰)에 머무르다가 금릉(金陵) 보은원(報恩院)에 주석하면서 입적하였다. 시호는 원도선사(圓度禪師)이고 탑호는 원적(圓寂)이다.

말씀하셨다.

"세속을 물으면 세속으로 답하고, 성스러움을 물으면 성스러움으로 답한다."

말했다.

"20년 후에 노파심이 없을 것이라는 것이 무엇입니까?"

말씀하셨다.

"세속을 물으면 세속으로 답하지 않고, 성스러움을 물으면 성스러움으로 답하지 않는다."1785)

234. 황벽희운黃檗希運

黃檗和尚, 示衆, 云: "汝等諸人盡是嚵酒糟漢. 與麼行脚, 何處有今日? 還知大唐國裏無禪師麼?"
時有僧云: "只如諸方匡徒領衆, 又作麼生?" 曰: "不道無禪, 只是無師." 潙山問仰山: "作麼生?" 仰山云: "鵝王擇乳, 素非鴨類." 潙山云: "此實難辨."1786)

황벽 희운스님1787)이 대중에게 열어 보이셨다.

"여러분들은 모두가 술지게미나 처먹는 놈들입니다. 이렇게 행각하면 어느 곳에 오늘이 있겠습니까?1788)

이 커다란 당나라 안에 선사가 없는 줄 알기나 합니까?"

1785) 여기에 대혜스님의 덧붙임이 있다. "'이 경산이 그때 보았다면 오조 노스님의 일을 가지고서 상대했을 텐데.' 그리고는 손으로 비둘기 부리모양을 만드시고 말씀하셨다. '구구구.'"(T47n1998Ap0824a19~21, 『大慧普覺禪師住徑山能仁禪院語錄』卷第三. "徑山當時若見, 只將五祖師翁底對他.' 遂擧手作鵓鳩嘴云: '谷谷呱.'")

1786) 『天聖廣燈錄』卷第八, X78n1553_p0452b19~24. 『禪門拈頌集』卷第十, K46-0164, 390則. 참조.

1787) 黃檗希運(황벽희운) : 남악회양(南嶽懷讓)-마조도일(馬祖道一)-백장회해(百丈懷海)-황벽희운(黃檗希運). ?~856. 주490) 참조.

1788) 『천성광등록』 8권엔 이렇게 나온다. "이렇게 행각하면 남들이 배꼽잡고 웃어젖힌다. 모두가 이렇게 하면 쉬운 듯이 보이지만 어디에 다시 오늘이 있겠는가?"("與麼行脚, 笑殺他人. 總似與麼容易, 何處更有今日?")

그때 한 스님이 말했다.

"그렇지만 제방에서 제자들을 바로 잡아주고 대중을 이끄는 것은 또 뭡니까?1789)"

말씀하셨다.

"선(禪)이 없다고 말하는 게 아니라 다만 스승(師)이 없다는 것이다."1790)

위산스님이 앙산스님에게 물으셨다.

"무슨 뜻이냐?"1791)

앙산스님이 말씀하셨다.

"거위 왕이 우유를 가려내는 것은 본래부터 오리가 아니기 때문입니다."

위산스님이 말씀하셨다.

"이는 가려내기가 참으로 어렵구나."

1789) 又作麼生(우자마생) : 『천성광등록』 8권에서는 이렇게 나온다. "어째서 도리어 선사가 없다고 하십니까?"("爲什麼却道無禪師?")

1790) 이 화(話)에 대한 대혜스님의 염송과 보설이 있다. "몸에 걸친 옷으로는 추위 막지만/ 입으로 밥 말해선 배 안부르네./ 큰 당나라 안에 있는 노파선일랑/ 오늘 바로 그대 위해 설명하였네."(T47n1998Ap0851a23~24, 『大慧普覺禪師語錄』卷第十. "身上着衣方免寒, 口邊說食終不飽. 大唐國裏老婆禪, 今日爲君注破了.") "이 화(話)가 재앙의 모태가 되었습니다. 아직 깨닫지 못한 이는 잘못 알았다고 말하지 마십시오. 설사 철두철미하게 깨달았어도 아직 큰 법에 밝지 못하다면 저 황벽스님을 엿보아도 알지 못합니다. 황벽스님이 '선(禪)이 없다고 말하는 게 아니라, 다만 스승이 없다는 것이다.'라고 말씀하신 것을 그대들은 어떻게 이해합니까? 대중 가운데 상량하기를, '사람마다 자기 분상에서 누가 대장부가 아니기에 스승을 통해서만 이어가야만 한단 말이냐? 술지게미를 씹는다 함은 언어를 되씹는다는 것이니, 언어란 옛사람의 지게미이기 때문이다.'라고 하는데, 전혀 관계가 없는 말입니다. 무간지옥의 업을 부르지 않고 싶으면 여래의 바른 법륜을 비방하지 말아야 합니다. 들어 보지 못하였습니까? 위산스님이 앙산스님에게 물으셨습니다. '무슨 뜻이냐?' 앙산스님이 말씀하셨습니다. '거위 왕이 우유를 가려내는 것은 본래부터 오리가 아니기 때문입니다.' 위산스님이 말씀하셨습니다. '이는 가려내기가 참으로 어렵구나.' 하셨으니, 위산스님과 앙산스님의 이런 문답을 어떻게 상량하겠습니까? 여기에 이르면 모름지기 그런 사람이라야 합니다. 바로 '이것'을 알지 못한다면 곧바로 정전백수자·마삼근·건시궐·거해칭추 등의 화(話)도 모두가 지게미일 것입니다."(T47n1998Ap0870c02~13, 『大慧普覺禪師普說』卷第十四. "這箇話頭, 便是箇禍胎. 莫道未悟者錯會. 直饒悟得徹頭徹尾, 大法不明, 也覷他黃檗不見. 只如黃檗道:'不道無禪, 只是無師.' 爾如何理會? 衆中商量道:'人人分上, 誰不丈夫? 豈假師承? 嚼酒糟便是咬言語, 言語乃古人糟粕也.' 且喜沒交涉. 欲得不招無間業, 莫謗如來正法輪. 豈不見? 潙山擧此話問仰山, 云:'黃檗意作麼生?' 仰山云:'鵝王擇乳, 素非鴨類.' 潙山云:'此實難辨.' 只如潙山仰山恁麼問答, 又作麼生商量? 到這裏, 須是箇人始得. 旣不會這箇, 便將庭前柏樹子麻三斤乾屎橛鋸解秤鎚之類, 盡爲糟粕.")

1791) 潙山問仰山作麼生(위산문앙산자마생) : 『천성광등록』 8권에서는 이렇게 나온다. "뒤에 위산스님이 이 인연을 거론하여 앙산스님에게 물으셨다. '뜻이 무엇이냐?'"("後潙山擧此因緣問仰山, 云:'意作麼生?'")

235. 운개안雲葢安

雲葢安和尙問, 石霜: "萬戶俱閉即不問, 萬戶俱開時如何?" 霜云: "堂中事作麼生?" 安云: "無人接得渠." 霜云: "道也煞道, 只道得八成." 云: "却請師道." 霜云: "無人識得渠."

妙喜曰: "一對無孔鐵鎚, 就中一箇最重."1792)

운개 안스님1793)이 석상 경저스님1794)께 여쭈었다.

"만 개의 문1795)이 함께 닫혀 있는 것은 여쭙지 않겠습니다. 만 개의 문이 함께 열릴 때는 어떠합니까?"

석상스님이 말씀하셨다.

"당(堂) 안의 일은 어떠냐?"

안스님이 말씀하셨다.

"그를 가까이하는 이가 아무도 없습니다."

석상스님이 말씀하셨다.

"말하기는 아주 잘 말했다만 단지 8정도만 말했다."

말씀하셨다.

"스님께서 말씀해보십시오."1796)

1792) 『祖堂集』 卷第九, K45-0292. 『景德傳燈錄』 卷第十五, T51n2076_p0321a08~13. 『聯燈會要』 卷第二十二, 79n1557_p0189b24~c05. 『禪門拈頌集』 卷第十四, K46-0231, 557則. 『古尊宿語錄』 卷之二十五, X68n1315_p0167b23~c02. 『禪林類聚』 卷第三, X67n1299_p0020c15~20. 참조.

1793) 雲葢安(운개안) : 약산유엄(藥山惟儼)-도오원지(道吾圓智)-석상경저(石霜慶諸)-운개안(雲葢安). 담주운개산지원원정(潭州雲葢山志元圓淨)스님이다. 혹은 지안(志安), 지원(志圓)으로도 썼다. 오대후량(五代後梁)스님으로 법휘(法諱)는 원선(源禪)이다. 석상 경저스님의 법을 잇고 담주(潭州)[호남 장사] 운개산(雲葢山)에서 크게 교화하였다. 시호는 원정대사(圓淨大師)이다.

1794) 石霜慶諸(석상경저) : 석두희천(石頭希遷)-약산유엄(藥山惟儼)-도오원지(道吾圓智)-석상경저(石霜慶諸). 807~888. 주918) 참조.

1795) 萬戶(만호) : 만 명의 사람. 아주 많은 집.

1796) 이 뒷 구절이 『연등회요』 22권과 좀 다르다. "스님이 듣고서 석상스님께 청하였다. '스님께서 말씀해보십시오.' 석상스님이 말씀하셨다. '말하지 않겠다.' 스님이 석상스님을 껴안은 채로 방장실까지 따라 갔다. 다시 절을 계속하면서 말씀드렸다. '스님 저를 위해서 말씀해 주십시오. 만일 말씀하지 않으신다면 반드시 스님을 때리고야 말겠습니다.' 석상스님이 말씀하셨다. '딱 맞는군.' 스님이 다시 절을 하니 석상스님이 말씀하셨다. '아무도 그를 알지 못한다.' 스님이 말씀 끝에 깨달았다. ("師聞, 乃禮請石霜: '為道.' 霜: '不道.' 師抱石霜從方丈後去. 復作禮不住, 云: '請和尙, 為某甲道. 若不道, 須打和尙去.' 霜云: '得在.' 師復設拜, 霜云: '無人識得渠.' 師於言下有省.")

석상스님이 말씀하셨다.
"아무도 그를 알지 못한다."1797)

묘희스님이 말씀하셨다.
"한 쌍1798)의 구멍 없는 쇠망치가 있는데 그 중에 한 개가 가장 무겁다."

236. 낭야혜각琅邪慧覺

琅邪覺和尚, 示眾, 云: "本來無一物, 壓殺世間人. 直饒便分明, 坐在糞坑裏. 作麽生是透脫一路? 妙音觀世音, 梵音海潮音." 頌百丈野狐話, 云: "明鏡當臺鑒者稀, 禪人到此擬何之. 直饒點破秋天月, 元來只是野狐兒." 頌淸平大乘小乘話, 云: "山高日出早, 巖下靑松老. 蹋折杏花枝, 一任寒風掃."
頌風幡話, 云: "不是風兮不是幡, 多口闍梨莫可詮. 若將巧語求玄會, 特地千山隔萬山."1799)

낭야 혜각스님1800)이 대중에게 열어 보이셨다.

1797) 이 '운개만호화(雲蓋萬戶話)'가 『선종송고련주통집』 27권에서는 이렇게 나온다. "어떤 스님
  이 석상 경저스님에게 물었다. '만호의 문이 닫혀 버린 것은 여쭙지 않겠습니다만 만호의 문이
  모두 열렸을 때는 어떻습니까?' 석상스님이 말했다. '집안의 일은 어떤데?' 그 스님이 대답이 없
  었다. 반년이 지나서야 일전어(一轉語)를 말했다. '그를 제접할 이가 아무도 없습니다.' 석상스님
  이 말했다. '말은 아주 잘했다마는 고작 8할 정도로구나.' 말씀드렸다. '화상께서는 또 어떻게
  하시겠습니까?' 석상스님이 말했다. '그를 아는 이가 아무도 없다.' 운개안스님이 이를 듣자 알
  게 되었다. 그리고는 절을 올리고 그 내용을 말씀 올렸으나 석상스님은 긍정하질 않았다. 그러
  자 스님이 석상스님을 껴안고 방장실로 가서는 말했다. '화상께서 말씀하시지 않으신다면 때리
  겠습니다.' 석상스님이 말했다. '눈치 채버렸군.' 스님이 연거푸 절을 올리자 석상스님이 말했다.
  '그를 아는 이가 아무도 없다.' 스님이 말 떨어지자마자 몰록 깨달았다."(『禪宗頌古聯珠通集』
  卷第二十七, X65n1295_p0644a15~19. "因僧問石霜: '萬戶俱閉卽不問, 萬戶俱開時如何?' 霜曰:
  '堂中事作麽生?' 僧無對. 經半年方始下一轉語, 曰: '無人接得渠.' 霜曰: '道卽太殺道, 祇道得八
  成.' 曰: '和尚又且如何?' 霜曰: '無人識得渠.' 師聞知乃禮拜乞爲擧, 霜不肯. 師乃抱霜上方丈,
  曰: '和尚若不道, 打和尚去在.' 霜曰: '得在.' 師頻禮拜. 霜曰: '無人識得渠.' 師於言下頓省.")
1798) 一對(일대) : 한 쌍. 한 벌. 부부.
1799) 『嘉泰普燈錄』 卷第二, X79n1559_p0295a20~22. 『禪門拈頌集』 卷第十八, K46-0300, 746
  則. 同卷第四, K46-0052, 110則. 『禪宗頌古聯珠通集』 卷第十, X65n1295_p0532a17~18. 『宗
  鑑法林』 卷十, X66n1297_p0342a01~02. 참조.
1800) 琅邪慧覺(낭야혜각) : 풍혈연소(風穴延沼)-수산성념(首山省念)-분양선소(汾陽善昭)-낭야혜각
  (琅邪慧覺). 주76) 참조.

"본래 한 물건도 없으면서
세간 사람들을 눌러 죽입니다.
설사 바로 분명하더라도
똥구덩이 속에 앉아 있는 것입니다.

어떤 것이 투탈하는 한 길입니까?

묘음(妙音), 관세음(觀世音), 범음(梵音), 해조음(海潮音).1801)"

〈백장야호(百丈野狐話)〉 화두에1802) 노래하셨다.

"밝은 거울에 비치는 것이 드문데
납자들은 예서 갈 데를 헤아리누나.
설사 가을 하늘 달을 점파(點破)1803)했어도

1801) 妙音觀世音 梵音海潮音(묘음관세음 범음해조음) : 『법화경』 7권 「관세음보살보문품」의 게송
    이다. (T09n0262_p0058a26, 『妙法蓮華經』 卷第七, 「觀世音菩薩普門品」 第二十五. "妙音觀世
    音, 梵音海潮音.") 묘음(妙音)[미묘한 소리], 관세음(觀世音)[세상을 관하는 소리], 범음(梵音)[범
    천의 소리], 해조음(海潮音)[바다 조수의 소리] 등은 모두 다 부처님으로부터 나오는 진동이다.
1802) 百丈野狐話(백장야호화) : 『백장대지선사어록』에 나오는 화두이다. "스님이 매일 상당법문을
    하셨는데 항상 한 노인이 설법을 들었다. 하루는 법문이 끝나고 대중이 모두 흩어졌는데도 그
    노인은 가지 않고 있었다. 스님이 물으셨다. '서 있는 자는 누구냐?' 노인이 말했다. '저는 옛날
    가섭부처님 시절에 이 산에 살고 있었는데 하루는 어떤 학인이 물었습니다. 「대수행인도 인과에
    떨어집니까?」 그래서 그에게 이렇게 말해 주었습니다. 「인과에 떨어지지 않는다.」 그러자 그만
    들여우의 몸을 받게 된 것입니다. 지금 스님께서 일전어(一轉語)를 말씀해 주십시오.' 스님이 말
    씀하셨다. '그대가 물어라.' 노인이 곧 물었다. '대수행인도 인과에 떨어집니까?' 스님이 말씀하
    셨다. '인과에 매하지 않는다.' 노인이 말끝에 크게 깨달았다. 그리고는 스님을 하직하면서 말씀
    드렸다. '제가 이미 들여우의 몸을 벗어 버리고 산의 뒤쪽에 두었으니, 죽은 스님의 예법으로
    다비를 해 주십시오.' 스님이 유나에게 백추(白槌)를 쳐서 대중에게 알리라고 하셨다. 공양이 끝
    나고 죽은 스님을 보내는 보청이 있다고 하니 대중이 상세히 알지를 못하였다. 스님이 대중을
    이끌고 산의 뒤편으로 가서 바위 밑에서 주장자로 죽은 여우 한 마리를 꺼내셨다. 그리고는 법
    식대로 화장하여 다비를 치러 주었다." (X69n1322_p0006c03~11, 『洪州百丈山大智禪師語錄』.
    "師每日上堂, 常有一老人聽法. 隨眾散去, 一日不去. 師乃問:'立者何人?'老人云:'某甲於過去
    迦葉佛時, 曾住此山, 有學人問:「大修行底人, 還落因果也無?」對云:「不落因果.」墮在野狐身.
    今請和尚代一轉語.'師云:'汝但問.'老人便問:'大修行底人, 還落因果也無?'師云:'不昧因果.'
    老人於言下大悟. 告辭師云:'某甲已免野狐身, 住在山後, 乞依亡僧燒送.'師令維那白槌告眾. 齋
    後普請送亡僧, 大眾不能詳. 師領眾至山後巖下, 以杖挑出一死狐. 乃依法火葬.")
1803) 點破(점파) : 점검하다. 뾰족한 것으로 찔러 터뜨리다.

원래부터 여우였을 뿐이었다네."

청평스님의1804) 〈대승소승(大乘小乘)〉 화두에1805) 노래를 하셨다.

"산이 높아 해가 일찍 떠올랐으니
바위 아래 푸른 솔은 늙어버렸네.
살구꽃의 가지를 밟아 꺾어서
쓸고 가는 찬바람에 맡겨 두노라."

〈풍번(風幡)〉 화두에1806) 노래를 하셨다.

"바람도 아니요 깃발도 아니라 하니
말 많은 큰스님도 밝히질 못해.
공교한 말로 깊이 알려한다면
돌연 천산이 만산에 막혀버리네."

1804) 淸平令遵(청평영준) : 석두희천(石頭希遷)-단하천연(丹霞天然)-취미무학(翠微無學)-청평영준
(淸平令遵). 845~919. 주409) 참조.
1805) 大乘小乘話(대승소승화) : 청평스님의 문답에서 나온 화두이다. "그때 한 스님이 여쭈었다.
'어떤 것이 대승입니까?' 스님이 말씀하셨다. '새끼줄이다.' 말했다. '어떤 것이 소승입니까?' 스
님이 말씀하셨다. '돈 꾸러미다.'" (T51n2076_p0318c22~23, 『景德傳燈錄』 卷第十五. "時有僧
問: '如何是大乘?' 師曰: '麻索.' 曰: '如何是小乘?' 師曰: '錢貫.'")
1806) 風幡話(풍번화) : 육조 혜능스님의 일화이다. "한 때 바람이 불어 깃발이 펄럭였다. 한 스님
이 말했다. '바람이 움직이는 거야.' 또 한 스님이 말했다. '깃발이 움직이는 거지.' 논란이 끊어
지지 않자 혜능스님이 나서서 말하였다. '바람이 움직이는 것도 아니고 깃발이 움직이는 것도
아니고 그대들의 마음이 움직이는 것입니다.'" (T48n2008_p0349c10~12, 『六祖大師法寶壇經』.
"時有風吹幡動. 一僧曰: '風動.' 一僧曰: '幡動.' 議論不已, 惠能進曰: '不是風動, 不是幡動. 仁
者心動.'")

237. 늑담문준泐潭文準

泐潭準和尚, 示眾, 云: "祖師關棙子, 幽隱罕人知. 不是悟心者, 如何舉向伊?" 乃喝一喝. 云: "是何言歟? 若一向恁麼, 達磨一門, 掃土而盡. 所以大覺世尊初悟此事, 便乃開方便門示眞實相. 普令南北東西四維上下, 郭大李二鄧四張三同明斯事. 雲巖今日不免效古開方便門去也." 以拂子擊禪牀一下. 云: "方便門開也. 作麼生是眞實相?" 良久. 云: "十八十九, 癡人夜走."1807)

늑담 문준스님1808)이 대중에게 열어 보이셨다.

"조사의 관려자(關棙子)1809)는
깊숙이 감추어져 있어 아는 사람이 드물다네.
마음을 깨달은 이가 아니라면
어떻게 그것을 들먹이랴?"

"억!"

말씀하셨다.
"이건 무슨 말입니까? 만일 한결같이 이렇기만 하다면 달마의 한 문중이 온통 다1810) 사라져버릴 것입니다. 그러므로 대각이신 세존께서 처음 이 일을 깨달으시고 곧 방편문(方便門)을 열어 진실상(眞實相)을 보이셨습니다. 널리 남·북·동·서, 네 간방, 위 아래로 확대하여 이(李)씨 둘, 등(鄧)씨 넷, 장(張)씨 셋 등과 함께 이 일을 밝히게 하셨습니다. 이 운암이 오늘 옛날을 본뜸을 무릅쓰고 방편문을 열겠습니다."

1807) 『續刊古尊宿語要』 第一集, 「湛堂準和尚語」, X68n1318_p0365b04~10. 『聯燈會要』 卷第十五, X79n1557_p0133c22~0134a04. 『五燈會元』 卷第十七, X80n1565_p0366c16~22. 참조.
1808) 泐潭文準(늑담문준) : 석상초원(石霜楚圓)-황룡혜남(黃龍慧南)-운암극문(雲庵克文)-담당문준(湛堂文準). 1061~1115. 주29) 참조.
1809) 關棙子(관려자) : 문빗장. 관건. 깨달음을 여는 비밀한 요결(要訣).
1810) 掃土(소토) : 땅을 쓸다. 모든 지역. 전 지역. 온통 다.

불자로 선상을 한 번 치셨다.

말씀하셨다.
"방편문이 열렸습니다. 어떤 것이 진실상입니까?"

한참 묵묵히 계셨다.

말씀하셨다.
"십팔. 십구. 어리석은 사람이 밤에 달리는구나."

238. 항마장降魔藏

降魔藏和尚參北宗秀和尚. 秀問: "汝名降魔, 此無山精木恠. 汝翻作魔邪?"
曰: "有佛有魔." 秀曰: "汝若是魔, 必住不思議境界." 曰: "是佛亦空, 何境界之
有?"1811)

항마장스님1812)이 북종 신수스님1813)을 참례하셨다.

1811) 『景德傳燈錄』 卷第四, T51n2076_p0232b19~22. 『聯燈會要』 卷第三, X79n1557_p0028a03
~06. 『五燈會元』 卷第二X80n1565_p0052c20~0053a03. 참조.
1812) 降魔藏(항마장) : 쌍봉도신(雙峰道信)-황매홍인(黃梅弘忍)-옥천신수(玉泉神秀)-항마장(降魔
藏). 조군(趙郡) 출신. 속성은 왕씨(王氏). 부친은 고을의 아전벼슬을 하였다. 7세에 광복원(廣福
院) 명찬선사(明讚禪師)에게 출가하였다. 그 당시 벌판에는 많은 요귀들이 있어 사람들을 홀렸는
데 스님이 두려움 없이 홀로 제압하였다. 그러므로 항마(降魔)라는 이름을 얻게 된 것이다. 신수
스님이 예언을 해 주었다. "너는 소호(少皥)의 터에 인연이 있다." 이에 스님이 태산에 들어갔는
데 금세 사방에서 참학자들이 구름같이 모여들었다. 하루는 제자들에게 말했다. "나는 이제 늙
었구나. 사물이 궁극에 이르면 근원으로 돌아가는 법이지." 말을 마치고 나서 입적하였다. 세수
91세다.
1813) 玉泉神秀(옥천신수) : 감지승찬(鑑智僧璨)-쌍봉도신(雙峰道信)-황매홍인(黃梅弘忍)-옥천신수
(玉泉神秀). 605~706. 변주(汴州)[하남성 개봉의 남쪽] 위씨현(尉氏縣) 출신으로 속성은 이씨(李
氏)이다. 어렸을 적부터 경전과 역사서를 많이 보아 박학다식하였다. 스승을 찾아 도를 묻고자
돌아다니다가 기주(蘄州) 쌍봉(雙峰) 동산사(東山寺)에 주석하던 오조홍인(五祖弘忍)대사를 참례
하였다. 675년에 홍인대사가 입적하자 강릉(江陵) 당양산(當陽山) 옥천사(玉泉寺)로 옮겨 전법하
였다. 덕풍을 크게 드날리니 측천무후가 공경하며 도문사(度門寺)를 지어드렸다. 측천무후에게
청하여 육조 혜능스님에게 서신을 보냈으나 혜능스님이 자신은 영남에 인연이 있어 대유령을 넘
지 않겠다고 고사(固辭)하니 이로부터 선문(禪門)이 남능북수(南能北秀)라고 일컫게 되었다. 신
룡(神龍) 2년 낙양 천궁사(天宮寺)에서 세수 102세로 입적하였다. 선문에서 최초로 시호를 대통

신수스님이 물으셨다.

"너의 이름이 항마(降魔)라고 하나 여기는 산귀(山鬼)와 나무 요괴가 없다. 그런데 네가 마(魔)가 되겠느냐?"

말씀하셨다.

"부처님이 있으니까 마(魔)가 있습니다."

신수스님이 말씀하셨다.

"네가 만일 마(魔)라면 반드시 부사의경계(不思議境界)에 머물겠구나."

말씀하셨다.

"부처님이라 하여도 텅 빔인데, 무슨 경계가 있겠습니까?"

239. 석두희천石頭希遷

石頭和尙, 示衆, 云: "吾之法門先佛傳授. 不論禪定精進, 唯達佛之知見. 卽心卽佛, 心佛衆生, 菩提煩惱, 名異體一. 汝等當知. 自己心靈, 體離斷常, 性非垢淨, 湛然圓滿, 凡聖齊同, 應用無方, 離心意識. 三界六道, 唯自心現, 水月鏡像, 豈有生滅? 汝能知之, 無所不備."

僧問: "如何是解脫?" 曰: "誰縛汝?" 曰: "無人縛." 曰: "誰求解脫?" 問僧: "從甚麼處來?" 僧云: "江西來." 曰: "見馬大師麼?" 云: "見." 頭乃指一橛柴, 曰: "馬師何似遮箇?" 僧無對, 却回擧似馬大師, 馬曰: "汝見橛柴大小?" 云: "沒量大." 馬曰: "汝甚有力." 僧云: "何也?" 馬曰: "汝從南嶽負一橛柴來, 豈不是有力?"1814)

석두 희천스님1815)이 대중에게 열어 보이셨다.

"나의 법문은 앞의 부처님이 전수하신 것입니다. 선정(禪定)과 정진(精進)을 말할 것 없이 오직 부처님의 지견(知見)만 알면 됩니다. 즉심즉불(卽心卽佛)

선사(大通禪師)라 받았다.

1814) 『景德傳燈錄』第十四, T51n2076_p0309b12~27. 『聯燈會要』卷第十九, X79n1557_p0162c14~18, 0163a02~06. 『五燈會元』卷第五, X80n1565_p0108c19~0109a06. 참조.

1815) 石頭希遷(석두희천) : 황매홍인(黃梅弘忍)-조계혜능(曹溪慧能)-청원행사(靑原行思)-석두희천(石頭希遷). 700-790. 주1121) 참조.

이니, 마음과 부처님과 중생, 보리와 번뇌는 이름은 다르나 본체는 하나입니다.

여러분은 반드시 아십시오.

자기 심령은 체성이 단상(斷常)1816)을 여의었기에, 성품은 더럽고 깨끗함이 아니므로 담연하고 원만합니다.

그렇기에 평범함과 성스러움은 한 가지며, 감응하여 작용함에 일정함이 없이 변화가 무궁무진하여 심의식(心意識)1817)을 여의었습니다.

삼계 육도가 오직 자기 마음의 나타남이니 물에 비친 달과 거울에 비친 형상이 어찌 생멸이 있겠습니까?

여러분이 갖추고 있지 않은 것이 없는 줄을 잘 알아야 합니다.”

한 스님이 여쭈었다.

“해탈이 어떤 것입니까?”

말씀하셨다.

“누가 너를 묶었더냐?”

말하였다.

“아무도 묶지 않았습니다.”

말씀하셨다.

“누가 해탈을 구하느냐?”

한 스님에게 물으셨다.

“어디서 오느냐?”

그 스님이 말했다.

“강서에서 왔습니다.”

말씀하셨다.

“마조대사를 뵈었느냐?”

1816) 斷常(단상) : 단견(斷見)과 상견(常見)을 말하는 것으로 편벽된 극단을 집착하는 두 가지의 견해를 말한다. 잘못된 변집견(邊執見)이다.

1817) 心意識(심의식) : 심(心)은 ⓢcitta의 번역이고, 의(意)는 ⓢmanas의 번역이며, 식(識)은 ⓢvijñāna의 번역이다. 유식종에서는 종자를 가지고 적집(積集)하는 제8아뢰야식을 심(心)이라 하고, 아집(我執)을 가지고 사량(思量)하므로 제7말나식을 의(意)라하며, 제6사량식은 대상을 인식하므로 식(識)이라 한다.

말했다.

"뵈었습니다."

석두스님이 나무막대기 하나를 가리키며 말씀하셨다.

"마조대사가 이것과 어떠하냐?"

그 스님이 대답이 없었다.

돌아가서 마조대사께 이 일을 들어 말씀드리니, 마조대사가 말씀하셨다.

"너는 나무막대기 크기를 보았느냐?"

말했다.

"엄청 컸습니다."

마조대사가 말씀하셨다.

"너는 힘이 좋구나."

말했다.

"네?"

마대사가 말씀하셨다.

"네가 남악에서부터 막대기를 하나 지고 왔으니, 힘이 좋은 게 아니면 뭐냐?"

240. 정상좌定上座

嚴頭共雪峯欽山去參臨濟, 中路逢定上座. 頭乃問: "甚麼處來?" 定曰: "臨濟來." 曰: "和尚萬福?" 定云: "和尚已遷化也." 曰: "某三人特去禮拜, 又值和尚遷化, 某等薄福不見和尚. 未審有何言句? 請上座擧一兩則."

定遂擧臨濟上堂, 云: "'赤肉團上有一無位真人, 常從汝等諸人面門出入. 未證據者看!看!'

時有僧問: '如何是無位真人?' 濟下禪牀擒住云: '道! 道!' 僧擬議, 濟便托開云: '無位真人是甚麼乾屎橛?' 便歸方丈."

嚴頭不覺吐舌. 欽山云: "何不道赤肉團上非無位真人?" 定便擒住, 云: "無位真人與非無位真人相去多少? 速道! 速道!" 欽山直得面青面黃語不得. 嚴頭雪峯同勸, 云: "遮新戒觸忤上座, 且望慈悲." 定云: "若不是遮兩箇老漢, 塈殺遮尿牀鬼子."1818)

 암두 전활스님이 설봉 의존스님, 흠산 문수스님1819)과 함께 임제 의현스님을 참례하러 가던 길에 정상좌스님1820)을 만났다.
 암두스님이 물으셨다.
 "스님은 어디서 오는 길입니까?"
 정상좌스님이 대답하셨다.
 "임제(臨濟)로부터 옵니다."
 말씀하셨다.
 "큰스님께선 잘 계십니까?"
 정상좌가 말씀하셨다.
 "벌써 천화하셨습니다."
 말씀하셨다.
 "우리 세 사람이 근근이 예배하러 가는 길인데 큰스님께서 천화하셨다니, 우리가 박복하여 큰스님을 친견하지 못하였군요. 평소에 어떤 말씀이 있었습니까? 상좌께서는 한 두 칙(則)을 말씀해 주시지요."
 그러자 정상좌스님이 임제스님의 상당법문을 들어 말씀했다.
 "'시뻘건 고깃살덩어리 위에 한 지위 없는(無位) 참사람(眞人)이 있어 항상 그대들 얼굴문(面門)1821)으로 드나든다. 아직도 증명하지 못한 놈은 봐라! 봐라!'
 그때 어떤 스님이 물었습니다.
 '어떤 것이 지위 없는 참사람입니까?'
 그러자 임제스님이 선상에서 내려와 그 스님을 붙들어 잡고, '말해봐!

1818) 『天聖廣燈錄』卷第十三 X78n1553_p0483a13~b01. 『聯燈會要』卷第十, X79n1557_p0097b 05~16. 『五燈會元』卷第十一, X80n1565_p0227a03~15. 『指月錄』卷之十七, X83n1578_p058 2c18~05　83a06. 참조.
1819) 欽山文邃(흠산문수) : 약산유엄(藥山惟儼)-운암담성(雲巖曇晟)-동산양개(洞山良价)-흠산문수(欽山文邃). 834~896. 당나라 조동종스님. 복주(福州) 출신. 어려서 항주(杭州) 대자산(大慈山) 환중선사(寰中禪師)에게 출가하였다. 처음 덕산스님을 참구(參扣)하였으나 후에 동산스님을 만나 개오하여 그 법을 이었다.
1820) 定上座(정상좌) : 백장회해(百丈懷海)-황벽희운(黃檗希運)-임제의현(臨濟義玄)-정상좌(定上座). 주71) 참조.
1821) 面門(면문) : ①『화엄경』「탐현기」에는 세 가지 해석이 있다. 하나는 얼굴이요, 하나는 입이며, 하나는 인중(人中)이다. ②얼굴의 문이니 눈이나 콧구멍이나 입이라고 할 수 있으나, 두 눈썹사이를 말한다. ③본래면목(本來面目)을 말한다.

말해봐!'하고 말씀하셨습니다.

그 스님이 머뭇거리자, 임제스님이 곧 밀쳐버리면서 말씀하셨습니다.

'지위 없는 참사람이라니 무슨 똥 닦는 막대기냐?'

그리고는 곧장 방장실로 가셨습니다."

암두스님이 자신도 모르게 혀를 내미셨다.

흠산스님이 말씀하셨다.

"어째서 시뻘건 고기살덩어리 위에 지위 없음이 아닌 참사람이라고 하지 않았을까요?"

정상좌스님이 이 말을 듣자마자 느닷없이 흠산스님을 움켜잡고 말씀하셨다.

"지위 없는 참사람과 지위 없음이 아닌 참사람이 어떻게 다르냐? 자, 빨리 말해라! 빨리 말해!"

흠산스님은 그만 얼굴이 푸르락누르락하면서 아무 말도 못하고 있었다.

암두스님과 설봉스님이 앞으로 나아가 연거푸 빌면서 말씀하셨다.

"이 스님이 아직 신참자(新參者)라 동서도 분간 못하고 결례하였으니 부디 자비를 베풀어 용서해 주십시오."

정상좌스님이 말씀하셨다.

"이 두 노장스님이 없었다면 이 오줌싸개 같은 애숭이1822)를 아주 요절을 냈을 텐데…"

1822) 尿牀鬼子(요상귀자) : 사람을 심하게 꾸짖을 때 쓰는 말. 오줌싸개 아귀(餓鬼)라고도 한다. 가소롭고 황당한 말을 내뱉는 사람에게 쓰는 꾸짖는 말.

241. 백운수단白雲守端

白雲端和尙, 示衆, 云: "泥佛不度水, 木佛不度火, 金佛不度鑪, 眞佛內裏坐. 大衆. 趙州老子十二劑骨頭, 八萬四千毛孔, 一時抛向諸人懷裏了也. 圓通今日路見不平爲古人出氣." 以手拍禪牀, 云: "須知海嶽歸明主, 未信乾坤陷吉人."1823)

백운 수단스님1824)이 대중에게 열어 보이셨다.

"'진흙부처님은 물을 건너지 못하고,
나무부처님은 불을 건너지 못하며,
쇠부처님은 용광로를 건너지 못하고,
참부처님은 내부에 앉아 계신다네.'1825)

대중 여러분.
조주노스님이 열 두 무더기 뼈와 팔만사천 털구멍을 일시에 여러분 마음 속을 향하여 던져버렸습니다.
이 원통(圓通)이 오늘 길에서 불만을 품은 것을 보고 옛사람을 위하여 숨통을 터주겠습니다."

손으로 선상을 치셨다.

말씀하셨다.
"바다와 산이 현명한 군주1826)의 것임을 알지언정, 하늘과 땅이 성정이

1823) 『續傳燈錄』 卷第十三, T51n2077_p0547b29~c05. 『五燈會元』 卷第十九, X80n1565, p0389 b02~06. 참조.

1824) 白雲守端(백운수단) : 임제의현(臨濟義玄)-흥화존장(興化存奬)-보응혜옹(寶應慧顒)-풍혈연소 (風穴延沼)-수산성념(首山省念)-분양선소(汾陽善昭)-석상초원(石霜楚圓)-양기방회(楊岐方會)-백 운수단(白雲守端). 1025~1072. 주426) 참조.

1825) 조주스님의 법문이다. (T51n2076_p0446b18~19, 『景德傳燈錄』 卷第二十八. "趙州從諗和尙 上堂, 云:'金佛不度鑪, 木佛不度火, 泥佛不度水, 眞佛內裏坐.'")

1826) 明主(명주) : 현명한 군주. 덕과 지혜가 밝은 군주.

좋은 사람을 함정에 빠지게 한다고 알지는 마십시오.[1827]"

242. 앙산혜적仰山慧寂

僧問仰山: "法身還解說法也無?" 曰: "我說不得. 別有一人說得." 僧云: "說得底人在甚麼處?" 仰推出枕子. 潙山聞云: "寂子用劒刃上事."

妙喜曰: "潙山真是憐兒不覺醜. 仰山推出枕子已是漏逗, 更著箇名字, 喚作劒刃上事, 誤佗學語之流, 便恁麼承虛接響, 流通將去. 妙喜雖似借水獻花, 要且理無曲斷. 即今莫有傍不肯者出來. 我要問你, 推出枕子, 還當得法身說法也無?"[1828]

어떤 스님이 앙산 혜적스님[1829]께 여쭈었다.
"법신(法身)도 법을 설(說)할 줄 압니까?"
말씀하셨다.
"나는 설(說)하지 못한다. 따로 다른 사람이 설(說)하겠지."
그 스님이 말했다.
"설(說)한다는 그 사람은 어디 있습니까?"
앙산스님이 베개를 밀어 내었다.

위산스님이 듣고서 말씀하셨다.

1827) 須知海嶽歸明主 未信乾坤陷吉人(수지해악귀명주 미신건곤함길인) : 당나라 오대 시인인 풍도 (馮道)[882~954]의 「우작(偶作)」에 나오는 구절이다. 원시(原詩)에서는 '신(信)'이 '필(必)'로 나온 다. "위기가 닥쳐왔다고 상심하지 마라. / 앞길엔 때때로 좋은 기회가 닥쳐오리라. / 바다와 산이 현명한 군주에게 돌아감을 반드시 알라. / 구태여 하늘과 땅은 성정이 바른 사람을 빠뜨리진 않 는다. / 도덕이 언제 일찍이 세상에서 사라졌으며, / 배와 수레가 어디서 나루터를 지나질 못했던 가? / 다만 마음이 악하지만 않으면 / 이리와 호랑이 숲에서도 몸을 세울 수 있으리." ("莫為危時 便愴神, 前程往往有期因. 須知海嶽歸明主, 未必乾坤陷吉人. 道德幾時曾去世, 舟車何處不通津? 但教方寸無諸惡, 狼虎叢中也立身.")

1828) 『祖堂集』 卷第十八, K45-0346. 『景德傳燈錄』 卷第十一, T51n2076_p0283b14~16. 『袁州仰 山慧寂禪師語錄』, T47n1990_p0586c20~25. 『聯燈會要』 卷第八, X79n1557_p0076b03~11. 『禪門拈頌集』 卷第十五, K46-0240, 580則. 참조.

1829) 仰山慧寂(앙산혜적) : 마조도일(馬祖道一)-백장회해(百丈懷海)-위산영우(潙山靈祐)-앙산혜적 (仰山慧寂). 807~883. 주346) 참조.

"혜적이 칼날 위에서 재주를 부리는구나."

묘희스님이 말씀하셨다.

"위산스님이 정말이지 아이를 아끼다가 자신도 모르게 추해져 버렸다. 앙산스님이 베개를 밀어 냈을 때 벌써 멀어져 버린[1830] 것인데 다시 이름을 붙여서 '칼날 위의 재주'라 했으니, 저 말이나 배우는 무리들이 잘못 알고는, 그대로 받아 가지고 헛되이 소문을 잇달아 퍼져나가게 하여[1831] 유통시켰다.

이 묘희가 비록 물을 빌려 꽃을 바치려 하는 것[1832] 같지만 도리어 이치를 잘못 판단치는 않을 것이다.

바로 지금 곁에서 긍정치 않은 이가 있으면 나와라.

'베개를 밀어 낸 것'이 '법신이 법을 설한다는 것'을 감당할 수 있는지를 물어 보겠다."

243. 오조법연五祖法演

五祖演和尙, 示眾, 云: "十方諸佛, 六代祖師, 天下善知識, 皆同遮箇舌頭. 若識得遮箇舌頭, 始解大脫空, 便道山河大地是佛, 草木叢林是佛. 若也未識得遮箇舌頭, 只成小脫空, 自謾去, 明朝後日大有事在. 五祖恁麼說話, 還有實頭處也無?" 自云: "有. 如何是實頭處? 歸堂喫茶去."[1833]

오조 법연스님[1834]이 대중에게 열어 보이셨다.

1830) 漏逗(누두) : 멀리 떨어져서 오래도록 만나지 못하다. 치밀하지 못하고 거칠다. 드러내다. 소홀하다. 구멍이 나서 새나가다.

1831) 接響(접향) : 소문이 잇달아 퍼져 나가다.

1832) 借水獻花(차수헌화) : 부처님 전에 꽃을 올릴 때에 불단 앞에 청수를 올리는 다기(茶器)의 물로 꽃을 꽂아 올림. 기회를 적시에 잘 활용하는 것을 말한다. 참선 학인이 선사를 찾아가서 청익할 때 각종의 기연들을 빌려서 자기의 견해를 바치는 것을 말한다.

1833) 『聯燈會要』 卷第十六, X79n1557_p0136b15~19. 『五燈會元』 卷第十九, X80n1565_p0393a23~b04. 『續傳燈錄』 卷第二十, T51n2077_p0603c05~11. 『法演禪師語錄』 卷上, T47n1995_p0652b01~06. 참조.

1834) 五祖法演(오조법연) : 자명초원(慈明楚圓)-양기방회(楊岐方會)-백운수단(白雲守端)-오조법연

"시방의 모든 부처님과 여섯 조사님들과 천하의 선지식들이 모두 다 이 혀끝과 같습니다. 만일 이 혀끝을 안다면 비로소 대탈공(大脫空)1835)에 떨어지게 되어 곧 산하대지가 부처님이요 초목총림이 부처님이라고 말하겠습니다. 만일 이 혀끝을 알지 못한다면 단지 소탈공(小脫空)만 이루게 될 것이니, 스스로를 속여 이후 후일에 틀림없이 일이 많을 것입니다.

이 오조가 이렇게 말했는데 여실한 곳1836)이 있습니까?"

스스로 답하셨다.

"있죠. 어떤 것이 여실한 곳이냐고요? 승당으로 돌아가 차를 마시세요."

244. 유주담공幽州譚空

譚空和尚. 因有尼要開堂, 空勘云: "尼有五障, 不得開堂." 尼云: "龍女成佛有幾障?" 空云: "龍女成佛現十八變, 你試變看." 尼云: "不是野狐精變箇甚麼?" 空便打.1837)

鎭州牧主, 後聞云: "和尚拄杖折那. 將此見解擬欲爲人."

翠巖芝云: "且道. 尼具眼麼? 只擔得箇斷貫索, 作麼生會?"1838)

유주 담공스님.1839)

비구니스님이 개당을 요청하니, 담공스님이 살펴보시고 말씀하셨다.

(五祖法演). ?~1104. 주438) 참조.

1835) 大脫空(대탈공) : 탈공(脫空)은 허탈공허(虛脫空虛)의 뜻. 안으로 마음이 실다움이 없이 밖으로 크게 과장함. 헛일이 됨, 수포로 돌아감, 속임수를 씀. 거짓말쟁이. 장례에 사용하거나 불당이나 사당에 올리는 우상(偶像)을 말하기도 하는데 우상을 만들 때에 속을 비우고 만드는 데에서 비롯하였다. 대탈공(大脫空)은 크게 허탈하고 공허함. '큰 거짓말쟁이'의 뜻. 소탈공(小脫空)은 조금 허탈하고 공허함. '작은 거짓말쟁이'의 뜻.

1836) 實頭處(실두처) : 진실한 자리. 노실처(老實處). 여실처(如實處)라고도 함. 두(頭)는 어조사. 문답할 때 항상 진실한 것을 들어서 응대함을 실두(實頭)라고 한다.

1837) 『景德傳燈錄』 卷第十二, T51n2076_p0294c06~09. 참조.

1838) 『聯燈會要』 卷第十, X79n1557_p0095c21~0096a02. 『禪門拈頌集』 卷第十九, K46-0311, 770則. 『古尊宿語錄』 卷之二十五, 「筠州大愚芝和尚語錄」, X68n1315_p0165c23~0166a02. 참조.

1839) 幽州譚空(유주담공) : 백장회해(百丈懷海)-황벽희운(黃檗希運)-임제의현(臨濟義玄)-유주담공(幽州譚空). '담공개당(譚空開堂)' 화(話)가 있다.『경덕전등록』 12권 ·『종문염고휘집』 27권 ·『종감법림』 25권 ·『연등회요』 10권 ·『오등회원』 11권 ·『오등엄통』 11권 ·『오등전서』 21권 ·『지월록』 17권 등에 문답화가 실려 있다.

"비구니에게는 다섯 장애1840)가 있으니 개당하지 못한다."
비구니스님이 말씀하셨다.
"용녀도 성불이었는데1841) 무슨 장애가 있다고 하십니까?"
담공스님이 말씀하셨다.
"용녀가 성불로 열여덟 가지의 신통한 변화1842)를 나투었으니 너도 한 번 변화를 보여 봐라."
비구니스님이 말씀하셨다.
"들여우 요정1843)이 아닌데 무슨 변화를 말씀하십니까?"

1840) 五障(오장) : 『묘법연화경』 4권에서 사리불이 여자가 성불이기 어려운 다섯 가지 장애를 용녀에게 말한 것이다. "그대가 오래지 않아 위없는 도를 얻겠다고 말하지만 이 일은 믿을 수 없다. 왜냐하면 여자의 몸은 때 묻고 더러워서 법의 그릇이 아니기 때문이다. 그런데 어떻게 위없는 도를 능히 이룰 수 있겠느냐? 부처님의 도는 아주 넓고 멀어서 한량없는 겁이 지나도록 아주 부지런히 행을 쌓고 모든 법을 닦아 갖추어야만 이루어지는 것이다. 또한 여인의 몸은 다섯 가지의 장애가 있다. 첫째는 범천왕이 될 수 없는 것이요, 둘째는 제석이며, 셋째는 마왕이요, 넷째는 전륜성왕이요, 다섯째는 부처님 몸이니, 어떻게 여자의 몸으로 순식간에 성불일 수 있다고 하느냐?"(T09n0262_p0035c06~12, 『妙法蓮華經』「提婆達多品」第十二. "汝謂不久得無上道, 是事難信. 所以者何? 女身垢穢非是法器, 云何能得無上菩提? 佛道懸曠, 經無量劫勤苦積行具修諸度, 然後乃成. 又女人身猶有五障, 一者不得作梵天王, 二者帝釋, 三者魔王, 四者轉輪聖王, 五者佛身, 云何女身速得成佛?")

1841) 龍女成佛(용녀성불) : 『묘법연화경』 4권에 용왕녀가 성불이라는 내용이 나온다. "그때 모인 대중이 모두 용녀를 보니, 홀연히 남자의 몸으로 변하더니, 보살행을 갖추고, 즉시에 남방의 때 없는 세계에 가서 보배 연꽃에 앉아, 등정각을 드러내었다."(T09n0262_p0035c16~18, 위의 경. "當時衆會皆見龍女, 忽然之間變成男子, 具菩薩行, 即往南方無垢世界, 坐寶蓮華, 成等正覺.") '성불(成佛)하다'가 아니라 '성불이다'임.

1842) 十八變(십팔변) : 18가지 신변(神變) 또는 18불공법(不共法)을 말한다. 용녀가 십팔불공법을 갖춘 등정각을 드러내었으므로 이를 증명하라는 말씀이다. 신변(神變)은 불보살이 뭇삶들을 교화하고자 불가사의한 힘에 의해서 밖으로 여러 가지의 모습과 동작 등을 나타내는 것을 말한다. 18신변(神變)은 진동(震動)・치연(熾然)・유포((流布)・시현(示現)・전변(轉變)・왕래(往來)・권(卷)・서(舒)・중상입신(衆像入身)・동류왕취(同類往趣)・은(隱)・현(顯)・소작자재(所作自在)・제타신통(制他神通)・능시변재(能施辯才)・능시억념(能示憶念)・능시안락(能示安樂)・방대광명(放大光明) 등이다. 18불공법(不共法)은 10력(力)과 4무소외(無所畏)와 3념주(念住)와 부처님의 대비(大悲)를 합하여 18가지이다. 『선문염송설화』 19권에서는 '동쪽에서 솟아서 서쪽으로 잠김. 서쪽에서 솟아서 동쪽으로 잠김. 남쪽에서 솟아서 북쪽으로 잠김. 북쪽에서 솟아서 남쪽으로 잠김. 중앙에서 솟아서 변두리로 잠김. 변두리에서 솟아서 중앙으로 잠김. 머리에서는 불이 나옴. 발밑에서는 물이 나옴. 머리에서는 물이 나옴. 발밑에서는 불이 나옴. 혹은 큰 몸이 허공에 가득함. 혹은 작은 몸이 한 먼지에 들어감.' 등의 18변화를 설명하고 있다. (《한국불교전서》 05冊, 『禪門拈頌說話』 卷第十九, p5, 7~9줄, 동국대출판부. "東湧西沒, 西湧東沒, 南湧北沒, 北湧南沒, 中湧邊沒, 邊湧中沒, 頭上出火, 足下出水, 頭上出水, 足下出火, 或現大身遍滿虛空, 或現小身在一微塵.")

1843) 野狐精(야호정) : 그냥 야호(野狐)라고도 한다. 여우가 둔갑하여 사람을 홀리는 요정을 말한다. 선가(禪家)에서 깨닫지 못한 수행자가 이미 깨달은 체하여서 사람들을 속이는 것이 마치 여우 요정과 같다고 해서 비유로 쓰는 말이다.

담공스님이 곧장 때리셨다.

진주(鎭州)1844)의 목주(牧主)1845)가 뒤에 듣고서 말했다.
"스님의 주장자가 꺾어져 버렸습니다. 이런 견해를 가지고 어떻게 사람을 위하려 드실까?"

취암 수지스님1846)이 말씀하셨다.
"바로 여기, 말해봐라. 비구니스님이 안목을 갖추었느냐? 그저 끊어진 꿰미1847)나 걸치고 있는지, 어떻게 알겠느냐?"

245. 삼성혜연三聖慧然

三聖和尙在仰山會下. 有官人來看仰山. 山問: "官居何位?" 云: "推官." 仰山豎起拂子. 云: "還推得遮箇麼?" 官人無語. 仰山令大衆下語, 總皆不契. 三聖不安在涅槃堂內將息. 仰令侍者去請下語. 聖云: "但道和尙今日有事."
仰又令侍者去問: "未審有甚麼事?" 曰: "再犯不容."1848)

삼성 혜연스님1849)이 앙산 혜적스님의 회하에 계셨다. 한 관리가 찾아와서 앙산스님을 뵈었다.
앙산스님이 물으셨다.
"관원께서는 무슨 직위에 있소?"

1844) 鎭州(진주) : 당대에 두었던 주(州)의 이름. 하북성(河北省) 정정현(正定縣)에 있었다.
1845) 牧主(목주) : 지방을 관리하는 장관.
1846) 翠巖芝(취암지) : 대우수지(大愚守芝)스님이다. 풍혈연소(風穴延沼)-수산성념(首山省念)-분양선소(汾陽善昭)의 법을 이었다. 태원(太原) 출신. 속성은 왕씨(王氏). 어렸을 적에 노주(潞州)[산서성] 승천사(承天寺)로 출가하여 『법화경』 시험에 응시하여 합격하였다. 『금강경』을 강의하며 천하에 명성을 떨치다가 분양 선소스님을 만나 활연대오하였다. 가우(嘉祐)[1056~1063]초에 입적하였다. 『고존숙어록』 25권에 「균주대우지화상어록(筠州大愚芝和尙語錄)」 1권이 있다.
1847) 斷貫索(단관삭) : 관삭(貫索)은 돈꿰미나 긴 밧줄, 별자리 이름, 감옥 등의 뜻이 있다. 끊어진 꿰미라는 뜻으로 아무짝에도 쓸모없는 것.
1848) 『聯燈會要』 卷第十, X79n1557_p0094a19~23. 『五燈會元』 卷第十一, X80n1565_p0224b23~c03. 참조.
1849) 三聖慧然(삼성혜연) : 백장회해(百丈懷海)-황벽희운(黃檗希運)-임제의현(臨濟義玄)-삼성혜연(三聖慧然). 주226) 참조.

말했다.
"추관(推官)1850)입니다."

앙산스님이 불자를 세우셨다.

말씀하셨다.
"'이것'의 죄상을 캐물을1851) 수 있겠소?"
관리가 말이 없었다.
앙산스님이 대중에게 한마디씩 해보게1852) 하였으나, 아무도 계합하지를
못했다.
삼성스님이 몸이 편치 않으셔서 열반당 안에서 쉬고 계셨다. 앙산스님이
시자를 보내 한 마디 해보라 하시니, 삼성스님이 말씀하셨다.
"'스님께서는 오늘 관직에 있으시군요1853)'라고만 말씀드려라."
앙산스님이 또 시자를 보내어, '도대체 무슨 관직에1854) 있다는 겁니까?'
하고 여쭤보게 하셨다.
삼성스님이 말씀하셨다.
"거듭 범하는 건 용서할 수 없습니다."

1850) 推官(추관) : 관직이름이다. 당대(唐代)에 절도사(節度使)나 관찰사(觀察使)에 소속되어서 형
    옥(刑獄)을 관장하였다.
1851) 推(추) : 추감(推勘)을 말한다. 심문하다. 죄상을 캐묻다. 밝혀내다. 규명하다.
1852) 下語(하어) : 말끝. 말꼬리. 언급하다. 글이나 시에 적당한 어휘를 골라 쓰는 일. 귀신의 산
    사람의 입을 통하여 대신 말하게 하는 일.
1853) 有事(유사) : '일이 있다'는 뜻이지만 '관리(有司=有事)'라는 의미가 내포되어 있다.
1854) 事(사) : 관직. 직무.

246. 흥화존장興化存獎

興化和尙, 在三聖會下, 常言: "我向南方行脚一遭, 拄杖頭不曾撥著一箇會佛法底." 後到大覺處, 請爲院主, 覺一日喚: "院主. 我聞你道: '向南方行脚一遭, 拄杖頭不曾撥著一箇會佛法底', 你憑箇甚麼道理?" 興化便喝, 覺便打. 化又喝, 覺又打. 興化來日在法堂上, 覺喚: "院主. 我直下疑著你遮兩喝." 化依前又喝, 覺便打. 化又喝, 覺又打. 化云: "我在三聖處學得箇賓主句, 總被師兄折倒了也. 告師兄與某一箇安樂法門." 覺云: "遮瞎驢來遮裏納敗闕. 脫下衲衣痛打一頓."1855)

흥화 존장스님1856)이 삼성스님1857)의 회상에 계시면서 늘 말씀하셨다.

"내가 남방을 한 차례 행각하였는데, 주장자 끝에 일찍이 불법을 아는 자를 한 명도 마주쳐 보지 못했다."

뒤에 대각스님1858) 처소로 가서 원주소임을 보는데, 하루는 대각스님이 부르셨다.

"원주. 내가 듣건대, 자네가 말하기를 '남방으로 한 차례 행각해봤어도 주장자 끝에 일찍이 불법을 아는 자를 한 명도 마주쳐 보지 못했다'고 하니, 자네는 무슨 도리에 의거한 것인가?"

흥화스님이 곧, "억!" 하셨다.

대각스님이 곧장 때리셨다.

흥화스님이 또, "억!"하시니,

대각스님이 또 때리셨다.

흥화스님이 이튿날 법당에 올라가는데, 대각스님이 부르셨다.

"원주. 자네가 내지른 이 두 개의 할을 나는 곧바로 의심했다."

흥화스님이 앞에서처럼 또, "억!" 하셨다.

1855)『景德傳燈錄』卷第十二, T51n2076_p0295a15~24.『五燈會元』卷第十一, X80n1565_p0223b07~19. 참조.

1856) 興化存獎(흥화존장) : 백장회해(百丈懷海)-황벽희운(黃檗希運)-임제의현(臨濟義玄)-흥화존장(興化存獎). 830~925. 주318) 참조.

1857) 삼성혜연三聖慧然스님을 말함. 백장회해(百丈懷海)-황벽희운(黃檗希運)-임제의현(臨濟義玄)-삼성혜연(三聖慧然). 주226) 참조.

1858) 위부대각魏府大覺스님이다. [백장회해(百丈懷海)-황벽희운(黃檗希運)-임제의현(臨濟義玄)-위부대각(魏府大覺)]

대각스님이 곧장 때리셨다.

흥화스님이 또, "억!" 하셨다.

대각스님이 또 때리셨다.

흥화스님이 말씀하셨다.

"제가 삼성스님의 처소에서 배운 빈주구(賓主句)1859)를 사형스님에게 몽땅 꺾여버렸으니, 사형스님께서는 저에게 안락1860)한 법문을 하나 주십시오."

대각스님이 말씀하셨다.

"이 눈먼 당나귀가 여기 와서 이렇게 허물을 드러내는구나. 승복을 벗고 시원하게 한 방 맞으시게."

247. 경청도부鏡淸道怤

鏡淸和尚, 示眾, 云: "有舟無檝亦不得, 有檝無舟亦不得. 舟檝俱備亦不得, 亦不得亦不得. 諸人作麼生?"

有時云: "一人到亦不得, 一人不到亦不得, 二人俱到亦不得, 不得亦不得. 諸人作麼生? 此是妙中之妙. 拂盡青霄, 通霄不礙."1861)

경청 도부스님1862)이 대중에게 열어 보이셨다.

"배는 있는데 노가 없으면 또한 안 되고, 노는 있는데 배가 없어도 또한 안 되며, 배와 노가 함께 갖추어져도 또한 안 되고, 또한 안 되는 것도 또

1859) 賓主句(빈주구) : 임제종에서 학인들을 접인할 때 쓰는 기용시설(機用施設).

1860) 安樂(안락) : 몸과 마음을 편안하고 즐겁게 함. "몸에 위험함이 없기에 '안(安)'이라고 하고, 마음에 근심과 고뇌가 없기에 '락(樂)'이라 한다." (X29n0599_p0738b04, 『妙法蓮華經文句纂要』 卷第六. "身無危險故安, 心無憂惱故樂.")

1861) 『聯燈會要』 卷第二十四, X79n1557_p0212b02~06. 참조.

1862) 鏡淸道怤(경청도부) : 용담숭신(龍潭崇信)-덕산선감(德山宣鑑)-설봉의존(雪峰義存)-경청도부(鏡淸道怤). 868~937. 오대(五代) 오월(吳越)의 스님으로 온주(溫州)[절강성] 영가(永嘉) 출신이다. 속성은 진씨(陳氏). 어렸을 때부터 누린내 나는 것을 아예 먹질 않았다. 집안의 어른들이 억지로 말린 고기를 먹였더니, 즉시에 구역질을 하고 마침내 출가하여 개원사(開元寺)에서 구족계를 받았다. 이후 행각을 떠나 민천(閩川)으로 가서 설봉 의존스님에게 참학하고 그 법을 이었다. 월주에 살면서 승상인 피광업(皮光業)과 문답하면서 경청사(鏡淸寺)에 머물렀다. 천룡사(天龍寺)에 머무를 때 오월의 왕 전류(錢鏐)가 순덕대사(順德大師)로 위임하였다. 왕이 항주(杭州)에다 용책사(龍冊寺)를 지어 스님을 모시니 이로부터 오월의 선학(禪學)이 크게 발흥하였다. 후진(後晋) 천복(天福) 2년에 70세로 시적(示寂)하였다.

한 안 됩니다.
여러분은 어떠합니까?"

언젠가 말씀하셨다.
"한 사람이 깨달아도 안 되고, 한 사람이 깨닫지 않아도 안 되며, 두 사람이 함께 깨달아도 안 되며, 안 된다는 것도 또한 안 됩니다. 여러분은 어떠합니까? 이것은 묘함 가운데 묘함입니다.
푸른 하늘을 다 쓸어 내버리면 하늘이 뚫려 막힘이 없습니다."

248. 양기방회楊岐方會

楊岐和尚, 示衆, 云: "景色乍晴, 物情舒泰. 舉步也千身彌勒, 動用也隨處釋迦, 文殊普賢總在遮裏. 衆中有不受人謾底便道. 楊岐和麩羅麵. 然雖如是, 布袋裏盛錐子." [1863]

양기 방회스님[1864]이 대중에게 열어 보이셨다.
"날씨가 갓 맑게 개이니, 물정(物情)[1865]이 편안하고 기분이 좋아지는구나.[1866]
발걸음을 드니 천 개 몸의 미륵이요, 움직여 작용하니 어디나 석가인데, 문수와 보현이 몽땅 여기에 있습니다.
대중 가운데 남에게 속지 않을 자가 있으면 말해 보십시오.
이 양기는 밀기울을 섞어 놓고 밀가루를 사게 합니다.
그렇긴 하지만 포대 속에서 왕성한 송곳입니다.[1867]"

1863) 『聯燈會要』 卷第十三, X79n1557_p0119a18~20. 『嘉泰普燈錄』 卷第三, X79n1559_p0303b 14~17. 『五燈會元』 卷第十九, X80n1565_p0388c10~13. 『古尊宿語錄』 卷第十九, '袁州楊岐山 普通禪院會和尚語錄', X68n1315_p0124c09~11. 참조.
1864) 楊岐方會(양기방회) : 수산성념(首山省念)-분양선소(汾陽善昭)-석상초원(石霜楚圓)-양기방회 (楊岐方會). 996~1049. 주484) 참조.
1865) 物情(물정) : 사물의 실정(實情). 사물의 이치와 사람의 정. 세태와 인정. 민심.
1866) 舒泰(서태) : 마음이 편안하고 기분이 좋다. =서창(舒暢)[기분이 상쾌하다. 후련하다.]
1867) 布袋裏盛錐子(포대리성추자) : 포대 속에서 왕성한 송곳. 뛰어난 자가 먼저 벗어난다. 초참자 (初參者)가 근기가 상승하면 먼저 깨닫는다는 뜻.

249. 운문문언雲門文偃

雲門一日云: "折半裂三針筒. 鼻孔在甚麼處? 與我箇箇拈出來看." 自代云: "上, 中, 下."

妙喜曰: "倚門傍戶弄精魂."1868)

운문 문언스님1869)이 하루는 말씀하셨다.

"절반으로 꺾이고 세 조각난 침통이로구나.1870) 콧구멍이 어디 있느냐? 낱낱이 집어내어 나에게 보여 다오."

스스로 대신하여 말씀하셨다.

"위, 가운데, 아래입니다."

묘희스님이 말씀하셨다.

"노비1871)가 정혼(精魂)을 희롱하는구나."

1868) 『禪門拈頌集』卷第二十五, K46-0412, 1100則. 『古尊宿語錄』卷之十七, 「雲門匡真禪師廣錄」, X68n1315_p0111a02~03. 참조.

1869) 雲門文偃(운문문언) : 용담숭신(龍潭崇信)-덕산선감(德山宣鑑)-설봉의존(雪峰義存)-운문문언(雲門文偃). 864~949. 주94) 참조.

1870) 『선문염송설화』 25권에서는 '절반렬삼(折半裂三)'과 '침통비공(針筒鼻孔)'으로 나누어 설명하고 있다. 침통비공(針筒鼻孔)은 『능엄경』에서 '코가 바늘을 담는 통과 같다'고 말하였다고 인용하면서, "고인(古人)이 '사람 몸이 이루어질 때는 코가 제일 먼저 생긴다'고 하였으니 반을 묶고 셋으로 쪼개는 곳을 반으로 꺾고 셋으로 찢는다면 바늘 통 같은 콧구멍이 없어지는 것과 같으므로 추궁하여 묻기를 반드시 사람마다 낱낱이 잡아내어 보여라는 것이다."라고 설명하고 있다. (《한국불교전서》, 『禪門拈頌說話』 卷第二十五. "針筒鼻孔者, 『楞嚴』, 云:'鼻如盛針筒.' 古人云: '人之成體, 鼻孔先成.' 則紐半破三處, 折半裂三, 則針筒鼻孔似乎失却, 故推徵, 也須是人人个个拈出來看也.") 이 해설에서 『능엄경』 구절이라고 인용한 대목인 '비여성침통(鼻如盛針筒)'이 정작 『능엄경』에는 나오지 않는다. 이 화(話)에서 운문스님이 '비공(鼻孔)의 소재(所在)'를 질문하고 있으므로 침통(針筒)은 '비공(鼻孔)의 소재(所在)를 모르는 이들'을 지칭(指稱)하고 있다. 따라서 침통(針筒)은 앞의 절반렬삼(折半裂三)에 붙여서 해석해야만 한다.

1871) 倚門傍戶(의문방호) : 남의 집안에 의지한다. 노비. 노예. 노복. 탁주지의(涿州紙衣)스님이 한 말이다. "'어떤 것이 빈 가운데 빈입니까?' 스님이 말씀하셨다. '노비가 취한 것 같구나.'"(X80n1565_p0225c02~03, 『五燈會元』 卷第十一. "僧問:'如何是賓中賓?' 師曰:'倚門傍戶猶如醉.'")

250. 사조도신四祖道信

四祖, 謂融禪師曰: "夫百千法門, 同歸方寸. 河沙妙德, 總住心源. 一切戒門定門慧門神通變化, 悉自具足, 不離汝心. 一切煩惱業障, 本來空寂, 一切因果, 皆如夢幻, 無三界可出, 無菩提可求. 人與非人性相平等. 大道虛曠, 絕思絕慮. 如是之法, 汝今已得. 更無闕少, 與佛何殊? 更無別法. 汝但任心自在. 莫作觀行亦莫澄心. 莫起貪嗔, 莫懷愁慮. 蕩蕩無礙, 任意縱橫. 不作諸善, 不作諸惡. 行住坐臥, 觸目遇緣, 總是佛之妙用. 快樂無憂, 故名為佛."1872)

사조 도신스님1873)이 우두 법융선사1874)에게 말씀하셨다.1875)

"무릇 백 천 가지의 여러 법문이 함께 마음으로 돌아간다. 항하사의 미묘한 공덕이 모두 마음이라는 근원에 머무른다. 일체 계(戒)의 문·선정(禪定)의 문·혜(慧)의 문과 신통변화가 모두 스스로 갖추어져 있어 너의 마음을 여의지 않았다.

일체 번뇌업장이 본래 공적하며, 일체 인과가 모두 꿈이나 허깨비와 같고, 벗어날 삼계가 없으며 구할 보리(菩提)가 없다.

사람과 사람 아닌 것의 성품과 모양이 평등하다.

대도(大道)는 텅텅 비어 사려(思慮)가 끊어졌다.

이와 같은 법을 너는 지금 이미 이루었다.

다시 조금도 부족하지 않으니 부처님과 더불어 어찌 다르겠느냐?

다시 다른 법이 없다. 너는 단지 마음에 맡겨 자유자재하여라.

1872) 『景德傳燈錄』 卷第四, T51n2076_p0227a18~27. 『大藏一覽集』, 「旁出品」 第五十七, K45-0605. 『五燈會元』 卷第二, X80n1565_p0048b01~09. 참조.

1873) 四祖道信(사조도신) : 보리달마(菩提達磨)-신광혜가(神光慧可)-감지승찬(鑑智僧璨)-쌍봉도신(雙峰道信). 주645) 참조.

1874) 牛頭法融(우두법융) : 신광혜가(神光慧可)-감지승찬(鑑智僧璨)-쌍봉도신(雙峰道信)-우두법융(牛頭法融). 594~658. 주644) 참조.

1875) 이 법문을 하게 된 인연은 이러하다. 〈도신스님을 모시고 암자로 가니 암자 주변에는 호랑이와 늑대와 같은 짐승들만 우글댔다. 도신스님이 두 손을 들어 올리며 무서워하는 폼을 내자 법융스님이 여쭈었다. "아직도 이러함이 남아 있는 것입니까?" 도신스님이 되물으셨다. "바로 무엇을 보았나?" 법융스님이 답을 못했다. 잠시 후에 법융스님이 좌선하는 바위 위에다 불(佛)자를 쓰니 법융스님이 보고서 죄송한 마음을 내었다. 도신스님이 물으셨다. "아직도 이러함이 남아 있는 것이냐?" 법융스님이 알아차리지 못하고 절을 하면서 참된 요체를 설해 주기를 요청하였다.〉 (『경덕전등록』 제4권 참조.)

관행(觀行)1876)을 짓지 말 것이며 마음을 맑히려 하지도 마라.
탐욕과 분노를 일으키지도 말고, 근심을 품지도 마라.
탕탕하고 거리낌 없이 마음대로 이리저리 맡겨라.
모든 선(善)도 짓지 말고 모든 악(惡)도 짓지 마라.
행주좌와에 눈으로 보는 것과 만나는 인연이 모두가 부처님의 미묘한 작용이며, 즐겁고 근심 없으므로 이름을 부처님이라 하는 것이다.”

251. 양좌주亮座主

亮座主, 參馬祖. 祖問曰: “見說座主大講得經論是否?” 亮云: “不敢.” 祖曰: “將甚麼講?” 云: “將心講.” 曰: “心如工伎兒, 意如和伎者, 爭解講得經?” 亮抗聲云: “心旣講不得, 虛空莫講得麼?” 祖曰: “却是虛空講得.” 亮不肯便出, 將下堦, 祖召云: “座主!” 亮回首, 豁然大悟. 便禮拜, 祖曰: “遮鈍根阿師. 禮拜作麼?” 亮歸寺告聽衆, 曰: “某甲所講經論謂無人及得, 今日被馬大師一問, 平生工夫氷消瓦解.” 徑入西山更無蹤跡.1877)

양좌주1878)께서 마조 도일대사를 참례하셨다.
마조대사가 물으셨다.
“듣자하니 좌주는 경론을 엄청 강의한다고 하던데 맞소?”
양좌주가 말씀하셨다.
“외람됩니다.”
마조대사가 말씀하셨다.
“무엇으로 강의하는 거요?”
말씀하셨다.
“마음으로 강의합니다.”

1876) 觀行(관행) : 마음을 관조(觀照)하는 행법.
1877) 『景德傳燈錄』 卷第八, T51n2076_p0260a19~28. 『大藏一覽集』 卷第十, K45-0614. 『聯燈會要』 卷第五, X79n1557_p0055a10~16. 『禪門拈頌集』 卷第八, K46-0130, 291則. 『五燈會元』 卷第三, X80n1565_p0085b01~09. 참조.
1878) 亮座主(양좌주) : 조계혜능(曹溪慧能)-남악회양(南嶽懷讓)-마조도일(馬祖道一)-서산량(西山亮). 생몰연대는 알려진 것이 없다. 서촉(西蜀) 출신이다. 마조스님에게서 활연대오한 후 홍주(洪州)의 서산(西山)으로 들어간 이후 소식이 없었다.

말씀하셨다.

"마음은 주연 배우1879)와 같고, 뜻은 배우를 도와주는 조연 배우와 같은
데,1880) 어떻게 강의해서 경을 안단 말이오?"

양좌주가 항의하는 소리로 말씀하셨다.

"마음이 강의할 수가 없다면 허공이 강의할 수는 없는 것 아니겠습니까?"

마조대사가 말씀하셨다.

"도리어 허공이 강의할 수 있지요."

양좌주가 긍정하지 않으시고 곧장 휙 나가서 계단을 내려가려 하시는데,
마조대사가 부르셨다.

"좌주!"

양좌주가 고개를 돌리시는 순간1881) 활연히 크게 깨달으셨다.

곧 절을 하시니, 마조대사가 말씀하셨다.

"이 둔한 스님아. 절은 해서 뭐하나?"

양좌주가 절로 돌아가셔서 대중에게 말씀하셨다.

"내가 경론에 대한 강의로는 아무도 미칠 수가 없다고 여겼었는데, 오늘
마대사의 한 물음에 평생 공부가 얼음 녹듯 기와 깨지듯 해 버렸습니다."

그리고는 곧장 서산으로 들어가신 후 다시는 자취를 찾을 수가 없었다.

1879) 工伎兒(공기아) : 기공아(伎工兒)라고도 한다. 노래와 춤에 종사하는 사람이다.

1880) 『능가경』 4권에 나오는 부처님말씀이다. (T16n0670_p0510c19, 『楞伽阿跋多羅寶經』 卷第
　　　四. "心爲工伎兒　意如和伎者")

1881) 『대장일람집』 10권에서는 여기에, "마조대사가 말씀하셨다. '뭐냐?'"가 들어 있다. (K45-061
　　　4, 『大藏一覽集』 卷第十. "祖云：'是什麽?'")

252. 운봉문열雲峰文悅

雪1882)峯悅和尚, 示衆, 云: "語不離巢道, 焉能出蓋纏. 片雲橫谷口, 迷却幾人源? 所以'言無展事, 語不投機. 承言者喪, 滯句者迷.' 汝等諸人到遮裏憑何話會?" 良久. 云: "欲得不招無間業, 莫謗如來正法輪."
  又示衆云: "拂子呑却須彌山, 尋常言論德山卓牌鬧市裏, 作麼生商量?" 良久. 云: "官不容針, 私通車馬."1883)

운봉 문열스님1884)이 대중에게 열어 보이셨다.

"입말1885)은 둥지를 여의지 못하는데,
어찌 개전(蓋纏)1886)을 벗어날 수 있으랴?
조각구름이 골짜기 입구를 비끼니,
도대체 몇 사람이나 근원을 미(迷)하게 했던가?

그러므로 '글말은 사(事)를 들어 보일 수가1887) 없고,
입말은 선기(禪機)에 계합할 수가1888) 없다네.

1882) 《속장경》에서는 '雪疑雲'이라고 주를 달아 표시해 놓았다. (《續藏經》 118卷, 『正法眼藏』 卷三, p30 前下, 5줄). 『고존숙어록』 40권에는 '雲'으로 나온다.

1883) 『建中靖國續燈錄』 卷第八, X78n1556_p0690b18~21. 『五燈會元』 卷第十二, X80n1565_p0252a03~07. 『古尊宿語錄』 卷之四十, X68n1315_p0265a23~b02, p0264c09~10. 참조.

1884) 雲峰文悅(운봉문열) : 수산성념(首山省念)-분양선소(汾陽善昭)-대우수지(大愚守芝)-운봉문열(雲峰文悅). 998~1062. 주72) 참조.

1885) 語(어) : ⓢvacana, vāc, śabda. 입에서 바로 나오는 말, 입말. '言+吾'로 되어 있는데 '言'은 문자로 의사전달을 하는 것이다. '吾'는 번갈아 함의 뜻이다. 곧 문자를 번갈아 교환하므로 '이야기하다'란 뜻이 된다. 이에 반해 '언(言)[ⓢvacas, apadeśa, upadeśa, uccāraṇata, jalpa, kathā]'은 문자인 글로써 표현하는 말, 글말이라고 한다.

1886) 蓋纏(개전) : 번뇌를 말한다. 오개(五蓋)와 십전(十纏)을 합쳐서 이르는 말이다. 오개(五蓋)는 ⓢpañca-āvaraṇāni라고 하는데 오장(五障)이라고도 한다. 마음을 덮어서 선법을 내지 못하게 하는 다섯 가지의 번뇌이다. 탐욕개(貪慾蓋)·진에개(瞋恚蓋)·수면개(睡眠蓋)·도회개(掉悔蓋)·의개(疑蓋)의 다섯이다. 십전(十纏)은 ⓢparyavasthāna라고 하는데 열 가지의 망혹(妄惑)이다. 곧 무참(無慚)·무괴(無愧)·질(嫉)·간(慳)·회(悔)·면(眠)·도거(掉擧)·혼침(惛沈)·분(忿)·부(覆)의 열 가지 번뇌이다.

1887) 展事(전사) : 일을 처리하다. 일을 보살피다. 사(事)[↔理]를 펼치다. 사상전개(事相展開)의 준말. 일을 일으킴. 구체적인 일이나 물건을 들어 보이다.

1888) 投機(투기) : 철저하게 깨닫다. 불조의 마음과 일치하다. 상대방의 경지와 하나가 되다. 상대방의 물음에 응답하다. 선기(禪機)에 계합하다. 기틀에 들어맞다. 이 전사투기(展事投機)는 사건

글말을 따르는 자는 죽을 것이요,
구(句)에 막힌 자는 미(迷)한다네.'1889)

여러분들은 이 속에 이르러 무엇에 의지하여 알아내려 합니까?"

한참 묵묵히 계셨다.

말씀하셨다.
"무간업을 불러오지 않으려거든 여래의 바른 가르침을 비방하지 마십시오."

또 대중에게 열어 보이셨다.
"불자(拂子)가 수미산을 집어 삼키니, 평소에 말해온 '덕산이 저잣거리에 패를 꽂음'1890) 속을 어떻게 따질 것입니까?"

한참 묵묵히 계셨다.

말씀하셨다.

"공적으로는 바늘조차도 용납하지 않으나,

을 일으키거나 구체적인 물건을 들어 보여서[전사(展事), 사상(事相), 전개(展開)] 상대방의 물음에 응답하는 것[투기(投機)]이다.

1889) 동산 수초스님의 말씀이다. (X79n1557_p0226b22, 『聯燈會要』 卷第二十六, '洞山守初禪師'. "示眾云: '言無展事, 語不投機. 承言者喪, 滯句者迷.'")

1890) 德山卓牌開市(덕산탁패뇨시) : '덕산이 저잣거리에 패를 꽂음'. 이 화(話)는 『조정사원』 1권과 『선원몽구』 상(上)에서는 출처를 찾아 볼 수 없다고 설명하고 있다. "덕산스님의 저잣거리에 패를 세움. 덕산스님이 저잣거리에 패를 세우셨는데, 패에는 글이 새겨져 있었다. '부처님이 오셔도 때리고 조사가 오셔도 때릴 것이다.' 『전등록』에 〈암두스님의 패를 세움〉이 있는데, 암두스님이 폐불 사건이 일어난 후로 악주로 가셔서 호숫가에서 뱃사공노릇을 하고 계셨다. 호수 양쪽에다 넓적한 패를 하나씩 세워 두었는데 거기에는 글씨가 새겨져 있었다. 「건너고 싶은 사람은 이 패를 한 번씩 치시오.」 건너려는 이가 있어 패를 두드리면 스님은 삿대로 춤을 추며 다가가서 건너게 해 주셨다'고 나온다. 하지만 덕산스님이 패를 세웠다는 것은 출처를 알 수가 없다." (X64n1261_p0325b14~18, 『祖庭事苑』 卷第一. X87n1614_p0053c18~22, 『禪苑蒙求』 卷之上. "德山卓牌. 德山卓牌於開市, 牌上書字云: '佛來也打, 祖來也打.' 『傳燈』: '巖頭卓牌. 巖頭廢教後, 在鄂州, 湖邊作渡子. 兩岸立板牌一所, 書云: 〈如有渡者, 請擊此牌一下.〉 凡有擊者, 師乃舞橈而渡之.' 然德山卓牌, 未見所出.")

사적으로는 수레와 말도 통과시킨다네."

253. 대녕도관大寧道寬

大寧寬和尚, 示眾, 云: "從上來事, 非從佛得, 不就祖求. 丈夫稟性, 本自天真, 動止含儀, 去來無著. 如魚在水, 任性浮沉, 似鳥飛空, 都無罣礙. 如斯說話誰是知音?" 良久. 云: "一氣不言含有像, 萬靈何處謝無私?"
僧問: "教中云: '始知眾生本來成佛', 為甚麼有煩惱菩提?" 曰: "甘草甜黃連苦." 僧云: "却成兩箇去也." 曰: "你不妨會得, 好." 問: "既是一真法界, 為甚麼却有千差萬別?" 曰: "根深葉盛." 僧云: "未審還出得遮箇也無?" 曰: "弄巧成拙." 問: "作止任滅. 教中四病, 後學之流如何趣向?" 曰: "巧匠運斤斧, 斫木不抨繩."1891)

대녕 도관스님1892)이 대중에게 열어 보이셨다.

"예로부터 내려온 사(事)는
부처님을 좇아 이룰 수 있는 것이 아니요,
조사를 따라 구할 수 있는 것도 아니라네.
대장부의 성품은
본래 스스로 천진이라
움직이고 그침에 딱 알맞고1893)
가고 옴에 집착이 없다네.
마치 물고기가 물에 있으면서
물결에 맡기는 것과도 같으며,
흡사 새들이 허공에 날 때
전혀 막힘이 없는 것과도 같네.

1891) 『聯燈會要』 卷第十四, X79n1557_p0120c13~0121a01. 『嘉泰普燈錄』 卷第三, X79n1559_p0304a15~22. 참조.
1892) 大寧道寬(대녕도관) : 수산성념(首山省念)-분양선소(汾陽善昭)-석상초원(石霜楚圓)-대녕도관(大寧道寬). 주396) 참조.
1893) 儀(의) : 알맞다. 적합하다, 마땅하다, 적의(適宜)하다.

이와 같은 말에 누가 지음(知音)이 되겠습니까?"

한참 묵묵히 계셨다.

말씀하셨다.

"한 기운1894)이 말이 아니라도 상(像)을 머금었는데,
만령(萬靈)1895)은 사사로움 없음을 떠날 곳이 어디랴?"1896)

한 스님이 여쭈었다.
"부처님의 가르침에 말씀하셨습니다.
'뭇삶이 본래 성불이었음을 비로소 안다'고 하셨는데, 어째서 번뇌와 보리
가 있는 것입니까?"
말씀하셨다.
"감초는 달고 황련은 쓰다."
그 스님이 말했다.
"결국은 둘 다 성립되는 것이군요."
말씀하셨다.
"너는 아는데 방해를 받지 않는구나. 그것 참."

여쭈었다.
"이미 하나의 참된 법계1897)인데 어째서 천차만별이 벌어지는 것입니까?"
말씀하셨다.
"뿌리가 깊으면 이파리가 무성하지."

1894) 一氣(일기) : 만물의 원기, 한 조각, 한 무더기. 천지가 나뉘기 전의 혼돈한 기운. 한 차례의
　　　호흡. 공기. 의기가 서로 통하다. 24절기 중 한 기간. 단숨에, 단 번에. 잠시, 한바탕, 잠깐 동안
　　　에. 만물의 근원인 에너지를 말한다.
1895) 萬靈(만령) : 여러 신령. 모든 인류, 모든 백성. 일기(一氣)에서 굽이쳐 나온 모든 존재를 말
　　　함.
1896) 김태완은 『대혜보각선사어록』 2권에서 이렇게 번역하고 있다. "한순간 말 없어도 모습은 품
　　　고 있으니, 만 가지 신령함이 어디에서 샷됨 없음을 알리리오?" (김태완 역, 『대혜보각선사어
　　　록』 1, p181, 8~9줄. 소명출판, 2012.)
1897) 一眞法界(일진법계) : 현묘(玄妙)의 본체이다. 청량 징관국사가 쓴 말이다. (T36n1736_p000
　　　2b10, 『大方廣佛華嚴經隨疏演義鈔』 卷第一. "意以一眞法界爲玄妙體.")

스님이 말했다.
"도대체 '이것'에서 나올 수가 있는 것입니까?"
말씀하셨다.
"훌륭한 솜씨가 졸작이 되어 버렸군."1898)

여쭈었다.
"지어 냄·그침·맡김·고요히 함. 이렇게 부처님의 가르침에서 네 가지 병이 있다고 하셨는데,1899) 후학들은 어떻게 나아가야1900) 합니까?"
말씀하셨다.
"솜씨 좋은 장인은 도끼를 써서 나무를 쪼갤 때 먹줄을 쓰지 않는다."

254. 용화효우龍華曉愚

龍華愚和尙, 示衆, 云: "摩騰入漢已涉繁詞, 達磨西來不守己分. 山僧今日與麼道, 也是爲佗閑事長無明. 愚行脚時見五祖和尙, 戒問: '不落唇吻一句作麼生道?' 愚曰: '老老大大話頭也不照顧.' 戒便喝. 愚亦喝. 戒拈棒, 愚拍手下去, 戒曰: '闍梨! 闍梨! 話在.' 愚將坐具搭肩上, 更不顧便下去."1901)

용화 효우스님1902)이 대중에게 열어 보이셨다.
"마등(摩騰)1903)은 한(漢)에 들어와서 지나치게1904) 장황하고 자질구레한

1898) 弄巧成拙(농교성졸) : 기막힌 솜씨를 잘 부린 것이 도리어 졸작을 만듦. 방거사의 말씀이다. (X68n1315_p0004a13~14,『古尊宿語錄』卷第一. "居士隨後云: 適來弄巧成拙.")
1899) 作止任滅(작지임멸) :『원각경』에 나오는 법문이다. (T17n0842_p0920c19~20,『大方廣圓覺修多羅了義經』. "法中除四病, 謂作止任滅.")
1900) 趣向(취향) : 마음이 향하는 방향, 의향(意向), 지향(志向). 지향하다, 나아가다. 행방, 가는 방향. 경로나 수단.
1901)『聯燈會要』卷第十三, X79n1557_p0113a19~b01.『五燈會元』卷第十二, X80n1565_p0243a10~15.『續傳燈錄』卷第三, T51n2077_p0486c09~15. 참조.
1902) 龍華曉愚(용화효우) : 풍혈연소(風穴延沼)-수산성념(首山省念)-분양선소(汾陽善昭)-용화효우(龍華曉愚). 기주(蘄州) 황매산(黃梅山) 용화사(龍華寺)에 주석하였다는 것 외에 알려진 행적이 없다.
1903) 摩騰(마등) : ?~73. 가섭마등(迦葉摩騰)[ⓈKāśyapa-mātaṅga]을 말한다. 축섭마등(竺葉摩騰) 또는 섭마등(攝摩騰)이라고도 한다. 중인도 사람으로서 바라문의 집안에 태어나서 대승과 소승 경전에 아주 박통하였다. 후한(後漢) 영평(永平) 10년(67년)에 명제(明帝)의 청에 응하여 축법란

말을 많이 썼고, 달마대사는 서쪽에서 와서는 자기의 본분을 지키지 않았습니다.

 이 산승이 오늘 이렇게 말하는 것은 역시 저 긴 무명을 막아 다스리기1905) 위함입니다.

 이 효우가 행각할 때 오조 사계스님1906)을 뵈니, 스님이 물으셨습니다.

 '말재간에 떨어지지 않고 일구(一句)를 어떻게 말하겠느냐?'

 이 효우가 말했습니다.

 '연세 지극히 드신 분께서 말귀도 처리를 잘 못하시는군요.'

 사계스님이 곧장 '억!' 하셨습니다.

 이 효우도 역시 '억!' 하니, 사계스님이 몽둥이를 잡으셨습니다.

 이 효우가 손뼉을 치고 가려 하니, 사계스님이 말씀하셨습니다.

 '스님! 스님! 말을 잘 할 수 있다네.'

 이 효우는 좌구를 어깨에 걸치고 두 번 다시 돌아보지 않고 곧장 멀리 가버렸습니다."

(쯔法蘭)과 함께 경전과 불상을 가지고 낙양에 도착하였다. 명제는 백마사(白馬寺)를 건립하여 두 스님을 머물게 하였다. 두 스님은 함께 『사십이장경(四十二章經)』을 번역하였는데 이것이 중국에서의 역경의 효시가 되었다. 영평 14년 정월 초하루에 오악팔산(五嶽八山)의 도사들 690명이 황제에게 표를 올려 불교와 도교의 우열을 불로 시험하자고 하였다. 정월 대보름날에 황제는 대중이 운집한 가운데 단상 위에 두 종교의 경전들을 올려놓고 불을 태우게 하였다. 그런데 도교의 책은 모두 타버리고 재만 남았지만 불경은 털끝만치도 손상됨이 없었다고 한다. 이로부터 마등과 축법란 두 분이 불덕(佛德)을 크게 선양하니 보고 듣는 이들이 불문(佛門)에 다투어 귀의하였다고 한다. 영평 16년에 낙양에서 입적하였다.

1904) 已(이) : 지나치게, 몹시, 너무, 심하게.

1905) 閑事(한사) : 다스리다. 막다. 단속하다. 처리하다.

1906) 五祖師戒(오조사계) : 설봉의존(雪峰義存)-운문문언(雲門文偃)-쌍천사관(雙泉師寬)-오조사계(五祖師戒). 송나라 때 운문종스님. 촉(蜀)[사천성] 출신. 쌍천 사관스님의 법을 이어받고 기주(蘄州)[호북성] 오조산(五祖山)에 주석하였다. 말년에는 고안(高安)[강서성] 대우산(大愚山)에 머물다 천화하였다.

255. 남전보원南泉普願

南泉和尚, 示衆, 云: "然燈佛道了也. 若心相所思出生, 諸法虛假皆不實. 何以故? 心尚無有云何出生諸法? 猶如形影分別虛空, 如人取聲安置篋中, 亦如吹網欲令氣滿. 故老宿云: '不是心, 不是佛, 不是物.' 且敎你兄弟行履. 據說: '十地菩薩住首楞嚴三昧, 得諸佛祕密法藏, 自然得一切禪定解脫神通妙用, 至一切世界普現色身. 或示現成等正覺轉大法輪入般涅槃, 使無量入毛孔, 演一句經無量劫其義不盡, 敎化無量億千衆生得無生法忍', 尚喚作所知愚. 極微細所知愚, 與道全乖. 大難! 大難! 珍重."1907)

남전 보원스님1908)이 대중에게 열어 보이셨다.

"연등부처님이 분명히 말씀하여 마치셨습니다.

만일 마음에 모양을 지어 생각하는 대로 나오게 한 것이라면, 모든 법이 헛되고 가설된 것이라 진실한 것이 아닙니다.

왜냐하면 마음도 오히려 없는데, 어떻게 모든 법이 나오게 한다고 할 수 있겠습니까?

마치 자취를 찾아 허공을 분별하려는 것과도 같고, 사람이 소리를 붙들어 상자 속에 담아 두려는 것과 같으며, 또한 그물에다 공기를 불어 넣어 가득 채워두려는 것과도 같은 것입니다.

그러므로 노숙1909)이 말씀하셨습니다.

'마음도 아니요, 부처님도 아니요, 물건도 아니다.'1910)

1907) 『聯燈會要』卷第四, X79n1557_p0038a09~19. 『五燈會元』卷第三, X80n1565_p0073b01~10. 참조.

1908) 南泉普願(남전보원) : 조계혜능(曹溪慧能)-남악회양(南嶽懷讓)-마조도일(馬祖道一)-남전보원(南泉普願). 748-834. 주466) 참조.

1909) 마조도일선사(馬祖道一禪師)를 말한다.

1910) 이 말씀이 『사가어록(四家語錄)』의 「마조도일선사광록(馬祖道一禪師廣錄)」이나 『고존숙어록(古尊宿語錄)』의 「마조도일선사어록(馬祖道一禪師語錄)」 등에는 나오지 않는다. 『전등록』 7권 복우자재(伏牛自在)스님 편에 혜충국사와의 대화에서 이 말씀이 보인다. "어느 날 마조스님의 심부름으로 혜충국사께 편지를 전하게 되었다. 혜충국사가 물으셨다. '마대사가 대중을 어떻게 가르치시더냐?' 스님이 대답하셨다. '즉(卽) 마음이 즉(卽) 부처님이라고 하셨습니다.' '그게 무슨 말이냐?' 스님이 말씀이 없자, 국사께서 또 물으셨다. '그것 말고 다시 무슨 말씀은 없더냐?' 스님이 말씀드렸다. '마음도 아니고 부처님도 아니라 하시기도 하고, 혹은 마음도 아니고 부처님도 아니고 물(物)도 아니라고 하십니다.' '그래도 조금은 낫구나.' '마대사께서는 이러하지만, 도대체

이는 곧 형제 여러분들로 하여금 행리(行履)1911)케 하신 것입니다.

전하는 말씀1912)에 의하면, 십지보살이 수릉엄삼매1913)에 머물러 모든 부처님의 비밀한 법의 창고를 얻고, 스스로 그렇게 일체 선정과 해탈과 신통묘용을 얻어서, 일체세계에 이르러 색신을 널리 나툽니다.

혹은 등정각을 이루어 대법륜(大法輪)을 굴리고, 반열반(般涅槃)에 듦을 나타내 보이며, 한량없는 국토를 털구멍에 들어가게 하고, 한 마디를 한량없는 겁 동안에 연설한다고 하여도 그 뜻을 다하지 못하며, 한량없는 억천의 수많은 중생들을 교화하여 무생법인(無生法忍)을 얻게 하여도1914) 오히려 소지우(所知愚)1915)를 짓는 것입니다.

지극히 미세한 소지우(所知愚)라도 도(道)와는 완전히 어그러집니다.

너무나 어렵구나! 너무나 어렵구나!

잘들 가시오.”

스님의 〈여기〉는 어떠하십니까?’ 국사께서 말씀하셨다. ‘석 점은 흐르는 물과 같고, 굽은 것이 벼를 베는 낫과 같다.(心)’” (T51n2076_p0253a26~b03, 『景德傳燈錄』 卷第七. “送書於忠國師, 國師問曰:‘馬大師以何示徒?’對曰:‘卽心卽佛.’國師曰:‘是甚麼語話?’良久, 又問曰:‘此外更有什麼言敎?’師曰:‘非心非佛, 或云, 不是心, 不是佛, 不是物.’國師曰:‘猶較些子.’師曰:‘馬大師卽恁麼, 未審和尙此間如何?’國師曰:‘三點如流水, 曲似刈禾鎌.”)

1911) 行履(행리) : 실천궁행, 삶의 방식. 삶. 행동거지. 생활.

1912) 據說(거설) : 『불설수릉엄삼매경(佛說首楞嚴三昧經)』을 말한다.

1913) 首楞嚴三昧(수릉엄삼매) : 수랑가마삼마디(Ⓢśūraṃgama-samādhi). 수릉가마(首楞伽摩)라 음역한다. 건상(健相)·견고(堅固)·용건(勇健)·건행(健行)·일체사경(一切事竟) 등으로 번역한다. 10지 보살을 용감한 무사로 하고서, 그들이 닦는 정(定)이란 의미다. 이 삼매는 훌륭한 장군이 군대를 이끌고 적을 무찔러 항복받는 것처럼 번뇌의 마군을 이겨내는 것이라고 한다. 자세한 것은 『수릉엄삼매경』 상권 참조. (T15n0642_p0631a18~c26, 『佛說首楞嚴三昧經』 卷上.)

1914) “十地菩薩……無生法忍”은 부처님이 위의 경에서 100가지의 수릉엄삼매를 설명하신 내용의 몇 가지들이다.

1915) 所知愚(소지우) : 소지장(所知障)에 걸린 어리석은 자를 말한다. 소지장은 불염오무지(不染汚無知)로 지장(智障)이라고도 한다. 최후의 미세한 장애로 제8아뢰야식의 장애이다. 월운스님이 번역하신 『전등록』 28권에서는, “알아야 할 바는 부처인데 그 부처를 잘못 아는 바보라는 뜻이다.”라고 설명하고 있다.(월운 옮김. 『경덕전등록』 3, 제28권, p545. 동국역경원, 2008.)

256. 남원혜옹南院慧顒

南院和尚, 示眾, 云: "赤肉團上, 壁立千仞."
有僧問: "赤肉團上壁立千仞, 豈不是和尚語?" 曰: "是." 僧便
掀倒禪牀. 院曰: "你看遮瞎漢亂做!" 僧擬議, 院便打趁出.
妙喜曰: "我今為汝保任此事, 終不虛也."1916)

남원 혜옹스님1917)이 대중에게 열어 보이셨다.
"벌건 고깃덩어리 앞에 천 길 되는 절벽이 서 있구나."

한 스님이 여쭈었다.
"'벌건 고깃덩어리 앞에 천 길 되는 절벽이 서 있다'고 함은, 스님께서 하
신 말씀 아닙니까?"
말씀하셨다.
"그렇지."
그 스님이 선상을 뒤집어 엎어버렸다.
남원스님이 말씀하셨다.
"이 눈먼 놈이 아주 어지럽히는 것 좀 봐라!"
그 스님이 헤아리자 남원스님이 곧장 때려서 쫓아내셨다.

묘희스님이 말씀하셨다.
"내가 그대를 위하여 이 일을 보임케 하리니, 결국 헛되지는 않으리라
."1918)

1916) 『景德傳燈錄』 卷第十二, T51n2076_p0298b21~24. 『聯燈會要』 卷第十一, X79n1557_p009
　　9b24~c03. 『禪門拈頌集』 卷第二十六, K46-0426, 1152則. 『五燈會元』 卷第十一, X80n1565_p
　　0227b07~09. 『古尊宿語錄』 卷第七, X68n1315_p0041c16~20. 참조.
1917)　南院慧顒(남원혜옹) ： 황벽희운(黃檗希運)-임제의현(臨濟義玄)-흥화존장(興化存獎)-보응혜옹
　　(寶應慧顒). 860~930. 주692) 참조.
1918) 『대혜보각선사어록』 10권에는 여기에 대혜스님의 염송이 있다. "벌건 고깃덩어리 안에서 직
　　접 쓰고는 있으나/ 주인과 손님이 이치는 있어도 각기 드러내기는 어려워라./ 두 마리 낙타가
　　서로 만났지만/ 세상에는 바로 지금 아무도 평가를 못하네. (T47n1998Ap0854b13~15, 『大慧普
　　覺禪師語錄』 卷第十. "赤肉團邊用得親, 主賓有理各難伸. 兩箇駝子相逢著, 世上如今無直人.)

257. 용산화상龍山和尙

龍山和尚, 問僧: "甚麼處來?" 僧云: "老宿處來." 曰: "老宿有何言句?" 僧云: "說即千句萬句, 不說即一字也無." 曰: "恁麼即蠅子放卵." 其僧禮拜, 山便打. 洞山价和尙, 迷路到龍山, 因參禮次, 山問: "此山無路, 闍梨向甚麼處來?" 价云: "無路且置, 和尚從何而入?" 曰: "我不曾雲水." 价云: "和尙住此山多少時邪?" 曰: "春秋不涉." 价云: "此山先住, 和尚先住?" 曰: "不知." 价云: "為甚麼不知?" 曰: "我不從人天來." 价却問: "如何是賓中主?" 曰: "長年不出戶." 云: "如何是主中賓?" 曰: "青天覆白雲." 云: "賓主相去幾何?" 曰: "長江水上波." 云: "賓主相見有何言說?" 曰: "清風拂白月." 价又問: "和尙見箇甚麼道理, 便住此山?" 曰: "我見兩箇泥牛鬪入海, 直至如今沒消息." 因有頌云: "三間茅屋從來住, 一道神光萬境閑. 莫把是非來辦我. 浮生穿鑿不相關."1919)

용산화상1920)이 한 스님에게 물으셨다.
"어디서 오느냐?"
그 스님이 말했다.
"큰스님의 처소에서 왔습니다."
말씀하셨다.
"큰스님은 어떤 말씀이 있더냐?"
그 스님이 말했다.
"말하려면 천 마디 만 마디요, 말하지 않으려 하면 한 글자도 없습니다."
말씀하셨다.
"이러함은 파리가 알을 슬어 놓은 것이군."
그 스님이 절을 하자, 용산스님이 곧장 때리셨다.

동산 양개스님이 길을 잃었다가 용산스님 처소에 이르렀다.

1919) 『景德傳燈錄』 卷第八, T51n2076_p0263a14~b02. 『聯燈會要』 卷第五, X79n1557_p0052b0 9~19. 『禪門拈頌集』 卷第八, K46-0132, 295則, 296則. 『五燈會元』 卷第三, X80n1565_p008 7b03~19. 참조.
1920) 龍山和尙(용산화상) : 조계혜능(曹溪慧能)-남악회양(南嶽懷讓)-마조도일(馬祖道一)-용산화상 (龍山和尙). 당대(唐代)의 스님이다. 은산화상(隱山和尙)이라고도 한다. 마조 도일스님의 법을 이 어받고 장사(長沙)의 깊은 계곡에 은거하였다. 동산 양개스님과의 만남 이후 암자를 태워버리고 떠났는데 어디로 갔는지 아무도 모른다고 한다.

참례하니, 용산스님이 물으셨다.
"이 산에는 길이 없는데 스님은 어디로 오셨소?"
양개스님이 말씀하셨다.
"길 없는 건 그만두고 스님께서는 어디서 들어오셨습니까?"
말씀하셨다.
"나는 일찍부터 떠돌이가 아니오."
양개스님이 말씀하셨다.
"스님께서 이 산에 머무신 지는 얼마나 되셨습니까?"
말씀하셨다.
"세월과 어울리지 않소.1921)"
양개스님이 말씀하셨다.
"이 산이 먼저 머물렀습니까, 스님께서 먼저 머무르셨습니까?"
말씀하셨다.
"모르겠는데."
양개스님이 말씀하셨다.
"어째서 모른단 말씀입니까?"
말씀하셨다.
"나는 사람과 하늘을 따라 온 것이 아니오."

양개스님이 또 물으셨다.
"어떤 것이 손님 가운데 주인1922)입니까?"
말씀하셨다.
"오랫동안 문 밖을 나서질 못함이오."
말씀하셨다.
"어떤 것이 주인 가운데 손님입니까?"
말씀하셨다.
"푸른 하늘1923)이 하얀 구름을 덮었소."

1921) 不涉(불섭) : 관계하지 않다. 상관하지 않다. 어울리지 않다. 겪지 않다. 경험하지 않다. 건너
　　지 않다.
1922) 賓中主(빈중주) : 『동산어록』에는 '主中主(주중주)'라고 나온다. (T47n1986Ap0508c26~27,
　　『筠州洞山悟本禪師語錄』. "師曰: '如何是主中主?' 山曰: '長年不出戶.'")
1923) 靑天(청천) : 『동산어록』에서는 '靑山(청산)'으로 나온다.

말씀하셨다.
"손님과 주인이 서로 얼마나 떨어져 있습니까?"
말씀하셨다.
"길고 긴 강 위의 물결이오."
말씀하셨다.
"손님과 주인이 서로 만나면 어떤 말을 합니까?"
말씀하셨다.
"맑은 바람이 밝은 달을 스쳐 지나가오."

양개스님이 또 물으셨다.
"스님께선 어떤 도리를 보셨기에 이 산에 머무시는 겁니까?"
말씀하셨다.
"내가 두 마리 진흙소가 쌈질하면서 바다로 들어가는 것을 보았는데, 지금
껏 소식이 없소."

그리고는 노래를 하셨다.

"세 칸 토굴 예전부터 머무노라니
 한 가닥 신령한 빛이 경계에 한가롭구나.
 시비를 붙잡고서 나를 판단치 마라.
 부질없는 삶의 천착은 상관 않노라."

258. 투자대동投子大同

投子和尚, 示衆, 云: "汝諸人來遮裏, 擬覓新鮮語句, 攢花簇錦, 口裏貴有可道,
我老人氣力稍劣, 唇舌遲鈍. 汝若問我, 我便隨汝答對. 也無玄妙可及於汝, 亦不教
汝探根. 終不說向上向下, 有佛有法, 有凡有聖. 亦不存坐繫縛汝. 諸人變現千般,
總是汝生解自擔帶, 將來自作自受. 遮裏無可與汝, 不敢誆諕汝. 無表無裏可得說
似汝. 諸人還知麼?"
　時有僧問: "表裏不收時如何?" 曰: "汝擬向遮裏探根那?" 問: "大藏教中還有奇

特事也無?” 曰: “演出大藏敎.”1924)

투자 대동스님1925)이 대중에게 열어 보이셨다.

“그대 여러분들이 여기로 와서는 신선한 말귀나, 꽃다발이나 수북한 비단처럼 화려한 말과,1926) 입속에 담고 말할 만한 귀한 것을 찾으려고 하지만, 이 노인은 기력이 점점 약해지고 입술과 혀가 굼뜨고 둔해집니다.

그대들이 만일 나에게 묻는다면 나는 곧 그대들을 따라 답할 것입니다.

게다가1927) 그대들에게 줄 수 있을 만한 현묘한 것도 없고, 또한 그대들로 하여금 근본을 헤아리게1928) 하지도 않습니다.

끝끝내 향상(向上)과 향하(向下), 부처님이 있음과 법이 있음, 범속이 있고 성스러움이 있음을 말하지도 않습니다.

또한 그대들을 앉혀서 묶여 있게 하고 싶지도 않습니다.1929)

여러분들이 수천가지로 변화를 나타낸다고 하더라도, 이는 모두가 그대들이 분석해 낸1930) 것이라 스스로 책임을 져야 하는 것이니, 앞으로 스스로 짓고 스스로 받을 것입니다.

이 속에는 그대들에게 줄 것이 없고 그대들을 감히 속일 수도 없습니다. 그대들에게 말해 줄 껍데기도 없고 소가지도 없습니다.

여러분은 알겠습니까?”

그때 한 스님이 여쭈었다.

1924) 『景德傳燈錄』 卷第十五, T51n2076_p0319a16~26. 『聯燈會要』 卷第二十一, X79n1557_p0 180c15~22. 『五燈嚴統』 卷第五, X80n1568_p0675c05~14. 참조.

1925) 投子大同(투자대동) : 석두희천(石頭希遷)-단하천연(丹霞天然)-취미무학(翠微無學)-투자대동(投子大同). 819~914. 주380) 참조.

1926) 攢花簇錦(찬화족금) : 말이나 글이 화려함. 『전등록』 15권에서는 “꽃다발처럼 화려한 사륙변려(四六騈儷) 문체”라고 나온다. (T51n2076_p0319a17, 『景德傳燈錄』 “攢華四六”)

1927) 也~亦(야~역) : ~하기도 하고 ~또한 하기도 한다.

1928) 揉根(타근) : 揉根(근본을 헤아리다), 蹉跟(발을 동동 구르다), 垜根(흙속에 뿌리내리다), 垛跟(진흙 속에 발이 빠지다) 등과 같이 여러 가지로 쓰이나 의미는 비슷하다. ‘진흙에 발이 빠져 꼼짝 못하듯이 고정되어 그침’의 뜻이며 허망한 경계에 빠져 언어분별에 집착함을 말한다.

1929) 不存(부존) : 생각을 품지 않다. 바라지 않다.

1930) 解(해) : ‘刀+牛+角’으로 이루어진 회의문자다. ‘칼로 소를 찢어 가름’의 뜻으로 분해하고 쪼개는 것을 말한다. ‘낱낱이 분석하여 밝혀내어 알게 함’ ‘얽힌 것을 풀어 냄’ 등의 뜻으로 전의되었다. 선가(禪家)에서는 있는 그대로 알지 못하고 지식(知識)으로 분석하여 알아내려는 것을 ‘해(解)’라고 한다. ‘지식정해(知識情解)’라고 하는데 줄여서 ‘지해(知解)’라고 하고 더 줄여서 그냥 ‘해(解)’라고도 한다.

"겉과 속을 거두지 않을 때는 어떻습니까?"
말씀하셨다.
"'여기'를 향하여 근본을 헤아리려 하느냐?"
여쭈었다.
"대장경의 가르침 속에 기특한 일이 있습니까?"
말씀하셨다.
"대장경의 가르침을 헤아려 이끌어 내는구나."

259. 보령인용保寧仁勇

保寧勇和尚, 示眾, 云: "有箇漢, 恠復醜. 眼直鼻藍巉. 面南看北斗. 解使日午
金烏啼, 夜半鐵牛吼, 天地旋, 山河走, 羽族毛羣失其所守. 直得文殊普賢出此沒
彼, 七縱八橫, 千生萬受, 驀然逢著箇黃面瞿曇, 不惜眉毛, 再三與伊摩頂授記,
云: '善哉! 善哉! 大作佛事. 希有! 希有!' 於是乎自家憕憕懼懼憧憧惶惶, 藏頭縮
手." 召云: "大眾! 此話大行. 何必更徒三十年後?"1931)

보령 인용스님1932)이 대중에게 열어 보이셨다.
"한 놈이 있는데 괴이하고도 추하게도 생겼습니다. 눈은 길쭉하고 코는 엄
청 뾰족합니다. 남쪽을 향하여 북두칠성을 바라보고 있습니다.
한낮에 금까마귀의 눈물을 그치게1933) 하고, 한밤중에 무쇠소의 울부짖음
을 달래주며, 하늘과 땅이 빙빙 돌고 산과 냇물이 내달리는 바람에
날아다니는 새들과 기어 다니는 짐승들의 잃어버린 그 보금자리를 찾아 줍
니다.
곧장 문수보살과 보현보살을 만나 여기서 나왔다가 저기서 사라지며
자유자재로 천 번 태어나고 만 번 받다가, 문득 황면 구담을 만나면 눈썹을
아끼지 않고 두 번 세 번 그 분에게 마정수기를 주며 말합니다.

1931) 『續刊古尊宿語要』第三集,「保寧勇禪師語錄」, X68n1318_p0409a15~21. 『五燈會元』卷第
　　　十九, X80n1565_p0390c23~0391a05. 참조.
1932) 保寧仁勇(보령인용) ： 분양선소(汾陽善昭)-석상초원(石霜楚圓)-양기방회(楊岐方會)-보령인용
　　　(保寧仁勇). 주265) 참조.
1933) 解(해) ： 그치다, 멈추다, 쉬다. 해결하다.

'좋아요! 좋아요! 부처님 일을 크게 지으셨군요. 희유해요! 희유해요!'
이야말로1934) 자기 집에서 부끄러워하고 부끄러워하며1935) 허둥대고 허둥대는1936) 것이며, 머리를 숨기고 손을 감추는 것입니다."

부르셨다.
"대중 여러분!
이 말을 널리 실행하십시오. 구태여 다시 30년을 보낼 필요가 있습니까?"

260. 회당조심晦堂祖心

晦堂和尚, 示眾, 擊繩牀一下. 云: "一塵纔起, 大地全收. 諸
人耳在一聲中, 一聲偏在諸人耳. 若是摩霄俊鶻, 便合乘時, 止
濼困魚, 徒勞激浪."1937)

회당 조심스님1938)이 대중에게 열어 보이셨다.

승상(繩牀)을 한 번 내려치셨다.

말씀하셨다.
"한 티끌이 막 일어나서는 대지를 전부 거두었습니다. 여러분의 귀가 소리 하나 속에 있고, 소리 하나가 여러분의 귀에 두루 있습니다.

하늘을 찌를 듯한 뛰어난 매가

1934) 於是乎(어시호) : =우시호(于是乎), 어시(於是). 여기서, 이에, 이로 인해. 이런 결과로.
1935) 懡㦬㦬(마마라라) : 마라(懡㦬)의 강조. ⓢmūra. 매우 부끄러운 모양. 치욕(恥辱)스러운 모양. 참괴(慚愧)하는 모양. 창피스러운 모양.
1936) 惝惝惶惶(장장황황) : 장황(惝惶)의 강조. 두려워서 매우 허둥대는 모양. 두려움에 손과 발을 허공에다 마구 내젓는 모양.
1937) 『續刊古尊宿語要』第一集, X68n1318_p0360b13~15. 『聯燈會要』卷第十四, X79n1557_p0
123b12~14. 『嘉泰普燈錄』卷第四, X79n1559_p0311c16~18. 『五燈會元』卷第十七, X80n156
5_p0353b10~12. 참조.
1938) 晦堂祖心(회당조심) : 분양선소(汾陽善昭)-석상초원(石霜楚圓)-황룡혜남(黃龍慧南)-회당조심
(晦堂祖心). 1025~1100. 주198) 참조.

곧장 날아오를 때에,
작은 못에 머무는 지친 물고기,
거센 물결에 헛수고만 하고 있다네."

261. 조주종심趙州從諗

趙州和尚, 示眾, 云: "法本不生, 今則無滅. 更不要道纔語是生不語是滅. 諸人. 且作麼生是不生不滅底道理?"
僧問: "艸是不生不滅麼?" 曰: "遮漢只認得箇死語." 問: "如何是丈六金身?" 曰: "袖頭打領, 腋下剜襟." 僧云: "學人不會." 曰: "不會, 倩人裁." 問: "如何是西來意?" 曰: "版齒生毛." 問: "栢樹子還有佛性也無?" 曰: "有." 云: "幾時成佛?" 曰: "待虗空落地時." 云: "虗空幾時落地?" 曰: "待栢樹子成佛時."1939)

조주 종심스님1940)이 대중에게 열어 보이셨다.
"법은 본래부터 생겨남이 없었으니 지금 멸함도 없습니다. 다시 방금 말하면 생겼다고 하거나 말하지 않으면 없어졌다고 생각할 필요가 없습니다.
여러분.
바로 어떤 것이 불생불멸의 도리입니까?"

한 스님이 여쭈었다.
"벌써1941) 불생불멸이지 않습니까?"
말씀하셨다.
"이 놈이 단지 죽은 말만 알고 있구나."

1939) 『古尊宿語錄』 卷第十三, X68n1315_p0079c23~0080a01. 同語錄卷第十四, X68n1315_p0084c22~23. 同語錄卷第十四, X68n1315_p0084c18~20. 참조.

1940) 趙州從諗(조주종심) : 남악회양(南嶽懷讓)-마조도일(馬祖道一)-남전보원(南泉普願)-조주종심(趙州從諗). 778~897. 주203) 참조.

1941) 艸(초) : 草(초)와 같은 글자. 처음, 시작. 일찍이, 이미. 『고존숙어록』 13권에서는 무(조)라고 나온다.

여쭈었다.
"어떤 것이 장육금신(丈六金身)입니까?"
말씀하셨다.
"소맷부리에 옷깃을 달고 겨드랑이 밑의 옷자락을 도려낸다."
그 스님이 말했다.
"학인은 모르겠습니다."
말씀하셨다.
"모른다고? 사람을 불러다가 마름질해달라고 하렴."

여쭈었다.
"어떤 것이 서쪽에서 오신 뜻입니까?"
말씀하셨다.
"앞니빨에 털이 났다."

여쭈었다.
"측백나무도 불성이 있습니까?"
말씀하셨다.
"있지."
말했다.
"언제 성불입니까?"
말씀하셨다.
"허공이 땅에 떨어질 때를 기다려서."
말했다.
"허공이 언제 땅에 떨어집니까?"
말씀하셨다.
"측백나무가 성불일 때를 기다려서."

262. 정주최선定州崔禪

崔禪和尙, 在定州, 州衙內陞座. 拈起拄杖, 云: "出來也打, 不出來也打."
有僧出云: "崔禪! 響!" 崔禪擲下拄杖, 云: "久立. 太尉. 珍重."1942)

정주 최선스님1943)이 정주에 계실 때, 정주의 관아에서1944) 법좌에 오르
셨다.1945)

주장자를 잡으셨다.

말씀하셨다.
"나와도 때릴 것이고, 나오지 않아도 때리겠습니다."

어떤 스님이1946) 나와서 말했다.
"최선! 響(Jiàn)!1947)"
최선스님이 주장자를 던지고 말씀하셨다.
"오래 서있었습니다. 태위(太尉).1948) 잘 가시오."

1942)『景德傳燈錄』卷第十二, T51n2076_p0295b23~26.『聯燈會要』卷第十, X79n1557_p0096a
　　03~04.『禪門拈頌集』卷第十九, K46-0310, 766則.『五燈會元』卷第十一, X80n1565_p0225c0
　　9~11. 참조.
1943)　定州崔禪(정주최선) : 백장회해(百丈懷海)-황벽희운(黃檗希運)-임제의현(臨濟義玄)-정주최선
　　(定州崔禪). 정주선최(定州善崔)라고도 한다.
1944)　衙內(아내) : 관아 안. 궁성 안. 궁성을 수위하는 군사. 금병(禁兵). 고관의 자제.
1945)　정주의 장군인 왕공이 관아에서 법석을 마련하여 선최선사에게 법문을 청한 것이다.
　　(T51n2076_p0295b23~24. "定州善崔禪師, 州將王公於衙署張座請師說法.")
1946)　유주담공(幽州譚空)스님이다. (T51n2076_p0295b25. "時譚空和尙出曰") 백장회해(百丈懷
　　海)-황벽희운(黃檗希運)-임제의현(臨濟義玄)-유주담공(幽州譚空). 주1839) 참조.
1947)　響(적) : 사람이 죽으면 귀신이 되고, 그 귀신이 죽으면 '적(響)'이 된다고 한다. 이 '적(響)'
　　을 사람이 귀신을 무서워하듯이 귀신들이 두려워하므로 사람들이 '적(響)'을 귀신 쫓는 부적으로
　　쓴다.
1948)　太尉(태위) : 무관(武官)을 부르는 존칭으로 정주(定州)의 왕공(王公)이다.

263. 극부지의克符紙衣

僧問克符道者: "如何是賓中賓?" 曰: "倚門傍戶猶如醉, 出言吐氣不慚惶."
"如何是賓中主?" 曰: "口念彌陀雙拄杖, 目瞽瞳人不出頭." "如何是主中賓?" 曰:
"高提祖印當機用, 利物應知語帶悲." "如何是主中主?" 曰: "橫按鏌鋣全正令, 太
平寰宇斬癡頑." 云: "既是太平寰宇, 為甚麼却斬癡頑?" 曰: "不許夜行剛把火,
直須當道與人看."1949)

어떤 스님이 극부 도자스님1950)께 여쭈었다.
"어떤 것이 객 가운데 객입니까?"
말씀하셨다.
"노비가 술에 취한 것과 같아서, 말을 하고 기운을 토해 냄에 부끄러움이
없구나."
"어떤 것이 객 가운데 주인입니까?"
말씀하셨다.
"입으로 아미타불을 외우니 주장자가 둘이라, 눈이 멀어 눈동자가 머리를
내밀지 않는다."
"어떤 것이 주인 가운데 객입니까?"
말씀하셨다.
"조사의 인(印)을 높이 들어 기용(機用)에 맞추고, 물생(物生)을 이롭게 함
에 연민으로 말해야 함을 알아야 한다."
"어떤 것이 주인 가운데 주인입니까?"
말씀하셨다.
"막야(鏌鋣)1951)의 칼을 비껴들고서 바른 법령을 온전히 하려고 태평한 세

1949) 『天聖廣燈錄』 卷第十三, X78n1553_p0479c23~0480a07. 『聯燈會要』 卷第十, X79n1557_p
　　　0096b18~24. 『五燈會元』 卷第十一, X80n1565_p0225c02~08. 참조.
1950) 克符道者(극부도자) : 백장회해(百丈懷海)-황벽희운(黃檗希運)-임제의현(臨濟義玄)-극부도자
　　　(克符道者). 탁주지의(涿州紙衣)라고도 함. 주1614) 참조.
1951) 鏌鋣(막야) : 명검의 이름이다. '막야(莫邪)' 또는 '막야(鏌耶)'라고도 쓴다. 춘추시대에 간장
　　　(干將)과 막야(鏌鋣)라는 부부가 살고 있었는데 초왕(楚王)을 위하여 칼을 만들었다고 한다. 각고
　　　끝에 3년 만에 칼을 만들어 내었는데 웅검(雄劍)을 간장(干將)이라 하고, 자검(雌劍)을 막야(鏌
　　　鋣)라고 하였다고 한다. 이후 명검을 부를 때 흔히 사용한 칼의 이름이다. 『장자』의 「대종사」편
　　　에도 이 칼의 이름이 나온다. "무쇠가 펄쩍펄쩍 뛰어오르며 말하기를, '나는 앞으로 반드시 막야
　　　가 되리라'라고 하면 큰대장장이가 상서롭지 못한 무쇠덩어리로 여기게 될 것이다."(『莊子』 內

상에서 어리석고 완고한 것들을 베어버린다.”

말했다.

“이미 태평한 세상인데, 무엇 때문에 어리석고 완고한 이를 벱니까?”

말씀하셨다.

“밤에 억지로 횃불을 잡게 하지 않고, 응당 그 자리서 사람들에게 말해 주려고.”

264. 흥화존장興化存獎

興化和尚, 一日喚僧, 僧應諾. 曰: “到即不點.” 又喚一僧, 僧云: “作麼?” 曰: “點即不到.” 問: “四方八面來時如何?” 曰: “打中間底.” 僧禮拜, 化云: “大眾. 興化昨日去赴箇村齋, 回到半路逢著一陣卒風暴雨, 却去古廟裏避得過.”[1952]

흥화 존장스님[1953]이 하루는 한 스님을 부르셨다.

그 스님이 대답하자, 말씀하셨다.

“왔으면 점이 찍히지 않는다.”[1954]

또 한 스님을 부르셨다.

그 스님이 대답했다.

“왜 그러십니까?”

말씀하셨다.

“점이 찍혀 있으면 오지 않은 것이다.”

篇 「大宗師」. “金踊躍曰:‘我且必爲鏌鋣’, 大治必以爲不祥之金.”)

1952) 『聯燈會要』 卷第十, X79n1557_p0095b16~20. 참조.

1953) 興化存獎(흥화존장) : 백장회해(百丈懷海)-황벽희운(黃檗希運)-임제의현(臨濟義玄)-흥화존장(興化存獎). 830~925. 주318) 참조.

1954) 到即不點 點即不到(도즉부점 점즉부도) : 스님들이 모일 때에 자리에 없는 스님은 그 방함록 이름 위에다 점을 찍어 표시를 하는데 이를 ‘점이 찍혀 있으면 오지 않았다(點即不到)’라고 한다. 이에 반해 참석하여 자리에 있는 스님은 방함록 이름 위에다 아무런 표시를 하지 않으므로 ‘왔으면 점을 찍지 않는다(到即不點)’라고 한다. ‘점이 찍혀 있으면 오지 않았다’는 것은 너무나 뻔하고 당연하다는 것이고, ‘왔으면 점이 찍히지 않는다’는 것도 역시 너무나 분명하다는 뜻이다.

여쭈었다.

"사방팔방에서 올 때는 어떻습니까?"

말씀하셨다.

"중간을 찾아야 할 것이다."

그 스님이 절을 하자, 흥화스님이 말씀하셨다.

"대중 여러분. 이 흥화가 어제 마을의 재(齋)에 갔다가 돌아오는 길 도중에 일진 돌풍과 폭우를 만났는데, 간신히 옛 사당으로 가서 피하였습니다."

265. 지문광조智門光祚

智門祚和尙, 示衆, 云: "南泉道: '自小牧一頭水牯牛, 擬向溪東放, 不免食佗國王水草, 擬向溪西放, 不免食佗國王水草. 不如隨分納些些, 總不見得.' 所以雲門大師道: '平地上死人無數, 過得荊棘林是好手.' 直饒你截斷凡聖, 極盡有無, 也只是老鼠入飯甕, 未知有向上一竅在."

時有僧問: "如何是向上一竅?" 祚便打, 云: "我早是將一塊屎, 驀口抹了, 汝更來 斂我手作麼?" 僧擬議, 便趨下.[1955]

지문 광조스님[1956]이 대중에게 열어 보이셨다.

"남전스님이 말씀하셨습니다.

'내가 어릴 적부터 한 마리의 수고우(水牯牛)를 길러 왔는데, 시냇물 동쪽에다 풀어 놓아두려고 하니 국왕의 물과 풀을 먹어 버릴 것 같고, 시냇물 서쪽에다 풀어 놓아두려고 하여도 저 국왕의 물과 풀을 먹지 않을 수가 없다. 그러니 어디에서든[1957] 조금씩만 세금을 바치면서[1958] 아예 알지 못하

1955) 『禪門拈頌集』卷第六, K46-0100, 206則. 『聯燈會要』卷第二十七, X79n1557_p0236c06~1
   2. 『古尊宿語錄』卷之三十九, 「智門祚禪師語錄」, X68n1315_p0256b19~c01. 참조.

1956) 智門光祚(지문광조) : 설봉의존(雪峰義存)-운문문언(雲門文偃)-향림징원(香林澄遠)-지문광조
   (智門光祚). 950~1030. 주1059) 참조.

1957) 隨分(수분) : 어느 곳이나, 어느 때나. 본성을 따르다. 분수에 만족하다. 있던 그대로의 상태,
   있던 그대로의 것. 편리한 대로 하다, 형편대로 하다. 마음대로, 임의대로. 관례대로 내는 몫.

1958) 納些些(납사사) : '사사(些些)'는 '조금씩 조금씩' '조금' '약간' '근소함' '하찮음' '비바람 소
   리(의성어)' 등의 뜻이고, 납(納)은 '들어가게 하다' '갈무리하여 넣다' '끌어들이다' '바치다, 납

게 함만1959) 못하다.1960)'1961)
 그래서 운문대사가 말씀하셨습니다.

 '평지 위에 죽은 사람이 무수히 많으니,
 가시 숲을 지나는 것이 정교한 솜씨이다.'1962)

 설사 여러분이 평범과 성스러움을 절단하고 있고 없음을 끝내버린다 하더라도, 역시1963) 다만 늙은 쥐가 밥통에 들어가는 것과 같으니, 위로 향하는 하나의 구멍을 알지 못하는 것이 됩니다."

부하다'·'되돌려주다'·'멈추다, 머무르다' 등의 뜻이 있다. 따라서 '납사사(納些些)'는 '조금씩 거두어들여서'·'조금씩(세금을) 바쳐서'·'잠깐 잠깐 잡아 놓아두어서' 등으로 해석할 수 있지만, 정확한 해석이 어렵다.

1959) 總不見得(총불견득) : 전혀 꼭 그렇지는 않다. 꼭 그렇게 단언할 수는 없다. 전혀 알지 못하다. 불견득(不見得)=부도득(不到得), 부도적(不到的). 『고존숙어록』 39권에서는, "그가 전혀 알지 못하게" (X68n1315_p0256b21, 『古尊宿語錄』 卷之三十九. "他總不見")라고 되어 있고, 『선문염송집』 6권에서는, "그가 아예 방해하지 못하게" (K46-0100, 『禪門拈頌集』 卷第六, 206則. "他惣不妨")라고 나온다.

1960) 不如隨分納些些總不見得(불여수분납사사총불견득) : 이 구절의 번역을 《선림고경총서》에서는, "차라리 전혀 보이지 않게 가는대로 조금씩 들여보내느니만 못하다."라고 번역하고 있다.(백련선서간행회 역, 『雲門錄』 上, p178. 장경각.) 김태완은, "힘이 미치는 만큼 조금 맛을 보되, (국왕의 수초인지 아닌지를) 전혀 알 수 없는 것이 좋다."라고 번역하였다.(김태완 역, 『대혜보각선사어록』3, p110. 소명출판, 2012.) 월운스님은, "그러니 지금 분수에 따라 가두어 들여서 그가 전혀 방해치 않게 함이 낫겠다."라고 번역하고 있다.(김월운 역, 『선문염송·염송설화』2, p459, 동국역경원, 2005.) 문재현은, "이젠 분수를 따르는 것만 같지 못했던 것을 조금은 되돌리니 다른 사람에게 전혀 해로움이 없느니라."하고 번역하였다.(대원 문재현 역, 『선문염송』6, p337. 도서출판 바로보인, 2004) 이 구절에 대한 번역에 도움이 되는 해설로는 『선문염송설화』 6권을 보라. "『의원(義苑)』에 말씀하셨다. '견주어보면 세상에서 소 먹이는 사람이 만일 관가에 세금을 내지 않으면 송곳 세울 땅조차도 자기 것이 없지만, 만약에 그 땅의 많고 적음에 따라 관가에다 세금을 낸다면, 시냇물 동쪽이든 시냇물 서쪽이든 어디든지 모두 다 자기의 논밭인 것과 같다. 이렇게 하고 나서 소를 놓아먹인다면 다시 관가의 시달림이 어찌 있으랴?'"(《한국불교전서》『禪門拈頌說話』 卷第六. "『義苑』云:'比如世間牧牛之人, 若不納稅於官家, 則卓錐之地, 未有已分, 若復隨其土田多少, 輪納稅賦於官家, 則溪東溪西, 盡是自己田地矣. 然後牧牛而牧之, 復何官家勞擾之有?'")

1961) 『오등회원』 3권에 나온다. (X80n1565_p0073b10~12, 『五燈會元』 卷第三. "王老師自小養一頭水牯牛, 擬向溪東牧, 不免食他國王水草. 擬向溪西牧, 亦不免食他國王水草. 不如隨分納些些, 總不見得.")

1962) 『운문광록』 중(中)에 나오는 법문이다. "스님께서 언젠가 말씀하셨다. '평지에서 죽은 사람이 무수히 많으니 가시밭으로 가는 것이 훌륭한 솜씨다.' 어떤 스님이 말씀드렸다. '이러하다면 큰 방에서 제일좌가 제일 좋은 자리에 있겠습니다.' 스님이 말씀하셨다. '소로소로.'"(X68n1315_p0100c23~0101a01, 『雲門匡真禪師廣錄中』, 「室中語要」. "師有時云:'平地上死人無數, 過得荊棘林是好手.' 僧云:'與麼則堂中第一座有長處也.' 師云:'蘇嚕蘇嚕.'")

1963) 也只是(야지시) : 역시. 이야말로.

그때 한 스님이 여쭈었다.
"어떤 것이 위로 향하는 하나의 구멍입니까?"
광조 스님이 때리셨다.
말씀하셨다.
"내가 벌써 한 덩어리 똥으로 입을 틀어막아 버렸는데도, 너는 어째서 다시 나의 손을 물려고 하느냐?"
그 스님이 생각하려 하자, 곧장 때려서 쫓아 내셨다.1964)

266. 청량보명清凉普明

清凉普明和尚, 示衆, 云: "祖師心法, 洞貫十方, 今古恒然, 法爾如是. 如是之法, 不假修而自就, 不假得而自圓. 一切現成, 名不動地. 用而非有, 不用非無. 妙體湛然, 恒常不變. 體合妙用, 應備無為, 映現重重無邊色相. 心無自性, 觸事全彰, 不動道場遍十方界. 如斯境界略暫回光. 背覺合塵, 妄為影事. 此之事意如王大路, 行之即是, 假使不行亦在其路. 如斯所論, 猶是化門之說, 若以擧唱宗乘, 只有一時散去, 好."1965)

청량 보명스님1966)이 대중에게 열어 보이셨다.
"조사의 마음 법은 시방을 꿰뚫고 예부터 지금까지 '항상 그러하여' '법 그대로'1967) '이(是) 같음(如)'입니다.

1964) 이 화(話)에 대한 대혜스님의 보설이 있다. "이 공안을 얼마나 많은 사람들이 잘못 판단하고 있었던가? '그 어떤 것이 조금씩 바치는 도리인가?'하면 바로 말하기를, '옷 입고 밥 먹는 것이 어려울 게 뭐냐?'라고 하니, 나귀 앞이나 말 뒤에서 활계(活計)나 짓는 것이니, 어쨌든 남전을 비방하지 말아라. 쯧." (T47n1998Ap0870b24~27, 『大慧普覺禪師普說』 卷第十四. "這箇公案, 有多少人錯斷? '如何是納些些底道理?' 便道: '着衣喫飯, 有甚麽難?' 向驢前馬後作活計, 且莫謗他南泉. 好.")
1965) 『御選歷代禪師語錄』 前集下, X68n1319_p0644a13~21. 참조.
1966) 清凉普明(청량보명) : 용담숭신(龍潭崇信)-덕산선감(德山宣鑑)-설봉의존(雪峰義存)-청량보명(清凉普明). 보통보명(普通普明)이라고도 한다. 오대(五代) 후진(後晉)스님으로 설봉 의존스님의 법을 잇고 익주(益州) 보통산(普通山)에 주석하였다.
1967) 法爾(법이) : ⑤dharmatā, samīcī. 이(爾)는 연(然)과 같다. 임운(任運), 자연(自然), 천연(天然), 자이(自爾), 법연(法然), 법이자연(法爾自然) 등과 같은 뜻. '법 그렇게' '법 그대로' '스스로 그러히' '있는 그대로' '본래' '자연스럽게' 등의 뜻.

‘이(是) 같음(如)’의 법은 닦음을 빌리지 않아도 저절로 이루어지며, 얻음을 빌리지 않아도 저절로 완벽해집니다.

일체가 현상 있는 그대로의 모습1968)이니, 이름을 ‘꿈적도 않는 자리(不動地)’1969)라고 합니다.

작용하나 ‘있음’이 아니요, 작용하지 않아도 ‘없음’이 아닙니다.

미묘한 본체는 맑게 깨어 있어1970) 항상 변함이 없습니다. 본체는 묘용(妙用)과 어우르면서도 당연히 무위를 갖추고 있으며, 거듭거듭 가없는 만물의 형상을 비춰 나툽니다.

마음은 스스로의 성품이 없이 텅 비었으나 사(事)에 닿으면 완전히 드러나며, 도량에서 움직이지 않고도 시방세계에 두루 가득합니다.

이와 같은 경계는 살짝 잠시 돌이켜 봄(回光)입니다.

깨달음을 등지고 티끌경계에 어우러지면 망(妄)으로 그림자의 모습1971)을 삼게 됩니다.

이와 같은 모습은 왕의 큰 길과 같아서 걸어 다녀도 항상 그 길이요, 설사 다니지 않아도 또한 그 길에 있습니다.

이와 같이 말한 것들은 단지 교화하는 문(門)의 말일 뿐이니, 만일 선종을 드러내어 말하려 한다면, 단번에 흩어지시오. 好(Hǎo)!1972)”

1968) 現成(현성) : 현상(現象) 있는 그대로의 모습. 이미 존재하거나 준비 되어 있는 것. 원래부터 있었음. 이미 마련되어 있음. 현재 이루어짐.
1969) 不動地(부동지) : 십지(十地) 가운데 제8지이다. 보살이 미(迷)를 끊고 만법의 무상(無相)을 관(觀)하여 스스로 그러함(法爾)에 맡겨 움직이는 경지.
1970) 湛然(담연) : 맑고 그러함. 아주 편안함. 마음에 하고자 함이 없이 깨끗함. 늘 깨어 있어 마음이 맑은 모양. 의식이 뚜렷한 모양. 맑고 깨끗한 모양.
1971) 影事(영사) : 그림자의 모습. 미(迷)하면 세속의 일이 모두 다 그림자처럼 헛되므로 그림자의 모습이라 함.
1972) 好(호) : 쯧. 아이고.

267. 앙산혜적仰山慧寂

仰山問三聖: "汝名甚麼?" 三聖云: "我名慧寂." 仰云: "慧寂是我." 聖云: "我名慧然." 仰山呵呵大笑.

妙喜曰: "兩箇藏身露影漢, 殊不顧傍觀者."1973)

앙산 혜적스님1974)께서 삼성 혜연스님1975)에게 물으셨다.
"스님은 이름이 어찌 되냐?"
삼성스님이 말씀하셨다.
"저의 이름은 혜적입니다."
앙산스님이 말씀하셨다.
"혜적은 나인데."
삼성스님이 말씀하셨다.
"저의 이름은 혜연이군요."
앙산스님이 "하하!" 하고 크게 웃으셨다.

묘희스님이 말씀하셨다.
"몸을 숨기고 그림자를 드러내고 있는 두 분이, 옆에서 보는 이를 아예 돌아보지 않는구나."

1973) 『景德傳燈錄』 卷第十二, T51n2076_p0294c28~0295a02. 『天聖廣燈錄』 卷第十二, X78n1553_p0475c08~09. 『聯燈會要』 卷第十, X79n1557_p0094a14~15. 『禪門拈頌集』 卷第十五, K46-0241, 587則. 『五燈會元』 卷第十一, X80n1565_p0224b21~23. 참조.
1974) 仰山慧寂(앙산혜적) : 마조도일(馬祖道一)-백장회해(百丈懷海)-위산영우(潙山靈祐)-앙산혜적(仰山慧寂). 807~883. 주346) 참조.
1975) 三聖慧然(삼성혜연) : 백장회해(百丈懷海)-황벽희운(黃檗希運)-임제의현(臨濟義玄)-삼성혜연(三聖慧然). 주226) 참조.

268. 임제의현臨濟義玄

臨濟和尚, 示衆, 云:"道流. 佛法無用功處. 只是平常無事. 著衣喫飯, 屙屎送尿, 困來即臥. 愚人笑我, 智乃知焉. 古人云:'向外作工夫, 總是癡頑漢.'你且隨處作主, 立處皆眞. 一切境緣, 回換不得. 縱有從來習氣五無間業, 皆爲解脫大海. 今時學禪者, 總不識法. 猶如觸草羊逢著, 安在口裏, 奴郞不辨, 賓主不分. 如是之流, 邪心入道, 即不得名爲眞出家人, 正是凡俗人.

임제 의현스님1976)이 대중에게 열어 보이셨다.

"도류 여러분. 부처님의 법은 수양할 것이 없습니다.

그야말로 예사로이 일없음 일 뿐입니다.

옷 입고 밥 먹으며, 똥 누고 오줌 누며, 피곤해지면 누워버리는 것입니다.

우매한 이는 나를 조롱하겠으나 지혜로운 이는 알아차릴 것입니다.

옛사람1977)이 말씀하셨습니다.

'바깥을 향해 공부를 하면 모두가 어리석고 완고한 놈들이다.'1978)

그대들은 바로 어디서나 주인이며,1979) 바로1980) 그 자리가 모두 참입니

1976) 臨濟義玄(임제의현) : 마조도일(馬祖道一)-백장회해(百丈懷海)-황벽희운(黃檗希運)-임제의현(臨濟義玄). ?~867. 주489) 참조.

1977) 古人(고인) : 북종 계열의 남악명찬(南嶽明瓚)스님을 말한다. [황매홍인(黃梅弘忍)-옥천신수(玉泉神秀)-숭산보적(嵩山普寂)-남악명찬(南嶽明瓚)]. 숭산 보적스님의 법을 잇고서 평생을 남악사(南嶽寺)에서 주석하였다. 평소에 자신을 잘 드러내지 않았으므로 아무도 스님을 존경하지 않았다. 형암(衡巖)에서 한가하게 지내었는데 대중이 울력한다고 바쁘게 움직여도 스님은 뒹굴대기만 하였으며 누가 꾸짖으며 욕을 해도 아예 부끄러워하는 기색도 없었으므로 나찬(懶瓚)스님이라고 불렸다. 그리고 대중이 먹고 남긴 음식을 늘 먹었으므로 나잔(懶殘)스님으로도 불렸다. 시호는 대명선사(大明禪師)이다.『남악나찬화상가(南嶽懶瓚和尚歌)』1수가『경덕전등록』30권에 실려 있다.

1978)『남악나찬화상가』에 나오는 말씀이다. (T51n2076_p0461b18~19,『景德傳燈錄』卷第三十,「南嶽懶瓚和尚歌」."向外覓功夫總是癡頑漢")

1979) 隨處作主(수처작주) : 어느 자리에서나 주인을 짓고 있다. 어디서나 주인을 드러내고 있다. 어디서나 주인이 되어 있다. 어디서나 주인이다. 어디서나 주인을 나타내고 있다. 여기서 '주인을 짓기만 하면' '주인이 되기만 하면' '주인이 된다면' '주체적일 수 있다면' 등의 해석도 있지만, 저 앞에서 임제스님이 '부처님의 법은 수양할 것이 없다. 그야말로 예사로이 일없음 일 뿐이다'라고 하셨고, 바로 앞에서 명찬스님의 '바깥을 향해 공부를 하면 모두가 어리석고 완고한 놈들이다'란 말씀을 인용하였기 때문에 따로 '주인이 된다'든지 '주인을 지어야 한다'든지 하여 해석을 하면 무리가 있다고 본다. '어디서나 주인이 된다면 참된 곳이 되는 것'이 아니라 '어디

다.

　일체 경계가 조건 지어지더라도 바뀌는 것이 아닙니다.

　설사 여태까지의 습기와 오무간업이라 하더라도 모두가 해탈의 큰 바다입니다.

　지금 선(禪)을 배우는 이들은 도무지 법을 알지 못합니다.

　마치 풀1981)을 만난 양이 닥치는 대로 입 속으로 넣어 두는 것과 같이, 종과 주인을 가리지 못하며 객인지 주인인지 분간을 못하고 있습니다.

　이와 같은 무리들은 삿된 마음으로 도에 들어오는 것이라1982) 곧 참된 출가인이라고 할 수가 없으니 그야말로 바로 범속인입니다.

　夫出家者, 須辨得平常真正見解. 辨佛辨魔, 辨真辨偽, 辨凡辨聖. 若如是辨得, 名真出家人. 若魔佛不辨, 正是出一家入一家, 喚作造業眾生, 未得名為真出家人. 只如今有箇佛魔同體, 若明眼道流, 魔佛俱打. 你若愛聖憎凡, 生死海裏浮沉, 未有了日."

　출가한 사람은 반드시 평상의 진정현해(真正見解)1983)를 잘 알아차릴1984) 수 있어야 합니다.

　부처님을 알아차리고 마(魔)를 알아차리며, 참을 알아차리고 거짓을 알아차리고, 평범을 알아차리고 성스러움을 알아차려야만 합니다.

　만일 이와 같이 잘 알아차리면 있는 그대로의 출가인이라고 할 수 있습니다.

　만일 마(魔)와 부처님을 알아차리지 못한다면 바로 한 집에서 나와서 한

서나 주인이며 참된 곳임을 알아차리면 된다'는 의미이다.
1980) 효(입) : 즉시, 즉각, 바로, 당장. 존재하다. 생존하다.
1981) 草(초) : 『사가어록』「임제록」과 『천성광등록』11권과 『고존숙어록』 4권에서는 '鼻(비)'로 나온다. 『연등회요』 9권에서는 '草(초)'로 나온다.
1982) 『사가어록』「임제록」, 『천성광등록』11권, 『연등회요』 9권, 『고존숙어록』 4권에서는 '鬧處即入(뇨처즉입)'이 들어가 있다.
1983) 眞正見解(진정현해) : 중도(中道)의 현(見)과 중도(中道)의 해(解). 있는 그대로의 드러냄과 있는 그대로 앎.
1984) 辨(변) : 알아차리다. 살펴보다. 분명하게 나타내 보이다.

집으로 들어가는 것이니, 업을 짓는 뭇삶이지 있는 그대로의 출가인이라고 할 수가 없습니다.

다만 지금 부처님과 마가 한 몸인 것이 있다고 할 때,1985) 만일 눈 밝은 도류(道流)라면 마와 부처님을 함께 쳐 내버릴 것입니다.

그대들이 만일 성스러움을 사랑하고 범속함을 증오한다면 생사의 바다 속에서 떴다 가라앉았다 함을 마칠 날이 없을 것입니다."

時有僧問: "如何是佛魔? 乞垂開示." 曰: "你一念心疑處是佛魔. 你若達得萬法無生, 心如幻化, 更無一塵一法, 處處清淨, 即無佛魔. 佛與眾生, 是染淨二境. 約山僧見處, 無佛無眾生, 無古無今, 得者便得, 不勒時節. 亦無修證, 無得無失, 一切時中, 更無別法. 設有一法過此, 我說如夢如幻. 山僧所說只是.

당시에 어떤 스님이 여쭈었다.

"부처님과 마(魔)가 어떤 것입니까? 열어 보여주십시오."

말씀하셨다.

"그대들이 한 순간에 의심하는 마음자리가 부처님과 마(魔)입니다.1986) 그대들이 만일 온갖 법이 남이 없으며 마음이 환화(幻化)1987)와 같음을 분명히 알게 된다면, 다시는 한 티끌도 없고 한 법도 없어서 자리자리마다 청정하여 부처님과 마(魔)가 없을 것입니다.

부처님과 뭇삶은1988) 깨끗함과 물듦의 두 경계입니다.

이 산승의 현처(見處)에 의하면1989) 부처님도 없고 뭇삶도 없으며 예도 없

1985) 『사가어록』「임제록」, 『천성광등록』 11권, 『고존숙어록』 4권에서는 '구분할 수 없음이 마치 물과 우유를 섞어 놓음과 같다. 그러나 거위왕은 우유만 골라 먹는다.'의 구절이 더 있다. 그러나 『연등회요』 9권에서는 '구분할 수 없음이 마치 물과 우유를 섞어 놓음과 같다.'의 구절은 있고 '그러나 거위왕은 우유만 골라 먹는다'의 구절은 없다.

1986) 『사가어록』「임제록」,에서는 '魔(마)'로 나온다. 『천성광등록』 11권, 『연등회요』 9권, 『고존숙어록』 4권에서는 '佛魔(불마)'로 나온다.

1987) 幻化(환화) : 변화를 말한다. 만물이 진실한 성품이 없이 변화함을 말한다.

1988) 即無佛魔佛與眾生(즉무불마불여중생) :『사가어록』「임제록」, 『천성광등록』 11권, 『고존숙어록』 4권에서는, '부처님이다. 그러나 부처님과 마는(是佛然佛與魔)'으로 나오고, 『연등회요』 9권에서는 '곧 부처님과 마가 없을 것이다. 부처님과 마는(即無佛魔佛魔)'이라고 되어 있다.

1989) 約(약) : =의거(依據), 의(依), 안(按), 안조(按照). ~에 의하다. ~에 의거하다. ~에 따르다. ~

고 지금도 없으며 지나간 것은 곧장 지나가 버려1990) 시간을 붙들지 않습
니다.
 또한 닦아 증득할 것이 없으며 얻을 것도 없고 잃을 것도 없어서 일체의
시간 속에서 결코1991) 다른 법이 없습니다.
 설사 이를 뛰어넘는 한 법이 있다고 하더라도 꿈과 같고 허깨비 같다고
나는 말하겠습니다.
 이 신승이 말하려는 것은 오로지 이것입니다.

 道流. 見今目前孤明歷歷地聽法者. 此人處處不滯. 通徹十方, 三界自在, 入一切
差別境, 不能回換. 一刹那間, 透入法界, 逢佛說佛, 逢祖說祖, 逢羅漢說羅漢, 逢
餓鬼說餓鬼. 向一切處, 遊履國土, 敎化衆生, 未曾離一念. 隨處淸淨光透十方,
萬法一如.

 도류 여러분.
 바로 지금 이 자리의 우뚝 밝아 역력하게 법을 듣는 이를 보십시오. 이
사람은 자리자리마다 막힘이 없습니다.
 시방을 환하게 꿰뚫고 삼계에 자유자재하며 일체의 차별경계에 들어가도
결코 바뀜이 없습니다.
 한 찰나의 틈으로 법계에 사무쳐 들어가서는, 부처님과 맞닥뜨리면 부처님
으로서 말하고 조사를 맞닥뜨리면 조사로서 말하며 나한을 맞닥뜨리면 나
한으로서 말하며 아귀를 맞닥뜨리면 아귀로서 말합니다.
 일체처(一切處)1992)에 나아가서 국토를 두루 다니며 뭇삶들을 교화하면서
도 일찍이 한 순간도 떠나지 않았습니다.
 어디서나 맑고 맑은 광명이 시방세계를 사무치니 만법(萬法)이 일여(一如)
입니다.

 에 근거하다.
1990) 得者便得(득자변득) : 시간은 파악하려하면 곧바로 지나가 버리므로 '바로 지금' 이외의 시간
 은 존재하지 않는다. '득(得)'은 〈방금 지나간 시간〉을 말한다. '얻는다'라고 해석하는 것은 무리
 다.
1991) 更(갱) : 결코. 절대로. 극히, 몹시. '갱(更) ~부정사'는 '결코 ~이 아니다'란 뜻.
1992) 一切處(일체처) : ⑤sarva-āyatana. 변처(遍處)라고도 한다. 선정(禪定)의 이름이다. 일체의
 온갖 자리이니 무장무애(無障無礙)이므로 곧 자리가 없는 자리이다.

道流. 大丈夫兒, 今日方知本來無事. 只爲你信不及, 念念馳求, 捨頭覓頭, 自不能歇. 如圓頓菩薩入法界, 現身向淨土中, 厭凡忻聖. 如此之流, 取捨未忘染淨心在. 如禪宗見解, 又且不然, 直是見今, 更無時節. 山僧說處, 皆是一期藥病相治, 總無實法. 若如是見, 是眞出家, 日消萬兩黃金."

도류 여러분.

대장부라면 본래 일 없음을 오늘에야 알게 되었습니다 그려.

다만 그대들이 앎1993)에 이르지를 못하여 순간순간 바삐 찾아 헤매는 것이 머리를 두고 머리를 찾으며 스스로 쉬지를 못하는 것과 같습니다.1994)

마치 원돈교(圓頓敎)1995)의 보살이 법계에 들어가 정토에 몸을 나투면서 범속함을 싫어하고 성스러움을 좋아함과 같습니다.

이러한 무리들은 취하고 버림으로써 깨끗하고 물듦의 마음을 버리지 못하고 있습니다.1996)

선종에서 드러내는 앎은 도리어 그렇질 않으니, 오로지 바로 지금이요 절대로1997) 시간이란 없습니다.

이 산승이 말하는 것은 모두 다 병의 치료를 도와주는1998) 한 때의 약 일 뿐이라 전혀 실다운 법이 없는 것입니다.

만일 이와 같이 안다면1999) 참으로 출가라고 할 것이니, 매일 만 냥의 황금을 쓸 만하다고 할 수 있겠습니다."

道流. 莫取次被諸方老師印破面門, 道我解禪解道. 辯似懸河, 皆是造地獄業. 若是眞正學道人, 不見世間過, 切急要求眞正見解. 若達眞心, 悟性圓明, 方始了畢."

1993) 信(신) : 앎.

1994) 捨頭覓頭自不能歇(사두멱두자불능헐) :『수릉엄경(首楞嚴經)』제4권의 연야달다(演若達多)가 자기의 얼굴을 찾는 고사에서 나온 법문이다. (T19n0945_p0121b9~25,『大佛頂如來密因修證了義諸菩薩萬行首楞嚴經』卷第四. 참조.)

1995) 圓頓(원돈) : 원돈교(圓頓敎), 곧『화엄경』을 말한다. 천태종에서 세운 가르침이다.『화엄경』을 대승의 최고 가르침으로 보고 원교와 돈교로 판석(判釋)하였다.

1996) 在(재) : 상황의 계속을 나타내는 어조사다.

1997) 更(갱) : 결코. 절대로.

1998) 相(상) : 도와주다. 보좌하다. 또는 동사 앞에서 동작을 행함을 나타내는 보조사.

1999) 見(견) : 알다. 이해하다.

"도류 여러분.

제방의 노사들에게 적당히2000) 인가를2001) 받아서, '나는 선(禪)을 알고 도(道)를 안다'고 말하지 마십시오.

폭포수같이 쏟아내는 거침없는 말재주라도 모두가 지옥업을 짓는 것입니다.

만일 있는 그대로 도를 배우는 사람이라면 세간의 허물을 들추어 내지 말고 간절히 급히 진정현해(眞正見解)를 구해야만 합니다.

만일 참마음을 분명하게 알아서 성품의 완벽한 밝음을 깨달으면2002) 비로소 마쳤다고 할 수 있을 것입니다."

問: "如何是眞正見解? 乞再指示." 曰: "你但一切入凡入聖, 入染入淨, 入諸佛國土, 入彌勒樓閣, 入毗盧遮那世界, 處處皆現國土成住壞空.

여쭈었다.

"어떤 것이 진정현해(眞正見解)입니까? 다시 한 번 말씀해주십시오."

말씀하셨다.

"여러분은 바로 어디서든 범속함에도 들어가고 성스러움에도 들어가며, 물듦에도 들어가고 깨끗함에도 들어가며, 모든 부처님의 국토에도 들어가고 미륵보살의 누각2003)에도 들어가며, 비로자나부처님2004)의 세계에도 들어가서 자리자리마다 국토의 이루어지고·존속하고·부서지고·텅 빔을 모두 나툽니다.

2000) 取次(취차) : 대강대강, 적당히.

2001) 印破面門(인파면문) : 미간에 도장을 찍다. 곧 '인가를 해주다'는 뜻. 면문(面門)은 두 눈썹사이를 말하며 인당(印堂), 미간(眉間), 제3의 눈이라고도 한다. '파(破)'는 완료나 지속을 나타내는 어조사.

2002) 若達眞心悟性圓明(약달진심오성원명) : 『사가어록』「임제록」, 『천성광등록』 11권, 『고존숙어록』 4권에서는, "만일 '있는 그대로 드러냄앎'을 분명히 알아서 완벽하게 밝으면(若達眞正見解圓明)"으로 나오고, 『연등회요』 9권에서는 이 『정법안장』과 같다.

2003) 彌勒樓閣(미륵루각) : 미륵보살이 삼매 속에서 장엄하고 있는 누각으로 본래 이름은 '비로자나장엄장광대루각(毗盧遮那莊嚴藏廣大樓閣)'이라고 한다. 이 누각은 장엄 중의 장엄이다. 80 『화엄경』 77~79권 「입법계품」에 미륵보살의 누각에 대한 자세한 설명이 있다. (『大方廣佛華嚴經』, T10n0279_p0419c10~p0439a26.) 참조.

2004) 毗盧遮那(비로자나) : ⓈVairocana. 광명변조(光明遍照), 변조(遍照), 변일체처(遍一切處)로 번역한다. 부처님의 참몸(眞身)을 나타내는 칭호이다. 부처님의 광명이 법계에 두루두루 비추어 완벽하게 밝음을 의미한다.

佛出于世, 轉大法輪, 入無餘涅槃, 不見有去來相貌, 求其生死了不可得. 便入無生法界, 處處遊履國土, 入華藏世界, 盡見諸法全眞, 皆是實法. 唯有聽法, 無依道人, 諸佛之母. 所以佛從無依生. 若悟無依, 佛亦無得. 若如是見得, 是眞正見解. 學人不了, 執爲名句, 被佗凡聖名礙, 所以障其道眼, 不得分明. 只如十二分教, 皆是表顯之說, 學者不會, 便向表顯名句上生解. 皆是依倚, 落在因果, 未免三界生死. 你欲得生死去住自由, 即今識取聽法底人. 無形無相無根無本無住處, 活鱍鱍地, 應是萬般施設用處. 只是無處. 所以覓著轉遠求之轉乖, 號爲祕密.

부처님께서 세상에 나오셔서 대법륜을 굴리시고 무여열반(無餘涅槃)에 드셨지만 가시고 오심의 모양을 보지 못하였고, 태어나시고 돌아가심을 찾아봐도 전혀2005) 알 수 없습니다.2006)

곧 생겨남이 없는 법계에 들어 가시면서도 자리자리마다 국토에 두루 노니시고, 화장세계2007)에 들어가시면서도 모든 법이 온전히 참이라2008) 모두가 변함없는 실제 법임을 다 보십니다.2009)

오로지 법을 듣고 있는 의지함 없는 도인이 있으니, 모든 부처님의 어머니입니다.

그러므로 부처님은 의지함 없음에서 나왔습니다.

2005) 了(료) : 마침내, 결국, 끝끝내. 완전히, 전혀.

2006) 不可得(불가득) : 알 수 없다. '득(得)'은 알다. 이해하다.

2007) 華藏世界(화장세계) :『화엄경』에 나오는 석가모니불의 참 몸인 비로자나불이 보살행을 닦을 때에 수많은 부처님을 친근하고 큰 서원을 닦아서 깨끗하게 장엄한 정토이다. '화장장엄세계해(華藏莊嚴世界海)', 또는 '연화장세계(蓮華藏世界)'라고도 한다. 가장 아래에 풍륜(風輪)이 있고 풍륜 위에 보광마니장엄향수해(普光摩尼莊嚴香水海)가 있으며, 이 향수해 가운데 대연화(大蓮華)가 있고, 이 대연화 안에 무수한 세계를 갖추었다.『대방광불화엄경』제 8권「화장세계품」참조.

2008) 諸法全眞(제법전진) : 모든 법이 전체 그대로 진심(眞心)에 즉(卽)한다는 말씀이다.

2009) 盡見諸法全眞皆是實法(진견제법전진개시실법) :『사가어록』「임제록」,『천성광등록』11권,『고존숙어록』4권,『연등회요』9권에서는 모두 "모든 법이 텅 비어 있어서 모두가 실제의 법이 없음을 다 보신다. (盡見諸法空相皆無實法)"로 되어 있다.『지월록』14권에서는 이『정법안장』을 인용하였다는 내용이 나온다. (X83n1578_p0561c05~06,『指月錄』卷之十四. "盡見諸法全眞, 皆是實相."〈語錄作盡見諸法空相皆無實法. 此從『正法眼藏』〉) 이 법문의 구조가 "곧 생겨남이 없는 법계에 들어 가시면서도(雙遮) 자리자리마다 국토에 두루 노니시고(雙照), 화장세계에 들어가시면서도(雙照) 모든 법이 온전히 참이라 모두가 변함없는 실제 법임을 다 보신다.(雙遮)"로 되어 있어 중도법문이다. 따라서 이 대목은 쌍차법문(雙遮法門)이므로 "모든 법이 온전히 참임을 다 보신다. 모두가 변함없는 실제 법이다."하고 하거나, "모든 법이 텅 비어 있어서 모두가 실제의 법이 없음을 다 보신다."라고 하여도 아무 상관이 없다.

만일 의지함 없음을 깨달으면 부처님 역시 얻을 수 없습니다.
만일 이와 같이 알아 버린다면 진정현해(真正見解)입니다.

공부하는 이들이 명백하게 알지 못하고 이름과 의미(名句)2010)에 집착하여 범속함과 성스러움의 이름에 가려지게 되면 도(道)의 눈이 막혀 분명치 않게 됩니다.

십이분교 같은 것은 모두 바깥으로 드러내는 말이나, 공부하는 이들이 알지 못하고서 곧 바깥으로 드러내는 이름과 의미에서 지식정해(知識情解)를 냅니다.
이는 모두가 의지함이니 인과에 떨어져 삼계의 생사윤회를 면치 못할 것입니다.

그대들이 생사에서 가고 머물고를 자유롭게 하려고 한다면2011) 바로 지금 법문을 듣는 사람을 알아야 합니다.
형상도 없고 근본도 없고 머무는 자리도 없으나 활발발(活鱍鱍)하여 곧 수만 가지로 펼쳐져 작용하는 자리에 응하고 있습니다.
그러나 자리는 없습니다.
그래서 찾으려 하면 더욱 멀어지고 구하려 하면 더욱 어그러지는 것이므로 '비밀(祕密)'이라고 합니다.

道流. 你莫認箇夢幻伴子. 遲晚中間便歸無常. 你向此世界中覓甚麼物作解脫? 覓取一口飯喫, 補毳過時? 且要訪尋善知識, 莫因循逐樂, 虛生浪死. 光陰可惜. 念念無常. 麤則被地水火風, 細則被生住異滅, 四大四相所逼, 無有了期.
道流. 今時且要識取四種無相境, 免被境緣擺撲."

2010) 名句(명구) : ⑤nāma-pada. 유식학에서 심불상응행법(心不相應行法)에 속하는 두 가지로서 명(名)[⑤nāma)] 능전자성(能詮自性)의 뜻으로 '물' '산' 등과 같은 이름이고 구(句)[⑤pada]는 능전차별(能詮差別)의 뜻으로 '물이 맑다' '산은 높다' 등과 같이 의미이다. 명(名)은 언어의 짧은 부분이고 구(句)는 대체로 언어의 긴 부분을 나타낸다.
2011) 去住自由(거주자유) : 『사가어록』「임제록」, 『천성광등록』 11권, 『고존숙어록』 4권, 『연등회요』 9권에서는 모두, "가고 머무름을 벗어나서 자유롭고자(去住脫著自由)"라고 되어 있다.

도류 여러분.

그대들은 꿈과 같고 허깨비 같은 반려자2012)를 그릇 알지 마십시오. 머뭇머뭇하다 보면 곧장 무상(無常)2013)으로 돌아가 버립니다.

그대들은 이 세계 속에서 무엇을 찾아 해탈하려 합니까?

한 술의 밥이나 찾아 먹고 승복이나 꿰매는 것으로 세월을 보내는 것입니까?

무엇보다 먼저 선지식을 찾아 여쭈려고 해야지,2014) 그럭저럭 즐거움이나 쫓아다니며 헛되이 살다가 부질없이 죽지2015) 마십시오.

시간을 아끼십시오. 찰나찰나 무상(無常)입니다.

거친 쪽으로는 흙·물·불·바람(地水火風)을 의지하고2016) 있고, 미세한 쪽으로는 생겨나고·머물고·변이하고·멸함(生住異滅)을 의지하고 있어, 사대(四大)2017)와 사상(四相)2018)의 핍박을 입으니 끝마칠 기약이 없습니다.2019)

도류 여러분.

지금은 우선 네 가지 무상(無相)의 경계를 알아내서 경계가 흔들어대고 치고 오는 것으로부터 벗어나야만 합니다."

2012) 伴子(반자) : =반려(伴侶). 동반자, 짝, 벗, 동료, 친구, 배우자, 배필. 여기서는 육신, 몸.

2013) 無常(무상) : ⑤anitya. 일체의 존재하는 현상들은 모두가 찰나찰나 생주이멸(生住異滅)하면서 변화하여 고정되지 않음을 말한다. 여기서는 무상살귀(無常殺鬼), 곧 죽음을 뜻한다.

2014) 且要(차요) : 먼저 ~을 해야만 한다. 우선 ~하고자 하다.

2015) 虛生浪死(허생랑사) : 『사가어록』「임제록」, 『고존숙어록』 4권에서는 "莫因循逐樂光陰可惜(막인순축락광음가석)"으로 나와 '虛生浪死(허생랑사)'가 빠져있다. 『천성광등록』 11권에서는 "莫因循逐樂過時光陰可惜(막인순축락과시광음가석)"이라고 나와 '過時(과시)'가 붙어 있다. 『연등회요』 9권에서는 이 『정법안장』과 같다.

2016) 被(피) : 갖추다. 구비하다. 기대하다. 의지하다.

2017) 四大(사대) : 산스크리트어로 catvāri mahā-bhūtāni라고 한다. 존재 구성요소로서 지(地)·수(水)·화(火)·풍(風)의 네 가지다. 지대(地大)는 ⑤pṛthivī-dhātu라고 하는데 형성되게 하는 성질이다. 수대(水大)는 ⑤ab-dhātu라고 하며 끌어 당겨 흩어지지 않게 하는 성질이다. 화대(火大)는 ⑤tejo-dhātu라고 하여 에너지를 흐르게 하는 성질이다. ⑤풍대(風大)는 vāyu-dhātu라고 하며 일정한 사이클이 있는 진동이다. 우주의 모든 존재들은 이 네 가지가 항상 동시에 작용하여 드러나고 있다.

2018) 四相(사상) : 모든 존재의 변화하는 모습인 생(生)·주(住)·이(異)·멸(滅)을 말한다. 또는 생(生)·노(老)·병(病)·사(死)의 네 가지 현상이다.

2019) 四大四相所逼無有了期(사대사상소핍무유료기) : 『사가어록』「임제록」, 『천성광등록』 11권, 『고존숙어록』 4권, 『연등회요』 9권에서는 모두 "四相所逼(사상소핍)"으로만 되어 있다.

問: "如何是四種無相境?" 師曰: "你一念心愛被水溺, 你一念心嗔被火燒, 你一念心疑被地礙, 你一念心喜被風飄. 若能如是辨得, 不被境轉, 處處用境. 東涌西沒, 南涌北沒, 中涌邊沒, 邊涌中沒. 履水如地, 履地如水. 緣何如此? 為達四大如夢如幻故.

어쭈었다.
"네 가지의 모양 없는 경계란 무엇입니까?"
스님이 말씀하셨다.
"그대들의 한 순간 사랑하는 마음이 물에 빠지게 하고, 그대들의 한 순간 성을 내는 마음이 불에 태워지게 하고, 그대들의 한 순간 의심하는 마음이 땅에 가로 막히게 하며, 그대들의 한 순간 기뻐하는 마음이 바람에 날려 버리게 합니다.

만일 이와 같이 분명하게 알아차린다면 경계에 끄달려 다니지 않을 것이며 자리자리마다 경계를 운용하게 될 것입니다.

동쪽에서 솟구쳐 나왔다가 서쪽으로 잠기고, 남쪽에서 솟구쳐 나왔다가 북쪽으로 잠기며, 가운데서 솟구쳐 나왔다가 변두리로 잠기며, 변두리에서 솟구쳐 나왔다가 가운데로 잠깁니다.[2020]
물을 밟지만 땅을 밟듯 하고, 땅을 밟지만 물을 밟듯 합니다. 어째서 이와 같을까요? 사대(四大)가 꿈과 같고 허깨비 같음을 통달하였기 때문입니다.

道流. 你只今聽法者, 不是你四大, 能用你四大. 若如是見得, 便乃去住自由. 約山僧見處, 沒嫌底法. 你若憎凡愛聖, 被聖凡境縛. 有一般學人, 向五臺山求文殊現, 早錯了也. 五臺山無文殊. 你欲識文殊麼? 只你目前用處, 始終不異, 處處不

2020) 부처님만이 할 수 있는 여섯 가지 신력진동(神力震動)이다. 『대반야경』 「연기품」에 나오는 법문이다. "또 이 세계로 하여금 동쪽에서 솟구쳐 나왔다가 서쪽으로 잠기고, 서쪽에서 솟구쳐 나왔다가 동쪽으로 잠기며, 남쪽에서 솟구쳐 나왔다가 북쪽으로 잠기고, 북쪽에서 솟구쳐 나왔다가 남쪽으로 잠기며, 가운데에서 솟구쳐 나왔다가 변두리로 잠기고, 변두리서 솟구쳐 나왔다가 가운데로 잠기게 하셨으니," (T05n0220_p0002b14~15, 『大般若波羅蜜多經』, 「初分緣起品」第一之一. "又令此界東涌西沒, 西涌東沒, 南涌北沒, 北涌南沒, 中涌邊沒, 邊涌中沒,")

礙. **此箇是活文殊. 你一念心無差別光, 處處總是普賢. 你一念心能自在隨處解脫, 此是觀音三昧法. 互為主伴, 顯即一時顯, 隱即一時隱. 一即三, 三即一. 如是解 得, 方始好看教.**"2021)

도류 여러분.
그대들이 지금 법을 듣는 것은 그대들의 사대(四大)가 아니라 오히려2022) 그대들의 사대를 운용하는 것입니다.
만일 이와 같이 안다면2023) 떠나고 머무름2024)에 자유로울 것입니다.

이 산승의 현처(見處)에 의하면 싫어할 만한 법은 없습니다.
그대들이 만일 범속함을 싫어하고 성스러움을 사랑한다면 성스러움과 범 속함이라는 경계의 속박을 받게 될 것입니다.2025)

한 무리의 학인들이 오대산에서 문수보살의 현신(現身)을 찾았으나 벌써 그르쳤습니다. 오대산에는 문수보살이 없습니다.
여러분이 문수보살을 알고자 합니까?
바로 그대들의 눈앞에 운용하는 자리며, 처음과 끝이 다르지 않고, 자리자 리마다 아무런 막힘이2026) 없습니다.
이것이야말로 살아 있는 문수보살입니다.

그대들이 한 순간에 마음이 차별없는 광명이라면, 자리자리마다 모두 보현 보살입니다.

2021) 『天聖廣燈錄』卷第十一, X78n1553_p0469a13~0470a03. 『鎭州臨濟慧照禪師語錄』, T47n19 85_p0498a16~0499a03. 『聯燈會要』卷第九, X79n1557_p0084a15~0085a05. 『古尊宿語錄』卷 第四, 「鎭州臨濟慧照禪師語錄」, X68n1315_p0024c19~0025c09. 참조.
2022) 能(능) : 오히려, 차라리.
2023) 見得(견득) : 알다, 보다, 터득하다.
2024) 去住(거주) : 떠나고 머무름. 죽음과 삶.
2025) 憎凡愛聖被聖凡境縛(증범애성피성범경박) : 『사가어록』「임제록」, 『고존숙어록』 4권에서는 "성스러움을 좋아하지만 성스러움이란 성스러움이라는 이름일 뿐이다(愛聖聖者聖之名)."라고 나 오고, 『연등회요』 9권에서는 "성스러움을 좋아하지만 성스러움은 텅 빈 이름일 뿐이다(愛聖聖是 空名)."라고 나오고, 『천성광등록』 11권에서는 이 『정법안장』과 같다.
2026) 礙(애) : 『사가어록』「임제록」, 『천성광등록』 11권, , 『연등회요』 9권, 『고존숙어록』 4권에서 는 모두 '의(疑)'로 되어 있다.

그대들이 한 순간에 마음이 자유자재하여 어디서나 해탈이라면 이것이야
말로 관세음보살의 삼매법입니다.

서로서로 주인과 짝이 되며 나타날 때는 곧장 일시에 나타나며 숨을 때는
일시에 숨어버립니다.2027)
하나가 곧 셋이며 셋이 곧 하나입니다.
이와 같이 안다면 비로소 가르침을 잘 살펴보았다고2028) 하겠습니다."

269. 운문문언雲門文偃

雲門曰: "十方國土中, 唯有一乘法. 且道. 自己在一乘法裏, 一
乘法外?" 自代云: "入."
妙喜曰: "特地一場愁."

운문 문언스님2029)이 말씀하셨다.
"시방 국토에 오직 일승법이 있을 뿐입니다.2030)
바로 지금, 말해보십시오.
자신은 일승법의 안에 있습니까, 일승법의 바깥에 있습니까?"
스스로 대신하여 말씀하셨다.
"入(Rù)!"2031)

묘희스님이 말씀하셨다.
"일부러 한바탕 근심거리를 만드는구나."

2027) 隱即一時隱(은즉일시은) : 『천성광등록』 11권, 『사가어록』 「임제록」, 『고존숙어록』 4권, 『연
등회요』 9권에서는 모두 이 구절이 없고 오직 이 『정법안장』에만 나오는 구절이다.
2028) 好看(호간) : 말을 할 때 경각(警覺)을 부탁하는 의미를 함축하면서 '조심해라', 또는 '잘 살
펴라'는 뜻으로 사용하는 말이다.
2029) 雲門文偃(운문문언) : 용담숭신(龍潭崇信)-덕산선감(德山宣鑑)-설봉의존(雪峰義存)-운문문언
(雲門文偃). 864~949. 주94) 참조.
2030) 十方國土中 唯有一乘法(시방국토중 유유일승법) : 『법화경』 1권에 나오는 법문이다. (T09n0
262_p0008a17, 『妙法蓮華經』 卷第一, 「序品」 第一. "十方國土中, 唯有一乘法.")
2031) 入(루) : 욕이다. 씨부랄. 씹할. 붙어먹을.

270. 백운수단白雲守端

　　白雲端和尙, 示眾, 云: "佛身充滿於法界, 普現一切羣生前. 隨緣赴感靡不周, 而常處此菩提座. 大眾. 作麼生說箇隨緣赴感底道理? 只於一彈指間, 盡大地含生根機, 一時應得周足. 而未嘗動著一毫頭. 便且喚作隨緣赴感而常處此座? 只如山僧此者受法華請, 相次與大眾相別去, 宿松縣裏開堂了, 方歸院去.

　백운 수단스님2032)이 대중에게 열어 보이셨다.

　"부처님 몸 온 법계에 가득하시니
　간 데마다 뭇삶 앞에 나타나시며
　인연 따라 두루두루 나아가지만
　언제나 보리좌에 항상 계시네.2033)

　대중 여러분.
　인연따라 감(感)2034)에 나아간다는 도리를 어떻게 말하겠습니까? 단지 손가락 한 번 튕기는 사이에 대지의 모든 뭇삶들의 근기에 일시에 응(應)하여 두루 만족케 해야만 할 것입니다.
　그러나 일찍이 털끝하나도 움직이지 못했습니다.
　어찌 또 인연 따라 두루두루 나아가지만 언제나 이 자리에 있다고 말한 것이겠습니까?

　예컨대2035) 이 산승이 이번에2036) 법화스님의 청을 받아서, 곧 대중과 서

2032)　白雲守端(백운수단) : 임제의현(臨濟義玄)-흥화존장(興化存獎)-보응혜옹(寶應慧顒)-풍혈연소(風穴延沼)-수산성념(首山省念)-분양선소(汾陽善昭)-석상초원(石霜楚圓)-양기방회(楊岐方會)-백운수단(白雲守端). 1025~1072. 주426) 참조.

2033) 『대방광불화엄경』 6권 「여래현상품」에 나오는 일체법승음보살(一切法勝音菩薩)의 게송이다. (T10n0279_p0030a06~07, 『大方廣佛華嚴經』 卷第六, 「如來現相品」 第二. "佛身充滿於法界, 普現一切眾生前, 隨緣赴感靡不周, 而恒處此菩提座.")

2034) 感(감) : 뭇삶이 불심(佛心)을 느끼는 분(分)이다. 부처님이 뭇삶의 감(感)에 대한 분(分)은 응(應)이다.

2035) 只如(지여) : 예컨대 ~와 같은 것은. 그런데 ~에 대하여는.

로 헤어진 다음에, 숙송현2037)에서 개당설법을 마치고 나서, 비로소 선원으로 돌아왔습니다.

　且道. 還離此座也無? 若道離則世諦流布, 若道不離, 作麼生見得箇不離底事? 莫是無邊刹境自佗不隔於毫端, 十世古今始終不離於當念麼? 又莫是一切無心一時自遍麼? 若恁麼, 正是掉棒打月. 到遮裏直須悟始得. 悟後更須遇人始得. 你道既悟了便休.

　바로 여기, 말해보십시오. 이 자리를 떠났습니까?
　만일 떠났다고 말한다면 세제(世諦)2038)를 표현한 것입니다.
　만일 떠나지 않았다고 말한다면 떠나지 않은 일을 어떻게 압니까?
　설마 가없는 국토의 경계에서 자타(自他)가 털끝만큼도 틈이 벌어지지 않아서 십세(十世)2039)와, 예와 지금, 처음과 끝이 바로 지금을 떠나지 않았다는 것은 아닙니까?2040)
　또 설마 일체(一切)에 무심(無心)이라 일시에 스스로 전체라는 것은 아닙니까?

　만일 이러하다면 바로 몽둥이를 휘둘러 달을 때리려 하는2041) 것입니다.
　'여기'서 마땅히 깨달아야만 합니다.
　깨달은 후 다시 반드시 사람을 만나야만 합니다.
　여러분이 곧바로 깨달았다면 곧 쉬십시오.

　又何必更須遇人? 若悟了遇人底, 當垂手方便之時, 著著自有出身之路, 不瞎却學者眼. 若只悟得箇乾蘿蔔頭底, 不唯瞎却學者眼, 兼自己動便先是犯鋒傷手. 你看.

2036) 此者(차자) : 이번에, 금번에.
2037) 宿松縣(숙송현) : 안휘성 안경시 서남부에 있던 현의 이름. 한나라 때 송자현(松兹縣)이었다가 수나라 초기에 고당현(高唐縣)으로 바뀌고 다시 598년에 숙송현(宿松縣)으로 바뀌었다.
2038) 世諦(세제) : 세속사람들이 아는 도리. 제일의제(第一義諦) 또는 진제(眞諦)의 반대개념.
2039) 十世(십세) : 과거 현재 미래에 각각 과거 현재 미래를 세우고 다시 이 아홉을 일념(一念)에 합하여 10세라 한다.
2040) 莫是~麼(막시~마) : 설마 ~한 것은 아니겠지?, ~하지 않았는가?, ~이 아니겠느냐?, ~이 아니냐?, ~이냐?, 혹시~이냐?
2041) 掉棒打月(도방타월) : 몽둥이를 휘둘러 달을 치려고 하다. 한낱 헛수고를 할 뿐이다.

我楊岐先師問慈明師翁道: '幽鳥語喃喃, 辭雲入亂峯時如何?' 答云: '我行荒草裏, 汝又入深村.' 進云: '官不容針, 更借一問.' 師翁便喝. 進云: '好喝.' 師翁又喝, 先師亦喝, 師翁乃連喝兩喝. 先師遂禮拜.

또 구태여 다시 사람을 만나야만 할 필요가 있습니까?
만일 깨닫고서 사람을 만나 인도하여 가르치려고 방편을 쓸 때, 하나하나2042) 자신에게 해탈의 길이 있어서 학인들의 눈을 멀지 않게 할 것입니다.

하나 만일 다만 말라비틀어진 무 같은 선을2043) 깨달았다면 학인의 눈을 멀게 할 뿐만 아니라, 아울러 자기가 움직이면 곧장 먼저 칼끝에 닿아 자기의 손을 베었을 것입니다.2044)

여기를 보십시오.2045)

나의 스승이신 양기스님이 자명노스님께 여쭈어 말씀하셨습니다.
'그윽한 곳 새가 재잘재잘 지저귀고 떠다니는 구름이 어지러운 봉우리에 들어갈 땐 어떻습니까?'
말씀하셨습니다.
'나는 황량한 풀숲 속으로 걸어가고, 너는 또 빽빽한 마을로 들어가는구나.'
말씀을 올리셨습니다.
'공적으로는 바늘도 용납하지 않겠지만 다시 질문 하나를 빌리겠습니다.'
노스님께서 문득 '억!' 하셨습니다.
말씀을 올리셨습니다. '훌륭하신 할(喝)입니다.'
노스님께서 다시 '억!' 하셨습니다.

2042) 著著(착착) : 하나하나. 갖가지.
2043) 乾蘿蔔(건라복) : 마른 무. 사이비 선(禪). 엉터리 선(禪).
2044) 犯鋒傷手(범봉상수) : 상봉범수(傷鋒犯手)라고도 한다. 칼을 잘 못 쓰면 칼날을 손상시키기 쉽다. 또는 칼을 잘못 쓰면 자기의 손을 베기 쉽다. 선사가 기봉을 씀이 제대로 맞지 않으면 선법(禪法)과 선인(禪人)이 모두 예리하지 않게 됨의 비유이다.
2045) 你看(이간) : 이것을 봐라. 여기를 봐라.

양기스님께서도 역시 '억!' 하셨습니다.
노스님께서 이에 연거푸 '억!' '억!' 하셨습니다.
양기스님께서 그만 절을 하셨습니다.

大衆. 須知悟了遇人者, 向十字街頭與人相逢, 却在千峯頂上握手, 向千峯頂上相逢, 却在十字街頭握手. 所以山僧嘗有頌云: 佗人住處我不住, 佗人行處我不行. 不是與人難共住, 大都緇素要分明. 山僧此者臨行, 解開布袋頭, 一時撒在諸人面前了也. 有眼底莫錯恠. 好! 珍重.2046)

대중 여러분.
깨닫고 나서 사람을 만나거든 십자 네거리에서 사람과 서로 만나서 곧 천봉우리 꼭대기에서 손을 맞잡고, 천봉우리 꼭대기에서 서로 만나면 다시 십자 네거리에서 손을 맞잡을 줄 반드시 알아야 합니다.
그러므로 이 산승이 일찍이 노래를 하였습니다.

다른 사람 머무는 곳에 나는 머물지 않고,
다른 사람 가는 곳에 나는 가지 않는다네.
사람과 함께 머무는 것이 어려운 것이 아니라,
단지 중과 속인을 분명하게 하려함이네.

이 산승이 이번에 떠날 때에 자루를 활짝 열고 일시에 여러분의 면전에다 펼쳐 놓았습니다.
눈이 있는 이는 그릇 탓하지 마시오. 好(Hǎo)!2047)
잘들 가시오."

2046) 『聯燈會要』 卷第十五, X79n1557_p0129a06~b03. 『五燈會元』 卷第十九, X80n1565_p0389 b06~c05. 참조.
2047) 好(호) : 쯧. 아이고.

271. 대위진여大潙眞如

　大潙眞如和尚, 示眾, 云: "'古佛道昔於波羅奈, 轉四諦法輪.' 墮坑落塹. '今復轉最妙無上大法輪.' 土上加泥. 如今還有不歷階梯, 獨超方外者麼?" 良久. 云: "出頭天外看, 誰是箇中人?"

　僧問: "大通智勝佛, 十劫坐道場, 為甚麼不得成佛道?" 曰: "苦殺人." 問: "牛頭未見四祖時如何?" 曰: "寒毛卓豎." 云: "見後如何?" 曰: "額頭汗出."[2048]

　대위 진여스님[2049]이 대중에게 열어 보이셨다.

　"'고불(古佛)이 옛날에 바라나에서 사제(四諦)[2050]의 법륜을 굴리시고,'

　구덩이에 떨어지셨습니다.

　'지금 다시 가장 미묘하고 위없는 대법륜을 굴리시니,'[2051]

　흙 위에다 진흙을 덮은 것입니다.[2052]

2048) 『聯燈會要』卷第十五, X79n1557_p0131b04~07. c12~13. 『五燈會元』卷第十二, X80n1565_p0255b08~16. 참조.

2049) 大潙眞如(대위진여) : 분양선소(汾陽善昭)-석상초원(石霜楚圓)-취암가진(翠巖可眞)-지해진여(智海眞如). ?~1095. 주339) 참조.

2050) 四諦(사제) : Ⓢcatvārisatyāni, catur-ārya-satya. Ⓟcatu-ariya-sacca. 네 가지의 성스러운 진리로, 사성제(四聖諦)라고도 한다. 고성제(苦聖諦)Ⓢduhkha-āryāni-satyāni[미혹된 이 세상은 모두가 고이다], 고집성제(苦集聖諦)Ⓢduhkha-samudaya-satyāni[괴로움의 원인은 그침 없이 구하는 집착], 고멸성제(苦滅聖諦)Ⓢduhkha-nirodha-satyāni[괴로움의 원인인 집착을 완전히 끊어서 괴로움이 사라짐], 고멸도성제(苦滅道聖諦)Ⓢduhkha-mārga-satyāni[괴로움이 없는 니르바나에 도달하기 위한 바른 수행의 길]를 말하며 부처님이 성도한 후 최초의 설법 내용으로 알려져 있다.

2051) 『법화경』「비유품」에 나오는 구절이다. "그때 사부 대중인 비구·비구니·우바새·우바이와 하늘·용·야차·건달바·아수라·가루라·긴나라·마후라가 등의 대중은 사리불존자가 부처님 앞에서 아누다라삼먁삼보리의 수기를 받는 것을 보자 마음이 한량없이 환희용약하였다. 그리고 모두들 몸에 입고 있던 옷을 벗어 부처님께 공양하였다. 석제환인과 범천왕들도 무수한 천자들과 함께 역시 하늘의 아름다운 옷과 하늘의 만다라꽃과 마하만다라꽃들을 부처님께 공양 올리니, 펼쳐진 그 하늘 옷이 허공에 머물러서 스스로 빙빙 돌아갔다. 그리고 모든 하늘에서는 백천 만 가지의 풍악이 허공 속으로 일시에 울려 퍼지고, 거듭 겹쳐진 하늘 꽃이 비 내리면서 이런 말씀이 울려 나왔다. '부처님께서 옛날 바라나에서 처음으로 법륜을 굴리시더니, 지금 또 위없고 위대한 법륜을 굴리시네.'" (T09n0262_p0012a07~16, 『妙法蓮華經』卷第二, 「譬喻品」第三. "爾時四部衆, 比丘·比丘尼·優婆塞·優婆夷·天·龍·夜叉·乾闥婆·阿修羅·迦樓羅·緊那羅·摩睺羅伽等大衆, 見舍利弗於佛前受阿耨多羅三藐三菩提記, 心大歡喜踊躍無量. 各各脫身所着上衣, 以供養佛. 釋提桓因梵天王等, 與無數天子, 亦以天妙衣·天曼陀羅華·摩訶曼陀羅華等, 供養於佛, 所散天衣住虛空中, 而自迴轉. 諸天伎樂百千萬種, 於虛空中一時俱作, 雨衆天華, 而作是言: '佛昔於波羅奈初轉法輪, 今乃復轉無上最大法.")

2052) 土上加泥(토상가니) : 흙 위에다 진흙을 얹다. 어리석음에다 한층 더 어리석음을 보탬.

　지금 절차2053)를 거치지 않고서도 홀로 세상의 바깥2054)으로 뛰어넘는 사람이 있습니까?"

　한참 묵묵히 계셨다.

　말씀하셨다.
"하늘 바깥으로 나오는지 살펴보십시오. 이 사람은 누구입니까?"

　한 스님이 여쭈었다.
"대통지승부처님이 10겁을 도량에 앉아 계시면서도 무엇 때문에 불도를 이루지 못한 것입니까?"2055)
　말씀하셨다.
"사람을 엄청2056) 괴롭히는구나."

　여쭈었다.
"우두스님2057)이 사조스님2058)을 뵙지 못하였을 땐 어떻습니까?"
　말씀하셨다.
"머리털이 쭈뼛쭈뼛."2059)

2053) 階梯(계제) : 계단과 사다리. 향상의 수단이나 점진적 절차.
2054) 方外(방외) : 세속의 바깥. 속세를 떠난 사람. 구역이나 범위의 바깥. 『장자』의 「대종사편」에
　　나오는 말이다. "'그는 어떠한 사람입니까?' 공자가 말했다. '그는 세상의 바깥에서 노니는 사람
　　이다. 그러나 나는 세상의 안에서 노니는 사람일 뿐이다.'"(『莊子』 內篇, 「大宗師」 第六. "'彼
　　何人者邪?' 孔子曰: '彼游方之外者也 , 而丘游方之內者也.'")
2055) 『법화경』의 내용을 가지고 질문한 것이다. "대통지승부처님의 수명은 540만억 나유타 겁이
　　다. 그 부처님께서 본래 도량에 앉으시고서 마군들을 없애고 아누다라삼먁삼보리를 드러내려하
　　시지만, 모든 부처님의 법이 앞에 나타나지 않으므로 1소겁에서 10소겁에 이르기까지 결가부좌
　　하고서 몸과 마음을 움직이지를 않았지만 모든 부처님의 법이 아직도 나타나지 않았다."
　　(T09n0262_p0022b19~23, 『妙法蓮華經』, 「化城喩品」 第七. "大通智勝佛, 壽五百四十萬億那由
　　他劫. 其佛本坐道場破魔軍已, 垂得阿耨多羅三藐三菩提, 而諸佛法不現在前, 如是一小劫乃至十
　　小劫, 結加趺坐身心不動, 而諸佛法猶不在前.")
2056) 殺(쇄) : 매우, 엄청, 굉장히, 대단히.
2057) 우두법융(牛頭法融)스님이다. 신광혜가(神光慧可)-감지승찬(鑑智僧璨)-쌍봉도신(雙峰道信)-우
　　두법융(牛頭法融). 594~658. 주644) 참조.
2058) 사조(四祖) 파두도신(破頭道信)스님이다.　보리달마(菩提達磨)-신광혜가(神光慧可)-감지승찬
　　(鑑智僧璨)-쌍봉도신(雙峰道信). 주645) 참조.

말했다.
"뵙고 난 연후엔 어떻습니까?"
말씀하셨다.
"이마에 땀이 송골송골."

272. 황룡혜남黃龍慧南

黃龍南和尚, 示衆, 云: "時人住處我不住, 時人行處我不行. 於此了然明的旨, 須會全身入火坑." 以拂子畵一畵. 云: "臭煙蓬勃紅焰熾然, 眼未明者總在裏許. 從上古聖無非入生死坑中, 向無明火裏提拔有情. 汝等諸人且如何入? 若人入得, 可謂在火不燒在水不溺. 若入不得, 非唯不能自利亦乃不能利佗. 既不能自利利佗, 圓頂方袍殊無利益." 良久. 召大衆: "大衆! 擧頭!" 乃云: "牛頭出, 馬頭回."2060)

황룡 혜남스님2061)이 대중에게 열어 보이셨다.

"지금 사람이 머무는 자리에 나는 머물지 않는다네.
 지금 사람이 다니는 자리에 나는 다니지 않는다네.
 여기서 뜻을 명료하게 알아버렸다면
 반드시 온몸 그대로 불구덩이에 들어갈 줄 알아야 하리라."

불자로 한 획을 죽 그으셨다.

말씀하셨다.
"연기냄새 자욱하고 벌건 불꽃이 활활 타오르니, 눈이 밝지 못한 이들이 모두 이 속에 있습니다.
 처음부터 모든 옛 성인들이 생사의 구덩이 속으로 들어가서, 무명의 불속

2059) 寒毛卓豎(한모탁수) : 두려움으로 머리털이 곤추 서서 쭈뼛쭈뼛해지다.
2060) 『嘉泰普燈錄』卷第三, X79n1559_p0302b15~22. 『黃龍慧南禪師語錄』續補, T47n1993_p0637c02~10. 참조.
2061) 黃龍慧南(황룡혜남) : 수산성념(首山省念)-분양선소(汾陽善昭)-석상초원(石霜楚圓)-황룡혜남(黃龍慧南). 1002~1069. 주214) 참조.

에서 유정(有情)들을 구해 내지 않음이 없었습니다.

여러분은 모두가 이제 어떻게 들어가겠습니까?

만일 누구라도 들어간다면 불에 있어도 타지 않을 것이고 물에 있어도 젖지 않을 것입니다.

만일 들어가지 못한다면 스스로에게 이익이 되게 할 수 없을뿐더러 남을 이롭게 하지도 못할 것입니다.

이미 자기도 이롭게 하지 못하고 남도 이롭게 하지 못한다면 머리 깎고 가사를 입은들 아무런 이익이 없을 것입니다.”

한참 묵묵히 계셨다.

대중을 부르셨다.
“대중 여러분! 고개를 들어보시오!”
이어서 말씀하셨다.
“소머리가 나오니 말머리를 돌리는구나.”

273. 당명숭唐明嵩

楊侍郞, 李駙馬, 與唐明嵩和尙問答. 問: “彌陀演化於西方, 達磨傳心於東土, 胡來漢現, 水到渠成, 五嶽鎭靜以崢嶸, 百谷朝宗而浩渺, 一靈之性託境現形, 三有之中憑何立命?” 嵩云: “仙人無婦, 玉女無夫.” 楊云: “尼剃頭不復生子.” 嵩云: “陝府鐵牛能哮吼, 嘉州大像念摩訶.” 李云: “側跳上山巓.” 嵩云: “騎牛不著靴.”
廣慧璉云: “進象倒戈.”
汾陽昭云: “端身裂面破.”
妙喜曰: “月下看弄雪師子.”

양시랑2062)과 이부마2063)가 당명숭스님2064)과 문답을 나누었다.

2062)　楊侍郞(양시랑)　:　풍혈연소(風穴延沼)-수산성념(首山省念)-광혜원련(廣慧元璉)-양억(楊億). 974~1020. 양억(楊億)이다. 송대의 거사로 자(字)는 대년(大年)이다. 포성(浦城)[복건성] 사람이다. 7세에 글을 잘하여 옹희(雍熙) 초에 중동과(中童科)에 응시하였다. 후에 진종(眞宗) 때 진사과에 응시하여 한림학사와 시랑 등을 역임하였다. 광혜원련(廣慧元璉)스님의 법을 이었다. 『발원

여쭈었다.

"아미타부처님은 서방에서 교화를 널리 펴셨고 달마대사는 동쪽에다 마음을 전하셨는데 오랑캐가 오고 한인이 나타나며,2065) 물이 흐르는 곳에 저절로 도랑이 생기고, 오악(五嶽)2066)이 땅에 안정되니 높고 가파르고, 수많은 골짜기의 냇물이 흘러 큰 바다로 가니2067) 아득히 넓으며, 신령한 성품이 경계에 의탁하여 형체를 나투면, 삼유(三有)2068) 가운데서 무엇을 의지하여 천명을 받듭니까?"

지숭스님이 말씀하셨다.

"신선은 부인이 없고 옥녀2069)는 남편이 없습니다."

양시랑이 말씀하셨다.

"머리 깎은 비구니가 다시는 아이를 낳지 않는군요."

지숭스님이 말씀하셨다.

"섬부(陝府)2070)의 무쇠소가 울부짖으니, 가주(嘉州)2071)의 큰 코끼리가 마

문(發願文)』을 지었고, 조칙을 받아 『대장목록(大藏目錄)』을 제작하였다. 『전등록(傳燈錄)』을 교열하여 간행하였고 역경원에서 글을 다듬는 일을 하였다. 시호는 문(文)이다.

2063) 李駙馬(이부마) : 풍혈연소(風穴延沼)-수산성념(首山省念)-곡은온총(谷隱蘊聰)]-이준욱(李遵勖). 988~1038. 이준욱(李遵勖)이다. 송대 임제종 거사이다. 자(字)는 공무(公武)이고 호(號)는 화문거사(和文居士) 또는 문화거사(文和居士)이다. 진사과에 합격하여 부마도위(駙馬都尉)에 올랐다. 곡은온총(谷隱蘊聰)스님에게서 종요(宗要)를 묻다가 크게 깨닫고 게송을 읊었다. "참선이려면 모름지기 무쇠같은 자라야 하리니/ 마음 일어나자마자 곧장 알아차려라./ 곧장 위없는 보리에 나아가/ 일체 옳고 그름을 상관하지 말아라.(參禪須是鐵漢, 著手心頭便判. 直趣無上菩提, 一切是非莫管.)" 그리고 법을 이어 받았다. 여러 선사들과 많은 교류를 하였으며 천성년간(天聖年間)[1023~1030]에 『천성광등록(天聖廣燈錄)』 30권을 지었다. 『한연집(閒宴集)』 20권, 『외관방제(外館芳題)』 7권 등이 있다.

2064) 唐明嵩和尚(당명숭화상) : 보응혜옹(寶應慧顒)-풍혈연소(風穴延沼)-수산성념(首山省念)-삼교지숭(三交智嵩). 주1129) 참조.

2065) 胡來漢現(호래한현) : 호현한현(胡現漢現), 호현한래(胡現漢來)와 같은 말. 호래호현한래한현(胡來胡現漢來漢現)의 줄임말이다. 거울에 사물이 비칠 때처럼 외국인이 오면 외국인이 나타나고 중국인이 오면 중국인이 나타난다. 곧 있는 그대로 드러나서 조금도 감춰지지 않음을 말한다.

2066) 五嶽(오악) : 중국의 다섯 명산이다. 동악(東嶽)은 태산(泰山), 서악(西嶽)은 화산(華山), 남악(南嶽)은 곽산(霍山), 북악(北嶽)은 항산(恒山), 중악(中嶽)은 숭고산(嵩高山)이다. 이렇게 다섯 산인데 약간씩 다르다.

2067) 朝宗(조종) : 작은 물이 큰 물로 흘러들어가다. 냇물이 강이나 바다로 흘러들어가다.

2068) 三有(삼유) : ⑤tri-bhava. 차별적 계(界)에 따라 나눈 욕유(欲有)[⑤kāma-bhava]·색유(色有)[⑤rūpa-bhava]·무색유(無色有)[⑤arūpya-bhava]를 말한다. 또는 삼계를 윤회하는 유정의 상태를 3가지의 시기로 나눈 생유(生有)[⑤upapatti-bhava]·본유(本有)[⑤pūrvaka-kāla-bhava]·사유(死有)[⑤maraṇa-bhava]를 말한다.

2069) 玉女(옥녀) : 선녀(仙女)를 말한다.

2070) 陝府(섬부) : 섬(陝)은 하남성(河南省) 섬현(陝縣)에 있었던 땅. 부(府)는 당대부터 청대까지의

하반야바라밀을 외웁니다."
이부마가 말씀하셨다.
"살짝 비켜서2072) 산마루로 뛰어 올라가게 하시는군요."
지숭스님이 말씀하셨다.
"신발도 신지 않고 소를 타서요."

광혜 원련스님이 말씀하셨다.
"코끼리를 바치고 투항해버렸군."2073)

분양 선소스님이 말씀하셨다.
"몸은 단정하나 얼굴은 망가져버렸다."

묘희스님이 말씀하셨다.
"달 아래 눈사자가 노는 것 봐라."

問: "玄沙不出嶺, 保壽不渡河, 善財參知識五十三員, 慧遠結黑白一十八士, 雪峯
三度上投子, 智者九旬講法華, 遮六箇漢爲復野干鳴, 爲復師子吼? 速道! 速道!"
嵩云: "水急魚行澁, 峯高鳥不棲." 楊云: "泗州大聖." 嵩云: "土上加泥更一重."
李云: "舌上覆金錢." 嵩云: "半夜歌樂動, 誰人得知音?"
廣慧璉云: "謌謠滿路人皆望."
汾陽昭云: "看壁畫人笑."
妙喜曰: "野干鳴, 師子吼."

여쭈었다.
"현사스님은 고갯마루를 넘지 않으셨고,2074) 보수스님은 냇물을 건너지 않

행정구역의 명칭이다. 당대에는 수도와 배도(陪都)가 소재한 주(州)를 승격하여 부(府)라고 하였
고, 송대에는 규모가 큰 주(州)를 승격하여 부(府)라 하고 노(路)에 예속시켰다. 원대에는 성(省)
에 예속시킨 것과 노(路)에 예속시킨 것이 있고, 명대와 청대에는 성(省)에 예속시켰다.
2071) 嘉州(가주) : 북주(北周) 때 두었던 주(州)의 이름. 사천성(四川省) 미산현(眉山縣)에 있었다.
2072) 側(측) : 측면으로 비키다. 상대방에 대한 경의의 표시로 한 쪽 편으로 비켜서거나 걸음.
2073) 倒戈(도과) : 무기를 버리다. 투항하다. 패하여 도주하다. 다시는 전쟁을 않겠다는 뜻을 보이
다. 상대방에게 유리한 조건을 주다. 배반하다.
2074) 玄沙不出嶺(현사불출령) : 현사스님이 제방을 두루 다니면서 선지식을 참심(參尋)하려고 바랑

으셨으며,2075) 선재동자가 53명의 선지식을 참례하였고, 혜원스님2076)은 승속 18명의 뛰어난 분들2077)과 결사를 맺으셨으며, 설봉스님은 투자산2078)을 세 번이나 올랐으며,2079) 지자대사2080)는 90일 동안에 법화경을 강의하셨습니다.

을 메고 고개를 넘다가 발을 잘 못 디뎌 발가락에서 피가 흘렀다. 고통에 탄식하면서 "이 몸은 존재하지 않는 것인데 고통이 어디서 나오는 거지?" 하다가 활연개오하고는 고개를 넘지 않고 곧장 설봉스님에게 돌아간 일화이다. (X87n1627_p0358b09~10, 『緇門崇行錄』. "普携囊出嶺, 擬欲遍叅, 忽傷足流血. 豁然而悟. 遂不出嶺, 依峰咨決心要.")

2075) 保壽不渡河(보수부도하) : 『조정사원』 7권에 나오는 일화이다. 보수(保壽)는 보수(寶壽)로도 쓴다. "보수 연소스님이 임제스님에게서 선지(禪旨)를 이어 받고나서 다시는 다른 곳으로 다니지 않고 오로지 보수(寶壽)에서만 머무르면서 임제스님 제1세 법사가 되었다. 스님이 입적하려 하시면서 문인들에게 말했다. '너희들이 내가 밟은 곳을 아느냐?' 대답하였다. '스님께서는 일생을 장좌불와하셨습니다.' 스님이 말했다. '나의 권속이 아니다.' 말씀을 마치고 천화하였다. 세상에서 보수스님이 냇물을 건너지 않았다고 하는 것은 곧 스님을 말하는 것이다."(X64n1261_p0420a09~12, 『祖庭事苑』 卷第七. "寶壽 沼和上. 叅臨濟領旨, 更不它游, 住寶壽, 為第一世. 師將示寂, 謂門人曰: '汝等知我履踐處否?' 對曰: '和上一生長坐不臥.' 師曰: '非吾眷屬.' 言訖長往, 世謂寶壽不渡河者, 即師也.")

2076) 慧遠(혜원) : 334~416. 동진 때의 스님이다. 성은 가씨(賈氏). 안문 서번(棲煩) 출신. 여산 백련사 개조(開祖)이다. 13세에 육경을 연구하였으며 특히 노장사상에 뛰어났다. 21세에 출가하였으며 도안(道眼)법사를 찾아가서 정진하다가 여산에 들어가 동림사에 주석하였다. 여기에서 혜영(慧永), 종병(宗炳), 유유민(劉遺民) 등의 승속 123인을 모아 백련사(白蓮社)를 결성하고 정업(淨業)을 닦았는데, 이들 가운데 뛰어난 18명을 '백련사 18현'이라 부른다. 30년 동안 여산에 있으면서 불교학계에 크게 공헌하다가 진나라 의희(義熙) 12년에 83세로 입적하였다. 당나라 선종이 변각대사(辨覺大師)라고 시호하고, 송나라 태종이 원오대사(圓悟大師)라 시호하였다. 『대지도론요략(大智度論要略)』 20권, 『문대승중심의십팔과(問大乘中深義十八科)』 3권, 『사문불경왕자론(沙門不敬王者論)』, 『법성론(法性論)』 2권, 『사문조복론(沙門祖服論)』 1권 등이 있다.

2077) 黑白一十八(흑백일십팔) : 혜원스님이 여산 동림사에서 백련사를 결성하여 극락왕생의 수행을 닦은 처음의 123인 가운데 뛰어난 승속의 18인. 1, 혜원(慧遠) 2, 혜영(慧永) 3, 혜지(慧持) 4, 도생(道生) 5, 담순(曇順) 6, 승예(僧叡) 7, 담항(曇恒) 8, 도병(道昺) 9, 담선(曇詵) 10, 도경(道敬) 11, 각명(覺明) 12, 불타발타삼장(佛馱跋陀三藏) 13, 유정지(劉程之) 14, 장야(張野) 15, 주속지(周續之) 16, 장전(張詮) 17, 종병(宗炳) 18, 뇌차종(雷次宗) 등이다.

2078) 投子(투자) : 투자대동(投子大同)스님이다. 석두희천(石頭希遷)-단하천연(丹霞天然)-취미무학(翠微無學)-투자대동(投子大同). 819~914. 주380) 참조.

2079) 雪峯三度上投子(설봉삼도상투자) : 설봉스님이 구족계를 받고나서 간절하게 참학하면서 제방의 스승들을 찾아다닐 때 투자스님에게 3번을 찾아간 일화이다.

2080) 智者(지자) : 천태지자(天台智者)대사를 말한다. 538~597. 천태지의(天台智顗). 지자대사(智者大師). 천태대사(天台大師) 등으로 불린다. 천태종 개종조사(開宗祖師)다. 속성은 진씨(陳氏). 자(字)는 덕안(德安). 형주(荆州) 화용(華容)[호북성(湖北省) 잠강(潛江)]출신. 천태종(天台宗) 4조(四祖)이나 실제 창시인(創始人)이다. 18세에 상주 과원사로 출가하였고 23세에 혜사(慧思)스님을 스승으로 삼고 선법(禪法)을 익히다가 법화삼매를 깨닫고 선다라니를 얻었다. 개황(開皇) 17년(597) 천태산 석성사에서 세수 60세로 입적하였다. 시호는 법공보각령혜존자(法空寶覺靈慧尊者)다. 저서로 『법화현의(法華玄義)』 『법화문구(法華文句)』 『마하지관(摩訶止觀)』 『관음현의(觀音玄義)』 『관음의소(觀音義疏)』 『금광명현의(金光明玄義)』 『금광명문구(金光明文句)』 『관무량수경소(觀無量壽經疏)』 등이 있다.

이 6명은 다시 야간(野干)2081)의 울음을 운 것입니까, 다시 사자의 포효를
한 것입니까?
빨리 말씀하시오! 빨리 말씀하시오!”
지숭스님이 말씀하셨다.
“물살이 급하면 물고기가 헤엄치기가 원활치 못하고, 봉우리가 높으면 새
가 깃들이기 어렵습니다.”
양시랑이 말씀하셨다.
“사주(泗州)의 대성(大聖)2082)이시군요.”
지숭스님이 말씀하셨다.
“흙 위에 진흙을 얹으니 한 번 더 겹쳤습니다.”
이부마가 말씀하셨다.
“혀 위에다 금전을 쏟아 부으셨네요.”
지숭스님이 말씀하셨다.
“한 밤중에 노랫가락이 흐르는데 누가 지음(知音)일까요?”

광혜 원련스님이 말씀하셨다.
“노래가 길에 가득하니 사람들이 모두 그리워하는구나.”

분양 선소스님이 말씀하셨다.
“벽화를 살펴보고 사람들이 웃는다네.”

묘희스님이 말씀하셨다.
“야간은 울고 사자는 포효하지.”

問: “風穴提印, 南院傳衣, 昭公演化於西河, 嵩師領徒於幷壘, 南宗之旨, 北土大

2081) 野干(야간) : 청황색의 털을 가진 이리나 여우, 개와 비슷한 짐승. 때를 지어 다니는데 밤에
　　이리소리를 내며 운다고 함.
2082) 泗州大聖(사주대성) : 사주(泗州)는 본래 북주(北周) 때 둔 주(州)로서 지금의 강소성(江蘇省)
　　숙천현(宿遷縣)의 남동쪽 지역에 있었다. 여기서는 사주화상(泗州和尙)을 말하는데 당나라 중종
　　때 중앙아시아로부터 당나라로 간 승가대사(僧伽大師)를 일컫는 말이다. 승가대사가 사주의 임
　　회현(臨淮縣)에다 절을 세우고 거처한 데서 나온 호칭이다. 스님은 살아 있는 부처님이나 관세
　　음보살로 추앙받았다고 한다. 이 승가스님이 입적한 후에도 관음보살로 여겨져 ‘승가신앙’이 생
　　겨났으며 현세의 재난을 구원해주는 성인으로 여겨졌다고 한다.

興. 且道. 二師承誰恩力?” 嵩云: “不入蓮池浴, 懶向雪山遊.” 楊云: “清凉山裏萬
菩薩.” 嵩云: “維摩會中諸聖集.” 李云: “背負乾薪遭野火.” 嵩云: “口是禍門.”
 廣慧璉云: “藏頭白, 海頭黑.”
 汾陽昭云: “告天手㨨地. 噓噓!”
 妙喜曰: “猢猻騎鼈背.”

  여쭈었다.
“풍혈스님은 인(印)을 제시하셨고,2083) 남원스님은 옷을 전하셨으며,2084)
선소스님은 서하(西河)에서 교화를 펼치셨으며,2085) 지숭스님께서는 병루(幷
壘)2086)에서 제자들을 이끄시면서 남종의 선지(禪旨)가 북쪽 땅에서 크게
일어났습니다.
 바로 지금, 말해보십시오.
 두 스님께선 누구의 은력을 입으신 겁니까?”
 지숭스님이 말씀하셨다.
“연못 속에 들어가서 목욕을 하지 않으며, 설산에서 노는 것도 내키지 않
습니다.”
 양시랑이 말씀하셨다.
“청량산에는 보살이 아주 많지요.”
 지숭스님이 말씀하셨다.
“유마거사의 회상에 모든 성인이 모였습니다.”
 이부마가 말씀하셨다.

2083) 風穴提印(풍혈제인) : 풍혈연소(風穴延沼)스님이 법문에서 제시한 것이다. “조사의 심인은 마
 치 무쇠 소의 기용과 같아서 가면 인(印)이 머물고, 머무르면 인(印)이 깨집니다. 그런데 가지도
 머물지도 않는다면, 인(印)함이 옳습니까, 인(印)하지 않음이 옳습니까? 대중 가운데 말할 수 있
 는 이가 있습니까?” (T51n2076_p0302b23~25, 『景德傳燈錄』 卷第十三. “祖師心印, 狀似鐵牛
 之機, 去卽印住, 住卽印破. 秖如不去不住, 印卽是, 不印卽是? 還有人道得麽?”)
2084) 南院傳衣(남원전의) : 남원혜옹(南院慧顒)스님이 풍혈연소(風穴延沼)스님과 영교안(穎橋安)스
 님에게 법을 전한 것을 말한다.
2085) 昭公演化於西河(소공연화어서하) : 소공(昭公)은 분양선소(汾陽善昭)스님을 말한다. 서하(西
 河)는 현(縣)의 이름으로 당나라 때 산서성 분양현에 있었다. 수산 성념스님이 입적하자 서하(西
 河)의 도속(道俗)들의 청으로 분주(汾州) 태자원(太子院)에 주석하면서 삼구(三句), 사구(四句),
 삼결(三訣), 십팔창(十八唱) 등의 기용으로 학인들을 접화하면서 크게 명성을 떨쳤다.
2086) 幷壘(병루) : 병주(幷州)를 말한다. 우임금이 홍수를 다스리고 전국을 9개로 나누어 설치했던
 주(州)의 하나이다. 지금의 하북성(河北省) 보정(保定)과 산서성(山西省) 태원(太原)과 대동(大同)
 일대 지역이다.

"마른 땔나무를 등에 지고서 들판에서 불을 만났군요."
지숭스님이 말씀하셨다.
"입이 재앙의 문입니다."

광혜 원련스님이 말씀하셨다.
"지장의 머리는 희고 회해의 머리는 검다."2087)

분양 선소스님이 말씀하셨다.
"손으로 땅을 누르고서 하늘에다 고하는구나. 噓(Xū)! 噓(Xū)!"

묘희스님이 말씀하셨다.
"원숭이가 자라의 등에 올라탔구나."

問: "忉利透日月之上, 四禪無風火之災, 三交駕鐵牛之車, 臨汝握全提之印, 獼猴有一面古鏡, 狸奴有萬里神光, 直下承當是何人也?" 嵩云: "朝看東南暮看西北." 楊云: "狸奴白牯却知有." 嵩云: "淹殺豕頭蒿." 李云: "月裏賣油鎧." 崇云: "石人腰帶."
廣慧璉云: "陳蒲鞋, 周金剛."
汾陽昭云: "直裰又逢胡釘鉸."
妙喜曰: "小出大遇."

여쭈었다.

2087) 藏頭白海頭黑(장두백해두흑) : 마조스님이 한 말이다. "마조스님께 한 스님이 여쭈었다. '4구를 떠나고 백비를 끊어서 서쪽에서 온 뜻을 스님께서 곧장 바로 보여주십시오.' 마조스님이 말씀하셨다. '내가 오늘 기분이 별로이니 너는 지장스님한테 가서 여쭤봐라.' 그 스님이 지장스님께 가서 여쭤보니, 지장스님이 말씀하셨다. '너는 왜 큰스님께 여쭙지 않았나?' 그 스님이 말했다. '큰스님께선 상좌스님께 여쭈라고 하셨습니다.' 지장스님이 손으로 머리를 만지면서 말씀하셨다. '내가 오늘 머리가 아프니 너는 회해사형스님께 가서 여쭤봐라.' 그 스님이 회해스님께 가서 여쭈니 회해스님이 말씀하셨다. '나는 〈여기〉를 도저히 알지 못한다.' 그 스님이 돌아가서 마조스님께 말씀드리니, 마조스님이 말씀하셨다. '지장의 머리는 희고 회해의 머리는 검다.'" (T51n2076_p0252a23~29, 『景德傳燈錄』 卷第七. "僧問馬祖: '請和尙離四句絶百非, 直指某甲西來意.' 祖云: '我今日無心情, 汝去問取智藏.' 其僧乃來問師, 師云: '汝何不問和尙?' 僧云: '和尙令某甲來問上坐.' 師以手摩頭云: '今日頭疼, 汝去問海師兄.' 其僧又去問海(百丈和尙), 海云: '我到遮裏却不會.' 僧乃擧似馬祖, 祖云: '藏頭白海頭黑.')

"도리천2088)에서는 해와 달의 위에 드러나고, 사선천(四禪天)2089)에서는 풍화의 재환(災患)이 없으며, 삼교(三交)2090)에서는 무쇠소의 수레를 타고, 임여(臨汝)2091)에서는 모두가 가지고 있는 도장을 봉해버리며, 원숭이로는 한 쪽의 옛 거울을 갖추고 있고, 고양이로는 만 리의 신령스러운 광명을 품고 있는데, 곧바로 어떤 사람인지 아시겠습니까?"

지숭스님이 말씀하셨다.

"아침에는 동남쪽을 살펴보고 저물면 서북쪽을 살펴봅니다."

양시랑이 말했다.

"고양이와 하얀 소가 도리어 지유(知有)입니다.2092)"

지숭스님이 말씀하셨다.

"무덤의 쑥을 물속에다 썩혀버렸군."

이부마가 말씀하셨다.

"달 속에서 기름가마솥에다 삶는군요."

지숭스님이 말씀하셨다.

"돌사람의 허리띠라서."

2088) 忉利(도리) : ⑤Trāyastriṃśa. 도리천(忉利天). 욕계의 제2천이다. 33천이라고 번역한다. 남섬부주 위에 8만 유순 되는 수미산의 꼭대기에 위치하고 있다. 가운데에 선견성(善見城)이 있는데, 사방이 8만 유순 씩 되는 큰 성이며 여기에 제석천이 있고, 사방에 각각 8개의 성이 있어서 천인들이 살고 있다. 사방이 8성이니 32성이고 제석천의 선견성을 보태어 33천이라 한다. 이 하늘의 하루는 인간세상의 100년에 해당하고, 이 하늘 사람들의 수명은 1000년(인간세상에서는 365×10⁵년)이다.

2089) 四禪(사선) : 색계 4선천 가운데 제사선천(第四禪天)을 말한다. 이 제사선천(第四禪天)에는 구천(九天)이 있는데 무운천(無雲天)·복생천(福生天)·광과천(廣果天)·무상천(無想天)·무번천(無煩天)·무열천(無熱天)·선현천(善現天)·선견천(善見天)·색구경천(色究竟天) 등이다. 이 제사선(第四禪)에 들어가면 팔재환(八災患) 곧, 심(尋)·사(伺)·고(苦)·락(樂)·우(憂)·희(喜)·출식(出息)·입식(入息) 등의 선정을 움직이고 흩어지게 하는 8가지가 없으므로 부동정(不動定)이라고 한다.

2090) 三交(삼교) : 성(城) 또는 진(鎭)의 이름이다. 산서성(山西省) 양곡현(陽曲縣)의 북쪽에 위치해 있었다.

2091) 臨汝(임여) : 남조(南朝) 송(宋) 때에 지금의 하남성(河南省) 상채현(上蔡縣)에 두었던 현(縣)의 이름. 또는 한대(漢代)에 지금의 강서성(江西省) 임천시(臨川市)의 서쪽에 두었던 현(縣)의 이름이다.

2092) 狸奴白牯却知有(이노백고각지유) : 남전 보원스님의 법문에 나오는 말이다. (『禪門拈頌集』 卷第七, K46-0113, 235則. "南泉示衆云: '三世諸佛不知有, 狸奴白牯却知有.'") '지유(知有)'는 지도(知道), 지효(知曉)와 같다. 향상일로(向上一路)를 말한다. '부지유(不知有)'는 향하문(向下門)이다.

광혜 원련스님이 말씀하셨다.
"진포혜스님2093)과 주금강스님2094)이로군."

분양 선소스님이 말씀하셨다.
"곧바로 꿰맸는데 또 호정교2095)를 만났구나."

묘희스님이 말씀하셨다.
"작게 내고 크게 만났구나."

問: "◙. 一切諸佛盡在裏許, 動即喪身失命, 覷著兩頭俱瞎. 擬議之時千山萬水. 直下會得, 也是炭庫裏坐地, 有不惜眉毛者, 通箇消息來?" 嵩云: "百雜碎." 楊云: "平生不妄語." 嵩云: "也要道過." 李云: "出穴兔遭胃." 嵩云: "東西無滯礙, 南北得自由."
廣慧璉云: "振錫下泥犁."
汾陽照云: "穿山透石壁, 鼻孔血淋淋."
妙喜曰: "自作自受."2096)

여쭈었다.
"◙.
일체 모든 부처님이 여기에서 다해 버렸으니,2097) 움직였다 하면 곧장 몸과 목숨을 잃어버리고 엿보면 곧 양쪽이 함께 눈멀어버리며 헤아릴 때에는 수많은 산과 냇물입니다.2098)

2093) 陳蒲鞋(진포혜) : 목주도명(睦州道明)스님이다. '진존숙(陳尊宿)' 또는 '도종(道蹤)'이라고도 한다. 황벽희운(黃檗希運)스님의 법사이다. '진포혜'라고 함은 짚신을 팔아서 어머니를 모셨으므로 붙여진 이름이다. 마조도일(馬祖道一)-백장회해(百丈懷海)-황벽희운(黃檗希運)-목주도명(睦州道明). 780~877. 주67) 참조.
2094) 周金剛(주금강) : 덕산선감(德山宣鑑)스님이다. 덕산스님은 금강경에 아주 해박하였으므로 주금강이라 불려졌다. 용담숭신(龍潭崇信)스님에게 선을 논파하러 갔다가 모든 경학을 내던지고 법을 이었다.
2095) 胡釘鉸(호정교) : 황벽희운(黃檗希運)-임제의현(臨濟義玄)-보수연소(寶壽延沼)-호정교(胡釘鉸). 주1776) 참조.
2096) 『聯燈會要』 卷第十三, X79n1557_p0116c22~0117b11. 『古尊宿語錄』 卷第十, X68n1315_p0063b23~c23. 참조.
2097) 在裏許(재리허) : '재(在)'는 지시대명사 '이(此)'. '허(許)'는 감탄을 나타내는 어조사.
2098) 千山萬水(천산만수) : 수많은 산과 수많은 물줄기. 험난하고 먼 노정을 비유.

곧바로 알았더라도 역시 숯 창고 속에 앉아 있는 것인데, 눈썹을 아끼지 않는 사람이 있다면 이 소식을 드러낼 수 있을까요?"
지숭스님이 말씀하셨다.
"산산조각이 났군."2099)
양시랑이 말씀하셨다.
"평생을 거짓말을 않는군요."
지숭스님이 말씀하셨다.
"이것도 허물이라고 말하고 싶군."2100)
이부마가 말씀하셨다.
"구멍 나온 토끼가 올가미에 걸렸군요."
지숭스님이 말씀하셨다.
"동서로 막힘이 없고 남북으로 자유를 얻었습니다만."

광혜 원련스님이 말씀하셨다.
"석장을 떨치고 지옥2101)으로 내려가는구나."

분양 선소스님이 말씀하셨다.
"산을 뚫고 석벽을 통과하니 콧구멍에 피가 줄줄."

묘희스님이 말씀하셨다.
"스스로 짓고 스스로 받는구나."

2099) 百雜碎(백잡쇄) : 산산조각이 나다. 사물이 가늘게 부서져 흩어짐. 아무렇게나 마구 부숨. 대매 법상스님의 명성을 듣고 방거사가 시험해볼 요량으로 특별히 찾아갔다. 만나보자마자 곧장 물었다. "오랫동안 큰 매실의 명성을 들었습니다만, 매실이 익기나 했습니까?" 스님이 말했다. "그대가 어디다 대고 입을 놀리십니까?" 방거사가 말했다. "산산이 으깨졌군요(百雜碎)." 스님이 손을 내밀고 말했다. "매실 씨를 주시오." 방거사가 말이 없었다.
2100) 也要(야요) : 역시 ~하고 싶다. 그래도 ~해야겠다. ~도 ~를 바라다.
2101) 泥犁(니리) : ⓈNiraya. 니리야(泥犁耶). 지옥의 범어.

274. 황룡오신黃龍悟新

黃龍新和尙, 示眾, 云: “空谷傳響, 時時聞於未聞, 色裏膠淸, 處處見而無見. 見無見, 聞所未聞, 喚作無盡藏三昧門, 無盡藏神通門, 無盡藏智慧門, 無盡藏解脫門. 若能如是知見, 如是信解, 如是修證, 如是悟入, 我說是人達佛心宗, 入佛知見. 旣是入佛知見, 爲是能見見, 爲是所見見. 若是所見見, 且以何爲能? 若是能見見, 且以何爲所? 若作能所二見, 俱非佛乘. 作麼生是佛乘? 是以如來非智, 巧智者必以如來爲宗, 祖師非妙, 得妙者必以祖師爲旨. 宗旨旣分, 淸濁自明. 旣明淸濁, 體用雙全. 旣全體用, 得大自在. 旣得自在, 靈峯寶劍, 常露現前. 亦能殺人, 亦能活人. 擬欲進前喪身失命, 擬欲退後辜負當人. 且道. 不進不退一句作麼生道?” 良久. 云: “澗松千載鶴來聚, 月中丹桂鳳凰棲.”2102)

황룡 오신스님2103)이 대중에게 열어 보이셨다.

“산골짜기에 메아리가 울려 퍼지니, 늘 들으나 들음이 없고, 물감 속의 아교를2104) 곳곳에서 보나 봄이 없습니다.

보되 이미 볼 수 없고 듣되 들을 수 없음을 무진장삼매문, 무진장신통문, 무진장지혜문, 무진장해탈문이라고 합니다.

만일 이와 같이 지견(知見)2105)하고, 이와 같이 신해(信解)2106)하고, 이와 같이 수증(修證)2107)하고, 이와 같이 오입(悟入)2108)하면, 나는 이 사람이

2102) 『黃龍死心新禪師語錄』, X69n1344_p0227c08~c20. 참조.

2103) 黃龍悟新(황룡오신) : 석상초원(石霜楚圓)-황룡혜남(黃龍慧南)-회당조심(晦堂祖心)-황룡사심오신(黃龍死心悟新). 1044~1115. 주297) 참조.

2104) 色裏膠淸(색리교청) : 안료 속의 아교. 교청(膠淸)은 1. 잡것이나 찌꺼기가 전혀 섞여있지 않은 품질 좋은 아교. 2. 안료나 염료의 선명한 색깔. 부대사의 『심왕명』에 이 구절이 나온다. “물 속의 짠 맛과 안료 속의 아교가 있는 것이 분명하지만 그 형체를 볼 수가 없는 것처럼” (T51n2076_p0456c29, 『景德傳燈錄』 卷第三十, 「傳大士心王銘」. “水中鹽味, 色裏膠淸, 決定是有不見其形.”)

2105) 知見(지견) : 지견(智見) 또는 정지견(正知見)이라고도 한다. 사(事)와 이(理)를 증지(證知)하는 혜(慧)의 작용. 또는 삼지(三智)[도종지(道種智), 일체지(一切智), 일체종지(一切種智)]를 지(知)라 하고 오안(五眼)[육안(肉眼), 천안(天眼), 혜안(慧眼), 법안(法眼), 불안(佛眼)]을 견(見)이라고도 한다. 지(知)는 낱낱이 증명하여 잘 판별함이고 견(見)은 잘 통찰하여 드러냄이다.

2106) 信解(신해) : 신(信)은 밝혀서 알아내는 것. 해(解)는 확실히 이해하는 것. 신해행증(信解行證)의 수행과정 가운데 앞부분이다.

2107) 修證(수증) : 수(修)는 밝혀서 알아내고 확실히 이해한 것을 실천수행하는 것이고 증(證)은 여실히 깨달아 증득하는 것이다. 신해행증(信解行證)의 수행과정 가운데 뒷부분이다.

불심종(佛心宗)2109)을 깨달았고 결국 부처님의 지견(知見)에 들어갔다고 말할 것입니다.

이미 부처님의 지견(知見)에 들어갔다면 능견(能見)2110)을 보게 되고 소견(所見)2111)을 보게 될 것입니다.
만일 소견을 본다면 또 무엇으로 주관을 삼겠습니까?
만일 능견을 본다면 또 무엇으로 객관을 삼겠습니까?
만일 주관과 객관의 두 가지 견해를 짓는다면 모두 불승(佛乘)이 아닙니다.

어떤 것이 불승일까요?
여래는 지(智)가 아니지만 뛰어난 지(智)를 갖춘 자는 반드시 여래로써 근본을 삼으며, 조사는 묘(妙)가 아니지만 묘를 얻은 자는 반드시 조사로써 지취(旨趣)2112)를 삼습니다.
종(宗)과 지(旨)가 이미 나뉘었으니 맑고 더러움이 자연히 명백합니다.
이미 맑고 더러움이 명백하다면 체(體)와 용(用)이 둘 다 완전합니다.
이미 체와 용이 완전하다면 완벽하게 자유로울 것입니다.
이미 완벽하게 자유롭다면 신령한 봉우리의 보검이 항상 그 자리에 드러나서, 사람을 죽일 수도 있고 또한 사람을 살릴 수도 있습니다.

앞으로 나아가려고 한다면 몸을 잃고 목숨을 잃어버릴 것이고, 뒤로 물러나려고 한다면 당사자를 저버릴 것입니다.
바로 여기, 말해보십시오.
나아가지도 않고 물러나지도 않으면 일구(一句)를 어떻게 말하겠습니까?"

2108) 悟入(오입) : 이치를 확연히 깨달아 실상(實相)에 계합(契合)하여 해탈(解脫)의 문으로 들어가는 것.
2109) 佛心宗(불심종) : 선종(禪宗)을 말하는데 자성(自性) 또는 궁극의 마음이다. 『능가경』의 '불어심위종(佛語心爲宗)'에서 나왔다. 선종에서 문자를 세우지 않고 곧장 부처님의 심인(心印)을 전하는 것으로 종지(宗旨)를 삼았으므로 불심종이라 한다. 달마대사가 『혈맥론』에서 말하기를 '삼계가 일어나서 함께 일심으로 돌아가는데 앞 부처님 뒤 부처님이 마음으로써 마음을 전하고 문자를 세우지 않는다'라고 함을 인하여 불심종이라 일컫는 근거로 삼는다.
2110) 能見(능견) : 봄 속에서 보는 주관적인 것.
2111) 所見(소견) : 봄 속에서 보이는 객관적인 것.
2112) 旨(지) : 지취(旨趣). 종지(宗旨). 대의(大意). 취지(趣旨).

한참 묵묵히 계셨다.

말씀하셨다.

"산골짝 아래 천년 묵은 소나무2113)엔 학이 날아들고,
달 속의 계수나무엔 봉황이 깃드네."

275. 금강제보살金剛齊菩薩

障蔽魔王, 領諸眷屬一千年隨金剛齊菩薩, 覓起處不得. 忽因一日得見, 乃問云:
"汝當依何住? 我一千年覓汝起處不得." 菩薩云: "我不依有住而住, 不依無住而住,
如是而住."2114)
法眼云: "障蔽魔王不見金剛齊即從, 只如金剛齊還見障蔽魔王麼?"

장폐마왕2115)이 권속을 거느리고 일천년 동안이나 금강제보살을 뒤따르면

2113) 澗松(간송) : 간저송(澗底松)의 준말이다. 산골짜기 아래에 있는 소나무다. 고상하고 준수한
재덕(才德)을 지니고 있으면서도 아주 낮은 관직에 있는 사람을 비유한다.

2114) 『분신왕문경』 상권에 나오는 법문이다. "물었다. '큰 선인(仙人)이시여, 당신은 무슨 법을
얻었기에 신통력에 머무름이 이와 같습니까?' 분신왕. 그때 금강제보살 비구가 차마(遮魔)에게
대답하였다. '위대한 선인. 마땅히 알아라. 이와 같은 법은 얻는 것이 있어서 머무는 것이 아니
니, 일체 법은 얻을 수가 없기 때문이다. 위대한 선인. 마땅히 알아라. 몸과 입과 뜻 등 모두가
의지함이 없는 것이니, 의지함 없는 이것이 내가 머무는 곳이다. 일체 법은 의지함 없음에 머물
기 때문이다. 위대한 선인. 마땅히 알아라. 이렇게 머무는 자는 상(相) 있음으로 머무는 것이 아
니며 상(相) 없음으로 머무는 것이 아니니, 이와 같음을 머문다고 한다. 이와 같이 머무는 것은
법이 있는 데에 머무는 것이 아니기에 머묾도 없고 처소도 없다. 그러므로 머문다고 한다.' 이
때 차마(遮魔)가 금강제보살 비구에게 이와 같이 말하였다. '내가 일천 년 동안 당신의 마음의
움직임을 관찰하고 항상 당신에게서 틈을 엿보았지만 찾아내지 못했습니다.' (T13n0421_p093
6c21~0937a01, 『奮迅王問經』 卷上. "問言: '大仙汝得何法住神通力能如是耶?' 奮迅王. 時金剛
齊菩薩比丘, 答遮魔言: '大仙. 當知, 如是法者非有得住, 以一切法不可得故. 大仙. 當知. 身口意
等皆無依止, 此無依止是我所住. 以一切法無依止住. 大仙. 當知. 如是住者, 非有相住非無相住,
如是名住. 如是住者, 非有法住無住無處. 故名爲住.' 爾時遮魔語金剛齊菩薩比丘, 作如是言: '我
一千年觀汝心行, 常求汝便而不能得.'") 『자재왕보살경』 상권에도 비슷한 글이 나온다. (T13n04
20_p0925b21~25, 『自在王菩薩經』 卷上. 참조.)

2115) 障蔽魔王(장폐마왕) : 차마(遮魔)를 말한다. 과거 오랜 겁 전에 광명무구광왕여래(光明無垢光
王如來)가 세상에 출현하셨을 때에 한 마(魔)가 있었는데 이름이 차(遮)였다. 지금의 지장보살이
라고 한다. 금강제보살의 교화를 받고서 광왕(光王)부처님께 귀의하여 보리심을 내었다.

서도 일어나는 곳을 찾지 못하였다. 하루는 홀연히 만나게 되자 물었다.

"당신은 무엇을 의지하여 머뭅니까? 나는 일천년 동안을 당신이 일어나는 곳을 찾았지만 그러질 못했습니다."

보살이 말씀하셨다.

"나는 머무를 곳이 있음에 의지하여 머무르지 않고, 머무를 곳 없음에 의지하여 머무르지도 않으며 이와 같이 머뭅니다."

법안스님2116)이 말씀하셨다.

"장폐마왕이 금강제보살을 보지 못한 것은 그렇다 치고2117) 금강제보살은 장폐마왕을 보았을까?"

妙喜曰: "旣覓起處不得, 一千年隨從底是甚麼? 金剛齊云: '我不依有住而住, 不依無住而住, 如是而住.' 互相熱謾. 法眼道: '障蔽魔王不見金剛齊卽且從, 只如金剛齊還見障蔽魔王麼?' 恁麼批判也是看孔著楔. 卽今莫有知得妙喜起處底麼?" 隨後, "咄!", 云: "寐語作麼?"2118)

묘희스님이 말씀하셨다.

"이미 일어나는 곳을 찾지 못했다면 일천년 동안이나 따라 다닌 것은 무엇인가? 금강제보살이 말씀하시기를, '나는 머무를 곳이 있음에 의지하여 머무르지 않고, 머무를 곳 없음에 의지하여 머무르지도 않으며 이와 같이 머문다.' 하셨으니, 서로서로 대단한 속임수2119)로구나.

법안스님이 말씀하시기를, '장폐마왕이 금강제보살을 보지 못한 것은 그렇다 치고 금강제보살은 장폐마왕을 보았을까?' 하셨으니, 이러한 비판이야말로 역시 구멍을 찾아 쐐기를 박는 격이다.

바로 지금 이 묘희의 일어나는 곳을 아는 자가 있는가?"

이윽고 "咄(Duō)!" 하시고 말씀하셨다.

2116) 법안문익(法眼文益)선사이다. 설봉의존(雪峰義存)-현사사비(玄沙師備)-나한계침(羅漢桂琛)-법안문익(法眼文益). 885-958. 주481) 참조.

2117) 卽從(즉종) : =차종(且從)=차치(且置)=종각(從却). ~은 그렇다 치고. 그렇다고 하겠지만.

2118) 『景德傳燈錄』卷第二十七, T51n2076_p0434b29~c05.『聯燈會要』卷第一, X79n1557_p0017c20~0018a01.『禪門拈頌集』卷第三, K46-0036, 73則.참조.

2119) 熱謾(열만) : 실없는 말, 근거 없는 이야기. 대단한 속임수.

"잠꼬대는 해서 뭣할꼬?"

276. 광덕주廣德周

襄州廣德周和尚, 示衆, 云: "適來鍾鼓未鳴時, 諸上座便合知時, 何用上來握節當胷? 實爲沉屈諸上座. 旣然如是, 撒沙向諸人眼裏去也. 三世諸佛在諸上座鼻孔上, 轉大法輪. 看看." 良久. 云: "冬行春令."2120)

양주 광덕주스님2121)이 대중에게 열어 보이셨다.
"방금 종과 북이 울리지 않았는데도 상좌 여러분들이 때를 알고 곧장 모였는데, 어찌 가슴 앞에다 부절을 잘 간직해2122) 올 필요가 있었습니까?
정말이지 상좌 여러분들이 침굴(沉屈)2123)하게 되어 버렸습니다.
이미 이와 같다면 여러 사람들의 눈에다 모래를 뿌린 것이 되고야 만 것입니다.
삼세 모든 부처님이 상좌 여러분들의 콧구멍 위에서 대법륜을 굴리고 계십니다.
자세히 살펴보십시오.2124)"

한참 묵묵히 계셨다.

말씀하셨다.
"봄에 할 일을 겨울에 해 버렸군."

2120) 이 법문이 『천성광등록』 18권과 『연등회요』 13권에서는 임제종계통의 곡은온총(谷隱蘊聰)선사의 법사인 석문요동(石門了同) 선사(禪師)의 법문으로 소개되고 있다. 『天聖廣燈錄』 卷第十八, X78n1553_p0510b10~14. 『聯燈會要』 卷第十三, X79n1557_p0115c16~19. 참조.
2121) 廣德周(광덕주) : 동산양개(洞山良价)-청림사건(靑林師虔)-광덕의(廣德義)-광덕연(廣德延)-광덕주(廣德周). 오대(五代)의 스님으로 조동종스님이다. 자세한 행적은 알려져 있지 않다.
2122) 握節當胷(악절당흉) : 가슴 앞에다 부절(符節)을 잘 간직하여 왕의 명령을 잘 지키다. 당흉(當胷)은 가슴 앞.
2123) 沉屈(침굴) : 비굴함에 빠지다. 재능을 발휘하지 못하고 억눌려 지내다. 묻히어 없어지다. 억울하고 원통하다.
2124) 看看(간간) : 자세히 살펴보는 모양. 점점, 순식간에, 곧.

277. 태자도일太子道一

僧問汾州太子一和尚: "如何是汾陽境?" 曰: "賀魯山頭雲霧靉, 西河水急灌滄溟." "如何是境中人?" 曰: "郡尊行正令, 切忌犯威風." "如何是學人親切處?" 曰: "端坐念實相." "如何是轉身處?" 曰: "街頭巷尾." "如何是著力處?" 曰: "千斤擔子兩頭搖." 僧云: "三句已蒙師指示, 未審向上還有事也無?" 曰: "有." 云: "如何是向上事?" 師便打. 問: "一曲無音韻如何和得齊?" 曰: "三九二十七, 籬頭吹觱栗." 僧云: "宮商角徵非關妙, 石人撫掌笑呵呵." 曰: "同道方知."2125)

어떤 스님이 분주(汾州)의 태자 도일스님2126)께 여쭈었다.
"분양(汾陽)의 경계가 어떤 것입니까?"
말씀하셨다.
"하로산(賀魯山)2127) 꼭대기에 운무가 짙게 끼니,2128) 서하(西河)2129)의 물이 급히 넓은 바다로 흘러든다."
"어떤 것이 경계 가운데 사람입니까?"
말씀하셨다.
"군수께서 법령을 시행하고 있으니 위풍(威風)2130)을 부리지 마라."
"어떤 것이 학인의 아주 절박한2131) 자리입니까?"
말씀하셨다.
"단정히 앉아 실상을 알아차려라."2132)

2125) 『天聖廣燈錄』 卷第十七, X78n1553_p0503a08~15. 『五燈會元』 卷第十二, X80n1565_p02
  43b17~21. 『五燈嚴統』 卷第十二, X81n1568_p0047b18~21. 『續傳燈錄』 卷第三, T51n2077_
  p0487a17~22. 참조.
2126) 太子道一(태자도일) : 풍혈연소(風穴延沼)-수산성념(首山省念)-분양선소(汾陽善昭)-태자도일
  (太子道一). 임제종 스님으로 분주 태평사 태자선원에 주석하였다.
2127) 賀魯山(하로산) : 산서성의 분양현에 있는 산. 『천성광등록』 17권에는 '자하산(子夏山)'이라
  고 나온다.
2128) 靉(애) : 보통 애체(靉靆), 또는 애애(靉靉)라고 한다. 구름이 아주 짙고 많이 낀 모양이다.
2129) 西河(서하) : 당나라 때 산서성(山西省) 분양(汾陽)에 두었던 현(縣)의 이름.
2130) 威風(위풍) : 남을 경외시키는 기세.
2131) 親切(친절) : 매우 간절함. 아주 절박함. 매우 가까움. 아주 딱 맞음. 매우 적절함. 매우 분명
  함. 아주 정확함. 적중하다. 친근하다. 친밀하다.
2132) 端坐念實相(단좌념실상) : 『천성광등록』 17권, 『오등회원』 12권, 『오등엄통』 12권, 『속전등
  록』 3권, 『오등전서』 23권 등에서는 모두 '자모포영아(慈母抱嬰兒)'(어머니가 아기를 안고 있듯
  이)라고 되어 있다.

“어떤 것이 몸을 뒤집는 곳입니까?”
말씀하셨다.
“큰 길거리와 골목길이다.”
“어떤 것이 온힘을 써야 하는 곳입니까?”2133)
말씀하셨다.
“천근의 짐을 양쪽에서 흔들어 멜 때.”
그 스님이 말했다.
“삼구(三句)로 이미 스님의 지시를 입었습니다만, 도대체 향상의 일이 있기
는 합니까?”
말씀하셨다.
“있지.”
“어떤 것이 향상의 일입니까?”
스님이 바로 때리셨다.

여쭈었다.
“음률(音韻)2134)이 없는 한 곡조2135)에 어떻게 화음을 맞추시겠습니까?”
말씀하셨다.
“삼구는 이십칠. 울타리 옆에서 피리2136)를 분다.”
그 스님이 말했다.
“궁·상·각·치2137)는 아름다운 음악의 빗장이 아니니, 돌사람이 손뼉 치며
하하 웃습니다.”
말씀하셨다.
“같은 도(道)라야 비로소 알 것이다.”

2133) 著力處(착력처) : 자신의 모든 에너지를 총동원하여 전력투구하는 곳.
2134) 음韻(음운) : 음악의 고저장단 가락. 고저와 억양이 있는 조화로운 소리.
2135) 一曲일곡 :『오등회원』 12권,『오등엄통』 12권,『속전등록』 3권,『오등전서』 23권 등에서는
    모두 ‘고곡(古曲)’[옛곡조]이라고 나온다.
2136) 觱栗(필률) : 필률(觱篥)[⑤bìlì]로도 쓴다. 한나라 때 구자국에서 중국으로 전래된 악기다. 대
    나무로 관을 만들고 서를 꽂아서 부는 목관 악기로 앞면에 일곱 개, 뒷면에 한 개의 구멍이 있
    다. 지금의 ‘피리’다.
2137) 宮商角徵(궁상각치) : 동양 음악의 다섯 가지 기본 음계에서 우(羽)를 뺀 나머지 넷이다.

278. 대승혜과大乘慧果

僧問唐州大乘果和尚: "如何是從上來傳底事?" 曰: "金盤托出眾人看." "如何是
祖師西來意?" 曰: "天晴日出." 僧云: "不會." 曰: "雨下泥生."2138)

한 스님이 당주의 대승 혜과스님2139)께 여쭈었다.
"어떤 것이 죽 전해져온 일입니까?"
말씀하셨다.
"쟁반에 받쳐 내오니 사람들이 본다."
"어떤 것이 조사께서 서쪽에서 온 뜻입니까?"
말씀하셨다.
"맑은 하늘에 해가 솟았다."
그 스님이 말했다.
"모르겠는데요."
말씀하셨다.
"비가 오니 진흙창2140)이군."

279. 대우수지大愚守芝

大愚芝和尚, 示眾, 云: "豎窮三際, 橫徧十方. 拈起也帝釋心驚, 放下也地神膽
戰. 不拈不放喚作甚麼?" 自云: "蝦蟆."
又示眾, 云: "三世諸佛不知有, 狸奴白牯却知有." 乃拈起拂子. 云: "狸奴白牯總
在遮裏放光動地. 何為如此? 兩段不同."
妙喜曰: "大愚若無後語, 洎合被狸奴白牯換却眼睛. 雖然如是, 也未免秤鎚蘸
醋."2141)

2138) 『天聖廣燈錄』卷第十七, X78n1553_p0502c24~0503a01. 『建中靖國續燈錄』卷第四, X78n1
556_p0663c05~09. 『五燈會元』卷第十二, X80n1565_p0244b08~14. 『續傳燈錄』卷第三, T51
n2077_p0488a05~12. 참조.
2139) 大乘慧果(대승혜과) : 풍혈연소(風穴延沼)-수산성념(首山省念)-섭현귀성(葉縣歸省)-대승혜과
(大乘慧果). 송대의 임제종스님이다. 당주 대승산에 주석하였다.
2140) 『건중정국속등록』 4권에서는 '니(泥)'가 '운(雲)'으로 나온다.
2141) 『古尊宿語錄』卷之二十五, 「筠州大愚芝和尚語錄」, X68n1315_p0165a05~10. 『禪門拈頌集』

대우 수지스님2142)이 대중에게 열어 보이셨다.
"세로로는 과거 현재 미래2143)를 다해버리고 가로로는 시방에 꽉 찹니다.
잡으면 제석천의 심장이 두근거리고 놓으면 땅신이 부들부들 떱니다.2144)
잡지 않고 놓지 않으면 무엇이라 하겠습니까?"
스스로 답하셨다.
"두꺼비입니다."

또 대중에게 열어 보이셨다.
"삼세의 모든 부처님이 '지유(知有)'가 아니고, 고양이와 흰 소가 도리어
'지유(知有)'입니다."2145)

불자를 잡으셨다.

말씀하셨다.
"고양이와 흰 소가 모두 '여기'서 방광하고 땅을 진동시킵니다.
어째서 이럴까요? 두 가지가 같지 않기 때문입니다."

묘희스님이 말씀하셨다.
"대우스님이 뒤의 말씀을 하지 않았다면 거의 고양이와 흰 소의 눈깔이

卷第七, K46-0113, 235則. 참조.
2142) 大愚守芝(대우수지) : 풍혈연소(風穴延沼)-수산성념(首山省念)-분양선소(汾陽善昭)-대우수지
    (大愚守芝) 주698) 참조.
2143) 三際(삼제) : 삼세(三世)와 같다. 과거 현재 미래의 모든 시간을 말한다.
2144) 膽戰(담전) : 몹시 놀라고 두려워서 담이 부들부들 떨리다.
2145) 三世諸佛不知有, 狸奴白牯却知有(삼세제불부지유, 이노백고각지유) : 남전 보원스님의 법문
    에 나오는 말이다. (『禪門拈頌集』 卷第七, K46-0113, 235則. "南泉示衆云:'三世諸佛不知有,
    狸奴白牯却知有.'") '지유(知有)'는 지도(知道), 지효(知曉)와 같다. 향상일로(向上一路)를 말한다.
    '부지유(不知有)'는 향하문(向下門)이다. 이 화(話)에 대한 대혜스님의 염송 2수가 있다. "삼세
    모든 부처님이 지유(知有)가 아니라니/ 나이께나 들어도 바깥으로 달려 나가네./ 눈꺼풀이 다섯
    수미산을 다 덮어버리고/ 너른 바다 속으로 곤두박질하네.// 고양이와 흰 암소가 도리어 지유
    (知有)라니/ 폭포는 흐르지 않고 청산은 내달리누나./ 웃기는구나. 두서없는 왕노사여./ 지문(指
    紋)을[파기(簸箕)는 손가락 지문을 말함-옮긴이] 다리미자국으로 [울두(熨斗)는 다리미로 다릴 때
    지문처럼 나는 자국-옮긴이] 잘못 아는구나." (T47n1998Ap0855c21~24, 大慧普覺禪師語錄卷第
    十. "三世諸佛不知有, 老老大大外邊走. 眼皮蓋盡五須彌, 大洋海裏飜筋斗. 狸奴白牯卻知有, 瀑
    布不溜靑山走. 堪笑無端王老師. 錯認簸箕作熨斗.")

바뀔 뻔하였다.2146)

 비록 이와 같으나 저울추가 식초에 절여짐2147)을 면하기는 어려울 것이다."

280. 파초혜청芭蕉慧淸

 芭蕉和尙, 示衆, 云: "如人行次, 忽遇前面, 萬丈深坑, 背後野火來逼, 兩畔荊棘叢林. 若也向前則墮坑落塹, 若也退後則野火燒身, 若轉側則被荊棘林礙. 當與麼時, 作麼生免得? 若也免得, 合有出身之路, 若免不得, 墮身死漢."2148)

 파초 혜청스님2149)이 대중에게 열어 보이셨다.

 "마치 사람이 여행하다가 홀연히 앞에 만 길의 깊은 구덩이가 있고, 뒤쪽에는 불길이 번져오고, 양 옆에서는 가시덤불의 숲을 만났다고 합시다.

 만일 앞으로 나아가면 구덩이에 떨어져 버릴 것이요, 뒤로 물러난다면 불에 몸이 타 버릴 것이며, 옆으로 피하려 하더라도 가시덤불에 막혀 버릴 것입니다.

 이런 때를 만난다면 어떻게 벗어나겠습니까?

 만일 벗어난다면 몸을 벗어난 길에 있음을 인정하겠지만, 만일 벗어나지 못한다면 몸에 떨어진 멍청한 놈2150)이라 하겠습니다."

2146) 換却眼睛(환각안정) : 눈동자를 바꾸다. 바른 안목으로 돌리다.

2147) 秤鎚蘸醋(칭추잠초) : 저울추를 식초에 담가서 절여두다. 곧 아무 소용이 없다는 뜻.

2148) 『聯燈會要』 卷第十一, X79n1557_p0098b01~05. 『五燈會元』 卷第九, X80n1565_p0194c10 ~14. 참조.

2149) 芭蕉慧淸(파초혜청) : 위산영우(潙山靈祐)-앙산혜적(仰山慧寂)-남탑광용(南塔光涌)-파초혜청(芭蕉慧淸). 신라스님으로 위앙종 스님이다. 남탑 광용스님의 법을 잇고 영주(郢州) 파초산(芭蕉山)에 주석하였다.

2150) 死漢(사한) : 죽은 자. 멍청한 놈. 형편없는 놈.

281. 임제의현臨濟義玄

臨濟和尙問院主: "甚麼處去來?" 云: "州中糶黃米去來." 濟以拄杖畫一畫. 云: "還糶得遮箇麼?" 主便喝. 濟便打. 典座至, 濟乃舉似典座. 座云: "院主不會和尙意." 濟云: "你又作麼生?" 座禮拜. 濟又打.

黃龍南云: "院主下喝, 不可放過. 典座禮拜, 放過不可. 臨濟行令, 歸宗放過, 二十年後, 有人說破."[2151]

임제 의현스님[2152]이 원주에게 물으셨다.
"어디서 오느냐?"
말했다.
"주부(州府) 안에 좁쌀을 팔러[2153]갔다가 왔습니다."
임제스님이 주장자로 한 획을 그으셨다.
말씀하셨다.
"이것도 팔 수가 있느냐?"
원주가 곧 "억!" 하였다.
임제스님이 곧바로 때리셨다.
전좌가 오자 임제스님이 이 일을 전좌에게 말해주시니, 전좌가 말했다.
"원주가 스님의 뜻을 몰랐습니다."
임제스님이 말씀하셨다.
"자네라면 어떻게 하겠나?"
전좌가 절을 하였다.
임제스님이 또 때리셨다.[2154]

2151) 『建中靖國續燈錄』 卷第二十七, X78n1556_p0803c21~0804a04. 『禪門拈頌集』 卷第十六, K46-0256, 615則. 『黃龍慧南禪師語錄』, T47n1993_p0632b02~11. 참조.

2152) 臨濟義玄(임제의현) : 마조도일(馬祖道一)-백장회해(百丈懷海)-황벽희운(黃檗希運)-임제의현(臨濟義玄). ?~867. 주489) 참조.

2153) 糶(조) : 쌀을 내어 팔다. 이와 상대되는 말로 적(糴)[쌀을 사오다]이 있다.

2154) 여기에 대혜스님의 염송이 있다. "한 무더기 치열한 불덩이 푸른 하늘 가득하니/ 금과 황동과 무쇠와 청동의 단단하기를 묻지 말아라./ 그 속에 들어가면 모두가 액체가 되니/ 모기가 그 속에 어찌 머무르리오?" (T47n1998Ap0856a01~02, 『大慧普覺禪師語錄』 卷第十. "一堆紅焰亘晴空, 不問金鉬鐵錫銅. 入裏盡敎成水去, 那容蚊蚋泊其中?")

  황룡 혜남스님이 말씀하셨다.[2155]
"원주가 할을 하였으니 봐줄[2156] 수 없고, 전좌가 절을 하였으니 봐주는 것이 맞지 않다. 임제스님이 정령을 내리셨고,[2157] 이 귀종은 봐 주었으니, 20년 후[2158]에 누군가가 말해버릴 것이다."

2155) 『사가어록』「황룡혜남선사어록」에서는 이 구절이 더 있다. "할을 해도 때렸고 절을 해도 또한 때렸으니, 친하고 소원함이 있었을까? 만약 친하고 소원함이 없었다면 임제스님이 눈먼 몽둥이를 휘두르지는 않았겠지. 만약 이 귀종이라면 그러지 않았을 것이다."("喝亦打, 禮拜亦打, 還有親疎也無? 若無親疎, 臨濟不可盲枷瞎棒去也. 若是歸宗卽不然.")

2156) 放過(방과) : 봐주다. 놓치다. 용서해주다. 놓아주다. 눈감아주다. 여유가 있다. 여유를 두다. 마음대로 하도록 놔주다. 상대를 자유롭게 놔두다. 버리다. 포기하다. 내치다.

2157) 行令(행령) : 조사(祖師)가 교외별전의 바른 종지(宗旨)를 시행하다.

2158) 二十年後(이십년후) : 『사가어록』에서는 '30년 후'로 나온다.

282. 남전보원南泉普願

南泉問座主: "講得甚麼經?" 云: "彌勒下生經." 曰: "彌勒甚麼
時下生?" 云: "見在天宮未來." 曰: "天上無彌勒, 地下無彌勒."
洞山擧問雲居, 居云: "天上無彌勒, 地下無彌勒, 未審誰與安名?"
山被問, 直得禪牀震動. 乃云: "膺闍梨! 吾在雲巖曾問老人, 直得
火爐震動, 今日被子問, 直得通身汗流."2159)
明安云: "如今老僧擧起也, 有解問者, 致將一問來." 乃云: "地動也."
妙喜曰: "禪牀動火爐動地動卽不無, 遮三箇老漢要見南泉, 則直待彌勒下生始得.
忽有箇衲僧出來道, '天上無彌勒, 地下無彌勒, 却敎甚麼人下生?' 又作麼生祇對?
但向佗道. '老僧罪過.'"2160)

남전 보원스님2161)이 좌주에게 물으셨다.
"무슨 경을 강의하시오?"
"미륵하생경입니다."
말씀하셨다.
"미륵이 언제 하생하시는가요?"
말했다.
"도솔천궁에 현존하시어 아직 오시지 않았습니다."
말씀하셨다.
"하늘 위에도 미륵이 없고 땅 아래에도 미륵이 없소."
동산스님2162)이 이 일화를 들어 운거스님2163)에게 물으시니, 운거스님이
말씀하셨다.
"하늘 위에 미륵이 없고 땅 아래에도 미륵이 없다는데, 도대체 누가 처음

2159) 『聯燈會要』 卷第四, X79n1557_p0040a15~18. 참조.
2160) 『禪門拈頌集』 卷第十七, K46-0286, 693則. 『指月錄』 卷之八, X83n1578_p0485b22~c09.
　　　참조.
2161) 南泉普願(남전보원) : 조계혜능(曹溪慧能)-남악회양(南嶽懷讓)-마조도일(馬祖道一)-남전보원
　　　(南泉普願). 748-834. 주466) 참조.
2162) 동산양개洞山良价스님이다. 석두희천(石頭希遷)-약산유엄(藥山惟儼)-운암담성(雲巖曇晟)-동
　　　산양개(洞山良价). 807~869. 주331) 참조.
2163) 운거도응雲居道膺스님이다. 약산유엄(藥山惟儼)-운암담성(雲巖曇晟)-동산양개(洞山良价)-운
　　　거도응(雲居道膺). 835~902. 주328) 참조.

으로 이름을 붙인 겁니까?"
동산스님이 질문을 받고 곧장 선상을 흔들고는 말씀하셨다.
"응(膺) 사리(闍梨)! 내가 운암스님[2164]의 회상에 있을 때, 일찍이 노인네한테 여쭈었더니 곧바로 화로를 흔들었었는데, 오늘 자네의 질문을 받으니 당장 온몸에 땀이 흐르는구나."

명안스님[2165]이 말씀하셨다.
"지금 이 노승이 인용했으니 물을 줄 아는 자가 있으면 한 가지 질문을 해봐라."
그리고 말씀하셨다.
"땅이 흔들리는구나."

묘희스님이 말씀하셨다.
"선상이 흔들리고 화로가 흔들리고 땅이 흔들리는 것은 곧 없지 않지만, 이 세 노인네들이 남전스님을 보고자 한다면 곧장 미륵이 내려오는 것을 기다려야만 할 것이다.
문득 한 납승이 나와서 말하기를, '하늘 위에 미륵이 없고 땅 아래에도 미륵이 없다면 도대체 어떤 사람이 하생하라는 것입니까?'라고 한다면 또 어떻게 대답해야 할까?
곧바로 그를 향해 말해주겠다.
'이 노승의 허물이다.'"

2164) 운암담성雲巖曇晟스님이다. 청원행사(靑原行思)-석두희천(石頭希遷)-약산유엄(藥山惟儼)-운암담성(雲巖曇晟). 782~841. 주714) 참조.
2165) 태양경현(大陽警玄)스님이다. [동산양개(洞山良价)-운거도응(雲居道膺)-동안도비(同安道丕)-동안관지(同安觀志)-양산연관(梁山緣觀)-태양경현(大陽警玄)] 시호가 명안대사(明安大師)이다. 943~1027. 송나라 때 조동종스님이다. 호북(湖北) 강하(江夏) 출신. 속성은 장씨(張氏). 금릉(金陵) 숭효사(崇孝寺)의 지통(智通)스님에게 출가하였다. 제방을 참력(叅歷)하다가 호남의 양산연관(梁山緣觀)스님에게서 법을 이었다. 대중상부(大中祥符)[1008~1016]년간에 국휘(國諱)를 피해서 경연(警延)이라고 이름을 고쳤다. 그 이후로 태양산(大陽山)에 주석하다가 천성(天聖) 5년에 세수 85세로 입적하였다. 『태양명안선사십팔반묘어(大陽明安大師十八般妙語)』 1권이 전해지고 있다.

283. 설두중현雪竇重顯

雪竇和尚, 擧古, 云: "'眼裏著沙不得, 耳裏著水不得.' 忽若有箇漢, 信得及, 把得住, 不受人謾, 祖佛言敎是甚麼熱椀鳴聲? 便請高掛鉢囊拗折拄杖, 管取一員無事道人. 又古人云: '眼裏著得須彌山, 耳裏著得大海水.' 一般漢受人商量, 祖佛言敎, 如龍得水, 似虎靠山. 却須挑起鉢囊橫擔拄杖, 亦是一員無事道人."

復云: "恁麼也不得, 不恁麼也不得. 然後沒交涉. 三員無事道人中, 要選一人爲師."2166)

妙喜曰: "三人中那箇堪爲走使? 我要喚來洗脚. 雪竇恁麼, 妙喜不恁麼. 忽有箇衲僧出來道, '好與一狀領過', 也恠佗不得."

설두 중현스님2167)이 옛 고칙2168)을 인용하여 말씀하셨다.

"'눈 속에 모래가 끼면 안 되고 귀 속에 물이 들어도 안 된다.'하셨습니다.

홀연히 어떤 사람이 확실히 알고서 물샐틈없이 움켜쥐어 남의 속임을 받지 않는다면, 조사와 부처님의 말씀이라도 무슨 뜨거워진 사발의 우는 소리2169)겠습니까?

즉시 바랑을 높이 걸며 주장자를 꺾어 버리고 한 명의 일없는 도인이 되길 바랍니다.

또 옛사람이 말씀하시기를, '눈 안에 수미산을 넣고 귀 안에 큰 바닷물을 넣는다.' 하셨으니, 어떤 사람이 누가 따지는 것을 만나더라도 조사와 부처님의 말씀이 마치 용이 물을 얻은 것과 같고 호랑이가 산에 의지함과 같게 됩니다.

그러므로 도리어 바랑을 어깨에 들러 메고 주장자를 아무렇게나 걸치더라도 또한 한 명의 일없는 도인일 것입니다."

2166) 『建中靖國續燈錄』卷第二十七, 「明州雪竇山重顯明覺禪師二十則」, X78n1556_p0803c12~19. 『明覺禪師語錄』卷第三, T47n1996_p0692a24~b03. 참조.

2167) 雪竇重顯(설두중현) : 운문문언(雲門文偃)-향림징원(香林澄遠)-지문광조(智門光祚)-설두중현(雪竇重顯). 980~1052. 주347) 참조.

2168) 고안 백수 본인스님의 법문이다. 약산유엄(藥山惟儼)-운암담성(雲巖曇晟)-동산양개(洞山良价)-백수본인(白水本仁).

2169) 熱椀鳴聲(열완명성) : 뜨겁게 달궈진 주발이나 사발에서 나는 소리. 아무런 의미가 없는 언어와 음성을 비유한다.

또 말씀하셨다.

"이래도 안 되고 이렇지 않아도 안 됩니다.

그러한 후라도 아무 상관이 없을 것입니다.

세 명의 일 없는 도인 가운데 한 사람을 선택해서 스승으로 삼아야 할 것입니다."

묘희스님이 말씀하셨다.

"세 사람 가운데 누가 심부름을 감당할까? 내가 불러서 다리를 씻게 해야겠다. 설두는 이러하고 이 묘희는 이러하지 않다.

홀연히 한 납승이 나와서, '한 장의 진술서2170)에다 죄를 다 기록했으면2171) 좋겠다'하면 그를 괴이하다 않을 것이다."

284. 반야다라般若多羅

二十七祖, 般若多羅, 以南印度, 香至王所施無價寶珠, 問菩提達磨曰: "此珠圓明, 有能及此否?" 磨曰: "此是世寶, 未足為上. 於諸寶中, 法寶為上. 此是世光, 未足為上. 於諸光中, 智光為上. 此是世明, 未足為上. 於諸明中, 心明為上. 此珠光明, 不能自照, 要假智光, 光辨於此, 既辨此已即知是珠, 既知是珠即明其寶. 若明其寶寶不自寶. 若辨其珠珠不自珠. 珠不自珠者, 要假智珠而辨世珠. 寶不自寶者, 要假智寶以明法寶. 然則師有其道, 其寶即現, 眾生有道, 心寶亦然." 尊者歎其辯慧, 乃復問曰: "於諸物中何物無相?" 曰: "於諸物中不起無相." 又問: "於諸物中何物最高?" 曰: "於諸物中人我最高." 又問: "於諸物中何物最大?" 曰: "於諸物中法性最大." 尊者知是法嗣, 後以正法眼藏付囑, 偈曰: "心地生諸種, 因事復生理. 果滿菩提圓, 花開世界起."2172)

妙喜曰: "說得道理好. 歸依佛法僧."

2170) 一狀(일장) : 한 장의 문서. 한 장의 진술서. 한 장의 소송문서.
2171) 領(령) : 기록하다. 써 넣다.
2172)『景德傳燈錄』卷第二, T51n2076_p0216a19~b16. 참조.

이십칠조(二十七祖)이신 반야다라 존자2173)께서 남인도 향지왕이 보시한 귀한 보배 구슬을 가지고서 보리달마에게 물으셨다.

"이 구슬은 둥글고 밝은데 이것에 미칠 만한 것이 있을까?"

달마스님이 말씀하셨다.

"이 구슬이 세상에서 보배이긴 하지만 최상은 아닙니다. 모든 보배 가운데서는 법의 보배가 최상입니다.

또 이 구슬은 세상의 빛이지만 최상은 아닙니다. 모든 빛 가운데서는 지혜의 빛이 최상입니다.

또 이 구슬은 세간의 밝음이지만 최상이 아닙니다. 모든 밝음 가운데서는 마음의 밝음이 최상입니다.

이 구슬의 광명은 스스로 비추지를 못하고 모름지기 지혜의 빛을 빌려서 그 빛으로 이것을 분명하게 나타내 보여야만 합니다.

이미 이것을 분명하게 나타내 보이고 나면 곧 구슬인 줄 알게 되고, 이미 구슬인 줄 알게 되면 그것이 보배임이 밝혀집니다.

만약 그것이 보배임이 밝혀졌다면 보배는 스스로 보배가 아닐 것입니다.

만약 그것이 구슬임을 알아차렸다면 구슬은 스스로 구슬이 아닌 것입니다.

구슬이 스스로 구슬이 되지 못한다는 것은 모름지기 지혜의 구슬을 빌려서 세간의 구슬을 분명하게 나타내 보여야 한다는 것입니다.

그리고 보배가 스스로 보배가 되지 못한다는 것은 모름지기 지혜의 보배를 빌려서 법의 보배를 밝혀내어야 한다는 것입니다.

그렇기에 스님께서 그런 도가 있으면 그런 보배가 즉각 나타나듯이, 뭇삶에게도 도가 있으면 마음의 보배가 역시 그렇게 나타나는 것입니다."

존자가 그의 변재와 통찰에 감탄하시고 다시 물으셨다.

"모든 개물(個物)2174) 가운데 어떤 개물(個物)이 상(相)이 없느냐?"2175)

2173) 般若多羅(반야다라) : 사자(師子)-바사사다(婆舍斯多)-불여밀다(不如蜜多)-반야다라(般若多羅). ⓢPrajñātāra. (?~457.) 동인도 사람이다. 출가 후에 불여밀다(不如密多)존자를 만나 숙인(宿因)을 말하다가 법을 이었다. 그 후 향지국에 가서 교화하다가 그 나라의 셋째 왕자인 보리다라를 만나 근기를 알아보고는 출가를 시켜 보리달마라고 이름을 지어 주고 법을 전하였다.
2174) 物(물) : 의식의 대상이 되는 모든 존재.

"모든 개물 가운데서 '발생하지 않음'이 상(相)이 없습니다."
"모든 개물 가운데서 어떤 개물이 가장 높으냐?"
"모든 개물 가운데서 인아(人我)2176)가 가장 높습니다."
또 물으셨다.
"모든 개물 가운데서 어떤 개물이 가장 크냐?"
"모든 개물 가운데서 법성(法性)이 가장 큽니다."
존자께서는 그가 법을 이어줄 인줄 아셨다.
뒤에 정법안장을 부촉하시면서 게송을 말씀하셨다.

마음자리에서 모든 씨앗이 생겨나고
사(事)를 인(因)으로 하여 다시 이(理)가 생겨난다네.
과지(果地)가 가득 차면 보리가 완벽해지고
꽃이 활짝 피어 세계가 일어나리라."

묘희스님이 말씀하셨다.
"도리(道理)를 말하다니. 好(Hǎo)!2177)
불법승에 귀의합니다."

285. 양기견숙楊岐甄叔

楊岐甄叔禪師, 示衆, 曰: "羣靈一源, 假名爲佛. 體竭形消而不滅. 金流朴散而常存. 性海無風, 金波自涌. 心靈絶兆, 萬像齊照. 體斯理者, 不言而徧歷河沙, 不用而功益玄化, 如何背覺反合塵勞, 於陰界中妄自囚執?"2178)

양기 견숙스님2179)이 대중에게 열어 보이셨다.

2175) 何物無相(하물무상) : 『건중정국속등록』 1권에서는 '無(무)'가 '爲(위)'로 나온다. (X78n1556_p0644b14, 『建中靖國續燈錄』 卷第一. "於諸物中, 何物爲相?")
2176) 人我(인아) : 법아(法我)라고도 한다. 항상 한결같이 주재(主宰)하는 실체. 아(我)는 주재(主宰)의 뜻.
2177) 好(호) : 쯧. 아이고.
2178) 『景德傳燈錄』 卷第八, T51n2076_p0262a25~b03. 『聯燈會要』 卷第五, X79n1557_p0051b02~06. 『五燈會元』 卷第三, X80n1565_p0084b07~15. 참조.

"여러 영(靈)들2180)의 한 근원을 이름을 빌려서 부처님이라 합니다.

몸이 없어지고 모습이 사그라져도 멸하지 않습니다.

세월이 흘러 근원적인 것이 분리되고 변하더라도2181) 항상 존재합니다.

성품의 바다에는 바람이 없으나 황금파도가 저절로 솟구칩니다.

심령(心靈)2182)은 어떠한 징후도 끊어져 없으나 삼라만상을 평등하게 모두 비춥니다.

이러한 이치를 체달(體達)한 사람은 말에 의하지 않고도 항하사를 두루 다니고, 작용하지 않아도 공능(功能)이 현화(玄化)2183)를 도와주는데, 어찌하여 깨달음을 등지고 번뇌에 덮여 오온(五蘊)과 18계 속에서 망령되게 스스로 갇혀 버리는 것입니까?"

2179) 楊岐甄叔(양기견숙) : 조계혜능(曹溪慧能)-남악회양(南嶽懷讓)-마조도일(馬祖道一)-양기견숙(楊岐甄叔). ?~820. 당대의 스님이다. 어렸을 적에 유교를 익혔으나 자라서 출가하여 마조 도일 스님을 참례하고 그 법을 이었다. 이후 천하를 유력(遊歷)하다가 평향(萍鄉)[강서성]의 양기산(楊岐山)에 이르러 초막을 짓고 살았다. 거기서 40여년을 벗어나지 않았는데 거처하는 방에서는 항상 금색 광명이 가득하였다고 한다. 스님의 소문을 들은 제방의 납자들이 구름처럼 모여들어 총림을 이루었다고 한다. 원화(元和) 15년에 입적하였다.

2180) 靈(령) : 영광(靈光)이라고도 한다. 불성(佛性)을 가진 존재를 말한다.

2181) 金流朴散(금류박산) : 세월이 흘러 근원적인 것이 분리되고 변하다. '금류(金流)'는 흐르는 강물, 곧 세월을 말한다. 월운스님은 "쇳물이 흘러내려"로 번역하였다. (김월운, 『경덕전등록』1 제8권, p532. 동국역경원, 2008.) 문재현은 "황금물은"이라고 번역하고 있다. (대원 문재현, 『전등록』1, p448. 도서출판 바로보인, 1997.) '박산(朴散)'은 노자 『도덕경』 28장에 "박산즉위기(樸散則爲器)"라고 나온다. '근원적인 것이 분리되고 변하다'의 뜻이다.

2182) 心靈(심령) : 마음 자체, 곧 불성(佛性)을 말한다.

2183) 玄化(현화) : 부처님에 의한 교화. 그윽하고 심오한 교화.

286. 석두희천石頭希遷

石頭和尚, 一日問龐居士, 曰: "子自見老僧以來, 日用事作麼生?" 對曰: "若問日用事, 直下無開口處." 頭曰: "知子恁麼, 方始問子." 居士乃呈偈, 曰: "日用事無別, 唯吾自偶諧. 頭頭非取捨, 處處勿張乖. 朱紫誰為號, 丘山絕點埃. 神通并妙用, 運水及般柴." 石頭然之.2184)

석두 희천스님2185)이 하루는 방거사2186)에게 물으셨다.
"자네가 이 노승을 만나 본 이래로 매일 하는 일이 무엇이냐?"
대답하였다.
"만일 매일 하는 일을 물으신 것이라면 곧바로 입을 열 곳이 없습니다."
석두스님이 말씀하셨다.
"자네가 이럴 줄 알고 비로소 자네에게 물었네."
거사가 이에 게송을 지어 바쳤다.

"매일 하는 일 별다를 것이 없나니
오로지 내 스스로 어울릴2187) 뿐
그 어떤 것도 취하거나 버릴 것 없고
어디서건 어긋나지2188) 않는다네.

시비선악2189)을 어느 누가 외쳐대는가.
산구릉엔 티끌마저 끊어졌다네.
신통력과 묘용이 무엇이더냐?

2184) 『景德傳燈錄』卷第八, T51n2076_p0263b03~12. 『聯燈會要』卷第六, X79n1557_p0055b23 ~c03. 참조.
2185) 石頭希遷(석두희천) : 황매홍인(黃梅弘忍)-조계혜능(曹溪慧能)-청원행사(青原行思)-석두희천 (石頭希遷). 700-790. 주1121) 참조.
2186) 龐蘊居士(방온거사) : 조계혜능(曹溪慧能)-남악회양(南嶽懷讓)-마조도일(馬祖道一)-방온거사 (龐蘊居士). ?~808. 주235) 참조.
2187) 偶諧(우해) : 짝. 어울리다. 화합하다.
2188) 張乖(장괴) : 어긋나다. 괴벽하다. 떨어져 나와 갈라지다.
2189) 朱紫(주자) : 붉은 색과 자주색. 곧 시비선악(是非善惡)을 비유한다.

물 긷고 나무하는 이것이라네.

석두스님이 묵묵히 수긍하셨다.2190)

287. 법화전거法華全擧

法華擧和尚, 示眾, 云: “一二三四五, 任君顚倒擧. 露柱與燈籠, 何曾成佛祖?
不惜眉毛者, 直下便道取.”
僧問: “未審道箇甚麼?” 曰: “子已輕裝外, 瓶盂共毳袍.” 僧云: “正當與麼時如
何?” 曰: “夜禪孤月冷, 晨起片雲高.” 僧擬議, 曰: “會麼?” 僧云: “不會.” 擧遂
作頌, 示之, 云: “三十五十, 何須更擧? 方圓變通, 去除佛祖,
佗未彰名, 余不能取.”2191)

법화 전거스님2192)이 대중에게 열어 보이셨다.
“1 2 3 4 5.
마음대로 뒤집어 놓아보시오.
노주(露柱)2193)와 등롱(燈籠)2194)이 어찌 부처님과 조사를 이룬 적이 있겠
소?
눈썹을 아끼지 않는 이는 곧장 말해보시오.”

한 스님이 여쭈었다.
“도대체 무엇을 말하라는 것입니까?”
말씀하셨다.
“네가 이미2195) 가볍게 행장을 꾸렸으면 물병과 발우, 승복도 함께 챙겨

2190) 然之(연지) : 묵연허지(黙然許之)의 줄임말.
2191)『古尊宿語錄』卷第二十六, 「舒州法華山擧和尚語要」, X68n1315_p0169b13~18. 참조.
2192) 法華全擧(법화전거) : 풍혈연소(風穴延沼)-수산성념(首山省念)-분양선소(汾陽善昭)-법화전거
(法華全擧). ?~1056. 주77) 참조.
2193) 露柱(노주) : 법당 앞에 세워 둔 큰 돌기둥이나, 가문을 표창(表彰)하기 위하여 세운 기둥의
꼭대기에 용의 모양으로 만들어 놓은 부분을 말한다.
2194) 燈籠(등롱) : 대오리나 쇠로 살을 만들고 겉에 종이나 헝겊을 씌운 뒤에 그 안에 등불을 넣
어서 달아 두거나 들고 다니는 기구이다.

라.”

　그 스님이 말했다.

“바로 이러할 때는 어떻습니까?”

　말씀하셨다.

“밤에 참선(參禪)이니 외로운 달이 차웁고, 새벽에 일어나니 조각구름이 높구나.”

　그 스님이 헤아리자 말씀하셨다.

“알겠느냐?”

　그 스님이 말했다.

“모르겠습니다.”

　그러자 게송을 지으셨다.

　“삼십, 오십.
　다시 말할 필요가 있으랴?2196)
　모나고 둥긂에 변통(變通)2197)하면
　부처님과 조사가 사라지고
　저가 이름을 드러내기
　전에는 나도 찾을 수가 없으리라.”

288. 취령명원鷲嶺明遠

　鷲嶺遠和尚, 參長慶. 慶問: “汝名甚麼?” 曰: “明遠.” 慶云: “那邊事作麼生?” 曰: “明遠退兩步.” 慶曰: “汝無端退兩步作麼?” 遠無語. 長慶代云: “若不退步, 爭知明遠.” 遠乃省. 後僧問: “無一法當前應用無虧時如何?” 遠以手卓火, 其僧有省.2198)

2195) 子己(자이) : 『고존숙어록』 26권에서는 潔己(결기)라고 되어 있다.

2196) 何須(하수) : =하필(何必). 구태여 ~할 필요가 있을까?, ~할 필요는 없다.

2197) 變通(변통) : 일정한 규칙에 얽매이지 않고 주어진 형편에 맞추어 일을 잘 처리하는 것. 사물의 변화하는 속성을 통달함.

2198) 『景德傳燈錄』 卷第二十一, T51n2076_p0377a14~19. 참조.

취령 명원스님2199)이 장경 혜릉스님을 참알하셨다.
장경스님이 물으셨다.
“자네 이름이 무엇이냐?”
말씀드렸다.
“명원입니다.”
장경스님이 말씀하셨다.
“저쪽 일은 어떠하냐?”
말씀드렸다.
“이 명원이 뒤로 두 걸음 물러납니다.”
장경스님이 말씀하셨다.
“네가 까닭 없이 두 걸음 물러나서 뭐하자는 거냐?”
명원스님이 말씀이 없었다.
장경스님이 대신하여 말씀하셨다.
“만일 물러나지 않았다면 어찌 명원이라고 여길까?”
명원스님이 이에 깨달으셨다.

뒤에 한 스님이 여쭈었다.
“바로 이 자리에 한 법이 없어도 응하여 작용함에 부족함이 없을 땐 어떻습니까?”
명원스님이 손으로 불을 끄시자2200) 그 스님이 깨달았다.

2199) 鷲嶺明遠(취령명원) : 덕산선감(德山宣鑑)-설봉의존(雪峰義存)-장경혜릉(長慶慧稜)-취령명원(鷲嶺明遠). 청원계의 스님으로 장경 혜릉스님의 법을 이은 양주(襄州) 취령명원선사(鷲嶺明遠禪師)다. 생몰과 행적이 알려져 있지 않다. 『경덕전등록』 24권 ·『연등회요』 26권 ·『오등회원』 8권 ·『오등엄통』 8권 ·『오등전서』 15권 ·『지월록』 21권 ·『교외별전』 7권 등에 실려 있다.
2200) 卓(탁) : 멈추다. 불을 끄다.

289. 장조범지長爪梵志

長爪梵志, 索世尊論議, 謂世尊曰: "我與世尊論義, 我義若墮, 我自斬首." 世尊曰: "汝義以何爲宗?" 志曰: "我以一切不受爲宗." 世尊曰: "是見受否?" 志拂袖而去, 行至中路乃省, 謂弟子曰: "我當回去, 斬首謝世尊." 弟子曰: "人天眾前幸當得勝, 何以斬首?" 志曰: "我寧於有智人前斬首, 不於無智人前得勝." 乃嘆曰: "我義兩處負墮. 是見若受, 負門處麤, 是見不受, 負門處細. 一切人天二乘皆不知我義墮處, 唯有世尊諸大菩薩知我義墮." 回至世尊前, 云: "我義兩處負墮, 故當斬首謝世尊." 佛言: "我佛法中無如是事, 汝當回心向道." 於是同五百徒眾一時投佛出家, 證阿羅漢.

天衣懷和尚頌云: "是見若受破家門, 是見不受共誰論. 匝擔蒿折兩頭脫, 一毛頭上現乾坤."2201)

장조(長爪) 범지(梵志)2202)께서 세존께 논의를 요구하시더니 허락을 받아내시었다. 그리고 세존께 말씀드렸다.

"내가 세존과 논의하여 나의 의론(議論)이 무너진다면 나 스스로 목을 베겠습니다."

세존께서 말씀하셨다.

"자네의 의론은 무엇으로 궁극(宗)을 삼느냐?"

이에 범지께서 대답하셨다.

"나는 일체를 받아들이지 않는 것으로써 궁극을 삼습니다."

세존께서 말씀하셨다.

"이렇게 아는(見) 것은 받아들이느냐?"

범지께서 소매를 떨치고 물러나시었다. 가던 중에 깨달으시고, 당신의 제자들에게 말씀하셨다.

"나는 당장 돌아가서 머리를 베어 세존께 사죄해야겠다."

2201) 『聯燈會要』 卷第一, X79n1557_p0014b20~c08. 『禪門拈頌集』 卷第一, K46-0014~0015, 21則. 『五燈會元』 卷第一, X80n1565_p0029c19~0030a05. 참조.

2202) 長爪梵志(장조범지) : 부처님의 제자 가운데 ⑤Kausthila[구치라(俱絺羅)]를 말한다. '무릎'이란 뜻이다. 사리불의 외삼촌이다. 손톱을 깎지 않았으므로 장조(長爪)라 불리었다. 변재가 뛰어나 논의에 탁월한 대의론사(大議論師)였다. 부처님 제자 가운데 문답제일로 알려졌다.

제자들이 말했다.

"스승님은 인간과 하늘 대중 앞에서 확실히2203) 이기셨는데, 어째서 머리를 베겠다고 하시는 겁니까?"

이에 범지께서 말씀하셨다.

"나는 차라리 지혜 있는 사람 앞에서 목을 벨지언정 지혜 없는 사람 앞에서 이기지는 않으련다."

그리고 스스로 탄식하여 말씀하셨다.

"나의 의론이 두 자리에서 실패하였으니2204) 이 아는 것을 받아들인다면 당한 것이2205) 거칠고, 이 아는 것을 받아들이지 않는다면 당한 것이 세밀할 것이다.

온갖 인간과 하늘, 2승(二乘)들은 아무도 나의 의론이 실패한 자리를 모르겠지만, 오직 세존과 대보살들만이 나의 의론이 당한 자리를 알 것이다."

그는 부처님께 돌아가서 말씀드렸다.

"저의 이론이 두 자리에서 당하였으니 당장 머리를 베어서 세존께 사죄드리겠습니다."

부처님께서 말씀하셨다.

"나의 법에는 이렇게 하는 일이 없다. 너는 즉시에 마음을 돌려 도(道)를 향하여라."

이에 5백 명의 제자들과 함께 부처님께 출가하여 아라한의 지위를 증득하셨다.2206)

천의 의회스님이 노래하셨다.

"이 아는 것을 받아들이면 가문이 깨질 것이요,

이 아는 것을 받아들이지 않으면 누구와 논의를 하랴.

편담(匾擔)2207)이 뚝 부러져 양쪽이 떨어져버리면

2203) 幸當(행당) : 정확하게. 딱 알맞게. 적당하게.
2204) 墮負(타부) : 승부에서 실패하다.
2205) 負門(부문) : 논의에서 지는 것.
2206) 이 이야기는 『대지도론』에 나오는 것이다. (T25n1509_p0061b16~0062a28, 『大智度論』 初序品中, 「緣起義釋論」 卷第一. 참조.)
2207) 匾擔(편담) : 막대기 양쪽 끝에 짐을 달아서 어깨에 메는 멜대.

한 터럭 끝에서 건곤(乾坤)이 드러나리라.”

290. 동산양개洞山良价

洞山, 示衆, 云:“兄弟. 初秋夏末東去西去, 直須向萬里無寸草
處去始得.”
又云:“只如萬里無寸草處, 作麼生去?”後有僧擧似石霜, 霜云:
“出門便是草.”
妙喜曰:“不見道. 師子一滴乳迸散十斛驢乳.”2208)

동산 양개스님2209)이 대중에게 열어 보이셨다.
“형제 여러분. 초가을 여름 막바지에 동으로 가고 서로 가더라도 마침내
만 리에 한 포기의 풀2210)조차 없는 곳으로 가야만 합니다.”
또 말씀하셨다.
“그런데 만 리에 한 포기의 풀조차 없는 곳을 어떻게 가겠습니까?”

뒤에 한 스님이 석상스님께2211) 이 법문을 말씀드리자, 석상스님이 말씀
하셨다.
“문을 나서면 곧장 풀이다.”

묘희스님이 말씀하셨다.
“들어보지 못하였느냐? ‘사자의 한 방울 우유가 열 섬의 나귀 우유에 흩어
져 퍼진다.2212)’2213)”

2208)『景德傳燈錄』卷第十五, T51n2076_p0321a16~21.『聯燈會要卷』第二十, X79n1557_p017
6c24.『瑞州洞山良价禪師語錄』, T47n1986B_p0523b24~c03.참조.
2209) 洞山良价(동산양개) : 석두희천(石頭希遷)-약산유엄(藥山惟儼)-운암담성(雲巖曇晟)-동산양개
(洞山良价). 807~869. 주331) 참조.
2210) 寸草(촌초) : 한 포기의 풀. 작은 풀. 부모에 대한 자식의 보잘 것 없는 효심을 비유함.
2211) 석상경저石霜慶諸스님이다. 석두희천(石頭希遷)-약산유엄(藥山惟儼)-도오원지(道吾圓智)-석
상경저(石霜慶諸). 807~888. 주918) 참조.
2212) 迸散(병산) : 흩어져 퍼지다. 사방으로 흩어지다. 사방으로 퍼져나가다. 도망쳐 흩어지다. 비
산(飛散)하다.
2213) 위산 영우스님의 법문이다. (T47n1990_p0584a15~16,『袁州仰山慧寂禪師語錄』. “潙山云:

291. 파조타破竈墮

破竈墮和尚, 不稱名氏. 言行叵測, 隱居嵩嶽. 山塢有廟甚靈. 屋下唯安一竈, 遠近祭祀不輟, 烹殺物命甚多. 師一日領侍僧入廟, 以杖敲竈三下云: "咄! 此竈只是泥瓦合成, 聖從何來, 靈從何起, 恁麼烹殺物命?" 又打三下, 竈乃傾墮. 師曰: "破也! 墮也!" 須臾有一青衣峨冠設拜師前, 師曰: "汝是何人?" 曰: "我本此廟竈神, 久受業報, 今蒙禪師說無生法, 得脫此處生天, 特來致謝." 師曰: "是汝本有之性, 非吾強言." 神再拜而沒. 侍僧等問, 曰: "某等久侍左右, 未蒙方便指示, 竈神得何徑旨便得生天?" 師曰: "我只向伊道是泥瓦合成, 聖從何來, 靈從何起, 別也無道理為伊." 侍僧等佇思, 師曰: "會麼?" 曰: "不會," 師曰: "本有之性為甚麼不會?" 侍僧等乃禮拜, 曰: "破也! 墮也! 破也! 也2214)墮也!" 侍僧等一時省悟.

後有義豐禪師擧似安國師, 國師歎曰: "此子會盡物我一如, 可謂如朗月當空無不見者, 難究伊語脉."2215)

'此是師子一滴乳, 迸散六斛驢乳.'") 이 구절을 《선림고경총서》에서는 "이는 사자의 젖 한 방울로 노새의 젖 여섯 섬을 물리쳐 버린 격이로다."라고 번역하였다. (백련선서간행회, 『위앙록』 「앙산록」, p129. 장경각, 1979.) 월운스님의 『경덕전등록』 1에서는 "이는 사자의 젖 한 방울로 나귀 젖 여섯 섬을 물리치는 것이다."라고 번역하였다.(월운스님, 『전등록』1, p711. 동국역경원, 2008.) 대원 문재현은 "이는 사자의 젖 한 방울로 나귀의 젖 여섯 섬을 물리치는 것이다."라고 번역하고 있다. (대원 문재현, 바로보인 『전등록』2, p189. 도서출판 바로보인, 1999.) 이 번역들은 '병산(迸散)'을 공통적으로 '물리치다'란 의미로 번역한 결과이다. 병산(迸散)이란 바위 속에 다이나마이트를 넣고 폭파시킬 때 미세한 돌조각들이 빛을 뿜으며 강력하고도 빠른 속도로 사방으로 뿜어져 흩어지는 것과 같은 모습을 말한다. 폭죽 불꽃놀이 하는 것을 보면 공중에서 빛을 사방으로 뿜으며 흩어지는 것을 볼 수 있는데 이러한 모습을 병산(迸散)이라고 표현하는 것이다. (槍彈擊中石塊, 火星向四面迸散). 위에서 사자의 젖 한 방울을 나귀의 젖 열 섬 속에다 넣으면 아주 빠르고 강력한 속도로 폭죽 터지듯이 나귀의 젖을 사라지게 하면서 투과해 버린다는 의미다. 이는 『화엄경』78권 「입법계품」에 나오는 비유를 보면 정확한 이야기가 나온다. "비유하면 마치 어떤 사람이 소나 양 등의 여러 젖으로 설사 큰 바다를 만들었더라도 사자 젖 한 방울을 그 가운데 던져 넣으면 모두 다 변하고 무너져서 걸림 없이 곧장 투과하게 된다. 보살마하살도 역시 이와 같아서 여래인 사자의 보리심 젖을 한량없는 겁에 쌓아 온 업과 번뇌 젖의 큰 바다에 넣어두면 모두 무너지고 사라져서 걸림 없이 곧장 투과하여 끝끝내 이승(二乘)의 해탈에 머물지 않느니라." (T10n0279_p0432c22~27, 『大方廣佛華嚴經』 卷第七十八, 「入法界品」第三十九之十九. "譬如有人以牛羊等種種諸乳, 假使積集盈於大海, 以師子乳一滴投中, 悉令變壞直過無礙. 菩薩摩訶薩亦復如是, 以如來師子菩提心乳, 着無量劫業煩惱乳大海之中, 悉令壞滅直過無礙, 終不住於二乘解脫.")

2214) 也(야) : 《卍속장경》에서는 '也字疑剩(야자의잉)'이라고 써 놓아 '也(야)'자가 더 들어간 것이 아닌가 의심된다고 주(注)를 달아 놓았다. (《續藏經》 第一百一十八卷, 『正法眼藏』 卷三, p70, 下. 보련각, 1981.)

2215) 『景德傳燈錄』 卷第四, T51n2076_p0232c22~0233a12. 『禪門拈頌集』 卷第五, K46-0071, 153則. 참조.

파조타스님2216)은 이름과 성씨를 알 수 없다. 언행을 헤아릴 수가 없었으며 숭악2217)에 은거하셨다.

산자락에 사당이 있었는데 매우 영험하였다. 건물 안에다 오직 부엌신 한 분을 모셔놓았는데 멀고 가까운 곳에서 끊임없이 제사를 지내면서 생명을 삶아 죽이는 일이 매우 많았다.

스님이 하루는 시자들을 데리고 사당에 들어가셨다. 주장자로 부엌신을 세 번 두들겨 패시고는 말씀하셨다.

"咄(Duō)! 이 부엌신은 진흙과 기와로 만들어졌는데, 신성함은 어디서 오는 것이며 신령함은 어디서 일어나기에 어째서 이토록 생명을 삶아 죽인단 말이냐?"

또 세 번을 두들겨 패시니 부엌신이 기우뚱하다가 무너져 버렸다.

스님이 말씀하셨다.

"부서졌구나! 무너졌구나!"

이윽고 푸른 옷을 입고 높은 관을 쓴 사람이 스님 앞에서 절을 하였다.

스님이 말씀하셨다.

"너는 어떠한 사람이냐?"

말하였다.

"저는 본래 이 사당의 부엌신입니다. 오랫동안 업보를 받아오다가 이제 스님의 무생법(無生法)을 설하심을 듣고 이곳을 벗어나 하늘에 나게 되었습니다. 그래서 일부러 나타나 감사를 드리고자 합니다."

스님이 말씀하셨다.

"이것은 너의 본래부터 있는 성품이지 내가 억지로 말한 것이 아니다."

부엌신이 절을 하고 사라지니 시자들이 여쭈었다.

2216) 破竈墮(파조타) : 파두도신(破頭道信)-황매홍인(黃梅弘忍)-숭악혜안(崇嶽慧安)-파조타(破竈墮). 당나라 숭악(嵩嶽)의 파조타스님. 북종에 속하는 스님이다. 이 스님은 처음부터 이름을 말하지 않았으나 숭산혜안(嵩山慧安)스님이 파조타(破竈墮)라고 부른 이후로 (T51n2076_p0232c27. "安國師, 號爲破竈墮.") 후세에 파조타(破竈墮)라 불렸다고 한다.

2217) 嵩嶽(숭악) : 숭고산(嵩高山)[sōng gāo shān]·중악(中嶽)[zhōng yuè]·외방(外方)[wài fāng]·숭산(崇山)[chóng shān]·악산(岳山)[yuè shān]·중악숭산(中嶽嵩山)[zhōng yuè sōng shān]·숭고(嵩高)[sōng gāo]·숭악(嵩嶽)[sōng yuè]·숭소(嵩少)[sōng shào] 등으로 불리는 중국의 명산이며 오악(五嶽) 가운데 하나로 중악(中嶽)이다. 하남성(河南省) 서쪽에 위치해 있으며, 등봉시(登封市) 서북면(西北面)에 속해 있다. 최고봉은 준극봉(峻極峰)이다. 숭산(嵩山)은 중국의 도교성지(道教聖地)이며 불교의 발상지이고 신유교(新儒教)의 탄생지이기도하다.

“저희들이 오랫동안 스님의 곁을 모셨지만 방편으로 가르쳐주심을 받은 적이 없는데 이 부엌신은 무슨 ‘신속한 지취(旨趣)’를 얻었기에 하늘에 나게 된 것입니까?”

스님이 말씀하셨다.

“나는 다만 그에게 말해주기를 ‘진흙과 기와로 만들어진 것이 신성함은 어디서 나왔으며 신령함은 어디서 일어났느냐’고 물었을 뿐 그를 위한 도리는 따로 없었다.”

시자들이 우두커니 생각을 굴리니, 스님이 말씀하셨다.

“알겠느냐?”

말했다.

“모르겠습니다.”

스님이 말씀하셨다.

“본래부터 있는 성품을 왜 모른단 말이냐?”

시자들이 절을 하자, 말씀하셨다.

“부서졌구나! 무너졌구나! 부서졌구나! 또 무너져버렸구나!”2218)

시자들이 일시에 깨달았다.

뒤에 의풍선사2219)께서 안국사2220)께 이 일화를 거론하시니, 국사께서 탄식하며 말씀하셨다.

“이 분께서 물아일여(物我一如)를 다 알아버리셨으니, 마치 밝은 달이 허공에 있어서 보지 못하는 이가 없음과 같다고 말할 수 있으나 그분의 말의 이치를 찾아 밝히기는 어렵다.”

2218) 破也墮也破也也墮也(파야타야파야야타야) : 『전등록』 4권에서는 “무너졌구나! 무너졌구나! 부서졌구나! 부서졌구나!”라고 나온다. (T51n2076_p0233a08, 『景德傳燈錄』 卷第四. “墮也! 墮也! 破也! 破也!”) 『선문염송집』 5권에서는 “부서졌구나! 무너졌구나!”라고 나온다. (『禪門拈頌集』 卷第五, K46-0071, 153則. “破也! 墮也!”)

2219) 義豐禪師(의풍선사) : 스님의 행적이 알려진 곳이 없다.

2220) 嵩山慧安(숭산혜안) : 감지승찬(鑑智僧璨)-쌍봉도신(雙峰道信)-황매홍인(黃梅弘忍)-숭산혜안(嵩山慧安). 582~709. 당나라 때의 스님이다. 형주(荊州) 지강(支江)[호북성(湖北省)] 출신. 속성(俗姓)은 위씨(衛氏)다. ‘노안(老安)’ 또는 ‘도안(道安)’, ‘대안(大安)’으로도 불린다. 오조(五祖) 홍인(弘忍)스님의 10대 제자 가운데 한 사람이다. 당나라 정관(貞觀) 연간에 황매산(黃梅山)에서 홍인스님을 참알하고 마침내 심지(心旨)를 얻어 대오하였다. 중종(中宗) 신룡(神龍) 2년(706)에 황제가 자의(紫衣)를 하사하고 궁중으로 모시어 3년 동안 공양(供養)했다. 경룡(景龍) 3년 숭악(嵩嶽) 소림사(少林寺)로 돌아와서 3월 8일 세수 128세로 입적하였다.

292. 행산감홍杏山鑑洪

臨濟問杏山: "如何是露地白牛?" 山曰: "吽! 吽!" 濟云: "啞却口那?" 山曰: "老兄作麼生?" 濟云: "遮畜生." 山乃休.[2221]

임제 의현스님[2222]이 행산 감홍스님[2223]께 물으셨다.
"어떤 것이 길이 잘 든 소요?"[2224]
행산스님이 말씀하셨다.
"음머! 음머!"
임제스님이 말씀하셨다.
"어찌 입이 막혔소?"
행산스님이 말씀하셨다.
"노형께서는 어떻습니까?"
임제스님이 말씀하셨다.
"이 짐승아!"
행산스님이 이에 그만 두셨다.

2221) 『景德傳燈錄』 卷第十五, T51n2076_p0323b22~24. 『鎭州臨濟慧照禪師語錄』, T47n1985_p0504a03~04. 『聯燈會要』 卷第二十, X79n1557_p0178c04~06. 『五燈會元』 卷第五, X80n1565_p0120a10~12. 참조.

2222) 臨濟義玄(임제의현) : 마조도일(馬祖道一)-백장회해(百丈懷海)-황벽희운(黃檗希運)-임제의현(臨濟義玄). ?~867. 주489) 참조.

2223) 杏山鑑洪(행산감홍) : 석두희천(石頭希遷)-약산유엄(藥山惟儼)-운암담성(雲巖曇晟)-행산감홍(杏山鑑洪). 『경덕전등록』 15권 ·『사가어록』, 「진주임제혜조선사어록」·『고존숙어록』 4권, 「진주임제혜조선사어록」·『어선역대선사어록』 후집중(後集中) ·『연등회요』 20권 ·『오등회원』5권 ·『오등엄통』 5권 ·『오등전서』 10권 ·『지월록』 14권 ·『교외별전』 14권 등에 스님의 문답화(問答話)가 보인다.

2224) 露地白牛(노지백우) : 노백지우(露白地牛)라고도 한다. 오랫동안 길을 들여 사람의 말을 잘 듣는 소라는 뜻으로 불법에 귀의한 사람을 말한다.

293. 협산선회夾山善會

夾山和尚, 有小師隨侍日久. 遣令行脚遊歷禪肆, 後聞師聚眾道聲振遠, 回歸省覲問, 曰: "和尚有如是奇特事, 何不早向某甲說?" 山曰: "汝蒸飯, 我著火, 汝行益, 吾展鉢, 甚麼處是辜負汝處?" 小師從此悟入.2225)

협산 선회스님2226)을 꽤 오래 시봉한 젊은 스님2227)이 있었다.

행각을 보내 선원을 찾아다니게 하였는데, 후에 스님에게 대중이 모이고 도력(道力)의 명성이 멀리까지 떨친다는 소문을 듣고는 돌아와서 찾아뵙고 여쭈었다.

"스님께서는 이와 같은 기특한 일이 있으면서 어째서 저한테는 진작 일러주지 않으신 겁니까?"

협산스님이 말씀하셨다.

"네가 밥할 때 나는 불을 때주었고, 네가 행익(行益)2228)할 때 나는 발우를 폈는데 너를 저버린 곳이 어디란 말이냐?"

그 스님이 여기서 깨달았다.

294. 신주지상信州智常

常禪師參六祖, 祖問: "從甚麼處來, 欲求何事?" 曰: "學人近往白峯山, 禮大通和

2225) 『景德傳燈錄』 卷第十五, T51n2076_p0324b02~07. 『聯燈會要』 卷第二十一. X79n1557_p01
　　　80a22~24. 참조.
2226) 夾山善會(협산선회) : 석두희천(石頭希遷)-약산유엄(藥山惟儼)-선자덕성(船子德誠)-협산선회
　　　(夾山善會). 805~881. 한광(漢廣)[하남성] 현정(峴亭) 출신. 속성은 요씨(廖氏). 일찍이 담주(潭
　　　州)[호남성]의 전아산(電牙山)으로 출가하였다. 윤주(潤州)[강소성]의 경구(京口)에 주석하였다. 도
　　　오 원지스님의 추천을 받아 선자 덕성스님에게 참학하여 크게 깨달았다. 예주(澧州) 협산(夾山)
　　　에 주석하면서 선풍을 크게 드날렸으며 중화(中和) 원년에 세수 77세로 입적하였다. 시호는 전
　　　명대사(傳明大師)이다. 낙포원안(洛浦元安), 백수사화상(白水寺和尚), 반룡가문(盤龍可文), 소산환
　　　보(韶山寶普) 등 22명의 법사(法嗣)가 있다.
2227) 小師(소사) : 스님의 겸칭. 젊어서 출가한 사람에 대한 호칭. 수계한 지 10년이 채 안 된 스
　　　님.
2228) 行益(행익) : 스님들의 발우공양 때에 발우에다 음식을 나누어 주는 일.

尚, 蒙示見性成佛之義, 未決狐疑, 伏望和尚, 垂慈攝受." 祖曰: "彼有何言句? 汝試舉似於吾, 與汝證明." 常曰: "到彼三月未蒙開示, 為法切故獨入方丈禮拜, 哀請問: '如何是某本心本性?' 曰: '汝見虛空否?' 對曰: '見.' 彼曰: '汝見虛空有相貌否?' 對曰: '虛空無形有何相貌?' 彼曰: '汝之本性猶如虛空, 返觀自性了無一物可見, 是名正見, 了無一物可知, 是名真知, 無有青黃長短, 但見本源清淨覺體圓明, 即名見性成佛, 亦名極樂世界, 亦名如來知見.' 學人雖聞此說, 猶未決了, 乞和尚誨示令無凝滯." 祖曰: "彼師所說猶存見知, 故令汝未了. 吾今示汝一偈, 曰: 不見一法存無見, 大似浮雲遮日面. 不知一法守空知, 還如太虛生閃電. 此之知見瞥然興, 錯認何曾解方便. 汝當一念自知非, 自己靈光常顯現." 常聞偈心意豁然, 乃述一偈曰:

"無端起知解, 著相求菩提. 情存一念悟, 寧越昔時迷. 自性覺源體, 隨照枉遷流. 不入祖師室, 茫然趣兩頭."2229)

　신주 지상스님2230)이 육조 혜능스님을 참례하였다.
　육조스님이 물으셨다.
　"어디서 왔으며 무엇을 구하려 하느냐?"
　대답하였다.
　"학인이 최근에 백봉산에 가서 대통스님2231)을 찾아뵈었습니다. 스님이 성품을 드러내어 성불인2232) 뜻을 알려주셨습니다만, 의심을 해결하지 못하였습니다. 엎드려 바라건대 스님께서 자비로 섭수하여 주십시오."
　육조스님이 말씀하셨다.
　"그가 무슨 말씀을 하시더냐? 나에게 말해보아라. 너에게 증명해 주겠다."
　지상스님이 말씀드렸다.

2229) 『景德傳燈錄』卷第五, T51n2076_p0239a27~b22. 『聯燈會要』卷第三, X79n1557_p0031a17~b10. 『五燈會元』卷第二, X80n1565_p0057a21~b15. 『六祖大師法寶壇經』(宗寶編), T48n2008_p0356b23~c17. 참조.
2230) 信州智常(신주지상) : 쌍봉도신(雙峰道信)-황매홍인(黃梅弘忍)-조계혜능(曹溪慧能)-신주지상(信州智常). 혜능스님의 10대 제자 가운데 한 사람이다. 신주(信州) 귀계(貴溪)[강서성 귀계(貴溪)] 조계현(曹溪縣) 출신. 처음에 신수스님의 제자였으나 깨닫지 못하자 혜능스님 회상으로 갔다.
2231) 大通(대통) : 옥천신수(玉泉神秀)스님의 시호(諡號)를 말한다. 시호(諡號)는 죽은 이후에 군주가 내리는 호다. 그러므로 대통(大通)이라고 신수스님을 표현한 것은 뭔가 잘못된 것으로 보인다. 주1813) 참조.
2232) 見性成佛(현성성불) : 성품을 드러내고 부처님을 드러냄.

"거기에 간 지 석 달이 되었는데도 가르침을 받지 못하였습니다. 그러나 법을 위함이 간절하였기 때문에 홀로 방장실에 들어가 예배드리면서 애절하게 간청하였습니다.

'어떤 것이 저의 본래 마음이며 본래 성품입니까?'

그러자 스님이 말씀하셨습니다.

'너는 허공을 보느냐?'

대답하였습니다.

'봅니다.'

스님이 말씀하셨습니다.

'네가 허공을 볼 때 모양이 있는가?'

대답하였습니다.

'허공은 형체가 없는데 무슨 모양이 있겠습니까?'

스님이 말씀하셨습니다.

'너의 본래 성품도 허공과 같다. 자신의 성품을 돌이켜 보아도 결국 드러낼 수 있는 물(物)이 하나도 없음을 요달하면 이것을 〈바른 드러냄〉이라고 한다.

한 물(物)도 알 수 있는 물(物)이 없음을 요달하면 〈참앎〉이라고 한다.

푸르고 누렇거나 길고 짧음이 없고 다만 본래 근원의 청정함과 깨달음 본체의 완벽한 밝음을 본다면 이것을 〈성품을 드러내어 성불임〉이라고 하며, 또한 〈극락세계〉라고 하며, 또한 〈여래지견(如來知見)〉이라고 한다.'

학인은 비록 이 말씀을 들었으나 오히려 의리(義理)를 명확히 알지[2233] 못하였습니다. 제발 스님께서 마음에 막힘이 없게 잘 가르쳐 주십시오."

육조스님이 말씀하셨다.

"그 스님의 말씀에 아직 아는 것[2234]이 남아 있구나. 그렇기에 너로 하여금 깨닫게 하지를 못한 것이다. 내가 지금 너에게 게송 하나를 들려주겠다.

한 법을 드러내지 못해도 드러내지 못함을 두면
마치 뜬 구름이 태양을 가리는 것과도 같고

2233) 決了(결료) : 의리(義理)를 분명하게 아는 것. 확실하고 분명함.
2234) 見知(견지) : 아는 것. 소견.

한 법을 알지 못하여도 '앎 없음'을 지키면
도리어 태허에서 섬광이 번쩍임과 같네.

이러한 지견(知見)이 별안간 일어나면
그릇 안 것이니 언제 일찍이 방편을 알았으랴?
네가 바로 한 순간에 스스로 그름을 알아버리면
자기의 신령스러운 광명이 항상 현현하리라."

지상스님이 게송을 듣고 마음이 활연히 탁 트여서 게송 하나를 읊으셨다.

"까닭 없이 지해(知解)를 일으켜
모양에 집착하여 보리를 구하였네.
정(情)은 두고서 일념을 깨닫는다고
어찌 옛 미혹을 뛰어넘으랴.

자기 성품의 깨달음 근원의 본 모습이
비춤을 따라 에돌아 흘러 왔으니
조사의 방장실로 들어가지 않았더라면
망연히 두 갈래에서 헤매었으리."2235)

2235) 『조당집』과 돈황본 『단경』에는 이 화(話)가 보이질 않는다.

295. 낭야혜각琅邪慧覺

琅邪覺和尚, 示衆, 拈起拄杖. 云: "盤山道向上一路, 滑. 南院道壁立千仞, 險. 臨濟道石火電光, 鈍. 琅邪有定乾坤底句. 各各高著眼! 高著眼!"卓拄杖下座.
又示衆云: "句中薦得, 遊子返於故鄉, 意中薦得, 方解事於尊堂. 若然者須是轉身吐氣始得. 若能如是, 方解百尺竿頭進步. 句中無意, 意中無句. 既能如是, 且作麼生轉身吐氣? 若也不會, 拄杖子爲汝吐氣去也."卓拄杖下座.2236)

낭야 혜각스님2237)이 대중에게 열어 보이셨다.

주장자를 드셨다.

말씀하셨다.
"반산스님2238)이 향상일로(向上一路)를 말씀하셨는데,2239) 미끄럽습니다.
남원스님2240)이 벽립천인(壁立千仞)을 말씀하셨는데,2241) 험합니다.
임제스님은 석화전광(石火電光)을 말씀하셨으나,2242) 둔합니다.
이 낭야에겐 건곤을 규정하는 구(句)가 있습니다.
각기 눈을 높이 뜨십시오! 눈을 높이 뜨십시오!"

주장자를 내리치고 내려가셨다.

2236)『嘉泰普燈錄』卷第二, X79n1559_p0295a22~b01.『聯燈會要』卷第十二, X79n1557_p0112
a09~12.『五燈會元』卷第十二, X80n1565_p0241b21~23.『古尊宿語錄』卷之四十六, 「滁州瑯瑘山覺和尚語錄」, X68n1315_p0315a09~11, p0316c14~18. 참조.
2237) 琅邪慧覺(낭야혜각) : 풍혈연소(風穴延沼)-수산성념(首山省念)-분양선소(汾陽善昭)-낭야혜각(琅邪慧覺). 주76) 참조.
2238) 반산보적(盤山寶積)스님이다. 조계혜능(曹溪慧能)-남악회양(南嶽懷讓)-마조도일(馬祖道一)-반산보적(盤山寶積). 주974) 참조.
2239) "향상일로(向上一路)는 일천 명의 성인도 전하지 못하는데, 배우는 이가 몸을 힘들게 하는 것은 원숭이가 그림자를 붙잡으려는 것과 같다."(T51n2076_p0253b13~14,『景德傳燈錄』卷第七. "向上一路千聖不傳. 學者勞形如猿捉影.")
2240) 남원혜옹(南院慧顒)스님이다. [황벽희운(黃檗希運)-임제의현(臨濟義玄)-흥화존장(興化存獎)-보응혜옹(寶應慧顒).860~930]. 주692) 참조.
2241)『전등록』12권에 나온다. (T51n2076_p0298b21~22,『景德傳燈錄』卷第十二. "汝州寶應和尚(亦曰南院第一世住顒禪師)上堂示衆曰: 赤肉團上壁立千仞.")
2242)『임제록』에 나온다. (T47n1985_p0501b08~09,『鎮州臨濟慧照禪師語錄』. "石火電光即過了也.")

또 대중에게 열어 보이셨다.

"구(句) 속에서 알아버리면 나그네가 고향으로 돌아온 것이며, 의(意) 속에서 알아버리면 비로소 어머니 뱃속[2243]의 일을 알아 버린 것입니다.

만일 그렇다면 반드시 몸을 뒤쳐[2244] 기(氣)를 토해내어야만 합니다.   만일 이와 같다면 비로소 백척간두에서 걸음을 내디딜 줄 알 것입니다.

구(句) 속에 의(意)가 없고, 의(意) 속에 구(句)가 없습니다.

이미 이와 같다면 또 어떻게 몸을 뒤쳐 기(氣)를 토해 내겠습니까?

만일 알지 못하였다면 주장자로 여러분들을 위해 기(氣)를 토하게 하겠습니다."

주장자를 내려치고 내려 가셨다.

296. 운문문언雲門文偃

雲門曰: "要識祖師麼?" 以拄杖指. 曰: "祖師在你頭上踔跳. 要識祖師眼睛麼?   在你脚根下." 又曰: "遮箇是祭鬼神茶飯. 然雖如此, 鬼神也無厭足."

妙喜曰: "不見道? 留惑潤生." 時有僧在傍咳嗽一聲.

妙喜曰: "老漢恁麼道有甚麼過?" 僧擬議, 便打.[2245]

운문 문언스님[2246]이 말씀하셨다.

"조사를 알고 싶으냐?"

주장자로 가리키셨다.

2243) 尊堂(존당) : 남의 어머니에 대한 존칭. 존모(尊母)라고도 함.

2244) 轉身(전신) : 죽다. 몸을 바꾸다. 미혹한 자가 깨달은 자가 되다. 옮겨가다.

2245) 『聯燈會要』 卷第二十四, X79n1557_p0207c16~18.『禪門拈頌集』 卷第二十五,   K46-0411, 1094則. 『古尊宿語錄』 卷第十六, 「雲門匡真禪師廣錄」中, X68n1315_p0101c14~16.『雲門匡真禪師廣錄』 卷中, T47n1988_p0555b24~27. 참조.

2246) 雲門文偃(운문문언) : 용담숭신(龍潭崇信)-덕산선감(德山宣鑑)-설봉의존(雪峰義存)-운문문언(雲門文偃). 864~949. 주94) 참조.

말씀하셨다.
"조사가 너희들의 머리 위에서 뛰고 있다. 조사의 눈동자를 알고 싶으냐? 너희들의 발뒤꿈치 밑에 있다."

또 말씀하셨다.
"이것은 귀신에게 제사 지낸 차와 밥이다. 비록 이와 같으나 귀신은 만족할 줄 모른다."

묘희스님이 말씀하셨다.
"듣지 못하였느냐? 미혹을 남겨두어서 삶을 적신다."2247)
그때에 한 스님이 곁에서 기침을 하였다.
묘희스님이 말씀하셨다.
"이 노인네가 이렇게 말함에 무슨 허물이 있나?"
그 스님이 머뭇거리자, 곧장 때리셨다.

297. 장사경잠長沙景岑

長沙岑和尙, 示衆, 曰: "我若一向擧揚宗敎, 法堂前須草深一丈. 我事不獲已, 所以向汝諸人道. 盡十方世界, 是沙門一隻眼, 盡十方世界, 是沙門全身, 盡十方世界, 是自己光明, 盡十方世界, 在自己光明裏. 盡十方世界, 無一人不是自己. 我常向汝諸人道. '三世諸佛共盡法界衆生, 是摩訶般若光.' 光未發時, 汝等諸人向甚麼處委悉? 光未發時, 尙無佛無衆生消息, 何處得山河國土來?"
時有僧問: "如何是沙門眼?" 曰: "長長出不得." 又曰: "成佛成祖出不得, 六道輪回出不得." 僧云: "未審出箇甚麼不得?" 曰: "晝見日夜見星." 僧云: "學人不會." 曰: "妙高山色靑又靑."2248)
妙喜曰: "熟處難忘."

2247) 潤生(윤생) : 발업윤생(發業潤生)의 준말. 식물의 씨앗이 물에 의해 싹이 터서 자라는 것처럼 번뇌에 의해서 업이 생겨서 현재의 삶을 끌어 일으키는 것을 말한다.
2248) 『景德傳燈錄』 卷第十, T51n2076_p0274a08~22. 『五燈會元』 卷第四, X80n1565_p0094b19~c04. 참조.

  장사 경잠스님2249)이 대중에게 열어 보이시면서 말씀하셨다.

  "내가 만일 한결같이 종문(宗門)의 교지(敎旨)만을 거양(擧揚)한다면 법당 앞에 수풀이 한 길이나 자랄 것입니다.

  내가 어쩔 수 없이 여러분들에게 말하는 까닭입니다.

  시방세계가 모두 다 사문의 바른 눈2250)이요, 시방세계가 모두 다 사문의 온몸이요, 시방세계가 모두 다 자기 광명이요, 시방세계가 모두 다 자기 광명 속에 있습니다. 모든 시방세계에서 자기 아닌 사람은 하나도 없습니다.

  내가 항상 여러분 모두를 향하여 말하였습니다.

  '과거·현재·미래의 모든 부처님이 모든 법계의 뭇삶들과 함께 모두 마하반야의 빛이다.'

  빛이 아직 발(發)하지 않았을 때, 여러분들은 어디에 있었는지 확실히 아십니까?

  빛이 아직 발하지 못하였을 땐 오히려 부처님과 뭇삶들의 소식도 없는데 어디서 산하국토가 오는 것입니까?"

  그때 어떤 스님이 여쭈었다.

  "어떤 것이 사문의 눈입니까?"

  말씀하셨다.

  "영원토록 나타나지 않는다."

  또 말씀하셨다.

  "부처님을 이루고 조사를 이루어도 나타나지 않으며, 육도에 윤회하여도 나타나지 않는다."

  그 스님이 말했다.

  "도대체 어째서 나타나지 않는 겁니까?"

  말씀하셨다.

  "낮에는 해를 보고 밤에는 별을 본다."

  그 스님이 말했다.

  "학인은 모르겠습니다."

2249) 長沙景岑(장사경잠) : 남악회양(南嶽懷讓)-마조도일(馬祖道一)-남전보원(南泉普願)-장사경잠(長沙景岑). ?~868. 주60) 참조.

2250) 一隻眼(일척안) : 일체를 둘 아니게 보는 눈. 정안(正眼), 명안(明眼), 정문안(頂門眼), 활안(活眼), 불안(佛眼) 등과 같이 쓰인다.

말씀하셨다.
"묘고산2251)의 빛깔이 푸르고 또 푸르구나."

묘희스님이 말씀하셨다.
"익은 곳을 버리지 못하는 군."

298. 영수여민靈樹如敏

靈樹和尚, 僧問: "如何是和尚家風?" 曰: "千年田, 八百主."
"如何是千年田八百主?" 曰: "郎當屋舍, 沒人修."
妙喜曰: "愁人莫向愁人說."2252)

영수 여민스님2253)께 한 스님이 여쭈었다.
"어떤 것이 스님의 가풍입니까?"
말씀하셨다.
"천년 묵은 밭에 주인이 팔백 명이다."
"어떤 것이 천년 묵은 밭의 팔백 명 주인입니까?"
말씀하셨다.
"허술한2254) 집을 수리하는 이가 아무도 없구나."

2251) 妙高山(묘고산) : 수미산(須彌山)을 말한다.

2252) 『景德傳燈錄』 卷第十一, T51n2076_p0286b20~24. 『聯燈會要』 卷第十, X79n1557_p0090c
24~0091a02. 『禪門拈頌集』 卷第二十, K46-0339, 854則. 『五燈會元』 卷第四, X80n1565_p01
04a17~20. 참조.

2253) 靈樹如敏(영수여민) : 마조도일(馬祖道一)-백장회해(百丈懷海)-복주대안(福州大安)-영수여민
(靈樹如敏). ?~920. 오대후한(五代後漢)의 스님으로 복건성(福建省) 민천(閩川) 사람이다. 호는
지성대사(知聖大師). 처음에 황벽 희운스님을 알현하였다가 복주의 장경 대안스님에게서 참구(參
扣)하고 그 법을 이었다. 소주(韶州)[광동성(廣東省) 소관(韶關)]의 영수선원(靈樹禪院)에 주석하
면서 선법을 선양하였다. 40여년을 남한(南漢)에서 법을 펴니 내외 현유(賢儒)들이 문답하고 지
극히 존경하였다고 한다. 남한(南漢) 건형(乾亨) 4년(920)에 입적하였다. 시호는 영수선사(靈樹禪
師). 『조당집(祖堂集)』 20권에 그의 전기가 실려 있다.

2254) 郎當(낭당) : 무너져 못쓰게 되다. 부서지다. 초라하다. 낭패스럽다. 의복이 헐렁하여 몸에 맞
지 않다. 못나다. 칠칠치 못하다. 지쳐서 무기력한 모양. 죄인에게 채우는 쇠사슬. 빗을 깨끗이
하는 기구. 금속이 부딪치는 소리.

묘희스님이 말씀하셨다.

"근심하는 사람은 근심하는 사람을 향하여 말하지 마라."

299. 향엄지한香嚴智閑

香嚴和尚, 在百丈會裏. 性識聰敏, 參禪不得. 百丈遷化, 後到潙山, 山問: "我聞汝在百丈先師處, 問一答十, 問十答百, 此是汝聰明靈利, 意解識想, 生死根本. 父母未生時, 試爲我道一句看." 香嚴被潙山一問, 直得茫然歸寮. 將平日看過底文字, 從頭要尋一句, 可將酬對, 竟不能得.

향엄 지한스님[2255]이 백장 회해스님의 회하에 계셨다. 선천적인 근성과 심식(心識)이 총민하였으나 선도(禪道)에 참입(參入)이지 못하셨다.

백장스님이 입적하시고 나서 위산 영우스님께 가니, 위산스님이 물으셨다.

"내가 들으니 네가 백장스님의 처소에 있으면서, 하나를 물으면 열을 답하고 열을 물으면 백을 답했다는데, 이는 네가 총명하고 영리하여 뜻으로 알고 식(識)으로 생각한 것이니 생사의 근본일 뿐이다.

부모로부터 태어나기 전에 대해서 시험 삼아 나에게 일구(一句)를 말하여 보아라."

향엄스님이 위산스님의 질문을 받고 곧바로 망연하여 거처로 돌아가셨다. 그리고는 평소에 보아 두었던 문자들을 뒤져서 일구(一句)를 찾아 응수하려 해보았으나 결국 어찌 해 볼 수가 없었다.

乃自嘆曰: '畫餠不可充饑.' 屢上堂頭, 乞潙山說破. 山云: "我若說似汝, 汝已後罵我去. 我說底是我底, 終不干汝事." 香嚴遂將平昔所集文字, 以火爇却, 曰: "此生不學佛法也. 且作箇長行粥飯僧, 免役心神." 乃泣辭潙山, 直過南陽, 覩忠國師遺跡. 遂憩止卓庵. 一日芟除草木, 因瓦礫擊竹作聲, 忽然省悟. 遽歸沐浴焚香, 遙禮潙山, 讚云: "和尚大悲, 恩逾父母. 當時若爲我說破, 何有今日之事?" 乃有一

2255) 香嚴智閑(향엄지한) : 마조도일(馬祖道一)-백장회해(百丈懷海)-위산영우(潙山靈祐)-향엄지한(香嚴智閑). ?~898. 주495) 참조.

頌云: “一擊忘所知, 更不假修持. 動容揚古路, 不墮悄然機. 處處無蹤跡, 聲色外威儀. 諸方達道者, 咸言上上機.”

이에 스스로 탄식하여 말씀하셨다.
‘그림의 떡은 굶주림을 채워 줄 수가 없구나.’
그리고는 누차 수좌실2256)로 가서 위산스님께 말씀해 주시기를 청하셨다. 그럴 때마다 위산스님이 말씀하셨다.
“내가 만일 너에게 말해준다면 너는 이후에 나를 욕할 것이다. 나의 말은 나의 것이지, 결국 너의 일에 상관할 것이 못된다.”

향엄스님이 드디어 평소에 모아 두었던 문자들을 태워버리고 말씀하셨다.
“이 생에서 불법을 배우지 않으리라. 그냥 멀리 다니면서 죽과 밥이나 축내는 중이 되어 심신이 힘든 것이나 면해야겠다.”
그리고는 울면서 위산스님을 하직하고 곧장 남양으로 가서 혜충국사의 유적을 둘러보셨다. 그리고는 그곳 암자에서 휴식하시었다.
그러다가 하루는 초목을 제거하던 중 기왓장이 대나무에 부딪쳐 나는 소리에 문득 깨달으셨다.

곧장 돌아가서 목욕하고 분향하고는 멀리 위산스님께 절을 하면서 찬탄하여 말씀하셨다.
“스님께서 베푸신 대비는 부모님의 은혜를 능가합니다. 당시에 만일 저에게 말씀해버리셨다면 어찌 오늘의 일이 있기나 하겠습니까?”
그리고는 게송 한 수를 지으셨다.

“한 번 침에 아는 바를 잊어버리니,2257)

2256) 堂頭(당두) : 당두수좌(堂頭首座), 전당수좌(前堂首座), 당두화상(堂頭和尙)이라고도 한다. 선원의 맨 웃어른인 방장스님이나 주지스님을 말한다. 여기서는 주지실, 또는 수좌실, 방장실을 말한다.
2257) 여기까지 대혜스님의 보설(普說)이 있다. “여러분이 저 깨달은 사람을 살펴보면 튀어 나오는 말이 이제부터는 같지 않습니다. 처음에 대나무를 치는 소리를 듣고 홀연히 대오하고는 깨달았다는 마음마저 곧장 소식이 끊어져 버렸습니다. 이는 마치 미륵보살님이 손가락을 튕기시자 누각의 문이 열리고 선재에게 들어오라고 하니, 선재가 마음이 기뻐 들어갔지만 다시 문이 닫혀버렸는데 이것이 바로 이 도리입니다. 향엄스님이 깨달은 자리의 소식이 곧장 끊어져 버리자 부모

다시는 닦아 지닐 필요가 없네.
춤을 추며 옛 길을 들추어내니
고요한2258) 근기에는 안 떨어지네.

곳곳마다 어디나 종적이 없고
빛과 소린 위의(威儀)의 바깥이라네.
제방에서 도를 통달했단 이들이
모두 함께 상상기(上上機)라 말하는구나.”

潙山聞得, 曰:“此子徹也.” 仰山侍立次, 云:“此是心機意識, 著述得成. 待慧寂親自勘過.” 仰山後見香嚴, 曰:“和尚讚歎師兄發明大事, 你試說看.” 嚴乃擧前頌, 仰云:“此是夙習記持而成. 若有正悟發明, 別更說看.” 嚴又成頌, 云:“去年貧未是貧, 今年貧始是貧. 去年貧猶有卓錐之地, 今年貧錐也無.” 仰云:“如來禪許師兄會, 祖師禪未夢見在.” 嚴復有一頌, 云:“我有一機, 瞬目視伊. 若人不會, 別喚沙彌.” 仰山乃報潙山, 云:“且喜香嚴師兄, 會祖師禪也.”

위산스님이 이를 들으시고 말씀하셨다.

에게 태어나기 전의 일이 몰록 그의 앞에 나타났습니다. 그리곤 바로 노래를 불렀습니다. 이는 바로 사람을 위한 방편이므로 아래에 붙여 둡니다. ‘다시는 닦아 지닐 필요가 없네./ 춤을 추며 옛 길을 들추어내니/ 고요한 근기에는 안 떨어지네./ 곳곳마다 어디나 종적이 없고/ 빛과 소린 위의(威儀)의 바깥이라네./ 제방에서 도를 통달 했단 이들이/ 모두 함께 상상기(上上機)라 말하는구나.’ 선화자(禪和子)들이 도처에 다니면서 장로에게 묻기를 좋아하고, 장로들은 말할 수 없는 자리를 곧 그에게 해설해 주는 것이 흔히 보입니다. 여러분은 저 향엄스님이 설마하니 확실하지 않게 말씀하셨을까 하면서도 다시 설명해주었으면 합니다. 또 어떤 사람들은 말합니다. ‘물건에 부딪쳐 소리가 난 것 때문에 깨달을 수 있었다.’ 혹시 그에게 누군가 묻기를, ‘그대가 어디 한 번 말해 보라’고 하면 곧장 어떤 물건을 두드려 소리가 나게 하고는, ‘얼마나 분명하냐?’라고 합니다. 하지만 교섭할 것이 무엇이 있겠습니까? 흡사 발이 가려운데 주먹으로 신발의 바닥을 긁는 것과 같으니, 어찌 시원할 수가 있겠습니까?”(T47n1998Ap0865a27~b10, 『大慧普覺禪師普說』卷第十三. “爾看他得底人, 發言自是不同. 初聞擊竹作聲, 忽然大悟, 所悟底心, 便絶消息. 如彌勒彈指, 樓閣門開, 命善財入, 善財心喜, 入已還閉, 便是這箇道理. 香嚴悟處, 旣絶消息, 父母未生時事, 頓爾現前. 纔作箇頌子. 便有爲人底方便, 下面註曰. ‘更不假修治. 動容揚古路, 不墮悄然機. 處處無蹤跡, 聲色外威儀. 諸方達道者, 咸言上上機.’ 多見禪和子, 愛去到處問長老, 長老家無着口處, 便爲他解說. 爾怕他香嚴說得未分曉在, 更要註解. 又有一般人也道. ‘因擊物作聲, 有箇悟處.’ 或問他:‘爾試說看.’ 便擊物作聲, 曰:‘多少分明?’ 有甚麽交涉? 大似隔靴使拳頭爬痒, 如何得快活去?”)

2258) 悄然(초연) : 적연(寂然)과 같은 뜻. 고요한 모양. 전과 다름없이 여전한 모양. 근심하고 슬퍼하는 모양. 초(悄)는 소리 없이 고요함.

“이 스님이 꿰뚫어버렸군.”
앙산스님이 모시고 서 있다가 말씀하셨다.
“이것은 억지로 심의식(心意識)으로 지어낸 것입니다. 이 혜적이 직접 감파해 볼 것이니 기다려 보시지요.”
앙산스님이 뒤에 향엄스님을 만나서 말씀하셨다.
“(위산)스님께서는 사형스님께서 큰일을 밝히신 일을 찬탄하시던데 시험 삼아 말씀해 보시지요.”
향엄스님이 일전에 읊으셨던 노래를 다시 부르시니, 앙산스님이 말씀하셨다.
“이는 지난번 익혔던 것을 기억했다가 말하는 것입니다. 만일 바른 깨달음을 밝히셨다면 달리 다시 말씀해 보십시오.”
향엄스님이 또 노래를 부르셨다.

“지난해의 가난은 가난 아니요
올해의 가난 본래 가난이라네.
지난 가난 송곳 꽂을 자리 있더니
올해 가난 송곳마저 없어졌구나.”

앙산스님이 말씀하셨다.
“사형스님이 여래선을 알았다고 인정하겠지만 조사선은 꿈에라도 못 보셨습니다.”
향엄스님이 다시 노래를 부르셨다.

“나에게 한 기틀 있어
한 순간에 그것 보네.
누가 알지 못한다면
사미(沙彌)라고 하지 마오.2259)”

앙산스님은 이에 위산스님께 알려드리고 말씀하셨다.
“아주 멋지게2260) 향엄 사형이 조사선을 알아버렸습니다.”

____
2259) 別(별) : ~하지 마라. =불요(不要). 금지나 저지를 나타내는 부사다.

妙喜曰: "潙山晚年好則劇, 敎得遮一棚肉傀儡. 直是可愛, 且作麼生是可愛處? 面面相看手脚動, 爭知語話在他人!"2261)

묘희스님이 말씀하셨다.

"위산스님이 만년에 연극을 좋아하시더니 한 바탕 인형극을 잘 가르치셨구나.

바로 좋긴 하나 무엇이 과연 좋은 자리냐?

서로 얼굴을 쳐다보고2262) 손발을 놀리고 있지만, 말은 다른 사람이 하는 줄 어찌 알겠느냐!"

2260) 且喜(차희) : 아주 멋지다. 아주 훌륭하다. 그러나. 앞의 말을 긍정한 다음에 뒤의 말을 부정하는데 주로 쓰인다.

2261) 『祖堂集』 卷第十九, K45-0350. 『景德傳燈錄』 卷第十一, T51n2076_p0283c27~0284a18. 『聯燈會要』 卷第八, X79n1557_p0076c06~0077a06. 『禪門拈頌集』 卷第十五, K46-0247~0248, 597則, 598則. 『潭州潙山靈祐禪師語錄』, T47n1989_p0580b08~c08. 참조.

2262) 面面相看(면면상간) : 면면상도(面面相覩), 면면상처(面面相覻). 면면시처(面面廝覻)와 같은 말. 서로 얼굴만 쳐다보다. 긴장하거나 놀라서 어찌할 바를 모르고 서로의 얼굴만 쳐다보는 모습. 여기서는 그저 서로 쳐다보는 모양.

300. 금화구지金華俱胝

俱胝和尚住庵時, 有一尼戴笠子直來, 繞禪牀一匝, 云:"道得
即放下笠子." 俱胝無對, 尼拂袖便行, 俱胝云:"何不且住?"尼
云:"道得即住." 俱胝又無對, 尼去後, 自嘆云:"我雖是丈夫漢,
而無丈夫志氣." 擬棄庵往諸方參尋, 其夜山神告曰:"不須下山.
將有肉身大士來, 為和尚說法也." 果旬日天龍和尚到庵. 俱胝
乃迎禮, 具陳前事, 天龍豎一指而示之, 俱胝當下大悟.

  금화 구지스님2263)이 암자에 머무실 때, 한 비구니 스님2264)이 삿갓을 쓰
고 와서는 선상을 한 바퀴 돌고는 말하였다.
  "말씀하시면 삿갓을 벗겠습니다."
  구지스님이 아무 대답이 없자, 비구니스님은 소매를 떨치고 곧장 가려 하
였다.
  그러자 구지스님이 말씀하셨다.
  "어째서 여기에 머무르질 않소?"
  비구니스님이 말했다.
  "말씀하시면 곧 머물 것입니다."
  구지스님이 또 대답이 없으시자, 비구니스님이 가버렸다.
  이윽고 스스로 탄식하며 말씀하셨다.
  '내가 비록 대장부이지만 장부의 포부와 기개가 없구나.'
  그리고는 암자를 버리고 제방을 다니며 참심(參尋)하려 마음을 두셨는데,
그날 밤에 산신이 말하였다.
  "하산하지 마십시오. 장차 육신대사(肉身大士)2265)가 와서 스님께 법을 말
씀해 주실 것입니다."

2263) 金華俱胝(금화구지) : 마조도일(馬祖道一)-대매법상(大梅法常)-항주천룡(杭州天龍)-금화구지
    (金華俱胝). 복청(福淸)[복건성] 사람. 법명은 원수(元修)이다. 당 무종(武宗) 때 영석산(靈石山)에
    다 암자를 짓고 칠구지주(七俱胝呪)를 늘 외웠으므로 구지화상이라고 불렸다. 선종(宣宗) 4년
    (849)에는 취석원(翠石院)을 창건하였다. 천룡스님에게서 법을 이어받고 무주(婺州)의 금화산(金
    華山)에서 학인을 제접하였다.
2264) 『전등록』 11권에서는 이름이 '실제(實際)'라고 나온다.
2265) 肉身大士(육신대사) : 육신보살(肉身菩薩), 또는 생신보살(生身菩薩)이라고도 한다. 부모에게
    서 받은 몸을 통하여 보살의 지위에 도달한 사람을 말한다.

과연 열흘 뒤에 천룡스님2266)이 암자를 찾으셨다.

구지스님이 맞이하여 절을 하고 앞의 일을 상세히 갖추어 말씀드리자, 천룡스님이 손가락하나를 세워 보이시니 구지스님이 그 자리서 크게 깨달으셨다.

後凡有問, 只豎一指. 有一供過童子, 每見人問佗事, 也豎指祇對. 有人謂俱胝, 曰: "和尚. 遮童子也不可得. 亦會佛法, 凡有人問佗, 皆如和尚豎指."
俱胝聞得, 一日潛將刀子放在袖中, 喚童子: "近前來. 聞你也會佛法是否?"
云: "是." 俱胝曰: "如何是佛?" 童子便豎起指頭, 被俱胝一刀斫斷, 童子叫喚走出. 俱胝遂喚童子: "且來." 童子回頭, 俱胝曰: "如何是佛?" 童子不覺將起手, 不見指頭, 忽然大悟. 俱胝每云: "我得天龍一指頭禪, 一生用不盡."
琅邪覺和尚頌, 云: 俱胝一指報君知, 朝生鷂子搏天飛. 若無舉鼎拔山力, 千里烏騅不易騎.2267)

그 뒤로 누가 묻기라도 한다면 손가락 하나를 세우셨다.

공과동자(供過童子)2268)가 한 명 있었는데 누가 저 일을 물을 때마다
단지 손가락을 세우는 것으로만 대답하였다.

어떤 사람이 구지스님께 말씀드렸다.

"큰스님. 이 동자야말로 이해할 수가 없습니다.2269) 역시 불법을 아는 것

2266) 杭州天龍(항주천룡) : 남악회양(南嶽懷讓)-마조도일(馬祖道一)-대매법상(大梅法常)-항주천룡(杭州天龍). '일지두선(一指頭禪)'으로 유명한 선사다. 한 손가락을 세워 금화구지(金華俱胝)스님을 깨우친 일화는 잘 알려진 화(話)다. 『경덕전등록』10권 · 『오등회원』4권 · 『오등엄통』4권 · 『연등회요』7권 · 『열조제강록』7권 · 『오등전서』6권 · 『선종정맥』2권 등에 법문이 실려 있다.

2267) 『祖堂集』卷第十九, K45-0355. 『景德傳燈錄』卷第十一, T51n2076_p0288a23~b08. 『禪門拈頌集』卷第十四, K46-0227~0228, 552則. 『五燈會元』卷第四, X80n1565_p0107a17~b08. 참조.

2268) 供過童子(공과동자) : 공과행자(供過行者), 공두행자(供頭行者), 또는 공두(供頭)라고도 한다. 선원에서 공양을 할 때 아침에는 죽, 점심에는 밥, 그리고 다과, 떡 등을 배급하는 소임을 맡은 어린 행자. 또는 불전에 공양물을 올리는 소임인 공두(供頭)를 보좌하는 동자를 말한다.

2269) 不可得(불가득) : ⓢanupalambha. '미루어 고찰하여보아도 도저히 인지할 수 없음.' 得(득)은 알다, 이해하다, 맞히다 등의 뜻으로, 不可得(불가득)은 '알 수 없다' '알아맞힐 수가 없다' '이해할 수 없다' 등의 뜻이다. 앞에서 有人(유인)은 동자가 깨달아서 손가락을 세운다고 말하는 것이 아니기 때문에 그냥 '이해할 수 없다'로 번역해야 한다. 월운스님은 "희귀합니다."라고 번역하고 있고, (김월운, 『선문염송·염송설화』5, p208. 동국역경원, 2005.) 김태완도 "보기 드물게도"라고 번역하였으며, (김태완역, 『대혜보각선사어록』3, p46. 소명출판, 2012.) 대원 문재현은

처럼 누가 물으면 항상 스님처럼 손가락을 세웁니다.”
 구지스님이 들으시고 나서 하루는 살며시 칼을 소매 속에 감추시고 동자를 가까이 오라고 부르셨다.
 “들으니 네가 불법을 안다던데?”
 말했다.
 “네.”
 구지스님이 말씀하셨다.
 “어떤 것이 부처님이냐?”
 동자가 곧바로 손가락을 세웠다. 그러자 구지스님이 한 칼에 잘라버리니 동자는 비명을 지르며 내달렸다.
 구지스님이 동자를 부르셨다.
 “잠깐만!”
 동자가 머리를 돌리자, 구지스님이 말씀하셨다.
 “어떤 것이 부처님이냐?”
 동자가 자기도 모르게 손을 들어 올리려고 하는데, 손가락이 없는 것을 보자 홀연히 크게 깨달아버렸다.
 구지스님이 늘 말씀하셨다.
 “내가 천룡스님에게서 한손가락 선(禪)을 받고는 일생동안 다 써보지 못하였다.”

 낭야 혜각스님이 노래하셨다.

 “구지스님 손가락 선(禪) 보군지(報君知)2270)이니,
 갓 태어난 새매 하늘 박차고 나네.
 솥을 들고 산을 뽑는 힘이 없다면
 천리 가는 오추마를 타긴 어려워.”2271)

 “깨달은 것이 아닙니까?”라고 번역하였다. (대원 문재현역, 바로보인 『선문염송』14, p136. 도서
  출판 바로보인, 2009.)
2270) 報君知(보군지) : 점쟁이 맹인이 길거리를 다니면서 손에 들고 두드려 소리를 내는 대나무
  막대기나 쇠막대기 또는 동라(銅鑼) 등을 말한다.
2271) 이 화(話)에 대한 대혜스님의 착어와 상당법문과 보설이 있다. “귀인(貴人)은 많은 것을 기억
  해서 안다고 할 수 있다.” (K46-0228, 『禪門拈頌集』 卷第十四. “可謂是貴人多志.”) “구지화상
  은 만일 낭야스님께서 그를 위해 숨통을 터주지 않았더라면 이 손가락선이 거의 묻혀 버릴 뻔

301. 삼각총인三角總印

三角和尚, 示眾, 云: "若論此事, 眨上眉毛早是蹉過了也." 時麻谷出問: "眨上眉毛即不問, 如何是此事?" 曰: "蹉過也." 谷乃掀倒禪牀, 三角便打.　　　長慶代云: "悄然."
妙喜曰: "蹉過麻谷也不知."

삼각 총인스님2272)이 대중에게 열어 보이셨다.
"이 일을 의론한다면 눈썹을 추어올리더라도 벌써 놓쳐버렸습니다."
그때 마곡스님이2273) 나와서 물으셨다.
"눈썹을 치켜세운 것은 여쭙지 않겠습니다만 어떤 것이 '이 일'입니까?"
말씀하셨다.
"놓쳐버렸소."
마곡스님이 이에 선상을 흔들어 엎어버리니, 삼각스님이 때리셨다.

장경스님2274)이 대신하여 말씀하셨다.
"조용하구나."

하였습니다. 이 묘희도 이미 이렇게 말했으니 뒤에 다시 설명을 붙임을 면할 순 없군요. 구지의 손가락선이여./ 밥을 먹어 배가 불러야 그만두리라./ 허리엔 돈 10만 관을 차고/ 학을 타고서 양주에 오르네."(T47n1998Ap0832c01~08,『大慧普覺禪師住育王廣利禪寺語錄』卷第五. "俱胝和尚, 若不得瑯瑘爲伊出氣, 幾乎埋沒了這一指頭禪. 妙喜旣恁麽擧, 不免隨後也有箇註脚. 俱胝一指頭. 喫飯飽方休. 腰纏十萬貫, 騎鶴上楊州.") "기묘하구나! 불법은 전할 수도 없고 배울 수도 없는 것임을 분명히 아십시오. 구지스님이 알아낸 자리가 손가락에 있지 않고, 향엄스님이 깨달은 자리도 대나무에 부딪치는 곳에 있지 않습니다. 바로 말해 보십시오. 어디에 있습니까? 일시에 다 말해 버렸습니다. 여러분은 아시겠습니까?"(T47n1998Ap0865b11~c08,『大慧普覺禪師普說』卷第十三. "奇哉! 信知佛法不可傳不可學. 俱胝得處, 不在指頭上, 香嚴悟處, 不在擊竹邊. 且道. 在甚麼處? 一時說了也. 諸人還會麽?")

2272) 三角總印(삼각총인) : 조계혜능(曹溪慧能)-남악회양(南嶽懷讓)-마조도일(馬祖道一)-삼각총인(三角總印). 마조스님의 법을 잇고서 담주(潭州)의 삼각산(三角山)에 주석하였던 스님이다.

2273) 麻谷寶徹(마곡보철) : 조계혜능(曹溪慧能)-남악회양(南嶽懷讓)-마조도일(馬祖道一)-마곡보철(麻谷寶徹). 생몰연대는 알려져 있지 않다. 마조스님의 법을 잇고 포주(蒲州)[산서성] 마곡산(麻谷山)에 주석하였던 스님이다. '마곡풍성상주(麻谷風性常住)' '마곡청천(麻谷靑天)' '마곡양처진석(麻谷兩處振錫)' '마곡어어(麻谷魚魚)' '마곡수건(麻谷手巾)' '마곡서두서초(麻谷鋤頭鋤草)' '마곡삼승(麻谷三乘)' 등의 여러 공안을 남겼다.

2274) 長慶慧稜(장경혜릉) : 용담숭신(龍潭崇信)-덕산선감(德山宣鑑)-설봉의존(雪峰義存)-장경혜릉(長慶慧稜). 854~932. 주681) 참조.

묘희스님이 말씀하셨다.
"놓쳐버린 것은 마곡스님도 알지 못하였다."

302. 지문광조智門光祚

智門祚和尙, 示衆, 云: "三兩日來好春雨, 可謂霶霈. 凡夫見水是水, 諸天見水是瑠璃, 魚龍見水是窟宅, 餓鬼見水是火. 你衲僧家喚作甚麽? 若喚作水又同凡夫, 見若喚作瑠璃又同諸天, 見若喚作窟宅又同魚龍, 見若喚作火又同餓鬼見. 是你尋常還作麽生? 所以道若是得底人, 道火不燒口, 道水不溺身. 你每日喫飯還少得一粒麽? 又古人云: '終日著衣喫飯, 未嘗嚙著一粒米, 未嘗挂著一縷絲.' 雖然如此, 又須實到遮裏始得. 若未到遮田地, 且莫掠虛."

僧問: "一切智智淸淨, 還有地獄也無?" 曰: "閻羅不是鬼做." 問: "如何是佛?" 曰: "蹋破草鞋赤脚走." 云: "如何是佛向上事?" 曰: "拄杖頭上挑日月." 問: "蓮花未出水時如何?" 曰: "蓮花." 云: "出水後如何?" 曰: "荷葉."[2275]

지문 광조스님[2276]이 대중에게 열어 보이셨다.
"6일 동안 봄비가 잘 내렸으니 가히 큰 비가 왔다고[2277] 할 수 있습니다.
범부는 물을 볼 때 물로 보고, 모든 하늘에서는 물을 유리로 보고,
수생동물들은 물을 거처로 보고, 아귀는 물을 불로 봅니다.[2278]

2275) 『天聖廣燈錄』 卷第二十二, X78n1553_p0532a17~b07. 『聯燈會要』 卷第二十七, X79n1557_
　　 p0236b11~19. 『五燈會元』 卷第十五, X80n1565_p0318a22~24, b15~16. 참조.
2276) 智門光祚(지문광조) : 설봉의존(雪峰義存)-운문문언(雲門文偃)-향림징원(香林澄遠)-지문광조
　　 (智門光祚). 950~1030. 주1059) 참조.
2277) 霶霈(방타) : 큰 비가 오다.
2278) 이 내용을 '일수사견(一水四見)' 또는 '일경사견(一境四見)' '일경사심(一境四心)' '일처사견
　　 (一處四見)' 등으로 부르는데, 세친보살(世親菩薩)의 『섭대승론석』 12권에 나온다. "'아귀 축생
　　 사람과/ 모든 천인 등은 똑같이/ 한 경계에 응하지만 마음이 다르기 때문에/ 그들 나름의 경계
　　 를 이룬다네.' 해석하여 말하겠다. 비유하면 마치 하나의 강물을 네 중생이 분별하여 네 가지
　　 경계를 이루는 것과 같다. 아귀는 피고름으로 여기고, 물고기 등의 축생은 거주지로 여기며, 사
　　 람은 물로 여기고, 하늘에서는 땅으로 여기니, 각기 그 처소에 따라 분별하여 하나의 경계를 이
　　 룬다."(T31n1595_p0244a27~b01, 『攝大乘論釋』 卷第十二. "'餓鬼畜生人　諸天等如應　一境心
　　 異故　許彼境界成' 釋曰: 譬如一江, 約四衆生分別則成四境. 餓鬼謂爲膿血, 魚等畜生謂爲住處,
　　 人謂爲水, 天謂是地, 隨所分別, 各成一境.") 아귀가 물을 불로 본다는 얘기는 『열반경』 19권에

여러 납승들께서는 어떻게 부르십니까?

만일 물이라고 부른다면 범부와 같을 것이요, 유리라고 부른다면 하늘사람과 같을 것이요, 거처라고 부른다면 수생동물들2279)과 같을 것이며, 불이라고 부른다면 아귀와 같이 보는 것입니다.

이것을 여러분은 평소에 무엇이라고 하겠습니까?

그러므로 만일 이것을 얻은 사람이라면 불이라고 말하여도 입을 태우지 못함과 같으며, 물이라고 말하여도 몸을 빠트리지 못함과 같다고 말할 것입니다.

여러분은 매일 밥을 먹으면서 도리어 쌀 한 톨을 조금이나마 얻었습니까?

또 옛사람2280)이 말씀하셨습니다.
'하루 종일 옷 입고 밥 먹으면서도 일찍이 한 톨의 쌀도 씹지 않았고
일찍이 한 올의 실도 걸치지 않았다.'2281)

비록 이와 같다 하더라도 또한 반드시 여기에 실재로 이르러야만 합니다. 만일 이러한 경지에 이르지 못하였다면 의당 허공을 훔치려 하지 마십시오."2282)

나온다. "마치 항하강변에 있는 모든 아귀들은 그 수가 오백이나 되는데 한량없는 세월동안에 처음부터 물을 보지 못하였다. 비록 물가에 있지만 순수하게 흐르는 불만을 본다." (T12n0374_p0478c24~25, 『大般涅槃經』卷第十九. "如恒河邊有諸餓鬼, 其數五百, 於無量歲初不見水. 雖至河上純見流火.")

2279) 魚龍(어룡) : 물속에 사는 모든 동물들.

2280) 운문문언스님이다. 용담숭신(龍潭崇信)-덕산선감(德山宣鑑)-설봉의존(雪峰義存)-운문문언(雲門文偃). 864~949. 주94) 참조.

2281) 운문스님의 어록에 나오는 법문이다. (T47n1988_p0546a01~02, 『雲門匡真禪師廣錄』. "終日著衣喫飯, 未曾觸著一粒米, 挂一縷絲.")

2282) "비록 이와 같으나 ~~마십시오"의 구절은 운문스님의 법문과 유사하다. "비록 그렇긴 하지만 그야말로 이러한 경지에 실제로 이르러야만 합니다. 만일 아직은 바로 허공을 훔칠 수 없다면 도리어 반드시 뒤로 물러나 자기의 발바닥아래 그 자리에서 '이 무슨 도리냐?'하고 찾아보아야만 합니다. 실로 실오라기만큼의 분석한 앎도 여러분에게 허락하지 않을 것입니다." (T47n1988_p0546c01~04, 『雲門匡真禪師廣錄』. "雖然如此, 也須是實到者箇田地始得. 若未且不得掠虛,

한 스님이 여쭈었다.
“일체지지(一切智智)2283)가 청정한데 도리어 지옥이 있습니까?”
말씀하셨다.
“염라대왕은 죽지2284) 않는다.”2285)

여쭈었다.
“어떤 것이 부처님입니까?”
말씀하셨다.
“신발이 다 떨어지니 맨발로 달린다.”
말하였다.
“어떤 것이 부처님의 향상사입니까?”
말씀하셨다.
“주장자 끝에다 해와 달을 빙빙 돌린다.”

여쭈었다.
“연꽃이 물에서 나오지 않았을 땐 어떻습니까?”
말씀하셨다.
“연꽃.”
말하였다.
“물에서 나왔을 땐 어떻습니까?”
말씀하셨다.
“연잎.”2286)

却須退步向自己根脚下推尋看, 是什麼道理. 實無絲髮許與汝作解會.”)
2283) 一切智智(일체지지) : 부처님의 지혜.
2284) 鬼做(귀주) : 죽다.
2285) 閻羅不是鬼做(염라불시귀주) : 『천성광등록』 22권에서는 “閻羅王(염라왕)”으로 나온다. (X78
　　n1553_p0532a17, 『天聖廣燈錄』 卷第二十二. “閻羅王.”)
2286) 『천성광등록』 22권에서는 지문스님의 답이 다르게 나온다. “‘연꽃이 물에서 나오지 않았을
　　때는 어떻습니까?’ 스님께서 말씀하셨다. ‘평소와 같지.’ 또 여쭈었다. ‘물에서 나온 후는 어떻습
　　니까?’ 스님께서 말씀하셨다. ‘당연히 홀로 드러나지.’” (X78n1553_p0532b06~07, 『天聖廣燈
　　錄』 卷第二十二. “問: ‘蓮華未出水時如何?’ 師云: ‘也尋常.’ 進云: ‘出水後如何?’ 師云: ‘合知
　　特.’”)

303. 수산성념首山省念

首山念和尚, 示衆, 云: "要得親切, 第一莫將問來問. 還會麼? 問在答處, 答在問處. 你若將問來問, 老僧在你脚底. 你若擬議則沒交涉."

時有僧出禮拜, 山便打. 僧問: "挂錫幽巖時如何?" 曰: "錯." 僧云: "錯." 山便打.[2287]

수산 성념스님[2288]이 대중에게 열어 보이셨다.

"친절(親切)[2289]을 알려고 한다면 무엇보다 질문을 가지고 묻지를 말아야 합니다.

알겠습니까?

질문은 답하는 데에 있고 답은 질문하는 데에 있습니다.

여러분이 만일 질문을 가지고 묻는다면 이 노승은 여러분의 발밑에 있을 것입니다.

여러분이 만일 망설이며 헤아린다면 교섭(交渉)할 수가 없습니다."

그때 어떤 스님이 나와서 절을 하자, 수산스님이 곧장 때리셨다.

그 스님이 여쭈었다.

"외진 바위에 지팡이를 걸어 놓았을 땐 어떻습니까?"

말씀하셨다.

"錯(Cuò)!"

그 스님이 말했다.

"錯(Cuò)!"

수산스님이 곧바로 때리셨다.

2287) 『天聖廣燈錄』 卷第十六, X78n1553_p0494a24~b03. 『五燈會元』 卷第十一, X80n1565_p02 33b06~09. 참조.

2288) 首山省念(수산성념) : 흥화존장(興化存獎)-보응혜옹(寶應慧顒)-풍혈연소(風穴延沼)-수산성념 (首山省念). 926~993. 주927) 참조.

2289) 親切(친절) : 본성(本性)에 매우 가까움. 본성에 딱 맞음. 적중하다. 명명백백하다. 정확하다.

304. 백운자상白雲子祥

白雲祥和尙, 示衆, 云: "諸人. 會麼? 但向街頭市尾, 屠兒魁儈, 地獄鑊湯處會取. 若恁麼會, 堪與人天爲師爲匠, 若向衲僧門下, 天地懸殊. 更有一般底, 只向長連牀上, 作好人去. 汝道此兩般人, 那箇有長處?"2290)

백운 자상스님2291)이 대중에게 일어 보이셨다.
"여러분.

아시겠습니까?

그저 길거리와 시장 뒷골목의 백정이나 망나니에게서나 지옥의 펄펄 끓는 가마솥에서 알아버려야 합니다.
만일 이렇게 알아버린다면 인간세상이나 하늘나라에서 스승이나 대종장이 될 만하겠지만, 만약 납승의 문 앞을 기웃거린다면 하늘과 땅 차이로 크게 벌어질 것입니다.
또 어떤 부류의 사람들은 오직 긴 평상 위에서 훌륭한 사람 노릇만 합니다.
여러분들은 이 두 부류 사람 가운데 어느 쪽에 장점이 있다고 하겠습니까?"

2290) 『景德傳燈錄』 卷第二十二, T51n2076_p0384c09~13. 『聯燈會要』 卷第二十六, X79n1557_p0225b01~05. 『五燈會元』 卷第十五, X80n1565_p0307c23~0308a02. 참조.
2291) 白雲子祥(백운자상) : 덕산선감(德山宣鑑)-설봉의존(雪峰義存)-운문문언(雲門文偃)-백운자상(白雲子祥). 실성자상(實性子祥)이라고도 한다. 운문종의 스님으로, 호는 실성대사(實性大師)이다. 운문 문언스님의 법을 잇고서 소주(韶州)의 자광원(慈光院)에 주석하다가 후에 백운산(白雲山)으로 옮겼다.

305. 노조보운魯祖寶雲

魯祖, 尋常見僧來便面壁. 南泉聞云: "我尋常向師僧道: '佛未出世時會取, 尚不得一箇半箇.' 佗恁麼驢年去."
保福問長慶: "只如魯祖節文在甚處, 被南泉恁麼道?" 慶云: "退己讓人, 萬中無一."
妙喜曰: "魯祖不得, 南泉幾乎觀破壁."2292)

노조 보운스님2293)이 평소에 스님들이 찾아오는 것을 보면 즉각 벽을 향하셨다.

남전 보원스님이 듣고서 말씀하셨다.
"내가 평소에 스승이라는 스님들을 향하여 말하기를, '부처님이 세상에 나오시기 전에 알았다고 하여도 오히려 한 사람이나 반 사람이라도 얻지 못할 것이다.' 하였다.
그는 나귀해가 와도 이럴 것이다.2294)"

보복스님2295)이 장경스님2296)께 물으셨다.
"그런데 노조스님의 절문(節文)2297)이 어디에 있기에 남전스님에게 이렇게 말씀하심을 당한 것입니까?"
장경스님이 말씀하셨다.
"자기를 물리고 남에게 양보한 이는 만 명 가운데 하나도 없습니다."

2292) 『祖堂集』 卷第十四, K45-0324~25. 『景德傳燈錄』 卷第七, T51n2076_p0251c28~0252a02. 『聯燈會要』 卷第五, X79n1557_p0050a15~23. 『禪門拈頌集』 卷第六, K46-0092, 188則. 참조.
2293) 魯祖寶雲(노조보운) : 조계혜능(曹溪慧能)-남악회양(南嶽懷讓)-마조도일(馬祖道一)-노조보운(魯祖寶雲). 마조스님의 법을 잇고 지주(池州)의 노조산(魯祖山)에 주석하였다.
2294) 恁麼(임마) : 노조스님이 벽을 향해 앉는 것이 나귀 해가 온다한들 한 사람이나 반 사람도 깨닫게 하지 못한다는 말이다.
2295) 保福從展(보복종전) : 용담숭신(龍潭崇信)-덕산선감(德山宣鑑)-설봉의존(雪峰義存)-보복종전(保福從展). ?~928. 주218) 참조.
2296) 장경혜릉(長慶慧稜)스님이다. 용담숭신(龍潭崇信)-덕산선감(德山宣鑑)-설봉의존(雪峰義存)-장경혜릉(長慶慧稜). 854~932. 주681) 참조.
2297) 節文(절문) : 예절, 예법, 의식. 문장을 내용에 맞춰 줄이다.

묘희스님이 말씀하셨다.

"노조스님이 남전스님을 만나지 못하였다면 들여다보다가 하마터면 벽을 뚫을 뻔하였다."2298)

306. 낙포원안洛浦元安

洛浦, 遊歷罷, 直往夾山, 按山頂上卓庵經年. 夾山知乃修書令僧馳往. 浦接得便坐却, 再展手索, 僧無對. 浦便打, 云: "歸去舉似和尙." 僧回舉似夾山, 山云: "遮僧看書三日內必來. 若不看書, 斯人救不得." 夾山却令人伺其出庵便與燒其居. 果三日後出庵, 來人謂曰: "庵中火起!" 浦亦不顧, 直到夾山. 見夾山不禮拜, 乃當面叉手而立, 山云: "雞栖鳳巢, 非其同類, 出去!" 浦曰: "自遠趨風, 請師一接." 山云: "目前無闍梨, 此間無老僧." 浦便喝, 山云: "住! 住! 且莫草草忽忽. 雲月是同, 溪山各異. 截斷天下人舌頭即不無, 闍梨爭教無舌人解語?" 浦佇思, 山便打.
　興化云: "但知作佛, 愁甚麼眾生?"2299)

낙포 원안스님2300)이 행각을 마치시고2301) 곧장 협산2302)으로 가셔서 산

2298) 이 법문에 대한 대혜스님의 상당법문이 있다. "상당하여 말씀하셨다. '노조스님은 언제나 스님들이 오는 것을 보면 벽을 향해 앉으셨습니다. 어느 날 남전스님이 오시니 역시 벽을 향해 앉으셨습니다. 남전스님이 그의 등을 한 방 때리시자, 노조스님이 물으셨습니다. 「누구요?」 남전스님이 대답하셨습니다. 「보원입니다.」 노조스님이 다시 물으셨습니다. 「무엇을 하시오?」 남전이 대답하셨습니다. 「늘 하는 일입니다.」' 여기에 대혜선사가 말씀하셨다. '드넓은 바다에 낚시를 드리우는 것은 다만 사나운 용을 낚자는 것이고, 격식을 초월한 현묘한 기틀은 자기를 찾으려는 것입니다. 남전 노인네가 비록 기틀을 잘 가려내었고 길흉을 잘 알기는 하셨지만 노조스님의 낙처는 모르셨습니다. 지금 낙처를 아는 이는 없습니까? 절대로 귀신굴 속에서 헤아리지는 마십시오.'" (T47n1998Ap0820b07~13, 『大慧普覺禪師住徑山能仁禪院語錄』 卷第二. "上堂擧: '魯祖凡有僧來參, 卽面壁而坐. 一日南泉至, 亦面壁而坐. 南泉遂於背上拍一掌, 祖云: 「誰?」 泉云: 「普願.」 祖云: 「作甚麼?」 泉云: 「也是尋常.」' 師云: '垂鉤四海只釣獰龍, 格外玄機爲尋知己. 南泉老人雖善別機, 宜識休咎, 要且未知魯祖落處. 如今莫有知得落處者麼? 切忌向鬼窟裏卜度.'")
2299) 『景德傳燈錄』 卷第十六, T51n2076_p0331a03~15. 『聯燈會要』 卷第二十三, X79n1557_p0198b11~c02. 『禪門拈頌集』 卷第二十二, K46-0366, 946則. 『五燈會元』 卷第六, X80n1565_p0127c16~0128a12. 참조.
2300) 洛浦元安(낙포원안) : 약산유엄(藥山惟儼)-선자덕성(船子德誠)-협산선회(夾山善會)-낙포원안(洛浦元安). 834~898. 주1006) 참조.
2301) 취미(翠微)선사와 임제(臨濟)선사에게서 참구(參扣)하였던 일을 말한다. 임제스님에게 도를 묻곤 하였는데 어느 날 임제스님이 대중 앞에서 칭찬하였다. "이 임제 문하의 화살 하나를 그 누가 감히 맞설 수 있겠느냐?" 이렇게 인가를 받고 나니 낙포스님은 스스로 만족하게 여겨서

꼭대기를 찾아 암자를 세우고 세월을 보내고 계셨다. 이를 알게 된 협산스님2303)이 곧 편지를 써서2304) 시자스님으로 하여금 속히 전달하게 하셨다.

낙포스님이 편지를 받아 보고는 얼른 찢어버리고2305) 다시 손을 내밀어 찾으시니, 시자스님이 대답이 없었다.

낙포스님이 곧장 때리고는 말씀하셨다.

"돌아가거든 스님께 이대로 말씀드려라."

시자스님이 돌아가서 협산스님께 자세히 이 일을 말씀드리자, 협산스님이 말씀하셨다.

"이 스님이 편지를 보았다면 삼일 안에 반드시 올 것이다. 만일 편지를 보지 않았다면 이 사람은 구할 수가 없다."

협산스님이 다시 사람을 보내어 낙포스님이 출타한 틈을 타서 그 암자를 태우게 하셨다.

과연 삼일 후에 암자에서 나왔는데 사람들이 쫓아와서 말하여 주었다.

"암자에 불이 났습니다!"

낙포스님 또한 돌아보지도 않으시고 곧장 협산으로 달려가셨다.

협산스님을 보시자 절도 하지 않고 얼굴을 맞대고 차수하고 서시니, 협산스님이 말씀하셨다.

"닭이 봉황의 보금자리에 깃든다고 하여도 그와 같은 무리는 아니지. 나가라!"

낙포스님이 말씀하셨다.

"멀리서 소문을 듣고 달려왔으니2306) 스님께서 한 번만 가르쳐주십시오."

협산스님이 말씀하셨다.

"바로 지금 스님이 없고, 바로 여기2307) 노승이 없다."

낙포스님이 즉시에 "억!"하셨다.

협산스님 처소로 간 것이다.

2302) 夾山(협산) : 안휘성(安徽省) 화현(和縣) 북쪽 50리에 위치해 있는 산이다.

2303) 夾山善會(협산선회) : 석두희천(石頭希遷)-약산유엄(藥山惟儼)-선자덕성(船子德誠)-협산선회(夾山善會). 805~881. 주2226) 참조.

2304) 修書(수서) : 편지를 쓰다. 서신을 보내다.

2305) 坐却(좌각) : 보통은 '앉다'라는 뜻으로 쓰인다. 여기서는 坐(좌)가 剉(좌) 또는 挫(좌)의 뜻으로 쓰여 자르다, 찢다의 뜻이 된다.

2306) 趨風(추풍) : 상대방의 앞을 바람처럼 재빨리 지나가 지체하지 않다. 곧 다른 이의 풍채와 높은 덕을 우러러 흠모하다.

2307) 목전目前은 시간적으로 '바로 지금'이고, 차간(此間)은 공간적으로 '바로 여기'이다.

협산스님이 말씀하셨다.

"그만! 그만! 지금 서두르지 마라.2308) 구름과 달이 같지만 계곡과 산은 각기 다르다. 온 천하의 사람들의 혀를 끊어버림은 없지 않겠지만, 스님은 혀가 없는 사람에게는 어떻게 말을 알아듣게 하려느냐?"

낙포스님이 우두커니 생각하고 있자, 협산스님이 곧장 때리셨다.

흥화 존장스님이 말씀하셨다.

"다만 부처님을 지을 줄만 알았지, 어찌 중생을 근심하였으랴?"2309)

307. 남양혜충南陽慧忠

忠國師, 問禪客: "從何方來?" 曰: "南方來." 師曰: "南方有何知識?" 曰: "知識頗多." 師曰: "如何示人?" 曰: "彼方知識, 直下示學人, '即心是佛, 佛是覺義. 汝今悉具見聞覺知之性, 此性善能揚眉瞬目, 去來運用, 徧於身中. 挃頭頭知, 挃脚脚知, 故名正徧知. 離此之外, 更無別佛. 此身即有生滅, 心性無始以來, 未曾生滅. 身生滅者, 如龍換骨, 蛇脫皮, 人出故宅. 即身是無常, 其性常也.' 南方所說大約如此."

남양 혜충스님2310)이 한 선객에게 물으셨다.

"어디서 오느냐?"

말했다.

"남방에서 옵니다."

스님이 말씀하셨다.

"남방에는 선지식이 얼마나 있느냐?"

말하였다.

2308) 草草忽忽(초초홀홀) : 초초(草草)는 급히 서두르는 모양. 홀홀(忽忽)은 갑자기 멍한 모양.

2309) 『전등록』 16권에서는 "다만 부처님 지을 줄만 알지 중생을 근심하지 마라." 라고 되어 있다. (T51n2076_p0331a15, 『景德傳燈錄』 卷第十六. "興化代云: '但知作佛, 莫愁衆生.'")

2310) 南陽慧忠(남양혜충) : 쌍봉도신(雙峰道信)-황매홍인(黃梅弘忍)-조계혜능(曹溪慧能)-남양혜충 (南陽慧忠). ?~775. 주52) 참조.

"선지식이 제법 많습니다."

스님이 말씀하셨다.

"사람들을 어떻게 가르치느냐?"

말하였다.

"그곳의 선지식들은 바로 학인들에게 이렇게 가르치고 있습니다.

'즉심(卽心)이 부처님이니, 부처님은 깨달음이라는 뜻이다. 여러분은 지금 모두가 보고 듣고 느끼고 아는 성품을 갖추고 있는데 이 성품이 눈썹을 추어올리게 하고 눈을 깜박이게 하고 가고 오게 하면서 몸 전체를 운용한다.

머리를 두드리면 머리에서 알고 다리를 두드리면 다리에서 안다. 그러므로 정변지(正徧知)라고[2311] 하는 것이다. 이것의 바깥으로 떠나서는 다시는 따로 부처님이 없다.

이 몸은 곧 생멸이 있지만, 마음의 성품은 비롯함이 없는 이래로 일찍이 생멸한 적이 없다.

몸이 생멸한다는 것은 마치 용이 뼈를 바꿈과 같고 뱀이 껍질을 벗는 것과 같으며 사람이 낡은 집을 떠나는 것과 같은 것이다. 곧 몸은 무상하지만 그 성품은 항상하다.'

남방에서 가르치는 것은 대략 이와 같습니다."

師曰: "若然者, 與彼先尼外道無有差別. 彼云: '我此身中有一神性, 此性能知痛癢. 身壞之時, 神則出去. 如舍被燒舍主出去. 舍即無常, 舍主常矣.'
審如此者, 邪正莫辨, 孰爲是乎? 吾比遊方, 多見此色, 近尤盛矣. 聚却三五百眾, 目視雲漢, 云是南方宗旨. 把佗壇經, 改換添糅鄙譚, 削除聖意, 惑亂後徒, 豈成言教? 苦哉! 吾宗喪矣. 若以見聞覺知是佛性者, 淨名不應云: '法離見聞覺知. 若行見聞覺知, 是則見聞覺知, 非求法也.'"

僧又問: "法華了義, 開佛知見, 此復若爲?" 師曰: "佗云開佛知見, 尚不言菩薩二乘, 豈以眾生癡倒便同佛之知見邪?"

스님이 말씀하셨다.

2311) 正徧知(정변지) : Ⓢsamyak-saṁbuddha. 부처님의 열 가지 명호 가운데 하나이다. 부처님은 진여본체계(眞如本體界)와 차별현상계(差別現象界)에 대하여 일체지지(一切智智)를 다 갖추어 모두 다 아는 깨달음에 있다는 것.

"만일 그러하다면 저 선니 외도들2312)과 차별이 없을 터이다. 저들은 말하지.

'나의 이 몸 속에는 한 신성(神性)2313)이 있는데 이 성품은 능히 아프고 가려운 것을 안다. 몸이 무너질 때에는 이 신성이 곧 나가버린다. 마치 집이 불에 타버리면 주인이 나가는 것과도 같다. 집은 곧 무상하지만 집 주인은 항상한 것과 같은 것이다.'

이러한 이들을 살펴보면 삿됨과 바름을 가리질 못하고 있으니, 누가 옳다고 하겠느냐?

내가 이전에 여러 곳을 행각할 때 이러한 무리들2314)을 흔히 보았었는데 최근에는 더욱 성해지고 있다.

삼백이나 오백 명의 대중을 모아놓고서 눈으로 멀리 하늘 끝을 응시하기만 하면서2315) 말하기를 '남방의 종지'라고 한다.

저 『단경(壇經)』2316)을 붙들고는 고치거나 바꿔버리고, 천한 말을 보태거나 섞어서 성인의 뜻을 삭제해버리고는 뒤따르는 무리들을 미혹시키고 어지럽게 하니, 어떻게 가르침이라고 말할 수 있겠느냐?

그거 참! 우리의 종풍을 잃어버리고 말았구나.

만일 보고 듣고 느끼고 아는 것으로 불성을 삼는다면, 정명(淨名)2317)이 '법은 보고 듣고 느끼고 아는 것을 떠났다. 만일 보고 듣고 느끼고 알고자 하면, 이것은 곧 보고 듣고 느끼고 아는 것일 뿐 법을 구하는 것이 아닌

2312) 先尼(선니) : ⑤Senika. 외도의 이름이다. 유군(有軍) 또는 승군(勝軍)이라고 번역한다. 상카야학파로서 수론파(數論派)라고도 한다. 개조(開祖)는 카필라선인이다. 인도 육파철학 가운데 하나이다. 정신과 물질의 이원인 푸루샤[신아(神我)]와 프라크르티[자성(自性)]를 내세운다.

2313) 神性(신성) : 신아(神我)라고도하는데 상카야학파에서 내세우는 푸루샤(⑤purusa, पुरुष)를 말한다.

2314) 色(색) : 무리, 종류.

2315) 目視雲漢(목시운한) : 목시운소(目視雲霄)라고도 한다. 은하수, 또는 하늘을 바라보기만 한다. 오로지 근본을 향하기만 하는 것을 비유한다. 아직 필경의 경지에 이르지 못했음을 말한다. 남양 혜충스님과 원오 극근, 밀암 함걸스님 등은 구경(究竟)이 아니라고 하였다. "한결같이 하늘만 응시하기만 하고 천 길의 절벽에 서 있기만 한다면 곧 모든 성인을 저버린 것이다."(『圓悟佛果禪師語錄』卷第一, T47n1997_pp0714c15. "一向目視雲霄, 壁立千仞, 則孤負諸聖.") "고봉정상에서 하늘만 응시하기만 하는 것은 구경이라고 하지 못한다."(『密菴和尙語錄』, 「臨安府景德靈隱禪寺語錄」, T47n1999_p0969c24~25. "孤峯頂上, 目視雲霄, 未爲究竟.")

2316) 『壇經(단경)』 : 육조 혜능스님의 『육조단경(六祖壇經)』을 말한다. 육조 혜능스님의 전기와 법문이 실려있다. 《돈황본》《덕이본》《혜흔본》《흥성사본》《대승사본》《설숭본》《종보본》 등의 여러 판본이 있다.

2317) 淨名(정명) : 유마거사를 말한다.

것이다.'2318)라고 말씀하시지 않았을 것이다.”

한 스님이 또 여쭈었다.
“『법화경』의 요의(了義)는 부처님의 지견(知見)을 여는 것이라고 하였는데, 이것을 다시 어떻게 하시겠습니까?”
스님이 말씀하셨다.
“저기서2319) 말씀하시기를 ‘부처님의 지견(知見)을 연다’고 하셨지2320) 오히려 보살이나 이승(二乘)을 말씀하지 않았는데,2321) 어찌 뭇삶의 어리석음을 곧 부처님의 지견(知見)과 같다고 하겠느냐?”

僧又問: “阿那箇是佛心?” 師曰: “牆壁瓦礫是.” 僧曰: “與經大相違也. 『涅槃』云: ‘離牆壁無情之物, 故名佛性.’ 今云是佛心, 未審心之與性爲別不別?” 師曰: “迷即別, 悟即不別.” 曰: “經云: ‘佛性是常, 心是無常’, 今云不別, 何也?” 師曰: “汝但依語, 而不依義. 譬如寒月, 水結爲冰, 及至暖時, 冰釋爲水. 衆生迷時, 結性成心, 衆生悟時, 釋心成性. 若執無情無佛性者, 經不應言三界唯心, 宛是汝自違經, 吾不違也.”

한 스님이 또 여쭈었다.
“어떤 것이 부처님의 마음입니까?”
스님이 말씀하셨다.
“담장과 기왓장, 벽돌조각이다.”
그 스님이 말했다.
“『경』의 말씀과는 크게 어긋나는데요. 『열반경』에 말씀하시기를, ‘담장 같은 무정의 사물들을 여의었기 때문에 불성이라고 한다’ 하셨는데,2322) 지금

2318) 『유마힐소설경』「부사의품」에 나오는 법문이다. (T14n0475_p0546a23~24, 『維摩詰所說經』「不思議品」第六. 참조.)
2319) 佗(타) : 『묘법연화경』「방편품」을 말한다.
2320) 『묘법연화경』「방편품」에 나오는 법문이다. “모든 부처님세존께서는 뭇삶들에게 부처님의 지견을 열어 청정케 하시려는 까닭으로 세상에 출현하신 것이다.” (T09n0262_p0007a23~25, 『妙法蓮華經』「方便品」第二. “諸佛世尊, 欲令衆生開佛知見, 使得淸淨故, 出現於世.”)
2321) 역시 『묘법법화경』「방편품」의 내용이다. “사리불아. 여래는 단지 일불승(一佛乘)으로써 뭇삶들을 위하여 설법하는 것이지, 다른 2승이나 3승은 없다.” (T09n0262_p0007b02~03, 『妙法蓮華經』「方便品」第二. “舍利弗. 如來但以一佛乘故, 爲衆生說法, 無有餘乘若二若三.”)
2322) 『대반열반경』「가섭보살품」에 나오는 법문이다. “불성이 아니라는 것은 이른바 일체 담장과

이것들을 부처님의 마음이라고 말씀하시니 도대체 마음과 성품이 다른 것입니까, 다르지 않은 것입니까?”

스님께서 말씀하셨다.

“미(迷)하면 곧 다르고, 깨달으면 곧 다르지 않지.”

말했다.

“『경』에 말씀하시기를, ‘불성은 항상하나 마음은 무상하다’2323)라고 하셨는데 지금 다르지 않다고 말씀하시는 것은 어째서입니까?”

스님이 말씀하셨다.

“너는 단지 말에만 의지하였지 뜻에 의지하지 않았다. 비유하면 마치 날씨가 추워지면 물이 얼어 얼음이 되었다가 날씨가 따뜻해지면 얼음이 녹아 다시 물이 되는 것과 같이, 뭇삶이 미혹하였을 때는 성품이 맺히어 마음을 이루었다가 뭇삶이 깨달았을 때에는 마음이 풀리어 성품을 이루는 것과도 같다.

만일 무정은 불성이 없다는 것을 견지했다면 『경』에서 삼계는 오직 마음이라고2324) 하시질 않았을 것이니, 완연히 이것은 네가 스스로 경을 어긴 것이지 내가 어긴 것이 아니다.”

問: “無情旣有心性, 還解說法否?” 師曰: “佗爤然常說, 無有間歇.” 曰: “某甲爲甚麼不聞?” 師曰: “汝自不聞.” 曰: “誰人得聞?” 師曰: “諸聖得聞.” 曰: “衆生應無分邪.” 師曰: “我爲衆生說, 不爲諸聖說.” 曰: “某甲聾瞽, 不聞無情說法, 師應合聞.” 師曰: “我亦不聞.” 曰: “師旣不聞, 爭知無情解說法?” 師曰: “賴我不聞, 我若得聞, 汝卽不聞我說法.” 曰: “衆生畢竟得聞否?” 師曰: “衆生若聞, 卽非衆生.” 曰: “無情說法有何典據?” 師曰: “不見? 『華嚴』云: ‘刹說, 衆生說, 三世一切說’, 衆生是有情乎?” 曰: “師但說無情有佛性, 有情復若爲?” 師曰: “無情尚爾

기와나 돌과 같은 무정의 사물을 말하는 것인데, 이와 같은 무정의 사물을 여의었기 때문에 불성이라고 한다.” (T12n0375_p0828b27~28, 『大般涅槃經』 卷第三十三, 「迦葉菩薩品」 第二十四之三. “非佛性者, 所謂一切牆壁瓦石無情之物, 離如是等無情之物, 是名佛性.”)

2323) 『열반경』「사자후보살품」에 나오는 법문이다. “위대한 여러분. 마음은 불성이 아니다. 왜냐? 마음은 무상하고 불성은 항상하기 때문이다.” (T12n0375_p0778a08~09, 『大般涅槃經』 卷第二十六, 「師子吼菩薩品」 之二. “善男子. 心非佛性. 何以故? 心是無常, 佛性常故.”)

2324) 『대방광불화엄경』「이세간품」에 나오는 법문이다. “보살마하살은 삼계가 오직 마음이요 삼세가 오직 마음임을 압니다.” (T10n0279_p0288c05~06, 『大方廣佛華嚴經』 卷第五十四, 「離世間品」 第三十八之二. “菩薩摩訶薩, 知三界唯心, 三世唯心.”)

況有情邪?” 曰: “若然者, 南方知識云: ‘見聞覺知是佛性’, 應不合判同外道.” 師
曰: “不道佗無佛性, 外道豈無佛性邪? 但緣見錯, 於一法中而生二見, 故非也.”

여쭈었다.
“무정(無情)도 이미 마음과 성품이 있다면 설법할 줄 알겠습니까?”
스님이 말씀하셨다.
“그들이 분명히 왕성하게 항상 설법하는데 잠시도 쉼이 없다.”
말했다.
“저는 무엇 때문에 듣지 못할까요?”
스님이 말씀하셨다.
“네가 스스로 듣지 않는 것이지.”
물었다.
“누가 듣고 있습니까?”
스님이 말씀하셨다.
“모든 성인이 듣고 계시지.”
말했다.
“뭇삶에게는 당연히 몫이 없겠습니다.”
스님이 말씀하셨다.
“나는 뭇삶들을 위해 말하지, 모든 성인을 위해 말하는 것이 아니야.”
말했다.
“저는 귀가 먹고 눈이 멀어서 무정의 설법을 듣지 못하지만, 스님께선 당
연히 들으시겠습니다.”
스님이 말씀하셨다.
“나도 역시 못 들어.”
말했다.
“스님께서 듣지 못하신다면 무정이 설법하는 줄은 어떻게 아십니까?”
스님이 말씀하셨다.
“내가 듣지 못하기에 망정이지, 만일 내가 듣는다면 너는 나의 설법을 듣
지 못할 거야.”
말했다.
“뭇삶들이 필경에는 들을 수 있겠습니까?”

스님이 말씀하셨다.
“뭇삶이 듣는다면 뭇삶이 아니지.”
말했다.
“무정이 설법한다는 것은 경전의 어디에 근거가 있습니까?”
스님이 말씀하셨다.
“보지 못했나? 『화엄경』에 말씀하기를 ‘국토가 설법하고, 뭇삶이 설법하고, 삼세의 일체가 설법한다.’2325)고 하셨는데, 뭇삶이 유정(有情)이겠느냐?”
말했다.
“스님께서는 다만 무정에게만 불성이 있다고만 말씀하시는데, 유정은 또 어떻게 하시겠습니까?”
스님이 말씀하셨다.
“무정도 그러한데 하물며 유정이겠나?”
말했다.
“그러하시다면 앞서 이야기한 남방 선지식들이 ‘보고 듣고 느끼고 아는 것이 불성이다’라고 한 말을 외도와 같다고 판단하신 것은 합당치 않다고 생각합니다.”
스님이 말씀하셨다.
“그들에게 불성이 없다고 한 것은 아니지. 외도들도 어찌 불성이 없겠나? 다만 견해가 잘못되어 한 법에 대해 두 가지 견해를 일으키기 때문에 그르다고 한 것이다.”

曰: “若俱有佛性, 且殺有情即結業互酬. 損害無情不聞有報.” 師曰: “有情是正報, 計我我所而懷結恨, 即有罪報. 無情是其依報, 無結恨心. 是以不言有報.” 曰: “教中但見有情作佛, 不見無情受記. 且賢劫千佛孰是無情佛邪?”
師曰: “如皇太子, 未受位時, 唯一身爾, 受位之後, 國土盡屬於王. 寧有國土別受位乎? 今但有情受記作佛之時, 十方國土悉是遮那佛身. 那得更有無情受記邪?”

말했다.
“만일 불성을 갖추고 있다면, 의당 유정을 죽일 경우 업을 맺어서 서로 갚

2325) 60 『화엄경』「보현보살행품」에 나오는 법문이다. (T09n0278_p0611a24~25, 『大方廣佛華嚴經』 卷第三十三, 「普賢菩薩行品」 第三十一. “佛說菩薩說　利說眾生說　三世一切說”)

게 될 것입니다. 하지만 무정에다 해를 끼쳤다고 해서 과보가 있다는 말은 들어보지 못했습니다."

스님이 말씀하셨다.

"유정은 정보(正報)이기에2326) 아(我)와 아소(我所)를2327) 따지다가 한을 맺어 품으므로 죄의 과보가 있다. 무정은 의보(依報)2328)이기에 한을 맺는 마음이 없다. 그렇기에 과보가 있다고 말하지 않는 것이지."

말했다.

"부처님 말씀 속에서 다만 유정만이 부처님이 된다고 함은 보았지만, 무정이 수기를 받았다는 것은 보지 못했습니다. 더군다나 현겁2329)의 일 천 부처님 가운데 어느 분이 무정 부처님이신가요?"

스님이 말씀하셨다.

"마치 황태자가 황위를 물려받기 전에는 오직 한 몸뿐이지만, 황위를 물려받은 뒤에는 국토가 몽땅 황제에게 속하는 것과 같다. 어찌 어떤 국토가 있어서 따로 황위를 받겠느냐?

무릇2330) 유정이 수기를 받아서 부처님이 될 때에는 시방의 모든 국토가 몽땅 비로자나불의 몸이 된다. 그러니 어찌 다시 어떤 무정이 있어 수기를 받겠느냐?"

曰: "一切眾生盡居佛身之上, 便利穢污佛身, 穿鑿踐蹋佛身, 豈無罪邪?" 師曰: "眾生全體是佛, 欲誰為罪?" 曰: "經云: '佛身無罣礙', 今以有為窒礙之物而作佛身, 豈不乖於聖旨?" 師曰: "大品經云: '不可離有為而說無為', 汝信色是空否?" 曰: "佛之誠言, 那敢不信?" 師曰: "色既是空, 寧有罣礙?"

2326) 正報(정보) : 과거에 지은 업인(業因)에 의하여 그 갚음으로 생겨진 유정(有情)의 몸을 말한다.
2327) 我我所(아아소) : 아(我)는 오온(五蘊)의 아(我)로서 인간 개체의 전체를 말한다. 아소(我所)는 '아와 떨어져 있지 않은 사물의 뜻'으로 아(我)가 오온을 가진다고 하거나[개체 안의 중심적인 생명이 되는 것을 아(我)로 여김], 아(我) 가운데 오온이 있다고 하거나[우주의 원리를 아(我)라고 함], 오온 속에 아(我)가 있다[존재요소가 각각 자성이 있다고 여김]고 하는 견해의 토대이다.
2328) 依報(의보) : 위의 정보(正報)가 의지하고 있는 환경인 기세간(器世間)을 말한다.
2329) 賢劫(현겁) : ⓈBhadra-kalpa. 삼겁(三劫)의 하나이다. 과거에 머무는 겁(劫)을 장엄겁(莊嚴劫)이라고 하고, 미래에 머무는 겁(劫)을 성수겁(星宿劫)이라 하며 현재의 겁(劫)을 현겁(賢劫)이라고 한다. 이 세계가 성주괴공(成住壞空)하는 동안에 천 명의 부처님이 출현하여 세간의 뭇삶들을 구제한다고 한다.
2330) 今但(금단) : 어기조사. 무릇, 대저. =부(夫).

말했다.

"일체의 모든 뭇삶들은 모두가 부처님의 몸 위에서 살고 있으며, 똥과 오줌으로 부처님의 몸을 더럽히고, 부처님의 몸을 구멍을 뚫고 밟아대니, 어찌 죄가 없겠습니까?"

스님이 말씀하셨다.

"뭇삶들은 모두가 부처님인데 누가 죄가 된다는 거냐?"

말했다.

"『경』에 말씀하시기를, '부처의 몸은 걸림이 없다'2331)고 하셨는데, '지금 유위이면서 막힘이 있는 물건으로써 부처님의 몸을 이룬다'고 하시니, 어찌 성인의 뜻과 어긋난 것이 아니 않겠습니까?"

스님이 말씀하셨다.

"『대품경』에 말씀하시기를, '유위를 떠나서 무위를 말하지 못한다'2332)고 하셨는데, 너는 색(色)이 공(空)임을 믿느냐?"

말했다.

"부처님의 진실하신 말씀을 어찌 믿지 않겠습니까?"

스님이 말씀하셨다.

"색(色)이 곧2333) 공(空)이라면 무슨 걸림이 있겠느냐?"

曰: "眾生佛性既同, 只用一佛修行, 一切眾生應時解脫. 今既不爾, 同義安在?" 師曰: "汝不見? 華嚴六相義云: '同中有異, 異中有同. 成壞總別, 類例皆然.' 眾生佛雖同一性, 不妨各各自修自得. 未見佗食我飽." 曰: "有知識示學人, '但自識性了無常時, 抛却殼漏子一邊, 著靈臺智性迴然而去, 名為解脫.' 此復若為?" 師曰: "前已說了. 猶是二乘外道之量, 二乘厭離生死, 欣樂涅槃. 外道亦云: '吾有大患, 為吾有身.' 乃趣乎冥諦. 須陀洹人八萬劫餘, 三果人六四二萬劫, 辟支佛一萬

2331) 『화엄경』「광명각품」에 같은 내용의 법문이 나온다. (T10n0279_p0066a23, 『大方廣佛華嚴經』卷第十三,「光明覺品」第九. "佛身無礙遍十方")

2332) 『대반야경』「초분교계교수품」에 같은 내용이 나온다. "유위를 떠나서 무위를 시설하지 않고 무위를 떠나서 유위를 시설하지 않기 때문에" (T05n0220_p0199b13~14, 『大般若波羅蜜多經』卷第三十六,「初分教誡教授品」第七之二十六. "非離有爲施設無爲, 非離無爲施設有爲故")

2333) 既(기) : 곧, 바로 =즉(卽).

劫住空定中, 外道八萬劫住非非想中. 二乘劫滿, 猶能回心向大, 外道還即輪回."

여쭈었다.

"뭇삶과 불성이 모두 같다면 단지 한 부처님의 수행만으로도 일체 뭇삶이 함께 바로 해탈할 것입니다. 그런데 지금은 곧 그렇지 않으니, 같다는 이치가 어디에 있습니까?"

스님이 말씀하셨다.

"너는 보지 못했느냐? 화엄의 육상설(六相說)2334)에서 말하기를, '동상(同相) 가운데 이상(異相)이 있고, 이상(異相) 가운데 동상(同相)이 있다. 성상(成相)과 괴상(壞相), 총상(總相)과 별상(別相)의 경우도 이와 같다'고 하였다.

뭇삶이 부처님과 비록 같은 성품이지만 제각기 스스로 닦아서 스스로 알아야만 지장이 없다. 남이 밥을 먹는데 나의 배가 부르다는 것은 들어보지도 못했다."

여쭈었다.

"어떤 선지식이 학인에게 이렇게 가르쳤습니다.

'오직 스스로 성품을 알아서 무상함을 철저히 깨달을 때, 몸뚱어리를 한쪽에다 내팽개쳐 버리고 마음2335)의 지혜 성품으로만 홀로 우뚝 뛰어난2336) 것을 해탈이라 한다.'

이것은 또 어찌하겠습니까?"

스님이 말씀하셨다.

"앞에서 이미 말하였다. 여전히 이승(二乘)과 외도(外道)의 인식근거2337)이니, 이승은 생사를 아주 싫어하고 열반을 매우 좋아한다.

외도들도 말하기를 '나의 큰 걱정은 나에게 몸이 있다는 것이다'라고 하여 명제(冥諦)2338)에로 나아간다.

2334) 六相(육상) : 육상설(六相說)은 십현문(十玄門)과 함께 화엄종의 중요한 교의이다. 수나라 혜원(慧遠)스님이 처음 제기하였고, 당나라의 지엄(智儼)스님이 육상의 원융을 설했다. 그 이후 법장(法藏)스님과 징관(澄觀)스님에 의해서 이 육상설이 완성된다.

2335) 靈臺(영대) : 마음을 말한다. "'영대(靈臺)에 들어갈 수가 없다.' 영대라고 함은 마음을 말한다."(郭象注『莊子』「庚桑楚」. "不可內於靈臺'. 靈臺者, 心也.")

2336) 逈然(형연) : 홀로 우뚝 뛰어난 모양. 완전히 홀로 있음을 터득한 모양. 일체와 현격히 차이가 나게 됨.

2337) 量(량) : Ⓢpramāṇa. 대상을 인식하고 논증하는 수단의 근거.

2338) 冥諦(명제) : 상캬학파[수론사(數論師)]에서 우주만유를 정신적 근원인 푸루샤Ⓢpuruṣa[신아(神我)]와 물질적 근원인 프라크르티Ⓢprakṛti[자성(自性)]라고 하는 이원(二元)으로 나누며, 세계

수다원의 과위를 얻은 사람은 8만 겁 동안, 나머지 세 과위(果位)2339)의 사람은 642만 겁, 벽지불은 일만 겁을 공정(空定)2340)에 들고, 외도도 8만 겁 동안 비비상정(非非想定)2341)에 든다.

그리하여 이승은 겁이 차면 곧 마음을 돌이켜 대승을 향하지만 외도는 도리어 윤회에 빠져 버린다."

曰: "佛性一種為別?" 師曰: "不得一種." 曰: "何也?" 師曰: "或有全不生滅, 或半生半滅, 半不生滅." 曰: "孰為此解?" 師曰: "我此間佛性全無生滅, 汝南方佛性半生半滅半不生滅." 曰: "如何區別?" 師曰: "此則身心一如, 身外無餘, 所以全不生滅. 汝南方身是無常, 神性是常, 所以半生半滅半不生滅." 曰: "和尚色身豈便同法身半不生滅邪?" 師曰: "汝那得入於邪道?" 曰: "學人早晚入邪道?" 師曰: "汝不見『金剛經』? 色見聲求, 皆行邪道. 今汝所見不其然乎?"

여쭈었다.
"불성은 한 가지입니까, 다릅니까?"
스님이 말씀하셨다.
"한 가지가 아니다."
말했다.
"어째서요?"
스님이 말씀하셨다.
"온전히 생멸하지 않기도 하고, 반은 생멸하고 반은 생멸하지 않기도 하기 때문이지."

의 전변(轉變)해 나가는 순서를 25가지 수로 요약하였는데 이 25가지 제(諦) 가운데 제1제(諦)를 말한다. 자성(自性)이라고 하는 이 명제로부터 지각(知覺)이 나오고 이 지각으로부터 자의식(自意識)이 나오고 여기서 지, 수, 화, 풍, 공의 5대 등이 나온다고 한다. 그들은 만물의 본래 근원은 고요하고 텅 비어 끝이 없기 때문에 구제(具諦) 또는 명성(冥性)이라고도 한다. 또 만물의 본래 근원으로서 천차만별의 모든 법이 여기로부터 나왔으므로 자성(自性)·본성(本性)·승성(勝性)이라고도 한다. 상캬학파에서는 이 푸루샤와 프라크르티와의 관계를 잘 고찰하여 안으로 지혜가 완전해지면, 형체도 없고 멸하지도 않는 정신원리인 푸루샤는 형체가 있고 멸해지는 물질적 육체의 속박을 벗어나서 해탈에 도달할 수 있다고 한다.
2339) 나머지 세 과위(果位)는 사다함(斯陀含), 아나함(阿那含), 아라한(阿羅漢)의 셋이다.
2340) 空定(공정) : 일심으로 공(空)을 알아차리어 관법을 잘 성취하면 공(空)에 자재하게 되는 선정(禪定). 주로 삼삼매(三三昧)인 공삼매(空三昧), 무상삼매(無相三昧), 무원삼매(無願三昧) 등을 말한다.
2341) 非非想(비비상) : 비비상정(非非想定)으로 사무색정(四無色定) 가운데 하나이다.

말했다.

"누가 이런 해석을 합니까?"

스님이 말씀하셨다.

"나의 이쪽 불성은 온전히 생멸함이 없는데, 너희들의 남방 불성은 반은 생멸하고 반은 생멸하지 않기 때문이지."

말했다.

"어찌 구별하시는 겁니까?"

스님이 말씀하셨다.

"여기서는 몸과 마음이 일여(一如)라 몸 밖에 딴 것이 없다고 하므로 온전히 생멸하지 않는다. 너희들의 남방에서는 몸은 무상하고 신성(神性=푸루샤)은 항상하다 라고 한다. 그렇기에 반은 생멸하고 반은 생멸하지 않게 되는 것이지."

말했다.

"스님의 색신이 어찌 반은 생멸하지 않으면서 법신과 같을 수 있겠습니까?"

스님이 말씀하셨다.

"너는 어째서 삿된 도(道)에 들어갔느냐?"

말했다.

"제가 어째서 삿된 도에 빠졌다고 하실 수 있습니까?"[2342]

스님이 말씀하셨다.

"너는 보지도 않았느냐? 『금강경』에 말씀하기를, '빛깔로 보거나 소리로 구하면 모두가 삿된 도를 행하는 것이다'[2343]라고 하셨는데, 지금 네가 지금 보는 것이 그렇지 않으냐?"

曰: "某甲曾讀大小乘教, 亦見有說不生不滅中道正性之處, 亦見有說此陰滅彼陰生, 身有代謝而神性不滅之文. 那得盡撥同外道斷常二見?" 師曰: "汝學出世無上正眞之道, 爲學世間生死斷常二見邪? 汝不見? 肇公云: '譚眞則逆俗, 順俗則違眞. 違眞故迷性而莫返, 逆俗故言淡而無味. 中流之人如存若亡, 下士拊掌而笑之.' 汝

2342) 부만(조만) : 어찌 ~할 수 있으랴? 언제 ~한 적이 있느냐?

2343) T08n0235_p0752a17~18, '姚秦天竺三藏鳩摩羅什譯', 『金剛般若波羅蜜經』. "若以色見我 以音聲求我 是人行邪道 不能見如來"

今欲學下士笑於大道乎?" 曰: "師不言卽心是佛? 南方知識亦爾, 那有異同? 師不
應自是而非佗." 師曰: "或名異體同, 或名同體異, 因玆濫矣. 只如菩提涅槃眞如
佛性, 名異體同, 眞心妄心佛智世智, 名同體異. 緣南方錯將妄心言是眞心, 認賊
爲子, 有取世智稱爲佛智, 猶如魚目而亂明珠, 不可雷同, 事須甄別." 曰: "若爲離
得此過?" 師曰: "汝但子細返觀陰入界處. 一一推窮有纖毫可得否?" 曰: "子細觀
之, 不見一物可得." 師曰: "汝壞身心相邪?" 曰: "身心性離, 有何可壞?" 師曰:
"身心外更有物否?" 曰: "身心無外, 寧有物邪?" 師曰: "汝壞世間相邪?" 曰: "世
間相卽無相, 那用更壞?" 師曰: "若然者, 卽離過矣."2344)

말했다.

"제가 일찍이 대승과 소승의 경전을 읽어 보았는데, 나지도 않고 멸하지도
않는 중도의 바른 성품을 말씀하신 곳도 있었고, 또한 이쪽 오온(五蘊)2345)
이 멸하여 저 쪽 오온으로 생겨나면서 몸은 교체되지만 푸루사(神性)는 멸
하지 않는다는 글이 있는 것을 보았었습니다.

그런데 어째서 모두가 외도의 단견과 상견의 두 소견과 같다고 지적하시
는2346) 겁니까?"

스님이 말씀하셨다.

"너는 세간을 뛰어난 위없고 바르며 참된 도를 배우느냐, 아니면 세간의
나고 죽는 단견과 상견의 두 소견을 배우는 것이냐?

너는 보지도 못했느냐? 조공(肇公)2347)이 말씀하셨다.

'진(眞)을 말하면 속(俗)을 위배하는 것이 되고, 속(俗)을 따르면 진(眞)을
어기게 된다. 진(眞)을 어기기 때문에 성품을 미(迷)하여 돌이키지를 못하고,
속(俗)을 위배하기 때문에 말이 담담하여 아무런 맛도 없다. 중간 등급의

2344) 『景德傳燈錄』卷第二十八, T51n2076_p0437c17~0439a02. 『聯燈會要』卷第三, X79n1557_
    p0033b11~0034c01. 『御選歷代禪師語錄前集上』, X68n1319_p0610a19~c16. 참조.
2345) 陰(음): 오음(五陰), 즉 오온(五蘊)을 말한다. 또는 적취(積聚)라고도 하는데 색·성·향·미·촉·
    법 등의 유위법이 생사의 과보를 쌓아서 모이게 하므로 이렇게 말한다.
2346) 撥(발): 지적하다. 제거하다.
2347) 肇公(조공): 승조(僧肇)스님을 말한다. 384~414. 장안 출신이다. 노장학을 좋아하여 심요(心
    要)라고 주장하며 명성을 떨치다가 지겸(支謙)이 번역한 『유마경』을 읽고는 불교에 귀의하였다.
    그 뒤에 구마라집의 역경사업에 참여하여 승략(僧䂮)·도항(道恒)·승예(僧叡) 등과 함께 구마라
    집 문하의 사철(四哲)로 명성을 떨쳤다. 진나라 의희(義熙) 10년 장안에서 31세로 입적하였다.
    저서로 『반야무지론(般若無知論)』『보장론(報障論)』『열반무명론(涅槃無名論)』『부진공론(不眞空
    論)』『물불천론(物不遷論)』 등이 있다.

사람은 두기도 하고 없애기도 하지만, 아래 등급의 사람은 손뼉을 치면서 비웃는다.'2348)

너는 지금 아래 등급의 사람을 따르기 위해 대도(大道)를 비웃는 것이냐?"
말했다.
"스님께서는 '즉심(卽心)이 부처님'이라고 말씀하시지 않으셨습니까? 남방의 선지식들도 역시 그렇게 말하는데, 도대체 어디에 차이가 있습니까? 스님께서는 자기만 옳고 남은 그르다고 하지 마시지요."
스님이 말씀하셨다.
"이름이 다르지만 체성은 같기도 하고, 이름은 같지만 체성이 다르기도 하니, 이를 인하여 정도가 넘쳐버렸다.

예를 들면 보리(菩提)·열반(涅槃)·진여(眞如)·불성(佛性) 등과 같은 것은 이름은 다르나 체성은 같고, 진심(眞心)·망심(妄心)·불지(佛智)·세지(世智) 등과 같은 것은 이름은 같으나 체성은 다르다.

하지만 남방 사람들은 그릇 망심(妄心)을 진심(眞心)이라고 말하여 마치 도적을 아들로 오인하듯이 하고, 세지(世智)를 불지(佛智)로 여겨서 물고기 눈을 밝은 구슬로 착각하듯이 하니, 결코 줏대 없이 그들의 의견을 따라서는2349) 안 되며 반드시 살펴서 식별해내야만 하는 일이다."

말했다.
"어찌하여야만2350) 이러한 허물을 여읠 수가 있겠습니까?"
스님이 말씀하셨다.
"너는 오로지 음(陰)·입(入)·계(界)·처(處)2351)를 세밀히 돌이켜 보아라. 하나하나 낱낱이 미루어 깊이 연구하여 털끝만치라도 얻을 만한 것이 있느냐?"
말했다.
"세밀히 보아도 한 물건도 얻을 수 없습니다."
스님이 말씀하셨다.

2348) T45n1858_p0151a15~18, 『肇論』「物不遷論」第一. 참조.
2349) 雷同(뇌동) : 줏대 없이 남의 의견에 덩달아 따르는 일.
2350) 若爲(약위) : 어찌하랴? 어찌 ~할 수 있으랴? 어떻게? 어떠한가? 어떻게 견딜 수 있으랴? 만약 ~한다면.
2351) 陰入界處(음입계처) : 오음(五陰)과 육입(六入)과 십팔계(十八界)와 십이처(十二處)를 말한다.

"너는 몸과 마음의 모양을 무너뜨릴 수가 있겠느냐?"
말했다.
"몸과 마음의 성품도 여의었는데, 어찌 무너뜨릴 수가 있겠습니까?"
스님이 말씀하셨다.
"몸과 마음 밖에 다시 따로 물건이 있느냐?"
말했다.
"몸과 마음은 밖이 없는데 어찌 물건이 있겠습니까?"
스님이 말씀하셨다.
"너는 세간의 모양을 무너뜨릴 수가 있겠느냐?"
말했다.
"세간의 모양은 곧 모양이 없는 것인데, 어찌 다시 무너뜨리려 하겠습니까?"
스님이 말씀하셨다.
"만일 그렇다면 바로 허물을 여의었구나."

308. 동산양개洞山良价

洞山到潙山, 問曰: "頃聞忠國師有無情說法, 良价未究其微." 山曰: "我遮裏亦有, 只是難得其人." 曰: "便請和尚道." 山曰: "父母所生口, 終不為子說." 曰: "還有與師同時慕道者否?" 山曰: "此去石室相連, 有雲巖道人. 若能撥草瞻風, 必為子之所重." 既到雲巖, 問: "無情說法甚麼人得聞?" 巖云: "無情得聞." 曰: "和尚還聞否?" 巖云: "我若聞, 子則不聞吾說法也." 曰: "某甲為甚麼不聞?" 巖豎起拂子, 云: "還聞麼?" 曰: "不聞." 巖云: "我說法汝尚不聞, 豈況無情說法?" 曰: "無情說法該何典教?" 巖云: "豈不見? 『彌陀經』云: '水鳥樹林悉皆念佛念法, 無情草木互奏笙歌.'" 洞山於此有省, 乃述頌曰: "也大奇! 也大奇! 無情說法不思議! 若將耳聽終難會, 眼處聞聲方得知." 後辭雲巖, 問: "和尚百年後, 或有人問, 還邈得師真, 如何祇對?" 巖良久. 云: "但道只遮是." 洞山沉吟, 巖云: "价闍梨! 承當遮箇事, 大須審細." 洞山不言便行. 後因過水覩影方始頓悟. 乃述頌云: "切忌從佗覓. 迢迢與我疎. 我今獨自往, 處處得逢渠. 渠今正是我, 我今不是渠. 應須恁麼會, 方得契如如."2352)

동산 양개스님2353)이 위산 영우스님2354)을 찾아 가서 물으셨다.
"예전에 혜충국사께서 무정설법을 하셨다고 들었습니다만, 이 양개는 그 정묘함을 찾지 못하겠습니다."
위산스님이 말씀하셨다.
"나의 '여기'도 역시 있지. 다만 사람을 얻기가 어려울 뿐이지."
말씀하셨다.
"스님께서 바로 말씀해주십시오."
위산스님이 말씀하셨다.
"부모에게서 나온 입으로는 끝끝내 자네를 위해서 말하질 못한다."
말씀드렸다.

2352) 『景德傳燈錄』卷第十五, T51n2076_p0321b27~c24. 참조.
2353) 洞山良价(동산양개) : 석두희천(石頭希遷)-약산유엄(藥山惟儼)-운암담성(雲巖曇晟)-동산양개(洞山良价). 807~869. 주331) 참조.
2354) 潙山靈祐(위산영우) : 남악회양(南嶽懷讓)-마조도일(馬祖道一)-백장회해(百丈懷海)-위산영우(潙山靈祐). 771~853. 주345) 참조.

"스님과 더불어 동시에 도(道)를 지향하는 분이 있습니까?"
위산스님이 말씀하셨다.
"이곳에서 석실을 향해 계속 쭉 가면 운암도인2355)이 있지. 만일 풀을 헤치고 바람을 살펴 가면2356) 반드시 자네를 소중하게 여길 것이네."

이윽고 운암스님께 가셨다.
여쭈었다.
"무정설법을 어떤 사람이 듣습니까?"
운암스님이 말씀하셨다.
"무정이 듣지."
말씀드렸다.
"스님께서도 듣습니까?"
운암스님이 말씀하셨다.
"내가 만일 듣는다면 자네는 곧 나의 설법을 듣지 못할 것이네."
말씀드렸다.
"제가 어째서 듣질 못합니까?"
운암스님이 불자를 세우시고 말씀하셨다.
"듣느냐?"
말씀하셨다.
"듣지 않습니다."2357)
운암스님이 말씀하셨다.
"자네는 나의 설법도 듣질 못하는데, 어찌 하물며 무정설법이겠느냐?"
말씀드렸다.
"무정설법은 경전의 어디에 갖추어져 있습니까?"
운암스님이 말씀하셨다.
"어찌 보지도 못하였느냐? 아미타경에 말씀하셨다.

2355) 운암담성(雲巖曇晟)스님을 말한다. 청원행사(靑原行思)-석두희천(石頭希遷)-약산유엄(藥山惟儼)-운암담성(雲巖曇晟). 782~841. 주714) 참조.
2356) 撥草瞻風(발초첨풍) : 풀을 헤치고 바람을 살피다. 곧, 사물에 대한 탁월한 관찰력을 말한다.
2357) 〈"제가 어째서 듣질 못합니까?" 운암스님이 불자를 세우시고 말씀하셨다. "듣느냐?" 말씀하셨다. "듣지 않습니다."〉 이 구절이 『전등록』15권에서는 이렇게 나온다. "이러하다면 이 양개는 스님의 설법을 듣지 못하는 것이겠습니다." (T51n2076_p0321c07, "若恁麼卽良价不聞和尚說法也.")

'물과 새와 수풀이 모두 다 부처님을 생각하고 법을 생각하며 무정 초목이 서로 악기를 연주하며 노래를 한다.'"2358)
 동산스님이 이에 깨달으셨다.2359)
 그리고는 노래를 지어 부르셨다.

"엄청 기묘하여라! 엄청 기묘하여라!
무정설법의 부사의함이여!
만일 귀로 들으려 한다면 끝내 알기 어렵고,
눈으로 소리를 들어야만 비로소 알게 되리라."

뒤에 운암스님을 하직하면서2360) 여쭈었다.
"스님께서 가시고 백년 후에 혹 어떤 이가 스님의 진영을 그릴 수 있는지 묻는다면 어떻게 대답할까요?"

운암스님이 한참 묵묵히 계셨다.

2358) 『아미타경』에 나오는 법문을 내용으로 인용한 것이다. "다시 사리불. 저 나라에는 항상 갖가지 기묘하고 여러 가지 빛깔을 가진 새들이 있는데, 백곡·공작·앵무·사리·가릉빈가·공명 등의 새들이다. 이 모든 새들이 밤낮으로 하루 종일 아름다운 음률을 내는데, 그 음률이 오근·오력·칠보리분·팔성도분과 같은 법문을 펴낸다. 이와 같은 법문을 그 나라 뭇삶들이 듣고 나서는 모두가 다 부처님을 생각하고 법을 생각하고 승가를 생각한다." (T12n0366_p0347a12~16, 『佛說阿彌陀經』. "復次舍利弗. 彼國常有種種奇妙雜色之鳥, 白鵠孔雀鸚鵡舍利迦陵頻伽共命之鳥. 是諸衆鳥, 晝夜六時出和雅音, 其音演暢五根五力七菩提分八聖道分. 如是等法, 其土衆生聞是音已, 皆悉念佛念法念僧.")
2359) 〈말씀드렸다. "무정설법은 경전의 어디에 갖추어져 있습니까?" 운암스님이 말씀하셨다. "어찌 보지도 못하였느냐? 아미타경에 말씀하셨다. '물과 새와 수풀이 모두 다 부처님을 생각하고 법을 생각하며 무정 초목이 서로 악기를 연주하며 노래를 한다.'" 동산스님이 이에 깨달으셨다.〉 이 구절이 『전등록』에는 보이지 않는다.
2360) 『전등록』 15권에는 약간의 문답이 더 있다. "운암스님이 물으셨다. '어디로 가느냐?' 말씀드렸다. '스님의 곁을 떠나려 하지만 딱 점찍어 둔 곳이 없습니다.' 운암스님이 말씀하셨다. '호남으로는 가지 마라.' 말씀하셨다. '無(wú).' 운암스님이 말씀하셨다. '고향으로도 가지 마라.' 스님이 말씀하셨다. '無(wú).' 운암스님이 말씀하셨다. '조만간 돌아와라.' 말씀하셨다. '스님께서 머무시는 곳이 생기면 곧 오겠습니다.' 운암스님이 말씀하셨다. '이렇게 한 번 가버리면 다시 서로 보기는 어렵겠구나.' 말씀하셨다. '다시 서로 보지 않는 것도 어렵지요.'" (T51n2076_p0321c12~16. "雲巖曰: '什麼處去?' 師曰: '雖離和尙未卜所止.' 曰: '莫湖南去.' 師曰: '無.' 曰: '莫歸鄕去.' 師曰: '無.' 曰: '早晚卻來.' 師曰: '待和尙有住處卽來.' 曰: '自此一去難得相見.' 師曰: '難得不相見.'")

말씀하셨다.
"다만 '그저 이것'이라고 말해라."
동산스님이 깊이 생각하시니,2361) 운암스님이 말씀하셨다.
"양개스님! 이 일을 알려면 아주 자세히 살펴라."
동산스님이 말씀 없이 곧장 가버렸다.
뒤에 냇물을 지나다가 그림자를 보고 비로소 몰록 깨달음을 이루셨다.
그러자 노래를 지어 부르셨다.

"절대로 저를 따라 찾질 말아라.
점점 나완 아득히2362) 멀어지리라.
내가 지금 스스로 홀로 가면서
곳곳마다 저것을 만나는구나.

저것은 지금 바로 나이지만은
나는야 바로 지금 저가 아니네.
반드시 이러하게 알아내야만
바야흐로 여여(如如)에 계합하리라."

309. 임제의현臨濟義玄

臨濟, 示衆, 云: "有一人論劫在途中不離家舍, 有一人離家舍不在途中. 阿那箇合受人天供養?"2363)
妙喜曰: "賊身已露."

임제 의현스님2364)이 대중에게 열어 보이셨다.

2361) 沉吟(침음) : 결단을 내리지 못하고 머뭇거리다. 깊이 생각하다. 낮은 소리로 중얼거리다.
2362) 迢迢(초초) : 길이 아득히 펼쳐진 모양. 물이 아득히 흘러가는 모양. 시간이 매우 긴 모양. 높은 모양. 깊은 모양.
2363) 『禪門拈頌集』 卷第十六, K46-0261, 628則. 『鎭州臨濟慧照禪師語錄』, T47n1985_p0497a12~14. 참조.
2364) 臨濟義玄(임제의현) : 마조도일(馬祖道一)-백장회해(百丈懷海)-황벽희운(黃檗希運)-임제의현(臨濟義玄). ?~867. 주489) 참조.

"어떤 한 사람은 오랜 시간2365) 속에서 길 가는 도중에 있지만 집을 떠나지는 않았고, 어떤 한 사람은 집을 떠났으나 길 가는 도중에 있지 않습니다. 어떤 사람이 인천의 공양을 받을 만합니까?"

묘희스님이 말씀하셨다.
"도적의 몸이 이미 드러났다."

310. 섭현귀성葉縣歸省

葉縣省和尚, 示衆, 云: "夫行脚禪流直須著忄. 參學須具參學眼, 見地須得見地句, 方始有相親分, 始得不被諸境惑, 亦不落於惡道. 畢竟如何委悉? 有時句到意不到, 妄緣前塵分別影事. 有時意到句不到, 如盲摸象各說異端. 有時意句俱到, 打破乾坤界, 光明照十方. 有時意句俱不到, 無目之人縱橫走, 忽然不覺落深坑."

섭현 귀성스님이2366) 대중에게 열어 보이셨다.
"행각하는 참선 납자들은 응당 잘 알아차려야2367) 합니다. 참학(參學)2368)

2365) 論劫(논겁) : 겁(劫)[kalpa(길고 오랜 시간)]을 따르다. 『선문염송설화』 16권에서는 이렇게 설명하고 있다. "논겁(論劫)은 겨자성과 돌을 쓰는 등의 두 가지 일을 논했기 때문에 겁을 이야기했다고 한다. 또 『논어』의 주(註)에서는 '논(論)은 륜(倫)이라'하였으니 순차(順次)가 한이 없다는 뜻이다. 그러므로 논겁(論劫)은 오랜 겁이란 뜻이 된다."(《한국불교전서》 제5책, 『禪門拈頌說話』 卷第十六. "論劫者, 芥城拂石二事論之故云論劫耶. 論語註云: '論也倫'次無窮. 則長劫也.") 무비스님의 강의에서는 '영원(永遠)'이라고 해설하고 있다. (무비스님, 『임제록 강설』, p108, 주 2365). 불광출판사, 2005.) 『전등록』과 『조당집』을 보면 대체로 '영원히' '겁을 따르다', 또는 '겁을 의론하다'의 뜻으로 사용되고 있음을 알 수 있다. "물었다. '어떻게 여래의 집에 태어날 수 있습니까?' 스님이 말씀하셨다. '옷을 걸치고 깨닫기를 기다려도 겁을 따른다고 한들 밝힐 수 없다.'"(T51n2076_p0369a14~15, 『景德傳燈錄』 卷第二十. "問: '如何得生如來家?' 師曰: '披衣望曉論劫不明.'") "겁을 따른다고 하여도 형제여러분을 등지리라."(K45-0293, 『祖堂集』 卷第九. "論劫違背兄弟.") "옛사람이 말했다. '한 구절의 말을 기억하고 겁을 따라 얘기한다고 하여도 도리어 들여우가 된다.'"(K45-0308, 『祖堂集』 卷第十二. "古人道: '若記著一句, 論劫作野狐精.'") "이러한 것은 겁을 따른다고 하여도 어쩔 수 없을 것이니라."(K45-0313, 『祖堂集』 卷第十二. "這般底論劫不奈何.") "음광스님은 오랜 겁을 따라 좌선하였고"(T47n1993_p0635b21, 『黃龍慧南禪師語錄』. "飮光論劫坐禪") "얼음을 두드려 불을 구한들 오랜 겁을 따라도 얻을 수 없으리라."(X79n1563_p0705b18~19, 『大光明藏』 中卷. "敲氷求火, 論劫不逢.")
2366) 葉縣歸省(섭현귀성) : 보응혜옹(寶應慧顒)-풍혈연소(風穴延沼)-수산성념(首山省念)-섭현귀성(葉縣歸省). 주938) 참조.
2367) 著忄(착촌) : 잘 알아차리다. 깊이 잘 생각하다. 잘 헤아리다.

일 땐 반드시 참학의 눈을 갖추고, 현지(見地)2369)에는 반드시 현지(見地)의 구(句)를 얻어서 비로소 서로 확실한 자질이 있어야만 여러 경계의 미혹을 입지 않게 될 것이며 또한 악도에 떨어지지 않게 될 것입니다.

필경에는 어떻게 자세히 알겠습니까?

어떤 때는 구(句)가 이르나 의(意)는 이르지 않는데, 앞의 대상 경계를 어지럽게 좇고 그림자 같은 사(事)를 분별합니다.
어떤 때는 의(意)는 이르나 구(句)는 이르지 않는 것이, 마치 눈먼 이들이 코끼리를 더듬되 각각 다른 경향의 말을 하는 것과 같습니다.2370)
어떤 때는 의(意)와 구(句)가 동시에 이르는데, 건곤의 세계를 타파하여 광명이 시방에 비추게 됩니다.
어떤 때는 의(意)와 구(句)가 함께 이르지 않는데, 눈 없는 사람이 이리저리 내달려서 홀연히 자신도 모르게 깊은 구덩이에 빠지게 됩니다."

又示眾, 云: "宗師血脉, 或凡或聖, 龍樹馬鳴, 天堂地獄, 鑊湯鑪炭, 牛頭獄卒, 森羅萬象, 日月星辰, 佗方此土, 有情無情." 以手畫一畫. 云: "俱入此宗, 此宗門

2368) 叅學(참학) : 참선학도(叅禪學道)의 줄임말. 학(學)은 각(覺)과 같은 의미로 깨닫다, 지각하다, 자각하다의 뜻. 선(禪)이며 참(叅)으로 도(道)를 깨달음.

2369) 見地(현지) : '현처(見處)'나 '견해(見解)'와 같은 의미이다. 선법(禪法)에 대한 인식의 정도를 말한다. 곧 '드러내는 자리' '앎의 자리'이다.

2370) 『대반열반경』「사자후보살품」에 나오는 비유다. "위대한 여러분. 비유하면 어떤 임금이 신하에게 분부하기를, '그대는 코끼리 한 마리를 가져다가 맹인들에게 보여주어라.'고 하였다. 신하는 임금의 명령을 받고 여러 맹인들을 모아놓고 코끼리를 보여주었다. 맹인들이 제각기 손으로 코끼리를 만져 보았다. 신하가 돌아가서 임금에게 보고하였다. '제가 코끼리를 보여 주었습니다.' 그러자 임금이 여러 맹인들을 불러서 각 개인에게 물었다. '그대들은 코끼리를 보았느냐?' 맹인들은 제각기 보았다고 대답하였다. 임금이 물었다. '코끼리가 무엇과 같으냐?' 그랬더니 상아를 만져본 사람은 코끼리 모양이 무(蘆菔根)와 같다고 말하였다. 귀를 만져본 사람은 코끼리가 키(箕)와 같다고 말하였다. 머리를 만진 사람은 코끼리가 돌과 같다고 말하였다. 코를 만진 사람은 코끼리가 절굿공이(杵)와 같다고 말하였다. 다리를 만진 사람은 코끼리가 나무통(木臼)과 같다고 말하였다. 등을 만진 사람은 코끼리가 평상과 같다고 말하였다. 배를 만진 사람은 코끼리가 단지(甕)와 같다고 말하였다. 꼬리를 만진 사람은 코끼리가 밧줄(繩)과 같다고 말하였다. 위대한 여러분. 저 맹인들이 비록 코끼리의 몸 전체를 다 말하지는 못하였으나 또한 말하지 않은 것도 아니다. 만일 그 여러 모양이 모두 코끼리가 아니지만 그것을 떠나서도 다시 따로 코끼리가 없다. 위대한 여러분. 임금은 여래ㆍ정변지를 비유한 것이고, 신하는 방등의 『대열반경』에 비유함이며, 코끼리는 불성에 비유함이며, 맹인들은 모든 무명 중생에게 비유하였다." (T12n0374_p0556a08~21, 『大般涅槃經』 卷第三十二, 「師子吼菩薩品」 第十一之六. 참조.)

中亦能殺人亦能活人. 殺人須得殺人刀, 活人須得活人句. 作麼生是殺人刀活人句?
道得底出來對衆道看. 若道不得, 即辜負平生."

僧問: "己事未明, 以何爲驗?" 曰: "鬧市裡打靜椎." 云: "意旨如何?" 曰: "日午
點金燈."2371)

또 대중에게 열어 보이셨다.
"선종 선사들의 혈맥2372)은 범부이기도 하고 성인이기도 하며, 용수보살과
마명보살이며, 천당과 지옥이며 끓는 솥과 타오르는 쇳물이고 소머리 옥졸
이며, 삼라만상과 해 · 달 · 별들과 다른 국토와 이 땅이며, 유정과 무정입
니다."

손으로 한 획을 죽 그으셨다.

말씀하셨다.
"이 선종에 함께 들어오면 이 선종의 문중에서는 사람을 죽이기도 하고
또한 사람을 살리기도 합니다.
사람을 죽이는 데는 반드시 사람을 죽이는 칼이 있어야 하며, 사람을 살리
는 데는 반드시 사람을 살리는 구(句)가 있어야 합니다.
어떤 것이 사람을 죽이는 칼이며 사람을 살리는 구(句)이겠습니까?
말할 수 있는 이는 나와서 대중에게 말하여 보시오.
만일 말하지 못하면 곧 평생을 저버린 것이 될 것입니다."

한 스님이 여쭈었다.
"자기의 일을 밝히지 못하였다면 무엇으로써 체험할까요?"
말씀하셨다.
"시끄러운 저잣거리에서 가만가만 몽치를 쳐라.2373)"

2371) 『聯燈會要』 卷第十二, X79n1557_p0105a24~b11. 『古尊宿語錄』 卷第二十二, 「汝州葉縣廣
　　教省禪師語錄」, X68n1315_p0151b13~19, c05~10, c19~20. 『五燈會元』 卷第十一, X80n1565_
　　p0235b02~07, 13~18. 참조.
2372) 血脈(혈맥) : 선종(禪宗)에서는 조사들로부터 전해져 내려가는 종지(宗旨)가 있다. 이것을 사
　　람의 핏줄이 부모에게서 자식으로 대대로 이어져 가는 것에 비유하여 혈맥이라고 한다.
2373) 打靜椎(타정추) : 절에서 행사 전에 유나가 몽치나 다듬잇 방망이를 쳐서 대중을 안정시키는
　　것을 말한다. 선원에서는 잠잘 때나 좌선할 때 유나가 신호를 알리려고 죽비나 방망이를 쳐서

말했다.
"어떤 뜻입니까?"
말씀하셨다.
"한낮에 황금 등을 밝혀라."

311. 진정극문眞淨克文

真淨和尙, 示眾, 云: "洞山門下有時和泥合水, 有時壁立千仞. 你諸人擬向和泥合水處見洞山? 洞山且不在和泥合水處. 擬向壁立千仞處見洞山? 洞山且不在壁立千仞處. 擬向一切處見洞山? 洞山且不在一切處. 你不要見洞山. 鼻索在洞山手裏, 擬瞌睡也把鼻索一掣. 只見眼孔定動又不相識也. 不要你識洞山, 且識得自己也得." 2374)

진정 극문스님2375)이 대중에게 열어 보이셨다.
"이 동산의 문하에서는 어떤 때는 화니합수(和泥合水)2376)하고 어떤 때는 벽립천인(壁立千仞)2377)합니다.
여러분들은 화니합수(和泥合水) 자리에서 이 동산을 보려 합니까? 이 동산은 여기 화니합수(和泥合水) 자리에 있지 않습니다.
벽립천인(壁立千仞) 자리에서 이 동산을 보려고 합니까? 이 동산은 더욱이

소리를 내는 것을 말한다. 타정(打靜), 타추(打椎), 타침(打砧) 등은 다 같은 말이다.
2374) 『聯燈會要』 卷第十四, X79n1557_p0124c23~0125a05. 『五燈會元』 卷第十七, X80n1565_p0355b07~13. 『古尊宿語錄』 卷之四十二, 「寶峰雲庵眞淨禪師住筠州聖壽語錄」 一, X68n1315_p0277c21~0277c21~0278a03. 참조.
2375) 眞淨克文(진정극문) : 분양선소(汾陽善昭)-석상초원(石霜楚圓)-황룡혜남(黃龍慧南)-진정극문(眞淨克文). 1025-1102. 주131) 참조.
2376) 和泥合水(화니합수) : 화니화수(和泥和水), 타니대수(拖泥帶水), 타니섭수(拖泥涉水), 입니입수(入泥入水) 등과 같은 말이다. 진흙에 섞이고 물에 섞인다. 자비를 실행하여 세속의 중생들과 완전히 화합하는 것으로 제이의문(第二義門)이다. 화부조면(和麩糶麪)[밀기울을 뒤집어쓰고 밀가루를 팖]과 같은 의미로서 선사들이 학인들에게 접화(接化)의 가르침을 펴면서 제이의문(第二義門)에 의지하여 권교(權巧)의 방편을 사용하는 것을 말함.
2377) 壁立千仞(벽립천인) : 벽립만인(壁立萬仞)과 같은 뜻으로 천 길의 낭떠러지에 선다는 뜻이다. 깨달음을 이룬 이가 마음을 명백히 밝혀 스스로 주(主)가 되어 일체의 의의(依倚)를 끊어 진속(塵俗)을 초탈한 기개와 경계를 말한다.

벽립천인(壁立千仞) 자리에 있지 않습니다.

　일체의 자리에서 이 동산을 보려 하는 것입니까? 이 동산은 게다가 일체의 자리에도 있지 않습니다.

　여러분은 이 동산을 보려고 할 필요가 없습니다.2378)

　코뚜레 줄은 이 동산의 손 안에 있으니, 졸려고 하면2379) 코뚜레 줄을 잡고 한 번 당겨버립니다.

　다만 눈을 깜박이면 더욱 더 서로 알지 못하게 됩니다.

　여러분은 이 동산에게서 알려고 할 필요가 없고, 도리어 자기에게서 알아내어야 합니다.”

312. 보복청활保福淸豁

　保福豁和尚, 僧問: “家貧遭劫時如何?” 曰: “不能盡底去.” 云: “為甚麼不能盡底去?” 曰: “賊是家親.” 云: “既是家親, 為甚麼翻成家賊?” 曰: “內既無應, 外不能為.” 云: “忽然捉敗功歸何所?” 曰: “賞亦未曾聞.” 云: “恁麼則勞而無功.” 曰: “功則不無, 成而不處.” 云: “既是成功, 為甚麼不處?” 曰: “不見道? 太平本是將軍致, 不許將軍見太平.”2380)

　妙喜曰: “絲來線去, 弄精魂.”

　보복 청활스님2381)께 어떤 스님이 여쭈었다.

2378) 不要(불요) : ~할 필요가 없다. =불수(不須), 불필(不必). ~하지 말라. ~해서는 안 된다. 그만둬라.

2379) 瞌睡(갑수) : 몹시 피로하여 졸리다. 졸다.

2380) 『景德傳燈錄』 卷第二十二, T51n2076_p0384b07~14. 『聯燈會要』 卷第二十六, X79n1557_p0231a02~08. 『五燈會元』 卷第八, X80n1565_p0178a24~b07. 참조.

2381) 保福淸豁(보복청활) : 덕산선감(德山宣鑑)-설봉의존(雪峰義存)-수룡도부(睡龍道溥)-보복청활(保福淸豁). 복주(福州)의 영태(永泰) 출신으로 어려서부터 총민하였다. 고산(鼓山)의 흥성국사(興聖國師)에게서 머리를 깎고 수계한 뒤에 대장산(大章山) 계여(契如) 암주(庵主)를 참례하였다가 후에 수룡선사(睡龍禪師)를 참문하여 법을 이었다. 스님이 세상을 떠날 때가 다가옴에 대중처소를 떠나 산으로 들어가서 멸도를 기다리다가 저계(苧谿)의 돌다리를 건너면서 노래를 하였다. “세상 사람들이여. 가는 길 험하다고 말하지 마소./ 새길 양의 창자 같아도 바로 지척이라네./ 저계의 개울녘 물이여, 안녕./ 너는 너른 바다로, 나는 산으로. (世人休說路行難, 鳥道羊腸咫尺間. 珍重苧谿谿畔水, 汝歸滄海我歸山.)” 이후 귀계로 가서 암자를 짓고는 곧 제자들에게 말하였다. “내가 가고나면 몸뚱어리는 벌레들에게 나누어 주어라. 탑이나 무덤에는 절대로 두지마라.”

"집은 가난한데 강도를 만났을 때는 어떠합니까?"
말씀하셨다.
"깡그리 털어가지는 못한다."
말했다.
"어째서 몽땅 가져가질 못합니까?"
말씀하셨다.
"강도가 집안의 어른이다."
말했다.
"바로 집안의 어른인데 어째서 집안 내부의 도적으로2382) 바뀌었을까요?"
말씀하셨다.
"안에서 곧 응하지 않으면 밖에선 어찌 할 수가 없어서이지."
말했다.
"별안간 붙잡히면2383) 공은 누구에게2384) 돌아갑니까?"
말씀하셨다.
"보상은 일찍이 들어보지도 못했다."2385)
말했다.
"이러하다면 힘써봤자 공이 없겠군요."
말씀하셨다.
"공은 곧 없지 않겠지만 이루었다 해도 차지할 자리가 없다."2386)
말했다.
"이미 공을 이루었는데 왜 차지할 자리가 없단 말입니까?"
말씀하셨다.
"듣지 못하였느냐? 태평은 본래 장군이 이루어 내지만 장군은 태평을 누

말을 마치고 호두산에 들어가서 반석에 앉은 채로 입적하였다. 제자 계인이 산에 들어갔다가 우
연히 시신을 발견하고 유언에 따라 일주일간을 두었지만 벌레가 전혀 끼지 않았다.

2382) 家賊(가적) : 집안 내부의 적. 집안 내부의 간인(奸人).
2383) 捉敗(착패) : 붙잡혀 행적이 들통 나다.
2384) 何所(하소) : 무엇. 어느 곳. 누구.
2385) 이 문답은 『오등회원』 8권에서는 약간 다르게 나온다. "여쭈었다. '홀연히 붙잡혔을 땐 어떻
　　습니까?' 스님이 말씀하셨다. '안팎으로 소식이 끊겼다.' 여쭈었다. '붙잡힌 후 공은 누구에게 돌
　　아갑니까?' 스님이 말씀하셨다. '보상은 일찍이 들어보지도 못하였구나.'"(X80n1565_p0178b03
　　~04, 『五燈會元』卷第八. "曰 : '忽然捉敗時如何?' 師曰 : '內外絶消息.' 曰 : '捉敗後功歸何所?'
　　師曰 : '賞亦未曾聞.'")
2386) 不處(불처) : 차지하여 갖지 않다. 편히 살지 못하다. 멈추지 않다.

리질 못한다."2387)

묘희스님이 말씀하셨다.
"얽히고설키어 복잡하게 하여2388) 쓸데없이 정신을 피로하게 하는구나.2389)"

313. 녹문담鹿門譚

鹿門譚和尙, 僧問: "如何是實際理地?" 曰: "南贍部洲, 北鬱單越." 云: "恁麽則事同一家." 曰: "隔須彌在."2390)

녹문 담스님2391)께 어떤 스님이 여쭈었다.
"어떤 것이 실제 이(理)의 영역입니까?"
말씀하셨다.
"남섬부주2392)와 북울단월2393)이지."

2387) 太平本是將軍致 不許將軍見太平(태평본시장군치 불허장군견태평) : '치(致)'는 '정(定)'으로도 쓴다. 군주가 되면 자질이 출중한 장군들이 천하를 평정해 주기를 바라지만 막상 천하가 평정되어 태평해지면 그 뛰어난 장군들이 도리어 모반을 꾀할까 두려워하게 된다고 한다. 그래서 천하가 평정되면 곧장 그 장군들을 제거해버리는 것이 권력의 세계이다. 유방을 도와 한나라를 세운 일등공신인 한신대장군이 토사구팽당한 고사를 통해 이 격언이 만들어진 것으로 보이지만 누가 말한 것인지 알려진 것이 없다.

2388) 絲來線去(사래선거) : 일이 얽히고설키어 복잡하게 되다.

2389) 弄精魂(농정혼) : 허망한 짓을 하여 쓸데없이 정신을 피로하게 하다. 망상을 떨다. =농정신(弄精神), 농요정(弄妖精).

2390) 『景德傳燈錄』 卷第二十三, T51n2076_p0395a27~29. 『五燈會元』 卷第十四, X80n1565_p0283b20~22. 참조.

2391) 鹿門譚(녹문담) : 동산양개(洞山良价)-조산본적(曹山本寂)-녹문처진(鹿門處眞)-녹문담(鹿門譚). 오대(五代) 조동종스님으로 법명은 지행(志行)스님이다. 녹문 처진스님의 법을 잇고 후에 양주(襄州)의 녹문산(鹿門山)에 주석하였다.

2392) 南贍部洲(남섬부주) : 수미산 남쪽에 있는 섬. ⓈJambudvipa. 남염부제(南閻浮提)라고도 함. 여기는 16개의 대국(大國)과 500개의 중국(中國)과 10만 개의 소국(小國)이 있으며 이곳의 사람들이 누리는 기쁨은 동쪽과 북쪽보다는 못하지만 부처님들이 출현하는 곳은 바로 이 남섬부주뿐이라고 한다. 여기는 섬부수(贍部樹)라는 나무가 있는데 그 아래에 훌륭한 금(金)이 나서 그 이름을 섬부단금(贍部檀金)이라고 한다. 이 금(金)의 이름을 따서 남섬부주(南贍部洲)라고 이름 지었다고 함. 이곳은 원래 인도를 가리키는 말로 쓰이다가 후에 인간세계를 나타내게 되었다.

2393) 北鬱單越(북울단월) : 북구로주(北俱盧洲)라고도 함. ⓈUttarakuru. 鬱多羅究留(울다라구류). 승생(勝生), 승처(勝處), 최승(最勝), 최상(最上) 등으로 번역되었다. 수미산 북쪽에 위치해 있는

말했다.
"이러하다면 사(事)와 함께 일가를 이룬 것이겠습니다."
말씀하셨다.
"수미산에 막혀 있구나."

314. 덕산선감德山宣鑑

德山和尚, 示衆, 云: "於己無事則勿妄求. 妄求而得之亦非得也. 汝但於心無事,
無事於心, 則虛而靈空而妙. 若毫端許言之本末者, 皆爲自欺. 毫釐繫念, 三塗業
因, 瞥爾情生, 萬劫覊鎖. 聖名凡號盡是虛聲. 殊相劣形皆爲幻色. 汝欲求之, 得無
累乎? 及其厭之, 又成大患, 終而無益."[2394]

덕산 선감스님[2395]이 대중에게 열어 보이셨다.
"자기에게 일이 없으려면 터무니없이 구하지 말아야 합니다. 터무니없이
구하여 얻었다 할지라도 얻은 것이 아닙니다.
여러분은 다만 일에 마음이 없고 마음에 일이 없으면,[2396] 곧 맑으면서도
신령스럽고[2397] 텅 비었으면서 미묘할 것입니다.
하지만 만일 털끝만치라도 처음과 끝을 말한다면, 다 스스로를 속이는 것
이 됩니다.
털오라기 만큼이라도 생각이 걸리면 삼악도의 업의 원인이 되며, 한 순
간[2398]이라도 정(情)[2399]이 일어나면 만겁에 얽매이게 됩니다.

대륙이다.
2394) 『景德傳燈錄』 卷第十五, T51n2076_p0317c10~15. 『聯燈會要』 卷第二十, X79n1557_p017
  2b07~12. 『五燈會元』 卷第七, X80n1565_p0142c15~21. 참조.
2395) 德山宣鑑(덕산선감) : 석두희천(石頭希遷)-천황도오(天皇道悟)-용담숭신(龍潭崇信)-덕산선감
  (德山宣鑑). 782~865. 주454) 참조.
2396) '어심무사(於心無事)'가 '무심어사(無心於事)'라야 맞을 듯하다. 『전등록』 23권과 『연등회요』
  20권, 『오등회원』 7권 등에서는 "여러분은 다만 마음에 일이 없고 일에 마음이 없으면,"이라고
  나온다. (T51n2076_p0317c11, 『景德傳燈錄』 卷第二十三. "汝但無事於心, 無心於事," X79n15
  57_p0172b08, 『聯燈會要』 卷第二十. "但無事於心, 無心於事." X80n1565_p0142c17, 『五燈會
  元』 卷第七. "無事於心, 無心於事.")
2397) 虛而靈(허이령) : 일체의 잡생각이 없이 맑고 고요하며 신령한 마음을 말한다.
2398) 瞥爾(별이) : 갑자기, 돌연. =별지(瞥地).
2399) 情(정) : 혼탁한 망념.

성스럽다는 말이나 범속하다는 말도 다 헛된 소리일 뿐입니다.
뛰어난 모습과 하천한 몰골도 모두 다 환상의 모습일 뿐입니다.
여러분이 그것을 구한다면 어찌2400) 근심이 되지 않겠습니까?
만일 그것을 싫어한다면 또한 크게 우환이 될 것이니, 마침내 아무런 이익
도 없을 것입니다."

315. 대주혜해大珠慧海

大珠和尙, 示眾, 曰: "諸人幸自好箇無事人. 苦死造作要擔枷落
獄作麼? 每日至夜奔波道, '我參禪學道, 解會佛法.' 如此轉無交
涉也. 只是逐聲色走, 有何歇時? 貧道聞江西和尙道. '汝自家寶
藏一切具足, 使用自在, 不假外求.' 我從此一時休去. 自己財寶隨
身受用, 可謂快活. 無一法可取, 無一法可捨, 不見一法生滅相,
不見一法去來相, 徧十方界無一微塵許不是自家寶藏. 但自子細觀察自心. 一體三
寶常自現前. 無可疑慮, 莫尋思莫求覓. 心性本來淸淨. 故『華嚴經』云: '一切法不
生, 一切法不滅. 若能如是解, 諸佛常現前.' 又『淨名經』云: '觀身實相, 觀佛亦
然.' 若不隨聲色動念, 不逐相貌生解, 自然無事去. 莫久立. 珍重." 大眾久而不散,
珠曰: "諸人何故在此不去? 貧道已對面相呈, 還肯休麼? 有何事可疑? 莫錯用心枉
費氣力. 若有疑情一任諸人恣意早問."

대주 혜해스님2401)이 대중에게 열어 보이셨다.
"여러분들은 다행히도 스스로 저 일없는 사람을 좋아합니다. 그런데 한사
코2402) 일부러 지어내어서 칼을 쓰고 지옥에 떨어지려 하는 것은 왜 그럴
까요?
매일 밤이 되면 우르르 다니면서2403) '나는 선(禪)을 참(參)이며, 도(道)를
자각하고, 불법을 안다'고들 말하는데, 이와 같이 하게 되면 더욱더 교섭할

2400) 得(득) : 어찌 ~하겠는가?
2401) 大珠慧海(대주혜해) : 조계혜능(曹溪慧能)-남악회양(南嶽懷讓)-마조도일(馬祖道一)-대주혜해
    (大珠慧海. 주64) 참조.
2402) 苦死(고사) : 한사코. 기어코. 죽도록.
2403) 奔波(분파) : 분주하다. 바쁘게 뛰어다니다.

수가 없습니다.

그야말로 소리와 모습만 좇을 뿐이니, 쉴 때가 언제 있겠습니까?

내가 강서화상이 말씀하시는 것을 들은 적이 있습니다.

'너의 자신의 집안에 보배창고가 모두 갖추어져 있어서 자유자재롭게 사용할 수 있으니, 밖을 의지해서 구하지 마라'2404)고 하셨습니다.

나는 이로부터 단번에 쉬어버리고 내 자신의 보배를 몸에 따라 받아썼으니 쾌활하다고 이를 만합니다.

한 법도 취할 수가 없고, 한 법도 버릴 수가 없으며, 한 법의 생멸하는 모습도 볼 수 없고, 한 법의 오고 가는 모습도 볼 수 없으며, 시방세계에 두루 한 티끌이라도 자기 보배창고 아님이 없습니다.

다만 스스로 자신의 마음을 자세히 관찰하기만 하십시오. 일체삼보(一體三寶)2405)가 항상 저절로 앞에 드러날 것입니다.

의심하여 염려할 것이 없으니, 깊이 생각하지도 말고, 구하여 찾지도 마십시오.

마음의 성품은 본래 청정합니다. 그렇기에 『화엄경』에서 말씀하셨습니다.

'일체 법이 나오지도 않고,
일체 법이 멸하지도 않네.
만일 이와 같이 알게 되면
모든 부처님들께서 항상 앞에 나투신다네.'2406)

2404) 『전등록』 6권 '월주 대주사 혜해선사' 편에 나오는 글이다. "스님이 드디어 절을 올리고 여쭈셨다. '어떤 것이 이 혜해의 집안의 보배 창고입니까?' 마조스님이 말씀하셨다. '바로 지금 나에게 물음이 너의 보배 창고지. 일체가 다 갖추어져 있어 조금도 모자람이 없이 자유자재롭게 쓰고 있는데 어찌 밖을 의지하여 찾아 구하느냐?' 스님이 말끝나자마자 본래 마음은 아는 것에 말미암지 않음을 알아버리셨다." (T51n2076_p0246c13~16, 『景德傳燈錄』 卷第六. "師遂禮拜問曰: '阿那箇是慧海自家寶藏?' 祖曰: '卽今問我者, 是汝寶藏. 一切具足更無欠少. 使用自在, 何假向外求覓?' 師於言下, 自識本心不由知覺.")

2405) 一體三寶(일체삼보) : 동체삼보(同體三寶) 또는 동상삼보(同相三寶)라고도 한다. 삼종삼보(三種三寶)의 하나. 진여법신(眞如法身)의 3측면으로 보는 삼보(三寶)를 말한다. 곧 법신에 갖추어져 있는 원만한 불성(佛性)은 불보(佛寶)라 하고, 그 불(佛)의 여여(如如)한 법의 궤범(軌範)을 법보(法寶)라고 하며, 삼계일가(三界一家)로서의 중연(衆緣)이 화합(和合)된 덕상(德相)을 승보(僧寶)로 보는 것을 말한다. 여기서는 불보에 법보와 승보가 갖추어져 있고 법보에 불보와 승보가 갖추어져 있으며 승보에 불보와 법보가 갖추어져 있어 삼보가 서로서로 상즉상입(相卽相入)한다. 이에 상대되는 것으로 별상삼보(別相三寶)가 있다.

또 『정명경』에서 말씀하셨습니다.

'(내) 몸의 실상을 보듯이, 부처님도 또한 그렇게 봅니다.'[2407]

만일 소리와 모양을 따라 생각을 움직이지 않고, 용모와 태도에 따라 분석해 내지 않으면 스스로 그러하여 일이 없을 것입니다.

늦도록[2408] 오래 서 있게 하였습니다. 잘들 가십시오."

그런데 대중이 오래도록 흩어지지 않으니, 스님이 말씀하셨다.

"여러분. 왜 여기서 떠나지 않는 것입니까? 나는 얼굴을 마주 대하자마자 벌써 드러내 주었는데,[2409] 어찌[2410] 쉬기를 바라는 것입니까?

무슨 의심할 만한 일이라도 있는 것입니까?

마음을 그릇 써서 기력을 쓸데없이 낭비하지 마십시오. 만일 그래도 의정(疑情)이 있다면 여러분은 마음대로 어디 한번 물어보시오."

時有僧問: "云何是佛, 云何是法, 云何是僧, 云何是一體三寶?" 曰: "心是佛, 不用將佛求佛. 心是法, 不用將法求法. 佛法無二, 和合為僧, 即是一體三寶. 『經』云: '心佛與眾生, 是三無差別.' 身口意清淨, 名為佛出世, 三業不清淨, 名為佛滅度. 喻如嗔時無喜, 喜時無嗔, 唯是一心, 實無二體, 本智法爾, 無漏現前. 如虵化為龍不改其鱗, 眾生回心作佛不改其面. 性本清淨不待修成, 有證有修即同增上慢者. 真空無滯應用無窮, 無始無終. 利根頓悟用無等等, 即是阿耨菩提. 心無形相即是微妙, 色身無相即是實相法身, 性相體空即是虛空無邊身, 萬行莊嚴即是功德法身. 此法身者乃是萬化之本, 隨處立名. 智用無盡, 名無盡藏, 能生萬法, 名本法

2406) 60 『화엄경』「보살운집묘승전상설게품」에 나오는 게송이다. (T09n0278_p0442b12~13, 『大方廣佛華嚴經』「菩薩雲集妙勝殿上說偈品」第十. "一切法無生, 一切法無滅. 若能如是解, 諸佛常現前.")

2407) 『유마경』「견아촉불품」에 나오는 법문이다. (T14n0475_p0554c29~0555a01, 『維摩詰所說經』「見阿閦佛品」第十二. "維摩詰言: '如自觀身實相, 觀佛亦然.'")

2408) 莫(막) : 늦다. 시간이 끝나가다. 저물다.

2409) 對面相呈(대면상정) : 적면상정(覿面相呈)과 같은 말이다. 직접 대면하여 서로 나타냄. 선기(禪機)에 대면하여 일체의 언어지해(言語知解)를 초월하여 본분을 만남. 선기(禪機)를 보이는 이는 선법(禪法)의 근본을 곧장 가리키고 선기(禪機)에 응하는 이는 본래면목을 몰록 드러냄. 바로 그 자리서 기봉을 드러냄. '상(相)'은 어조사로 동사 앞에 쓰여서 상대에게 어떤 동작을 행한다는 것을 나타낸다.

2410) 肯(긍) : 어찌. ~하기를 바라다.

藏, 具一切智, 名智慧藏, 萬法歸如, 名如來藏.『經』云: '如來者, 卽諸法如義.' 又云: '世間一切生滅法, 無有一法不歸如也.'"

그때 한 스님이 여쭈었다.

"어떤 것이 부처님이며, 어떤 것이 법이며, 어떤 것이 승가이며, 어떤 것이 일체삼보(一體三寶)입니까?"

말씀하셨다.

"마음이 부처님이니, 부처님으로써 부처님을 구하지 마라. 마음이 법이니, 법으로써 법을 구하지 마라. 부처님과 법이 둘이 없어서 화합함이 승가이니, 이것이 일체삼보(一體三寶)이다.

『경』에 말씀하셨다.

'마음과 부처님과 뭇삶, 이 셋은 차별이 없다.'2411)

몸과 입과 뜻이 청정하면 부처님께서 세상에 나셨다 하고, 몸과 입과 뜻이 청정치 않으면 부처님께서 열반에 드셨다고 한다.

비유하면 마치 화가 났을 때에는 기쁨이 없고 기쁠 때에는 화냄이 없듯이 오직 한마음 뿐 실재로 두 마음이 없음과 같으니, 본래부터 지니고 있는 지혜 그대로이며2412) 무루(無漏)2413)가 바로 지금 눈앞에 그대로 드러나 있다.

마치 뱀이 변하여 용이 되더라도 비늘은 바꾸지 않는 것과 같이, 뭇삶이 마음을 돌이켜 부처님일 때에는 그 모습을 바꾸지 않는다.

성품이 본래부터 청정하므로 닦아서 이룸을 필요로 하지2414) 않으므로, 증득할 것이 있고 수행할 것이 있다고 한다면 증상만(增上慢)2415)의 사람이다.

진공(眞空)2416)은 막힘이 없으면서 응하여 나타내는 미묘한 작용이 한이

2411) 60『화엄경』「야마천궁보살설게품」의 여래림보살(如來林菩薩)의 게송이다. (T09n0278_p0465c29, 『大方廣佛華嚴經』「夜摩天宮菩薩說偈品」第十六. "心佛及衆生　是三無差別")

2412) 法爾(법이) : ⓢdharmatā, sāmīcī. 이(爾)는 연(然)과 같다. 임운(任運), 자연(自然), 천연(天然), 자이(自爾), 법연(法然), 법이자연(法爾自然) 등과 같은 뜻. '법 그렇게' '법 그대로' '스스로 그러히' '있는 그대로' '본래' '자연스럽게' 등의 뜻.

2413) 無漏(무루) : 번뇌가 없는 청정 무여열반을 말한다.

2414) 待(대) : 필요로 하다. 기대다, 의지하다. 용인하다. 갖추다. ~하려고 하다.

2415) 增上慢(증상만) : 성도(聖道)를 이루지도 못하고서 얻었다고 잘난체하는 아만심(我慢心).

없어2417) 시작도 없고 끝마침도 없다.

근기가 뛰어난 이가 돈오(頓悟)하여 무등등(無等等)2418)을 쓰면 즉각 아누보리(阿耨菩提)2419)다.

그리고 마음이 형상이 없으면 곧 미묘함이며, 색신이 상(相)이 없으면 곧 실상(實相)의 법신이요, 성(性)과 상(相)의2420) 체(體)가 공(空)하면 곧 허공무변신(虛空無邊身)이요, 만행(萬行)으로 장엄하면 곧 공덕의 법신이다.

이 법신은 세상의 모든 일과 사물2421)의 근원이면서도 처소에 맞추어 이름을 세운다. 따라서 지혜의 작용을 다함이 없기에 무진장(無盡藏)이라 하고, 온갖 법을 내므로 본법장(本法藏)이라 하고, 일체의 지혜를 갖추었으므로 지혜장(智慧藏)이라 하고, 온갖 법이 여여(如如)로 돌아가므로 여래장(如來藏)이라고 한다.

『경』에 말씀하시기를, '여래라 함은 모든 법의 여여한 이치'2422)라고 하셨다.

또 말씀하시기를, '세간의 온갖 생멸하는 법은 여여함으로 돌아가지 않는 것이 없다'2423)고 하셨다."

維摩座主問: "『經』云: '彼外道六師等是汝之師, 因其出家, 彼師所墮, 汝亦隨墮. 其施汝者, 不名福田, 供養汝者, 墮三惡道. 謗於佛, 毁於法, 不入眾數, 終不得滅

2416) 眞空(진공) : 진공묘유(眞空妙有)의 줄임말.
2417) 應用無窮(응용무궁) : 응용무변(應用無邊)이라고도 한다. 부처님이 뭇삶들의 감(感)에 응현(應現)하는 묘용(妙用)이 무애(無涯)하고 자유자재(自由自在)하여 시간과 공간을 따라 나투지 않음이 없는 것을 말한다.
2418) 無等等(무등등) : ⓢAsamasama. 아사마사마(阿娑摩娑摩). 부처님을 가리키는 말로 부처님의 십호(十號) 가운데 하나이다.
2419) 阿耨菩提(아누보리) : ⓢanuttara-samyak-saṃbodhi. 아누다라삼먁삼보리(阿耨多羅三藐三菩提)의 줄임말이다. 무상정등정각(無上正等正覺)으로 번역한다. '耨'는 奴(누)와 沃(우어)을 반절한 음이므로 '녹' 또는 '누'로 읽는다. '藐'은 彌(미)와 略(루에)을 반절한 음으로 '막' 또는 '뮤에'로 읽는다.
2420) 性相(성상) : 성(性)은 불변(不變)·평등(平等)·절대(絶對) 진실의 본체나 도리, 사물 그 자체. 상(相)은 변화(變化)·차별(差別)·상대(相對)의 현상적인 모습. 법상종에서는 성은 원성실성(圓成實性)의 진여라 하고, 상은 의타기(依他起)의 만법이라 한다.
2421) 萬化(만화) : 온갖 변화, 만물의 변화. 대자연, 세상의 모든 일과 사물.
2422) 구마라집(鳩摩羅什) 역의 『금강반야바라밀경』에 나오는 구절이다. (T08n0235_p0751a26~27, 『金剛般若波羅蜜經』. "如來者卽諸法如義")
2423) 어느 경문인지 알 수가 없다.

度. 汝若如是, 乃可取食.’ 今請禪師明爲解說.” 珠曰: “迷徇六根者, 號之爲六師,
心外求佛, 名爲外道. 有物可施, 不名福田, 生心受供, 墮三惡道. 汝若能謗於佛
者, 是不著佛求, 毀於法者, 是不著法求, 不入眾數者, 是不著僧求, 終不得滅度
者, 智用現前. 若有如是解者, 便得法喜禪悅之食.”

『유마경』을 강의하는 좌주가 여쭈었다.
“『경』에 말씀하시기를, ‘외도의 여섯 스승들을 그대의 스승으로 삼고 그로
인해 출가하였으므로 그 스승들이 떨어지는 곳에 그대도 역시 따라서 떨어
져야 합니다. 그대에게 보시하여도 그것은 복전이 된다고 할 수 없으므로,
그대에게 공양하는 이는 세 가지 나쁜 길에 빠져야 합니다. 부처님을 비방
하고 법을 훼손하고 승가에 들지 못해야 하고, 마침내 열반을 얻지 말아야
합니다. 이렇게 할 수 있어야 밥을 먹을 수 있습니다.’2424) 라고 하셨는데,
이제 선사께서 명백하게 설명해 주십시오.”

스님께서 대답하셨다.
“미(迷)하여 육근(六根)에 따라 다니는 이들을 여섯 스승이라 하고, 마음
밖에서 부처를 구하는 것을 외도(外道)라 한다. 보시할 물건이 있으면 복전
이라 할 수 없고, 마음을 내어 공양을 받으면 삼악도에 떨어진다.

자네가 만일 부처님을 비방할 수 있다면 부처를 구함에 집착하지 않는 것
이요, 법을 비방할 수 있다면 법을 구함에 집착하지 않는 것이요, 승가에
들지 않는다면 승가를 구함에 집착하지 않는 것이요, 마침내 열반에 들지
않는다는 것은 지혜의 작용이 바로 지금 드러난 것이다.
만일 이와 같이 아는 이가 있다면, 곧 법희선열(法喜禪悅)2425)의 음식을

2424) 『유마경』「제자품」에서 요약하여 질문한 것이다. (T14n0475_p0540b29~c12, 『維摩詰所說
經』「弟子品」第三. “彼外道六師, …… 是汝之師, 因其出家, 彼師所墮, 汝亦隨墮. …… 其施汝
者不名福田, 供養汝者, 墮三惡道. …… 謗諸佛, 毀於法, 不入衆數, 終不得滅度. 汝若如是乃可取
食.”)
2425) 法喜禪悅(법희선열) : 법희식(法喜食) 또는 선열식(禪悅食)이라고도 한다. 법희(法喜)는 법을
듣거나 체험함으로써 우러나오는 지극한 기쁨을 말하고 선열(禪悅)은 선정 속에서 우러나오는
지극한 기쁨을 말한다. 법을 듣거나 선정에 들어가서 지극한 열락의 경지에 들어가면 선근이 증
장되고 혜명(慧命)을 더욱 더 도와주는 결과를 낳으므로 마치 음식을 먹음으로써 몸을 기르고
생명을 유지시키는 결과를 만들어내는 것에 비유한 것이다.

얻을 것이다."

又問: "『般若經』云: '度九類衆生, 皆入無餘涅槃.' 又云: '實無衆生得滅度者.' 此兩段經文如何通會? 前後人說皆云: '實度衆生而不取衆生相.' 常疑未決, 請師為說." 曰: "九類衆生, 一身具足, 隨造隨成. 是故無明為卵生, 煩惱包裹為胎生, 愛水浸潤為濕生, 欻起煩惱為化生. 悟即是佛, 迷號衆生, 菩薩只以念念心為衆生, 若了念念心體俱空, 名度衆生也. 智者於自本際上度於未形, 未形既空, 即知實無衆生得滅度者."2426)

또 여쭈었다.

"『반야경』에 말씀하시기를, '아홉 종류의 뭇삶2427)을 제도하여 모두 열반에 들게 한다' 하셨고, 또 말씀하시기를, '실제로는 뭇삶이 열반에 든 이가 없다'2428)라고 하셨습니다.

그런데 이 두 가지 경전의 말씀을 어떻게 잘 알 수 있겠습니까?

앞과 뒤 사람들 대부분이 말하기를, '실제로 뭇삶을 제도하더라도 뭇삶의 상(相)을 취하는 것은 아니다' 라고 하는데 항상 의심이 풀리지] 않습니다. 스님께서 설명해 주십시오."

대답하셨다.

"아홉 종류의 뭇삶이 한 몸에 갖추어져 있는데, 짓는 데 따라서 이루어지는 것이다.

따라서 무명(無明)은 난생이 되고, 번뇌에 싸인 것은 태생이 되고, 애욕의 물에 젖은 것은 습생이 되고, 홀연히2429) 번뇌를 일으키는 것은 화생이 된다.

2426) 『景德傳燈錄』 卷第二十八, T51n2076_p0440c20~0444a27. 참조.
2427) 九類衆生(구류중생) : 『금강경』에서 뭇삶이 태어나는 형태별로 아홉 범주로 나눈 것이다. 곧 난생(卵生)·태생(胎生)·습생(濕生)·화생(化生)·유색(有色)·무색(無色)·유상(有想)·무상(無想)·비유상비무상(非有想非無想)의 아홉이다.
2428) 구마라집이 번역한 『금강반야바라밀경』에 나오는 경문이다. (T08n0235_p0749a06~10, 『金剛般若波羅蜜經』. "所有一切衆生之類, 若卵生若胎生若濕生若化生若有色若無色若有想若無想若非有想非無想, 我皆令入無餘涅槃而滅度之. 如是滅度無量無數無邊衆生, 實無衆生得滅度者.")
2429) 欻起(홀기) : 느닷없이 일어나다. 번쩍하고 일어나다. 언뜻 일어나다. 갑자기 일어나다. 홀연히 일어나다.

깨달으면 부처님이요 미(迷)하면 뭇삶이니, 보살이 그야말로 찰나 찰나의 마음으로 뭇삶을 그려내므로 찰나 찰나의 마음과 체(體)가 함께 공함을 깨달으면 뭇삶을 제도하는 것이라고 한다.

지혜로운 이는 스스로의 근본 자리[2430] 위에서 아직 형성되지 않은 것[2431]을 제도하는데, 아직 형성되지 않은 것이 공하다면 실제로는 뭇삶이 열반에 든 이가 없음을 알 수 있다."

316. 운문문언雲門文偃

雲門拈起拄杖, 擧敎, 曰: "凡夫實謂之有, 二乘析謂之無. 緣覺謂之幻有, 菩薩當體即空. 衲僧見拄杖但喚作拄杖, 行但行, 坐但坐, 總不得動著."
妙喜曰: "苦瓠連根苦, 甜瓜徹蒂甜."[2432]

운문 문언스님[2433]이 주장자를 잡으시고는 가르침을 인용하여 말씀하셨다.
"'범부는 실제로 있다고 알고, 이승은 분석하여 없다고 안다. 연각은 환幻으로 있음이라고 알고 보살은 당체(當體)[2434]가 곧 공(空)이다'고 하였다.
하지만 납자들은 주장자를 보면 그저 주장자라고 부르고, 걸으면 단지 걷고, 앉으면 단지 앉아서 전혀 움직이지 않는다."

묘희스님이 말씀하셨다.
"쓰디쓴 오이는 뿌리까지 쓰고 달콤한 참외는 꼭지까지 달다."[2435]

2430) 本際(본제) : 제(際)는 곳, 장소. 끝, 가. 속, 안. 진제(眞際) 또는 실제(實際)라고도 함. 근본의 자리. 실제의 자리. 참됨의 자리.

2431) 未形(미형) : 아직 형성되지 않음. 아직 사건의 기미나 조짐이 나타나지 않음.

2432) 『聯燈會要』 卷第二十四, X79n1557_p0207b13~15. 『禪門拈頌集』 卷第二十五, K46-0410, 1089則.『五燈會元』 卷第十五, X80n1565_p0305c11~13. 『古尊宿語錄』 卷第十六, 「雲門匡眞禪師廣錄」 中, X68n1315_p0101c19~22. 참조.

2433) 雲門文偃(운문문언) : 용담숭신(龍潭崇信)-덕산선감(德山宣鑑)-설봉의존(雪峰義存)-운문문언(雲門文偃). 864~949. 주94) 참조.

2434) 當體(당체) : 본체(本體)를 곧장 가리키는 말이다.

2435) 이 화(話)에 대한 대혜스님의 염송과 시중법문이 있다. "궁전 자물쇠 잘라서 열고/ 옥 누각 종을 쳐서 울리네./ 온갖 풀에는 이슬 맺히고/ 한결같은 솔엔 바람의 노래."(T47n1998Ap0854 a25~26, 『大慧普覺禪師語錄』 卷第十. "剔開金殿鎖, 撞動玉樓鐘. 泣露千般草, 吟風一樣松.")

"'나는 운문 노인처럼 허공에 굴을 뚫지는 않으리라.' 별안간 주장자를 들어 올리셨다. 말씀하셨다. '주장자는 유(有)에도 속하지 않고 무(無)에도 속하지 않고, 환(幻)에도 속하지 않고, 공(空)에도 속하지 않습니다.' 한 번 치고 세우셨다. 말씀하셨다. '범부와 이승과 연각과 보살이 모두 여기에서 제각기 근성에 따라 다 받아쓰지만 오직 납자의 분상에서는 해가 되고 원수가 되어, 가려 해도 갈 수가 없고 앉으려 해도 앉을 수가 없습니다. 한 걸음 나아가면 주장자에 의해 길머리를 미(迷)해 헤매고, 한 걸음 물러서면 주장자에 의해 콧구멍을 꿰일 것입니다. 지금 달갑게 여기지 않는 이는 없습니까? 어디 나와서 주장자와 만나 보십시오. 만일 없다면 내년에 다시 새로운 가지가 돋아나도 머리를 어지럽히는 봄바람에 끝내 쉬지 못할 것입니다.'" (T47n1998Ap0837c27~0838a06, 『大慧普覺禪師住江西雲門菴語錄』 卷第七. "我不似雲門老人將虛空剜窟籠.' 驀拈拄杖. 云:'拄杖子不屬有不屬無. 不屬幻不屬空.' 卓一下. 云:'凡夫二乘緣覺菩薩, 盡向這裏, 各隨根性, 悉得受用, 唯於衲僧分上, 爲害爲冤, 要行不得行, 要坐不得坐. 進一步則被拄杖子迷卻路頭, 退一步則被拄杖子穿卻鼻孔. 只今莫有不甘底麼? 試出來與拄杖子相見. 如無來年更有新條在, 惱亂春風卒未休.'")

正法眼藏 卷第二之下
정법안장 제2권의 하

徑山大慧禪師 · 宗杲 · 集幷著語
경산대혜선사 종고 모으시고 아울러 착어하심

後學 黃葉庵 沙門 智舷 校閱
후학 황엽암 사문 지현 교열함

317. 영천귀인靈泉歸仁

靈泉仁和尚, 僧問: "如何是祖師意?" 曰: "仰面獨揚眉, 回頭自拍手." 問: "如何是和尚家風?" 曰: "騎牛帶席帽, 過水著靴衫."2436)

영천 귀인스님2437)께 한 스님이 여쭈었다.
"어떤 것이 조사의 뜻입니까?"
말씀하셨다.
"얼굴을 위로 젖혀 그저 눈썹을 추어올리고, 고개를 돌려 그냥 박수를 친다."

2436) 『景德傳燈錄』 卷第二十, T51n2076_p0368a25~28. 『聯燈會要』 卷第二十五, X79n1557_p02
  221b06~08. 『五燈會元卷第十三, X80n1565_p0279a01~03. 참조.
2437) 靈泉歸仁(영천귀인) : 운암담성(雲巖曇晟)-동산양개(洞山良价)-소산광인(疎山匡仁)-영천귀인
  (靈泉歸仁). 오대(五代) 후당(後唐)의 조동종계(曹洞宗系) 스님이다. 소산 광인스님의 법을 잇고
  낙경(洛京) 장수(長水) 영천(靈泉)에 주석하였다.

여쭈었다.

"어떤 것이 스님의 가풍입니까?"

말씀하셨다.

"석모(席帽)2438)를 쓴 채 소를 타고, 화삼(靴衫)2439)차림으로 물을 건넌
다."

318. 대안산성大安山省

大安山省和尚, 僧問: "離四句絶百非, 請和尚道." 曰: "我王庫內無如是刀." 問:
"重重關鎖, 信息不通時如何?" 曰: "爭得到遮裏?" 云: "到後如何?" 曰: "彼中事
作麼生?" 問: "如何是眞中眞?" 曰: "十字街頭泥佛子."2440)

대안 산성스님2441)께 어떤 스님이 여쭈었다.

"사구(四句)2442)를 떠나고 백비(百非)2443)를 끊음을 스님께서 말씀해 주십
시오."

말씀하셨다.

2438) 席帽(석모) : 등나무 줄기로 만들어 가장자리가 아래로 처진 삿갓 모양의 모자.

2439) 靴衫(화삼) : 당나라 개원(開元)[713~741]과 천보(天寶)[742~756] 연간에 어가(御駕)를 따르
던 궁녀들이나 고관의 부인들이 말을 탈 때에 입던 옷차림새.

2440) 『景德傳燈錄』 卷第二十, T51n2076_p0368b12~16. 『聯燈會要』 卷第二十五, X79n1557_p0
221b10~15. 『五燈會元』 卷第十三, X80n1565_p0279c15~18. 참조.

2441) 大安山省(대안산성) : 운암담성(雲巖曇晟)-동산양개(洞山良价)-소산광인(疎山匡仁)-대안산성
(大安山省). 그의 행록은 알려진 것이 없으나 『경덕전등록』 20권 · 『연등회요』 25권 · 『어선역
대선사어록』 전집하(前集下)에 그의 기록이 보인다. '대안아왕(大安我王)' 공안이 있다.

2442) 四句(사구) : 사구분별(四句分別)을 말한다. 존재에 관한 네 가지의 분류법이다. 존재를 규정
하는 데 있어 네 범주로 고찰하는 논법이다. 곧 단단구비(單單俱非)로서 제 1구(句)[A이다]는 단
(單), 제 2구(句)[A는 아니다]는 단(單), 제 3구(句)[A이고 비(非)A이다]는 구(俱), 제 4구(句)[A도
아니고 비(非)A도 아니다]는 비(非)로 분류하고 해석한다.

2443) 百非(백비) : 일(一) · 비일(非一) · 역일역비일(亦一亦非一) · 비일비비일(非一非非一)과, 이(異)
· 비이(非異) · 역이역비이(亦異亦非異) · 비이비비이(非異非非異)와, 유(有) · 비유(非有) · 역유역비
유(亦有亦非有) · 비유비비유(非有非非有)와, 무(無) · 비무(非無) · 역무역비무(亦無亦非無) · 비무
비비무(非無非非無)의 16가지를 과거 현재 미래에 곱하면 48이 되고, 여기에다 이기(已起)와 미
기(未起)에 곱하면 96이 되며, 여기에다 일(一) · 이(異) · 유(有) · 무(無)의 근본 비(非) 네 가지를
더하면 100이 된다. 이 백 가지를 모두 비(非)라 하는 것을 백비(百非)라고 한다.

"나의 왕실 창고 안에는 이러한 칼이 없다."2444)

여쭈었다.
"거듭거듭 문이 닫히고 자물쇠로 채워 소식이 통할 수 없을 땐 어떻게 합니까?"
말씀하셨다.
"어떻게 이 속에 이르렀느냐?"
말했나.
"이른 후엔 어떻게 합니까?"
말씀하셨다.
"그 속의 일은 어떠하냐?"

여쭈었다.
"어떤 것이 참 가운데 참입니까?"
말씀하셨다.
"네거리의 진흙부처님이지."

319. 녹문처진鹿門處眞

鹿門眞和尚, 僧問: "如何是和尚家風?" 曰: "有鹽無醋." "如何是道人?" 曰: "口似鼻孔." 云: "忽遇客來如何祇待?" 曰: "柴門草戶謝汝經過." 問: "如何是禪?" 曰: "鸞鳳入鷄籠." 云: "如何是道?" 曰: "藕絲牽大象." 問: "劫壞時, 此箇還壞也無?" 曰: "臨崖看滸眼, 特地一場愁." 問: "如何是和尚轉身處?" 曰: "昨夜三更, 失却枕

2444) 『대반열반경』 8권 「여래성품」에 나오는 '왕자의 보배 칼의 비유'다. "어떤 왕자와 가난한 사람이 친구가 되었는데 왕자가 좋은 칼을 가지고 있었다. 가난한 친구가 탐을 내었는데 어느 날 왕자가 외국으로 망명해 버렸다. 가난한 친구가 잠을 자다가 잠꼬대로 칼을 외쳐대니 이를 듣던 이웃사람이 임금에게 일러바쳐서 가난한 친구가 끌려갔다. 모든 사실을 털어놓았는데 임금이 그 칼의 모양을 물어보니 숫양의 뿔과 같다고 하였다. 그러자 왕이 '나의 왕실 창고에는 그런 칼이 없다'라고 하였다. 그 후로 네 명의 왕이 바뀌면서 칼에 대해 물어보았으나 한결같이 숫양의 뿔과 같은 모양이라고 한다. 후에 망명 갔던 왕자가 돌아와 임금이 되어 신하들에게 칼에 대해서 물어보니 그 모양을 말하는 것이 여러 가지로 다양하였다. 그래서 임금이 크게 웃으며 '아무도 나의 칼의 참 모습을 보지 못하였구나.'하였다." (T12n0374_p0412b17~p0413a01, 『大般涅槃經』 卷第八, 「如來性品」 第四之五. 『정법안장』1권 上, 주135) 참조.)

子."2445)

녹문 처진스님2446)께 한 스님이 여쭈었다.
"어떤 것이 스님의 가풍입니까?"
말씀하셨다.
"소금은 있는데 식초가 없어."
"어떤 것이 도인입니까?"
말씀하셨다.
"입이 콧구멍 같군."
말하였다.
"갑자기 손님이 찾아오면 어떻게 대답2447)하십니까?"
말씀하셨다.
"사립문과 거적문이라도 자네가 지나는 것은 사절하겠다."

여쭈었다.
"어떤 것이 선(禪)입니까?"
말씀하셨다.
"난새와 봉황이 닭장에 들어갔군."
"어떤 것이 도(道)입니까?"
말씀하셨다.
"연뿌리의 실로 큰 코끼리를 끌고 있구나."

여쭈었다.
"겁이 무너질 때에2448) '이것'도 무너집니까?"
말씀하셨다.

2445) 『景德傳燈錄』 卷第二十, T51n2076_p0364b12~26. 『聯燈會要』 卷第二十五, X79n1557_p02
    18c08~13. 『五燈會元』 卷第十三, X80n1565_p0274c13~0275a01. 참조.
2446) 鹿門處眞(녹문처진) ： 운암담성(雲巖曇晟)-동산양개(洞山良价)-조산본적(曹山本寂)-녹문처진
    (鹿門處眞). 오대후량(五代後梁) 때의 스님으로 조산 본적스님의 법을 잇고 양주(襄州) 녹문산(鹿
    門山) 화엄원(華嚴院)에 주석하였다.
2447) 祇待(지대) ： =응대(應待), 응대(應對). 대답하다. 응답하다. 접대하다. 응접하다.
2448) 『오등회원』 13권에서는 "겁의 불이 타올라 대천세계가 모두 무너질 때"라고 되어 있다.
    (X80n1565_p0274c22~23, 『五燈會元』 卷第十三. "劫火洞然, 大千俱壞")

"벼랑 끝에서 젖은 눈2449)으로 보다니, 공연히 한바탕 근심을 더하는구
나."

여쭈었다.
"어떤 것이 스님의 몸을 돌린 곳입니까?"
말씀하셨다.
"어젯밤 삼경에 베개를 잃어버렸구나."

320. 늑담문준泐潭文準

泐潭準和尚, 示眾, 云: "鑽珍珠解玉板却易看, 窟籠著楔却難.
月色和雲白, 松聲帶露寒即不問, 你諸人, 且道. 大目犍連共須
菩提, 商量箇甚麼事?" 良久. 云: "東家杓柄長, 西家杓柄短
."2450)

늑담 문준스님2451)이 대중에게 열어 보이셨다.
"진귀한 구슬을 꿰고 옥판2452)을 풀이하는 것은 오히려 쉬우나 틈새에 쐐
기를 박는 것은 정말로 어렵습니다.
'달빛이 구름과 어울려 환하고 이슬 머금은 솔잎에 이는 바람소리가 차운
것'2453)은 묻지 않겠지만 여러분들은 바로 여기 말해보시오.
대목건련과 수보리존자가 무슨 일을 상량(商量)했습니까?"

2449) 滸眼(호안) : 호(滸)는 물가. 회수(淮水)의 지류. 물가의 평평한 곳. 호안(滸眼)은 '젖은 눈'이
니 바른 안목이 아니다. "벼랑 끝에 다다라 호안으로 보는구나. 호(滸)는 곧 그대의 눈이다. 눈
속에는 참마음이 있으니, 참마음은 호안이 아니라네."(X69n1356_p0434c12, 『普菴錄』 卷之三,
「金剛隨機無盡頌」. "臨崖看滸眼. 滸即是你眼. 眼裏有真心, 真心非滸眼.") 『전등록』 20권에서는
호안(虎眼)으로 나온다. (T51n2076_p0364b24. "臨崖覷虎眼")
2450) 『續刊古尊宿語要』 第一集, X68n1318_p0365c22~24. 참조.
2451) 泐潭文準(늑담문준) : 석상초원(石霜楚圓)-황룡혜남(黃龍慧南)-운암극문(雲庵克文)-담당문준
(湛堂文準). 1061~1115. 주29) 참조.
2452) 玉板(옥판) : 윗면에 그림이나 글자가 있어 상서로움이나 길흉화복을 일러준다는 옥조각을
말한다.
2453) 황룡 혜남스님의 법문이다. (T47n1993_p0638a01, 『黃龍慧南禪師語錄續補』. "月色和雲白,
松聲帶露寒.")

한참 묵묵히 계셨다.

말씀하셨다.
"동쪽 집은 국자자루가 길고, 서쪽 집은 국자자루가 짧구나."

321. 동산수초洞山守初

洞山初和尚, 示眾, 云: "洞山遮裏尋常方丈內不似諸方. 一箇上來, 一箇下去, 啾啾唧唧地, 衷私說底禪道佛法. 盡是向你兄弟面前, 滿口說, 滿口道, 滿口拈提, 滿口欒揀. 無你左遮右掩處, 一時和底翻出. 諸禪德. 作麼生委悉? 汝試對眾道看. 譬如太末蟲處處泊得, 不能泊於火焰之上. 被佗諸方老禿, 甜唇美舌, 說作配當, 道遮箇是禪, 遮箇是道, 遮箇是菩提涅槃, 遮箇是真如解脫, 被丈二釘八尺楔, 楔在眼裏, 不知不覺, 乍到洞山遮裏, 不知是何說話. 會得麼? 直饒會得真如涅槃菩提解脫, 毫末無差, 也被條繩子於脚跟下繫却, 不得出離. 若是靈利衲僧, 一皴皴斷, 作箇脫灑衲僧. 豈不快哉! 若三皴兩皴皴不斷, 準前打入骨董社裏, 有甚麼出頭時? 洞山事不獲已, 傍地裏為你著力."2454)

동산 수초스님2455)이 대중에게 열어 보이셨다.
"이 동산의 여기는 언제나 방장실 안이 제방과는 같지 않습니다.
한 쪽에서는 이리 몰려오고2456) 한 쪽에서는 저리 몰려가면서,2457) 시끌시끌하게 조잘대며2458) 은밀히2459) 선(禪)과 도(道)와 불법(佛法)을 속닥거립니다.

2454) 『古尊宿語錄』 卷之三十八, 「襄州洞山第二代初禪師語錄」, X68n1315_p0249a04~16. 참조.
2455) 洞山守初(동산수초) : 덕산선감(德山宣鑑)-설봉의존(雪峰義存)-운문문언(雲門文偃)-동산수초(洞山守初). 910~990. 주95) 참조.
2456) 上來(상래) : 먼 곳에서 오다. 위로 올라오다.
2457) 下去(하거) : 가까운 데서 먼 데로 움직임. 위쪽에서 아래쪽으로, 높은 데서 낮은 데로 내려감.
2458) 啾啾唧唧(추추즉즉) : 어지럽게 섞여 나는 소리.
2459) 衷私(충사) : 내부에서 몰래, 은밀히. 내부의 사적인 비밀.

그런데 모두가 형제 여러분 바로 앞에서 장황하게[2460) 설명하고, 장황하
게 말하고, 장황하게 염제(拈提)[2461)하고, 장황하게 한데 모여 트집 잡습니
다.[2462)

그러다가 여러분에게 왼쪽으로 막아주고 오른 쪽으로 가려 줄 곳이 없으
면 일시에 말하기를 멈추었다가 다시 또 만들어 냅니다.[2463)

선덕여러분.
어떻게 상세히 설명해 보겠습니까?
여러분이 어디 한 번 대중에게 말해보십시오.

비유하자면 파리[2464)가 곳곳에 머무를 수 있으나, 불꽃 위에는 머무르질
못함과 같습니다.

저 제방의 늙어빠진 대머리 중들이 달콤한 입술과 화려한 혀놀림으로[2465)
지껄인 말을 익혀서는 아무 상관도 없는 것을 억지로 끌어다 붙여서[2466)
'이것이 선(禪)이다, 이것이 도(道)다, 이것이 보리(菩提)·열반(涅槃)이다, 이
것이 진여(眞如)·해탈(解脫)이다'라고 말하면서 12자의[2467) 못과 8자의 쐐
기를 눈 속에다 쑤셔 박은 채로 자신도 모르게 처음으로[2468) 이 동산의 여
기에 와서는 무슨 얘기를 하는지 알아먹지도 못합니다.

알겠습니까?

설사 진여(眞如)·열반(涅槃)·보리(菩提)·해탈(解脫)을 알았다고 하여도 털
끝만치도 어긋남이 없으며 밧줄[2469)에 두 발이 묶여버려 벗어날 수가 없습

2460) 滿口(만구) : 하는 말마다 모두, 말할 때마다. 장황하게.
2461) 拈提(염제) : 선종의 설법에서 옛 선사의 법문을 끄집어내어서 해석하고 비판함으로써 법좌
　　　를 끝맺는 일.
2462) 欒揀(난간) : 머리를 맞대고 한 군데 모여서 이것저것 비판하고 트집 잡는 것. '란(欒)'은 '단
　　　란(團欒)하게'의 뜻으로 다정하게 한데 모임. '간(揀)'은 가리다. 트집 잡다. 나무라다.
2463) 飜出(번출) : 다시 만들다. 역으로 이끌어 내다. 도리어 자아내다.
2464) 太末蟲(태말충) : 가장 꼴찌의 벌레, 곧 파리.
2465) 甜唇美舌(첨순미설) : 첨언미어(甛言美語)와 같은 말. 듣기 좋은 달콤한 말.
2466) 配當(배당) : 아무 상관이 없는 것을 억지로 끌어다 붙이다.
2467) 丈二(장이) : 1장 2척. 곧 12척.
2468) 乍(사) : 처음으로. 이제, 막. 바로, 마침. 갑자기, 잠시.

니다.

만일 영리한 납자라면 한 번 물고는 물어 끊어버려 완전히 초탈한2470) 납자가 될 것입니다.

어찌 통쾌하지 않겠습니까!

만일 두 번 물고 세 번 물어도2471) 끊어내지 못한다면 저 앞사람들과 부합하여2472) 다 낡아빠진2473) 사당2474) 안에나 들어가 버릴 것이니, 언제 벗어날 때가 있겠습니까?

이 동산이 사정이 부득이하여2475) 처지에 맞추어2476) 여러분을 위해 힘을 써보았습니다.”

322. 천동함계天童咸啓

天童啟和尚, 問伏龍和尚: “甚麼處來?” 曰: “伏龍來.” 曰: “還伏得龍麼?” 云: “不曾伏遮畜生.” 曰: “喫茶去.” 又簡大德問: “學人卓卓上來, 請師的的.” 曰: “我遮裏一屙便了, 有甚麼卓卓的的?” 云: “和尚恁麼答話, 更買草鞋行脚, 好.” 曰: “近前來.” 簡近前, 師曰: “只如老僧恁麼對, 過在甚處?” 簡無對, 師便打.2477)

천동 함계스님2478)이 복룡스님2479)께 물으셨다.

2469) 條繩子(조승자) : 명주로 만들어 새끼를 꼰 끈.
2470) 脫洒(탈쇄) : =탈쇄(脫灑). 초탈하다. 아무런 구애됨이 없이 자유롭다.
2471) 三敲兩敲(삼교량교) : 두세 번 물어뜯어. =양교삼교(兩敲三敲), 이교삼교(二敲三敲).
2472) 準(준) : 부합하다. 들어맞다. 본받다.
2473) 骨董(골동) : 진귀하고 오래된 물건. 시대에 뒤떨어진 지식. 진부한 내용, 문장.
2474) 社(사) : 조직, 단체. 사당.
2475) 不獲已(불획이) : 부득이(不得已)와 같은 말. 마지못하여, 하는 수 없이.
2476) 傍地(방지) : 傍(방)은 ~을 따라. ~을 좇아. ~에 맞추어. 地(지)는 처지, 경지, 입장. 따라서 방지(傍地)는 처지에 맞추어, 입장에 따라 등의 뜻이다.
2477)『景德傳燈錄』卷第十七, T51n2076_p0339a11~19. 참조.
2478) 天童咸啓(천동함계) : 약산유엄(藥山惟儼)-운암담성(雲巖曇晟)-동산양개(洞山良价)-천동함계(天童咸啓). 오대오월(五代吳越) 때의 스님으로 동산 양개스님의 법을 잇고 처음에 소주 보화산에 머물다가 후에 명주 천동산으로 옮겨 주석하였다.『전등록』11권에서는 경산감종(徑山鑑宗) [남악회양(南嶽懷讓)-마조도일(馬祖道一)-염관제안(鹽官齊安)-경산감종(徑山鑑宗)] 스님의 법사로도 기록되어 있으나 (T51n2076_p0281c15~16,『景德傳燈錄』卷第十一. “杭州徑山鑒宗大師法嗣三人 明州天童山咸啓禪師”) 17권에서는 목록에서 “11권 목록에는 있으나 전하지는 않는다” (T51n2076_p0334a18, “明州天童山咸啓禪師(十一卷有目無傳)”)고 되어 있고 이 함계(咸啓)스님

"어디서 오시오?"
말씀하셨다.
"복룡산에서 왔습니다."
말씀하셨다.
"용을 엎드리게 했나요?"
말씀하셨다.
"일찍이 이 축생을 엎드리게 한 적이 없습니다."
말씀하셨다.
"차 드시오."

또 간(簡) 대덕스님이 여쭈었다.
"학인이 탁탁(卓卓)2480)하게 찾아 왔으니, 스님께서 적적(的的)2481)하게 지시해 주십시오."
말씀하셨다.
"난 여기서 한 번 똥 누어 버렸는데 무슨 탁탁적적(卓卓的的)이냐?"
말했다.
"스님께서 이렇게 대답하시니, 다시 짚신을 사서 행각하시지요. 거참.2482)"
말씀하셨다.
"가까이 오렴."
간(簡) 대덕이 가까이 오니, 스님이 말씀하셨다.
"그런데 이 노승이 이렇게 대답한 것에 허물이 어디 있느냐?"
간(簡) 대덕이 대답을 못하자, 스님이 곧장 때리셨다.

편에서, "11권에 경산 감종스님 밑에도 수록되어 있는데, 왜 그럴까?" (T51n2076_p0339a19, 『景德傳燈錄』卷第十七. 〈十一卷又收在徑山鑒宗下何也?〉)라고 나온다.
2479) 伏龍一,二,三世(복룡일,이,삼세) : 도오원지(道吾圓智)-석상경저(石霜慶諸)-대광거회(大光居誨)-복룡일, 이, 삼세(伏龍一二三世). 복룡산(伏龍山) 스님인데, 『전등록』 17권에는 복룡산 주지 1세, 2세, 3세의 세 스님이 나온다. 세 스님 모두 이름과 행적을 알 수 없다. 여기서는 2세나 3세 스님일 것으로 추정된다.
2480) 卓卓(탁탁) : 특별히 뛰어난 모습. 우뚝 솟은 모양.
2481) 的的(적적) : 명백한 모양, 선명한 모양. 절절한 모양. 확실히.
2482) 好(호) : 불만이 섞인 듯한 말투. 나 원 참. 거 원 참. 아이고.

323. 북원통北院通

夾山, 示眾, 云: "坐斷主人公, 不落第二見." 北院通和尚, 出眾, 曰: "須知有一人不合伴." 山曰: "猶是第二見." 通掀倒禪牀, 山曰: "老兄作麼生?" 曰: "某甲舌頭爛却即向和尚道." 通異日又問曰: "'目前無法, 意在目前, 不是目前法, 非耳目之所到', 豈不是和尚語?" 山曰: "是." 通乃掀倒禪牀叉手立地, 山起來打一拄杖, 通便下去.

法眼云: "是佗掀倒禪牀何不便去, 須待夾山打一棒了去, 意在甚麼處?"2483)

협산 선회스님2484)이 대중에게 열어 보이셨다.2485)
"주인공을 꺼꾸러뜨리면2486) 제2견에 떨어지지 않습니다."
북원 통스님2487)이 대중 속에서 나와 말씀하셨다.
"오직 한 사람만이 도반이 되기에 합당치 않음을 반드시 아셔야 합니다."
협산스님이 말씀하셨다.
"이야말로 제2견이로군."
통스님이 선상을 흔들어 엎어버렸다.
협산스님이 말씀하셨다.
"노형은 어떠시오?"
말씀하셨다.

2483) 『景德傳燈錄』卷第十七, T51n2076_p0339b01~09. 『聯燈會要』卷第二十二, X79n1557_p01
96b20~c04. 참조.
2484) 夾山善會(협산선회) : 석두희천(石頭希遷)-약산유엄(藥山惟儼)-선자덕성(船子德誠)-협산선회
(夾山善會). 805~881. 주2226) 참조.
2485) 이 법문이 『전등록』 17권이나 『연등회요』 22권에서는 협산 선회스님의 법문으로 나오지만
『오등회원』 13권이나 『지월록』 18권과 『어선어록』에서는 동산 양개스님의 법문으로 되어 있다.
(T51n2076_p0339b01, 『景德傳燈錄』卷第十七. "益州北院通禪師, 在夾山時, 一日夾山上堂曰:
'坐斷主人公, 不落第二見.'" X79n1557_p0196b20, 『聯燈會要』卷第二十二. "師在夾山, 見示眾
云: '坐斷主人公, 不落第二見.'" X80n1565_p0272a01~02, 『五燈會元』卷第十三. "次叅洞山, 上
堂曰: '坐斷主人公, 不落第二見.'" X83n1578_p0600a22~23, 『指月錄』卷之十八. "次叅洞山,
山上堂曰: '坐斷主人公, 不落第二見.'" X68n1319_p0681a10, 『御選歷代禪師語錄』後集中. "師
叅洞山, 山上堂曰: '坐斷主人公, 不落第二見.'"
2486) 坐斷(좌단) : 차지하다. 자리 잡다. 바로 끊어버리다. 꺾어버리다. 꺼꾸러뜨리다.
2487) 北院通(북원통) : 약산유엄(藥山惟儼)-운암담성(雲巖曇晟)-동산양개(洞山良价)-북원통(北院
通). 오대후당(五代後唐) 때의 스님. 처음에 협산 선회스님을 참알하였으나 계합하지 못하고 동
산 양개스님을 참례하여 개오하고 그 법을 이었다. 후에 익주(益州) 북원(北院)에 주석하였다.
시호는 증진선사(證眞禪師)이다.

"저의 혀가 다 썩어 문드러지면 스님께 말씀드리겠습니다."

통스님이 다른 날에 또 물으셨다.
"'눈앞에 법이 없다는 것은 뜻이 눈앞에 있다는 것이지, 눈앞의 법이 아니기에 귀와 눈이 이를 바가 아니라'2488)고 한 것이 어찌 스님의 말씀이 아니겠습니까?"
협산스님이 말씀하셨다.
"맞소."
통스님이 이에 선상을 흔들어 뒤집어 엎어버리고는 차수하고 서 계시니, 협산스님이 일어나서 주장자로 한 대 때리시자, 통스님이 곧장 내려 가셨다.

법안 문익스님2489)이 말씀하셨다.
"그가 선상을 흔들 때 어찌 곧장 가버리지 않고 협산스님에게서 한 방을 얻어맞고서야 갔으니, 뜻이 어디 있을꼬?"

324. 육통원소六通院紹

六通紹和尙, 參涌泉. 一日燒畚歸, 泉問: "去甚麼處來?" 曰: "燒畚來." 泉云: "火後事作麼生?" 曰: "鐵蛇鑽不入."2490)

육통원 소스님2491)이 용천 경흔스님2492)을 참례하셨다.

2488) 협산스님의 시중법문이다. (T51n2076_p0323c26~27, 『景德傳燈錄』 卷第十五. "師又曰: '目前無法, 意在目前. 不是目前法, 非耳目所到.'")
2489) 法眼文益(법안문익) : 설봉의존(雪峰義存)-현사사비(玄沙師備)-나한계침(羅漢桂琛)-법안문익(法眼文益). 885-958. 주481) 참조.
2490) 『景德傳燈錄』 卷第十七, T51n2076_p0343a24~28. 『聯燈會要』 卷第二十五, X79n1557_p0217b16~17. 『五燈會元』 卷第六, X80n1565_p0133c23~0134a01. 참조.
2491) 六通院紹(육통원소) : 도오원지(道吾圓智)-석상경저(石霜慶諸)-용천경흔(湧泉景忻)-육통원소(六通院紹). 태주(台州)[절강성(浙江省) 임해(臨海)] 용천 경흔스님을 참알하고 입실하여 종지를 깨달은 후 육통원(六通院)에 주석하니 많은 납자들이 모여들었다. 후에 여름을 쉬기 위해 천태산(天台山) 화정봉(華頂峰)에 들어간 이후 소식이 없었다고 함.
2492) 湧泉景忻(용천경흔) : 약산유엄(藥山惟儼)-도오원지(道吾圓智)-석상경저(石霜慶諸)-용천경흔

하루는 화전을 일구고[2493) 돌아오시니, 용천스님이 물으셨다.
"어딜 갔다 오느냐?"
말씀하셨다.
"화전을 일구고 오는 길입니다."
용천스님이 말씀하셨다.
"불 지르고 난 후는 어떠냐?"
말씀하셨다.
"무쇠 뱀이 뚫어도 들어가지 못합니다."

325. 운개지한雲蓋志罕

雲蓋罕和尙, 僧問: "如何是嶽頂浪滔天?" 曰: "文殊正作鬧." 云: "正作鬧時如何?" 曰: "不向機前展大悲."[2494)

운개 지한스님[2495)께 한 스님이 여쭈었다.
"어떤 것이 높은 산꼭대기의 물결이 하늘까지 차고 넘치는 것입니까?"
말씀하셨다.
"문수보살이 마침 야뇨(惹鬧)를 부리시는 거지.[2496)"

(湧泉景忻). 『전등록』 17권에서는 흔(忻)이 흔(欣)으로 되어 있다. 천주(泉州) 선유(僊遊) 사람이다. 백운산(白雲山)에서 수행을 하다가 석상 경저스님의 가르침을 받고 단구(丹丘)의 용천사(涌泉寺)에 주석하였다. '용천기우화(涌泉騎牛話)'가 유명하다. "강(疆)과 덕(德)이라는 두 선객이 길을 가다가 경흔스님이 소를 타고 가는 것을 보고도 알아보질 못하였다. 그리곤 말했다. '발굽과 뿔은 아주 분명한데 어째서 소를 탄 이는 감변하지를 않을까?' 경흔스님은 소를 몰고서 가 버렸다. 두 선객이 나무 그늘에 쉬면서 차를 끓이고 있었다. 스님이 되돌아오는 길에 소에서 내려 두 선객에게 다가가서 인사를 하고는 함께 앉아 차를 마셨다. 그리고는 스님이 물었다. '두 선객은 근래에 어디를 떠났소?' 말했다. '저쪽을 떠났소.' 스님이 말했다. '저쪽일은 어떻소?' 그들이 찻잔을 들어 올렸다. 스님이 말했다. '이것도 아직은 이쪽이요. 저쪽일이 어떻소?' 두 선객이 대답이 없었다. 스님이 말했다. '소를 탄 사람이 감변하지 않았다고 말하지 마시오. 쯧.'"
2493) 燒畬(소서) : 풀과 나무가 많은 산에 불을 놓아 밭을 만듦. 곧, 화전(火田)을 일굼.
2494)『景德傳燈錄』卷第十七, T51n2076_p0343b07~10.『聯燈會要』卷第二十五, X79n1557_p0217b23~c01.『五燈會元』卷第六, X80n1565_p0134a10~13. 참조.
2495) 雲蓋志罕(운개지한) : 도오원지(道吾圓智)-석상경저(石霜慶諸)-운개지원(雲蓋志元)-운개지한(雲蓋志罕). 담주(潭州)[호남성 장사] 운개산(雲蓋山) 지한스님이다. 상세한 것은 알려져 있지 않다.
2496) 作鬧(작뇨) : 생트집을 부리고 함부로 떠들어 댐. 야뇨(惹鬧)를 부림.

말했다.
"마침 야뇨를 부리실 땐 어떻습니까?"
말씀하셨다.
"기전(機前)2497)을 향하여 대비(大悲)를 펼치시진 않지."

326. 월주건봉越州乾峰

乾峯, 示眾, 云: "擧一不得擧二. 放過一著, 落在第二." 雲門出眾云: "昨日有人
從天台來, 却往徑山去." 峯云: "明日不得普請."
妙喜曰: "彼此揚家醜, 賴遇無傍觀者."2498)

월주 건봉스님2499)이 대중에게 열어 보이셨다.
"하나를 거(擧)2500)할 것이지 둘은 거(擧)하지 않아야 합니다. 하나를 버린
다면2501) 제22502)에 떨어집니다."

운문스님이 대중 속에서 나와 말씀하셨다.
"어제 어떤 사람이 천태2503)에서 와서는 경산2504)으로 갔습니다."

2497) 機前(기전) : 기선(機先)과 같은 뜻. 어떤 일이 일어나려는 그 직전을 말하는데, 선림(禪林)에
     서는 한 생각이 일어나기 전의 상태, 또는 한 마디의 말을 내뱉기 전의 상태를 형용하는 말로
     쓴다.
2498) 『禪門拈頌集』卷第二十二, K46-0357, 917則. 『五燈會元』卷第十三, X80n1565_p0272c03~
     05. 참조.
2499) 越州乾峰(월주건봉) : 약산유엄(藥山惟儼)-운암담성(雲巖曇晟)-동산양개(洞山良价)-월주건봉
     (越州乾峰). 당나라 말기 조동종계의 스님이나 생몰연대는 알려져 있지 않다. '건봉일로(乾峰一
     路)' '건봉일이(乾峰一二)' '건봉삼병(乾峰三病)' 등의 유명한 공안이 선림에 알려져 왔다.
2500) 擧(거) : 들다. 행하다. 말하다. 들먹이다.
2501) 放過一著(방과일착) : 하나를 버리다. 한 번 봐주다. 한 번 기회를 주다. 바둑에서 한 수 물
     려주다.
2502) 第二(제이) : 제이의(第二義) 또는 제이의문(第二義門). 차별문(差別門) 또는 방편문(方便門).
     제일의제(第一義諦)의 상대 용어.
2503) 天台(천태) : 절강성(浙江省) 천태현(天台縣) 북쪽에 있는 산이다. 천태종(天台宗)의 발원지로
     유명하다.
2504) 徑山(경산) : 절강성(浙江省) 여항현(餘杭縣)의 북서쪽에 있는 산이다. 산기슭에 있는 능인흥
     성만수사(能仁興聖萬壽寺)는 중국 다섯 산문의 하나이다. 임제선의 전문도량이며 경산사(徑山寺)
     라고도 불린다.

건봉스님이 말씀하셨다.
"내일은 보청(普請)2505)을 부치지 마시오."2506)

묘희스님이 말씀하셨다.
"피차에 집안의 추함을 드러냈다. 다행히 곁에서 보는 이가 없었구나
."2507)

2505) 普請(보청) : 선원(禪院)의 용어이다. 대중운력(大衆運力)을 말한다. 운력(運力)은 발음대로
 '울력'이라고도 한다.

2506) 전좌(典座)에게 말한 것이다. (X80n1565_p0272c05, 『五燈會元』 卷第十三. "師曰：'典座.
 來日不得普請.'")

2507) 『대혜선사어록』 4권과 6권에서 이 법문을 인용한 상당법어가 있다. "'하나를 거(擧)할 것이
 지 둘은 거(擧)하지 마라. 하나를 버리면 제2에 떨어진다.' 만약 밥을 먹고 배부른 줄 알고 물을
 마시고 목마름을 아는 납자라면, 내가 나와서 공연히 에돌 것도 없을 것입니다. 이미 이 운문이
 공연히 에도는 것을 허락지 않는다면, 지금 밥을 먹고 배부른 줄 알고 물을 마시고 목마른 줄
 아는 이가 있습니까? 설사 있다 해도, 역시 황룡산의 정령일 뿐입니다." (T47n1998Ap0826c27
 ~0827a02, 『大慧普覺禪師再住徑山能仁禪院語錄』 卷第四. "擧一不得擧二. 放過一着, 落在第二.
 若是箇喫飯知飽飲水知渴底衲僧, 不消雲門出來打箇之遶. 旣不許雲門打箇之遶, 只今還有喫飯知
 飽飲水知渴底麽? 直饒有也是黃龍精.") "건봉스님은 얼굴을 씻다가 코를 만졌고, 운문스님은 밥
 을 먹다가 모래를 씹었습니다. 두 사람이 갑작스레 서로 만나보니, 원래부터 틀림없이 오래된
 원수였습니다. 비록 이와 같으나 그저 노호가 알았다는 건 인정하지만, 노호가 이해하였다는 것
 은 인정할 수 없습니다." (T47n1998Ap0835b21~23, 『大慧普覺禪師再住徑山能仁禪院語錄』 卷
 第六. "乾峰洗面摸着鼻, 雲門喫飯咬着沙. 二人驀地相逢着, 元來卻是舊讎家. 雖然如是, 只許老
 胡知, 不許老胡會.")

327. 자명초원慈明楚圓

慈明和尚, 示眾, 云: "法身無相, 應物現形." 豎起拄杖. 云: "遮箇是拄杖, 阿那箇是法身? 遮箇葛藤且止, 僧堂佛殿, 穿入汝等諸人鼻孔裏去也. 四大海水, 在汝頭上, 海龍王在汝指甲下. 汝等還覺麼? 若覺去, 晝行三千, 夜行八百, 脚下煙生, 頭上火起. 若也不知, 饑來喫飯, 困來眠." 卓拄杖一下.2508)

자명 초원스님2509)이 대중에게 열어 보이셨다.
"법신은 상(相)이 없으면서 물(物)에 응하여 형체를 나툴 뿐입니다."2510)

주장자를 세우셨다.

말씀하셨다.
"이것은 주장자인데 어느 것이 법신입니까?
이것으로 갈등2511)하는 것은 우선 그만두고 큰방과 법당에서 여러분들 모두의 콧구멍을 뚫어 들어가야 할 것입니다.
사대해2512)의 물이 여러분의 머리 꼭대기에 있고 바다 용왕이 여러분의 발톱2513) 밑에 있습니다.

여러분은 알아차렸습니까?

2508) 『嘉泰普燈錄』 卷第二, X79n1559_p0294a21~b02. 참조.
2509) 慈明楚圓(자명초원) : 풍혈연소(風穴延沼)-수산성념(首山省念)-분양선소(汾陽善昭)-자명초원(慈明楚圓). 987~1040. 주245) 참조.
2510) 法身無相 應物現形(법신무상 응물현형) : 『금광명경』 2권과 『화엄경소』 10권에 나오는 말이다. "부처님의 참법신은 마치 허공과 같아 물(物)에 응하여 형체를 나투심이 마치 물속의 달과 같다."(T16n0663_p0344b03~04, 『金光明經』 卷第二, 「四天王品」 第六. "佛眞法身, 猶如虛空, 應物現形, 如水中月.") "법신은 색이 없되 물에 응하여 형체를 나툰다."(T35n1735_p0568a11, 『大方廣佛華嚴經疏』 卷第十. "法身無色, 應物現形")
2511) 葛藤(갈등) : 얽게 해서 도리어 풀려고 하는 것. 선가(禪家)에서 언어문자의 분별적인 수단으로써 학인을 지도하는 것을 갈등(葛藤)이라고 한다.
2512) 四大海(사대해) : 수미산의 사방에 있는 큰 바다.
2513) 指甲(지갑) : 손톱은 수지갑(手指甲)이라 하고 발톱은 각지갑(脚指甲)이라고 한다. 여기서는 발톱을 말함.

만일 알아차렸다면 낮에는 삼천리를 가고 밤에는 팔백리를 걸을 것이며
발밑에선 연기가 나고 머리 꼭대기에선 불이 일어날 것입니다.
만일 알지 못하였다면 배고프면 밥을 먹고 피곤하면 잠을 자십시오.”
주장자로 한 번 탁 치셨다.

328. 오석영관烏石靈觀

烏石觀和尙, 常閉門獨坐, 一日雪峯敲門便開. 峯扭住. 云: “是凡, 是聖?” 觀乃
唾. 云: “遮野狐精!” 推出復閉却門. 峯云: “也只要識老兄.”2514)

오석 영관스님2515)이 늘 문을 닫아걸고 홀로 앉아 계셨는데, 하루는 설봉
스님2516)이 문을 두드리시니 바로 여셨다.
설봉스님이 멱살을 잡아 비트셨다.2517)
말씀하셨다.
“범부요, 성인이요?”
영관스님이 침을 뱉으셨다.
말씀하셨다.
“이 여우요괴야!”
그리고는 설봉스님을 밖으로 밀쳐 내버리고 다시 문을 닫아 버리셨다.
설봉스님이 말씀하셨다.
“그냥 이렇게 노형을 알아 보려한 건데.”

2514) 『景德傳燈錄』 卷第十二, T51n2076_p0292c20~24. 『聯燈會要』 卷第八, X79n1557_p0080a
　　 20~22. 『五燈會元』 卷第四, X80n1565_p0102c21~24. 참조.
2515) 烏石靈觀(오석영관) : 마조도일(馬祖道一)-백장회해(百丈懷海)-황벽희운(黃檗希運)-오석영관
　　 (烏石靈觀). 복주(福州) 오석산(烏石山)의 설로봉(薛老峰) 또는 정묘산(丁墓山)이라고도 하는 곳
　　 에 주석하였다. 당시에 사람들이 노관화상(老觀和尙)이라고도 불렀다고 한다. 스님은 평소에 문
　　 을 꼭꼭 잠그고 있어서 사람들의 눈에 잘 띄지 않았으나 오직 신도 한 사람이 때마다 음식을
　　 넣어 드릴 때만 문을 열었다고 한다.
2516) 설봉의존(雪峰義存)스님이다. 雪峰義存(설봉의존) : 천황도오(天皇道悟)-용담숭신(龍潭崇信)-
　　 덕산선감(德山宣鑑)-설봉의존(雪峰義存). 822~908. 주193) 참조.
2517) 扭住(뉴주) : 멱살을 잡아 비틀어 버리다.

329. 쌍령현진雙嶺玄眞

雙嶺眞和尙, 問道吾: “無神通菩薩, 為甚麼足跡難尋?” 吾曰: “同道者方知.”
云: “和尙還知否?”曰: “不知.”云: “何故不知?”曰: “去! 不識我語.”2518)

쌍령 현진스님2519)이 도오 원지스님2520)께 물으셨다.
“신통력도 없는 보살인데 왜 족적을 찾기가 어렵습니까?”
도오스님이 말씀하셨다.
“도(道)가 같은 이라야 비로소 알지요.”
말씀하셨다.
“스님은 아십니까?”
말씀하셨다.
“몰라요.”
말씀하셨다.
“어째서 모르십니까?”
말씀하셨다.
“가시오. 나의 말을 알아듣지 못하는구먼.”

2518) 『景德傳燈錄卷第十, T51n2076_p0279b29~c03. 참조.
2519) 雙嶺玄眞(쌍령현진) : 남악회양(南嶽懷讓)-마조도일(馬祖道一)-염관제안(鹽官齊安)-쌍령현진
(雙嶺玄眞). 당나라 때의 스님. 홍주(洪州) 쌍령(雙嶺)에 주석하였다. 처음에 도오 원지스님을 참
알하였으나 계합하지 못하고 뒤에 염관 제안스님에게 참학하여 종지를 깨달았다.
2520) 道吾圓智(도오원지) : 청원행사(靑原行思)-석두희천(石頭希遷)-약산유엄(藥山惟儼)-도오원지
(道吾圓智). 769~835. 도오종지(道吾宗智)라고도 한다. 홍주(洪州) 예장(豫章) 해혼(海昏)[강서성
(江西省) 영수(永修)]출신이고, 속성은 장씨(張氏)이다. 어려서 열반화상(涅槃和尙)에게 의탁하여
가르침을 받고 계를 받았다. 이후 약산 유엄스님을 다년간 시봉하다가 심인(心印)을 깨닫고 법
을 이어 받았다. 여러 산들을 유력하다가 담주(潭州)[호남성(湖南省) 장사(長沙)] 도오산(道吾山)
에서 크게 선풍을 떨쳤다. 당문종(唐文宗) 태화(太和) 9년 세수 67세로 입적하였다. 시호는 수일
대사(修一大師)이다. 『낙도가(樂道歌)』가 남아 있다. 법사(法嗣)로 석상경저(石霜慶諸), 점원중흥
(漸源仲興), 녹청화상(祿淸和尙) 등이 있다.

330. 관남도오關南道吾

道吾和尚, 始於村墅, 聞巫者樂神云, 識神無, 師忽然省悟. 後參關南常和尚, 印其所解. 復遊德山門下. 凡上堂示徒, 戴蓮花笠, 披襴, 執簡, 擊鼓, 吹笛, 口稱魯三郞. 有時云: '打動關南鼓' '唱起德山歌'. 有問: "如何是祖師西來意?" 以簡揖. 云: "諾." 嘗問灌溪, 曰: "作麼生?" 溪云: "無位." 曰: "莫同虛空麼?" 云: "遮屠兒!" 曰: "有生可殺即不倦."[2521]

관남 도오스님[2522]이 예전에 시골 마을을 지나다가 무당이 신(神)을 찬미하면서 식신(識神)이 없다고 함을 들으시고 스님이 홀연히 깨달으셨다.

뒤에 관남 도상스님[2523]을 참례하시고 그 깨달음[2524]을 인가받으셨다.

그리고 다시 덕산스님의 문하로 가셨다.[2525]

대개 상당하여 대중에게 보이실 때는 연꽃 삿갓을 쓰고, 난삼(襴衫)[2526]을 입고, 수판(手板)[2527]을 쥐고, 북을 치고, 젓대를 불고, 입으로는 노삼랑((魯三郞)[2528]을 부르셨다.[2529]

그리고 어떤 때는 '관남의 북을 두드려라'거나, '덕산의 노래를 불러라'고

2521)『景德傳燈錄』卷第十一, T51n2076_p0288c04~17.『聯燈會要』卷第十, X79n1557_p0092 a19~23.『五燈會元』卷第四, X80n1565_p0106c06~20. 참조.

2522) 關南道吾(관남도오) : 마조도일(馬祖道一)-염관제안(鹽官齊安)-관남도상(關南道常)-관남도오 (關南道吾).

2523) 關南道常(관남도상) : 남악회양(南嶽懷讓)-마조도일(馬祖道一)-염관제안(鹽官齊安)-관남도상 (關南道常).

2524) 解(해) : 깨닫다. =오(悟). 통달하다.

2525)『전등록』 11권에서는 "법의 맛이 깊어졌다."라는 구절이 더 있다. (T51n2076_p0288c06. "復遊德山門下, 法味彌着.")『오등회원』 4권에서는 "법의 맛이 더욱 드러났다."라고 나온다. (X80n1565_p0106c08. "法味彌著")

2526) 襴(란) : 윗옷과 아래옷이 하나로 이어진 긴 옷의 아랫부분에 치마 모양으로 덧댄 단을 란 (襴)이라고 하는데 당송시대에는 주로 책을 읽는 선비들이 입었다고 한다. 요즈음 우리나라 스님들이 입는 장삼과 같은 것이다.

2527) 簡(간) : 여기서는 신하가 임금을 조현(朝見)할 때 두 손에 쥐는 홀(笏) 또는 수판(手板)을 말한다.

2528) 魯三郞(노삼랑) : 삼랑(三郞)은 신(神)의 이름으로 한무제에게 피살된 야랑국(夜郞國) 제후(諸侯)의 세 아들의 신(神)을 말한다.

2529)『오등회원』 4권에서는 여기에 몇 구절이 더 있다. "입으로는 노삼랑신을 부르고 '식신은 식신이 아니며 신은 허공 속으로부터 나오고 다시 허공 속으로 들어간다'하고는 곧바로 자리에서 내려가셨다." (X80n1565_p0106c09~10. "口稱魯三郞神, '識神不識神, 神從空裏來, 却往空裏去.' 便下座.")

말씀하셨다.

어떤 이가 여쭈었다.
"어떤 것이 조사께서 서쪽에서 오신 뜻입니까?"
수판(手版)으로 읍(揖)2530)을 하셨다.
말씀하셨다.
"예이."

일찍이 관계스님께2531) 물으셨다.
"어떠냐?"
관계스님이 말씀하셨다.
"지위가 없습니다."
말씀하셨다.
"허공과 같지 않으냐?"
말씀하셨다.
"이 백정 놈아!"
말씀하셨다.
"죽일 만한 생명이 있으면 권태롭진 않겠지."

331. 경산홍인徑山洪諲

徑山諲和尚, 僧問: "掩息如灰時如何?" 曰: "猶是時人功幹." 云: "幹後如何?"
曰: "耕人田不種." 云: "畢竟如何?" 曰: "禾熟不臨場."2532)

경산 홍인스님2533)께 한 스님이 여쭈었다.

2530) 揖(읍) : 인사하는 예법 가운데 하나로서, 두 손을 맞잡거나 홀(笏)을 들고 얼굴 앞으로 들고
　　는 허리를 앞으로 공손히 구부렸다가 펴면서 두 손을 내린다.
2531) 灌溪志閑(관계지한) : 백장회해(百丈懷海)-황벽희운(黃檗希運)-임제의현(臨濟義玄)-관계지한
　　(灌溪志閑). ?~895. 주368) 참조.
2532) 『景德傳燈錄』 卷第十一, T51n2076_p0284c18~21. 『禪門拈頌集』 卷第十五, K46-0247,
　　596則. 참조.
2533) 徑山洪諲(경산홍인) : 마조도일(馬祖道一)-백장회해(百丈懷海)-위산영우(潙山靈祐)-경산홍인

"푹 쉬어서2534) 재와 같을 때는 어떻습니까?"

말씀하셨다.

"아직도 요즘 사람에게 뛰어난 기량이2535) 있군."

말씀드렸다.

"노련하게 처리한2536) 후에는 어떻습니까?"

말씀하셨다.

"농부가 밭에다 씨를 뿌리지 않는다."

말씀드렸다.

"필경에는 어떻습니까?"

말씀하셨다.

"벼가 익었는데도 타작할 마당에 가지 않는다."

332. 양기방회楊岐方會

楊岐會和尚, 示眾, 云: "雪. 雪. 處處光輝明皎潔, 黃河凍鎖絕纖流. 赫日光中須迸裂. 須迸裂. 那吒頂上喫蒺藜, 金剛腳下流出血."

又示眾, 云: "踢著秤鎚硬似鐵, 啞子得夢向誰說? 須彌頂上浪滔天, 大洋海底遭火爇."2537)

(徑山洪諲). 절강성 오흥(吳興) 사람. 속성은 오씨(吳氏). 19세에 개원사(開元寺)의 무상(無上)스님에게서 머리를 깎았다. 22세에 숭악(崇嶽)으로 가서 구족계를 받고 돌아와 무상스님을 참례하니 무상스님이 물었다. "자네는 수행을 하는 가운데 무엇으로 네 가지 은혜에 보답하려느냐?" 홍인스님이 대답을 못하고 3일 동안이나 먹는 것도 잊고 있다가 마침내 무상스님을 하직하고는 행각을 떠났다. 다니다가 운암담성(雲巖曇晟)스님을 참알하였으나 계합하지 못하자 다시 위산영우(潙山靈祐)스님에게 참알하니 드디어 막혔던 모든 의심이 몰록 풀려 대오하였다. 당나라 무종(武宗)이 일으킨 회창(會昌)[841~846]법난(法難)을 만나 피신하였다가 대중(大中)[849~859] 초에 고향 서봉원(西峰院)으로 돌아왔다가 함통(咸通) 6년(865)에 경산(徑山)에 올라왔는데 이듬해에 무상스님이 입적하니, 대중이 뒤를 이으라고 하자 경산의 제3세가 되었으나(무상스님은 염관 제안스님의 법을 이었다.) 법은 위산 영우스님의 법을 이은 것으로 되었다. 광화(光化) 4년(901) 9월 28일에 입적하였다. 사호(賜號)는 법제대사(法濟大師)이다.

2534) 掩息(엄식) : 쉬다. 그치다. 숨이 멎다. 죽다. 막히고 가려져서 밝게 드러나지 못함.

2535) 功幹(공간) : 뛰어난 재능. 숙련된 기량. 노련한 수완. 타고난 재간.

2536) 幹(간) : 일하다. 처리하다. 숙련된 재능.

2537)『楊岐方會和尚語錄』, T47n1994Ap0642a04~08.『古尊宿語錄』卷第十九, X68n1315_p0125a02~06. 참조.

양기 방회스님2538)이 대중에게 열어 보이셨다.

"눈이 나리네. 눈이 나리네.
곳곳마다 광채가 밝고 맑은데,
꽁꽁 얼어붙은 황하는
실낱같은 흐름도 끊어졌다네.
밝은 햇살에 저절로2539) 갈라지누나.2540)
저절로 갈라져버렸네.
나타(那吒)2541)의 머리 꼭대기서 남가새 풀을 먹으니,
금강역사2542) 발밑에선 피가 난다네." 2543)

또 대중에게 열어 보이셨다.

"저울추를 밟으니 단단하기가 무쇠 같은데2544)
벙어리가 꾼 꿈을 누구에게 말을 할까요?
수미산 꼭대기엔 물결이 하늘까지 넘실대고,
큰 바다 밑바닥에서 뜨거운 불기운을 만난다네."2545)

2538) 楊岐方會(양기방회) : 수산성념(首山省念)-분양선소(汾陽善昭)-석상초원(石霜楚圓)-양기방회
    (楊岐方會). 996~1049. 주484) 참조.
2539) 須(수) : 저절로. 반드시.
2540) 迸裂(병렬) : 터지다, 갈라지다. 『양기어록』과 『고존숙어록』에서는 裂(렬)이 烈(렬)로 되어 있
    다. (T47n1994Ap0642a05. "赫日光中須迸烈". X68n1315_p0125a02~03. "赫日光中須迸烈")
2541) 那吒(나타) : ⑤Naṭa. 북방 비사문천왕(毘沙門天王)[다문천왕(多聞天王)이라고도 함]의 태자로
    얼굴이 셋이고 팔은 여덟 개를 가졌다. 매우 강력한 힘을 가지고 있으며 불법(佛法)을 수호하고
    수행자를 지키는 선신(善神)이다. 손에는 항상 금강장(金剛杖)을 들고 악(惡)의 무리를 찾아다닌
    다.
2542) 金剛(금강) : 금강역사(金剛力士) 또는 금강밀적(金剛密跡)을 말한다. 모든 손에 금강저(金剛
    杵)를 들고 불법을 보호하는 천신(天神)의 통칭이다.
2543) 『사가어록』과 『고존숙어록』에서는 법문 끝에 叅(참)이 있는데 여기서는 빠졌다. 법문 끝에
    던지는 한마디 기봉(機鋒)은 매우 중요하다. 함부로 빼버린다면 불구법문(不具法門)이 되고 만
    다. 아마도 교열하는 이가 빼버린 것으로 보인다. (T47n1994Ap0642a06, X68n1315_p0125a04
    . "金剛脚下流出血. 叅.")
2544) 석문 온총스님의 법문이다. "한 스님이 여쭈었다. '어떤 것이 고불의 마음입니까?' 스님이 말
    씀하셨다. '저울 추를 밟으니 단단하기가 무쇠 같군.'"(『禪門拈頌集』 卷第二十九, K46-0480,
    1347則. "讓州石門山蘊聰慈照大師, 因僧問: '如何是古佛心?' 師云: '踏著秤鎚硬似鐵.'")
2545) 위에서와 마찬가지로 법문 끝에 叅(참)이 빠져 있다. (T47n1994Ap0642a08, X68n1315_p01

333. 협존자脇尊者

 脇尊者, 問童子, 云: "汝從何來?" 曰: "我心非往." 祖云: "汝住何所?" 曰: "我心非止." 祖云: "汝不定耶." 曰: "諸佛亦然." 祖云: "汝非諸佛." 曰: "諸佛亦非."

 大愚芝云: "祖師一問, 童子一答, 總欠會在. 如今諸人作麼生會?"

妙喜曰: "直饒如今會得, 更參三生六十劫."[2546]

협존자[2547]께서 동자[2548]에게 물으셨다.

"너 어디서 왔니?"

말씀드렸다.

"저의 마음은 가는 것이 아닙니다."

조사께서 말씀하셨다.

"너 어디 사니?"

말씀드렸다.

"저의 마음은 멈추지 않습니다."

조사께서 말씀하셨다.

"너는 일정하질 않구나."

말씀드렸다.

"모든 부처님들도 역시 그러합니다."

조사께서 말씀하셨다.

 25a06. "大洋海底遭火爇. 叅.")

2546) 『景德傳燈錄』卷第一, T51n2076_p0209a22~26. 『宗鏡錄』 卷第九十七, T48n2016_p0938b 01~05. 『天聖廣燈錄』卷第三, X78n1553_p0431c02~05. 『建中靖國續燈錄』卷第一, X78n1556 _p0642b16~18. 『聯燈會要』 卷第一, X79n1557_p0019a10~13. 『禪門拈頌集』 卷第三, K46- 0041, 88則. 『五燈會元』卷第一, X80n1565_p0034b02~05. 참조.

2547) 脇尊者(협존자) : 바수밀(婆須蜜)-불타난제(佛陀難提)-복타밀다(伏馱蜜多)-협존자(脇尊者). 선 종 제10조이다. ⓢPārśva. 파율습박(波栗濕縛), 또는 파사(波奢)로 음역하였다. 중인도 사람으로 원래 이름은 난생(難生)이다. 복타밀다(伏馱蜜多) 존자를 만나 곁에서 시봉하면서도 결코 누워서 잠을 잔 적이 없어 겨드랑이를 바닥에 댄 적이 없다고 하여 협존자라 불리게 되었다고 한다. 카 니시카왕에게 권하여 가슴미라에다 500여 명의 비구들을 모아 세우(世友)와 함께 제4결집을 행 하였다.

2548) 선종(禪宗) 11대 조사인 부나야사(富那夜奢)의 어린 시절이다. ⓢPuṇyaśas. 덕칭(德稱), 또 는 명칭집산(名稱執散)이라고 번역되었다.

"너는 모든 부처님이 아니지."
말씀드렸다.
"모든 부처님들도 역시 아닙니다."2549)

대우 수지스님2550)이 말씀하셨다.
"조사께서 한 번 묻고 동자가 한 번 답하는 것이 모두 아는 것이 모자라는구나. 지금 여러분은 어떻게 알 것이냐?"

묘희스님이 말씀하셨다.
"설사 지금 알았다 하더라도 다시 3생 60겁을 참(參)2551)이어야 할 것이다."

2549) 『전등록』 1권에서는 '尊者(존자)'가 더 붙어 있다. "존자께서 말씀하셨다. '너는 모든 부처님이 아니다.' 말씀드렸다. '모든 부처님도 역시 존자가 아닙니다.'" (T51n2076_p0209a25~26. "尊者曰: '汝非諸佛.' 曰: '諸佛亦非尊者.'") 그러나 다른 모든 문헌에서는 '諸佛亦非(제불역비)'로만 나온다. (T48n2016_p0938b05, 『宗鏡錄』 卷第九十七. X78n1553_p0431c04~05, 『天聖廣燈錄』 卷第三. X78n1556_p0642b18~19, 『建中靖國續燈錄』 卷第一. X79n1557_p0019a13, 『聯燈會要』 卷第一. K46-0041, 『禪門拈頌集』 卷第三. X80n1565_p0034b04~05, 『五燈會元』 卷第一. K45-0600, 『大藏一覽集』 卷第十. "諸佛亦非.")
2550) 大愚守芝(대우수지) : 풍혈연소(風穴延沼)-수산성념(首山省念)-분양선소(汾陽善昭)-대우수지(大愚守芝) 주698) 참조.
2551) 叅(참) : 참(叅)은 머리 위에 밝은 별이 세 개 있는 모양으로 만들어진 지사(指事) 글자이다. 'ㅿ(사)'는 반짝이는 별을 나타내며 '㐱(진)'은 빽빽하다는 뜻이다. '아주 치밀하고 세밀하게 참여하다'는 뜻으로 만들어진 글자이다. 선가(禪家)에서는 '존재계(存在界)에 철저하게 참여함'이란 의미로 사용된다. 철저하게 참여하므로 일체의 유위(有爲)가 배제된다. 주384) 참조.

334. 약산유엄藥山惟儼

藥山, 問石頭: "三乘十二分教, 某甲粗知, 嘗聞南方直指人心見性成佛, 實未明了, 伏望和尙慈悲指示." 頭云: "與麽也不得, 不與麽也不得, 與麽不與麽總不得. 汝作麽生?"

山佇思, 頭云: "子因緣不在此. 江西有馬大師, 子往彼去. 應爲子說." 山至彼, 準前請問, 馬祖云: "我有時敎伊揚眉瞬目, 有時不敎伊揚眉瞬目, 有時敎伊揚眉瞬目者是, 有時敎伊揚眉瞬目者不是." 山於是有省, 便作禮, 馬祖曰: "子見箇甚麽道理?" 山云: "某甲在石頭時, 如蚊子上鐵牛." 祖曰: "汝旣如是, 宜善護持." 一日, 祖曰: "子近日作麽生?" 山曰: "皮膚脫落盡, 唯有眞實在." 祖曰: "子之所得, 可謂恊於心體, 布於四肢. 旣能如是, 將三條篾, 束取肚皮, 隨處住山去." 曰: "某甲又是何者, 敢言住山?" 祖曰: "不然. 未有長行而不住, 未有長住而不行. 欲益而無所益, 欲爲而無所爲. 宜作舟航, 莫久住此." 山於是禮辭, 再返石頭. 一日坐次, 石頭來見乃問: "汝在遮裏作甚麽?" 曰: "一物不爲." 頭云: "恁麽卽閑坐也." 曰: "若閑坐卽爲也." 頭云: "汝道不爲, 不爲箇甚麽?" 曰: "千聖亦不識." 頭乃有頌, 云: "從來共住不知名, 任運相將只麽行. 自古上賢猶不識, 造次凡流豈可明?"

妙喜曰: "物是實價, 錢是足陌."[2552]

약산 유엄스님[2553]이 석두 희천스님[2554]께 물으셨다.

"삼승 십이분교는 제가 조금 알고 있습니다만, 일찍이 남방에서 '곧장 사람의 마음을 가리켜서 성품을 드러내어 부처님을 이루게 한다'고 함을 들었는데, 아직 분명히 알아내질 못하였습니다. 스님께서 자비로 가르침을 주시기를 간절히 바랍니다."

석두스님이 말씀하셨다.

"이러해도 안 되고, 이러하지 않아도 안 되고, 이러하든지 이러하지 않든

2552) 『景德傳燈錄』 第十四, T51n2076_p0311b19~25. 『禪門拈頌集』 卷第五, K46-0076, 163則. 同卷第九, K46-0141~0142, 325則. 참조.

2553) 藥山惟儼(약산유엄) : 조계혜능(曹溪慧能)-청원행사(靑原行思)-석두희천(石頭希遷)-약산유엄(藥山惟儼). 751~834. 주713) 참조.

2554) 石頭希遷(석두희천) : 황매홍인(黃梅弘忍)-조계혜능(曹溪慧能)-청원행사(靑原行思)-석두희천(石頭希遷). 700-790. 주1121) 참조.

지 모두 안 된다. 자네는 어떠냐?"
 약산스님이 우두커니 생각에 잠기시자, 석두스님이 말씀하셨다.
 "자네는 여기에 인연이 없네. 강서에 마조대사가 계시니 거기로 가봐.
아마도 자네를 위해 말씀해 주실 거야."

 약산스님이 그리로 가서 앞에서처럼 질문을 드리니, 마조스님이 말씀하셨
다.
 "내가 어떨 땐 이것을 눈썹을 주어올리거나 눈을 깜박이게 하고, 어떨 땐
이것을 눈썹을 추어올리거나 눈을 깜박이게 하지 않게 하며, 어떨 땐 이것
을 눈썹을 추어올리거나 눈을 깜박이는 것이 옳다고 하게 하고, 어떨 땐 이
것을 눈썹을 추어올리거나 눈을 깜박이는 것이 옳지 않다고 하게 하지."
 약산스님이 이에 깨달으시고는 곧장 절을 올리니, 마조스님이 말씀하셨다.
 "자네는 무슨 도리를 알았느냐?"
 약산스님이 말씀하셨다.
 "제가 석두스님께 있을 때는 마치 모기가 무쇠 소 위에 오른 것 같았습니
다."
 마조스님이 말씀하셨다.
 "자네가 바로 이와 같으니, 잘 보호하여 지녀라."

 하루는 마조스님이 말씀하셨다.
 "자네는 요사이 뭐하나?"
 약산스님이 말씀하셨다.
 "피부가 다 떨어져 나가고 오직 진실만 남아 있습니다."
 마조스님이 말씀하셨다.
 "자네의 얻은 것이 마음의 본체에 화합하여 사지(四肢)로 퍼진다고 할 만
하구나. 바로 이와 같다면 세 가닥 대오리로 뱃가죽을 동여매고2555)

2555) 將三條篾束取肚皮(장삼조멸속취두피) : 잘게 쪼갠 대나무 댓개비 3가닥으로 배를 둘둘 감아
　　　싸매다는 뜻이다. 『선문염송·염송설화』 5권에 '삼조멸(三條篾)'에 대한 설명이 있다. "대를 쪼개
　　　고 다듬어 자리도 짜고 통도 매우는 데 쓴다. 중국의 어떤 외도는 자기가 알고 있는 지식이 너
　　　무 많아 배가 터질 지경이라서 배에다 세 가닥의 대테를 메고 다녔다. 여기서는 한 사람의 도인
　　　으로서 자격을 갖추고 출발하는 것만을 뜻한다." (김월운 역, 『선문염송·염송설화』 2, p244, 주
　　　46, 동국역경원, 2005.).

어디든 가서 주지2556)나 하지 그래.”
 말씀드렸다.
“제가 대관절 무엇이라고 어찌 감히 주지를 하겠다고 말하겠습니까?”
 마조스님이 말씀하셨다.
“그렇진 않아. 오랫동안 수행하고서 주지를 하지 않음이 없고, 오랫동안
주지를 하였는데 수행하지 않음이 없다. 이익 되고자 하나 이익된 것이 없
고, 하고자 하나 한 바가 없다. 마땅히 훌륭한 인재들2557)을 길러야2558)
할 것이니, 여기에 오래 머물지 마라.”
 약산스님이 이에 마조스님을 하직하고 다시 석두스님께 돌아가셨다.

 하루는 앉아 계시는데, 석두스님이 보시고는 물으셨다.
“자네는 여기서 뭘 하나?”
 말씀드렸다.
“아무것도 하지 않습니다.”
 석두스님이 말씀하셨다.
“이것은 그저 앉아 있는 것이지.”
 말씀드렸다.
“그저 앉아 있는 것도 하는 것입니다.”
 석두스님이 말씀하셨다.
“자네가 하지 않음을 말했는데, 하지 않음이 무엇이냐?”
 말씀드렸다.
“천명의 성인이라도 역시 알지 못합니다.”
 석두스님이 이에 노래를 부르셨다.

 “지금껏 함께 머물면서 이름도 모르는데
  아무렇게나 더불어2559) 이렇게 가는구나.
  예부터 위대한 성현들도 알지 못하였는데
  말 잘하는2560) 범부들이 어찌 밝히랴?”

2556) 住山(주산) : 일반 절이나 선원의 주지스님을 말한다.
2557) 舟航(주항) : 세상을 구제할 훌륭한 인재.
2558) 作(작) : 기르다, 육성하다, 양성하다.
2559) 相將(상장) : 더불어, 함께. 오래되지 않아, 머지않아.

묘희스님이 말씀하셨다.
"물건은 실로 값어치가 있으나, 돈은 족맥전(足陌錢)일2561) 뿐이다."

335. 불감혜근佛鑑慧懃

佛鑑和尚, 示衆, 云: "十五日已前事, 錦上鋪花, 十五日已後事, 如海一漚發. 正當十五日, 大似一尺鏡, 照千里之像. 雖則真空絕跡, 其奈海印發光? 任佗露柱開花, 說甚佛面百醜? 何故如此? 到頭霜夜月, 任運落前溪."2562)

불감 혜근스님2563)이 대중에게 열어 보이셨다.
"십오일 이전의 일은 비단 위에다 꽃을 펼쳐놓은 것이고, 십오일 이후의 일은 마치 바다에 물거품 하나가 인 것과 같습니다. 바로 십오일에는 흡사 한 자의 거울이 천리의 형상을 비추는 것과 같습니다.

비록 진공(真空)이라 자취 끊어졌으나
해인(海印)에서 빛을 쏟아 냄을 어쩌랴?
저 노주(露柱)2564)가 꽃 피움을 막론하고서
부처님 낯 못났다고2565) 어찌 말하랴?

이 같음은 무슨 까닭입니까?

결국2566) 서리 내리는 밤 달이

2560) 造次(조차) : 말을 능숙하게 잘하다. 경솔하다, 제멋대로 하다, 경솔한 일. 아주 급작스러운 때. 잠깐.
2561) 足陌(족맥) : 족맥전을 말한다. 한 꿰미를 온전한 100매로 규정한 옛 화폐제도이다. 정액(定額)에 달하는 돈의 액수이다. 돈은 액수 일뿐 그 자체로 값어치가 없다는 말씀이다.
2562) 『聯燈會要』 卷第十六, X79n1557_p0140c16~19. 『五燈會元』 卷第十九, X80n1565_p0398b 11~15. 참조.
2563) 佛鑑慧懃(불감혜근) : 양기방회(楊岐方會)-백운수단(白雲守端)-오조법연(五祖法演)-불감태평 혜근(佛鑑太平慧懃). 1059~1117. 주721) 참조.
2564) 露柱(노주) : 법당이나 절 건물에 밖에 노출된 크고 둥근 돌기둥을 말한다.
2565) 百醜(백추) : 백추천졸(百醜千拙)과 같은 말. 백 천 가지 못난 점.

앞 냇물에 아무렇게나 떨어지누나."

336. 대우수지大愚守芝

大愚芝和尚, 示眾, 云:"闍梨橫吞巨海, 老僧背負須彌. 且道. 闍梨老僧相去多少? 還會麼? 王令稍嚴, 不許攙行奪市."
僧問:"如何是和尚為人一句?"曰:"四角六張."云:"意旨如何?"曰:"八凹九凸."問:"如何是城裏佛?"曰:"十字街頭石幢子."問:"如何是道?"曰:"八斜四斗."云:"如何是道中人?"曰:"餗粥煤飯."問:"如何是佛?"曰:"鋸解秤鎚."云:"如何是祖師西來意?"曰:"白日燒地臥, 夜間炙地眠.2567)"2568) 問:"古人從苗辨地因語識人, 學人上來請師辨."曰:"花光土地."問:"如何是祖師西來意?"曰:"天寒日短."云:"達磨未來時如何?"曰:"在西天."云:"來後如何?"曰:"在唐土."2569)

대우 수지스님2570)이 대중에게 열어 보이셨다.
"아사리2571)는 애써 큰 바다를 삼키고, 이 노승은 수미산을 등에 집니다.
바로 지금, 말해 보십시오.
아사리와 이 노승이 서로 얼마나 떨어져 있습니까?

알겠습니까?

2566) 到頭(도두) : 결국, 최후. 끝나다. 결말이 나다. 정점에 이르다.
2567) 白日燒地臥 夜間炙地眠(백일소지와 야간자지면) :『고존숙어록』25권에서는 '眠'과 '臥'의 자리가 바뀌어 나온다. (68n1315_p0163c09~10, "師云: '白日燒地眠, 夜間炙地臥.'")
2568) '僧問如何是和尚為人一句'에서 '曰白日燒地臥夜間炙地眠'까지는『古尊宿語錄』卷之二十五, 「筠州大愚芝和尚語錄」에 나온다. (X68n1315_p0163a19~21. X68n1315_p0163c03~04. X68n1315_p0163c09~10. X68n1315_p0163c17. 참조.)
2569) '大愚芝和尚~~不許攙行奪市'와 '問古人~~曰在唐土'의 법문은『정법안장』이외 다른 문헌에는 보이지 않는다.
2570) 大愚守芝(대우수지) : 풍혈연소(風穴延沼)-수산성념(首山省念)-분양선소(汾陽善昭)-대우수지(大愚守芝) 주698) 참조.
2571) 闍梨(사리) : 아사리(阿闍梨)를 말한다. ⓢācārya. 궤범사(軌範師)로 번역한다. 제자들을 가르치고, 제자의 행위를 바르게 하여, 그 궤범이 될 수 있는 스승인 어른 스님을 말한다.

왕의 법령이 점점 엄해져서 자기의 권한을 벗어나 남의 업무를 빼앗는 것
을2572) 허락하지 않습니다."2573)

한 스님이 여쭈었다.
"어떤 것이 스님께서 사람을 위한 일구(一句)입니까?"
말씀하셨다.
"4일에 각수(角宿)를, 6일엔 장수(張宿)를 만난다."2574)
말했다.
"무슨 뜻입니까?"
말씀하셨다.
"요(凹)는 여덟, 철(凸)은 아홉."

여쭈었다.
"어떤 것이 성 안의 부처님입니까?"
말씀하셨다.
"십자 네 거리의 석당(石幢).2575)"

여쭈었다.
"어떤 것이 도입니까?"
말씀하셨다.

2572) 攙行奪市(참항탈시) : 시장을 강제로 빼앗음. 자기 업무를 뛰어 넘어서 남의 업무를 빼앗는
　　　것. 자기의 권한을 벗어나 다른 사람의 직무를 차지함. 선가(禪家)에서 많은 일을 지어내 언설작
　　　략(言說作略)을 남용하는 것을 말한다.
2573) 설봉 의존스님과 현사 사비스님의 문답에서 나오는 말이다. "설봉스님이 화로를 가리키면서
　　　말씀하셨다. '삼세제불이 화로 속에서 대법륜을 굴리신다.' 현사스님이 말씀하셨다. '요사이 왕령
　　　이 점점 엄해집니다.' 설봉스님이 말씀하셨다. '어떻게?' 현사스님이 말씀하셨다. '자기의 권한을
　　　벗어나 남의 업무를 빼앗는 것을 허락하지 않습니다.'"(X79n1557_p0202c17~18, 『聯燈會要卷
　　　第二十三. "雪峰指火爐云: '三世諸佛, 在火焰裏, 轉大法輪.' 師云: '近日王令稍嚴.' 峰云: '作麼
　　　生?' 師云: '不許攙行奪市.'")
2574) 四角六張(사각육장) : 각(角)은 각수(角宿)를 말하는데 28수(宿)의 하나로 동방의 창룡칠수(蒼
　　　龍七宿)의 첫째 별이다. 수(宿)도 28수(宿)의 하나이며 주작칠수(朱雀七宿)의 다섯째 별자리로
　　　여섯 개의 별로 이루어져 있고 바다뱀자리 안에 위치해 있다. 원래 오각륙장(五角六張)의 고사
　　　인데 5일에 각수(角宿)를 만나든지, 6일에 장수(張宿)를 만나는 것으로 이 두 날은 흉일이라고
　　　한다. 하는 일이 순조롭게 되질 못함을 비유하는 말이다. 여기서는 5일을 4일로 바꾸었다.
2575) 石幢(석당) : 보통 사당 앞에 글귀나 그림 이름 등을 새겨서 탑 모양으로 세워 놓는 커다란
　　　돌기둥을 말한다.

“8휘 4말.2576)”
말했다.
“어떤 것이 도 가운데 사람입니까?”
말씀하셨다.
“죽을 쑤고 밥을 튀긴다.”

여쭈었다.
“어떤 것이 부처님입니까?”
말씀하셨다.
“톱으로 저울추를 자른다.”
말했다.
“어떤 것이 조사께서 서쪽에서 오신 뜻입니까?”
말씀하셨다.
“밝은 대낮에 땅을 태워 잠자고, 밤에도 땅을 태워 잠잔다.”2577)

여쭈었다.
“옛 사람이2578) ‘싹으로 땅을 판별해내고 말로 사람을 알아본다’2579)고 하셨는데, 위에서 말씀하신 것처럼2580) 스님께서 이 학인을 알아 봐 주십시오.”
말씀하셨다.
“꽃빛 땅이로구나.”

여쭈었다.

2576) 斛(휘,곡) : 곡식을 헤아리는 단위로 10말 또는 5말이다.
2577) 燒地臥炙地眠(소지와자지면) : 땅에 불을 질러서 땅바닥에 바짝 붙어 그 열기로 추위를 모면하며 잠을 잠. 곧 아주 곤궁함을 표현하는 말이다.
2578) 운문 문언스님을 말한다. 용담숭신(龍潭崇信)-덕산선감(德山宣鑑)-설봉의존(雪峰義存)-운문문언(雲門文偃). 주94) 참조.
2579) 從苗辨地 因語識人(종묘변지 인어식인) : 운문스님의 법문이다. “스님께서 한 스님에게 물으셨다. ‘싹으로 땅을 판별하고, 말로 사람을 알아본다. 어때?’ ‘나쁘진 않은데요.’ ‘부끄러운 걸…’” (T47n1988_p0572c07~08, 『雲門匡真禪師廣錄』 卷下. “師問僧:‘從苗辨地, 因語識人, 作麼生?’ 僧云:‘不錯.’ 師云:‘不敢….’)
2580) 上來(상래) : 먼 곳에서 오다. 위에서 말한 대로. 위에서 이야기 된 것. 위로 올라오다. 무대에 오르다.

"어떤 것이 조사께서 서쪽에서 오신 뜻입니까?"

말씀하셨다.

"날씨는 춥고 낮은 짧구나."

말했다.

"달마대사가 아직 오시기 전은 어떻습니까?"

말씀하셨다.

"서천에 계시지."

말했다.

"오신 후는 어떻습니까?"

말씀하셨다.

"당나라에 계시지."

337. 진정극문眞淨克文

真淨和尚, 示眾, 云: "師子不食鵰殘, 快鷹那打死兔? 放出臨濟大龍, 抽却雲門一顧." 遂拈拄杖. 云: "龍行雨至三草二木."2581)

진정 극문스님2582)이 대중에게 열어 보이셨다.

"사자는 독수리가 먹다 남은 것 먹지 않고,

민첩한 매가 어찌 죽은 토낄 잡으랴?

임제스님에게서 큰 용을 놓아 보내고

운문스님에게서 일고(一顧)를 빼버린다네."2583)

2581) 『古尊宿語錄』 卷之四十二, 「寶峰雲庵真淨禪師住筠州聖壽語錄」 一, X68n1315_p0277b05~06. 『五燈會元』 卷第十七, X80n1565_p0355b18~19. 참조.

2582) 眞淨克文(진정극문) : 분양선소(汾陽善昭)-석상초원(石霜楚圓)-황룡혜남(黃龍慧南)-진정극문(眞淨克文). 1025-1102. 주131) 참조.

2583) 抽却雲門一顧(추각운문일고) : 운문에게서 일고(一顧)를 빼버리다. 덕산 연밀스님이 운문스님의 법문 제목을 수정한 일을 말한다. 『선문염송』 25권에서는 "운문스님이 하루는, 한 스님을 돌아보며 말씀하셨다. '鑒(Jiàn)!' 그 스님이 머뭇거리며 대답하려하자, 곧장 말씀하셨다. '咦(Yí)!' 덕산 연밀 선사가 顧(Gù)자를 떼어 내버리고 '추고송(抽顧頌)'이라 하셨다."(『禪門拈頌集』 卷第二十五, 1081則, K46-0409. "雲門一日, 顧視僧曰: '鑒!' 僧擬對之, 即曰: '咦!' 德山密禪師剛却顧字, 謂之'抽顧頌'.")라고 나온다. 『인천안목』 2권에서도 "스님이 매양 스님들을 볼 때마다 돌

이윽고 주장자를 잡으셨다.

말씀하셨다.
"용이 돌아다니니 풀 세포기 나무 두 그루에 비가 오는구나."

338. 위산영우潙山靈祐

潙山和尚, 一日侍立百丈. 丈問: "誰?" 曰: "靈祐." 丈云: "汝撥爐中有火否?" 山撥曰: "無火." 丈躬起深撥得少火, 舉以示之云: "此不是火?" 山乃開悟禮謝, 陳其所解. 丈曰: "此乃暫時岐路耳. 『經』云: '欲識佛性義, 當觀時節因緣.' 時節既至, 如迷忽悟, 如忘忽憶, 方省己物, 不從他得. 故祖師云: '悟了同未悟, 無心亦無法.' 只是無虛妄凡聖等心, 本來心法元自備足. 汝今既爾. 善自護持." 又一日侍百丈游山行到林間, 丈曰: "典座. 還將得火來否?" 山云: "將得來." 丈曰: "在甚麼處?" 山乃拈一莖柴, 吹兩吹度與百丈, 丈曰: "如虫禦木."
妙喜曰: "百丈若無後語, 泊被典座熱謾." 2584)

위산 영우스님2585)이 하루는 백장 회해스님2586)을 모시고 계셨다.
백장스님이 물으셨다.
"누구냐?"

아보시고는 즉시에 말씀하셨다. '鑒(Jiàn)!', 혹은, '咦(Yí)!' 기록하는 이가 '顧鑒咦(GùJiànYí)'라고 하였는데, 뒤에 덕산 원명 연밀선사가 '顧(Gù)'자는 빼버리고 단지 '鑒咦(JiànYí)'라고 하셨다. 그러므로 총림에서 제목으로 '추고(抽顧)'라고 하여 게송을 지을 땐 그렇게 통하였다." (『人天眼目』卷之二, T48n2006_p0312b14~17. "師每見僧, 以目顧之, 卽曰: '鑒!'或曰: '咦!'而錄者, 曰: '顧鑑咦.' 後來德山圓明密禪師, 刪去顧字, 但曰: '鑑咦.' 故叢林目之曰: '抽顧.' 因作偈通之.")라고 나온다.

2584) 『景德傳燈錄』卷第九, T51n2076_p0264b19~27. 『聯燈會要』卷第七, X79n1557_p0064a13~24. 『五燈會元』卷第九, X80n1565_p0185a19~b04. 참조.

2585) 潙山靈祐(위산영우) : 남악회양(南嶽懷讓)-마조도일(馬祖道一)-백장회해(百丈懷海)-위산영우(潙山靈祐). 771~853. 주345) 참조.

2586) 百丈懷海(백장회해) : 조계혜능(曹溪慧能-남악회양(南嶽懷讓-마조도일(馬祖道一-백장회해(百丈懷海. 749~814. 주1502) 참조.

말씀드렸다.
"영우입니다."
백장스님이 말씀하셨다.
"자네가 화로 속에서 불을 찾아보겠나?"
위산스님이 뒤적거리다가 말씀하셨다.
"불이 없습니다."
백장스님이 몸소 일어나셔서 깊숙이 뒤져 작은 불씨를 찾아내고는
내밀어 보이면서 말씀하셨다.
"이건 불 아니냐?"
위산 스님이 이에 깨달음이 열려 감사의 예를 올리고 그 앎을 말씀드렸다.
백장스님이 말씀하셨다.
"이것은 잠시 갈림길일 뿐이다. 『경』에서 '부처님 성품의 뜻을 알려 한다
면 반드시 시절인연을 관찰하여야 한다'2587)라는 말씀이 있다.
시절이 바로 이르면 마치 미(迷)했다가 홀연히 깨우치는 것과 같고 잊었다
가 홀연히 기억나는 것과 같으니, 자기의 물건이지 남에게서 얻은 것이 아
님을 알아차리게 된다. 그러므로 조사께서 말씀하셨다.
'깨달아버리면 깨닫지 못함과 같고, 마음이 없으면 역시 법도 없다.'2588)
이는 다만 허망하게 범부나 성인과 같은 마음이 없고, 본래의 마음과 법이
원래부터 스스로 완벽하게 갖추어져 있다는 것이다.
자네가 지금 바로 그러하다. 잘 스스로 보호하여 지녀라."

2587) 『열반경』 32권에 나오는 법문내용이다. 모든 뭇삶들은 불성이 있어 아누다라삼먁삼보리를
　　　드러내지만 시절인연이 화합하여야한다는 것이다. "뭇삶들의 불성도 또한 이와 같아서 본래는
　　　없다가 지금 있는 것도 아니며, 안도 아니고 밖도 아니고, 있는 것도 아니고 없는 것도 아니며,
　　　여기도 아니고 저기도 아니고, 다른 데서 오는 것도 아니며, 인연이 없는 것도 아니고, 일체 뭇
　　　삶들이 보지 못하는 것도 아니며, 모든 보살들은 시절 인연이 있어 화합하여 보게 되는 것이다.
　　　시절이라 함은 10주보살마하살이 8성도를 닦아 모든 뭇삶들에게 평등한 마음을 얻는 것이니,
　　　그때 보게 되는 것은 짓는다고 하지 않는다."(T12n0374_p0555c01~06, 『大般涅槃經』 卷第三
　　　十二, 「師子吼菩薩品」 第十一之六. "衆生佛性亦復如是, 亦復非是本無今有, 非內非外, 非有非
　　　無, 非此非彼, 非餘處來, 非無因緣, 亦非一切衆生不見, 有諸菩薩時節因緣和合得見. 時節者, 所
　　　謂十住菩薩摩訶薩, 修八聖道, 於諸衆生, 得平等心, 爾時得見, 不名爲作.")
2588) 선종(禪宗) 제5조 제다가(提多迦)조사가 제6조 미차가(彌遮迦)존자에게 설한 게송이다. "본래
　　　의 법과 마음을 통달한다면/ 법도 없고 법아님도 없다네./ 깨달아버리면 아직 깨닫지 못함과 같
　　　으니/ 마음도 없고 역시 법도 없다네. (T51n2076_p0208a11~12, 『景德傳燈錄』 卷第一. "通達
　　　本法心, 無法無非法. 悟了同未悟, 無心亦無法.")

또 하루는 백장스님을 모시고 산에 유람하며 가다가 숲속에 이르렀다.

백장스님이 말씀하셨다.

"전좌야. 불을 가지고 왔느냐?"

위산스님이 말씀하셨다.

"가져 왔습니다."

백장스님이 말씀하셨다.

"어디에 있느냐?"

위산스님이 이에 땔나무 하나를 잡고 두어 번 불고는 백장스님께 드렸다.

백장스님이 말씀하셨다. "벌레가 나뭇잎을 먹는 것2589)과 같구나."

묘희스님이 말씀하셨다.

"백장스님이 만일 뒷 말씀이 없었다면, 거의 전좌의 실없는 말2590)에 당할 뻔하였다."

339. 선자덕성船子德誠

船子和尚, 與同參道吾相別次, 謂道吾曰: "他後有靈利座主, 指一箇來." 遂於華亭, 汎一小舟, 故時號船子和尚. 後道吾到京口, 遇夾山上堂. 僧問: "如何是法身?" 山曰: "法身無相." 云: "如何是法眼?" 曰: "法眼無瑕." 道吾不覺失笑. 山乃下座請問道吾: "某甲適來祇對僧話必有不是, 致令上座失笑. 望上座不吝慈悲." 吾曰: "和尚一等出世, 未有師在. 華亭參船子和尚去." 曰: "訪得獲否?" 吾曰:

2589) 如虫禦木(여충어목) : 여충식목(如虫食木)과 같은 말로 『대반열반경』 2권에 나오는 말이다. "마치 어떤 벌레가 나뭇잎을 먹어서 글자를 이루었다 하더라도 이 벌레는 글자인지 글자가 아닌지를 알지 못할 것입니다. 지혜 있는 이는 이 벌레가 글자를 안다고 하지도 않을 것이며 또한 놀라거나 괴이하게 여기지도 않을 것입니다. 대왕이시여. 예전 의사도 그와 같아서 여러 가지 병의 증세는 구별할 줄도 모르면서 한결같이 모두에게 우유약만 처방한 것은 마치 저 벌레가 우연히 글자를 이룬 것과 마찬가지 인줄을 아셔야 합니다. 예전 의사는 우유약의 성질이 뛰어난지, 약효가 없는지, 잘 듣는지, 나쁜 영향을 미치는지도 몰랐던 것입니다.' (T12n0374_p0378b27~c02, 『大般涅槃經』 卷第二, 「壽命品」 第一之二. "如虫食木, 有成字者, 此虫不知是字非字. 智人見之終不唱言, 是虫解字, 亦不驚怪. 大王. 當知. 舊醫亦爾, 不別諸病, 悉與乳藥, 如彼虫道偶成於字. 是先舊醫不解乳藥好醜善惡.")

2590) 熱謾(열만) : 실없는 말. 근거 없는 이야기.

“此人上無片瓦遮頭, 下無卓錐之地.” 山遂易服直造華亭, 船子纔見便問: “大德住甚麽寺?”曰: “似即不住, 住即不似.” 曰: “不似又不似箇甚麽?” 曰: “不是目前法.” 曰: “甚處學得來?” 曰: “非耳目之所到.” 曰: “一句合頭語, 萬劫繫驢橛.” 又問: “垂絲千尺, 意在深潭, 離鈞三寸, 子何不道?” 山擬開口, 船子便以篙打落水中. 纔上船, 又曰: “道! 道!” 擬開口又打, 夾山忽然大悟, 乃點頭三下. 船子曰: “竿頭絲線從君弄, 不犯清波意自殊.” 山遂問: “抛綸擲鈞, 師意如何?” 曰: “絲懸淥水浮, 定有無之意.” 山曰: “語帶玄而無路, 舌頭談而不談.” 曰: “釣盡江波, 金鱗始遇.” 山乃掩耳, 船子曰: “如是. 如是.” 遂囑曰: “汝向去直須藏身處沒蹤跡, 沒蹤迹處莫藏身. 吾二十年在藥山, 只明斯事. 汝今既得, 他後不得住城隍聚落. 但向深山裏, 钁頭邊覓取一箇半箇接續, 無令斷絕.” 夾山乃辭行, 頻頻回顧, 船子遂喚: “闍梨! 闍梨!” 夾山回首, 船子豎起橈. 云: “汝將謂別有.” 乃覆船入水而逝.2591)

　　선자 덕성스님2592)이 동참(同參)2593)이던 도오 원지스님과 서로 이별할 때에 도오스님께 말씀하셨다.
　“다른 데로 가신 후에 영리한 좌주가 한 명 있으면 보내 주시오.”
　그리고는 화정(華亭)2594)에서 작은 조각배를 한 척을 띄워놓고 지냈으므로 사람들이 뱃사공스님이라고 불렀다.
　뒤에 도오스님이 경구(京口)2595)에 가셨는데 마침 협산스님이 상당법문을 하고 계셨다.

　　한 스님이 여쭈었다.
　“어떤 것이 법신입니까?”

2591) 『景德傳燈錄』 第十四, T51n2076_p0315b19~28. 同語錄 卷第十五, T51n2076_p0323c21~0324a02. 『聯燈會要』 卷第二十一, X79n1557_p0178c20~0179a20. 『禪門拈頌集』 卷第十八, K46-0290, 710則.『五燈會元』 卷第五, X80n1565_p0115b12~c11. 참조.
2592) 船子德誠(선자덕성) : 청원행사(青原行思)-석두희천(石頭希遷)-약산유엄(藥山惟儼)-선자덕성(船子德誠). 수녕(사천성) 출신이다. 약산 유엄스님을 30여 년간 모시고 그 법을 이었다. 일찍이 화정(華亭)에서 작은 거룻배를 띄워 놓고 학인들을 제접하였다. 협산 선회스님에게 법을 부촉한 뒤 배를 뒤집어엎고 입적하였다.
2593) 同叅(동참) : 한 스승을 모시고 함께 참선인 것, 또는 함께 행각하며 참방(叅訪)하는 것을 말한다.
2594) 華亭(화정) : 중국 강소성(江蘇省) 송강현(松江縣)의 옛 이름.
2595) 京口(경구) : 지금의 중국 강소성(江蘇省) 진강시(鎮江市)의 옛 이름.

협산스님이 말씀하셨다.
"법신은 상(相)이 없다."
말씀드렸다.
"어떤 것이 법의 눈입니까?"
말씀하셨다.
"법의 눈엔 티가 없다."

도오스님이 자신도 모르게 웃음이 터져 나왔다.
협산스님이 곧 법좌에서 내려오셔서 도오스님께 물으셨다.
"제가 방금 근근이 답한 것이 옳지 못한 것이 틀림없으니, 상좌를 실소하게 하고 말았습니다. 상좌께서는 자비를 아끼지 마시기 바랍니다."
도오스님이 말씀하셨다.
"스님께서 세상을 벗어나는 탁월함을 가졌지만 아직 스승이 없는 것 같군요. 화정(華亭)에 가서 선자스님을 참례하시지요."
말씀하셨다.
"참방하여 얻을 것이 있을까요?"
도오스님이 말씀하셨다.
"이 사람은 위로는 기와 조각으로 머리를 가리지도 않았고, 아래로는 송곳 세울 여지도 없지요."
협산스님이 드디어 옷을 갈아입고 화정(華亭)으로 가시니, 선자스님이 보자마자 곧장 물으셨다.
"대덕은 어느 절에 머물렀느냐?"
말씀드렸다.
"비슷하면 곧 머물지 않음이요, 머물면 곧 비슷하지 않습니다."
말씀하셨다.
"비슷하지 않다니, 또 비슷하지 않은 것은 무엇이냐?"
말씀드렸다.
"바로 지금의 법이 아닙니다."
말씀하셨다.
"어디서 배웠느냐?"
말씀드렸다.

“귀와 눈이 이를 곳이 아닙니다.”

말씀하셨다.

“일구(一句)에 딱 맞는 말이라도 만겁에 당나귀를 묶어두는 말뚝이지.”

또 물으셨다.

“실을 천 자나 드리우는 것은 뜻이 깊은 못에 있어서이니, 세 치 낚시 바늘을 떠나서 자네는 어찌 말하지 않느냐?”

협산스님이 머뭇거리며 입을 열려고 하시자, 선자스님이 곧 삿대를 휘둘러 물속으로 빠트리셨다.

겨우 배위로 올라오자, “말해! 말해!” 하셨다.

머뭇거리며 입을 열려고 하시자 또 때리시니, 협산스님이 홀연히 크게 깨달으시고 고개를 세 번 끄덕이셨다.

선자스님이 말씀하셨다.

“낚싯대 끝에 매달린 줄을 자네 맘대로 하더니, 맑은 물결을 건드리지 않으려는 뜻이 본래 남다르구나.”

협산스님이 이어 물으셨다.

“줄을 던지고 낚시를 던진다면 스님의 뜻은 어떠하십니까?”

말씀하셨다.

“낚싯줄에 맑은 물 찌를 달아서 물고기가 있는지 없는지 뜻을 결정해보려 한다.”2596)

협산스님이 말씀하셨다.

“말이 현묘함을 머금고 있으나 길이 없고, 혀로 이야기를 하나 이야기를 한 것이 아닙니다.”

말씀하셨다.

“온 강물에 낚시질하다가 황금 물고기를 비로소 만났구나.”

협산스님이 이에 귀를 가리시니 선자스님이 말씀하셨다.

“이와 같다. 이와 같다.”

드디어 부촉하여 말씀하셨다.

“자네는 이후에2597) 마땅히2598) 몸을 숨긴 곳에서 종적을 없애야 하며,

2596) 여기서는 두 가지로 번역할 수 있다. 1. “낚싯줄에 맑은 물 찌를 달아서 물고기가 있는지 없는지 뜻을 결정해보려 한다.” (絲懸淥水浮, 定有無之意.) 2. “낚싯줄을 맑은 물에 걸어 놓고서 떴다 가라앉았다 함에 유무(有無)의 뜻을 둔다.” (絲懸淥水, 浮定有無之意.)
2597) 向去(향거) : 이후. 장래.

종적을 없앤 곳에서는 몸을 숨기지 말아야 한다. 내가 이십 년을 약산스님 회상에 있으면서 단지 이 일을 밝혔을 뿐이다. 자네는 지금 바로 얻었으니 이후에 성(城)2599)의 취락에 머물지 마라. 다만 깊은 산 속으로 나아가되 괭이 끝에서 한 사람이나 반사람이라도2600) 계속 이어 갈 이를 찾아 끊어짐이 없게 해라.”

협산스님이 마침내 하직하고 걸어가면서 자주자주 머리를 돌려 돌아보시니, 선자스님이 결국은 부르셨다.
“스님! 스님!”
협산스님이 머리를 돌리시니, 선자스님이 노를 세우고 말씀하셨다.
“자네는 따로 있다고 하리라.”
그리고는 배를 뒤집어 엎어 물이 들어오게 하여 입적하셨다.

340. 백운수단白雲守端

白雲端和尙, 示衆, 擧雲門拈三平頌, 云: “‘「即此見聞非見聞」, 喚甚麼作見聞?「無餘聲色可呈君」, 有甚麼口頭聲色?「箇中若了全無事」, 有甚麼事?「體用無妨分不分」, 語是體, 體是語.’ 復拈拄杖. 云: ‘拄杖是體, 燈籠是用. 是分, 不分? 不見道?「一切智智淸淨.」’ 大衆. 雲門只解依樣畫蛾眉, 圓通則不然. ‘即此見聞非見聞, 無餘聲色可呈君.’ 眼是眼, 耳是耳. ‘箇中若了全無事, 體用無妨分不分.’ 四五百條花柳巷, 二三千處管絃樓.”

僧問: “如何是佛?” 曰: “鑊湯無冷處.” “如何是佛法大意?” 曰: “水底按葫蘆.”

2598) 直須(직수) : 마땅히 ~해야 한다. 또 ~해야 한다. 응당 ~일 것이다. 마침내 ~에 이르다.

2599) 城隍(성황) : 성벽과 해자. 성 안을 말한다.

2600) 一人半人(일인반인) : 일개반개(一箇半箇)라고도 한다. 얻기 어려운 인재. 또는 몇 사람을 말함. 동진(東晉) 시대에는 초기 중국 불교의 기초를 닦은 학승(學僧)으로 도안(道安)스님이 있었는데, 전진왕(前秦王) 부견(苻堅)은 호북성 양양(襄陽)을 정벌하고 도안스님을 얻은 뒤 기뻐하며 말하였다. “내가 10만 군사로 양양을 취하여 한 사람 반을 얻었으니, 한 사람은 석도안(釋道安)이요, 반은 다리를 저는 습착치(習鑿齒)다.”(『晉書』, 「習鑿齒傳記」. “襄陽爲前秦苻堅攻陷時, 名僧釋道安, 與歷史學家習鑿齒, 都在襄陽. 苻堅久聞其名, 得之極爲歡喜. 曰: ‘一人指釋道安有半指有脚跛之疾的習鑿齒.’”) 여기서 한사람반사람(一人半人)이란 말이 생겨났다고 한다.

“如何是祖師西來意?” 曰: “烏飛兎走.”2601)

  백운 수단스님2602)이, 운문 스님이 삼평스님2603)의 게송2604)을 염하신 것을 인용하여 대중에게 열어 보이셨다.
  “〈「이 보고 들음2605)에 즉(卽)함이 보고 들음이 아니요,」
  무엇을 보고 들음이라 하느냐?
「그 밖의 소리와 모습 그대에게 드러낼 것이 없다.」
  무슨 말투2606)냐?
「그 속에서 전혀 일없음을 깨달으면,」
  무슨 일이 있었느냐?
「체(體)와 용(用)을 나누든 나누지 않든 거리낄 것이 없으리라.2607)」
  말은 체(體)요 체(體)는 말이다.’

  다시 주장자를 잡으셨다.

  말씀하셨다.

2601) 『禪門拈頌集』 卷第十四, K46-0226, 546則. 참조.
2602) 白雲守端(백운수단) ： 임제의현(臨濟義玄)-흥화존장(興化存奬)-보응혜옹(寶應慧顒)-풍혈연소(風穴延沼)-수산성념(首山省念)-분양선소(汾陽善昭)-석상초원(石霜楚圓)-양기방회(楊岐方會)-백운수단(白雲守端). 1025~1072. 주426) 참조.
2603) 三平義忠(삼평의충) ： 청원행사(靑原行思)-석두희천(石頭希遷)-태전보통(太顚寶通)-삼평의충(三平義忠). 781~872. 스님의 휘는 의충(義忠)이며 속성은 양씨(楊氏)이다. 복주(福州)의 복당현(福唐縣) 사람이다. 태전 보통스님에게 법을 이어 받고 무종사태를 만나 장주(漳州)[복건성] 삼평산(三平山)에 숨어 지냈다. 함통 13년 11월 6일에 세수 92세로 입적하였다.
2604) 『조당집』 5권에 삼평 의충스님의 게송 3수가 실려 있다. “이 보고 들음에 즉함이 보고 들음 아니요,/ 그 밖의 소리와 모습을 그대에게 드러낼 것이 없다네./ 그 속에서 전혀 일없음을 깨닫는다면,/ 체와 용을 나누든 나누지 않든 거리낄 것이 없다네. // 보고 듣고 느끼고 아는 것이 본래 티끌 아니나,/ 심식 바다에 파도가(彼→波) 생기면 저절로 몸에 어두워짐이/ 그 모습이 푸른 연못에 얼음(永→氷)과 거품이 덮은 것 같고/ 신령한 왕이 도리어 객 가운데 손님이 된 것과 같구나. // 보고 듣고 느끼고 아는 것이 원래 원인 아니요,/ 바로 그 자리는 텅 비고 깊어 망도 진도 끊겼네./ 성품 드러내 어리석은 업 받지 않으면/ 명백히 밝고 밝아 보배 주인공이리.” (K45-0268, 『祖堂集』 卷第五, 第十四張. “卽此見聞非見聞, 無餘聲色可呈君. 个中若了全無事, 體用無妨分不分. 見聞覺知本非塵, 識海彼生自昧身. 狀似碧潭永沫覆, 靈王翻作客中賓. 見聞覺知本非因, 當處虛玄絶妄眞. 見性不生癡受業, 洞然明日自家珎.”)
2605) 見聞(견문) ： 견문각지(見聞覺知)의 줄임말이다.
2606) 口頭聲色(구두성색) ： 말하는 모양, 말투.
2607) 無妨(무방) ： 상관없다, 거리낄 것이 없다. 화(禍)가 없다, 해로움이 없다.

‘주장자는 체(體)요, 등롱은 용(用)이다. 이것은 나누었느냐, 나누지 않았느냐?

들어보았겠지? 「일체지지(一切智智)2608)가 청정하다.」'2609)〉

대중 여러분.

운문스님은 단지 본보기에 의지하여 눈썹을 그릴 줄 알았지만 이 원통은 그렇게 하지 않겠습니다.

‘이 보고 들음에 즉(卽)함이 보고 들음이 아니요, 그 밖의 소리와 모습 그대에게 드러낼 것이 없다.'라 하였으니, 눈은 눈이요 귀는 귀입니다.

‘그 속에서 전혀 일없음을 깨달으면, 체(體)와 용(用)을 나누든 나누지 않든 전혀 거리낄 것이 없으리라.'라 하였음은, 4·5백 가지 꽃 피고 버들 푸른 마을이요, 2·3천 곳 악기 연주하는 누각입니다."

한 스님이 여쭈었다.

"어떤 것이 부처님입니까?"

말씀하셨다.

"끓는 가마솥엔 차운 곳이 없다."

"어떤 것이 불법의 대의입니까?"

말씀하셨다.

"물 밑에서 호로생2610)을 연주한다.2611)"

"어떤 것이 조사께서 서쪽에서 오신 뜻입니까?"

말씀하셨다.

"까마귀는 날고 토끼는 달린다."

2608) 一切智智(일체지지) : 부처님의 지혜.

2609) 一切智智淸淨(일체지지청정) : 『대반야경』 184권에서 287권까지는 일체제법(一切諸法)의 청정(淸淨)을 설하고 있다. 특히 위 법문과 부합하는 부분을 소개하면 다음과 같다. "보는 것이 청정하기 때문에 색이 청정하고, 색이 청정하기 때문에 일체지지가 청정하다. 왜냐하면 만일 보는 것이 청정하고, 만일 색이 청정하고, 만일 일체지지의 청정이라면 둘이 없고, 둘로 나누어지지도 않고, 다른 것이 없고, 끊어짐이 없기 때문이다." (T06n0220_p0001a06, 『大般若波羅蜜多經』 卷第二百一, 「初分難信解品」 第三十四之二十. "見者淸淨故色淸淨, 色淸淨故, 一切智智淸淨. 何以故? 若見者淸淨, 若色淸淨, 若一切智智淸淨, 無二, 無二分, 無別, 無斷故.")

2610) 葫蘆(호로) : 조롱박. 여기서는 조롱박으로 만든 악기. 호로생(葫蘆笙).

2611) 按(안) : 악기를 연주하다.

341. 남원혜옹南院慧顒

南院, 問風穴: "南方一棒, 作麼生商量?" 穴云: "作奇特商量." 穴却問南院: "此間作麼生商量?" 院拈拄杖橫按. 云: "棒下無生忍, 臨機不見師."

妙喜曰: "風穴當時好大展坐具, 禮三拜. 不然與掀倒禪牀." 乃回顧沖密, 曰: "你道. 風穴當時禮拜卽是, 掀倒禪床卽是?" 沖密云: "卓賊大敗." 妙喜曰: "你看遮瞎漢." 便打.[2612]

남원 혜옹스님[2613]이 풍혈 연소스님[2614]께 물으셨다.
"남방에서는 한 방망이를 어떻게 상량(商量)하더냐?"
풍혈스님이 말씀하셨다.
"기특함[2615]으로 상량(商量)하던데요."
풍혈스님이 도리어 남원스님께 여쭈었다.
"여기서는 어떻게 상량(商量)합니까?"
남원스님이 주장자를 옆으로 비껴 잡으셨다.
말씀하셨다.
"무생법인(無生法忍)이라도 쳐버리고, 결정적 순간[2616]에는 스승마저 보지 않는다."

묘희스님이 말씀하셨다.
"풍혈스님이 당시에 좌구를 쫙 펴고 삼배를 드렸어야 했다. 그렇지 않을 거라면 선상을 뒤집어엎었어야 했다."
그리고 충밀스님[2617]을 돌아보고 말씀하셨다.

2612) 『聯燈會要卷第十一, X79n1557_p0102a10~13. 『禪門拈頌集』 卷第二十六, K46-0427, 1160 則. 『五燈會元』 卷第十一, X80n1565_p0230a18~20. 참조.

2613) 南院慧顒(남원혜옹) : 황벽희운(黃檗希運)-임제의현(臨濟義玄)-흥화존장(興化存奬)-보응혜옹(寶應慧顒). 860~930. 주692) 참조.

2614) 風穴延沼(풍혈연소) : 임제의현(臨濟義玄)-흥화존장(興化存奬)-보응혜옹(寶應慧顒)-풍혈연소(風穴延沼). 896~973. 주1456) 참조.

2615) 奇特(기특) : 기이하고 특별한 것.

2616) 臨機(임기) : 어떤 상황이 변화할 때나 어떤 것을 즉각 결정하여야 할 시기에 임하는 것.

2617) 伊山沖密(이산충밀) : 오조법연(五祖法演)-원오극근(圜悟克勤)-대혜종고(大慧宗杲)-이산충밀(伊山沖密).

"자네가 말해보게. 풍혈스님이 당시에 절을 올리는 것이 옳았을까, 선상을 뒤집어엎는 것이 옳았을까?"

충밀스님이 말씀드렸다.

"도적2618)이 크게 패하였습니다."

묘희스님이 말씀하셨다.

"네가 눈 먼 놈이로구나."

곧바로 두들겨 패셨다.

342. 법화전거法華全擧

法華擧和尚, 到大愚芝和尚處. 愚問: "古人見桃花, 意作麼生?" 曰: "曲不藏直." 云: "那箇且從, 遮箇作麼生?" 曰: "大街拾得金, 四鄰爭得知?" 云: "上座還知麼?" 曰: "路逢劒客須呈劒, 不是詩人不獻詩." 云: "作家詩客." 曰: "一條紅線兩人牽." 云: "玄沙道, '諦當甚諦當', 又作麼生?" 曰: "海枯終見底, 人死不知心." 云: "却是." 曰: "樓閣凌雲勢, 峯巒疊翠層." 復呈頌曰: "鳳返自騰霄漢去, 靈雲桃樹老鴉棲. 古今休頌桃花意, 天上人間不可陪."2619)

법화 전거스님2620)이 대우 수지스님2621) 처소에 가셨다.

대우스님이 물으셨다.

"옛 사람2622)이 복사꽃을 보았는데2623) 뜻이 어떠했소?"

2618) 草賊(초적) : 초절(草竊), 초구(草寇)와 같은 말. 주로 산간지대에서 장기적으로 항거하고 투쟁하는 사람들이나 봉기한 농민들, 또는 산과 들에 출몰하는 도적떼를 말한다.

2619) 『聯燈會要』 卷第十三, X79n1557_p0112c24~0113a05. 『禪門拈頌集』 卷第十五, 46-0242~0244, 590則.『五燈會元』卷第十二, X80n1565_p0242a18~b01. 참조.

2620) 法華全擧(법화전거) : 풍혈연소(風穴延沼)-수산성념(首山省念)-분양선소(汾陽善昭)-법화전거(法華全擧). ?~1056. 주77) 참조.

2621) 大愚守芝(대우수지) : 풍혈연소(風穴延沼)-수산성념(首山省念)-분양선소(汾陽善昭)-대우수지(大愚守芝) 주698) 참조.

2622) 영운 지근스님을 말한다. 마조도일(馬祖道一)-백장회해(百丈懷海)-위산영우(潙山靈祐)-영운지근(靈雲志勤). 주1209) 참조.

2623) 영운 지근스님이 복숭아꽃을 보고서 깨달은 것을 두고 한 말이다. 그가 깨닫고 읊은 노래는 아래와 같다. "삼십 년을 검을 찾은 나그네여,/ 낙엽지고 새싹 돋길 몇 번이던가./ 복사꽃을 한 번 본 이래로부터/ 바로 지금 이르니 의심 없어라." (T51n2076_p0285a25~26, 『景德傳燈錄』 卷第十一. "三十來年尋劍客, 幾逢落葉幾抽枝. 自從一見桃華後, 直至如今更不疑.")

말씀하셨다.

"굽은 것은 곧은 것을 숨기지 못하지요."

말씀하셨다.

"저것은 우선 내버려두고2624) 이것은 어찌하겠소?"

말씀하셨다.

"큰 길에서 금을 주은 들 주위에서2625) 어찌 알겠습니까?"

말씀하셨다.

"상좌께선 아시오?"

말씀하셨다.

"길가다 검객을 만나면 반드시 검을 내보이지만, 시인이 아니라면 시를 지어 바치지 말아야 하지요."2626)

말씀하셨다.

"작가요, 시객이군요."

말씀하셨다.

"한 줄기 붉은 실을 두 사람이 끌어당기는 거지요."

말씀하셨다.

"현사스님이 말씀하신 '적절하기는2627) 매우 적절하나⋯⋯.'는2628) 또 어떻소?"

말씀하셨다.

"바다가 마르면 마침내 바닥이 보이나, 사람이 죽으면 마음을 알 수 없습

2624) 且從(차종) : 차치(且置), 차치(且致), 차지(且止)와 같은 말. 우선 내버려 두다. 일단 그대로 두다. 우선 놓아두다. 그건 그렇다 치고.

2625) 四隣(사린) : 주위의 이웃사람, 주위의 이웃집. 주변, 주위. 사방의 이웃나라. 천자의 가까운 네 명의 신하.

2626) 진존숙 목주 도명스님의 말씀이다. (T51n2076_p0291b25, 『景德傳燈錄』卷第十二. "路逢劍客須呈劍, 不是詩人莫說詩")

2627) 諦當(체당) : 적절하다, 합당하다, 적당하다, 정확하다, 지당하다. 합당함을 살피다.

2628) "위산 영우스님이 그 게송을 보시고 그 깨달은 것을 따져보시고는 그와 더불어 서로 계합하였다. 그리고 영우스님이 말씀하셨다. '인연 따라 깨달았으니 영원히 퇴실함이 없을 것이다. 잘 보호하여 지녀라.' (어떤 스님이 현사 사비스님께 말씀드리니, 현사스님이 말씀하셨다. '적절하고 매우 적절하지만 노형이 철저하지 못했다고 보증하리라.' 대중이 이 말씀을 의심하였다. 현사스님이 지장스님에게(나한 계침스님이다.) 물으시기를, '내가 이렇게 말했는데 자네는 어떻게 알고 있나?'하시니, 지장스님이 대답하시길, '이 계침이 아니었다면 천하인들을 몹시 내달리게 하였을 것입니다.'하셨다." (T51n2076_p0285a27~29, 『景德傳燈錄』卷第十一. "祐師覽偈詰其所悟與之符契, 祐曰 : '從緣悟達永無退失, 善自護持.'〈有僧舉似玄沙, 玄沙云 : '諦當, 甚諦當. 敢保老兄猶未徹.' 衆疑此語, 玄沙問地藏 : '我恁麼道, 汝作麼生會?' 地藏云 : '不是桂琛, 卽走殺天下人.'〉")

니다."
말씀하셨다.
"틀림없군요."
말씀하셨다.
"누각은 구름을 압도할 기세고, 산봉우리엔 겹겹이 이내가 끼었습니다."
다시 노래를 하셨다.

"봉황이 날아올라 은하수로 되돌아가고,
영운의 복사나무엔 늙은 까마귀 깃들였다네.
예와 지금 사람들아, 복사꽃의 뜻을 읊지 말지니,
하늘과 인간에서 보탤 수가 없는 것이네."

343. 조주종심趙州從諗

趙州和尚, 示眾, 云: "金佛不度爐, 木佛不度火, 泥佛不度水, 真佛內裏坐. 菩提涅槃眞如佛性, 盡是貼體衣服, 亦名煩惱, 不問即無煩惱. 且實際理地, 甚麼處著? 一心不生, 萬法無咎. 汝但究理而坐二三十年, 若不會, 截取老僧頭去. 夢幻空花, 徒勞把捉? 心若不異, 萬法一如, 既不從外得, 更拘執作甚麼? 如羊相似, 亂拾物安向口裏? 老僧見藥山, 和尚道: '有人問著, 但敎合取狗口.' 老僧亦敎合取狗口. 取我是垢, 不取我是淨. 如獵狗相似, 專欲喫物, 佛法在甚麼處? 遮裏千人萬人, 盡是覓佛漢子, 覓一箇道人, 無. 若與空王爲弟子, 莫敎心病最難醫. 未有世界早有此性, 世界壞時此性不壞. 自從一見老僧後, 更不是別人, 只是箇主人公. 遮箇更用向外覓作麼? 正恁麼時, 莫轉頭換腦. 若轉頭換腦即失却去也."
時有僧問: "承師有言, 世界壞時, 此性不壞, 如何是此性?" 曰: "四大五陰." 云: "此猶是壞底. 如何是此性?" 曰: "四大五陰." 法眼云: "是一箇, 兩箇? 是壞, 不壞? 且作麼生會? 試斷看."
妙喜曰: "軍營裏天王."[2629]

2629)『景德傳燈錄』卷第二十八, 51n2076_p0446b18~c08.『聯燈會要』卷第六, X79n1557_p0057 c04~21.『禪門拈頌集』卷第十二, K46-0203, 468則.『五燈會元』卷第四, X80n1565_p0092a0

조주 종심스님2630)이 대중에게 열어 보이셨다.
"황금부처님은 용광로를 건너지 못하고, 나무부처님은 불을 건너지 못하고, 진흙부처님은 물을 건너지 못하나, 참부처님은 내면에 앉아 계십니다.

보리·열반·진여·불성은 모두 다 몸에 맞는 의복이며 또한 번뇌라고도 하지만, 말할 것도 없이 번뇌란 없는 것입니다. 게다가 실제 이치의 자리라고 하더라도 어느 곳에 붙어 있겠습니까?

한 마음이 일어나지 않으면 만법이 허물이 없습니다.2631)
여러분이 오로지 이치를 궁구하여 이삼십년을 지켜 살펴도2632) 만일 깨닫지2633) 못한다면 이 노승의 머리를 끊어버리십시오.

꿈이며 환(幻)이요 허공꽃을 어찌 헛되이2634) 붙잡으려하는 것입니까?2635)
마음이 만일 가르지2636) 않는다면 만법이 일여(一如)이니,2637) 이미 바깥으로부터 얻은 것이 아닌데, 굳이 붙들어서 무엇 하겠습니까?2638)
마치 양과 같이 닥치는 대로 물건을 주워서는 어찌하여 입에다 쑤셔 넣기만 하는 것입니까?

이 노승이 약산스님2639)을 찾아뵈니, 스님이 말씀하셨습니다.

8~24. 참조.
2630) 趙州從諗(조주종심) : 남악회양(南嶽懷讓)-마조도일(馬祖道一)-남전보원(南泉普願)-조주종심(趙州從諗). 778~897. 주203) 참조.
2631) 『신심명』에 나오는 구절이다. (T51n2076_p0457a29~b01, 『景德傳燈錄』 卷第三十, 「三祖僧璨大師信心銘」. "一心不生 萬法無咎.")
2632) 坐(좌) : 지키다. 『전등록』 28권에서는 '좌간(坐看)[지켜 자세히 살펴 보다]'으로 되어 있다. (T51n2076_p0446b22. "汝但究理坐看三二十年")
2633) 會(회) : 깨닫다. 이해하다. 『전등록』 28권에서는 '회도(會道)[도를 깨닫다]'로 되어 있다. (T51n2076_p0446b22~23. "若不會道, 截取老僧頭去.")
2634) 徒勞(도로) : 헛수고하다. 다만 힘만 들이다. 『전등록』 28권에서는 '하로(何勞)[어찌~하려 하느냐?]'라고 나온다. (T51n2076_p0446b23. "夢幻空華, 何勞把捉?")
2635) 『신심명』에 나오는 구절이다. (T51n2076_p0457b10~11, 『景德傳燈錄』 卷第三十, 「三祖僧璨大師信心銘」. "夢幻虛華, 何勞把捉?")
2636) 異(이) : 나누다, 가르다, 구별하다.
2637) T51n2076_p0457b12, 위의 글. "心若不異, 萬法一如."
2638) 更~甚麼(갱~심마) : 어찌 ~무엇 하겠는가?

'누가 묻기라도 하면 오직 개 주둥이를 다물게 하지.'

이 노승도 역시 개 주둥이를 다물게 할 것입니다.

'나'를 취함2640)이 더러움이고, '나'를 취하지 않음이 깨끗함입니다.2641)

마치 사냥개처럼 오로지 무엇이든 먹어 치우려고 한다면 불법(佛法)이 어느 곳에 있겠습니까?

여기 천 사람 만 사람이 모두 부처님을 찾는 놈들이지만 도인이라고는 한 명도 찾을 수가 없습니다.

만일 공왕(空王)2642)을 따라2643) 제자가 된다면 설마 마음의 병2644)이 가장 고치기가 어렵기야 하겠습니까?2645)

세계에 앞서 이 성품이 있었고, 세계가 무너질 때에도 이 성품은 무너지지 않습니다.

한 번 이 노승을 본 이후라 하여도 다시 별다른 사람이 아닙니다.

오로지 주인공일 뿐. 이것을 어찌2646) 바깥으로 향해 찾는단 말입니까?

바로 이럴 때 머리를 돌리고 뇌를 바꾸지2647) 마십시오. 만일 머리를 돌리고 뇌를 바꾸면 곧장 잃어버리고야 말 것입니다."

그때 한 스님이 여쭈었다.

2639) 약산유엄(藥山惟儼)스님을 말한다. 조계혜능(曹溪慧能)-청원행사(靑原行思)-석두희천(石頭希遷)-약산유엄(藥山惟儼). 751~834. 주713) 참조.

2640) 取我(취아) : ⓢātmasam āropa. '나'라는 실체가 있다고 집착함.

2641) 『유마경』「제자품」에 나오는 법문이다. "일체 뭇삶들의 심상(心相)이 더럽지 않음도 이와 같습니다. 우바리여, 망상(妄想)이 더러움(垢)이요, 망상 없음이 깨끗한(淨) 것입니다. 뒤집어지면(顚倒) 더러움이요, 뒤집어짐이 없음이 깨끗한 것입니다. 나를 취함(取我)은 더러움이요, 나를 취하지 않음(不取我)이 깨끗한 것입니다." (T14n0475_p0541b23~25, 『維摩詰所說經』「弟子品」第三. "一切衆生心相無垢亦復如是. 唯優波離, 妄想是垢, 無妄想是淨. 顚倒是垢, 無顚倒是淨. 取我是垢, 不取我是淨.")

2642) 空王(공왕) : 부처님을 말한다.

2643) 與(여) : 따르다, 가까이하다, 배종(陪從)하다.

2644) 心病(심병) : 『신심명』에서 마음의 병은 거스르고 따름이 서로 다투는 것이라고 함. "바로 지금 드러나게 하려면 따르거나 거스르지 마라. 거스르고 따름이 서로 다투는 것이 마음의 병이니" (T51n2076_p0457a20~21, 『景德傳燈錄』卷第三十, 「三祖僧璨大師信心銘」. "欲得現前 莫存順逆. 違順相爭 是爲心病")

2645) 莫教(막교) : 설마 ~은 아니겠지? 설마 ~란 말인가?

2646) 更用(갱용) : 어찌.

2647) 轉頭換腦(전두환뇌) : 머리를 돌리고 뇌를 바꾸다. 곧 생각을 바꾸다. 사유를 굴리다.

“스님의 말씀을 들으니, ‘세계가 무너질 때 이 성품은 무너지지 않는다’
하셨는데, 이 성품이 무엇입니까?”
말씀하셨다.
“사대(四大)와 오음(五陰)[2648]이다.”
말하였다.
“이것도 오히려 무너지는 것입니다. 어떤 것이 이 성품입니까?”
말씀하셨다.
“사대와 오음이다.”

법안 문익스님이 말씀하셨다.
“하나냐, 둘이냐? 무너지느냐, 무너지지 않느냐?
자, 어떻게 알아낼 것이냐? 어디 한 번 판단해 보아라.”

묘희스님이 말씀하셨다.
“군영(軍營) 안의 천왕(天王)이로구나.”

344. 대위진여大潙眞如

大潙眞如和尚, 示眾, 云: “汾州道: ‘識得拄杖子, 行脚事畢.’” 乃拈拄杖. 云:
“遮箇是拄杖子. 那箇是行脚事? 直饒向遮裏見得, 於衲僧門下, 只是箇脫白沙彌.
若也不識, 且向三家村裏, 東卜西卜, 忽然卜著也不定.”[2649]

대위 진여스님[2650]이 대중에게 열어 보이셨다.
“분주스님[2651]이 말씀하셨습니다.

2648) 五陰(오음) : 오온(五蘊)과 같다. 색(色)·수(受)·상(想)·행(行)·식(識)의 다섯 가지 음(陰)을
　　　말한다.
2649) 『禪門拈頌集』卷第二十九. K46-0477, 1336則. 『聯燈會要』卷第十, X79n1557_p0104c01~
　　　08. 참조.
2650) 大潙眞如(대위진여) : 분양선소(汾陽善昭)-석상초원(石霜楚圓)-취암가진(翠巖可眞)-지해진여
　　　(智海眞如). ?~1095. 주339) 참조.
2651) 분양 선소스님을 말한다. 汾州善昭(분주선소) : 보응혜옹(寶應慧顒)-풍혈연소(風穴延沼)-수산
　　　성념(首山省念)-분양선소(汾陽善昭). 947~1024. 주82) 참조.

‘주장자를 알게 된다면 행각하는 일을 마치게 된다.’”2652)

그리고는 주장자를 잡으셨다.

말씀하셨다.
“이것은 주장자입니다. 어느 것이 행각하는 일입니까?
설사 ‘여기’서 알아내었다 하더라도 납승의 문하에서는 다만 갓 출가한2653) 사미일 뿐입니다.
만일 알지 못하였다면 설사 서너 집 모인 작은 마을에 가서 이리저리 점을 치더라도2654) 갑자기 점괘가 일정치 않을 것입니다.”2655)

2652) 識得拄杖子 行脚事畢(식득주장자 행각사필) : 분양 선소스님의 이 법문은 『분양무덕선사어록(汾陽無德禪師語錄)』에는 보이질 않는다. 다만, 이렇게 나온다. “상당하셨다. 주장자를 일으켜 잡으셨다. 말씀하셨다. ‘이것을 알면 참학의 일을 마친 것이다.’”(T47n1992_p0599a20, 『汾陽無德禪師語錄』 卷上. “上堂. 拈起拄杖. 云:‘識得這箇, 叅學事畢.’”) 이 법문을 『연등회요』 10권에서는 여기 『정법안장』에서와 같이 분양 선소스님의 법문으로 소개되고 있지만, 『어선어록』에서는 수산 성념스님의 법문으로 소개하고 있다. (X79n1557_p0104c01, 『聯燈會要』 卷第十, ‘汾陽善昭禪師’. “師拈拄杖. 示眾云:‘識得拄杖子, 行脚事畢.’” X68n1319_p0633b17, 『御選歷代禪師語錄』 前集下, ‘首山省念禪師’. “師示眾曰:‘識得拄杖子, 行脚事畢.’”) 『종문염고휘집』 40권에서는 분양스님의 법문이지만 수산스님의 법문이라고 하는 곳도 있음을 표현하고 있다. (X66n1296_p0230c04, 『宗門拈古彙集』 卷第四十. “汾陽示眾:‘識得拄杖子, 行脚事畢.’〈有作首山示眾〉.”) 『선문염송집』 29권에서는 “주장자를 알면 일생의 참학하는 일이 끝난다.”라고 나온다. (K46-0477, 『禪門拈頌集』 卷第二十九. “汾陽示眾云:‘識得拄杖子, 一生叅學事畢.’”) 특히 손상좌인 운봉 문열스님이 상당법문에서 분양 선소스님의 법문으로 인용하고 있음을 볼 때 이 법문은 분양 선소스님의 법문으로 여겨진다. (X68n1315_p0266c19, 『古尊宿語錄』 卷之四十一, 「雲峰悅禪師初住翠巖語錄」. “舉汾州和尚, 示眾, 云:‘識得拄杖子, 行脚事畢.’”)
2653) 脫白(탈백) : 출가해서 스님이 되다. 탈백의(脫白衣)와 같은 말. 백(白)은 재가(在家)의 의미.
2654) 東卜西卜(동복서복) : 이곳 저 곳 여러 곳에서 점을 치러 다니다. 선가에서 기어(機語)로 문답하고 거듭 참구(叅究)하는 것을 말한다.
2655) 운문 문언스님의 법문이다. “스님이 하루는 말씀하셨다. ‘작은 시골마을에서 점을 치고 다니는데, 이리저리 점을 치다가 갑자기 일정한 점괘가 나오질 않는구나.’ 어떤 스님이 곧장 여쭈었다. ‘문득 점괘가 맞을 땐 어떠합니까?’ 스님이 말씀하셨다. ‘엎드려 바라옵건대….’”(T47n1988_p0554b28~c01, 『雲門匡眞禪師廣錄』 卷中. “師一日云:‘三家村裏賣卜, 東卜西卜, 忽然卜着也不定.’ 僧便問:‘忽然卜着時如何?’ 師云:‘伏惟.’”)

345. 자호이종子湖利蹤

子湖和尚, 門下立一牌, 牌上書, 云: “子湖有一隻狗. 上取人頭, 中取人心, 下取人足. 擬議則喪身失命.” 僧問: “如何是子湖一隻狗?” 師曰: “嗥嗥!” 臨濟下二僧來參, 方揭簾, 師曰: “看狗.” 二僧回顧, 師便歸方丈. [2656]

자호 이종스님[2657]이 문 아래에 팻말을 하나 세우시고는, 팻말에다 글을 써놓으셨다.

“자호에 한 마리 개가 있습니다. 위에는 사람의 머리를 하고, 가운데는 사람의 심장을,[2658] 아래에는 사람의 발을 가지고 있습니다. 머뭇거리다가는 곧 몸을 잃고 목숨을 잃게 됩니다.”

어떤 스님이 여쭈었다.

“어떤 것이 자호의 한 마리 개입니까?”

스님이 말씀하셨다.

“으르르!”[2659]

임제스님 회하에 있던 스님 두 명이 와서 참례하면서 발을 걷으려 하였다. 스님이 말씀하셨다.

“개 조심해라.”

두 스님이 고개를 돌리자, 스님이 곧장 방장실로 가셨다.

2656) 『景德傳燈錄』 卷第十, T51n2076_p0278c15~23. 『聯燈會要』 卷第六, X79n1557_p0061b05 ~09. 『禪門拈頌集』 卷第十三, K46-0211, 499則. 『五燈會元』 卷第四, X80n1565_p0096c11~1 6. 『大藏一覽集』 卷第十, K45-0616. 참조.

2657) 子湖利蹤(자호이종) : 남악회양(南嶽懷讓)-마조도일(馬祖道一)-남전보원(南泉普願)-자호이종 (子湖利蹤). 800~880. 주738) 참조.

2658) 中取人心(중취인심) : 『선문염송집』 13권에서는 心(심)이 腰(요)로 나오나 다른 모든 어록에 서는 心(심)으로 나온다.

2659) 嗥嗥(호호) : 짐승이 으르렁거리는 소리.

346. 가나제바迦那提婆

　　西天禁斷鐘鼓, 故謂之沙汰. 經于七日, 提婆尊者, 運神通, 登樓撞鐘. 諸外道眾, 一時共集, 至鐘樓下. 其門封鎖, 乃高聲問: "樓上撞鐘者誰?" 提婆曰: "天外道." 曰: "天者誰." 曰: "我." 曰: "我者誰?" 曰: "你." 曰: "你者誰?" 曰: "狗." 曰: "狗者誰?" 曰: "你." 曰: "你是誰?" 曰: "我." 曰: "我是誰?" 曰: "天." 如是往返七度, 外道一眾知自負墮, 奏聞國王再鳴鐘鼓, 大興佛法.[2660]

　서천에서 종과 북을 울리는 것을 금지하였으니 이를 사태(沙汰)라고 한다. 7일이 지나자 가나제바존자[2661]가 신통력으로 누각에 올라 종을 치셨다. 그러자 모든 외도 대중이 일시에 함께 종루 아래로 모여 들었다. 그 문을 굳게 닫아 걸은 후에 큰 소리로 물었다.
"누각 위에서 종을 울리는 자가 누구냐?"
가나제바존자가 말씀하셨다.
"하늘외도다."
말했다.
"하늘이란 것은 누구냐?"
말씀하셨다.
"나다."
말했다.
"나라는 것은 누구냐?"
말씀하셨다.
"너희들이다."
말했다.

2660) 이 화(話)는 다른 문헌에는 없고 여기 『정법안장』에서만 나오는 것이다.
2661)　迦那提婆(가나제바) : 　마명(馬鳴)-가비마라(迦毘摩羅)-용수(龍樹)-가나제바(伽那提婆). ⓢ Kāṇa-deva. 선종(禪宗) 제15조사이다. 남천축국 출신이며 속성은 비사라(毘舍羅)다. 처음에는 복업(福業)을 구하는데 힘쓰고 논쟁을 좋아하였다. 뒤에 용수보살을 만나러 가자 용수보살이 그가 인연이 있음을 알아채고는 시자를 시켜서 발우에 물을 가득히 담아 법좌 앞에 놓게 하였다. 제바존자가 이것을 보자마자 즉각 바늘 하나를 던져 넣고서 나가버리니, 뜻에 계합하였다. 라후라다(羅睺羅多)존자에게 법을 부촉하고 전한(前漢) 문제(文帝) 19년 분신삼매(奮迅三昧)에 들어 몸에 여덟 가지 광명을 놓아 열반에 들었다.

"너희들이란 것은 누구냐?"
말씀하셨다.
"개다."
말했다.
"개라고 하는 것은 누구냐?"
말씀하셨다.
"너희들이다."
말했다.
"너희들이란 누구냐?"
말씀하셨다.
"나다."
말했다.
"나는 누구냐?"
말씀하셨다.
"하늘이다."
이와 같이 일곱 번을 왕복하자 외도들 모두가 졌음을[2662] 깨달았다. 그리고는 국왕에게 거듭 종과 북을 울려 달라고 아뢰니, 불법이 크게 일어났다.

347. 화약진영花藥進英

花藥英和尚, 示眾, 驀拈拄杖. 云: "'我今為汝, 保任此事, 終不虛也.' 大覺世尊, 是真語者, 實語者, 如語者, 不誑語者, 不異語者, 不賺汝諸人. 還信得及麼?" 喝一喝. 云: "上無攀仰, 下絕己躬, 虛空大地, 咸出心中. 萬里八九月, 一身西北風." 卓一卓.[2663]

화약 진영스님[2664]이 대중에게 열어 보이셨다.

2662) 負墮(부타) : 타부(墮負)라고도 한다. 승부에서 실패하다.
2663) 이 화(話)는 이 『정법안장』과 『어선어록』에서만 보인다. (X68n1319_p0644a07~12, 『御選歷代禪師語錄』 前集下, 참조.)
2664) 花藥進英(화약진영) : 졸수진영(拙叟進英), 보자진영(報慈進英)이라고도 함. 석상초원石(霜楚圓)-황룡혜남(黃龍慧南)-보봉극문(寶峰克文)-화약진영(花藥進英). ?~1123. 북송 때의 스님. 자

문득 주장자를 잡으셨다.

말씀하셨다.
"'내가 지금 여러분을 위하여 이 일을 보증하여[2665] 끝끝내 헛되지 않게 할 것이다.'[2666]라고 하신 대각 세존께서는 참말씀을 하신 분이요, 실다운 말씀을 하신 분이요, 한결같은 말씀을 하신 분이요, 속임 말을 하지 않으시는 분이요, 달리 말을 하지 않으시는 분인지라[2667] 여러분 모두를 속이지 않으셨습니다.
아시겠습니까?[2668] 억!"

말씀하셨다.
"위로는 붙잡고 오를 것이 없고, 아래로는 몸을 굽힐 수가 없으며, 허공과 대지는 함께 마음속에서 나옵니다.

만 리에 8, 9월이요,

(字)는 졸수(拙叟). 길주(吉州) 태화(太和)[강서성] 출신. 속성은 나씨(羅氏). 어렸을 적부터 영민하여 7~8세 무렵에는 시서(詩書)의 대의(大義)를 통달할 정도였다. 그러다 갑자기 죽을병에 걸렸는데 어머니가 슬피 울면서 말하길 '너를 임신했을 때 허공에서 말하기를 병이 나면 출가시키면 나을 것이라고 하였단다.'고 하면서 스님을 동자승으로 절에 보냈다. 18세에 승과 시험에 응시하여 득도하고 구족계를 받았다. 그리고 곧바로 제방을 다니면서 참도(參道)하였다. 그러다가 어머니의 3년 상을 치르고 나서 강회(江淮)를 유력하였는데 당대의 대종사 선지식들을 찾아 참구(參扣)하다가 늦게 진정극문(眞淨克文)선사를 만났다. 진정선사의 야참법문 때에 의심처가 활짝 열려 황연(恍然)히 대오(大悟)하였다. 자세한 것은 『승보정속전(僧寶正續傳)』 권2 참조.

2665) 保任(보임) : 지키고 책임지다. 보증하다. 또는 현성(見性)이면서 보호임지(保護任持)하는 것을 말한다.

2666) 『법화경』「비유품」에 나오는 법문이다. "여러분은 삼계의 불타는 집에 머묾을 좋아하지 말 것이며, 거칠고 낡은 빛·소리·냄새·맛·감촉을 탐내지 마라. 만약 탐착하고 애착을 내면 곧 불에 타게 된다. 여러분이 삼계를 속히 벗어나면 틀림없이 삼승인 성문승이나 벽지불승 또는 불승을 얻을 것이다. 내가 이제 여러분을 위하여 이 일을 지키고 책임질 것이니, 끝내 헛되지 않을 것이다."(T09n0262_p0013b11~13, 『妙法蓮華經』 卷第二,「譬喩品」 第三. "汝等莫得樂住三界火宅, 勿貪麤弊色聲香味觸也. 若貪着生愛則爲所燒. 汝速出三界, 當得三乘聲聞辟支佛佛乘. 我今爲汝保任此事, 終不虛也.")

2667) 『금강경』에 나오는 구절로 '여래오어(如來五語)'라고 한다. (T08n0235_p0750b27~28, 姚秦天竺三藏鳩摩羅什譯, 『金剛般若波羅蜜經』. "須菩提. 如來是眞語者, 實語者, 如語者, 不誑語者, 不異語者.")

2668) 信得及(신득급) : 진리를 확실하게 깨달음. 의심의 여지가 없이 확실하다. 확실하게 믿다. 성인의 말씀을 확실하게 신뢰하고 굳게 지키다.

온몸에 서북풍이 부는구나.”

선상을 한 번 치셨다.

348. 대전보통大顚寶通

大顚和尚, 因石頭, 問: “那箇是汝心?” 曰: “見言語者是.” 頭便喝出. 經旬日間, 大顚復問: “前者旣不是, 除此外何者是心?” 頭云: “除却揚眉瞬目, 將心來.” 曰: “無心可得將來.” 頭云: “元來有心, 何言無心? 無心盡同謗.” 大顚於言下悟入.
妙喜曰: “且道. 大顚悟得箇甚麼?”[2669]

대전 보통스님[2670]이 석두 희천스님의 질문을 받게 되셨다.
“어떤 것이 너의 마음이냐?”
말씀드렸다.
“말할 줄 아는 이것입니다.”
석두스님이 느닷없이 “억!”하고 할을 하시고 쫓아 내셨다.
열흘 정도 지나고 나서 대전스님이 다시 여쭈었다.
“앞이 이미 옳지 않다면, 이것 말고 어떤 것이 마음입니까?”
석두스님이 말씀하셨다.
“눈썹을 추어올리고 눈을 껌벅이는 것 말고 마음을 가져와라.”
말씀드렸다.

2669) 『景德傳燈錄』第十四, T51n2076_p0312c26~0313a02. 『聯燈會要』卷第十九, X79n1557_p0166b10~14. 『禪門拈頌集』卷第九, K46-0151, 352則. 『五燈會元』卷第五, X80n1565_p0111c21~0112a01. 참조.
2670) 大顚寶通(대전보통) : 조계혜능(曹溪慧能)-청원행사(靑原行思)-석두희천(石頭希遷)-대전보통(大顚寶通). 732~824. 청원계의 스님이다. 영천(潁川) 사람이며 속성은 진씨(陳氏)[혹은 양씨(楊氏)]이다. 대력연간 (766~779)에 약산 유엄스님과 함께 서산혜조(西山惠照)스님에게 선법을 익히고, 다시 남악으로 가서 석두 희천스님을 참례하고 종지를 크게 깨달았다. 조주(潮州)[광동성]의 서유령(西幽嶺) 아래에다 영산선원(靈山禪院)을 창건하여 선법을 크게 떨쳤고 금강경 강의를 천오백여 회나 하였다. 장경(長慶) 4년 세수 93세로 입적하였다. 당말에 도적들이 스님의 탑을 파헤쳐 유골이 모두 없어졌지만 스님의 혀만은 온전하여 다시 봉안하고 이름을 예설총(瘞舌塚)이라고 하였다. 『반야바라밀다심경급금강경석의(般若波羅蜜多心經及金剛經釋義)』가 있다.

“가져올 수 있는 마음이 없습니다.”
석두스님이 말씀하셨다.
“원래 마음이 있는데 어째서 마음이 없다고 말하는 것이냐? 마음이 없다고 하면 모두 함께 비방하는 말이 된다.”
대전스님이 말끝에 깨달으셨다.

묘희스님이 말씀하셨다.
“바로 여기, 말해보아라. 대전스님이 깨달았다는 것이 무엇이냐?”

349. 백마행애白馬行靄

白馬山靄和尚, 僧問: “如何是淸淨法身?” 曰: “井底蝦蟇吞却月.” 問: “如何是白馬正眼?” 曰: “面南看北斗.”2671)

백마산 행애스님2672)께 어떤 스님이 여쭈었다.
“어떤 것이 청정법신입니까?”
말씀하셨다.
“우물 밑바닥에서 두꺼비2673)가 달을 삼키는구나.”
여쭈었다.
“어떤 것이 흰 말의 바른 눈입니까?”
말씀하셨다.
“남쪽을 향해서 북두칠성을 바라보는구나.”

2671) 『景德傳燈錄』卷第二十三, T51n2076_p0394a18~20. 『聯燈會要』卷第二十六, X79n1557_p0231a16~18. 『五燈會元』卷第八, X80n1565_p0178c01~03. 참조.
2672) 白馬行靄(백마행애) : 덕산선감(德山宣鑑)-감담자국(感潭資國)-백조지원(白兆志圓)-백마행애(白馬行靄). 『경덕전등록』 23권 · 『연등회요』 26권 · 『오등회원』 8권 · 『오등엄통』 8권 · 『선종송고련주통집』 35권 · 『종감법림』 47권 · 『오등전서』 16권 등에 문답화(問答話)가 보인다.
2673) 蝦蟇(하마) : 달 속에 산다는 두꺼비.

350. 보령인용保寧仁勇

保寧勇和尚, 示衆, 云: "大方無外, 大圓無內. 無內無外, 聖凡普會. 瓦礫生光, 須彌粉碎. 無量法門, 百千三昧." 拈起拄杖, 云: "總在遮裏. 會麼? 蘇嚕蘇嚕悉哩悉哩."

又示衆, 云: "眞相無形, 示形顯相, 千恠萬狀, 自此而彰. 喜則滿面生光, 怒則雙眉斜竪. 非凡非聖, 或是或非. 人不可量, 天莫能測. 直下提得, 未稱丈夫. 喚不回頭, 且莫錯恠."2674)

보령 인용스님이2675) 대중에게 열어 보이셨다.

"크게 모난 것은 바깥이 없고
크게 둥근 것은 안이 없다네.
안이 없고 밖이 없으니
성인과 범부가 널리 모인다네.

기와와 벽돌조각에 빛이 나니
수미산이 부서져 가루가 되어,
그야말로 한량없는 법문과
수많은 삼매로구나."

주장자를 잡아 세우셨다.

말씀하셨다.
"모두 이 속에 있습니다.
알겠습니까?

소로소로(蘇嚕蘇嚕) 시리시리(悉哩悉哩).2676)"

2674) 『聯燈會要』卷第十五, X79n1557_p0130c16~22. 『五燈會元』卷第十九, X80n1565_p0391a 05~15. 참조.
2675) 保寧仁勇(보령인용) : 분양선소(汾陽善昭)-석상초원(石霜楚圓)-양기방회(楊岐方會)-보령인용 (保寧仁勇). 주265) 참조.

또 대중에게 열어 보이셨다.

"참 모습은 형체가 없으면서 형상을 드러내 보이니, 온갖 가지각색 모양들이 여기에서 드러납니다.

기쁘면 얼굴 가득 빛이 나고 성내면 두 눈썹을 치켜세웁니다.

범속하지도 않고 성스러움도 아니며, 옳기도 하고 그르기도 합니다.

사람도 헤아릴 수 없고 하늘도 알 수가 없습니다.

설령 곧장 잡아채더라도 장부라고 할 수 없습니다.

부를 때 고개를 돌리지 않더라도 의당 오해하여 탓하지 마십시오."

351. 석상경저石霜慶諸

僧問石霜: "咫尺之間, 為甚不覩師顔?" 霜曰: "我道徧界不曾藏." 僧後問雪峯: "徧界不曾藏意旨如何?" 峯云: "甚麼處不是石霜?" 僧回擧似石霜, 霜云: "遮老漢, 著甚麼死急?"
玄沙云: "山頭老漢蹉過也."2677)

어떤 스님이 석상 경저스님2678)께 여쭈었다.2679)

"지척 사이임에도 스님의 얼굴이 왜 보이질 않습니까?"

석상스님이 말씀하셨다.

"나는 온 세계에 존재하여2680) 일찍이 숨은 적이 없다."

2676) 蘇嚕蘇嚕悉哩悉哩(소로소로시리시리) : ⓢsuresure siresire. 『천수천안관세음보살광대원만무애대비심대다라니신묘장구다라니(千手千眼觀世音菩薩廣大圓滿無礙大悲心大陀羅尼神妙章句陀羅尼)』등 여러 경에 나오는 진언이다. '소로(蘇嚕)'는 펼치다, 꺼내다, 흘러내다, 나투다, 나타내다 등의 뜻이다. '시리(悉哩)'는 나아가다, 흐르다, 연꽃 등의 뜻이다.

2677) 『景德傳燈錄』 卷第十五, T51n2076_p0321a03~06. 『聯燈會要』 卷第二十, X79n1557_p0175b03~06. 『禪門拈頌集』 卷第十四, K46-0231, 558則. 『五燈會元』 卷第五, X80n1565_p0118c17~20. 참조.

2678) 石霜慶諸(석상경저) : 석두희천(石頭希遷)-약산유엄(藥山惟儼)-도오원지(道吾圓智)-석상경저(石霜慶諸). 807~888. 주918) 참조.

2679) 『전등록』 15권을 보면 석상스님은 방장실에 있고 어떤 스님이 창문 밖에서 질문하고 있다. (T51n2076_p0321a02~03. "師居方丈, 有僧在明窗外問.")

2680) 道(도) : ~에 미치다(到), ~에 이르다. ~이다(존재를 나타냄).

그 스님이 뒤에 설봉 의존스님께 여쭈었다.

"'온 세계에 존재하여 일찍이 숨은 적이 없다'는 뜻이 무엇입니까?"

설봉스님이 말씀하셨다.

"어디가 석상이 아니냐?"

그 스님이 돌아와서 석상스님께 말씀드리자, 석상스님이 말씀하셨다.

"이 노인네가 왜 이리 급하냐?"

현사 사비스님이 말씀하셨다.

"산꼭대기 노인네2681)가 놓쳐버렸군."

352. 운거도응雲居道膺

雲居膺和尚, 示眾, 云: "得者不輕微, 明者不賤用. 識者不咨嗟, 解者無厭惡. 從天降下則貧寒, 從地湧出則富貴. 門裏出身易, 身裏出門難. 動則埋身千丈, 不動則當處生苗. 一言迥脫, 獨拔當時. 言語不要多, 多則無用處."2682)

운거 도응스님2683)이 대중에게 열어 보이셨다.

"얻은 이는 대수롭지 않게 여기지 않고, 밝은 이는 하찮게 쓰지 않습니다. 아는 이는 탄식하지2684) 않고, 이해한 이는 싫어함이 없습니다.

하늘에서 내려오면 가난하고, 땅에서 솟아오르면 부귀합니다.

문 안에서 몸을 나투긴 쉽고, 몸 안에서 문을 나서기는 어렵습니다.

움직이면 몸이 천 길 깊이 덮여 가려지고, 움직이지 않으면 그 자리에 싹이 납니다.

한 마디의 말로 완전히 초탈(超脫)하여, 모든 사람들 가운데 홀로 탁월합니다.2685)

2681) 山頭老漢(산두노한) : 석상산(石霜山)의 늙은이. 곧 석상 경저스님을 말한다.

2682) 『聯燈會要』 卷第二十二, X79n1557_p0191c22~0192a01. 『禪門拈頌集』 卷第二十一, K46-0342, 860則. 『五燈會元』 卷第十三, X80n1565_p0267a02~05. 『禪林僧寶傳』 卷第六, X79n15 60_p0504a20~24.참조.

2683) 雲居道膺(운거도응) : 약산유엄(藥山惟儼)-운암담성(雲巖曇晟)-동산양개(洞山良价)-운거도응(雲居道膺). 835~902. 주328) 참조.

2684) 咨嗟(자차) : 탄식하다. 찬탄하다.

언어는 많을 필요가 없으니, 많으면 쓸 곳이 없습니다.”

353. 강산방姜山方

姜山方和尙, 示衆, 云: “穿雲不渡水, 渡水不穿雲. 乾坤把定不把定, 虛空放行不放行. 橫三豎四, 乍離乍合. 將長補短卽不無. 汝諸人, 飯是米做一句子, 要且難道.” 良久. 云: “私事不得官酬.”
　僧問: “如何是一塵入正受?” 曰: “蛇銜老鼠尾.” 云: “如何是諸塵三昧起?” 曰: “鱉咬釣魚竿.” 云: “與麽則東西不辨, 南北不分去也.” 曰: “堂前一盌夜明燈, 簾外數莖靑瘦竹.” 問: “諸佛未出世時如何?” 曰: “不識酒望子.” 云: “出世後如何?” 曰: “釣魚船上贈三椎.”2686)

　강산 방스님2687)이 대중에게 열어 보이셨다.
“구름은 뚫지만 물은 건널 수 없고, 물은 건너지만 구름을 뚫진 못합니다.
　경계를 파정(把定)케하나2688) 파정(把定)함이 아니며, 허공에 방행(放行)하나2689) 방행(放行)이 아닙니다.
　가로는 3 세로는 4요, 순식간에 여의었다가 순식간에 모입니다.

2685) 獨拔當時(독발당시) : 당시의 사람들 가운데 특별히 뛰어남. 즉각, 즉시.
2686) 『嘉泰普燈錄』 卷第三, X79n1559_p0306a11~20. 『聯燈會要』 卷第十四, X79n1557_p0122b
　　23~c15. 『續傳燈錄』 卷第七, T51n2077_p0510a27~b14. 참조.
2687) 姜山方(강산방) : 수산성념(首山省念)-분양선소(汾陽善昭)-낭야혜각(瑯邪慧覺)-강산방(姜山
　　方). 월주(越州) 소흥부(紹興府)에 주로 주석하였다. 자세한 행록은 알 수 없으나『건중정국속등
　　록』 7권·『어선역대선사어록』 전집하(前集下)·『속전등록』 7권·『연등회요』 14권·『가태보등
　　록』 3권·『오등회원』 12권·『지월록』 25권·『선등세보』 2권·『선종정맥』 6권·『오등엄통』 12
　　권·『오등전서』 24권·『종감법림』 31권·『열조제강록』 8권 등에 시중법문(示衆法門)과 문답화
　　(問答話)가 보인다.
2688) 乾坤把定(건곤파정) : 파정건곤(把定乾坤), 파정봉강(把定封疆), 파정세계(把定世界), 파정요
　　관(把定要關), 파정요진(把定要津) 등과 같다. 경계를 굳게 지킴. 선가(禪家)의 본분시설(本分施
　　設)로서 언구(言句)를 세우지 않고 언어의 길을 끊어버려 일체 마음을 쓸 수 없게 하여 모든 학
　　해지견(學解知見)과 분별망상을 벗어나게 하는 방편수단이다. 파정(把定)은 파단(把斷), 파주(把
　　住)와 같은 뜻. 언어교설과 지식정해(知識情解) 등을 끊어 버리는 선가의 본분시설(本分施設)이
　　다.
2689) 放行(방행) : 방개(放開)라고도 함. 음력 14일부터 16일까지 도성의 야간통행금지를 해제하던
　　일. 통행을 허락함. 집행을 허가함. 선종(禪宗)에서는 선사가 학인들에게 일체를 허락하여 스스
　　로 참심(叅尋)하게 하는 방편시설이다.

긴 것을 잘라서2690) 짧음을 보완함이 없지 않습니다.
　여러분들은 쌀을 입에 가득 머금고 일구(一句)를 지으려 하나 도리어2691) 말하기는 어렵습니다."

한참 묵묵히 계셨다.

말씀하셨다.
"사적인 일을 공적으로 갚을 순 없습니다."

한 스님이 여쭈었다.
"어떤 것이 한 티끌이 정수(正受)2692)에 들어가는 것입니까?"
말씀하셨다.
"뱀이 늙은 쥐의 꼬리를 물었구나."
말했다.
"어떤 것이 모든 티끌이 삼매에서 일어나는 것입니까?"
말씀하셨다.
"자라가 낚싯대를 물었구나."
말했다.
"이러하다면 동서도 못 가리고 남북도 분간을 못하는 것입니다."
말씀하셨다.
"큰 방 앞에 켜놓은 야명등(夜明燈) 하나요, 주렴 밖의 어리고 가녀린 몇 그루 대나무로구나."

여쭈었다.
"모든 부처님이 세상에 나오시기 전은 어떻습니까?"
말씀하셨다.

2690) 將(장) : 나누다. 분할하다.
2691) 要且(요차) : 도리어.
2692) 正受(정수) : ⑤Samaya. 선정(禪定)을 말한다. 정(正)은 마음에서 산란함을 여의는 것이고, 수(受)는 무념(無念)의 경계에서 법(法)을 받아들여 마음에 두는 것이다. 경계대상을 관(觀)하는 마음과 관(觀)하여지는 대상이 하나가 되어 밝은 거울이 무심하게 삼라만상을 받아들여 그대로 비치는 것과 같이 깨어 있으면서도 고요한 마음의 상태.

"주망자(酒望子)2693)도 모르지."
말했다.
"세상에 나오신 후는 어떠합니까?"
말씀하셨다.
"낚싯배 위에서 몽둥이 세 대를 선사하지."

354. 덕산원명德山圓明

德山圓明和尙, 示衆, 云: "但參活句, 莫參死句. 活句下薦得, 千劫萬劫, 永無疑
滯. 一塵一佛國, 一葉一釋迦, 是死句. 揚眉瞬目, 擧指豎拂, 是死句. 山河大地,
更無諕訛, 是死句."
時有僧便問: "如何是活句?" 曰: "波斯仰面看." 僧云: "恁麼則不謬也." 圓明便
打.2694)

덕산 원명스님2695)이 대중에게 열어 보이셨다.
"다만 활구(活句)에서 참(參)2696)일지언정 사구(死句)에서 참(參)은 마십시
오.
활구(活句)에서 깨달으면 천겁만겁에 영원히 막힘이 없습니다.
한 티끌이 한 불국토요, 한 이파리가 한 석가라도 사구(死句)입니다.
눈썹을 치켜세우고 눈을 깜박이며, 손가락을 들고 불자(拂子)를 세우는 것
도 사구(死句)입니다.
산하대지가 다시 잘못이 없음도 사구(死句)입니다."

그때 한 스님이 곧장 여쭈었다.
"어떤 것이 활구(活句)입니까?"

2693) 酒望子(주망자) : 주렴(酒帘)과 같다. 술집임을 알리는 깃발.
2694) 『聯燈會要』卷第二十六, X79n1557_p0227c12~16. 『五燈會元』卷第十五, X80n1565_p030
    8a21~b01. 참조.
2695) 德山圓明(덕산원명) : 덕산선감(德山宣鑑)-설봉의존(雪峰義存)-운문문언(雲門文偃)-덕산원명
    연밀(德山圓明緣密). 주1371) 참조.
2696) 叄(참) : 주384) 참조.

말씀하셨다.

"파사(波斯)2697) 사람이 고개 들어 보는구나."

그 스님이 말하였다.

"이러하다면 잘못이 없겠군요."

원명스님이 즉시 때리셨다.

355. 운문문언雲門文偃

雲門和尚, 問新到, 云: "雪峯和尚道: '開却路, 達磨來也.' 我問你, 作麼生?" 僧云: "築著和尚鼻孔." 門云: "地神惡發, 把須彌山一摑, 蹢跳上梵天, 拶破帝釋鼻孔, 你為甚麼向日本國裏藏身?" 僧云: "和尚莫謾人, 好." 門曰: "築著老僧鼻孔, 又作麼生?" 僧無對, 門曰: "將知你只是學語之流."

妙喜曰: "擔一擔懵懂, 換得一檐骨董, 無星秤子秤來, 付與無知漆桶. 且道. 無知漆桶, 將作何用? 你若道得活脫句, 許你親見雲門."2698)

운문 문언스님2699)이 처음 찾아온 스님2700)에게 물으셨다.

"설봉스님이 말씀하시기를, '길을 마침 열어 놓으니, 달마대사께서 오신다.' 하셨는데, 내가 너에게 물어 보겠다. 무슨 뜻이냐?"

그 스님이 말했다.

"스님의 콧구멍을 막아버리겠습니다.2701)"

운문스님이 말씀하셨다.

"땅의 신(神)이 사나운 성질을 부려2702) 수미산을 잡고 한 번 후려치고는,

2697) 波斯(파사) : 파사(波嘶), 파자사(波剌私), 파자사(波剌斯), 파라실(波囉悉)이라고도 한다. 고대 페르샤로 지금의 이란이다.

2698) 『禪門拈頌集』卷第二十四, K46-0395, 1032則. 『雲門匡眞禪師廣錄』卷下, T47n1988_p0567b19~25. 참조.

2699) 雲門文偃(운문문언) : 용담숭신(龍潭崇信)-덕산선감(德山宣鑑)-설봉의존(雪峰義存)-운문문언(雲門文偃). 864~949. 주94) 참조.

2700) 이 스님은 운문스님의 법사인 파릉호감(巴陵顯鑒)스님이다. (T51n2076_p0386a19~24, 『景德傳燈錄』卷第二十二. X80n1565_p0308b23~c04, 『五燈會元』卷第十五. 참조.)

2701) 築(축) : 막다. 채우다. 찌르다. 치다.

2702) 惡發(악발) : 성질을 부리다. 화를 내다.

범천에 뛰어올라 제석신의 콧구멍을 꽉 눌러버렸는데,2703) 너는 왜 일본으로 가서 몸을 숨기느냐?”
 그 스님이 말했다.
“스님께서는 사람을 속이지 마십시오. 거참.2704)”
운문스님이 말씀하셨다.
“이 노승의 콧구멍을 막아버리고는 또 어찌 되었느냐?”
 그 스님이 대답이 없었다.
 운문스님이 말씀하셨다.
“네 놈이 고작 말이나 배우는 부류란 걸 이제 알겠구나.”2705)

 묘희스님이 말씀하셨다.
“애매모호한2706) 것을 한 짐 져다가 한 짐의 골동품2707)과 바꿔서는, 눈금 없는 저울에 달아서 아무것도 모르는 칠통(漆桶)에게 주었다.
 바로 여기, 말해보아라. 아무 것도 모르는 칠통을 지금 어디다 쓰겠느냐? 그대가 만일 팔팔하게 벗어나는 구(句)를 말한다면, 그대가 운문스님을 친견했음을 인정하겠다.”

356. 개선지開先智

開先智和尙, 示衆, 曰: “宗之與敎, 權道. 佛之與祖, 強名. 受敎傳心, 俱爲虛妄. 求眞覓實, 轉更參差. 若取自己自心爲究竟, 必有佗物佗人作對治.”
 時有僧, 問: “如何則是?” 曰: “是則有非.” 云: “如何得入?” 曰: “汝何劫在外頭?” 問: “如何是佛?” 曰: “汝喚那箇作眾生?” 云: “與麼則無佛無眾生也.” 曰: “遮眾生!” 問: “如何是平常心?” 曰: “蜂蠆狼貪.” 云: “與麼則全眾生心也.” 曰:

2703) 拶破(찰파) : 꼼작 못하게 꽉 누르다. 핍박하다. 파(破)는 어조사.
2704) 好(호) : 거참, 아이, 원 참, 아이고. 불만을 나타내는 말.
2705) 『운문광록(雲門廣錄)』 하권에서는 운문스님의 말씀이 더 나온다. “말이 없는 곳을 대신하여 말씀하셨다. ‘스님께선 단지 제가 분명하지 못할까 걱정하시는군요.’ 또 말씀하셨다. ‘라라리.’” (T47n1988_p0567b24~25, 『雲門匡眞禪師廣錄』 卷下. “代無語處云: ‘和尙秖恐某甲不實.’ 又云: ‘邏邏李.”)
2706) 懵懂(몽동) : 분명하게 알지 못함. 애매모호하다. 명확하지 않다. 분명치 않다.
2707) 骨董(골동) : 진부한 내용이나 지식, 문장. 자질구레한 사물.

“你道那箇是平常心.” 云: “不會.” 曰: “汝佗後會去在.” 問: “四大何緣有形?” 曰:
“你道虛空何緣無像.” 云: “到遮裏却不會.” 曰: “我也不會.” 又曰: “汝道汝不會,
與我不會, 是一是二?” 云: “乞和尚慈悲.” 曰: “我早晚曾罵辱汝?” 問: “如何是大
道?” 曰: “我無小徑.” 云: “如何是小徑?”
曰: “我不知有大道.” 問: “和尚見處如何?” 曰: “非汝境界.” 云: “學人見處如何?”
曰: “取我處分又爭得?” 云: “乞師指授.” 曰: “我長劫來不曾蒙蔽汝.”2708)

개선 지스님2709)이 대중에게 열어 보이셨다.
“종宗과 교(敎)는 방편의 도(道)입니다. 부처님과 조사는 억지 이름입니다.
가르침을 받고 마음을 전함은 모두 함께 허망한 것입니다.
진실을 구하고 찾으면 더욱 더 차이가 날 뿐입니다.
만일 자기의 마음을 취하여 구경(究竟)을 삼는다면, 반드시 남의 물건과 다
른 사람으로 대치(對治)2710)를 해야만 할 것입니다.”

그때 한 스님이 여쭈었다.
“‘이것’이 무엇입니까?”
말씀하셨다.
“‘이것’도 아니다.”
말했다.
“어떻게 들어갑니까?”
말씀하셨다.
“너는 언제 바깥에 있었느냐?”

여쭈었다.
“어떤 것이 부처님입니까?”
말씀하셨다.
“너는 어떤 것을 뭇삶이라 하느냐?”

2708) 『御選歷代禪師語錄』 後集下, X68n1319_p0721b15~c05. 참조. 이 화(話)는 이 『정법안장』과
  『어선어록』에서만 보인다.
2709) 장경 혜릉스님의 법사(法嗣)인 개선소종원지(開先紹宗圓智)스님으로 보이나 확실치는 않다.
  덕산선감(德山宣鑑)-설봉의존(雪峰義存)-장경혜릉(長慶慧稜)-개선소종(開先紹宗).
2710) 對治(대치) : 번뇌를 끊다. 부합하다. 서로 필적하다. 대응하다. 대조하다.

말했다.
"이러하다면 부처님도 없고 뭇삶도 없겠습니다."
말씀하셨다.
"이 뭇삶아!"

여쭈었다.
"어떤 것이 평상심입니까?"
말씀하셨다.
"아주 흉악하고 끝없는 탐욕이지."2711)
말했다.
"이러하다면 온전히 뭇삶의 마음이겠습니다."
말씀하셨다.
"어떤 것을 평상심이라 하는지 네가 말해봐라."
말했다.
"모르겠습니다."
말씀하셨다.
"너는 나중에2712) 알겠다는 것이구나."

여쭈었다.
"사대(四大)는 무엇을 인연하여 형체가 있습니까?"
말씀하셨다.
"허공은 어떤 인연으로 형상이 없는지 네가 말해봐라."
말했다.
"여기서는 정말로 모르겠습니다."
말씀하셨다.
"나도 모르겠다."
또 말씀하셨다.
"네가 모른다고 말한 것과 내가 모른다고 한 것이 하나냐, 둘이냐?"

2711) 蜂蠆狼貪(봉채랑탐) : 흉악하고 끝없는 탐욕. '봉채(蜂蠆)'는 벌과 전갈, 곧 잔인하고 흉악함.
　　'낭탐(狼貪)'은 이리의 탐욕, 곧 끝없는 탐욕.
2712) 佗後(타후) : 이후, 장래.

말했다.
"스님께서 자비로 말씀해주십시오."
말씀하셨다.
"내가 언제 너를 욕이라도 했더냐?"

여쭈었다.
"어떤 것이 대도(大道)입니까?"
말씀하셨다.
"나에게는 작은 오솔길조차 없다."
말했다.
"어떤 것이 작은 오솔길입니까?"
말씀하셨다.
"나는 대도(大道)가 있는 줄도 모른다."

여쭈었다.
"스님의 현처(見處)는 어떻습니까?"
말씀하셨다.
"너의 경계는 아니다."
말했다.
"이 학인의 현처(見處)는 어떻습니까?"
말씀하셨다.
"나의 자리를 나누어서 어쩌자는 것이냐?"
말했다.
"스님께서 가르쳐 주십시오."
말씀하셨다.
"나는 오랫동안 일찍이 너를 어리석고 무지하게 한 적이 없는 걸."

357. 오조법연五祖法演

　　五祖演和尚, 示眾, 云: "山僧昨日入城, 見一棚傀儡, 不免近前看. 或見端嚴奇特, 或見醜陋不堪. 動轉行坐, 青黃赤白, 一一見了. 子細看時, 元來青布幔裏有人. 山僧忍俊不禁, 乃問: '長史高姓?' 佗道: '老和尚. 看便休, 問甚麽姓?' 大眾. 山僧被佗一句, 直得無言可對, 無理可伸. 還有人為山僧道得麽? 昨日那裏落節, 今日遮裏拔本."

　又示眾, 云: "白雲不會說禪, 三門開向兩邊. 有人動著關捩, 兩片東扇西扇." 又擧靈雲悟桃花頌, 云: "'三十年來尋劍客, 幾回落葉又抽枝. 自從一見桃花後, 直至如今更不疑.'

　玄沙, 云: '諦當甚諦當. 敢保老兄未徹在.' 說甚麽諦當? 更參三十年始得."[2713]

　오조 법연스님[2714]이 대중에게 열어 보이셨다.

　"이 산승이 어제 성에 들어가 한 무리의 꼭두각시를 보았는데, 가까이 가서 보는 것 외에는 다른 방법이 없었습니다.[2715] (그것들은) 아주 탁월하면서도 아름답게 보였다가, 혹은 너무나[2716] 볼품이 없이 보이기도 하였습니다. 그리고 이리저리 움직이고 걷고 앉고, 파랬다가 노랬다가 빨갰다가 하였다가 하는 것을 낱낱이 다 보았습니다.

　그런데 자세히 보니 푸른 천막 안에 원래부터 사람이 있었습니다. 이 산승이 도저히 참질 못하고[2717] 바로 물어보았습니다.

　'장사(長史)[2718]의 존함이 어찌 되시오?'

　그가 말했습니다.

2713) 『法演禪師語錄』 卷上, T47n1995_p0653b23~29. 참조.

2714) 五祖法演(오조법연) : 자명초원(慈明楚圓)-양기방회(楊岐方會)-백운수단(白雲守端)-오조법연(五祖法演). ?~1104. 주438) 참조.

2715) 不免(불면) : =면부득(免不得), 불여(不如), 불약(不若). ~하는 외에는 다른 방법이 없다. ~보다 더 좋은 것이 없다. ~에 미치지 못하다. ~만 같지 못하다. 반드시 ~하게 된다.

2716) 不堪(불감) : =불과(不過). 정도가 매우 심함. 지극히, 몹시, 대단히.

2717) 忍俊不禁(인준불금) : 인준(忍俊)은 웃음을 머금다, 웃음을 참다는 뜻. 어떤 일에 집중하여 자제력을 상실함. 웃음을 도저히 참을 수 없음.

2718) 長史(장사) : 진(秦)나라 때부터 둔 벼슬을 말한다. 한(漢)나라 때는 상국(相國), 승상(丞相)에, 후한(後漢) 때는 태위(太尉), 사도(司徒), 사공(司空), 장군부(將軍府)에, 당(唐)나라 때는 주(州)의 자사(刺史) 아래에 두었다.

‘노스님. 구경하는 거나 그만 두시지, 무슨 성을 물으시오?’
대중여러분.
이 산승이 그에게 일구(一句)를 당하고는 곧바로 대답할 말이 없었고, 이야기할 명분도 없었습니다.
누가 이 산승을 위하여 말해 줄 수 있겠습니까?

어제는 저기서 손해를 보았지만[2719] 오늘 여기서 본전을 뽑았군.[2720]"

또 대중에게 열어 보이셨다.

"흰 구름은 선(禪)을 말할 줄을 모르고
삼문(三門)은 양변(兩邊)으로 향해 열렸다.
누가 빗장을 열면
동쪽 문과 서쪽 문 둘로 나눠지리라."

또 영운 지근스님이 복사꽃을 보고 깨달은 시를 인용하여 말씀하셨다.

"'삼십년을 검을 찾은 길나그네여,
낙엽지고 새싹 돋길 몇 번이던가.
복사꽃을 한 번 본 이래로부터
바로 지금 이르니 의심 없어라.'[2721]

현사스님이 말씀하셨습니다.
‘적절하고 매우 적절하지만, 노형이[2722] 철저하지 못했다고 보증하리라.’
적절하다는 것은 무슨 말씀이겠습니까? 다시 삼십년을 참(參)이라야 될 것입니다."[2723]

2719) 落節(낙절) : 이익을 잃고 손해를 보다. 선가(禪家)에서 언구작략(言句作略)에서 지는 것을 말한다.

2720) 拔本(발본) : 원금을 돌려받다. 손실을 보상받다. 본전을 돌려받다.

2721) 『전등록』 11권에 나온다. (T51n2076_p0285a25~26, 『景德傳燈錄』 卷第十一, "三十來年尋劍客, 幾逢落葉幾抽枝. 自從一見桃華後, 直至如今更不疑.")

2722) 위산 영우스님을 말한다. 남악회양(南嶽懷讓)-마조도일(馬祖道一)-백장회해(百丈懷海)-위산영우(潙山靈祐). 771~853. 주345) 참조.

358. 목주도명睦州道明

睦州和尚, 示衆, 云: "汝等諸人, 還得箇入頭處也未? 若未得箇入頭, 須得箇入頭. 若得箇入頭, 已後不得辜負老僧."
又云: "明明向汝道, 尚自不會, 豈況葢覆將來?"
時有僧出禮拜, 云: "某甲終不敢辜負和尚." 曰: "早是辜負我了也."

妙喜曰: "咄! 葛藤得也未?"2724)

목주 도명스님2725)이 대중에게 열어 보이셨다.
"여러분 모두는 들어가는 곳을 알아냈습니까?2726)
만일 들어가는 곳을 아직 알아내지 못하였다면 반드시 들어가야만 합니다. 만일 들어간다면 이후에 이 노승을 저버리지 마십시오."

또 말씀하셨다.
"명백하게 여러분에게 말해 준다 해도 오히려 스스로 알지 못하는데, 하물며 앞으로 덮어 감춰버림이겠습니까?"

그때 한 스님이 나와서 절을 하고는 말했다.
"외람되지만 제가 끝끝내 스님을 저버리지 않겠습니다."

2723) "위산 영우스님이 그 게송을 보시고 그 깨달은 것을 따져보시고는 그와 더불어 서로 계합하였다. 그리고 영우스님이 말씀하셨다. '인연 따라 깨달았으니 영원히 퇴실함이 없을 것이다. 잘 보호하여 지녀라.' (어떤 스님이 현사 사비스님께 말씀드리니, 현사스님이 말씀하셨다. '적절하고 매우 적절하지만 노형이 철저하지 못했다고 보증하리라.' 대중이 이 말씀을 의심하였다. 현사스님이 지장스님에게〈나한계침스님이다.〉 물으시기를, '내가 이렇게 말했는데 자네는 어떻게 알고 있느냐?'하시니, 지장스님이 대답하시길, '이 계침이 아니었다면 천하인들을 몹시 내달리게 하였을 것입니다.'하셨다.)" (T51n2076_p0285a27~29, 『景德傳燈錄』 卷第十一. "祐師覽偈詰其所悟 與之符契, 祐曰: '從緣悟達永無退失, 善自護持.'〈有僧擧似玄沙, 玄沙云: '諦當, 甚諦當. 敢保老兄猶未徹.' 衆疑此語, 玄沙問地藏: '我恁麽道, 汝作麽生會?' 地藏云: '不是桂琛, 即走殺天下人.'〉")

2724) 『景德傳燈錄』 卷第十二, T51n2076_p0291a24. 『聯燈會要』 卷第八, X79n1557_p0078c22~0079a01. 『禪門拈頌集』 卷第十六, K46-0268, 647則. 참조.

2725) 睦州道明(목주도명) : 마조도일(馬祖道一)-백장회해(百丈懷海)-황벽희운(黃檗希運)-목주도명(睦州道明). 780~877. 주67) 참조.

2726) 得(득) : 알게 되다. 깨닫다. 만나다.

말씀하셨다.
"벌써 나를 저버렸다."

묘희스님이 말씀하셨다.
"咄(Duō)! 갈등(葛藤)하느냐?"2727)

359. 용아거둔龍牙居遁

龍牙和尚, 示衆, 云: "參玄人須透祖佛始得. 新豐和尚道: '祖佛言敎, 如生寃家, 始有參學分.' 若透不得, 即被祖佛謾去."
僧便問: "祖佛還有謾人之心也無?" 曰: "汝道江湖還有礙人之意麼?" 又曰: "江湖雖無礙人之意, 爲時人過不得江湖, 成礙人去, 不得道江湖不礙人. 祖佛雖無謾人之心, 爲時人透不得, 祖佛成謾人去, 不得道祖佛不謾人. 若透得祖佛過, 此人過却祖佛. 若也如是, 始體得祖佛意, 方與向上人同. 若也未透得, 但學佛求祖, 則萬劫無有出期." 僧便問: "如何不被祖佛謾去?" 曰: "道者直須自悟始得." 問: "如何是祖師西來意?" 曰: "待石烏龜解語即向汝道." 云: "烏龜語也." 曰: "向汝道甚麼?" 問: "古人得箇甚麼便休去?" 曰: "如賊入空屋."2728)

용아 거둔스님2729)이 대중에게 열어 보이셨다.
"현(玄)에 참(參)인 사람은 반드시 조사와 부처님을 투탈(透脫)해야만 합니다. 신풍(新豐)스님2730)이 말씀하셨습니다.

2727) 葛藤(갈등) : 개부(蓋覆), 분별망상(分別妄想), 언어분별(言語分別)의 의미이지만 이것으로 학
    인을 지도하는 수단으로 쓰인다.
2728) 『景德傳燈錄』 卷第十七, T51n2076_p0337b16~27, c12~15. 『聯燈會要』 卷第二十二,
    X79n1557_p   0193b24~c09, c16~21. 『禪門拈頌集』 卷第二十一, K46-0352, 902則, 903則,
    904則. 『五燈會元』 卷第十三, X80n1565_p0270c06~16, c23~0271a02. 참조.
2729) 龍牙居遁(용아거둔) : 약산유엄(藥山惟儼)-운암담성(雲巖曇晟)-동산양개(洞山良价)-용아거둔
    증공(龍牙居遁證空). 835~923. 조동종 스님이다. 무주(撫州) 남성(南城) 출신. 속성은 곽씨(郭
    氏). 14세에 길주(吉州)의 만전사(滿田寺)에 출가하였다. 후에 숭악(崇嶽)으로 가서 계를 받고 주
    장자를 짚고 제방을 행각하였다. 취미 무학스님과 임제 의현스님, 덕산 선감스님을 참알하였으
    나 계합하지 못하고 동산스님을 뵙고 불법의 대지(大旨)를 확철대오하였다. 동산스님을 8년간
    시봉하다가 호남(湖南)의 마씨(馬氏)의 청을 받아 용아산(龍牙山) 묘제선원(妙濟禪苑)에 주석하니
    대중이 5백 명이나 모였다. 양(梁)나라 용덕(龍德) 3년(933) 9월에 세수 89세로 입적하였다. 호
    는 증공대사(證空大師)이다.

'조사와 부처님 말씀은 원한을 일으킴과 같이 여겨야 비로소 참학할 만하다.'

그러므로 만일 투탈하지 못한다면 곧 조사와 부처님에게 속고 말 것입니다.'"

어떤 스님이 여쭈었다.

"조사와 부처님도 사람을 속이려고 하는 마음이 있습니까?"

말씀하셨다.

"강과 호수가 사람을 막으려는 뜻이 있다고 너는 생각하느냐?"

또 말씀하셨다.

"강과 호수는 비록 사람을 막으려는 뜻이 없더라도 사람이 강과 호수를 지나갈 수 없기 때문에 사람을 막음이 이루어진 것이기에 강과 호수가 사람을 막지 않는다고 여기지 못합니다.

조사와 부처님이 비록 사람을 속이는 마음이 없더라도 사람이 투탈하지 못하기에 조사와 부처님이 사람을 속이게 된 것이므로 조사와 부처님이 사람을 속이지 않는다고 여길 수는 없는 것입니다.

만일 조사와 부처님을 투탈하여 지나간다면 이 사람은 조사와 부처님을 초월한 것입니다. 만일 이와 같다면 비로소 조사와 부처님의 뜻을 체득한 것이라 비로소 향상인(向上人)과 같이 된 것입니다.

만일 투탈하지 못하고서 단지 부처님을 배우고 조사를 구하기만 한다면, 곧 만겁이 되어도 벗어날 기약이 없습니다."

한 스님이 여쭈었다.

"어떻게 조사와 부처님의 속임을 받지 않겠습니까?"

말씀하셨다.

"네가2731) 마땅히 스스로 깨달아야만 한다."2732)

2730) 新豊(신풍) : 동산양개(洞山良价)스님을 말한다. 석두희천(石頭希遷)-약산유엄(藥山惟儼)-운암담성(雲巖曇晟)-동산양개(洞山良价). 807~869. 주331) 참조.

2731) 道者(도자) : 참자(參者), 선자(禪者), 납자(衲者), 수행자(修行者), 참학인(參學人) 등과 같은 말.

2732) 이 화(話)에 대한 대혜스님의 법어가 있다. "들어 보았을 것입니다. 고덕이 말씀하셨습니다. '강과 호수가 사람을 막으려는 마음이 없고, 부처님과 조사께서 사람을 속일 뜻이 없다. 그러나 다만 사람들이 지나가지 못하므로 강과 호수가 사람을 막지 않는다고 말하지 못하고, 부처님과

여쭈었다.
"어떤 것이 조사께서 서쪽에서 오신 뜻입니까?"
말씀하셨다.
"돌거북이가 말하는 것을 기다려서 곧 너에게 말해 주겠다."
말했다.
"거북이가 말을 합니다."
말씀하셨다.
"너에게 무슨 말을 하느냐?"

여쭈었다.
"옛 사람이 무엇을 알고서 문득 쉬었습니까?"
말씀하셨다.
"마치 도적이 텅 빈 집에 들어가는 것과 같지."

360. 보자장서報慈藏嶼

報慈嶼和尚, 僧問: "心眼相見時如何?" 曰: "向汝道甚麼?" 問: "如何是實見
處?" 曰: "絲毫不隔." 云: "與麼即見也." 曰: "南泉甚好去處." 問: "如何是西來
意?" 曰: "昨夜三更送過江." 問: "臨機便用時如何?" 曰: "海東有果樹頭心."2733)

보자 장서스님2734)께 한 스님이 여쭈었다.

조사의 말씀이 사람을 속이지는 않으나 다만 이 도를 배우는 사람이 방편을 잘못 알아서 말 한
마디와 일구(一句)에서 현묘함을 구하며 얻고 잃음을 구하므로 투탈하지 못하는 것이니, 부처님
과 조사께서 사람을 속이지 않는다고 말하지 못하는 것이다.' 마치 맹인이 해와 달의 빛을 보지
못하는 것이 맹인의 허물이지 해와 달의 허물이 아닌 것과 같습니다. 이것이 도를 배우되 문자
의 상을 여의고, 분별의 상을 여의며, 언어의 상을 여읜 네 번째의 본보기입니다."(T47n1998A
p0911a05~12, 『大慧普覺禪師法語』 卷第二十三, 〈示妙明居士〉. "不見? 古德有言: '江湖無礙人
之心, 佛祖無謾人之意. 只爲時人過不得, 不得道江湖不礙人, 佛祖言敎雖不謾人, 只爲學此道者錯
認方便, 於一言一句中求玄求妙求得求失, 因而透不得, 不得道佛祖不謾人.' 如患盲之人, 不見日
月光, 是盲者過, 非日月咎. 此是學此道, 離文字相, 離分別相, 離語言相底, 第四箇樣子.")
2733)『景德傳燈錄』 卷第二十, T51n2076_p0365a24~29. 『聯燈會要』 卷第二十五, X79n1557_p02
　　20b15~18. 『五燈會元』 卷第十三, X80n1565_p0282a10~14. 참조.

"마음의 눈을 만났을 땐 어떻습니까?"
말씀하셨다.
"너에게 뭐라고 하든?"

여쭈었다.
"어떤 것이 실재로 만난 자리입니까?"
말씀하셨다.
"털끝만큼도 틈이 없다."
말했다.
"이러하다면 곧 만났군요."
말씀하셨다.
"남전스님이 매우 좋아하실 자리로구나."

여쭈었다.
"어떤 것이 서쪽에서 오신 뜻입니까?"
말씀하셨다.
"어젯밤 삼경에 강을 건넜지."
여쭈었다.
"선기(禪機)에 직면하여 문득 작용할 땐 어떻습니까?"
말씀하셨다.
"해동의 과일나무 끝에 씨앗이 달려있구나."

2734) 報慈藏嶼(보자장서) : 운암담성(雲巖曇晟)-동산양개(洞山良价)-용아거둔(龍牙居遁)-보자장서
(報慈藏嶼). 조동종 스님이다. 자(字)는 광화(匡化). 담주(潭州)의 보자원(報慈院)에 주석하였다.

361. 서천서선西川西禪

西川西禪和尚, 僧問: "佛是摩耶降. 未審和尚是誰家子?" 曰: "水上卓紅旗." 問: "三十六路, 阿那箇一路最妙?" 曰: "不出第一手." 云: "忽被出頭時如何?" 曰: "脊著地也不難."2735)

서천 서선스님2736)께 한 스님이 여쭈었다.
"부처님은 마야부인에게서 탄생하셨습니다. 스님께서는 도대체 누구네 자손입니까?"
말씀하셨다.
"물 위에다 붉은 깃발을 세우는구나."

여쭈었다.
"서른여섯 갈래 길 가운데 어느 한 길이 가장 미묘합니까?"
말씀하셨다.
"변변치 못한 놈이로군."2737)
말했다.
"문득 나왔을 땐 어떻습니까?"
말씀하셨다.
"등을 땅에 대는 것쯤이야 어렵지 않지."

2735) 『景德傳燈錄』 卷第二十, T51n2076_p0365a12~15. 『五燈會元』 卷第十三, X80n1565_p0276a16~19. 참조.
2736) 西川西禪(서천서선) : 운암담성(雲巖曇晟)-동산양개(洞山良价)-조산본적(曹山本寂)-서천서선(西川西禪). 촉천서선(蜀川西禪)이라고도 한다. 조동종스님으로 촉주(蜀州)[사천성(四川省) 숭경(崇慶)] 출신이다.
2737) 第一手(제일수) : 기예가 가장 뛰어난 사람.

362. 태원부太原孚

太原孚上座, 在雪峯, 掌浴室, 玄沙和尚, 問訊雪峯次. 峯云: "我此間有箇老鼠, 今在浴室下." 沙云: "待與和尚勘過." 纔去見孚上座打水次, 乃云: "新到, 相看." 孚云: "已相見了也." 沙云: "甚麼劫中曾相見來?" 孚云: "莫瞌睡." 沙復去, 白雪 峯云: "已勘破了也." 峯云: "作麼生勘?" 沙舉前話, 峯云: "汝著賊了也."2738)
妙喜曰: "又勘破一箇."

태원 부상좌2739)께서 설봉스님 회상에서 욕실 소임을 맡아보고 있었을 때, 현사스님이 설봉스님께 문안드리러 오셨다.
설봉스님이 말씀하셨다.
"여기에 한 마리의 늙은 쥐가 있는데 지금 욕실에 있다."
현사스님이 말씀하셨다.
"스님께 감험(勘驗)해 드릴 테니 기다리시지요."
곧바로 욕실로 가니 부상좌께서 물을 담고2740) 계신 것을 보시고는 말씀하셨다.
"신참스님. 좀 봅시다."2741)
부상좌가 말씀하셨다.
"벌써 만나 보았는데요."
현사스님이 말씀하셨다.
"어느 겁에 일찍이 만나 봤던가요?"
부상좌께서 말씀하셨다.
"졸지 마시오."
현사스님이 다시 돌아가서 설봉스님께 말씀드렸다.
"감파했습니다."

2738) 『景德傳燈錄』 卷第十九, T51n2076_p0360a16~22. 『聯燈會要』 卷第二十三, X79n1557_p02 03a03~08. 『五燈會元』 卷第七, X80n1565_p0162c02~07. 참조.
2739) 太原孚(태원부) : 용담숭신(龍潭崇信)-덕산선감(德山宣鑑)-설봉의존(雪峰義存)-태원부(太原 孚). 처음에 양주(揚州)의 광효사(光孝寺)에서 열반경을 강의하는 좌주로 있었는데 어느 날 한 참선납자와 문답을 하다가 깨우침이 있었다. 이로부터 곧바로 강의를 끝내버리고 제방을 행각하 다가 설봉스님을 만나 크게 개오하고 법을 이었다. 유양(維揚)에서 입적하였다.
2740) 打水(타수) : 물을 담다, 물을 퍼 올리다, 물을 긷다.
2741) 相看(상간) : 선림(禪林)의 용어로 손님과 주인이 서로 대면하는 것.

설봉스님이 말씀하셨다.
"어떻게 감파하였나?"
현사스님이 앞의 대화를 말씀드리자 설봉스님이 말씀하셨다.
"네가 도적을 잡았구나."

묘희스님이 말씀하셨다.
"또 하나를 감파했군."

363. 진정극문眞淨克文

朱世英待制, 嘗以書問眞淨和尙, 云: "佛法至妙, 日用如何用心, 如何體究? 望慈悲指示." 眞淨曰: "佛法至妙無二, 但未至於妙, 則互有長短. 苟至於妙, 則悟心之人. 如實知自心究竟本來成佛, 如實自在, 如實安樂, 如實解脫, 如實淸淨, 而日用唯用自心. 自心變化把得便用, 莫問是之與非. 擬心思量早不知也. 不擬心, 一一天眞, 一一明妙, 一一如蓮花不著水, 心淸淨超於彼. 所以迷自心故作眾生, 悟自心故成佛. 而眾生即佛, 佛即眾生, 由迷悟故有彼此也. 如今學道人多不信自心, 不悟自心, 不得自心明妙受用, 不得自心安樂解脫, 心外妄求禪道, 妄立奇特, 妄生取捨. 縱修行, 落外道二乘禪寂斷見境界. 所謂修行恐落斷常坑. 其斷見者, 斷滅却自心本妙明性, 一向心外著空滯禪寂, 常見者, 不悟一切法空, 執著世間諸有爲法, 以爲究竟也."2742)

주세영(朱世英) 대제(待制)2743)가 일찍이 편지로 진정 극문스님2744)께 여쭈

2742) 『大慧普覺禪師書』 卷第二十六, T47n1998Ap0923a21~b09. 참조. 이 법문은 대혜스님이 소흥(紹興) 9년 51세 되던 해에 경산사(徑山寺)에서 진소경(陳少卿) 계임(季任)에게 보낸 답서에 실려 있는 글이다.

2743) 待制(대제) : 학사(學士) 아래의 직위로 당태종 때부터 5품 이상의 경관(京官)을 중서성(中書省)과 문하성(門下省)에 번갈아 숙직하면서 황제의 질의에 응하게 하던 관직이다. 이후로 홍문관(弘文館) 학사에게 전담하게 하였다. 송대에는 보화전대제(保和殿待制), 용도각대제(龍圖閣待制) 등으로 대우를 받았다고 함.

2744) 眞淨克文(진정극문) : 분양선소(汾陽善昭)-석상초원(石霜楚圓)-황룡혜남(黃龍慧南)-진정극문(眞淨克文). 1025-1102. 주131) 참조.

었다.

"불법이 지극히 미묘하다는데, 평소에 어떻게 마음을 써야 하며 어떻게 체득하여 밝혀야 합니까? 자비로 가르쳐 주시길 바랍니다."

진정스님이 답하셨다.

"불법은 지극히 미묘하여 둘이 없으나 바로 미묘함에 이르지 못하면 곧 어긋나서 우열(優劣)이 있게 됩니다. 만일 미묘함에 이르면 마음을 깨달은 사람입니다.

여실하게 자신의 마음이 구경(究竟)이며 본래 이루어져 있는 부처님이라는 것을 알며, 여실한 자재(自在)로움이며, 여실한 안락이며, 여실한 해탈이며, 여실한 청정이어서 평소에 오직 자기의 마음을 쓰는 것입니다.

그렇기에 자기 마음의 변화를 잡아채어 즉각 쓸 것이지, 옳으니 그르니 묻지 마십시오.

마음을 헤아려 사량하면 벌써 '앎'이 아닙니다.2745)

마음을 헤아리지 않는다면 낱낱이 천진이요, 낱낱이 밝고 미묘함이며, 낱낱이 물에 젖지 않는 연꽃과 같고 마음이 청정하여 저것을 초월함과 같습니다.2746)

그러므로 스스로의 마음을 미(迷)하기 때문에 뭇삶이 되고, 스스로의 마음을 깨닫기 때문에 부처님을 이루는 것입니다.

뭇삶이 부처님께 즉(卽)하고, 부처님이 뭇삶으로 즉(卽)하는데, 미(迷)함과 깨달음으로 인하여 저것과 이것이 있게 된 것입니다.

지금 도를 배우는 사람들은 대개 스스로의 마음을 믿지 못하며, 스스로의 마음을 깨닫지 못하고, 스스로 마음의 밝고 미묘한 법열을 누리지2747) 못하며, 스스로 마음의 안락해탈(安樂解脫)을 쓰지 못하고, 마음 밖으로 선(禪)의 길을 제멋대로 구하며, 부질없이 기특함을 세우고, 터무니없이 취하고 버림을 지어냅니다.

2745) 早不知也(조부지야) : 『대혜어록』 26권에는 "이미 옳지 않습니다[조불시야(早不是也)]."로 나온다. (T47n1998Ap0923a28. "擬心思量早不是也.")

2746) 『불설초일명삼매경』과 『지재염불참회예문』 등에 나오는 법문이다. (T15n0638_p0532a20~21, 『佛說超日明三昧經』 卷上. "處世間如虛空　若蓮花不着水　心清淨超於彼　稽首禮無上聖." T85n2829_p1267b02~03, 『持齋念佛懺悔禮文』. "世界如虛空, 如蓮花不着水　心清淨超於彼　稽首禮無上尊.")

2747) 受用(수용) : 누리다, 사용하다. 지극히 기쁨, 선열(禪悅)과 법열(法悅)을 누림.

　그러니 설사 수행하더라도 외도와 이승(二乘)의 선적(禪寂)2748)인 단견(斷見)의 경계에 떨어져 있게 됩니다.

　말하자면 수행함에 있어서는 단견(斷見)과 상견(常見)의 구덩이에 떨어짐을 꺼리는 것인데, 단견(斷見)이라는 것은 스스로 마음의 본래 미묘하고 밝은 성품을 싹 끊어 버리고 한결같이 마음 밖에서 공(空)에 집착하고 선적(禪寂)에 머무는 것이고, 상견(常見)이라는 것은 일체법이 공(空)임을 깨닫지 못하고 세간의 모든 유위법에 집착하여 구경(究竟)으로 삼는 것입니다."

364. 서당지장西堂智藏

　西堂藏和尙, 有俗士問: "有天堂地獄否?" 曰: "有." 云: "有佛法僧寶否?" 曰: "有." 更有多問, 盡答言有. 云: "和尙恁麼道莫錯否?" 曰: "汝曾見尊宿來邪?" 云: "某甲曾參徑山和尙來." 曰: "徑山向汝作麼生道?" 云: "佗道一切總無." 曰: "汝有妻否?" 云: "有." 曰: "徑山和尙有妻否?" 云: "無." 曰: "徑山和尙道無卽得." 李尙書, 問僧: "馬大師有甚麼言敎?" 僧云: "大師或說卽心卽佛, 或說非心非佛." 李云: "總過遮邊." 李却問西堂藏和尙: "馬大師有甚麼言敎?" 藏召尙書, 李應諾. 藏曰: "鼓角動也."2749)

　서당 지장스님2750)께 어떤 세속의 선비가 여쭈었다.
　"천당과 지옥이 있습니까?"
　말씀하셨다.
　"있지요."

2748) 禪寂(선적) : 마음을 고요히 가라앉혀 사려(思慮)를 닦아 익히는 것.

2749) 『祖堂集』 卷第十五, K45-0326. 『景德傳燈錄』 卷第七, T51n2076_p0252b09~16. 『聯燈會要』 卷第五, X79n1557_p0047b02~10. 『禪門拈頌集』 卷第八, 46-0129~0130, 289則, 290則. 『五燈會元』 卷第三, X80n1565_p0078b11~c03. 참조.

2750) 西堂智藏(서당지장) : 조계혜능(曹溪慧能)-남악회양(南嶽懷讓)-마조도일(馬祖道一)-서당지장(西堂智藏). 735~814. 건화(虔化) 출신. 속성은 요씨(廖氏). 8세에 출가하고 25세에 구족계를 받았다. 불적암(佛迹巖)으로 가서 마조스님을 참문하고, 백장 회해스님과 함께 입실하였다가 모두 인가를 받았다. 원화(元和) 9년 4월 8일에 세수 80세로 입적하였다. 헌종(憲宗)이 대선교선사(大宣敎禪師)라고 시호를 하사하고 탑호를 원화증진(元和證眞)이라하였으며 뒤에 목종(穆宗)이 대각선사(大覺禪師)라고 시호를 하사하였다.

말했다.

"불·법·승의 보배가 있습니까?"

말씀하셨다.

"있지요."

다시 여러 질문을 하였지만 모두 '있지요.'하고 답하셨다.

말했다.

"스님께서 이렇게 말씀하시는 것은 잘못된 것 아닙니까?"

말씀하셨다.

"자네는 일찍이 존숙을 뵌 적이 있느냐?"

말했다.

"제가 일찍이 경산스님2751)을 뵌 적이 있습니다."

말씀하셨다.

"경산스님이 자네에게 뭐라 말씀하시더냐?"

말했다.

"그분이 일체가 모두 없다고 말씀하셨습니다."

말씀하셨다.

"자네는 아내가 있느냐?"

말씀드렸다.

"있습니다."

말씀하셨다.

"경산스님이 아내가 있으시냐?"

말씀드렸다.

"없습니다."

말씀하셨다.

"경산스님이 없다고 말씀하신 것이 딱 맞구나."2752)

2751) 徑山法欽(경산법흠) : 우두법융(牛頭法融)-원양지암(圓陽智巖)-윤주혜방(潤州慧方)-금릉법지
(金陵法持)-천보지위(天保智威)-학림현소(鶴林玄素)-경산법흠(徑山法欽). 714~792. 소주(蘇州)
곤산(崑山) 출신. 속성은 주씨(朱氏). 경산국일(徑山國一), 경산도흠(徑山道欽)이라고도 한다. 우
두종(牛頭宗)스님이다. 유학을 공부하다가 학림 현소스님을 만나 출가하고 법을 이었다. 당 대종
(代宗)황제가 호를 국일(國一)이라고 하사하였다. 정원(貞元) 8년 12월에 세수 79세로 입적하였
다. 시호는 대각선사(大覺禪師)이다. 제자로 조과도림(鳥窠道林)이 있다.
2752) 卽得(즉득) : 맞추다. 정확하게 맞다. 딱 알맞다. 딱 만족스럽다.

이상서2753)가 어떤 스님에게 물으셨다.

"마조대사께서는 무슨 말씀으로 가르치십니까?"

그 스님이 말했다.

"대사께선 혹은 즉심즉불(即心即佛)이라 하시고, 혹은 비심비불(非心非佛)이라고 하십니다."

이 상서가 말씀하셨다.

"모두가 이쪽이로군."2754)

이상서가 다시 서당 지장스님께 여쭈셨다.

"마조대사께서 무슨 말씀으로 가르치십니까?"

지장스님이 상서를 부르셨다.

이상서가 "예"하고 대답하시자, 지장스님이 말씀하셨다.

"전고(戰鼓)와 호각(號角)소리가2755) 울리는구나."

2753) 李尙書(이상서) : 이고상서(李翶尙書)다. 청원행사(靑原行思)-석두희천(石頭希遷)-약산유엄(藥山惟儼)-자사이고(刺史李翶). 772~836. 당나라 때 거사로 자(字)는 습지(習之)다. 조군(趙郡)[하북성(河北省) 조현(趙縣)]사람이다. 문장력이 탁월하였다. 약산 유엄선사의 법을 이었다.

2754) 『선문염송』 8권에서는 이 구절이 약간 다르게 나온다. "상서가 한 스님에게 물으셨다. '마조스님은 무슨 법으로 사람을 가르치십니까?' 그 스님이 말했다. '즉심(即心)이 곧 부처님이라고 합니다.' 상서가 말씀하셨다. '틀림없이 이쪽에 있군.' 또 한 스님에게 물으셨다. '마조스님이 어떤 법으로 사람을 가르치십니까?' 그 스님이 말했다. '마음도 아니고 부처님도 아니라고 하십니다.' 상서가 말씀하셨다. '틀림없이 저쪽에 있군.'(K46-0130, 『禪門拈頌集』 卷第八. "書問一僧 : '馬祖以何法示人?' 僧云 : '卽心卽佛.' 書云 : '且過者(遮)邊立.' 又問一僧 : '馬祖以何地(法)示人?' 僧云 : '不是心不是佛.' 書云 : '且過那邊立.'") '과(過)'는 이르다, 도달하다의 뜻이다. =지(至).

2755) 鼓角(고각) : 군중(軍中)에서 특정한 시간을 알리거나 구령을 할 때 쓰던 전고(戰鼓)와 호각(號角)을 말한다.

365. 늑담상흥泐潭常興

泐潭興和尚, 南泉至, 見興面壁, 泉乃捬興背, 興問: "汝是阿誰?" 曰: "普願."
興云: "如何?" 曰: "也尋常." 云: "汝何多事?"
　妙喜曰: "也要驗過."2756)

　늑담 상흥스님2757)께 남전스님께서 찾아가셨다가, 상흥스님이 벽을 향하고
있음을 보셨다.
　남전스님이 상흥스님의 등을 쓰다듬으시니, 상흥스님이 물으셨다.
　"당신은 누구요?"
　말씀하셨다.
　"보원이요."
　상흥스님이 말씀하셨다.
　"어떻소?"
　말씀하셨다.
　"늘 그대로요."
　말씀하셨다.
　"당신은 어째 일이 많소?"

　묘희스님이 말씀하셨다. "역시 감변(勘辨)해봐야2758) 되겠군."

2756) 『景德傳燈錄』 卷第七, T51n2076_p0252a09~11. 『聯燈會要』 卷第五, X79n1557_p0051a1
　　2~14. 『五燈會元』 卷第三, X80n1565_p0081b24~c02. 참조.
2757)　泐潭常興(늑담상흥) : 조계혜능(曹溪慧能)-남악회양(南嶽懷讓)-마조도일(馬祖道一)-늑담상흥
　　(泐潭常興). 『경덕전등록』 7권 · 『오등회원』 3권 · 『선종송고련주통집』 13권 · 『종감법림』 13권
　　· 『오등전서』 6권 · 『지월록』 9권 등 참조. 특히 『연등회요』 5권에는 방거사와의 문답이 기록되
　　어 있다. (X79n1557_p0051a12~14. 참조.)
2758)　驗過(험과) : 감과(勘過), 감변(勘辨), 감험(勘驗)과 같은 말. 선사(禪師)들이 서로 깨달은 바
　　의 깊고 얕음을 시험해 보는 것.

366. 원양지암圓陽智巖

牛頭山巖禪師, 隋大業中為郎將, 常以弓挂一濾水囊, 隨行所至汲用. 累從大將征討, 頻立戰功. 唐武德中年四十, 遂乞出家, 入舒州皖公山, 從寶月禪師為弟子. 嘗在谷中入定, 山水暴漲, 怡然不動, 其水自退. 有昔同從軍者二人, 聞巖隱遁, 乃共入山尋之. 旣見謂巖曰: "郎將狂邪? 何為住此?" 答曰: "我狂欲醒, 君狂正發. 夫嗜色淫聲, 貪榮冒寵, 流轉生死, 何由自出?" 二人感悟歎息而去. 巖後入牛頭山, 謁融禪師, 發明大事. 融謂曰: "吾受信大師眞訣, 所得都亡. 設有一法過於涅槃, 吾說亦如夢幻. 夫一塵飛而翳天, 一芥墮而覆地. 汝今已過此見, 吾復何云?"2759)

우두산 원양 지암선사2760)가 수나라 대업(大業)2761) 때 낭장(郎將)2762)이 되었는데, 항상 활에다 물 거르는 주머니 하나를 매달고 다니면서 가는 데 마다 물을 떠서 마셨다.2763)

그리고 여러 차례 대장을 따라 토벌을 나가서 자주 전공을 세우셨다.

당나라 무덕(武德)2764) 때 나이 40세에 드디어 출가하려고 마음먹고 서주(舒州)2765) 완공산(皖公山)2766)으로 들어가서 보월선사를 따라 제자가 되셨다.

2759) 『景德傳燈錄』 卷第四, T51n2076_p0228b09~21. 『聯燈會要』 卷第二, X79n1557_p0025c23 ~0026a07. 『五燈會元』 卷第二, X80n1565_p0049b16~c05. 참조.

2760) 圓陽智巖(원양지암) : 감지승찬(鑑智僧璨)-쌍봉도신(雙峰道信)-우두법융(牛頭法融)-원양지암(圓陽智巖). 우두종 제2세이다. 곡아(曲阿) 출신으로 속성은 화씨(華氏)이다. 약관의 나이에 지혜와 용맹이 뛰어났고 키는 7척 6치나 되었다고 한다. 혜방(慧方)스님에게 법을 전하고 백마사(白馬寺)와 서현사(棲玄寺)에 주석하다가 다시 석두성(石頭城)으로 옮겼다. 의봉(儀鳳) 2년 정월 10일에 세수 78세로 입적하였다.

2761) 大業(대업) : 수(隋)나라 양제(煬帝) 때의 연호. 605~618년.

2762) 郎將(낭장) : 진(秦)나라와 한(漢)나라 때에 천자의 말과 수레 및 숙위(宿衛)를 맡았던 벼슬이다. 오관중랑장(五官中郎將), 좌중랑장(左中郎將), 우중랑장(右中郎將) 등이다. 당(唐)나라와 송(宋)나라 때에는 중랑장 이외에 낭장(郎將)을 더 두었다.

2763) 用(용) : 마시다, 먹다.

2764) 武德(무덕) : 당(唐)나라 고조(高祖) 때의 연호. 618~626년.

2765) 舒州(서주) : 당나라 때 설치한 주(州)이다. 무덕(武德) 4년(621)에 동안군(同安郡)이라고 고쳤다. 소재지는 회령현(懷寧縣)[안휘성(安徽省) 잠산현(潛山縣)]이다. 그 경계는 지금의 안휘성(安徽省) 천주산(天柱山), 삼관산(三官山) 이남과 장강(長江)의 이북 지대까지였다. 건원(乾元) 원년(758)에 다시 서주(舒州)로 고쳤다. 남송(南宋) 소흥(紹興) 17년(1147)에 안경군(安慶軍)으로 되었다가 경원(慶元) 원년(1195)에 안경부(安慶府)가 되었다.

2766) 皖公山(완공산) : 잠산(潛山), 또는 천주산(天柱山)이라고도 한다. 현재 안휘성(安徽省) 잠산현(潛山縣) 서북(西北) 쪽에 위치해 있다.

일찍이 골짜기 속에서 선정에 드셨는데, 산의 물이 갑자기 크게 불어 넘쳤지만 즐겁고도 편안하게 움직이질 않으시자, 그 물이 저절로 줄어들었다.

옛날 함께 군생활을 하던 두 명의 전우가 있었는데, 지암스님이 은둔하였다는 얘기를 듣고서 함께 산에 들어와 스님을 찾았다. 그리하여 얼마 후 곧 지암스님을 찾아내고선 말했다.

"낭장은 미쳤습니까? 어찌하여 이런데 사는 거요?"

답하여 말씀하셨다.

"나는 미쳤지만 깨어 있고자 하는데, 자네들은 미침이 한창 일어나고 있구먼. 색을 좋아하고, 소리를 탐닉하고, 영예를 탐하고, 총애를 받으려 하는 것은 생사에 흘러 다니게 될 뿐이니 어찌 벗어날 기회가 있겠느냐?"

두 사람이 감동하여 이해하고 탄식하면서 가버렸다.

지암스님이 뒤에2767) 우두산에 들어가시어 우두 법융스님을 참알하여 일대사(一大事)를 밝혀 드러내셨다.

법융스님이 말씀하셨다.

"내가 도신대사의 진결(真訣)2768)을 받자 얻은 것이 모두 없어졌다. 설사 열반을 초월하는 한 법이 있다고 하더라도 역시 꿈이나 허깨비 같다고 나는 말하겠다.

한 티끌이 날아올라서 하늘을 가리고, 겨자씨 하나가 떨어져 땅을 덮는다.

너는 지금 이미 이러한 견해를 이미 초월했는데, 내가 다시 무엇을 말하겠느냐?"

2767) 정관(貞觀) 17년(643)이다.
2768) 真訣(진결) : 비법, 비결.

367. 육조혜능六祖慧能

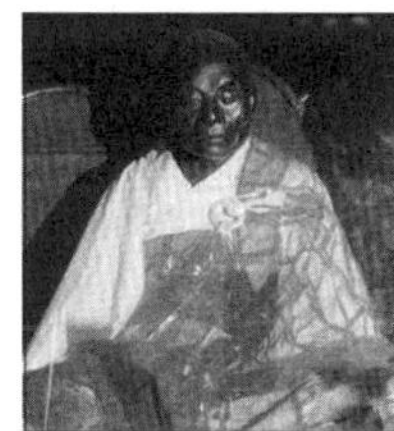

六祖, 聞僧擧臥輪偈, 云: "臥輪有伎倆, 能斷百思想. 對境心不起, 菩提日日長." 祖曰: "此偈未明心地. 若依而行之, 是加繫縛." 因示一偈, 曰: "慧能沒伎倆, 不斷百思想. 對境心數起, 菩提作麼長."2769)

육조 혜능스님2770)께서 어떤 스님이 와륜선사(臥輪禪師)2771)의 노래를 인용하는 것을 들으셨다.

"와륜에 기량이 있는데
여러 생각을 끊어버린다네.
경계를 만나도 마음이 일어나질 않으니
보리가 나날이 자라난다네."

육조스님이 말씀하셨다.
"이 노래는 마음의 자리를 밝히지 못한 것이다. 만일 의지하여 수행한다면 얽매임을 보탤 뿐이다."
그리하여 노래 하나를 불러 보이셨다.

"혜능은 기량이 없어서
여러 생각을 끊어버리질 못한다네.
경계를 대하여 마음이 수없이 일어나는데
보리가 어떻게 자라랴."2772)

2769) 『景德傳燈錄』 卷第五, T51n2076_p0245b06~13. 『五燈會元』 卷第一, X80n1565_p0047b02 ~06. 『六祖大師法寶壇經』, T48n2008_p0358a26~b03. 참조.

2770) 六祖慧能(육조혜능) : 감지승찬(鑑智僧璨)-쌍봉도신(雙峰道信)-황매홍인(黃梅弘忍)-조계혜능(曹溪慧能). 638~713. 중국 선종 제6조이다. 남해(南海) 신흥(新興)[광동성(廣東省) 신흥현(新興縣)] 출신. 속성은 노씨(盧氏). 오조 홍인스님의 법을 잇고 남방으로 내려가 15년을 은거하다가 조계산(曹溪山) 보림사(寶林寺)에서 선법을 크게 떨쳤다. 헌종(憲宗)이 대감선사(大鑒禪師)의 시호를 하사했다. 선천(先天) 2년(713) 세수 76세로 입적하였다. 『육조대사법보단경(六祖大師法寶壇經)』이 있다.

2771) 臥輪(와륜) : 당나라 때의 스님이며 상도(上都)[섬서성(陝西省) 서안(西安)] 사람이라고 하나 자세한 행적은 알려져 있지 않다.

368. 소산광인疎山匡仁

疎山和尚. 有僧為造壽塔了, 來白疎山. 山問: "汝將多少錢與匠人?" 僧云: "一切在和尚." 山曰: "為將三文錢與匠人, 為將兩文錢與匠人, 為將一文錢與匠人? 若道得, 與吾親造塔." 僧無對.

羅山, 時在大庾嶺住菴. 其僧到, 羅山問: "甚處來?" 云: "疎山來." 羅山曰: "近日有何言句?" 僧舉前話, 羅山曰: "還有人道得否?" 僧云: "未有人道得." 羅山曰: "汝却回舉似疎山道. '大嶺聞舉云: 若將三文錢與匠人, 和尚此生決定不得塔, 若將兩文錢與匠人, 和尚與匠人共出一隻手, 若將一文錢與匠人, 帶累匠人眉鬚墮落.'" 其僧便回舉似疎山, 山聞此語, 便具威儀, 望大嶺禮拜歎, 云: "將謂無人, 大嶺有古佛. 放光射到此間." 却向僧曰: "汝去向大嶺道, 猶如臘月蓮花." 僧復持此語, 舉似羅山, 山曰: "早已龜毛長數丈."2773)

소산 광인스님.2774)
어떤 스님이 수탑(壽塔)2775)을 조성하고 나서 소산스님께 말씀드렸다.
소산스님이 물으셨다.
"네가 장인에게 돈을 얼마나 주었느냐?"
그 스님이 말했다.
"모든 것이 스님께 달려있습니다."
소산스님이 말씀하셨다.
"장인에게 석 돈2776)을 주어야 할까,2777) 장인에게 두 돈을 주어야 할까,

2772) 『전등록』에서는 이 글을 제5권 말미에다 실으면서 짤막한 설명을 붙였다. "이 두 노래는 제방에서 자주 거론하기 때문에 권卷의 끝부분에다 붙인다. 와륜(臥輪)은 이름이 아니라 살던 곳이다."(T51n2076_p0245b13, 『景德傳燈錄』卷第五. "(此二偈諸方多舉故附於卷末. 臥輪者非名卽住處也.)" 『조당집』이나 돈황본 『단경』에서는 이 글이 실려 있지 않다.

2773) 『祖堂集』卷第九, K45-0294. 『聯燈會要』卷第二十二, X79n1557_p0194c11~22. 『禪門拈頌集』卷第二十一, K46-0344, 870則. 『五燈會元』卷第十三, X80n1565_p0269a23~b09. 참조.

2774) 疎山匡仁(소산광인) : 약산유엄(藥山惟儼)-운암담성(雲巖曇晟)-동산양개(洞山良价)-소산광인(疎山匡仁). 주430) 참조.

2775) 壽塔(수탑) : 수장(壽藏)이라고도 한다. 장수(長壽)를 축수(祝壽)하기 위해 세우는 탑으로 생전에 자신을 위해 세우는 탑비(塔碑)이다. 여기에는 임종할 때 쓸 방인 수당(壽堂)과, 죽은 뒤에 진영을 모실 방인 영당(影堂)과, 죽은 뒤에 넣어 둘 수의나 관인, 수기(壽器) 등을 만들어 둔다. 선종(禪宗)에서 처음에 만들었으나 후에 다른 종파에서도 따라 만들었다.

2776) 文錢(문전) : 돈을 말한다. 돈에 문자와 그림이 새겨져 있었으므로 이렇게 부른다. 전(錢)은 1냥의 1/10인 1돈을 말한다.

장인에게 한 돈을 주어야 할까? 만일 말할 수 있다면, 나에게 직접 탑을 세워준 것이 될 것이다.”
그 스님이 대답을 못하였다.

나산 도한스님2778)이 그때 대유령에서 암자에 머물고 계셨다.
그 스님이 찾아가니, 나산스님이 물으셨다.
“어디서 오느냐?”
대답했나.
“소산스님에게서 왔습니다.”
나산스님이 말씀하셨다.
“요사이 무슨 말씀이 있으시더냐?”
그 스님이 앞의 일을 말씀드리자, 나산스님이 말씀하셨다.
“누가 말을 했느냐?”
그 스님이 말씀드렸다.
“아무도 말하지 못하였습니다.”
나산스님이 말씀하셨다.
“너는 돌아가서 소산스님께 말씀드려라. ‘대령(大嶺)스님이 이야기를 듣고는 말씀합디다. 만일 세 돈을 장인에게 준다면 스님께서는 결코 금생에는 탑을 얻지 못할 것이고, 만일 두 돈을 장인에게 준다면 스님께서는 장인과 함께 한쪽 손을 내밀어야 할 것이고, 만일 한 돈을 장인에게 준다면 장인에게 누를 끼쳐 눈썹이 떨어질 것입니다.’라고.”

그 스님이 곧 돌아가서 소산스님께 말씀드리자, 소산스님이 이 말을 들으시고는 위의를 갖추어 대유령을 향하여 절을 하고 찬탄하며 말씀하셨다.
“장차 사람이 없을 거라 여겼는데 대유령에 고불(古佛)이 있었구나. 내쏜은 광명이 쏜살같이 여기에 이르렀다.”
그 스님을 돌아보시며 말씀하셨다.
“너는 대유령으로 돌아가서, ‘마치 섣달의 연꽃과 같다’고 하더라고 말씀드

2777) 爲(위) : =혹(或). 선택을 나타내는 접속사.
2778) 羅山道閑(나산도한) : 용담숭신(龍潭崇信)-덕산선감(德山宣鑑)-암두전활(巖頭全奯)-나산도한(羅山道閑). 주152) 참조.

려라."

그 스님이 이 말씀을 나산스님께 알려 드리니, 나산스님이 말씀하셨다.
"거북 털이 벌써 여러 길이나 자라버렸다."2779)

369. 취암영참翠巖令參

昔有僧到翠巖相看, 値不在. 遂看主事, 事云: "參見和尚也未?" 曰: "未."
事乃指狗子, 云: "上人要見和尚, 但禮拜遮狗子." 僧無語. 後翠巖歸聞得, 乃云:
"作麼生免得與麼無語?"
雲門云: "欲觀其師, 先觀弟子."
妙喜曰: "當時若作遮僧, 便禮狗子一拜."2780)

옛날에 한 스님이 취암 영참스님2781)을 뵈러 갔으나 만나 뵙질 못했다.
그래서 주사(主事)스님2782)을 찾아뵈니, 주사(主事)스님이 말했다.
"큰스님을 만나 뵈었소?"
말했다.
"아뇨."
주사스님이 개를 가리키면서 말했다.

2779) 이 화(話)에 대한 대혜스님의 염송이 있다. "시방상주(시주물) 자리를 파헤쳐버려/ 서 돈으로
해골을 다 드러내누나./ 나산의 옛 부처가 영험킨 하나/ 한 자리 매장됨을 면치 못했네."
(T47n1998Ap0852a25~26, 『大慧普覺禪師語錄』 卷第十. "鑿壞十方常住地, 三錢使盡露屍骸. 羅
山古佛雖靈驗, 未免將身一處埋.")
2780) 『聯燈會要』 卷第二十九, X79n1557_p0259b06~11. 『禪門拈頌集』 卷第二十五, K46-0419~0
420, 1129則. 참조.
2781) 翠巖令叅(취암영참) : 용담숭신(龍潭崇信)-덕산선감(德山宣鑑)-설봉의존(雪峰義存)-취암영참
(翠巖令叅). 주1595) 참조.
2782) 主事(주사) : 지사(知事)라고도 한다. 승원(僧院)에서 사무를 주관하는 소임자 스님들을 모두
총칭하여 부르는 말이다. 선원에서 조정관리제도의 문무(文武) 양반(兩班)제도를 본떠서 주사(主
事)와 두수(頭首)의 동서반(東西班)으로 설치하였다. 도사(都寺)·감사(監寺)·부사(副寺) 등의 고
사(庫司)와 유나(維那)·전좌(典座)·직세(直歲) 등의 여섯 직책을 동반지사(東班知事)라고 한다.
송나라 초기에는 감사(監寺)·유나(維那)·전좌(典座)·직세(直歲)의 4직이었으나 후에 부사(副
寺)와 도사(都寺)가 추가 되어 여섯 지사(知事)로 되었다. 『승사략(僧史略)』의 「승사강두(僧寺綱
科)」에서는 서역에서 지사승(知事僧)을 모두 갈마타나(羯磨陀那)라고 하는데 번역하면 지사(知
事) 또는 열중(悅衆)이라고 한다고 하였다. (T54n2126_p0242b28~29, 『大宋僧史略』. "案西域知
事僧總曰羯磨陀那. 譯爲知事, 亦曰悅衆. 謂知其事悅其衆也.")

“스님이 큰스님을 뵈려면 반드시 이 개한테 절을 해야 합니다.”
그 스님이 말이 없었다.
뒤에 취암스님이 돌아오셔서 이 이야기를 들으시고 말씀하셨다.
“이렇게 말 못함을 어떻게 면해보겠는가?”

운문스님이 말씀하셨다.
“그 스승을 보고자 하면 먼저 제자를 보아라.”

묘희스님이 말씀하셨다.
“당시에 내가 만일 이 스님이었더라면 곧장 개한테 절 한 번 올렸을 텐데.”

370. 가야사다伽耶舍多

十八祖伽耶舍多, 至月氏國. 見十九祖鳩摩羅多. 問: “是何徒衆?” 祖云: “是佛弟子.” 彼聞佛號, 心神竦然, 即時閉戶. 祖良久, 扣其門, 彼曰: “此舍無人.” 祖曰: “答者是誰?” 彼聞語異遽開門.

汾州昭代云: “泊合忘却.”[2783]

18대 조사 가야사다존자께서[2784] 월씨국에[2785] 가셨다. 거기서 19대 조

2783) 『景德傳燈錄』 卷第二, T51n2076_p0212c06~11. 『禪門拈頌集』 卷第三, K46-0041, 92則. 『五燈會元』 卷第一, X80n1565_p0036c18~23. 참조.
2784) 伽耶舍多(가야사다) : 가나제바(迦那提婆)-라후라다(羅睺羅多)-승가난제(僧伽難提)-가야사다(伽耶舍多). ⑤Gayāsadā. 마제국(摩提國) 출신으로 속성은 울두람(鬱頭藍)이다. 아버지는 천개(天蓋)이고 어머니는 방성(方聖)이다. 어렸을 적에 둥근 거울을 가지고 놀러 나갔다가 승가난제(僧伽難提)존자를 만나서 심안(心眼)이 계합하여 구족계를 받고 가야사다(伽耶舍多)라는 이름을 받았다. 구마라다(鳩摩羅多)존자에게 법을 부촉하고 화광삼매(火光三昧)로 몸을 화하여 생을 마쳤다.
2785) 月氏國(월씨국) : 월지국(月支國)이라고도 한다. 서역지방에 있던 나라로 월씨족은 본래 돈황과 기연산(祁連山) 사이에 있었다가 B.C. 174년에 흉노의 침략을 받아 이리천(伊犁川)과 실타리야천(悉陀犁耶川)의 상류지방인 열하(熱河)의 남방으로 쫓겨났다. 그 후 다시 B.C. 158년경에 다시 조손(鳥孫)의 침략을 받아 서쪽으로 가서 지금의 사마르칸트 지방에서 자리를 잡았다. 여기서 변방의 종족들을 정복하고 다시 대하국(大夏國)을 정복하면서 영토를 확장하면서 비로소

사이신 구마라다존자를 만나셨다.

 구마라다존자께서 물으셨다.

"웬 놈들이냐?"

존자께서 말씀하셨다.

"부처님의 제자다."

그가 부처님의 명호를 듣자 정신이 아뜩해져서 얼른 문을 닫아버렸다.

조사께서 한참을 계시다가, 그 문을 두드리셨다.

그가 말씀하셨다.

"이 집엔 아무도 없습니다."

조사께서 말씀하셨다.

"대답하는 이는 누구냐?"

그가 말씀을 듣자 재빨리 문을 여셨다.

분주 선소스님2786)이 대신하여 말씀하셨다.

"거의 잊어버릴 뻔 했습니다."2787)

371. 소산광인疏山匡仁

 疎山仁和尚, 手握木蛇, 有僧問: "手中是甚麼?" 山提起, 曰: "曹家女." 問: "如何是和尚家風?" 曰: "尺五頭巾." 曰: "如何是尺五頭巾?" 曰: "圓中取不得." 又擧香嚴語, 問鏡淸: "'肯重不得全', 道者作麼生會?" 淸云: "全歸肯重." 曰: "肯重不得全, 又作麼生?" 淸云: "箇中無肯路." 曰: "始愜病僧意."2788)

 소산광인스님2789)께서 손으로 나무 뱀을 잡고 계시니, 한 스님이 여쭈었

대국을 건설하였다. 이로써 이란 동부에서부터 중앙아시아와 인도에 걸친 간다라왕국이 되었고 불교 융성에 크게 이바지 하였다. 이 나라는 5세기쯤에 멸망한 것으로 알려졌다.

2786) 汾州善昭(분주선소) : 보응혜옹(寶應慧顒)-풍혈연소(風穴延沼)-수산성념(首山省念)-분양선소(汾陽善昭). 947~1024. 주82) 참조.

2787) 泊合(박합) :『선문염송』 92則에서는 泊(박)이 洎(계)로 나온다. 계합(洎合)은 거의 ~할 뻔하다. 하마터면 ~할 뻔하다의 뜻. (K46-0041,『禪門拈頌集』卷第三. "汾州眅代云:'泊合忘却.'")

2788)『景德傳燈錄』卷第十七, T51n2076_p0339c23~28.『聯燈會要』卷第二十二, X79n1557_p0195a10~12, X79n1557_p0077b07~09. 참조.

다.
"손 안에 든 것이 무엇입니까?"
소산스님이 치켜들고 말씀하셨다.
"조씨(曹氏) 집안의 여인이다."

여쭈었다.
"어떤 것이 스님의 가풍입니까?"
말씀하셨다.
"한 자 다섯 치의 두건이다."
말씀드렸다.
"어떤 것이 한 자 다섯 치의 두건입니까?"
말씀하셨다.
"완벽한(圓) 데서는 취할 수 없다."

또 향엄 지한스님과의 이야기를 인용하시어 경청 도부스님2790)께 물으셨
다.
"'긍정하고 받들어도2791) 전체적이지 못하다'2792) 하였으니, 도자(道者)는
어떻게 알고 있느냐?"
경청스님이 말씀하셨다.
"전체적이면 긍정하고 받들게 됩니다."
말씀하셨다.
"긍정하고 받들어도 전체적이지 못한데, 또 왜 그렇지?"2793)

2789) 疏山匡仁(소산광인) : 약산유엄(藥山惟儼)-운암담성(雲巖曇晟)-동산양개(洞山良价)-소산광인
    (疏山匡仁). 주430) 참조.
2790) 鏡淸道怤(경청도부) : 용담숭신(龍潭崇信)-덕산선감(德山宣鑑)-설봉의존(雪峰義存)-경청도부
    (鏡淸道怤). 868~937. 주1862) 참조.
2791) 肯重(긍중) : ①신임하고 존중함. 추앙하고 존중함. 수긍하고 존중하다. ②매우 긍정하다. 크
    게 긍정하다. 긍정함이 깊다. '중(重)'은 부사로 매우, 심히, 대단히 등의 뜻.
2792) 앞에서 향엄지한선사(香嚴智閑禪師)와 문답을 나눈 것을 말한다. "향엄스님이 말씀하셨다.
    '사숙(조카뻘 됨)이 말해 보아라.' 소산스님이 말씀하셨다. '수긍하고 존중하여도 전체적이질 못
    합니다.' 향엄스님이 말씀하셨다. '수긍함은 또 무엇을 수긍함이며 존중함은 또 무엇을 존중한다
    는 것이냐?' 소산스님이 말씀하셨다. '수긍함은 곧 저 모든 성인을 수긍함이요, 존중함은 곧 자
    기의 영(靈)을 존중함입니다.'" (79n1557_p0077b01~03, 『聯燈會要』卷第八. "師云:'請師叔
    道.' 山云:'肯重不得全.' 師云:'肯又肯箇甚麼, 重又重阿誰?' 山云:'肯則肯他諸聖, 重則重自己
    靈.'")

경청스님이 말씀하셨다.

"'바로 여기(箇中)는 긍정의 길이 없습니다."

말씀하셨다.

"이제야 이 병든 중의 마음에 드는구나."

372. 소산환보韶山寰普

韶山普和尚, 因遵布衲到山下相見. 遵便問: "韶山路向甚處去?" 山以手指. 曰: "嗚! 那青青黯黯處去." 遵近前把住. 云: "久嚮韶山, 莫便是否?" 曰: "是即是! 闍梨有甚事?" 云: "擬伸一問, 師還答否?" 曰: "想君不是金牙作, 爭解彎弓射尉遲?" 云: "鳳凰直入烟霄內, 誰怕林間野雀兒?" 曰: "當軒畫鼓從君擊, 試展家風似老僧." 云: "一句逈超千聖外, 松蘿不與月輪齊." 曰: "饒君直出威音外, 猶較韶山半月程." 云: "未審過在甚麼處?" 曰: "偶儻之詞, 時人知有." 云: "與麼則真玉泥中異, 不撥萬機塵." 曰: "魯般門下, 徒施巧妙." 云: "某甲只與麼, 和尚又如何?" 曰: "玉女夜抛梭, 織錦於西舍." 云: "莫便是和尚家風也無?" 曰: "耕夫製玉漏, 不是行家作." 云: "此猶是文言. 作麼生是和尚家風?" 曰: "橫身當宇宙, 誰是出頭人?" 山復曰: "闍梨有衝天之氣, 老僧有入地之謀. 闍梨橫吞巨海, 老僧背負須彌. 闍梨按劒上來, 老僧亞槍相待. 向上一路, 速道! 速道!" 遵云: "明鏡當臺請師一鑑." 曰: "不鑑." 云: "為甚不鑑?" 曰: "淺水無魚, 徒勞下釣." 遵無語, 山便打.2794)

妙喜曰: "笑殺睦州陳尊宿."

소산 환보스님2795)께서 준포납스님2796)을 산 아래서 만나셨다.

2793) 肯重不得全又作麼生(긍중부득전우자마생): 『전등록』 17권에서는 "전체적으로 수긍하지 못한 것은 어떠하냐?"라고 나온다. (T51n2076_p0339c27~28, 『景德傳燈錄』 卷第十七. "不得全肯者作麼生?")

2794) 『景德傳燈錄』 卷第十六, T51n2076_p0333a13~b02. 『聯燈會要』 卷第二十三, X79n1557_p0200a15~b12. 『五燈會元』 卷第六, X80n1565_p0130b03~21. 참조.

2795) 韶山寰普(소산환보): 약산유엄(藥山惟儼)-선자덕성(船子德誠)-협산선회(夾山善會)-소산환보(韶山寰普). 오대(五代)의 스님이다. 협산 선회스님에게서 법을 이어받고 낙양(洛陽) 소산(韶山)에 주석하였다. 시호는 무외선사(無畏禪師)이다.

2796) 遵布衲(준포납): 준(遵)이라는 이름을 가진 선객. 그의 전기는 전혀 알려진 것이 없다.

준포납스님이 얼른 물으셨다.

"소산의 길은 어디로 향합니까?"

소산스님이 손가락으로 가리키셨다.

말씀하셨다.

"嗚(Wū)! 저 엄청 검고 어두운2797) 데지."

준스님이 가까이 가서 멱살을 틀어쥐셨다.

말씀하셨다.

"유명하신 소산스님께서 고작 이것뿐입니까?"2798)

말씀하셨다.

"과연! 아사리2799)는 무슨 볼일이 있느냐?"

말씀드렸다.

"질문 하나를 드리려고 하는데 스님께서 답해주시겠습니까?"

말씀하셨다.

"보아하니 자네는 금아(金牙)2800)가 아닌데, 어찌 활을 당겨서 울지(尉遲)2801)처럼 쏠 줄이나 알겠느냐?"

말씀드렸다.

"봉황이 곧장 높은 하늘로 날아갔는데, 누가 숲 속의 참새를 두려워하겠습니까?"

말씀하셨다.

2797) 青青黯黯(청청암암) : 청청(青青)은 매우 검은 모양. 암암(黯黯)은 어두운 모양. 아주 검고 어두운 모양을 나타냄.

2798) 莫便是否(막변시부) : 이것 밖에 안 되는가? 바로 이것 뿐 아닌가? 이것인가?

2799) 闍梨(사리) : 아사리(阿闍梨)의 준말. ⓢācārya. 제자들의 행동거지를 제어하며 스승이 되어 지도하며 이끌어가는 스님이다.

2800) 金牙(금아) : 고대에 활을 잘 다루던 사람의 이름으로 추정된다. "금아(金牙)는 신장(神鏘)을 잘 다룰 줄 알았으며"(K46-0301, 『禪門拈頌集』卷第十八. "金牙解使神鏘".) 또는 쇠북과 장군기가 있는 대장군의 진영을 말하기도 한다. 『조정사원』 5권에서는 "'금아작(金牙作)'은 당나라 『울지전(尉遲傳)』에선 '금아'의 일이 없다. 대개 속어에서 나온다."라고 설명되어 있다. 또 7권에서는 "일찍이 『울지공전(尉遲公傳)』을 읽어보았는데 '금아활[금아호시(金牙弧矢)]'의 이야기가 나오질 않았다. 또한 이 말이 어디에서 만들어진 것인지 알려진 것이 없다."라고 설명이 나온다. (X64n1261_p0378b14, 『祖庭事苑』卷第五. "'金牙作' 唐, 『尉遲傳』無金牙事. 蓋出於俚語." X64n1261_p0417c05~06. "昔讀『尉遲公傳』, 而且無金牙弧矢之說. 亦未詳於何而作此言.) 아마도 이 금아(金牙)라는 사람의 이야기는 중국서부지방의 민간에서 위구르족과 관계된 속설로 널리 회자되었던 인물인 듯하다.

2801) 尉遲(울지) : 우전왕(于闐王)의 성(姓)이다. 우전왕은 용맹하고 활을 잘 쏘았다고 한다. 또는 울지씨족(尉遲氏族)[지금의 위구르족]을 말한다.

"누각에 달려 있는 화고(畵鼓)2802)를 자네 마음대로 두드려 이 노승처럼 가풍을 한 번 펼쳐봐라."

말씀드렸다.

"일구(一句)가 천명의 성인을2803) 멀리 뛰어넘지만, 송라(松蘿)2804)는 달과 함께하질 않습니다."

말씀하셨다.

"설사 그대가 곧바로 위음왕부처님을 뛰어넘었다고 할지라도 이 소산과는 아직도 반달 정도의 차이가 있다."2805)

말씀드렸다.

"도대체 허물이 어디 있습니까?"

말씀하셨다.

"탁월한2806) 말솜씨는 요새 사람들도 부릴 줄 알지."

말씀드렸다.

"이러하다면 진짜 옥이 진흙 속에서도 특출하므로 온갖 티끌들을 제거하진 않겠군요."

말씀하셨다.

"노반(魯般)2807) 문하에서 한낱 교묘한 재주나 부리는구나."

말씀드렸다.

"저는 그야말로 이렇지만 스님께서는 어떠하십니까?"

말씀하셨다.

"옥녀(玉女)가 밤에 북2808)을 내버리니, 서쪽 집에서 비단을 짠다."

말씀드렸다.

2802) 畵鼓(화고) : 아름다운 무늬가 그려진 북을 말한다.

2803) 千聖外(천성외) : 『전등록』 16권에서는 今古格(금고격)으로 나온다. (T51n2076_p0333a21. "一句逈超今古格.")

2804) 松蘿(송라) : 높은 산이나 가파른 절벽의 소나무에 넌출처럼 줄줄이 매달려 사는 겨우살이로 버섯의 일종.

2805) 猶較韶山半月程(유교소산반월정) : 아직도 소산과는 15일 정도의 차이가 있다. 이 소산에게 는 아직 멀었다. 이 소산과는 아직 많은 차이가 있다.

2806) 倜儻(척당) : 소탈하다. 호방하고 기개가 있어서 관습의 구속을 받지 않음. 탁출하다. 특출하 다. 철저하게 깨닫다. =명오(明悟). 철오(徹悟).

2807) 魯般(노반) : 노반(魯班)이라고도한다. 춘추시대 노(魯)나라의 유명한 장인이다. 성은 공수(公 輸)요 이름은 반(般)[班]이다. 기술이 출중하고 발명품이 많아서 후세에 장인들의 시조로 추앙받 았다.

2808) 梭(사) : 북. 베를 짤 때 날 틈으로 오가며 씨를 푸는 구실을 하는 것.

"이것은 스님의 가풍이 아니겠습니까?"

말씀하셨다.

"밭가는 농부가 옥루(玉漏)를 만들어내었지만2809) 능숙한 자2810)의 솜씨는
아니다."

말씀드렸다.

"이것도 여전히 멋지게 꾸민 말입니다. 어떤 것이 스님의 가풍입니까?"

말씀하셨다.

"몸을 곧추 세워2811) 우주를 대하는데, 누가 머리를 내민 사람이냐?"

소산스님이 다시 말씀하셨다.

"아사리는 하늘 높이 치솟는 기개가 있고, 이 노승에게는 땅 속으로 들어
가는 계책이 있다. 아사리는 큰 바다를 마구 삼키고, 이 노승은 수미산을
짊어진다. 아사리가 검을 어루만지며 다가오면, 이 노승은 창을 바투2812)
쥐고 상대한다.

향상(向上)의 한 길을 빨리 말해라! 빨리 말해!"

준스님이 말씀드렸다.

"밝은 거울을 경대(鏡臺)에 걸어 놓았으니, 스님께서 한 번 비춰주십시오."

말씀하셨다.

"못 비춰."

말씀드렸다.

"왜 못 비춥니까?"

2809) 製玉漏(제옥루) : 『전등록』에서는 製(제)가 置(치)로 나온다. (T51n2076_p0333a27. 耕夫置
玉漏) 옥루(玉漏)는 옥루(玉樓)로 써야 한다고 『전등록』16권에서 설명하고 있다. 옥루(玉漏)는
'물시계'의 뜻이고 옥루(玉樓)는 '훌륭한 쟁기나 보습'을 말한다. "『경공사원』에서 말하기를 '옥
루(玉漏)는 마땅히 옥루(玉樓)로 써야 하는 것이니, 루(樓)는 쟁기(犁)다. 농부가 쟁기를 쓰는 이
유는 씨를 뿌리기 위한 것이다'라고 하였다. 『선록』에서 말한 '실을 보면서 쟁기를 만든다'고 한
것이 이것이다. 『위략』에 말하기를 '황보음이 돈황 태수로 재직할 때에 백성들이 밭을 갈아서
씨 뿌리는 것을 모르므로 백성들에게 보습과 쟁기 만드는 것을 가르쳐 주니 반이나 힘을 덜었
다.'라고 하였다. 그러나 쟁기는 곧 농작물을 재배하는 기구인데 남쪽 사람들은 대부분이 알지
못하니, 이 때문에 여기서 상세히 밝혀 놓는다. 음(音)은 루(樓)이다." (T51n2076_p0333a27~29
. "『卿公事苑』云: '當作玉樓, 謂樓犁也. 耕人用樓所以布子種.'『禪錄』所謂 '看樓打樓.' 正謂是
也. 『魏略』曰: '皇甫陰爲燉煌太守, 民不曉耕種, 因敎民作樓犁, 省力過半.' 然樓乃陸種之具, 南
人多不識之, 故詳出焉. 音樓.")
2810) 行家(행가) : 숙련가, 전문가.
2811) 橫身(횡신) : 몸을 곧추 세우다. 몸을 마음대로 하다. 어려운 상황에 과감히 맞섬.
2812) 亞(아) : 바짝, 바투. 부(府), 압(壓)의 뜻.

말씀하셨다.

"얕은 물에는 고기가 없는데, 낚싯대 드리워봤자 헛수고지."

준스님이 말씀이 없자, 소산스님이 얼른 때리셨다.

묘희스님이 말씀하셨다.

"목주 진존숙을 아주 웃겨 죽게 만드는구나."2813)

373. 낭야혜각琅邪慧覺

琅邪覺和尙, 示衆, 擧: "僧問馬祖: '如何是佛?' 曰: '卽心是佛.' 云: '如何是道?' 曰: '無心是道.' 云: '佛與道相去多少?' 曰: '佛如展手, 道如握拳.' 古人方便卽不無, 山僧遮裏, 也有些子. 若無人買, 山僧自賣自買去也. '如何是佛?' '巖前多瑞艸.' '如何是道?' '澗下足靈苗.' '佛與道相去多少?' '數片白雲籠古寺. 一條綠水遶靑山.'"

又示衆, 擧: "先梁山, 云: '南來者與三十棒, 北來者與三十棒. 然雖如是, 不當宗乘.' 梁山好一片眞金, 將作頑鐵賣却. 琅邪卽不然. 南來者與三十棒, 北來者與三十棒, 從敎天下衲僧貶剝."2814)

낭야 혜각스님2815)이 대중에게 인용하여 열어 보이셨다.

"어떤 스님이 마조스님께 여쭈었습니다.

'어떤 것이 부처님입니까?'

말씀하셨습니다.

'즉심(卽心)이 부처님이다.'

2813) 목주스님의 법문과 비교해 보라. "한 스님에게 물으셨다. '어디서 오냐?' 그 스님이 말씀드렸다. '스님께서 비춰주십시오.' 스님이 주장자를 잡아 세우셨다. 말씀하셨다. '너는 이것을 뭐라고 부를 거냐?' 그 스님이 말씀드렸다. '스님께서 비춰 보아주십시오.' 스님이 곧장 때리셨다. (X68n1315_p0038c16~18, 『古尊宿語錄』 卷第六, 「睦州和尙語錄」. "問僧: '什麼處來?' 僧云: '請和尙鑒.' 師拈起拄杖. 云: '你喚作箇什麼?' 僧云: '請和尙鑒看.' 師便打.")

2814) 『嘉泰普燈錄』 卷第二, X79n1559_p0295b01~06. 『禪門拈頌集』 卷第五, K46-0074, 160則. 同 卷第二十八, K46-0458~59, 1268則. 『古尊宿語錄』 卷之四十六, 「滁州瑯琊山覺和尙語錄」, X68n1315_p0311b12~16, c15~20. 참조.

2815) 琅邪慧覺(낭야혜각) : 풍혈연소(風穴延沼)-수산성념(首山省念)-분양선소(汾陽善昭)-낭야혜각(琅邪慧覺). 주76) 참조.

말씀드렸습니다.
'어떤 것이 도(道)입니까?'
말씀하셨습니다.
'무심(無心)이 도(道)다.'
말씀드렸습니다.
'부처님과 도(道)는 서로 얼마나 떨어져 있습니까?'
말씀하셨습니다.
'부처님은 손을 펴는 것과 같고, 도(道)는 주먹을 쥐는 것과 같다.'

옛 사람의 방편이 곧 없진 않으나2816) 이 산승도 역시 여기에 조금 있습니다. 만일 사주는 사람이 아무도 없다면, 이 산승이 스스로 팔고 스스로 사곤 하겠습니다.
'어떤 것이 부처님이냐?'
'바위 앞엔 상서로운 풀이 많구나.'
'어떤 것이 도(道)냐?'
'시냇물 바닥에 신령스런 싹이 가득하다.'
'부처님과 도(道)는 서로 얼마나 떨어져 있느냐?'
'뭉게뭉게 조각구름 옛 절 휘감고, 외줄기 시냇물이 푸른 산을 휘도네.'"

또 대중에게 인용하여 열어 보이셨다.
"이전에 양산 연관스님2817)이 말씀하셨습니다.

'남쪽에서 오는 사람에겐 30방을 두들겨 줄 것이고, 북쪽에서 오는 사람에게도 30방을 두들겨 패줄 것입니다. 비록 이렇더라도 이 선종의 도리2818)에는 맞질 않습니다.'

2816) 卽不無(즉불무) :『선문염송』5권과『고존숙어록』46권에서는 '卽不可(즉불가)'로 나온다.
2817) 梁山緣觀(양산연관) : 운거도응(雲居道膺)-동안도비(同安道丕)-동안관지(同安觀志)-양산연관(梁山緣觀). 조동종계의 스님이다. '양산오처사화(梁山吳處士畵)' '양산조의(梁山祖意)' '양산가적(梁山家賊)' '양산남래(梁山南來)' '양산막란도(梁山莫亂道)' '양산벽옥(梁山碧玉)' 등의 공안이 있다.『경덕전등록』24권 ·『선문염송집』28권 ·『연등회요』27권 ·『오등회원』14권 ·『오등엄통』14권 ·『선종송고련주통집』37권 ·『종문염고휘집』39권 ·『종감법림』68권 ·『오등전서』29권 ·『지월록』22권 등에 스님의 법문이 실려 있다.
2818) 宗乘(종승) : 선종의 도리(道理).

　양산스님은 아름다운 순금 한 조각을 단단한 무쇠 덩어리로 팔아 버렸습
니다.
　이 낭야는 그렇게 하지 않겠습니다.
　남쪽에서 오는 사람은 30방을 두들겨 패줄 것이고, 북쪽에서 오는 사람에
게도 30방을 두들겨 패 주어서 천하의 납승으로 하여금 형편없이 평하도
록2819) 버려두겠습니다."

374. 늑담문준泐潭文準

　　　泐潭準和尚, 示眾, 云: "欲識佛性義, 當觀時節因緣. 記得昔日,
僧問雲門: '如何是雲門一曲?' 門云: '臘月二十五.' 僧云: '唱者如
何?' 曰: '且緩緩.' 諸禪德. 遮箇豈不是時節? 且作麼生會雲門意?
雲門一曲, 清聲透處, 該括十方, 和者難齊, 非同六律. 所以道東家
唱歌, 西家不得默坐. 寶峯今日快便難逢, 也唱一徧供養大眾. 諦聽,
諦聽." 乃引聲唱云: "囉囉哩. 哩哩囉. 天寒且唱一半. 歸堂喫茶."2820)
　又社日, 示眾, 云: "萬般施設不如常, 又不驚人又久長. 如常恰似秋風至, 無意涼
人人自涼. 甜瓜徹蔕甜, 苦瓠連根苦. 今朝四海九州人, 盡拜社翁并社母, 唯有七
十二候年王, 冷地裏觜盧都一場莽鹵."2821)

　늑담 문준스님2822)이 대중에게 열어 보이셨다.
　"불성의 뜻을 알려고 한다면 반드시 시절인연을 보십시오.2823) 기억하여

2819) 貶剝(폄박) : 비난하고 공박하다. 낮추어 평하도록 내버려두다. 관직을 낮추거나 박탈하다.
2820) 『禪門拈頌集』卷第二十四, K46-0395~0397, 1035則. 참조.
2821) 이 시중(示衆) 법문은 이 『정법안장』 이외 다른 문헌에는 나오지 않는다.
2822) 泐潭文準(늑담문준) : 석상초원(石霜楚圓)-황룡혜남(黃龍慧南)-운암극문(雲庵克文)-담당문준
　　　(湛堂文準). 1061~1115. 주29) 참조.
2823) 『열반경』 32권에 나오는 법문내용이다. 모든 뭇삶들은 불성이 있어 아누다라삼먁삼보리를
　　　얻지만 시절인연이 화합하여야한다는 것이다. "뭇삶들의 불성도 또한 이와 같아서 본래는 없다
　　　가 지금 있는 것도 아니며, 안도 아니고 밖도 아니고, 있는 것도 아니고 없는 것도 아니며, 여
　　　기도 아니고 저기도 아니고, 다른 데서 오는 것도 아니며, 인연이 없는 것도 아니고, 일체 뭇삶
　　　들이 보지 못하는 것도 아니며, 모든 보살들은 시절 인연이 있어 화합하여 보게 되는 것이다.
　　　시절이라 함은 10주보살마하살이 8성도를 닦아 모든 뭇삶들에게 평등한 마음을 얻는 것이니,

보면 옛날에 한 스님이 운문스님께 여쭈었습니다.
  '어떤 것이 운문스님의 한 곡조입니까?'
  운문스님이 말씀하셨습니다.
  '섣달 스무 닷새지.'
  그 스님이 말하였습니다.
  '노래를 부르는 것은 어떻습니까?'
  말씀하셨습니다.
  '아직도 느릿느릿하구나.'2824)

  선덕 여러분. '이것'이 어찌 시절이 아니겠습니까?
  여기서 어떻게 운문스님의 뜻을 알겠습니까?
  운문의 한 곡조가 맑은 소리로 사무치는 곳은 시방의 모든 곳을 포괄하니,
화답하는 이는 맞추기 어렵고 육률(六律)2825)과도 같지 않습니다.
  그러므로 '동쪽 집에서 노래를 하면, 서쪽 집에서도 가만 있지 못한다'라
고 말하는 것입니다.
  오늘 이렇게 즐거운 기회는 만나기 어려우므로 이 보봉(寶峯)이 여기 한
곡2826) 불러서 대중에게 공양하겠습니다.
  잘 들으시고, 잘 들어 보십시오."
  그리하여 소리를 길게 뽑으며2827) 노래를 부르셨다.

  "라라리 리리라.

    그때 보게 되는 것은 짓는다고 하지 않는다."(T12n0374_p0555c01~06,『大般涅槃經』卷第三
    十二,「師子吼菩薩品」第十一之六. "衆生佛性亦復如是, 亦復非是本無今有, 非內非外, 非有非
    無, 非此非彼, 非餘處來, 非無因緣, 亦非一切衆生不見, 有諸菩薩時節因緣和合得見. 時節者, 所
    謂十住菩薩摩訶薩, 修八聖道, 於諸衆生, 得平等心, 爾時得見, 不名爲作.")
2824) '운문일곡(雲門一曲)' 화두로 유명한 이 법문은『운문광록』상(上)에 나온다. (T47n1988_p05
    45b28~29,『雲門匡眞禪師廣錄』卷上. "問:'如何是雲門一曲?'師云:'臘月二十五.'進云:'唱者
    如何?'師云:'且緩緩.'")
2825) 六律(육률) : 음악의 표준음을 말한다. 십이률(十二律)에서 양성(陽聲)에 속하는 여섯 음이다.
    곧 황종(黃鐘)·태주(太簇)·고세(姑洗)·유빈(蕤賓)·이칙(夷則)·무역(無射) 등의 여섯이다. 이
    에 대해 음성(陰聲)에 속하는 여섯 음은 육려(六呂)라고 한다.
2826) 一徧(일변) : 徧(변)은 당송 때 악곡의 구성 단위를 말한다. 한 곡조. 한 곡.
2827) 引聲(인성) : 소리를 아주 길게 뽑아내며 노래하는 것을 말한다.

날씨가 추워서 일단은 절반만 불러야겠습니다.
큰방으로 돌아가 차들 드시오.”

또 토지신에게 제사 지내는 날에 대중에게 열어 보이셨다.
“수만 가지로 늘어놓아도 늘 일상적인 것만 못하며, 또 사람을 놀래 주지
도 않으면서도 오래오래 갑니다.
마치 평소처럼 가을바람이 불어오는 것과 흡사하여, 사람을 시원하게 해줄
맘이 없지만 사람이 스스로 시원하게 느끼는 것과 같습니다.
달콤한 오이는 꼭지까지 달고 쓴 참외는 뿌리까지 씁니다.
오늘 아침 온 천하의 사람들이 모두 다 할배토지신과 할매토지신에게 절
을 올렸습니다.
하지만 오직 72절후2828) 왕만이 차가운 땅속에서 입을 삐죽이 내밀
고2829) 계속 그 자리서2830) 흐리멍덩하게2831) 있습니다.”

375. 흔주타지忻州打地

打地和尚, 自江西領旨, 自晦其名. 凡學者致問, 唯以棒打地而示之, 時謂之打地
和尚. 一日被僧藏却棒, 然後問, 師回頭尋棒, 不見乃云: “若在遮裏, 泊著一棒.”
有問門人曰: “只如和尚每有人問便打地, 意旨如何?” 門人即於竈底, 取柴一片,
擲在釜中.2832)
妙喜曰: “養子不及父, 家門一世衰.”

타지화상2833)께서 강서(江西)에서 깨달으시고 나서 스스로 그 이름을 숨기

2828) 七十二候年(칠십이후년) : 태음력의 72절후(節候)를 말한다. 5일日이 1후(候)이므로 1년 365
　　　일은 72후(候)가 된다. 3후(候)를 1기(氣)로 하면 1년은 24절기(節氣)가 되고, 6후(候)를 1월(月)
　　　로 하면 1년은 12월(月)이 된다.
2829) 觜盧都(취로도) : 불만의 표시로 입을 삐죽이 내밀고 있는 모양. 입을 꽉 다문 모양.
2830) 一場(일장) : 한 장소. 같은 장소.
2831) 莽鹵(망로) : 흐리멍덩하다, 아둔하다, 등한히 하다, 흐릿하다, 희미하다. 거칠다, 무모하다.
2832)『景德傳燈錄』卷第八, T51n2076_p0261c02~06. 『聯燈會要』卷第五, X79n1557_p0055a0
　　　2~06.『五燈會元』卷第三, X80n1565_p0086b04~08. 참조.
2833) 忻州打地(흔주타지) : 　조계혜능(曹溪慧能)-남악회양(南嶽懷讓)-마조도일(馬祖道一)-흔주타지
　　　(忻州打地). 강서(江西)[마조 도일스님]에게서 법을 깨달은 이후 스스로 이름을 감추고 살았다.

셨다. 일반 참학자들이 와서 묻기라도 하면 오직 방망이로 땅을 쳐서 가르쳤으므로 그 당시 사람들이 타지화상(打地和尙)이라고 불렀다.

하루는 한 스님이 방망이를 감춰버리고 나서 여쭈었다.

스님이 고개를 돌려 방망이를 찾았으나 보이질 않자 말씀하셨다.

"만일 여기에 있다면 거의 한 방 때려 줄 수 있었는데."2834)

누군가 그 문하의 스님에게 물었다.

"그런데 스님께서는 매양 누가 묻기라도 하면 곧 땅을 치시는 뜻이 무엇입니까?"

문하의 스님이 즉시 부엌으로 내려가 장작 한 개비를 들고 가서 가마솥 안에 던져 넣었다.

묘희스님이 말씀하셨다.

"키운 아들이 아버지에 못 미치니, 가문이 1세에 쇠퇴해버리는구나."

376. 마곡산화상麻谷山和尙

谷山, 問秀溪和尙: "聲色純眞, 如何是道?" 溪曰: "亂道作麼?" 山却從東邊過西邊立. 溪曰: "若不恁麼卽禍事也." 山却過東邊. 溪乃下禪床, 方行兩步, 被谷山捉住. 云: "聲色純眞事作麼生?" 溪便掌. 山云: "十年後要箇人下茶也無." 溪曰: "要谷山老漢作麼?" 谷山呵呵大笑三聲.2835)

마곡산스님2836)이 담주 수계스님2837)께 물으셨다.

학인들이 찾아와서 질문하면 오로지 몽둥이로 땅을 두드리기만 하였다. 그래서 사람들이 타지화상(打地和尙)이라 불렀다고 한다. '타지유타지화(打地唯打地話)'가 널리 회자되었다.

2834) 『전등록』 8권에서는 "스님은 그저 입만 벌리고 계셨다."라고 나온다. (T51n2076_p0261c04. "師但張其口.")

2835) 『景德傳燈錄』 卷第八, T51n2076_p0261c07~13. 『聯燈會要』 卷第五, X79n1557_p0052b20 ~24. 『五燈會元』 卷第三, X80n1565_p0086b09~14. 참조.

2836) 마곡 보철스님으로 보이나 확실히 누구인지 알기가 어렵다. 조계혜능(曹溪慧能)-남악회양(南嶽懷讓)-마조도일(馬祖道一)-마곡보철(麻谷寶徹). 주2273) 참조.

2837) 潭州秀谿(담주수계) : 조계혜능(曹溪慧能)-남악회양(南嶽懷讓)-마조도일(馬祖道一)-담주수계(潭州秀谿). 『경덕전등록』 8권 · 『연등회요』 5권 · 『오등회원』 3권 · 『오등엄통』 3권 · 『선종송

"소리와 모양은 순수한데 어떤 것이 도(道)입니까?"

수계스님이 말씀하셨다.

"어지럽게 무슨 말씀 하시는 거요?"

곡산스님이 바로 동쪽에서 서쪽으로 가서 서 계셨다.

수계스님이 말씀하셨다.

"이렇게 하지 않았다면 화를 당했을 것이오."

곡산스님이 도로 동쪽으로 가셨다.

수계스님이 곧장 선상에서 내려오셔서, 막 두어 걸음을 걸으시자마자, 곡산스님이 멱살을 붙잡으셨다.

말씀하셨다. "소리와 모양이 순수한 일이 어떠합니까?"

수계스님이 냅다 뺨을 갈기셨다.

곡산스님이 말씀하셨다.

"10년 후에는 반드시 차를 다려줄 사람도 없을 것입니다."

수계스님이 말씀하셨다.

"곡산 노인네를 어디서 쓰겠소?"

곡산스님이 "하! 하! 하!"하고 세 번 크게 웃으셨다.

377. 담주화림潭州華林

華林和尙, 有僧來參. 方展坐具, 林曰: "緩緩." 僧云: "和尙見甚麼?" 曰: "可惜許! 磕破鐘樓." 其僧從此悟入.[2838]

담주 화림스님[2839]께 어떤 스님이 와서 뵈었다.

고련주통집』 13권 ·『종감법림』 14권 ·『오등전서』 6권 ·『지월록』 9권 등에 곡산스님과의 문답화가 있다.

2838)『景德傳燈錄』卷第八, T51n2076_p0261c17~22.『聯燈會要』卷第五, X79n1557_p0051a19 ~20.『五燈會元』卷第三, X80n1565_p0084b21~22. 참조.

2839) 潭州華林(담주화림) ： 조계혜능(曹溪慧能)-청원행사(靑原行思)-석두희천(石頭希遷)-담주화림 선각(潭州華林善覺). 선각스님은 늘 석장을 짚고 다녔다고 하는데 야밤에 산기슭을 다니면서 일 곱 걸음마다 석장을 한 번 돌리고 관세음보살을 염했다고 한다. 한 번은 협산 선회스님이 찾아 와서 물었다. "들어보니 스님께선 관세음보살을 염한다던데 맞습니까?" "그렇습니다만." "스님 의 머리에 올라타면 어쩌시겠습니까?" "머리가 나오면 마음대로 올라타도 되겠지만, 머리가 나 오지 않으면 무엇을 타겠습니까?"

막 좌구를 펴려고 하는데 화림스님이 말씀하셨다.
"느릿느릿."
그 스님이 말씀드렸다.
"스님께선 무엇을 알아내셨습니까?"
말씀하셨다.
"애석하다! 갑자기 종루가 무너졌구나!"
그 스님이 이에 깨달았다.

378. 황벽혜黃檗慧

黃檗慧和尙, 參疎山仁和尙. 初到時, 正値坐法堂受參. 慧先顧視大眾, 然後致問, 曰: "剎那便去時如何?" 山曰: "冨塞虛空, 汝作麼生去?" 慧曰: "冨塞虛空, 不如不去." 山便休. 慧下堂參第一座, 座曰: "適觀上座祇對和尙, 語甚奇特." 慧曰: "此乃率爾, 實自偶然. 敢望慈悲開示愚迷." 座曰: "一剎那間, 還有擬議否?" 慧於言下大悟.[2840]

황벽 혜스님[2841]이 소산 광인스님을 찾아뵈려고 가셨다. 도착하자마자 때마침 소산스님이 법당에 앉아 수참(受參)[2842]하고 계셨다.
혜스님이 먼저 대중을 돌아보시고는 물으셨다.
"찰나에 곧장 가버릴 땐 어떻습니까?"
소산스님이 말씀하셨다.
"허공이 꽉 차서 막혔는데 너는 어떻게 가겠느냐?"
혜스님이 말씀하셨다.
"허공이 꽉 차서 막혔다면 가지 않는 것만도 못하겠군요."

2840)『景德傳燈錄』卷第二十, T51n2076_p0368a08~14.『聯燈會要』卷第二十五, X79n1557_p02
　　21a13~18.『五燈會元』卷第十三, X80n1565_p0279b21~c01. 참조.
2841)　黃檗慧(황벽혜)　:　운암담성(雲巖曇晟)-동산양개(洞山良价)-소산광인(疎山匡仁)-황벽혜(黃檗
　　慧). 오대후진(五代後晉)의 조동종스님이다. 낙양(하남성) 사람이다. 어려서 출가하여 경론을 익
　　히는 것으로 업을 삼았다. 언젠가 보살계를 받으면서 느끼는 바가 있어 강의를 그만두고 강물에
　　몸을 던지려는데 선객 두 명이 나타나 남방으로 가서 선지식을 찾으라고 조언해 준다. 그래서
　　소산 광인스님을 만나 확철대오하고 황벽산에서 대중을 제접하였다.
2842) 受參(수참) : 질문을 받다.

소산스님이 그만두셨다.

혜스님이 법당에서 내려와 제1좌를 찾아뵈니, 제1좌가 말씀하셨다.

"방금 전에 상좌께서 큰스님과 응대하심을 보니, 말씀이 매우 기특하시더군요."

혜스님이 말씀하셨다.

"이것은 그냥 튀어나온 것이라 실로 우연이었을 뿐입니다. 자비를 베푸시어 이 우매함을 열어 주시기를 바랍니다."

제1좌가 말씀하셨다.

"한 찰나사이에 헤아릴 수가 있습니까?"

혜스님이 말 떨어지자 크게 깨달으셨다.

379. 반산보적盤山寶積

盤山和尚, 在馬大師會下, 出街中教化. 忽見一客人, 買猪肉謂屠者, 曰: "精底割一斤來." 屠者放下刀叉手, 云: "長史. 那箇不是精底?" 山於此有省. 後一日出門, 見人舁喪. 歌郎振鈴, 云: "紅輪決定沉西去, 未委魂靈往那方?" 幕下孝子哭, 云: "哀! 哀!" 山乃大悟. 踊躍而歸, 馬祖印其所證. 山臨遷化謂眾, 曰: "還有人邈得吾真否?" 眾或寫得真呈, 皆不契. 時普化出, 云: "某甲邈得和尚真." 山云: "呈似老僧看." 化乃打筋斗而出. 山云: "遮厮兒向後甚麼處掣風顛去."[2843]

반산 보적스님[2844]께서 마조대사의 회하에 계시면서 거리로 나가 교화를 하셨다. 그러다가 문득 보니 한 손님이 돼지고기를 사러 가서 백정에게 말하였다.

"질 좋은 것으로 한 근 썰어 다오."

백정이 칼을 내려놓고 손을 모아잡고 말했다.

"장사(長史)[2845]나리. 어떤 것이 질 좋지 않은 것입니까?"

2843) 『景德傳燈錄』 卷第七, T51n2076_p0253b29~c03. 『聯燈會要』 卷第四, X79n1557_p0045a0
    3~08, b04~06. 『禪門拈頌集』 卷第七, K46-0116~0118, 248則. 『五燈會元』 卷第三, X80n1565_
    p0077a24~b05, b22~24. 참조.
2844) 盤山寶積(반산보적) : 조계혜능(曹溪慧能)-남악회양(南嶽懷讓)-마조도일(馬祖道一)-반산보적
    (盤山寶積). 주974) 참조.

반산스님이 이에 깨우침이 있으셨다.

뒤에 하루는 밖으로 나가셨다가 상여가 나가는 것을 보게 되셨다. 상여소리꾼(歌郞)2846)이 요령을 울리면서 노래했다.

　"붉은 해는 반드시 서쪽으로 지는데,
　도대체 이 혼령은 어느 곳으로 가느냐?"

이에 두건 쓴 상주들이 통곡을 하였다.
"아이고! 아이고!"
반산스님이 이에 크게 깨달으셨다.
그리고는 환희용약하며 돌아오시니, 마조스님께서 그 증득한 것을 인가하셨다.

반산스님이 천화(遷化)하실 때가 다가오자, 대중에게 말씀하셨다.
"누가 나의 진영을 그려 보겠느냐?"
대중이 스님의 진영을 그려서 바쳤으나 모두 스님의 마음에 맞질 않았다.
그때 진주 보화스님2847)이 나와서 말씀하셨다.
"제가 스님의 진영을 그렸습니다."
반산스님이 말씀하셨다.
"이 노승한테 보여 봐라."
보화스님이 재주넘기를 하면서 나가셨다.
반산스님이 말씀하셨다.
"이 상놈이 앞으로 어디서 미친병2848)을 드러내 보일까?"

2845) 長史(장사) : 진(秦)나라 때부터 둔 벼슬을 말한다. 한(漢)나라 때는 상국(相國)·승상(丞相)
　　에, 후한(後漢) 때는 태위(太尉)·사도(司徒)·사공(司空)·장군부(將軍府)에, 당(唐)나라 때는 주
　　(州)의 자사(刺史) 아래에 두었다.
2846) 歌郞(가랑) : 초상이 나서 상여를 메고 갈 때에 상엿소리[만가(輓歌)]를 부르는 사람을 말한
　　다.
2847) 鎭州普化(진주보화) : 남악회양(南嶽懷讓)-마조도일(馬祖道一)-반산보적(盤山寶積)-진주보화
　　(鎭州普化). 주70) 참조.
2848) 風顚(풍전) : 미친병, 정신병.

380. 협산선회夾山善會

　　　　夾山會下有僧到石霜. 纔跨門便云: “不審?” 霜曰: “不必! 闍
梨.” 僧云: “恁麼則珍重.” 其僧又到巖頭處, 依前云: “不審?”
頭, “噓!”, 一聲. 僧云: “恁麼則珍重.” 僧方回身, 頭曰: “雖是後
生, 亦能管帶.” 其僧歸擧似夾山. 山上堂云: “前日到巖頭石霜底,
阿師出來, 如法擧著.” 僧擧了, 山云: “大衆. 還會麼?” 衆無對,
山云: “若無人道得, 老僧不惜兩莖眉毛道去也. 石霜雖有殺人刀, 且無活人劍, 巖
頭亦有殺人刀, 亦有活人劍.”
　妙喜曰: “癡人面前, 不得說夢.”2849)

　협산 선회스님2850)의 회상에 있는 스님이 석상 초원스님2851)을 찾았다.
막 문지방을 넘으면서 곧장 인사드렸다.
　“안녕하세요?”
　석상스님이 말씀하셨다.
　“그만 뒈!2852) 스님아.”
　그 스님이 말씀드렸다.
　“이만 안녕히 계십시오.”
　그 스님이 또 암두 전활스님의 처소에 갔다.
　앞에서처럼 인사를 했다.
　“안녕하세요?”
　암두스님이 “噓(Xū)!”2853)하고 일성을 내지르셨다.
　그 스님이 말했다.
　“이만 안녕히 계십시오.”

2849)『祖堂集』卷第七, K45-0279.『景德傳燈錄』卷第十六, T51n2076_p0326b28~c06.『聯燈會
　　要』卷第二十一, X79n1557_p0180a07~15.『禪門拈頌集』卷第十八, K46-0294~0295, 722則.
　　『五燈會元』卷第七, X80n1565_p0144b01~08. 참조.
2850)　夾山善會(협산선회) : 석두희천(石頭希遷)-약산유엄(藥山惟儼)-선자덕성(船子德誠)-협산선회
　　(夾山善會). 805~881. 주2226) 참조.
2851)　石霜楚圓(석상초원) : 풍혈연소(風穴延沼)-수산성념(首山省念)-분양선소(汾陽善昭)-석상초원
　　(石霜楚圓). 987~1040. 자명초원(慈明楚圓)이라고도 함.　주245) 참조.
2852)　不必(불필) : ‘집어 치워!’ ‘냅 둬!’ ‘그만 둬!’ ‘그럴 필요 없어!’=불요(不要), 불수(不須).
2853)　噓(허) : 쉿! 쉬! 쉬하며 소리를 내어 제지하거나 내쫓는 말.

그리고 바로 몸을 돌리는 순간, 암두스님이 말씀하셨다.
"비록 후생(後生)이라도 또한 계속 지니고 있구나.2854)"
그 스님이 돌아가서 협산스님께 자초지종을 말씀드렸다.
협산스님이 법좌에 올라 말씀하셨다.
"그저께 암두스님과 석상스님께 가서 있었던 내막2855)을 우리 스님2856)이 나와서 여법하게 말해봐라."
그 스님이 그 이야기를 마치니, 협산스님이 말씀하셨다.
"대중여러분. 알겠습니까?"
대중이 아무 대답이 없자, 협산스님이 말씀하셨다.
"만일 아무도 말하지 않는다면 이 늙은 중이 두 가닥 눈썹을 아끼지 않고2857) 말해보겠습니다.

석상스님이 비록 살인도가 있으나 도리어 활인검이 없고,
암두스님이 역시 살인도가 있으며 역시 활인검도 있습니다."

묘희스님이 말씀하셨다.
"멍청한 사람들 앞에서 잠꼬대하지2858) 마라."

2854) 管帶(관대) : 관(管)은 뜻을 잊지 않는 것. 대(帶)는 몸에 지니어 여의지 않는 것. 곧, 부처님과의 인연을 몸과 마음에 항상 지니고 잃어버리지 않는 것. 꾸준히 지님. 잘못된 공부이다. 이에 상대되는 말로 망회(忘懷)가 있다.
2855) 底(저) : 내막, 진상, 속사정.
2856) 阿師(옥사) : 스님, 승려.
2857) 不惜兩莖眉毛(불석양경미모) : 두 개의 눈썹을 아끼지 않다. 중국에서는 거짓말을 하면 두 눈썹이 빠진다는 말이 있는데 선도(禪道)는 언어가 필요 없는 것이지만 학인을 이끌어주는 방편으로 쓰겠다는 뜻.
2858) 說夢(설몽) : 잠꼬대를 하다. 꿈같은 쓸데없는 이야기를 하다. 꿈을 이야기하다.

381. 오조법연五祖法演

五祖演和尚, 示眾, 云: "一向恁麽去, 路絕人稀. 一向恁麽來, 辜負先聖. 去此二途, 祖佛不能近. 設使與白雲, 同生同死, 亦未稱平生. 何也? 鳳凰不是凡間鳥, 不得梧桐誓不棲."

又示眾, 云: "恁麽, 恁麽, 鰕跳不出斗. 不恁麽, 不恁麽, 弄巧成拙. 軟似鐵, 硬如泥. 金剛眼睛十二兩, 衲僧手裏秤頭低, 有價數, 沒商量. 無鼻孔底, 將甚麽聞香?"

僧問: "如何是臨濟下事?" 曰: "五逆聞雷." 云: "如何是雲門下事?" 曰: "紅旗閃爍." 云: "如何是曹洞下事?" 曰: "馳書不到家." 云: "如何是潙仰下事?" 曰: "斷碑橫古路." 僧禮拜, 演云: "何不問法眼下事?" 云: "留與和尚."

曰: "巡人犯夜."2859)

오조 법연스님2860)이 대중에게 열어 보이셨다.

"줄곧 이렇게 가면 길은 끊어지고 사람은 드뭅니다.

줄곧 이렇게 오면 앞의 성인들을 저버리게 됩니다.

이 두 길을 버리면 조사와 부처님을 가까이 할 수가 없습니다.

설사 이 백운(白雲)2861)과 함께 살고 함께 죽는다 하여도 역시 친구2862)라 할 수도 없습니다.

어째서일까요?

봉황새는 세간의 새가 아니기에 오동나무가 아니면 결코 깃들지 않기 때문입니다."

또 대중에게 열어 보이셨다.

2859) 『建中靖國續燈錄』卷第二十, X78n1556_p0766c07~11, 20~23. 『續刊古尊宿語要』第三集, X68n1318_p0412b20~22. 『聯燈會要』卷第十六, X79n1557_p0137b08~12. 『嘉泰普燈錄』卷第八, X79n1559_p0336b08~11. 『五燈會元』卷第十九, X80n1565_p0391c20~24, p0392a07~10, b18~21. 『古尊宿語錄』卷第二十, X68n1315_p0136b06~10, b19~21, p0137c04~07. 『續傳燈錄』卷第二十, T51n2077_p0602b04~09, 17~20, p0603a01~05. 참조.

2860) 五祖法演(오조법연) : 자명초원(慈明楚圓)-양기방회(楊岐方會)-백운수단(白雲守端)-오조법연(五祖法演). ?~1104. 주438) 참조.

2861) 白雲(백운) : 오조 법연스님을 말한다.

2862) 平生(평생) : 옛 친구, 오랜 친구. 오랜 교제.

“이렇고 이러해도 새우가 뛰어오르나 국자를 벗어나진 못하는 것입니다.
이렇지 않고 이렇지 않다 하여도 기교 부리다 곤란해지는 것입니다.
부드럽기는 무쇠 같고 단단하기는 진흙 같습니다.
금강의 눈알2863)은 12량(兩)2864)입니다.
그러나 납승의 손 안에 있는 저울은 밑에 값어치를 매기는 눈금이 있어도 따져볼 수가 없습니다.
콧구멍 없는 곳에서 무엇으로 향기를 맡겠습니까?”

한 스님이 여쭈었다.
“어떤 것이 임제문하의 일입니까?”
말씀하셨다.
“오역죄인이 우레소리를 듣는다.”
말씀드렸다.
“어떤 것이 운문문하의 일입니까?”
말씀하셨다.
“붉은 깃발이 펄럭인다.2865)”
말씀드렸다.
“어떤 것이 조동문하의 일입니까?”
말씀하셨다.
“급히 편지를 보냈지만 집에 이르질 못했다.”
말씀드렸다.
“어떤 것이 위앙문하의 일입니까?”
말씀하셨다.
“동강난 비석이 옛 길에 나뒹군다.”
그 스님이 절을 올렸다.
법연스님이 말씀하셨다.
“법안문하의 일은 어째서 묻지 않는 거냐?”
말씀드렸다.

2863) 金剛眼睛(금강안정) : 학인들의 우열을 가릴 수 있는 능력. 진여를 볼 수 있는 안목.
2864) 兩(량) : 무게의 단위. 옛날에는 24수(銖)가 1량(兩)이었고, 근래는 10돈(錢)이 1량이다.
2865) 閃爍(섬삭) : 나타났다가 사라졌다가 하다. 번쩍거리다.

"스님께 맡겨 두겠습니다."
말씀하셨다.
"순라군이 야간의 통행금지령을 위반했구나."

382. 장경혜릉長慶慧稜

長慶稜和尚, 參靈雲. 稜問: "如何是佛法大意?" 雲曰: "驢事未去, 馬事到來."
稜如是往來雪峯玄沙, 二十年間, 不明此事. 一日卷簾, 忽然大悟. 乃有頌曰: 也大
差! 也大差! 卷起簾來見天下. 有人問我解何宗, 拈起拂子劈口打. 峯擧謂玄沙,
曰: "此子徹去也." 沙云: "未可. 此是意識著述. 更須勘過始得." 至晚, 眾僧上來,
問訊, 峯謂稜, 曰: "備頭陀未肯汝在, 汝實有正悟, 對眾擧來." 稜又有頌, 云:
"萬象之中獨露身, 唯人自肯乃方親. 昔時謬向途中覓, 今日看來火裏冰." 峯乃顧
沙, 曰: "不可更是意識著述." 後乃住長慶, 會下有匡桶頭, 常與眾僧說話. 一日稜
入寮, 見乃問, 曰: "你每日口嘮嘮作甚麼?" 匡曰: "一日不作, 一日不食." 稜曰:
"恁麼則磨弓發箭去." 曰: "專待尉遲來." 稜曰: "尉遲來後如何?" 云: "待伊筋骨
徧地, 眼睛突出."
稜便出去. 2866)

장경 혜릉스님2867)이 영운 지근스님2868)을 참례하셨다.
혜릉스님이 물으셨다.
"불법의 대의가 무엇입니까?"
영운스님이 말씀하셨다.
"나귀의 일이 끝나기도 전에 말의 일이 왔구나."
혜릉스님이 이와 같이 설봉스님과 현사스님을 20여년이나 왕래했으나
'이 일'을 밝히질 못하셨다. 그러다가 하루는 발을 말아 올리다가 크게 깨

2866) 『聯燈會要』卷第二十四, X79n1557_p0210a17~b02, p0229b21~c01. 『五燈會元』卷第七,
　　　 X80n1565_p0152c15~0153a02, p0169b11~16. 참조.
2867) 長慶慧稜(장경혜릉) : 용담숭신(龍潭崇信)-덕산선감(德山宣鑑)-설봉의존(雪峰義存)-장경혜릉
　　　 (長慶慧稜). 854~932. 주681) 참조.
2868) 靈雲志勤(영운지근) : 마조도일(馬祖道一)-백장회해(百丈懷海)-위산영우(潙山靈祐)-영운지근
　　　 (靈雲志勤). 주1209) 참조.

달으셨다. 그리하여 노래를 지으셨다.

　"엄청나구나![2869] 엄청나구나!
　발을 말아 올리니 천하가 드러났구나.
　누가 나에게 어떤 핵심(宗)을 알았냐고 물어본다면,
　불자를 잡아 주둥이를 후려치리라."

　설봉스님께서 현사스님에게 이 일을 제기하여 말씀하셨다.
　"얘가 철저하구나."
　현사스님이 말씀하셨다.
　"아직 아닙니다. 이는 의식이 지어낸 것입니다. 다시 반드시 감변해 보아야 되겠습니다."
　저녁에 대중이 모여서 가르침을 청할 때, 설봉스님이 혜릉스님에게 말씀하셨다.
　"사비(沙備)스님이 자네를 아직 긍정치 않고 있는데, 자네가 진실로 바르게 깨달았음을 대중에게 보여주게나."
　혜릉스님이 또 노래를 하셨다.

　"만상(萬象) 가운데 홀로 드러나 있는 몸.
　오로지 스스로 수긍해야만 가까워지네.
　옛날 잘못 길 속에서 찾았었는데
　오늘에야 불속의 얼음인 줄 알았네."

　설봉스님이 이에 현사스님을 돌아보시며 말씀하셨다.
　"의식이 지어낸 것이 더욱 아니로구나."

　뒤에 장경사에 머무실 때 회하에 통두(桶頭)[2870]의 소임을 보는 광(匡)이라는 스님이[2871] 계셨는데, 항상 대중과 이야기를 나누었다. 하루는 혜릉스님

2869) 也大差(야대차) : 엄청난 충격에 대한 감탄사. '참으로 대단하구나!' 또는, '크게 어긋났다'는 뜻도 있다.
2870) 桶頭(통두) : 선원에서 곡식을 담는 통이나 소변통, 목욕통, 물통, 각종 바구니 등의 모든 통(桶)을 관리하는 소임을 맡은 스님을 말한다.

이 요사(寮舍)에 들어가 만나서 물어보셨다.

"스님은 매일 입으로 수다를 떨며2872) 무얼 하는 것이냐?"

광(匡)스님이 말씀드렸다.

"하루를 일하지 않으면 하루는 먹지 않습니다."

혜릉스님이 말씀하셨다.

"이러하다면 활을 비벼서 화살을 쏘려는 것일 뿐이다."2873)

말씀드렸다.

"오로지 울지(尉遲)2874)가 오기를 기다렸습니다."

혜릉스님이 말씀하셨다.

"울지(尉遲)가 온 후로는 어떻게 할 것이냐?"

말씀드렸다.

"그의 몸뚱어리가 곳곳에 꽉 차고, 눈알이 튀어나올 때를 기다리겠습니다."

혜릉스님이 곧 나가셨다.

2871) 초경도광(招慶道匡)스님을 말한다. 덕산선감(德山宣鑑)-설봉의존(雪峰義存)-장경혜릉(長慶慧稜)-초경도광(招慶道匡). 주1682) 참조.
2872) 嘮嘮(노로) : 말이 수다스럽고 갈피가 없다. 시끄럽게 떠들어 댐.
2873) 『오등회원』 8권에서는 "활을 갈고 화살을 가는 것이다."로 나온다. (X80n1565_p0169b14, 『五燈會元』 卷第八. "磨弓錯箭去也.")
2874) 尉遲(울지) : 우전왕(于闐王)의 성(姓)이다. 우전왕은 용맹하고 활을 잘 쏘았다고 한다. 또는 울지씨족(尉遲氏族)[지금의 위구르족]을 말한다.

383. 몽산도명蒙山道明

蒙山明禪師, 因趂盧行者, 至大庾嶺. 行者見明至, 即置衣鉢, 於石上, 曰: "此衣表信, 可力爭耶? 任君將去." 明遂擧之, 如山不動. 踟躕悚慄, 乃曰: "我來求法, 非為衣也. 願行者開示." 祖曰: "不思善, 不思惡. 正與麼時, 阿那箇是明上座本來面目?" 明當下大悟. 徧體汗流, 泣淚作禮, 問曰: "上來密語密意外, 還更有意旨否?" 祖曰: "我今與汝說者, 即非密也. 汝若返照自己面目, 密却在汝邊." 明曰: "某甲雖在黃梅隨眾, 實未省自己面目. 今蒙指示入處, 如人飮水冷暖自知. 今行者即是某甲師也." 祖曰: "汝若如是, 則吾與汝同師黃梅. 善自護持."2875)

몽산 도명선사2876)가 노행자를 뒤쫓아 가서 대유령에 이르렀다. 행자께서 도명스님이 오는 것을 보고 곧 의발을 돌 위에 내려놓고는 말씀하셨다.

"이 옷은 신뢰의 표시인데 어찌 힘으로 다투겠습니까? 마음대로 가져가십시오."

도명스님이 들어보려 했으나 산과 같이 꿈쩍도 하지 않았다. 이에 머뭇거리다 무서워 떨며 말씀드렸다.

"내가 온 것은 법을 구함이지 옷을 위함이 아닙니다. 행자께서 가르쳐 주시기를 바랍니다."

육조스님이 말씀하셨다.

"선(善)도 생각하지 말고, 악(惡)도 생각하지 마시오. 바로 이럴 때, 어느 것이 도명상좌의 본래면목입니까?"

도명스님이 곧장 크게 깨달으셨다.

2875) 『祖堂集』 卷第二　第十八張, K45-0247. 『景德傳燈錄』 卷第四, T51n2076_p0232a05~18. 『聯燈會要』 卷第三, X79n1557_p0027c15~0028a01.『五燈會元』 卷第二, X80n1565_p0052b10 ~22.『六祖大師法寶壇經』, T48n2008_p0349b18~c02. 참조.
2876) 蒙山道明(몽산도명) : 감지승찬(鑑智僧璨)-쌍봉도신(雙峰道信)-황매홍인(黃梅弘忍)-몽산도명(蒙山道明). 파양(鄱陽)[강서성] 출신으로 진(陳)나라 선제(宣帝)의 후손이다. 속성은 진씨(陳氏). 나라가 멸망하자 일반인이 되었어도 왕손 출신인 까닭으로 사품장군(四品將軍)의 작위를 받았기에 사람들이 장군이라는 칭호를 붙였다. 처음에는 법명이 혜명(慧明)이었으나 육조 혜능스님의 앞 글자를 피하기 위해 도명(道明)이라고 개명하였다. 일찍이 영창사(永昌寺)에서 출가하였다가 황매산으로 가서 오조 홍인대사의 회하로 들어갔다. 혜능스님과의 일화로 대오를 이룬 후, 여산(廬山)의 포수대(布水臺)에 가서 3년을 주석하다가 원주(袁州)의 몽산(蒙山)으로 가서 선법을 크게 선양하였다.

온 몸에 땀을 흘리고 눈물을 줄줄 흘리며 절을 올리고는 여쭈었다.

"앞에서의 비밀한 말과 비밀한 뜻 외에 다시 뜻이 있습니까?"

육조스님이 말씀하셨다.

"내가 지금 자네에게 말해 준 것은 곧 비밀한 것이 아니다. 자네가 만일 자기의 면목을 반조(返照)한다면 비밀은 틀림없이 자네 곁에 있을 것이다."

도명스님이 말씀드렸다.

"제가 비록 황매스님 회하에서 대중을 따르고 있었으나, 실로 저 스스로의 면목을 알지 못하였는데 지금 들어갈 자리를 가르치심을 받으니, 마치 사람이 물을 마심에 차고 따뜻함을 스스로 아는 것과 같습니다. 지금 행자께서는 바로 저의 스승이십니다."

육조스님이 말씀하셨다.

"자네가 이와 같다면, 곧 나와 자네에게는 황매스님이 한 스승이시네. 스스로 잘 보호하여 지니시게나."2877)

2877) 돈황본 『단경』에서는 이 이야기가 간단하게 나온다. "두 달 쯤 되어서야 대강(유)령에 도착하였다. 하지만 뒤쪽에서 수백 명의 사람들이 뒤쫓아 와서는 이 혜능에게서 의법(衣法)을 빼앗으려고 하였는데 반쯤 왔다가 모두가 다 되돌아간 것을 알지 못하였다. 다만 한 스님만 남았는데 성은 진씨이고 이름은 혜순(명)이었다. 전직이 삼품장군이라 성행이 거칠고 포악하였다. 그가 곧장 고갯마루로 쫓아와서는 달려들었다. 이 혜능이 곧바로 법의를 돌려주었다. 하지만 받지 않고 '내가 멀리서 온 것은 법을 구함이지 그 가사를 원하는 것이 아닙니다.'하였다. 이 혜능이 고갯마루에서 바로 혜순(명)에게 법을 전하여주니 혜순(명)이 듣고서 말끝에 마음이 열렸다. 이 혜능이 혜순(명)에게 곧장 북쪽으로 가서 사람들을 교화하게 하였다."(퇴옹 성철, 『돈황본 육조단경』, p82~83, 도서출판 장경각, 2015. 원문참조. 『六祖惠能大師於韶州大梵寺施法壇經一卷』"兩月中間, 至大庚嶺. 不知向後, 有數百人來, 欲擬頭惠能, 奪於法, 來至半路, 盡惚却廻. 唯有一僧姓陳名惠順. 先是三品將軍, 性行麤惡. 直至嶺上來趁犯著. 惠能卽還法衣. 又不肯取, '我故遠來求法不要其衣'. 能於嶺上, 便傳法惠順, 惠順得聞, 言下心開. 能使惠順, 卽却向北化人來.") 이 도명스님의 얘기가 『조당집』 2권에서는 비교적 상세히 나온다. "그때, 칠백 명 대중이 일제히 노행자를 쫓았다. 그 대중 가운데에 한 스님이 있었는데 혜명이라고 하였다. 그가 대유령 고갯마루까지 쫓아가서 보니, 의발이 있는 것은 보이나 행자께서 보이질 않자, 가까이 가서 손으로 들어 올리려 했으나 의발은 꿈적도 하질 않았다. 그러자 곧 자기의 힘이 부족함을 알고는 바로 산으로 들어가서 행자를 찾다가 높은 데를 보니 행자께서 바위 위에 앉아 계셨다. 행자께서 멀리서 혜명상좌를 보시고, 곧 자신의 의발을 빼앗으러 오는 줄 아시고 말씀하셨다. '화상께서 나에게 의발을 주셨는데 받지 않으려 굳이 사양했으나 두세 번 거듭 받으라고 청하시기에 할 수 없이 받아서 오기는 했습니다. 지금 저 고갯마루에 있으니, 상좌께서 필요하다면 가져가십시오.' 명상좌가 말씀드렸다. '의발 때문에 온 것이 아니라 짐짓 불법을 위하여 왔습니다. 행자께서 오조스님을 하직할 때 오조께서 어떤 밀어(密語)라든지 밀의(密意)가 있었습니까? 저에게 말씀해 주십시오.' 행자께서 상좌의 마음이 간절함을 알아보시고 곧 그에게 말씀하셨다. '사려(思慮)를 가라앉히고 선도 생각지 말고 악도 생각지 마시오. 마음에 이렇게 생각이 나지 않을 때에 나에게 본래 명상좌의 면목을 가져와 보시오.' 혜명상좌가 다시 물었다. '밀어와 밀의는 지금 말씀하신 그것뿐입니까? 아니면 그 밖에 다른 뜻이 있습니까?' 행자께서 말씀하셨다. '내가 지금 그대에게 명백하게 말해주었으니 비밀이 아니오. 만일 그대가 자기의 면목을 스스로 알아내면 비밀

은 도리어 그대에게서 열릴 것이요.’ 상좌가 여쭈었다. ‘행자께서 황매화상의 회상에 계시던 뜻이 무엇입니까?’ ‘화상께서 내가 신수상좌의 게송에 상대한 것을 살펴보시고 뜻이 이 혜능과 즉(卽)하여,「신수는 문 밖에 있으나 너는 문안에 들어와 앉아서 옷을 입었다. 이후로 스스로 알게 되겠지만 이 의발은 예전부터 전해져 반드시 깨달아 들어가야만 한다. 내가 이제 너에게 분부하니, 너는 반드시 힘써 지녀라. 하지만 10여 년 동안은 나의 가르침을 펴지 마라. 반드시 난이 일어날 것이니, 이것이 지나가고 난 뒤에 어리석은 사람들을 잘 가르쳐라.」하셨소. 또 여쭈었소. 「어디로 가야 그 난을 피할 수 있겠습니까?」스님께서 말씀하셨소. 「회(懷)를 만나면 멈추어 있고 회(會)를 만나면 역시 숨어 있거라.」혜명이 다시 말씀드렸다. ‘제가 비록 황매에서 머리는 깎았지만 참으로 종승(宗乘)의 면목을 알아내지 못했었는데 지금 행자께서 가르쳐 주심을 입어 들어갈 곳이 있게 되었으니, 마치 사람이 물을 마시고서야 차고 더움을 스스로 알게 되는 것과도 같습니다. 지금부터 이후로는 행자께서 바로 이 혜명의 스승이십니다.’ 그리고는 곧 이름을 고쳐 도명이라 하니, 행자께서 바로 말씀하셨다. ‘그대가 이와 같듯, 나도 이와 같소. 그대와 함께 황매에 있었기에 다를 것이 없소. 이로부터 잘 보호하여 지니시오.’ 도명이 말했다. ‘행자께서는 속히 영남으로 떠나시는 것이 좋을 것 같습니다. 뒤에는 많은 스님들이 행자의 뒤를 쫓고 있습니다.’ 도명이 또 여쭈었다. ‘저는 어디로 가야할까요?’ 행자께서 말씀하셨다. ‘몽(蒙)을 만나거든 머무르고 표(表)를 만나거든 그치시오.’ 도명이 지극히 공경하는 마음으로 행자를 하직하고, 곧 길을 돌려 북쪽으로 가 건주(虔州)에 이르렀을 때에, 과연 오십 여명의 스님들이 노행자를 찾고 있는 것이 보였다. 그러자 도명이 보고 그들에게 말했다. ‘대유령의 회화진(懷化鎭)에서 5,6일 동안 기다리며 찾아도 없었고, 또 여러 성문과 나루터에서 물어보고 아울러 북쪽으로 오는 나그네들에게서 행자의 행방을 찾아 물어보았으나 모두가 말하기를 그러한 모습을 보지 못했다고 합디다.’ 이 말에 모든 사람들이 돌아갔다. 도명스님은 혼자서 여산의 포수대로 갔다가 삼년이 지나자 몽산으로 돌아가서 수행하였다. 무릇 납자가 찾아오면 모두를 영남의 육조스님의 처소로 보내었다. 지금도 몽산에는 영탑이 남아 있다.”(K45-0247, 『祖堂集』 卷第二, 第十八張~第十九張. “當時七百餘人, 一齊趂盧行者. 衆中有一僧, 号爲悲(慧)明. 趂得大庾嶺上, 見衣鉢不見行者, 其上坐便近前, 以手提之衣鉢不動. 便委得自力薄, 則入山覓行者, 高處望見行者, 在石上坐. 行者遙見明上座, 便知來奪我衣鉢, 則云: ‘和尙分付衣鉢某甲, 苦辭不受, 再三請傳持, 不可不受, 雖則將來. 現在嶺頭, 上座若要, 便請將去.’ 明上座云: ‘不爲衣鉢, 特爲佛法來. 不知行者辭五祖時, 有何密語密意? 願爲我說.’ 行者見上座心意告切, 使向他說: ‘靜思靜憲(慮), 不思善不思惡. 心與摩(麼)思不生時, 還我夲來明上座面目來.’ 上座又問: ‘上來密語密意, 只有這个, 爲當更有意旨?’ 行者云: ‘我今明明與汝說, 則是不賓(密). 汝若自得自巳(己)面目, 密却離汝.’ 上座問: ‘行者在黃梅<和>和尙處, 意旨如何?’ 行者日(曰): ‘和尙看我對秀上座偈, 則知我入門, 意則卽惠能:「秀在門外, 汝得入門, 得坐披衣. 向後自看, 此衣鉢徒(從)上來分付, 切須得人(入). 我今分付汝, 汝須努力將去, 十有餘年, 勿私(弘)五(吾)敎. 當有難起. 過此巳(已)後, 善誘迷人.」又問:「當往何處而堪避難?」師云:「逢懷則止, 遇會且藏.」慧明云: ‘某甲雖在黃拇剃髮, 實不得宗乘面目, 今蒙行者指授, 也有入處, 如人飮水, 冷瞬(暖)自知. 徒(從)今向後, 行者卽是慧明師.’ 今便改名, 号爲道明, 行者便云: ‘汝若如是, 我亦如是. 与汝同在黃拺(梅), 不異. 自當護持.’ 道明云: ‘行者好與速向嶺南在. 後大有僧來, 趂(趁)行者.’ 道明又問: ‘宜往何處?’ 行者云: ‘遇蒙則住, 逢表卽心(止).’ 道明敬仰之心, 辭行者, 便廻向北去, 至于處(虔)州, 果然見五十餘僧來, 尋盧行者, 道明向衆, 云: ‘大庾嶺頭懷化鎭, 五六日尋候無, 問諸門津並向北尋覓行者, 言不見此色.’ 諸人却廻, 道明獨往盧山布水臺, 經三年後, 歸邃(蒙)山修行, 几(凡)徒弟盡敎過嶺南六祖雪(處). 只今邃(蒙)山, 靈塔現在.”)

384. 항주다복杭州多福

多福和尙, 僧問: "如何是多福一叢竹?" 曰: "一莖兩莖斜." 云: "學人不會." 曰: "三莖四莖曲."
妙喜曰: "饒汝一莖兩莖斜, 三莖四莖曲, 還我多福一叢竹, 又如何話會?"2878)

항주 다복스님2879)께 어떤 스님이 여쭈었다.
"어떤 것이 다복의 한 떨기2880) 대나무입니까?"
말씀하셨다. "한 줄기 두 줄기가 삐딱하다."
말씀드렸다. "이 학인은 모르겠습니다."
말씀하셨다. "세 줄기 네 줄기가 굽었다."

묘희스님이 말씀하셨다.
"설사 네가 한 줄기 두 줄기가 삐딱하고 세 줄기 네 줄기가 굽었더라도, 나에게 다복의 한 떨기 대나무를 돌려주어야 하는데, 어떻게 말로 알게 하겠느냐?"

2878) 『景德傳燈錄』 卷第十一, T51n2076_p0287c15~17. 『聯燈會要』 卷第七, X79n1557_p0072c 07~08. 『禪門拈頌集』 卷第十七, K46-0279, 678則. 『五燈會元』 卷第四, X80n1565_p0106a05 ~06. 참조.

2879) 杭州多福(항주다복) : 마조도일(馬祖道一)-남전보원(南泉普願)-조주종심(趙州從諗)-항주다복 (杭州多福). 『경덕전등록』 11권 · 『선종송고련주통집』 22권 · 『종감법림』 24권 · 『어선역대선사 어록』 후집상(後集上) · 『대광명장』 상권(上卷) · 『연등회요』 7권 · 『오등회원』 4권 · 『오등엄 통』 4권 · 『오등전서』 8권 · 『지월록』 13권 · 『교외별전』 6권 · 『선종정맥』 2권 · 『선문염송집』 17권 등에 기록이 나온다.

2880) 一叢(일총) : 한 무더기. 한 떨기. 풀이나 나무의 한 뿌리에서 여러 줄기가 나와서 더부룩하 게 뭉쳐서 있는 것.

385. 수산성념首山省念

首山念和尚, 僧問: "萬機喪盡時如何?" 曰: "死水不藏龍." 云: "動轉後如何?" 曰: "碧眼胡僧笑點頭." 問: "如何是正修行路?" 曰: "貧兒不雜食." 云: "撒手歸家去也." 曰: "香臭不曾聞." 問: "如何是超佛越祖之談?" 曰: "塞北風霜緊, 江南雪不寒." 問: "承古有言, '自從一見桃花後, 直至而今更不疑.' 意旨如何?" 曰: "三尺杖子兩人舁." 云: "還許學人舁也無?" 曰: "放下著." 問: "如何是眞如體?" 曰: "敲塼打瓦." 云: "此意如何?" 曰: "切忌蹋著." 問: "如何是學人本來身?" 曰: "牽牛不入市."2881)

수산 성념스님2882)께 한 스님이 여쭈었다.
"일체의 심식작용2883)이 다 없어져 버렸을 땐 어떠합니까?"
말씀하셨다.
"고인 물에는 용을 숨기지 못한다."
말씀드렸다.
"이리저리 작용한 이후는 어떻습니까?"
말씀하셨다.
"눈 푸른 오랑캐 스님이 웃으며 고개를 끄덕인다."

여쭈었다.
"어떤 것이 바른 수행의 길입니까?"
말씀하셨다.
"비렁뱅이는 잡식하지 않는다."
말씀드렸다.
"손을 놓고 집에 돌아가는 것이군요."2884)

2881) 『古尊宿語錄』 卷第八, 「汝州首山念和尚語錄」, X68n1315_p0047b24~c03, c07~10, c19~20, 0048a17~18. 참조.

2882) 首山省念(수산성념) : 흥화존장(興化存獎)-보응혜옹(寶應慧顒)-풍혈연소(風穴延沼)-수산성념(首山省念). 926~993. 주927) 참조.

2883) 萬機(만기) : 일체의 심식(心識) 작용, 일체의 사량(思量) 작용. 또는 집권자가 일상적으로 처리하는 온갖 업무.

2884) 撒手歸家(살수귀가) : 참(叅)으로 언어지견(言語知見)과 진속(塵俗)의 정식분별(情識分別) 등

말씀하셨다.
"향내를 일찍이 맡아보질2885) 못했구나."

여쭈었다.
"어떤 것이 부처님과 조사를 초월하는 말입니까?"
말씀하셨다.
"변방에는 바람과 서리가 맹렬하나, 강남에는 눈이 와도 춥질 않구나."

여쭈었다.
"옛 스승이 말씀하셨습니다. '복사꽃을 한 번 본 뒤로, 곧장 지금에 이르니 다시는 의심 없어라.'2886) 이렇게 말씀하신 뜻이 무엇입니까?"
말씀하셨다.
"석 자짜리 주장자를 두 사람이 들어 올리는구나."
말씀드렸다.
"이 학인이 들어 올리게 하실 수 있겠습니까?"
말씀하셨다.
"내려놓아라."

여쭈었다.
"어떤 것이 진여의 체(體)입니까?"
말씀하셨다.
"벽돌을 두드리고 기와를 쳐 보아라."
말씀드렸다.
"이 뜻이 무엇입니까?"
말씀하셨다.
"절대 밟지 마라."

을 조금도 남김없이 벗어버리고 자심본성(自心本性)을 명철(明徹)하게 보아 깨달음의 경계에 들어가는 것. =살수도가(撒手到家), 살수승당(撒手承當), 살수변행(撒手便行).
2885) 聞(문) : 향내를 맡다. 냄새가 나다.
2886) 영운지근(靈雲志勤)스님의 오도송(悟道頌)이다. (T51n2076_p0285a25~26,『景德傳燈錄』卷第十一. " 三十來年尋劍客, 幾逢落葉幾抽枝. 自從一見桃華後, 直至如今更不疑.")

여쭈었다.
"어떤 것이 학인의 본래 몸입니까?"
말씀하셨다.
"소를 당겨 시장에 들어가지 못하게 해봐라."

386. 진정극문眞淨克文

真淨和尚, 示衆, 云: "洞山門下, 要行便行, 要坐便坐. 鉢盂裏屙屎, 淨瓶中吐唾. 執法修行, 如牛拽磨."
又示衆, 云: "頭陀石被莓苔裹, 擲筆峯遭薜荔纏. 羅漢院一年 度三箇行者, 歸宗寺裏 參退喫茶."
僧問: "如何是佛?" 師, "呵! 呵!" 大笑. 僧云: "何笑之有?" 云: "我笑汝隨語生解." 云: "偶然失利." 師遂高聲云: "不得禮拜!" 僧便歸衆, 師復笑云: "隨語生解."[2887]

진정 극문스님[2888]이 대중에게 열어 보이셨다.
"이 동산의 문하에서는 가려고 하면 곧장 가고, 앉으려 하면 곧장 앉습니다.
발우 속에 똥을 누고, 정병 속에 침 뱉습니다.
법에 집착하여 수행하는데, 마치 소가 맷돌을 돌리는 것처럼 합니다."

또 대중에게 열어 보이셨다.
"두타석(頭陀石)[2889]은 이끼의 옷을 입었고, 척필봉(擲筆峯)[2890]은 벽려(薜荔)[2891]에 얽혔습니다.

2887) 『聯燈會要』 卷第十四, X79n1557_p0124b06~08, c21~22, p0125b10~11. 『五燈會元』 卷第十七, X80n1565_p0354c17~19, p0355b06~07, 16~17. 『古尊宿語錄』 卷之四十二, 「寶峰雲庵眞淨禪師住筠州聖壽語錄」, X68n1315_p0283c06~08. 『續傳燈錄』 卷第十五, T51n2077_p0566a06~13. 참조.
2888) 眞淨克文(진정극문) : 분양선소(汾陽善昭)-석상초원(石霜楚圓)-황룡혜남(黃龍慧南)-진정극문(眞淨克文). 1025-1102. 주131) 참조.
2889) 頭陀石(두타석) : 어디에 있는 돌인지 알 수가 없다.
2890) 擲筆峯(척필봉) : 강서성(江西省) 구강시(九江市)에 있는 여산(廬山)의 한 봉우리를 말한다.

나한원(羅漢院)2892)에서는 일 년에 세 명의 행자를 수계하고, 귀종사(歸宗寺)2893)에서는 참퇴(參退)2894)하고서 차를 마십니다."

어떤 스님이 여쭈었다.
"어떤 것이 부처님입니까?"
스님께서 "하! 하! 하!"하고 크게 웃으셨다.
그 스님이 말씀드렸다.
"어째서 웃으십니까?"
말씀하셨다.
"네가 말을 따라 정해(情解)를 내기 때문에 웃었지."
말씀드렸다.
"뜻하지 않게 이익을 잃게 되었습니다."
스님이 이에 고성으로 말씀하셨다.
"절하지 마라!"
그 스님이 곧바로 대중처소로 가버렸다.
스님이 다시 웃으시며 말씀하셨다.
"말을 따라 알음을 내는구나."

387. 명초덕겸明招德謙

明招和尚, 因到泉州坦長老處. 坦云: "夫參學, 一人所在亦須到, 半人所在亦須到." 招便問: "一人所在即不問, 作麼生是半人所在?" 坦無語. 後却令小師問, 招曰: "你欲識半人所在麼? 也只是箇弄泥團漢."2895)

2891) 薜荔(벽려) : 잎이 큰 상록 덩굴식물.
2892) 羅漢院(나한원) : 강서성(江西省) 성자현(星子縣) 여산(廬山)에 있던 나한선원(羅漢禪院)을 말한다.
2893) 歸宗寺(귀종사) : 강서성(江西省) 성자현(星子縣) 여산(廬山)의 남쪽 자락에 위치해 있던 절이다. 동진(東晉) 함강(咸康) 6년(340)에 우장군(右將軍)이던 왕희지(王羲之)가 옛집을 내주어 삼장법사 불타야사(佛陀耶舍)를 위해 건립해 주었다. 당원화(唐元和)[806~820] 년중에 지상(智常)스님이 중흥하였다. 백락천(白樂天)과 이발(李渤) 등의 문인들이 자주 드나들었다고 한다. 뒤에 선원으로 성격이 바뀌었다. 극문스님도 이 절의 주지를 역임한 바 있다.
2894) 參退(참퇴) : 참후(參後)와 같은 말이다. 만참(晚參)이나 방참(放參)을 한 이후를 말한다.
2895) 『聯燈會要』 卷第二十五, X79n1557_p0223a08~11. 『五燈會元』 卷第八, X80n1565_p0164a

명초 덕겸스님2896)이 천주(泉州) 탄장로스님의 처소에 가셨다.

탄장로가 말했다.

"대저 참학에는 한사람의 소재에도 역시 반드시 이르러야 하고, 반사람의 소재에도 역시 반드시 이르러야만 합니다."

명초스님이 얼른 물으셨다.

"한사람의 소재는 곧 묻지 않겠지만 어떤 것이 반사람의 소재입니까?"

탄장로가 말이 없었다.

뒤에 다시 영슈이라는 어린 스님이 명초스님께 여쭈었다.

명초스님이 말씀하셨다.

"반사람의 소재를 알고 싶으냐? 그야말로2897) 진흙덩어리를 가지고 노는 놈이다.2898)"

388. 심명 2상좌深明二上座

深明二上座, 因到淮河. 見人牽網, 有魚透出. 深曰: "明兄. 俊哉. 一似箇衲僧." 明曰: "雖然如此, 爭似當初不撞入網羅好?" 深曰: "明兄. 汝欠悟在." 明至半夜方省.

妙喜曰: "明上座省得底, 且道. 是網羅裏底, 是出網羅底?"2899)

심(深),2900) 명(明)2901) 두 상좌께서 회하(淮河)2902)에 가셨다가, 어부가

04~07. 참조.

2896) 明招德謙(명초덕겸) : 덕산선감(德山宣鑑)-암두전활(巖頭全豁)-나산도한(羅山道閑)-명초덕겸(明招德謙). ?~947. 주995) 참조.

2897) 也只是(야지시) : 그야말로, 역시, 다만.

2898) 弄泥團漢(농니단한) : 멍청한 놈. 분별망상을 짓는 놈. 망상꾸러기. 승조(僧肇)스님의 『보장론』 「본제허현품」에서는 "몸과 마음을 닦아서 도를 구하는 자들은 진흙덩어리 속에서 금을 찾으려는 것과 같다."고 설파하고 있다. (T45n1857_p0148b18~19, 『寶藏論』, 「本際虛玄品」 第三. "夫身心之法虛假不實. 俗人多以修身心而覓道者, 同彼泥團而覓金也.")

2899) 『禪門拈頌集』 卷二十七, K46-0449, 1234則. 『聯燈會要』 卷第二十六, X79n1557_p0229a15~17. 『五燈會元』 卷第十五, X80n1565_p0310c08~11. 참조.

2900) 深上座(심상좌) : 금릉봉선심선사(金陵奉先深禪師)이다. 덕산선감(德山宣鑑)-설봉의존(雪峰義存)-운문문언(雲門文偃)-봉선심(奉先深). 『경덕전등록』 23권 · 『종문염고휘집』 38권 · 『종감법림』 51권 · 『어선역대선사어록』 후집중(後集中) · 『연등회요』 27권 · 『오등회원』 15권 · 『오등

당기는 그물에서 물고기가 뛰어 나오는 것을 보셨다.
　심(深)상좌가 말씀하셨다.
“명(明)사형. 탁월하군요. 납승과 흡사합니다.”
　명(明)상좌가 말씀하셨다.
“비록 이렇지만 어찌 당초에 그물에 뛰어 들지 않음만 하겠소?”
　심(深)상좌가 말씀하셨다.
“명(明)사형. 스님은 깨달음에 흠이 있어 보입니다.”
　명(明)상좌가 한밤중이 되자 비로소 깨달으셨다.

묘희스님이 말씀하셨다.
“명(明)상좌가 깨달았다니, 바로 여기, 말해보아라.
그물 속이냐, 그물 밖이냐?”2903)

389. 암두전활巖頭全豁

　巖頭, 同雪峯, 欽山, 辭德山. 山問: “甚麼處去?” 曰: “暫辭和尚下山去.” 山云: “子佗後作麼生?” 頭曰: “不忘和尚.” 山云: “子憑何有此語?” 頭曰: “豈不聞道? ‘智與師齊, 減師半德, 智過於師, 方堪傳授.’” 山云: “如是! 如是! 善自護持.” 於是三人取辭, 欽山到澧州先住, 二人到鼈山阻雪. 巖頭每日祇是打睡, 雪峰一向坐禪. 峯喚云: “師兄! 師兄! 且起. 只管打睡.” 頭便喝, 曰: “嗜眠去. 每日牀上, 恰似箇七村裏土地. 佗時後日魔魅人家男女去在.” 峯自點胸, 云: “某甲遮裏未

엄통』 15권 · 『오등전서』 31권 · 『지월록』 21권 · 『교외별전』 12권 · 『선종정맥』 8권 등에 법
　문이 나온다.
2901) 明上座(명상좌) : 운문 문언스님의 제자인 청량지명(清涼智明)스님이다. 덕산선감(德山宣鑑)-
　　설봉의존(雪峰義存)-운문문언(雲門文偃)-청량지명(清涼智明).
2902) 淮河(회하) : 회수(淮水)라고도 한다. 길이 1078km. 하남성 동백산에서 발원하여 안휘성과
　　강소성을 거쳐 황하와 장강을 동서로 가로지르며 바다로 흘러든다. 황하와 장강과 더불어 중국
　　3대하로 일컬어진다.
2903) 『대혜어록』 10권에 염송이 있다. “탁월하여라! 한 번 뛰어 깊고 깊은 심연 뛰쳐나오니/ 벼
　　락이 뒤쫓아도 돌아오질 않네./ 용문서 꼬리 태운 이를 되레 비웃지만/ 아직도 이마에 점찍고
　　있는 자는 물결 속에 빠져 있을 뿐.” (T47n1998Ap0852b16~18, 『大慧普覺禪師語錄』 卷第十.
　　“俊哉一躍透重淵, 霹靂追之去不還. 卻笑龍門燒尾者, 依前點額在波瀾.”)

穩在, 不敢自謾.” 頭曰: “我將謂汝異日向孤峯頂上, 盤結草菴, 播揚大敎, 猶作遮
箇語話. 若實如此, 據汝見處一一說來看.” 峯云: “初到浙中, 見鹽官和尚, 擧色空
義, 得箇入處.” 頭曰: “此去三十年, 切忌擧著.” 峯云: “又因見洞山和尚, 過水悟
道頌, 有箇省處.” 頭曰: “若恁麼, 自救也未徹在.” 峰云: “又問德山, ‘從上宗乘中
事, 學人還有分也無?’ 德山打一棒, 云: ‘道甚麼?’ 我此時豁然如桶底脫.” 頭喝,
曰: “汝不聞道? ‘從門入者, 不是家珍.’” 峰云: “如何卽是?” 頭曰: “佗後若欲播
揚大敎, 一一從自己胷襟流出將來, 與我蓋天蓋地去.” 峯於言下大悟. 跳下禮拜起
來連聲, 云: “師兄. 今日始是鼇山成道! 今日始是鼇山成道!”2904)

  암두 전활스님2905)이 설봉 의존스님2906)과 흠산 문수스님2907)과 함께 덕
산 선감스님2908)을 하직하셨다.
  덕산스님이 물으셨다.
  “어디로들 가느냐?”
  말씀드렸다.
  “잠시 스님을 떠나 산을 내려갈까 합니다.”
  덕산스님이 말씀하셨다.
  “임자들은 이후에 어떻게 하려느냐?”
  암두스님이 말씀드렸다.
  “스님을 잊지 않겠습니다.”
  덕산스님이 말씀하셨다.
  “임자는 무엇 때문에 이렇게 말하느냐?”
  암두스님이 말씀드렸다.
  “이런 말을 들어보지 못하셨습니까? ‘지혜가 스승과 가지런하면 스승의 덕

2904) 『景德傳燈錄』 卷第十六, T51n2076_p0326b05~13. 『聯燈會要』 卷第二十一, X79n1557_p01
    82b21~24, p0184c06~24. 『禪門拈頌集』 卷第十九, K46-0313~14, 781則. 『五燈會元』 卷第
    七, X80n1565_p0144a05~09, p0145a10~b04. 참조.
2905) 巖頭全豁(암두전활) : 천황도오(天皇道悟)-용담숭신(龍潭崇信)-덕산선감(德山宣鑑)-암두전활
    (巖頭全豁). 828~887. 주66) 참조.
2906) 雪峰義存(설봉의존) : 천황도오(天皇道悟)-용담숭신(龍潭崇信)-덕산선감(德山宣鑑)-설봉의존
    (雪峰義存). 822~908. 주193) 참조.
2907) 欽山文邃(흠산문수) : 약산유엄(藥山惟儼)-운암담성(雲巖曇晟)-동산양개(洞山良价)-흠산문수
    (欽山文邃). 834~896. 주1819) 참조.
2908) 德山宣鑑(덕산선감) : 석두희천(石頭希遷)-천황도오(天皇道悟)-용담숭신(龍潭崇信)-덕산선감
    (德山宣鑑). 782~865. 주454) 참조.

을 반을 줄어들게 하며, 지혜가 스승보다 뛰어나야만 비로소 전하여 줄 수 있을 만하다.'"2909)

덕산스님이 말씀하셨다.

"그렇지! 그렇지! 잘 보호하여 지녀라."

이에 세 스님이 하직인사를 드렸다. 그리하여 흠산스님은 예주(澧州)에 먼저 가서 머무시고, 다른 두 분 스님은 오산(鼇山)2910)에 가셨다가 그만 눈이 와서 길이 막혀버렸다.

그런데 암두스님은 매일 그저 잠이나 주무시고 계셨지만 설봉스님은 줄곧 좌선하셨다. 설봉스님이 깨우시며 말씀하셨다.

"사형스님! 사형스님! 자, 일어나십시오. 마냥 잠이나 주무시다니!"

암두스님이 곧바로 "억!"하셨다.

말씀하셨다.

"실컷 먹고 잠이나 잡시다. 매일 선상 위에 앉아 있으니 흡사 예닐곱 집이 모인 마을 안의 토지신 같소. 뒷날에 남녀들이나 호리겠소, 그려."

설봉스님이 자신의 가슴을 치며 말씀하셨다.

"제가 이 속이 안정이 안 되니, 어찌 스스로를 속이겠습니까?"

암두스님이 말씀하셨다.

"나는 앞으로 스님이 언젠가 우뚝 선 산봉우리 꼭대기에 풀집을 짓고, 큰 가르침을 널리 퍼뜨릴 것이라고 여겼는데, 아직도 이런 말이나 하고 있다니. 만일 실로 이와 같다면, 스님의 현처(見處)를 낱낱이 말해보시오."

설봉스님이 말씀하셨다.

"처음에 절중(浙中)2911)에 가서 염관스님2912)이 색공(色空)의 뜻을 말씀하

2909) 백장스님이 황벽스님에게 하신 말씀이다. (T48n2003_p0151c11~12, 『佛果圜悟禪師碧巖錄』 卷第二, 第十一則. "丈云: '如是如是. 見與師齊, 減師半德, 智過於師, 方堪傳授.'")

2910) 鼇山(오산) : 호남성(湖南省) 상덕시(常德市) 북쪽에 있는 산의 이름.

2911) 浙中(절중) : 절강성(浙江省) 또는 절강(浙江)을 말한다. 또는 귀주성(貴州省) 습수현(習水縣) 일대에 있었던 주(州)의 이름.

2912) 염관 제안스님이다. 조계혜능(曹溪慧能)-남악회양(南嶽懷讓)-마조도일(馬祖道一)-염관제안(鹽 官齊安). ?~842. 절강(浙江) 해문군(海門郡) 출신. 속성은 이씨(李氏). 운종선사(雲琮禪師)를 따라 삭발하고 구족계를 받았다. 마조 도일스님의 법을 잇고 항주(杭州) 염관(鹽官) 진국(鎭國) 해창원(海昌院)에 주석하였으므로 염관(鹽官)이라고 불리게 되었다. 원화(元和) 말년(806~820)에 70세가 넘어서 월주(越州) 소산(蕭山)의 법락사(法樂寺)를 중수하였다. 해창(海昌)의 법흔(法昕) 이 해창원(海昌院)을 창건하고 스님을 모시니 일시에 사방에서 참학자(叅學者)들이 몰려들어 마

시는 것을 보자 들어갈 자리가 있었습니다.”

암두스님이 말씀하셨다.

“앞으로 30년은 절대로 들먹이지 마시오.”

설봉스님이 말씀하셨다.

“또 동산스님[2913]을 뵈었을 땐 물을 건너며 깨달으신 오도송(悟道頌)[2914]에서 깨달음의 자리가 있었습니다.”

암두스님이 말씀하셨다.

“만일 이러하다면 스스로 구하는 것도 철저하지 못하지.”

설봉스님이 말씀하셨다.

“또 덕산스님께, ‘위로부터 내려온 종승(宗乘) 가운데의 일을 학인에게 나누어 줄 몫이 있습니까?’하고 여쭈었더니, 덕산스님이 한 방 내갈기고는 말씀하셨습니다. ‘뭐라고?’ 제가 이때 활연히 통 밑이 뚫리는 듯 하였습니다.”

암두스님이 “억!”하셨다.

말씀하셨다.

“스님은 듣지 못했소? ‘문으로 따라 들어오는 것은 집안의 보배가 아니다.’”

설봉스님이 말씀하셨다.

“어떻게 해야 할까요?”

암두스님이 말씀하셨다.

“이후에 만일 큰 가르침을 널리 퍼뜨리려면, 낱낱이 하나하나 자기 가슴으로부터 흘러나와야만, 나와 함께 하늘을 덮고 땅을 덮게 될 것이오.”

설봉스님이 말 떨어지자마자 크게 깨달으셨다.

넙죽 절을 올리고 일어나면서 말씀하셨다.

“사형스님.

조스님의 선법을 크게 떨쳤다. 시호는 오공선사(悟空禪師)이다. 관남도상(關南道常), 쌍령현진(雙嶺玄眞), 경산감종(徑山鑒宗) 등 8인의 사법제자(嗣法弟子)가 있다.

2913) 동산 양개스님이다. 석두희천(石頭希遷)-약산유엄(藥山惟儼)-운암담성(雲巖曇晟)-동산양개(洞山良价). 주331) 참조.

2914) 동산 양개스님이 물을 건너다가 그림자를 보고 깨닫고 나서 읊은 게송이다. “절대로 다른 것에서 찾지 말 것이니/ 멀고멀어 나와는 성그럽구나./ 나는 이제 홀로 다니니/ 곳곳에서 어디나 그를 만난다./ 그는 바로 나요,/ 나는 지금 그가 아니라네./ 반드시 이렇게 알기만 하면/ 비로소 여여에 계합하리라.”(T51n2076_p0321c21~24,『景德傳燈錄』卷第十五. “切忌從他覓, 迢迢與我疏. 我今獨自往, 處處得逢渠. 渠今正是我, 我今不是渠. 應須恁麽會, 方得契如如.”)

오늘에야 비로소 이 오산(鼇山)에서 도를 이루었습니다!
오늘에야 비로소 이 오산(鼇山)에서 도를 이루었습니다!"

390. 천태덕소天台德韶

韶國師, 在衆時, 問龍牙: "天不能蓋, 地不能載時如何?" 牙曰:
"道者合如是." 韶經十七次問, 牙云: "道者. 若爲汝說, 恐汝已後
罵我去在." 韶後住天台通玄峯, 因澡浴次, 忽省前話. 便具威儀焚
香, 望龍牙禮拜, 云: "當時若與我說破, 我今日定罵佗也."2915)
妙喜曰: "即今也不少."

천태 덕소스님2916)이 대중처소에 계실 때 용아 거둔스님2917)께 여쭈었다.
"하늘이 덮지 못하고 땅이 싣지 못할 땐 어떻습니까?"
용아스님이 말씀하셨다.
"도자(道者)가 딱 이와 같군."
덕소스님이 17일이 지난 후에 다시 여쭈니, 용아스님이 말씀하셨다.
"도자(道者). 만일 너를 위하여 말한다면 이후에 네가 나를 욕할까 걱정된
다."
덕소스님이 뒤에 천태산 통현봉(通玄峯)에 주석하면서 목욕하다가 홀연히
앞의 말씀을 깨달으셨다. 곧바로 위의를 갖추어 분향하고 용아스님의 처소
를 향하여 절을 올리고 말씀하셨다.
"당시에 만일 나에게 말씀해버렸다면, 제가 오늘 틀림없이 스님을 욕했을
것입니다."

2915) 『聯燈會要』 卷第二十七, X79n1557_p0237b17~21. 『五燈會元』 卷第十, X80n1565_p0199b
02~07. 참조.
2916) 天台德韶(천태덕소) : 현사사비(玄沙師備)-나한계침(羅漢桂琛)-법안문익(法眼文益)-천태덕소
(天台德韶). 891~972. 주1190) 참조.
2917) 龍牙居遁(용아거둔) : 약산유엄(藥山惟儼)-운암담성(雲巖曇晟)-동산양개(洞山良价)-용아거둔
증공(龍牙居遁證空). 835~923. 주2729) 참조.

묘희스님이 말씀하셨다.
"바로 지금도 역시 적지 않다."

391. 홍주법달洪州法達

達禪師, 禮拜六祖, 頭不至地. 祖呵曰: "禮不投地, 何如不禮? 汝心中必有一物. 蘊習何事邪?"曰: "念『法華經』已及三千部."祖曰: "汝若念至萬部, 得其經意, 不以為勝, 則與吾偕行. 汝今負此事業都不知過. 聽吾偈."曰: "禮本折慢幢, 頭奚不至地? 有我罪即生, 亡功福無比."祖又曰: "汝名甚麼?"對曰: "名法達."祖曰: "汝名法達, 何曾達法?"復說偈, 曰: "汝今名法達, 勤誦未休歇. 空誦但循聲, 明心號菩薩. 汝今有緣故, 吾今為汝說. 但信佛無言, 蓮華從口發."師聞偈悔過, 曰: "而今而後當謙恭一切. 惟願和尚大慈略說經中義理."祖曰: "汝念此經, 以何為宗?"師曰: "學人愚鈍, 從來但依文誦念, 豈知宗趣?"祖曰: "汝試為吾念一徧. 吾當為汝解說."師即高聲念經, 至「方便品」, 祖曰: "止! 此經元來以因緣出世為宗. 縱說多種譬喻, 亦無越於此. 何者因緣? 唯一大事. 一大事即佛知見也. 汝慎勿錯解經意. 見佗道開示悟入, 自是佛之知見, 我輩無分. 若作此解, 乃是謗經毀佛也. 彼既是佛, 已具知見, 何用更開? 汝今當信佛知見者, 只汝自心, 更無別體. 蓋為一切眾生, 自蔽光明, 貪愛塵境, 外緣內擾, 甘受驅馳. 便勞佗從三昧起, 種種苦口勸令寢息, 莫向外求, 與佛無二. 故云: '開佛知見.' 汝但勞勞執念謂為功課者, 何異犛牛愛尾也?"師曰: "若然者, 但得解義, 不勞誦經邪?"祖曰: "經有何過, 豈障汝念? 只為迷悟在人, 損益由汝. 聽吾偈."曰: "心迷法華轉, 心悟轉法華. 誦久不明已, 與義作讐家. 無念念即正, 有念念成邪. 有無俱不計, 長御白牛車."師聞偈再啟, 曰: "『經』云: '諸大聲聞乃至菩薩, 皆盡思度量, 尚不能測於佛智.' 今令凡夫但悟自心, 便名佛之知見, 自非上根未免疑謗. 又經說三車, 大牛之車與白牛車, 如何區別? 願和尚再垂宣說."祖曰: "經意分明, 汝自迷背. 諸三乘人不能測佛智者, 患在度量也. 饒伊盡思共推, 轉加懸遠. 佛本為凡夫說, 不為佛說. 此理若不肯信者, 從佗退席. 殊不知坐却白牛車, 更於門外覓三車. 況經文明向汝道, 無二亦無三, 汝何不省? 三車是假, 為昔時故, 一乘是實, 為今時故. 只教汝去假歸實, 歸實之後, 實亦無名. 應知所有珍財盡屬於汝, 由汝受用. 更不作父想, 亦不作子想, 亦無用想. 是名持『法華經』. 從劫至劫, 手不釋卷, 從晝至夜, 無不念時也."

師旣蒙啟發, 踊躍歡喜, 以偈贊, 曰: "經誦三千部, 曹溪一句亡. 未明出世旨, 寧歇累生狂. 羊鹿牛權設, 初中後善揚. 誰知火宅內, 元是法中王." 祖曰: "汝今後方可名爲念經僧也."2918)

홍주 법달스님2919)이 육조스님께 절을 올리면서 머리가 땅에 닿질 않았다. 이에 육조스님이 꾸짖으며 말씀하셨다.

"절을 하면서 땅에 몸을 내던지질 않으니 어찌 절하지 않음과 같지 않겠느냐? 너의 마음에 필시 한 물건이 있음에 틀림없다. 무슨 일을 쌓고 익힌 것이냐?"

말씀드렸다.

"『법화경』 염송을 벌써 삼천 번이나 마쳤습니다."

조사께서 말씀하셨다.

"네가 만일 일만 번을 독경하여 그 경의 뜻을 얻었다 하여도 해내었다고 여기질 않는다면, 곧 나와 함께 갈 수 있다.

네가 지금 이 사업(事業)을 짊어지고서도 도무지 허물을 알지 못하는구나. 나의 노래를 들어 보아라.

절은 본래 아만의 깃대를 꺾으려는 것,
머리가 어찌 땅에 닿질 않느냐.
'나'가 있으면 죄가 즉시 생기고
공功이 없으면 복을 비할 수 없네."

조사께서 또 말씀하셨다.

"너의 이름이 무엇이냐?"

대답하였다.

"법달(法達)이라고 합니다."

2918) 『南宗頓敎最上大乘摩訶般若波羅蜜經六祖惠能大師於韶州大梵寺施法壇經』, T48n2007_p 0342c04~0343a07. 『景德傳燈錄』卷第五, T51n2076_p0237c21~0238b19. 『聯燈會要』卷第三,X79n1557_p0031c02~0032a18.『五燈會元』卷第二,X80n1565_p0056a02~b19. 『六祖大師法寶壇經』, T48n2008_p0355b08~0356a25. 참조.

2919) 洪州法達(홍주법달) : 쌍봉도신(雙峰道信)-황매홍인(黃梅弘忍)-조계혜능(曹溪慧能)-홍주법달(洪州法達). 홍주(洪州) 풍성(豊城)[강서성] 사람. 7세에 출가하여 『법화경』 독경에 매진하다 혜능스님을 만나 대오하였다.

조사께서 말씀하셨다.
"너의 이름이 법달(法達)이지만 언제 일찍이 법을 통달했겠느냐?"
다시 노래를 하셨다.

"너는 지금 법달(法達)이라 이름하지만
염송하길 아직도 쉬질 못했네.
한갓 염송만하니 단지 소리만 따를 뿐,
마음을 밝혀야만 보살이라네.

네가 지금 인연이 있기 때문에
내가 지금 너를 위해 말해 주리니,
부처님은 말씀 없음 알아버리면
연꽃이 입 속에서 피어나리라."

법달스님이 노래를 들으시고 잘못을 뉘우치면서 말씀드렸다.
"지금 이후로는 반드시 일체에 겸손하고 공경하겠습니다. 원컨대 스님께서
는 큰 자애로 경(經) 속의 뜻과 이치를 대략 말씀해 주십시오."
조사께서 말씀하셨다.
"네가 염송한 이 경(經)은 무엇으로써 종지(宗旨)를 삼느냐?"
스님이 말씀드렸다.
"이 학인이 어리석고 둔하여서 여태까지 멋대로 글자만을 의지하여 염송하
기만 하였으니, 어찌 종취(宗趣)를 알겠습니까?"
조사께서 말씀하셨다.
"네가 어디 한 부분을 나에게 염송해 봐라. 내가 당장 너에게 해설하겠
다."
스님이 곧바로 큰 소리로 경을 염송하여 「방편품(方便品)」에 이르니, 조사
께서 말씀하셨다.
"그만. 이 경은 원래 인연으로 세상에 나오심으로써 종지로 삼은 것이다.
그러니 설사 여러 가지 비유를 말씀하셨다 하더라도 역시 이를 벗어남이
없다. 어떤 것이 인연이겠느냐?

오로지 일대사(一大事)다.

일대사(一大事)는 곧 부처님의 지견(知見)이다.2920)
아무쪼록 너는 경의 뜻을 잘못 이해하지 마라.
경을 보고 말하기를, '개시오입(開示悟入)2921)은 자연히 부처님의 지견(知見)이지, 우리의 분제(分際)가 아니다'라고 한다면, 이렇게 알고 있게 되는 것은 경을 비방하고 부처님을 헐뜯는 것이 된다.2922)
저 모든 부처님세존이 바로 부처님이라 이미 지견(知見)을 갖추고 계시는데 어찌 다시 열어 드러내실 필요가 있겠느냐?
너는 부처님의 지견이 바로 너의 스스로 마음이지 다시 다른 체(體)가 없다는 것을 지금 바로 믿어라.
일체의 뭇삶들이 스스로 빛을 가리고서, 티끌 경계를 탐하고 사랑하면서 밖으로 반연하고 안으로 어지럽히며 돌아다니는 고생을 달게 받고 있다.
그러므로 곧바로 부처님께서 삼매에서 일어나시어 머리가 세고2923) 입이 쓰도록 멈추라고 권하시며 부처님과 둘이 아니니 밖을 향해 구하지 말라고 하시었다. 그렇기 때문에 '부처님의 지견을 열어 준다'고 한 것이다.
너는 오로지 지치도록 힘을 다해 염송에 매달리는 것을 공과(功課)로2924) 삼으니, 이것이 어찌 야크가 꼬리를 아끼다가 죽는 것과2925) 다르겠느냐?"

2920) 知見(지견) : 동사(動詞)로서 부처님의 '앎'을 말한다. 반야(般若)라고도 함. 통찰(洞察) 또는 혜(慧)라고도 번역하나, 부처님의 '앎'은 항상 드러나고 있는 진행형 동사이기 때문에 '지견(知見)'이라고 번역한 것이다.
2921) 開示悟入(개시오입) : '개발현시각오증입(開發顯示覺悟證入)'의 줄임말. 열어서 터지게 하고, 드러내어 나타내고, 깨닫고, 증득하여 듦을 말한다.
2922) 부처님이 일대사인연으로 세상에 출현하시는 것은 모든 뭇삶들에게 갖춰져 있는 부처님의 지견을 개시오입(開示悟入)하게 하려는 까닭이라는 것이다. "모든 부처님세존께서는 오직 일대사인연으로 세상에 출현하신다. 사리불. 어째서 모든 부처님 세존께서는 다만 일대사인연으로써 세상에 출현하신다고 하겠느냐? 모든 부처님세존께서는 뭇삶으로 하여금 부처님의 지견(知見)을 열어 청정하게 하려는 까닭으로 세상에 출현하시며, 뭇삶에게 부처님의 지견을 보이려는 까닭으로 세상에 출현하시며, 뭇삶으로 하여금 부처님의 지견을 깨닫게 하려는 까닭으로 세상에 출현하시며, 뭇삶으로 하여금 부처님의 지견의 도에 들어가게 하려는 까닭으로 세상에 출현하시는 것이다. 사리불. 이것을 모든 부처님이 일대사인연 때문에 세상에 출현하시는 것이라 한다." (T09n0262_p0007a21~28, 『妙法蓮華經』「方便品」第二. "諸佛世尊, 唯以一大事因緣故, 出現於世. 舍利弗. 云何名諸佛世尊唯以一大事因緣故, 出現於世? 諸佛世尊, 欲令衆生, 開佛知見, 使得清淨故, 出現於世, 欲示衆生佛之知見故, 出現於世, 欲令衆生悟佛知見故, 出現於世, 欲令衆生入佛知見道故, 出現於世. 舍利弗. 是爲諸佛以一大事因緣故, 出現於世.")
2923) 種種(종종) : 머리털이 쇠거나 짧아짐. 곧 노쇠함. 신중하고 성실한 모양.
2924) 功課(공과) : 매일 때를 정하여 독경과 염불, 참선 등을 하는 것.

스님이 말씀드렸다.

"만일 그렇다면 오직 뜻을 알아야지 경을 염송하려고 애쓸 필요는 없는 것입니까?"

조사께서 말씀하셨다.

"경이 무슨 허물이 있기에 너의 생각에 장애를 주겠느냐? 그야말로 미혹과 깨달음은 사람에게 있는 것이며, 손해와 이익은 너에게서 말미암는 것이다. 나의 노래를 들어봐라.

마음이 미혹하니 법화가 굴리고
마음을 깨달으니 법화를 굴린다.
오래 염송해도 자기를 못 밝힌다면
뜻과는 영원히 원수가 되리.

생각 없이 알아차림이 곧 올바름이고
생각 있는 알아차림은 삿됨을 이루니
있음 없음을 함께 헤아리지 않으면
길이길이 백우거(白牛車)에 올라 타리라."

스님이 노래를 듣고 다시 여쭈었다.

"『경』에 말씀하기를 '모든 큰 성문들로부터 보살에 이르기까지 모두 생각하고 헤아려도 부처님의 지혜를 측량할 수 없다'[2926]고 하셨는데, 지금은 범부들로 하여금 단지 자기의 마음을 깨닫기만 하면 곧 부처님의 지견이라고 하시니, 자연히 상근기가 아니면 아무래도 좀 의심과 비방을 할 것입니다.[2927]

또 경에서 세 수레를 말씀하셨는데, '큰 소 수레'와 '흰 소 수레'를 어떻게 구별합니까? 스님께서 다시 가르침을 내려 주셨으면 합니다."

2925) 犛牛愛尾(모우애미) : 『법화경』「방편품」에 나오는 말이다. 야크는 꼬리가 아름다워서 깃발을 만드는데 주로 사용했다고 한다. 꼬리 때문에 목숨을 잃기 때문에 비유로 쓴다. (T09n0262_p0009b28, 『妙法蓮華經』「方便品」第二. "深着於五欲 如犛牛愛尾.")

2926) 『법화경』「방편품」 등에 나오는 내용이다. T09n0262_p0006a03, 『妙法蓮華經』「方便品」第二. " 盡思共度量 不能測佛智"

2927) 未免(미면) : 아무래도 좀 ~하다. ~하다고 하지 않을 수 없다.

조사께서 말씀하셨다.

"경의 뜻이 분명하지만 너 스스로 미혹하여 등진 것이다. 모든 삼승(三乘)의 사람들이 부처님의 지혜를 알지 못하는 것은 그 잘못이 따지고 헤아리는 데 있기 때문이다.

설사 네가 생각을 다하고 함께 추론하더라도 더욱 멀어질 뿐이다. 부처님은 본래 범부를 위해 말씀하셨지, 부처님을 위해 말씀하시질 않았다. 이러한 이치를 수긍하여 믿지 못하겠으면 물러가도 좋다.2928)

아직도 흰 소 수레에 앉을 줄은 전혀 모르고 다시 문밖에서 세 수레를 찾고 있단 말이냐?

더구나 경문(經文)에서 너를 향해 '2승도 없고 3승도 없다'2929)고 명백히 밝히셨는데도, 너는 어찌하여 살피지 않느냐?

세 수레는 가설한 것이니 이전이기 때문이며, 1승은 실다운 것이니 지금이기 때문이다.

그야말로 너에게 가설을 버리고 실다운 것으로 돌아가게 하는 것이니, 실다운 것으로 돌아간 뒤에는 실답다는 이름 역시 없다.

가지고 있는 진기한 재물은 모두 너에게 속하는 것이기에, 네가 받아쓰는 것인 줄 당연히 알아라.

더욱 아버지라는 생각도 하질 말고, 아들이라는 생각도 하질 말고, 또한 생각을 쓰지도 말 것이니, 이것을 『법화경』을 지닌다고 한다.

겁에서 겁에 이르기까지 손에서 『경』을 놓지 않는 것이며, 밤낮으로 염송하지 않는 때가 없는 것이다."

스님이 조사로부터 깨우침을 곧장 입으니, 환희용약하면서 노래로 찬탄하셨다.

"『경』을 삼천 번이나 염송했지만
조계의 한 구절에 사라졌다네.

2928) 從他(종타) : 무던하게 여기다.
2929) 無二亦無三(무이역무삼) : 『법화경』 「방편품」에 나오는 법문이다. (T09n0262_p0008a17~18, 『妙法蓮華經』 「方便品」 第二. "十方佛土中, 唯有一乘法, 無二亦無三, 除佛方便說.")

세상 초월하는 뜻을 못 밝힌다면
여러 생에 미친 마음 어이 쉬리오?

양, 사슴, 소 방편으로 시설하여서
처음, 중간, 나중에도 잘 드러냈으나
그 누가 알아내랴?
불난 집안이 원래부터 법 가운데 왕이라는 걸.”

조사께서 말씀하셨다.
“지금부턴 너를 비로소 경을 염송하는 중이라 할 수 있겠구나.”

392. 현사사비玄沙師備

玄沙和尙, 問雪峯: “某甲如今大用去. 和尙作麼生?” 峯遂將三
箇木毬, 一時抛出. 沙遂作斫牌勢. 峯曰: “汝親在靈山, 方得如
此.” 沙云: “也祇是自家事.”2930)
　妙喜曰: “祇許老胡知, 不許老胡會.”

현사 사비스님2931)이 설봉 의존스님께 물으셨다.
“제가 지금 크게 작용하고 있습니다만 스님께서는 어떠하십니까?”
설봉스님께서 3개의 나무 공을 집어 들고 한꺼번에 던져버리시니, 사비스
님이 도끼로 목판을 쪼개는 시늉을 하셨다.
설봉스님이 말씀하셨다.
“네가 직접 영산(靈山)에 있다면 비로소 이와 같을 것이다.”
사비스님이 말씀하셨다.
“역시 주인공의 일입니다.”

2930) 『福州玄沙宗一大師廣錄』 中, X73n1445_p0011c10~12. 『聯燈會要』 卷第二十一,
　　X79n1557_p0186b19~21. 『禪門拈頌集』 卷第十九, K46-0322, 793則. 『五燈會元』 卷第七,
　　X80n1565_p0146c22~0147a01. 참조.
2931) 玄沙師備(현사사비) : 용담숭신(龍潭崇信)-덕산선감(德山宣鑑)-설봉의존(雪峰義存)-현사사비
　　(玄沙師備). 835~908. 주269) 참조.

묘희스님이 말씀하셨다.

"그저 노호(老胡)를 아는 것만 허락할 뿐, 노호(老胡)를 이해했다고 허락하진 않겠다."2932)

393. 점원중흥漸源仲興

漸源, 隨侍道吾往弔慰. 源乃拊棺, 云: "生邪, 死邪?" 吾曰: "生也不道, 死也不道." 源云: "爲甚不道?" 吾曰: "不道! 不道!" 回至中路, 源云: "和尙快與某甲道. 若不道, 打和尙去也." 吾曰: "打卽任打, 道卽不道." 源便打. 吾歸院, 曰: "汝宜離此去. 恐知事得知. 不便. 源至石霜, 舉前話請益,

霜曰: "生也不道, 死也不道." 源云: "爲甚不道?" 霜曰: "不道! 不道!" 源於此有省. 道吾遷化後, 源將鍬子於法堂上, 從西過東, 從東過西. 霜曰: "作甚麼?" 源云: "覓先師靈骨." 霜曰: "洪波浩渺白浪滔天, 覓甚麼先師靈骨?" 源云: "正好著力." 霜曰: "遮裏針劄不入, 著甚麼力?" 源持鍬肩上便出.

保寧勇和尙頌, 云: "終日挨門復倚樓, 幾回明鏡照梳頭. 一從事得潘郞後, 也解人前不識羞."2933)

점원 중흥스님2934)이 도오 원지스님2935)을 모시고 조문을 가셨다. 점원스

2932) 『선문염송』 793칙에서는 이 목구화(木毬話)의 내용이 다르게 나온다. 물론 이 『정법안장』의 글도 뒤에다 실었다. "설봉스님께서 나무 공 세 개를 밟고 서 계셨다가 스님이 오는 것을 보면 어떤 때는 한 개를 차 버리기도 하고, 어떤 때는 두 개를 차버리기도 하셨다. 현사스님이 오시는 것을 보시자마자 세 개를 한꺼번에 차 버리시니, 현사스님이 두 팔을 쭉 벌리고 쓰러지는 시늉을 하셨다. 설봉스님이 말씀하셨다. '너는 그것들을 한 개로 쓰느냐, 세 개로 쓰느냐?' 현사스님이 답하셨다. '셋이 곧 하나요, 하나가 곧 셋입니다.' 설봉스님이 곧장 그만두셨다."(K46-0322, 793則. 『禪門拈頌集』 卷第十九. "雪峯踏三箇木毬, 有時見僧來, 趯出一箇, 有時趯出兩箇. 見玄沙來, 三箇一時趯出, 玄沙撒開兩手, 作仰倒勢. 師曰: '汝在彼用一箇, 用三箇?' 玄沙曰: '三卽一, 一卽三.' 師便休.")

2933) 『景德傳燈錄』 卷第十五, T51n2076_p0321b01~14. 『聯燈會要』 卷第二十, X79n1557_p0176a10. 『禪門拈頌集』 卷第十四, K46-0232~0233, 564則. 『五燈會元』 卷第五, X80n1565_p0119c01~17. 참조.

2934) 漸源仲興(점원중흥) : 석두희천(石頭希遷)-약산유엄(藥山惟儼)-도오원지(道吾圓智)-점원중흥(漸源仲興). '점원생야(漸源生耶)' '점원칠불(漸源七佛)' '점원권렴(漸源捲簾)' 등의 공안이 있다.

2935) 道吾圓智(도오원지) : 청원행사(靑原行思)-석두희천(石頭希遷)-약산유엄(藥山惟儼)-도오원지(道吾圓智). 769~835. 주2520) 참조.

님이 관을 어루만지며 말씀하셨다.
"살았느냐, 죽었느냐?"
도오스님이 말씀하셨다.
"살았다고도 말 못하고 죽었다고도 말 못하지."
점원스님이 말씀드렸다.
"왜 말 못합니까?"
도오스님이 말씀하셨다.
"말 못해! 말 못해!"

돌아오던 도중에 점원스님이 말씀드렸다.
"스님께서는 빨리 저에게 말씀해 주십시오. 만일 말씀하시질 않으면 스님을 때리겠습니다."
도오스님이 말씀하셨다.
"때리려면 맘대로 때려라. 말은 못한다."
점원스님이 곧바로 때리셨다.

도오스님이 선원으로 돌아가서 말씀하셨다.
"너는 마땅히 여기를 떠나야만 한다. 알아내었다는 일을 알까 염려되는구나. 너에게 이롭지 않다."

점원스님이 석상 경저스님2936)께 가셨다.
앞의 일화를 들어 청익(請益)2937)하니, 석상스님이 말씀하셨다.
"살았다고도 말 못하고 죽었다고도 말 못한다."
점원스님이 말씀드렸다.
"어째서 말 못합니까?"
석상스님이 말씀하셨다.
"말 못해! 말 못해!"
점원스님이 이에 깨달으셨다.

2936) 石霜慶諸(석상경저) : 석두희천(石頭希遷)-약산유엄(藥山惟儼)-도오원지(道吾圓智)-석상경저(石霜慶諸). 807~888. 주918) 참조.
2937) 請益(청익) : 가르침을 듣고서 모르는 곳에 대해 다시 물어보는 것.

도오스님이 천화하신 뒤, 점원스님이 삽을 들고 법당으로 올라가 서쪽에서 동쪽으로, 동쪽에서 서쪽으로 왔다 갔다 하셨다.

석상스님이 말씀하셨다.

"뭐하냐?"

점원스님이 말씀드렸다.

"스승의 사리를 찾고 있습니다."

석상스님이 말씀하셨다.

"거대한 물결이 아득히 넓고, 흰 물결이 하늘까지 넘쳐흐르는데, 어째서 스승의 사리를 찾는단 말이냐?"

점원스님이 말씀드렸다.

"딱 맞춰 힘을 쓰시네요."

석상스님이 말씀하셨다.

"이 속은 바늘로 찔러도 들어가지 않는데 무슨 힘을 쓴다는 것이냐?"

점원스님이 삽을 어깨에 올려 메고 곧장 나가셨다.2938)

보령 인용스님2939)이 노래를 하셨다.

"하루 종일 문에서 기다리다 다시 누각에 기대
몇 번이나 밝은 거울에 빗은 머리를 비춰봤던가.
무조건 반랑(潘郎)2940)을 따라 섬긴 이후엔
사람 앞에서 부끄러움도 모르게 풀어졌구나."

2938) 이 화(話)에 대한 대혜스님의 시중법문이 있다. "「살았다고도 말 못하고, 죽었다고도 말 못한다」 하니, 공안이 두 겹이지만 한 문서에서 알게 하겠다. 날을 드러낸 취모검으로 강요를 끊어버리고는 냄새 묻은 적삼을 벗어 버리며, 기름때에 절은 모자를 벗어 버리고서 누각 끝에 가 부좌하니 기개가 탁 트이는구나. 억!' 자리에서 내려가셨다." (T47n1998Ap0845a09~12, 『大慧普覺禪師住福州洋嶼菴語錄』 卷第八. "師云:'「生也不道, 死也不道」, 公案兩重, 一狀領到. 露刃吹毛, 截斷綱要. 脫卻鶻臭衫, 拈了炙脂帽, 大坐當軒氣浩浩.' 喝一喝. 下座.")

2939) 保寧仁勇(보령인용) : 분양선소(汾陽善昭)-석상초원(石霜楚圓)-양기방회(楊岐方會)-보령인용(保寧仁勇). 주265) 참조.

2940) 潘郎(반랑) : 247~300. 서진(西晉)의 학자. 반악(潘岳)이라고도 한다. 자는 안인(安仁)이다. 하남성 형양(滎陽) 출신이다. 육기(陸機)와 함께 서진문학(西晉文學)의 거두이다. 용모가 아름다워 수많은 여성들이 따랐으므로 미남의 대명사로 불리었다. 『반악집(潘岳集)』 7권, 『진서(晉書)』 55권, 『금곡시집(金谷詩集)』 등이 남아 있다.

394. 회당조심晦堂祖心

晦堂和尚, 示眾, 云: "不與萬法為侶, 即是無諍三昧. 便恁麼去時, 爭奈絃急則聲促? 若能向紫羅帳裏撒眞珠, 未必善因而招惡果."

又示眾, 云: "'礙處非墻壁, 通處沒虛空. 若能如是會, 心色本來同.' 拂子是色, 那箇是心? 靈利漢纔聞擧著, 隔墻見角, 早知是牛, 更若擬議思量, 白雲千里萬里."[2941]

회당 조심스님[2942]이 대중에게 열어 보이셨다.

"만법과 더불어 짝이 되지 않으면 곧 무쟁삼매(無諍三昧)입니다. 바로 이럴 때 어떻게 줄을 당겨야만 곡조가 빨라지겠습니까?

만일 보랏빛 비단 휘장 안에서 진주를 뿌린다면[2943] 꼭 선인(善因)이 악과(惡果)를 초래하진 않을 것입니다."

또 대중에게 열어 보이셨다.

"'막힌 자리는 담이 아니요,
뚫린 자리는 허공 아니네.
만일 누구든 이렇게 알면
마음과 물질 본래 같으리.'[2944]

불자(拂子)는 물질인데 어떤 것이 마음입니까?

2941) 『嘉泰普燈錄』 卷第四, X79n1559_p0311c18~20. 『禪門拈頌集』 卷第十三, K46-0210, 494 則. 『五燈會元』 卷第十七, X80n1565_p0353b12~14. 『黃龍晦堂心和尚語錄』, X69n1343_p0214 a18~20, X69n1343_p0215a08~10. 참조.

2942) 晦堂祖心(회당조심) : 분양선소(汾陽善昭)-석상초원(石霜楚圓)-황룡혜남(黃龍慧南)-회당조심 (晦堂祖心). 1025~1100. 주198) 참조.

2943) 흥화 존장스님의 법문에 나온다. "나는 일찍이 보랏빛 비단 장막 안에서 진주를 뿌려서 여러 분에게 준 적이 없기 때문이니, 허공 속에서 어지럽게 할을 해서 무엇 하겠습니까?"(T51n2076 _p0295b07~08, 『景德傳燈錄』 卷第十二. "我未曾向紫羅帳裏撒眞珠, 與汝諸人, 虛空裏亂喝作什 麼?")

2944) 장사 경잠스님의 게송이다. (T51n2076_p0275b26~27, 『景德傳燈錄』 卷第十, '湖南長沙景岑 號招賢大師'. "礙處非牆壁, 通處勿虛空. 若人如是解, 心色本來同.")

 영리한 이는 말을 듣자마자 담장 너머에서 뿔을 보면 소인 줄 벌써 알아
버리겠지만, 다시 머뭇거리며 사량(思量)하면 흰 구름이 천리만리나 될 것입
니다."

395. 영운지근靈雲志勤

　　靈雲和尚, 因長生問: "混沌未分時如何?" 曰: "靈柱懷胎." 云:
"分後如何?" 曰: "如片雲點太清." 云: "未審太淸還受點也無?"
雲不對. 生云: "恁麼則含生不來也." 雲亦不對. 生云: "直得純
淸絶點時如何?" 曰: "猶是眞常流注." 生云: "如何是眞常流
注?" 曰: "似鏡常明." 云: "未審向上還有事也無?" 曰: "有." 生
云: "如何是向上事?" 曰: "打破鏡來與汝相見."2945)

영운 지근스님2946)께 장생 교연스님2947)이 물으셨다.2948)
"혼돈이 나뉘기 전은 어떻습니까?"
말씀하셨다.
"신령한 기둥2949)이 임신하였다."
말씀드렸다.
"나뉜 후는 어떻습니까?"
말씀하셨다.
"조각구름이 하늘에 점찍는다."2950)

2945) 『聯燈會要』 卷第十, X79n1557_p0091b12~17. 『禪門拈頌集』 卷第十五, K46-0245, 591則.
　　『五燈會元』 卷第四, X80n1565_p0104c07~13. 참조.
2946) 靈雲志勤(영운지근) : 마조도일(馬祖道一)-백장회해(百丈懷海)-위산영우(潙山靈祐)-영운지근
　　(靈雲志勤). 주1209) 참조.
2947) 長生皎然(장생교연) : 용담숭신(龍潭崇信)-덕산선감(德山宣鑑)-설봉의존(雪峰義存)-장생교연
　　(長生皎然). 오대(五代)의 스님이다. 복주(福州) 출신. 설봉 의존스님에게 인가를 받고 10여년을
　　모시다가 복주(福州) 장생산(長生山)에 주석하였다. 민왕(閩王)이 선주대사(禪主大師)라고 사호
　　(賜號)하였다.
2948) 『선문염송』 15권에서는 경청도부(鏡淸道怤)스님으로 나온다. (『禪門拈頌集』 卷第十五,
　　K46-0245. "靈雲因鏡淸問") 여타 선어록에서는 모두 장생 교연스님과의 대화로 나온다.
2949) 靈柱(영주) :『선문염송』 15권과 『연등회요』 10권, 『오등회원』 4권 등 여러 선어록에서는 모
　　두 '노주(露柱)'라고 나온다.
2950) 片雲點太淸(편운점태청) :『수릉엄경』 9권에 나오는 법문이다. "네 마음속에서 생겨난 허공

말씀드렸다.

“도대체 하늘에다 점을 찍을 수가 있습니까?”

영운스님이 답이 없으셨다.

장생스님이 말씀드렸다.

“이렇다면 함생(含生)2951)이 나오지 않겠습니다.”

영운스님이 역시 답이 없으셨다.

장생스님이 말씀드렸다.

“곧바로 순수하고 밝아서 점(點)이 없을 땐 어떻습니까?”

말씀하셨다.

“역시 진상(眞常)2952)이 흐른다.”

장생스님이 말씀드렸다.

“어떤 것이 진상(眞常)이 흐르는 것입니까?”

말씀하셨다.

“거울처럼 늘 밝다.”

말씀드렸다.

“향상(向上)에도 일이 있는 것입니까?”

말씀하셨다.

“있지.”

장생스님이 말씀드렸다.

“어떤 것이 향상(向上)의 일입니까?”

말씀하셨다.

“거울을 깨트리면 너와 서로 만나게 될 거야.”

도 마치 하늘에 조각구름이 점찍은 것과 같은데, 하물며 온갖 세계가 허공 안에 있는 것이겠느
냐?”(T19n0945_p0147b08~10, 『大佛頂如來密因修證了義諸菩薩萬行首楞嚴經』卷第九. “當知.
虛空生汝心內, 猶如片雲點太淸裏, 況諸世界在虛空耶?”)

2951) 含生(함생) : 함령(含靈), 함정(含情), 유정(有情), 함식(含識)이라고도 한다. 생명을 가지고 있
는 것.

2952) 眞常(진상) : 참되고 영원히 변하지 않는 진리.

396. 운문문언雲門文偃

雲門和尚, 有時, 云: "燈籠是你自己. 把鉢盂噇飯, 飯不是自己." 有僧便問: "飯是自己時如何?" 門云: "遮野狐精, 三家村裏漢!" 復云: "來. 來. 不是你道飯是自己?" 云: "是." 曰: "驢年夢見三家村裏漢."[2953]

妙喜曰: "用盡自己心, 笑破佗人口."

운문 문언스님이[2954] 언젠가 말씀하셨다.
"등롱(燈籠)은 여러분 자기 자신입니다.
발우를 들고서 밥 먹을 때의 밥은 자기 자신은 아닙니다."

한 스님이 곧 여쭈었다.
"밥이 자기 자신일 땐 어떻습니까?"
운문스님이 말씀하셨다.
"이 여우 귀신같은 깡촌 놈아!"
다시 말씀하셨다.
"이리 와라. 이리 와라. 네가 밥이 자기라고 말한 것이 아니냐?"
말씀드렸다.
"맞습니다."
말씀하셨다.
"나귀 해에 꿈에서나 깡촌 놈이 나타나겠구나."

묘희스님이 말씀하셨다.
"자기의 마음을 다 써버렸지만, 남의 입을 활짝 웃게 하는구나."

2953) 『雲門匡眞禪師廣錄』 卷中, T47n1988_p0554a16~20. 『聯燈會要』 卷第二十四, X79n1557_p0207b24~c04. 『禪門拈頌集』 卷第二十五, K46-0409~0410, 1087則. 참조.
2954) 雲門文偃(운문문언) : 용담숭신(龍潭崇信)-덕산선감(德山宣鑑)-설봉의존(雪峰義存)-운문문언(雲門文偃). 864~949. 주94) 참조.

397. 석문온총石門蘊聰

石門聰和尚, 示眾, 云: "第一句道得, 石裏迸出, 第二句道得, 挨拶將來, 第三句道得, 自救不了."

又示眾, 云: "五白猫兒爪距獰, 養來堂上絶蟲行. 分明上樹安身法, 切忌遺言許外生. 作麼生是許外生底句? 莫錯擧."

僧入室問: "正當與麼時, 還有師也無?" 曰: "燈明連夜照, 甚處不分明?" 僧云: "畢竟事如何?" 曰: "來日是寒食." 問: "古人急水灘頭毛毬子, 意旨如何?" 曰: "雲開月朗." 問: "急水灘問連底石, 意旨如何?" 曰: "屋破見青天."

云: "屋破見青天, 意旨如何?" 曰: "通上徹下."2955)

석문 온총스님2956)이 대중에게 열어 보이셨다.

"제일구(第一句)를 말한다면, 돌 속에서 튀어나오는 것입니다.

제이구(第二句)를 말한다면, 애찰(挨拶)2957)하는 것입니다.

제삼구(第三句)를 말한다면, 자신도 구하지 못하는 것입니다."

또 대중에게 열어 보이셨다.

"다섯 마리 흰 고양이가 발톱이 사나우니,

마루에서 길러 벌레가 다니는 것을 없애야 한다네.

나무에 오르는 것이 몸 지키는 법임이 분명하나,

절대로 말을 남겨 바깥으로 나가게 하지 마라.2958)

어떻게 해야만 바깥으로 나감을 허락하는 구句입니까?

2955) 『聯燈會要』 卷第十二, X79n1557_p0106a06~10, a23~b03. 『五燈會元』 卷第十一, X80n156
   5_p0237a01~04, a06~12. 『古尊宿語錄』 卷第九, 「石門山慈照禪師鳳巖集」. X68n1315_p0054b
   11~13, c06~11. 『續傳燈錄』 卷第一, T51n2077_p0472b08~11,b14~18. 참조.

2956) 石門蘊聰(석문온총) : 보응혜옹(寶應慧顒)-풍혈연소(風穴延沼)-수산성념(首山省念)-석문자조
   곡은온총(石門慈照谷隱蘊聰). 965~1032. 주1598) 참조.

2957) 挨拶(애찰) : 문하(門下)의 학인들과의 문답을 통해 오도(悟道)의 깊이를 가늠하는 것. 혼잡하
   다. 사람들이 밀어닥치다. 많은 사람들로 붐비다.

2958) 이 게송을 『연등회요』 12권에서는 풍혈 연소스님의 법문이라고 소개하고 있으나 다른 여타
   어록에서는 모두 석문 온총스님의 법문으로 나온다. (X79n1557_p0106a08, 『聯燈會要』 卷第十
   二. "示眾, 擧風穴云:'五白猫兒爪距獰, 養來堂上絶蟲行. 分明上樹安身法, 切忌遺言許外生.'")

잘못 말하지 마십시오."

한 스님이 방으로 들어와 여쭈었다.
"바로 이럴 때 스님이 계십니까?"
말씀하셨다.
"등을 밝혀 밤새도록 비추니, 어느 곳이 분명치 않겠느냐?"
그 스님이 여쭈었다.
"필경의 일이 어떻습니까?"
말씀하셨다.
"내일은 한식(寒食)이구나."

여쭈었다.
"옛 사람이 빠른 여울물에 밤송이라고 하였는데 뜻이 무엇입니까?"
말씀하셨다.
"구름 걷히니 달이 휘영청."

여쭈었다.
"빠른 여울물 바닥에 깔린 돌의 뜻이 무엇입니까?"
말씀하셨다.
"집을 부수니 푸른 하늘이 드러났구나."
말씀드렸다.
"집을 부수니 푸른 하늘이 드러난다는 뜻이 무엇입니까?"
말씀하셨다.
"위아래로 환히 뚫렸다."

398. 보자행언報慈行言

報慈, 聞鳩子鳴, 乃問僧: "是甚麼聲?" 云: "鵓鳩聲." 慈曰: "欲得不招無間業, 莫謗如來正法輪."[2959]

보자 행언스님[2960]이 비둘기가 우는 소리를 들으시고 한 스님에게 물으셨다.
"이 무슨 소리냐?"
말씀드렸다.
"산비둘기 소리입니다."
보자스님이 말씀하셨다.
"무간업을 부르지 않으려거든 여래의 바른 법륜을 비방하지 마라."

399. 동산수초洞山守初

洞山初和尚, 牛兒頌. 自牧一牛兒, 出入無欄圈. 放在芳草中, 毛色方能顯.
朝去無人赶, 暮歸無人喚, 其力不可當, 有角無鼻綰. 不使任從伊, 使著隨人轉. 天下無荒田, 盡是此牛變. 有人若覓伊, 走去天涯畔. 牽來似諸人, 問汝見不見.[2961]

동산 수초스님[2962]의 《우아송(牛兒頌)》.

2959) 『景德傳燈錄』卷第二十七, T51n2076_p0437a25~26. 『聯燈會要』卷第二十七. X79n1557_p0238c06~07. 『禪門拈頌集』卷第二十九, K46-0482, 1360則. 『五燈會元』卷第九, X80n1565_p0205b198~19. 참조. 『어선어록』에서는 석문온총스님이 법문한 것으로 나온다. (『御選歷代禪師語錄』後集下, 「石門聰和尚」, X68n1319_p0718b22~23.)
2960) 報慈行言(보자행언) : 현사사비(玄沙師備)-나한계침(羅漢桂琛)-법안문익(法眼文益)-보자행언(報慈行言). 오대(五代)의 법안종스님이다. 천주(泉州)[복건성] 진강(晉江) 사람이다. 법안 문익선사의 법을 이어받고 금릉(金陵)[강소성 남경]에 보자원(報慈院)을 세우고 선도(禪道)를 널리 천양(闡揚)하였다. 서호(署號)는 현각도사(玄覺導師)이다.
2961) 『古尊宿語錄』卷之三十八, 「襄州洞山第二代初禪師語錄」, X68n1315_p0253b14~18. 참조.
2962) 洞山守初(동산수초) : 덕산선감(德山宣鑑)-설봉의존(雪峰義存)-운문문언(雲門文偃)-동산수초(洞山守初). 910~990. 주95) 참조.

"스스로 한 마리 소 길러보는데
우리 없이 들락날락 맘대로 하네.
풀밭에다 풀어서 놓아두니깐
털빛이 그 얼마나 때깔 좋은지.
내몰지를 않아도 아침에 나가
부르지를 않아도 저물면 오네.
그의 힘을 당해 낼 수 없는데
뿔은 두고 코뚜레는2963) 꿰질 않았네.
녀석을 저 맘대로 두지를 않고
사람 따라 다니게 하여보는데,
천하에 황무지가 없게 된 것은
모두가 다 이 소가 바꾼 것이네.
누군가가 녀석을 찾을라치면
하늘 가로 내달아 버리는구나.
끌고 와서 사람에게 들이대고는
보았느냐 아니냐 물어본다네."

400. 운봉문열雲峰文悅

雲峯悅和尚, 示衆, 擧: "敎中道: '此見及緣, 元是菩提妙淨明體'. 又道: '林木池沼, 皆演法音, 交光相羅, 如寶絲網'. 奇㦑! 諸禪德. 古聖與麼說話, 喚作回首塵勞, 曲開方便. 所以道, '如我按指, 海印發光, 汝暫擧心, 塵勞先起'. 會麼? 拂子且將揮世界, 挂杖權爲答話人." 以拂子擊一擊.2964)

又示衆, 云: "有情之本, 依智海以爲源. 含識之流, 總法身而爲體. 只爲情生智隔, 想變體殊, 達本情亡, 諸禪德. 會麼? 古佛與露柱相交, 佛殿與天王鬪額. 若也不會, 單重交拆."2965)

2963) 鼻綣(비권) : 비권(鼻棬)으로도 쓴다. 코에 코뚜레를 꿰다. 코뚜레.
2964) 이 법문은 여타 어록에서는 보이지 않는다.
2965)『聯燈會要』卷第十四, X79n1557_p0122a13~16.『五燈會元』卷第十二, X80n1565_p0252a
　　17~21. 참조.

운봉 문열스님2966)이 대중에게 열어 보이셨다.

"가르침에서 말씀하셨습니다.

'이 보는 것과 연(緣)은 원래 보리의 미묘하고 맑고 밝은 본체이다.'2967)

또 말씀하셨습니다.

'숲 속의 나무들과 연못과 깊은 소(沼)가 모두 다 법음을 연설하는데, 마치 빛이 서로서로 교차되어서 짜임이 보배 실로 짠 그물과 같다.'2968)

멋지구나!

선덕 여러분.

옛 성인의 이러한 법문은 진로(塵勞)2969)에다 머리를 돌려 방편을 자상하게 열어 말씀하신 것입니다.

그러므로 '내가 손가락을 튕기면 해인(海印)같이 빛을 내고, 너는 잠깐만 마음을 들어도 진로(塵勞)가 먼저 일어난다.'2970)고 말씀하신 까닭입니다.

2966) 雲峰文悅(운봉문열) : 수산성념(首山省念)-분양선소(汾陽善昭)-대우수지(大愚守芝)-운봉문열 (雲峰文悅). 998~1062. 주72) 참조.
2967) 『수릉엄경』 2권에 나오는 법문이다. "시방의 여래와 대보살들이 스스로 머무르는 삼마지 가운데서는 보는 것과 보는 것의 연(緣)과 아울러 생각하는 상(相)이 허공의 꽃과 같아서 본래 있는 것이 아니며, 이 보는 것과 연(緣)이 원래 보리의 미묘하고 맑고 밝은 본체이니 어찌 그 가운데 이(是)와 이(是)아님이 있겠느냐?"(T19n0945_p0112b18~21, 『大佛頂如來密因修證了義諸菩薩萬行首楞嚴經』 卷第二. "十方如來及大菩薩, 於其自住三摩地中, 見與見緣幷所想相, 如虛空花, 本無所有, 此見及緣元是菩提妙淨明體, 云何於中有是非是?")
2968) 『수릉엄경』 6권에 나오는 법문이다. "숲 속의 나무들과 연못과 깊은 소(沼)가 모두 다 법음을 연설하는데, 마치 빛이 서로서로 교차되어서 짜임이 마치 보배 실로 짠 그물과 같았다. 그러자 모든 대중이 일찍이 없었던 일을 얻었으며 일체가 금강삼매를 완벽하게 얻었다. 그리고는 즉시에 하늘에서 온갖 보배연꽃이 비 내려서 푸르고 누르고 발갛고 하얀 것이 수없이 복잡하게 사이사이 섞였으며 시방의 허공이 칠보의 빛으로 이루어졌다."(T19n0945_p0130a03~07, 『大佛頂萬行首楞嚴經』 卷第六. "林木池沼, 皆演法音, 交光相羅, 如寶絲網. 是諸大衆得未曾有, 一切普獲金剛三昧. 即時天雨百寶蓮華, 靑黃赤白, 間錯紛糅, 十方虛空成七寶色")
2969) 塵勞(진로) : 세속의 번뇌.
2970) 『수릉엄경』 4권에 나오는 법문이다. "마치 금슬(琴瑟)과 공후(箜篌)와 비파(琵琶)가 비록 오묘한 소리가 있으나 만일 사람의 손놀림이 없으면 선율이 나오지 않는 것과 같이 너와 뭇삶들도 역시 이와 같아서 보배 같은 깨달음의 참 마음이 각각 완벽한데도, 내가 손가락을 튕기면 해인같이 빛을 내고 너는 잠깐만 마음을 들어도 번뇌가 먼저 일어나니, 이는 위없는 깨달음을 부지런히 구하지 않고 소승을 좋아하여 적은 것을 얻고서 만족하게 여기기 때문이다." (T19n0945_p0121a29~b03, 『大佛頂萬行首楞嚴經』 卷第四. "譬如琴瑟, 箜篌琵琶, 雖有妙音, 若無妙指, 終不能發, 汝與衆生, 亦復如是, 寶覺眞心, 各各圓滿, 如我按指, 海印發光, 汝暫擧心, 塵勞先起, 由不勤求, 無上覺道, 愛念小乘, 得少爲足.")

아시겠습니까?

불자(拂子)로는 곧바로 세계를 털어버리고, 주장자로는 답하는 사람에게 방편으로 씁니다."
불자로 한 번 치셨다.

또 대중에게 열어 보이셨다.
"'유정(有情)은 본래 지혜의 바다에 의지하여 근원으로 삼고, 함식(含識)의 무리들은 모두 법신으로 본체를 삼는다. 그런데 정(情)이 생기면 지혜가 막히고 생각이 변하여 본체와 달리하게 되며, 근본을 통달하여 정(情)이 없어지면 마음과 본체가 딱 들어맞음을 알게 된다.'2971)
선덕 여러분.
알겠습니까?
옛 부처님과 노주(露柱)가 서로 교섭하고,2972) 불전(佛殿)과 천왕문이 서로 부딪칩니다.2973)
만일 알지 못하겠으면 단(單)·중(重)·교(交)·탁(拆)입니다.2974)"

2971) 이통현(李通玄) 장자가 『신화엄경론』을 열면서 한 말이다. ("T36n1739_p0721a06~08, 『新華嚴經論』 卷第一. "夫以有情之本, 依智海以爲源, 含識之流, 總法身而爲體. 只爲情生智隔, 想變體殊, 達本情亡知心體合.")
2972) 운문스님의 상당법문에서 나오는 말이다. (T47n1988_p0561c18, 『雲門匡眞禪師廣錄』 卷中. "上堂云: '爾道古佛與露柱相交.'")
2973) 鬪額(투액) : 서로 부딪치다.
2974) 單重交拆(단중교탁) : 단탁중교(單拆重交)라고도 한다. 엽전으로 점을 칠 때 쓰는 네 가지의 괘를 말한다. 엽전 세 개를 던져 세 개가 모두 앞면이 나오면 교(交), 모두 뒷면이 나오면 중(重), 한 개만 앞면이 나오면 탁(拆), 두 개가 앞면일 때는 단(單)이라고 한다. 단(單)은 소양(少陽), 탁(拆)은 소음(少陰), 교(交)는 노음(老陰), 중(重)은 노양(老陽)에 해당한다고 한다.

401. 방온거사龐蘊居士

　　龐居士, 問馬祖, 曰: "不昧本來人, 請師高著眼." 祖直下覷. 士
曰: "一種沒絃琴, 唯師彈得妙." 祖直上覷. 士乃作禮. 祖歸方丈,
士隨後入, 曰: "弄巧成拙."
　　妙喜曰: "馬師覷上覷下即不無, 爭奈昧却本來人? 居士雖然禮
拜, 渾崙吞箇棗. 馬祖歸方丈, 士隨後入, 云: '弄巧成拙', 救得
一半."2975)

방온거사2976)가 마조 도일스님께 여쭈었다.

"본래 사람의 눈을 흐리지 말고 스님께선 눈을 크게 떠서 살펴 주십시오."

마조스님이 곧바로 지긋이 아래를 내려다 보셨다.

거사가 말씀하셨다.

"어떤 줄 없는 금(琴)을 오직 스님만이 잘 뜯으시는군요."

마조스님이 곧바로 지긋이 위를 보셨다.

방온거사가 절을 하시니 마조스님께서 방장으로 돌아 가셨다.

방거사가 따라 들어가서 말씀하셨다.

"솜씨를 잘 부려봤지만 졸작이었습니다.2977)"

묘희스님이 말씀하셨다.

"마조스님의 위를 보고 아래를 봄은 곧 없지 않지만, 본래 사람의 눈을 흐
려버렸으니 어찌하겠느냐?

거사가 비록 절을 하였으나 송두리째 대추를 삼킨 격일 뿐이다.2978)

마조스님이 방장으로 돌아가고 거사가 따라 들어가서 '솜씨를 잘 부려봤지
만 졸작이었습니다'라고 말했으나 반 쪼가리만을 구해냈을 뿐이다."2979)

2975) 『天聖廣燈錄』 卷第八, 78n1553_p0449b03~06. 『聯燈會要』 卷第六, X79n1557_p0055c04~
　　06. 『禪門拈頌集』 卷第五, K46-0076, 162則. 『五燈會元』 卷第三, X80n1565_p0070b18~21.
　　『古尊宿語錄』 卷第一, X68n1315_p0004a10~14. 참조.

2976)　龐蘊居士(방온거사) : 조계혜능(曹溪慧能)-남악회양(南嶽懷讓)-마조도일(馬祖道一)-방온거사
　　(龐蘊居士). ?~808. 주235) 참조.

2977)　弄巧成拙(농교성졸) : 기막힌 솜씨를 잘 부린 것이 도리어 졸작을 만듦.

2978)　渾崙吞箇棗(혼륜탄개조) : 혼륜탄조(渾淪吞棗)라고도 한다. 대추를 통째로 삼키다. 곧 실상을
　　자세히 알아보지 않고 건성으로 받아들이는 것. 혼륜(渾崙)은 통째, 송두리째라는 뜻.

402. 약산유엄藥山惟儼

藥山和尚, 示眾, 云: "祖師只教汝保護. 若貪嗔起來, 切須防禁, 莫教根觸. 是你欲知枯木石頭, 却須擔荷, 實無枝葉可得. 雖然如此, 更宜自看. 不得絶却言語, 我今為汝說遮箇語, 顯無語底. 佗那箇本來無耳目等貌."

時有僧問: "云何有六趣?" 師云: "我此要輪, 雖在其中, 元來不染." 問: "不了身中煩惱時如何?" 師曰: "煩惱作何相狀? 我且要你考看. 更有一般底, 只向紙背上, 記持言語, 多被經論惑. 我不曾看經論冊子. 汝只為迷事走失自家不定. 所以便有生死心. 未學得一言半句一經一論, 便說與麼菩提涅槃世攝不攝. 若如此解即是生死, 若不被此得失繫縛便無生死. 汝見律師說甚麼尼薩耆 突吉羅最是生死本? 雖然與麼窮生死, 且不可得. 上至諸佛, 下至螻蟻, 盡有此長短好惡大小不同. 若也不從外來, 何處有閑漢, 掘地獄待你? 你欲識地獄道, 只今鑊湯煎煮者. 是欲識餓鬼道, 只今多虛少實不令人信者是. 欲識畜生道, 見今不識仁義, 不辨親疎者是. 豈非披毛戴角斬割倒懸? 欲識人天, 只今清淨威儀持瓶挈鉢者是. 切須保任, 免墮諸趣. 第一不得棄遮箇. 遮箇不是易得. 須向高高山頂立, 深深海底行. 此處行不易, 方有少分相應. 如今出頭來, 盡是多事人. 覓箇癡鈍漢不可得. 莫只記冊子中言語, 以為自己見知. 見佗不解者, 便生輕慢. 此輩盡是闡提外道. 此心直不中, 切須審悉. 與麼道猶是三界邊事, 莫在衲衣下空過. 到遮裏更微細在, 莫作等閑. 須知. 珍重."2980)

약산 유엄스님2981)이 대중에게 열어 보이셨다.

"조사는 그야말로 여러분에게 보살피고 돌보라고 가르친 것 뿐입니다.

만일 탐내고 성냄이 일어난다면 반드시 잘 막아서 건드려 일어나지 않게

2979) 이 화(話)에 대한 대혜스님의 시중법문이 있다. "말해 보라. 마조대사가 농교성졸(弄巧成拙) 한 것이냐, 아니면 방 거사가 농교성졸(弄巧成拙)한 것이냐? 승속을 초월한 이가 있느냐? 만일 승속을 초월하지 못하였다면 병든 말을 마른 가죽나무에 매어 두는 것이요, 설사 승속을 초월하 였다 하여도 역시 두꺼비 입 안의 산초 한 알이다." (T47n1998Ap0845b11~14, 『大慧普覺禪師 住福州洋嶼菴語錄』卷第八, 「泉州小谿雲門菴語錄」. "師云: '且道. 是馬大師弄巧成拙, 龐居士弄巧成拙? 還有緇素得出者麼? 若緇素不出, 癩馬繫枯樁, 直饒緇素得出, 也是蝦蟆口裏一粒椒.")

2980) 『景德傳燈錄』卷第二十八, 1n2076_p0440b20~c19. 『聯燈會要』卷第十九, X79n1557_p0163c01~0164a01. 참조.

2981) 藥山惟儼(약산유엄) : 조계혜능(曹溪慧能)-청원행사(靑原行思)-석두희천(石頭希遷)-약산유엄 (藥山惟儼). 751~834. 주713) 참조.

하십시오.

무릇 마른 나무와 돌을 제대로[2982] 짊어지려면 실로 가지와 이파리가 없어야 하는 것입니다.

비록 이와 같으나 더욱 마땅히 스스로가 살펴야만 합니다.

언어를 아예 끊어버리질 않고 내가 지금 여러분을 위하여 이와 같은 말을 한 것은 말없음의 속을 드러내려 함입니다.

거기는 본래 귀와 눈 등의 모양이 없습니다."

그때 한 스님이 여쭈었다.

"어째서 육취(六趣)[2983]가 있습니까?"

스님이 말씀하셨다.

"나는 이 윤회에 막혀 비록 그 속에 있으나 원래부터 물듦은 없었다."

여쭈었다.

"몸의 번뇌를 알지 못할 땐 어떻습니까?"

스님이 말씀하셨다.

"번뇌가 어떤 모양인지 먼저 나는 너에게 살펴보라고 요구하고 싶구나. 더욱이 보통사람들은 그저 종이쪽 위에서 언어를 기억하여 흔히 경론에 미혹되어 버린다. 나는 일찍부터 경론의 책을 살펴보질 못했다. 네가 바로 사(事)를 미(迷)하여 주인공으로부터 달아남으로써 안정이 되지 않은 것이다.

그러므로 문득 생사(生死)의 마음이 있게 되어 일언반구의 경(經) 하나나 논(論) 하나라도 알지 못하면서, 보리와 열반이 세간을 섭취한다느니 섭취하지 않는다느니 제멋대로 지껄인다.

만일 이렇게 안다면 곧 생사(生死)요, 만일 이러한 얻고 잃음에 얽매이지 않는다면 곧 생사가 없다.

너는 율사들이 니살기(尼薩耆)[2984]와 돌길라(突吉羅)[2985] 가운데 어떤 것이

2982) 却須(각수) : 마음먹은 대로 딱 맞춰. 제대로. 그래도. 도리어. 반드시 ~하려면.

2983) 六趣(육취) : 함식(含識)들이 업에 따라 윤회하는 6가지 세계. 곧, 지옥·아귀·축생·아수라·인간·천상의 여섯 세계를 말한다.

2984) 尼薩耆(니살기) : 니살기바일제(尼薩耆波逸提)의 줄임말이다. ⓢnaihḥsaegikapāyattika. 사타(捨墮)라고 번역함. 비구와 비구니가 받는 구족계의 일부로 승계(僧戒) 가운데 30계(戒)이므로

생사의 근본이 된다고 말하는 것을 보았느냐?
 비록 이렇게 생사를 궁구해봤자 도무지 될 수가 없다.

 위로는 모든 부처님에서 아래로는 보잘것없는 미물2986)에 이르기까지
모두 다 이러한 길고 짧음과 좋고 싫음과 크고 작음의 차이가 있다. 그런데
만일 바깥으로부터 오는 것이 아니라면 어디에 한가한 놈이 있어 지옥을
파놓고 너를 기다리고 있겠느냐?

 네가 지옥의 길을 알고자 한다면, 다만 지금 가마솥에서 끓이고 삶고 지지
는 이것이다.
 아귀의 길을 알고자 한다면, 지금 거짓은 많고 진실은 적어 사람으로 하여
금 믿지 못하게 하는 이것이다.
 축생의 길을 알고자 한다면, 지금2987) 인의(仁義)를 알지 못하고 친소(親
疎)를 가리지 못하는 이것이다. 어찌 털을 쓰고 뿔을 이고 살이 베어지고
발려서 거꾸로 매달리는 것이 아니겠느냐?
 사람과 하늘의 길을 알고자 한다면, 지금 위의를 청정히 하여 정병(淨瓶)을
지니고 발우를 들고 다니는 이들이 이것이다.
 반드시 보림(保任)하여야만 모든 취(趣)에 떨어지지 않을 것이다.

 가장 버리지 말아야 할 것은 '이것'이다.
 '이것'은 쉽게 얻을 있는 것이 아니다.
 반드시 높고 높은 산꼭대기에 서고, 깊고 깊은 바다 밑으로 걸어가야만 한
다.
 이곳을 다니는 것을 바꾸지 않아야만 비로소 조금이나마 상응할 수 있는

삼십사타(三十捨墮)라고 한다. 이 계를 범하면 재물을 내어놓고 대중에게 죄를 참회하여야 한다.
 재물을 쌓아 두면 탐심을 일으켜 죄를 범하게 되어 지옥에 떨어지게 된다는 것을 경계한 계(戒)
 이다.
2985) 突吉羅(돌길라) : Ⓢduṣkṛta. Ⓟdukkaṭa. 악작(惡作) 또는 악설(惡說)이라고 번역한다. 계를
 범한 죄의 이름으로 몸과 입으로 지은 나쁜 업을 말하는데, 250계 가운데 2부정(不定)·100중
 학(衆學)·7멸쟁(滅諍)의 109계를 말한다. 방편돌길라(方便突吉羅)·공상돌길라(共相突吉羅)·비
 전돌길라(非錢突吉羅)·비니돌길라(毘尼突吉羅)·지돌길라(知突吉羅)·백돌길라(白突吉羅)·문돌
 길라(聞突吉羅)의 8가지 종류로 나뉜다. 이 계를 범하면 등활지옥(等活地獄)에 떨어진다고 한다.
2986) 螻蟻(누의) : 땅강아지와 개미. 보잘것없는 매우 작은 생물. 하잘 것 없는 사람.
2987) 見今(현금) : 지금, 현재.

것이다.

지금 세상에 나온 이들은 모두 다 일이 많은 사람들이다.
어리석고 둔한 사람은 얻어 낼 수가 없다.
책 속의 언어를 기억하여서 자기의 견해와 지식으로 삼으려 하지 말 것이
며, 알지 못하는 이들을 보아도 가벼이 여겨 거만하지 마라.
이러한 무리들은 다 천제(闡提)요 외도일 뿐이다.

이 마음이 곧장 적중하지 않는다면 반드시 자세히 살펴야만 한다. 이렇게
말하는 것도 역시 삼계의 별 볼일 없는 일(邊事)일 뿐이다.
납의(衲衣) 아래서 헛되이 보내지 마라.

'여기'에 이르러서는 더욱더 정밀하고 미세하게 하여 등한히 하지 마라.
반드시 꼭 알아두어라. 안녕.”

403. 취암영참翠巖令參

翠巖和尚, 僧問: “凡有言句, 盡是點汙, 如何是向上事?” 曰: “凡有言句, 盡是點
汙.” 問: “古人拈椎豎拂意旨如何?” 曰: “邪法難扶.” 問: “僧繇為甚麼寫誌公真
不得?” 曰: “作麼生合殺?” 問: “險惡道中以何為津梁?” 曰: “藥山再三叮囑
.”2988)

취암 영참스님2989)께 한 스님이 여쭈었다.
“무릇 언구(言句)는 모두 다 오염된 것이라면, 어떤 것이 향상의 일입니
까?”
말씀하셨다.
“무릇 언구(言句)는 모두 다 오염된 것이다.”

2988) 『景德傳燈錄』 卷第十八, T51n2076_p0352c21~28. 『聯燈會要』 卷第二十四, X79n1557_p02
　　14c10~12. 『五燈會元』 卷第七, X80n1565_p0156c15~22. 참조.
2989) 翠巖令參(취암영참) : 용담숭신(龍潭崇信)-덕산선감(德山宣鑑)-설봉의존(雪峰義存)-취암영참
　　(翠巖令參). 주1595) 참조.

여쭈었다.

"옛사람이 몽둥이를 들고 불자를 세운 뜻이 무엇입니까?"

말씀하셨다.

"삿된 법은 붙들기 어려워서."

여쭈었다.

"승요(僧繇)2990)는 무엇 때문에 지공스님2991)의 진영을 그리지 못하였습니까?"2992)

말씀하셨다.

"어떻게 되었다고?"2993)

여쭈었다.

"험한 악도에서는 무엇으로써 나루터를 삼습니까?"

말씀하셨다.

"약산이 두 번 세 번 간절하게 부탁하였다."2994)

2990) 僧繇(승요) : 생몰연대는 알려져 있지 않다. 소주(蘇州) 출신. 성은 장씨(張氏). 중국 남조(南朝) 양나라의 궁정화가. 무릉 왕국시랑과 오흥 태수 등의 관직에 있었다. 불교와 도교의 인물화를 잘 그렸다고 한다. 장가양(張家樣)이라는 독창적인 양식을 만들어내고, 서역에서 서양화식의 음영법을 받아들여 요철화(凹凸畵)를 그렸다. 금릉 안락사의 벽화를 그릴 때 '화룡점정(畵龍點睛)'고사를 만들어 낸 주인공이기도 한 그는 양나라 무제의 사탑불사(寺塔佛事)에 장식화를 도맡아 그렸다고 한다. 남아 있는 그의 작품 중 『오성이십팔수신형도(五星二十八宿神形圖)』는 유명하다.

2991) 誌公(지공) : 양나라 지공(誌公)스님을 말한다. 보지선사(寶誌禪師), 또는 보지선사(保誌禪師), 지공선사(誌公禪師), 지공조사(誌公祖師)라고도 한다. 주1345) 참조.

2992) 양무제가 장승요(張僧繇)에게 지공스님의 초상을 그려달라고 하였다. 그런데 지공스님이 십일면관세음보살의 형상으로 나타나서 지공스님의 본래 모습을 그리지 못하였다고 한다.

2993) 슴殺(합살) : 결말이 나다. 귀결이 있다. 끝나다. 죽어 마땅하다. 악곡(樂曲)이 끝나다.

2994) 바로 앞 화(話)에서 약산 유엄스님이 육취(六趣)를 설명하고 납자에게 간곡히 부탁하였다. (T51n2076_p0440b20~c19, 『景德傳燈錄』 卷第二十八, 「澧州藥山惟儼和尙語」. 참조.)

404. 광혜진廣慧眞

廣慧眞和尙, 僧問: "如何是廣慧境?" 曰: "山寺前頭資慶後." 問: "如何是和尙
家風?" 曰: "杴爬钁子." 風穴, 一日問: "眞園頭. 會昌沙汰時, 護法善神向甚麽
處去?" 曰: "常在闤闠中, 要且無人見." 穴云: "汝徹也."[2995]

妙喜曰: "汝道. 風穴自徹也未?"

광혜 진스님[2996]께 어떤 스님이 여쭈었다.
"어떤 것이 광혜의 경계입니까?"
말씀하셨다.
"산사(山寺)의 앞이요 자경(資慶)[2997]의 뒤다."

여쭈었다.
"어떤 것이 스님의 가풍입니까?"
말씀하셨다.
"넉가래와 써레와 호미다."

풍혈 연소스님이 하루는 물으셨다.
"진원두.[2998] 회창사태[2999] 때 호법선신이 어디로 갔었느냐?"

2995) 『景德傳燈錄』 卷第十三, T51n2076_p0304a08~10. 天聖廣燈錄卷第十六, X78n1553_p0493
c14~18. 『聯燈會要』 卷第十一, X79n1557_p0103c15~20. 『五燈會元』 卷第十一, X80n1565_p
0233b24~c04. 참조.
2996) 廣慧眞(광혜진) : 흥화존장(興化存獎)-보응혜옹(寶應慧顒)-풍혈연소(風穴延沼)-광혜진(廣慧
眞). 전기가 알려져 있지 않다. 『경덕전등록』 13권·『종문염고휘집』 39권·『지월록』 22권·
『종감법림』 28권·『연등회요』 11권·『오등회원』 11권·『오등엄통』 11권·『오등전서』 22권 등
에 그의 법문이 실려 있다.
2997) 資慶(자경) : 어디를 말하는 지 알 수가 없다.
2998) 園頭(원두) : 선원에서 채소밭을 관리하여 대중에게 채소를 공급하는 소임.
2999) 會昌沙汰(회창사태) : 회창법난(會昌法難)이라고도 한다. 당나라 무종(武宗)이 회창년중(會昌
年中)[841~848]에 일으킨 폐불사건이다. 무종이 일찍이 도교를 신봉하였는데 문종(文宗)의 뒤를
이어 황위에 오르자마자 회창원년(會昌元年) 9월에 도사(道士)인 조귀진(趙歸眞) 등 81명을 불러
삼전(三殿)에서 금록도수(金籙道修)를 닦게 하고 10월에 황제가 삼전(三殿)에 행차하여 구선현단
(九仙玄壇)에 올라 직접 법록(法籙)을 받았다. 회창 3년 4월에 당나라 전역의 사원과 스님들을
검사하도록 지시하니 절이 46,600개이며 스님이 265,000여명이었다고 한다. 5월에 다시 영을
내려 상도(上都)와 동도(東都)에 각각 4곳의 절에다 스님 30명씩 머물게 하고 중국 전역의 주
(州)와 군(郡)에 각각 1개소를 남겨서 상사(上寺)에 28명, 중사(中寺)에 10명, 하사(下寺)에 5명

말씀드렸다.

"늘 저잣거리에 있었지만 오히려 아무도 보질 못했습니다."

풍혈스님이 말씀하셨다.

"네가 철저하구나."

묘희스님이 말씀하셨다.

"그대가 말해봐라. 풍혈스님 자신은 철저하시냐고."

405. 황룡회기黃龍誨機

黃龍璣和尚3000), 僧問: "如何是和尚家風?" 曰: "琉璃鉢盂無底." 問: "如何是君王劍?" 曰: "不傷萬類." 云: "佩者如何?" 曰: "血濺梵天." 云: "大好不傷萬類." 機便打. 問: "毛吞巨海芥納須彌, 不是學人本分事. 如何是學人本分事?" 曰: "封了合盤市裏揭." 問: "急切相投. 請師通信." 曰: "火燒裙帶." 問: "如何是大疑底人?" 曰: "對坐盤中弓落盞." 云: "如何是不疑底人?" 曰: "再坐盤中弓落盞." 問: "風恬浪靜時如何?" 曰: "百尺竿頭五兩垂."3001)

황룡 회기스님3002)께 어떤 스님이 여쭈었다.

"어떤 것이 스님의 가풍입니까?"

말씀하셨다.

"유리 발우(鉢盂)는 밑바닥이 없다."

씩을 있게 하고, 나머지는 모두 환속시켜 버렸으며 그 외의 모든 절을 폐사시킨 사건이다.

3000) 璣(기)는 여타 기록에서 모두 機(기)로 씌어 있다. 誨(회)는『전등록』에서만 晦(회)라고 나옴.

3001)『祖堂集』卷第第十二, K45-0312.『景德傳燈錄』卷第二十三, T51n2076_p0391c01~10.『聯燈會要』卷第二十五, X79n1557_p0223c09~16.『五燈會元』卷第八, X80n1565_p0163b21~c06. 참조.

3002) 黃龍誨機(황룡회기) : 덕산선감(德山宣鑑)-암두전활(巖頭全豁)-현천언(玄泉彦)-황룡회기초혜(黃龍誨機超慧). 청하(清河) 사람으로 성은 장씨(張氏)이다. 처음에 암두 전활스님을 참례하였으나 계합하지 못하고 뒤에 현천 언스님을 모시다가 법을 이었다. 당나라 천우(天祐)[904~907] 때에 행각을 다니다가 악주(鄂州)[호북성] 황룡산에 이르니, 절수(節帥)가 돈을 내놓아 절을 짓고는 위에 아뢰어 자의(紫衣)와 초혜대사(超慧大師)라는 호(號)를 바치면서 법석(法席)이 크게 번창하였다.

여쭈었다.

"어떤 것이 군왕의 검입니까?"

말씀하셨다.

"만물3003)을 해치지 않는다."

말씀드렸다.

"허리에 차는 이는 어떻습니까?"

말씀하셨다.

"피가 범천까지 튀는구나."

말씀드렸다.

"만물을 해치지 않으니 아주 훌륭하군요."

회기스님이 곧 때리셨다.3004)

여쭈었다.

"터럭이 큰 바다를 삼키고 겨자씨앗에 수미산이 들어가도 학인의 본분사가 아닙니다. 어떤 것이 학인의 본분사입니까?"

말씀하셨다.

"합(盒)3005)을 단단히 밀봉했다가 시장에다 열어 젖혀라."3006)

여쭈었다.

3003) 萬類(만류) : 만물. 모든 사물들.

3004) 이 문답은 회기스님의 상당 법문 직후에 나온 것이다. 『조당집』 12권에는 상당법문이 실려 있다. "화상 여러분. 군왕의 검과 열사의 칼이 있습니다. 군왕의 검은 만물을 해치지 않지만, 열사의 칼은 못을 자르고 무쇠를 끊어버립니다. 작용이 없지 않으니, 차지 마십시오. 어째서입니까? 충성스러운 말은 혀가 잘림을 피하지 않지만 예리한 칼은 피를 범천에까지 뿌리기 때문입니다. 오래 서 있었습니다. 안녕." (K45-0312, 『祖堂集』 卷第十二. "諸和尙子. 君王之釰, 烈士之刀. 若是君王之釰, 不傷万類, 烈士之刀, 斬釘截鐵. 用則不無, 不得佩著. 爲什摩? 故忠言不避截舌, 利刀則血濺梵天. 久立. 珎重.")

3005) 合盤(합반) : 합(盒)을 말한다. 물건을 담을 수 있게 나지막하면서 둥글 넙적하고 뚜껑이 있는 그릇이다.

3006) 封了合盤市裏揭(봉료합반시리게) : 합(盒)을 단단히 밀봉하였다가 저자거리에서 활짝 열어젖힘. 합반(合盤)은 합(盒)을 말한다. 곧 물건을 담을 수 있게 나지막하면서 둥글 넙적하고 뚜껑이 있는 그릇이다. 게(揭)는 게개(揭開)를 말하는 것으로 사실을 밝히려고 단단히 밀봉한 것을 뜯는 것을 말한다. 월운 스님은 "소반 다리를 접어서 저자에 걸어 둔다."라고 번역하였다. (월운스님, 『전등록』3, P124, 동국역경원, 2008.)

"급하고 절박하게 부탁드립니다.3007) 스님께서 소식을 전해 주십시오."
말씀하셨다.
"군대향(裙帶香)3008) 에 불 붙여라!"

여쭈었다.
"어떤 것이 크게 의심하는 사람입니까?"
말씀하셨다.
"잔 받침3009) 가운데에 마주하고 앉으니 활이 잔에 떨어진다."
말씀드렸다.
"의심하지 않는 사람은 어떻습니까?"
말씀하셨다.
"다시 잔 받침 가운데에 앉으니 활이 잔에 떨어진다."

여쭈었다.
"바람이 자고 물결이 가라앉을 때는 어떻습니까?"
말씀하셨다.
"백 척의 장대 끝에 다섯 냥의 닭털을 매달아 놨구먼."3010)

3007) 相投(상투) : 부탁하다. 서로 뜻이 맞다. 의기투합하다. 남에게 몸을 의탁하다.
3008) 裙帶(군대) : 군대초(裙帶草)를 말한다. 잎이 치마끈을 닮았다고 해서 붙여진 이름이다. 문주
란(文珠蘭), 우황산(牛黃傘), 진경검(秦瓊劍), 천층희(千層喜), 편담엽(扁擔葉) 등으로 불린다. 『전
등록』 23권에서는 "군대향(裙帶香)에 불이 붙었다."고 나와 있다. (T51n2076_p0391c08. "火燒
裙帶香.") 월운스님은 "불이 바지 끈의 향을 태운다."고 번역하였고, (월운스님, 『전등록』3,
P124, 동국역경원, 2008.) 대원 문재현은 "불이 치마 허리띠의 향을 태운다."라고 번역하고 있
다. (대원 문재현, 『전등록』4, p225, 도서출판 바로보인, 1998.)
3009) 盤(반) : 술잔과 짝을 이루는 받침대를 말한다.
3010) 五兩(오량) : 풍력풍향계(風力風向計). 닭털 5~8냥[냥(兩)은 두 개 한 벌이다.]을 높은 장대
끝에 매달아 놓고 풍향과 풍력을 관측하는 것이다. 월운스님은 "돈 다섯 냥"으로 번역하였다.
(월운스님, 『경덕전등록』3, p125, 동국역경원, 2008 개정판.)

406. 이고李翶

李尙書, 名翶. 仰慕藥山道風, 特入山致敬, 肅莊客禮. 直造座前, 山端然看經殊不顧視. 李乃云: "見面不如聞名." 拂袖便行. 山却召: "尙書!" 李回首, 山曰: "何得貴耳而賤目?" 李遂致拜, 起問: "如何是道?" 山以手指天指淨瓶. 李云: "不會." 山曰: "雲在靑霄水在瓶." 李乃拜謝, 贈詩云: "鍊得身形似鶴形, 千株松下兩函經. 我來問道無餘事, 雲在靑霄水在瓶."3011)

이상서는 이름이 고(翶)이다.3012) 약산 유엄스님3013)의 도풍을 앙모하다가 몸소 산에 들어가 엄숙하게 객의 예로서 경의를 표하였다.

그리고 좌전(座前)3014)에 곧장 다가갔으나 약산스님은 단연(端然)3015)하게 경(經)을 보고 계시면서도 아예 돌아보지를 않으셨다.

그럼에도 불구하고 이상서가 말씀드렸다.

"얼굴을 뵈니 듣던 이름만 못하군요."

소매를 떨치고 막 나가는데 약산스님이 바로 부르셨다.

"상서!"

이상서가 고개를 돌리자, 약산스님이 말씀하셨다.

"어찌하여 귀는 귀하게 여기고 눈은 천하게 여기시오?"

이상서가 마침내 절을 올리고는 일어나서 여쭈었다.

"어떤 것이 도(道)입니까?"

약산스님이 손가락으로 하늘을 가리켰다가 정병을 가리키셨다.

이상서가 말씀드렸다.

3011) 『景德傳燈錄』第十四, T51n2076_p0312b09~17. 『聯燈會要』卷第十九, X79n1557_p0169c 06~12. 『禪門拈頌集』卷第九, K46-0145, 335則. 『五燈會元』卷第五, X80n1565_p0116b02~08. 참조.

3012) 李翶(이고) : 772~836. 당나라 때의 문학가요 철학사상가며 시인으로 자(字)는 습지(習之)이다. 조군(趙郡)[하북성(河北省) 조현(趙縣)] 사람이다. 일찍이 한유(韓愈)를 따라 고문(古文)을 익히고, 한유의 고문운동(古文運動)에 협조하였다. 저서에 『복성서(復性書)』 3편, 『이문공집(李文公集)』 등이 있다.

3013) 藥山惟儼(약산유엄) : 조계혜능(曹溪慧能)-청원행사(靑原行思)-석두희천(石頭希遷)-약산유엄(藥山惟儼). 751~834. 주713) 참조.

3014) 座前(좌전) : 어른 앞. 윗사람을 이르는 말.

3015) 端然(단연) : 점잖고 정숙한 모양. 자세가 바른 모양. 과연, 진실로.

"알지 못하겠습니다."
약산스님이 말씀하셨다.
"구름은 푸른 하늘에 있고 물은 정병에 있소."
이상서가 마침내 절을 하고 감사를 올렸다.
그리고는 시를 지어 올렸다.

　"단련한 몸 학처럼 여위셨는데,
　천 그루의 소나무 밑 두 상자의 경(經).
　내가 와서 도 물으니 다른 말 없고,
　구름은 푸른 하늘에, 물은 정병에."

407. 수산회지首山懷志

　首山志和尙, 問念和尙: "德山棒, 臨濟喝, 未審意旨如何?" 念云: "汝試道看."
志便喝, 念拈棒. 志指棒, 云: "莫亂做." 念擲下棒, 云: "明眼人難謾."
志云: "草賊大敗." 僧問: "如何是祖師西來意?" 曰: "三尺杖子破瓦盆." 問: "如何
是佛?" 曰: "桶底脫." 問: "從上諸聖有何言句?" 曰: "'如是我聞.'"
僧云: "不會." 曰: "'信受奉行.'"3016)

　수산 회지스님3017)이 수산 성념스님3018)께 여쭈었다.
"덕산스님의 몽둥이와 임제스님의 할은 뜻이 무엇입니까?"
성념스님이 말씀하셨다.
"네가 어디 말해 봐라."
회지스님이 얼른 "억!"하시니, 성념스님이 몽둥이를 잡으셨다.
회지스님이 몽둥이를 가리키면서 말씀하셨다.

3016) 『天聖廣燈錄』 卷第十六, X78n1553_p0495b02~04. 『聯燈會要』 卷第十二, X79n1557_p010
　　9a06~12. 『五燈會元』 卷第十一, X80n1565_p0238a08~11. 참조.
3017) 首山懷志(수산회지) : 보응혜옹(寶應慧顒)-풍혈연소(風穴延沼)-수산성념(首山省念)-수산회지
　　(首山懷志). 여주(汝州) 수산(首山) 건명원(乾明院)의 수산회지(首山懷志)스님이다. 전기가 알려져
　　있지 않다.
3018) 首山省念(수산성념) : 흥화존장(興化存獎)-보응혜옹(寶應慧顒)-풍혈연소(風穴延沼)-수산성념
　　(首山省念). 926~993. 주927) 참조.

“어수선하게 하지 마십시오.”
성념스님이 몽둥이를 던져 버리고 말씀하셨다.
“눈 밝은 사람은 속이기가 어렵군.”
회지스님이 말씀하셨다.
“초야의 도적이 크게 패하였습니다.”

어떤 스님이 여쭈었다.
“어떤 것이 조사께서 서쪽에서 오신 뜻입니까?”
말씀하셨다.
“석 자짜리 주장자로 질동이를 부순다.”

여쭈었다.
“어떤 것이 부처님입니까?”
말씀하셨다.
“통 밑바닥이 빠져버렸구나.”

여쭈었다.
“위로부터 모든 성인들이 어떤 언구(言句)가 있었습니까?”
말씀하셨다.
“‘이와 같이 내가 들었다.’”
그 스님이 말했다.
“모르겠습니다.”
말씀하셨다.
“‘믿고 받아 받들어 행하였다.’”

408. 가주백수嘉州白水

嘉州白水和尚, 僧問: "如何是西來意?" 曰: "四溟無窟宅, 一滴潤乾坤." 問: "曹溪一路合談何事?" 曰: "澗松千載鶴來聚, 月中香桂鳳凰歸." 3019)
妙喜曰: "又道曹溪無俗談."

가주 백수스님3020)께 어떤 스님이 여쭈었다.
"어떤 것이 서쪽에서 오신 뜻입니까?"
말씀하셨다.
"사명(四溟)3021)에는 깃들여 살 수가3022) 없으나, 한 방울의 물이 건곤(乾坤)을 적신다."

여쭈었다.
"조계의 하나의 길에는 무슨 일을 서로 얘기합니까?"
말씀하셨다.

"산골짝 아래 천년 묵은 소나무3023)엔 학이 와서 모이고,
달 속의 향그런 계수나무엔 봉황이 돌아오누나."

묘희스님이 말씀하셨다.
"조계엔 세속의 얘기가 없다고 또 말해버렸군."

3019) 『景德傳燈錄』 卷第十六, T51n2076_p0333b11~13. 『五燈會元』 卷第六, X80n1565_p0130c 24~0131a03. 참조.
3020) 嘉州白水(가주백수) : 약산유엄(藥山惟儼)-선자덕성(船子德誠)-협산선회(夾山善會)-백수사화 상(白水寺和尙). 당대의 스님으로 가주(嘉州)[사천성(四川省) 낙산(樂山)] 사람이다. 협산 선회스 님의 법을 이어 받고서 아미산(峨嵋山) 백수사(白水寺)에 주석하였다.
3021) 四溟(사명) : 동서남북의 큰 바다. 사해(四海). 사대해(四大海). 온 천하, 세계. 수미산 사방의 큰 바다.
3022) 窟宅(굴택) : 거주함. 깃들여 삶. 신령의 거처.
3023) 澗松(간송) : 간저송(澗底松)의 준말이다. 산골짜기 아래에 있는 소나무다. 고상하고 준수한 재덕(才德)을 지니고 있으면서도 아주 낮은 관직에 있는 사람을 비유한다.

409. 고산신안鼓山神晏

鼓山晏國師, 示衆, 云: "若是靈利底, 撩著便休去. 似遮般漢, 千里萬里去也, 有甚麽救處? 進前退後, 納箇如何? 醉人相似, 有甚麽衲僧氣息? 旣然如是, 且宗門中事作麽生? 諸和尚. 到遮裏也須是箇漢始得. 大不容易. 兄弟. 鼓山不惜口業, 向汝諸人道. 不假記一字, 亦不用一功, 亦不用眨眼, 亦不用呵氣. 大坐著便紹却去. 諸和尚. 且道. 紹甚麽? 爲復紹佛紹法, 紹禪紹道, 紹佛向上事涅槃後句? 若紹此句, 得爲大妄. 喚作望上心不息, 與諸兄弟了無交涉. 於諸人分上作麽生紹? 普請驗看是甚麽. 爲復是凡是聖, 是毗盧師法身主. 在甚麽處居住? 甚麽年月有渠? 方圓闊狹長短大小, 試道看. 還有絲髮大物解蓋覆得麽? 還有分毫許間隔麽? 向阿那裏抄, 向阿那裏寫? 諸和尚. 與麽顯露, 與麽聊要, 何不直下便承當取? 又更刺頭入佗言句裏意識中學, 有甚麽交涉? 不見道, 意爲賊識爲浪, 走作馳求終無歇分. 若自不具眼就人揀辨, 卷子裏抄冊子裏寫. 假饒百千萬句, 龍宮海藏一時吞納, 盡是佗人, 不干自己. 亦喚作識學依通, 猶如水母借鰕爲眼, 無自由分. 亦如盲者辨色, 依佗語故, 實不能辨色之正相. 若是學經律論, 佗自有人在. 所以鼓山尋常道. '經有經師, 律有律師, 論有論師, 有函有號, 有部有帙, 白日窓前夜附燈燭, 自有人傳持在.' 禪師作麽生? 還有人道得麽? 試出來道看."

時有學人, 問: "如何是目前顯露底機?" 曰: "道甚麽?" 僧再問, 師喝出.3024)

고산 신안국사3025)께서 대중에게 열어 보이셨다.

"만일 영리한 자라면 헤아리자마자 곧 쉬어버릴 것입니다. 이러한 자들은 천리만리를 가더라도 어찌 구제할 길이 있겠습니까? 앞으로 나아갔다가 뒤로 물러났다 해도 몇 명이나 들어가겠습니까?

마치 술 취한 사람과 같아서 어찌 납승의 소식3026)이라도 있겠습니까?

이왕 이렇게 되어버렸으나 여기 종문의 일은 어떻습니까?

3024) 『聯燈會要』 卷第二十四, X79n1557_p0213c21~0214a20. 『古尊宿語錄』 卷之三十七, 「鼓山先興聖國師和尚法堂玄要廣集」, X68n1315_p0239b06~c07. 참조.

3025) 鼓山神晏(고산신안) : 용담숭신(龍潭崇信)-덕산선감(德山宣鑑)-설봉의존(雪峰義存)-고산신안(鼓山神晏). 주747) 참조.

3026) 氣息(기식) : 호흡의 기운. 숨. 소식. 말소리. 냄새. 습성.

화상 여러분.

여기에 이르려고 하면 역시 이러한 놈이라야만 하는데 매우 쉽진 않습니다.

형제여러분.

이 고산이 구업을 아끼지 않고 여러분들을 향해 말하겠습니다.

한 글자도 기억하여 빌리지 않고, 또한 하나의 공덕도 쓰지 않으며, 역시 눈 깜박임3027)을 쓰지도 않고, 역시 꾸짖음3028)을 쓰지도 않습니다.

결가부좌하고3029) 문득 이어 받습니다.

화상여러분.

바로 여기, 말해보십시오. 무엇을 이어 받았는지.

부처님을 이어 받았습니까, 법을 이어 받았습니까, 선(禪)을 이어 받았습니까, 도(道)를 이어 받았습니까?3030) 부처님의 향상사인 열반후구(涅槃後句)를 이어 받았습니까?

만일 이 구(句)를 이어 받았다면 크게 망령된 것입니다.

위로 향하는 마음을 쉬지 않는다고 하면, 여러 형제들과 결국은 교섭할 수가 없게 됩니다.

여러분의 분상에서 어떻게 이어 받겠습니까?

대중운력에서 무엇인지 잘 살펴보십시오.3031)

범부입니까, 성인입니까, 비로자나의 스승이며 법신의 주인입니까?

어느 곳에 거주합니까? 어느 해 어느 달에 그가 있습니까?

모나고 둥근지, 너르고 좁은지, 길고 짧은지, 크고 작은지 어디 한 번 말해 보십시오.

터럭이 천하3032)를 덮어 가릴 줄 압니까?

3027) 眨眼(잡안) : 눈을 깜박이다. 눈을 부릅뜨다. 눈 깜박할 사이.
3028) 呵氣(하기) : 꾸짖음.
3029) 大坐(대좌) : 위엄을 갖추고 앉다. 결가부좌하다.
3030) 爲復(위부) : ~이냐? 또는, ~이냐? 그렇지 않으면.
3031) 驗看(험간) : 살피다. 조사하다.
3032) 大物(대물) : 천하. 제왕의 자리. 귀중한 물건. 병기.

터럭 끝만치라도 간격이 있습니까?
어느 속을 향하여 그대로 옮겼으며 어느 속을 향하여 베꼈습니까?

화상여러분.
이렇게 드러내고 이렇게 가려 뽑아내었으면,3033) 어찌 그 자리서 곧장 깨달아버리지 못합니까?
또 다시 저 언구(言句) 속으로 들어가 의식(意識) 가운데서 배우면 무슨 교섭이 있겠습니까?
들어보지 못하였습니까?
'의(意)는 도적이요 식(識)은 물결이라 내달려서 구해보았자 마침내 쉴 자격이 없다'고 한 것을.

만일 스스로 안목을 갖추지 않고 남에게서 가려 분별하면, 두루마리 속에서 베끼고 책 속에서 베끼는 것일 뿐입니다.
설사 백 천만 구절의 용궁 바다 속에 저장된 경을 일시에 삼켜버린다 해도, 이는 모두 타인의 것이요 자기와는 아무런 상관이 없는 것입니다.

또한 의통(依通)3034)의 식견을 갖췄다고 하더라도, 마치 해파리가 새우를 빌려 눈을 삼는 것3035)과 같은 것이라 주체적으로 자유로이 살아갈 수 있는 자격이 없습니다.
또한 마치 눈 먼 자가 빛을 판별하는 것과 같은 것이라, 남의 말에 의지

3033) 聊要(요요) : 『고존숙어록』 37권에서는 절요(節要)라고 나온다. (X68n1315_p0239b20. "與麽節要.")

3034) 依通(의통) : 5가지 통력(通力) 가운데 하나이다. 약이나 주술 등의 힘으로 신통한 작용을 나타냄을 말한다. 나머지 통력에는 도통(道通)[중도(中道)의 진리를 증득한 후에 대용(大用)을 일으키고 무심하게 사물에 응하여 만유(萬有)를 교화함이 마치 영상(影像)이나 수월(水月), 허공의 꽃과 같이 일정한 자체가 없는 것이다.] · 신통(神通)[고요한 마음으로 만물을 관조(觀照)하여 숙명을 기억하며 가지가지의 분별이 모두 정력(定力)에 따르는 것.] · 보통(報通)[과보(果報)로서 저절로 있는 통력(通力)이다. 신(神)이 일을 미리 알며, 제천(諸天)이 형상을 변화하며, 중음신(中陰神)이 태어날 곳을 미리 알며, 용(龍)이 변화함과 같은 것이다.] · 요통(妖通)[여우가 늙어서 변화하며, 목석(木石)의 요정이 화현(化現)하여 사람과 신(神)에게 실리는 것과 같은 것이다.] 등이 있다.

3035) 水母借鰕為眼(수모차하위안) : '수모목하(水母目鰕)'의 비유이다. 해파리가 새우를 눈으로 삼는다. 눈이 없는 해파리가 새우에 의지하여서 움직인다는 것으로 자신의 주관이 없이 남의 말이나 따르는 것을 비유한다.

하기 때문에 실로 빛의 바른 모습을 가려내지 못하는 것입니다.
 만일 경과 율과 논을 배웠다면, 거기에는 각자 능숙하게 잘하는3036) 사람
들이 있습니다.

 그러므로 이 고산이 평소에 말하기를, '경에는 강사가 있고 율에는 율사가
있고 논에는 논사가 있어 함(函)마다 배열표지가 있고 부(部)마다 순서 기호
가 있으니, 밝은 대낮에는 창 앞에서 어두운 밤에는 등촉 옆에서 각자 사람
마다 전하며 지니라'3037)고 하였습니다.

 선사들은 어떻습니까?
 누가 말해보겠습니까? 어디 한 번 나와서 말해 보십시오."

 그때에 어떤 학인이 나서서 여쭈었다.
 "어떤 것이 목전에 드러난 기틀입니까?"
 말씀하셨다.
 "무엇을 말하는 거냐?"
 그 스님이 재차 여쭈자 스님이 "억!"하고 쫓아내셨다.

3036) 在(재) : 능숙하다. 뛰어나다. 잘하다.
3037) 이 법문은 『전등록』 18권에 나온다. (T51n2076_p0351a21~23, 『景德傳燈錄』 卷第十八.
　"經有經師論有論師律有律師, 有函有號有部有帙, 各有人傳持.")

410. 아호대의鵝湖大義

鵝湖, 問: "諸大德. 行住坐臥畢竟以何爲道?" 對云: "知者是." 曰: "'不可以智知, 不可以識識', 安得知者是?" 有對云: "無分別是." 曰: "'善能分別諸法相, 於第一義而不動', 安得無分別是?" 有對云: "四禪八定是." 曰: "'佛身無爲不墮諸數', 安在四禪八定邪?" 是時舉衆杜口.3038)

妙喜曰: "相罵饒你接觜, 相唾饒你潑水."

아호 대의스님3039)이 물으셨다.

"대덕 여러분. 행주좌와(行住坐臥)에 필경엔 무엇으로써 도를 삼습니까?"

누군가 대답하여 말했다.

"아는 것입니다."

말씀하셨다.

"'지(智)로써 알 수 없고 식(識)으로써도 인식할 수 없다'3040)고 하셨는데, 어째서 아는 것입니까?"

어떤 이가 대답하여 말씀드렸다.

"분별 없는 것입니다."

말씀하셨다.

"'모든 법의 상(相)을 잘 분별하지만 제일의(第一義)에서는 움직이지 않는다'3041)고 하셨는데, 어찌 분별없는 것이라고 하는 것입니까?"

누군가가 대답하여 말씀드렸다.

"사선(四禪)3042)과 팔정(八定)3043)입니다."

3038) 『景德傳燈錄』卷第七, T51n2076_p0253a11~17. 『聯燈會要』卷第五, X79n1557_p0048b17~22. 『五燈會元』卷第三, X80n1565_p0082a14~19. 참조.

3039) 鵝湖大義(아호대의) : 조계혜능(曹溪慧能)-남악회양(南嶽懷讓)-마조도일(馬祖道一)-아호대의(鵝湖大義). 745~818. 구주(衢州)[절강성] 수강(須江) 사람이다. 속성은 서씨(徐氏)다. 20세에 출가하여 구족계를 받고 마조 도일선사의 법을 이어 받은 후 아호산(鵝湖山)에 주석하였다. 원화(元和) 13년 정월 7일, 세수 74세로 입적하였다. 시호는 혜각선사(慧覺禪師)다.

3040) 『유마경』 「견아촉불품」에 나오는 법문이다. (T14n0475_p0555a09~10, 『維摩詰所說經』 「見阿閦佛品」 第十二. "不可以智知, 不可以識識.")

3041) 『유마경』 「불국품」에 나오는 법문이다. (T14n0475_p0537c13, 『維摩詰所說經』, 「佛國品」 第一. "能善分別諸法相 於第一義而不動")

3042) 四禪(사선) : 사정려(四靜慮)라고도 한다. 초선(初禪)・제이선(第二禪)・제삼선(第三禪)・제사

말씀하셨다.

"'부처님의 몸은 무위(無爲)라 온갖 수(數)에3044) 떨어지지 않는다'3045)고 하셨는데, 어찌하여 사선과 팔정에 있다고 하는 것입니까?"

이때 모든 대중이 입을 닫았다.

묘희스님이 말씀하셨다.

"욕을 하려면3046) 입이 닿을 때까지 실컷3047) 퍼부어 주고, 침을 뱉으려면 물을 쏟아 붓듯 실컷 뱉어라."3048)

411. 앙산혜적仰山慧寂

仰山和尚, 問僧: "汝是甚處人?" 曰: "幽州人." 山曰: "汝還思彼處否?" 曰: "常思." 山曰: "彼處樓臺林苑人馬騈闐. 汝返思思底, 還有許多般也無?" 僧於言下有省. 乃曰: "某甲到遮裏, 一切總不見有." 山曰: "汝解猶在境, 信位即是, 人位即不是." 僧曰: "和尚莫別有指示否?" 山曰: "別有別無即不中. 據汝見處, 只得一玄. 得坐披衣, 向後自看."3049)

선(第四禪) 등 네 개의 선(禪)이다. 초선(初禪)에서는 심(尋)·사(伺)·희(喜)·락(樂)·정(定의 다섯 요소가 있으나 제이선(第二禪)에서는 심(尋)과 사(伺)는 없어지고 내등정(內等淨)이 보태진다. 제삼선(第三禪)에서는 희(喜)가 없어지고 행사(行捨)·정념(正念)·정혜(正慧)·수락(受樂)·정(定)의 다섯 요소가 있게 된다. 제사선(第四禪)에서는 낙(樂)도 없어지고 행사(行捨)·염청정(念淸淨)·비고락수(非苦樂受)·정(定)의 네 가지 요소가 있게 된다.

3043) 八定(팔정) : 색계(色界)의 초선(初禪)·제이선(第二禪)·제삼선(第三禪)·제사선(第四禪)의 정(定)과 무색계(無色界)의 공무변처(空無邊處)·식무변처(識無邊處)·무소유처(無所有處)·비상비비상처(非想非非想處)의 사정(四定)을 합쳐서 팔정(八定)이라고 한다.

3044) 數(수) : Ⓢsaṃkhyā. 존재하는 수량을 표시하는 것.

3045) 『유마경』「제자품」에 나오는 법문이다. (T14n0475_p0542a17~18, 『維摩詰所說經』「弟子品」第三. "佛身無漏諸漏已盡, 佛身無爲不墮諸數.")

3046) 相(상) : 동사 앞에 쓰여 상대방에게 어떤 동작을 한다는 것을 나타내는 어조사.

3047) 饒(요) : 넉넉히. 실컷. 풍부하게. 후하게.

3048) 월운스님은 "욕을 하려면 주둥이가 닿을 때까지 하고, 침을 뱉으려면 물이 뿌려질 때까지 뱉어라."고 번역하였고,(월운스님, 『선문염송·염송설화』3, p129, 동국역경원, 2005.) 김태완은 "서로 욕할 때에는 비록 너라고 하더라도 맞받아 욕할 것이고, 서로 침을 뱉을 때에는 비록 너라고 하더라도 침을 튀길 것이다."라고 번역하고 있다. (김태완, 『대혜보각선사어록』2, p28, 소명출판, 2012.)

3049) 『祖堂集』卷第十八, K45-0349~0350. 『景德傳燈錄』卷第十一, T51n2076_p0283c15~20.

앙산 혜적스님3050)이 한 스님3051)에게 물으셨다.

"너는 어디 사람이냐?"3052)

말씀드렸다.

"유주(幽州)3053) 사람입니다."

앙산스님이 말씀하셨다.

"네가 그곳을 생각하느냐?"

말씀드렸다.

"늘 생각합니다."

앙산스님이 말씀하셨다.

"그곳의 누대(樓臺)3054)와 임원(林苑)3055)과 인마(人馬)3056)가 바글바글한데,3057) 네가 돌이켜 생각해보면 생각하는 것에 이렇게 많은 것들이 있느냐?"

그 스님이 말 떨어지자마자 깨달았다.

그러고 나서 곧 말하였다.

『袁州仰山慧寂禪師語錄』, T47n1990_p0587a28~b11.『聯燈會要』卷第八, X79n1557_p0075a0
4~12.『禪門拈頌集』卷第十四, K46-0238, 574則.『五燈會元』卷第九, X80n1565_p0190c07~1
7. 참조.

3050) 仰山慧寂(앙산혜적) : 마조도일(馬祖道一)-백장회해(百丈懷海)-위산영우(潙山靈祐)-앙산혜적
(仰山慧寂). 807~883. 주346) 참조.

3051)『오등회원』9권에서는 사익(思鄴)이라는 스님으로 나온다. (X80n1565_p0190c07. "僧思鄴
問")

3052)『전등록』11권에서는 이 문답의 앞에 약간의 대화가 더 있고 순서도 조금 다르게 나온다.
"어떤 스님이 여쭈었다. '선종에서 돈오하여 필경에 문으로 들어가는 뜻이 어떻습니까?' 스님이
말씀하셨다. '이 뜻은 매우 어렵다. 만일 조사 문하의 상근기와 뛰어난 지혜인이라면 하나를 들
으면 천을 알아버려 대총지를 얻을 것이나 이러한 근기의 사람은 얻기가 어렵다. 그 근기가 미
약하고 지혜가 하열한 사람이 있다. 그래서 고덕이 말씀하시기를 만일 「선정려에 안착하지 못하
게 되면 여기에 이르러 모두가 망연해져 버린다」고 하셨다.' 그 스님이 여쭈었다. '이러한 격외
의 도리를 제외하고 학인들을 증득하게 하는 방편이 따로 있습니까?' 스님이 말씀하셨다. '따로
있든 따로 없든 너의 마음이 편안치 못하게 할 뿐이다. 너는 어디 사람이냐?'" (T51n2076_p0
283c09~15. "僧問: '禪宗頓悟畢竟入門的意如何?'師曰: '此意極難. 若是祖宗門下上根上智, 一
聞千悟得大總持. 此根人難得. 其有根微智劣. 所以古德道, 若不安禪靜慮, 到遮裏總須茫然.'僧
曰: '除此格外, 還別有方便令學人得入也無?'師曰: '別有別無令汝心不安. 汝是什麼處人?'")

3053) 幽州(유주) : 주(州)의 이름으로 옛 구주(九州)의 하나이다. 전국시대 연(燕)나라 지역으로서
하북성 북부와 요녕성 일대이다.

3054) 樓臺(누대) : 높고 큰 건물을 두루 일컫는 말이다.

3055) 林苑(임원) : 사냥이나 놀이를 위하여 숲을 조성하고 짐승을 기르는 전원을 말한다.

3056) 人馬(인마) : 군대. 사람과 말.

3057) 駢闐(변전) : 죽 늘어서다. 한 곳으로 모이다. 숫자가 많음을 형용하는 말.

"제가 이곳에 이르니 일체가 모두 있음을 보지 못합니다."

앙산스님이 말씀하셨다.

"너의 이해는 아직도 경계에 있구나. 신위(信位)에는 곧 맞지만 인위(人位)에는3058) 곧 맞지 않다."

그 스님이 말씀드렸다.

"스님께서 별도로 가르쳐 주실 것이 있습니까?"

앙산스님이 말씀하셨다.

"별도로 있든 별도로 없든 곧 맞지 않다. 너의 현처(見處)에 의거하여 보면 그저 일현(一玄)3059)을 얻었을 뿐이다. 자리를 얻고 옷을 입으면3060) 뒷날 스스로 살펴보게 될 것이다."

412. 반산보적盤山寶積

盤山和尚, 示衆, 云: "向上一路, 千聖不傳, 學者勞形, 如猿捉影."
琅邪覺, 云: "上來講讚, 無限良因."3061)

반산 보적스님3062)이 대중에게 열어 보이셨다.

3058) 信位, 人位(신위, 인위) : 남양 혜충국사로부터 탐원 진응스님을 통해 앙산 혜적스님에게 전해진 96가지 원상(圓相) 가운데 삼위(三位)는 신위(信位)·인위(人位)·무위(無位)의 셋이다. 이 셋 가운데 신위(信位)와 인위(人位)를 말한다. 신위(信位)는 비량(比量)과 같아서 객관은 없어졌으나 주관이 남아 있으며 아직도 8식의 작용이 있다. 인위(人位)는 현량(現量)과 같아 있는 그대로를 양지(量知)하므로 추호도 분별추구(分別推求)하는 마음이 없어 대원경지(大圓鏡智)에 계합하여 들어간 곳이다.

3059) 一玄(일현) : 앙산스님이 말씀하신 제일현(第一玄)이다. 초심으로 문에 들어감이 일현(一玄)이다. "도존이 여쭈었다. '행해(行解)와 상응하려면 어떻게 해야 합니까?' 스님이 말씀하셨다. '너는 반드시 선종의 제삼현(第三玄)을 알아야만 한다. 초심이 귀중한 것이니, 문에 들어가는 제일현(第一玄)이다. 다음의 두 가지 현(玄)은 자리를 얻고 옷을 입는 것이니 너는 반드시 스스로 살펴보라.'"(K45-0349, 『祖堂集』 卷第十八. "道存問云: '如何得行解相應?' 和尙云: '汝須會得禪宗第三玄, 初心卽貴, 入門第一玄, 向後兩玄是得座被衣, 汝須自看.'")

3060) 得坐披衣(득좌피의) : 등상법좌(登上法座) 또는 천상법의(穿上法衣)라고도 한다. 주지가 절에서 상당(上堂)하여 대중설법하는 것을 말한다.

3061) 『祖堂集』 卷第十五, K45-0326. 『景德傳燈錄』 卷第七, T51n2076_p0253b13~14. 『聯燈會要』 卷第四, X79n1557_p0045a12~13. 『禪門拈頌集』 卷第七, K46-0117, 249則. 『五燈會元』 卷第三, X80n1565_p0077b09. 참조.

3062) 盤山寶積(반산보적) : 조계혜능(曹溪慧能)-남악회양(南嶽懷讓)-마조도일(馬祖道一)-반산보적(盤山寶積). 주974) 참조.

"향상일로(向上一路)는
천 명의 성인도 전하지 못하는데,
배우는 이가 신체를 지치게 하는 것은3063)
마치 원숭이가 그림자를 잡으려는 것과 같다네."

낭야 혜각스님3064)이 말씀하셨다.
"이렇게 말하여 한량없이 좋은 인연을 찬탄하였다."

413. 오설영묵五洩靈黙

五洩, 初到石頭處, 云: "一言相契即住, 不契即去." 頭據坐, 洩便行. 頭召云: "闍梨!" 洩回首, 頭云: "從生至死, 只是遮箇. 回頭轉腦作麼?" 洩於言下大悟, 乃拗折拄杖.3065)

오설 영묵스님3066)이 처음 석두 희천스님의 처소에 가서 말씀드렸다.
"한 마디가 서로 계합한다면 곧 머물겠습니다만, 계합하지 않는다면 곧 가겠습니다."
석두스님이 자리에 걸터앉으시자 오설스님이 바로 떠나가시니, 석두스님이

3063) 勞形(노형) : 신체를 지치게 만들다. 『장자』「내편」〈응제왕편〉에 나오는 말이다. "노담이 말했다. '이는 성인에 대하여는, 악무나 점복을 담당하는 하급관리가 자기의 기예에 매여서 신체를 지치게 하고 마음을 분주하게 하는 것일 뿐이다.'"(『莊子』「應帝王」. "老聃曰: '是於聖人也, 胥易技係, 勞形怵心者也.")

3064) 琅邪慧覺(낭야혜각) : 풍혈연소(風穴延沼)-수산성념(首山省念)-분양선소(汾陽善昭)-낭야혜각(琅邪慧覺). 주76) 참조.

3065) 『祖堂集』卷第十五, K45-0327. 『景德傳燈錄』卷第七, T51n2076_p0254b06~12. 『聯燈會要』卷第四, X79n1557_p0045b08~11. 『禪門拈頌集』卷第八, K46-0130, 293則. 『五燈會元』卷第三, X80n1565_p0077a05~09. 참조.

3066) 五洩靈黙(오설영묵) : 조계혜능(曹溪慧能)-남악회양(南嶽懷讓)-마조도일(馬祖道一)-오설영묵(五洩靈黙). 747~818. 비릉(毘陵)[강소성 상주(常州)] 출신. 속성은 선씨(宣氏). 석두 희천스님을 참례하고 활연대오하여 20년을 시봉하였으나 법은 마조 도일스님을 이었다. 정원(貞元)[785~804] 초에 천태산의 백사도량(白沙道場)에 주석하다가 2년 후에 포양(浦陽)으로 옮기고 다시 무주(婺州)[절강성]의 오설산(五洩山)으로 가서 주석하였다. 원화(元和) 13년 세수 72세로 입적하였다.

부르셨다.
"사리!"
오설스님이 고개를 돌리시자, 석두스님이 말씀하셨다.
"태어나서 죽을 때까지 오로지 '이것'이다. 머리를 돌리고 뇌를 굴려 뭐하자는 거냐?"
오설 스님이 말끝에 크게 깨달으셨다.
그리고는 주장자를 부러뜨려 버리셨다.3067)

414. 운거원우雲居元祐

雲居祐和尙, 示眾, 云:"參學之士, 須得悟由發明心地. 若悟法身主, 盡大地草木歸依佛法僧. 若悟毗盧師, 虛空世界歸依佛法僧. 且道. 喚甚麼作法身主? 喚甚麼作毗盧師? 要得直下會麼? 眼睛裏放光現瑞, 耳竅裏轉大法輪."

又結夏示眾, 云:"無相光中有一無位真人, 出沒三界流轉五道. 不捨十惡業不墮五陰身. 不除煩惱障不證涅槃心. 不憎毀禁不敬持戒. 不經冬不過夏, 汝等諸人還知去處麼?"良久. 云:"九旬陽焰裏, 五分法身圓."3068)

운거 원우스님3069)이 대중에게 열어 보이셨다.

3067) 『조당집』 15권에서는 이렇게 실려 있다. "스님이 곧 하직하고 석두스님께 가서 말씀드렸다. '만일 한마디에 계합한다면 곧 머물겠지만 만일 서로 계합하지 못한다면 떠나버리겠습니다.' 그러고 나서는 신발을 신은 채로 방석을 들고서 법당으로 올라가서 절을 하고는 인사를 다 마치고 서 있으니, 석두스님이 말씀하셨다. '어디서 왔느냐?' 스님이 무심코 그저 대답하셨다. '강서에서 왔습니다.' 석두스님이 말씀하셨다. '어디서 수업했느냐?' 스님이 대답하지 않고 곧장 소매를 떨치고는 나가면서 막 문지방을 넘어서려는데 석두스님이 '咄(Duō 뭐)!'하고 소리를 지르셨다. 스님이 한 발은 문 바깥쪽에 다른 한 발은 문 안쪽에 디딘 채로 고개를 돌리는 것을 보자마자 석두스님이 곧장 뺨을 갈기시고는 말씀하셨다. '태어나서 죽을 때까지 오로지 이 놈인데 다시 머리를 돌려 뭐하자는 거냐?' 스님이 활연히 대오하시고는 석두스님의 앞에서 몇 해를 시봉하니 오설화상이라고 불리었다."(K45-0327, 『祖堂集』 卷第十五. "師便辭到石頭, 云:'若一言相契則住, 若不相契則發去.' 著鞋履執座具上法堂, 禮拜一切了, 侍立, 石頭云:'什摩處來?' 師不在意對云:'江西來.' 石頭云:'受業在什摩處?' 師不祇對便拂袖而出, 纔過門時, 石頭便咄, 師一脚在外, 一脚在內, 轉頭, 看石頭便側掌, 云:'從生至死, 只這个漢, 更轉頭惱作什摩?' 師豁然大悟, 在和尙面前, 給侍數載, 呼爲五洩和尙也.")
3068) 『聯燈會要』 卷第十四, X79n1557_p0127a11~19. 참조.
3069) 雲居元祐(운거원우) : 분양선소(汾陽善昭)-석상초원(石霜楚圓)-황룡혜남(黃龍慧南)-운거원우(雲居元祐). 1030~1095. 송대의 임제종 황룡파의 스님이다. 신주(信州) 상요(上饒)출신으로 속

"참학하는 이는 반드시 마음자리를 들추어내어서 깨달아야만 합니다.
만일 법신의 주인을 깨달으면, 대지와 초목이 모두 다 불법승(佛法僧)에 귀의할 것입니다.
만일 비로자나의 스승을 깨달으면, 허공세계가 불법승(佛法僧)에 귀의할 것입니다.
바로 여기, 말해보십시오.
무엇을 법신의 주인이라고 합니까?
무엇을 비로자나의 스승이라고 합니까?
곧장 알고 싶습니까?

눈 안에서 빛을 놓아 상서로움을 나투고,
귓속에서 대법륜(大法輪)을 굴리네."

또 하안거 결제에 대중에게 열어 보이셨다.
"모양 없는 빛 속에 무위진인(無位眞人)이 한 명 있는데, 삼계(三界)에 출몰하며 다섯 갈래 길3070)을 돌고 돕니다.
그리고 십악(十惡)의 업3071)을 버리지 않으면서도 오온(五蘊)의 몸에 떨어지지도 않습니다.
번뇌장(煩惱障)3072)을 없애지도 않고 열반묘심(涅槃妙心)을 증득하지도 않습니다.

성은 왕씨(王氏)다. 24세에 출가하여 구족계를 받았다. 황룡 혜남스님의 문하로 들어가 10여년을 모시면서 그 법을 이었다. 그 후 옥간사(玉澗寺)에 주석하였다. 이 시기에 서왕(徐王)이 자색방포(紫色方袍)를 하사하였으나 받지 않았다. 이를 '원우회첩(元祐廻牒)'이라 한다. 만년에는 운거사(雲居寺)에 머물렀다. 소성(紹聖) 2년 7월 7일 세수 66세로 입적하였다. (T49n2036_p0676 b17~c14,『佛祖歷代通載』卷第十九. 참조.)
3070) 五道(오도) : 오취(五趣)라고도 한다. 유정들이 돌고 도는 다섯 갈래 길. 지옥·아귀·축생·인간·천상의 다섯 군데이다.
3071) 十惡業(십악업) : 몸과 입과 뜻으로 짓는 10가지의 악업이다. 곧, 살생(殺生)·투도(偸盜)·사음(邪淫)·망어(妄語)·기어(綺語)·양설(兩舌)·악구(惡口)·탐욕(貪欲)·진에(瞋恚)·사견(邪見) 등 10가지이다.
3072) 煩惱障(번뇌장) : 혹장(惑障)이라고도 한다. 유정(有情)의 마음을 교란시켜서 깨달음에 이르는 길을 방해하여 열반에 들어가지 못하게 하는 모든 번뇌이다. 주체의 존재가 있다고 하여 나를 집착하는 아집(我執)의 측면이다. 이에 반해 삼계에 나게 하는 작용은 없지만 알아야 할 대상경계를 덮어서 바른 지혜가 나오는 것을 방해하는 모든 번뇌를 소지장(所知障), 또는 지장(智障)이라고 한다. 사물에는 실체가 있다고 하여 법을 집착하는 법집(法執)의 측면이다.

금계(禁戒)를 훼손하여도 미워하질 않고 계를 잘 지녀도 공경하지 않습니다.

겨울을 지내지 않고 여름을 지나지도 않고서도 여러분 모두는 갈 곳을 압니까?"

한참 묵묵히 계셨다.

말씀하셨다.

"90일의 이글거리는 햇볕 속에
오분법신(五分法身)3073)이 완벽하구나."

415. 서여정단西余淨端

端師子, 看『楞嚴經』二頌. "七處徵心心不遂, 懵懂阿難不瞥地. 直饒徵得見無心, 也是泥中洗土塊. 八還之敎垂來久, 自古宗師各分剖. 直饒還得不還時, 也是蝦跳不出斗."3074)

단사자(端師子)3075)께서 『능엄경』을 보시고 지으신 2수의 노래.

칠처징심(七處徵心)3076)으로 마음을 못 밝히고,

3073) 五分法身(오분법신) : 비로자나 법신불의 다섯 가지 몸. 계(戒)의 몸[암(暗)a]·정(定)의 몸[밤(鑁)vaṃ]·혜(慧)의 몸[람(嚂)raṃ]·해탈(解脫)의 몸[함(唅)haṃ]·해탈지견(解脫知見)의 몸[캄(坎)khaṃ] 등 다섯이다.
3074) 『羅湖野錄』上, X83n1577_p0375c07~10. 참조.
3075) 西余淨端(서여정단) : 수산성념(首山省念)-곡은온총(谷隱蘊聰)-용화제악(龍華齊岳)-서여정단(西余淨端). 1030~1103. 송대 임제종스님이다. 자(字)가 표명(表明)이며, 호주(湖州) 귀안(歸安) 출신으로 속성은 구씨(丘氏)다. 겨우 6세에 오산(吳山) 해공원(解空院)의 보섬(寶暹)스님에게 출가하여 26세 되던 해에 구족계를 받았다. 그 후, 얼마 되지 않아 사자춤을 구경하다가 심요(心要)를 몰록 깨달았다. 그리고 인악(仁岳)스님에게 『능엄경』의 요지를 배웠다. 용화제악(龍華齊岳)선사가 항주(抗州) 용화사(龍華寺)에 주석한다는 소식을 듣고는 찾아뵙고 몸을 뒤집어 사자 흉내를 내 보이니 제악스님이 인가하였다. 그 후로 총림에서 '단사자(端獅子)'라 불리었다. 이후 오산(吳山)에서 개법(開法)하고 선풍을 날렸다. 송 휘종(徽宗) 때 숭녕(崇寧) 계미년 12월 5일에 세수 74세로 입적하였다.

궁리하던 아난은 깨닫질 못해.
설사 견(見)이 무심임을 밝혀내어도
진흙에다 흙덩이를 씻고 있는 것.

팔환지교(八還之敎)3077) 베푸신 지 이미 오랜데,
예부터 종사(宗師)들이 제각기 분석.
귀결할 수 없는 때로 돌렸더라도,
역시 새우는 국자를 못 벗어나지.

416. 운암담성雲巖曇晟

藥山和尚, 問雲巖: "甚處來?" 云: "百丈來." 曰: "百丈有何言句?" 云: "有時示衆, 云: '我有一句子百味具足.'" 山曰: "鹹即鹹味, 淡即淡味, 不鹹不淡是常味. 作麼生是百味具足底句?" 巖無對, 山笑曰: "爭柰目前生死何?" 巖云: "目前無生死." 曰: "二十年在百丈處, 俗氣也不除." 次日又問: "海兄更說甚法?" 云: "有時道: '三句外會取, 六句外省去.'" 山曰: "且喜! 沒交涉." 又問: "更說甚麼法?" 云: "有時陞堂衆集, 以拄杖打下, 復召大衆, 衆回首, 却云: '是甚麼?'" 山曰: "何不早道?" 巖於此有省.

妙喜曰: "省去即不無, 爭柰未出葛藤窠?"3078)

3076) 七處徵心(칠처징심): 『능엄경』 1권에서 마음이 어디에 있는가 하는 명제를 가지고 부처님이 아난존자에게 묻고 아난존자가 답하면서 재내(在內)[몸 안]·재외(在外)[몸 밖]·잠근(潛根)[눈 속]·장암(藏暗)[몸과 눈 속]·수합(隨合)[생각하는 자체]·중간(中間)[안도 아니고 바깥도 아닌 중간]·무착(無着)[어디에도 집착하지 않는 그것]의 7곳을 말하나 부처님이 하나하나 차례로 지적하며 가르침을 준다.

3077) 八還之敎(팔환지교): 『능엄경』 2권에서 부처님이 아난에게 변화하는 모양의 본래 원인이 있는 것으로 귀결시키는 8가지를 말하여 보는 성품의 정체를 밝혀주는 것이다. 밝음은 해로, 어둠은 흑월에, 통함은 문에, 막힘은 담장으로, 연(緣)은 분별로, 완허(頑虛)는 허공으로, 흙비는 티끌로, 맑음은 갠 데로 귀결된다고 하였다. 그리고는 이 8가지를 보는 정명(精明)한 성품은 어디로 귀결되느냐고 묻는다. (T19n0945_p0111b02~12, 『大佛頂萬行首楞嚴經』 卷第二. 참조.)

3078) 『聯燈會要』 卷第十九, X79n1557_p0168b01~12. 『禪門拈頌集』 卷第十三, K46-0219, 520則. 『五燈會元』 卷第五, X80n1565_p0114b12~24. 참조.

약산 유엄스님3079)이 운암 담성스님3080)에게 물으셨다.

"어디서 오느냐?"

말씀드렸다.

"백장스님에게서 옵니다."

말씀하셨다.

"백장스님이 무슨 말씀이 있더냐?"

말씀드렸다.

"어떤 땐 대중에게 열어 보이시길, '나에게 일구자(一句子)가 있는데 백 가지 맛을 갖추었다'고 하셨습니다."

약산스님이 말씀하셨다.

"짜면 짠 맛이요 싱거우면 싱거운 맛이고, 짜지도 않고 싱겁지도 않으면 일정한 맛이다. 어떤 것이 백 가지 맛을 갖춘 구(句)냐?"

운암스님이 답이 없으시자, 약산스님이 웃으시며 말씀하셨다.

"바로 지금의 생사를 어찌하려느냐?"

운암스님이 말씀드렸다.

"바로 지금에는 생사가 없습니다."

말씀하셨다.

"20년이나 백장스님 회하에 있었으면서 세속의 기풍을 덜어내지 못하였구나."

다음 날에 또 물으셨다.

"회해 사형이 다시 무슨 법문을 하시더냐?"

말씀드렸다.

"어떤 때는 '삼구(三句) 밖에서 알아라'고 말씀하시기도 하고, '육구(六句) 밖을 살피라'고도 하셨습니다."

약산스님이 말씀하셨다.

"아주 멋지군!3081) 완전히 어긋났다."

3079) 藥山惟儼(약산유엄) : 조계혜능(曹溪慧能)-청원행사(靑原行思)-석두희천(石頭希遷)-약산유엄(藥山惟儼). 751~834. 주713) 참조.

3080) 雲巖曇晟(운암담성) : 청원행사(靑原行思)-석두희천(石頭希遷)-약산유엄(藥山惟儼)-운암담성(雲巖曇晟). 782~841. 주714) 참조.

3081) 且喜(차희) : 선가(禪家)의 용어이다. 아주 훌륭하긴 하다만. 그렇다고는 하나. 그러긴 하다마

또 물으셨다.

"또 무슨 법문을 하시더냐?"

말씀드렸다.

"어떤 땐 법좌에 오르셔서 대중을 모아 놓고 주장자를 내려치시곤 다시 대중을 불러 대중이 고개를 돌리면, 바로 '뭐냐?'하고 말씀하십니다.3082)"

약산스님이 말씀하셨다.

"어째서 진작 말하질 않았느냐?"

운암스님이 여기서 깨달으셨다.

묘희스님이 말씀하셨다.

"깨달아버림은 곧 없지 않겠지만, 갈등의 소굴을 빠져나오지 못한 것은 어찌하겠느냐?"

417. 낭야혜각琅邪慧覺

琅邪覺和尙, 示衆, 云: "汝等諸人在我遮裏過夏, 與你點出五般病. 一不得向萬里無寸草處去. 二不得孤峯獨宿. 三不得張弓架箭. 四不得物外安身. 五不得滯於生殺. 何故? 一處有滯, 自救難爲. 五處若通, 方名導師. 汝等諸人若到諸方遇明眼作者, 與我通箇消息. 貴得祖風不墜, 若是常徒, 卽須寢息. 何故? 躶形國裏誇服飾, 想君大殺不知時."

又頌栢樹子話, 云: "趙州庭前栢, 衲僧皆罔測. 一堂雲水僧, 盡是十方客."3083)

낭야 혜각스님3084)이 대중에게 열어 보이셨다.

는. 그러나. 앞의 말을 먼저 긍정한 다음에 뒤의 말을 부정하는데 쓰이는 접속사이다.

3082) 『선문염송』 13권엔 이렇게 나온다. "어떤 땐 상당 법문을 마치시고 나서 대중이 흩어지고 있을 때에 다시 대중을 부르시는데 대중이 고개를 돌리면 곧바로 '뭐냐?'라고 말씀하십니다." (K46-0219, 『禪門拈頌集』 卷第十三. "有時, 上堂了, 大衆下堂次, 復召大衆, 大衆迴首, 乃云: '是什麽?'")

3083) 『嘉泰普燈錄』 卷第二, X79n1559_p0295b06~13. 『聯燈會要』 卷第十二, X79n1557_p0112a16~22. 『五燈會元』 卷第十二, X80n1565_p0241b09~15. 『古尊宿語錄』 卷之四十六, 「滁州瑯琊山覺和尙語錄」, X68n1315_p0311a02~08. 참조.

"여러분들은 나와 함께 여기서 여름을 보냈으니, 여러분에게 다섯 가지의 병(病)을 하나하나 가리켜 주겠습니다.

하나는 만 리에 풀 한포기 조차 없는 곳을 가보지도 못한 것입니다.
둘은 외딴 봉우리서 홀로 지내지 못한 것입니다.
셋은 화살을 메겨 활을 당기지 못한 것입니다.
넷은 물(物) 바깥에다 몸을 두질 못한 것입니다.
다섯은 나고 죽음을 멈추지 못한 것입니다.

무슨 까닭이겠습니까?
한 곳이라도 막히면 스스로조차 구하기도 어렵습니다.
만일 다섯 곳을 통해버린다면 비로소 도사(導師)3085)라고 할 수 있습니다.
여러분들이 제방에서 눈 밝은 작가를 만난다면, 통해버린 소식을 나에게 전할 수 있을 것입니다.
조사의 가풍이 추락하지 않게 하려면3086) 수행자들3087)은 곧바로 멈추어야합니다. 왜냐하면 나체의 나라 안에서 옷과 장식품을 자랑하는 데도 마치3088) 임금이 전혀3089) 상황을3090) 알지 못하는 것과 같습니다."

또 정전백수자 화두에 노래를 하셨다.

"조주스님의 정전백수자.
납승들 모두 못 헤아리네.
온 대청 안의 운수납자들,
모두 시방의 나그네라네."

3084) 琅邪慧覺(낭야혜각) : 풍혈연소(風穴延沼)-수산성념(首山省念)-분양선소(汾陽善昭)-낭야혜각(琅邪慧覺). 주76) 참조.

3085) 導師(도사) : 뭇삶들을 인도하여 불도(佛道)에 들어가게 하는 불보살(佛菩薩)의 통칭이다.

3086) 貴得(귀득) : ~하기를 바라다. ~하고자 하다.

3087) 常徒(상도) : 일반 사람. 보통 수행자.

3088) 想(상) : 마치 ~와 같다. 비슷하다.

3089) 大殺(태쇄) : 태쇄(太煞), 태쇄(太晬), 태쇄(太殺)로도 쓴다. 중국의 방언이다. '엄청' '과분하게' '매우' '십분' '아주' '충분히' '전혀' 등의 뜻으로 쓰인다.

3090) 時(시) : 풍조, 유행, 상황.

418. 육조혜능六祖慧能

唐中宗, 遣內侍薛簡馳詔迎請六祖: "願師慈念速赴上京." 祖上表辭疾: "願終林麓." 簡曰: "京城禪德皆云: '欲得會道, 必須坐禪習定. 若不因禪定而得解脫者, 未之有也.' 未審師所說法如何?" 祖曰: "道由心悟, 豈在坐也? 『經』云: '若見如來若坐若臥, 是行邪道. 何故? 無所從來亦無所去.' 若無生滅, 是如來淸淨禪, 諸法空寂, 是如來淸淨坐. 究竟無證, 豈況坐邪?" 簡曰: "弟子回京, 主上必問. 願和尙慈悲指示心要." 祖曰: "道無明暗, 明暗是代謝之義. 明明無盡, 亦是有盡." 簡曰: "明喩智慧, 暗況煩惱, 修道之人, 儻不以智慧照破煩惱, 無始生死憑何出離?" 祖曰: "若以智慧照煩惱者, 此是二乘小見, 羊鹿等機. 上智大根, 悉不如是." 簡曰: "如何是大乘見解?" 祖曰: "明與無明其性無二. 無二之性卽是實性. 實性者, 處凡愚而不減, 在賢聖而不增, 住煩惱而不亂, 居禪定而不寂, 不斷不常, 不來不去, 不在中間及其內外. 不生不滅, 性相如如, 常住不遷, 名之曰道." 簡曰: "師曰不生不滅, 何異外道?" 祖曰: "外道所說不生不滅者, 將滅止生, 以生顯滅. 滅猶不滅, 生說無生. 我說不生不滅者, 本自無生, 今亦無滅. 所以不同外道. 汝若欲知心要, 但一切善惡, 都莫思量. 自然得入, 淸淨心體, 湛然常寂, 妙用恒沙." 簡蒙指敎, 豁然大悟.3091)

당나라 중종(中宗)3092)이 급히 조서를 내려 내시인 설간을 보내어 육조 혜능스님3093)을 초빙하게 하였다.

3091) 『祖堂集』 卷第二, K45-0248, 『景德傳燈錄』 卷第五, T51n2076_p0235c24~0236a21. 『聯燈會要』 卷第二, X79n1557_p0025a05~b03. 『五燈會元』 卷第一, X80n1565_p0046c05~0047a05 . 『大藏一覽集』 卷第十, K45-0604. 『六祖大師法寶壇經』, T48n2008_p0359c13~0360a15. 참조.

3092) 中宗(중종) : 이름은 이현(李顯)이다. 656~710년. 당의 제4대 황제이다. 당 고종(高宗) 이치(李治)의 7남으로 모친은 유명한 측천황후(則天皇后) 무씨(武氏)이다. 고종이 죽고 7일 뒤인 684년 황제에 올랐으나, 1개월 뒤 684년 2월 26일에 폐위되었다. 이후 여릉왕으로 지위가 격하되어, 연금을 당했다. 690년엔 어머니인 무씨가 국호를 당(唐)에서 주(周)로 바꾸고 중국 역사상 유일한 여황제에 올랐다. 705년에 측천무후는 다시 태후로 물러났다. 이현은 705년 다시 황제에 올랐으나 부인인 황후 위씨(韋氏)가 정권을 장악하려 쿠데타를 일으켰다. 710년 7월 3일에 부인 위씨(韋氏)와 7녀인 안락공주에게 독살 당했다. 생전 존호는 응천신룡황제(應天神龍皇帝)이고, 시호는 중종(中宗) 대화대성대소효황제(大和大聖大昭孝皇帝)이다.

3093) 六祖慧能(육조혜능) : 감지승찬(鑑智僧璨)-쌍봉도신(雙峰道信)-황매홍인(黃梅弘忍)-조계혜능(曹溪慧能). 638~713. 주2770) 참조.

"바라건대 스님께서는 자비로우신 마음으로 속히 상경하여 주십시오."

조사께서는 병을 핑계로 표(表)3094)를 올려 사양하시면서 산속에서 생을 마감하기를 바란다고 하셨다.

설간이 말했다.

"서울의 선덕들이 모두 말하기를, '도(道)를 알려고 한다면 반드시 좌선을 하여 선정을 익혀야 한다. 선정을 인하지 않고 해탈하는 이는 아무도 없다'고 하였는데, 스님이 말씀하시는 법은 대체 어떤 것입니까?"

조사께서 말씀하셨다.

"도(道)는 마음을 말미암아 깨닫는 것입니다. 어찌 앉는 데에 있겠습니까? 『경』에 말씀하셨습니다.

'만일 여래를 앉는다거나 누운 것으로 본다면 이는 삿된 도이다. 무슨 까닭이냐? 온 곳도 없고 역시 간 곳도 없다.'3095)

만일 나고 멸함이 없다면 여래의 청정선(淸淨禪)입니다. 모든 법이 공적(空寂)한 것이 여래의 청정좌(淸淨坐)입니다. 구경(究竟)에는 증득할 것도 없는데 어찌 하물며 앉는 것이겠습니까?"

설간이 말씀드렸다.

"이 제자가 서울로 돌아가면 주상께서 틀림없이 물으실 것입니다. 스님께서 자비를 베푸시어 심요(心要)를 가르쳐 주십시오."

조사께서 말씀하셨다.

"도에는 밝음과 어두움이 없습니다. 밝음과 어두움은 서로서로 교체되는 의미입니다. 밝고 밝아서 다함이 없다 해도 역시 다함이 있는 것입니다."

설간이 말씀드렸다.

"밝음은 지혜에다 비유하고 어두움은 번뇌에다 비유할 수 있는데,3096) 도를 닦는 사람이 만일 지혜로써 번뇌를 비춰 부수지 못한다면 비롯함이 없

3094) 表(표) : 문체의 하나이다. 마음속의 생각을 적어 임금에게 올리는 글.

3095) 『금강경』에 나오는 법문이다. (T08n0235_p0752b03~05, 『金剛般若波羅蜜經』. "須菩提. 若有人言如來若來若去若坐若臥, 是人不解我所說義. 何以故? 如來者, 無所從來, 亦無所去, 故名如來.")

3096) 況(황) : 비유하다. 여타 모든 어록에서는 況(황)으로 나오지만 『조당집』 2권에만 喩(유)로 나온다. (K45-0248, 『祖堂集』 卷第二, 第二十一張. "薩簡曰: '明譬智慧, 闇喩煩惱.'")

는 생사를 무엇에 의지하여 벗어나겠습니까?”

조사께서 말씀하셨다.

“만일 지혜로써 번뇌를 비추는 것은, 양의 수레와 사슴의 수레를 찾는 근기인3097) 이승들의 작은 견해입니다. 뛰어난 지혜를 가진 대근기(大根機)는 모두 이렇지 않습니다.”

설간이 말씀드렸다.

“어떤 것이 대승의 견해입니까?”

조사께서 말씀하셨다.

“밝음과 밝음이 없음은 그 성품이 둘이 없습니다. 둘이 없는 성품이 곧 만유의 본체(實性)입니다. 만유의 본체란 어리석은 범부에 처하여도 줄어들지 않고 현인과 성인에 있어서도 늘어남이 없습니다. 번뇌에 머물지만 어지럽지 않고 선정에 들어있으나 고요하지 않습니다. 끊어 없애지도 않고 항상하지도 않으며 오지도 않고 가지도 않습니다. 중간에도 있지 않고 안팎에도 있지 않습니다. 남도 없고 멸함도 없으니, 성품과 모양은3098) 여여(如如)하여 항상 머물러 옮겨 변화하지 않음을 이름 붙여 도(道)라고 하는 것입니다.”

설간이 말씀드렸다.

“스님께서 남도 없고 멸함도 없다고 말씀하시니, 외도와 어떻게 다르다고 하겠습니까?”

조사께서 말씀하셨다.

“외도가 말한 남도 없고 멸함도 없음이란 것은, 멸한 것으로 남을 그치게 하고 남으로써 멸함을 드러내는 것입니다. 이는 멸함도 오히려 멸하지 않았고 남도 남이 없음을 말한 것입니다.

내가 말한 남도 없고 멸함도 없다는 것은, 본래부터 스스로 남이 없었으니

3097) 羊鹿等機(양록등기) : 양의 수레를 찾는 근기와 사슴의 수레를 찾는 근기. 『법화경』「비유품」에 나온다. 양거(羊車)는 성문승(聲聞乘)에 녹거(鹿車)는 연각승(緣覺乘)에 우거(牛車)는 보살승(菩薩乘)에 백우거(白牛車)는 일불승(一佛乘)에 각각 비유하였다.

3098) 性相(성상) : 성(性)은 불변이며 평등하며 절대적인 것으로 본체나 도리, 또는 사물 그 자체를 말하며 원성실성(圓成實性)의 진여(眞如)이다. 상(相)은 변화며 차별이며 상대적인 현상의 모습으로 의타기(依他起)의 만법이다.

지금도 역시 멸함이 없습니다. 그러므로 외도와는 같지 않은 것입니다.

당신이 만일 심요(心要)를 알고 싶다면, 다만 일체의 선과 악을 사량하지 마십시오. 자연히 청정한 심체(心體)에 들어가 담연하고 항상 고요하면서 미묘한 작용이 항하사와 같게 될 것입니다."

설간이 가르침을 받고는 활연히 크게 깨달았다.3099)

419. 향엄지한香嚴智閑

香嚴和尙, 垂語, 云: "如人上樹, 口嘞樹枝, 手不攀枝, 脚不蹋樹, 樹下有人問西來意. 不對則違他所問, 若對又喪身失命. 當恁麼時, 作麼生卽是?" 有虎頭上座, 云: "上樹卽不問, 未上樹請和尙道." 嚴呵呵大笑.

雪竇, 云: "樹上道卽易, 樹下道卽難. 老僧上樹也, 致將一問來." 保寧勇, 頌云: "曲設多方老古錐, 那堪枝上更生枝? 好如良馬窺鞭影, 逐塊且非師子兒."

妙喜, 曰: "吞得栗棘蓬, 透得金剛圈, 了看遮般說話, 也是泗州人見大聖."3100)

향엄 지한스님3101)이 학인들에게 법문하셨다.

"마치 어떤 사람이 나무 위에 올라가 입으로 나뭇가지를 물고, 손으로는 가지를 붙들지도 못하고, 발은 나무에 닿지 않는데, 나무 아래서 어떤 이가 '서쪽에서 오신 뜻'을 묻는다고 합시다.

대답하지 않으면 그의 물음을 거스른 것이 되고 대답한다면 목숨을 잃게 됩니다. 이러한 때를 맞닥뜨려서 어떻게 해야 옳겠습니까?"

호랑이 머리를 한 초(招)상좌3102)가 말했다.

3099) 이 육조 혜능스님의 화(話)는 돈황본『단경』에는 보이질 않는다.

3100)『祖堂集』卷第十九, K45-0351.『景德傳燈錄』卷第十一, T51n2076_p0284b21~25.『聯燈會要』卷第八, X79n1557_p0077a10~19.『禪門拈頌集』卷第十五, K46-0249, 600則.『五燈會元』卷第九, X80n1565_p0191b14~18. 참조.

3101) 香嚴智閑(향엄지한) : 마조도일(馬祖道一)-백장회해(百丈懷海)-위산영우(潙山靈祐)-향엄지한(香嚴智閑). ?~898. 주495) 참조.

3102) 虎頭上座(호두상좌) :『조당집』19권에서는 '호두초상좌(虎頭招上座)'라고 나온다.『선종송고련주통집』11권, 25권·『종문염고휘집』21권, 24권·『선림유취』19권·『불과격절록』권상(卷

“나무 위는 묻지 않겠지만 나무 위에 오르지 않았을 때를 스님께서 말씀해 주십시오.”
향엄스님이 “하하!”하고 크게 웃으셨다.

설두 중현스님3103)이 말씀하셨다.

“나무 위에서 말하는 것은 쉬우나
나무 아래서 말하는 것은 어렵네.
이 노승이 나무 위에 올라 갈 테니
어디 한 번 물어보아라.”

보령 인용스님3104)이 노래를 하셨다.

“여러 방편 잘 펼치는 노고추(老古錐)3105)께서
어찌 가지 위에 다시 가지를 내나?
좋은 말이 채찍 그림자 보듯 해야 하니,
진흙덩이 좇는 것은 사자 아니네.”

묘희스님이 말씀하셨다.
“율극봉(栗棘蓬)을 삼키고 금강권(金剛圈)을 투과해야만 마침내 이러한 설화를 깨달을 수 있으며 역시 사주(泗州)의 사람이 대성인(大聖人)을 보는 것이다.3106)”3107)

上) ‘제7칙 향엄수어(香嚴垂語)’·『만송노인평창천동각화상염고청익록(萬松老人評唱天童覺和尚拈古請益錄)』‘제7칙 향엄상수(香嚴上樹)’·『어선역대선사어록』후집상(後集上)·『오등회원』5권·『오등엄통』5권·『오등전서』17권·『지월록』31권·『선종정맥』5권·『선원몽구요림』하권(下卷) 등에 기록이 보인다.

3103) 雪竇重顯(설두중현) : 운문문언(雲門文偃)-향림징원(香林澄遠)-지문광조(智門光祚)-설두중현(雪竇重顯). 980~1052. 주347) 참조.

3104) 保寧仁勇(보령인용) : 분양선소(汾陽善昭)-석상초원(石霜楚圓)-양기방회(楊岐方會)-보령인용(保寧仁勇). 주265) 참조.

3105) 老古錐(노고추) : 노고(老古)는 원래 진(晉)나라 때의 농부를 말하는데 진나라 문공(文公)이 사냥하다 사슴이 도망간 곳을 묻자, 발가락을 까닥여서 방향을 가리켜 주었는데 이는 임금의 가벼운 출행을 풍자하여 간(諫)한 것이다. 문공이 그 뜻을 알아채고서 객례로 대우하였다고 한다. 그래서 노고(老古)는 지혜가 뛰어나고 원숙한 어른에 대한 존칭으로 쓰였다. 선가(禪家)에서는 원숙하고 노련하게 기봉을 휘두르는 선장(禪匠)을 노고추(老古錐)라고 한다.

3106) 泗州人見大聖(사주인견대성) : 사주(泗州)는 본래 북주(北周) 때 둔 주(州)로서 지금의 강소성(江蘇省) 숙천현(宿遷縣)의 남동쪽 지역에 있었다. 대성(大聖)은 당나라 중종 때 중앙아시아로부터 당나라로 간 승가대사(僧伽大師)를 일컫는 말이다. 승가대사가 사주의 임회현(臨淮縣)에다 절을 세우고 거처하면서 질병을 낫게 하거나 홍수를 물러나게 하고 외적의 침입을 막는 등 현세 재난을 구원하는 일을 하였다고 한다. 그래서 승가스님은 살아 있는 부처님이나 관세음보살로 추앙받았다고 한다. 사주의 사람이 대성을 본다는 말은 재난에서 벗어난다는 뜻으로 선가에서는 깨달음을 얻는다는 비유로 쓰고 있다.

3107) 이 화(話)에 대한 대혜스님의 상당법문과 보설이 있다. "'이때 향엄스님이 이렇게 말씀하시자마자 곁에서 곧바로 긍정하지 않는 이가 있었는데, 호두상좌라고 불렸습니다. 그가 대중 앞에 나서서 말했습니다. 「나무 위는 묻지 않겠지만 나무 밑을 한마디 말씀해 주십시오.」 險(xiǎn)! 이에 향엄스님이 「하하!」 크게 웃으셨습니다. 險(xiǎn)! 이 경산의 이 두 險(xiǎn)에서 하나의 險(xiǎn)은 하늘이 널리 덮고 땅이 널리 떠받쳐 올리는 것과 같지만, 하나의 險(xiǎn)은 아무래도 교섭할 수가 없습니다. 가려낼 이가 있습니까? 만일 가려낸다면 향엄스님을 바로 만나게 될 뿐만 아니라 호두 상좌가 안신입명할 곳이 없게 해 버릴 것입니다. 하지만 만일 없다면 이 경산이 현성공안(現成公案)으로 여러분들을 위해 설명해 주겠습니다. 죽비라고 부르면 저촉되고 죽비라고 부르지 않으면 곧 위배됩니다.'"(T47n1998Ap0827c09~17, 『大慧普覺禪師住徑山能仁禪院語錄』卷第四. "是時香嚴纔恁麽道, 便有箇傍不肯底, 喚作虎頭上座. 出衆云:「樹上卽不問, 樹下道將一句來.」師云:'險.'香嚴呵呵大笑.'師云:'險.''徑山這兩險, 有一險如天普蓋, 似地普擎, 有一險料掉沒交涉. 還有揀得出者麽? 若揀得出, 非唯親見香嚴, 亦使虎頭上座, 無安身立命處. 如無, 徑山將現成公案, 爲爾諸人, 下箇註脚. 喚作竹篦則觸, 不喚作竹篦則背.'") "'지난날 이 산승이 어떤 존숙에게 청익하였습니다. 「도대체 향엄스님의 뜻이 무엇입니까?」 그랬더니 불자(拂子) 자루를 입에다 물고 눈을 꼭 감고는 나뭇가지를 물고 매달린 시늉을 하면서 손을 흔들고 다리를 버둥대며 이 산승에게 대답하였습니다.' 그리고는 손가락을 튕기셨다. 말씀하셨다. '이와 같은 짓거리는 역시 당시에 명성이 자자한 자들도 오히려 이렇게 하던 행동인데, 그 밖의 괴이한 짓거리들은 말할 것도 없습니다. 그대들은 알고 싶습니까? 다만 일구(一句)로 만들어 본다면 내가 먼저 그대들에게 말해보겠습니다. 일구(一句)로 만들어 본다는 것을 듣자마자 곧 꺼내려는 자리에서 알아내려 하지 마십시오. 들먹이자마자 바로 알아내어도 또한 이 도리는 아닙니다. 그렇다면 무슨 도리입니까? 마치 어떤 사람이 나무에 올라가서 입으로 나뭇가지를 물고 손으로는 가지를 붙들지도 못하고, 발은 나무에 닿지 않는데, 나무 아래서 어떤 이가 〈서쪽에서 오신 뜻〉을 묻는다고 합시다. 대답하지 않으면 그의 물음을 거스른 것이 되고 대답한다면 목숨을 잃게 됩니다. 어떻습니까? 여기는 터럭만치도 용납될 틈이 없습니다. 그때 향엄스님의 회중에 오직 호두라는 상좌만이 향엄스님의 뜻을 알아내고는, 곧장 나와서 향엄스님에게 기개를 드러내었습니다. 「나무 위는 묻지 않겠습니다. 나무에 오르지 않았을 때를 스님께서 말씀해 주십시오.」라고 하였으니, 한바탕의 영예는 얻었지만 두 발꿈치를 베이고 말았습니다. 향엄스님이 「하하!」하고 크게 웃었으니, 낯짝에 철판을 깔았습니다.' 또 말씀하셨다. '하늘을 돌리고 땅의 축을 굴리는 것입니다. 뒤에 설두스님이 염송하였습니다. 「나무 위에서 말하는 것은 쉬우나/ 나무 아래서 말하는 것은 어렵네./ 이 노승이 나무 위에 올라 갈 테니/ 어디 한 번 물어보아라.」 설두스님이 비록 호두상좌의 기개를 열어주었지만 어쩌다 향엄스님은 놓쳐버렸을까요? 요즘 어떤 황당무계한 놈은 설두스님의 이러한 말씀을 듣고는 문득 동산스님이 「바로 지금 꺼림에 저촉하지 않기만 하면/ 역시 전조(前朝)의 단설재(斷舌才)보다는 나으리.」라고 말씀하신 것을 인용하여 「향엄스님이 이런 질문을 수립하신 것은 비유하자면 하나의 불덩이와 같아서 저촉할 수 없다」고 합니다. 하지만 언구(言句)를 끊지는 못하는 것이니, 어떤 이가 묻기를 「어떤 것이 부처입니까?」하면 「마삼근」이라 하셨고, 「어떤 것이 조사께서 오신 뜻입니까?」하면 「뜰 앞의 측백나무다」하셨으니, 여기에 어떤 방해될 것이 있겠습니까? 그대들이 알아듣기에 방해되진 않을 것입니다. 쯧. 듣지 못하였습니까? 분양스님이 노래하셨습니다. 「향엄이 가지 문 것으로 가르친 것은/ 동포들이 근본 진리 깨닫게 함이네.」 사실대로 터 놓으셨습니다. 「헤아리며 말 아래서 찾으려 하

420. 영명연수永明延壽

永明壽禪師, 因二僧來參, 乃問: "參頭曾到此間否?" 云: "曾到." 又問: "第二上座曾到否?" 云: "不曾到." 壽曰: "一得一失." 少選, 侍者, 問: "適來二僧, 未審那箇失那箇得?" 壽曰: "汝曾識遮二僧也無?" 云: "不曾識." 壽云: "同坑無異土."3108)

영명 연수선사3109)께 두 스님이 와서 참례하니 물으셨다.

"참두(參頭)3110)는 전에 여기에 온 적이 있느냐?"

한 스님이 말씀드렸다.

"전에 왔었습니다."

또 물으셨다.

"두 번째 상좌도 전에 왔었느냐?"

말씀드렸다.

"와보질 못했습니다."

연수스님이 말씀하셨다.

면,/ 목숨 잃고 죽은 이들 티끌 같다네.」 고심하지 않으면 남들이 알아주지 않습니다. 「분양이 그대 위해 하늘 길 여니,/ 구름 걷힌 긴 하늘엔 달빛 새롭네.」 부질없는 말입니다. 하지만 만일 여기서 들추어 알아내버리면 일생의 참학할 일을 끝내버리는 것입니다.'"
(T47n1998Ap0872a06~b04,『大慧普覺禪師普說』卷第十四,「秦國太夫人請普說」.'‘山僧昔年曾請益一箇尊宿.「未審香嚴意旨如何?」遂以拂子柄銜在口中, 緊閉卻眼, 便作銜樹枝勢, 搖手擺脚, 祇對山僧.' 師乃彈指. 云:'如此者亦是當年馳聲走譽底, 尚作這般去就, 其餘作怪不在言也. 爾要會麽? 但只作一句看, 我先爲爾說. 莫見道作一句看, 便向舉起處會. 舉了便會了, 且不是這箇道理. 是甚麼道理? 如人上樹, 口銜樹枝, 手不攀枝, 脚不蹋樹, 樹下有人問西來意. 不對則違他所問, 若對又喪身失命. 如何? 這裏間不容髮. 當時香嚴會中, 只有箇虎頭上座, 領得香嚴意, 便出來爲香嚴出氣, 云:「上樹卽不問, 未上樹請和尙道.」師云:'雖得一場榮, 刖卻一雙足. 香嚴呵呵大笑.' 師云:'鐵作面皮.' 又云:'回天輪轉地軸. 後來雪竇拈, 云:「樹上道卽易, 樹下道卽難. 老僧上樹也, 致將一問來.」雪竇雖爲虎頭上座出氣, 爭奈蹉過香嚴? 今時有般謬漢, 聞雪竇恁麼道, 便引洞山語, 云:「但能莫觸當今諱, 也勝前朝斷舌才」, 謂「香嚴立此箇問頭, 喩如一團火相似不可觸.」雖然如此, 不可斷卻言句, 有問:「如何是佛?」「麻三斤.」「如何是祖師西來意?」「庭前柏樹子.」又且何妨? 爾不妨會得. 好. 不見? 汾陽和尙頌, 曰:「香嚴銜樹示多人, 要引同袍達本眞.」師云:'依實供通.「擬議卻從言下覓, 喪身失命數如塵.」師云:'不是苦心人不知.「汾陽爲爾開天路, 雲散長空月色新.」師云:'閑言語. 雖然如是, 若向這裏提得, 一生叅學事畢.'")
3108)『聯燈會要』卷第二十八, X79n1557_p0243b08~10. 참조.
3109) 永明延壽(영명연수) : 나한계침(羅漢桂琛)-법안문익(法眼文益)-천태덕소(天台德韶)-영명연수(永明延壽). 904~975. 주1168) 참조.
3110) 叅頭(참두) : 참(叅)은 참학하는 스님을 말한다. 두(頭)는 두수(頭首)의 뜻이다. 처음 대중처소에 온 스님가운데 수위(首位)에 있는 스님이다.

"하나는 얻었고 하나는 잃었군."
잠시 후3111) 시자가 여쭈었다.
"방금 두 스님이 왔었는데 도대체 누가 잃었고 누가 얻었습니까?"
연수스님이 말씀하셨다.
"네가 전부터 이 두 스님을 알고 있었느냐?"
말씀드렸다.
"아는 사이가 아닙니다."
연수스님이 말씀하셨다.
"같은 구덩이에는 다른 흙이 없다."

421. 나한계남羅漢系南

羅漢南和尚, 示衆, 云: "大智如愚, 大巧若拙. 勿謂今朝中秋令節. 八極同風, 千潭共月. 三十年來蘆花照雪. 與麼悟去, 腦門百裂."

又示衆, 云: "颼颼籬根菊正黃, 妙談西祖意琅琅. 不知誰解聞斯語, 堪為宗門立紀綱. 便見羅漢拂子展大神通, 化作文殊普賢觀音勢至, 穿過諸人髑髏, 必也盡知來處. 可謂於出入息中供養恒沙諸佛. 若也不知, 分付德山臨濟." 擊, 一擊.3112)

나한 계남스님3113)이 대중에게 열어 보이셨다.
"큰 지혜는 마치 어리석은 것 같고,3114) 큰 재주는 마치 졸렬한 것 같습니다.3115) 오늘만 추석 명절이라 여기지 마십시오. 온 세상3116)이 풍속을

3111) 少選(소선) : 오래지 않아. 잠시. 잠깐 동안.
3112) 『聯燈會要』 卷第十六, X79n1557_p0135b05~12. 참조.
3113) 羅漢系南(나한계남) : 석상초원(石霜楚圓)-황룡혜남(黃龍慧南)-운거원우(雲居元祐)-나한계남(羅漢系南). 1050~1094. 주1736) 참조.
3114) 大智如愚(대지여우) : 소식(蘇軾)이 한 말이다. 큰 지혜를 갖춘 사람은 자신을 낮추어 전혀 드러내지 않으므로 마치 어리석은 것처럼 보인다는 뜻. (宋, 蘇軾, 『賀歐陽少師致仕啟』. "大勇若怯, 大智如愚.")
3115) 大巧若拙(대교약졸) : 노자의 『도덕경』에 나오는 말이다. "크게 곧은 것은 마치 굽은 것 같고, 크게 교묘한 것은 마치 졸렬한 것 같고, 큰 변재는 마치 어눌한 것 같다." (老子『道德經』. "大直若屈 大巧若拙 大辯若訥")
3116) 八極(팔극) : 팔구(八區), 팔극(八極), 팔락(八落), 팔하(八遐), 팔굉(八紘), 팔방(八方)과 같다. 온 세상. 아주 먼 곳의 땅. 천하.

함께하고, 천개의 못이 달과 함께합니다.
30년을 갈꽃이 눈부시게 빛났습니다.
이렇게 깨달으면 정수리3117)가 한없이 터져버립니다."

또 대중에게 열어 보이셨다.

"소슬바람 울 밑엔 노랑 국화꽃망울 터졌는데3118)
서래의(西來意) 낭랑하게 얘기 나누네.
도대체 누가 능히 이 말 듣고서,
종문 위해 기강을 세울 만하랴.

설사 이 나한(羅漢)이 불자로 큰 신통을 펴서 문수·보현·관음·세지로 화현하더라도, 여러 명의 촉루(髑髏)를 뚫어버려서 반드시 온 곳을 다 알아야 할 것입니다.
그래야만 숨 쉬는 사이에 항하사의 모든 부처님께 공양한다고 할 수 있습니다.
만일 알지 못했다면 덕산과 임제스님께 부탁하겠습니다."
한 번 치셨다.

422. 장경혜릉長慶慧稜

長慶, 云: "寧說阿羅漢有三毒, 不說如來有二種語. 不道如來無語, 只是無二種語." 保福, 云: "作麼生是如來語?" 慶云: "聾人爭得聞?" 福云: "情知汝向第二頭道." 慶云: "作麼生是如來語?" 福云: "喫茶去."3119)

3117) 腦門(뇌문) : 이마, 정수리, 백회(百會). 여기서는 정수리다. 대지혜(大智慧)가 열리는 것을 뇌문(腦門)이 터진다고 말한다. 인도에서는 정수리에서 천 개의 연꽃(Sahasrara-Chakra)이 열리는 것을 깨달음에 비유하였다. 중국에서는 이 깨달음의 순간을 '뇌문렬(腦門裂)'이라고 표현한다.
3118) 正(정) : 바야흐로. 또는 綻(탄)과 같은 의미이다. 꽃망울이 터지다.
3119)『祖堂集』卷第十一, K45-0303.『景德傳燈錄』卷第十九, T51n2076_p0354b27~c03.『禪門拈頌集』卷第二十五, K46-0413, 1105則.『五燈會元』卷第七, X80n1565_p0154a01~08. 참조.

장경 혜릉스님3120)이 말씀하셨다.

"차라리 아라한에게 삼독이 있다고 말할 것이지, 여래에게 두 가지 말씀이 있다고는 말하지 마시오. 여래가 말씀이 없다는 것을 말하는 것이 아니라, 그저 여래는 두 가지 말씀이 없으시다는 것이오."

보복 종전스님3121)이 말씀드렸다.

"어떤 것이 여래의 말씀입니까?"

장경스님이 말씀하셨다.

"귀먹은 이가 어찌 들을 수 있겠소?"

보복스님이 말씀드렸다.

"스님께서 두 번째 길로 향하는 줄은 짐작하고3122) 있었습니다."

장경스님이 말씀하셨다.

"어떤 것이 여래의 말씀이요?"

보복스님이 말씀드렸다.

"차드시지요."

423. 금봉종지金峰從志

金峯志和尙, 拈起枕子, 曰: "一切人喚作枕子, 金峯道不是." 僧云: "未審和尙喚作甚麽?" 志拈起枕子. 僧云: "與麽則依而行之也." 曰: "汝喚作甚麽?" 云: "枕子." 曰: "落在金峯窠裏."3123)

금봉 종지스님3124)이 베개를 들고 말씀하셨다.

3120) 長慶慧稜(장경혜릉) : 용담숭신(龍潭崇信)-덕산선감(德山宣鑑)-설봉의존(雪峰義存)-장경혜릉(長慶慧稜). 854~932. 주681) 참조.

3121) 保福從展(보복종전) : 용담숭신(龍潭崇信)-덕산선감(德山宣鑑)-설봉의존(雪峰義存)-보복종전(保福從展). ?~928. 주218) 참조.

3122) 情知(정지) : 분명히 알다. 깊이 알다. =정지도(情知道).

3123)『聯燈會要』卷第二十五, X79n1557_p0217c12~14.『五燈會元』卷第十三, X80n1565_p0274a13~16. 참조.

3124) 金峰從志(금봉종지) : 운암담성(雲巖曇晟)-동산양개(洞山良价)-조산본적(曹山本寂)-금봉종지(金峰從志). 주1784) 참조.

"모든 사람들이 베개라고 부르지만 이 금봉은 이렇게 말하지 않겠다."
한 스님이 말했다.
"도대체 스님께서는 뭐라고 하실 겁니까?"
종지스님이 베개를 들어 올리셨다.
그 스님이 말씀드렸다.
"이와 같다면 의지하여 행사하신 것입니다."
종지스님이 말씀하셨다.
"너는 뭐라고 부를 것이냐?"
그 스님이 말씀드렸다.
"베개라고 하겠습니다."
종지스님이 말씀하셨다.
"금봉의 소굴로 떨어졌구나!"

424. 현사사비玄沙師備

玄沙和尙, 欲徧歷諸方參尋知識, 攜囊出嶺, 築著脚指流血痛楚, 歎曰: "是身非有, 痛從何來?" 便回雪峯, 峯一日問: "那箇是備頭陀?" 曰: "終不敢誑於人." 又一日, 峯召曰: "備頭陀! 何不徧參去?" 曰: "達磨不來東土, 二祖不往西天." 峯然之. 又閱楞嚴發明心地, 由是應機敏捷與修多羅冥契. 峯歎曰: "備頭陀乃再來人也!"3125)

현사 사비스님3126)이 여러 곳을 두루 돌아다니며 선지식을 참심(參尋)하려고 하셨다. 그래서 바랑을 메고 재를 넘어가다가 발가락이 찔려 피가 흐르고 통증이 오니 탄식하셨다.

"이 몸은 존재하는 것이 아닌데 아픔이 어디서 올까?"

그리고는 곧 설봉스님 회상으로 돌아가셨다.

설봉스님이 하루는 물으셨다.

"어느 것이 비두타(備頭陀)3127)냐?"

말씀드렸다.

"어찌 사람을 속이겠습니까?"

또 어느 날 설봉스님이 부르셨다.

"비두타(備頭陀)! 어찌하여 두루 참방하지 않느냐?"

말씀드렸다.

"달마스님은 동쪽으로 오시지 않으셨고, 2조는 서천으로 가시지 않았습니다."

설봉 스님이 그럴 듯 여기셨다.

또 『능엄경』을 보시다가 마음자리를 밝히셨는데, 이로부터 사람들의 근기

3125)『景德傳燈錄』卷第十八, T51n2076_p0344a04~12.『聯燈會要』卷第二十三, X79n1557_p0
202c04~11.『五燈會元』卷第七, X80n1565_p0149a07~14. 참조.

3126) 玄沙師備(현사사비) : 용담숭신(龍潭崇信)-덕산선감(德山宣鑑)-설봉의존(雪峰義存)-현사사비
(玄沙師備). 835~908. 주269) 참조.

3127) 備頭陀(비두타) : 현사스님이 평소에 고행을 열심히 하였으므로 설봉스님이 비두타(備頭陀)라
고 지어 불렀다.

에 응하는 것이 민첩하셨고 수다라(修多羅)에도 암암리에 계합하셨다.

설봉 스님이 감탄하시며 말씀하셨다.

"비두타는 어찌 다시 태어난 사람이 아니겠느냐!"

425. 육조혜능六祖慧能

六祖, 一日謂門人, 曰:"吾欲歸新州, 汝等速治舟楫." 門人曰: "師從此去, 早晩却回?"祖曰:"葉落歸根, 來時無口."

法雲秀, 云:"非但來時無口, 去時亦無鼻孔."3128)

육조 혜능스님3129)이 하루는 문인들에게 말씀하셨다.

"내가 신주(新州)3130)로 돌아가려고 한다. 너희들은 어서 나룻배를 마련해 두어라."

문인이 말씀드렸다.

"스님께서 여기를 뜨시면 언제 돌아오실 겁니까?"

조사께서 말씀하셨다.

"이파리는 떨어져 뿌리로 돌아가니, 올 때는 입이 없다."3131)

법운 법수스님3132)이 말씀하셨다.

3128)『祖堂集』卷第二, K45-0249. 『聯燈會要』卷第二, X79n1557_p0025b12~16.『禪門拈頌集』
  卷第四, K46-0057, 115則.『五燈會元』卷第一, X80n1565_p0047b10~14. 참조.

3129) 六祖慧能(육조혜능) : 감지승찬(鑑智僧璨)-쌍봉도신(雙峰道信)-황매홍인(黃梅弘忍)-조계혜능
  (曹溪慧能). 638~713. 주2770) 참조.

3130) 新州(신주) : 남조(南朝) 양(梁) 때에 광동성(廣東省) 신흥현(新興縣)에 두었던 주(州)의 이름
  으로 혜능스님이 태어난 곳이다.

3131) 육조 혜능스님의 이 화(話)는 돈황본『단경』에는 보이지 않는다.

3132) 法雲法秀(법운법수) : 지문광조(智門光祚)-설두중현(雪竇重顯)-천의의회(天衣義懷)-법운법수
  (法雲法秀). 1027~1090. 법운원통(法雲圓通), 법수원통(法秀圓通)이라고도 함. 속성은 신씨(辛氏)
  이고 진주(秦州) 농성(隴城)[감숙성 진안현(鎭安縣)] 출신이다. 법운스님은 원래 노화상(魯和尙)의
  친한 도반이었다가 너무 늙어서 몸을 바꾸어 어머니에게 잉태하였다. 노화상이 이를 알고 가서
  자초지종을 알려주고 절로 데려와서 성(姓)을 노씨(魯氏)로 바꾸어준다. 17세에 머리를 깎고 20
  세에 이미『화엄경』을 강의하였을 뿐만 아니라 유식학과『원각경』에도 해박하였다. 세존이 가섭
  존자에게 전한 교외별전을 믿지 않는다하고 남방으로 가서 겨루어보려다 천의 의회스님을 만나
  크게 깨닫고 법을 이었다. 스승을 떠나 사면산에서 선법을 펼치다가 후에, 여산(廬山) 서현사(棲
  賢寺), 동경(東京) 법운사(法雲寺)에서 크게 종풍을 떨쳤다. 말년에는 진주 장로산 숭복선원에서

"올 때에 입이 없을 뿐만 아니라, 갈 때에도 역시 콧구멍이 없지."

426. 조주종심趙州從諗

趙州, 聞沙彌喝參, 乃向侍者, 云: "教伊去." 侍者繞教去, 沙彌便"珍重!" 州謂傍僧, 云: "沙彌得入門, 侍者在門外."3133)

조주 종심스님3134)께서 한 사미승이 할참(喝參)3135)하는 것을 들으시고 곧 시자에게 말씀하셨다.
"가라고 해라."
시자가 가라고 하자마자 사미승이 곧장 "안녕!"하였다.
조주스님이 곁의 스님에게 말씀하셨다.
"사미는 들어왔는데, 시자는 문밖에 있구나."3136)

427. 광혜원련廣慧元璉

廣慧璉和尙, 問念和尙: "學人親到寶山, 空手回時如何?" 念曰: "家家門前火把子." 璉於言下大悟, 云: "某甲不疑天下老和尙舌頭也." 念曰: "汝會處作麼生? 與我說來看." 曰: "只是地上水碾砂也." 念曰: "汝會也." 璉便禮拜.
妙喜曰: "你道. 念和尙還肯佗廣慧也無? 若道肯佗, 何故不與一棒? 若道不肯佗, 何故不與一棒? 有人於此道得, 妙喜與你一棒."3137)

보냈다. 원우(元祐) 5년 64세로 입적하였다.
3133) 『聯燈會要』 卷第六, X79n1557_p0058c01~02. 『禪門拈頌集』 卷第十二, K46-0200, 455則. 『五燈會元』 卷第四, X80n1565_p0093b05~07. 참조.
3134) 趙州從諗(조주종심) : 남악회양(南嶽懷讓)-마조도일(馬祖道一)-남전보원(南泉普願)-조주종심(趙州從諗). 778~897. 주203) 참조.
3135) 喝參(할참) : 어른 스님을 찾아뵙고 방문 앞에서 큰소리로 부르는 것.
3136) 이 화(話)에 대한 대혜스님의 염송이 있다. "소나무엔 솔솔 부는 바람,/ 회나무엔 쏴쏴 내리는 비/ 사자는 사람을 물건만/ 한나라 개는 흙덩이를 좇는다."(T47n1998Ap0851c11, 『大慧普覺禪師語錄』 卷第十. "颼颼風松, 蕭蕭雨檜. 師子咬人, 韓獹逐塊.")
3137) 『聯燈會要』 卷第十二, X79n1557_p0106b24~c03. 『禪門拈頌集』 卷第二十九, K46-0479, 1345則. 『五燈會元』 卷第十一, X80n1565_p0237a16~19. 참조.

광혜 원련스님3138)이 수산 성념스님3139)께 여쭈었다.
"학인이 직접 보배산에 들렀다가 빈손으로 돌아갈 때는 어떠합니까?"
성념스님이 말씀하셨다.
"집집마다 문 앞에서 횃불3140)을 든다."
원련스님이 말씀이 끝나자마자 대오하고 말씀드렸다.
"저는 천하의 어르신인 스님의 말씀을 의심하지 않습니다."
성념스님이 말씀하셨다.
"너는 어떻게 알았느냐? 나에게 말해 보거라."
말씀드렸다.
"그저 땅 위에서 노사(硵砂)3141)에 젖었습니다."
성념스님이 말씀하셨다.
"네가 알아 버렸구나!"
원련 스님이 바로 절하셨다.

묘희스님이 말씀하셨다.
"너는 말해보아라. 성념스님이 광혜스님을 긍정하였느냐?
만약 긍정하였다고 말할 것 같으면, 어찌하여 방망이로 때리지 않았느냐?
만약 긍정하지 않았다고 말할 것 같으면, 어찌하여 방망이로 때리지 않았느냐?
여기에 대하여 말할 수 있는 사람이 있으면 내가 그에게 방망이로 때려주겠다."

3138) 廣慧元璉(광혜원련) ː 보응혜옹(寶應慧顒)-풍혈연소(風穴延沼)-수산성념(首山省念)-광혜원련
  (廣慧元璉). 951~1036. 주1601) 참조.
3139) 首山省念(수산성념) ː 흥화존장(興化存奬)-보응혜옹(寶應慧顒)-풍혈연소(風穴延沼)-수산성념
  (首山省念). 926~993. 주927) 참조.
3140) 火把子(화파자) : 횃불.
3141) 硵砂(노사) : 독석(毒石)이다. 지독한 독의 성분이 들어 있는 돌. 염화암모늄(NH₄Cl).

428. 영광원진永光院眞

永光眞和尚, 示衆, 云: "言鋒若差, 鄕關萬里, 直須懸崖撒手, 自肯承當. 絶後再蘇, 欺君不得. 非常之旨, 人焉廋哉?"3142)

영광원 진스님3143)이 대중에게 열어 보이셨다.

"말끝이 어긋나면 고향집과는 만리나 멀어지니, 모름지기 절벽에서 손을 놓아 스스로 깨달아야 합니다.

목숨이 끊어진 후에 다시 살아나면 그대를 속이지 못할 것이니, 비상(非常) 한 뜻을 사람들이 어찌 숨길 수 있겠습니까?3144)"

429. 혜산장稸山章

稸山章和尚, 在投子作柴頭. 喫茶次, 投子謂, 曰: "森羅萬象, 總在遮一椀茶裏." 章便覆却茶. 云: "森羅萬象在甚麼處?" 投子曰: "可惜一椀茶." 章後謁雪峯, 峯問: "莫是章柴頭麼?" 章乃作輪椎勢, 峯肯之.3145)

혜산 장스님3146)이 투자 대동스님3147)의 회상에서 시두(柴頭)3148)소임을

3142) 『景德傳燈錄』卷第二十, T51n2076_p0362a20~22.『聯燈會要』卷第二十五, X79n1557_p02
    19b09~11.『五燈會元』卷第十三, X80n1565_p0277b15~17. 참조.
3143) 永光院眞(영광원진) : 운암담성(雲巖曇晟)-동산양개(洞山良价)-운거도응(雲居道膺)-영광원진
    (永光院眞).『경덕전등록』20권 ·『정법안장』2권하(下) ·『연등회요』25권 ·『오등회원』13권
    ·『오등엄통』13권 ·『오등전서』28권 ·『선종정맥』7권 등에 법문이 나온다.
3144) 人焉廋哉(인언수재) :『논어』「위정편」에 나오는 구절이다. "공자께서 말씀하셨다. '그 소이
    (所以)를 보고, 그 소유(所由)를 잘 들여다보고 그 소안(所安)을 자세히 살펴본다면 사람이 어찌
    숨길 수 있겠느냐? 사람이 어찌 숨길 수 있겠느냐?'"(『論語』「爲政篇」. "子曰: '視其所以, 觀
    其所由, 察其所安, 人焉廋哉, 人焉廋哉.'")
3145) 『景德傳燈錄』卷第二十, T51n2076_p0363b18~22.『聯燈會要』卷第二十五, X79n1557_p02
    19c09~11.『五燈會元』卷第十三, X80n1565_p0276c22~0277a01. 참조.
3146) 稸山章(혜산장) : 운암담성(雲巖曇晟)-동산양개(洞山良价)-운거도응(雲居道膺)-혜산장(稸山
    章). 지주혜산장선사(池州稸山章禪師)다.『경덕전등록』23권 ·『연등회요』25권 ·『오등회원』13
    권 ·『오등엄통』13권 ·『오등전서』28권 ·『어선역대선사어록』후집중(後集中) ·『종문염고휘집』
    37권 ·『종감법림』66권 ·『지월록』20권 등에 기록이 보인다.
3147) 投子大同(투자대동) : 석두희천(石頭希遷)-단하천연(丹霞天然)-취미무학(翠微無學)-투자대동
    (投子大同). 819~914. 주380) 참조.

맡으셨다.

차를 마시다가 투자스님이 말씀하셨다.

"삼라만상이 몽땅 이 한사발의 차 속에 있다."

혜산 장스님이 얼른 차를 엎어버리고는 말씀드렸다.

"삼라만상이 어디에 있습니까?"

투자스님이 말씀하셨다.

"아까와라. 한 사발의 차."

혜산 장스님이 뒤에 설봉스님을 찾아뵈니, 설봉스님이 물으셨다.

"장시두가 아니냐?"

혜산 장스님이 곧 망치를 휘두르는 시늉을 하자, 설봉스님이 긍정하셨다.

430. 경조향성京兆香城

香城和尚, 初參通和尚, 問: "一似兩箇時如何?" 通曰: "一箇賺汝." 香城乃省.
僧問: "囊無繫蟖之絲, 厨乏聚蠅之糝時如何?" 城曰: "日捨不求, 思從妄得."3149)

경조 향성스님3150)이 처음 북원 통스님3151)을 찾아뵙고 여쭈었다.

"두 개가 똑같을 때는 어떠합니까?"

통스님이 말씀하셨다.

"하나라도 그대를 속일 것이다."

향성스님이 곧 깨달았다.

3148) 柴頭(시두) : 반두(飯頭) 밑에서 땔나무를 공급하는 소임.

3149) 『景德傳燈錄』 卷第二十, T51n2076_p0366c01~10. 『五燈會元』 卷第十三, X80n1565_p028
3a03~10. 참조.

3150) 京兆香城(경조향성) : 운암담성(雲巖曇晟)-동산양개(洞山良价)-북원통(北院通)-경조향성(京兆
香城). 자세한 것은 알 수 없으나, 『경덕전등록』 20권·『오등회원』 13권·『오등엄통』 13권·
『오등전서』 28권 등에 기록이 보인다.

3151) 北院通(북원통) : 약산유엄(藥山惟儼)-운암담성(雲巖曇晟)-동산양개(洞山良价)-북원통(北院
通). 오대후당(五代後唐) 때의 스님. 처음에 협산 선회스님을 참알하였으나 계합하지 못하고 동
산 양개스님을 참례하여 개오하고 그 법을 이었다. 후에 익주(益州) 북원(北院)에 주석하였다.
시호는 증진선사(證眞禪師)이다.

어떤 스님이 여쭈었다.
"주머니에는 개미를 묶을 끈이 없고, 부엌에는 파리를 모을 음식이 없을 때는 어떠합니까?"
향성스님이 말씀하셨다.
"날마다 버리고 구하지 말아야 하는데 망(妄)을 좇으려 하느냐?"

431. 명초덕겸明招德謙

明招和尚, 問疎山: "虎生七子, 那箇無尾巴?" 山云: "第七箇無尾巴."3152)

명초 덕겸스님3153)이 소산 광인스님3154)께 여쭈었다.
"호랑이가 새끼를 일곱 마리 낳으면, 어떤 새끼가 꼬리가 없습니까?"
소산 스님이 말씀하셨다.
"일곱 번째 새끼가 꼬리가 없지."3155)

3152) 『禪門拈頌集』 卷第二十八, K46-0459, 1274則. 『五燈會元』 卷第十三, X80n1565_p0268c16 ~17. 참조.
3153) 明招德謙(명초덕겸) : 덕산선감(德山宣鑑)-암두전활(巖頭全豁)-나산도한(羅山道閑)-명초덕겸 (明招德謙). ?~947. 주995) 참조.
3154) 疎山匡仁(소산광인) : 약산유엄(藥山惟儼)-운암담성(雲巖曇晟)-동산양개(洞山良价)-소산광인 (疎山匡仁). 주430) 참조. 『선문염송』 28권에는 나산 도한스님으로 나온다. 『오등회원』 13권, 『지월록』 18권, 『불해할당선사광록、佛海瞎堂禪師廣錄]』 1권에서는 소산 광인스님으로 나온다. 『고존숙어록』 47권의 「동림화상운문암주송고(東林和尚雲門庵主頌古)」에서는 그냥 '승(僧)'으로 나온다.
3155) 『대혜어록』 10권에는 여기에 대혜스님의 염송이 있다. "일곱째 범이 꼬리 없다니/ 소 먹는 기세 자랑할 만하구나./ 총림에서 비비하게 입술만 다투니/ 행인이 몇이나 집으로 돌아갔을 까?" (T47n1998Ap0851a14, 『大慧普覺禪師語錄』 卷第十. "第七菴菟沒尾巴, 食牛之氣已堪誇. 叢林俳俳爭脣吻, 幾箇行人得到家?")

432. 약산유엄藥山惟儼

藥山, 與道吾雲巖游山次, 見兩株樹一枯一榮. 山乃問巖云: "枯者是, 榮者是?" 云: "榮者是." 山曰: "與麼則灼然一切處, 光明燦爛去." 又問道吾, 吾云: "枯者是." 山曰: "與麼則灼然一切處, 枯淡去." 少頃高沙彌至, 山又問, 高云: "枯者從佗自枯, 榮者從佗自榮." 山回顧雲巖道吾曰: "不是. 不是."3156)

약산 유엄스님3157)이 도오 원지스님3158)과 운암 담성스님3159)과 함께 산을 유람하시다가 두 그루의 나무를 보셨는데, 한그루는 마르고 한그루는 무성하였다.

약산스님이 곧 운암스님에게 물으셨다.

"마른 것이 옳으냐, 무성한 것이 옳으냐?"

말씀드렸다.

"무성한 것이 옳습니다."3160)

약산스님이 말씀하셨다.

"이와 같다면 명백히 모든 곳이 광명으로 찬란할 것이다."

또 도오스님에게 물으시니, 도오스님이 말씀드렸다.

"마른 것이 옳습니다."

약산스님이 말씀하셨다.

"이와 같다면 명백히 모든 곳이 마르고 담백할 것이다."

잠시 뒤에 고(高) 사미(沙彌)3161)가 오자, 약산스님이 또 물으셨다.

3156) 『聯燈會要』 卷第十九, X79n1557_p0164a18~23. 『禪門拈頌集』 卷第九, K46-0143, 327則. 『五燈會元』 卷第五, X80n1565_p0109c06~11. 참조.

3157) 藥山惟儼(약산유엄) : 조계혜능(曹溪慧能)-청원행사(靑原行思)-석두희천(石頭希遷)-약산유엄(藥山惟儼). 751~834. 주713) 참조.

3158) 道吾圓智(도오원지) : 청원행사(靑原行思)-석두희천(石頭希遷-약산유엄(藥山惟儼)-도오원지(道吾圓智). 769~835. 주2520) 참조.

3159) 雲巖曇晟(운암담성) : 청원행사(靑原行思)-석두희천(石頭希遷)-약산유엄(藥山惟儼)-운암담성(雲巖曇晟). 782~841. 주714) 참조.

3160) 『오등회원』 5권에서는 운암스님과 도오스님이 바뀌어 나온다. (X80n1565_p0109c07~09. "問道吾曰: '枯者是, 榮者是?' 吾曰: '榮者是.' 師曰: '灼然一切處, 光明燦爛去' 又問雲巖: '枯者是, 榮者是?' 巖曰: '枯者是.'")

3161) 藥山高(약산고) : 청원행사(靑原行思)-석두희천(石頭希遷)-약산유엄(藥山惟儼)-약산고(藥山高). 예주(澧州)[호남성(湖南省) 예현(澧縣)] 출신. 고사미(高沙彌)라고도 한다. '사미구계(沙彌求

고(高) 사미(沙彌)가 말씀드렸다.

"마른 것은 스스로 마른대로 두고, 무성한 것은 스스로 무성한 대로 둡니다."

약산스님이 운암스님과 도오스님을 돌아보면서 말씀하셨다.

"옳지 않다. 옳지 않다."

433. 남악회양南嶽懷讓

南嶽讓和尚, 初參六祖. 祖問: "甚處來?" 曰: "嵩山來." 祖曰: "甚麼物恁麼來?" 曰: "說似一物卽不中." 祖曰: "還假修證也無?" 曰: "修證卽不無, 汙染卽不得." 祖曰: "只此不汙染, 乃諸佛之護念, 汝旣如是, 吾亦如是."3162)

남악 회양스님3163)이 처음 육조 혜능스님을 참례하였다.

육조스님이 말씀하셨다.

"어디에서 오느냐?"

말씀드렸다.

"숭산에서 옵니다."

육조스님이 말씀하셨다.

"무슨 물건이 이렇게 왔느냐?"

말씀드렸다.

"한 물건이라 해도 맞지 않습니다."

육조스님이 말씀하셨다.

"닦고 증득할 필요가 있는가?"

戒)' 화(話)와, '약산곡조(藥山曲調)' 화(話)의 주인공이다.

3162) 『祖堂集』 卷第三, K45-0256. 『景德傳燈錄』 卷第五, T51n2076_p0240c11~15. 『天聖廣燈錄』 卷第八, X78n1553_p0447c16~21. 『建中靖國續燈錄』 卷第一, X78n1556_p0645b11~15. 『聯燈會要』 卷第四, X79n1557_p0036b07~10. 『禪門拈頌集』 卷第四, K46-0058, 119則. 『五燈會元』 卷第三, X80n1565_p0069c01~05. 『古尊宿語錄』 卷第一, X68n1315_p0003a07~12. 참조.

3163) 南嶽懷讓(남악회양) : 쌍봉도신(雙峰道信)-황매홍인(黃梅弘忍)-조계혜능(曹溪慧能)-남악회양(南嶽懷讓). 677~744. 주1000) 참조.

말씀드렸다.

"닦고 증득할 것이 없진 않지만, 오염되지만 않으면 됩니다."

육조스님이 말씀하셨다.

"이 오염되지 않음이야말로 곧 모든 부처님이 호념(護念)해주시는 것이니, 네가 바로 이와 같고, 나도 또한 이와 같다."

434. 지문광조智門光祚

智門祚和尙, 示衆, 云: "雪峯輥毬, 羅漢書字, 歸宗斬蛇, 大隋燒畬. 且道. 明甚麼邊事? 還有人明得麼? 試道看. 若明不得, 所以道斬蛇須是斬蛇手, 燒畬須是燒畬人. 瞥起情塵生妄見. 眼裏無筋一世貧."

僧問: "如何是大通智勝佛?" 曰: "言無再響." 云: "如何是十劫坐道場?" 曰: "禍不單行." 云: "如何是佛法不現前?" 曰: "金屑雖貴." 云: "如何是不得成佛道?" 曰: "眼裏著不得."3164)

지문 광조스님3165)이 대중에게 열어 보이셨다.

"설봉스님이 공을 굴리고,3166) 나한(羅漢)스님은 글자를 쓰고,3167) 귀종스

3164) 『聯燈會要』 卷第二十七, X79n1557_p0236b20~23. 『禪門拈頌集』 卷第二, K46-0024, 40則. 『五燈會元』 卷第十五, X80n1565_p0318b21~c01. 『古尊宿語錄』 卷之三十九, 「智門祚禪師語錄」, X68n1315_p0256a06~11. 참조.

3165) 智門光祚(지문광조) : 설봉의존(雪峰義存)-운문문언(雲門文偃)-향림징원(香林澄遠)-지문광조(智門光祚). 950~1030. 주1059) 참조.

3166) 雪峯輥毬(설봉곤구) : 설봉스님과 현사스님의 일화이다. "현사 사비스님이 설봉 의존스님께 물으셨다. '제가 지금 크게 작용하고 있습니다만 스님께서는 어떠하십니까?' 설봉스님께서 3개의 나무 공을 집어 들고 한꺼번에 던져버리시니, 사비스님이 도끼로 목판을 쪼개는 자세를 취하셨다. 설봉스님이 말씀하셨다. '네가 직접 영산(靈山)에 있다면 비로소 이와 같을 것이다.' 사비스님이 말씀하셨다. '역시 주인공의 일입니다.'" (X73n1445_p0011c10~12, 『福州玄沙宗一大師廣錄』 中. "師問雪峯云: '某如今大用去, 和尙且作麼生?' 峯遂將三箇木毬一時拋, 師遂作斫牌勢祗對. 峯云: '你親在靈山, 方得如此.' 師云: '也只是自家事."")

3167) 羅漢書字(나한서자) : ①'문익서자(文益書字)'라고도 한다. 나한계침(羅漢桂琛)스님의 법을 이은 법안 문익스님의 화(話)다. "[화보(和補)스님이 말씀하셨다.] '옛날에 한 노숙이 계셨는데 암자에 머물면서 문에다 심자(心字)를 써 놓고 창문에도 심자(心字)를 써놓고 벽에도 심자(心字)를 써 놓았다.' 법안스님이 말씀하셨다. '문에다 그저 문자(門字)를 쓰고 창 위에는 그저 창자(窗字)를 쓰고 벽 위에도 그저 벽자(壁字)를 써야지.' 현각스님이 말씀하셨다. '문에다 문자(門字)를 쓸 필요 없고 창에는 창자(窗字)를 쓸 필요가 없고 벽 위에도 벽자(壁字)를 쓸 필요가 없다.'" (X79n1557_p0258b18~22, 『聯燈會要』 卷第二十九. "昔有一老宿, 住庵, 於門上, 書心字, 於窗

님은 뱀을 베고,3168) 대수스님은 밭을 불살랐습니다.3169)

바로 지금, 말해보십시오.

무슨 변경의 일(邊事)을 밝힌 것입니까?

밝힌 사람이 있습니까? 한 번 말해 보십시오.

만약 밝히지 못하였다면 뱀을 베는 것은 모름지기 뱀을 벤 손이요, 밭을 불사르는 것은 모름지기 밭을 태운 사람이라야 한다고 말하는 것입니다.

정진(情塵)3170)이 일어나자마자 망견(妄見)이 생깁니다.

눈 안에 근육이 없으면 한 평생 가난한 사람입니다."

한 스님이 여쭈었다.

上, 書心字, 於壁上, 書心字.　法眼云: '門上但書門字, 窗上但書窗字, 壁上但書壁字.' 玄覺云: '門上不要書門字, 窗上不要書窗字, 壁上不要書壁字.'")

② 『조정사원』 1권에서는 '앙산식자(仰山識字)' 화(話)로 들고 있다. "나한서자(羅漢書字). 앙산스님이 홍주 관음사에 계실 때, 죽을 드시고 앉아 계시는데, 한 스님이 와서 절을 하였다. 스님이 돌아보지도 않으시자, 그 스님이 여쭈었다. '스님께선 글자를 아십니까?' 스님이 말씀하셨다. '대충 알지.' 그 스님이 곧 오른 쪽으로 한 바퀴 돌고서 말씀드렸다. '이것은 무슨 글자입니까?' 스님이 땅위에다 십자(十字)를 써서 응대하시니, 그 스님이 왼쪽으로 한 바퀴 돌고는 말씀드렸다. '이것은 무슨 글자입니까?' 스님이 다시 십자(十字)를 만자(卍字)로 고쳐서 쓰시니, 그 스님이 두 손으로 둥글게 모양을 짓고는 마치 아수라가 해와 달을 받드는 자세를 취하고서 말씀드렸다. '이것은 무슨 글자입니까?' 스님이 곧 동그라미 한 개를 그려서 만자(卍字)를 둘러싸게 하시니, 그 스님이 곧바로 금강역사의 자세를 취하였다. 스님이 말씀하셨다. '이와 같다. 이와 같다.' 그 스님이 감사의 절을 올리고는 공중으로 날아가 버렸다." (X64n1261_p0322a16, 『祖庭事苑』 卷第一. "羅漢書字, 仰山和尙, 在洪州觀音時, 粥後坐次, 有 僧來禮拜, 師不顧, 其僧問: '師識字否?' 師云: '粗識.' 僧乃右旋一帀, 云: '是甚麼字?' 師於地上書十字酬之, 僧左旋一帀, 云: '是甚麼字?' 師改十字作卍字, 僧以兩手托圓相, 如修羅掌日月勢, 云: '是甚麼字?' 師乃畫一圓相圍却卍字, 僧乃作金剛勢, 師云: '如是. 如是.' 僧禮謝, 騰空而去.")

3168) 歸宗斬蛇(귀종참사) : 귀종스님이 호미로 뱀의 허리를 끊어버린 화(話)다. "귀종 지상스님이 풀을 깎고 있는데 경전을 강의하는 학승이 와서 참례하였다. 문득 뱀 한 마리가 지나가니 귀종스님이 호미로 끊어버리셨다. 그 스님이 말하였다. '오래전부터 뵙고 싶었던 귀종스님께서 원래 이러한 거친 짓을 하는 사문이셨습니까?' 귀종스님이 말씀하셨다. '좌주는 차실로 돌아가서 차나 마시게.'" (T51n2076_p0256a24~26, 『景德傳燈錄』 卷第七. "講僧來叅, 忽有一蛇過, 師以鋤斷之. 僧云: '久響歸宗, 元來是箇麤行沙門?' 師云: '坐主歸茶堂內喫茶去.'")

3169) 大隋燒畬(대수소서) : 대수 법진스님이 뱀을 불에 던진 화(話)다. "대수스님이 밭을 태우실 때에 문득 뱀을 한 마리 보셨다. 스님은 막대기에 걸어서 불 속에다 던져버리시고는 말씀하셨다. '咄(Duō둬)! 이 몸뚱어리는 스스로 놓아버리지 못하니, 너는 이 속에서 죽는 것이 마치 어둠 속에서 등불을 얻음과 같다.' 그때 한 스님이 여쭈었다. '바로 이럴 때 죄가 있습니까?' 스님이 말씀하셨다. '돌호랑이가 외칠 때 산골짜기에 메아리가 울리고 나무사람이 호통치는 곳에 무쇠소가 놀란다.'" (X65n1295_p0612c24~0613a03, 『禪宗頌古聯珠通集』 卷第二十一. "大隨燒畬次, 忽見一蛇. 師以杖挑向火中, 曰: '咄! 這箇形骸, 猶自不放捨. 你向這裡死, 如暗得燈.' 時有僧問云: '正恁麼時還有罪也無?' 師曰: '石虎叫時山谷響. 木人吼處鐵牛驚.'")

3170) 情塵(정진) : 육근(六根)과 육진(六塵).

"어떤 것이 대통지승불(大通智勝佛)입니까?"
말씀하셨다.
"말하면 거듭 메아리가 없다."
말씀드렸다.
"어떤 것이 십겁(十劫)동안을 도량에 앉은 것입니까?"
말씀하셨다.
"화(禍)는 홀로 생기지 않는다."
말씀드렸다.
"어떤 것이 불법이 앞에 나타나지 않는 것입니까?"
말씀하셨다.
"금가루가 본래 귀하긴 하지."
말씀드렸다.
"어찌하여 불도(佛道)를 완성하지 못하는 것입니까?"
말씀하셨다.
"눈 안에다 어쩌지 못하는구나."

435. 진주보화鎭州普化

普化和尚, 居常入市振鐸, 云: "明頭來明頭打, 暗頭來暗頭打, 四方八面來旋風打, 虛空來連架打." 一日臨濟令僧捉住, 云: "總不恁麼來時如何?" 化托開, 云: "明日大悲院裏有齊." 僧回擧似濟, 濟云: "我從來疑著遮漢."3171)

진주 보화스님3172)이 평상시에 저자거리에 들어가시어 방울을 흔들면서 말씀하셨다.
"밝은데서 오면 밝음으로 때리고, 어두운데서 오면 어둠으로 때리고, 사방 팔면에서 오면 회오리바람으로 때리고, 허공에서 오면 도리깨로 때린다."

3171) 『聯燈會要』 卷第七, X79n1557_p0071b02~05. 『禪門拈頌集』 卷第十三, 46-0216, 512則. 『五燈會元』 卷第四, X80n1565_p0099a05~09. 『古尊宿語錄』 卷第四, 「鎭州臨濟慧照禪師語錄」, X68n1315_p0030b06~10. 참조.
3172) 鎭州普化(진주보화) : 남악회양(南嶽懷讓)-마조도일(馬祖道一)-반산보적(盤山寶積)-진주보화 (鎭州普化). 주70) 참조.

어느 날 임제스님이 한 스님을 시켜서 보화스님을 꽉 붙잡고 여쭙게 하셨다.
"이렇게 전혀 오지 않을 때는 어떻게 하시겠습니까?"
그러자 보화 스님이 밀쳐 내시고는 말씀하셨다.
"내일 대비원(大悲院)에 재(齋)3173)가 있을 것이다."

그 스님이 돌아와 앞의 일들을 임제스님께 말씀 드리니, 임제 스님이 말씀하셨다.
"내가 이놈을 쭉 의심해 왔다."

436. 조주종심趙州從諗

趙州和尙, 因僧游臺山, 凡問一婆, 云: "臺山路向甚處去?" 婆云: "驀直去." 僧纔行三五步, 婆云: "好箇師僧, 又恁麼去." 有擧似州, 州云: "待我去爲勘過遮婆子." 明日便去亦如此問, 婆亦如是對. 州歸爲衆曰: "臺山婆子, 我爲勘破了也."
大潙哲, 頌云: "叢林老作世無儔, 凛凛威風四百州. 一擊鐵關曾粉碎, 恩大難將雨露酬."3174)

조주 종심스님3175)이 계시는 오대산에 스님들이 유람하기 위하여 한 할머니에게 묻는다.
"오대산으로 가는 길이 어딥니까?"
할머니가 말한다.
"곧장 똑바로 가시오."

3173) 齊(제) :『임제어록』에서는 齋(재)로 나온다. (X68n1315_p0030b09. "來日大悲院裏有齋.")
3174)『祖堂集』卷第十八, K45-0344~0345.『景德傳燈錄』卷第十, T51n2076_p0277b04~10.『聯燈會要』卷第六, X79n1557_p0060b17~20.『禪門拈頌集』卷第十一, K46-0176, 412則.『無門關』, T48n2005_p0297a08~13.『五燈會元』卷第四, X80n1565_p0092b07~11. 참조.
3175) 趙州從諗(조주종심) : 남악회양(南嶽懷讓)-마조도일(馬祖道一)-남전보원(南泉普願)-조주종심(趙州從諗). 778~897. 주203) 참조.

스님들이 막 열댓 걸음을 옮기면 할머니가 말한다.
"멀쩡하신 선사께서 또 이렇게 가시는구나."
어떤 스님이 조주스님께 말씀드렸더니, 조주스님이 말씀하셨다.
"내가 가서 이 할머니를 감변해 볼 테니 기다려봐라."
다음날 곧장 가서 역시 앞에서처럼 물으셨다.
할머니도 역시 앞에서처럼 대답하였다.
조주스님이 돌아와 대중에게 말씀하셨다.
"오대산의 할머니는 나에게 감파 낭했다!"3176)

대위 모철스님3177)이 노래하셨다.

"총림의 노련한 작가는 세상에 견줄 이 없어
늠름한 위세가 사백 고을을 감화시키네.
강철 관문을 한 번 쳐서 부수니
크나 큰 은혜 보답하기 어렵겠구나!"

3176) 이 화(話)에 대한 대혜스님의 염송과 보설이 있다. "천하의 선화자들이 감파했다고 하나/ 조
주가 벌써 말에 떨어진 줄 어찌 알까?/ 후손들을 장부답지 못하게 해서/ 사람마다 영리하게 차
운 땅에 누웠네."(T47n1998Ap0851c02~03, 『大慧普覺禪師語錄』卷第十. "天下禪和說勘破,
爭知趙州已話墮? 引得兒孫不丈夫, 人人點<點>過冷地臥.") "여러분은 알겠습니까? 나라 안에서
는 천자의 칙령이지만, 변방에서는 장군의 명령입니다. 오로지 이렇게만 살펴보십시오. 이 산승
이 예전에는 이 뜻을 잘 몰라서 한 두찬(杜撰) 장로에게 청익했더니 이 산승을 위해 설명을 해
주더군요. '그 스님이 「오대산으로 가는 길이 어딥니까?」하고 묻자마자 벌써 할머니에게 감파
당해 버렸다. 할머니가 「곧장 똑바로 가시오.」하니, 그 스님이 곧장 걸어갔으니 바로 이는 소리
를 따르고 색(色)을 쫓는 것이라 어찌 감파를 당한 것이 아니겠느냐?' 그리고 또 말하였습니다.
'막 입을 열자마자 바로 감파 당해 버렸다.' 오늘 생각해보니 정말이지 참기가 어렵습니다. 이
산승이 그대들에게 말해 주겠습니다. 만일 「오대산 길가의 할머니는 이 노승에게 감파 당해버렸
다」고 하신 조주스님의 말씀을 알면 「멀쩡하신 선사께서 또 이렇게 가시는구나」라고 한 할머니
의 말도 알게 될 것입니다. 내가 일찍이 노래하였습니다. '천하의 선화자들이 감파했다고 하나/
조주가 벌써 말에 떨어진 줄 어찌 알까?/ 후손들을 장부답지 못하게 해서/ 사람마다 영리하게
차운 땅에 누웠네.' 이 노래가 아주 분명하니 절대로 잘못 알아서는 안 됩니다."(T47n1998Ap0
871b01~12, 『大慧普覺禪師普說』卷第十四. "諸人還會麼? 寰中天子敕, 塞外將軍令. 但恁麼看
取. 山僧昔年理會不得, 曾請益一杜撰長老, 爲山僧註解, 云: '這僧纔問: 「臺山路向甚麼處去?」
便被婆子勘破了也. 婆云: 「驀直去.」僧便行, 正是隨聲逐色, 如何不被勘破?' 又道: '纔開口便勘
破了也.' 今日思量, 直是叵耐. 山僧爲爾說破. 若會得趙州道「臺山路上婆子被老僧勘破了也」, 便
會婆子道「好箇阿師卻恁麼去」. 山僧嘗頌, 云: '天下禪和說勘破, 爭知趙州已話墮? 引得兒孫不丈
夫, 人人點過冷地臥.' 此頌甚分明, 切不得錯會.")
3177) 大潙慕哲(대위모철) : 분양선소(汾陽善昭)-석상초원(石霜楚圓)-취암가진(翠巖可眞)-지해진여
(智海眞如). ?~1095. 대위진여(大潙眞如). 위산모철(潙山慕哲), 진여모철(眞如慕哲), 지해진여(智
海眞如)로도 불림. 주339) 참조.

437. 천태덕소天台德韶

韶國師. 因有僧問法眼: "如何是曹源一滴水?" 法眼曰: "是曹源一滴水." 師聞之言下有省. 後住蓮華峯有頌, 云: "通玄峯頂, 不是人間. 心外無法, 滿目青山." 法眼聞之乃云: "只消此一頌, 自然續得吾宗." 3178)

妙喜曰: "滅却法眼宗, 只緣遮一頌."

천태 덕소국사.3179)
어떤 스님이 법안 문익스님3180)께 여쭈었다.
"어떤 것이 조계의 한 방울 물입니까?"
법안 스님이 말씀하셨다.
"조계의 한 방울 물이다."
국사께서 이러한 내용을 들으시고 말이 끝나자마자 깨달으셨다.
뒷날 연화봉(蓮華峯)에 머물면서 노래를 지으셨다.

"통현봉(通玄峯)의 꼭대기는3181)
사람 사이 아니로다.
마음 밖에 법 없으니,
눈에 가득 청산이네."

법안 스님이 이것을 듣고 바로 말씀하셨다.
"바로 이 하나의 게송만 쓰면,3182) 자연히 나의 종통(宗統)을 이을 수 있을 것이다."

3178)『景德傳燈錄』卷第二十五, T51n2076_p0407b23~26, 0408b08~09.『聯燈會要』卷第二十七, X79n1557_p0237c02~04, 0238a03~06.『五燈會元』卷第十, X80n1565_p0199b12~14, p0200a21~22. 참조.
3179) 天台德韶(천태덕소) : 현사사비(玄沙師備)-나한계침(羅漢桂琛)-법안문익(法眼文益)-천태덕소(天台德韶). 891~972. 주1190) 참조.
3180) 法眼文益(법안문익) : 설봉의존(雪峰義存)-현사사비(玄沙師備)-나한계침(羅漢桂琛)-법안문익(法眼文益). 885-958. 주481) 참조.
3181) 通玄峯(통현봉) : 천태산 정상의 이름이다.
3182) 只消(지소) : =지용(只用). ~하기만 하면. 오직 ~하다. 겨우 ~하게하다.

묘희스님이 말씀하셨다.
"법안종이 없어져버린 것은 오로지 이 하나의 게송 때문이다."

정 법 안 장 (상권)

1판 1쇄 펴낸 날 2017년 3월 30일
옮긴이 영곡스님
발행인 김재경 편집 김성우 디자인 최정근 제작 재능인쇄
펴낸곳 도서출판 비움과소통
　　　　경기도 파주시 하우고개길 151-17 예일아트빌 103동 102호(야당동 191-10)
　　　　전화 031-945-8739　팩스 0505-115-2068
홈페이지 blog.daum.net/kudoyukjung　이메일 buddhapia5@daum.net
출판등록 2010년 6월 18일 제318-2010-000092호

© 영곡스님, 2017
ISBN 979-11-6016-014-7 04220
ISBN 979-11-6016-016-1 04220(세트, 전2권)

南無護法韋陀尊天菩薩

畫家陳士侯提供